国防特色教材·航空宇航科学与技术

航空运输规划

朱金福　等编著

西北工業大學出版社

北京航空航天大学出版社　北京理工大学出版社
哈尔滨工业大学出版社　哈尔滨工程大学出版社

内容简介

本书是交通运输类专业的教材，同时也是一部专著。内容包括机场运行规划、空中交通规划、维修与航材计划、运输市场计划和机队规划、航线网络规划、航班计划、机组排班及其优化、运行控制及不正常航班恢复优化和收益管理等。同时作为航空运输规划的基础，本书还介绍了大规模整数规划问题、高等网络流问题以及几个重要的优化算法和系统仿真原理，并对 ILOG/CPLEX 和 ServiceModel作了介绍。本书的基本内容可作为交通运输(航空运输管理)专业的本科生教材，较为高深的部分可作为交通运输规划和管理的研究生教材，还可以作为航空公司运力网络部、市场营销部、机务维修部、飞行部和运行控制中心技术人员的参考书，并可作为飞机制造企业市场研究部门和客户服务部门技术人员的参考书。

图书在版编目(CIP)数据

航空运输规划/朱金福等编著. —西安:西北工业大学出版社,2009.8(2021.7 重印)
ISBN 978-7-5612-2596-7

Ⅰ.航…　Ⅱ.朱…　Ⅲ.航空运输—交通运输规划　Ⅳ.F56

中国版本图书馆 CIP 数据核字(2009)第 163218 号

航空运输规划

朱金福　等编著
责任编辑　杨丽云

*

西北工业大学出版社出版发行
西安市友谊西路 127 号(710072)　发行部电话:029-88493844　传真:029-88491147
http://www.nwpvp.com
陕西向阳印务有限公司印装　各地书店经销

*

开本:787×960　1/16　印张:41.75　字数:1 117 千字
2009 年 8 月第 1 版　2021 年 7 月第 3 次印刷
ISBN 978-7-5612-2596-7　　定价:98.00 元

序

飞翔，人类最大的梦想之一。

没有翅膀，我们如何能像鸟一样翱翔蓝天？自从美国的莱特兄弟完成了世界上首次有动力飞行，成功试飞了人类第一架飞机后，人类飞翔的故事就不再是神话。虽然莱特兄弟的首次升空时间只有12 s，飞行距离不过36.58 m，他们却开创了人类航空的新纪元。

1903年，人类飞翔梦想由此实现。

一百多年来，航空技术迅猛发展，极大地改变了人们的生活。航空百年史，有人说是人类的飞翔史、人类的战争史、人类的文明史，更有人说是人类与天斗，不断挑战自我的历史……

如果说航空器对人们稍显遥远，民航飞机对大家来说就触手可及。有人感觉坐飞机不安全，一有空难就要伤亡上百人。实际上，民航发动机的空中事故率要求不能超过十万分之一，平均死亡率仅每1亿公里0.04个人，是汽车和轮船的几十分之一，航空运输已然成为最安全、最快捷的交通工具。

鉴于航空器的高速运行特性和昂贵的成本特性，以及航空运输的相对固定性和市场的不稳定性，航空运输规划对航空运输业的发展发挥着重要作用。航空运输规划不仅是一门重要的专业课程，而且掌握它所述及的航空运输各领域的决策理论、方法和技术是成为航空运输业重要专业人才、高级管理人士的必由之路。

朱金福教授的《航空运输规划》一书终于问世了。他忠厚严谨、默默耕耘，走过的是一条曲折的求学、成才之路。曾三次无学可上，却又三次幸运地坐进教室，继而走出国门成为德国洪堡学者。他的成功，是永不倦怠、执著追求的最好注解。

本书作为交通运输专业的教材，也是我国第一部关于航空运输规划的学术专著，涵盖了航空运输各领域的规划、计划等决策问题。其内容包括机场运行规划、空中交通规划、机队规划、飞机维修计划和航材库存计划、航线网络规划、航班计划、航空公司运行控制及不正常航班恢复优化等，深入讨论了从机场、空管等航空运输保障系统到航空公司管理的战略层面、战术层面和操作层面。它的问世将对交通运输特别是航空运输专业的建设起到推动作用，同时推高这一领域的学术研究水平。

本书系统性强、例题丰富、图文并茂，既独立成章、自成体系，又相互关联、相互支撑，构筑一幅航空运输决策体系图。解题细致、脉络清晰，各章配有参考文献、思考题和练习题，充分体现了作为教材易于领会的特色。同时，它又是一本很好的专业参考书，囊括了作者最新研究成果及独到见解，丰富了运筹学内容，经过分析提炼，形成浑然一体的知识体系。

本书适合从事航空运输各领域技术工作和管理工作的工程师、市场分析师、航线航班分析师、航班舱位控制员研读，也适于航空运输决策支持信息系统开发人员常备。

过去一百年航空技术已经取得了巨大成就，并推动了人类文明的进步。随着新的理论、方法持续发展和应用，必将取得更加辉煌成就。在此衷心祝愿本书能获得成功，为把我国建设成为民航强国锦上添花。21世纪，中国，能够为世界的航空发展做出更大贡献。

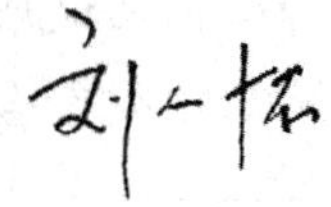

2008年10

前　言

本书从计划撰写到完稿历时4年。2004年初，出于两个方面的思考，我开始筹划撰写《航空运输规划》。是哪两个思考呢？一个是出于对航空运输专业内涵的思考，另一个是出于对航空运输业可持续发展的思考。一方面，南京航空航天大学(简称南航大)自1994年设立民航各类专业以来，对航空运输专业的认识一直比较模糊，认为航空运输本身只是应用型、服务性行业，不存在科技创新问题，因此没有什么好研究的，其他专业的学生稍加培训都可以胜任；也有人认为航空运输专业涉及机、电、管理、经济和法律等各学科，因此是大杂烩，没有自己的特色，很难谈建设，民航学院简直就是南航大的“浓缩”。这些模糊认识的存在不难理解，因为南航大原本没有交通运输专业，该专业是在以航空为特色的其他工科专业基础上建立起来的，专业老师也是从其他专业“转行”而来的，在一定时期内弄不清该专业内涵并不奇怪。但是这种现象不能长期存在下去，只有弄清这些问题，航空运输专业才能建好，才能发展，我理应承担起这份责任。另一方面，民航业内对本行业到底需要什么样的专门人才也存在一些模糊认识。认为只有飞行员、机务维修技术员、空管员、签派员等才是民航专业人才，民航运输管理人才则不是，完全可以由普通管理类专业人才替代。但同时我们又发现，航班计划等航空公司重要的生产计划的质量不高，收益管理等重要的产品设计和销售计划效果不好，花巨资购买的排班系统和收益管理系统等管理信息系统因不能用好而难以发挥应有的作用，要发现并解决这些问题，也需要将它弄清。

经过较长时间的企业调查和专业调研，以及努力向航空运输发达的美国和欧洲学习，我认真思考了上述两个问题，弄清了航空运输管理专业的内涵，并确认该专业培养的毕业生是航空运输业实现可持续发展不可或缺的专门人才。航空运输是服务性行业，有自己的产品，即运输产品。是产品，就只有经过设计、生产和销售，才能实现其价值。飞行和签派是航空运输产品的生产过程，机务和空管承担的是航空运输生产的保障功能。那么什么样的专门人才适合从事运输产品的设计和销售计划的制订呢？那就要问：什么是航空运输产品设计呢？我的回答是“航空运输规划”。制订航空运输规划(包括运输生产计划)即是进行产品设计，进行收益管理既是制订销售计划，同时也是运输产品的最后设计，因为这些活动规定了航空运输产品的最主要属性。从事航空运输产品设计是否一定需要专门人才呢？我的观点是非要专业人士不可。我的观点不一定能得到所有人的赞同，因为有人会认为：以前我们没有这样的专业人才，不也照做了生产计划？是的，但这里有个质量问题，有个“工作做得是否专业”的问题。我们能否因为工科各专业都需要数学，由数学专业的毕业生做点岗前培训即可开始工作了，就认为工科专业不需要办了，只保留数学专业就可以了！我们知道那是不行的。我们也不能因为从农民中选择年轻的中学毕业生到县医院培训一年半载的就可以做赤脚医生了，因此认为医科大学可以不要办了！这是因为尽管其他专业的毕业生经过培训可以从事某专业的工作，但他们没有本专业的工程背景知识，没有受过专门的知识训练，不具备对专业问题的深刻认识，因而除少数人之外，绝大多数人不能做精本专业的工作，长此以往，何谈发展！

因此，民航运输管理专业的学生毕业后到航空公司是从事航空运输产品设计工作的。这是多么重要的工作！航空公司怎会不需要呢？问题是传统的民航运输管理专业培养的毕业生主要从事地面服务工作，地面服务工作专业性确实不强，其他专业的毕业生甚至高中生通过培训都能胜任。我们应当充分认识到南航大作为国家重点大学，决不能只限于培养民航地面服务人员，应当办出我们的专业特色来。

我撰写的这本《航空运输规划》是一本“航空运输产品设计”课程的教材，包括了航空公司从机队规划到收益管理各种规划和设计问题，同时又考虑到本书不是“航空公司规划”，而是“航空运输规划”，因此也用两章篇幅分别介绍了机场和空管的运行规划和设计问题。这是一次初步的尝试，加之作者的水平有限，本书一定存在这样、那样的问题，我衷心希望得到各位读者的不吝指正。尽管这本书总算出炉了，但我心里还是不免彷徨，因为对这本书能否起到我所设想的作用，能否获得成功，心里没有底。

这本书既适用于本科生教学，又可用于研究生和博士生教学，其中比较基础性的内容适合于本科生，较高深的数学建模和有关算法的部分适合于研究生和博士生。我们没有将它们分开撰写，是因为考虑到本科生的进一步学习之用，并且使来自非民航运输专业的研究生在学习时可以多了解些专业基础和工程背景知识。另外，就我国目前的国情而言，本书的内容是来自实践又高于实践的，表现为：一是部分理论成果还没有在实践中获得应用，但相信未来将发挥重要作用；二是介绍的内容与实践不谋求完全相符，而是根据教学需要有所取舍。理论在进步，实践也在进步，这两者相互促进是科技进步的不二法门，本书也会随着民航规划科技的进步而不断完善。

这本书也可以说是一本专著，因为目前我国还没有出版过类似的书籍，国际上也没有。它是我和我的博士生通力合作的结果，书中反映了我们师生的大量最新研究成果，部分成果还没有公开发表过。其中，陈欣、陆迅和桂云苗参加了第3章的撰写，石丽娜和唐小卫参加了第5章的撰写，第7章主要由柏明国和姜涛撰写，我作了补充，第8章的8.1～8.9节主要由朱星辉撰写，我补充了8.5.1～8.5.4四小节和8.9.3小节，第10章的10.1，10.2和10.3节主要由姚韵撰写，我作了补充，第11章的11.1，11.2，11.3节由梅虎撰写，11.2.3小节及11.4节由高强撰写，11.5节由桂云苗撰写，我做了修改和补充。同时本书的编写还得到了南京航空航天大学民航学院韩松臣教授的大力支持，他组织孙繁荣老师和裴成功老师撰写了第4章，我对其中部分内容作了补充。我的硕士生董裴君和于飞分别协助编写了2.7和2.8节。全书其他部分由我撰写，最后由我做全面修订并统稿。对以上人员做出的努力这里一并表示衷心感谢！同时感谢西北工业大学出版社为本书的出版付出的辛勤努力！

朱金福

2008年8月25日于南航大东苑

目　　录

第1章 绪　　论

1.1 航空运输系统概述

1.1.1 航空运输的定义与性质

人们一般不区分交通和运输，而将它们笼统地放在一起，统称为交通运输。其实交通与运输是不同的领域，运输是使用某种载运工具，在相应的交通基础设施环境中，实现人和物在一定时间内的空间移动的经营性行为，运输业是以营利为目的的服务业，属于流通领域。运输企业通过提供空间移动及其间的服务收取被服务者的费用而获得利润。交通是为运输提供的基础设施、运行中的载运工具以及对它们的规划、管理和服务的总和。交通是国家的公益性事业，代表一个国家的经济发展水平，为国家经济建设和国防服务，由国家规划、建设和管理。

航空运输系统是交通运输的一种模式。它使用飞行器作为载运工具，实现人和物在不同地点和时间之间的移动，并伴随有信息和资金的流动。

航空运输是一个复杂巨系统，是综合运输系统的一部分。它通过飞机的快速飞行实现人和物的长距离便捷位移；与陆路运输和水路运输既相互竞争又相辅相成，共同组成国家综合运输系统；是国家经济运行的大动脉之一。

航空运输系统与其他运输系统相比，有以下一些相似的性质：

(1)都需要交通基础设施和载运工具。

(2)生产能力相对固定而需求波动。

(3)生产过程即消费过程，产品不能存储。没有卖掉的座位或吨位照样会被“生产”出来，但不会产生收益。

(4)运输产品是无形的，购买前不能事先对它的质量进行判断，只能在消费过程中感受，消费完后才能对其质量做出评估。

航空运输系统与其他运输系统有以下一些不同的性质：

(1)载运工具是飞机，飞机是高科技的产品，价格高昂。

(2)航路由导航系统规定，且有不同的高度层，不需要像公路或铁路那样占用大量土地资源，地形的限制较少。

(3)运行速度快，固定成本高，但边际成本低。

(4)机场是航空运输与陆路交通的衔接点，是重要的运输活动场所。

(5)安全管理特别重要。

(6)可实现国际性快速运输,同时也容易受到全球经济危机、战争、大范围流行病、传染病和国际恐怖主义的影响。

1.1.2 航空运输的作用

一、航空运输的经济作用

经济运行总要伴随物资、人员、信息和资金的流动,其中物资和人员的流动依靠交通运输完成。人员的流动常常伴随有资金、信息和知识的流动,物资的流动也伴有资金、信息甚至知识的流动,因此交通运输是连接生产与消费的重要环节,是经济运行的基础。现代经济的快速运行,要求运输速度越来越快,因此航空运输作为最快捷的运输模式,越来越受欢迎。而经济全球化和信息化的特征更加依赖于航空运输的发展。一个国家,一个地区,经济越发达,它的航空运输系统也越发达。与其他运输方式相比,航空运输以最快的速度促进地区间交流,促进更高效生产方式的实现,能提供更多的就业机会。

航空运输业的发展促进了经济的发展,同时航空运输业的发展又受到经济发展水平的制约。虽然国民经济的增长可带来航空运输业的更高速增长,但国民经济运行的不平稳将带来航空运输的大波动,经济危机将带来航空运输的大滑坡,因此经济运行的不平稳将直接给航空运输经营带来风险。

现代化机场已经不再单是飞行器运行的保障基地,不再限于陆路与空中运输的衔接点,它已成为促进当地经济发展的发动机。大型现代机场就是一座航空城,保税区和航空物流园区的建设使机场成为重要的贸易加工区,发达的零售业、餐饮业和娱乐业不但刺激了旅客更多的消费,而且吸引了大量当地居民到机场购物和娱乐。临空经济现象已经引起人们的关注。

二、航空运输的社会作用

航空运输的发展对社会发展具有巨大的促进作用。表现为:一是航空运输不受地理障碍,可以扩大和促进地区间人员、信息、文化交流;二是机场不但是一个地方的窗口,一个城市的门户,而且通过航空城的建设可以促进机场周边区域城市化进程;三是航空运输快速、便捷,能节约人们更多的出行时间,也有利于更有效地利用时间,人们可以有更多的时间来学习和更新自己的知识,或进行旅游和娱乐活动,促进第三产业的发展和产业结构的优化;四是在发生重大自然灾害时,路面交通往往会受到破坏,航空运输在救灾抢险方面,如运送救灾物资和受伤人员,能发挥重要作用,因此有利于社会福利的发展;五是航空运输的发展将加强国防建设,当国家安全受到外来力量威胁时,可以快速调动军队和运送军用物资。

1.1.3 航空运输系统在我国的发展

我国的民用航空事业始于1918年,1920年5月京沪、京津段开航飞行,这是中国最早的航线。但由于战乱，解放前民用航空业发展缓慢，到1948年，共开辟航线56条，通航40多个城市。解放后直到20世纪80年代，由于民航属于军队管辖，不是国家的一个经济部门，所以发展也不快。从20世纪80年代开始，我国对航空运输系统的管理体制进行了改革，首先将民航从空军分离出来，作为国民经济的一个部门进行管理。接着，1987年进行了第一次管理体制的重大改革，将各地区民航管理局分成机场、航空公司和民航管理局，将生产经营业务从管理局分离出去，航空公司开拓运输市场、执行运输任务，民航管理局作为政府对行业进行宏观管理，同时空中交通管理局承担着有效利用空域、保障飞机安全飞行的任务，机场则服务于航空公司和旅客，完成地面保障任务。从此地区民航管理局(包括空管局)、机场和航空公司各负其责，中国民航走上了快速发展的道路。但直到2002年，整个航空运输系统，包括航空公司和机场，还几乎全部由国家民航总局统一管理。2002年航空运输系统进行了第二次大改革，对民航总局所属各企业进行联合重组。航空公司重组后以市场主体进行独立运作，承担国有资本的保值增值责任；机场公司交给地方政府管理，多数已成为市场主体，按市场规律运作。航空运输业进入了又一次高速发展期。到2006年，中国航空运输总周转量世界排名已从1985年的第32位迅速提升到第2位。2008年中国民航总局又与交通部合并，重组为国家民航局，成为交通运输部的一部分。

航空运输对国民经济的贡献愈来愈大，但同时航空运输系统运行效率偏低的问题也日益突出，已不能单纯靠发展来掩盖这种矛盾了。特别是首都、浦东和白云三大最繁忙的机场拥堵现象越来越严重。空域结构没有得到优化，空域资源不能得到充分利用，一些航路容量已不能满足系统流量日益增加的需求。随着机队的不断扩大，航空公司的生产管理精益化要求越来越强烈。空管系统、机场系统和航空公司的运行系统之间的相互作用、相互制约，影响着航空运输系统运行效率的进一步提高，同时也威胁着航空安全。为解决该问题，2006年民航总局已提出新一代航空运输系统的建设任务。

1.1.4 航空运输系统的组成

航空运输系统由航空公司子系统、机场子系统和空管子系统组成。

航空运输系统的组成如图1.1所示，系统的边界是“机场陆路到达系统”，它有时也作为航空运输系统的一部分进行处理。航空运输系统作为社会系统的子系统，它的外部是社会系统的其他部分和气象等自然系统，它的服务对象是运输需求发生地(需求源)的旅客或货主。

航空公司是运输生产的主体，是航空运输系统直接面对旅客或货主的最主要部分，旅客或货主的不满几乎全部针对航空公司，即使延误是由恶劣天气或飞机流量管理造成的，也会造成旅客或货主对航空公司的抱怨。

旅客通过与航空公司接触的界面感受航空公司的服务质量，包括机票销售、航站楼服务和机上服务等，航空公司的服务质量取决于服务链上的每个环节，从机队规划(机型的选择)、航线规划、航班计划、机务维修到运行控制，甚至旅客服务信息系统，处处都体现出航空公司的服务水平和服务质量。

机场公司和空中交通管理局则为航空公司提供生产保障服务，帮助和支持航空公司完成运输生产任务，因此航空公司在航空运输系统内部是机场和空管局的客户。

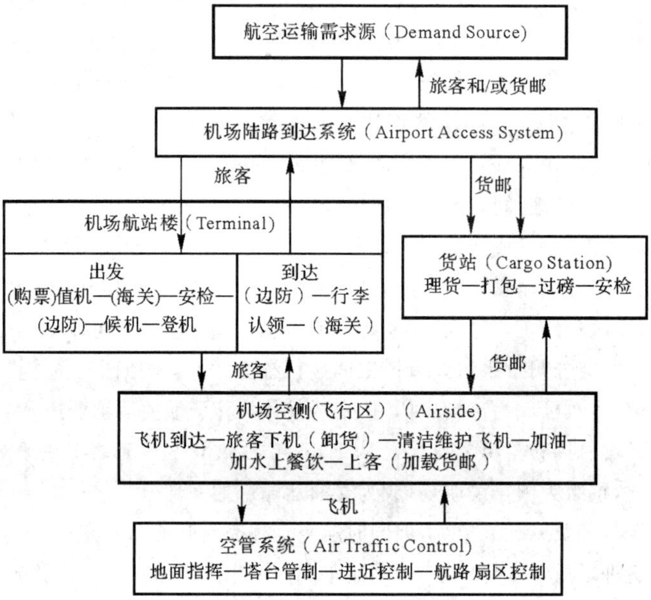

图 1.1　航空运输系统

1.1.5　航空运输市场需求的影响因素

航空运输市场需求的影响因素如下：

(1)需求源的人口、人均可支配收入；

(2)经济结构和发展程度；

(3)需求发生地周围的陆路交通的便利程度(与其他运输模式存在替代和互补作用)；

(4)国际恐怖主义的活动；

(5)经济、金融危机；

(6)大范围流行疾病和影响广泛的严重自然灾害。

由于它的国际性,国际航空运输市场还受着双边/多边航空运输协议、航空运输联盟或合作协议的制约。

1.2　航空运输营运要素

航空运输的成功营运除了需要航空器、空勤人员、地勤人员和其他生产资源以外,还需要运输要素的成功运用,包括航空运输计划、组织和运行,这三项运输要素前后相继,又反馈控制,形成航空运输营运系统的闭合链。

1.2.1　航空运输计划

航空运输计划是航空运输生产的依据，是航空运输产品的设计方案。由于需求不稳定，航空运输计划的执行必须根据情形变化作必要的调整，但计划仍然是航空运输生产的出发点。如果航空运输计划质量比较高，例如鲁棒性好，计划的变动就可以减少，从而降低计划变动成本，并增强旅客的信任，可以赢得更多的市场份额，增加航空公司的收益。因此航空运输计划是航空公司至关重要的规划内容。

制订航空运输计划的主体是航空公司，航空公司将制订好的航班计划提交给相关机场和空管局，机场和空管局在此基础上形成自己的航班计划。航空公司在设计航班计划时必须与机场当局和空管局沟通、协调，对新增的航班还须获得他们的同意，才能最终形成自己的航班计划。

在我国，航空公司定期制订航班计划，一年两季，由国家民航局召开全国航班计划协调会确定。

做好航空运输计划，一要靠对市场需求的准确预测，二要靠与各有关部门的相互关系，三要靠先进的计划制订技术。本书将着重讨论做计划的技术，需求预测技术应在专门课程中学习。

1.2.2　航空运输组织

有了运输计划，必须建立有效的运输组织才能使运行有章可循，沿规定路径按程序流动。因此航空运输组织是完成运输任务的路径、流程、章程和法规。有关内容的详细介绍超出本书的范围，请参阅有关航空运输组织的教材，这里为理解本书内容的需要，做一简要介绍。

在航空运输系统中，机场陆路到达系统是连接需求源和机场的陆路交通系统，机场是连接陆-空交通的节点，空域和航路是连接机场的空中交通线。航空旅客/货邮通过机场陆路进入系统到达机场，然后必须通过机场陆侧和空侧的服务，才能登/装机。飞机沿航路飞行，到达目的地机场后，旅客还必须通过机场的服务，才能进入机场陆路到达系统，最终到达旅行的目的地。货物也必须通过必要的分理、地面运输活动，才能到达目的地。如果是国际航班，还必须在机场办理进出关手续。

机场是航空运输活动的主要场所，如图1.2所示是机场子系统旅客进出港作业流程图。机场陆路到达系统由陆路交通系统和机场停车场、车站和道边系统构成，陆路交通系统可能是机场高速、轻轨或地铁。机场高速的交通工具可能是出租车、公交车、机场巴士、团队客车和私家车。公交车需设立车站，出租车到达机场后只在航站楼前短暂停车，下客后即离开，应当为他们设置道边系统；私家车和团队车下客后一般需要停车，应当为它们建设停车场。为此应当对机场高速的车辆结构和数量进行调研、预测和评估，为规划停车场面积、道边长度和宽度以及公交车车站提供依据。

对于出发旅客，机场陆侧指从值机大厅入口到登机口的部分，其间提供的服务有值机、安检、候机、登机等，对于国际旅客还必须提供海关、边防检查等服务；对于到达旅客，机场陆侧指从旅客到达入口到迎客厅出口的部分，其间提供的服务主要是行李认领和迎客，对于国际到达旅客，还提供边防、海关和动植物检验等服务；对于中转的旅客，是指航站楼中办理换取登机牌和提供中转候机服务的部分。有些陆侧的服务(主要是值机)可以前移至城市航站楼、火车站、机场到达交通工具上,以方便旅客,因此也可将陆路交通系统归入机场陆侧系统。现在已有网络值机系统,在航站楼值机大厅还设有自助式值机系统,以提高值机效率。

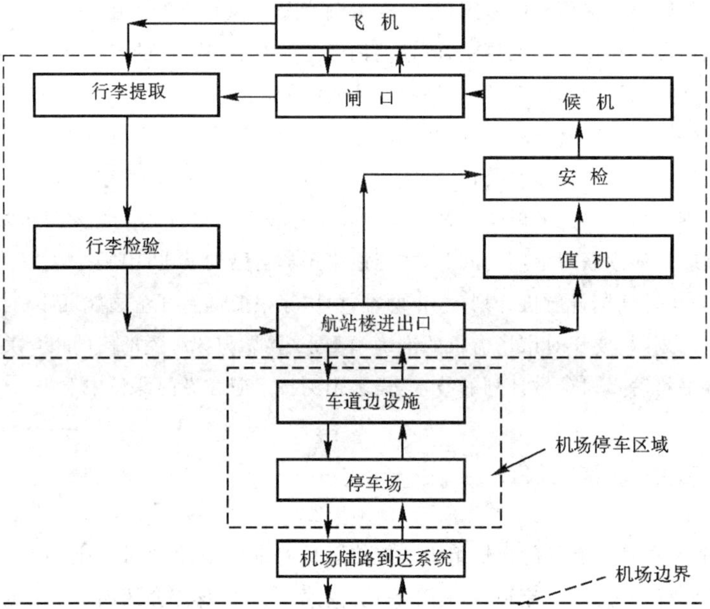

图 1.2 机场子系统旅客进出港作业流程图

出发货邮到达机场后首先在陆侧进入货站,货站又叫货运航站楼。在这里对货物进行分理、装箱、打包、过磅、安检等服务,然后使用机场平板车进入停机坪装机。到达货邮到达机场后首先卸机,然后通过场面运输进入货站,进行分理后,再通过机场陆路到达系统运输到最终目的地。如果是国际出发/到达货邮,还必须通过海关和动植物检验后放行才能出/入关。

机场空侧又叫飞行区,是飞机为飞行做准备的区域。在机场空侧,飞机在停机位进行停机坪作业,然后在塔台管制员的指令下,移出停机位,进入滑行道,到达飞行等待区,等待管制员下达起飞指令。在接到起飞命令后,飞机进入跑道入口处,对准跑道中心线,接着加速达到起飞速度后起飞,沿共同出发路径爬升,到一定高度后,收起起落架,继续爬升。到终端区出口,进入进近区,在进近区管制员的指挥下,爬升至巡航高度,进入航路。在航路扇区管制员的指挥下,正常飞行至目的地机场的进近区,在进近区管制员的指挥下进入机场终端区入口,沿共同下滑道下降,并对准跑道中心线。然后在跑道入口处(Threshold)着落,沿跑道减速滑行至快速脱离道入口,进入滑行道,在塔台管制员(地面指挥)的指挥下,滑行至停机坪,并可能需要机务人员和引导车的引导,最后进入停机位。

如图 1.3 所示是进出港航班飞机的到达和出发航迹示意图。

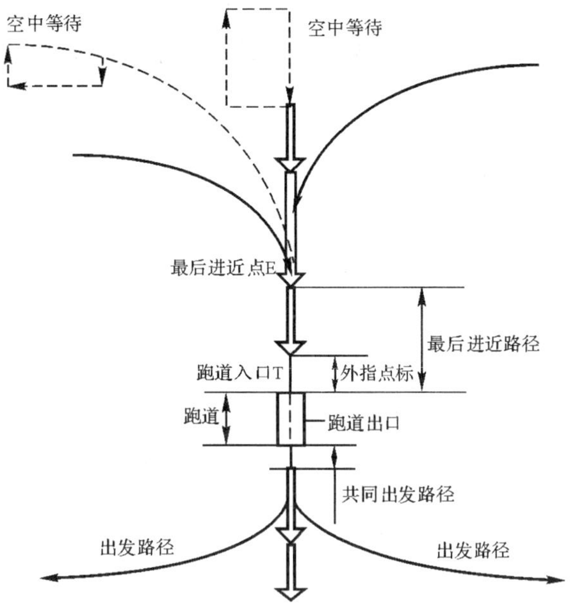

图 1.3　飞机到达与出发航迹示意图

1.2.3　航空运输运行

有了航空运输计划和运输生产组织体系，接下来是航空运输生产运行。

航空运输运行包括航空公司运行、机场运行和空中交通管理三部分。航空公司的运行控制中心是负责生产运行的控制部门，在这里集中了市场部门、机务部门、飞行和客舱部门、地面服务部门的代表，以及航行情报、性能工程和飞行签派的专家。运输生产在这里组织实施，生产状态在这里监控。生产发生的一般性问题，由运控中心领导与有关部门代表协商解决。这里还有公司的值班领导，生产运行一旦发生重大问题，由公司领导牵头，各部门代表会商解决，必要时须与机场监控中心（指挥处）以及空管部门协调解决。

负责机场生产运行的部门是机场监控中心（指挥处），其职责是调配机场的生产资源，保障机场正常和安全生产。这里集中着最先进的监控设备和生产管理信息系统、服务信息系统，生产现场的情形在这里一目了然，监控人员随时可以和生产部门进行联系，解决发生的问题。这里也是机场与航空公司和空管部门进行协调和解决问题的部门。

空管部门根据航班计划和跑道容量、空域容量对空中交通流量进行管理，保障飞机安全有序飞行。管制区域通常分为塔台管制区、进近管制区和区域管制，分别由塔台管制员、进近管制员和区域管制员管理。管制员主要与飞行员联系，以实现指挥飞机安全飞行的目的，必要时可与航空公司运控中心、机场监控中心进行联系。管制员根据自己管制的扇区容量和扇区内飞机流量情况，决定飞机通过某定位点的顺序以及同一航路上前后两架飞机的间隔，保障飞机的安全飞行。

1.3 航空运输规划概述

1.3.1 航空运输规划定义和意义

如前文所述，计划是航空运输生产的依据和出发点，而规划则是为实现预定目标对未来的行动做出的计划。航空运输规划是为实现航空运输系统的目标对系统的结构、规模、作用、反应和市场等做出的计划。本书涉及的“规划”一词，含义比较广泛。英文的“Programming”一般是指数学规划，“Planning”一词是指计划，也经常翻译成规划，如“Fleet Planning”翻译成机队规划，“Scheduling”是指对未来的活动进行有先后顺序的安排，也翻译成计划、规划或排班，如“Flight Scheduling”翻译成航班计划，“Crew Scheduling”一词则指机组排班。本书的“规划”一词将涵盖这三个英文单词的含义，即使用“Programming”的方法解决航空运输系统的“Planning”和“Scheduling”问题。

航空运输生产能力的安排应当与运输需求相适应，或两者应当尽可能保持平衡。如果生产能力大于运输需求，则由于运输产品不能存储，多余的生产能力将浪费掉(Spoilage)；如果生产能力小于运输需求，那么将会有部分需求得不到满足，导致需求溢出(Spilled Demand)，降低航空运输系统的服务质量，影响航空运输系统的公众形象。被溢出的旅客将转向其他交通模式，因而进一步影响航空运输系统的竞争能力。因此，必须对航空运输的需求做出预测和评估，然后对生产能力做出科学的安排，这就是航空运输规划必须解决的问题。

航空运输需求的影响因素复杂，需求波动大，不能准确预测。除了受需求发生地的社会、经济因素的影响外，需求还受到系统提供的生产能力的影响。生产能力不足，产生需求溢出，生产能力偏大，可能吸引其他运输模式的运输需求，因此需求不完全是外生变量。

航空运输规划不仅直接影响航空运输系统运行的效率和安全，而且还是航空运输系统竞争能力和决策水平的体现。各航空公司的飞行器和运行规范等都符合适航规定，服务产品几乎是同质的，创新的服务产品也容易模仿。例如常旅客计划，首先由美国航空公司推出，但很快传播到其他航空公司。那么航空公司的核心竞争力体现在哪里呢？应当体现在运输规划的核心技术和掌握了这些核心技术的技术人员上。在先进的航空公司，R&D 小组(一般叫做 OR Group)主要的研究工作就是开发运输规划的核心技术，该小组的成员则是公司的宝贵财富。

1.3.2 航空运输规划的分类

航空运输规划可以有多种分类方法。根据规划的层次分类，可以分为战略规划、战术规划和运行规划。一般地，“Planning”是战略层次的规划，“Scheduling”是战术层次到运行操作层次的规划。

根据子系统分类，可以分为航空公司子系统规划、机场子系统规划和空管子系统规划。

根据规划内容分类，可以分为航空交通基础实施规划、市场布点规划、机队规划、空域规划、人力资源规划，信息系统规划、生产计划和销售计划等。

1.3.3 航空运输规划的内容

机场子系统从战略到运行层次的规划包括布点(国家战略层次)、选址(地方战略层次)、陆侧规划和空侧规划(机场战略层次)、生产计划(机场战术层次)、登机口/停机位指派(运行层次)等。本文将介绍机场的陆侧和空侧的容量规划、生产计划和生产流程设计等问题。

空中交通管理子系统的规划包括空域规划和流量管理。空域规划中的航路规划是国家战略层次的,而扇区的规划则属于空管局战术层次的。空域规划的目的是为了最大化地使用空域资源,流量管理的目的是在安全运行的前提下尽可能减少航班延误。

航空公司子系统规划的主要内容如下:

(1)市场计划、机队规划和航线网络规划,这些属于航空公司的战略层次;

(2)航班计划、航材管理计划、飞机维修计划和排班、机组人员排班,这些是战术层次的;

(3)收益管理、运行控制和地面服务人员排班等,这些是运行层次的规划。

1.3.4 航空运输规划的方法、步骤和实施

航空运输规划方法可以分为两类:规则法和运筹学方法。规则法是根据决策规则进行决策的方法,决策的规则有行业规则、企业规则和部门规则。规则是实践经验和科学研究的总结,用规则作决策简单易行,但不能精细,不能及时适应情况的变化,不能系统全面地考虑问题。因此对于小型航空公司,规则法是做规划的主要方法,但对大型航空公司,许多复杂的规划问题不能依赖规则法,应该采用运筹学方法。运筹学方法包括数学建模法和系统仿真法。数学建模可以系统地考虑诸多因素,寻找最优的决策方案。系统仿真可以在虚拟的计算机系统中再现航空运输系统的运行状况,针对各种情景进行仿真试验,从中找出最优的决策方案;也可以对优化的规划方案进行仿真试验,评估方案的可行性和最优性,发现隐藏的问题,做到事前管理。在航空运输领域,运筹学得到了最为成功和广泛的应用,反过来,航空运输系统的应用也大大推动了运筹学的发展。

应用运筹学进行规划的基本方法如下:

(1)交通调查和现场运行调查;

(2)头脑风暴法和专家打分法;

(3)运行数据和市场数据的收集、管理、处理和分析;

(4)建立数学模型并求解做出决策方案;

(5)建立系统仿真模型,进行仿真分析和评估。

航空运输规划的步骤一般包括:

(1)目标确定和问题调查;

(2)需求预测和评估;

(3)提出规划草案;

(4)对草案进行研讨评估;

(5)确定方案并实施。

航空运输规划的实施步骤如下：

(1)制订实施计划；

(2)进行人力资源和其他资源的调配；

(3)计划的执行；

(4)执行过程数据采集、处理分析和存储；

(5)执行过程的检查、监督、效果评估和反馈；

(6)必要时调整计划(运行控制)。

1.4 本书的内容简介和文献导读

1.4.1 本书内容简介

本书将介绍航空运输各领域规划的具体方法，包括规则法和运筹学方法。其中，规则法主要为本科生的教学内容，运筹学方法的高深部分适合于研究生教学。全书共分 11 章，除本章以外其他各章内容简要介绍如下。

第 2 章讲述航空运输规划基础。介绍解决航空运输规划问题所需的运筹学方法基础，这些是一般运筹学教科书中不介绍的内容，有运筹学基础的读者，不难读懂该章的内容。它包括大规模整数规划问题、多商品流问题、时空网络、运筹学问题的重要算法和重要优化软件和仿真平台介绍。

第 3 章介绍机场运行规划。阐述机场航站楼规划、陆侧和空侧的容量评估和优化、服务流程优化、设备资源调度(指派)等。该章还将讨论航空货运规划以及枢纽机场运行的规划问题。

第 4 章介绍空中交通规划。将论述空域结构优化设计问题，只限于扇区设计，不讨论航路和航路网设计问题。讨论空中交通各种流量管理问题，包括飞机排序及空中和地面等待等问题。

第 5 章讨论航空公司的市场计划和机队规划。机队规划包括机队规模和结构优化、机队置换计划和机队配置优化。

第 6 章介绍维修计划和航材规划。将讨论机队维修计划优化问题以及航材采购计划、航材仓库布局设计等问题。

第 7 章研究航线网络规划问题。其内容包括 O－D 流需求问题、航线网络经济分析、航线网络结构分析、航线网络优化设计、枢纽航线网络优化设计等。

第 8 章深入讨论航班计划优化问题。其内容包括航班计划制订流程、航班旅客需求特征分析、航班经济分析、航班运力和频率优化、航班时刻表的制订、机队指派问题、飞机路线(飞机排班)问题和飞机排班一体化优化问题。

第 9 章介绍机组人员排班优化。该章首先介绍机组人员的适航条例和其他值班限制，然后讨论机组航班环设计、机组人员指派(排班)问题、飞机排班和机组排班的一体化优化问题等。

第 10 章介绍运行控制优化问题。其内容包括航空公司运行控制系统介绍、飞行计划的制订、地面服务设备优化调度、不正常航班恢复优化等。

第 11 章讨论航空客/货运输收益管理问题。该章内容有航班旅客选择和需求预测、定价策略、舱位控制问题、超售问题、舱位和超售综合控制、团队控制和不定期客票控制以及货运收益管理等。

1.4.2　参考文献导读

参考文献[1]介绍了航空运输系统特征，详细介绍了机场系统、空管系统和航空公司的容量分析、服务水平分析和经济性分析方法。内容比较丰富，比较容易读懂，是一本介绍航空运输系统的不错的参考资料。参考文献[2]是一本交通网络优化设计的基础性读物，浅显易读，作为航线网络设计的入门性读物是值得推荐的。参考文献[3]是一本有广泛影响的文献，它详细介绍了运筹学在航空公司管理决策中的应用问题，包括航班计划优化、机队排班优化和机组排班优化等问题。但由于出版时间较早，国内很难找到。参考文献[4]则是介绍运筹学在航空公司运行决策中应用的较新著作。它以一个假想的航空公司为实例展开航空公司各层次规划问题的数学建模和求解，讲解深入浅出，值得一读。参考文献[5]是一本论文集，内容涉及不正常航班排班问题、飞机地面等待问题、飞机排班问题、机组排班问题和飞机地面运动仿真、枢纽机场航班波设计问题、空中交通流量管理问题等，内容丰富，是一本影响比较大的参考资料。参考文献[6]是一本论文集，尽管不是专门针对航空运输的，但其中关于运输网络的分析方法和技术值得借鉴。

国内还没有出版过航空运输系统优化的著作，与本书有关联的参考文献推荐读者参考参考文献[7－11]等，其中参考文献[10]的内容紧扣航空公司的生产实际，并比较好地反映了这个领域的研究成果，值得推荐。

其他有价值的文献将在各章末给出。

思考题

1－1　为什么说航空运输是一个系统？它有哪些基本特性？

1－2　航空运输系统由几个子系统组成？各子系统的功能是什么？

1－3　什么是航空运输规划？航空运输为什么要进行规划？

1－4　航空公司有哪些规划内容？机场运行有哪些规划内容？空管系统有哪些规划内容？

1－5　航空运输规划有哪两种方法？适用范围如何？

1－6　航空运输规划可分为哪几个层次？举例说明各层次规划的内容。

1－7　制订航空运输规划有几个步骤？可能用到哪些方法？

1－8　航空运输规划如何实施？

参考文献

[1]　Milan Janic. Air Transportation System Analysis and Modeling. Malaysia：Gordon and Breach Sci-

ence Publishers，2000.

[2] Dusan Teodorovic. Transportation Network—A Quantitative Treatment. New York：Gordon and Breach Science Publishers，1986.

[3] Dusan Teodorovic. Airline Operations Research. New York：Gordon and Breach Science Publishers，1988.

[4] Massoud Bazargan. Airline Operations and Scheduling. Hampshire：Ashgate Publishing Company，2004.

[5] Gang Yu. Operations Research in the Airline Industry. Boston：Kluwer Academic Publishers，2002.

[6] Michel Gendreau，Patrice Marcotte. Transportation and Network Analysis：Current Trends. Dordrecht：Kluwer Academic Publishers，2002.

[7] 耿淑香. 航空公司运营管理方略. 北京：中国民航出版社，2000.

[8] 孙宏. 航空公司飞机排班计划的优化模型及算法设计. 成都：电子科技大学出版社，2004.

[9] 孙宏，罗凤娥，文军. 运营飞行计划. 成都：电子科技大学出版社，2004.

[10] 孙宏，文军. 航空公司生产组织与计划. 成都：西南交通大学出版社，2008.

[11] 张永生. 民用航空维修工程管理概论. 北京：中国民航出版社，1999.

第2章　航空运输规划基础

2.1 引　言

本章为后面各章提供必要的数学模型、分析工具、求解算法和仿真技术。尽管本书假设读者已经学习过运筹学,但本科生所学的运筹学只提供了基础知识,其提供的方法不足以解决航空运输规划问题。航空运输规划的特殊性需要比一般运筹学更为高深的专题讨论,因此在讨论航空运输规划问题之前专设本章介绍相关内容,以保证读者阅读后面各章不会发生理解上的困难。

航空公司运力的相对刚性和需求的多层次波动性,要求航空公司必须做好各层次规划。再加之航空运输安全运行的极端重要性,国家民航局对航空运输从航空器到飞行员都作了严格的适航规定,使得航空公司必须在非常复杂的环境下运行。为处理这种复杂性,航空公司应用运筹学工具和技术来制订有效的运输规划。

航空公司最早从20世纪50年代就开始使用运筹学技术,运筹学模型在航空公司的生产计划和战略规划中都起到了重要作用。计算机技术的进步和优化建模技术的发展,使得攻克一些复杂决策难题成为可能,并且可以在可接受的时间内给出结果。运筹学的应用为航空公司创造了巨大的价值(在美国每年航空公司因此获益数百万甚至数亿美元)。运筹学的应用在航空运输业是最为成功的,许多美国的航空公司成立了运筹学部(OR Group),并且在国际运筹学学会中专设了航空公司专业组(Airline Group of the International Federation of Operational Research Societies,AGIFORS)。该专业组致力于提升运筹学方法在航空公司决策中的应用水平,读者可参见网站 www.agifors.org。运筹学在航空公司的应用包括机队规划、航线规划、航班计划、飞机调度、机组排班、不正常航班调度和收益管理以及航材采购计划等。

运筹学在航空运输领域的应用不仅在航空公司取得了巨大成功,在机场运行管理和空中交通管理方面也取得了令人振奋的成绩。在机场运行管理方面的应用包括停机位、值机柜台、行李转盘的指派(调度)以及地面交通规划和服务人员的排班等;在空中交通管理方面,运筹学主要用于空域规划和交通流量管理等问题。

航空运输规划的某些问题属于大规模集合覆盖或分割问题,某些是多商品网络流问题、约束最短路问题,这些问题都属于NP难解(*NP Hard*)问题。因此本章将分别介绍这些问题的基本概念和相应的求解算法。

制订机型指派计划、飞机路线、航班不正常调度计划等常需用到一些特殊的网络,如时空网络等,本章将在2.4节中作简要介绍。

除了优化方法,航空运输规划常常需要采用系统仿真方法进行分析和评估,如机场运行需要对服务流程进行仿真分析,找出瓶颈,然后进行流程优化;飞机流量管理可以采用仿真技术对飞机运动进行仿真,进而确定流量分配方案是否可行,是否满意。也可以通过系统仿真分析空域结构的规划是否合理,是否符合要求。航空公司航班计划是否可行,其经济性是否达到公司的要求,可以在计划执行前进行系统仿真，找出经济性差的航线、航班，进行必要的调整。可见系统仿真在航空运输规划中具有十分重要的作用，因此本章将在2.6节介绍用于航空运输系统的仿真方法和技术。

由于航空运输系统的复杂性，无论是优化方法还是仿真技术都不能依靠简单计算解决问题，都需要借助于大型软件系统或软件平台。因此本章将在最后两节分别介绍优化软件系统ILOG/CPLEX和用于开发仿真系统的大型商用软件平台ProModel(或ServiceModel)。

2.2 大规模整数规划问题

整数规划属于组合优化问题，由于它的NP难解性，在大学本科的运筹学课程中一般作为选修内容，而不做课堂讲授。难解性引起的困难只有对大规模的优化问题才凸显出来，甚至成为解决问题难以逾越的障碍，不得以放弃最优解的获得，退而求其次，用启发式算法获得次优解或满意解。航空运输规划所遇到的整数规划问题几乎全是大规模的，因此需要对其作专门介绍。本节介绍整数规划的基本概念和基本问题，不涉及算法问题。算法将在2.5节中专门介绍。

2.2.1 一个例子和问题的提出

例2.1 某小型航空公司一周的航班计划如表2.1所示，机组基地机场是A，C和D，现在要为该航空公司的机组人员排班。对于周一到周五每天都飞的航班，叫做日周期航班(Daily Flight)。在为这样的航班计划进行机组人员排班时，首先生成可供选择的航班环，其结果如表2.2所示。这里的航班环是指由同一个机组执行的符合衔接条件的航班串，并且第一个航班的出发机场与最后一个航班的到达机场相同。这里的衔接条件至少有两个：一个是后续航班的出发机场与其紧前航班的到达机场相同；另一个是后续航班的出发时间晚于其紧前航班的到达时间，并且间隔大于规定的最小值。本例要求在同一个航班环中，前、后两航班的衔接时间间隔不小于40 min。关于如何由航班时刻表生成航班环，请参阅第8章。

表2.1 某小航空公司的航班时刻表

航班号	出发时刻	出发机场	到达时刻	到达机场	频　率
110	8:00	A	9:00	B	1,2,3,4,5
120	12:30	C	14:00	D	1,2,3,4,5,6
130	15:00	D	16:00	A	1,2,3,4,5,7
121	10:00	B	11:00	C	1,2,3,4,5,6,7
112	17:00	A	18:20	B	1,2,3,4,5,6,7
122	15:00	C	16:30	A	1,2,3,4,5,6,7
123	11:00	B	12:15	C	1,2,3,4,5

表 2.2　可选择的航班环

航班环	第一天	第二天	第三天	飞行时间/h	基地机场
P_1	110－121－120－130	重复	重复	4.5	A
P_2	110－123－120－130	重复	重复	4.25	A
P_3	110－121－122	重复	重复	3.5	A
P_4	110－123－122	重复	重复	3.75	A
P_5	112	121－120－130	重复第一天	4.83	A
P_6	112	121－122	重复第一天	3.83	A
P_7	120－130－112	121	重复第一天	4.83	C
P_8	122－112	123	重复第一天	4.08	C
P_9	120－130－112	123	重复第一天	5.08	C
P_{10}	122－112	121	重复第一天	3.83	C
P_{11}	130	110－123－120	重复第一天	4.75	D
P_{12}	130	110－121－120	重复第一天	4.5	D
P_{13}	130	112	121－120	4.33	D

在表 2.2 中 P_1～P_4 这四个航班环的周期是一天，P_5～P_{12} 这 8 个航班环的周期是两天，P_{13} 的周期则是 3 天，没有周期超过 3 天的航班环。对于周期是两天的航班环，每天应执行两个（两架飞机来飞），3 天周期的航班环每天须执行 3 个，需要 3 架飞机来飞。

设决策变量 $x_i=0,1$，等于 0 表示不飞航班环 P_i，等于 1 表示飞航班环 P_i。如果根据航班环 P_i 的飞行小时计算出机组成本是 c_i，则表 2.1 的航班计划的机组执行总成本是

$$z=\sum_{i=1}^{13}c_ix_i$$

这个总成本越小越好。

对于每个航班，每天有且只能有一个航班环执行。如对于航班 110，航班环 P_1，P_2，P_3，P_4，P_{11}，P_{12} 都包含它，这些航班环只能执行一个，不能同时都执行，否则航班 110 将被执行多次。因此

$$x_1+x_2+x_3+x_4+x_{11}+x_{12}=1$$

对于其他航班，也有类似的约束条件。对于本问题，一共有 7 个同类的约束条件。

综合上述讨论，可以给出该机组航班环问题的规划模型如下：

$$\min z=\sum_{i=1}^{13}c_ix_i$$

$$\text{s.t.}\quad x_1+x_2+x_3+x_4+x_{11}+x_{12}=1$$

$$x_1+x_3+x_5+x_6+x_7+x_{10}+x_{12}+x_{13}=1$$

$$x_1+x_2+x_5+x_7+x_9+x_{11}+x_{12}+x_{13}=1$$
$$x_3+x_4+x_6+x_8+x_{10}=1$$
$$x_1+x_2+x_5+x_7+x_9+x_{11}+x_{12}+x_{13}=1$$
$$x_5+x_6+x_7+x_8+x_9+x_{10}+x_{13}=1$$
$$x_2+x_4+x_8+x_9+x_{11}=1$$
$$x_i=0,1;\quad i=1,2,\cdots,13$$

这是一个 0—1 型整数规划模型，目标函数是机组飞行总成本最小，每个航班一个约束条件，表示每个航班能且只能执行一次。这是一个集合分割问题，即将航班集合分割成若干子集合，任一航班属于某一子集，每两两子集的交集为空，使分割的总代价最小。这里每个航班子集就是一个航班环。有时由于航班计划在时间衔接上存在问题，导致某些航班在当地机场没有机组去执行，这时上述模型无可行解。实践中，常采用加机组(Deadhead)的办法，即从别的机场调机组跟随某航班飞来本机场。如果允许机组空飞(加机组)，则约束条件的等号应改为大于、等于号，此时是集合覆盖问题。

集合分割问题和集合覆盖问题是航空运输规划经常遇见的数学模型，它们的一般描述如下：

集合分割问题：把一个含有 n 个元素的集合 A 分割成若干个子集合 A_i，$i=1,2,\cdots,m$，产生每个子集合 A_i 需要付出相应的成本是 c_i，现要求从这些子集中选出若干个子集，使得

$$A_i\cap A_j=\Phi;\quad i\neq j;\quad i,j=1,2,\cdots,m;\quad \bigcup_{i=1}^{m}A_i=A$$

并使分割这些子集合的总成本最小。

集合分割问题可以用数学模型表述为

$$\begin{aligned}\min z&=\sum_{i=1}^{m}c_ix_i\\ \text{s.t.}\quad &\sum_{j=1}^{m}a_{ij}x_j=1,\quad i=1,2,\cdots,n\\ &x_i=0,1;\quad i=1,2,\cdots,m\end{aligned}\tag{2.1}$$

其中，$a_{ij}=0$ 或 1，它是一个示性算子，即当子集合 A_j 含有元素 i 时为 1，否则为 0。x_i 是决策变量，等于 1 时表示 A_i 被选中，等于 0 时表示不选择 A_i。上述模型的约束条件共有 n 个，每个元素一个，表示每个元素必须且只能包含在一个子集中。

集合覆盖问题：如果在集合分割问题中，允许多个子集包含同一个元素，即允许 $A_i\cap A_j\neq\Phi,i\neq j$，则叫做集合覆盖问题，它的数学模型为

$$\begin{aligned}\min z&=\sum_{i=1}^{m}c_ix_i\\ \text{s.t.}\quad &\sum_{j=1}^{m}a_{ij}x_j\geqslant 1,\quad i=1,2,\cdots,n\\ &x_i=0,1;\quad i=1,2,\cdots,m\end{aligned}$$

上述的集合分割问题和集合覆盖问题的决策变量是特殊的整数(0 或者 1)，因此它们是特殊的整数规划。一般的整数规划问题见定义 2.1。

定义 2.1 凡规定某些决策变量取整数值的数学规划问题都叫做整数规划问题。

例如

$$\min z = f(\boldsymbol{X}_1, \boldsymbol{X}_2)$$

$$\text{s.t.} \quad g(\boldsymbol{X}_1, \boldsymbol{X}_2) \geqslant \boldsymbol{b}$$

$$\boldsymbol{X}_1, \boldsymbol{X}_2 \geqslant 0, \quad \boldsymbol{X}_1 \text{ 取整数}$$

式中，f,g 是 $\boldsymbol{X}_1$,$\boldsymbol{X}_2$ 的任意函数,$\boldsymbol{X}_1$,$\boldsymbol{X}_2$ 是决策变量矢量,$\boldsymbol{b}$ 是约束条件的右手边矢量。

2.2.2 整数规划的分类和可行解集

由定义 2.1 可知,只要某数学规划问题的某些决策变量规定为整数,就是整数规划。这就是说,整数规划中可以规定变量取 0 或 1,也可以规定取其他整数值,甚至允许某些决策变量取整数值,某些取实数值。目标函数和约束条件可以是线性的,也可以是非线性的。根据这些特点,本小节首先对整数规划进行分类。

一、根据决策变量的取值规定分类

(1)0—1 型整数规划:有决策变量取 0 或 1 的整数规划。如果全部决策变量都只取 0 或 1,则称为纯 0—1 型整数规划,否则称为混合 0—1 型整数规划。

(2)纯整数规划:所有的决策变量都取整数的整数规划问题叫做纯整数规划问题。

(3)混合整数规划:有些变量取整数,有些变量取实数的规划问题,叫做混合整数规划。

二、根据目标函数和约束条件是否为线性分类

(1)线性整数规划:目标函数和约束条件是线性函数的整数规划叫做线性整数规划。

(2)非线性整数规划:目标函数和/或某些约束条件是非线性函数的整数规划叫做非线性整数规划。

整数规划各种类型和划分标准见表 2.3。

表 2.3　整数规划分类

类型 / 条件	线性整数规划				非线性整数规划			
	整数规划		0—1 型整数规划		整数规划		0—1 型整数规划	
	纯整数规划	混合整数规划	纯整数规划	混合整数规划	纯整数规划	混合整数规划	纯整数规划	混合整数规划
变量	全部取整数	部分取整数	全部取整数	部分取整数	全部取整数	部分取整数	全部取整数	部分取整数
目标函数和约束条件	全部为线性函数				全部或部分为非线性函数			

本章只讨论线性整数规划问题。由于整数规划规定某些变量取整数值,加大了求解难度。如果放松整数约束,则线性整数规划问题成为线性规划问题,叫做整数规划的松弛线性规划问题,简称为松弛线性规划问题。如果是 0—1 型的整数规划,整数约束 $x_i = 0,1$ 将松弛成 $0 \leqslant x_i \leqslant 1$。

设松弛线性规划问题的可行域是 S,则对应的整数规划的可行域是 S 中整数点的集合。例如,整数

规划

$$\begin{aligned}&\max z = 7x_1 + 5x_2\\&\text{s. t.}\quad 24x_1 + 11x_2 \leqslant 88\\&2x_1 + 3x_2 \leqslant 10\\&x_1, x_2 \geqslant 0\text{，整数}\end{aligned} \tag{2.2}$$

对应的松弛线性规划问题为

$$\begin{aligned}&\max z = 7x_1 + 5x_2\\&\text{s. t.}\quad 24x_1 + 11x_2 \leqslant 88\\&2x_1 + 3x_2 \leqslant 10\\&x_1, x_2 \geqslant 0\end{aligned} \tag{2.3}$$

线性规划式(2.3)的可行域 S 是图 2.1 所示的虚线部分构成的凸集，而整数规划的可行域是该凸集中的整数点：{(0,0),(0,1),(0,2),(0,3),(1,0),(1,1),(1,2),(2,0),(2,1),(2,2),(3,0),(3,1)}。求整数规划的最优解即是在该可行域的整数点集中寻找使目标函数最优的点。点(3,1)即是式(2.2)的最优解。

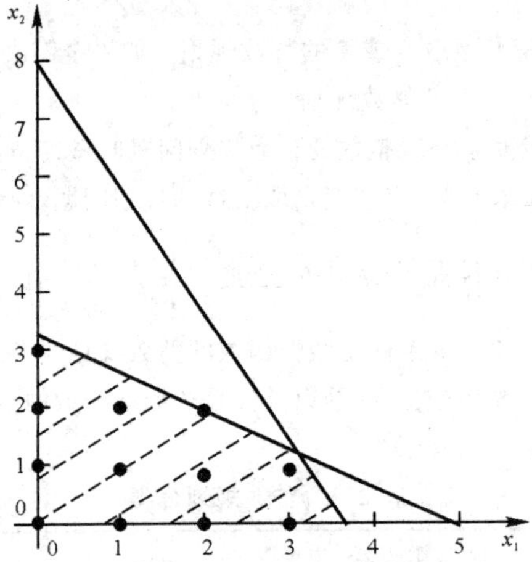

图 2.1 线性规划和整数规划的可行域

2.2.3 大规模整数规划问题

由 2.2.2 小节的讨论可知，整数规划问题是要从可行整数点集中寻找使目标函数最优的整数点。这样的可行整数点不多时(规模不大时)，可以采用枚举法列出所有可行整数点，然后比较各整数点的目标函数值，取其最优者的整数点为最优解。

枚举法对于大规模整数规划问题是不可用的。如有 10 000 个变量的中等规模问题，即使每个变量只取两个整数点，则有 $2^{10\,000}$ 个整数点，近似于 $10^{3\,000}$ 个整数点，假设计算每个点的目标函数值只需要 10^{-6} s(计算机的计算能力超过 1×10^{10} 次/秒加法)，则遍历所有整数点的计算需要 $10^{2\,994}$ s，约合 $3\times10^{2\,986}$

年,已经大大超过了地球的年龄。而在航空运输规划的实践中,问题规模常常达到数百万个0—1型变量,因此枚举法不能使用,那么该如何解决这些问题呢?这里首先介绍算法复杂度的概念。

如果像上面那样,以问题的变量数或/和约束条件数表达问题的规模,求解该问题的总计算次数表达成了问题规模的指数函数形式,则这种算法叫做"指数型"算法。当把求解问题的计算量表达成问题规模的函数形式时,不计常数项和常系数,写成如$O(n^3)$或$O(2^n)$的形式,叫做算法的复杂度,前者叫做多项式算法,后者叫做指数型算法。"指数型算法"被称为"坏算法",是因为这种算法的复杂度是问题规模的"指数函数",对于大规模问题,它不可能在有限时间(可接受的时间)内完成求解任务。如果一个问题只有指数型算法,则该问题是不可能解决的,叫做NP完全(NP Complete)问题。对于这类问题,其求解的计算时间不能随着计算机性能的提高而有效缩短,因此不能指望依靠计算机性能的提高来解决。

对于多项式算法,问题的算法复杂度可以用问题规模n的多项式表示,如$O(n^3)$。哪怕算法的复杂度是$O(n^{100})$,也是多项式算法。多项式算法叫做"良好算法",因为计算时间不会随着问题的规模成指数级增加,对应的一类问题叫做P类问题。对于这类问题,其计算时间几乎可以随计算机性能的提高按量阶成线性地缩短。

关于P类问题、NP类问题、NP完全问题以及NP难问题的定义和讨论,请参阅参考文献[7]。

算法的复杂度分析总是考虑最坏的情形,如果这种最坏情形很难发生,则这种计算复杂度的代表性比较差。有时指数型算法的表现好于多项式的算法。例如,线性规划问题的单纯形算法在最坏的情形下被证明是指数型的,内点法是多项式的。但在通常情况下,单纯形算法比内点法还快。

如果算法的复杂度可表达为$O(n^k)$,$O(n\log n)$或一般地$O(n^k(\log n)^c)$,k可以是任意不小于零的实常数,c为正整数常数,则都叫做多项式的算法。指数型的算法可以包括$O(c^n)$,$O(2^{n^k})$,$O(n!)$,$O((n!)^k)$等形式。

有一类优化问题叫做组合优化问题,它的可行解个数是用问题规模的排列或组合数来计算的,对这类问题采用枚举法寻找最优解,算法的复杂度是用问题规模的阶乘来表示的,因此是指数型算法。这类问题到目前为止找不到多项式算法,通常是NP完全问题。整数规划问题属于组合优化问题,因为它的可行解个数与变量个数的组合数是同一量阶的,所以整数规划是NP完全问题。

整数规划的求解比线性规划困难多了,在混合整数规划中,把整数变量叫做难处理变量,实数变量叫做易处理变量。整数规划问题一般采用分枝定界法求解[6],但对于大规模整数规划问题,分枝定界法不是多项式算法,需要与其他算法结合才能解决问题。可以设计启发式算法或生物进化算法等有效近似算法,以便在较短的时间内求得问题的近似最优解或满意解。

2.3　高级网络流问题

通过运筹学课程的学习,已经知道了一些经典的网络优化问题,如最小支撑树问题、最短路问题、最大流问题和最小费用流问题。对于这些问题,已经有了有效的多项式算法。但这些经典网络优化模型只能解决一些比较简单的问题。如最短路问题只考虑边的长度,没有考虑路径上其他因素的约束,如规定燃油的消耗量或规定允许的最长流动时间;最小费用流问题假设网络上流动的是同一种"商品"和单位流费用相同,不考虑网络的建设投资等,而实际情况可能存在多种"商品",不同商品有不同的单位流费用,并可能考虑建设费用。因此实际问题比经典的网络流问题要复杂得多。下文主要讨论在航空运输规划中经常遇到的网络优化高级问题:约束最短路径问题和多商品流问题。

2.3.1 约束最短路径问题

图 2.2 所示的是大家熟悉的最短路径问题,其中节点 v_1 和 v_8 分别是始发节点(源节点)和终止节点(汇节点),图中每边上权重表示长度,要求从始发节点到终止节点的这样一条路径,该路径上各边的权重之和最小(路径长度最短)。在图 2.2 中,节点 v_1 到 v_8 的最短路径是 $v_1 \to v_7 \to v_5 \to v_6 \to v_8$,最短路程是 9。

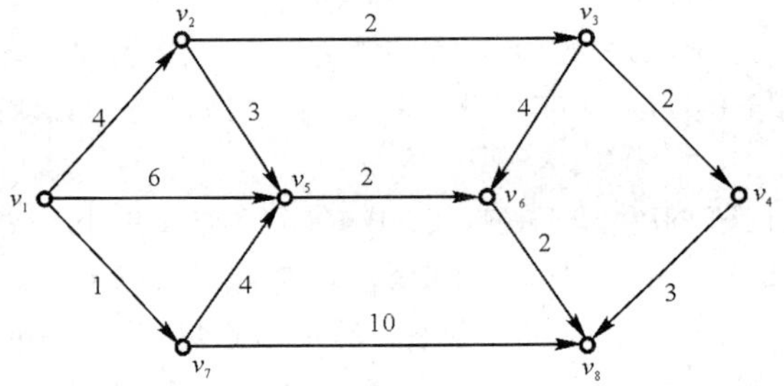

图 2.2 最短路径问题

可见经典的最短路径问题只考虑网络每边的长度,可以用如下的数学模型来描述

$$\min z = \sum_{i \in V} \sum_{j \in V} d_{ij} x_{ij}$$

$$\text{s. t.} \quad \sum_{j \in adj(i)} x_{ij} - \sum_{j: i \in adj(j)} x_{ji} = \begin{cases} 1, & i = s \\ 0, & \text{其他} \\ -1, & i = t \end{cases}$$

$$x_{ij} = 0,1; \quad i,j \in V$$

其中,d_{ij} 是边(i,j) 的长度;x_{ij} 是 0—1 型的决策变量(路径选择变量),边(i,j) 在最短路径上时 $x_{ij} = 1$,否则 $x_{ij} = 0$。该问题是一个易解问题,经典的标号法是多项式算法。

但在一些路径最短问题中,不但要求选取最短(或成本最小的)路径,而且网络流沿路径流动时存在资源消耗。如根据机组适航性要求,每机组在 24 h 内的飞行时间一般不得超过 8 h,执勤时间不超过 14 h,即所谓的 8—in—24 规则。此时,这 8 h 和 14 h 就是机组航班环(配对,Pairing)问题的有限资源。确定每个机组航班环是航线网络中的约束最短路径问题。再如,在飞机路线问题中,需要考虑飞机的飞行时间,一般要选择日利用率在给定范围内的航班环作为飞机的可行路线,因此飞机的飞行时间是飞机路线问题的有限资源。

一般地,约束最短路径问题可以描述成如下的网络流问题:网络的每条边(i,j) 的权重是一对数(d_{ij}, s_{ij}),其中 d_{ij} 是该边的“长度”,s_{ij} 是在该边单位流消耗的资源(可以有多个)。要求网络的始发节点到终止节点的一条满足资源消耗约束的最短路径。如图 2.3 所示的网络中,从源 s 到汇 t 有 5 条路径,最

短路径是 $s \to 5 \to t$，该路径长度是 9，消耗资源量是 13。如果我们限制该流的可消耗资源量最大为 10，则约束最短路径是 $s \to 1 \to 2 \to 4 \to t$，该路径的长度是 11($>9$)，但资源消耗量等于 10，满足资源约束条件。

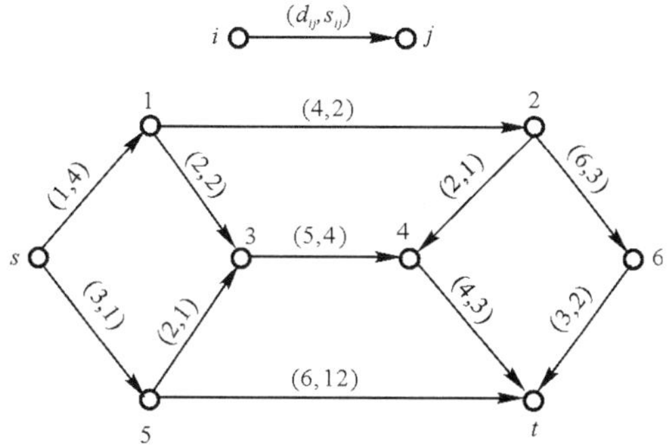

图 2.3　约束最短路径问题

约束最短路径问题的数学模型为

$$\min z = \sum_{i\in V}\sum_{j\in V} d_{ij}x_{ij} \tag{2.4a}$$

$$\text{s. t.} \quad \sum_{j\in adj(i)} x_{ij} - \sum_{j:i\in adj(j)} x_{ji} = \begin{cases} 1, & i=s \\ 0, & \text{其他} \\ -1, & i=t \end{cases} \tag{2.4b}$$

$$\sum_{i\in V}\sum_{j\in V} s_{ij}x_{ij} \leqslant S \tag{2.4c}$$

$$x_{ij} = 0,1; \quad i,j \in V$$

该模型比经典最短路径问题多了一个资源约束条件式(2.4c)，其中 S 是资源可消耗总量。该约束的加入使最短路径问题变成一个难解问题，把它叫做困难约束。式(2.4b)是经典最短路径问题的约束条件，所以叫做易解约束。为解决该问题，可以设想存在一个资源的单位成本 λ，将消耗的资源折合为成本加到目标函数中，从而将它简化成一个经典的最短路径问题，成为易解问题。实际上，可以将单位资源成本 λ 看做 Lagrange 乘子，乘以难解约束式(2.4c)后加到目标函数中，以消除困难约束式(2.4c)，则式(2.4a)成为

$$\min z = \sum_{i\in V}\sum_{j\in V} (d_{ij} + \lambda s_{ij})x_{ij} - \lambda S$$

$$\text{s. t.} \quad \sum_{j\in adj(i)} x_{ij} - \sum_{j:i\in adj(j)} x_{ji} = \begin{cases} 1, & i=s \\ 0, & \text{其他} \\ -1, & i=t \end{cases}$$

$$x_{ij} = 0,1; \quad i,j \in V$$

其中目标函数的最后一项是常数，不影响最优解，可以除去。这样上述模型简化成了经典最短路径问题。这种方法叫做 Lagrange 松弛算法，将在 2.5 节中进行介绍。

一般的约束最短路径问题可以存在多个资源约束，此时约定用一组数来表示一条边的权，其中第一

个是该边的长度，其他是各种资源的消耗量。在数学模型中，将有一组资源约束条件，每种资源一个约束条件。

2.3.2 多商品流问题

经典的最小费用流问题只涉及一种“商品”(Single Commodity)，即在网络上流动的只有一种“商品”。在最小费用流问题中，给定了网络的流量 d，以及边 (i,j) 的容量 u_{ij} 和单位流费用 c_{ij}，要求网络流 d 在网络上的最小费用的分布模式，如图 2.4 所示。

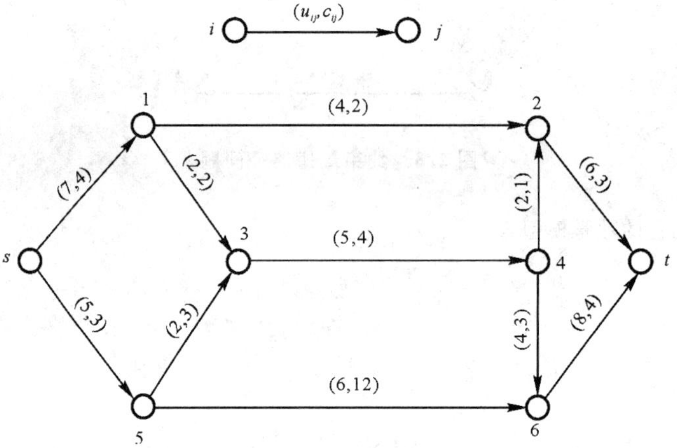

图 2.4 最小费用流问题(网络流 b =7)

最小费用流问题的数学模型如下：

$$\min z = \sum_{i \in V} \sum_{j \in V} c_{ij} x_{ij} \tag{2.5a}$$

$$\text{s.t.} \quad \sum_{j \in adj(i)} x_{ij} - \sum_{j: i \in adj(j)} x_{ji} = \begin{cases} d, & i = s \\ 0, & \text{其他} \\ -d, & i = t \end{cases} \tag{2.5b}$$

$$0 \leqslant x_{ij} \leqslant u_{ij}; \quad i,j \in V \tag{2.5c}$$

其中，式(2.5a)是目标函数，要求总费用最小；式(2.5b)是节点的流量平衡约束条件，每个节点具有一个这样的约束条件；式(2.5c)是边的容量约束条件，要求每条边的流量不大于容量。

生产实际中，常常碰见网络上同时流动着多种“商品”的问题，如在航线网络上同时流动着各种机型的飞机，一种机型的飞机就是一种“商品”，这样的问题叫做多商品流问题(Multicommodity Flow Problem)。下面我们来为多商品流问题建模。

假设在网络上流动着 K 种商品，令 $k=1,2,\cdots,K$ 表示任意第 k 种商品，在任意边 (i,j) 上，商品流存在容量限制，各种商品的单位流都占有一个单位的容量，因此各种商品流量之和不能超过该边的容量 u_{ij}。第 k 种商品的网络流(总需求)为 d^k，在边 (i,j) 上的单位流费用是 c_{ij}^k，并进一步假设受到该种商品

流容量 u_{ij}^k 的限制。根据以上假设，多商品流问题的数学模型为

$$\min z = \sum_{k=1}^{K}\sum_{i\in V}\sum_{j\in V} c_{ij}^k x_{ij}^k \tag{2.6a}$$

$$\text{s.t.}\quad \sum_{j\in adj(i)} x_{ij}^k - \sum_{j:i\in adj(j)} x_{ji}^k = \begin{cases} d^k, & i=s \\ 0, & \text{其他}, \quad k=1,2,\cdots,K \\ -d^k, & i=t \end{cases} \tag{2.6b}$$

$$\sum_{k=1}^{K} x_{ij}^k \leqslant u_{ij};\quad i,j\in V \tag{2.6c}$$

$$0\leqslant x_{ij}^k \leqslant u_{ij}^k;\quad i,j\in V;\quad k=1,2,\cdots,K \tag{2.6d}$$

可见，多商品流问题是最小费用流问题的直接推广，其中，式(2.6a)是目标函数，要求总费用最小；式(2.6b)是对每种商品、每个节点都必须满足的流平衡约束条件；式(2.6c)表示每条边上各种商品流之和不得大于该边的容量，式(2.6d)是对每种商品、每条边都必须满足的容量限制条件。如果网络有 n 个节点，m 条边，那么对于每种商品，这个模型将有 m 个流变量，因此共有 Km 个决策变量。该模型共有 Kn 个节点的流守恒约束，m 个边的总容量约束，以及可能存在 Km 个各商品流的边容量约束条件。

从式(2.6)可以看出，如果没有式(2.6c)，则多商品流问题可以分解成 K 个单商品最小费用流问题。由于最小费用流问题已经有成熟的高效算法，如长度网络解法或者复合标号法(这些算法都是连续最短路算法的不同表现形式)，请参见宁宣熙(2007 年)的《运筹学实用教程》。但由于式(2.6c)的左边是关于商品流求和的，叫做捆绑式约束(Bundle Constraints)，它的存在使多商品流问题的求解陡增难度，因此是“困难约束”，其他的约束条件是“易解约束”。2.3.1 小节约束最短路径问题相似，这里也可以采用 Lagrange 松弛算法，将困难约束用 Lagrange 乘子加入到目标函数中，化难解问题为若干个易解问题。请参见 2.5 节。

如果不存在式(2.6d)表示的容量约束，则可令 $u_{ij}^k \to +\infty$。

对于单商品网络流问题，只要容量等网络参数是整数，则总能获得整数的最优解，但对于多商品流则不然，即使对各种商品，网络的参数是整数的，也不能保证最优解是整数的，事实上，经常获得分数形式的最优解。这是多商品流问题的另一个棘手问题。

航空运输规划问题常可归结为多商品流问题，例如将在第 7 章中介绍的航线网络规划问题便是多商品流问题。但这类问题由于存在“困难约束”，必须采用或设计特殊解法才能求解，除了上述的 Lagrange 分解算法外，常用的经典解法还有 Danzig-Wolfe 分解算法和容量分解算法等，也可采用启发式算法，如遗传算法、模拟退火法、禁忌算法和蚁群算法，将在本章 2.5 节介绍其中的部分算法。

2.4　航空运输规划特殊网络介绍

由于航空运输的特殊性，在研究航空运输规划问题时，使用经典的网络往往不能清晰地表述问题，因此人们设计了一些特殊的网络。本节将介绍两种应用较多的网络：时空网络和航班连接网络。

2.4.1　时空网络与时间线

在做机型指派时，我们需要在时间上和空间上(机场)跟踪某机型的飞机。为了直观地表示这一点，

方便构建相应的数学模型，可以借助时空网络。

和一般网络一样，时空网络也由节点和有向边组成，但节点含有时间和空间两维坐标。首先以机场为横坐标（是离散的），在横轴上标上各机场的名称，对每个机场作一纵轴，为时间轴，方向从上向下，起点为机场的开放时间，终点为机场的宵禁时间。时间轴是连续的，我们根据航班时刻表给出相应的节点，这些节点表示了某机场某航班的到达时刻或出发时刻，如图 2.5 所示。

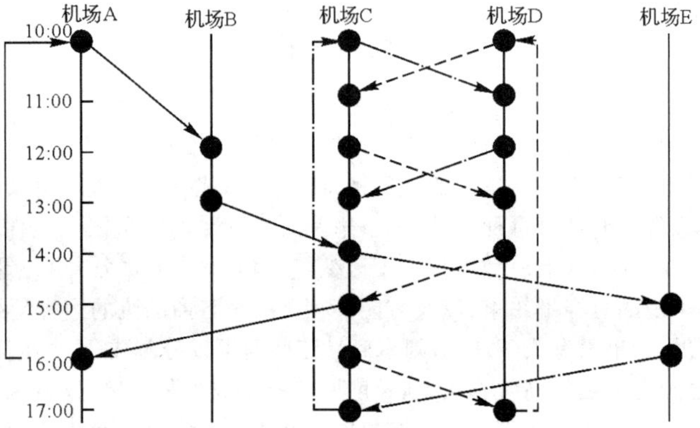

图 2.5　时空网络图实例

时空网络的边有三种：航班边，从航班出发机场的节点指向到达机场的节点；停场边，从同一机场的某节点指向下一节点，这种边的方向总是从上指向下，因此方向常常略去，同一机场任意两节点之间的线段都可以认为是一条停场边；过夜边，从同一机场的最后一个节点指向第一个节点，方向是向上的，表示飞机在该机场过夜，准备执行第二天的飞行任务。

在时空网络中，流动着的是各种机型的飞机，每条航班边只能有一架飞机流，每条停场边和过夜边一般不设置容量限制，必要时也可对过夜边设置容量。在时空网络中可以构建多商品流问题的模型，一种典型的约束条件是每节点的飞机流平衡条件，即流进某节点的某机型飞机数等于流出该节点的该种机型飞机数。例如，图 2.6 的节点，应有如下的约束条件

留下飞机数＝2（原有飞机数）＋1（到达 1 架）－1（出发 1 架）＝2

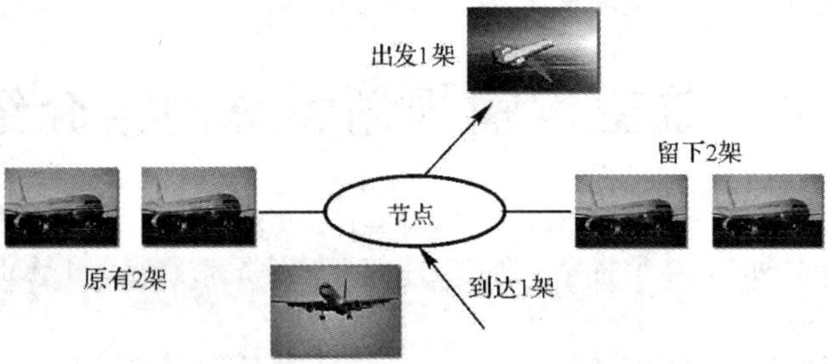

图 2.6　时空网络某节点的飞机数平衡条件

如果问题涉及的机场很多,时空网络将规模很大,难于分析和处理。此时可以将一个机场的时间轴抽出,包括到达该机场的航班边和从该机场出发的航班边,这样所得到的图叫做机场时间线(Time Line),图 2.7 是某机场时间线的示意图。有了这条时间线,可以为该机场的各节点建立飞机流平衡条件。如果给每个机场都绘制了时间线,就可以给时空网络的所有节点建立飞机流平衡条件了。

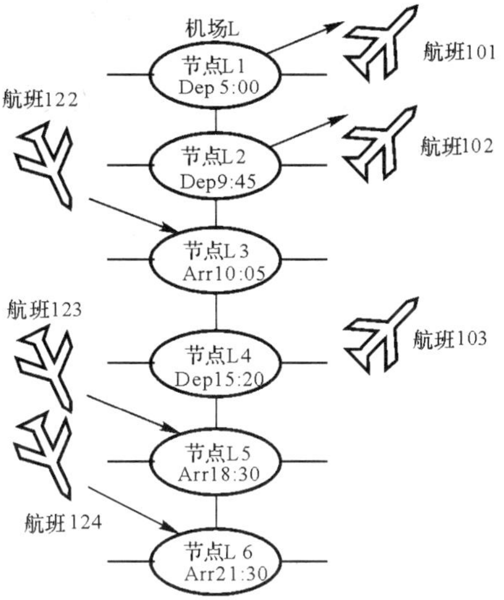

图 2.7 某机场的时间线

2.4.2 航班连接网络

在应用时空网络为机型指派问题建模时,只考虑某种机型的飞机在每个节点的流平衡,航班的执行并没有安排具体的飞机,也就是没有考虑飞机的衔接问题。在解决飞机路线问题时,则需要解决同一架飞机的前、后两个航班的衔接问题。此时采用时空网络显得笨拙,可以采用所谓的航班连接网络(Flight Connection Network),它的构成描述如下:

一、节点

航班连接网络共有五类节点:源节点、始发机场节点、航班节点、终止机场节点和汇节点,每个连接网络有一个源节点和一个汇节点,它们是虚拟的节点,只表示网络的发散之源和汇聚之处,始发机场和终止机场一般是航空公司的过夜机场(包括基地机场),分别是一个周期开始时航班出发的机场和周期结束时航班到达的机场。该周期中每个航班对应连接网络的一个航班节点。设有 p 个始发机场、q 个终止机场和 n 个航班,则连接网络有 $(p+q+n+2)$ 个节点。

二、有向边

航班连接网络的有向边也有五类:

(1)源发边。连接源节点和各始发机场的边,方向从源节点指向始发机场。

(2)始发边。连接每个始发机场和从该机场始发的航班节点的边,方向指向始发航班节点。

(3)衔接边。连接前后两个满足衔接条件的航班节点的边,方向指向下一个航班。

(4)到达边。连接一个周期的最后到达航班节点和终止机场节点的边,方向指向终止机场。

(5)终止边。连接终止机场节点和汇节点的边,方向指向汇节点。

一个始发机场可以有若干始发航班,因此一个始发机场节点可以有许多条始发边,同样一个终止机场节点可以有许多条到达边。对于一个航班节点来说,满足航班衔接条件的后续航班可能也不止一个,因此在航班连接网络中,航班节点的出度可能比较大,这将会增加航班连接网络的复杂程度。

如图 2.8 所示是一个航班连接网络的示意图。连接网络中任一条从源节点到汇节点的路径都是一条可能的飞机路线。可以采用深度优先搜索算法或宽度优先搜索算法搜索连接网络,寻找从源到汇的可能路径。

航班连接网络在航空运输规划中有着许多应用,它不仅可以用于生成飞机路线,也可以用于生成机组配对(Crew Pairing)、机组活动串(Crew Rostering),甚至停机位指派的航班串,这些问题将在以后的有关章节中介绍。

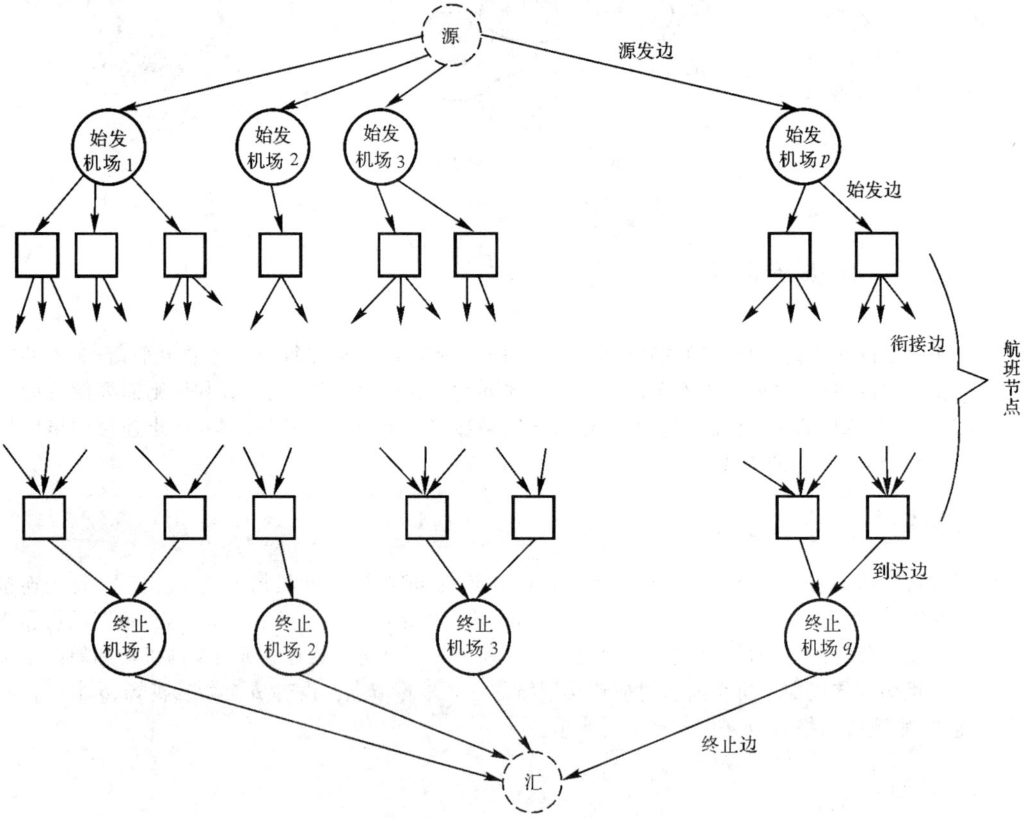

图 2.8 连接网络示意图

2.5　航空运输规划问题的优化解法

航空运输规划的许多问题属于整数规划问题，这些问题大都是大规模的，因此寻找高效的求解算法成为解决问题的焦点。已经提出了许多创新算法，本节将以网络流问题为研究对象，介绍几种重要的求解算法。

为方便讨论，将多商品流问题的数学模型重摘于下：

$$\min z = \sum_{k=1}^{K} \sum_{i \in V} \sum_{j \in V} c_{ij}^k x_{ij}^k \tag{2.7a}$$

$$\text{s.t.} \quad \sum_{j \in adj(i)} x_{ij}^k - \sum_{j: i \in adj(j)} x_{ji}^k = \begin{cases} b^k, & i = s \\ 0, & \text{其他} \\ -b^k, & i = t \end{cases}, k = 1,2,\cdots,K \tag{2.7b}$$

$$0 \leqslant x_{ij}^k \leqslant u_{ij}^k; \quad i,j \in V, \quad k = 1,2,\cdots,K \tag{2.7c}$$

$$\sum_{k=1}^{K} x_{ij}^k \leqslant u_{ij}; \quad i,j \in V \tag{2.7d}$$

以下的一些算法需要将约束条件分解成易解的和困难的，因此式(2.7)(式(2.7a)～式(2.7d)的统称，以下类同)已经将易解约束和困难约束分开，分别是式(2.7b)、式(2.7c)和式(2.7d)。

约束最短路径问题可以看成是多商品流问题的特例。

2.5.1　Lagrange 松弛解法

对每条边的困难约束式(2.7d)，用 Lagrange 乘子 λ_{ij} 相乘后加到目标函数中，式(2.7)将成为

$$L(\lambda) = \min \left\{ \sum_{k=1}^{K} \sum_{i \in V} \sum_{j \in V} c_{ij}^k x_{ij}^k + \sum_{j \in V} \sum_{i \in V} \lambda_{ij} \left(\sum_{k=1}^{K} x_{ij}^k - u_{ij} \right) \right\}$$

$$\text{s.t.} \quad \sum_{j \in adj(i)} x_{ij}^k - \sum_{j: i \in adj(j)} x_{ji}^k = \begin{cases} b^k, & i = s \\ 0, & \text{其他} \\ -b^k, & i = t \end{cases}, \quad k = 1,2,\cdots,K$$

$$0 \leqslant x_{ij}^k \leqslant u_{ij}^k; \quad i,j \in V, \quad k = 1,2,\cdots,K$$

或者

$$L(\lambda) = \min \left\{ \sum_{k=1}^{K} \sum_{i \in V} \sum_{j \in V} (c_{ij}^k + \lambda_{ij}) x_{ij}^k \right\} - \sum_{i \in V} \sum_{j \in V} \lambda_{ij} u_{ij} \tag{2.8a}$$

$$\text{s.t.} \quad \sum_{j \in adj(i)} x_{ij}^k - \sum_{j: i \in adj(j)} x_{ji}^k = \begin{cases} b^k, & i = s \\ 0, & \text{其他} \\ -b^k, & i = t \end{cases}, \quad k = 1,2,\cdots,K \tag{2.8b}$$

$$0 \leqslant x_{ij}^k \leqslant u_{ij}^k; \quad i,j \in V, \quad k = 1,2,\cdots,K \tag{2.8c}$$

式中 $L(\lambda)$ 叫做 Lagrange 函数。当 Lagrange 乘子给定时，目标函数式(2.8a)中最后一项是常数，设为

C，它不影响流变量的最优解，因此可以略去该项。此时式(2.8)是关于商品 k 可分解的，即对每个 k，可以通过求解如下各问题的解来解各式。

$$\min z^k = \sum_{j\in V}\sum_{i\in V}[(c_{ij}^k + \lambda_{ij})x_{ij}^k \tag{2.9a}$$

$$\text{s.t.} \quad \sum_{j\in adj(i)} x_{ij}^k - \sum_{j:i\in adj(j)} x_{ji}^k = \begin{cases} b^k, & i = s \\ 0, & \text{其他} \\ -b^k, & i = t \end{cases} \tag{2.9b}$$

$$0 \leqslant x_{ij}^k \leqslant u_{ij}^k; \quad i,j \in V \tag{2.9c}$$

由于对不同的商品 k，式(2.9)是一个最小费用流问题，可采用经典的长度网络法或复合标号法求解，算法的效率比较高。并且目标函数与 Lagrange 函数有如下关系：

$$L(\lambda) = \sum_{k=1}^{K} z^k - C \tag{2.10}$$

把式(2.9)叫做式(2.7)的子问题，式(2.7)则叫做主问题。目标函数式(2.9a)要求流成本最小，该最小值还取决于 Lagrange 乘子 λ，因此可看做 λ 的函数。关于子问题和主问题的最优解，有如下的性质：

定理 2.1 对于主问题式(2.7)和子问题式(2.9)的最优解 x^*，y^*，如果式(2.9)的 Lagrange 乘子 $\lambda \geqslant 0$，则有如下关系：

$$L(\lambda) \leqslant z(x*)$$

由于当 Lagrange 乘子 $\lambda \geqslant 0$ 时，有

$$\begin{aligned} z(x^*) = \min\{&\sum_k\sum_i\sum_j c_{ij}^k x_{ij}^k \mid \sum_k x_{ij}^k \leqslant u_{ij}, x \in X\} \geqslant \\ \min\{&\sum_k\sum_i\sum_j c_{ij}^k x_{ij}^k + \sum_i\sum_j \lambda_{ij}(\sum_k x_{ij}^k - u_{ij}) \mid \sum_k x_{ij}^k \leqslant u_{ij}, x \in X\} \geqslant \\ \min\{&\sum_k\sum_i\sum_j c_{ij}^k x_{ij}^k + \sum_i\sum_j \lambda_{ij}(\sum_k x_{ij}^k - u_{ij}) \mid x \in X\} = \\ \min\{&\sum_k\sum_i\sum_j (c_{ij}^k + \lambda_{ij})x_{ij}^k - \sum_i\sum_j \lambda_{ij}u_{ij} \mid x \in X\} = \sum_k z^k - C = L(\lambda) \end{aligned}$$

上式中第一个不等式成立是因为不等号的右边加上了一个不大于零的项，第二个不等式成立是因为不等号右边减少了约束条件，也就是扩大了可行域，因此最小值不会更大。可见定理 2.1 的结论成立。

更进一步，有如下结论：

定理 2.2 设 Lagrange 函数的最大值为 $L(\lambda^*)$，对应的 Lagrange 子问题的最优解 x^* 满足式(2.7d)，如果 Lagrange 乘子 $\lambda^* \geqslant 0$，并且满足互补松弛定理 $\sum_{(i,j)\in E}\lambda_{ij}(\sum_k x_{ij}^k - u_{ij}) = 0$，则 x^* 是原问题的最优解，最优目标函数值存在如下关系：

$$L(\lambda^*) \leqslant z(x^*)$$

一般地，Lagrange 函数和原问题的目标函数存在如下关系：

$$L(\lambda) \leqslant L(\lambda^*) \leqslant z(x^*) \leqslant z(x) \tag{2.11}$$

根据这一性质，对于任意满足式(2.7d)的 Lagrange 子问题的解 x，Lagrange 函数值是原问题最优目标函数 $z(x^*)$ 的下界，原问题的目标函数值 $z(x)$ 是 Lagrange 函数最大值 $L(\lambda^*)$ 的上界。

Lagrange 乘子 λ_{ij} 实际上是困难约束式(2.7d)的对偶变量，其意义是边(i,j)容量的影子价格。根据互补松弛定理知，当式(2.7d)取等号时，对应的松弛变量等于零，容量是该边的稀缺资源，影子价格一

般会大于零；如果式(2.7d)取严格的小于号，对应的松弛变量大于零，即容量有剩余，则影子价格等于零。

根据上述的讨论，可以给出求解式(2.7)的基本思路：给定 Lagrange 乘子 λ_{ij} 一个初始值，代入式(2.9)中，对每种商品 k 求解式(2.9)。如果该解满足约束条件式(2.7d)，则已获最优解；如果不满足，则给 Lagrange 乘子 λ_{ij} 以某种增量，得到新的 Lagrange 乘子 λ_{ij}，代入式(2.9)后再次求解式(2.9)，一直到式(2.7d)得到满足。根据定理 2.2，好的迭代过程应当保持 Lagrange 函数单调增。

上述求解思路采用了 Lagrange 乘子，解除了困难约束式(2.7d)，将难解问题式(2.7)分解成 K 个易解问题式(2.9)，这种解法叫做 Lagrange 松弛算法。由于该算法将原问题分解成若干个最小费用流问题(子问题)来求解，所以又叫做 Lagrange 分解算法。

在 Lagrange 松弛算法中最关键的问题是如何更新 Lagrange 乘子 λ_{ij}。设当前是第 t 次迭代，Lagrange 乘子为 λ_{ij}^t，则一般地，下一次迭代的 Lagrange 乘子按下式更新：

$$\lambda_{ij}^{t+1} = \lambda_{ij}^t + \theta^t\left(\sum_{k=1}^{K} x_{ij}^k - u_{ij}\right) \tag{2.12}$$

这里，θ^t 是更新的步长，它可以人为指定，也可以使用下式计算：

$$\theta^t = \frac{\alpha[UL - L(\lambda^t)]}{\left\| \sum_k x_{ij}^k - u_{ij} \right\|^2} \tag{2.13}$$

式中，UL 是 $L(\lambda^*)$ 的上界。根据上面的结论，可以用 $UL = z(x)$ 来估计最优 Lagrange 函数。分母是各超饱和边的总流量与容量之差的平方和。α 是满足 $0 < \alpha \leqslant 1$ 的常数。

下面用实例表明 Lagrange 松弛算法的上述迭代过程，并演示这种算法的收敛性。

例 2.2　如图 2.9 所示是一个具有两个商品的多商品流问题，总流量分别是 8 和 5。试用 Lagrange 松弛解法求它的最优解。

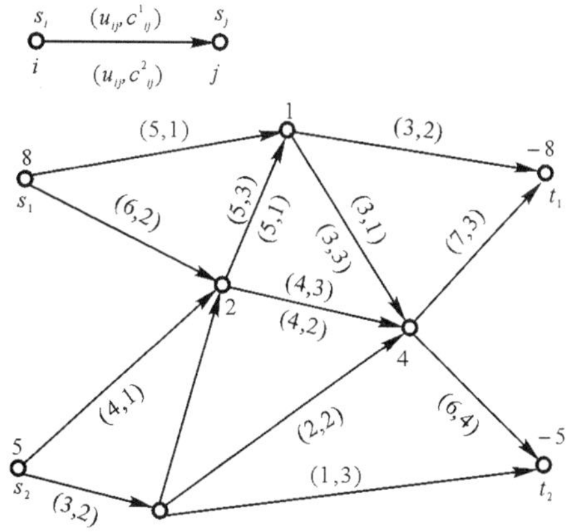

图 2.9　例 2.2 的多商品流问题

解　设该网络图可表示为 $G=(V,E)$，每边的上侧给出的是容量和第一种商品的单位流成本，下侧给出的是容量和第二种商品的单位流成本。因为容量为两种商品共享，因此每条边的上下侧给出的容量相同。图 2.9 中各边上权的具体意义可见该图的左上角的注释。

算法初始化：令 $t = 1, \lambda_{ij} = 0, i, j \in V$。

第一步，用连续最短路算法分别求两种商品的最小费用流问题（在模型式(2.9)中分别令 $k = 1,2$；然后求解），结果如图 2.10 所示。该图有上下两部分，分别给出了两种商品的最小费用流的解。在两个子图中，只给出了每种商品可能使用的边和节点。为便于辨认，遵循如下规定：各边上侧给出第一种商品的有关量，各边下侧给出第二种商品的有关量。

第二步，修正 Lagrange 乘子。从如图 2.10 所示可以发现，这个解在边(2,4)上违反了容量限制：$x_{24}^1 + x_{24}^2 = 3 + 4 = 7 >_{24} = 4, x_{24}^1 + x_{24}^2 - u_{24} = 3$。计算得到

$$z_1 = 5 + 6 + 6 + 9 + 2 + 15 = 43, \quad z_2 = 2 + 4 + 3 + 8 + 16 = 33$$

因此 Lagrange 函数 $L(0) = z_1 + z_2 = 76$。可设 Lagrange 函数的上界为 80，并取 $\alpha = 1$，这样 Lagrange 算子的修正步长为

$$\theta = \frac{UL - L(0)}{\left\| \sum_k x_{ij}^k - u_{ij} \right\|^2} = \frac{80 - 76}{9} = \frac{4}{9}$$

所以 Lagrange 乘子修正为 $\lambda_{24} = 0 + \theta(x_{24}^1 + x_{24}^2 - u_{24}) = 4/9 \times 3 = 4/3$，其他 $\lambda_{ij} = 0, i \neq 2, j \neq 4$。

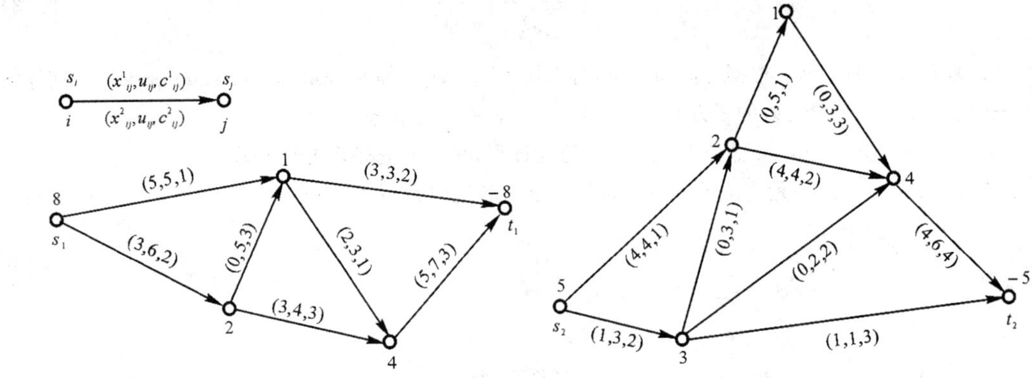

(a) (b)

图 2.10 两种商品最小费用流问题的第一次解

(a)第一种商品的最小费用流；(b)第二种商品的最小费用流

第三步，给边(2,4)上商品 1 和商品 2 的单位流成本分别增加 4/3，其他边的单位流成本不变。再用连续最短路算法分别计算两种商品的最小成本流，结果如图 2.11 所示。

从图 2.11 可以看出，所有边的容量约束条件都已满足，因此已经获得该问题的最优解，如图 2.12 所示，最优目标函数值等于 79。该解的 Lagrange 函数 $= 79 + (2 + 2) \times 4/3 - 4 \times 4/3 = 79$，所以等于最优目标函数值。

例 2.2 的求解过程演示了 Lagrange 松弛算法的基本步骤，这里只迭代了两次就收敛到最优解了，而且最大 Lagrange 函数值等于最小目标函数值。但是该例的结论并不代表 Lagrange 松弛算法的基本特征。一般情况下，Lagrange 松弛算法收敛速度较慢，而且是振荡收敛。最大 Lagrange 函数值也不一定等于最小目标函数值，即可能存在所谓的对偶间隙。

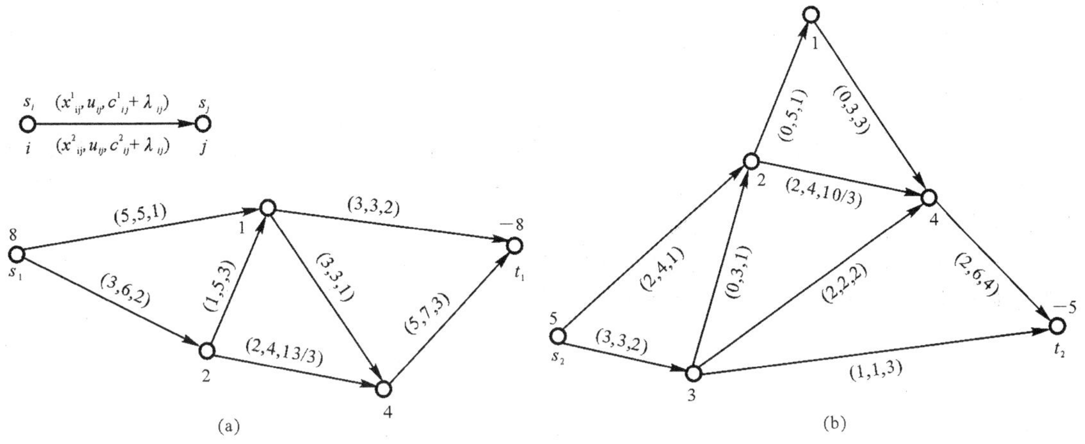

图 2.11　例 2.2 第二次求解的结果

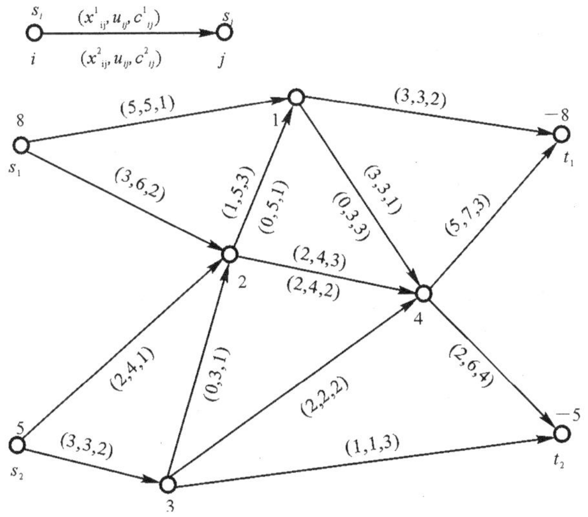

图 2.12　例 2.2 的最优解

对于交通流问题，Lagrange 算子有着重要的实际意义，它表示单位容量资源的价格（例如采用税收的形式征集）。如果多个商品流争夺某些边的容量资源，因而产生拥挤，则应采用征收道路使用税的办法，发出这些路段拥挤的信息，迫使有关商品尽可能地分流，从而实现合理使用网络容量资源的目的，使网络上多种商品流的总成本最小。

如果已知了问题可行域的所有 m 个顶点 $(x)^l, l = 1,2,\cdots,m$，可以通过求解以下的线性规划问题来获得 Lagrange 乘子。

$$\max w$$

$$w \leqslant \sum_k \sum_{(i,j)\in E} c_{ij}^k x_{ij}^k + \sum_{(i,j)\in E} \lambda_{ij}(\sum_k x_{ij}^k - u_{ij}), \quad 对每个(x)^l, \quad l = 1,2,\cdots,m$$

$$\lambda_{ij} \geqslant 0$$

这种方法的形式类似于 Benders 分解算法(参阅 2.5.4 小节)。应用这种方法需要求解一个线性规划问题,还需要求出子问题的各顶点(基本可行解),这在计算上并不方便。但可以与列生成法结合使用,构建有用的算法。

如图 2.3 所示的约束最短路径问题也可以采用 Lagrange 松弛算法求解,使用 Lagrange 乘子乘以"难处理"约束式(2.4c)再加到目标函数中,得到

$$\min z = \sum_{i\in V}\sum_{j\in V} d_{ij}x_{ij} + \lambda(10 - \sum_{j\in V}\sum_{i\in V} s_{ij}x_{ij})$$

$$\text{s.t.} \quad \sum_{j\in adj(i)} x_{ij} - \sum_{j:i\in adj(j)} x_{ji} = \begin{cases} 1, & i = s \\ 0, & 其他 \\ -1, & i = t \end{cases}$$

$$x_{ij} = 0,1; \quad i,j \in V$$

对于给定的 Lagrange 乘子,上式是最短路径问题,可以将上述问题的目标函数看成是 Lagrange 乘子的函数,并重写为

$$L(\lambda) = \min \sum_{i\in V}\sum_{j\in V} (d_{ij} - \lambda s_{ij})x_{ij} + 10\lambda$$

我们知道该问题共有 5 条从 s 到 t 的路径(见表 2.4),如果存在约束最短路径的话,必在这 5 条路径中。对于这 5 条路径,Lagrange 函数可以写为

$$L(\lambda) = \min_{P_i}\{d(P_i) + (10 - S(P_i))\lambda\}$$

表 2.4 图 2.3 所示路径的有关参数

路径代号	P_1	P_2	P_3	P_4	P_5
路　径	S_{126t}	S_{124t}	S_{134t}	S_{534t}	S_{5t}
路径长	14	11	12	14	9
资源消耗量	11	10	13	9	13

由于 Lagrange 函数给出了原问题目标函数的下界,Lagrange 函数对于乘子 λ 的最大值给出了原问题最优目标函数,所以 Lagrange 函数是 $y_i(\lambda) = d(P_i) + (10 - S(P_i))\lambda$ 的下包络线,该包络线的最大点对应着原问题的最优目标函数值。在图 2.13 中,虚线区域的边界给出了不同 λ 值时的 Lagrange 函数,它的最大值 11 对应于 $\lambda \in [-3, -2/3]$。

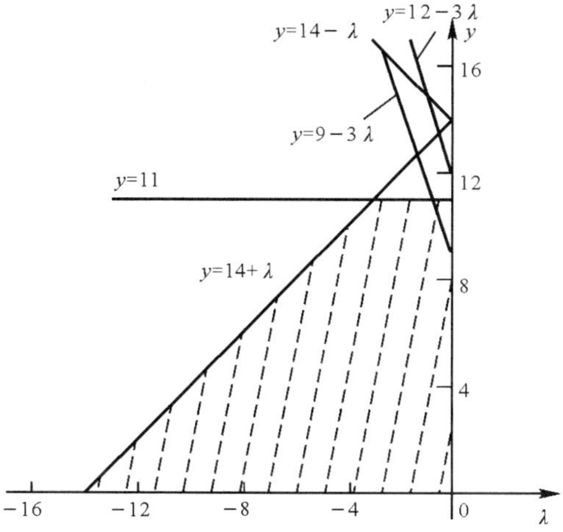

图 2.13　Lagrange 函数

2.5.2　列生成算法

要弄懂列生成算法，首先应弄清什么叫做“列”，它又是如何生成的。在线性规划数学模型中

$$\min z = c_1x_1 + c_2x_2 + \cdots + c_ix_i + \cdots + c_nx_n$$

$$\text{s.t.}\quad P_1x_1 + P_2x_2 + \cdots + P_ix_i + \cdots + P_nx_n = b$$

$$x_i \geqslant 0,\quad i = 1,2,\cdots,n$$

变量 x_i 的系数(c_i,P_i)叫做它的“列”，只要有了它们，就可以将 x_i 加入到数学模型中。所谓列生成，就是生成(c_i,P_i)。那么如何生成(c_i,P_i)呢？又如何通过生成它们来求解线性规划问题呢？下面将逐步展开讨论。

在 2.3 节中为多商品流构建了以边的流为决策变量的数学模型（见模型式(2.7)），根据 2.5.1 小节的讨论，通过 Lagrange 乘子可以将多商品流问题化成多个最小费用流问题，最小费用流问题可以使用连续最短路径算法求解。在连续最短路径算法中，依次求出可增流的最短路径，然后为网络沿此最短路径增流。所谓可增流的最短路径是指：以成本为边的长度来求从商品流动的源到汇的最短路径，该路经必须可增流。所谓可增流是指必须满足两个条件：①路径的前向边不饱和，流可增加；②路径的后向边非零流，流可增加。在给路径增流时应保持流守恒条件：该路径上每节点，流的进、出量相等或一个方向增多少另一方向必须减多少。根据这一思想，可用路径流变量来为多商品流问题建模。

首先我们需要定义路径 P 的流变量 $f(P)$：从源到汇的一条路径 P 上，如果每条边都可增流，则该路径的流变量可取该路径上各边可增流的最小值。其次来计算商品 k 在路径 P 上的单位流费用 $c^k(P)$。设路径 P 上的前向边的集合为 μ^+，后向边的集合为 μ^-，则

$$c^k(P) = \sum_{(i,j)\in\mu^+} c_{ij}^k - \sum_{(i,j)\in\mu^-} c_{ij}^k$$

设对于某商品 k，从它的源到汇的路径 P 的集合为 P^k，商品 k 的总流量（从它的源出发的总需求）为 d^k，并令示性算子

$$\delta_{ij}(P)=\begin{cases}1, & (i,j)\in P\\ 0, & (i,j)\notin P\end{cases}$$

任意路径 P 的流已经满足了流的守恒条件，则用路径流变量构建的多商品流问题的数学模型可以表达为

$$\min z=\sum_{k=1}^{K}\sum_{P\in P^k}c^k(P)f(P) \tag{2.14a}$$

$$\text{s.t.}\quad \sum_{k=1}^{K}\sum_{P\in P^k}\delta_{ij}(P)f(P)\leqslant u_{ij},\quad (i,j)\in E \tag{2.14b}$$

$$\sum_{P\in P^k}f(P)=d^k,\quad k=1,2,\cdots,K \tag{2.14c}$$

$$\sum_{P\in P^k}\delta_{ij}(P)f(P)\leqslant u_{ij}^k,\quad k=1,2,\cdots,K;\quad (i,j)\in E \tag{2.14d}$$

$$f(P)\geqslant 0,P\in P^k;\quad k=1,2,\cdots,K \tag{2.14e}$$

式(2.14a)是目标函数，要求流的总费用最小（对应式(2.7a)），约束条件式(2.14b)表示对每条边，要求总流量不超过该边的容量（对应式(2.7d)），式(2.14c)表示各种商品的总流量应当等于该商品的总需求（对应式(2.7b)），式(2.14d)表示在每条边上各商品的流量不超过该商品在该边的容量（对应式(2.7c)），如果每种商品在各边上没有流量限制，则可令 $u_{ij}^k\to\infty$，式(2.14e)是路径流量的非负条件。

模型式(2.14)共有 $m+K+Km$ 个约束条件，如果各商品流在各边上不存在如式(2.14d)所表述的容量限制，则只有 $m+K$ 个约束条件。模型式(2.14)相比式(2.7)尽管约束条件数少了，但网络从源到汇的路径可能是大量的。如果网络各节点的度较大，那么在各节点可选择的路径就比较多，即变量数目很大，此时如式(2.14)所表述的模型是一个大规模的线性规划问题，试图将所有路径都列举出来是不现实的。

对于线性规划问题的基本可行解，只有基变量才不等于零，非基变量全为零。基变量数等于独立的约束条件数，如果问题的变量数远大于约束条件数，则基变量数相对于非基变量数是较小的一部分。于是，如果预先能确认可行的基变量，就可以令其他变量等于零，使问题的规模大大减小。通过求解该缩小的问题，可以计算出原问题和对偶问题的解，再用对偶变量的值计算非基变量的简约成本（检验数），便可以判断是否已获得最优解。若不是最优解，则启动转轴机制，选择入基变量，计算入基变量的列。换基后再求解新的基本可行解。这样在需要换基时才产生入基变量的列，而不是事先产生所有的列，这种算法叫做列产生法。

为说明这种方法的基本思想，先看如图 2.3 所示的约束最短路径问题，要求路径的资源消耗不超过10，则该问题的数学模型为

$$\min z=\sum_{i\in V}\sum_{j\in V}d_{ij}x_{ij} \tag{2.15a}$$

$$\text{s.t.}\quad \sum_{j\in adj(i)}x_{ij}-\sum_{j:i\in adj(j)}x_{ji}=\begin{cases}1, & i=s\\ 0, & \text{其他}\\ -1, & i=t\end{cases} \tag{2.15b}$$

$$\sum_{i\in V}\sum_{j\in V}s_{ij}x_{ij}\leqslant 10 \tag{2.15c}$$

$$x_{ij} = 0,1 \tag{2.15d}$$

从源 s 到汇 t 有 5 条路径，有关参数列举在表 2.4 中。该问题的路径变量模型表述为

$$\min z = \sum_{k=1}^{5} c_k P_k \tag{2.16a}$$

$$\text{s.t.} \quad \sum_{k=1}^{5} P_k = 1 \tag{2.16b}$$

$$\sum_{k=1}^{5} \sum_{(ij)\in E} \delta_{ij}(P_k) s_{ij} P_k \leqslant 10 \tag{2.16c}$$

$$P_k = 0,1; \quad k = 1,2,3,4,5 \tag{2.16d}$$

其中 E 是网络边的集合。设约束条件式(2.16b)和式(2.16c)的对偶变量分别是 π_0,π_1，则路径 P_k 的简约成本是

$$\sigma_k = c_k - \pi_0 - \pi_1 \sum_{(ij)\in E} \delta_{ij}(P_k) s_{ij}$$

该式可进一步写成

$$\sigma_k = \sum_{(ij)\in E} \delta_{ij}(P_k) d_{ij} - \pi_0 - \pi_1 \sum_{(ij)\in E} \delta_{ij}(P_k) s_{ij} = \sum_{(ij)\in E} (d_{ij} - \pi_1 s_{ij}) \delta_{ij}(P_k) - \pi_0$$

如果构成如下的最短路径问题：

$$\left.\begin{aligned} &\min z = \sum_{i\in V} \sum_{j\in V} (d_{ij} - \pi_1 s_{ij}) x_{ij} \\ &\text{s.t.} \quad \sum_{j\in adj(i)} x_{ij} - \sum_{j:i\in adj(j)} x_{ji} = \begin{cases} 1, & i = s \\ 0, & \text{其他} \\ -1, & i = t \end{cases} \\ &x_{ij} = 0,1 \end{aligned}\right\} \tag{2.17}$$

则该最短路径问题解的目标函数减去 π_0 即是上述约束最短路径问题的最小简约成本，把式(2.17)叫做式(2.15)或式(2.16)的子问题。

对于约束最短径路问题(这里是主问题)，所有路径的简约成本都不小于零时获得最优解。如果其中最小简约成本不小于零，则所有路径的简约成本将都不小于零，因此可以只计算最小简约成本即可判断是否为最优解。首先任意选择主问题的几条路径(本例可选择两条)，构成限制主问题，求其最优解，可获得对偶变量 π_0,π_1。将网络各边的长度减去 $\pi_1 s_{ij}$，构成子问题，再求它的最短路径，将该最短路径的长度减去 π_0，即可获得主问题非基变量(某条还未进入限制主问题的路径)的最小简约成本。如果它已不小于零，限制主问题的最优解即为原问题最优解；如果它还小于零，则生成该路径的“列”，将该最短路径加入主问题，生成新的限制主问题，再求它的最优解(此时只需要热启动)。

现在选择 P_1 和 P_3 构成限制主问题如下：

$$\begin{aligned} \min z &= 14P_1 + 12P_3 \\ \text{s.t.} \quad & P_1 + P_3 = 1 \\ & 11P_1 + 13P_3 \leqslant 10 \\ & P_i = 0,1; \quad i = 1,3 \end{aligned}$$

在第一约束条件加上一个人工变量 s_0，第二个约束条件加上松弛变量 s_1，并设大 $M = 100$，则

$$\min z = 14P_1 + 12P_3 + 100s_0$$
$$\text{s. t.}\quad P_1 + P_3 + s_0 = 1$$
$$11P_1 + 13P_3 + s_1 = 10$$
$$P_i \geqslant 0;\quad i = 1,3;\quad s_0, s_1 \geqslant 0$$

上式已放松了变量的整数限制,应用单纯形法解得 $s_0 = 1/11, P_1 = 10/11, s_1 = P_3 = 0$,基的逆是

$$\boldsymbol{B}^{-1} = \begin{bmatrix} 1 & -1/11 \\ 0 & 1/11 \end{bmatrix}$$

基变量的成本 $\boldsymbol{c}_B=(100,14)$,因此对偶变量

$$(\pi_0, \pi_1) = \boldsymbol{c}_B\boldsymbol{B}^{-1} = (100,14)\begin{bmatrix} 1 & -1/11 \\ 0 & 1/11 \end{bmatrix} = (100, -86/11)$$

因此,子问题是将图 2.3 所示各边的长度减去 $(-86/11)\,s_{ij}$ 后的最短路径问题,它的最短路径是 P_4,最短路径长 84.36,再减去 $\pi_0 = 100$,得 P_4 的简约成本为 $-15.64 < 0$。因此还不是最优解。将 P_4 加入到限制主问题中,得

$$\min z = 14P_1 + 12P_3 + 14P_4 + 100s_0$$
$$\text{s. t.}\quad P_1 + P_3 + P_4 + s_0 = 1$$
$$11P_1 + 13P_3 + 9P_4 + s_1 = 10$$
$$P_i \geqslant 0;\quad i = 1,3,4;\quad s_0, s_1 \geqslant 0$$

进行热启动(Hot Starting),计算 P_4 的列

$$\boldsymbol{B}^{-1}\begin{bmatrix} 1 \\ 9 \end{bmatrix} = \begin{bmatrix} 1 & -1/11 \\ 0 & 1/11 \end{bmatrix}\begin{bmatrix} 1 \\ 9 \end{bmatrix} = \begin{bmatrix} 2/11 \\ 9/11 \end{bmatrix}$$

应用最小比值原则表明 s_0 应当出基(见表 2.5),因此使用修正单纯形法,解得 $P_4 = P_1 = 1/2$,其他等于 0。

表 2.5 初始修正单纯形表(第一次迭代)

$\boldsymbol{B}^{-1}$		$\boldsymbol{B}^{-1}\boldsymbol{b}$	$\boldsymbol{B}^{-1}P_4$	θ
1	−1/11	1/11	2/11	1/2
0	1/11	10/11	9/11	10/9

表 2.6 修正的单纯形表(第一次最优解)

	$\boldsymbol{B}^{-1}$		$\boldsymbol{B}^{-1}\boldsymbol{b}$	$\boldsymbol{B}^{-1}P_4$
P_4	11/2	−1/2	1/2	1
P_1	−9/2	1/2	1/2	0

对偶变量

$$(\pi_0, \pi_1) = \boldsymbol{c}_B\boldsymbol{B}^{-1} = (14,14)\begin{bmatrix} 11/2 & -1/2 \\ -9/2 & 1/2 \end{bmatrix} = (13,0)$$

这次子问题就是如图 2.3 所示的最短路径问题,它的最短路径是 P_5。路径长等于 9,P_5 的简约成本

是 $9-13=-4<0$，因此 P_5 应加入到主问题中去，得

$$\min z = 14P_1 + 12P_3 + 14P_4 + 9P_5 + 100s_0$$

$$\text{s.t.}\quad P_1 + P_3 + P_4 + P_5 + s_0 = 1$$

$$11P_1 + 13P_3 + 9P_4 + 13P_5 + s_1 = 10$$

$$P_i \geqslant 0;\quad i = 1,3,4,5;\quad s_0, s_1 \geqslant 0$$

产生 P_5 的列

$$\boldsymbol{B}^{-1}\begin{bmatrix}1\\13\end{bmatrix} = \begin{bmatrix}11/2 & -1/2\\-9/2 & 1/2\end{bmatrix}\begin{bmatrix}1\\13\end{bmatrix} = \begin{bmatrix}-1\\2\end{bmatrix}$$

再次热启动，使用修正单纯形法计算，如表 2.7 和表 2.8 所示。

表 2.7　初始修正单纯形表(第二次迭代)

$\boldsymbol{B}^{-1}$		$\boldsymbol{B}^{-1}\boldsymbol{b}$	$\boldsymbol{B}^{-1}\mathrm{P}_5$	θ
11/2	−1/2	1/2	−1	—
−9/2	1/2	1/2	2	1/4

表 2.8　修正的单纯形表(第二次最优解)

	$\boldsymbol{B}^{-1}$		$\boldsymbol{B}^{-1}\boldsymbol{b}$	$\boldsymbol{B}^{-1}\mathrm{P}_4$
P_4	13/4	−1/4	3/4	0
P_5	−9/4	1/4	1/4	1

解得 $P_4 = 3/4, P_5 = 1/4$，其他变量等于 0，对偶变量

$$(\pi_0, \pi_1) = \boldsymbol{c_B}\boldsymbol{B}^{-1} = (14,9)\begin{bmatrix}13/4 & -1/4\\-9/4 & 1/4\end{bmatrix} = (25.25, -1.25)$$

子问题是如图 2.3 所示的各边的长度减去($-1.25s_{ij}$)后的最短路径问题，求得 P_2 是最短路，最短路径长等于 23.5，再减去 25.25，得 P_2 的简约成本为 $-1.75<0$，因此 P_2 应当加入限制主问题，得

$$\min z = 14P_1 + 12P_3 + 14P_4 + 9P_5 + 11P_2 + 100s_0$$

$$\text{s.t.}\quad P_1 + P_3 + P_4 + P_5 + P_2 + s_0 = 1$$

$$11P_1 + 13P_3 + 9P_4 + 13P_5 + 10P_2 + s_1 = 10$$

$$P_i \geqslant 0;\quad i = 1,2,3,4,5;\quad s_0, s_1 \geqslant 0$$

产生 P_2 的列

$$\boldsymbol{B}^{-1}\begin{bmatrix}1\\10\end{bmatrix} = \begin{bmatrix}13/4 & -1/4\\-9/4 & 1/4\end{bmatrix}\begin{bmatrix}1\\10\end{bmatrix} = \begin{bmatrix}3/4\\1/4\end{bmatrix}$$

第三次热启动，使用修正单纯形法计算，如表 2.9 和 2.10 所示。

表 2.9 初始修正单纯形表(第三次迭代)

B^{-1}		$B^{-1}b$	$B^{-1}P_5$	θ
13/4	−1/4	3/4	3/4	1
−9/4	1/4	1/4	1/4	1

表 2.10 修正的单纯形表(第三次最优解)

	B^{-1}		$B^{-1}b$	$B^{-1}P_4$
P_2	13/3	−1/3	1	1
P_5	−10/3	1/3	0	0

解得 $P_2=1, P_5=0$,其他等于 0,对偶变量

$$(\pi_0,\pi_1)=c_B B^{-1}=(11,9)\begin{bmatrix}13/3 & -1/3\\ -10/3 & 1/3\end{bmatrix}=(53/3,-2/3)$$

子问题是如图 2.3 所示的各边的长度减去$(-2/3)s_{ij}$后的最短路问题,它的最短路有两条 P_2 和 P_5,最短路长 53/3,再减去 53/3,得简约成本为 0,因此 P_2 是最优解,它的实际长度为 11。

列生成法的关键是构造子问题。构造的子问题必须满足:①容易求解;②能简洁表达主问题的简约成本。原问题的解由限制主问题给出,限制主问题的最小简约成本由子问题给出,所以判断是否最优解必须解出子问题。限制主问题的对偶变量用于构造子问题,子问题的解则用于判断限制主问题是否已获得最优解,并在未获得最优解时为限制主问题提供新的列。

总结以上求解过程,给出列生成法的步骤如下:

第一步,初始化。给定足够多的列,生成限制主问题。

第二步,求解限制主问题。

第三步,构造子问题,求解子问题。

第四步,判断限制主问题的解是否为原问题最优解?如果由子问题得到的最小简约成本小于零,则不是最优解,将子问题的解生成的列加入到限制主问题中,生成新的限制主问题,转第二步;如果最小简约成本不小于零,则获得最优解,计算停止。

列生成法研究的焦点如下:

(1)一次迭代应生成多少个列?(前面的例子只生成了一个列)

(2)每次迭代是否可删除现有列?(前面的例子没有删除)

(3)初始限制主问题应该有多少列才合适?

(4)如果不能获得整数解怎么办?

对于第(1)点,还没有定论,只知道每次多生成几个列可以加快收敛;对于第(2)点,可删除一些非基变量的列,它们具有较大的简约成本,但删除多少列合适,现在还没有结论;对于第(3)点,初始列数应至少等于独立约束条件数,但多少才是最合适的,目前也没有结论;对于第(4)点,一般采用分枝定界法解决。

2.5.3 Danzig-Wolfe 分解算法

列生成算法没有区分“难处理”和“易处理”的约束条件，也就是认为都是“易处理”的约束条件。Danzig-Wolfe 分解算法建立在列生成算法的基础之上，但可将“难处理”和“易处理”的约束条件分开处理，用“难处理”的约束条件构造主问题，用“易处理”的约束条件构造子问题。子问题的目标函数要求计算主问题最小的非基变量检验数，如果最小的非基变量检验数小于零，则用子问题的最优解生成限制主问题的新入基变量的列。

首先来看如下的紧缩形式的线性规划问题：

$$\min z = cx \tag{2.18a}$$

$$\text{s.t.}\ Ax \leqslant b \tag{2.18b}$$

$$x \in X = \{x \mid Gx = d, x \in R^{n+}\} \tag{2.18c}$$

其中 X 是该问题“易处理”约束条件构成的可行域，是一个 n 维空间的凸多面体，R^{n+} 表示非负的 n 维实空间。式(2.18b)是一组“难处理”的约束条件，它也形成 n 维空间的一个凸多面体。线性规划问题式(2.18)的可行域是上述两个凸多面体的交集，因此也是凸多面体。根据多面体的 Minkovsic 表示定理，该域中任意点可以表达成如下形式：

$$x = \sum_{i\in I}\lambda_i x^i + \sum_{j\in J}\mu_j r_j$$

$$\sum_{i\in I}\lambda_i = 1,\quad \lambda_i \geqslant 0,\quad i \in I;\quad \mu_j \geqslant 0;\quad j \in J$$

这里 I,J 分别是 X 的顶点指标集和极方向指标集，x^i, r_j 分别是 X 的顶点和极方向。这样如式(2.18)所示的线性规划问题等价于

$$\min z = \sum_{i\in I}(cx^i)\lambda_i + \sum_{j\in J}(cr_j)\mu_j \tag{2.19a}$$

$$\text{s.t.}\quad \sum_{i\in I}(Ax^i)\lambda_i + \sum_{j\in J}(Ar_j)\mu_j \leqslant b \tag{2.19b}$$

$$\sum_{i\in I}\lambda_i = 1 \tag{2.19c}$$

$$\lambda_i \geqslant 0,\quad i \in I;\quad \mu_j \geqslant 0,\quad j \in J \tag{2.19d}$$

如果 X 是有限区间，则不存在极方向，式(2.19)简化成

$$\min z = \sum_{i\in I}(cx^i)\lambda_i \tag{2.20a}$$

$$\text{s.t.}\quad \sum_{i\in I}(Ax^i)\lambda_i \leqslant b \tag{2.20b}$$

$$\sum_{i\in I}\lambda_i = 1 \tag{2.20c}$$

$$\lambda_i \geqslant 0,\quad i \in I \tag{2.20d}$$

只要已知“易处理”可行域的顶点，式(2.20)是关于 λ_i 的线性规划问题。这个问题叫做原问题式(2.18)的主问题。对于一般的实际问题，X 的顶点数很多，难以全部求出后再形成主问题。可能的做法是只给出部分顶点，形成限制主问题。这相当于没有列出的部分变量 λ_i 是非基变量，它们在基本可行解中等于零。

如果已经求解出限制主问题的基本可行解,可得约束条件式(2.20b)和式(2.20c)的对偶变量 π 和 π_0,则 λ_i 的简约成本(检验数)是

$$\sigma_i = cx^i - \pi Ax^i - \pi_0 = (c - \pi A)x^i - \pi_0$$

如果其中最小简约成本都不小于零,则已获最优解,否则将最小简约成本对应的非基变量入基,再次求解。对应于最小简约成本的非基变量可以由下列线性规划问题给出:

$$\begin{aligned} &\min w = (c - \pi A)x^i - \pi_0 \\ &\text{s.t. } x^i \in X = \{x \mid Gx^i = d, x^i \in R^{n+}\} \end{aligned}$$

或等价成

$$\begin{aligned} \min w &= (c - \pi A)x^i \\ \text{s.t. } Gx^i &= d \\ x^i &\geqslant 0 \end{aligned} \tag{2.21}$$

该问题叫做原问题的子问题。该问题的约束条件是“易处理”的,它存在成熟的多项式算法。当计算出它的最优解 x^i, w^* 后,如果 $\sigma_i = w^* - \pi_0 < 0$,则 λ_i 应当入基,此时生成它的列:$\bar{P}_i = Ax^i, \bar{c}_i = cx^i$,加入到限制主问题中。求解新的限制主问题,再次由限制主问题的最优解生成子问题,求解子问题,并判断限制主问题是否已获得最优解,如此等等。一直到求得限制主问题的最优解为止,此时原问题的最优解可以表达成

$$x^* = \lambda_1 x^1 + \lambda_2 x^2 + \cdots + \lambda_l x^l \tag{2.22}$$

原问题的最优目标函数等于限制主问题的最优目标函数值,其中 λ_l 是最后一次迭代求出的组合系数值。

上述这种结合列生成法,由限制主问题和子问题交替求解的方法叫做 Danzig-Wolfe 分解算法。下面讨论如何将 Danzig-Wolfe 算法应用于求解网络流问题。

首先来看约束最短路径问题式(2.15),其中式(2.15b)和式(2.15d)构成最短路问题的约束条件,因此是“易处理”约束。由于式(2.15c)的存在才使问题的求解变得复杂起来,因此它是“难处理”约束。由此构成如下的主问题:

$$\min z = \sum_l \Big(\sum_{i\in V}\sum_{j\in V} d_{ij} x_{ij}^l\Big)\lambda_l \tag{2.23a}$$

$$\text{s.t.} \quad \sum_l \Big(\sum_{i\in V}\sum_{j\in V} s_{ij} x_{ij}^l\Big)\lambda_l \leqslant 10 \tag{2.23b}$$

$$\sum_l \lambda_l = 1 \tag{2.23c}$$

$$\lambda_l \geqslant 0, \quad l \in I \tag{2.23d}$$

子问题是

$$\min z = \sum_{i\in V}\sum_{j\in V} (d_{ij} - \pi_1 s_{ij}) x_{ij} \tag{2.24a}$$

$$\text{s.t.} \quad \sum_{j\in adj(i)} x_{ij} - \sum_{j:i\in adj(j)} x_{ji} = \begin{cases} 1, & i = s \\ 0, & \text{其他} \\ -1, & i = t \end{cases} \tag{2.24b}$$

$$x_{ij} = 0,1 \tag{2.24c}$$

如果对应于子问题式(2.24)的最优解是路径 P_l,它的长度是 $d(P_l)$,资源消耗量是 $S(P_l)$,则主问题

可以写成路径变量的表达形式

$$\min z = \sum_l d(P_l)\lambda_l \tag{2.25a}$$

$$\text{s.t.} \quad \sum_l S(P_l)\lambda_l \leqslant 10 \tag{2.25b}$$

$$\sum_l \lambda_l = 1 \tag{2.25c}$$

$$\lambda_l \geqslant 0, \quad l \in I \tag{2.25d}$$

在式(2.25b)的左边加上松弛变量 s_1，在式(2.25c)的左边加上人工变量 s_0，它们的目标函数系数分别是 0 和 $M = 100$。选择 s_1 和 s_0 为初始基变量，所有变量 λ_l 都是非基变量，因而等于零。此时的限制主问题是

$$\begin{aligned} \min z &= 0s_1 + Ms_0 \\ \text{s.t.} \quad s_1 &= 10 \\ s_0 &= 1 \end{aligned}$$

很容易计算出此时的对偶变量值 $\pi_1 = 0, \pi_0 = M = 100$。代入子问题式(2.24)，求得最短路径 $P_1 = s-5-t$(即表 2.4 中的 P_5)，对应的 $w^* = d(P_1) = 9$。由于 $\sigma_1 = d(P_1) - \pi_0 = 9 - 100 = -91 < 0$，因此 λ_1 应当入基，生成它的列：$s(P_1) = 13, d(P_1) = 9$，构建新的限制主问题

$$\begin{aligned} \min z &= 9\lambda_1 + 0s_1 + Ms_0 \\ \text{s.t.} \quad & 13\lambda_1 + s_1 = 10 \\ & \lambda_1 + s_0 = 1 \\ & \lambda_1 \geqslant 0 \end{aligned}$$

该问题的最优解是 $\lambda_1 = 10/13, s_1 = 0, s_0 = 3/13$，对应的对偶变量值 $\pi_1 = -7, \pi_0 = 100$。将原问题的每边长各增加消耗资源量的 7 倍，构成如图 2.14 所示的最短路径问题。

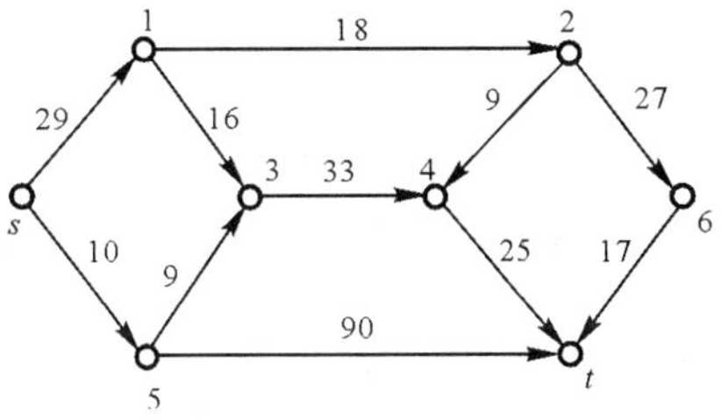

图 2.14　第二次迭代的子问题

求得该子问题的最短路径为 $P_2 = s-5-3-4-t$(即表2.4 中的 P_4)，该路径的长度为 $w^* = 77$。由于对应的简约成本 $\sigma_2 = w^* - \pi_0 = 77 - 100 = -23 < 0$，所以应加入 λ_2，生成它的列 $S(P_2) = 9, d(P_2) = 14$，限制主问题成为

$$\begin{aligned} \min z &= 9\lambda_1 + 14\lambda_2 + 0s_1 + Ms_0 \\ \text{s.t.} \quad & 13\lambda_1 + 9\lambda_2 + s_1 = 10 \\ & \lambda_1 + \lambda_2 + s_0 = 1 \\ & \lambda_1, \lambda_2, s_1, s_0 \geqslant 0 \end{aligned}$$

它的最优解是 $\lambda_1 = 1/4, \lambda_2 = 3/4, s_1 = s_0 = 0$，对偶变量值 $\pi_1 = -5/4, \pi_0 = 25$。将原问题各边长度分别加上资源消耗量的 5/4，得如图 2.15 所示的最短路径问题。

它的最短路径是 $P_3 = s-1-2-4-t$(即表 2.4 中的 P_2)，该路径的长度为 $w^* = 23.5$，由于对应的简约成本 $\sigma_2 = w^* - \pi_0 = 23.5 - 25 = -1.5 < 0$，所以应加入 λ_3，生成它的列 $S(P_3) = 10, d(P_2) = 11$，限制主问题成为

$$\min z = 9\lambda_1 + 14\lambda_2 + 11\lambda_3 + 0s_1 + Ms_0$$

$$\text{s.t.}\quad 13\lambda_1+9\lambda_2+10\lambda_3+s_1=10$$
$$\lambda_1+\lambda_2+\lambda_3+s_0=1$$
$$\lambda_1,\lambda_2,\lambda_3,s_1,s_0\geqslant 0$$

解得最优解 $\lambda_1=0,\lambda_2=0,\lambda_3=1,s_1=s_0=0$，对偶变量值 $\pi_1=-3,\pi_0=41$。将原问题每边长度分别加上资源消耗量的3倍，得如图2.16所示的最短路径问题。

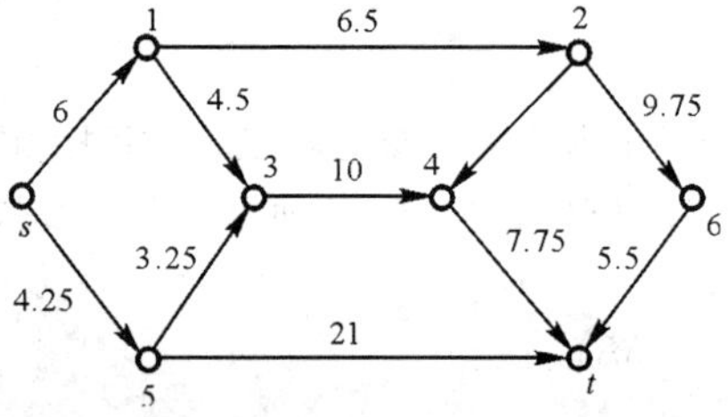

图2.15 第三次迭代的子问题

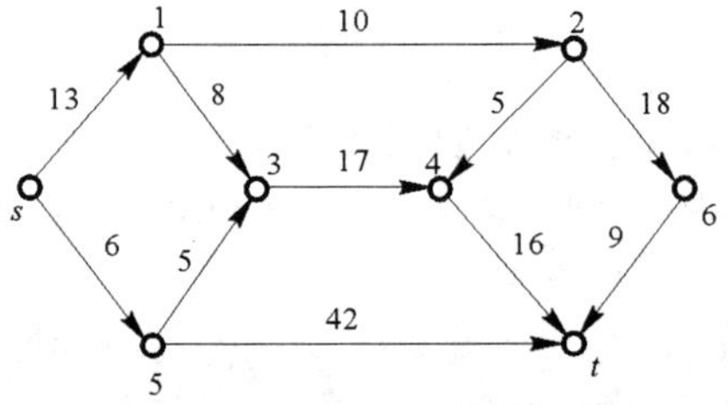

图2.16 第四次迭代的子问题

它的最短路径是 $P_4=s-5-3-4-t$（即表2.4中的 P_4）或 $s-1-2-4-t$（即表2.4中的 P_2），该路径的长度为 $w^*=44$。由于对应的简约成本 $\sigma_2=w^*-\pi_0=44-41=3>0$，所以已得最优解如下：约束最短路径为 $P=\lambda_1P_1+\lambda_2P_2+\lambda_3P_3=P_3=s-1-2-4-t$，资源消耗为10，路长为11。

比较约束最短路径问题的Lagrange函数的表达式和Danzig-Wolfe分解法的子问题的目标函数，发现它们有着相同的形式（如果不计常数），因此可以用限制主问题的对偶变量 π_1 代替Lagrange乘子 λ 来计算Lagrange函数，给出原问题目标函数值的很好下界，上例的最优Lagrange乘子 $\lambda=-3$ 正好等于Danzig-Wolfe分解算法中限制主问题对偶变量的最优解 $\pi_1=-3$。

如果Danzig-Wolfe算法给出的主问题最优解不是整数，则需要进一步采用分枝定界法不断重新构造限制主问题，此时可使用Lagrange函数估计原问题目标函数的下界。

对于多商品流问题，如果将单位流费用看做网络边的长度，并且不考虑容量约束条件式(2.6d)，那么用Danzig-Wolfe分解算法求解多商品流问题时，子问题是 K 个最短路问题。这 K 个最短路径问题的解共同构成主问题的一列。设主问题所有列的指标集为 I，则多商品流问题的主问题为

$$\min z=\sum_{l\in I}\Big(\sum_{k=1}^{K}c^k(P_l^k)f(P_l^k)\Big)\lambda_l \tag{2.26a}$$

$$\text{s.t.}\quad \sum_{l\in I}\Big(\sum_{k=1}^{K}\delta_{ij}(P_l^k)f(P_l^k)\Big)\lambda_l\leqslant u_{ij},\quad (i,j)\in E \tag{2.26b}$$

$$\sum_{l\in I}\lambda_l=1 \tag{2.26c}$$

$$\lambda_l\geqslant 0,\quad l\in I \tag{2.26d}$$

子问题为

$$\min w=\sum_{k=1}^{K}\sum_{(ij)\in E}(c_{ij}^k-\pi_{ij})x_{ij}^k$$

$$\text{s.t.}\quad \sum_{(ij)\in E}x_{ij}^k-\sum_{(ji)\in E}x_{ji}^k=\begin{cases}d^k, & i=s\\ 0, & i\neq s,t\\ d^k, & i=t\end{cases},\quad k=1,2,\cdots,K \tag{2.27}$$

$$x_{ij}^k\geqslant 0,\quad k=1,2,\cdots,K;\quad (i,j)\in E$$

其中，P_l^k 是子问题第 l 次求解的第 k 种商品的最短路径，π_{ij} 是约束条件式(2.26b)的对偶变量，$\delta_{ij}(P_l^k)=0$ 或 1，当路径 P_l^k 包含边(i,j) 时等于 1，否则为 0。子问题的最优目标函数值是 w^*，则限制主问题的变量 λ_l 的简约成本是 $\sigma_l = w^* - \pi_0$，其中 π_0 是主问题的约束条件式(2.26c)的对偶变量。

为了能清楚表述 Danzig-Wolfe 分解算法的计算过程，让大家对它有充分而正确的了解，需要设计一个相对较简单的问题，可以将计算的细节都表达出来，读者仔细辨别清楚后定能弄清楚该算法基本技术。

例 2.3　考虑如图 2.17 所示的多商品流问题，共有 2 种商品。从节点 1 运送 4 个单位商品 1 到节点 4，从节点 2 运送 6 个单位商品 2 到节点 5。在每条边上，两种商品的单位流费用相同，受总容量限制，试求该问题的最小费用流在网络上的分配。

解　这是一个二商品流问题，商品 1 从节点 1 流向节点 4，总流量为 4；商品 2 从节点 2 流向节点 5，总流量是 6。同时注意到每条边两种商品的单位流费用都相同。这并不影响本题算法过程的一般性讨论，因为计算过程其实与它无关。之所以这样设定，只是为了图形更清楚一些罢了。

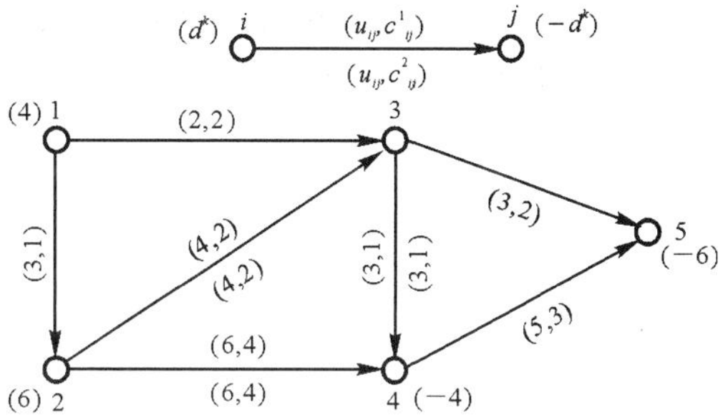

图 2.17　例 2.3 的 2-商品流问题

为清楚地说明 Danzig-Wolfe 分解算法，首先以单位流费用为边的长度，并对两种商品列出所有可能路径和它们的长度如下：

对商品 1($k=1$)，共有三条路径，分别为

$$P_1^1:1-3-4,\ l_1^1=3;\quad P_2^1:1-2-3-4,\ l_2^1=4;\quad P_3^1:1-2-4,\ l_3^1=5$$

对商品 2($k=2$)，共有三条路径，分别是

$$P_1^2:2-3-5,\ l_1^2=4;\quad P_2^2:2-3-4-5,\ l_2^2=6;\quad P_3^2:2-4-5,\ l_3^2=7$$

用路径流变量 f_i^k 表示商品 k 的第 i 条路径 P_i^k 的流量，有如下的数学模型：

$$\min z = 3f_1^1+4f_2^1+5f_3^1+4f_1^2+6f_2^2+7f_3^2$$

$$\begin{aligned}
\text{s.t.}\quad & f_2^1+f_3^1 \leqslant 3\\
& f_1^1 \leqslant 2\\
& f_2^1+f_1^2+f_2^2 \leqslant 4\\
& f_3^1+f_3^2 \leqslant 6\\
& f_1^1+f_2^1+f_2^2 \leqslant 3\\
& f_1^2 \leqslant 3\\
& f_2^2+f_3^2 \leqslant 5\\
& f_1^1+f_2^1+f_3^1 = 4\\
& f_1^2+f_2^2+f_3^2 = 6\\
& f_i^k \geqslant 0,\quad k=1,2;\quad i=1,2,3
\end{aligned}$$

由于子问题没有容量约束，因此子问题的最优解是沿最短路径运送的全部流量，即有

$$f_j^{1*}=4,\quad j=1,2,3;\quad f_j^{2*}=6,\quad j=1,2,3$$

子问题可行域的极点是两种商品沿三条路径总流量的所有组合，共有 9 种，即子问题可行域有 9 个

不同的极点，分别将其编号为

$$x^1=(f_1^{1*},f_1^{2*}),\quad x^2=(f_2^{1*},f_1^{2*}),\quad x^3=(f_3^{1*},f_1^{2*})$$
$$x^4=(f_1^{1*},f_2^{2*}),\quad x^5=(f_2^{1*},f_2^{2*}),\quad x^6=(f_3^{1*},f_2^{2*})$$
$$x^7=(f_1^{1*},f_3^{2*}),\quad x^8=(f_2^{1*},f_3^{2*}),\quad x^9=(f_3^{1*},f_3^{2*})$$

设极点 x^i 的凸组合系数变量为 λ_i，则通过计算每组极点流量的成本，即可给出主问题目标函数中各变量的系数。再根据每组极点流的路径通过的边，计算每边上各极点流的总和即可形成主问题约束条件左手边变量 λ_i 的系数。

为便于叙述，给各边编号如下：1=(1,2)，2=(1,3)，3=(2,3)，4=(2,4)，5=(3,4)，6=(3,5)，7=(4,5)，每边容量约束条件将按此顺序从上到下给出。令 $s_i, i=1,2,\cdots,7$ 是对应于上述各边容量的松弛变量，该问题的主问题为

$$\left.\begin{aligned}
\min z = {} & 36\lambda_1+40\lambda_2+44\lambda_3+48\lambda_4+52\lambda_5+56\lambda_6+54\lambda_7+58\lambda_8+62\lambda_9+Ms_0\\
\text{s. t.}\quad & 4\lambda_2+4\lambda_3+4\lambda_5+4\lambda_6+4\lambda_8+4\lambda_9+s_1=3\\
& 4\lambda_1+4\lambda_4+4\lambda_7+s_2=2\\
& 6\lambda_1+10\lambda_2+6\lambda_3+6\lambda_4+10\lambda_5+6\lambda_6+4\lambda_8+s_3=4\\
& 4\lambda_3+4\lambda_6+6\lambda_7+6\lambda_8+10\lambda_9+s_4=6\\
& 4\lambda_1+4\lambda_2+10\lambda_4+10\lambda_5+6\lambda_6+4\lambda_7+4\lambda_8+s_5=3\\
& 6\lambda_1+6\lambda_2+6\lambda_3+s_6=3\\
& 6\lambda_4+6\lambda_5+6\lambda_6+6\lambda_7+6\lambda_8+6\lambda_9+s_7=5\\
& \lambda_1+\lambda_2+\lambda_3+\lambda_4+\lambda_5+\lambda_6+\lambda_7+\lambda_8+\lambda_9+s_0=1\\
& \lambda_i\geqslant 0,\quad i=1,2,\cdots,9;\quad s_i\geqslant 0,\quad i=1,\cdots,7;\quad s_0\ \text{自由}
\end{aligned}\right\}\tag{2.28}$$

其中，s_0 是人工变量。设各约束条件的对偶变量是 $(\pi,\pi_0)=(\pi_1,\pi_2,\cdots,\pi_7,\pi_0)$，其中 π_0 对应于最后一个凸组合约束条件，它的取值自由，其他 7 个对偶变量分别对应于各边容量约束条件，是非正的，并且 $(\pi,\pi_0)=\boldsymbol{c_B B}^{-1}$。主问题变量 $\lambda_1,\lambda_2,\cdots,\lambda_9$ 等的检验数(简约成本)为 $(\sigma,\sigma_0)=(\boldsymbol{c}-(\pi,\pi_0)\boldsymbol{A},M-\pi_0)$，其中 $\boldsymbol{c}$ 和 $\boldsymbol{A}$ 分别是组合变量 $\lambda_1,\lambda_2,\cdots,\lambda_9$ 的目标函数系数矢量和约束条件系数矩阵。

子问题是

对于商品 1：

$$\left.\begin{aligned}
&\min w^1=\sum_{i=1}^{3}(c_i-\pi\boldsymbol{a}_i)x_i^1\\
&\text{s. t.}\quad x_1^1+x_2^1+x_3^1=4\\
&x_i^1\geqslant 0,\quad i=1,2,3
\end{aligned}\right\}\tag{2.29}$$

对于商品 2：

$$\left.\begin{aligned}
&\min w^2=\sum_{i=1}^{3}(c_i-\pi\boldsymbol{a}_i)x_i^2\\
&\text{s. t.}\quad x_1^2+x_2^2+x_3^2=6\\
&x_i^1\geqslant 0,\quad i=1,2,3
\end{aligned}\right\}\tag{2.30}$$

其中，$x_i^k, k=1,2; i=1,2,3$ 是子问题的决策变量，表示第 k 种商品在第 i 条路径上的流量，$\boldsymbol{a}_i$ 是第 i 条路径的边指示矢量，即如果边 j 在路径 i 上，则 $\boldsymbol{a}_i$ 的第 j 个元素为 1，否则为零。

对于两种商品，上述问题是广义最短路径问题(流量大于 1)，求上述两个最短路径问题的最优解后，

计算该最短路径对应的检验数，公式为

$$\sigma = w^1 + w^2 - \pi_0$$

作为计算初始化，取 $s_i, i = 0,1,\cdots,7$ 为初始基变量，构成第一次迭代的限制主问题

$$\min z = Ms_0$$

$$\text{s. t.}\quad s_1 = 3;\quad s_2 = 2;\quad s_3 = 4;\quad s_4 = 6$$

$$s_5 = 3;\quad s_6 = 3;\quad s_7 = 5;\quad s_0 = 1$$

$$s_j \geqslant 0,\quad j = 0,1,\cdots,7$$

它的基 $\boldsymbol{B}$ 是一个 8 阶的单位阵，容易求得：$(\pi_1, \pi_2, \cdots, \pi_7, \pi_0) = (0,0,\cdots,0,M)$，由此构造子问题，解是 $x_1^1 = 4, x_2^1 = x_3^1 = 0, w^1 = 12; x_1^2 = 6, x_2^2 = x_3^2 = 0, w^2 = 24$，由于

$$\sigma = w^1 + w^2 - \sigma_0 = 12 + 24 - M = 36 - 100 = -64 < 0$$

所以，产生 λ_1 的列，得如下的限制主问题：

$$\min z = 36\lambda_1 + Ms_0$$

$$\begin{aligned}
\text{s. t.}\quad s_1 &= 3\\
4\lambda_1 + s_2 &= 2\\
6\lambda_1 + s_3 &= 4\\
s_4 &= 6\\
4\lambda_1 + s_5 &= 3\\
6\lambda_1 + s_6 &= 3\\
s_7 &= 5\\
\lambda_1 + s_0 &= 1
\end{aligned}$$

$$\lambda_1, s_i \geqslant 0,\quad i = 1,\cdots,7;\quad s_0 \text{ 自由}$$

用最小比值原则可确定 s_2 出基，基变量目标函数系数矢量为 $\boldsymbol{c_B} = (0,36,0,0,0,0,0,100)$。求得该限制主问题的解：$(s_1, \lambda_1, s_3, s_4, s_5, s_6, s_7, s_0) = (3,1/2,1,6,1,0,5,1/2)$，基的逆 $\boldsymbol{B}^{-1}$ 中第 2 列是 $\boldsymbol{\beta}_2 = (0,1/4,-3/2,0,-1,-3/2,0,-1/4)^{\mathrm{T}}$，其他各列仍是单位矢量。由此计算出对偶变量值等于 $(\pi_1, \pi_2, \pi_3, \cdots, \pi_7, \pi_0) = \boldsymbol{c_B B}^{-1} = (0,-16.0,\cdots,0,100)$。将边 2 的长度加上 16，得如图 2.18 所示的广义最短路径问题（子问题）。

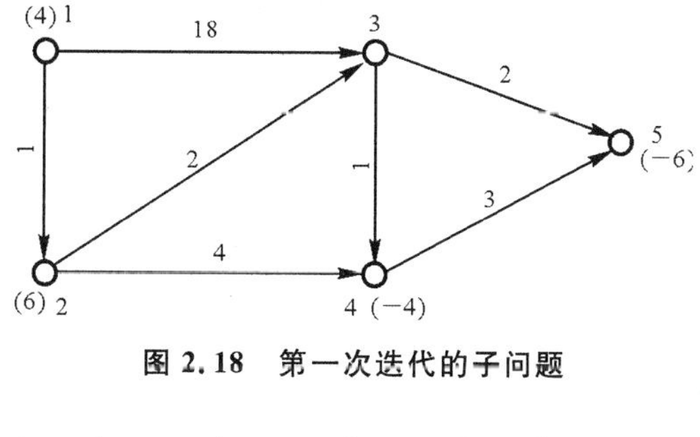

图 2.18　第一次迭代的子问题

它的最优解为 $x_2^1 = 4, x_1^1 = x_3^1 = 0, w^1 = 16; x_1^2 = 6, x_2^2 = x_3^2 = 0, w^2 = 24$，也即获得子问题的最优

解是极点 x^2。由于

$$\sigma = 16 + 24 - M = 40 - 100 = -60 < 0$$

所以变量 λ_2 应当入基，产生它的列后，构建的限制主问题为

$$\begin{aligned}
\min z = {} & 36\lambda_1 + 40\lambda_2 + Ms_0 \\
\text{s.t.} \quad & 4\lambda_2 + s_1 = 3 \\
& 4\lambda_1 + s_2 = 2 \\
& 6\lambda_1 + 10\lambda_2 + s_3 = 4 \\
& s_4 = 6 \\
& 4\lambda_1 + 4\lambda_2 + s_5 = 3 \\
& 6\lambda_1 + 6\lambda_2 + s_6 = 3 \\
& s_7 = 5 \\
& \lambda_1 + \lambda_2 + s_0 = 1 \\
& \lambda_1, \lambda_2, s_i \geqslant 0, \quad i = 1, \cdots, 7; \quad s_0 \text{ 自由}
\end{aligned}$$

设 λ_2 的系数矢量为 $\boldsymbol{P}_2$，计算 $\boldsymbol{B}^{-1}\boldsymbol{P}_2$ 后，应用最小比值原则，确定 s_6 出基，基变量目标函数系数矢量为 $\boldsymbol{c}_B = (0,36,0,0,0,40,0,100)$。然后应用热启动的修正单纯形法得到该限制主问题的解为

$$(s_1, \lambda_1, s_3, s_4, s_5, \lambda_2, s_7, s_0)^{\mathrm{T}} = (3, 1/2, 1, 6, 1, 0, 5, 1/2)^{\mathrm{T}}$$

基的逆 $\boldsymbol{B}^{-1}$ 中第 2 列和第 6 列分别是 $\boldsymbol{\beta}_2 = (1, 1/4, 1, 0, 0, -1/4, 0, 0)^{\mathrm{T}}$ 和 $\boldsymbol{\beta}_6 = (-2/3, 0, -5/3, 0, -2/3, 1/6, 0, -1/6)^{\mathrm{T}}$，其他各列仍是单位矢量。由此计算出对偶变量值等于 $(\pi_1, \pi_2, \pi_3, \cdots, \pi_7, \pi_0) = \boldsymbol{c}_B\boldsymbol{B}^{-1} = (0, -1, 0, 0, 0, -10, 0, 100)$。将边 2 和边 6 的长度分别加上 1 和 10，得如图 2.19 所示的广义最短路径问题。

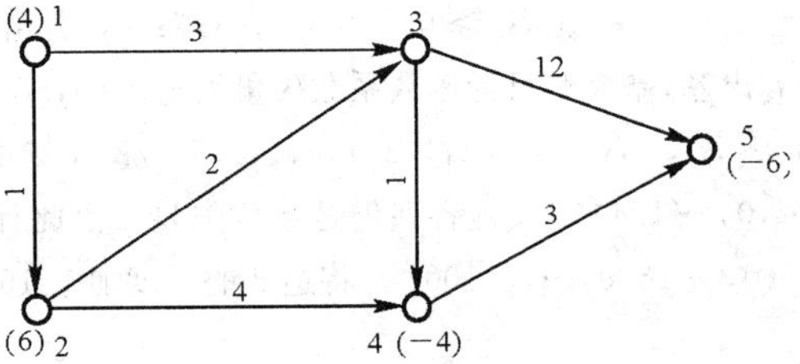

图 2.19 第二次迭代的子问题

可得它的最短路径解为 $x_1^1 = 4, x_1^1 = x_2^1 = 0, w^1 = 16; x_2^2 = 6, x_1^2 = x_2^2 = 0, w^2 = 36$，也即最优解是极点 x^4。由于

$$\sigma = 16 + 36 - M = 52 - 100 = -48 < 0$$

所以变量 λ_4 应当入基，产生它的列后，构建的限制主问题为

$$
\begin{aligned}
\min z = {} & 36\lambda_1 + 40\lambda_2 + 48\lambda_4 + Ms_0 \\
\text{s.t.}\quad & 4\lambda_2 + s_1 = 3 \\
& 4\lambda_1 + 4\lambda_4 + s_2 = 2 \\
& 6\lambda_1 + 10\lambda_2 + 6\lambda_4 + s_3 = 4 \\
& s_4 = 6 \\
& 4\lambda_1 + 4\lambda_2 + 10\lambda_4 + s_5 = 3 \\
& 6\lambda_1 + 6\lambda_2 + s_6 = 3 \\
& 6\lambda_4 + s_7 = 5 \\
& \lambda_1 + \lambda_2 + \lambda_4 + s_0 = 1 \\
& \lambda_i \geqslant 0,\quad i = 1,2,4;\quad s_j \geqslant 0,\quad j = 1,\cdots,7;\quad s_0\ \text{自由}
\end{aligned}
$$

在计算 $\boldsymbol{B}^{-1}\boldsymbol{P}_4$ 后，应用最小比值原则，确定 s_3 出基，基变量目标函数系数矢量为 $\boldsymbol{c}_B=(0,36,48,0,0,40,0,100)$。然后应用热启动修正单纯形法得到该限制主问题的解为

$$(s_1,\lambda_1,\lambda_4,s_4,s_5,\lambda_2,s_7,s_0)^{\mathrm{T}} = (13/5,2/5,1/10,6,0,1/10,22/5,2/5)^{\mathrm{T}}$$

$\boldsymbol{B}^{-1}$的第 2 列、第 3 列和第 6 列分别是 $\boldsymbol{\beta}_2=(3/5,3/20,1/10,0,-1,-3/20,-3/5,-1/10)^{\mathrm{T}}$，$\boldsymbol{\beta}_3=(-2/5,-1/10,1/10,0,-1,1/10,-3/5,-1/10)^{\mathrm{T}}$ 和 $\boldsymbol{\beta}_6=(0,1/6,-1/6,0,1,0,1,0)^{\mathrm{T}}$，其他各列仍是单位矢量。对偶变量等于

$$(\pi_1,\pi_2,\pi_3,\cdots,\pi_7,\pi_0) = \boldsymbol{c}_B\boldsymbol{B}^{-1} = (0,-5.8,-4.8,0,0,-2,0,100)$$

将边 2,3 和 6 的长度分别加上 5.8,4.8 和 2，得如图 2.20 所示的广义最短路径问题。

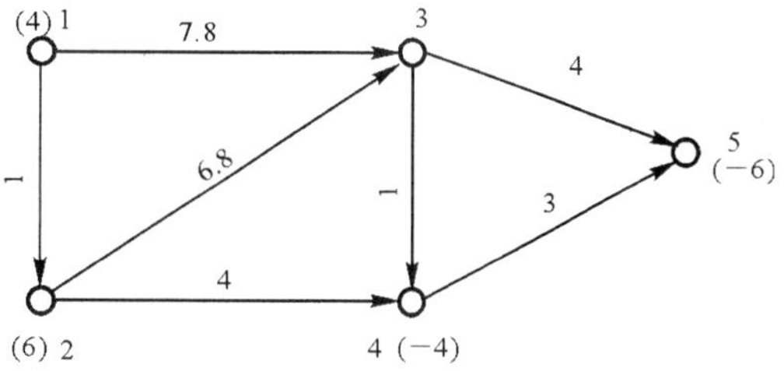

图 2.20　第三次迭代的子问题

它的解为 $x_3^1=4, x_1^1=x_2^1=0, w^1=20; x_3^2=6, x_1^2=x_2^2=0, w^2=42$，也即子问题最优解是极点 x^9。由于 $\sigma=20+42-100=-38<0$，因此变量 λ_9 应当入基，产生它的列后，构建的限制主问题是

$$
\begin{aligned}
\min z = {} & 36\lambda_1 + 40\lambda_2 + 48\lambda_4 + 62\lambda_9 + Ms_0 \\
\text{s.t.}\quad & 4\lambda_2 + 4\lambda_9 + s_1 = 3 \\
& 4\lambda_1 + 4\lambda_4 + s_2 = 2 \\
& 6\lambda_1 + 10\lambda_2 + 6\lambda_4 + s_3 = 4 \\
& 10\lambda_9 + s_4 = 6 \\
& 4\lambda_1 + 4\lambda_2 + 10\lambda_4 + s_5 = 3 \\
& 6\lambda_1 + 6\lambda_2 + s_6 = 3 \\
& 6\lambda_4 + 6\lambda_9 + s_7 = 5 \\
& \lambda_1 + \lambda_2 + \lambda_4 + \lambda_9 + s_0 = 1 \\
& \lambda_i \geqslant 0,\quad i - 1,2,4,9;\quad s_j \geqslant 0,\quad j = 1,\cdots,7;\quad s_0\ \text{自由}
\end{aligned}
$$

在计算 $\boldsymbol{B}^{-1}\boldsymbol{P}_9$ 后，应用最小比值原则，确定 s_0 出基，基变量目标函数系数矢量为 $\boldsymbol{c}_B=(0,36,48,0,0,40,0,62)$。然后应用热启动修正单纯形法得到该限制主问题的解为

$$(s_1,\lambda_1,\lambda_4,s_4,s_5,\lambda_2,s_7,\lambda_9)^{\mathrm{T}}=(1,2/5,1/10,2,0,1/10,2,2/5)^{\mathrm{T}}$$

$\boldsymbol{B}^{-1}$ 的第 2、第 3、第 6 和第 8 列分别是 $\boldsymbol{\beta}_2=(1,3/20,1/10,1,-1,-3/20,0,-1/10)^{\mathrm{T}}$，$\boldsymbol{\beta}_3=(0,-1/10,1/10,1,-1,1/10,0,-1/10)^{\mathrm{T}}$，$\boldsymbol{\beta}_6=(0,1/6,-1/6,0,1,0,1,0)^{\mathrm{T}}$ 和 $\boldsymbol{\beta}_8=(-4,0,0,-10,0,0,-6,1)^{\mathrm{T}}$，其他各列仍是单位矢量。因此，对偶变量等于 $(\pi_1,\pi_2,\pi_3,\cdots,\pi_7,\pi_0)=\boldsymbol{c}_B\boldsymbol{B}^{-1}=(0,-2,-1,0,0,-2,0,62)$。将边 2,3 和 6 的长度分别加上 2,1 和 2，得如图 2.21 所示的广义最短路径问题。

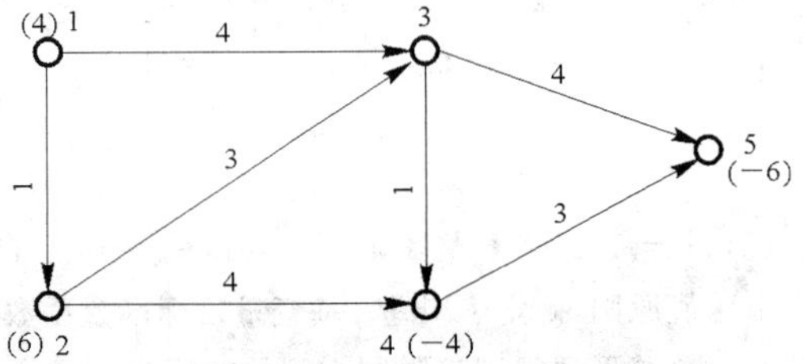

图 2.21　第四次迭代的子问题

发现对两种商品的三条路径的长度相等，因此任意一条路径都是最优的。由于对于商品 1，路径长度（单位流费用）等于 5，商品 2 的路径长度为 7，可得它们的解对应的目标函数值 $w^1=20$；$w^2=42$，因此 $\sigma=20+42-62=0$，上述限制主问题的最优解即主问题的最优解，并由此求得原问题的最优解为

$$f=(f^1,f^2)=\lambda_1x^1+\lambda_2x^2+\lambda_4x^4+\lambda_9x^9=\frac{2}{5}(f_1^{1*},f_1^{2*})+\frac{1}{10}(f_1^{1*},f_2^{2*})+\frac{1}{10}(f_2^{1*},f_1^{2*})+\frac{2}{5}(f_3^{1*},f_3^{2*})=$$

$$(\frac{1}{2}f_1^{1*}+\frac{1}{10}f_2^{1*}+\frac{2}{5}f_3^{1*},\frac{1}{2}f_1^{2*}+\frac{1}{10}f_2^{2*}+\frac{2}{5}f_3^{2*})$$

对商品 1（$k=1$），最优流量为

$$f^1=\frac{1}{2}f_1^{1*}+\frac{1}{10}f_2^{1*}+\frac{2}{5}f_3^{1*}$$

即 P_1^1：1－3－4，$f_1^1=1/2f_1^{1*}=2$；P_2^1：1－2－3－4，$f_2^1=1/10f_2^{1*}=0.4$；P_3^1：1－2－4，$f_3^1=2/5f_3^{1*}=1.6$。

同样对商品 2（$k=2$），最优流量为

$$f^2=\frac{1}{2}f_1^{2*}+\frac{1}{10}f_2^{2*}+\frac{2}{5}f_3^{2*}$$

即 P_1^2：2－3－5，$f_1^2=1/2f_1^{2*}=3$；P_2^2：2－3－4－5，$f_2^2=1/10f_2^{2*}=0.6$；P_3^2：2－4－5，$f_3^2=2/5f_3^{2*}=2.4$。

最终获得网络的多商品流分配如图 2.22 所示。此时的总费用等于 48。主问题的目标函数也给出

$$\min z=36\lambda_1+40\lambda_2+48\lambda_4+62\lambda_9=14.4+4+4.8+24.8=48$$

主问题的最优目标函数值等于原问题的最优值。

上述结果的一个遗憾是有些边的流是小数，这在有些情况下是不允许的，此时应当结合分枝定界法进行求解，以便最终求得整数解。

总结上述过程，可以给出多商品流问题的 Danzig-Wolfe 分解算法步骤如下：

第一步　初始化，给出初始列，构造限制主问题；

第二步　求解限制主问题，计算对偶变量矢量；

第三步　将网络各边的长度减去对应的对偶变量，构建各商品的广义最短路径问题，求解最短路径问题；

第四步　用最短路径的总费用减去限制主问题的对偶变量 π_0，得非基变量的最小检验数，若它小于零，则生成对应的列，加入限制主问题，转到第二步；若检验数不小于零，则得原问题的最优解，计算结束。

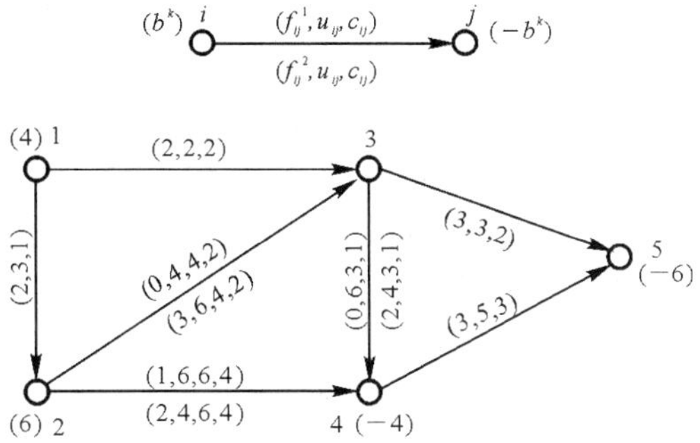

图 2.22　例 2.3 的最优解

2.5.4　Benders 分解算法

在网络流问题中有一类问题，它们的数学模型中有两类变量：一类变量易处理，如实数；另一类变量难处理，如整数或 0－1 型变量。由于难处理变量的存在，使得整个线性规划问题变得难解起来。Benders 分解算法提供了一种途径，将两种变量分离开，分别进行求解和处理。

先来看一个混合整数规划问题

$$
\begin{aligned}
\min z &= 2x_1 + 3x_2 + 5y_1 + 3y_2 \\
\text{s.t.}\quad & x_1 + 2x_2 + 4y_1 + 2y_2 \geqslant 8 \\
& 2x_1 + 3x_2 + 2y_1 + 3y_2 \geqslant 15 \\
& x_1, x_2 \geqslant 0;\quad y_1, y_2 = 0,1
\end{aligned}
$$

由于 y_1, y_2 是 0－1 型变量，没法用单纯形法求解上述问题，设法将 x_1, x_2 和 y_1, y_2 分开，分成两个问题交替求解。

令 y_1, y_2 为某一值 $\bar{y}_1, \bar{y}_2$ 后，原问题写为

$$
\begin{aligned}
\min z &= 2x_1 + 3x_2 + 5\bar{y}_1 + 3\bar{y}_2 \\
\text{s.t.}\quad & x_1 + 2x_2 \geqslant 8 - 4\bar{y}_1 - 2\bar{y}_2 \\
& 2x_1 + 3x_2 \geqslant 15 - 2\bar{y}_1 - 3\bar{y}_2 \\
& x_1, x_2 \geqslant 0
\end{aligned}
$$

该问题叫做原问题的子问题，它的对偶问题是

$$\max w = \pi_1(8 - 4\bar{y}_1 - 2\bar{y}_2) + \pi_2(15 - 2\bar{y}_1 - 3\bar{y}_2)$$
$$\text{s.t.}\quad \pi_1 + 2\pi_2 \leqslant 2$$
$$2\pi_1 + 3\pi_2 \leqslant 3$$
$$\pi_1, \pi_2 \geqslant 0$$

它的可行域与 y_1, y_2 无关。根据对偶定理，原问题可写为

$$\min_{y_1, y_2}\{5y_1 + 3y_2 + \max_{\pi_1, \pi_2}[\pi_1(8 - 4y_1 - 2y_2) + \pi_2(15 - 2y_1 - 3y_2)]\}$$
$$\text{s.t.}\quad \pi_1 + 2\pi_2 \leqslant 2$$
$$2\pi_1 + 3\pi_2 \leqslant 3$$
$$\pi_1, \pi_2 \geqslant 0$$

如果对偶问题的可行域的最优顶点为 $(\bar{\pi}_1, \bar{\pi}_2)$，则上述问题等价于如下的线性规划问题：

$$\min z = 5y_1 + 3y_2 + \eta$$
$$\text{s.t.}\quad \eta \geqslant \bar{\pi}_1(8 - 4y_1 - 2y_2) + \bar{\pi}_2(15 - 2y_1 - 3y_2)$$
$$\eta \geqslant 0, \quad y_1, y_2 = 0, 1$$

该问题只含有 0－1 变量 y_1, y_2 和一个非负变量 η，不含有 x_1, x_2，叫做 Benders 主问题。这样就将原问题分解成了主问题和子问题，并且两种变量 y_1, y_2 和 x_1, x_2 也分离开来了。

根据上述讨论，首先令 $y_1 = y_2 = 0$，则原问题成为

$$\min z = 2x_1 + 3x_2$$
$$\text{s.t.}\quad x_1 + 2x_2 \geqslant 8$$
$$2x_1 + 3x_2 \geqslant 15$$
$$x_1, x_2 \geqslant 0$$

该问题的最优解是 $x_1 = 6, x_2 = 1$，对偶变量的解是 $\pi_1 = 0, \pi_2 = 1$。将 $\pi_1 = 0, \pi_2 = 1$ 代入上述线性规划问题得

$$\min z = 5y_1 + 3y_2 + \eta$$
$$\text{s.t.}\quad \eta \geqslant 15 - 2y_1 - 3y_2$$
$$\eta \geqslant 0, \quad y_1, y_2 = 0, 1$$

解得最优解：$y_1 = 0, y_2 = 1, \min z = 15, \eta = 12$，该问题的最优目标函数值给出了原问题目标函数值的下界，即 $LB = 15$。将 $x_1 = 6, x_2 = 1$ 和 $y_1 = 0, y_2 = 1$ 代入原问题目标函数，得 $UB = 15 + 3 = 18$，该值是原问题目标函数值的上界。

将 $y_1 = 0, y_2 = 1$ 代入原问题，得子问题

$$\min z = 2x_1 + 3x_2 + 3$$
$$\text{s.t.}\quad x_1 + 2x_2 \geqslant 6$$
$$2x_1 + 3x_2 \geqslant 12$$
$$x_1, x_2 \geqslant 0$$

对偶问题为

$$\max w = 6\pi_1 + 12\pi_2$$
$$\text{s.t.}\quad \pi_1 + 2\pi_2 \leqslant 2$$
$$2\pi_1 + 3\pi_2 \leqslant 3$$
$$\pi_1, \pi_2 \geqslant 0$$

它的最优解是 $\pi_1 = 0, \pi_2 = 1; x_1 = 6, x_2 = 0$。再次构成关于 y_1, y_2 的线性规划问题和前面的相同，因此最优解也相同，即 $y_1 = 0, y_2 = 1, LB = 15$，此时的目标函数上界是 $UB = 12 + 3 = 15$，因此 $|UB - LB| = 0$，已获最优解：$x_1 = 6, x_2 = 0, y_1 = 0, y_2 = 1$，最优目标函数值为 15。

上述问题的求解方法叫做 Benders 分解算法，它利用对偶理论将“易处理”变量和“难处理”变量分离开来，分别形成 Benders 主问题和子问题来进行迭代求解，其中只含有“易处理”变量的模型是子问题，含有“难处理”变量的模型是 Benders 主问题。

根据上述讨论的思路，来对 Benders 分解算法作一般性的讨论。设有线性规划问题

$$\begin{aligned} &\min z = \boldsymbol{C}_1\boldsymbol{x} + \boldsymbol{C}_2\boldsymbol{y} \\ &\text{s.t.}\quad \boldsymbol{Ax} = \boldsymbol{b} \\ &\qquad \boldsymbol{B}_1\boldsymbol{x} + \boldsymbol{B}_2\boldsymbol{y} \leqslant \boldsymbol{u} \\ &\qquad \boldsymbol{x} \geqslant 0;\quad \boldsymbol{y} \geqslant 0 \text{ 且为整数} \end{aligned} \tag{2.31}$$

该问题中，$\boldsymbol{x}, \boldsymbol{y}$ 是决策变量列矢量，$\boldsymbol{y}$ 是难处理变量，$\boldsymbol{C}_1, \boldsymbol{C}_2$ 是行矢量，$\boldsymbol{A}, \boldsymbol{B}_1, \boldsymbol{B}_2$ 是系数矩阵，$\boldsymbol{b}, \boldsymbol{u}$ 是右手项列矢量。

在式(2.31)中，令 $\boldsymbol{y} = \bar{y}$ 为一已知值，则有

$$\begin{aligned} &\min z(\bar{y}) = \boldsymbol{C}_1\boldsymbol{x} + \boldsymbol{C}_2\bar{y} \\ &\text{s.t.}\quad \boldsymbol{Ax} = \boldsymbol{b} \\ &\qquad \boldsymbol{B}_1\boldsymbol{x} \leqslant \boldsymbol{u} - \boldsymbol{B}_2\bar{y} \\ &\qquad \boldsymbol{x} \geqslant 0 \end{aligned} \tag{2.32}$$

一般而言，该式应当已有成熟的解法，它的对偶形式为

$$\begin{aligned} &\max w = \pi\boldsymbol{b} + \sigma(\boldsymbol{u} - \boldsymbol{B}_2\bar{y}) \\ &\text{s.t.}\quad \pi\boldsymbol{A} + \sigma\boldsymbol{B}_1 \leqslant \boldsymbol{C}_1 \\ &\qquad \pi \text{ 自由},\quad \sigma \leqslant 0 \end{aligned} \tag{2.33}$$

根据对偶定理，对偶问题的最优解的目标函数 w 等于原问题的最优目标函数值(不包括常数项)。若对偶问题可行域存在，并且已知它的 k 个顶点(π, σ)，l 个极方向 $r_i, i = 1, 2, \cdots, l$，则可以构造与式(2.31)等价的规划模型

$$\begin{aligned} &\min_y \boldsymbol{C}_2 y + \max_{\pi,\sigma}\{\pi\boldsymbol{b} + \sigma(\boldsymbol{u} - \boldsymbol{B}_2 y)\} \\ &\text{s.t.}\quad r_i[\boldsymbol{b}, (\boldsymbol{u} - \boldsymbol{B}_2\boldsymbol{y})] \leqslant 0,\quad i = 1, 2, \cdots, l \\ &\qquad y \geqslant 0, \text{整数} \end{aligned}$$

该问题又可以等价为

$$\begin{aligned} &\min_y \boldsymbol{C}_2\boldsymbol{y} + \eta \\ &\text{s.t.}\quad \eta \geqslant \pi^j\boldsymbol{b} + \sigma^j(\boldsymbol{u} - \boldsymbol{B}_2 y),\quad j = 1, 2, \cdots, k \\ &\qquad r_i[\boldsymbol{b}, (\boldsymbol{u} - \boldsymbol{B}_2 y)] \leqslant 0,\quad i = 1, 2, \cdots, l \\ &\qquad \eta \geqslant 0;\quad y \geqslant 0, \text{整数} \end{aligned} \tag{2.34}$$

该式叫做 Berders 主问题，它的约束条件叫做 Benders 割(平面)。该问题只含有一个实数变量和难处理变量 $\boldsymbol{y}$，不含有变量 $\boldsymbol{x}$，已实现“难”“易”两种变量的分离。

如果对偶问题式(2.33)的可行域顶点较多，计算出所有这些极点并非易事，而且式(2.34)的约束条件数也将很多，并不能体现出这种分离变量算法的优越性。Benders(1962 年)提出了一种迭代算法，每次迭代，只计算出一个顶点和或极方向，逐步增加主问题式(2.34)的约束条件，直至求得最优解。算法步骤如下：

初始化：给 $\boldsymbol{y}$ 初始值，代入式(2.33)。置空顶点集 K 和极方向集 L，设置收敛判定误差界 ε，并设 $k=0$。

第一步　求解子问题式(2.33)获得一个最优极点 (π^*,σ^*) 或一个极方向 r^*，以及 x^*，对应的目标函数值是 w^*，令 $K=K\cup\{(\pi^*,\sigma^*)\}$ 或 $L=L\cup\{r^*\}$。转到第二步。

第二步　使用 (π^*,σ^*) 或 r^*，形成新的约束条件，加入到主问题式(2.34)中，求解式(2.34)得最优解 y^*，它的目标函数值是原问题目标函数值下界，设为 LB。将本次迭代的最优 x^* 和 y^* 代入式(2.31)的目标函数，得它的目标函数值上界 UB。如果 $UB-LB<\varepsilon$，则已获最优解 x^* 和 y^*；否则执行第三步。

第三步　将 y^* 代入式(2.33)，构造子问题，$k=k+1$，转第一步。

例 2.4　在最小费用流问题中，如果运输路线的选择具有成本，则数学模型中的变量有两组：一组是流变量；一组是边选择变量。如图 2.23 所示是一个简单的选择路径最小费用流问题，应用上述 Benders 算法，求解该问题。

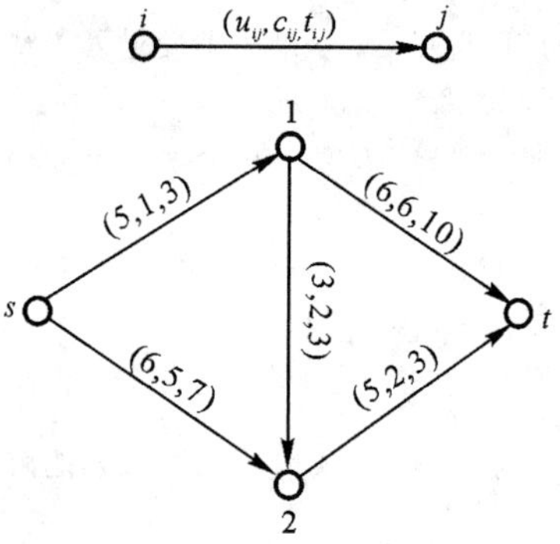

图 2.23　例 2.4 的网络

解　为方便讨论，首先为各边编号：$1=(s,1)$，$2=(s,2)$，$3=(1,2)$，$4=(1,t)$，$5=(2,t)$，变量将按此次序出现在数学模型中。变量包括各边的流变量 $f_{s1},f_{s2},f_{12},f_{1t},f_{2t}$ 和选择变量 $y_{s1},y_{s2},y_{12},y_{1t},y_{2t}$。选择变量是 0－1 变量，如果边 (i,j) 被选中，$y_{ij}=1$，否则 $=0$。由此该问题的数学模型如下：

$$\min z = f_{s1}+5f_{s2}+2f_{12}+6f_{1t}+2f_{2t}+3y_{s1}+7y_{s2}+3y_{12}+10y_{1t}+3y_{2t}$$

$$\begin{aligned}
\text{s.t.}\quad & f_{s1}+f_{s2} = 5\\
& -f_{s1}+f_{12}+f_{1t} = 0\\
& -f_{s2}-f_{12}+f_{2t} = 0\\
& -f_{1t}-f_{2t} = -5\\
& -f_{s1} \geqslant -5y_{s1}\\
& -f_{s2} \geqslant -6y_{s2}\\
& -f_{12} \geqslant -3y_{12}\\
& -f_{1t} \geqslant -6y_{1t}\\
& -f_{2t} \geqslant -5y_{2t}\\
& f_{s1},f_{s2},f_{12},f_{1t},f_{2t}\geqslant 0;\quad y_{s1},y_{s2},y_{12},y_{1t},y_{2t}=0,1
\end{aligned}\tag{2.35}$$

首先令 $y_{s1},y_{s2},y_{12},y_{1t},y_{2t}=0$，构造子问题

$$
\begin{aligned}
\min z = {} & f_{s1} + 5f_{s2} + 2f_{12} + 6f_{1t} + 2f_{2t} \\
\text{s. t.} \quad & f_{s1} + f_{s2} + \qquad\qquad\qquad = 5 \\
& -f_{s1} + \quad f_{12} + f_{1t} \qquad = 0 \\
& \quad -f_{s2} - f_{12} + \quad + f_{2t} = 0 \\
& \qquad\qquad -f_{1t} - f_{2t} = -5 \\
& -f_{s1} \qquad\qquad\qquad \geqslant 0 \\
& \quad -f_{s2} \qquad\qquad\quad \geqslant 0 \\
& \qquad -f_{12} \qquad\qquad \geqslant 0_{12} \\
& \qquad\qquad -f_{1t} \qquad \geqslant 0 \\
& \qquad\qquad\qquad -f_{2t} \geqslant 0 \\
& f_{s1}, f_{s2}, f_{12}, f_{1t}, f_{2t} \geqslant 0
\end{aligned}
$$

该子问题不可行，它的对偶问题为

$$
\begin{aligned}
& \max w = 5\pi_s - 5\pi_t \\
& \pi_s - \pi_1 \qquad -\sigma_{s1} \qquad\qquad \leqslant 1 \\
& \pi_s - \quad \pi_2 \qquad -\sigma_{s2} \qquad \leqslant 5 \\
& \quad \pi_1 - \pi_2 - \qquad \sigma_{12} \qquad \leqslant 2 \\
& \quad \pi_1 - \quad \pi_t \qquad -\sigma_{1t} \quad \leqslant 6 \\
& \qquad \pi_2 - \pi_t \qquad\qquad -\sigma_{2t} \leqslant 2 \\
& \pi_i \text{ 自由；} \quad \sigma_{ij} \geqslant 0, \quad i,j = s,1,2,t
\end{aligned}
\tag{2.36}
$$

其中，π_i 对应节点 i 的流平衡约束条件，σ_{ij} 对应边 (i,j) 的容量约束条件。该可行域存在，但无界，因此存在若干顶点和极方向。

取对偶问题式(2.36)的顶点和极方向，例如有极点 $(\pi^1, \sigma^1) = (7,6,2,0,0,0,2,0,0)$，极方向 $r^1 = (1,0,0,0,1,1,0,0,0)$，$r^2 = (1,1,0,0,0,1,1,1,0)$，由此构成第一次主问题如下：

$$
\begin{aligned}
\min \{ & 3y_{s1} + 7y_{s2} + 3y_{12} + 10y_{1t} + 3y_{2t} + \eta \} \\
\text{s. t.} \quad & 5 - 5y_{s1} - 6y_{s2} \leqslant 0 \\
& 5 - 6y_{s2} - 3y_{12} - 6y_{1t} \leqslant 0 \\
& \eta \geqslant 35 - 6y_{12} \\
& \eta \geqslant 0, \quad y_{ij} = 0,1, \quad (i,j) \in E
\end{aligned}
$$

其中 E 是网络边的集合。

该限制主问题的解是：$\eta = 29$，$y_{s1} = y_{1t} = y_{2t} = 0$，$y_{12} = y_{s2} = 1$，原问题目标函数的下界 $LB = 39$。将主问题的解带入原问题，得该次迭代的子问题，它仍不可行。子问题的对偶问题如下：

$$
\begin{aligned}
& \max w = 5\pi_s - 5\pi_t - 6\sigma_{s2} - 3\sigma_{12} \\
\text{s. t.} \quad & \pi_s - \pi_1 \qquad -\sigma_{s1} \qquad\qquad \leqslant 1 \\
& \pi_s - \quad \pi_2 \qquad -\sigma_{s2} \qquad \leqslant 5 \\
& \quad \pi_1 - \pi_2 - \qquad \sigma_{12} \qquad \leqslant 2 \\
& \quad \pi_1 - \quad \pi_t \qquad -\sigma_{1t} \quad \leqslant 6 \\
& \qquad \pi_2 - \pi_t \qquad\qquad -\sigma_{2t} \leqslant 2
\end{aligned}
$$

$$\pi_i \text{ 自由}; \quad \sigma_{ij} \geqslant 0, \quad i,j = s,1,2,t$$

它的可行域无界，通过用单纯形法求解，得到它的一个极点$(\pi^2, \sigma^2) = (9,6,4,0,2,0,0,0,2)$，和 Benders 割 $\eta \geqslant 45 - 10y_{s1} - 10y_{2t}$，本次迭代的主问题为

$$\begin{aligned}
\min \{3y_{s1} &+ 7y_{s2} + 3y_{12} + 10y_{1t} + 3y_{2t} + \eta\} \\
\text{s.t.} \quad & 5 - 5y_{s1} - 6y_{s2} \leqslant 0 \\
& 5 - 6y_{s2} - 3y_{12} - 6y_{1t} \leqslant 0 \\
& \eta \geqslant 35 - 6y_{12} \\
& \eta \geqslant 45 - 10y_{s1} - 10y_{2t} \\
& \eta \geqslant 0, \quad y_{ij} = 0,1, \quad (i,j) \in E
\end{aligned}$$

容易求得它的解是 $\eta = 29$，$y_{s1} = y_{s2} = y_{12} = y_{2t} = 1$，$y_{1t} = 0$，并求得原问题目标函数的下界 $LB = 45$。将上述主问题的解代入原问题，得本次子问题

$$\begin{aligned}
\min z = f_{s1} &+ 5f_{s2} + 2f_{12} + 6f_{1t} + 2f_{2t} + 16 \\
\text{s.t.} \quad & f_{s1} + f_{s2} + \qquad\qquad = 5 \\
& -f_{s1} + \quad f_{12} + f_{1t} \qquad = 0 \\
& \quad -f_{s2} - f_{12} + \quad + f_{2t} = 0 \\
& \qquad\qquad -f_{1t} - f_{2t} = -5 \\
& -f_{s1} \qquad\qquad\qquad \geqslant -5 \\
& \quad -f_{s2} \qquad\qquad \geqslant -6 \\
& \qquad -f_{12} \qquad\quad \geqslant -3 \\
& \qquad\quad -f_{1t} \qquad \geqslant 0 \\
& \qquad\qquad\quad -f_{2t} \geqslant -5 \\
& f_{s1}, f_{s2}, f_{12}, f_{1t}, f_{2t} \geqslant 0
\end{aligned}$$

最优解是 $f_{s1} = 3$，$f_{s2} = 2$，$f_{12} = 3$，$f_{1t} = 0$，$f_{2t} = 5$，原问题目标函数的上界 $UB = 45$。已经有 $UB = LB = 45$，所以得原问题最优解

$$y_{s1} = y_{s2} = y_{12} = y_{2t} = 1, \quad y_{1t} = 0, \quad f_{s1} = 3, \quad f_{s2} = 2, \quad f_{12} = 3, \quad f_{1t} = 0, \quad f_{2t} = 5$$

最优目标函数值 $\min z = 45$。

上面的网络设计问题虽然很简单，但已表达出 Benders 分解算法的基本步骤和方法，以及其中存在的困难。例如可以看出，使用 Benders 分解算法进行网络设计时，主问题一般都存在最优解，而子问题在开始迭代的几步则可能不可行。需要考虑寻找对偶问题可行域极方向的方法，这一点留给读者思考。

2.5.5 遗传算法

遗传算法是一类宏启发式算法(Metaheuristic Algorithm)，是一种强有力的、应用广泛的随机搜索优化方法，这种随机搜索有一套比较固定的步骤(叫做框架)。这套固定步骤对所有优化问题都适用，但每步骤的具体做法可能随求解问题的不同而有所不同。遗传算法可以解决传统解法难以解决的问题，特别是组合优化问题。

尽管有关模拟生物进化的优化算法早在 1960 年就已经引起人们的浓厚兴趣,但一般认为遗传算法是由 Holland(1975 年,1992 年) 开发的,此后在工业工程、运筹学和管理科学上的应用日新月异,产生了一批研究和应用成果,在玄光男、程润伟(2004 年) 的专著中列出了 737 篇参考文献。

Michalewicz(1996 年) 归纳遗传算法的五个基本要素如下:

(1) 问题解的遗传表示,称之为编码问题;

(2) 创建解的初始种群问题;

(3) 个体优劣的评价问题;

(4) 遗传算子设计问题(杂交和变异);

(5) 遗传算法的参数值。

基本遗传算法(宏启发表示) 步骤如下:

初始化　令 $t = 0$,构造初始种群 $P(t)$。

第一步　使用适应度函数评价 $P(t)$,判断算法的终止条件是否满足:如果已满足,则结束计算,输出符合条件的最优解;如果不满足,则执行以下步骤。

第二步　重组(杂交和变异) 种群 $P(t)$,产生 $C(t)$。

第三步　用适应度函数评价 $C(t)$,从 $P(t)$ 和 $C(t)$ 中选择下一代种群 $P(t+1)$。

第四步　令 $t = t+1$,转第一步。

为了获得尽可能优的解,启发式算法经常伴随有搜索,这种搜索可分为两种:深度搜索和广度搜索。深度搜索是在当前解的一个领域中搜索最优解(通常使用爬山法),可获得局部最优解。如果该领域包含有全局最优解,则可获得全局最优解,这种搜索又叫做局部搜索。广度搜索是为了跳出局部最优点,进行更广范围的搜索,以便搜索到全局最优解。广度搜索通常采用随机搜索方法,随机搜索可以在整个解空间中搜索最优解,逃离局部最优点。如能将这两种搜索有机结合起来,将可以设计出更有效的搜索算法。

遗传算法能够将这两种算法有机结合起来,其中选择操作是局部深度搜索,交叉和变异操作是随机搜索,实现广度搜索的目的,因此可以期望遗传算法有较好的表现。下面分别来讨论遗传算法中的几个基本问题。

1. 编码问题

遗传算法首先要解决解的遗传表示问题,也就是要对解进行便于遗传操作的编码。二进制编码是最常采用的方法,这种编码方法特别适合于 0—1 规划问题,例如集合覆盖或集合分割问题,在航空运输规划中,可用于机组排班、机队指派和飞机路线等问题。

对于非 0—1 规划问题,例如整数规划,采用整数编码更适合一些。因此具体采用何种编码,要视具体问题而定。设计编码需考虑的因素有:变量类型和遗传操作。一般而言可以有以下几种编码方法:

(1) 二进制编码;

(2) 整数排列编码;

(3) 字母排列编码;

(4) 实数编码;

(5) 一般数据结构编码。

编码的结构可以是一维的，也可以是多维的。一维结构是最常用的一种，方便于操作，能使用一维结构编码的问题，尽量使用一维编码，在一维结构不能表示问题的解时，可以考虑采用多维结构。

用编码表示的一个解，叫做个体（一条染色体），若干个体构成的集合叫做种群，或者叫做编码空间或基因型空间，遗传操作必须在基因型空间中进行。为了对种群进行评价和选择，又必须将编码解转换为“实际值”，即转换到解空间中来，解空间又叫做表现型空间。在遗传算法执行的过程中，需要不断地在编码空间和解空间之间进行转换。从解空间变换到编码空间的操作叫做编码，从编码空间变换到解空间的操作叫做解码。

由于遗传操作（交叉和变异）产生的个体在解码后可能不可行，甚至是非法的（即变量不在取值范围内的解）。不可行解是指不满足约束条件的解，非法解是指违反了“非负性条件”（非负性、整数性等）的解。非法解应当删除，但不可行解一般可保留，以保证能在更大的空间中进行随机搜索。处理的方法是在适应度函数中加入惩罚项，即用惩罚算子乘以约束条件的不满足值（约束条件左右两边数值差的绝对值）加入到适应度函数中，使其“适应性”更差，以便在搜索中逐步被淘汰。

编码应当满足一定的性质，才能建立起有效的遗传搜索。这些性质包括：

性质 1 不冗余性：编码空间到解空间的映射是一一对应的。

性质 2 合法性：对编码的任意排列都对应一个合法解。

性质 3 完备性：任意解都存在一个编码。

性质 4 拉玛基（Lamarck）性质：基因的某段子基因关于解的解释不依赖于其他基因。也就是子基因放到别的基因中去后，它在解空间中对应于某些变量的值不应发生改变。这样才能保证后代能够从父代继承优秀的品质。不满足拉玛基性质的编码叫做非拉玛基的。

性质 5 因果性：变异带来的基因空间的小扰动，在解空间中也是小扰动。这种性质保证了搜索的领域结构不受破坏。

设计编码时应当分析上述五种性质是否满足，不满足上述性质的编码将直接影响算法的有效性。

2. 选择算子

选择操作是遗传算法最基本的步骤，它的作用是选择优秀的子种群，并将优秀的基因传给下一代。子种群的规模叫做选择压力，如果子种群规模较小，只能选择较优的个体留下，选择压力较大，容易过早收敛到局部最优解；反之若子种群规模较大，可以保留一些看上去不怎么优秀的种子，以便于在较大范围搜索，跳出局部最优，这时选择压力较小。一般在遗传搜索的早期采用较小的选择压力，在后期则采用较大的选择压力。

选择算子的设计要能做到：将遗传搜索引导到解空间中有前途的区域（能不断靠近最优点），经过 20 多年的研究，人们已经提出了许多种选择算子，其中经常采用的选择算子有

(1) 轮盘赌选择（Holland，1992 年）；

(2) $(\mu+\lambda)$ 选择（Baeck，1996 年）；

(3) 竞争选择（Goldberg，Korb and Deb，1989 年）；

(4) 稳态复制选择（Whitley，1989 年）；

(5) 排序和比例选择。

其中，轮盘赌选择是最知名的随机选择方法，该方法用每个染色体适应度函数值的比例作为它的选择概

率,然后用这些概率制作轮盘赌模型,旋转该轮盘的指针 n 次(n 是新种群的规模),轮盘停止时指针落在哪个角形区域,哪个个体被选中到新的种群中去,每次为新种群选择一个个体。也可以制作 n 个均匀分布的旋转指针,只旋转一次即可选择 n 个个体。

$(\mu+\lambda)$ 选择和轮盘赌选择不同,它不是随机选择方法,而是确定性选择方法,以比例 μ 和 λ 分别从父代和子代中选择最好的染色体留下来。该方法禁止从种群中选择相同的染色体,可用来处理组合优化问题。

竞争选择是在备选种群中随机选择一对染色体,再选择其中适应度高的个体进入新一代种群,一直到达到新种群的规模为止。

稳态复制选择也是一种确定性选择算子。如果子代有 n 个个体,则用子代取代父代适应度最差的 n 个个体,这种方法叫做稳态复制。

排序比例选择,是指按照某种比例变换方式将目标函数变换成比例变换适应度,然后按照适应度的大小进行排序,选择前 n 个个体到新一代群体。如果变换关系保持不变,叫做静态比例变换,如果变换关系的某些参数随着遗传操作的进行而变化,则叫做动态比例变换。

还有一些其他选择算子,包括上述算子的许多变种,实际应用时应根据具体问题进行选用,或研究设计更有效的选择算子。

3. 不可行个体的处理方法

有些优化问题的最优解在可行域的边界上,不可行解比有些可行解离最优解甚至更近一些,因此为维护生物多样性,不可行的解一般不丢弃。但还没有一般的方法用来判断哪些不可行解离最优点较近,现在只能通过惩罚方法进行处理。

惩罚的方法可以根据问题有所不同,但总是使用惩罚算子和约束条件构造惩罚函数,再加入到目标函数中,形成原始适应函数。有以下几种情况。

(1) 目标函数求最大,使用和式表示

$$P(x)=f(x)+q(x) \tag{2.37}$$

式中,$P(x)$ 是原始适应函数;$f(x)$ 是问题的目标函数;$q(x)$ 是惩罚函数,定义如下:

$$\text{如果 } x \text{ 可行,则 } q(x)=0$$

$$\text{否则,}\quad q(x)<0$$

并且满足

$$|q(x)|_{\max}\leqslant|f(x)|_{\min}$$

(2) 目标函数求最小,使用和式表示。原始适应函数的形式还是式(2.37),其惩罚函数 $q(x)$ 定义为

$$\text{如果 } x \text{ 可行,则 } q(x)=0$$

$$\text{否则,}\quad q(x)>0$$

(3) 目标函数求最大,使用乘积形式

$$P(x)=f(x)q(x) \tag{2.38}$$

其中,$q(x)$ 定义为

$$\text{如果 } x \text{ 可行,则 } q(x)=1$$

$$\text{否则,}\quad 0\leqslant q(x)<1$$

(4) 目标函数求最小,使用乘积形式。原始适应函数的形式还是式(2.38),其中,$q(x)$ 定义为

$$\text{如果 } x \text{ 可行,则 } q(x)=1$$

$$\text{否则,} \quad q(x)>1$$

这里惩罚函数 $q(x)$ 的具体形式应当根据问题的性质确定,并且符合如下的原则:

(1) 约束条件违背得越严重,应当惩罚得越重;

(2) 遗传进化的早期阶段,可惩罚得轻一些;越到后期,惩罚得越重。

关于遗传算法的著作和文献资料十分丰富,本文仅就有关应用遗传算法解决航空运输规划问题时常见的困难作一简单介绍,以便给读者在应用遗传算法解决问题时提供必要的思路。由于交叉和变异算子与编码方法和问题的性质密切相关,因此这里不便作一般介绍,请读者参考有关书籍,例如参考文献[3]。

2.6 系统仿真方法

2.6.1 系统分析与系统仿真

要了解系统的特性和状态,必须对系统进行正确的分析或进行必要的试验。然而对复杂系统进行分析十分困难,试验也相当昂贵,有的系统甚至不可能进行试验。例如,对于航空运输系统,对它做试验是不可能的,只能通过有限的调查和观察来了解它。通过对生产过程的现场调查来收集数据,然后分析这些调查数据,了解生产过程。但这些分析只能了解系统的局部,无法获得整个系统的特性数据。

有的系统还在设计阶段,没有变成现实,但需要对它的性能尽早掌握;或者在系统实现前,需要先验证它的功能和性能是否满足设计要求。

要解决上述问题,达到掌握系统特性和状态的目的,对系统进行仿真分析是最有效的手段。

系统可以是连续的,也可以是离散的。连续系统一般通过建立描述方程,并通过求解方程来进行分析和仿真。例如机械系统和电子系统,可以根据物理定律建立微分方程(组),再应用数值方法求解该微分方程,便可以进行分析和仿真。这种系统既是连续的,多数也是确定性的。

离散系统的仿真通常不能通过建立相关方程来解决问题,一般需要给出相应的系统运动规则,然后根据规则实现对系统的仿真。离散系统有确定性的,如制造业的生产流水线系统;也有随机的,如服务业的服务系统。

系统仿真的目的对不同的系统有所不同,对不同的要求有所不同。一般可归纳为如下两大目的:

(1) 对于刚设计完,尚未实现的系统,仿真的目的是预估未来的系统特性,判断特性是否满足设计要求,功能是否都能实现。通过仿真分析,发现影响系统功能和性能的部位或环节,然后对设计方案进行改进,以期尽早发现问题,避免造成太大的研制代价。

(2) 对于现行系统,进行仿真的目的是:

1) 发现系统的薄弱环节,提出改进方案。有时我们发现,系统在运行过程中能力不足,造成了系统运行的阻塞现象,却不知因何阻塞。通过系统仿真可以发现问题所在,然后提出改进措施,针对改进后的

系统再进行仿真分析，以验证改进放案的有效性。

2) 对系统的最大生产能力进行仿真评估。生产系统目前还能正常运行，但根据需求预测和公司战略，准备扩大生产量，不知该系统能有多大的生产能力。如果系统现有生产能力不能满足未来的需求，就需要考虑改扩建生产系统，否则可以直接扩大现有系统的生产量，节省基本建设的开支。对于仿真试验发现生产能力不足的现有系统，有时还可以通过仿真分析发现薄弱环节，提出改进方案，对系统进行挖潜改造，提高系统的生产能力，以满足未来的需求，同时节省建设成本。

2.6.2 系统仿真原理和方法

对于机械或电子等的物理系统，除了进行数学仿真外，现在更多的是利用最新的计算机技术，如多媒体技术和虚拟现实技术，构造虚拟但逼真的环境和建造模拟机来进行仿真。这种仿真机器更多的是用来进行人员训练，如飞行模拟机。

对于生产系统，特别是服务系统，需要开发计算机仿真系统，进行系统仿真分析和评估。这种仿真系统是纯软件的，可以使用如 C 语言等高级语言直接开发，也可以在某种软件平台上进行开发。现在常用的仿真系统开发平台有 ProModel(ServiceModel)，Witness，FreeSim 等，将在本章的 2.8 节介绍 ProModel(ServiceModel)。

对于离散系统，最重要的要素有三个：

(1) 实体，即系统作用的对象，通常就是系统生产的产品或处于生产过程中的半产品；或系统服务的对象，它们在系统中以某种速度沿一定的空间路线运动，在运动的过程中完成“生产加工”或接受服务。

(2) 空间，即系统运行的空间，由生产设备的位置确定。

(3) 时间，即系统各环节对一个实体进行作业所需时间以及实体在生产设备之间运动所需时间，它反映系统的效率。

另外，系统仿真应考虑的因素：

(1) 实体到达系统的规律，一般以到达速率表示。

(2) 实体在系统中运动路线的选择。

(3) 实体离开系统的规律。

(4) 生产设备的活动安排，包括对实体的加工规则，作息时间等的规定。

(5) 是否需要其他非固定的生产辅助设备。如果这些设备是生产必需的，它们没有固定的空间位置，但有运动路线，生产任务是在运动中完成的，如车间装运物件的叉车。

在以上各要素中，如果实体的到达时刻(由速率决定)、设备的作业时间以及实体选择路线和在路线上的运动速度是随机的，则系统是随机的。随机离散系统是仿真分析最重要的对象。

上述各要素确定后，系统就基本被定义了，可以使用开发平台进行仿真系统的开发了。对系统进行仿真分析的步骤如下：

(1) 进行系统调查，对系统进行定义；

(2) 建立系统仿真模型；

(3) 开发仿真系统；

(4) 使用典型生产日的数据对仿真系统进行仿真验证；

(5) 仿真系统通过验证后，使用“设计日”的数据对系统进行仿真分析；

(6) 对仿真结果进行分析，撰写仿真报告。

2.6.3 航空运输系统仿真

航空运输系统是服务系统，是随机离散系统，是一个复杂巨系统。对它进行仿真分析已经成为了解该系统特性和辅助改造该系统的有力武器。

对该系统开发一个完整的仿真系统就目前的技术水平而言还不现实。通常的做法是就某个被关注的子系统开发仿真系统，进行仿真分析。最常见的仿真系统有：

(1) 空管仿真系统。

(2) 机场运行仿真系统(通常分陆侧和空侧分别建立仿真系统)。

(3) 航空公司运行仿真系统，主要是航班恢复仿真系统等。

(4) 航空公司航班计划仿真系统。对航班计划进行仿真分析，评估它的可行性和经济性。

尽管目前仿真分析技术在航空运输系统中的应用主要限于上述几个方面，但可以说仿真分析几乎可以用于航空运输规划、生产和保障的所有子系统。它包括机场规划、航线规划、空域规划、机组排班、飞机调度、维修计划、舱位控制等各领域。在以后各章节将介绍有关仿真分析方法。

2.7 ILog/CPlex 简介

2.7.1 ILog/CPlex 功能介绍

在航空运输领域，从制订战略层次的规划到操作层次的计划，都可以应用优化设计技术，因此需要掌握有关优化软件的使用技术。

目前市场上常见的优化软件产品有ILog/CPlex，Lingo/Lindo，Matlab等，其中Matlab的优化工具箱已广泛用于学术研究领域。ILog/CPlex 的功能最为强大，求解工业规模的优化问题具有优势，本节将简要介绍 ILog/CPlex 产品。

ILOG优化软件是ILOG公司开发的产品，由于它能够为资源优化、排序、物流规划、计划和配置等问题建立强大的解决方案，使得它能在各个行业得到广泛应用。

ILOG 主要包括 CPLEX，Solver，Scheduler，Dispatcher，Configurator 五个优化器和 OPL Studio 开发环境，其中 Solver 和 CPLEX 是该软件系统的核心部分。各个优化器之间的关系如图 2.24 所示，本节将简要介绍它的主要功能和编程语言。学习本节后应能根据决策问题的优化模型，应用 ILog/CPlex 编程求解。

首先简单介绍 ILog/CPlex 各个组件的功能。

五个优化器的主要功能如下：

(1)CPLEX。该优化器主要解决线性规划、整数规划、混合整数规划问题，在某些情况下也能解决一部分非线性规划问题，如二次规划问题。

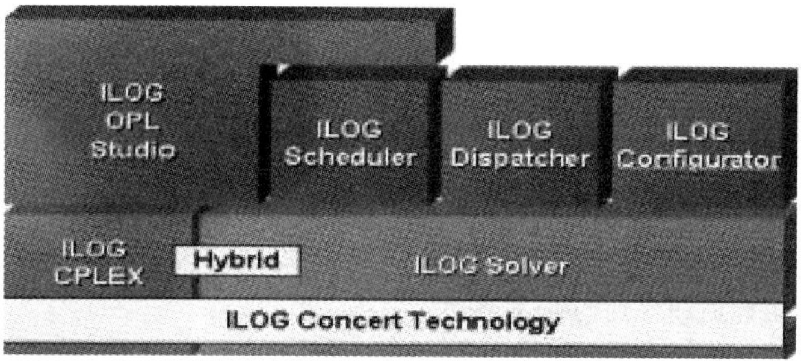

图 2.24　各优化器之间关系

(2)Solver。该优化器主要解决约束编程问题。

(3)Scheduler。该优化器解决生产计划与资源分配问题。

(4)Dispatcher。该优化器解决运输计划和车辆调度问题。

(5)Configurator。该优化器解决产品和服务配置问题。

其中，CPLEX 和 Solver 是各种优化器的基础，而 Scheduler，Dispatcher 和 Configurator 是对 Solver 优化器的扩充，它们是专门为某一类特定问题设计的，针对性更强。针对它们解决的特殊问题，编程更方便有效。

OPL Studio 是基于 CPLEX 技术的开发环境和运行平台，它提供了 OPL(Optimization Programming Language) 语言的编程环境，并能自动寻找最合适的优化器来解决相应的问题，OPL Studio 将在 2.7.2 小节具体介绍。

ILog/CPlex 之所以能成为优化软件中的顶尖产品，是因为它有如下几个与众不同的特点：

(1) 优化编程语言(OPL) 可描述性地表示问题，易于理解。

(2) 支持众多的函数(Functions) 和算子(Operators)。

(3) 提供 API 接口，用户可以把 OPL 模型直接嵌入到 Visual Basic，C ++ 等编写的应用程序中去。

(4) 支持 OPL Script(OPL 脚本语言)，实现模型参数的动态变化和模型之间的相互调用。例如某个模型的结果可以作为另一模型的输入，用于解决大型管理决策问题。

2.7.2　OPL Studio 介绍

下文重点介绍 ILOG 的运行环境 OPL Studio。OPL Studio 基于 CPLEX 技术，它提供了一个方便的编程环境，并能够自动寻找最合适的优化器来进行求解。

在运行 OPL Studio 后，进入到如图 2.25 的运行环境。该环境的界面由如下的功能区组成：

(1)Menu Bar：菜单栏。

(2)Tool Bar：工具栏。

(3)Execution Tool Bar：执行工具栏。

(4)Work Space:工作区(工程文件、模型文件、数据文件)。

(5)Editing Area:编辑区。

(6)Output Notebook:结果输出区。

(7)Status Bar:状态栏。

(8)Line and Column:鼠标所在行和列。

(9)Status Box:系统状态栏。

从图 2.25 所示可以看到,在 Status Bar 上面还有一些标签窗口,主要包括:

(1)Console:错误信息。

(2)Solutions:目标值和得到的解。

(3)Solver:变量、约束和运行时间等信息。

(4)CPLEX:一些有用信息,如分枝定界法中的节点数等。

(5)Help:帮助。

图 2.25　ILOG OPL Studio 主界面

在 ILog/CPlex 中,主要有四种文件类型,分别是模型文件、数据文件、工程文件和脚本文件(OPL Script)。

(1) 模型文件:模型文件的后缀是(.mod),主要作用是对问题作 OPL 描述,包括数据申明、变量申明、模型和注释四个部分。

1) 数据申明:与其他最优化语言类似,ILog/CPLEX 支持众多的数据类型,如整数、实数、枚举、字符串、字符(integers,floats,enumerated types,characters,chars);也支持许多数据结构,如范围、数组、记录、集合(ranges,arrays,records,sets)。定义方法如下:

定义一个实数

```
float f = 4.2;
float+f = 4.2;// 定义一个非负实数
```

定义一个整数

```
int g = 4;
```

定义一个枚举数据

```
enum Days = {Monday, Tuesday, Wednesday, Thursday, Friday, Saturday, Sunday};
```

定义一个字符

```
char ch = 'a';
```

定义一个数组

```
int a[1..4] = [10,20,30,40];
```

2) 变量申明:ILog/CPLEX 支持整数、实数、枚举、数组、结构变量等,变量的定义灵活多变,给问题的解决带来很大的方便。

定义实数变量

```
var float x;
var float+ y;
```

定义枚举变量

```
enum Men …;
enum Women ...;
var Women wife[Men];
```

定义集合变量

```
{int} s = {i | i in 1..10:i mod 3 = 1};
```

定义结构变量

```
struct Point {int x;
              int y;
             };
 {Point} points = {<1,2>, <2,3>};
```

3) 模型:关于最优目标和约束条件的 OPL 表述。最重要的关键词有

maximize(minimize)	用于声明目标函数;
subjcct to	用于引导约束条件;
forall(p in enum P)	用于表示约束条件的自由变量;
sum(p in P)	用于表示求和。

4) 注释:对模型和程序的解释,格式为"/ * … * /"或"//"。

(2) 数据文件:数据文件的后缀是(.dat)。对于大型问题,为便于组织,一般把实例数据保存在数据文件中。数据文件中各项数据出现的次序应当与模型文件中声明的次序一致。

(3) 工程文件:工程文件的后缀是(.prj)。OPL Studio 使用工程的概念来组织模型和相应的数据。采用工程文件,可以把模型文件和数据文件分开,模型文件申明数据但是并不初始化数据,参数初始化由

数据文件来完成。这样,同一个模型,可以使用不同实例数据进行计算,因此同一个模型应用于同一种类型问题的不同实例时,只需要提供不同的数据文件即可,不需要修改模型文件。

(4) 脚本文件:脚本文件的后缀是(.osc),可进行不同模型间的交互和敏感性分析等,在下一小节将详细介绍。

在 OPL studio 开发环境中,优化问题的解决步骤为如下:

(1) 在工作区中建立一个工程文件,它一般包括一个模型文件和若干个数据文件。

(2) 对应于工作区的模型文件和数据文件,在编辑区中应用 OPL 的语言输入相应的模型和数据。

(3) 执行工程,排除错误,最后得到求解结果。

例 2.5 某工厂在计划期内要安排生产桌子(table)、椅子(chair),已知生产单位产品所需的设备台时及 A,B 两种原材料的消耗量,如表 2.11 所示。该工厂每生产一张桌子获利 2 元,每生产一件椅子获利 3 元,问如何安排生产获利最大?

表 2.11 资源约束表

数据 类别 项目	桌子 / 张	椅子 / 张	合计
设备台时	1	2	8
原材料 A	4	0	16 kg
原材料 B	0	4	12 kg

解 该问题的数学模型为

$$\max z = 2x_1 + 3x_2$$

$$\begin{aligned} \text{s.t.} \quad & x_1 + 2x_2 \leqslant 8 \\ & 4x_1 \leqslant 16 \\ & 4x_2 \leqslant 12 \\ & x_q, x_2 \geqslant 0 \end{aligned}$$

使用 ILog/CPLEX 解决该问题,则可用规范化的“工程”来解决,依照上面的步骤,分为三步:

(1) 在工作区(Work Space) 建立一个名为 production.prj 的工程文件,在工程文件下增加一个名为 production.mod 的模型文件和一个名为 production.dat 的数据文件。

(2) 对应于模型文件和数据文件,在相应的编辑区(Editing Area) 输入模型和数据。

其中模型文件如下(production.mod):

```
enum Products...;                                  // 定义产品种类,枚举型
enum Components...;                                // 定义资源种类,枚举型
                                                   // 数据申明
float+ demand[Products, Components] =...;         // 定义各个产品对资源的要求,数组型
float+ profit[Products] =...;                      // 定义产品利润
float+ stock[Components] =...;                     // 定义各个资源总量
```

```
                                                   // 变量申明
var float + production[Products];                  // 定义变量，即各个产品数量 // 模型
Maximize  sum (p in Products) profit[p] * production[p]// 目标函数
subject to {                                       // 约束条件
  forall (c in Components)
    sum (p in Products) demand[p, c] * production[p] <= stock[c]
};                                                 // 资源约束
```

其中，“//”后面的是注释。

数据文件如下(production.dat)：

```
Products = { table, chair };
Components = {equipment, materialA, materialB};
demand = [[1,4,0],[2,0,4]];
profit = [2,3];
stock = [8,16,12];
```

(3) 执行工程，得到本问题的优化结果(在结果输出区中给出)。

```
Optimal Solution with Objective Value:14.0000
table = 4.0000
chair = 2.0000
```

2.7.3　OPL Scrip 语言介绍

OPL 语言用于描述对优化问题的模型，对于大型优化问题，需要分解成子问题，一个模型解决一个子问题。另外经常需要分析问题最优解对参数变化的反应，即灵敏度分析。在解决大型优化问题时，会遇到以下两类问题：

(1) 对同一个模型，使用不同的数据文件进行敏感性分析；

(2) 组合多个模型解决一个大规模的实际问题，其中一个模型的优化结果是另一个模型的输入，或者几个模型综合后解决一个具体问题等。

应用 OPL Scrip(OPL 的脚本语言)，能够很方便地解决以上两个问题。需要指出的是，OPL Scrip 与现存的脚本工具，如 JavaScript 并不类似。OPL Scrip 中的模型由 OPL 中的模型或数据初始化，并支持众多的对象方法(将 OPL Scrip 中的模型看作对象)。OPL Scrip 与 OPL 有许多类似的地方，下面主要从 OPL Scrip 的模型和命令两方面来介绍。

(1) 模型：包括模型的申明、模型数据和模型方法三部分。

1) 模型申明：通过指定一个模型文件和一个 / 多个数据文件来申明，如

```
Model m("queens.mod","queens.dat");
Model m("queens.mod","queens.dat") editMode;
```

这是用 ILOG 中的模型文件 queens.mod 和数据文件 queens.dat 申明 OPL Scrip 的模型 m。如果在语句

后缀上“editMode”,则模型中的数据能够被修改,常用于敏感性分析。

2）模型数据：包括数组、变量等,这些数据可以通过对象属性来访问,如

```
Model m("queens.mod","queens.dat");
m.solve( );
forall(i in m.n)
cout << "queens["<< i <<"] =" << m.queens[i] << endl;
```

以上语句用来输出 queens[i] 的值,其中 m.n 表示模型 m 中的数据 n,它定义了数组 queens 的规模。

3）模型方法：OPL Scrip 支持众多的模型方法,如

```
m.declare( );
if m.nextSolution( ) then
        cout << "time:" << m.getTime() << endl;
```

这里使用了 declare,nextSolution,getTime 等三个方法。表 2.12 列出了一些常用的方法。

表 2.12 常用方法

方 法	参 数	语 义
Declare	( )	申明数据
getBasis	( )	返回解的基
getLastIterationResult	( )	返回 CPLEX 解的最后迭代结果
getMathematicalSolutionStatus	( )	返回 CPLEX 解的状态.
getNumberOfChoicePoints	( )	返回选择点的数量
getNumberOfConstraints	( )	返回约束数量
getNumberOfIterations	( )	返回迭代次数
getNumberOfFails	( )	返回失败次数
getNumberOfVariables	( )	返回变量数
getTime	( )	返回 CPU 时间
isDualFeasible	( )	如果当前解是对偶可行的,则返回 1
isOptimal	( )	如果解是最优的,则返回 1
isPrimalFeasible	( )	如果是初始可行解,则返回 1
nextSolution	( )	返回模型的下一个解
objectiveValue	( )	返回目标值
reset	( )	重新设定模型
restore	( )	恢复上次求解得到的解
setBasis	(Basis)	规定初始基
setExportFile	(string)	规定 CPLEX 的输出文件
setFailLimit	(Int)	规定失败次数
setTimeLimit	(Int)	规定 CPU 运行时间限制
solve	( )	求解模型 Solves the model
stateConstraint	( )	申明约束
unsetLimit	( )	重设限制

(2)命令：包括申明、赋值、条件、循环、读入、包含、import 等。

1)申明(Declaration):如 in tn:= ...;与 OPL 基本相同,但是赋值符号须使用":="。

2)赋值(Assignment):如 int a:=1;表示申明并赋值。

3)条件与循环(Conditional, Loop):支持传统的条件语句和循环语句。

4)读入(data):如 data cut.dat; 读入一个数据文件。

5)包含(include):在一个脚本文件中包括另一个脚本文件。

import 指令:用来联系不同模型间的数据。如从模型 bin 中引入枚举型的 Colors 并重命名为 TheColors,则

```
Model bin("genBin.mod","genBin.dat");
import enum TheColors bin.Colors;
```

例 2.6　N 皇后问题。会下国际象棋的人都很清楚,皇后可以在横、竖、斜线上不限步数地吃掉其他棋子。如何将 n 个皇后放在棋盘上,使它们谁也不能被吃掉。这就是著名的 N 皇后问题。

该问题可归纳如下:在 $n \times n$ 的棋盘上,放置 n 个皇后,要求每一横行每一列,每一对角线上均只能放置一个皇后,求解可能的方案及方案数。

模型 queens.mod 用来求解该问题,当 $n=5$ 时,在 OPL Studio 运行,可得到 10 个解。脚本文件 storequeens.osc 用来存储所有的解并输出。

下面是 N 皇后问题的模型和脚本的程序清单。

```
模型(queens.mod)                          脚本(storequeens.osc)
int n=...;                                 Model m("queens.mod");
range Domain 1..n;                         int nb:=0;
var Domain queens[Domain];                 Open int solution[1..0,1..m.n];
solve                                      while m.nextSolution() do
  forall(ordered i,j in Domain)            {nb:=nb+1;
{queens[i]<>queens[j];                     solution.addh();
  queens[i]+i<>queens[j]+j;                forall(i in 1..m.n)
  queens[i].i<>queens[j].j;                solution[nb,i]:=m.queens[i];
};}
data{                                      forall(s in 1..nb)
  n=5;  {   forall(i in 1..m.n)
};  {cout<<"queens["<<i<<"]=";
  cout<<solution[s,i]<<endl;
  }
                                           cout<<endl;
}
```

本节介绍了 ILog/Cplex 软件的基本功能,优化建模和求解的开发环境 OPL Studio 以及 OPL Script 语言。通过本节的学习,读者应当了解 ILog/CPlex 软件的基本使用方法和技术,并能应用它来解决一些简单优化问题,为以后的实际应用打下基础。

2.8 ServiceModel 简介

2.8.1 ServiceModel 仿真原理

在 2.6 节中已经介绍了系统仿真分析的一些基本概念和基本方法。为了快速开发仿真系统，通常可以借助于仿真系统开发平台。这些平台软件提供了构造系统各要素的工具，在设计好仿真模型后，这些平台可以方便快速地开发出仿真系统。

航空运输系统是随机离散系统，除了已有的专门仿真软件外，适合于它的仿真系统开发平台主要有 ServiceModel 和 Witness 等。本节简要介绍 ServiceModel。

ServiceModel 是具有强大应用功能的系统仿真软件开发平台，是由美国 PROMODEL 公司开发出来用于构造多种生产和服务系统模型的计算机模拟工具，也是美国和欧洲使用最广的系统仿真开发平台之一。它能够精确地建立一个具有资源配置随机性、动态性和相互依赖性的经营过程的模型，具有为设计者提供连续或离散事件动态和随机的分析功能。该工具可应用于商业、工业、服务业、计算机科学等领域，在服务业，则适用于银行、咨询、政府、交通运输、保险、零售等各种行业。ServiceModel 为工程师、管理者和设计者提供了一种不需花费大量时间和成本在实际系统上做实验，就可以直接评估系统设计和改造方案的新方法。ServiceModel 以资源利用率、生产能力、生产效率等作为指标，并以曲线图、状态图和柱状图等形式，为使用者建立虚拟工作环境，提高分析工作效率。ServiceModel 也提供简单且易读的统计图、统计报表文件，因而可方便、直观地了解现实系统的运行情况。一些常见的 ServiceModel 应用包括产能规划、瓶颈分析、场地布局规划、设定运作流程等。

ServiceModel 提供的系统描述(构成模块)基本仿真元素分为两类：结构部件和运算元素。

系统中的模型对象，如设备、人员、被加工产品和工作场地，都是结构部件。此类部件包括以下四个元素：

(1)实体(Entity)：系统中处理的对象或生产单元。在模块中，须定义所有在系统中移动的个体，如原料、半成品、成品等，以及系统在运作过程中所输入或产生的个体，这些都是实体。它们具有特定的到达率、到达方式(批次)、到达时间等。

(2)场所(Location)：场所是实体被送往或进行作业之处，如服务台、仓储区、装卸站、工作站等。它有一定的容量，可被共享或进行维修。除此之外还包括传输设备(Transporters)，用来传输各工作站的组件，定义组件路径和控制机器，如机械人、升降机、自动搬运车等。

(3)资源(Resource)：系统在实体处理过程中执行某项功能的机器、人、设备、搬运，系统用资源进行作业和实体运送，如作业员、夹具等是典型的资源，它们所进行的作业不能改变实体的特性，只是握持或搬运实体。

(4)行程路径(Path)：行程路径定义了实体和资源的行进路线，实体和资源的行进路线可以是独立的，也可以与其他行程路径相连接，形成路径网络。在 ServiceModel 中，一旦流程确定后，系统默认行程路径是两个场所的最短连线。

另外还有输送带(Conveyors),它很像一般传输设备,但给出了实体的输送路径,用于传输实体,还可以对实体排序、分类、累积等。输送带有皮带式、流动式、台车式等。

运算元素定义了系统中不同结构部件的行为和它们之间的交互方式。它包括流程、作业、到达规律、实体和资源的运动方式、资源使用时间表和(工厂等由于检修,待料等的)停工期。运算元素还支持结构化编程,当逻辑或运算的复杂程度超过了 ServiceModel 内置模型单元的能力时,可以在任何作业或流程步骤中调用子程序。

下面给出一些其他基本概念。

(1)流程(Routing):流程定义实体的活动逻辑,是整个系统的核心,它直接定义了系统的物流逻辑及移动时所花的时间。如哪个物料经由哪些工作站以什么运送方式运到下一站、输出区或缓存区。

(2)实体作业(Entity Operation):实体抵达某场所进行的活动,需设定作业的形态及时间。

(3)实体到达(Entity Arrival):"实体到达"定义了将要产生并导入系统的对象的导入次序、数量、频率及场所。例如,寄信的顾客以 0.5 人/min 的到达速率进入邮局,汽车以 10 辆/min 的速率到达十字路口等。制造系统和服务系统的实体一般按照:周期性、预定时间、按一定时间序列分布、事件驱动 4 种方式到达。

(4)实体和资源的移动方式(Entity and Resource Movement):很少有实体和资源在系统中固定不动。实体往往在加工流程中从一个位置移动到另一个位置。资源也因为需要移动到不同的位置,搬运和护送实体需要资源与实体同步移动。仿真中的移动有三种基本方式:忽略移动、按照定义的速度和距离在两个位置之间移动、按照定义的速度在路径网络上移动。

(5)资源停顿时间(Resource Downtime):ServiceModel 提供了仿真各种方式的作业暂停现象(叫做停顿)的内置程序。有以下 5 种方式的停顿:以时钟时间(Clock)为基准、以使用时间(Usage)为基准、以工作周期(Cycle)为基准、以准备(Setup)为基准、以工作班次(Shift)为基准。

(6)工作时间表(Shifts):ServiceModel 可以对系统中的资源和位置设定其可获得和不可获得时间,包括工作班次、时间、休息时间、维修保养时间等,既可设置固定值,又可按一定分布规律或随机生成。

2.8.2　ServiceModel 菜单介绍

启动 ServiceModel,首先映入眼帘的画面如图 2.26 所示,ServiceModel 的工作环境由 5 个部分组成:菜单栏、工具栏、元素编辑区、元素图形编辑区、模型工作区。

ServiceModel 菜单栏的主菜单有 File, Edit, View, Build, Simulation, Output, Tools, Window 和 Help,分别介绍如下。

(1)File:用户可以新建一个新的模型,打开已有的模型,合并两个或多个子模型为一个模型,保存现在的模型,移植用旧版本建立的模型,打印模型界面和文本等。

(2)Edit:它的选项是对元素编辑区进行操作的,选项有添加记录,删除记录,移动记录。

(3)View:主要的功能是控制 ServiceModel 的外观,可以设置界面的布局,隐藏或查看路径,缩放界面等。

(4)Build:这个菜单的功能是创建模型的元素:场所、实体、到达、资源、路径、流程逻辑、变量、属性、数组等。

(5)Simulation:用以控制模型的运行,主要功能有运行模型、设置模型参数、设置和运行场景。其中Run运行当前模型;Save&Run保存现有的模型,然后运行;Options设定模型参数,如运行时间、预运行时间、运行次数等;Model Parameters设置模型运行时的参数;Scenarios选择运行的场景;SimRunner启动模型优化器。

(6)Output:打开模型运行结果的报告,ServiceModel提供的输出报告有总报表、时间序列图和直方图。总报告对场所、实体、资源等的使用情况做了详细的统计分析。时间序列图和直方图记录了系统某一对象历史数据的变化情况。

(7)Tools:工具菜单包含许多有用的小工具帮助用户建立模型。图形编辑器用来建立、编辑、调整、删除图形库里的图片;Stat::Fit用来将随机的数据拟合成某种分布;3D Animator用来启动三维的模拟器;Options用来设置路径和系统的缺省参数等。

(8)Window:调整窗口、图片,选择活动窗口。Tile可将所有打开的窗口调整为适合屏幕显示的尺寸,Cascade可将所有打开的窗口调整为互相重叠的显示方式。

(9)Help:为用户建立模型提供帮助。

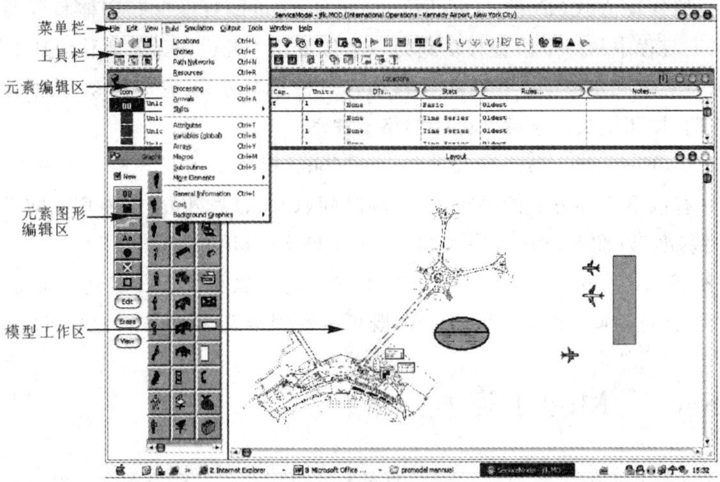

图 2.26 ServiceModel 的界面

工具栏提供快速选择菜单的功能。元素编辑区、元素图形编辑区和模型工作区是建立模型各种元素的区域。元素编辑区是模型元素的记录,不同的元素有不同的编辑窗口。元素图形编辑区提供模型元素的图像编辑区。模型工作区是模型的显示区域。

2.8.3 ServiceModel 仿真建模

使用ServiceModel开发生产流程的仿真系统一般分为以下6步:

(1)制订仿真计划:确定仿真的目的、范围、要求。

(2)定义仿真系统:收集和分析系统数据。确定、收集、分析用于定义所建模型系统的数据及实体间的关系。在这一阶段,形成的系统概念化模型和数据文件。

(3)创建仿真系统:这一阶段的主要工作是用基于对象的方法开发系统的模拟模型。

(4)验证仿真系统:调试模型、验证模型的正确性及合理有效性,并确保所建模型是实际系统的真实再现。

(5)仿真试验:根据研究需要设计仿真场景,运行模型中的每个场景。

(6)仿真结果分析:描述实验过程中所发现的问题并提出建议。

仿真模型的开发流程采用迭代式,开发过程的每一步骤无须全部完成再进入下一步骤。开发流程如图 2.27 所示。

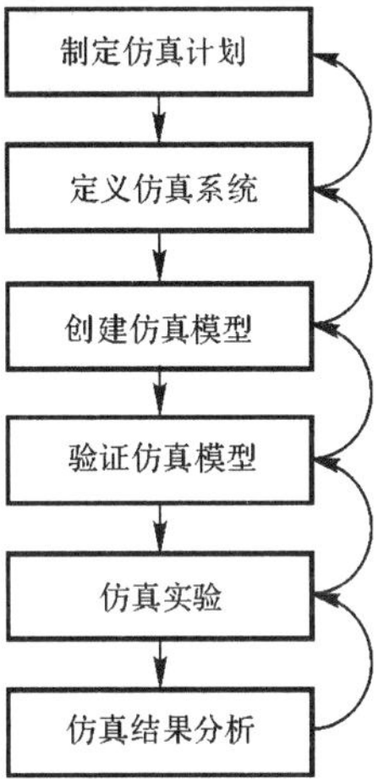

图 2.27　生产流程仿真模型开发步骤

现在介绍一个木材加工厂的生产流程仿真建模的例子。因为这个例子很简单,在这里只介绍用 ServiceModel 创建仿真模型的步骤,其他步骤不在这里讨论。

问题描述:原木(wooden logs)以每 10 min 一根的速度被运到家具加工厂(Receiving dock),原木经过切割机(Splitter)加工,一个原木被切割成 4 片(Piece),每切割一根原木需要时间 $N(4,1)$ min。然后,将每片木材送给车床(Lathe)加工成一个圆形物(Rounds),每加工一次需要时间 $T(3,6,9)$ min。接着,将圆形物送到油漆房(Paint booth)油漆,每一个需要花费时间 $E(5)$ min。油漆结束后送到库房(Painted log store)。

使用 Service Model 为这个木材加工厂的生产流程建立模型,下面简单描述建立这个模型的步骤。

第一步　设置模型的基本信息,选择 Build→General Information 打开基本信息对话框,设置如图2.28所示。

第二步　设置场所,选择 Build→Locations,打开模型场所的编辑窗口,这个模型一共有 5 个场所:Receiving_Dock,Splitter_Saw,Lathe,Paint_room 和 Painted_log_store,它们的具体设置如图 2.29 所示。

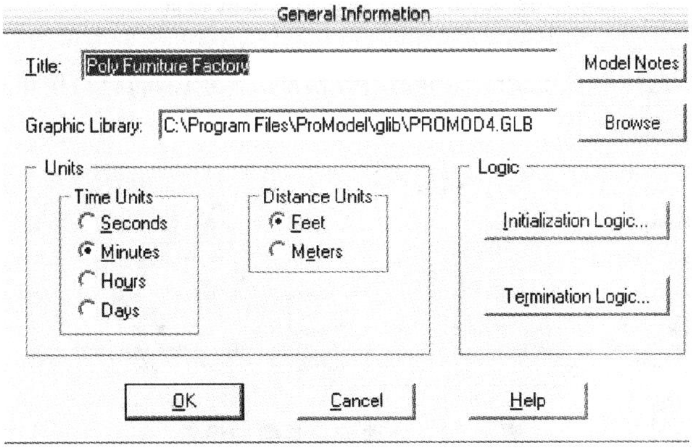

图 2.28　模型基本信息输入对话框

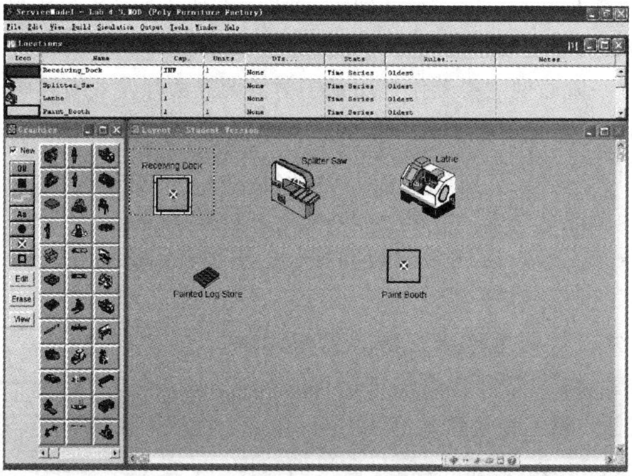

图 2.29 ServiceModel 的场景设置

第三步 设置实体,选择 Build→Entites,打开模型的实体编辑窗口,这个模型有 4 个实体:Logs,Piece,Rounds,Painted_Logs,它们的具体设置如图 2.30 所示。

Entities

Icon	Name	Speed (fpm)	Stats	Notes...
	Logs	150	Time Series	
	Piece	150	Time Series	
	Rounds	150	Time Series	
	Painted_Logs	150	Time Series	

图 2.30 实体的属性值设置

第四步 设置到达方式,选择 Build→Arrivals,打开模型的实体到达编辑窗口,实体 Logs 的到达方式设置如图 2.31 所示。

Arrivals

Entity...	Location...	Qty Each...	First Time...	Occurrences	Frequency	Logic...
Logs	Receiving_Dock	1	0	INF	10	

图 2.31 实体到达方式参数设置

第五步 设置流程,选择 Build→Processing,打开模型的流程编辑窗口,按照木材加工厂的生产流程设置 Process 和 Routing,具体的设置如图 2.32 所示。

Process			Routing				
Entity	Location	Operation	Blk	Output	Destination	Rule	Move Logic
Logs	Receiving_Dock		1	Logs	Splitter_Saw	FIRST 1	MOVE FOR 1
Logs	Splitter_Saw	Wait N(4,1)	1	Piece	Lathe	FIRST 4	MOVE FOR 1
Piece	Lathe	Wait T(3,6,9)	1	Rounds	Paint_Booth	FIRST 1	MOVE FOR 1
Rounds	Paint_Booth	Wait E(5)	1	Painted_Logs	Painted_Log_Store	FIRST 1	MOVE FOR 1
Painted_Logs	Painted_Log_Store		1	Painted_Logs	EXIT	FIRST 1	

图 2.32 处理流程参数的设置

第六步　设置仿真参数。在模型建立好后，仿真运行之前设置仿真参数。选择 Simulations→Options，打开仿真参数设置对话框，具体设置如图 2.33 所示。

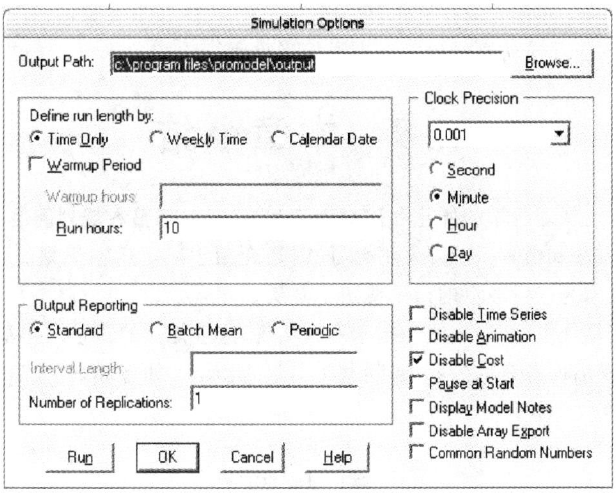

图 2.33　运行参数的选择和设置

第七步　运行模型。选择 Simulations→Run 选项运行模型，模型运行的结果以表和图的形式表示。如图 2.34 所示是用表格形式给出了场所的有关统计数据，而图 2.35 所示则是用曲线显示了场所 Receiving Dock 中实体随时间的增长情况。

General | Locations | Location States Multi | Location States Single/Tank | Resources | Resource States | Node Entries | Failed Arrivals | Entity Act

Locations for lab 4_3

Name	Scheduled Time (MIN)	Capacity	Total Entries	Avg Time Per Entry (MIN)	Avg Contents	Maximum Contents	Current Contents	% Utilization
Receiving Dock	600.00	999999...	61.00	209.52	21.30	43.00	43.00	
Splitter Saw	600.00	1.00	18.00	32.33	0.97	1.00	1.00	
Lathe	600.00	1.00	69.00	7.63	0.88	1.00	1.00	
Paint Booth	600.00	1.00	68.00	5.33	0.60	1.00	0.00	
Painted Log Store	600.00	1.00	68.00	0.00	0.00	1.00	0.00	

图 2.34　场所的统计数据

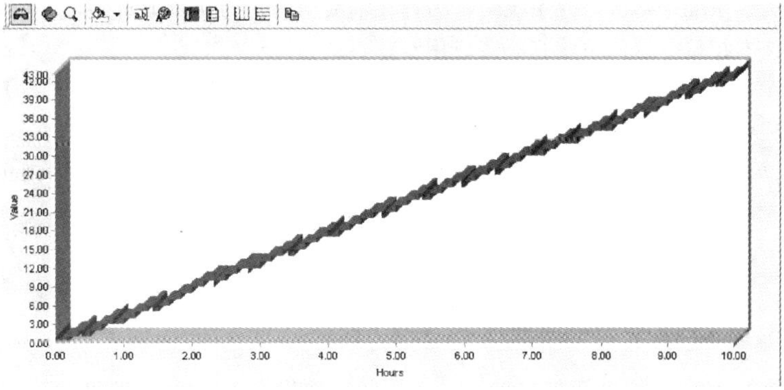

图 2.35　场所 Receiving Dock 中的实体数量

以上完整地描述了使用 ServiceModel 开发计算机仿真系统的方法和过程，可以看到，使用 ServiceModel 可以方便快速地开发一个生产流程的仿真系统，并不需要投入大量的人力和财力，因此它是一个高效的仿真系统开发平台。很好地掌握它的基本开发方法，了解基本步骤，通过进一步不断实践，提高自己的开发水平和能力，对于系统仿真的研究者来说相当重要。

2.9 本章小结

本章讨论了航空运输规划所需的优化和仿真理论和方法，包括整数规划问题、高级网络流问题、优化算法和优化软件、仿真方法和仿真系统开发平台，同时还介绍了航空运输规划经常使用的两种网络。本章介绍的这些方法和技术为以后各章的讨论奠定了基础。

但在航空运输规划领域中，新的方法和技术不断涌现，这里提供的只是一些基础知识，旨在引导读者入门，能较好地理解本书后面各章的内容，起到抛砖引玉的作用。如想详细了解有关内容，需要阅读专门书籍，可参阅本章的参考文献。

思考题

2-1　整数规划求解的困难在哪里？学过的整数规划求解算法有哪些？这些算法的效率如何？

2-2　什么是组合优化问题？整数规划和网络流问题是组合优化问题吗？举出几个组合优化的典型问题。

2-3　什么是算法的复杂度？如何分析算法的复杂度？什么叫做 NP 问题，什么叫做 NP 完全问题和 NP 难问题？

2-4　举出几个约束最短路问题。多商品流问题在生产实际中是否存在？举一两例说明。

2-5　Lagrange 分解算法、Danzig-Wolfe 分解算法、Benders 分解算法各有什么特点？请分析它们的优缺点。

2-6　遗传算法是精确算法吗？请说出它的主要步骤，并阐述它在应用时可能出现的主要问题。

2-7　航空运输系统是随机离散系统吗？为什么需要对它进行仿真分析？

2-8　仿真技术在航空运输领域有哪些应用？

2-9　请简单描述 ILOG/CPLEX 的基本功能和基本模块，给出应用 ILOG/CPLEX 解决优化问题的基本步骤和编程时应注意的问题。

2-10　请简单描述 ServiceModel 的基本功能和基本模块，给出应用 ServiceModel 开发仿真系统的基本步骤和应注意的问题。

练习题

2-1　试推导 Lagrange 松弛算法中 Lagrange 乘子的迭代修正公式，并给出 Lagrange 松弛算法的伪 C 语言的描述。

2-2　试推导约束最短路问题的 Danzig-Wolfe 分解算法的限制主问题和子问题模型，并给出算法步骤。

2-3　试推导网络设计问题的 Benders 分解算法的限制主问题和子问题模型。

2-4　试分别用 Lagrange 松弛算法和 Danzig-Wolfe 分解算法求解如图 2.36 所示的约束最短路径问题，要求路径资源消耗不超过 15。

2-5　试用 Benders 分解算法求解如图 2.37 所示的网络设计问题。图中（u_{ij}，c_{ij}，t_{ij}）分别表示边（i，j）的容量、单位流费用和边选择成本，要求从源点 s 运送 6 个单位流量到汇点 t。

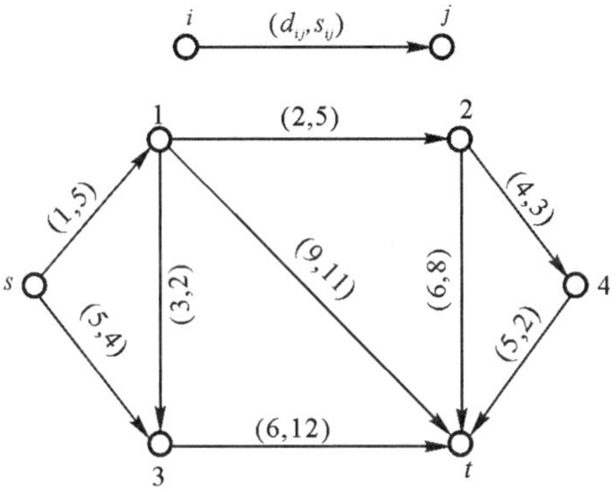

图 2.36　练习题 4

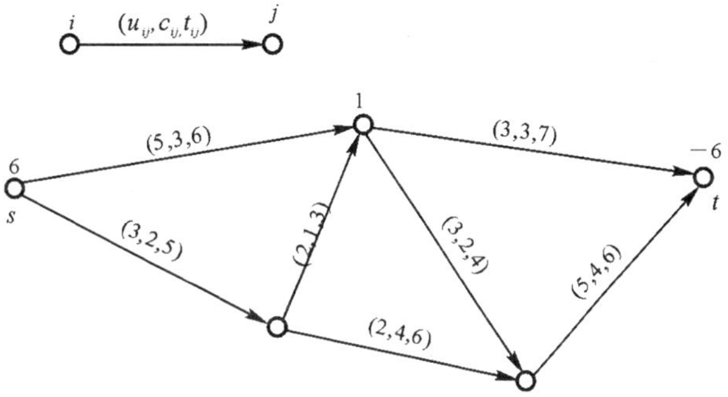

图 2.37　练习题 5

2-6　使用 ILOG/CPLEX 软件求解下列线性规划问题：

$$\max z = 1.15x_{4A} + 1.25x_{3B} + 1.4x_{2C} + 1.06x_{5D}$$

$$\text{s.t.}\begin{cases} x_{1A} + x_{1D} = 100\ 000 \\ -1.06x_{1D} + x_{2A} + x_{2C} + x_{2D} = 0 \\ -1.15x_{1A} - 1.06x_{2D} + x_{3A} + x_{3B} + x_{3D} = 0 \\ -1.15x_{2A} - 1.06x_{3D} + x_{4A} + x_{4D} = 0 \\ -1.15x_{3A} - 1.06x_{4D} + x_{5D} = 0 \\ x_{2C} \leqslant 30\ 000 \\ x_{3B} \leqslant 40\ 000 \\ x_{iA}, x_{iB}, x_{iC}, x_{iD} \geqslant 0, \quad i = 1,2,3,4 \end{cases}$$

2-7　某生产车间每 45 min 有 10 个原材料 Raw_Material 到达原材料仓库 Raw_Mat_storage，共 10 次。每 45 min 有 1 个 Box_Magazine 到达 Raw_Mat_storage，共 10 次，第一次到达时间是系统运行后 15 min。Raw_Material 由 Transporter 送到传输带 Raw_Mat_Conveyor，传输完成后由 Raw_Mat_Offload_Operator 卸载到机器 Splitter 上加工。加工需要花费的时间是 mSpliter_Time，加工完成后变成 3 个 Raw_Material，然后由 Operator 送到车床 Lathe 上加工。如果 6 个 Lathe 都在繁忙中，将 Raw_Material 送到 Bin 中缓冲，当 Lathe 空闲时，再由 Operator 从 Bin 送给 Lathe 加工。Raw_Material 在 Lathe 上加工时间为 mLathe_Time。加工成 Finished_Material 后由 Operator 送到 Inspect 中检验。其中 92% 的合格品送到传输带 finish_Material。8% 的不合格品送到 Inspect_Table，然后再送到 Lathe 中加工。Finish_Material 传输完成后到达 Assemble_Loc。在那里将它放到 Box 里面，变成 Full_Box。需要

0.5 min将 Full_Box 送到 Finish_End 中，在那里积聚到 4 个后，形成一组 four_box_pallet 由 Forklift 送到 Truck1 中。积聚到 8 个后，就送到 Truck2 中，它们在 Truck1，Truck2 中等待 30 min 退出系统。Box_Magazine 由 Transporter 送到机器 Box_Gun 中生产出 30 个 Box。然后送到传输带 Box_Conveyor，到达 Assemble_Loc 中，在那里装上 Finish_Material。Splitter 大约每隔一个小时需要 Operator 检修一次，花费时间服从 N(5,1)min。Transporter，Operator 每隔 24 h 休息 30 min。到来的 Raw_Material 的质量 60%是优质的，40%是一般的，它们分别在 Splitter 中加工的时间不同。试应用 ServiceModel 为该系统开发仿真系统，并通过仿真分析回答下列问题：

这个系统运行一天(8:00～17:00)完成多少个 Finish_Material?

检验出的不合格产品有多少?

参考文献

[1] Ahuja R K, Magnanti T L, Orlin J B. NetworkFlows: Theory, Algorithms, and Applications. Englewood Cliffs: Prentice Hall, Inc. 1993.

[2] 黄红选，韩继业. 数学规划. 北京：清华大学出版社，2006.

[3] 玄光男，程润伟. 遗传算法与工程优化. 北京：清华大学出版社，2004.

[4] ILog/CPlex Company. ILog/CPLEX User's Manual. 2006.

[5] ProModel Corporation. ServiceModel User Guide. 2006.

[6] 宁宣熙. 运筹学实用教程. 2 版. 北京：科学出版社，2007.

[7] 朱一清. 可计算性和计算复杂性. 北京：国防工业出版社，2006.

第3章　机场运行规划

3.1 引　言

当前，繁忙机场的容量不足已成为制约航空运输业发展的一个重要瓶颈。机场繁忙、拥挤状况的日趋严重，航班延误的不断增加，造成了巨大的经济损失。了解和掌握机场运行科学规划的方法，对于改善和提高机场容量，满足日益增长的航空运输需求，减少空中交通拥堵和航班延误，都是十分有意义的。

3.1.1　机场生产组织

机场是组织航空运输生产的重要场所。在这里，飞机起飞、着陆、停放；旅客下机、领取托运行李，办理乘机手续、候机和登机以及转机；到达的货物在这里卸下和转运，离港的货物在这里分理、打包、装箱和装机。人来客往，车辆穿梭，一片繁忙，如果没有高效的组织，很难想象这里的运输生产可以紧张有序、安全有效地进行。

机场组成的示意图如图3.1所示，机场分为陆侧(Landside)和空侧(Airside)两部分。航站楼和地面到达系统组成陆侧部分，是旅客转换交通模式的地方。跑道、滑行道和停机坪组成空侧部分(也称飞行区)，是飞机活动的场所。有时也把终端区甚至进近区域(Terminal Area)划归机场空侧部分。

旅客运输生产从旅客到达航站楼入口处开始，国内航班旅客通过值机和安检，即可进入候机厅候机，航班出发前20min左右开始登机。国际旅客则除了值机和安检外，还需要办理出关手续(包括海关申报、检验检疫和边防检查)。到达目的地机场后，国内航班旅客下机到行李认领厅领取行李，然后转乘陆路交通离开机场。国际航班旅客还必须办理入关手续，首先通过边防检查，然后领取行李，接受卫生检验检疫和海关申报后，转乘陆路交通离开机场。

货物运输生产首先由货代(货代是"货运代理人"的习惯简称。)收集货物，分理打包，向航空公司申请货舱舱位，再运送至机坪装机。到达目的地机场的货物下机后运到货站，在货站进行分理，然后用货车运往最终目的地。如果是国际货物还必须办理出入报关手续，通过海关和检验检疫检查。

所以，除了运输途中的飞行外，航空客货运输生产都在机场完成，运输生产的效率主要体现为机场生产组织的效率。上述的生产组织活动将在本章作详细讨论。

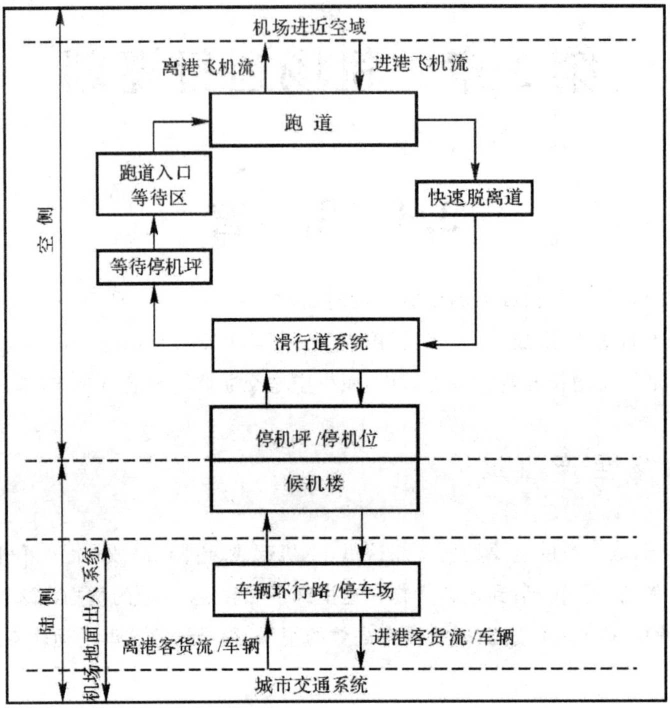

图 3.1 机场组成示意图

3.1.2 机场繁忙和航班延误问题

首先定义机场生产设施/设备的容量。

机场生产设施/设备的容量，指该设施/设备单位时间的生产能力。对不同的设施/设备，其生产能力可以指服务旅客数、服务飞机数和服务行李数等。

机场生产设施/设备理论可达到的最大流量叫做极限容量。在繁忙机场，常常由于容量不足而导致飞机排队等待起飞和降落，旅客排着长队等待值机、安检、领取行李。当航班不能正点起飞时，便产生航班延误。尽管航班延误的原因有多种，但机场容量不足仍是主要原因。一般来说，当交通需求超出机场容量时，航班延误定将发生。如果是航空公司的机务或机组原因所造成的航班延误，则只会影响一个航班；而如果机场容量不足，将造成大面积航班延误。

要特别注意：如果使用平均需求来进行评估，即使平均需求小于机场容量，航班延误也可能发生。这是因为尽管平均需求不超过机场容量，但瞬时需求（峰值需求）可能会超过（甚至大大超过）机场容量，造成一段时间内的航班拥堵和延误。

可见交通需求的规模及其分布对航班延误有重要影响。在交通需求不变的条件下，增加机场容量能减少延误。定义航班延误时间为实际出发时间与计划出发时间的差值。

极限容量在生产实际中是达不到的，因而需要定义实际容量。机场容量与交通需求及航班延误时间之间的关系常作为确定机场实际容量的有用方法，如图 3.2 所示。随着交通需求的增加，航班延误开始时缓慢增加，当交通需求增加到某种水平时，航班延误增长加快，当生产流量接近极限容量时延误将趋于无穷大。对应于允许最大延误的交通需求量定义为实际容量。延误的增加与流量的增长成非线性关系。

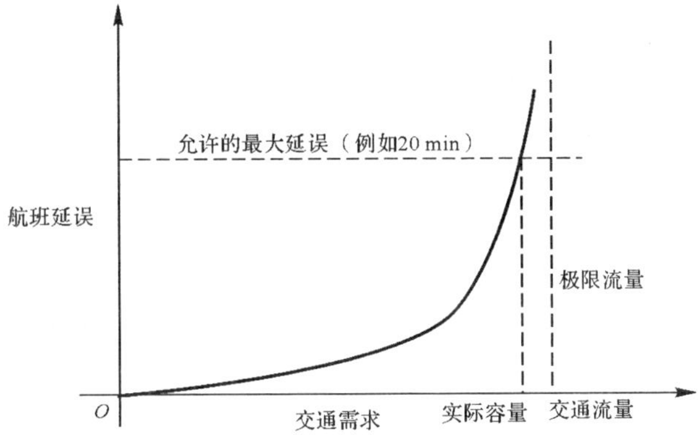

图 3.2　机场容量、交通需求和航班延误关系图

根据排队论可知，如果飞机等待是 M/G/1 排队系统，则平均延误时间可表示为

$$W_q = \frac{\lambda(1/\mu^2 + \sigma^2)}{2(1-\rho)}$$

其中，λ 是飞机到达率，μ 是服务设施的平均服务率，σ 是服务时间标准差，ρ 是服务设施的利用率。上式所表达的航班延误与交通流量的关系与图 3.2 所示的曲线一致。

3.1.3　机场运行规划及其意义

机场可以分为陆路到达系统、航站楼系统和飞行区系统。其中，航站楼系统的旅客流程又可以分成处理器、容器和连接器三种功能设施。值机柜台、安检通道、边检通道和登机门等是处理器，旅客在每个处理器处接受服务时，可能需要排队等待，所以一般每个处理器处都配有容器，以容纳等待的旅客，两处理器之间设计有通道，即连接器。飞行区可分为跑道系统、滑行道系统和停机坪三个功能设施。

机场运行规划是指为机场的生产运行所制订的计划和规则，包括生产流程的设计和分析、生产资源的配置以及生产调度计划的制订等内容。

在进行机场运行规划时，需要分析机场系统各子系统、各功能实施的容量和效率。容量是生产能力的体现，效率是管理水平的体现。通过运行规划，可以帮助机场管理者掌握生产组织的各种关系，提高服务水平和改善机场运行质量。

ICAO(International Civil Aviation Organization，国际民航组织)推荐了机场规划基本流程，如图 3.3 所示。由图 3.3 可以看出，容量评估是机场规划的第一步，其基础性作用在于机场规划人员不仅需要正确分析现有容量水平和容量瓶颈环节，找准生产流程中需要改进甚至改造的地方，提出改造方案，还要掌握未来交通流量需求下的机场容量水平。在这一过程中，交通需求被不断反馈到机场容量的规划中，影响容量规划的制订和修订。

机场生产各流程、各环节的容量和效率分析的方法有两种：分析方法和仿真试验方法，在本章将分别进行介绍。首先讨论航站楼运行规划问题，包括旅客流程和行李流程的规划和分析；接着讨论飞行区运行规划，包括跑道容量分析、滑行道运行规划和停机坪指派等问题；然后介绍货邮运输运行规划方法，包括机场货站运行、货物装箱和装机等问题；机场陆路到达系统交通规划常常被忽视，但对于繁忙机场，陆路到达系统对于机场的正常运行有着重要影响，本章 3.5 节将着重介绍陆路到达系统的车道边、停车场等设施的规划；本章最后介绍枢纽机场运行的规划问题。为了给机场运行分析提供方法，下一节先讨论机场运行规划基础。

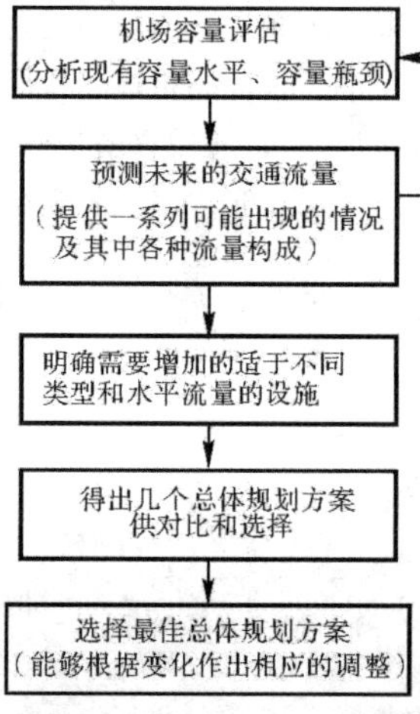

图 3.3 机场运行规划流程图

3.2 机场运行规划基础

3.2.1 排队网络

由各种排队系统通过串联和并联方式连接成的网络，叫做排队网络。航站楼系统的旅客流程、飞行区的飞机流程是一种排队网络，如图 3.4 所示。

旅客流程作为一种排队网络，是一种开环网络，即杰克逊网络。若排队系统是 M/M/c 系统，并且利用率小于 1，则它的输出率等于输入率。如果各种性质的排队系统相互独立，则它们构成的并行排队系统的输出率等于各排队系统的输出率之和。

值机区的各值机排队系统是并行的排队系统。如果不实行航班和航空公司之间的公用设备模式，则可认为一个航班的值机是一个排队系统，在这样的排队系统中旅客输入过程是非稳态的 Poisson(泊松)过程。如果值机采用公用设备模式，则值机区是一个排队系统；如果公用模式只在局部实行，则该局部的所有值机柜台构成一个排队系统。

安检排队系统尽管有许多通道，但采用完全的公用形式，因此可认为是一个排队系统。国际和国内航班安检一般是分离的排队系统。值机排队系统和安检排队系统是串连的，值机系统的输出是安检系统的输入。

因为机场目前常采用公用候机厅方式，旅客也可能去商店购物，候机登机排队系统比较复杂。登机开始时间和航班出发时刻有关，所以它不是简单的 Poisson 过程。

值机系统的旅客输入与航班时刻表、航班旅客数和旅客到达累计分布曲线(参阅 3.2.2 小节)有关。任意时刻的旅客到达数是各航班该时刻到达数的总和。各航班旅客到达是相互独立的，某一时刻 t，某

一值机排队系统的旅客到达率是该系统同时办理的各航班旅客到达率之和，即

$$\lambda(t)=\lambda_1(t)+\lambda_2(t)+\cdots+\lambda_l(t)$$

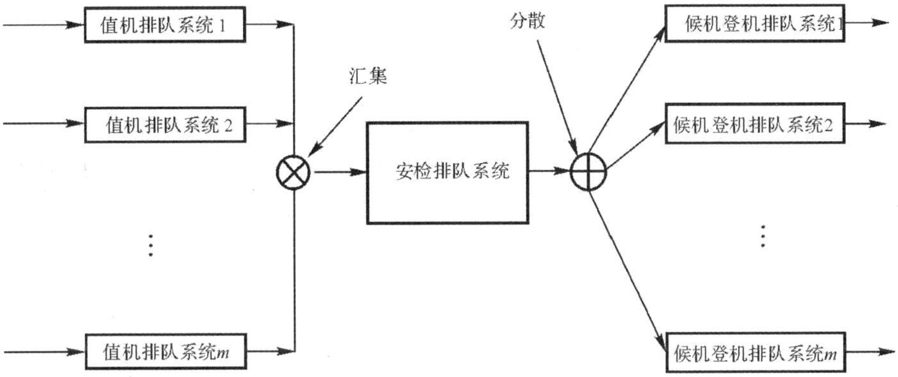

图 3.4　排队网络

服务系统有 k 个服务台，各服务台服务率相等，都等于 μ，总服务率等于 $k\mu$。定义利用率（服务强度）ρ 是排队系统的总到达率与总服务率之比，要求平均利用率 ρ 小于 1。

将各航班起飞前划分成若干时段，将各时段中旅客到达率看做是常数，那么对任一时段各航班旅客总的到达率也看做常数 λ，根据排队论，系统中有 n 个旅客的概率为

$$P_n=\begin{cases}\dfrac{\bar{\rho}^n/n!}{\sum\limits_{i=0}^{k}\bar{\rho}^i/i!+\sum\limits_{i=k+1}^{\infty}\bar{\rho}^i/(k^{i-k}k!)}, & n=0,1,\cdots,k\\[2ex]\dfrac{\bar{\rho}^n/(k^{n-k}k!)}{\sum\limits_{i=0}^{k}\bar{\rho}^i/i!+\sum\limits_{i=k+1}^{\infty}\bar{\rho}^i/(k^{i-k}k!)}, & n=k,k+1\cdots\end{cases}$$

旅客平均排队长

$$L_q=\frac{\bar{\rho}^{k+1}}{kk!\,(1-\bar{\rho}/k)^2}\left[\sum_{n=0}^{k-1}\frac{\bar{\rho}^n}{n!}+\frac{\bar{\rho}^k}{k!\,(1-\bar{\rho}/k)}\right]^{-1}$$

式中，$\bar{\rho}=\lambda/\mu=k\rho$。根据 Little 定理，旅客平均排队时间为

$$W_q=L_q/\lambda$$

对于非稳态的 Poisson 排队系统，尽管利用率小于 1 时值机排队系统的输出率等于它的输入率（到达率），但要滞后一段时间，平均滞后时间为旅客在排队系统的逗留时间，即等于

$$W_s=W_q+1/\mu$$

IATA（International Air Transportation Association，国际航空运输协会）认为这 数值平均约等于 10 min。安检排队系统某时间段的到达率等于大约提前 10min 时的各值机排队系统的到达率之和。如果已知安检系统的服务率，那么同样可以用前面的公式计算平均排队长和平均排队时间。

3.2.2 累计分布曲线

对于机场旅客流程以及飞机停机坪作业流程的任一排队系统，非常简单有用的分析工具是累计分布曲线。它是排队系统的累计到达/离开顾客数随时间的变化曲线，横轴是时间，纵轴是顾客已到达/离开累计数(或占总数的比例)。例如，对于值机排队系统，该累计曲线的横轴是航班起飞前的时间，通常是逆向的，纵轴是已到达旅客数占该航班旅客总数的比例。如图 3.5 所示是不同时间出发的国内航班值机旅客累计到达分布曲线。

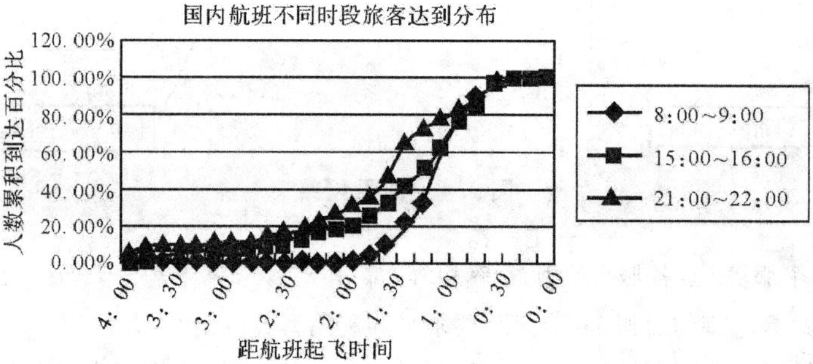

图 3.5 国内航班值机旅客累计到达分布曲线

3.2.3 关于高峰小时

用于机场规划基本参数是机场高峰小时需求，又叫做典型高峰小时或设计小时，或简称高峰小时(DPH)。高峰小时的几种常用定义如下：

(1) 年度的第 20,30 或 40 个最繁忙的小时；

(2) 年度高峰月的平均日高峰小时；

(3) 年度两个高峰月的日平均高峰小时；

(4) 年度每百繁忙日的第 95 天的高峰小时；

(5) 年度第 7 个或 15 个繁忙日的高峰小时。

其中，第一种定义多用于英国，第二种定义用于美国，第三种是 ICAO 推荐的。

高峰小时不是一年中最繁忙的小时，但要求超过高峰小时(超负荷)的运转次数只有很少几天。

根据统计数据分析发现，每年需求随月份的变化具有相似性，每天各小时需求的变化也具有相似性。因此高峰小时的需求可以用年度预测需求近似计算，转换系数可取 0.03%～0.05% 之间的某个值，平均值大约为 0.033%。机场的年吞吐量越大，峰值显得越平坦，因此转换系数越小。反之，机场的年吞吐量越小，峰值越显著，转换系数取较大值。

3.2.4　机场服务质量标准

到目前为止，国际上对机场的运行规划还没有统一的标准。但已有一些推荐标准，比较常用的有IATA标准。表3.1是航站楼服务质量标准的定义，表3.2和表3.3所示分别是航站楼服务质量空间和时间标准。详细资料还可以参考本章的附录1。

表 3.1　IATA 服务质量标准定义

服务水平	标准描述		
	质量和舒适度	人流状态	延　误
A	极　好	自由无限制	无
B	很　好	稳定的	非常少
C	好	稳定的	可接受
D	一　般	不稳定的	尚可接受
E	较　差	不稳定的	不可接受
F	不可接受	间断流	服务中断

表 3.2　IATA 航站楼服务质量空间标准　单位：m

服务水平	A	B	C	D	E
1. 极少旅客托运行李，不用行李车(队列宽 1.2 m)	1.7	1.4	1.2	1.1	0.9
2. 每旅客 1 ～ 2 件行李，不用行李车(队列宽 1.2 m)	1.8	1.5	1.3	1.2	1.1
3. 多数旅客使用行李车(队列宽 1.4 m)	2.3	1.9	1.7	1.6	1.5
4. 每旅客带有 2 件及以上的重行李，绝大多数旅客使用行李车(队列宽 1.4 m)	2.6	2.3	2.0	1.9	1.8

表 3.3　IATA 航站楼处理器时间标准

服务水平	最短-可接受 /min	最长-可接受 /min
经济舱值机	0 ～ 12	12 ～ 30
公务舱值机	0 ～ 3	3 ～ 5
到达护照查验	0 ～ 7	7 ～ 15
出发护照查验	0 ～ 5	5 ～ 10
行李认领	0 ～ 12	12 ～ 18
安　检	0 ～ 3	3 ～ 7

3.2.5　动态排队系统分析

排队论研究了稳态排队系统的平均指标计算方法，稳态排队系统要求到达率和服务率在平均意义上是不随时间变化的常数。如果平均到达率和平均服务率随时间而变化的话，相关计算公式将不能使用。如图 3.6 所示表示了顾客到达率不变，服务率变化情况下队列长度的变化。

由图 3.6 可以看出，在时刻 a 之前，服务率为 $h>$ 到达率 n，因此队列长度等于 0，在时间区间 $[a,b]$ 上，服务率降为 $l<n$，队列长度以速率 $(n-l)$ 逐渐增加，直到时刻 b，到达最长队列 $(n-l)(b-a)=(n-l)T$，$T=b-a$，之后由于服务率又恢复到高水平 h，队列长度以速率 $(h-n)$ 逐渐缩短，直到 $b+(n-l)T/(h-n)$ 时队列才消失。队列存在了 $T_q=[(n-l)/(h-n)+1]T=(h-l)/(h-n)T$ 的时间。所有旅客总延误为如图 3.6 所示中三角形的面积，等于

$$T_d=\frac{1}{2}(n-l)T\frac{h-l}{h-n}T=\frac{(n-l)(h-l)}{2(h-n)}T^2$$

被延误总旅客数为

$$N_q=nT_q=\frac{h-l}{h-n}nT$$

平均每旅客延误

$$\bar{T}_d=\frac{T_d}{N_q}=\frac{n-l}{2n}T$$

该式表明平均每旅客延误时间和高水平服务率无关，与服务水平降低的时间长度成正比。

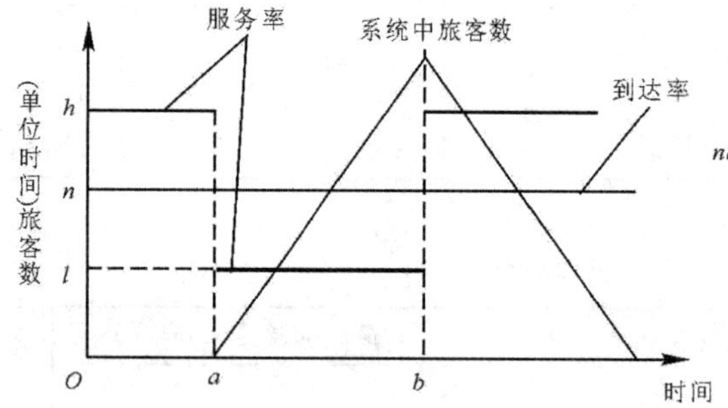

图 3.6　服务率变化引起排队长度的变化

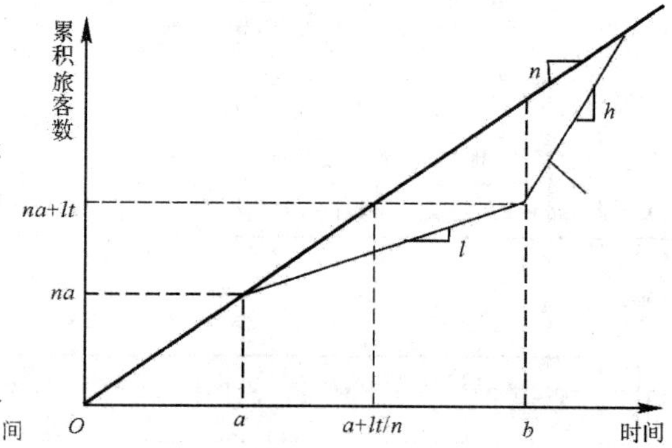

图 3.7　图 3.6 情况下的旅客到达和离开累计曲线

再来看这种情况下的旅客到达累计曲线和旅客离开累计曲线，如图 3.7 所示。由于旅客到达率为常数，因此旅客到达累计曲线是直线，斜率为 n。由于服务率是分段常数，因此旅客离开累计曲线是分段直线。旅客到达累计曲线和离开累计曲线分离的部分表示了队列的存在，其中两曲线纵坐标之差为队列长度，横坐标之差为某旅客的逗留(延误)时间。可以计算出 $t=a+lT/n$ 到来的第$(na+lT)$位旅客的延误时间最长，延误时间为 $T(n-l)/n$。其他旅客的延误时间可以同理算出，其分布如图 3.8 所示。

一般情况下，不但服务率可能变化，而且顾客到达率也会发生变化。一般情况下的旅客到达累计曲线、旅客离开累计曲线可能如图 3.9 所示。

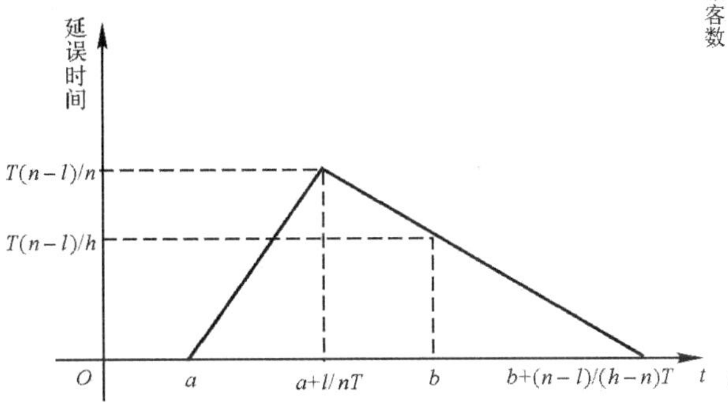

图 3.8　旅客延误分布

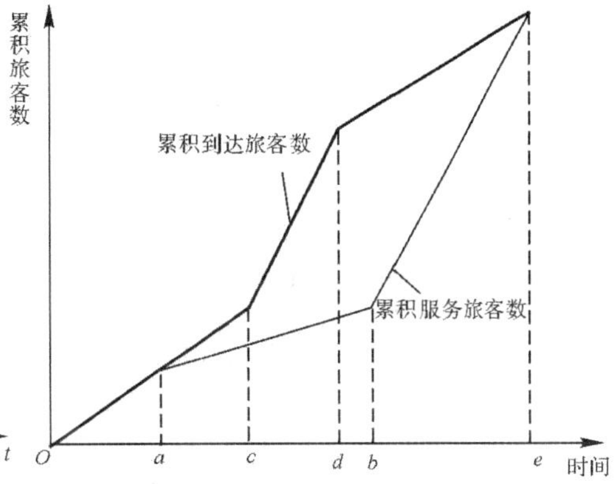

图 3.9　一般情况下的顾客累计曲线

把累计曲线进行分段线性近似，可以计算出各分段时间区间端点的顾客排队长度和相应的排队时间。并由此计算总延误人数和平均延误时间。

本节介绍了机场运行规划需要应用的基本概念、基本方法和基本工具，这些基础性的知识将在本章下文各节中获得应用。

3.3　航站楼运行规划

3.3.1　旅客的进离港流程

航站楼是旅客和行李转换运输方式的场所，其功能是要经济有效地让旅客舒适、方便和快速地实现地面和航空运输方式的转换，行李可靠、安全、及时地和旅客同步实现运输方式的转换。机场航站楼作业流程如图 3.10 所示。从图 3.10 可以看出，航站楼内旅客进离港流程比较复杂，包含了国内出发、国际出发、国内到达、国际到达、过境和中转等多种流程。本节只讨论到达和出发流程，中转流程将在 3.7 节讨论。

需要说明的是，图 3.10 表达的航站楼旅客流程只是一种可能的情况，并不是所有国际机场的流程都必须如此，某些流程的顺序是可以颠倒的。例如上海浦东国际机场，国际旅客首先值机，然后才通过海关通道进入隔离区，这和图 3.10 表示的顺序不同。而白云国际机场目前的流程与图 3.10 相同，国际旅客必须首先通过海关进入隔离区后，才能值机和托运行李。请读者思考，这两种不同流程的效果有什么不同？按照哪种流程执行才好？

现在详细介绍航站楼旅客流程的各个环节，讨论流程各环节可能存在的问题。

1. 值机

值机服务包括核对旅客身份证和机票信息，核对正确后打印登机牌，如果旅客有行李交运，则为其办理行李托运手续。简单地说，值机需要完成“办票”和“行李托运”两件事。

办票流程比较简单，如图 3.11 所示。

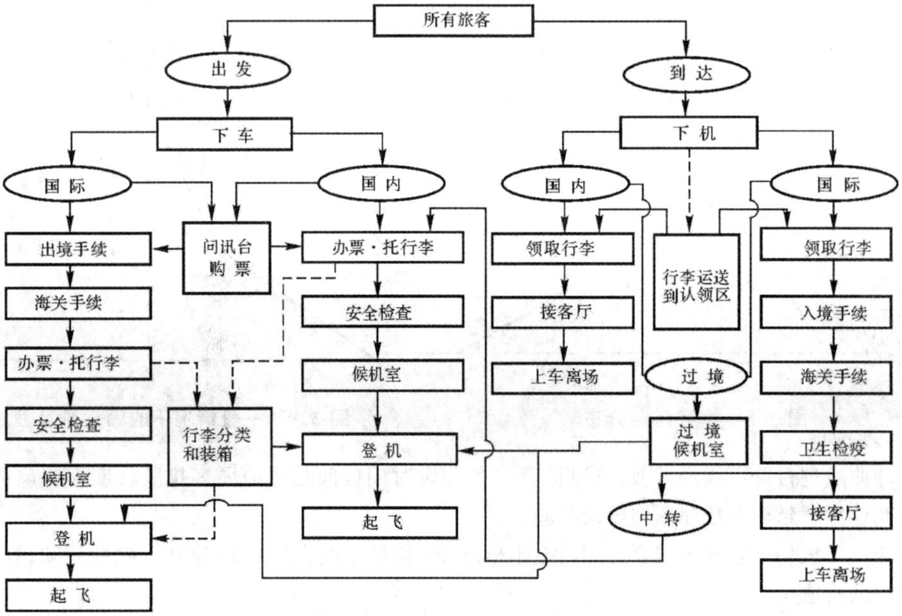

图 3.10　机场航站楼作业流程图

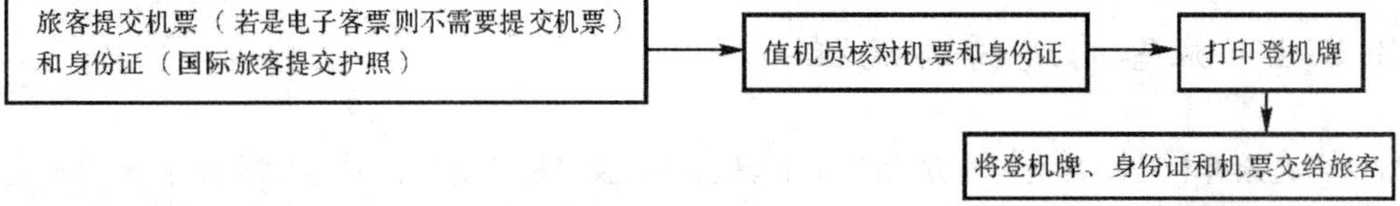

图 3.11　办票流程

行李托运流程要复杂一些，如图 3.12 所示。

值机流程分析有以下内容：

(1)值机资源—柜台的分配方式；

(2)旅客队列形状；

(3)航班值机开放时间和关闭时间。

值机柜台的分配有两种方式：专用式和公用式。专用柜台由某航空公司单独使用，各柜台只办理指定航班的旅客值机手续；公用柜台不专门租给某个航空公司，各柜台可同时办理各航空公司各航班的旅客值机手续。采用哪种方式取决于以下两个因素：

(1)机场管理当局的资源分配政策。有些机场规定值机柜台不租用，由机场统一安排，采用公用方式值机，有些机场则将值机柜台租给航空公司专用，也有些机场两种方式同时存在。航空公司租用的值机柜台，也可采用各航班之间公用的形式。

(2)离港系统是否统一。有时由于基地航空公司使用了不同的离港系统，值机柜台只能租给航空公司专用。

一般来说，公用方式的柜台使用效率高于专用方式。

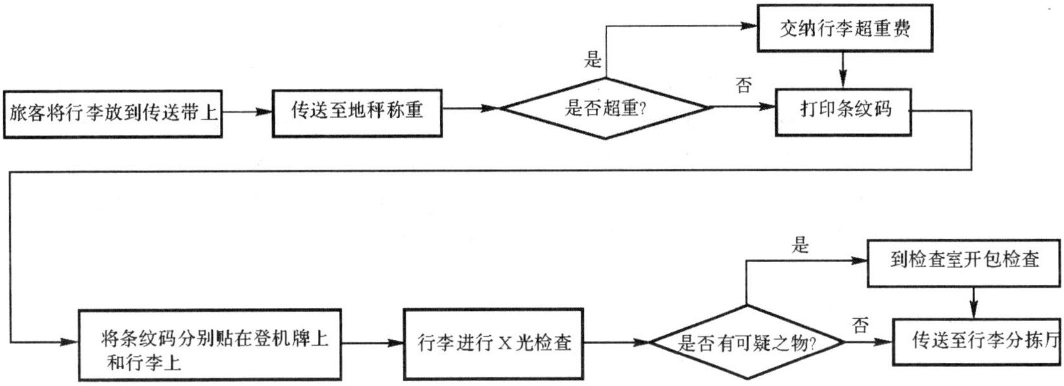

图 3.12　行李交运流程

柜台采用专用方式时，值机一般采用一个柜台一个队列的排队形状，形成一个个单服务台单队列排队系统。采用公用方式时，旅客值机队列有两种形式：

(1)一个柜台一个队列；

(2)多个柜台一个队列。

对于第二种队列，为充分利用值机大厅空间，须使用活动栅栏一类的隔离设施进行队列形状规划，一般规划成蛇形队列，并有服务员引导。

排队论已经指出，第二种队形比第一种队形更有效率。但在值机刚开放时，往往由于等候的旅客较多，第二种队形会给旅客一种错觉，好像队列很长，排队时间一定也很长，因而引起旅客不满。实际上这种队列看上去长，旅客的平均排队时间比单队列要短许多。

不同的机场、不同的航空公司，甚至不同的航班，对值机开放时间有着不同的规定，有的规定航班起飞前 2.5 h，有的规定 2 h；国际航班可能规定提前 4 h，有的甚至没有时间限制，随到随办理。

有 3 个运行问题受开放时间规定的直接影响：

(1)行李分拣厅的人力安排。因为目前国内多数机场还是采用人工分拣行李，某航班一旦开始值机，行李厅就必须安排人力进行行李分拣，即使行李很少也要安排，这样必然浪费人力。

(2)可能造成候机厅座位紧张。因为如果值机开放时间过早，一个候机厅有若干个航班的旅客在候机。

(3)对登机门和停机位指派要求高。因为值机时，就已经指定了登机门号，也指派了飞机的停机位。如果值机时间开放较早，就需要对航班的到港时间做出准确预测，否则难以做到准确指派登机口和停机位，可能造成登机口的更换，因而引起旅客不满。

根据民航总局规定，值机在航班起飞前 30 min 关闭。但在起飞前 15～30 min，有些航空公司还将安排专门柜台(值班主任柜台)为个别迟到旅客办理值机手续。这样做可以让个别迟到旅客也能赶上飞机，使旅客更满意，是一种更加人性化的做法。但可能产生如下问题：

(1)由于安检等环节可能需要排队等待，若旅客不能按时赶到登机口登机，将造成航班延误；

(2)如果迟到旅客还有行李托运，则该旅客的行李需要传送到行李分拣厅，分拣后再装上行李车，然后运至停机坪时可能造成航班延误。

2. 安检

安检全称安全检查，是防止旅客携带可能危及飞机安全的物品登机而进行的检查活动。安检包括两部分：旅客安检和随身行李安检。当旅客到达安检区时，首先将身份证、登机牌等交给验证员查验，然后到安检通道前，前导员引导旅客将外衣以及随身携带的手机、钥匙、打火机等小物件放入衣物筐，衣物筐和随身行李一起放到安检台的传送带上，通过 X 光机接受检查。随后旅客通过安检门接受身体扫描，如果安检门发出响声报警，表示怀疑身带可疑之物，必须再接受安检员的手持扫描仪的仔细检查。9·11 事件以后，安检更加严格，安检门十分灵敏，大多数旅客都需要接受手持安检仪的检查。如果行李扫描后发现有可疑之物，必须开箱检查。

安检流程如图 3.13 所示，其中需时最长的环节是旅客整理和取走行李。影响安检效率的最重要因素是：①手持安检仪人身检查；②行李的开箱检查。

如果不发生上述两种情况，安检效率是很高的。但发生以上情况时，就可能发生排队拥挤现象，特别是开箱检查，可能引起安检通道堵塞，并大大降低安检效率。

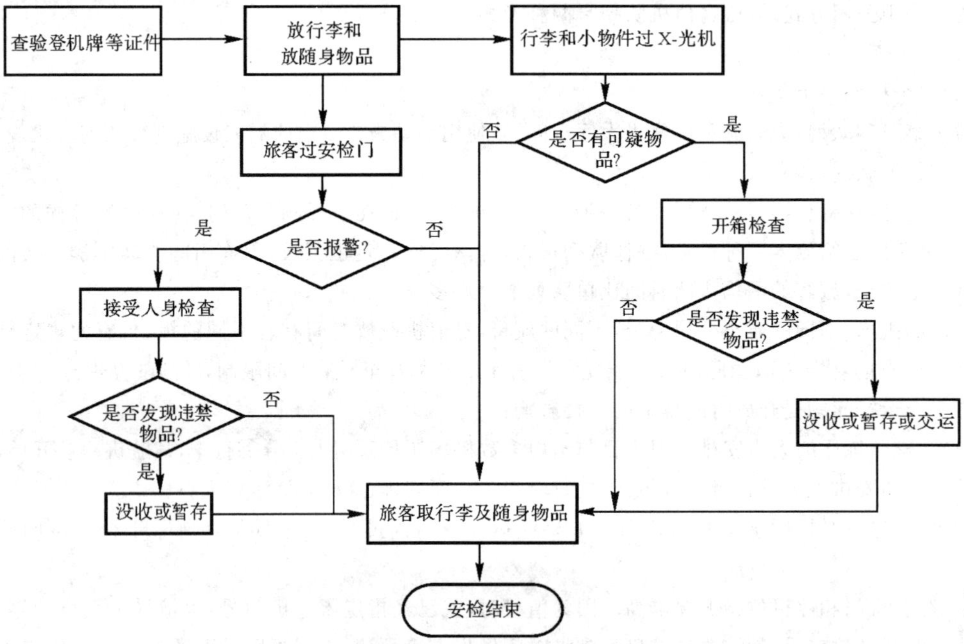

图 3.13 安检流程图

3. 海关、检验检疫检查

国际航班的旅客必须与送客的亲朋好友在这里分别，出示登机牌、护照和机票给保安人员检查，然后接受海关检查，旅客将已填好的申报单交给海关检查员即可，海关只抽样检查少数旅客，被抽查的旅客随身携带的行李应放在 X 光机上进行扫描。海关申报完后，进入隔离区。

在正常情况下，对出入境旅客几乎不进行检验检疫检查。发生国际性流行疾病时，则必须接受规定的检查。对于入境国际旅客，有时需要填写入境健康申报表，到达卫生检疫处时交给检查人员。

4. 边防检查

国际航班旅客必须接受边防检查。出境旅客到达边检区，在边检柜台前排成单行，每个边检柜台只处理一个单行队列。到达边检柜台时，提交护照查验，然后进入安检区安检。入境旅客一般在飞机上就已填写好入境申请单，下机后到边检口，向边检人员提交护照查验，并提交入境申请单即可。

5. 候机和登机

安检结束后，旅客就可以进入候机大厅候机，等待航班登机通知。国内航班一般在航班起飞前 20～30 min 开始登机，国际航班则在航班起飞前 30～45 min 开始登机。登机门电子牌显示开始登机和/或广播播送登机信息后，旅客开始排队通过登机门登机，在登机口（包括远机位登机口）处的工作人员扫描旅客登机牌，将旅客信息录入系统，用于核查是否每位旅客都已登机，如果有已值机的旅客未登机，应通过广播催其尽快登机。

近机位航班旅客直接通过廊桥登机，远机位航班需乘坐摆渡车登机。IATA 的标准规定 95%的旅客通过廊桥登机。

对于航空公司来说，桥位比远机位停机成本高，但旅客更愿意通过廊桥登机，因此桥位登机可以获得更高的旅客满意度。

6. 行李认领

国内航班到港旅客根据机场行李认领大厅内的电子信息屏提供的行李转盘号，找到和确认自己的行李后取下，通过地面服务人员确认无误后离开。国际航班旅客则首先通过边防检查，然后才认领行李。领取行李后再通过海关和检验检疫检查后即可离开。

从以上旅客流程各环节的讨论已知，无论是出港还是到港旅客，国际航班都比国内航班多三个环节：海关、检验检疫和边防。海关是旅客报关的地方，出、入境旅客的携带物品应当向海关申报。国家规定了可以免除关税的物品，旅客如果带有需要缴纳关税的物品出入境，则必须依法纳税。另外还有一些违禁物品是不允许出入境的。因此海关的责任是接受旅客报关，同时有权查验是否有漏报物品和违禁物品。

检验检疫是对出入境旅客本人及其携带的动植物进行检验检疫。对旅客的检验检疫只在发生流行性疾病时才进行，对动植物检验检疫，是为防止一些有害生物（包括虫类、植物、微生物）的传播，防止动物携带疾病（如禽流感、口蹄疫等）的病源传播。

边防检查是查验旅客身份，核对是否符合出、入境条件，防止非法出、入境。查验的证件是护照和护照上的签证。

对于国际旅客，以上三方面的检查依法不能缺少，但给旅客带来不便，延长了旅客登机准备时间，降低了旅客流程的效率。特别是国际中转旅客，所花时间更长，不利于国际枢纽机场的建设和发展，应设法实行联检，简化国际中转流程，缩短中转时间。

3.3.2 航站楼旅客流程仿真分析

在第 2 章,已经讨论了系统仿真的有关概念和方法,介绍了仿真系统开发平台 ServiceModel 和它的基本使用方法,本小节将在此基础上讨论航站楼旅客流程的仿真问题,并进一步讨论如何将仿真研究用于旅客流程规划与设计。

旅客和行李流程仿真研究是机场航站楼运行规划的主要手段之一。因为航站楼旅客流程涉及出发旅客流程、到达旅客流程和中转旅客流程,流程比较复杂,而且在这些流程上流动的是人,人对服务质量是有感受的,具有较大的主动性,不能完全受控制。在机场,旅客的行动主要受自己判断的控制,因此简单的分析或者数学工具的应用只能了解旅客流程的宏观特性,对于微观机理和原因一般不能发现。另外要从系统的角度去观察问题,如果采用数学建模的方法,问题解决变得相当复杂,甚至不可能,系统仿真研究可以弥补这一点。

航站楼旅客流程的容量(服务能力)和流程的规划设计有很大的关系,科学的规划设计可以提高流程容量,相反,不恰当的规划设计将降低流程容量,导致旅客服务区拥挤,以致影响整个机场运输生产的效率,可能造成航班延误。

下面讨论旅客流程仿真系统设计和仿真分析的有关问题。

1. 仿真系统建模假设

旅客流程仿真建模的假设条件如下:

(1)初始状态,系统内没有旅客;

(2)所有设备处于正常工作状态,工作人员中途不休息;

(3)进入排队系统时,旅客选择最短队列;

(4)旅客了解乘机流程和规定;

(5)排队系统遵循先来先服务的规则。

2. 仿真系统建模要素的定义

由第 2 章已知,使用 ServiceModel 开发仿真系统时,建模要素有实体、场所、资源和路径网络等,下面针对旅客流程仿真系统设计介绍这些要素的定义。

(1)实体(Entity)。实体是该系统中处理的对象,本系统中实体即旅客。他们单个或结伴到达航站楼,在航站楼内流动,在流程各环节接受服务。

(2)场所(Location)。旅客流程的场所是旅客办理各种登机手续的地方,根据前面的讨论,这些场所包括值机柜台、安检通道、海关通道、边防检查通道、检验检疫处、候机厅和登机口等位置。

(3)资源(Resource)。资源是系统中执行某项服务功能的人、机器或车辆等。在旅客流程仿真系统中可不设资源。

(4)路径网络(Path Networks)。路径网络规定了实体和资源的移动路线,它由节点和路径线段构成。旅客流程的路径网络规定了旅客在航站楼内的运动轨迹,它连接了旅客流程的各个“场所”,规定了队列结构。

(5)流程(Processing & Routing)。流程定义实体的活动逻辑。Processing 定义进入系统场所的逻辑，Routing 规定实体在某场所接受 Processing 之后形态的变化、移动到下一个场所经过的路径网络和移动速度、进入下一场所的规则等。在旅客流程仿真系统中，例如旅客值机，Processing 规定了旅客到达值机场所后首先选择最短的队列，进入队列后不得更换队列，然后按照先到先服务的规则办理值机手续；Routing 则规定了完成值机手续后，旅客已经交运了行李(这过程实体形态发生了变化，一位旅客值机后变成一位旅客和一件或多件行李)，接下来沿规定的路径网络到达安检场所。

(6)到达(Arrivals)。"到达"定义实体进入系统的到达时间、数量、频率及场所等。旅客流程的"到达"定义了旅客到达航站楼入口处的时间、数量和速度。根据现场调查和航班计划确定了仿真周期中旅客到达总数，以及航班出发前旅客到达航站楼的数量分布，这些规定了旅客流程仿真系统的"到达"。

3. 仿真分析所需数据

旅客流程系统仿真需要以下数据：航站楼布局 CAD 图、典型工作日的航班时刻表、各功能单元服务时间、工作人员数量、航班出发前旅客到达分布等。典型工作日是可以代表机场运输生产基本特点的一天，也称为典型繁忙日。一般是指一年中最忙或第二繁忙星期中的第二个最忙日，节假日不包括在内。这些数据如何获得呢？

(1)典型工作日航班时刻表由机场当局提供。

(2)航班出发前旅客到达分布通过现场调查获得。每个机场的旅客到达分布差别较大，航班出发前旅客到达分布可通过旅客问卷调查获得原始数据，对于专用值机柜台，也可以在值机柜台旁进行现场记录获得原始数据，然后进行统计处理获得。如表 3.4 所示为旅客调查问卷的参考样式，一般应分国际、地区、国内三种不同类型的航班分别抽样，每种类型的抽样航班至少 15 个，旅客样本量应至少达到 1 500 个(平均每航班 100 人以上)，样本总量应达 4 500～5 000 个以上。图 3.14 所示是典型旅客到达分布情况。

表 3.4　机场离港旅客调查问卷

编号：　A　B　　　　日期：
1. 航班号(Flight No.)： 2. 离港时刻(Flight Departure time)： 3. 目的地(Destination)：　　　旅客始发地(Origin)： 4. 到机场所乘交通工具(Which kind of vehicle to airport)： 　机场大巴(Bus)　出租车(Taxi)　自备车(Private car)　其他(Others) 5. 出发时刻(Time of leaving the origin) (h:m)： 7. 旅客客票等级： 　经济舱　公务舱　头等舱 8. 是否常旅客 　常旅客　一般旅客　团体旅客 9. 托运行李数(Pieces of registered luggage)：

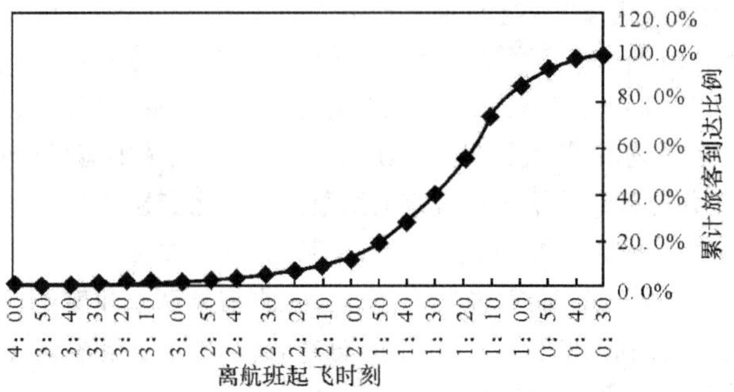

图 3.14 旅客到达分布

(3)各功能单元服务时间也要通过现场调查获得。各功能单元服务时间,指各功能单元办理一个旅客手续所需要的时间,反映了航站设施的服务水平。不同的服务设施,其服务能力也不相同。如在值机柜台,其服务时间受旅客是否有交运行李和行李的件数影响很大,无交运行李的旅客值机时间大约为 40 s,有交运行李的旅客值机时间一般在 80～150 s 之间,跟行李件数有关。在安检场所,安检通道布局、安检员人数及其岗位安排对服务时间有较大影响。由于安检也是一个小流程,在这个流程的各个环节可同时服务旅客,这与值机有很大的不同。值机只能一个一个地服务旅客,不能同时服务多位旅客。安检通道的服务率应当以安检流程中用时最长的环节来衡量,例如整理并取走随身行李,国内航班平均为 18 s。

像值机和安检这样的功能单元的服务率调查应当采用现场记录方式,事先设计好表格,并带好电子马表和笔,根据抽样设计同时布置几个调查点(例如分国际、地区和国内),如果值机柜台采用专用方式,应当按航空公司抽样,每调查点一位调查人员。

4. 流程仿真分析结果

通过流程仿真分析可以得出以下数据:

(1)各场所平均旅客数(队长);

(2)各场所平均服务率(或服务时间);

(3)各场所旅客平均排队长和排队时间;

(4)各场所旅客数对时间的分布。

通过分析各场所平均服务旅客数可以对流程进行容量评估,发现流程的瓶颈环节;通过观察各场所旅客数分布可以发现每天的高峰时段,以及高峰在流程上的传播。各场所服务率反应了该场所的服务能力和技术水平,旅客平均排队长和排队时间是反应服务质量的指标,一些国际组织或政府对此规定了行业标准,例如 IATA 制定的服务质量标准,我国国家民航局也制定了有关标准,在 3.2.4 小节已介绍了 IATA 标准。

根据链条原理,瓶颈环节是流程中容量最小的环节,它决定了流程的容量。发现了瓶颈环节就找到了问题的症结所在,也就是确定了应该改进甚至改造的环节。

掌握了各场所的高峰时段,就可以合理地调度生产资源,包括人力排班和确定设备的开放时间。

如图 3.15 和图 3.16 所示分别是某国际机场值机和安检的队列长度分布情况的仿真试验结果。从图 3.15 可以看出,从 12:00～14:00 有一个值机高峰,队列长度达到了 30 人。这个结果说明全天大部分时间内值机队列不长,但 12:00～14:00 的时间段内,值机服务质量达不到 IATA 规定的 C 级标准(15～

17 人)，应当采取措施缓解这一时段的排队压力，例如增加开放的值机柜台数，改变旅客队列形状。从人力安排上看，这段时间内应当多安排值机员值班。

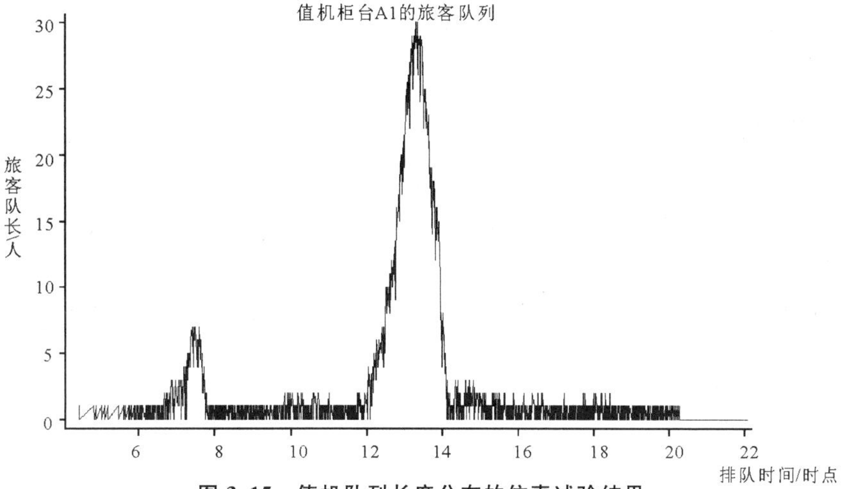

图 3.15　值机队列长度分布的仿真试验结果

从图 3.16 可以看出，安检队列长度一天中出现了几次高峰，最高的一次峰值出现在上午 7:00～8:00，队列长度接近 14 人，另外几次高峰分别出现在 9:00～11:00 和 14:00～16:00，队列长度在 7～9 人之间。按理值机队列长度分布与安检队列长度分布应当具有相似性，只不过时间稍有滞后而已。但图 3.15 与图 3.16 的分布无任何相似可言，是什么原因导致了这一结果呢？这是由于值机和安检在生产资源(包括人力)安排上不匹配造成的。即 12:00～14:00 值机开放柜台太少，而安检则开放的通道数较多，其他时间段内，值机开放柜台数较多，而安检则开放的通道数较少，特别是上午 7:00～8:00 左右，此时本有一个航班小高峰，但安检开放的通道却不多，导致了较长的旅客队列。

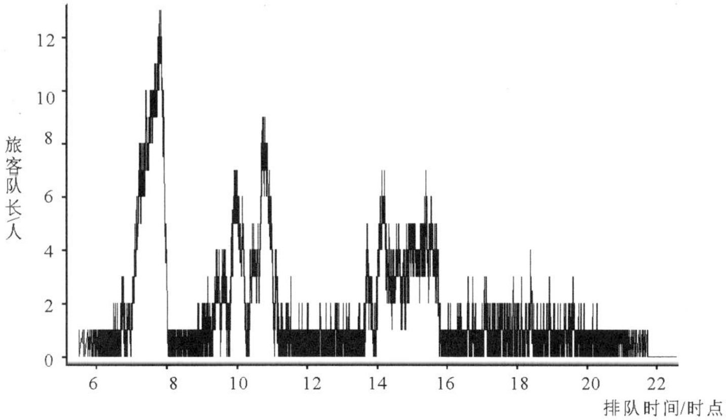

图 3.16　某国际机场旅客安检队列分布

3.3.3 旅客流程规划

如3.1.3小节所述，可以将航站楼旅客流程划分为：服务器、容器和连接器三种功能实施，旅客流程的规划可以针对这三种实施分别进行。

一、服务器规划

1.值机规划

值机规划有以下内容：①值机柜台数的确定；②值机柜台的指派；③旅客队列结构优化。

下面分别进行论述。

(1)值机柜台数的确定。确定值机柜台的数量是机场航站楼规划中的重要内容，这里给出两种开放式值机柜台数量的计算方法。

1)IATA建议方法：

第一步，计算值机服务高峰半小时内的旅客需求(X)。当航班计划时刻表和值机柜台旅客到达分布不可获得时，可以令

$$X = P_{HP}F_1F_2$$

式中，P_{HP} = 高峰小时经济舱出发旅客数；F_1 = 高峰半小时旅客数占高峰小时旅客总数比例，可通过表3.5查得；F_2 = 高峰小时前、后各一小时的出发航班所产生的额外值机需求系数，可通过表3.6查得。

表3.5 高峰半小时旅客数占高峰小时总旅客数比例 F_1

高峰小时航班数	国内旅客/国际短途旅客	长途国际旅客
1	39%	29%
2	36%	28%
3	33%	26%
≥4	30%	25%

表3.6 高峰小时前后的出发航班所产生的值机需求系数 F_2

高峰小时前后一小时旅客数与高峰小时旅客数之比的平均值	国内旅客	申根(Schengen)/短途国际旅客	长途国际旅客
90%	1.37	1.43	1.62
80%	1.31	1.40	1.54
70%	1.26	1.35	1.47
60%	1.22	1.30	1.40
50%	1.18	1.25	1.33
40%	1.14	1.20	1.26
30%	1.11	1.15	1.19
20%	1.07	1.10	1.12
10%	1.03	1.06	1.06

第二步　根据 X 和允许最长排队时间(Maximum Queuing Time，MQT)查阅图 3.17，得标准曲线下 X 对应的值机柜台数的参考值(S)。所谓值机柜台数参考值是指值机时间是 2min 时所需的柜台数。

第三步　计算经济舱的开放式值机柜台数量(C_{IY})

$$C_{IY} = ST_P/120 \tag{3.1}$$

其中，T_P 为平均值机服务时间(s)。

第四步计算值机柜台总数(包括商务舱服务柜台)(C_I)

$$C_I = C_{IY} + C_{IJ} \tag{3.2}$$

其中 $C_{IJ} = 0.2C_{IY}$ 是公务舱旅客需要的值机柜台数。考虑公务舱需要的值机柜台数不超过经济舱的 20%，这里采用最大可能值进行计算，其结果偏于保守估计。

2) 简易计算方法：

第一步　获得高峰半小时内需要提供值机服务的经济舱旅客数(X)

第二步　计算开放式的经济舱值机柜台数量(C_{IY})

$$C_{IY} = \frac{XT_p(T_{MQ} + T_P)}{30T_{MQ}} \tag{3.3}$$

T_{MQ} 为最长排队时间(min)，该式中 T_P 的单位也是 min。

第三步　计算总体的值机柜台数量(C_I)

$$C_I = C_{IY} + C_{IJ} \tag{3.4}$$

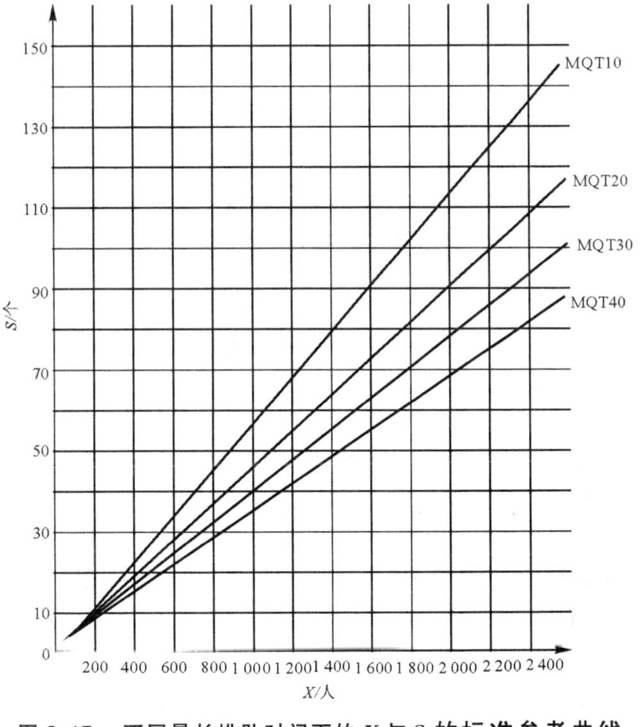

图 3.17　不同最长排队时间下的 X 与 S 的标准参考曲线

例 3.1 设高峰小时10个国际航班的始发旅客为2 500名，其中包括15％的商务舱旅客。最长排队等待时间20min，高峰小时之前1h的旅客流量为1 900名(占P_{HP}约80％)，高峰小时之后的1h内的旅客流量为1 500名(占P_{HP}60％)，航班值机平均服务时间为150 s，所有的值机服务为开放式值机。试计算应该开放多少个值机柜台可以满足服务要求。

解 首先采用IATA计算方法。

第一步，计算高峰30 min内的需要提供值机服务的旅客需求X。

由于没有特定的关于高峰30 min的航班信息和旅客到达值机柜台的分布信息，需要按照IATA提供的计算公式来进行高峰半小时需要接受值机服务的旅客数量。因为共有10个国际航班，故从表3.5可查得$F_1 = 25\%$。又高峰小时前后1 h的旅客流量的平均值为$1/2(80\% + 60\%) = 70\%$，从表3.6查得$F_2 = 1.47$，因此高峰半小时内需要提供值机服务的经济舱旅客需求为

$$X = 2\ 500 \times 85\%(\text{经济舱旅客数}) \times 25\% \times 1.47 = 781\ \text{人}$$

第二步，在考虑最大排队时间T_{MQ}(Maximum Queuing Time, MQT)条件下，确定标准曲线下X对应的柜台数参考值S。

本例中T_{MQ}为20 min，查相应的标准曲线如图3.17所示，可以得到$S = 36$个。

第三步，计算开放式经济舱的值机柜台数量。

$$C_{IY} = S \times T_P/120 = 36 \times 150/120 = 45\ \text{个}$$

第四步 计算总体的值机柜台数量(包括商务舱服务柜台)。

$$C_{IJ} = 0.2 \times C_{IY} = 0.2 \times 45 = 9\ \text{个}$$

$$C_I = C_{IY} + C_{IJ} = 45 + 9 = 54\ \text{个}$$

因此总共需要54个值机柜台，可以满足最大排队时间为20min服务水平的要求。

再采用简易计算方法：

第一步 经济舱高峰半小时旅客数$X = 781$人

第二步 计算经济舱旅客需要值机柜台数，根据式(3.3)，有

$$C_{IY} = \frac{XT_P(T_{MQ} + T_P)}{30T_{MQ}} = \frac{781 \times 2.5(20 + 2.5)}{30 \times 20} = 73\ \text{个}$$

第三步 计算值机柜台总数

$$C_I = 1.2 \times C_{IY} = 1.2 \times 73 = 88\ \text{个}$$

可见简易方法计算结果比IATA方法计算的结果大。从实际情况看，IATA方法计算结果偏小，简易方法计算结果稍偏大。

(2) 值机柜台的分配。对于基地航空公司或航班量比较大的航空公司，机场通常会将值机柜台租给航空公司使用，这部分采用航空公司专用方式，对航班量较少的航空公司则采用公用方式。可根据各航空公司的市场分担率进行柜台的分配。

某机场如果有100个值机柜台，有三家基地航空公司，他们的市场分担率分别是0.3，0.2，0.1，其他所有航空公司占有0.4，这样原则上三家基地航空公司应分别分配30，20和10个值机柜台，剩下的40个柜台为公用柜台。

如果从提高设备利用率的角度来优化柜台分配，应当采用公用方式。公用方式提高了柜台的共享程度，减少了设备的不平衡使用，从而提高了利用率。根据排队论的结论知，设施的共享程度越高，它的利

用率就越高。因此有条件时，值机柜台应当尽量采用公用方式。

(3) 旅客队列结构优化。在高峰时段，为了提高设施利用率，缩短旅客值机时间，应采用多柜台单队列排队系统，队列形状应当尽可能采用蛇形。现在的问题是一个蛇形队列应当设置多少个柜台呢？这得分两种情况进行讨论：

第一种情况：多个柜台只办理一个航班的值机手续。此时应根据该航班旅客数、柜台开放时间和值机服务率来确定开放柜台数，设航班旅客数为 n，柜台开放时间为 T min，每柜台值机服务率为 μ(人 /min)，那么开放柜台数 k 近似等于

$$k = \frac{n}{\mu T} \tag{3.5}$$

根据排队论，此时的队列长度等于

$$L_q = \frac{\rho^{k+1}}{kk!\,(1-\rho/k)^2}\left[\sum_{n=0}^{k-1}\frac{\rho^n}{n!} + \frac{\rho^k}{k!\,(1-\rho/k)}\right]^{-1}$$

即

$$L_q = \frac{\rho^{k+1}}{(k-1)!\,(k-\rho)^2\left[1+\rho+\dfrac{\rho^2}{2!}+\cdots+\dfrac{\rho^{k-2}}{(k-2)!}+\dfrac{k\rho^{k-1}}{(k-1)!\,(k-\rho)}\right]}$$

或

$$L_q(k) = \frac{\rho^{k+1}}{(k-\rho)\sum_{n=0}^{k-1} C_n \rho^n} \tag{3.6}$$

式中，$\rho = \lambda/\mu$，$k > 1$，$k > \rho$，λ 是旅客平均到达率。如果 $\rho < 1$，则可取 $k = 1$。分母中括号中任意项 $C_n\rho^n$ $(n < k-1)$ 系数的表达式为

$$C_n = (k-1)!\,\frac{(k-n)}{n!} \tag{3.7}$$

根据式(3.7)，对于 $k = 2,3,4,5$，式(3.6) 的具体形式如下：

$$L_q(k=2) = \frac{\rho^3}{(2-\rho)(2+\rho)}$$

$$L_q(k=3) = \frac{\rho^4}{(3-\rho)(6+4\rho+\rho^2)}$$

$$L_q(k=4) = \frac{\rho^5}{(4-\rho)(24+18\rho+6\rho^2+\rho^3)}$$

$$L_q(k=5) = \frac{\rho^6}{(5-\rho)(120+96\rho+36\rho^2+8\rho^3+\rho^4)}$$

根据 Little 公式，旅客平均排队时间为

$$W_q = L_q/\lambda \tag{3.8}$$

例 3.2　某航班有 350 位旅客，值机开放时间为 180 min，每柜台值机速率是 0.5 人 /min，那么需要开放 $k = 350/90 \approx 4$ 个柜台。如果旅客到达率为 1.9 人 /min，则 $\rho = 3.8$，$k - \rho = 0.2$。此时蛇形队列平均长度等于

$$L_q(k=4) = \frac{\rho^5}{(4-\rho)(24+18\rho+6\rho^2+\rho^3)} = \frac{3.8^5}{0.2(24+18\times 3.8+6\times 3.8^2+3.8^3)} = 17\text{ 人}$$

旅客平均排队时间为 $W_q = L_q/\lambda = 17/1.9 = 8.95$ min。

第二种情况是公用柜台，不分航空公司和航班，旅客随到随进入排队队列，等待值机。设旅客排队长度不得超过 l_c，则可用下式计算值机柜台数：

$$\frac{\rho^{k+1}}{(k-\rho)[k!\ +(k-1)(k-1)!\ \rho+(k-1)!\ \frac{(k-2)}{2!}\rho^2+\cdots+2(k-1)\rho^{k-2}+\rho^{k-1}]}\leqslant l_c$$

用上式计算 k 时，需要求解非线性不等式，我们无法给出解的一般公式，可以采用数值解法。如采用图解法，首先从 $k>\rho$ 开始，逐步增加 k 值，绘出排队长 L_q 与柜台数 k 的曲线，该曲线与水平直线 $L_q = l_c$ 的交点决定了 k 的最大值。

l_c 可参照旅客排队时间标准确定，也可根据排队空间标准确定，如 IATA 标准的 C 级标准规定，旅客排队时间为 15～20 min，排队空间标准为国内旅客 1.3 m²，国际旅客 1.8 m²。如果取旅客平均排队时间为 15 min，那么根据 Little 公式 $l_c = 15\lambda$。如果根据排队空间标准，大厅可供排队的面积为 S，则排队长度为 $l_c = S/1.3$(国内) 或 $= S/1.8$(国际)。

假设例 3.2 采用公用柜台方式(Common Use Terminal Equipments，CUTE)，和 IATAC 级时间标准，则 $l_c = 15\times 1.9 = 28$ 人。如果采用空间标准，供旅客排队的柜台前面积为 50 m²，那么对于国际航班，则排队长度不超过 $l_c = 50/1.8 = 28$ 人，对于国内航班同样的面积可到 33 人。

l_c 也可根据旅客满意度决定，例如根据值机经验，可知旅客可忍受的最大排队长度，设此长度为 l_c。

还可以考虑采用优化建模解决上述问题，其中目标函数是系统收益，包括系统服务旅客产生的收益和旅客满意产生的增值效益，减去开放服务台产生的成本。设系统服务一位旅客产生的收益为 p_s，旅客满意度与队列长度和规定长度的差成正比，单位时间比例系数是 q_w，每开放一个服务台的单位时间成本为 c_s，因此目标函数为

$$\max z = p_s C(\rho,k)k\mu + q_w(l_c - L_q) - c_s k$$

式中第一项是服务旅客的期望收益，第二项是旅客满意度产生的增值效益，第三项是开放值机柜台的运行成本。第一项中

$$C(\rho,k)=\frac{\rho^k}{k!\ (1-\rho/k)}\left[\sum_{n=0}^{k-1}\frac{\rho^n}{n!}+\frac{\rho^k}{k!\ (1-\rho/k)}\right]^{-1}=$$

$$\frac{\rho^k}{k!\ +(k-1)!\ \frac{k-1}{1}\rho+(k-1)!\ \frac{k-2}{2!}\rho^2+\cdots+2(k-1)\rho^{k-2}+\rho^{k-1}}=$$

$$\frac{\rho}{k-\rho}L_q \tag{3.9}$$

是值机员忙碌的概率。约束条件包括

$$k\leqslant C$$
$$k>\rho$$
$$P_{\min}\leqslant C(\rho,k)\leqslant P_{\max}$$

第一个约束条件中，C 是可开放的值机柜台数，该约束表示分配的值机柜台数不能超过可开放的柜台数；第二个约束表示分配的值机台数不能小于平均使用值机柜台数。除此以外，它还表达了分母不能等于零和值机员忙碌的概率不能大于等于 1 的要求。因为从排队论知道，ρ 是平均使用值机柜台数，它必

须小于实际开放的值机柜台数 k，它越接近 k，就意味着值机员平均忙碌的概率越接近 1。第三个约束表示值机员的忙碌概率应当在一个合理的范围内，太大了，服务员疲劳后容易出错，效率也会下降，太小了工作效率不高，但这个范围应该给的大一些，例如[0.45,0.75]，否则可能导致问题不可行。

由于 $q_w l_c$ 是常数，可以去掉，此时 $q_w L_q$ 相当于旅客成本，这样得到蛇形排队系统的服务台数的规划模型如下：

$$\max z = p_s C(\rho,k) k\mu - q_w L_q - c_s k \tag{3.10}$$

$$\text{s.t.}\quad k \leqslant C \tag{3.11}$$

$$k \geqslant \lfloor \rho \rfloor + 1 \tag{3.12}$$

$$L_q \leqslant l_c \tag{3.13}$$

$$P_{\min} \leqslant C(\rho,k) \leqslant P_{\max} \tag{3.14}$$

$$L_q = \frac{\rho^{k+1}}{(k-\rho)\sum_{n=0}^{k-1} C_n \rho^n} \tag{3.15}$$

这是一个非线性的整数规划问题，求解很困难。好在一般情况下 k 的可变化范围不大，可以采用启发式和枚举相结合的方法。首先采用边际分析法，由目标函数最大的要求得到最优值机台数 k^* 应满足以下不等式：

$$\frac{c_s}{\mu p_s} \leqslant \frac{q_w}{p_s}\rho(W_q(k^*-1) - W_q(k^*)) - k^*[C(\rho,k^*-1) - C(\rho,k^*)] + C(\rho,k^*-1) \tag{3.16}$$

$$\frac{c_s}{\mu p_s} \geqslant \frac{q_w}{p_s}\rho(W_q(k^*) - W_q(k^*+1)) - k^*[C(\rho,k^*) - C(\rho,k^*+1)] + C(\rho,k^*+1) \tag{3.17}$$

然后再检验它是否满足约束条件式(3.12)～式(3.14)，如果满足，它就是问题的最优解；如果不满足，则看违反了哪个约束条件，再根据 L_q 和 $C(\rho,k)$ 随 k 增大而减小的规律，作适当调整即可得到问题的最优解。

如图 3.18 和图 3.19 分别是单队列多值机台排队系统的值机员忙碌概率 $C(\rho,k)$ 和旅客排队长 L_q 与开放值机柜台数 k 和平均使用值机台数 ρ 的关系。应用这两张图可以查得 $C(\rho,k)$ 和 L_q 的值。

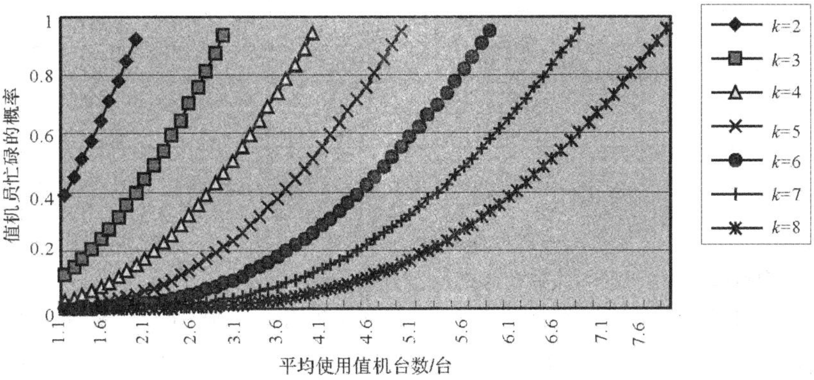

图 3.18　值机员忙碌的概率

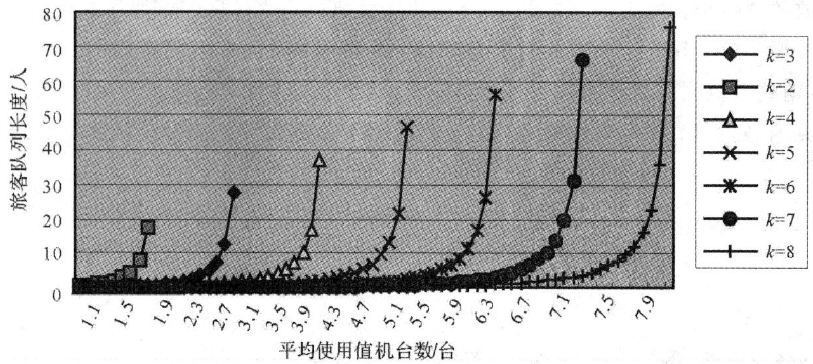

图 3.19 旅客队列长度

例 3.3 对于例 3.2,又已知 $p_s = 10$ 元/人,$c_s = 5$ 元/(min·台),$q_w = 0.5$ 元/(min·人),那么,$\frac{q_w}{p_s}\rho = \frac{0.5}{10} \times 3.8 = 0.19$,两不等式的左边 $\frac{c_s}{\mu p_s} = \frac{5}{0.5 \times 10} = 1$。另外又设值机员忙碌概率的范围是[0.45,0.75],可开放的值机台 $C = 6$ 个。根据约束条件可以初步确定,开放值机台数应该为 $k = 4$ 或 5。下面来验证式(3.16)和式(3.17)在 k 取何值时成立,为此通过查图 3.18 和图 3.19 中 $k = 3,4,5,6$ 时的值机员忙碌概率和队列长度,列在表 3.7 中。可见满足这两个不等式的解是 $k = 4$,但此时,值机员忙碌的概率为 0.89,超过了规定的最大值 0.75。为满足该约束条件,增加值机柜台数到 5 个,此时值机员忙碌的概率为 0.48,旅客排队平均对长为 1.52,每旅客平均排队时间为 0.8min,满足所有约束条件,最优解是 $k = 5$,目标函数值为 -13.76 元/min。如果计算利润,还应该加上 $q_w l_c = 28 \times 0.5 = 14$ 元/min,因此利润为 0.24 元/min。如果值机员忙碌的概率最大值提高到 0.9,则最优的值机柜台数 $k = 4$,此时目标函数值为 -11.53,最优利润 $= 2.47$ 元/min。

表 3.7 值机员忙碌概率和队列长度

k	$C(\rho,k)$	$C(\rho,k-1)-C(\rho,k)$	$C(\rho,k)-C(\rho,k+1)$	$L_q(k)$	$W_q(k)$	$W_q(k-1)-W_q(k)$	$W_q(k)-W_q(k+1)$	右边:(3-16),(3-17)
3	1*		0.11*	∞	∞		∞	
4	0.89	0.11*	0.41	16.94	8.92	∞	8.12	∞,0.54
5	0.48	0.41	0.22	1.52	0.80	8.12	0.58	0.38,−0.73
6	0.26	0.22		0.41	0.22	0.58		

(4)专用值机柜台指派。对于专用柜台,机场可以根据航空公司的市场分担率,出租一块值机区域(若干柜台)给该航空公司。该航空公司再根据航班计划以及各航班的旅客数、旅客到达累计分布计算各航班各时段所需柜台数,这样获得的计算结果类似于表 3.8。

在求得了各航班所需值机柜台数后,需要将这些航班指派到值机柜台上。一般地可以采用甘特图来进行值机柜台的指派,此时一个柜台(或一组柜台)一行,以时间为列,从最早的航班开始,从它的出发时刻往前反推,根据值机柜台的开放时间和关闭时间的规定,给出航班值机时间区间,并根据各航班所需值机柜台数分布给出它的值机柜台构型。

表 3.8　航班所需值机柜台数分布

航班号 \ 时刻/点	6	6.5	7	7.5	8	8.5	9	9.5	10	10.5	11	11.5	12	12.5	13
1502	1	1	2	2	2	0	0	0	0	0	0	0	0	0	0
1504	0	1	1	2	3	3	0	0	0	0	0	0	0	0	0
1508	0	1	2	2	2	1	0	0	0	0	0	0	0	0	0
1512	0	0	1	1	2	3	3	2	0	0	0	0	0	0	0
1510	0	0	0	0	0	0	1	2	2	2	1	0	0	0	0
1516	0	0	0	0	0	0	1	1	2	2	2	1	0	0	0
1520	0	0	0	0	0	0	0	2	2	4	4	4	2	0	0
1532	0	0	0	0	0	0	0	0	0	0	1	1	2	2	2
1530	0	0	0	0	0	0	0	0	0	0	01	1	2	3	3
1528	0	0	0	0	0	0	0	0	0	0	0	0	0	01	1

由于各航班的值机柜台构型各不相同，而且这些构型难以描述，在保持面积不变的条件下可以变形，如何用变量来描述它并进一步构造指派问题，是一个难题。尽管有人研究过值机柜台的指派问题，但主要采用仿真方法和启发式算法求解。

一种启发式算法是将航班按出发时刻的顺序排列，假设各航班都是提前两个半小时开始值机，那么在最早航班开放值机时间到出发时间的两个半小时内开始值机的所有航班，按照“先到先服务”的原则和同一航班的值机安排相邻柜台的原则，全部安排在甘特图的第一“列”中。如果这期间的航班数超过了可提供值机柜台数，则值机柜台不够使用，要么采用共用值机方式，要么延迟某些航班的值机。如果柜台够用，再开始下一拨航班指派。接下来的两个半小时范围内出发的航班，应安排到第二“列”中。如此这般一拨接一拨地不断进行指派，直到所有航班全部指派完为止。如表 3.8 所示的航班值机柜台的指派结果如表 3.9 所示。

表 3.9　值机柜台指派的甘特图

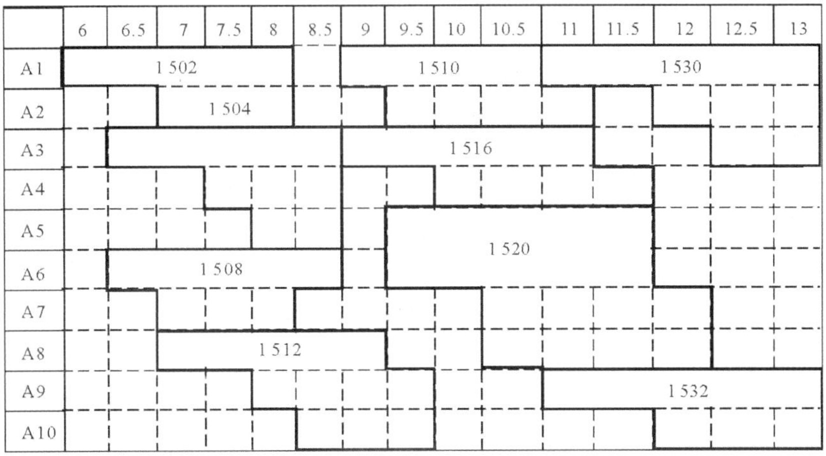

Hon Wai Chun 应用仿真和启发式相结合的方法开发了繁忙机场值机柜台的计算机指派系统，可用于制定每天的航班计划值机柜台指派计划。Shangyao Yan 等建立了公用柜台值机方式情况下，一周航班计划的值机柜台指派问题的双层优化模型。其中，第一层是最小化旅客在航站楼值机总的行走距离，第二层是最小化值机柜台指派计划的实际不一致值(AIV)。所谓实际不一致值是用来描述一周中不同日的同一航班指派到不同值机柜台的严重程度的指标。模型希望不同日的同一航班尽量指派到同一值机柜台，这样经常乘坐同一航班的旅客可以节省寻找值机柜台的时间，以提高服务质量。

2. 安检规划

安检规划包括以下几项：安检通道数确定、安检通道结构设计、安检-值机协调规划。

下面分别进行讨论。

(1)安检通道数的确定(IATA 的方法)。安检通道数量的计算步骤如下：

第一步　计算值机手续结束后的高峰 10 min 内的旅客流量 S_M

$$S_M = C_{IY} \times (1 + J\%) \times 600/T_P$$

式中，C_{IY} 为经济舱值机柜台数量，J 为商务舱旅客的比例，T_P 为值机服务时间，单位为 s。

第二步　计算安检通道数量 S_C

$$S_C = S_M \times T_{PS}/600 = C_{IY} \times (1 + J\%) \times T_{PS}/T_P \tag{3.18}$$

式中，T_{PS} 为平均安检时间，单位为 s。

第三步　计算最大队列长度

$$M_{QI} = T_{MQ} \times S_C \times 60/T_{PS} \tag{3.19}$$

式中，T_{MQ} 是标准规定最大排队时间，单位为 min。

例 3.4　已知条件同例 3.1，又已知安检平均服务时间为 12 s。试计算此时的安检柜台数量和最大排队等待时间为 3 min 时的最大队列长度。

解　根据 IATA 的计算步骤和公式，有

第一步　计算值机手续结束后的高峰 10 min 内的旅客流量 S_M

$$S_M = C_{IY} \times (1 + J\%) \times 600/T_P = 45 \times 1.15 \times 600/150 = 207 \text{ 人}$$

第二步　计算安检手续办理柜台数量 S_C

$$S_C = S_M \times T_{PS}/600 = 207 \times 12/600 = 4.14 = 4 \text{ 个}$$

第三步　计算最大排队等待时间为 3 min 时的最大队列长度 M_{QI}

$$M_{QI} = T_{MQ} \times S_C \times 60/T_{PS} = 3 \times 4 \times 60/12 = 60 \text{ 人}$$

此时的安检柜台前各队列最大队列长度之和为 60 人，平均每队列 15 人。

(2) 安检通道结构设计。安检通道结构设计问题包括验证窗与安检通道数之间的关系，验证窗与安检通道的位置关系，开箱台与安检通道数之间的关系，开箱台与安检通道的位置关系，通道的长度和宽度，相邻通道之间的位置关系(并排或交错) 以及每通道安检人员的配备等。

作为运行规划，只讨论验证窗、开箱台和安检人员配置问题，关于安检通道的长度和宽度及相邻通道的位置关系设计可参考有关设计标准。

验证时间通常为 2 ～ 3 s/ 人，安检时间 15 ～ 20 s/ 人，因此每验证窗可以配合 5 ～ 7 个通道。由于一个验证窗配合几个通道，而且验证员要根据安检的速度放进旅客，所以位置不可离得太远，也不可太近，

一般以 3 ～ 5 m 比较合适。

开箱检查是影响安检速度的重要原因，如果位置设置不恰当，还将影响其他旅客正常安检。如果每通道设置一个开箱台，一是浪费航站楼空间，二是开箱时与其他旅客发生干涉，影响安检效率。可根据每通道安检速率、开箱率和开箱检查的平均时间来确定开箱台的设置。设安检速率为 v，开箱率为 η，开箱检查的平均时间为 T_s，那么每安检通道所需开箱检查员人员数 C_s 为

$$C_s = \eta v T_s \tag{3.20}$$

正常安检速率为 3 人 /min，开箱率为 6%，开箱检查时间为 1.5 min，那么每通道需要开箱检查员数为 $C_s = 0.06 \times 3 \times 1.5 = 0.27$ 人，可见平均每 3 个通道安排一位开箱检查员即可，这样开箱台可以专门另设，不与安检通道混杂在一起。

只要空间允许，通常 X -光机后台长一些可以给旅客更多的取行李空间。由于人身检查比行李检查慢，有时旅客随身携带两件甚至更多行李(2008 年 4 月国家民航局规定每旅客只能随身携带一件行李)，将引起后台行李堆积，造成拥挤，因此后台长一些有利旅客疏散。

(3) 安检-值机协调规划。安检-值机协调规划是指在掌握了安检通道数与值机柜台数之间动态关系的基础上，科学合理地安排安检的开放通道数。协调规划的依据是出港航班计划和机型分布。具体步骤如下：① 根据平均客座率和机型座位数，计算各航班期望旅客数。② 给出一天的出港旅客数分布，按照旅客分布将一天划分为若干时段。③ 计算每时段的旅客平均到达率，按式(3.2) 和式(3.16) 分别计算每时段需要开放的值机柜台数和安检通道数。④ 根据旅客到达分布，值机旅客高峰比航班出发高峰应早到 1.5 h，安检旅客高峰一般比值机高峰晚 10 min左右。因此第 ③ 步计算的高峰时段的值机柜台数比航班计划应提前 1 个半小时，安检高峰开放通道数比航班计划应提前 80 min。

例 3.5　表 3.10 的第 1 行给出了根据航班计划划分的时段，每天有 3 个高峰时段；第 2 行给出了根据航班计划和机型计算出的各时段内期望到港旅客数，第 3 行给出了各时段允许最大旅客排队时间，单位为分钟。已知平均每旅客值机时间为 2 min，安检速率为 3 人 /min，并假设各时段商务旅客占 15%，此时商务旅客占用柜台数按经济舱旅客柜台数的 20% 计算。试计算各时段应开放柜台数和安检通道数。

表 3.10　安检与值机协调动态规划

时　段	7 ～ 9	9 ～ 10	10 ～ 12	12 ～ 14	14 ～ 16	16 ～ 18	18 ～ 23
旅客数 / 人	1 500	2 400	2 600	4 500	2 000	5 000	4 000
T_{MQ}/min	15	20	12	20	12	20	12
X/ 人	319	1 020	553	956	425	1 063	340
C_{IY}/ 个	24	75	43	70	33	78	26
C_I/ 个	29	90	52	84	40	94	31
S_C/ 个	5	14	8	10	6	15	5

解　半小时旅客数 X 等于表 3.10 的第 2 行的旅客数除以时段小时数再除以 2，并乘以 0.85 得到，结果见表 3.10 的第 4 行，经济舱旅客值机柜台总数用式(3.3) 计算，结果见表 3.10 第 4 行，值机柜台总数用式(3.4) 计算，结果见表 3.10 第 5 行，安检通道数用式(3.18) 计算，结果见表 3.10 的最后一行。注意安检

高峰小时一般比值机柜台迟 10 min。

按照表 3.10 安排服务设施的开放，可使安检与值机之间动态地保持协调一致。表 3.10 也可用于服务人员排班，在表 3.10 的基础上，根据每服务实施需配服务员数即可获得每时段需要人员总数，再根据值班制度，以人员总数最少为目标函数，建立整数线性规划模型，求解后即得排班计划。具体方法请参见本书第 6 章中有关人员排班的内容。

3. 离港边防检查

边防检查是国际旅客离港手续中的重要环节。离港旅客边检柜台数量的计算方法和步骤与安检通道数的计算相似，可采用 IATA 推荐的方法，具体步骤和公式如下：

第一步　计算值机手续结束后的高峰 10 min 内的旅客流量 I_M

$$I_M = C_{IY}(1 + J\%) \times 600/T_P$$

式中，C_{IY} 为经济舱值机柜台数量，J 为商务舱旅客的比例，T_P 为值机服务时间。

第二步　计算边检手续办理柜台数量 P_{CO}

$$P_{CO} = I_M \times T_{PO}/600 = C_{IY}(1 + J\%)T_{PO}/T_P \tag{3.21}$$

式中，T_{PO} 为出港旅客平均边检时间。

第三步　计算边检区最大队列长度

$$M_{QI} = T_{MQ}P_{CO} \times 60/T_{PO} \tag{3.22}$$

式中，T_{MQ} 是最大排队时间。

例 3.6　已知条件同例 3.1，又已知平均边检服务时间为 15 s。试计算边检柜台数量和最大排队时间为 5 min 的最大队列长度。

解　根据上述计算步骤有：

第一步　计算值机手续结束后的高峰 10 min 内的旅客流量 I_M

$$I_M = 39 \times (1 + 0.15) \times 600/150 = 180 \text{ 人}$$

第二步　计算边检手续办理柜台数量 P_{CD}

由于 $T_{PO} = 15$ s，所以

$$P_{CO} = 180 \times 15/600 = 4.5 \approx 5 \text{ 个}$$

第三步　最大排队时间为 5 min 时的最大队列长度

$$M_{QO} = T_{MQ}P_{CO} \times 60/T_{PO} = 5 \times 5 \times 60/15 = 100 \text{ 人}$$

即此时的最大旅客排队长度为 100 人，平均每边检柜台 20 人。

4. 进港边防检查

因为进港航班的到达会突然涌入大量到港旅客，所以进港边防检查不同于离港部分。这里也介绍两种计算方法，其计算步骤如下。

(1)IATA 方法

第一步　根据 IATA 给定的标准曲线确定最大排队时间下的边检通道数参考值 S。首先计算

$$X = \text{高峰小时旅客人数} \times \text{旅客下机的出口数量} /100$$

然后根据 X 查标准曲线得出 S 值，标准曲线如图 3.20 所示。

第二步　计算边检手续办理柜台数量

$$P_{CI} = ST_{PI}/20 \tag{3.23}$$

式中，T_{PI} 是平均边检时间。

第三步　计算单队列最大排队长度

$$M_{QI} = T_{MQ}P_{CI} \times 60/T_{PI} \tag{3.24}$$

其中，T_{MQ} 是标准规定最大排队时间。

(2) 简易计算方法

第一步　首先根据高峰小时到港旅客数，计算平均每分钟到港旅客数

$$X = \text{高峰小时旅客人数}/60$$

第二步　计算边检手续办理柜台数量

$$P_{CI} = \frac{XT_{PI}(T_{MQ} + T_{PI})}{T_{MQ}} \tag{3.25}$$

第三步　计算边检区最大排队长度

$$M_{QI} = T_{MQ}P_{CI} \times 60/T_{PI} \tag{3.26}$$

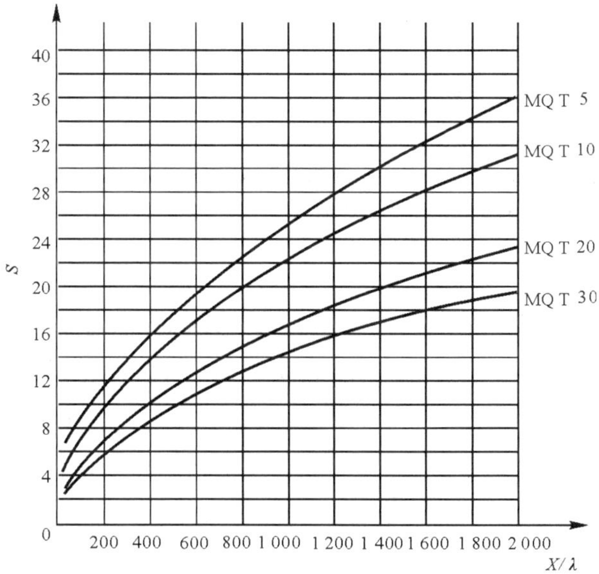

图 3.20　不同最大排队时间下的 X 与 S 的标准参考曲线

例 3.7　已知高峰小时内进港旅客数为 2 400 人，总航班数为 12 架次，边防平均服务时间为 30 s，由于 12 架飞机中有一架宽体客机，一架宽体客机需 2 个出口，其他飞机每架一个出口，故总共需 13 个飞机出口。试计算进港旅客边防检查柜台数和最大排队时间为 10 min 时的最长队列。

解　首先采用 IATA 方法。

第一步　根据 IATA 给定的标准曲线(见图 3.20)确定最大排队时间下的边检通道数参考值 S。由于 $X = 2400 \times 13/100 = 312$ 人，查如图 3.20 所示的标准曲线得到 $S = 13$。

第二步　计算边检柜台数量 P_{CI}

$$P_{CI} = SP_{TI}/20 = 13 \times 30/20 = 19.5 = 20 \text{ 个}$$

第三步　最大排队时间为 10 min 时的最大队列

$$M_{QI} = T_{MQ}P_{CI} \times 60/P_{TI} = 10 \times 20 \times 60/30 = 400 \text{ 人}$$

即高峰小时的最大排队人数为 400 人，平均每边检柜台 20 人。

下面再考虑简易计算方法：

第一步　计算进港高峰小时平均每分钟到达旅客数

$$X = 2\,400/60 = 40 \text{ 人}/\text{min}$$

第二步　计算进港边检柜台数

$$P_{CI} = \frac{XT_{PI}(T_{MQ} + T_{PI})}{T_{MQ}} = \frac{40 \times 0.5(10 + 0.5)}{10} = 20 \text{ 个}$$

第三步　最大排队时间为 10 min 时的最大队列

$$M_{QI} = T_{MQ}P_{CI} \times 60/T_{PO} = 10 \times 20 \times 60/30 = 400 \text{ 人}$$

即高峰小时的最大排队人数为 400 人。两种方法的计算结果相同。

二、容器的容量设计

航站楼的容器包括候机厅、行李认领厅、到达大厅。

1. 候机厅的容量设计

候机厅的容量主要是指可供有座位旅客人数和无座位旅客人数的面积之和，它与航班的客座率有较大关系。按照 IATA 的 C 级服务标准，候机厅的面积计算公式为

$$G_{HS}(m^2) = 1.7\eta X + 1.2(1 - \eta)X = (1.2 + 0.5\eta)X$$

式中，$X = 80\%$ 飞机容量，η 是有座位旅客的比例(%)。

例 3.8　已知飞机容量为 420，80% 旅客有座位，20% 旅客站立，试计算该航班对应候机厅面积。

解　$G_{HS} = 80\% \times 420 \times 80\% \times 1.7 + 80\% \times 420 \times 20\% \times 1.2 = 538 \text{ m}^2$

2. 行李认领大厅的容量设计

行李提取处旅客占用面积计算公式为

$$B_A = XT_sA_s \tag{3.27}$$

式中，$X =$ 高峰小时进港旅客人数 /60；T_s 是每位旅客平均逗留时间，单位为分钟；A_s 是每位旅客所需要的面积(C 级标准为 1.2 m^2)。

例 3.9　设某机场高峰小时进港旅客为 2 500 人，平均每位旅客在行李提取处逗留 5 min，试求 B_A。

解　根据式(3.27) 得到 $B_A = 2\,500 \times 5 \times 1.2/60 = 250 \text{ m}^2$。

3. 到达大厅的容量设计

到达大厅的面积计算公式为

$$A_A = S_{PP}A_{OP}P_{HP} + S_{PP}A_{OV}P_{HP}V_{PP}/60 \tag{3.28}$$

式中，S_{PP} 为每位旅客所需要面积(按 C 级服务标准或 2.0 m^2)；

A_{OP} 为每位到港旅客在到达大厅内的逗留时间(min) 或设为 5 min；

P_{HP} 为高峰小时到港旅客数；

A_{OV} 为每位迎客者在候机厅内的逗留时间(min) 或设为 30 min;

V_{PP} 为每位旅客的迎客者人数。

例 3.10　设高峰小时到港旅客数为 2 400 人,且平均每位旅客有 0.7 位迎客者。试计算 A_A。

解　根据式(3.28) 得到 $A_A = 2\times(5\times 2\,400/60)+2\times(30\times 2\,400\times 0.7/60)=2\,080\ m^2$。

三、连接器容量设计

连接器即连接两个服务器的通道,它的容量 C_L 取决于宽度 B,即

$$C_L = Bv_P$$

式中,v_P 是旅客行走的平均速度,通常成年人的步速约 1 m/s。

连接器的宽度由高峰小时旅客流量 X 计算

$$B = \frac{1.2X}{3\,600v_P}B_P \tag{3.29}$$

式中,B_P 是旅客平均肩宽(m) 加上提行李所需宽度,成年人肩宽一般为 0.45 ～ 0.55 m,提行李宽度一般为 0.7 m。

例 3.11　高峰小时某通道(连接器) 的流量为 3 600 人 /h,旅客平均行走速度是 0.7 m/s,平均肩宽为 0.52 m,行李平均宽度为 0.7 m,试计算该过道宽度。

解　根据式(3.29),计算得该过道的宽度为

$$B = 1.2\times 3\,600\times 1.22/(3\,600\times 0.7) = 2.1\ m$$

该过道宽度应为 2.1 m。

3.3.4　行李流程

一、出港行李流程

旅客值机时将需托运的行李交运,交运流程已在值机流程中介绍了,这里不再重复。行李交运后,由传送带传送至航站楼底层的行李分拣大厅,在分拣大厅或由自动分拣系统分拣,或人工分拣。我国目前多数机场还是由人工分拣,因为如果分拣系统采用条纹码进行识别,则出错率较高,如果采用无线射频识别技术(RFID),则成本较高。如果采用人工分拣,则在行李分检大厅,传送带上的行李被传送到一个一个的行李转盘上,由分拣工识别后将行李上的条纹码撕下一条,贴在核对单上,然后将行李放到行李车上。到本航班的最后一件行李都已到达后,行李车开至机坪,待货物装完后,再装上飞机的货舱靠近舱门的地方。

如图 3.21 所示是行李车及车厢,如图 3.22 所示是行李集装箱正在装机。

关于出港行李流程,有几个问题还需要再强调一下:

(1) 在值机时,值机员将为每件交运行李打印三条条纹码,一条贴在旅客的登机牌上,两条粘挂在行李上,到行李分拣厅分拣时撕下一条贴在核对单上,还有一条随行李运输到目的地后,供旅客认领行李和检查员核对用(与登机牌上的条纹码核对,所以如果旅客有行李托运,登机牌应带好,不可遗忘在飞机

上)。贴在分拣核对单上的条纹码用以与值机行李核对单进行核对,也用于行李出错时的查找和值机旅客未登机时行李的查找(此时未登机旅客的行李必须卸下)。

图 3.21 行李车(两节车厢)

图 3.22 行李集装箱正准备装机(两只)

(2) 行李传送带的速度一般为 0.7 m/s,值机后一般需要 2 ~ 4 min 才能传送到值机大厅,如果航班出发前 30 min 关闭值机后还有旅客到达,行李分拣工必须等待这些行李的到达,然后才能驾驶行李车送至停机坪,这种情况很容易引起航班延误。

(3) 值机一开放,行李分拣员就必须到岗分拣行李,不允许行李在转盘上转圈而无分拣员在场的情况发生。所以值机开放时间太早,将需要更多的行李分拣员。

(4) 为方便行李查找,装机时必须先装货邮,后装行李。

二、进港行李流程

到港行李,必须先卸行李,后卸货邮。行李卸下后直接用行李车运送至行李分拣厅,然后将行李卸到已经指派好的行李转盘上(此时转盘有一端在分拣厅,大部分在行李认领厅),或行李传送带上,由传送带再传送至行李认领厅的行李转盘上。旅客在行李认领厅认领自己的行李。

从飞机停稳并上挡开始,到第一车行李到达行李分拣厅大约需要 10 min,两名行李装卸员卸一车行李大约需要 4 ～ 5 min。一般国内航班只有一车行李,国际航班有 2 ～ 3 车行李。一辆行李车有 4 节行李车厢或 4 节平板车,一行李车箱大约可装 35 ～ 40 件行李,平板车上的集装箱一节可装 45 ～ 60 件行李。所以一车行李通常在 100 ～ 180 件行李。

行李认领大厅也可能由于空间容量不足或行李转盘资源不足引起旅客拥挤,因此需要分析行李转盘旁等待认领行李的旅客密度。使用的分析工具是旅客到达累计曲线、行李到达累计曲线和旅客离开累计曲线。

一般地,国内航班旅客由于下机后直接前往行李认领大厅,因此往往先于行李到达认领大厅,在行李到达前,旅客已在转盘旁等待,如图 3.23 所示。只有当旅客和他的行李都到达行李大厅时,旅客认领行李的行为才能发生。设 $A(t)$ 是旅客到达累计比例分布,$B(t)$ 是出现在行李转盘上的行李占行李总数的累计比例分布,$C(t)$ 是旅客到达并且发现自己行李的累计比例分布。假设旅客到达和行李到达是相互独立的事件,并且属于同一位旅客的多件行李同时到达,则有

$$C(t) = A(t)B(t) \tag{3.30}$$

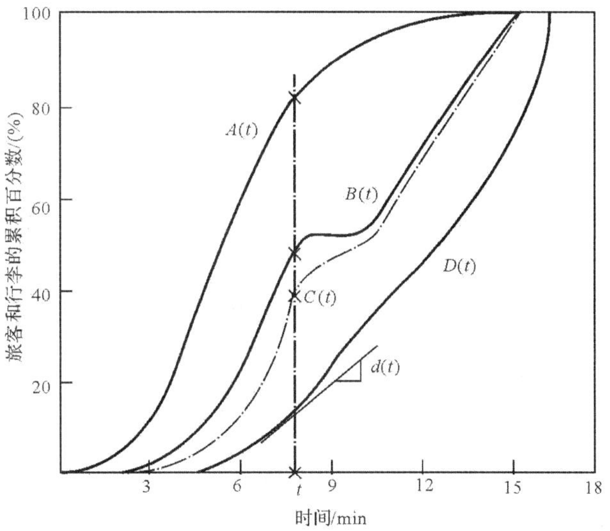

图 3.23　拥挤时国内航班行李转盘周围旅客、行李累计分布

由于国内航班旅客大多数交运 1 件行李,国际旅客可能交运 1 ～ 3 件行李,但 1 件行李的旅客也超过一半,因此尽管对于交运多件行李的旅客不能保证同时看到他所有的行李,但式(3.30) 同样能给出较好的近似值。

一般情况下,旅客看到行李不一定正好在自己面前,需要一定时间才能转到身边,也就是旅客从看到行李到取到行李有一个时间差。根据参考文献[9],这个时间差可近似表示为

$$t_0 = \frac{L}{2v} \tag{3.31}$$

式中，L 是面向旅客的转盘长度，v 是转盘运转速度。

曲线 $C'(t)$ 表示拿到行李并且已经离开的旅客所占的比例，可以用式

$$C'(t) = C(t - t_0) \tag{3.32}$$

计算得到，也即

$$C'(t) = C\left(t - \frac{L}{2v}\right) \tag{3.33}$$

上式适用于不拥挤的情况。如果发生旅客拥挤，则即使行李已转至旅客面前，也由于旅客不能靠近行李转盘而不能取到行李，此时 $C'(t)$ 只是旅客看到行李转到自己跟前的累计分布，而不是旅客离开的累计分布。如图 3.24 的曲线 $D(t)$ 所示，从行李到达旅客面前，到旅客领到行李又需要花费一段时间。

如果一个转盘只服务一个航班的行李，那么在行李大厅等待行李的旅客累计比例为 $(A(t) - D(t))$，在没有拥挤现象时等于 $(A(t) - C'(t))$。将这一个累计比例统一表示成 $(A(t) - D(t))$，当不拥挤时，$D(t) = C'(t)$。该航班共有旅客 P 人，则在转盘旁有旅客

$$P_q(t) = (A(t) - D(t))P$$

因此，转盘旁旅客密度为

$$\delta(t) = P_q(t)/L = (A(t) - D(t))P/L \tag{3.34}$$

上述式中的累积分布曲线 $A(t)$，$B(t)$，$D(t)$ 等可以通过现场调查获得有关数据，然后通过统计处理获得，也可以通过计算机仿真分析获得。

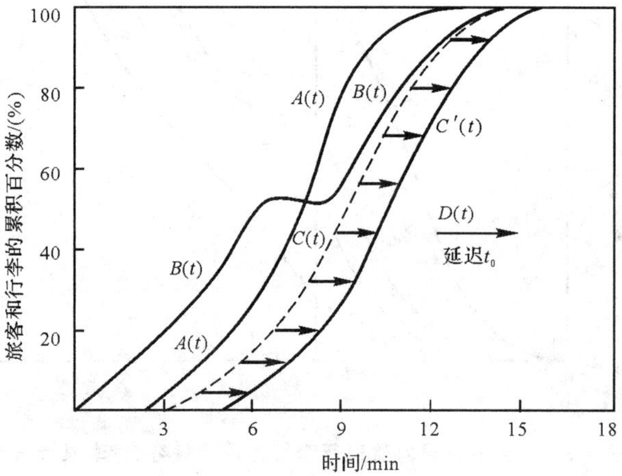

图 3.24　无拥挤时国际航班的旅客、行李累计比例分布

Atef Ghobrial 等在参考文献[9]中曾经通过曲线拟合，得到至少对他所研究的机场来说是正确的结论，即旅客在行李大厅的等待时间 t(min) 和转盘旁的旅客密度 δ 存在如下关系：

$$t = \begin{cases} 0.54 + 3.9(\delta - 0.4), & \delta > 0.4 \\ 0.54, & 0 \leqslant \delta \leqslant 0.4 \end{cases} \tag{3.35}$$

也就是说，当旅客密度在一定范围内时，旅客等待行李的时间基本相同，但超过某一临界值后将随密度度成线性增加。

3.3.5　旅客行李流程仿真分析和优化

一、行李流程仿真需要的数据

行李流程仿真需要准备好以下数据：

(1) 航班时刻表；

(2) 航班停机坪指派计划；

(3) 行李转盘指派计划；

(4) 旅客到达分布；

(5) 携带不同行李件数旅客的比例；

(6) 行李传送带、转盘以及停机坪布置图。

其中前三项是做仿真试验时的输入数据，后三项是开发仿真系统时就需要的系统数据。

二、行李流程仿真建模

根据上小节介绍的行李流程，在 ServiceModel 开发的仿真系统中，各种元件设计如下：

(1) 实体。实体仿真行李。平均到港行李件数等于航班机型的可用座位数乘以平均客座率再乘以托运行李旅客的比例。

(2) 资源。资源仿真行李分拣员和搬运工。他们按照航班的到达和出发时刻表，进行行李分拣和搬运。另一种资源是行李车，它把到达行李从停机坪运送到行李大厅，把出港行李从行李大厅运送至停机坪。

(3) 传送带。传递带仿真行李传送带和行李转盘。但行李转盘是一种连续转动的传送带，ServiceModel 的传送带可以弯曲，但不能封闭，直接使用 ServiceModel 的传送带不能正确仿真，可以把传送带的两端尽可能接近，再在两端之间加上一条很短的路径，当行李传送到一端时立即沿着这段短路径传送到另一端，这样便可实现行李的连续旋转。

(4) 旅客流程与行李流程的协调。行李与旅客流程有两个交界面：一个是值机；另一个是行李领取。在这两个交界面，两个流程的协调驱动都是航班计划，值机协调的依据是出发航班时刻表和旅客到达分布以及携带不同行李数的旅客比例；行李领取协调是到达航班时刻表、航班行李转盘指派及托运不同行李件数的旅客比例。在没有指派数据时，采用先到先服务和就近原则由仿真系统自行指派。

三、行李流程仿真分析

仿真系统开发完成后即可进行仿真试验，同一组输入数据应当反复多做几次试验，可用随机试验样本量决定方法计算试验次数，一般至少做 15 次。

然后对试验结果进行统计处理可获得所需各种系统性能参数，包括转盘使用率、行李数分布、旅客领取行李平均时间、行李认领大厅旅客数等。如图 3.25 所示是国际航班行李认领区某转盘周围等待行李认领的旅客数分布，可以看出该转盘一天服务了 15 个国际航班，等待行李的旅客最多时可达 400 多人，最大服务强度是 2 个航班 /h，早晨 6 点开始第一个到达航班，下午 22:00 同时指派了 2 个航班给该转盘，导致了该转盘四周的旅客拥挤。如图 3.26 所示是国内航班某转盘的等待行李认领的旅客数分布，可以看出该转盘一天服务了 30 多个航班，每航班的服务时间大约为 15 min。由于 16:00 左右同时指派了 3 个航班，最大等待旅客数到达了 360 多人。

如图 3.27 所示是国际航班某转盘上行李数分布，表明多数情况下该转盘大约有行李 50 件左右，在 17:00 左右达到了 240 件行李。如图 3.28 所示是国内航班某转盘上行李数分布，发现该转盘上行李数很不均衡，有几个时段达到了 200 件行李。

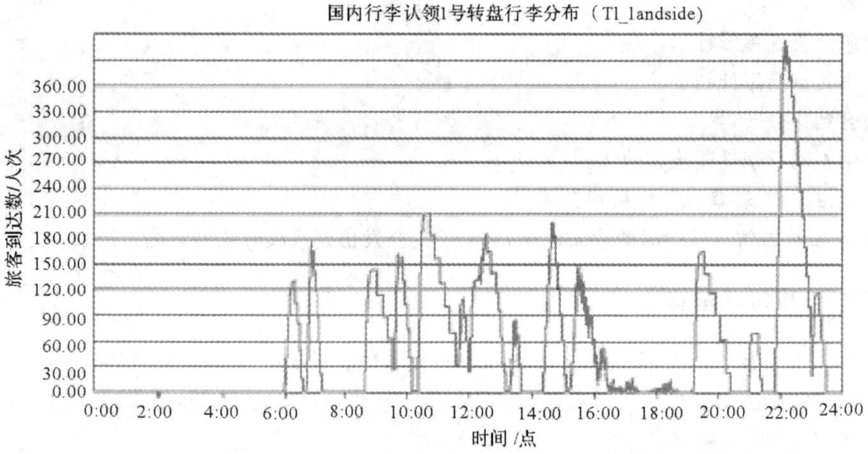

图 3.25　国际航班行李认领区某转盘周围的旅客数分布仿真试验结果

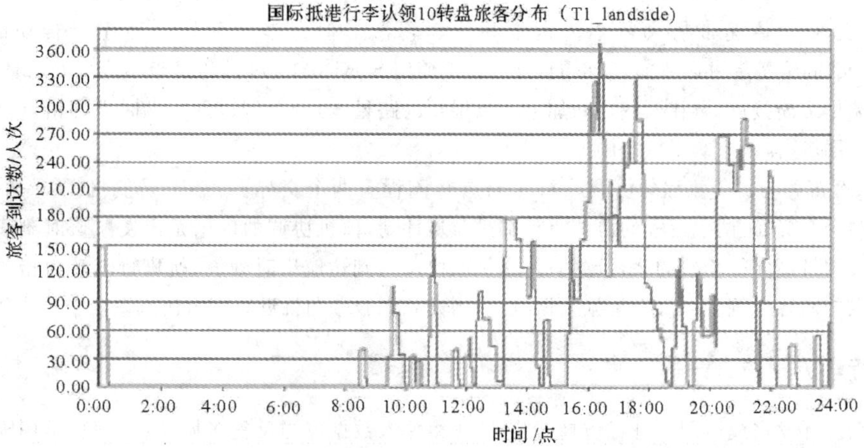

图 3.26　国内航班行李认领区某转盘旅客数分布仿真试验结果

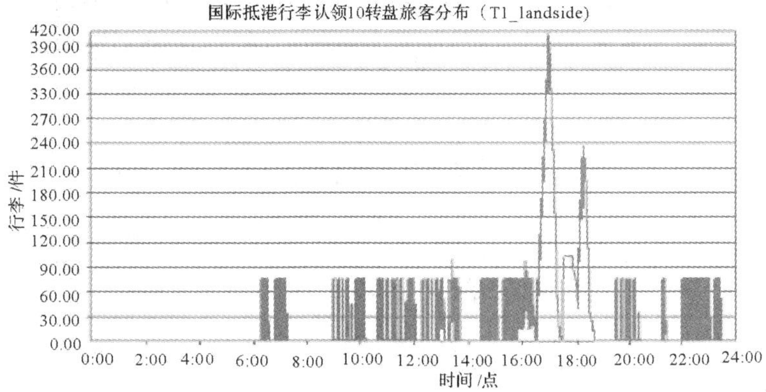

图 3.27　国际航班某转盘行李数分布

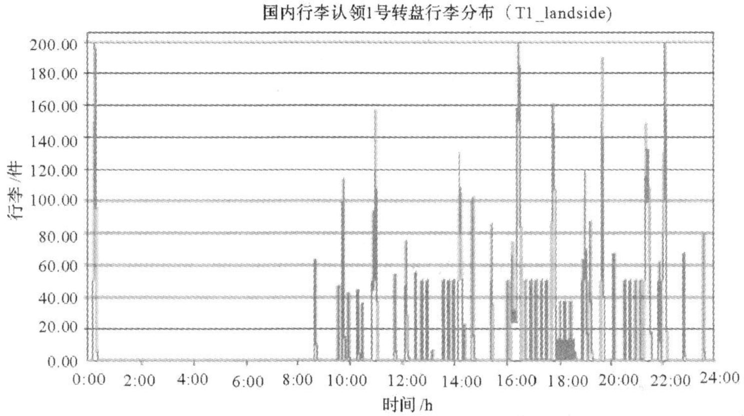

图 3.28　国内航班某转盘行李数分布

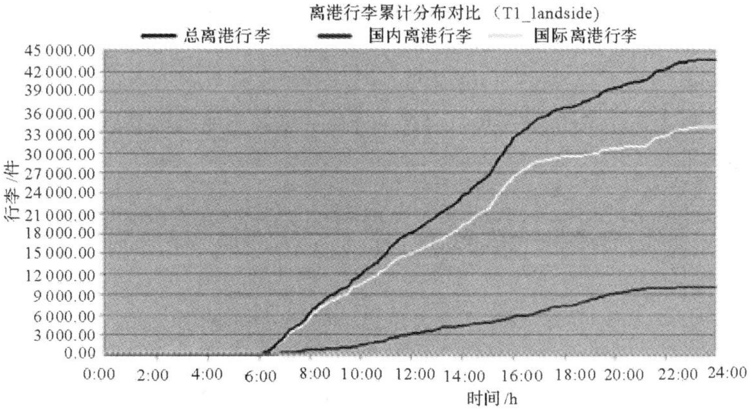

图 3.29　航站楼离港行李数累积分布

如图 3.29 所示是航站楼内离岗行李数累积分布，从上午 6:00 左右到下午 16:00 左右行李到达速率基本是常数，16:00 以后到达速率要慢一点。全天有近 43 500 件出港行李须处理，其中，国内航班出港行李只有 10 000 件左右。

3.4 机场飞行区运行规划

3.4.1 飞行区运行规划基本规则

在飞行区(空侧)内有大量的航空器和各种特种车辆以及地面作业人员在进行生产作业，因此飞行区最大安全隐患是飞机与飞机、特种车辆和飞机的相互碰撞以及它们与作业人员之间发生的事故(例如作业人员被吸入发动机等)。为保障飞行区的运行安全，国际民航组织(ICAO)在机场设计手册和附件十四等文件中对在飞行区内的各种车辆和人员的活动路线进行限制。主要的管制原则如下：

(1) 应尽量避免空侧道路穿过各跑道和滑行道，或影响导航设施工作。如果需要一条进场道路从跑道、停止道或净空道端外穿过，则道路的位置应使行驶的车辆不会成为航空器运行的障碍物。

(2) 在停机坪上需要对司机进行必要的引导。应在停机坪上画出停机坪安全线，并使用醒目的颜色画出，与停机坪标志形成反差。

(3) 不允许行人在跑道或滑行道上活动。

(4) 由于施工和其他活动需要限制自由交通，应按照附件十四的规定标明临时关闭区域的界限，在该区以外的活动应遵守正常的机场规定。

(5) 在低能见度条件下应遵守机场当局制定的飞行区交通管理规定。

用于车辆活动的空侧道路分为五类：

(1) 完全与航空器活动分开的道路。

(2) 穿越维修区的滑行道，但与航空器运动分开的道路。

(3) 穿过使用的跑道、停止道、净空道或滑行道的道路。

(4) 停机坪道路。

(5) 滑行道和跑道。

对于上述五类空侧车辆道路，车辆在运行时都必须遵守国际民航组织规定的相应交通规则，包括在不同区域的行驶速度限制。

3.4.2 飞机场面滑行路线规划

飞机在飞行区地面的运动是一种特殊的交通流程，主要发生在跑道和停机坪之间、停机坪和维修区之间、维修区和跑道之间。飞机在这些位置间的运动叫做滑行，这些位置之间的线路叫做滑行路线。科学合理地规划滑行路线是飞行区地面交通安全、高效、顺畅的保证。主要规划原则如下：

(1) 两位置之间简单直接连接。

(2) 与其他车辆和航空器的路线冲突最少。

(3) 尽量采用单向滑行路线。

(4) 能够保障机场设计的最大型航空器的安全运行。

(5) 不干扰导航设施。

跑道既可供飞机起飞,又可供飞机着落,起飞飞机和着落飞机的滑行路线是不同的,滑行路线的规划必须考虑各种运行状态飞机的需要,考虑能从一种运行状态有秩序地转变到另一种运行状态。在机场情报和机场地图中应该标出滑行路线的细节。如果某一滑行路线包括在空中交通塔台管制和地面停机坪管制的区域之间,则应在机场地图中标出两个管制区域的交接点。标准的滑行路线比非标准滑行路线具有更大的优越性,在国际民航组织的机场设计手册及其附件十四中规定了标准滑行路线的详细设置方法。

3.4.3　停机坪运行流程

在航空运输中,飞机在结束一次飞行任务后,需要在机场完成一系列的生产保障和地面准备活动后才能继续执行下一次航班任务。停机坪作业即是空中运输前后的各项地面保障和准备工作,停机坪运行流程即指飞机的地面作业流程。停机坪运行可分为飞机、旅客和货邮行李等三方面的地面作业,现分述如下。

1. 飞机的作业

上挡、靠桥、下机组、机舱卫生、排厕所污水、清舱;上餐饮、上卫生用品和报刊杂志、加油加水、机务过站检查、机组登机检查、撤桥、撤挡等。

2. 旅客的作业

开舱门、下客、旅客登机和关舱门等。

3. 货邮行李作业

开货舱门、卸行李、卸货物和邮件;装货物和邮件、装行李;送舱单,关货舱门。

飞机在停机坪的上述各项作业之间有一定的先后顺序,构成一个作业流程,可用图 3.30 表示。整个过程所花费的时间为过站时间。飞机的过站时间与机型、旅客数、货邮量以及地面作业效率有关。国家民航局的航班正常统计办法规定了最小过站时间标准,如表 3.11 所示。

表 3.11　各类型飞机过站时间建议标准

飞机座级	典型机型实例	最小过站时间 /min
60 座及以下	DHC8,YN7,EMB145,DORNIER328,SAAB340	35
61 ～ 150 座	B737,MD82,MD90,BAE146	45
151 ～ 250 座	B767,A310,B757 ～ 200,B737 ～ 800	55
251 ～ 300 座	A300,B747 ～ SP,B747 ～ 200,B747 ～ 400,A340,A330 ～ 300	65
301 座及以上	B747 ～ 400P,MD11,B777,A330,IL86	75

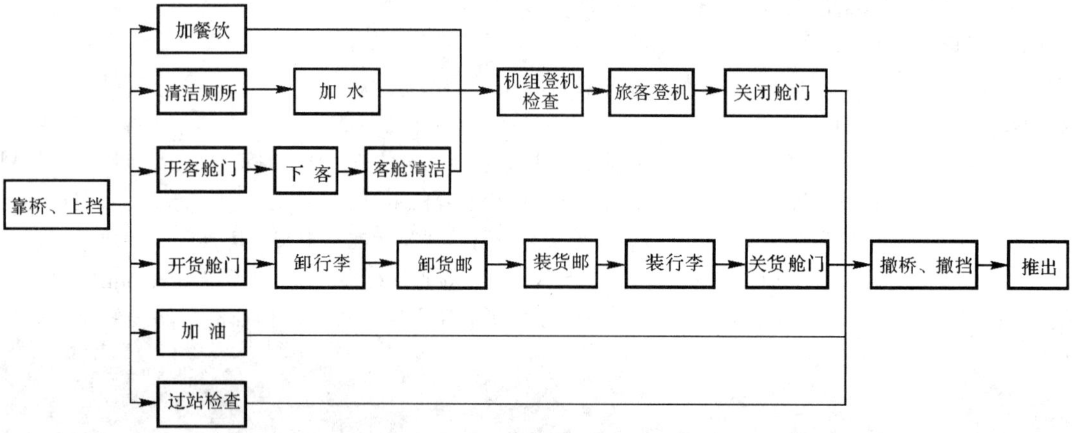

图 3.30 飞机地面作业流程图

为实现上述标准，应尽量缩短飞机过站时间。缩短过站时间不但有助于提高航班正常率和飞机利用率，而且可以缓解停机坪的压力，提高机场交通流量。

3.4.4 地面作业流程关键路线和过站时间

为分析和优化停机坪作业流程，尽量缩短过站时间，可采用网络计划分析技术，确定流程的关键路线，计算过站时间(即网络计划中的工期)，然后采用网络优化技术缩短过站时间。

为确定关键路线，首先计算作业(i,j)的最早开始时间$t_{ES}(i,j)$、最早结束时间$t_{EF}(i,j)$、作业最迟开始时间$t_{LS}(i,j)$、最迟结束时间$t_{LF}(i,j)$、作业总时差$R(i,j)$和单时差$r(i,j)$。根据运筹学，它们的计算公式如下：

$$
\begin{aligned}
t_{ES}(1,j) &= 0 \\
t_{ES}(i,j) &= \max_k\{t_{ES}(k,i)+t_{ki}\} \\
t_{EF}(i,j) &= t_{ES}(i,j)+t_{ij}
\end{aligned} \tag{3.36}
$$

$$
\begin{aligned}
t_{LF}(i,n) &= t_{EF}(i,n) \\
t_{LF}(i,j) &= \min_k\{t_{LF}(j,k)-t_{jk}\} \\
t_{LS}(i,j) &= t_{LF}(i,j)-t_{ij}
\end{aligned} \tag{3.37}
$$

$$
\begin{aligned}
R(i,j) &= t_{LS}(i,j)-t_{ES}(i,j)=t_{LF}(i,j)-t_{EF}(i,j) \\
r(i,j) &= t_{ES}(j,k)-t_{EF}(i,j)
\end{aligned} \tag{3.38}
$$

式中，t_{ij}是工作(i,j)的作业时间(工时)，作业$(1,j)$是各首项作业(无紧前作业的作业)，(i,n)是各末项作业(无紧后作业的作业)，也即1和n分别是网络计划的开始事项和终止事项。

某作业的总时差是指保证工期不受影响的条件下，开始时间可以调整的最大幅度。某项作业利用了总时差后，将影响到它紧后作业的时差。作业的单时差是指在不影响它的紧后作业最早开工时间的条件下，该项作业开工时间可以推迟的最大幅度。在网络图上，各作业总时差等于零的路径是关键路线，关键路线上最后一项作业的最早结束时间是过站时间，它等于关键路线上各项工作的作业时间之和。

例 3.12　根据现场调查，某机型停机坪各项作业的时间平均值和方差如表 3.12 所示，试根据如图 3.31 所示的停机坪作业的网络图，计算它的关键路线和工期，讨论缩短工期的方法。

表 3.12　某机型停机坪作业平均工时和方差

作业代号	作业名称	平均工时 /min	工时方差
A	靠桥、上挡	0.83	1/36
B	开客舱门	0.5	1/144
C	旅客下机	6	1
D	客舱清洁	15	2.25
E	加　油	9	4
F	加　水	3	1/9
G	加餐饮	12	1
H	开货舱门	1	1/36
I	卸行李	5	1/9
J	卸货邮	9	1.69
K	装货邮	15	2.25
L	装行李	5	1/9
M	关货舱门	1	1/36
N	过站检查	22	4
O	旅客登机	12	1
P	关客舱门	0.67	1/144
Q	清洁厕所	6	1
R	机组登机检查	4	1
S	撤桥、撤挡	0.5	1/144
T	推　出	6	1

解　首先根据图 3.30 画出网络图，如图 3.31 所示。在网络图上，用表 3.12 给出的各作业平均作业时间计算各作业最早开始时间和最迟开始时间，并计算总时差，如图 3.32 所示。在正三角中给出了各作业箭线最早作业时间，倒三角中标注了各作业的最迟开始时间，它们的差给出了作业总时差。从图 3.32 可以得到关键路线是 1—2—3—6—9—10—11—14—15—16，关键作业是 A—B—C—D—R—O—P—S—T，期望过站时间是 45 分 32 秒，这条路线基本上由与旅客相关的作业（包括了为旅客登机做准备的飞机作业）构成。如果要缩短过站时间，必须缩短关键路线上的作业，例如旅客登机时间和客舱清洁作业时间比较长，若能缩短它们的作业时间，就可缩短过站时间。

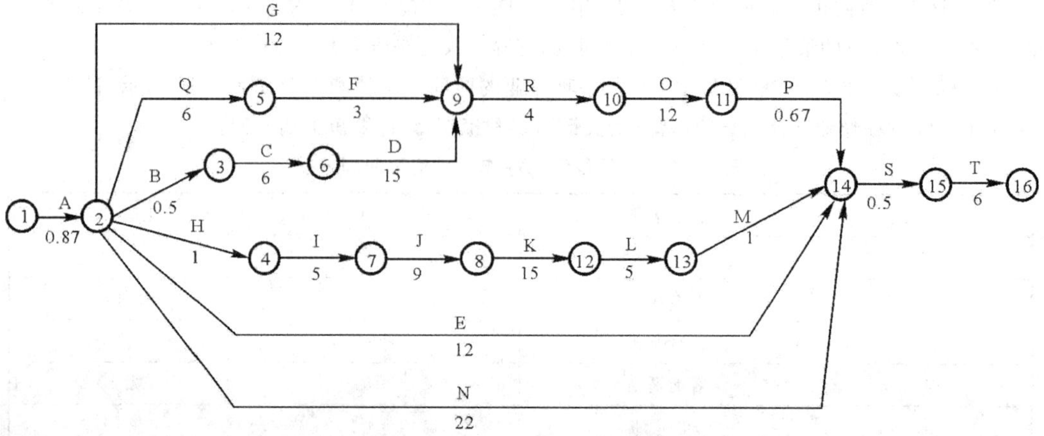

图 3.31 停机坪作业网络图

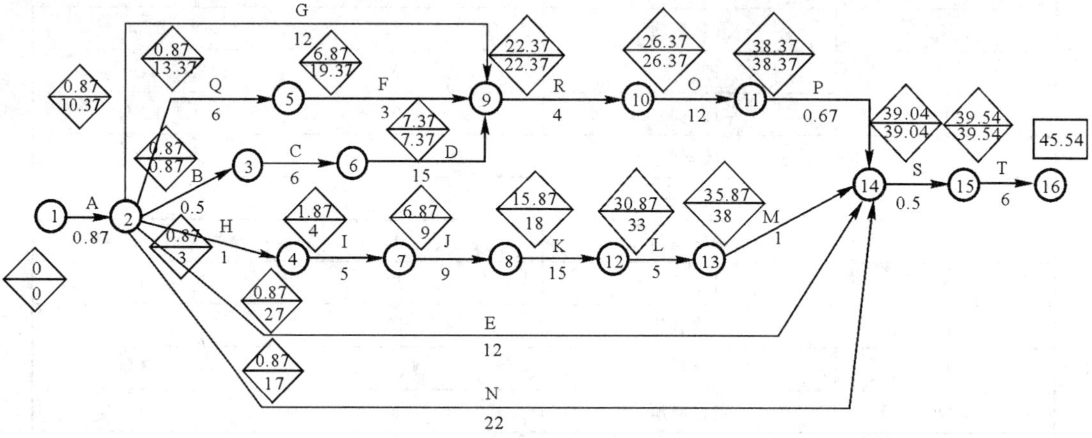

图 3.32 停机坪作业最早、最迟开始时间,关键路线和过站时间

与货邮行李相关的作业路线是次关键路线,这条路线的期望作业总时间为 43 分 22 秒,比关键路线只短了 2 分 10 秒。作业时间是随机变量,根据如表 3.12 所示的最后一列给出的各作业时间的方差可以计算出两条路线总工时的标准差分别是

$$\sigma_1 = \sqrt{1/36 + 3/144 + 6.25} = 2.51 \text{ min} \approx 2 分 30 秒$$

$$\sigma_2 = \sqrt{1/12 + 2/9 + 1/144 + 4.94} = 2.26 \text{ min} \approx 2 分 15 秒$$

这两条路线的工时标准差非常接近,因此实际运作时货邮作业路线很可能成为关键路线,因此缩短货邮及行李的作业时间对缩短过站时间也有重要意义。

其他四条非关键路线上的作业开始时间有较大的机动区间,这给作业调度带来了很大的灵活性。科学合理利用作业时差来进行作业资源的调度,可以大大提高作业效率。

3.4.5 空侧运行仿真

一、空侧运行仿真建模

空侧运行仿真的目的是进行容量和运行效率评估，可以不考虑在飞行区运行的各种特种车辆和地面作业人员的影响，此时系统的实体只有飞机。仿真系统的其他要素包括：

（1）飞机到达。进港飞机的到达由到港航班计划确定在跑道入口产生到达的飞机。可以假设飞机实际到港时刻服务正态分布，以航班计划规定的到达时刻为期望到港时刻，通过对实际到港时刻的统计处理获得到港时刻的标准差，由系统自动产生到达跑道入口的飞机。但若随机产生的前后两架飞机的到达时间间隔小于最小间隔，则后一架飞机须在空中等待，并采用先到先服务规则为飞机排序。出港飞机由出港航班计划及停机位指派计划从各停机位产生，也可用随机产生方法从各停机位产生。

（2）飞机运动路线。到港飞机沿跑道滑行至快速脱离道出口，然后沿快速脱离道口到指定停机位的最短路径滑行，进入停机位；出港飞机运动路线是停机位到跑道入口的最短路径，然后沿跑道起飞。飞机作为实体，应能探测它运动路线前方交叉路口附近的其他飞行器，判断是否可能产生冲突。同时还应能与在同一滑行道上的前方飞机之间保持最小间隔。

（3）飞机运动速度。飞机在滑行路线的不同路段应遵守相关滑行速度的规定。在跑道上，到港飞机应逐步减速，到快速脱离道口处，速度减为30节左右的滑行速度进入脱离道；出发飞机沿跑道逐步加速，平均40 s达到起飞速度。

（4）飞机在停机位的停场时间。通过现场调查，统计处理各型飞机停场时间的平均值和标准差，以正态分布产生停场时间。用到达时间加上停场时间得到可出发时间，可出发时间与航班计划的出发时间两者之间取最大值为实际出发时间。如果出发时间延误，那么按照空管规则重新规定出发时间，一般在它之后的任两航班之间存在出发时隙时即安排起飞。同时最大延误时间不超过规定时间，例如20 min。

（5）停机位被占的处理。如果某飞机到港时，指派的停机位仍然被前一航班占用，此时应重新指派其他空机位。分析停机位指派计划，判断当前或近20 min范围内，是否有空机位。如果当前有空机位并且原指派的航班将在足够长的时间（例如60 min）后才会到达，则将该空机位指派给它；如果没有空机位，则等待最近起飞航班的停机位。

二、空侧运行仿真的输入数据

进行空侧运行仿真试验，需输入以下数据：

（1）进、出港航班计划表。

（2）停机位指派计划表。

飞行区平面图和有关飞机运行的空管规则，在仿真系统中设定。

三、空侧运行仿真试验

用某典型日的航班计划，至少仿真试验15次以上，然后对仿真试验获得的数据进行统计处理，可得有关跑道和停机位运行效率的各种仿真试验结果。

如图 3.33 所示是某机场空侧实际生产数据统计和仿真试验的跑道进、离港飞机流量的分布图，可以看出，仿真试验比较真实地反映了实际生产情况。大约在 10:00，跑道的飞机流量超过了 50 架次 /h，每天的 8:00 ～ 20:00，该跑道的进出港飞机流量基本上在 40 架次 /h 及以上。

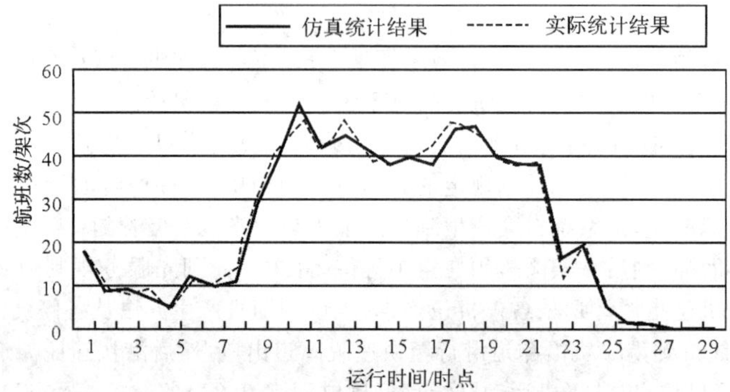

图 3.33 跑道飞机流量分布图

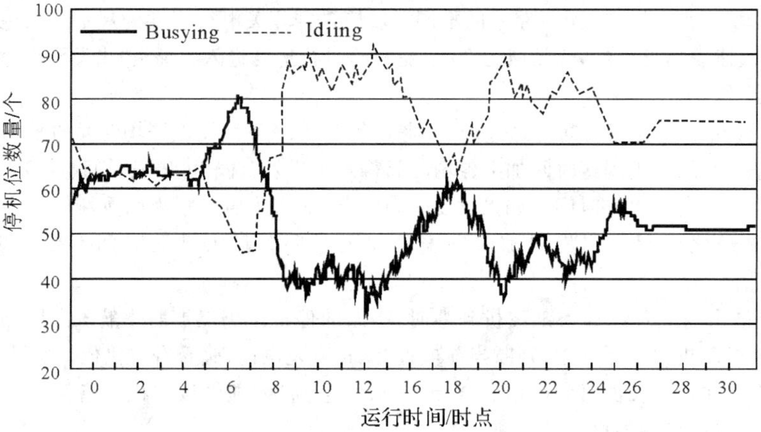

图 3.34 停机位实时指派分布图

如图 3.34 所示是仿真试验的停机位实时指派飞机数分布图。该图表明大约在 8:00 前后，被占用停机位达到了 80 个，多数时间段内，被占用停机位数在 50 个及 50 以下，下午 4:00 ～ 7:00，占用停机位数形成了第二个高峰，达到了 61 个。

如图 3.35 所示是进港航班延误时间仿真试验的结果，该图的横轴是当天的进港航班序号，纵轴是延误时间(min)。该图表明只有少数几个进港航班的延误时间超过了 10 min，最大的达到了 12 min，绝大多数在 8 min 以下。

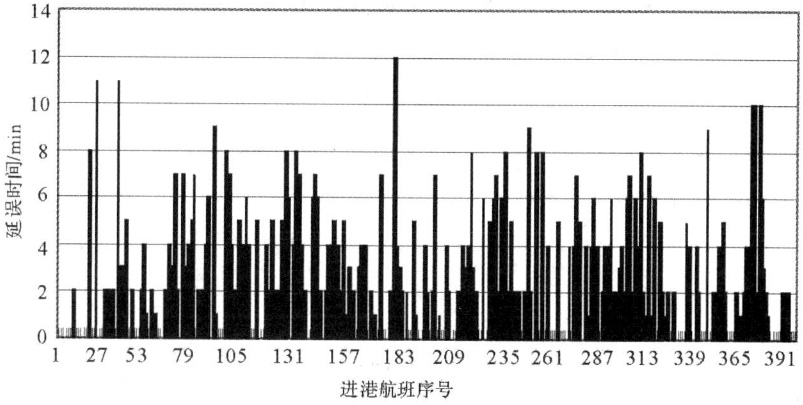

图 3.35 进港航班延误时间仿真试验结果

如果要通过仿真试验获得跑道和停机位的实际容量，可逐步增加航班量，通过仿真试验观察航班延误增加的情况，当航班延误到达了可接受的最大延误时间时即获得实际容量。我们已在本章的第 3.1 节中讨论了这一问题。

3.4.6 停机位容量计算

关于停机坪 / 停机位系统的容量，可以分为静态容量和动态容量。静态容量用机场现有停机位总数来表示，它给出了任意时刻可以同时停靠的最大飞机架次。动态容量是指在连续需求下，所有停机位每小时可以服务飞机的最大架次，它可以用飞机占用停机位时间的加权平均值的倒数来计算。

停机位动态容量受到停机位数量、停机位类型、停机位占用时间(Gate Occupancy Time,GOT)、机型组合以及停机位的使用限制条件等因素的影响。本小节的停机位容量指动态容量，可根据停机位停靠机型限制的不同分别进行讨论。

1. 停机坪 / 停机位只能停靠某类机型的飞机

将飞机划分为若干类型，通常以飞机最大起飞重量划分，划分成 A,B,C,D,E,F 等 6 种类型，其中 A,B 类是最大起飞重量在 7 t 及以下的小飞机，C 类为 7 ～ 136 t 的中小型飞机，D,E 类为超过 136 t 的大飞机，F 类为超大型飞机，目前主要指 A380，具体分类方法如表 3.13 所示。也可以用翼展和机身长度分类，这里不再细说。

将某停机位按照表 3.13 的标准进行分类，某类停机位可以被多种机型的飞机占用。设有 $N(\leqslant 6)$ 种类型的停机位，第 k 类停机位可以被 N_k 种机型的飞机占用，则停机位容量的计算公式为

$$C = \sum_{k=1}^{N} C_k \tag{3.39}$$

$$C_k = \frac{u_k N_k}{T_k} \tag{3.40}$$

$$T_k = \sum_{i=1}^{N_k} P_i T_k^i \tag{3.41}$$

式中，C_k 为第 k 类停机位容量；u_k 为第 k 类停机位的利用率，即第 k 类停机位被飞机占用时间与总时间的比例，T_k 为第 k 类停机位的平均被占用时间；P_i 为 i 类飞机停靠 k 类机位的航班量占 k 类机位航班总量的比例，T_k^i 为第 i 类飞机对第 k 类停机位的平均占用时间。

表 3.13 飞机分类标准

A/C 分类	MTOW(最大起飞重量)/t	着陆速度(IMC)/ 节
A	<= 7	70 ～ 90
B	Dorrnier, Cessna	91 ～ 120
C	7 ～ 136	121 ～ 140
D	ATR42, B737, 757, A320	141 ～ 165
E	> 136 (B767, 747, A340)	> 165
F	A380	170 ～ 180

2. 停机坪 / 停机位可以停靠所有类型的飞机

如果停机坪 / 停机位可以停靠所有类型的飞机，则容量可按下式计算：

$$C = \frac{uN}{\mathrm{E}[T_i]} \tag{3.42}$$

$$\mathrm{E}[T_i] = \sum_{i=1}^{M} P_i T_i \tag{3.43}$$

式中，M 是机场服务机型数；u 是停机位平均利用率；T_i 是第 i 类飞机对停机位的占有时间。

应用上述公式可以得出动态容量的一个近似估计值，当停机位接近饱和时，计算结果比较接近实际容量。在复杂的情况下，更精确的停机坪容量估计可采用系统仿真方法。

例 3.13 某机场共有 28 个桥位，服务于 C，D，E 三类飞机，每天停靠的 C 类飞机有 B737，B320(319，321)，D 类机型有 757，E 类机型有 A340 和 B747。C 类机位停靠各类机型航班的比例分别是 100%，0%，0%，平均占用停机位时间是 1 h；D 类机位停靠各类机型的航班的比例分别是 20%，80%，0%，平均占用停机位时间分别是 58 min，1.5 h；E 类机位停靠各类机型的航班的比例分别是 10%，20%，70%，平均占用停机位时间分别是 55 min，1.4 h 和 2 h。三类停机位分别有 12 个，6 个和 10 个，利用率分别是 0.8，0.77，0.8。试求停机坪的容量。

解 首先计算各类机位的容量。对于 C 类机位，由于

$$T_1 = \sum_{i=1}^{1} P_i T_1^i = 1 \times 1 = 1\ \mathrm{h}$$

所以 C 类机位的容量为 $C_1 = \dfrac{u_1 N_1}{T_1} = \dfrac{0.8 \times 12}{1} = 9.6$ 个 /h。对于 D 类机位，由于

$$T_2 = \sum_{i=1}^{2} P_i T_2^i = 0.2 \times 0.97 + 0.8 \times 1.5 = 1.39\ \mathrm{h}$$

D 类机位的容量为 $C_2 = \dfrac{u_2 N_2}{T_2} = \dfrac{0.77 \times 6}{1.39} = 3.3$ 个 /h。对于 E 类机位，由于

$$T_3=\sum_{i=1}^{3}P_iT_3^i=0.1\times 0.92+0.2\times 1.4+0.7\times 2=1.87\ \text{h}$$

D 类机位的容量为 $C_3=\dfrac{u_3N_3}{T_3}=\dfrac{0.8\times 10}{1.87}=4.3$ 个 /h。所以停机坪总容量等于

$$C=C_1+C_2+C_3=9.6+3.3+4.3=17.2\ \text{个航班 /h}$$

该机场 28 个停机位平均每小时可停靠 17 个航班，如果一天开放 14 h，那么一天可停靠 238 个航班，年吞吐量可达千万人次。另外要提高停机坪容量，除了缩短飞机停靠时间外，努力提高利用率也很重要。

3.4.7　跑道容量计算

跑道的容量可以根据空管规则，通过数学推导来建立计算公式。本节将给出两种情况下的容量计算公式：一种是只有进港（出港）航班的单模式跑道的容量，另一种是进离港混合模式跑道的容量。现分别讨论如下。

一、单模式跑道容量计算公式

假设飞机到达服从泊松流，并遵守先来先服务（FCFS）的排队规则。飞机进港过程可分为“接近情形”（Closing Case）和“开放情形”（Opening Case）。“接近情形”指前机速度（v_i）小于后机速度（v_j）的情况，如图 3.36 所示；“开放情形”指前机速度（v_i）大于后机速度（v_j）的情况，如图 3.37 所示。

在进港过程中，飞机之间必须保持一定的安全间隔。“接近情形”下前后两架飞机间距不断减小，最短距离 δ_{ij} 出现在前机到达跑道入口时，此时的最小时间间隔 T_{ij} 可以表示如下：

$$T_{ij}=\max\left\{\frac{\delta_{ij}}{v_j},R_i\right\} \tag{3.44}$$

式中，R_i 为前机占用跑道时间，此值应当取前机机型占用跑道时间的最大值，以保证在后机降落前，前机有足够的时间从跑道上脱离。

“开放情形”下前后两架飞机的间距不断增大，最短距离出现在前机到达最后进近定位点处。如果这个距离是最小间隔距离（即 δ_{ij}），则后机 j 距离跑道为 $\gamma+\delta_{ij}$。于是当 $v_i>v_j$ 时，使用同一跑道的前后两架飞机的最小时间间隔 T_{ij} 为

$$T_{ij}=\max\left\{\frac{\delta_{ij}}{v_j}+\gamma\left(\frac{1}{v_j}-\frac{1}{v_i}\right),\ R_i\right\} \tag{3.45}$$

跑道容量是单位时间内飞机平均占道时间的倒数。如果后机 j 与前机 i 构成的机型组合（i，j）的概率为 P_{ij}，则跑道的小时容量 C_{rw} 可以表示为

$$C_{rw}=1/\mathrm{E}[T_{ij}] \tag{3.46}$$

$$\mathrm{E}[T_{ij}]=\sum_{i=1}^{N}\sum_{j=1}^{N}P_{ij}T_{ij} \tag{3.47}$$

式中，$\mathrm{E}[T_{ij}]$ 表示 T_{ij} 的期望值，N 是飞机类型等级数，一般将机型分成轻、中、重三个类型等级，在表3.13 中，A，B 类飞机是“轻”的，C，D 类飞机是“中”的，E，F 类飞机是“重”的。在较低等级的飞机作前机时，将

发生接近情形，应使用式(3.44)计算最小时间间隔；如果较高等级的飞机作前机，则发生开放情形，应使用式(3.45)计算最小时间间隔。但要注意两情况下的安全时间间隔是不同的，通常开放情形的安全间隔要求大于接近情形的安全间隔。不同情形的下的安全间隔已由国家民航局规定了标准，参阅本章附录2。

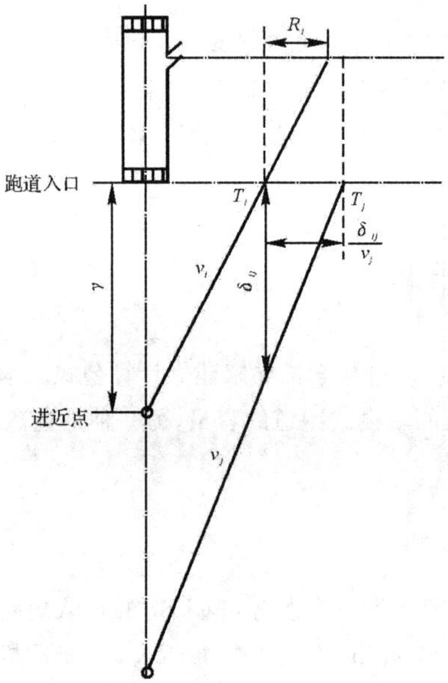

图3.36　只有进港航班时，$v_i < v_j$ 时的时间-距离间隔示意图

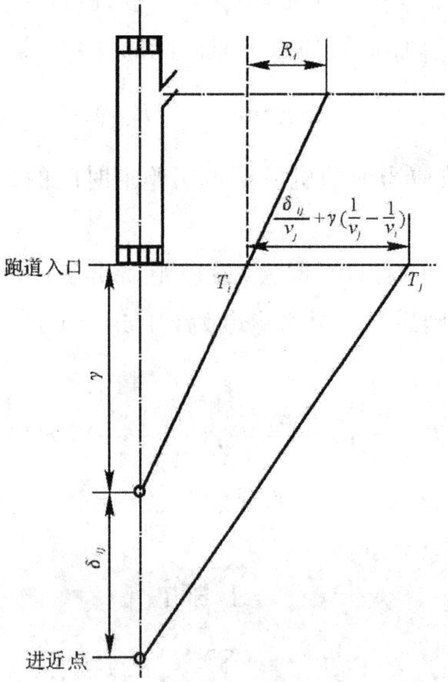

图3.37　只有进港航班时，$v_i > v_j$ 时的时间-距离间隔示意图

二、进离港混合模式跑道容量计算公式

混合模式跑道容量的计算建立在以下 4 条规则上：

(1) 进港请求优先；

(2) 同一时间只能有一架飞机占用跑道；

(3) 如果进港飞机距离跑道入口小于 δ_d，则离港飞机不能放行；

(4) 连续离港飞机间的最小间隔等于离港飞机跑道占用时间。

进离港流程可以用图 3.38 表示。图中 T_i 和 T_j 分别为进港飞机 i 和 j 经过跑道入口的时刻。T_1 是进港飞机 i 清空跑道的时刻，T_2 是离港飞机 k 可被放行的最迟时刻。t_d 为离港飞机 k 的跑道占用时间，T_d 为离港飞机 k 进入跑道时刻，G 为可以放行离港飞机的时间段：$G = T_2 - T_1$。根据图 3.38 可以得出

$$G = T_2 - T_1 = (T_j - \delta_d/v_j) - (T_i + R_i)$$

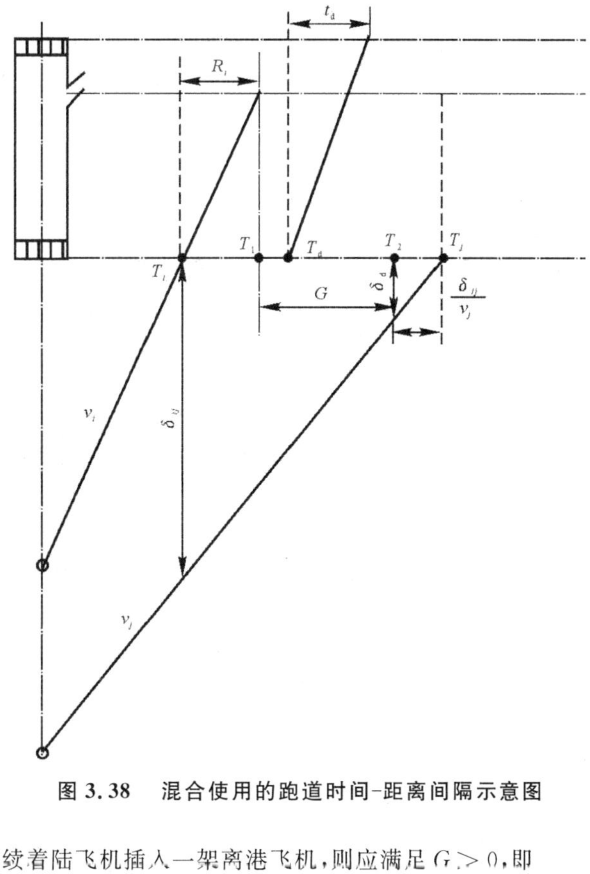

图 3.38　混合使用的跑道时间-距离间隔示意图

如果可以在两架连续着陆飞机插入一架离港飞机，则应满足 $G > 0$，即

$$(T_j - \delta_d/v_j) - (T_i + R_i) > 0$$

变换得到

$$T_j - T_i > R_i + \delta_d / v_j$$

因此在前、后两架着陆飞机之间穿插 n_d 架次离港飞机的最小时间间隔 T_{ij} 为

$$T_{ij} = T_j - T_i = R_i + \delta_d / v_j + (n_d - 1) \times t_d \tag{3.48}$$

有了最小时间间隔后，混合模式跑道的小时容量 C_{rw} 的计算公式与式(3.46)和式(3.47)相同，也即

$$C_{rw} = 1/\mathrm{E}[T_{ij}] \tag{3.49}$$

$$\mathrm{E}[T_{ij}] = \sum_{i=1}^{N} \sum_{j=1}^{N} P_{ij} T_{ij} \tag{3.50}$$

式中，$\mathrm{E}[T_{ij}]$ 表示 T_{ij} 的期望值，N 是飞机等级的数目，P_{ij} 是前后机组合(i,j)的概率。

空中交通管理实践中，精确控制进近间隔是非常困难的，因此通常在期望间隔时间的基础上加入一个缓冲时间。

三、航班延误计算公式

实际容量与延误相关，是平均延误达到一定水平的最大流量。目前对实际容量对应的延误水平还没有制定标准，由各机场指挥中心根据经验确定。把跑道－航班系统看作 M/G/1 排队系统，航班延误即为飞机排队的平均时间。下面分三种情况进行介绍。

1. 只有进港航班的平均进港延误

$$w_a = \frac{\lambda_a(\sigma_a^2 + 1/\mu_a^2)}{2(1 - \lambda_a/\mu_a)} \tag{3.51}$$

式中，λ_a 是飞机平均到达率，μ_a 是跑道对到港飞机的平均服务率，在数值上等于飞机的平均跑道占用时间的倒数，σ_a 是进港飞机占用跑道时间的标准差。

2. 只有离港航班的平均离港延误

$$w_d = \frac{\lambda_d(\sigma_d^2 + 1/\mu_d^2)}{2(1 - \lambda_d/\mu_d)} \tag{3.52}$$

式中，λ_d 是飞机平均离港率，μ_d 是跑道对离港飞机的平均服务率，在数值上等于离港飞机的平均跑道占用时间的倒数，σ_d 是离港飞机占用跑道时间的标准差。

3. 进离港混合模式下的平均延误

混合模式下可能同时发生进港延误和离港延误，但由于进港航班具有优先权，因此进港延误 w_a 可用式(3.51)计算，离港航班延误则用下式计算：

$$w'_d = \frac{\lambda_d(\sigma_j^2 + j^2)}{2(1 - \lambda_d j)} + \frac{g(\sigma_f^2 + f^2)}{2(1 - \lambda_a f)} \tag{3.53}$$

式中，j 是连续两离港航班的平均时间间隔，σ_j 是两个连续离港航班时间间隔的标准差，f 是不能放行离港航班的平均时间间隔，σ_f 是不能放行离港航班的时间间隔标准差，g 是连续到港航班数占到港航班总数的比例。

例 3.14 某机场没有小于 7 t 的飞机(L 型)，机型顺序组合种类只有 4 种：MM，HH，MH，HM，并已知降落该机场的 M，H 飞机的比例分别是 $P_M = 70\%$ 和 $P_H = 30\%$，$R_M = 45$ s，$R_H = 55$ s，$v_M = 140$ kt，$v_H = 150$ kt，$\gamma = 6$ nm，$\{ij\} = \{\mathrm{MM, MH, HM, HH}\}$，$\delta_{ij} = 3,3,5,4$ nm，$P_{ij} = P_i P_j$。试求该跑道的到达容量。这里单位 kt 是节，即 knot，1 knot = 1 n mile/h。

解　根据题目所给的机型顺序组合，应用式(3.44)和式(3.45)，可计算出各种机型顺序组合的最小间隔时间，即 $T_{ij}=77.1\ \text{s}, 72\ \text{s}, 138.9\ \text{s}, 96\ \text{s}$。再根据机型比例计算出机型顺序组合的概率为 $P_{ij}=0.49, 0.21, 0.21, 0.09$，因此可得

$$E[T_{ij}]=77.1\times 0.49+(72+138.9)\times 0.21+96\times 0.09=90.71\ \text{s}$$

该跑道的到达容量为 $C_{rw}=3600/90.71=39$ 架次/h。

3.4.8　停机位指派问题

停机位指派问题(Gate Assignment Problem，GAP)是指在给定的作业时间窗内，考虑机型和停机位类型、航班时刻等因素，指派进港飞机到有限的停机位上实现停靠，以保证陆空运输的有效衔接。

停机位指派结果包括指派给航班的停机位和占用该停机位的时间，是机场地面作业的一项核心任务，涉及各航空公司航班的航线类型、机型、航班数量、到/离港航班频率、停机时间、中转旅客以及机场的地面服务等多方因素。

停机位指派是经典指派问题的一种变形，其中被指派者是停机位，任务是待指派机位的航班。机位指派的特殊之处在于：一些被指派者不能执行某些任务；任务比被指派者多；任务和被指派者数量随时间变化等。

航班机位指派有别于经典指派问题，还因为经典指派问题没有规定任务完成的确切时间段，而对于机位指派问题，作为“任务”的航班是明确规定了完成时间的，所以航班的机位指派比经典指派问题更为复杂。

停机位指派分预指派和实时指派两种。预指派是在第一天根据第二天的航班计划，为第二天做好的机位指派计划。实时指派是指由于航班的延误等原因机位预指派计划不能正常执行时所进行的机位调度。实时指派的目的是保障航班和停机位指派计划尽快恢复正常，减少航班延误。停机位预指派是机位指派的主要问题。

一、停机位指派问题的约束

制约机位指派的因素很多，通常将机位指派约束分为两类：一类为机位指派的基本约束，即保证机场正常安全运行的最基本机位指派约束条件。另一类为机位指派的附加约束，是为了实现不同优化目的，使优化结果更能符合实际运行需要而增加的约束。

1. 机位指派问题的基本约束

机位指派的基本约束主要包括：

(1) 航班停靠时，必须被分配且仅能被分配到一个停机位。

(2) 某一时段，同一个停机位最多能停靠一个航班。

(3) 满足最短过站时间要求。即一架飞机从开始停靠停机位到结束停靠的时间，不能短于这种机型飞机的最短地面服务时间。

(4) 满足同机位安全间隔时间约束。即停靠同一停机位的衔接航班，前、后航班之间应保持一定的时间间隔，以保证航班能顺利进出停机位，不发生意外事故。

（5）机型与机位相互匹配约束。即大型航班只能停靠大型停机位，不能停靠到中型或小型停机位；中型航班可以停靠中型和大型机位；小型航班可以停靠所有的机位。

2.机位指派问题的附加约束

为了提高机位指派问题的实用性，除了上述基本约束条件外，还可以增添一些附加约束条件，主要包括：

（1）根据航班飞行任务，确定指派优先级别。通常机位指派的优先级为：正班航班优先于加班航班，加班航班优先于补班航班或公务机；客机优先于货机。

（2）根据转场前后航班的航线性质，确定航班优先级别。通常机位指派的优先级从高到低依次为：国际转国际、国际转国内、国内转国际、国内转国内。

（3）相邻机位停靠约束。为了保证飞机停靠的安全，避免发生意外，某些机位在停靠大机型航班时，其邻近机位对停靠的机型有一定限制，根据IATA的规定，B类飞机间的最短安全距离为3 m，C类飞机间的最短安全距离为4.5 m，D，E，F类飞机间的最短安全距离为7.5 m。

（4）其他特殊约束。主要包括：① 航班过夜约束，此时机位指派不仅要考虑当天的到港情况，还要考虑次日出港以及地面服务和检修等情况；② 小机位合并停靠大机型约束，即当有大机型航班需要停靠，机场的大机位没有空闲而某些相邻小机位有空闲时，通过合并小机位来停靠大机型航班；③ 飞机故障约束，即机位指派时需根据飞机的故障类型，确定飞机停靠远机坪、维修机坪或桥位机坪，以减少故障航班占用桥位的时间；④ 飞机维修约束，即指派机位时考虑维修的方便。

不同机场的附加约束条件不完全相同，不同优化目标的附加约束条件也不完全相同，可以根据实际需要采用，这里就不再一一讨论了。

二、停机位指派问题的目标函数

由于机位预指派涉及旅客的行走距离、航空公司的经济效益、机场资源的利用和地面服务部门的工作场所等多个方面，所以从不同的角度考虑可以设计不同的目标函数。主要考虑以下几个方面：

（1）从方便旅客的角度考虑。以旅客步行距离最短为优化目标，也可以旅客等待时间最短为优化目标。

（2）从提高机场的桥位利用率来考虑。以所有桥位的空闲时间最短为优化目标。但是此类优化目标只考虑了桥位利用率，不能全面而准确反映机场的效益。

（3）从桥位空闲时间间隔均衡的角度考虑。以所有机位的空闲时间间隔均衡为优化目标，即机位空闲时间的方差最小为优化目标，从而避免部分机位使用过于频繁，而其他机位却经常闲置。

（4）从减少航班延误的角度考虑。这类问题从两个角度来优化；一是以所有航班总延误时间最短为优化目标；二是以所有航班的延误时间均衡为优化目标。

三、停机位预指派问题的数学模型

停机位预指派问题的输入数据包括：

（1）第二天的航班时刻表；

（2）停机位类型和各种类型机位数；

(3) 过夜飞机已占用机位分布。

从航班时刻表，可以获得以下两组数据：

(1) 航班的到达时刻和出发时刻；

(2) 航班的机型。

给每个航班按照进港时刻编号 $1,2,\cdots,n$，并构成航班集合 I，在集合 I 上定义如下参数 A_i，D_i 和 L_i，分别表示航班 i 的到达时刻、出发时刻和机型，机型按从小到大的次序编号 $1,2,\cdots,6$。同时给各停机坪的停机位统一编号 $j=1,2,\cdots,m$，构成停机位集合 J，在集合 J 上定义停机位类型 P_j，将可停最大机型定义为停机位的类型，最多有 6 个类型，按类型从小到大编号 $1,2,\cdots,6$。当 $L_i \leqslant P_j$ 时，航班 i 的可停停机位 j。设同一个停机位的前、后两航班的最小时间间隔为 T，也就是如果航班 i 和 k 是停机位 j 的前、后两个航班，那么应有 $L_i \leqslant P_j, L_k \leqslant P_j$，和 $A_k - D_i \geqslant T$。

将一天的机场开放时间划分成若干区间，称为指派周期，例如一天开放 16 h，划分成 8 个区间，则每周期两小时。每个周期长度的确定原则是，该周期内新到港航班不在本周期内出港，出港的都是在期初已进港的航班。在每个周期的开始，停机位集合 J 分成两个子集 J_0 和 J_1，J_0 是空的停机位集合，J_1 是被占停机位的集合。再设 J_2 为在本周期中可以空出供到达航班使用的机位集合，$J_2 \subseteq J_1$，其中 J_2 停机位可通过查询 J_1 中航班的离港时刻获得，J_1 中本周期结束时刻与离港时刻的差不小于 T 的航班的停机位即为 J_2。该周期需要处理的航班集合也分成三个子集，I_0，I_1 和 I_2，I_0 是期初已到机场并占停机位的航班，I_1 是在本周期内将离港的航班，I_2 是本周期内将进港并需要停靠机位的航班，显然有 $I_1 \subseteq I_0$。I_1 的航班可通过查询 I_0 中航班的离港时刻获得，并且应与 J_2 中停机位的航班数相同。另外还应满足 $|I_2| \leqslant |J_0 \cup J_2|$，如果不满足该关系，可将最后到达的航班划归到下一个周期去指派。

做了上述划分后，要做的事只须将 I_2 的航班指派到 J_0 或 J_2 即可。下面给出这种指派问题的数学模型。

根据上面的讨论，只须对每个指派周期完成停机位的指派，然后将各周期指派的结果综合起来即可获得一天的预指派计划。对于一个周期的停机位预指派问题，由于不知道各航班旅客数，因此不采用旅客行走距离最小作为目标函数。采用航班延误和停机位空闲的时间总和最小为目标函数，并采用基本约束条件，但其中航班最小衔接时间要求已由航班计划保证。因此给出一个周期中停机位预指派问题的数学模型如下：

$$\min z = \sum_{i\in I_2}\Big(\sum_{j\in J_0\cup J_2} K_j x_{ij} - A_i\Big)^+ + \sum_{j\in J_0\cup J_2}\Big(\sum_{i\in I_2} A_i x_{ij} - K_j\Big)^+ \tag{3.54}$$

$$\text{s.t.}\quad \sum_{j\in J_0\cup J_2} x_{ij} = 1,\quad i\in I_2 \tag{3.55}$$

$$\sum_{i\in I_2} x_{ij} \leqslant 1,\quad j\in J_0\cup J_2 \tag{3.56}$$

$$(A_i - K_j)x_{ij} \geqslant 0,\quad i\in I_2,\quad j\in J_0\cup J_2 \tag{3.57}$$

$$(P_j - L_i)x_{ij} \geqslant 0,\quad i\in I_2,\quad j\in J_0\cup J_2 \tag{3.58}$$

$$x_{ij} = 0,1;\quad i\in I_2,\quad j\in J_0\cup J_2 \tag{3.59}$$

$$K_j = \sum_{i\in I_1} D_i x_{ij} + T,\quad j\in J_2 \tag{3.60}$$

$$K_j = T_0,\quad j\in J_0 \tag{3.61}$$

式中，T_0 是本周期初的时刻，K_j 是停机位 $j \in J_0$ 和 J_2 可指派给下一个航班停靠的开始时刻，x_{ij} 是决策变量，当航班 i 指派给停机位 j 时等于 1，否则等于 0。作为该周期的初始条件，对于 $j \in J_1$ 的停机位和 $i \in I_0$ 的航班，已知 x_{ij} 的值，因此式(3.60) 计算的 K_j 是已知参数。

上述模型中，目标函数式(3.54) 第一项是航班延误时间，第二项是机位空闲时间，$(\cdot)^+$ 表示当括号中的值大于零时等于括号中的值，否则等于零。约束条件式(3.55) 表示本周期内到港的飞机必须且只指派一个停机位，式(3.56) 表示每个停机位最多可指派一个航班，式(3.57) 表示只有到达时刻在停机位可再指派的开始时刻之后的航班才能指派给该机位，式(3.58) 表示只有机型不比某停机位类型级别高的航班才可以指派给该机位。式(3.60) 表示某机位可再指派的开始时刻应等于它的前一航班的离港时刻加上最小间隔 T。可见上述模型满足了所有基本约束。

假设一个指派周期中需指派 n 个航班，共有 $m \geqslant n$ 个机位可指派，那么上述停机位预指派问题共有 nm 个变量和 $2nm+m+n$ 个约束条件。当 n 和 m 较大时，这是一个较大规模的 0—1 型整数规划问题，求解比较困难。

也可以采用航班连接树构造供停机位指派的可能航班串，然后进行优化选择指派。首先为每种类型停机位构造航班连接网络，该网络的每条路径都是该类型机位的一个可行的航班串。在这个网络中，节点表示时间，即航班的到达或出发时间。边有两种：一种是航班边，连接同一架飞机进入该机位的时间节点和从该机位出发的时间节点，可以把航班边与关联的时间节点一起叫做航班节线；另一种是航班衔接边，在前、后两航班的时间间隔不小于 T 时，连接前一个航班的出发时间节点和后一个航班的进港时间节点的边。前一种边表示了机位被占用的时间区间，第二种边表示了机位空闲的时间。构造某停机位的航班连接网络时，要考虑机位和航班的机型匹配约束和衔接时间约束。构造步骤如下：

第一步　根据机位类型从进港航班计划中筛选出可停靠本机位的航班子集。

第二步　以当天机场开放时间为根节点，如果有过夜航班停靠在该机位，第一个航班边为过夜航班；如果没有过夜航班，从根节点出发的边是衔接边，连接在规定时间内到达的航班到达时间节点，“规定时间”是为了避免产生效率低的航班串由机场指挥中心规定的时间区间。也可规定初始航班边的数量，并由此确定“规定时间”。根据出发航班时刻，画出初始航班边。将这些初始航班边从本机位的航班子集中删除。

第三步　对每个初始航班，查询剩余航班子集中到达时刻可以与初始航班衔接的所有航班，通过衔接边将这些航班连接到该初始航班的出发时间节点上，衔接边的长度是机位空闲时间。

第四步　将航班连接树的叶节点各航班出发时刻加上$(T-10)$(考虑允许延误 10 min) 得可再指派的开始时刻，从该机位的航班子集中删除这样一些航班，这些航班的到达时刻早于航班连接树叶节点的最早可再指派开始时刻。

第五步　重复第三、四步，直到航班子集空了或无可衔接的航班为止。

在上述第三步中，可规定航班进港后等待不超过 10 min(或某个规定的时间长度) 可进入到机位的也可看作可衔接边，衔接边的长度是航班延误时间。

例 3.15　表 3.14 给出了某机场停机位的基本信息，表 3.15 给出了某天航班时刻表。规定同一机位前、后两航班的最小时间间隔为 20 min，但允许 10 min 范围内的延误，早晨 6:30 机场开放。试为每个停机位构造航班连接树。

表 3.14　某机场停机位基本数据

机位编号	类　型	过夜航班	可指派的航班子集
1	4		3 ～ 5,7 ～ 10,12 ～ 19,21 ～ 26,28 ～ 35,37 ～ 41,43 ～ 47,9,50
2	4	1	1,3 ～ 5,7 ～ 10,12 ～ 19,21 ～ 26,28 ～ 35,37 ～ 41,43 ～ 47,9,50
3	5		3 ～ 50
4	5	2	2,3 ～ 50
5	3		3,8,9,12,13,15 ～ 17,21,22,24,25,29 ～ 31,34,35,37 ～ 39,41,43,44,46,47,49
6	3		3,8,9,12,13,15 ～ 17,21,22,24,25,29 ～ 31,34,35,37 ～ 39,41,43,44,46,47,49

表 3.15　航班时刻表(用于停机位指派)

编号	机型	到港时刻	离港时刻	可停机位	编号	机型	到港时刻	离港时刻	可停机位
1	3	6:30	7:30	2	26	4	12:35	14:00	1 ～ 4
2	4	6:30	7:50	4	27	5	12:50	14:30	3 ～ 4
3	3	8:05	9:00	1 ～ 6	28	4	13:10	14:25	1 ～ 4
4	4	8:00	9:10	1 ～ 4	29	3	13:20	14:20	1 ～ 6
5	4	8:20	9:30	1 ～ 4	30	3	13:40	15:00	1 ～ 6
6	5	8:30	10:00	3 ～ 4	31	3	13:55	15:10	1 ～ 6
7	4	8:35	9:40	1 ～ 4	32	4	14:20	15:50	1 ～ 4
8	3	8:50	9:45	1 ～ 6	33	4	14:50	16:30	1 ～ 4
9	3	9:30	10:10	1 ～ 6	34	3	15:15	16:35	1 ～ 6
10	4	9:35	10:50	1 ～ 4	35	4	15:45	17:30	1 ～ 4
11	5	9:40	11:10	3 ～ 4	36	5	16:00	18:00	3 ～ 4
12	3	9:55	11:00	1 ～ 6	37	3	16:25	17:50	1 ～ 6
13	3	10:05	11:05	1 ～ 6	38	3	16:50	18:00	1 ～ 6
14	4	10:10	11:30	1 ～ 4	39	3	17:00	18:10	1 ～ 6
15	3	10:15	11:10	1 ～ 6	40	4	17:10	18:30	1 ～ 4
16	3	10:25	11:30	1 ～ 6	41	3	17:20	18:35	1 ～ 6
17	3	10:30	11:30	1 ～ 6	42	5	17:25	19:30	3 ～ 4
18	4	10:30	11:50	1 ～ 4	43	3	17:35	18:40	1 ～ 6
19	4	10:40	12:00	1 ～ 4	44	3	17:45	18:55	1 ～ 6
20	5	10:45	12:30	3 ～ 4	45	4	18:00	19:20	1 ～ 4
21	3	10:50	12:00	1 ～ 6	46	3	18:20	19:30	1 ～ 6
22	3	11:20	12:30	1 ～ 6	47	3	18:35	19:50	1 ～ 6
23	4	11:40	13:10	1 ～ 4	48	5	18:50	21:00	3 ～ 4
24	3	12:00	13:00	1 ～ 6	49	3	19:30	24:00	1 ～ 6
25	3	12:15	13:20	1 ～ 6	50	4	20:05	24:00	1 ～ 4

解　查阅表3.15中的机型一栏，根据航班可停靠的机位类型不低于机型的限制要求，将各机位可停

靠的航班子集划分出来，见表 3.14 的第四列。同时在表 3.15 中的“可停机位”一栏中给出了每个航班可停靠的机位。

对每个停机位，从最早可停靠的航班开始，根据航班衔接条件逐步扩展航班连接树。例如 2 号停机位的航班连接树如图 3.39 所示，图中省略掉了许多分枝。5 号停机位的航班连接树如图 3.40 所示，其他停机位的航班连接树可以类似地获得。

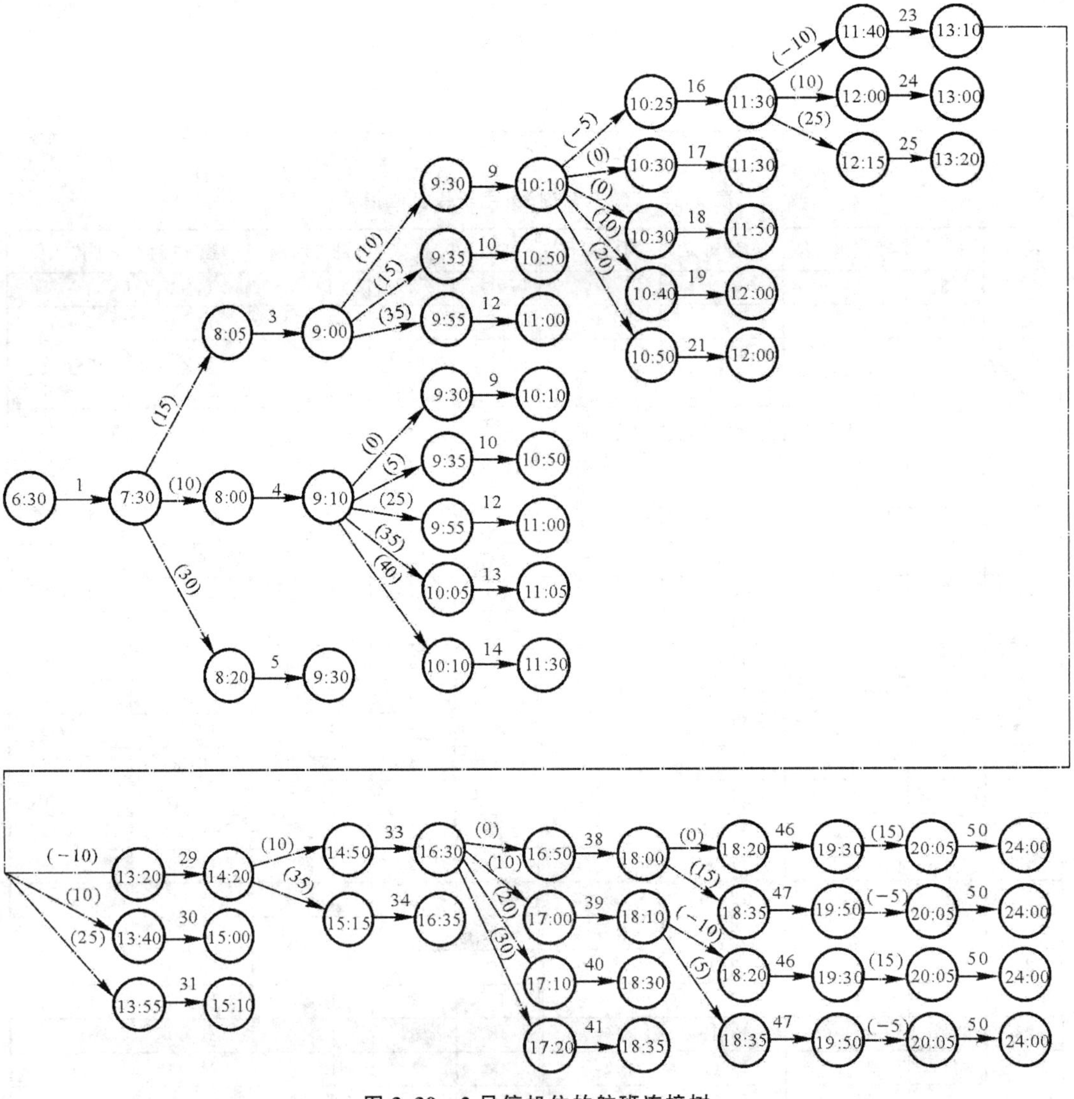

图 3.39　2 号停机位的航班连接树

在图 3.39 和图 3.40 所示的连接树中，航班边上标注了航班编号，衔接边上用括号标注了机位空闲时间,如果空闲时间是负数,则表示航班延误时间。

图 3.40 给出了 5 号停机位完整的航班连接树(6 号与 5 号的相同),但由于受纸张版面限制,图中带有虚的空箭头节点应当与左下角的一棵子树连接,左下角的子树重复了母树的最后一个航班节线,因此很容易正确辨认每个航班节线应该连接的子树。航班 46,47 和 50 的节线由于没有符合衔接条件的后续航班,所以已经是叶节线。

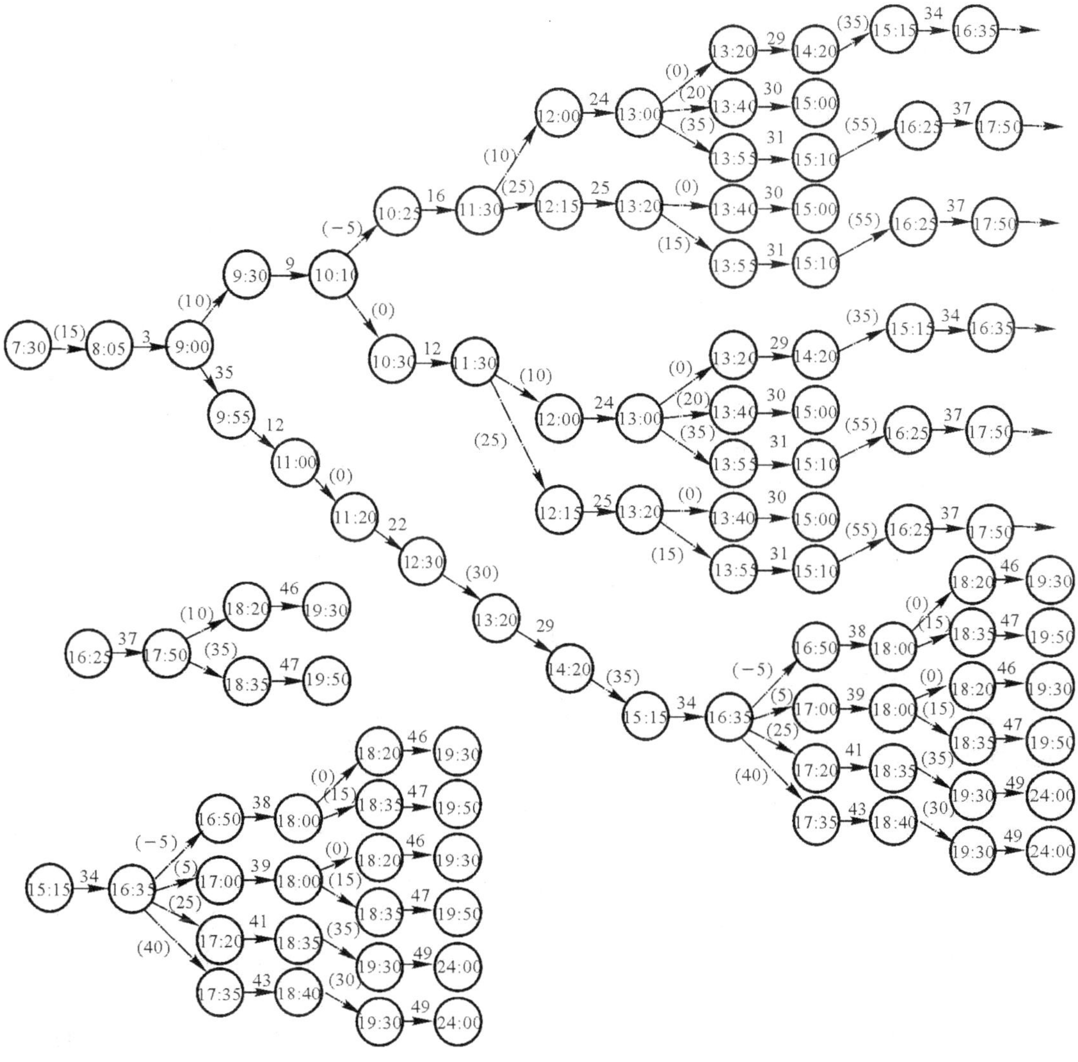

图 3.40　5(6) 号停机位的航班连接树

在航班连接树中,每条从根节点到叶节点的路径都是一条可行的航班串,可以指派给该停机位,每条路径上各衔接边的空闲时间的和是该停机位总的空闲时间,负的空闲时间的和是航班总延误时间,取它的绝对值后加上机位总空闲时间即为机位指派问题的目标函数值。但要注意停机位空闲时间还应加上机场宵禁时间与叶节点航班出发时间之间的差，因为不同的路径，叶节点的航班出发时间是不同的。

图3.39中大约有2 000多条可行的路径，每条路径的机位空闲时间都不相同。例如路径1—3—9—16—23—29—33—38—46—50的机位空闲时间是50 min，航班延误25 min，目标函数值为75 min，另一条路径1—3—9—16—23—29—33—39—46—50的机位空闲时间为60 min，航班延误35 min，目标函数值是95 min，显然对于2号停机位，第一条航班串比第二条更优。

一旦找到了各停机位所有的航班串，可以建立如下的停机位指派模型。

$$\min z = \sum_{j\in J}\sum_{k\in K(j)} c_{jk} y_{jk} \tag{3.62}$$

$$\text{s.t.} \quad \sum_{k\in K(j)} y_{jk} \leqslant 1, \quad j \in J \tag{3.63}$$

$$\sum_{j\in J}\sum_{k\in K(j)} a_{ik} y_{jk} = 1, \quad i \in I \tag{3.64}$$

$$y_{jk} = 0,1, \quad k \in K(j), \quad j \in J \tag{3.65}$$

上述模型中，I 和 J 分别是航班集合和停机位集合，$K(j)$ 是 j 号停机位的航班串集合。c_{jk} 是 j 号停机位的第 k 条航班串的空闲时间和延误时间的总和，$a_{ik}=0,1$，当航班串 k 包含有航班 i 时等于1，否则等于0。y_{jk} 是0—1型决策变量，如果航班串 k 指派给 j 号停机位，则等于1，否则等于0。

求解式(3.62)～(3.65)可以获得每个停机位一天的指派计划，而不是某个时间周期内的计划。但求解这组模型是困难的，可以采用列生成法和分枝定界法求解，也可以应用蚁群算法以及约束编程方法加局部搜索法求解。关于列生成法和分枝定界法可以参阅第2，第8和第9章。

如果机场根据航班性质划分了专用停机坪，如分为国际航班和国内航班停机坪，客运和货运停机坪，则只须将航班按性质分成各子集，针对不同的子集和它们专用停机坪的机位资源，应用本章的方法进行指派即可。

有些机场将部分停机位租给基地航空公司专用，这些机位只能停靠基地航空公司和其联盟航空公司的航班，不能停其他航空公司的航班。这些机位的指派是航空公司的业务范围，基地航空公司的运行控制部门也可应用本节介绍的方法对本公司航班进行机位指派，机场指挥中心在做机位指派时应将这些专用机位和基地航空公司的航班删除，然后应用本节的方法对其他机位进行指派。

四、停机位实时调配的数学模型

上文已经指出，机位实时调配是指在机位预指派的基础上，当航班运行不正常时，通过调整部分航班的机位预指派方案，来保证机位预指派结果在短时间内恢复正常。机位的实时调配是一个特殊的指派问题，只将受到不正常航班影响的调配时间段内的所有航班重新调配，并且希望调配后的方案对预指派方案影响最小，以减少给旅客和机场地面服务人员带来的影响。

机位实时调配和机位预指派问题相比，不同的约束条件是关于航班停靠机位的时间限制。机位预指派时，只受到已经停靠在该机位的前一个航班出发时间的制约，不受后续航班的影响。但机位实时调配时，不但受到已经停靠在该机位的前一个航班出发时间的制约，而且受预指派的后续航班到达时间的约束。机位实时调配的常用约束条件包括：

(1) 在调配时间段内，一架飞机必须停靠且仅能停靠一个机位。

(2) 在调配时间段内，一个机位最多能停一架飞机。

(3) 航班机型和机位相匹配约束。即航班停靠的机位类型不能比航班机型的等级低。

(4) 航班停靠时间段小于机位空闲时间段约束，即航班的到达时间大于该机位的空闲开始时间，航班的出发时间小于该机位的空闲结束时间。

(5) 航班性质决定指派的优先级别。为了提高机场效益，根据航班性质不同，规定不同优先级别。

做实时调配时，将重新调整停机位和登机口的指派，这些变动将进一步引起旅客和地面服务人员的移动，从原先指派的机位(登机口) 移动到新指派的机位(登机口)，这种移动的总距离越短越好。下面以旅客和地面服务人员的移动总距离最短作为机位调配时的优化目标，建立机位实时调配的优化模型。

设在一个繁忙机场，调配时间段是包含不正常航班到达时刻在内的一时间段，并要求机位指派在这段时间内恢复正常。对调配时间段内所有进港航班按到达时间顺序依次排序，形成航班队列集合为 $I=\{i\mid i=1,2,\cdots,n\}$，航班 i 的实际到达时间为 A_i，实际离开时间为 D_i，机场机位的总数为 m。如果机位 j 在调配时间段内有空闲时间，则令空闲开始时间为 S_j 和空闲结束时间为 E_j；如果没有空闲时间，则可令 S_j 为调配时间段内的任一值，且使 $E_j=S_j$。

模型使用的其他参数还有：

P_j：表示机位 j 的类型，机位 j 可以停不高于 P_j 的机型；

L_i：表示航班 i 的机型；

C'_i：表示为航班 i 服务的地面工作人员数量；

C_i：表示乘航班 i 出发的旅客数；

D_{oj}：表示旅客从停机位 o 的登机口到停机位 j 的登机口的步行距离，假设旅客值机时按预指派计划指定登机口，当航班更换停机位时，旅客将更换登机口；

D'_{oj}：表示工作人员在停机位 o 与停机位 j 之间的移动距离；

$y_{io}=0,1$：如果航班 i 预指派给停靠机位 o，则等于 1，否则等于 0。

模型的决策变量 x_{ij} 是 0-1 型变量，当机位实时调配后航班 i 停靠机位 j 时等于 1，否则等于 0。由此给出机位实时调配的模型如下：

$$\min z=\sum_{j=1}^{m}\sum_{o=1}^{m}\sum_{i=1}^{n}(C_iD_{oj}+C'_iD'_{oj})y_{io}x_{ij} \tag{3.66}$$

$$\text{s.t.}\quad \sum_{j=1}^{m}x_{ij}=1,\quad i\in I \tag{3.67}$$

$$\sum_{i=1}^{n}x_{ij}\leqslant 1,\quad j\in J \tag{3.68}$$

$$(A_i-S_j)x_{ij}\geqslant 0,\quad i\in I,\quad j\in J \tag{3.69}$$

$$(E_j-D_i)x_{ij}\geqslant 0,\quad i\in I,\quad j\in J \tag{3.70}$$

$$(P_j-L_i)x_{ij}\geqslant 0,\quad i\in I,\quad j\in J \tag{3.71}$$

$$x_{ij}=0,1;\quad i\in I,\quad j\in J \tag{3.72}$$

上述模型中，目标函数式(3.66) 是要求旅客和地服人员在重新调配进港航班停机位后需要移动的总距离最小。旅客移动总距离和旅客数有关，还与旅客行走路径有关。旅客数可以用已值机旅客数来计算，旅客行走路径采用原指派登机口与新指派登机口之间的最短路径。地面服务人员的数量与机型有关，一般地，C 型飞机需要约 30 名地面服务人员，D 型飞机需要约 40 人，E 型飞机需要 50 ～ 60 人。地面服务人员行走距离由原、新停机位之间的最短路线决定。

上述模型中的式(3.67)，式(3.68) 和式(3.71) 是停机位指派问题的基本约束条件，与预指派问题中的式(3.55)，式(3.56) 和式(3.58) 意义相同；式(3.69) 表示停靠 j 号停机位的航班 i 的到达时刻不能比该机位的空闲开始时刻早，式(3.70) 表示航班 i 的出发时刻不能比 j 号停机位的空闲结束时刻晚，这两个约束条件要求被指派航班的过站时间必须短于停靠的停机位的空闲时间。

上述讨论的停机位实时指派问题，可以采用启发式算法求解。

为此需要知道，调配时间段的停机位初始状态，根据初始状态把停机位分成两个子集：J_1 是已有航班停靠的停机位子集，J_2 是空闲的停机位子集。把调配时间段内需停靠的航班也分成两个子集：一个是已在停机位上停靠的 I_1；另一个是在调配时间段内将到达机场的 I_2。对于 I_1 中的航班已知其实际离港时间 D_i，对于 I_2 的航班知其实际到达时间 A_i。将 I_2 再分为可以按预指派计划停靠的航班子集 I_{21} 和需要重新指派的航班子集 I_{22}，I_{22} 中各航班预指派机位 o 已知。

要求调配时间段结束时，停机位的终止状态应当是预指派规定的停靠航班，即实时调配结束时，各停机位应当恢复到预指派计划上去，要么空闲，要么停靠预指派的航班。

这样将 J_2 中的机位按调配时间段结束状态的预指派航班的到港时刻作为它们的空闲结束时刻，把调配时间段的开始时间作为 J_2 每个机位的空闲开始时间。对 I_{22} 中的每个航班 i，计算它的预指派机位到 J_2 中各机位之间的最短距离 D'_{oj} 和 D_{oj}，并根据航班的旅客数和机型的地面服务人员数，计算总距离 $C'_iD'_{oj}+C_iD_{oj}$。对 I_{22} 中各航班，将 J_2 中机位按照该总距离从小到大排序，如果 I_{22} 中有 n 个航班，则 J_2 的机位将排成 n 种顺序。从 I_{22} 中取出航班 i，依次从航班 i 对应的 J_2 序列中取出机位 j，作以下判断：

(1) 类型是否匹配？

(2) 航班离港时刻是否小于机位空闲结束时刻？

如果满足上述条件，即将航班 i 指派给机位 j，将 i 和 j 分别从 I_{22} 和 J_2 中删除，并删除相应的 J_2 序列。再从 I_{22} 中取出下一个航班，从对应的 J_2 序列中取出第一个机位，再作上述判断；如果不符，则从它的 J_2 序列中取出另一个机位 j，再作以上判断。如果取完 J_2 序列中所有机位都不合适，则放回航班 i，删除对应的 J_2 序列。从 I_{22} 取出下一个航班，从对应的 J_2 序列中依次取出一个机位，并作上述判断。

如果 J_2 中机位已空，或 J_2 的序列已经删除完，而 I_{22} 中还有航班，则分析 J_1 中各机位的空闲时间，将 J_1 中各机位的航班离港时刻作为空闲的开始时刻，调配时间段结束状态后预指派航班的到港时刻作为空闲的结束时刻。计算 I_{22} 中各剩余航班在调整停机位后旅客和地服人员的移动总距离，对 I_{22} 的各剩余航班，将 J_1 的各机位按照该总距离从小到大排序。从 I_{22} 中取出的航班 i，依次从航班 i 对应的 J_1 序列中取出机位 j，作以下判断：

(1) 类型是否匹配？

(2) 航班到港时刻是否大于机位空闲开始时刻？

(3) 航班离港时刻是否小于机位空闲结束时刻？

如果满足上述条件，即将航班 i 指派给机位 j，将 i 和 j 分别从 I_{22} 和 J_1 中删除，并删除对应的 J_1 序列。再从 I_{22} 中取出下一个航班，从对应的 J_1 序列中取出第一个机位，再作上述判断；如果不符，则从它的 J_1 序列中取出另一个机位 j，再作以上判断。如果取完 J_1 序列中所有机位还没有合适的停靠航班，则

放回航班 i，删除对应的 J_1 序列。从 I_{22} 取出下一个航班，从对应的 J_1 序列中依次取出一个机位，并作上述判断。一直到 I_{22} 的全部航班都已指派为止。

如果最终 I_{22} 中还有剩余航班未指派，则需要重新考虑 J_2 和 J_1 中没有指派航班的空闲机位，放松一些条件，例如允许后续航班适当延误，或要求 I_{22} 中剩余航班缩短停场时间，然后再进行指派。

例 3.16　某大型国际机场共有 100 个远机位（包括维修、过夜专用机位）和 27 个桥位，桥位编号从 1 ～ 29，其中 13 和 22 号桥位空缺。该机场的桥位从 6 到 24 号是 E 类（分类号为 5），其他的桥位是 D 类（分类号为 4）。两相邻 E 类机位之间最短旅客（或地面服务人员）步行距离为 72.5 m，两相邻 D 类机位之间最短旅客（或地面服务人员）步行距离为 59.5 m，D 类和 E 类机位相邻时，它们之间最短旅客（或地面服务人员）步行距离为 66 m。远机位登机时，需要摆渡车将旅客运送到机位，设从桥位到远机位时一位旅客（或地面服务人员）的移动距离为 1 000 m，航班从远机位调配到桥位时，可认为旅客的移动距离减少 1 000 m。根据 2006 年某日该机场的机位预指派表和航班时刻表（包括计划时刻表和实际运行时刻表），知该机场当天有 418 个架次（其中起飞降落对于同一飞机算一个架次）的航班，各航班客座率为 80%。运行中航班 MU730 发生不正常，由原计划的 11:30 延误到 11:55 到达机场。该航班预指派到 12 号桥位，可是 12 号桥位上航班 CA4513 也发生了延误，需到 12:08 才出发，航班 MU730 和航班 CA4513 停靠时间有冲突，必须重新调配 MU730 的停靠机位，请为该航班重新调配机位。

表 3.16　调配周期内到达航班时刻表

进港航班号	计划到达时间	实际到达时间	机　型	出港航班号	预计出发时间	实际出发时间	实际停靠机位	预计停靠机位
MU 5620	12:00	11:45	320	MU 5033	13:00	13:11	506	506
ZH 9811	12:05	11:52	739	ZH 9812	13:00	12:55	5	5
MU 730	11:30	11:55	306	MU 5605	12:30	12:43	14	12
NW 913	12:00	12:00	742	NW 910	20:35	21:10	305	305
CZ 6753	12:05	12:01	733	CZ 3516	12:55	13:00	510	510
CA 4503	11:55	12:03	736	CA 4504	13:15	13:11	4	4
CZ 6755	12:20	12:03	M82	CZ 6755	13:10	13:16	508	508
CA 1215	12:00	12:05	733	CA 1216	13:05	13:00	2	3
EZ 307	12:00	12:05	742	EZ 828	14:15	16:41	306	306/542
NH919	12:05	12:29	772	NH920	13:15	13:39	20	21
JL 793	12:15	12:08	763	JL 794	13:35	13:29	27	17
CZ 6533	12:35	12:10	319	CZ 6534	13:25	13:28	10	10
KA 876	12:15	12:10	321	KA 877	13:15	13:29	208	27
OZ 377	12:10	12:14	320	OZ 378	13:25	13:35	211	211
FM 9192	12:40	12:19	738	FM 9183	13:40	13:30	7	7
JL 791	12:10	12:19	744	JL 792	14:00	13:58	23	14
MU 2151	12:55	12:35	320	MU 2154	13:45	13:44	11	10
KE 897	12:50	12:37	747	KE 898	14:10	14:26	21	20
SQ826	12:45	12:40	772	SQ825	13:50	13:53	17	23

解　根据 MU730 的实际到达时间为 11:55，可以设置机位调配周期 T 为 11:40 到 12:40，查询航班

时刻表确定调配时间段里进入机场的航班及其到达时刻，如表 3.16 所示，该表的第 8 列和第 9 列还给出了该机场指挥中心的实际调配方案。调配时间段里机场实际停机位使用情况如表 3.17 所示，从表3.17 查询各机位前后两航班之间的时间间隔，把在调配时间段内空闲时间超过 50 min 的停机位找出来，如表 3.18 所示，表中所列机位都可以在调配时间段内指派航班停靠，只要停靠航班的到达时刻和出发时刻在这些机位的空闲时间内。

使用本章所述的启发式解法，求解过程中，允许预指派远机位航班调配到桥位，只在迫不得已时(无适合的近机位可调配时)才允许预指派近机位的航班调配到远机位，因为这显然有利于优化目标函数，同时符合尽量使用桥位的基本原则。求解的结果如表 3.19 所示，目标函数值是 27 796 m。

表 3.17　停机位的使用情况表

停机位	航班号	实际进入停机位时间	实际离开停机位时间	停机位	航班号	实际进入停机位时间	实际离开停机位时间
1	MU2155	11:10	12:15	16	KL895	10:45	13:30
1	FM9182	13:07	15:00	16	AA289	15:18	18:05
2	3U8961	10:21	11:05	17	VS250	9:00	12:11
2	CZ3831	13:02	14:05	17	QR888	14:23	15:21
3	CZ3631	11:13	12:40	18	KE893	9:32	11:02
4	ZH9919	10:38	11:20	18	LH726	14:46	0:15
4	ZH9813	13:55	15:00	19	LH728	10:41	13:59
5	CZ3515	10:30	11:30	19	UA835	14:50	17:23
5	MU5422	17:08	18:10	20	OZ363	10:35	12:16
6	HU7119	10:02	11:02	20	JL619	13:37	15:42
6	FM9232	11:33	12:45	21	AF112	9:40	12:00
7	CZ3751	10:44	11:55	21	OZ365	14:45	16:15
7	MU5424	14:22	15:05	23	OS075	6:45	11:48
8	CZ6543	11:28	12:20	23	SQ806	15:29	16:51
8	MU5324	15:10	16:50	24	CA158	11:29	13:47
9	CZ3553	11:12	12:20	24	MU5042	14:22	15:41
9	FM9204	13:36	14:55	25	AZ790	8:59	13:06
10	HU7807	11:19	12:00	25	NH959	16:20	17:30
10	HU7845	17:21	18:30	26	NH155	11:37	12:31
11	MU5402	11:12	12:10	26	NX106	12:55	13:53
11	MU5614	15:14	16:10	27	JL613	10:34	12:07
12	CA4513	10:11	12:08	27	KA893	14:38	15:47
12	MU5044	13:31	14:27	28	NH939	11:28	13:53
14	MU292	10:35	11:46	28	MU546	15:00	17:56
14	MU5046	13:10	14:03	29	KA898	10:57	12:44
15	OZ335	11:26	13:08	29	MU272	12:55	15:41
15	CA919	13:25	14:27				

表 3.18　停机位空闲时间表

机　位	空闲开始时间	空闲结束时间	机　位	空闲开始时间	空闲结束时间
1	12:15	13:07	12	12:08	13:31
2	11:05	13:02	14	11:46	13:10
4	11:20	13:55	17	12:11	14:23
5	11:30	17:08	18	11:02	14:46
7	11:55	14:22	20	12:16	13:45
8	12:20	15:10	21	12:00	14:45
9	12:20	13:36	23	11:48	15:29
10	12:00	17:21	26	12:31	12:55
11	12:10	15:14	27	12:07	14:38

表 3.19　启发式算法的计算结果

航班号	机位号	航班号	机位号	航班号	机位号	航班号	机位号
MU5620	506	CA4503	4	JL793	27	JL791	23
ZH9811	5	CZ6755	508	CZ6533	306	MU2151	11
MU730	14	CA1215	2	KA876	208	KE897	21
NW913	305	EZ307	10	OZ377	211	SQ826	17
CZ6753	510	NH919	20	FM9192	7		

可以计算出表 3.16 第 8 列给出的机场指挥处调配方案的目标函数值是 38 164 m，比所给出的解的目标函数多了 10 386 m，多了 30%。比较这两个调配方案，发现只有两个航班指派的机位做了互换，将机场的实际方案中的航班 EZ307 的 306 号远机位与 CZ6533 的 10 号桥位做了互换。由于这两个航班的到达时刻非常接近，从时间上来看，306 号远机位和 10 号近机位对这两个航班都适合，这一调换，将 EZ307 的 B747 调配到近机位，将 CZ6533 的 A319 调到了远机位，也就是将大飞机调到近机位，小飞机调到远机位，当然减少了旅客和地服人员行走的总距离，因此比机场执行的实际调配方案更优。

再进一步地采用遗传算法来解本例的问题，使用 0—1 编码，初始群体 500 个，迭代了 1 000 次，在 Intel Pentium4，CPU 1.60 GHz，内存 256 M 的计算机上运行 172 s，便获得了本例最优解。在最后的种群中，可行解方案共有 6 个，其中有几个解在迭代过程中保留了几十代到几百代，机场指挥处的实际调配方案和上述启发式算法得到的优化解都在其中，如表 3.20 所示。表 3.20 中，“出现次数”是指该解在迭代1 000次中出现的次数(保留的代数)。

表 3.20 遗传算法获得的几个可行解

航班号	机位号	航班号	机位号	航班号	机位号	航班号	机位号
MU5620	506	CA4503	4	JL793	27	JL791	23
ZH9811	5	CZ6755	508	CZ6533	10	MU2151	11
MU730	14	CA1215	2	KA876	208	KE897	21
NW913	305	EZ307	306	OZ377	211	SQ26	17
CZ6753	510	NH919	20	FM9192	7		
目标函数值		38 164		出现次数		681	
航班号	机位号	航班号	机位号	航班号	机位号	航班号	机位号
MU5620	506	CA4503	5	JL793	27	JL791	23
ZH9811	4	CZ6755	508	CZ6533	10	MU2151	11
MU730	14	CA1215	2	KA876	208	KE897	8
NW913	305	EZ307	306	OZ77	211	SQ826	17
CZ 6753	510	NH919	21	FM9192	7		
目标函数值		52 780		出现次数		155	
航班号	机位号	航班号	机位号	航班号	机位号	航班号	机位号
MU5620	506	CA4503	4	JL793	27	JL791	23
ZH9811	5	CZ6755	508	CZ533	208	MU2151	11
MU730	14	CA1215	2	KA876	10	KE897	21
NW913	305	EZ307	306	OZ377	211	SQ826	17
CZ6753	510	NH919	20	FM9192	7		
目标函数值		51 604		出现次数		86	
航班号	机位号	航班号	机位号	航班号	机位号	航班号	机位号
MU5620	506	CA4503	4	JL793	27	JL791	23
ZH9811	306	CZ6755	508	CZ6533	10	MU2151	11
MU730	14	CA1215	2	KA876	208	KE897	21
NW913	305	EZ307	5	OZ377	211	SQ826	17
CZ6753	510	NH919	20	FM9192	7		
目标函数值		40 252		出现次数		73	
航班号	机位号	航班号	机位号	航班号	机位号	航班号	机位号
MU5620	506	CA4503	4	JL793	27	JL791	23
ZH9811	5	CZ6755	508	CZ6533	306	MU2151	11
MU730	14	CA1215	2	KA876	208	KE897	21
NW913	305	EZ307	10	OZ377	211	SQ826	17
CZ6753	510	NH919	20	FM9192	7		
目标函数值		27 796		出现次数		4	

续表

航班号	机位号	航班号	机位号	航班号	机位号	航班号	机位号
航班号	机位号	航班号	机位号	航班号	机位号	航班号	机位号
MU5620	506	CA4503	4	JL793	27	JL791	23
ZH9811	5	CZ6755	508	CZ6533	11	MU2151	10
MU730	14	CA1215	2	KA876	208	KE897	21
NW913	305	EZ307	306	OZ377	211	SQ826	17
CZ6753	510	NH919	20	FM9192	7		
目标函数值		52 084		出现次数		1	

表 3.20 给出的遗传算法的可行解有一特点很有意思，在 1 000 次迭代中，机场指挥处的方案出现了 681 次，概率为 68%，而优化解方案出现的概率只有 1/250。这是否能说明人脑的思考与遗传算法的“进化”有某些相似之处？遗传算法中出现概率最大的方案也是人脑最容易想到的方案，优化解出现的概率是如此之低，人脑一般不易发现，而采用遗传算法和计算机求解不但代替了人脑思考，而且比人脑“思考”的能力更强，很低概率的方案也“想”出来了。

3.5　机场货运运行规划

3.5.1　机场货站功能与规划

一、机场货站系统与设备

机场货站是航空货物的重要集散地，是国家海关监控货物进出口的重要站点。机场货站为航空公司、货代公司和货主提供了进港、出港、转运货物和邮件的理货、分拣等实物操作服务，提供了货物运输类文件、报关文件、货物跟踪查询等信息服务。机场货站经营的主要目标是为航空公司、货代公司和货主提供优质可靠的服务，提供先进的物流解决方案和出众的服务质量，并因此获得收益。硬件设备是影响货站操作效率的重要因素，机场货站要不断地改善货站硬件设施水平，提高货站的经营管理水平，为顾客提供快捷和高效的货物处理服务。国内有一些机场货站已经采用国际先进水平的自动化立体仓库技术，比如浦东机场货站，中国货运航空公司的货站。自动化立体仓库技术是由一套完全由计算机控制的高度精密的货物操作系统，通过集装货物处理系统、散货处理系统、控制系统和其他辅助设备来组板或者分解货物。

1. 集装货物处理系统

集装货物处理系统完成集装货物的分解、组合、装运等作业。根据航空货物的运输特点可将集装货物处理系统分为进出港货物分解组合子系统、国际邮件处理子系统、国际出港组合子系统、国际进港分解子系统。集装货物处理系统的机械设备包括同一轨道运行的自动垂直升降转运车(Elevating Transfer Vehicle，ETV)有轨堆垛起重机、存储货架、水平转运车(Transfer Vehicle，TV)转运台、动力辊台、无动力轨道台、旋转直角转向台、轮式工作站、进出输送辊道。

2. 散货处理系统

散货处理系统完成散货的自动化存储和控制作业。散货处理系统的机械设备包括散货立体货架、有轨堆垛起重机、有轨堆垛起重机地面控制台、有轨堆垛起重机手动控制台。散货处理的控制方式分为计算机在线自动控制方式、单机自动控制和手动三种。

3.控制系统

集装货系统的控制分为堆垛机上的程序控制和货库各出口处的操作程序控制,各程序控制与计算机服务器通过网络联接在一起。集装货物系统的监控调度由计算机负责,并通过通讯接口与各设备控制系统中的程序控制进行通信。在每个货物进出口处设有终端操作台,用于输入进出货箱/货板的数据和操作指令。这些数据由主机汇集处理,并与集装货系统的监控计算机交换数据。散货处理系统中货架两端各设一套控制站,对高架堆垛机进行自动控制,对货架内的货位进行管理。控制系统通过与货站计算机系统接口连接,散货系统的计算机通过通讯接口与每一台堆垛机控制系统进行通讯,对其进行实时监控。各巷道口均设有操作台,分别控制巷道堆垛机及巷道口货台,也用于输入散货货箱数据指令。

二、机场货站作业流程

机场货站主要承担货物组合、分解等作业。一般情况下,机场货站将处理国内货物和国际货物的区域分开,再将出港和进港货物分开处理,以避免混乱。出港货物经过理货后有一部分转入集装货组合区处理;另一部分货物则直接进入待装区。集装货到达后,一部分在分解后直接由客户取走;另一部分分驳到货运代理库区。如图 3.41 和图 3.42 所示分别为机场货站国内出港和进港货物处理流程图,国际出港和进港货物流程与此类似。

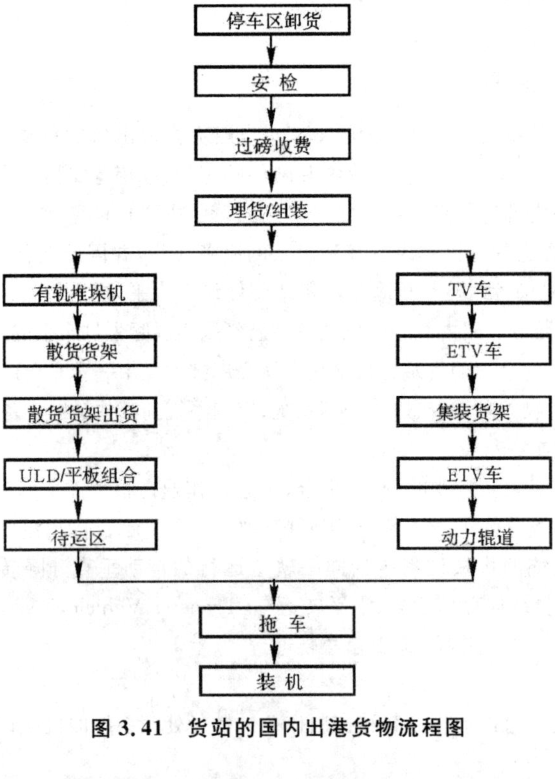

图 3.41 货站的国内出港货物流程图

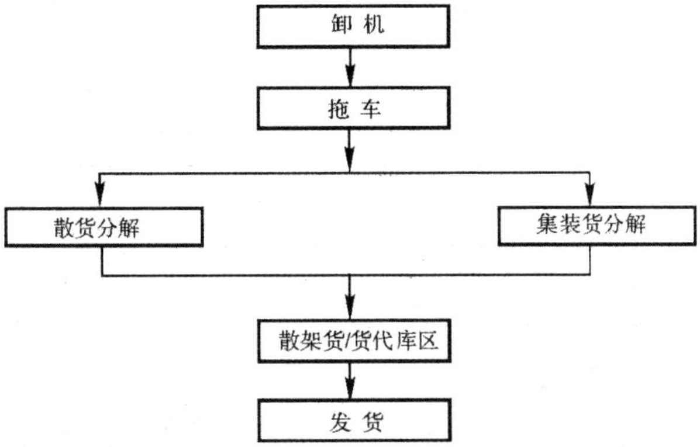

图 3.42　货站国内进港货物流程图

集装货的组合和分解由人工完成，集装器(United Load Device，ULD)(包括集装箱和集装板)进库由TV 车接驳，由操作员控制货架内堆垛机以自动寻址完成存货或者取货作业。集装货处理流程如图 3.43 所示。

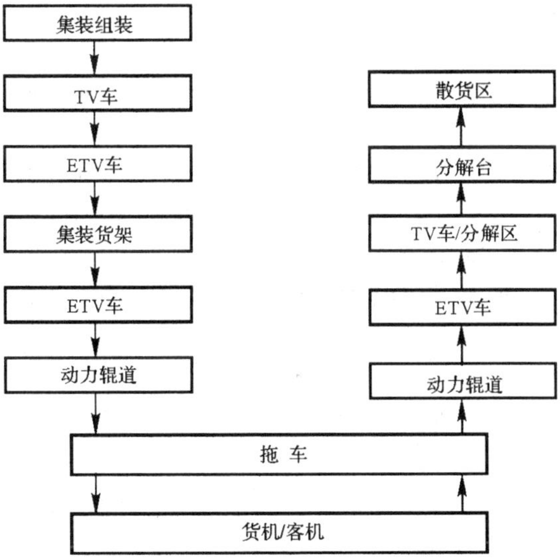

图 3.43　货站集装货处理流程图

散货系统的装箱工作由人工完成，由工人操作叉车将货箱放置在进出货台或从进出货台取走货箱进行出入库操作。采用中央控制系统控制散货架内高架堆垛机的取/存货和寻址及监控货位管理。散货处理流程图如图 3.44 所示。

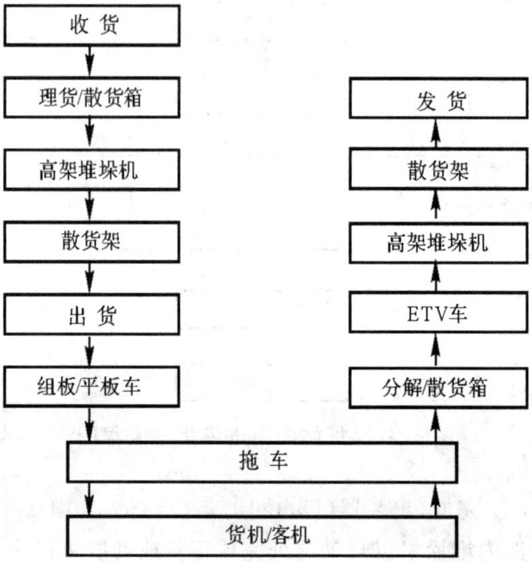

图 3.44 货站散货处理流程图

三、机场货站规划

现代航空货运站的主要功能特性是高效性和快速流通性，其作业性质已由早期的中转储存型转变为直通快速过站型。典型的航空货站由空侧停机坪、集装货区、散货区、理货区、中转区、办公区、陆侧停车区等组成。根据货站设计的目标，比如新建货站、扩建货站，建立共用货站，进行总体规划设计，然后进行功能分块设计和详细设计。货站的平面布局规划设计中要考虑的因素有：

(1)货站货运量。包括机场当前的货运量和预测未来的货运量。不仅要预测总量，还要分类预测，包括散货量、集装货量、国内货、国际货、各种类型货物量(快件、鲜活、普货等)、每天/周/月的高峰货运量、中转货量、进港货量、出港货量等。

(2)货物处理量。预测货物日处理量、高峰处理量。

(3)空侧面积以及陆侧面积。根据中转货量、进港货量、出港货量以及高峰期货量预测空侧和陆侧面积的占用量。

(4)货物在货站平均存储时间。分货物种类计算和预测货物平均存储时间。

(5)集装货与散货的平均处理时间。

(6)服务顾客的目标。服务目标越高，货物处理速度越快，从而要求有新的硬件设施和更多的操作面积。

货站平面布局的设计原则有：

(1)符合机场整体规划的要求，适应货站运输需求，以及未来业务发展规划的要求，以求得平衡与可持续发展。

(2)合理组织场内交通，保证货站区域内车辆运输快捷、安全、高效。

(3)平面布置按功能合理分区，符合分区域隔离，便于理货、储存、监管、查验的要求；符合分期建设、可扩展性的要求。

(4)储存仓库库型设计结构新颖、美观,符合工艺流畅、装卸快捷、运输安全的要求。

(5)货站内的车辆运行方向一致,装卸作业方向单一,运距最短,装卸环节最少,人车分离。

(6)货站内空间利用最大原则。

不同机场的货运量规模和区域总体规划各不相同,因而机场货站的平面布局方案有很大差别。

香港机场是全球最繁忙的机场之一,2006 年货运量达到 360 多万吨,全球排名第二。香港机场有两大航空货运站,分别为香港空运货站有限公司(Hactl)和亚洲空运中心有限公司(AAT)。Hactl 处理超过 80%的香港机场货量,并投资了超过 10 亿美元兴建"超级一号货站",为香港的货运业提供主要基础设施。Hactl 及其全资附属公司香港空运服务有限公司(Hacis)目前为约 60 家国际航空公司及 900 多家货运代理提供服务。

超级一号货站每年处货量可高达 350 万吨,规模庞大。楼高六层的超级一号货站设计新颖,配备多项自动化货物处理系统,务求为客户提供精确无误、快捷高效的处理货物服务。航空货箱存储系统设置在货运大楼东西两端,高度直达大楼顶层,有超过 3 500 个全自动及高度保安的存储位置,设有 12 台由电脑控制的运货机,在系统内输送货箱及货板,并通过 72 条高架桥,与货物装卸工作台直接相连。散货存储系统位于货运大楼的中心,拥有 10 000 个散货存储位置,并可由海关验货大堂直接存储。航空货箱系统和散货系统四周同时设置了精密的回转式输送系统,以及电脑控制的运货机及货物升降平台,可将货物分送到不同楼层及工作台,能确保货物得到可靠、高效和安全的处理。货站除能够处理一般货物以外,亦可处理各类特殊货物,包括鲜活货物(鲜活货物处理中心毗邻停机坪,能让鲜活货物第一时间运往货车停泊区域)、冷藏冷冻货、贵重货、危险品、小货件、牲畜、超大货、快件。

3.5.2　国际进港货邮作业及业务流程

航空货物运输的业务流程是为了满足货物运输消费者的需求而进行的从托运人发货到收件人收货的物流、信息流的实现和控制管理的过程。航空货物运输业务流程的环节比较多,比如市场销售、委托运输、订舱、标签、报关、交接发运、航班跟踪、信息服务、费用结算等。航空货物运输业务流程包括货邮进港和出港两大部分。货邮进港业务流程分为国内货邮进港和国际货邮进港两种业务流程。在航空货物运输发展的不同阶段,货运流程呈现不同的特征,我国目前的航空货运,各地区发展水平差别较大,流程也不尽相同。本节介绍航空货运发展最为成熟的流程,其他流程虽然有所不同,但核心流程是相似的。并且只介绍国际货邮运输业务流程,因为国内货邮业务流程可以看作是国际货邮业务流程的子集,相对比较简单,在此不再赘述。

国际货邮进港业务流程的环节包括航空货邮进口运输代理业务程序和航空公司的进港货邮的操作程序。其业务流程图如图 3.45 所示。

国际货邮航空进口运输的业务流程主要环节有以下几个。

1. 代理预报

在国外发货前,由国外代理公司将运单、航班、件数、重量、品名、实际收货人及其他地址、联系电话等内容发给目的地代理公司。

2. 交接单、货

由航空公司承运发货人的货物，货物入境时，与货物相关的单据也随机到达，运输工具及货物处于海关监管之下。货物卸下后，存入航空公司或机场的监管仓库，进行进口货物舱单录入，将舱单上总运单号、收货人、始发站、目的站、件数、重量、货物品名、航班号等信息通过电脑传输给海关留存，供报关用。同时根据运单上的收货人地址寄发取单和提货通知。

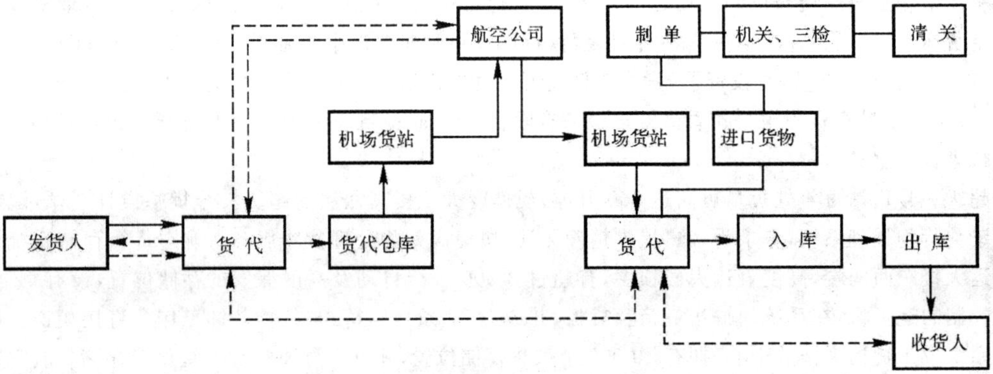

图 3.45 国际货邮进港业务流程图

3. 理货与仓储

机场货站对进港货物进行理货，并提供基本的仓储与保管服务。理货可按大货、小货、重货、轻货、单票货、混载货、危险品、贵重品、冷冻品、冷藏品等标准进行操作。当进港货物进入货代公司仓库，货代公司也需要对货物进行理货与仓储操作。

4. 理单与到货通知

货运代理公司整理运单，给收货人发出到货通知。

5. 制单、报关

制单、报关、地面运输有多种形式：货代公司代办制单、报关和运输；货主自行办理制单、报关和地面运输；货代公司代办制单、报关，货主自办地面运输；货主自行办理制单、报关后，委托货代公司进行地面运输；货主自办制单，委托货代公司报关和办理运输。

6. 收费、发货

发货：办完报关、报检等手续后，货主须凭盖有海关放行章、动植物报验章、卫生检疫报验章、进口提货单到货代所属监管仓库付费提货。

7. 送货与转运

货代公司可以提供送货上门与转运服务。

3.5.3 国际出港货邮业务流程及作业介绍

和进港业务流程一样，航空货邮出港业务流程可分为国内货邮出港和国际货邮出港业务流程两种。

不管是国际还是国内货邮，出港业务流程与进港业务流程都类似，只是方向相反。本节介绍国际货邮出港作业流程的货运代理出口业务程序和航空公司出港操作程序。

一、货运代理出口业务的作业介绍

货运代理出口业务流程包括市场销售、委托运输、审核单证等20项作业，现分别介绍如下。

1.市场销售

货代企业需及时向出口单位介绍本公司的业务范围、服务项目、各项收费标准，特别是向出口单位介绍本公司的优惠运价和服务优势等。

2.委托运输

由托运人自己填写货运托运书。托运书包括下列内容栏：托运人、收货人、始发站机场、目的地机场、要求的路线/申请订舱、供运输用的价值声明、供海关用的价值声明、保险金额、处理事项、货运单所附文件、实际毛重、运价类别、计费重量、费率、货物的品名及数量、托运人签字、日期等。

3.审核单证

货运的各项单证应包括：发票、装箱单、托运书、报送单项式、外汇核销单、许可证、商检证、进料/来料加工核销本、索赔/返修协议和关封等。这些单证都必须在提交运输前审核完毕。

4.预配舱

代理人汇总所接受的委托和客户的预报，输入电脑，计算出各航线的件数、重量和体积，按照客户的要求和货物重、泡(超轻)情况，根据各航空公司不同机型对不同板箱的重量和高度要求，制定预配舱方案，并对每票货配上运单号。

5.预订舱

代理人根据制定的预配舱方案，按航班、日期打印出总运单号、件数、重量、体积，向航空公司预订舱。

6.接受单证

接受托运人或其代理人送交的已经审核确认的托运书及报送单证和收货凭证。将收货记录与收货凭证核对，制作操作交接单，填上所收到的各种报关单证份数，给每份交接单制作一份总运单或分运单。将制作好的交接单、配好的总运单或分运单、报关单证移交给航空公司和海关制作他们各自的单证。

7.填制货运单

航空货运单包括总运单和分运单，填制航空货运单的主要依据是发货人提供的国际货物委托书，委托书上的各项内容应体现在货运单项式上，一般用英文填写。

8.接受货物

接收货物，是指航空货运代理公司把即将发运的货物从发货人手中接过来并运送到自己的仓库。接收货物一般与接单同时进行。对于通过空运或铁路从内地运往出境的出口货物，货运代理按照发货人提供的运单号、航班号及接货地点日期，代其提取货物。如货物已在始发地办理了出口海关手续，发货人应同时提供始发地海关的关封。接货时应对货物进行过磅和丈量，并根据发票、装箱或送货单清点货物，和对货物的数量、品名、合同号或唛头等是否与货运单上所列一致。

9.标记和标签

标记是贴在货物上随货运输的一种简单表格，包括托运人、收货人的姓名、地址、联系电话、传真；合同号等，操作（运输）注意事项和红色超重符号（单件超过 150 kg 的货物被视为超重货物）。标签是贴在货物上随货物运输的纸质条子，分为航空公司的标签和代理人的标签两种。航空公司的标签上有 11 位数码，前三位数字是承运人代码，后八位数字是总运单号码。代理人的分标签上有分运单号码和货物到达城市或机场的三字代码。一件货物上贴一张航空公司的标签，有分运单的货物，再贴一张代理人的分标签。

10.配舱

核对货物的实际件数、重量、体积与托运书上预报数量的差别。对预订舱位、板箱进行有效利用和合理搭配，按照各航班机型，板箱的型号、高度和数量进行配载。

11.订舱

接到发货人的发货预报后，向航空公司吨控部门领取并填写订舱单，同时提供相应的信息，包括货物的名称、体积、重量、件数、目的地和要求出运的时间等。航空公司根据实际情况安排舱位和航班。货运代理订舱时，可依照发货人的要求选择最佳的航线和承运人，同时为发货人争取最低、最合理的运价。订舱后，航空公司签发舱位确认书（舱单），同时给予装货集装器领取凭证，以表示舱位订妥。

12.出口报关

首先将发货人提供的出口货物报关单的各项内容输入电脑，即电脑预录入。在通过电脑填制的报关单上加盖报关单位的报关专用章，然后将报关单与有关的发票、装箱单和货运单综合在一起，并根据需要附上有关的证明文件。以上报关单证齐全后，由持有报关证的报关员正式向海关申报。海关审核无误后，即在用于发运的运单正本上加盖放行章，同时在出口收汇核销单和出口报关单上加盖放行章，在发货人用于产品退税的单证上加盖验讫章，贴上防伪标志，完成出口报关手续。

13.出仓单

配舱方案制定后就可着手编制出仓单。需要填写出仓单的日期、承运航班的日期、装载板箱形式及数量、货物进仓顺序编号、总运单号、件数、重量、体积、目的地三字代码和备注。

14.提板箱

向航空公司申领板、箱并办理相应的手续。提板、箱时，应领取相应的塑料薄膜和网。对所使用的板、箱要登记，装机时应消号。

15.货物装箱装板

货物装箱装板时不要用错集装箱、集装板，不要用错板型、箱型，不要超装箱板尺寸，要用垫衬，封盖好塑料纸，防潮、防雨淋。集装箱、板内货物尽可能配装整齐，结构稳定，并拉紧网索，防止运输途中倒塌。对于大宗货物和集中托运货物，尽可能将整票货物装一个或几个板、箱内运输。

16.签单

货运单在盖好海关放行章后还需要到航空公司签单，只有签单确认后才允许将单、货交给航空公司。

17.交接发运

交接是向航空公司交单交货，由航空公司安排空中运输。交单就是将随机单据和应有承运人留存的单据交给航空公司。随机单据包括第二联航空运单正本、发票、装箱单、产地证明、品质鉴定证书。交货即把与单据相符的货物交给航空公司。交货前必须粘贴或拴挂货物标签，清点和核对货物，填制货物交接清单。大宗货和集中托运货，以整板或整箱称重交接。零散小货按票称重，计年交接（运费一年结算一次）。

18. 航班跟踪

需要联程中转的货物，在货物运出后，要求航空公司提供二程、三程航班中转信息，确认中转情况。及时将上述信息反馈给客户，以便遇到有不正常情况及时处理。

19. 信息服务

应从多个方面做好信息服务，包括订舱信息、审单及报关信息、仓库收货信息、交运称重信息、一程二程航班信息、单证信息。

20. 费用结算

与发货人结算费用：在运费预付的情况下，收取航空运费、地面运输费、各种服务费和手续费。与承运人结算费用：向承运人支付航空运费及代理费，同时收取代理佣金。

二、出港货物的航空公司作业及操作流程

上文介绍了货运代理人的出港货物作业及其流程，从代理人将货物移交给航空公司，直到货物装上飞机的整个业务操作是航空公司的出港货物操作流程。航空公司出港货物的操作流程分为预审、整理单据、过磅等若干环节。现分别介绍如下：

1. 预审 CBA

预先审核国际货物订舱单(Cargo Booking Advance，CBA)。

2. 整理货物单据

需整理的单据包括已入库的大宗货物、现场收运的货物、中转的散货等三种货物单据。

3. 货物过磅、入库

收到货物必须过安检、过磅称重，然后再入库。

4. 货物出港

对于货物出港环节，重点处理好制作货运舱单及货物转运舱单的业务：①货运舱单(Cargo Manifest)是一架飞机所装载货物、邮件的运输凭证清单，是每一航班总申报单的附件，是向出境国、入境国海关申报飞机所载货邮情况的证明文件，也是承运人之间结算航空运费的重要凭证之一；②货物转运舱单(Cargo Transfer Manifest，CTM)由交运承运人填写，是货物交运承运人和货物接运承运人之间交接货物的重要运输凭证，也是承运人之间结算航空运费的重要凭证之一。

3.5.4 货邮作业流程仿真分析及优化

随着航空物流的飞速发展，货邮作业流程越来越复杂，时间的要求也越来越严格，管理者对作业流程改进的每一决策都需谨慎考虑。措施不当，往往付出高昂的代价。正是由于系统的复杂性、敏捷性和柔性，要想预测每一个决策给系统带来的后果，人的大脑已经无法完全胜任。计算机仿真技术弥补了这一不足，成为物流系统管理者的有用工具。本节主要介绍 ServiceModel 在货邮作业流程分析与优化中的应用。

货邮作业流程主要包括货代、航空公司和机场三方的业务操作流程。虽然三方的业务流程不同，但是仿真优化目标相同，都是以达到成本最小或者利润最大，提高货运流程效率为目标。所以货邮作业流程仿真可以从三方高层流程出发，逐步分解流程，建立整个货邮作业流程，以便利用 ServiceModel 进行流程仿真优化。三方流程仿真建模类似，本节重点介绍机场货站的仿真优化过程。

一、机场货站业务流程建模

1. 模型的假设

在机场货站业务流程中存在很多不确定性因素，为了能够定量分析货站的运行状况，对 ServiceModel 建模提出一些假设，包括：

(1)初始状态，货站内没有货物，工作人员和设备都处于就绪状态；

(2)货物到达时，货站已经开放；

(3)货物到达后按照先到先服务，排队等候；

(4)货物处理过程中不会出现意外事件。

2. ServiceModel 模型的基本元素

实体(Entity)：实体是货站系统中处理的对象。机场货站作业流程的处理对象是货物，货物多为成批到达货站，在货站内流动，接受各个环节的服务。

位置(Location)：位置有两类：一类是实体在此处经历一个活动或作业，并花费一段时间；一类是实体在此等待直到一些条件被满足。货物在货站处理过程中要经过停车场、装卸平台、安检仪、理货平台、货架、ETV 车、TV 车、堆垛机、仓库等位置。

处理(Processing)：处理描述了发生在某一位置上的操作，如货物在这一位置上花费一定时间，处理事件是随机变量，可采用负指数分布描述，用于完成货物所需操作和选择货物要到达的下一个位置。

资源(Resources)：资源是完成活动所需的物质如设备和执行活动的人员。货站运行系统中需要装卸工、叉车和平板车等资源。

实体到达(Entity Arrival)："实体到达"定义被产生并导入系统中的实体的导入次序、数量、频率及位置。货物在货站各位置的到达情况取决于货物到达装卸平台的情况、货物在各位置的活动时间以及货物在位置间的移动方向和时间。货物到达货站的情况由航班时间驱动，受航班装载量等的影响。航班到达和出发时间也是随机变量，可通过实地收集数据，统计分析得出实体到达分布的情况。

路线(Path)：路线是系统中实体和资源的活动路线，与现实系统中的物理路线(通道、马路等)相对应。货站系统的路线有货物在库区之间的移动路线，叉车/平板车的行走路线等。

工作时间表(Schedule)：工作时间表一方面由于设备等资源保养维修的需要；另一方面出于工作班次和周期的需要。机场货站系统中主要有堆垛机、ETV 和 TV 车的保养和维修，还有搬运工的工作周期和效率。

自定义变量(Variables)：ServiceModel 仿真软件的分析报告对位置的工作时间、容纳实体数量、利用情况、实体各状态(作业、等待资源、阻塞)时间分布等情况进行分析。如果需要分析超出以上范围的活动情况，可以通过自定义变量、对象属性、系统内置函数、子程序等加以分析。比如定义成本变量，以监控与优化货站运行的成本。

二、数据准备及仿真统计分析

在货站业务流程中，最复杂也是最重要的是货物到达过程。为此，要设计货物到达货站调查方案，旨在取得不同货物到达时间和数量的第一手资料。根据收集到数据，拟合货物的到达分布。现场还必须观测货站各位置上的作业时间、各位置间的运送方式和时间。由于货站货物处理流程的所有环节都围绕航班开展工作，且航班是以一周为循环周期，所以调查运输货物的航班量至少为一周，并以航班为系统的驱动事件。

采用 ServiceModel 软件创建货站流程模型，运行模型后可得出系统服务时间、货物等待时间、排队长度、资源利用率等衡量服务系统运行质量的典型指标。因此 ServiceModel 仿真模型既可以用于货站货物处理流程设计，预演货站运营后的使用情况，又可以用于流程改造，发现现有系统瓶颈、冗余，调整系统配置，使服务设施和资源利用率最大化。

三、货站业务流程优化

货站业务流程优化的主要目标是缩短货物流动的总平均时间。SimRunner 是 ServiceModel 仿真软件中优化工具包。SimRunner 使用数学优化方法，通过定义一个或多个模型影响因素和模型目标，找到因素间的组合方式，获得最优目标值。ServiceModel 仿真程序分为参数输入和仿真流程控制两大部分。参数输入包括模型参数和仿真参数输入，比如货物到达分布、理货处理时间分布、仿真运行时间长度等。而仿真流程控制部分可用 SimRunner 使用不同情景的仿真，以找出货站的优化后流程。根据货站业务流程的出入库活动和流程控制因素，可得出 SimRunner 优化策略，如图 3.46 所示。优化策略主要包括排队策略（如多服务台、优先排队等）、装卸策略（如自动化装卸、人工装卸等）、叉车调度策略（在线调度、统一调度等）、货位存储策略（按装载类型存储、按时间先后顺序存储等）、路径优化策略。利用 SimRunner 侦测出现有货站业务流程的瓶颈之处或需要优化之处，按照优化策略，建立不同场景的流程控制部分，以实现货站业务流程的优化。

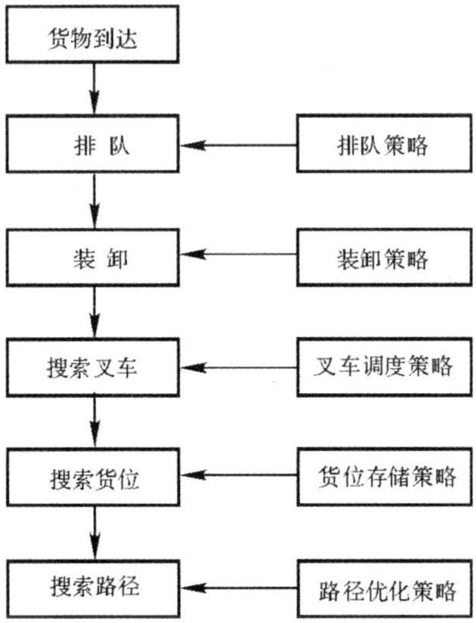

图 3.46　货站流程仿真优化策略

3.5.5 航空货物组装优化

一、航空集装器分类

国际航空运输协会(IATA)将航空运输中使用的成组工具称为成组器(也即集装器 ULD,IATA 称为成组器)。成组器分为航空用成组器和非航空用成组器两类,如表 3.21 所示。其中,非航空用成组器包括与 ISO 标准同型的集装箱。

1.航空用成组器

航空用成组器是指与飞机的形体结构完全配套,可以与机舱内的固定装置连接与固定的成组器。这类成组器又可分成部件组合式与整体结构式两类。

(1)部件组合式。指由托盘、货网、固定结构圆顶或非固定结构圆顶组合成一个可在机舱内固定的装卸单元。

表 3.21 航空集装器的分类

<table>
<tr><td rowspan="10">航空集装器</td><td rowspan="7">航空用成组器</td><td rowspan="4">部件组合式</td><td>航空用托盘</td></tr>
<tr><td>航空用货网</td></tr>
<tr><td>固定结构圆顶</td></tr>
<tr><td>非固定结构圆顶</td></tr>
<tr><td rowspan="2">整体结构式</td><td>主货舱用集装箱</td></tr>
<tr><td>下部货舱用集装箱</td></tr>
<tr><td colspan="2">国际航空运输协会尺寸集装箱</td></tr>
<tr><td rowspan="3">非航空用成组器</td><td rowspan="3">国际标准集装箱</td><td>航空运输专用集装箱</td></tr>
<tr><td>陆-空联运集装箱</td></tr>
<tr><td>海-陆-空联运用集装箱</td></tr>
</table>

表 3.21 中,托盘是指具有平滑底面的一块货板,能用货网、编织带把货物在托盘上绑缚起来,并能方便地装在机舱内进行固定。航空用托盘如图 3.47 所示。

货网是用编织带精工编制的网,用于固定托盘上的货物。航空用货网如图 3.48 所示,货网通常由一张顶网和两张侧网组成。货网与托盘之间利用装在网下的金属环连接,也可将顶网与侧网组合成一体,这种货网主要用于非固定结构圆顶上。

固定结构圆顶是一种与航空用托盘相连接的,不用货网就能使货物不移动的固定用罩壳。托盘固定在罩壳上,与罩壳形成一体。固定结构圆顶如图 3.49 所示。

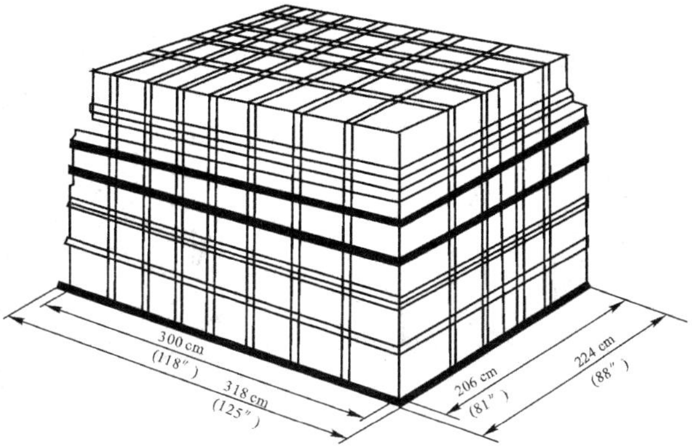

图 3.47　航空用托盘

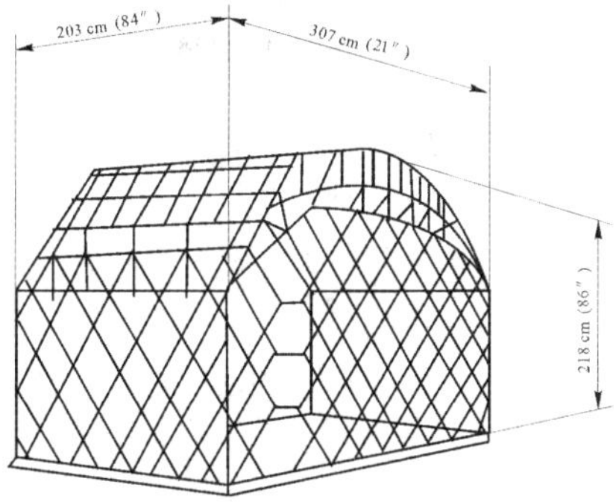

图 3.48　航空用货网

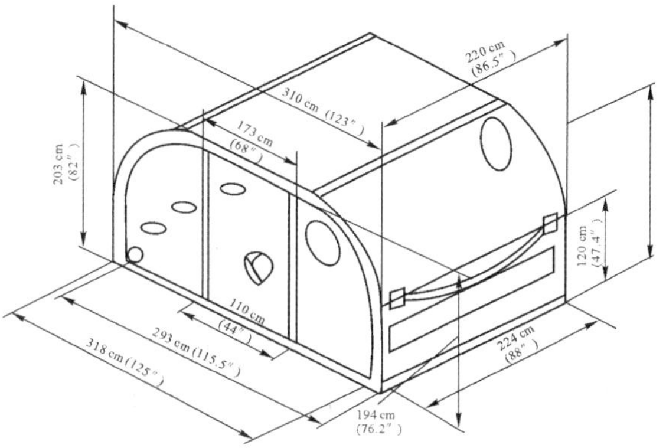

图 3.49　固定结构圆顶

非固定结构图顶是一种用玻璃纤维、金属制造的，设有箱底，能与航空用托盘和货网相连的罩壳。

(2)整体结构式。指单独形成一个完整结构的成组器，它的外形不是长方形，而是与机舱形状相配合，可直接系固在机舱中。这类成组器又可分成上部货舱用集装箱和下部货舱用集装箱，如图 3.50 所示。前者上圆下方，后者上方下圆，分别与飞机形体吻合。不同机型飞机这类组合器的尺寸不一样。这类组合器又可分为整体形和半体形两种。半体形再分左、右两种不同形状，分别与机舱的左边和右边形状相吻合。

2. 非航空用成组器

所谓"非航空用"，只是指成组器的形状与飞机内部不吻合，为长方形，也不能直接在机舱中系固。这类成组器中，"国际航空协会标准尺寸集装箱"与 ISO 国际标准集装箱不配套，不能进行多式联运。"国际标准集装箱"符合 ISO 国际标准，分成 10 ft，20 ft，30 ft，40 ft 四种尺寸，可以进行多式联运。这类箱子又分三种。

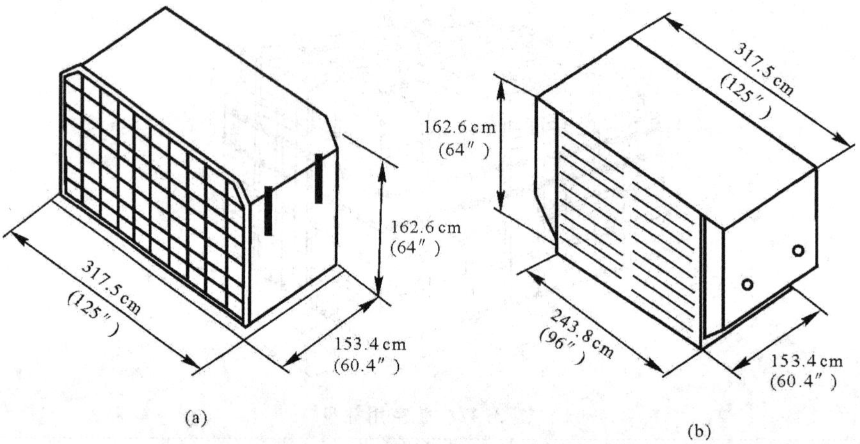

图 3.50 整体结构式航空集装箱

(a)内容积:6.9～7 m³,自重:213.2～294.8 kg,重量限制:2 576.4～3 175.1 kg,机型:707,727,737 上部货舱用;

(b)内容积:6.9 m³,自重:176.9～244.9 kg,重量限制:2 449.4 kg,机型:747,767 下部货舱用

(1)航空运输专用集装箱。形状为长方形,不能在机舱内直接系固,在箱上不设角件,不能堆装。

(2)陆-空联运用集装箱。可以用空运和陆运系统的装卸工具进行装卸和搬运。有的上部无角件而下部有角件,不能堆装;有的上下部都有角件,既可吊装,也可堆装;还有的除上下部都有角件外,还有叉槽,可以使用叉车进行装卸。

(3)海-陆-空联运集装箱。这类集装箱的特点是上下部都有角件,可以堆装。但由于其结构强度较弱,堆码层数受到严格的限制。在海陆空联运时,要注意必须与其他标准集装箱区别开来,绝对避免装在舱底。

二、航空货物组载优化模型

航空货运飞机的舱容有限,对大件货物或大批量货物的运输有一定限制。目前,国内航空公司的飞机以中小型为主,以波音 757 为例,即使 4 个舱全装货物,也只能装载 10 多吨,运力跟中型卡车差不多。所以,如何在飞机有限的空间里,尽可能地装入不超过飞机限重的货物,是一个很关键的问题。

航空货物组装需要考虑的因素有:

(1)货物是否可以分批。即同一票货物是否可以用多个航班运送。

(2)货物运输优先级。优先级顺序一般为抢险、救灾、急救,指定日期、航班和按急件收运的货物,有时限、贵重和零星小件物品,国际和国内中转联程货物。其他货物按照收运的先后顺序发送。

(3)货物本身的承重性(易碎性)。重不压轻,大不压小。

(4)货物不可混装性。某些货物之间必须隔离,不宜与其他货物混装。例如,食品和化工产品;有些危险品按照国家对危险品运输的规定进行隔离或者分装。

(5)飞机载运货物的重量和体积限制。对非宽体飞机,每件货物重量一般不超过 80 kg,体积一般不超过 40 cm×60 cm×100 cm。对宽体飞机,每件货物重量一般不超过 250 kg,体积一般不超过 100 cm×

100 cm×140 cm。

由于航空货物组装涉及的因素比较多，为简化建模，作出如下假设：①货物可以混装和任意摆放；②所有货物发运优先级一样；③属于同一票的货物，体积重量都一样；④不考虑前后舱重量对飞机平衡的影响，以及客重、油重、温度等对货舱重量的制约。

组载优化模型如下：

$$\max \sum_{i=1}^{n}\sum_{j=1}^{l_i}\sum_{k=1}^{m} w_i x_{ijk} \tag{3.73}$$

$$\max \sum_{i=1}^{n}\sum_{j=1}^{l_i}\sum_{k=1}^{m} v_i x_{ijk} \tag{3.74}$$

$$\min \sum_{k=1}^{m}\left|\frac{\sum_{i=1}^{n}\sum_{j=1}^{l_i} w_i x_{ijk}}{\sum_{i=1}^{n}\sum_{j=1}^{l_i} v_i x_{ijk}}-\frac{W_k}{V_k}\right| \tag{3.75}$$

$$\text{s.t.}\quad \sum_{i=1}^{n}\sum_{j=1}^{l_i} w_i x_{ijk} \leqslant W_k,\quad k=1,2,\cdots,m \tag{3.76}$$

$$\begin{aligned}&\sum_{i=1}^{n}\sum_{j=1}^{l_i} v_i x_{ijk} \leqslant V_k,\quad k=1,2,\cdots,m\\ &x_{ijk}=0,1,\quad i=1,2,\cdots,n;\quad j=1,2,\cdots,l_i;\quad k=1,2,\cdots,m\end{aligned} \tag{3.77}$$

式中，W_k 是第 k 个集装箱的限重；V_k 是第 k 个集装箱的容积，$k=1,2,\cdots,m$；w_i 是第 i 票货物的单件重量；v_i 是第 i 票货物的单件体积，$i=1,2,\cdots,n$；x_{ijk} 是 0—1 型决策变量，第 i 票的第 j 件货物装载在第 k 个集装箱中时 $x_{ijk}=1$，否则为 0，$j=1,2,\cdots,l_i$。

目标函数式(3.73) 为装载重量最大化，式(3.74) 为装载体积最大化，式(3.75) 为组装货物密度对集装器设计密度偏离最小化，约束条件式(3.76) 和式(3.77) 分别是关于集装箱的重量和体积限制。该组装优化模型为 0—1 型多目标整数规划，它没有要求收入最大或成本最小，只是追求集装箱的最充分利用。没有考虑装载后运输的经济价值，其主要原因是在做货物组装时，运输的收入已经确定了，要考虑的主要因素是如何尽可能利用集装箱的容积和重量容量，使成本尽可能小。该模型可利用启发式算法求解，也可以对三个目标函数给出满意的目标值，引入正负偏差变量，将它化成目标规划问题，然后求解。

三、实例分析

例 3.19　如表 3.22 所示中的货物要装入如表 3.23 所示的两种航空集装器，由于货物件数比较多，可以把每一票(1 票货物指 1 张货票列出的货物) 的 10 件货物合成一大件，如第 1 票货物合成后有 10 大件，第 2 票有 2 大件，等等。试求这批货物的组装方案。

解：首先根据如表 3.22 和表 3.23 所给的数据，代入式(3.73) ～ 式(3.77)，建立集装器组装优化数学模型如下：

$$\max 10\times\left(\sum_{j=1}^{10}\sum_{k=1}^{2} w_1 x_{1jk}+\sum_{j=1}^{2}\sum_{k=1}^{2} w_2 x_{2jk}+\sum_{j=1}^{5}\sum_{k=1}^{2} w_3 x_{3jk}+\sum_{i=4}^{9}\sum_{j=1}^{2}\sum_{k=1}^{2} w_i x_{ijk}+\sum_{j=1}^{6}\sum_{k=1}^{2} w_{10} x_{10jk}\right)$$

$$\max 10\times\left(\sum_{j=1}^{10}\sum_{k=1}^{2} v_1 x_{1jk}+\sum_{j=1}^{2}\sum_{k=1}^{2} v_2 x_{2jk}+\sum_{j=1}^{5}\sum_{k=1}^{2} v_3 x_{3jk}+\sum_{i=4}^{9}\sum_{j=1}^{2}\sum_{k=1}^{2} v_i x_{ijk}+\sum_{j=1}^{6}\sum_{k=1}^{2} v_{10} x_{10jk}\right)$$

$$\min \left| \frac{\sum_{j=1}^{10} w_1 x_{1j1} + \sum_{j=1}^{2} w_2 x_{2j1} + \sum_{j=1}^{5} w_3 x_{3j1} + \sum_{i=4}^{9}\sum_{j=1}^{2} w_i x_{ij1} + \sum_{j=1}^{6} w_{10} x_{10j1}}{\sum_{j=1}^{10} v_1 x_{1j1} + \sum_{j=1}^{2} v_2 x_{2j1} + \sum_{j=1}^{5} v_3 x_{3j1} + \sum_{i=4}^{9}\sum_{j=1}^{2} v_i x_{ij1} + \sum_{j=1}^{6} v_{10} x_{10j1}} - \frac{3\ 800}{18} \right| +$$

$$\left| \frac{\sum_{j=1}^{10} w_1 x_{1j2} + \sum_{j=1}^{2} w_2 x_{2j2} + \sum_{j=1}^{5} w_3 x_{3j2} + \sum_{i=4}^{9}\sum_{j=1}^{2} w_i x_{ij2} + \sum_{j=1}^{6} w_{10} x_{10j2}}{\sum_{j=1}^{10} v_1 x_{1j2} + \sum_{j=1}^{2} v_2 x_{2j2} + \sum_{j=1}^{5} v_3 x_{3j2} + \sum_{i=4}^{9}\sum_{j=1}^{2} v_i x_{ij2} + \sum_{j=1}^{6} v_{10} x_{10j2}} - \frac{3\ 000}{12} \right|$$

$$\text{s. t.} \quad 10 \times \left(\sum_{j=1}^{10} w_1 x_{1j1} + \sum_{j=1}^{2} w_2 x_{2j1} + \sum_{j=1}^{5} w_3 x_{3j1} + \sum_{i=4}^{9}\sum_{j=1}^{2} w_i x_{ij1} + \sum_{j=1}^{6} w_{10} x_{10j1}\right) \leqslant 3\ 800$$

$$10 \times \left(\sum_{j=1}^{10} w_1 x_{1j2} + \sum_{j=1}^{2} w_2 x_{2j2} + \sum_{j=1}^{5} w_3 x_{3j2} + \sum_{i=4}^{9}\sum_{j=1}^{2} w_i x_{ij2} + \sum_{j=1}^{6} w_{10} x_{10j2}\right) \leqslant 3\ 000$$

$$10 \times \left(\sum_{j=1}^{10} v_1 x_{1j1} + \sum_{j=1}^{2} v_2 x_{2j1} + \sum_{j=1}^{5} v_3 x_{3j1} + \sum_{i=4}^{9}\sum_{j=1}^{2} v_i x_{ij1} + \sum_{j=1}^{6} v_{10} x_{10j1}\right) \leqslant 18$$

$$10 \times \left(\sum_{j=1}^{10} v_1 x_{1j2} + \sum_{j=1}^{2} v_2 x_{2j2} + \sum_{j=1}^{5} v_3 x_{3j2} + \sum_{i=4}^{9}\sum_{j=1}^{2} v_i x_{ij2} + \sum_{j=1}^{6} v_{10} x_{10j2}\right) \leqslant 12$$

$$x_{ijk} = 0,1; \quad i = 1,2,\cdots,10; \quad j = 1,2,\cdots; \quad l_i, k = 1,2$$

用遗传算法求解该数学模型，得出允许货物分批的情况下，货物分装的结果和集装器的利用率如表3.24所示。

表 3.22 货物有关数据

票	体积 v_i/m^3	重量 w_i/kg	件数 / 件
1	0.064	20	100
2	0.88	50	20
3	0.12	25	50
4	0.046	10	20
5	0.02	5.8	20
6	0.075	15	20
7	0.1	15	20
8	0.55	14	20
9	0.68	14	20
10	0.082	15	60
总　计	64.34	6 626	350

表 3.23　集装器有关数据

集装器	体积 /m^3	重量限制 /kg
A	18	3 800
B	12	3 000
总　计	30	6 800

表 3.24　集装器的装载分配结果和利用情况表

集装器	票 1	票 2	票 3	票 4	票 5	票 6	票 7	票 8	票 9	票 10	装载体积 /m^3	体积利用率	装载重量 /kg	重量利用率
A	40	0	50	10	20	20	20	0	0	60	17.84	99%	3 766	99%
B	50	10	0	0	0	0	0	0	0	0	12	100%	1 500	50%
未　装	10	10	0	10	0	0	0	20	20	0				

该例的两个集装箱的体积容量首先被用完，集装箱 B 的重量利用率只有 50%，表明其中装载的货物比较轻，还有 5 票货物共 70 大件未装完。

3.6　机场陆路到达系统规划

3.6.1　机场陆路到达系统概述

机场陆路到达系统（Airport Access System，AAS）为进离港旅客提供地面交通服务，主要交通方式有：① 私家车、出租车；② 机场巴士和公交大巴；③ 轨道交通，如地铁、磁悬浮、轻轨等。

随着航空运输业的发展，航空旅客流量不断增加，机场的陆路到达系统也越来越拥挤，地面交通所花费的时间越来越长，因此机场规划应当考虑与公路和铁路系统的联运，使航空运输系统与地面交通系统构成高效的综合运输系统。

机场巴士比出租车费用低，载客率高，比公交车站点少，非机场旅客的干扰少，因此比较快捷。据调查，上海浦东机场巴士的客座率达到 70%，运送量占机场旅客吞吐量的 30%。

出租车具有门到门服务的便捷特点，受到人们的欢迎，但费用较高，是机场巴士的 8～10 倍。出租车不使用停车场。接送进港旅客的出租车尽管需要排队等待旅客，但机场一般不专门为他们提供停车场。

随着私家车的增加，一些旅客喜欢自己驾车到机场，回程时再自驾车回家，因此机场需提供私家车停车场。商务旅客可能使用公车接送，一般只短时间占用停车场。

到目前为止，机场轨道交通在我国还很少，只有首都机场开通了机场快轨连接到东直门，浦东机场有一小段磁悬浮列车。但发展机场轨道交通将成为许多大型机场的规划目标。

陆路到达系统的规划步骤如下：

第一步　预测机场年吞吐量、日吞吐量、高峰小时吞吐量。

第二步　将陆路交通方式分为公路交通方式(私家车、出租车和机场巴士)和轨道交通方式,分别预测它们的运输分担率。

第三步　根据机场吞吐量和分担率计算各种交通方式的运输量,设计各种交通方式的容量。

第四步　规划机场各种陆路交通模式的服务设施。

下面首先讨论各种交通方式的容量计算方法,然后讨论机场停车场和车道边的规划。

3.6.2　公路交通容量计算

公路交通容量分:车辆容量和公路容量。车辆又分为小桥车、中巴和大巴。一般机场巴士容量的决定因素包括:

(1) 车辆的尺寸;

(2) 车辆的可用空间体积;

(3) 乘坐舒适度标准;

(4) 座、站位的比例。

机场巴士的容量等于座位数乘以客座率。公交车可以接受站客,客座率可能大于1。

通常车辆的容量为:

(1) 轿车和私家车的容量一般为1人;

(2) 中巴车容量一般为6～18人;

(3) 大客车容量一般为30～50人。

公路容量定义为:公路某一横截面上每小时通过车辆的最大值。它的影响因素有:

(1) 车道数;

(2) 车速;

(3) 车辆间距(Headway)。

公路容量可以用下式计算

$$C = 3\,600nv/(L_v + S_d) \tag{3.78}$$

式中,n是车道数,v是饱和交通流情况下的平均车速(m/s),L_v是车辆平均车身长度(m),S_d是车辆为保证安全以速度v行驶时前后两车首尾之间的刹车距离。

在所谓的标准状态下(平均车速 = 48－56 km/h,车辆均匀间距 = 22－25 m),可以用式(3.78)计算出每车道的容量为2 000辆。实际情况还需要考虑车肩距、不同车辆相互影响、道路的坡度、目视距离等的影响,应当对理想情况的容量(2 000辆/道)作些修正,因此给出

$$C = 2000nwT_cB_c \tag{3.79}$$

这里,w是考虑车肩距影响的修正因子,T_c是货车影响因子,B_c是客车影响因子,它们都是小于1的正数。

将公路容量乘以车辆容量即可计算出公路交通客容量。

例3.20　某机场高峰小时出港旅客4 000人,只有高速公路通往机场,共有3个车道,每车道的理想

容量为 2 000(辆 /h),各修正因子分别是 $w = 0.7$,$T_c = 0.7$,$B_c = 0.75$,其中 95% 为轿车,5% 是大客车,每辆轿车平均为 1 名旅客,每辆大客车平均乘坐 40 名旅客,试分析该陆路到达系统是否有足够的容量保证运送旅客到机场。

解　根据式(3.83),高速公路的车容量为 $C = 2\,000 \times 3 \times 0.7 \times 0.7 \times 0.75 = 2\,206$(辆 /h),其中轿车 2 096 辆,即每小时可输送 2 096 人,同时还有大客车 110 辆,可运送旅客 $110 \times 40 = 4\,400$ 人,因此该陆路到达系统的客容量可达 6 496(人 /h),能保证足够的容量运送旅客。

3.6.3　轨道交通容量计算

轨道系统交通容量分为线容量、车箱容量和旅客容量,下面逐步推导并综合成轨道交通系统的客容量计算公式。

线容量定义为单位时间内通过某固定点的列车辆数为

$$f_{\max} = \left[\frac{3\,600v}{\max(H_{w\min}, H_{s\min})}\right] \tag{3.80}$$

式中,v 是车速,H_w 是轨道车的截面车距(用先后通过某截面的距离来计算),H_s 是轨道车的车站距离(用先后到达某车站的距离来计算),通常 $H_{w\min} > H_{s\min}$,因此 $H_{w\min}$ 决定了线容量。

车箱容量定义为单位时间内通过某参考点的车厢数。如果每列车有 n 节车厢,则车厢容量为

$$C = nf_{\max} = n\left[\frac{3\,600v}{\min(H_{w\min}, H_{s\min})}\right] \tag{3.81}$$

旅客容量定义为单位时间内通过的旅客数量为

$$C_o = N_v C = nN_v\left[\frac{3\,600v}{\min(H_{w\min}, H_{s\min})}\right] \tag{3.82}$$

式中,N_v 是每车厢可容纳旅客数。

轨道交通还可以根据时刻表计算容量,叫做时刻表容量。设时刻表规定每小时发车 m 趟,每辆列车有 n 节车厢,每车厢能容纳 N_v 旅客,因此时刻表容量可以表示为

$$C_s = mnN_v \tag{3.83}$$

一般地有 $C_o > C_s$。

3.6.4　车道边运行及容量评估

车道边(Curbside)是航站楼出发大厅和到达大厅前设置的交通设施,出发车道边供到达后即离开的出租车等送客车临时停车用,到达车道边供接运到达旅客的车辆临时停车用。车辆停靠车道边是为了让旅客上下车,因此时间一般都很短,车道边更重要的功能是交通,它必须畅通,不能堵塞。一般地到达车道边面积比出发车道边要大,因为等待进港旅客的车辆花费的时间要长,因此需要的空间也较大。根据经验,到达车道边应比出发车道边大 20% 左右。

出港(即出发)车道边和进港(即到达)车道边应分开设置,分别设在出发大厅前和到达大厅前。对于繁忙的机场,出港 / 进港车道边通常有多条车道,一般将车道分配给轿车和大客车,分开使用,并且应

当分配靠航站楼一侧的车道供大客车使用,以避免短时间内大量旅客穿越车道,引起堵塞。

在出港车道边,与车道垂直的方向,每隔一定距离应设置一个旅客过道,保证从停在车道外侧车辆上下来的旅客能安全地穿过车道,进入出发大厅。对于进港车道边,应设置同样的旅客通道,以保证到达旅客离开到达大厅后,能安全穿过内侧车道,到达外侧车道后乘车离去。

车道边的容量分为静态容量和动态容量。静态容量指同时可停靠的最大车辆数,它取决于车道边的面积、平均每辆车需占面积以及车道边面积的利用率。动态容量指单位时间内可服务的最大车辆数,它取决于静态容量和平均每辆车的停车时间。

设用于小轿车停靠的出港车道边长度为 L(m)(应去掉旅客通道占用的长度),宽度为 B_1,平均每辆轿车长 l_1(包括了车辆为驶出停车位必须的纵向间隔),宽 b_1(已包括了安全行驶必须的车辆两侧的间隙),车道边可分为 $K_1 = B_1/b_1$ 个车道,面积利用率为 η_1,那么静态车容量为

$$C_s = LB_1\eta_1/l_1b_1$$

如果平均每辆轿车停车时间为 T_1(min),则它的动态车容量为

$$C_{cd} = \frac{C_s}{T_1} = \frac{LB_1\eta_1 60}{l_1b_1T_1} = \frac{60K_1\eta_1 L}{l_1T_1} \tag{3.84}$$

如果平均每轿车乘坐旅客数为 n_1,则车道边的动态客容量为 $C_{cd}n_1$。设高峰小时出港旅客数为 P,其中轿车的分担率为 M_1,则轿车使用的车道边面积为

$$LB_1 \geqslant \frac{PM_1l_1b_1T_1}{60n_1\eta_1} \tag{3.85}$$

或在长度一定时用车道数表达为

$$K_1 \geqslant \frac{PM_1l_1T_1}{60n_1\eta_1L} \tag{3.86}$$

同理,可以推导出出港车道边的大客车动态车容量和客容量分别为

$$C_{bd} = \frac{LB_2\eta_2 60}{l_2b_2T_2} = 60\,\frac{K_2\eta_2L}{l_2T_2} \tag{3.87}$$

$$C_{pd} = \frac{LB_2n_2\eta_2 60}{l_2b_2T_2} = 60\,\frac{n_2K_2\eta_2L}{l_2T_2} \tag{3.87$'$}$$

如果大客车的分担率是 M_2,则大客车使用的车道边面积应有

$$LB_2 \geqslant \frac{PM_2l_2b_2T_2}{60n_2\eta_2} \tag{3.88}$$

或用大客车车道数表达为

$$K_2 \geqslant \frac{PM_2l_2T_2}{60n_2\eta_2L} \tag{3.89}$$

式中,B_2,K_2,M_2,n_2,l_2,b_2,T_2 分别是分配给大客车的车道边宽度(m)、车道数,大客车的运输分担率、平均每车旅客数、平均每辆大客车的长度、宽度,和平均每辆大客车在车道边的停留时间(min),η_2 是大客车的车道边面积利用率。一般轿车和出租车的停车位平均长约 7.5 m,大巴和公共汽车的停车位平均长约 15.5 m。

车道边面积利用率受交通规划的影响很大,例如对于出发车道边,如果入口端正好靠近航班量大的值机柜台,大量的车辆将停靠在车道边的入口端,引起交通堵塞,使得想进入到里端停靠的车辆进不来,

车道边里端大面积空闲，一方面将造成交通堵塞，另一方面又有大面积空闲的停车位。因此应当将航班量大的值机柜台尽量安排在车道边的出口端，越靠近入口端，值机的航班量越少。另外，应当按照航空公司的航班量，规划相应入口处车道边的停车面积，并有交通指挥人员进行现场指挥。如果有多条车道，应当留有一条车道用作通行，不准停车，保持交通的畅通。

例 3.21　例 3.20 的机场，出发车道边长度 500 m，有 6 条车道，内侧两条车道供大客车使用，应留有一条车道供通行，面积利用率为 60%，外侧 4 条车道供轿车使用，应至少留有一条车道供通行，其他三条车道的面积利用率为 50%。已知轿车平均停留 1 min，大客车平均停留 8 min，它们的分担率为轿车 40%，大客车 60%，试问该机场出发车道边的容量是否足够。

解：该机场高峰小时的出发客流需求为 4 000(人 /h)，小轿车承担的运输量是 1 600(人 /h)。对于轿车车道边，应当留有一条车道用做通行，不准停车。根据式(3.84)，车道边的客容量为

$$C_{cd} = 60 \times 3 \times 0.5 \times 500/(7.5 \times 1) = 6\ 000(\text{人} /h)$$

超过轿车承担的运输量。对于大客车，承担的运输量是 2 400(人 /h)，由于 2 条车道只有一条用作停车，因此根据式(3.87′)得

$$C_{pd} = 60 \times 40 \times 1 \times 0.6 \times 500/(15.5 \times 8) = 5\ 806(\text{人} /\text{h})$$

大大超过大客车承担得客运量。综上所述，该车道边的总客容量足够。

如果不设通行车道，就有可能导致面积利用率下降，假如小轿车的车道边面积利用率下降为 10%，那么此时的客容量等于

$$C_{cd} = 60 \times 4 \times 0.1 \times 500/(7.5 \times 1) = 1\ 600(\text{人} /\text{h})$$

此时正好等于它承担的运输量，已经引起了堵塞。可见应当重视车道边的交通规划和管理，保持车道边畅通是提高面积利用率，从而提高车道边客容量的有效手段。

3.6.5　停车场容量计算

大型现代机场需要大容量的停车场，根据世界范围内的调查资料显示，每 100 万人次的年旅客吞吐量需要提供 200 ~ 1 200 个停车位，每 1 000 个员工需要 250 ~ 500 个停车位。机场实际需要的停车位数目依赖于当地的人均汽车拥有水平和公共交通系统的效率等。

机场停车场有以下几类：

(1) 以小时计费的公用停车场。这种停车场一般设在航站楼前，距离航站楼较近。

(2) 私家车停车场，用于自驾车到机场乘机的旅客停车，这种旅客的停车时间一般在 1 天到几天，时间比较长，因此价格应当按日论价，不能以小时计费，一般设在离航站楼较远处。

(3) 机场雇员停车场。

停车场容量也分动态容量和静态容量两种，设计停车场车位数和面积应使用静态容量，计算停车场生产能力应使用动态容量。

机场雇员停车场的停车位一般专位专用，即使空着，其他人也不得使用。其设计比较简单，只需在单位内部做一次民意调查即可掌握需求，这里不再讨论。对于私家车停车场，可以根据机场能量辐射圈内私家车的拥有量和自驾车到机场乘机的概率计算停车需求。例如某机场在其辐射圈内有 100 万辆私家

车，每天自驾车来乘机的概率为万分之一，平均停车两天，因此每天平均停有100辆私家车，两天有200辆停车的需求，可设计200个停车位。若每车位面积为10 m^2，则需2 000 m^2 的停车场。

对于计时收费停车场设计，必须首先预测各种车辆的停车需求和平均每车停场时间，然后计算动态车容量，再计算静态车容量，由此设计各种车辆的车位数，进而根据各种车辆的车位面积规划停车场的面积。

例 3.22 某机场预测未来停车场的大客车流量为20辆/h，小轿车的流量为200辆/h，大客车平均每次停车4 h，小轿车平均每次停车2 h。假设每个轿车位面积为10 m^2，每个大客车位面积是30 m^2，试为该停车场设计车位数，并计算面积。

解 将停车场的车流量看作动态容量，以实现供需平衡。因此小轿车的动态容量应该等于200辆/h，大客车的动态容量为20辆/h。由于小轿车平均每次停车2 h，大客车平均停车4 h，因此小轿车的静态容量等于 $200 \times 2 = 400$ 辆，大客车静态容量等于 $20 \times 4 = 80$ 辆。这就要求停车场设计小轿车位400个，大客车位80个。又由于每个小轿车停车位面积为10 m^2，大客车位为30 m^2，因此停车场面积等于 $400 \times 10 + 80 \times 30 = 6\,400\ m^2$。

3.7 枢纽机场运行规划

3.7.1 枢纽机场的运行特点

在第7章中将详细讨论航空公司的枢纽运行和航线规划问题，本章讨论枢纽机场作为枢纽网络的中枢在运行上的特点和困难，讨论解决这些困难的方法。

枢纽机场与普通机场相比有以下几个特点：

(1) 中转旅客量大，在航站楼内，不但有出发旅客流和到达旅客流，还有中转旅客流。

(2) 中转行李量大，由于中转旅客量大，所以中转行李的量也不小。

(3) 航班波运作。航班波运作时，航班的到达和出发比较集中，不像普通机场那么均衡，这就造成了枢纽机场生产资源使用的集中化。要求机场有足够的生产资源，包括值机柜台、候机厅、登机口、停机位、行李传送带和转盘等，以提供航班波足够的生产保障能力，但航班波过后生产资源可能闲置。

航班波运作的目的主要有：一是给旅客提供更多的转机选择；二是尽可能减少旅客转机时间。为达此目的，枢纽机场运行应解决如下问题：

(1) 中转旅客流程设计；

(2) 中转行李流程设计；

(3) 航班波的生产资源调度和指派，特别是停机位指派。

将在本节讨论以上问题。

3.7.2 中转旅客流程的规划

中转旅客的流量在一定程度上体现了机场的中枢水平，一般认为枢纽机场的中转旅客应当达到

30%以上。有的枢纽机场的中转旅客超过了60%,达到了相当高的中枢水平。

中转旅客流程设计是枢纽机场建设的关键要素,与旅客最短衔接时间(航空公司进行航班波设计时应保证出发波的第一个航班与到达波的最后一个航班之间的间隔不小于最短衔接时间)、旅客中转的效率等都有密切关系。中转旅客流程设计的基本要求是:中转手续尽可能简捷;旅客中转行走距离尽可能短。为实现这些要求,设计中转旅客流程应遵守以下原则:

(1) 中转流程与到达流程、出发流程隔离。例如设置专门的中转航站楼或专门的中转楼层,旅客可以在同一层楼中办完中转手续,并且与其他流程不相互干扰。

(2) 中转流程都设在隔离区内,减少流程长度。

(3) 国际中转旅客免除过境签证,不用经过出入境边防检查。

(4) 中转值机柜台设在旅客最为方便的候机厅两侧,以方便旅客办理中转手续。

(5) 如果旅客在起点站即已办好中转登机手续,应设有地面引导人员引导旅客登机。

(6) 应使用廊桥上下机。

(7) 中转标志设置应当醒目清晰,避免旅客因信息不清而耽误乘机。

如果是线形集中式航站楼,应把航班波的航班停靠在同一个或相邻指廊的廊桥上,保证中转旅客的行走距离最短。

中转旅客流程如图3.51所示,其中国际航班的出入境边防检查可免。

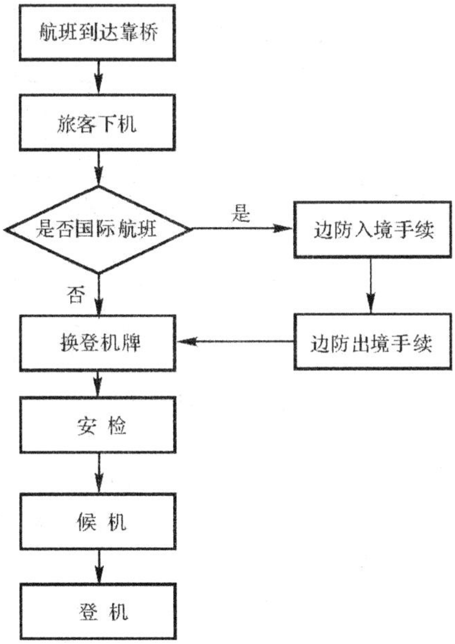

图3.51 中转旅客流程

3.7.3 中转行李流程规划

由于一架到港的飞机上载有转到多个航班的旅客,同时又将载着来自多个航班的中转旅客出港。行李必须随着旅客一起飞行,人与行李不能分离。因此一个航班到达后,必须对行李根据中转的下一个航班进行分拣。对于到达的航班,将行李按照到达和中转分别进行分拣,再将中转行李运送到将要出发的航班上;对于将要出发的航班,应当结集来自各到达航班的行李。这个流程需要仔细设计,以防止行李的错送、漏送和破损。

如果未采用行李自动分拣系统,中转行李的流程如图 3.52 所示。

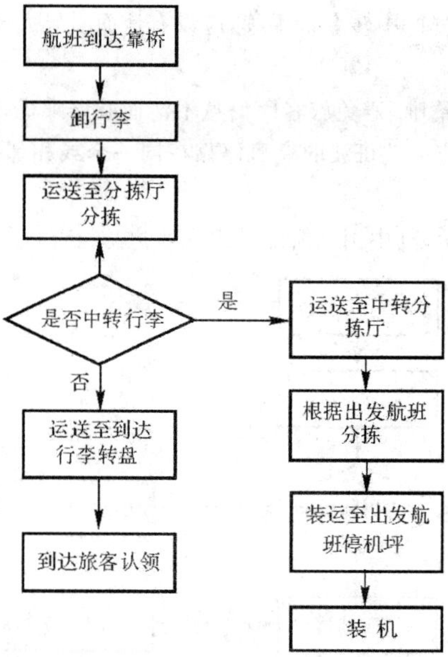

图 3.52 中转行李流程

如果采用了行李自动分拣系统,行李卸机后用行李拖车运送至行李分拣厅,卸放在行李分拣系统的传送带上,自动分拣系统通过采集和分析行李上的 RFID 芯片 / 条纹码的信息,进行自动分拣,并将到达行李送至到达行李转盘上,中转行李分送至各出发航班行李拖车上。自动分拣系统能自动分析各出发航班行李是否已结集齐了,若已完成结集,拖车将中转行李拖运至出发航班停机坪,然后装机。

由此可见,如果采用了行李自动分拣系统,中转行李的分拣流程是自动完成的。但对于非自动分拣系统,行李分拣主要靠人工完成。为防止出错和有秩序地开展中转行李分拣工作,在行李分拣厅应当设置中转行李分拣区,该区的分拣转盘专门用于分拣中转行李。航班到达后,从飞机腹舱卸行李时,装卸工根据行李上的标签识别是否中转行李,将到达行李独装一节车厢,与中转行李分开。行李装运至行李分拣厅后,到达行李运送至到达行李转盘,中转行李运送至中转行李分拣区的指定分拣转盘上进行分拣,由人工分拣后运送至出发航班停机坪装机。

这里有一个困难，因为中转航班量较大，出发航班的行李来自许多其他航班(包括始发旅客的行李)，如果只有一个分拣转盘，一是容量可能不足，二是转盘周围放不下几个航班的行李拖车；如果使用几个分拣转盘，虽然可以解决容量不足问题，但同一个出发航班的行李拖车需要从多个分拣转盘上取来行李，这将影响分拣效率。因此如何设计行李分拣流程是个重要问题。

建议的做法是，将一辆行李拖车的车厢分开，每个车厢停放在一个转盘旁，再设置多个分拣转盘，例如 4 个，每个转盘周围可停放 20 个左右航班的行李车厢，分拣完后，将同一个航班的行李车厢连接起来拖送至停机坪。这样可以充分利用分拣厅空间，也可防止分拣工来回走动影响工作效率。但必须防止拼错行李车，即防止将两个不同航班的行李车厢拼成了一个行李拖车，这样张冠李戴将铸成大错，必须严格防止。为此，一个航班的行李车只能由一名分拣工负责拼接，行李车厢上必须贴上航班标签，拼接时认真核对，准确无误时才拼接成一辆拖车。同时做好分拣和拼接的所有记录，以便查验。

3.7.4　枢纽机场停机位的指派问题

航班波运作给机场保障能力提出了挑战，除了行李处理系统外，其他最关键的是地面服务设备和停机位的保障水平，因此做好地面服务设备的调度和停机位的指派十分重要。地面服务设备的调配问题将在第 10 章中详细讨论，本小节将介绍航班波停机位指派问题。

由于中转航班的桥位指派应尽量减少旅客的行走距离，因此机场应指定中转航班的桥位区，让中转航班的停机位相互之间尽可能靠近。但是中转的不只是一两个航班，而是几十个航班，而且任何两个航班都可能有旅客相互中转，一般人工无法确定哪些航班应该靠得近些，哪些可以离得远些，只有建立优化模型，然后进行求解才能解决问题。

设枢纽机场停机位指派问题的指派周期是一个到达-出发波(Complex) 的时段，涉及到的航班有已在停机位的航班、航班波的航班和其他在指派周期中到达的航班。为保障航班波的航班不延误，在到达或者出发航班波期间不安排其他到达航班，但在到达与出发航班波的衔接期间可以有其他航班的到达或出发。假设在指派周期内，只有原在位的航班出发，除航班波外，指派周期内到达的其他航班本周期内不出发。

根据上述讨论，中转航班桥位指派问题应以中转旅客行走总距离最小为目标函数，即

$$\min z = \sum_{i\in M}\sum_{j\in M}\sum_{p\in N}\sum_{q\in N} s_{ij}^{t} c_{pq}^{t} x_{ip} x_{jq} + \sum_{i\in M}\sum_{p\in N}(s_i^a c_p^a + s_i^d c_p^d) x_{ip} \tag{3.90}$$

式中，M 是指派周期内到达航班的集合，N 是可利用桥位的集合；$\forall\, i,j \in M$，s_i^a，s_i^d 分别是第 i 航班的到达和始发旅客数，s_{ij}^t 是从第 i 航班到第 j 航班的中转旅客数；c_p^a 是到港旅客从 p 号桥位至行李提取大厅的距离，c_p^d 是始发旅客从值机柜台至 p 号桥位登机口的距离，c_{pq}^t 是中转旅客从 p 号桥位登机口到 q 号桥位登机口的行走距离。x_{ip} 是 0—1 型决策变量，当航班 i 指派到 p 号桥位时等于 1，否则等于 0。

该停机位指派问题应遵守基本约束条件，包括：

(1) 每一个航班必须指派且仅能指派一个停机位

$$\sum_{p=1}^{N} x_{ip} = 1, \quad \forall i \in M \tag{3.91}$$

(2) 同一时间同一个停机位不能分配一个以上的航班

$$\sum_{k \in W_1(i)} y_{kp} + x_{ip} \leqslant 1, \quad \forall i \in M, \quad p \in W \tag{3.92}$$

$$\sum_{i \in M} x_{ip} \leqslant 1, \quad p \in N \backslash W \tag{3.93}$$

(3) 停机位类型与机型的匹配约束

$$(P_p - L_i)x_{ip} \geqslant 0, \quad i \in M, \quad p \in N \tag{3.94}$$

式中,W 表示指派周期开始时已在位航班的集合,同时也表示在位航班停靠的停机位的集合,对于航班 $i \in M$ 可以将 W 分成两个子集,一个是航班 i 进港时仍然在位的航班集合:$W_1(i) = \{k \mid D_k > A_i, k \in W\}$,$D_k$ 和 A_i 分别是航班 k 的出发和航班 i 的到达时刻;另一个是航班 i 进港时已出发的子集 W_2。并且使用 0—1 型参数 y_{kp} 表示使用机位的信息,在指派周期开始时,当航班 $k \in W$ 停靠机位 p 时等于 1,否则等于 0。要记住 y_{kp} 是已知参数。约束条件式(3.92) 表示当航班 i 进港时,仍然被占用的停机位 p 不能分配给航班 i,如果 W 为空,则约束条件式(3.92) 也将为空。约束条件式(3.93) 表示在指派周期开始时已经空闲的机位最多可指派给一个航班。

在约束条件式(3.94) 中,P_p 和 L_i 分别表示停机位 p 的类型和航班 i 的机型,该约束表示机位类型可向下兼容,这一点与本章 3.3.6 节相同。如果在航班波运作时,给航班波指派的机位不受机型限制,可以略去这一约束条件。

约束条件式(3.91) 表示每个进港航班必须且仅需安排一个桥位。

上述停机位指派问题是二次指派问题,是非线性的。为降低非线性带来的求解困难,可以将目标函数转化为线性的。为此引入新的决策变量 $y_{ipjq} = x_{ip}x_{jq}$,目标函数式(3.90) 变为

$$\min z = \sum_{i \in M}\sum_{j \in M}\sum_{p \in N}\sum_{q \in N} s_{ij}^{t} c_{pq}^{t} y_{ipjq} + \sum_{i \in M}\sum_{p \in N}(s_i^a c_p^a + s_i^d c_p^d) x_{ip} \tag{3.95}$$

式中

$$y_{ipjq} = \begin{cases} 1, & \text{当航班 } i \text{ 指派到机位 } p \text{ 且航班 } j \text{ 指派到机位 } q \\ 0, & \text{否则} \end{cases}$$

新变量引入后,目标函数式(3.95) 已转化为线性的,为保证新的线性整数规划与原非线性整数规划具有相同的解,应满足以下条件:

$$\begin{cases} y_{ipjq} = 1, & x_{ip} = 1 \text{ 且 } x_{jq} = 1 \\ y_{ipjq} = 0, & \text{其他} \end{cases}$$

此时需要增加以下约束条件

$$y_{ipjq} \geqslant x_{ip} + x_{jq} - 1, \quad \forall i,j \in M, \quad \forall p,q \in N \tag{3.96}$$

$$\sum_{q \in N}\sum_{p \in N} y_{ipjq} = 1, \quad \forall i \neq j, \quad i,j \in M \tag{3.97}$$

上述停机位指派问题,可以直接在 ILOG/CPLEX 中使用 OPL 标记语言建模求解,但求解时间较长,对于稍大规模的问题(如一个波的航班数超过 10 个),它几乎不能完成求解任务。此时需要设计宏启发式算法,例如模拟退火法、遗传算法等。下面介绍一个应用模拟退火算法求解上述问题的实例。

例 3.23 某枢纽机场有 10 个桥位用于航班波航班的停靠,停机位没有机型匹配限制,在航班波到来

时，无其他航班占用桥位，即 W 是空集。某航班波的中转和到、离港旅客人数如表 3.25 所示，各停机位间距离和进、离港旅客的行走距离如表 3.26 所示。根据表 3.25 和表 3.26 给出的数据，试以最小化旅客行走总距离为目标，求解该航班波的停机位指派问题。

表 3.25　"航班波"中各航班之间中转及到离港旅客人数

航班号	旅客人数 / 人												
	中转旅客 /m										进港旅客 m	离港旅客 m	总人数 人
	F_1	F_2	F_3	F_4	F_5	F_6	F_7	F_8	F_9	F_{10}			
F_1	0	17	11	23	13	14	22	13	18	17	15	34	197
F_2	12	0	4	4	5	5	5	5	5	6	37	55	143
F_3	17	16	0	14	12	19	13	19	19	18	39	54	240
F_4	18	23	15	0	11	9	21	17	19	21	46	15	215
F_5	26	20	12	14	0	9	14	20	13	13	56	25	222
F_6	19	14	19	13	20	0	15	13	11	12	29	38	203
F_7	17	15	12	20	22	16	0	23	22	22	11	34	214
F_8	19	25	20	21	20	13	23	0	17	14	41	56	269
F_9	18	17	17	11	20	13	25	18	0	15	45	21	220
F_{10}	15	21	12	18	24	23	21	11	12	0	55	60	272

表 3.26　中转、进离港旅客行走距离

航班号	旅客行走距离 /m											
	中转旅客 /m										进港旅客 m	离港旅客 m
	F_1	F_2	F_3	F_4	F_5	F_6	F_7	F_8	F_9	F_{10}		
F_1	0	50	100	150	200	250	300	350	400	450	20	30
F_2	50	0	50	100	150	200	250	300	350	400	30	40
F_3	100	50	0	50	100	150	200	250	300	350	40	50
F_4	150	100	50	0	50	100	150	200	250	300	50	60
F_5	200	150	100	50	0	50	100	150	200	250	32	50
F_6	250	200	150	100	50	0	50	100	150	200	25	35
F_7	300	250	200	150	100	50	0	50	100	150	30	55
F_8	350	300	250	200	150	100	50	0	50	100	50	60
F_9	400	350	300	250	200	150	100	50	0	50	45	30
F_{10}	450	400	350	300	250	200	150	100	50	0	60	20

解 将表3.25与表3.26的对应数据相乘然后代入目标函数式(3.90)或式(3.95)，即构成本问题的目标函数，由于W是空集且停机位无机型限制，因此不需要约束条件式(3.92)和式(3.94)，式(3.91)和式(3.93)是最基本的约束条件，没有参数，很容易构成。为节省篇幅，这里不再给出该停机位指派问题数学模型的细节了。

如果采用目标函数式(3.90)，应用ILOG/CPLEX求解本问题，发现花费了10 h还没有结果，将问题规模缩小到8个航班，应用非线性模型和线性模型，分别花费了2 h多和22 min才解出结果，线性模型的求解速度果然快了不少。但增加一个航班，即9个航班时，线性模型的求解时间也猛增到6h多，其计算复杂度是指数型的，而非线性模型则计算了10 h仍然没有结果。

如果采用启发式算法，例如模拟退火法，求解该问题(10个航班)则只需0.3 s即可给出结果。收敛速度很快。为了了解模拟退火法求解结果的精度，对一个航班波中有8，9和10个航班的三种情况应用模拟退火法进行求解，发现在前两种情况下，模拟退火法给出了与ILOG/CPLEX求解线性模型相同的结果，第三种情况下模拟退火法很快给出结果，但ILOG/CPLEX则未能给出结果。如表3.27所示给出了三种情况下模拟退火法求解得到的停机位最佳指派结果，表中F_i表示第i个航班。计算中，限制8个和9个航班的航班波只分别使用1～8号和1～9号停机位。

进一步研究发现，即使一个航班波到达25个航班，使用模拟退火法求解航班波停机位指派问题，计算时间也只有123 s，可见模拟退火法求解这类问题，具有很高的效率，到达了实用化的程度。

表3.27 例3.23的解

航班波中航班数量/个	停机位/号										目标函数值
	1	2	3	4	5	6	7	8	9	10	m
8	F_2	F_4	F_1	F_7	F_8	F_5	F_3	F_6			142 487
9	F_6	F_3	F_9	F_7	F_8	F_5	F_1	F_4	F_2		198 412
10	F_2	F_{10}	F_4	F_1	F_7	F_8	F_5	F_9	F_3	F_6	271 997

3.8 本章小结

本章介绍了机场运行规划问题，包括航站楼运行规划、飞行区运行规划、机场货邮运行规划、机场陆路到达系统规划和枢纽机场运行规划等有关问题及其解决的方法。在航站楼运行规划中，着重讨论了旅客流程和行李流程的设计问题，尤其对值机和安检流程的规划和设计问题作了详细讨论，其次还介绍了旅客容器和通道的容量设计方法。在飞行区运行规划中，着重讨论了停机坪作业流程的设计和优化技术，研究了停机位的预指派和实时指派问题，介绍了跑道容量和停机位容量的计算方法。在货邮运行规划中，介绍了机场货站作业流程和规划方法，讨论了货邮作业流程及其优化问题，还详细讨论了货物运输的装箱问题。在机场陆路到达系统规划中，讨论了陆路到达系统的两种交通模式，介绍了容量设计方法，重点讨论了航站楼车道边的规划和设计方法。对于枢纽机场的运行规划，重点讨论了中转旅客和行李流程，介绍了航班波停机位指派问题的优化建模方法。

本章还讨论了机场陆侧旅客流程和行李流程、空侧飞机流程以及货运地面操作流程的计算机仿真方法，给出了一些仿真试验的结果。

本章内容十分丰富，包括了机场运行规划的各个方面，特别适用于大型综合性枢纽机场的运行管理，其中的原理和方法对一般机场也是适用的。

思考题

3－1　简述航空货邮进港与出港业务流程，两者的联系与区别。

3－2　航空货邮业务流程的优化目标与方法有哪些？

3－3　什么是累计分布曲线？它有何作用？

3－4　简述机场生产功能组成。

3－5　机场运行规划的意义有哪些？

3－6　请给出中转旅客流程和行李流程，说明中转行李流程在人工分拣时的注意事项。

3－7　试简述航站楼旅客流程仿真的一般步骤。

3－8　航站楼的值机区单队列服务水平的 IATA 空间标准是什么？

3－9　旅客流程优化措施有哪些？

3－10　行李流程优化措施有哪些？

3－11　飞机地面作业流程包括哪些步骤？

3－12　什么是停机位指派问题？停机位指派问题有哪些基本约束？哪些扩展约束？

3－13　什么是排队网络？它有几种结构模式？试给出旅客航站楼中旅客流程的排队网络。

3－14　什么是机场高峰小时？它有哪几种常用定义？

3－15　什么是车道边？如何才能提高车道边的动态容量？

3－16　如何分析非稳态排队系统？如何计算这种排队系统的排队长度和排队时间？

3－17　机场陆路到达系统的主要交通方式有哪些？

3－18　枢纽机场运营特点有哪些？

3－19　什么是最小衔接时间？

3－20　枢纽机场中转行李处理方式有哪些？

3－21　枢纽机场旅客中转流程有何原则？

3－22　影响停机位动态容量的因素有哪些？请分析停机位动态容量的计算公式。

3－23　影响跑道容量的因素有哪些？试分析单跑道的纯出发航班容量。

练习题

3－1　已知某机场的飞机地面作业流程和紧前作业如表 3.28 所示。试画出飞机地面作业流程 PERT 网络图，并计算地面作业关键路线和工期。

3－2　某枢纽机场共有 10 个停机位，一个航班波中转旅客和到、离港人数如表 3.29 所示，各个停机位间距离如表 3.30 所示。假设所有机位与待安排飞机不存在类型约束，试以旅客总行走距离最小为优化目标,对该航班波的停机位指派问题进行求解。

表 3.28 飞机地面作业流程标号及紧前作业说明

地面作业流程	标号	期望值/min	紧前作业
靠桥	1	1	
打开客舱门	2	1	1
旅客下机	3	6	2
配餐服务等	4	10	1
机舱卫生等	5	10	3
旅客登机	6	15	5,16
打开货舱门	7	1	1
靠升降平台车	8	4	7
卸行李	9	2	8
卸货物	10	15	8
装货物	11	15	10
装行李	12	2	9
撤升降平台车	13	2	11,12
关闭货舱门	14	0.5	13
飞机加油	15	8	1
清水车服务	16	3	1
污水车服务	17	3	1
航前航后检查	18	35	1
送平衡图、舱单	19	5	4,6,14,16,17,18
关闭客舱门	20	0.5	19
撤桥	21	0.5	20

表 3.29 某"航班波"中各航班的旅客安排计划

航班号	旅客人数/人												
	中转旅客/人										进港旅客/人	离港旅客/人	总人数/人
	F_1	F_2	F_3	F_4	F_5	F_6	F_7	F_8	F_9	F_{10}			
F_1	0	17	11	23	13	14	20	13	18	17	3	7	156
F_2	20	0	7	7	8	8	8	9	10	10	12	18	117
F_3	14	13	0	12	10	16	11	16	16	15	6	9	138
F_4	18	23	15	0	11	9	21	17	19	21	9	3	166
F_5	23	20	12	14	0	9	14	20	12	13	11	5	154
F_6	19	14	19	13	20	0	15	13	11	12	6	7	149
F_7	14	12	10	17	19	14	0	19	19	18	2	5	149
F_8	16	21	17	18	16	11	19	0	14	12	7	9	160
F_9	18	17	17	11	20	13	25	18	0	15	10	4	168
F_{10}	10	18	11	15	20	19	17	9	10	0	9	10	148

表 3.30　旅客行走距离

航班号	旅客行走距离 /m											
	中转旅客 /m										进港旅客 m	离港旅客 m
	F_1	F_2	F_3	F_4	F_5	F_6	F_7	F_8	F_9	F_{10}		
F_1	0	50	100	150	200	250	300	350	400	450	20	30
F_2	50	0	50	100	150	200	250	300	350	400	30	40
F_3	100	50	0	50	100	150	200	250	300	350	40	50
F_4	150	100	50	0	50	100	150	200	250	300	50	60
F_5	200	150	100	50	0	50	100	150	200	250	32	50
F_6	250	200	150	100	50	0	50	100	150	200	25	35
F_7	300	250	200	150	100	50	0	50	100	150	30	55
F_8	350	300	250	200	150	100	50	0	50	100	50	60
F_9	400	350	300	250	200	150	100	50	0	50	45	30
F_{10}	450	400	350	300	250	200	150	100	50	0	60	20

3-3　设某机场高峰小时18个国际航班始发旅客2 800名，最大等待时间30 min，高峰小时之前1 h的旅客流量为1 900名，高峰小时之后的1 h内的旅客流量为1 500名，航班包括约12%的商务舱旅客。值机平均服务时间为120 s，所有的值机服务为开放式值机。试计算应该设置多少个值机柜台可以满足服务要求？如果平均边检服务时间为15 s，试计算此时的边检柜台数量和最大排队时间为10 min时的最大队列长度。又已知安检平均服务时间为25 s。试计算此时的安检柜台数量和最大排队等待时间为5 min时的最大队列长度。

3-4　设高峰小时进港旅客为3 000名，平均每位旅客在行李提取处逗留12 min，试求此时行李提取厅的面积应为多少才能够满足IATA建议的航站楼C级服务标准？如果每位旅客有0.75位迎客者，提取行李后旅客在到达大厅平均逗留时间为4 min，每位迎客者平均逗留时间为20 min，要满足每位旅客占用2 m^2 的到达大厅面积应为多少？

3-5　设有如表3.31所示的货物要装入表3.32所示的两种航空集装器中，同一票货物必须整体装运，建立优化装载模型，求出优化装载结果，并计算集装器的重量和体积利用率。

表 3.31　货物有关数据

票	体积 /m^3	重量 /kg	件数 / 件
1	0.064	20	100
2	0.88	50	20
3	0.12	25	50
4	0.046	10	20
5	0.02	5.8	20
6	0.075	15	20
7	0.07	15	20
8	0.5	14	20
9	0.5	14	20
10	0.082	15	60
总　计	59.14	6 626	350

表 3.32　集装器的有关数据

集装器	体积 /m^3	重量限制 /kg
A	18	3 800
B	12	3 000
总计	30	6 800

附录 1　IATA 航站楼服务标准

关于 IATA 机场航站楼的服务标准，请参见 IATA 出版的《机场开发参考手册》(Airport Development Reference Manual) 2004 年第 9 版。现部分摘录如附表 3.1 ~ 附表 3.6 所示。

附表 3.1　IATA 的机场航站楼服务标准

规划单元	典型繁忙时段规划标准	推荐的实际操作
机场旅客到达	90% 的旅客能够在 30 ~ 45 min 内到达机场	每 15 ~ 20 min 有一列快速列车 制订雇员运输计划
值机大厅	最大排队时间 公务舱:3 ~ 5 min 经济舱:15 ~ 20 min 旅游团(包括包机)：25 ~ 30 min 空间 — 在等待时间达到 30 min 时仍能容纳旅客的空间 国际旅客:1.8 m^2/ 客 国内旅客:1.3 m^2/ 客 以上面积包括队列间的空间和行李车空间 5% 的旅客有座位	最好布置成值机岛模式，每面 16 ~ 18 个值机柜台 岛间距离 24 ~ 28 m 采用公用终端设备(CUTE)系统经济上更合理 处理超大行李用专用柜台 使用IATA的数字条文码标签或无线电射频标签的行李自动识别系统 在线行李安检系统，最好是行李查验系统(BRS) 办票柜台在岛的顶端，或紧靠值机岛，并为内勤与保安人员留有空间 给电子客票自助值机设备(包括行李接受)留有空间
安检处	最大排队时间:3 ~ 5 min 空间:1m^2/ 客，且旅客等待可能长至 10 min	
商务要客(CIP)休息室	4 m^2/ 旅客	最好位于值机区与登机口之间，面积应考虑到联盟伙伴的需要
候机厅	空间:站位 1.2 m^2/ 客，座位 1.7 m^2 座位设置:不需等待时 10% 的旅客有座位，需要等待时 60% 的旅客有座位	

续 表

规划单元	典型繁忙时段规划标准	推荐的实际操作
廊桥候机厅	空间：站位 1.2m^2/客，座位 1.7m^2 座位设置：70% 的旅客有座位，包括在餐饮特许店的座位 行走距离：步行最长为 250 ～ 300 m；有自动步道时为 650 m(其中步行不超过 200 m) 自动步道长度应当大于 500 m	宽体客机应停靠主航站楼，以减少大量旅客的行走距离 廊桥在入口处应当有登机牌读入设备；或者对大于 C 类的客机使用带有两个登机牌读入机的公用终端设备系统(CUTE)，配有文件和登机牌打印机 在廊桥候机厅，考虑到有未交运的过多行李，应配有公用行李车等
旅客登机桥	90% ～ 95% 的旅客(以年计算）应当通过廊桥登机 每登机桥每天最少可服务 4 ～ 6 个航班	廊桥使用400 Hz 的地面动力驱动，装有空调和水供应设施 廊桥最好使用玻璃壁墙 E 类飞机使用 1 ～ 2 个桥 廊桥的坡度 1:12，出发桥高端在候机厅处，到达桥低端在到达厅处
行李认领处	从飞机轮挡完成到最后行李到达行李认领处的时间： 公务舱：窄体客机：15min 宽体客机：20 min 经济舱：窄体客机：25 min 宽体客机：40 min 空间：1.7 m^2/客，不包括行李转盘所占的空间	对 B747 应有足够的地面服务人员搬运和分拣行李，至少有一条 85 m 长的行李转盘 对于超大行李应有专门设备处理 行李转盘间距为 11 ～ 13 m 有行李自动检验设备 无人认领行李仓库应设在陆侧
迎客厅	空间：1.7 m^2/客或迎客者，20% 的空间设立座位	到火车站交通方便
旅客到达 — 车辆停靠处	公务舱旅客：飞机到达后 20 ～ 25 min 到达停车处 经济舱旅客：飞机到达后 40 ～ 45 min 到达停车处(ICAO 推荐 45 min)	
航空公司办公室面积	10 m^2/人 按规范可取值机柜台数 × 100 m^2	有足够的面积出租给航空公司和他们的联盟，办公室在陆侧靠近值机的地方清楚地标识

附表 3.2 值机区单队列服务水平空间标准(m^2/客)

服务水平等级	A	B	C	D	E
1.极少旅客托运行李,不用行李车(队列宽1.2 m)	1.7	1.4	1.2	1.1	0.9
2.每旅客 1～2 件行李,不用行李车(队列宽 1.2 m)	1.8	1.5	1.3	1.2	1.1
3.多数旅客使用行李车(队列宽 1.4 m)	2.3	1.9	1.7	1.6	1.5
4.每旅客带有 2 件及以上的重行李,绝大多数旅客使用行李车(队列宽1.4 m)	2.6	2.3	2.0	1.9	1.8

附表 3.3 旅客行走通道的面积和速度(服务水平 C)

	面积 /(m^2/客)	速度 /($m \cdot s^{-1}$)
空侧区域,不带行李车	1.5	1.3
值机后的公共区域,少量行李车	1.8	1.1
值机前的出发大厅,带有行李车	2.3	0.9

附表 3.4 候机厅的满占率(服务水平等级 A—E)

服务水平等级	A	B	C	D	E
最大满占率	40%	50%	65%	80%	95%

注:其中每座位占 1.7 m,每站位占 1.2 m。

附表 3.5 行李认领区的服务水平标准(A—E)(行李领取区域和外围区域)

服务水平等级	A	B	C	D	E
空间面积标准 /(m^3/客)	2.6	2.0	1.7	1.3	1.0

附表 3.6 陆侧旅客最大排队等待时间服务水平指南

服务水平	最短 — 可接受 /min	最长 — 可接受 /min
经济舱值机	0～12	12～30
公务舱值机	0～3	3～5
达到护照查验	0～7	7～15
出发护照查验	0～5	5～10
行李认领	0～12	12～18
安检	0～3	3～7

附录 2　IATA 飞行区服务标准

IATA 规定的关于机场飞行区服务标准分别如附表 3.7 和附表 3.8 所示。

附表 3.7　跑道典型最大飞机流量(间隔模式)

重型飞机比例 /(%)	中型飞机比例 /(%)	出发 / 架次	降落 / 架次	可增加降落 / 架次*
25	75	48	39	+5
50	50	40	37	+3
75	25	34	36	+2

注:表中"可增加降落 / 架次"指在中型飞机间隔为 2.5n mile 时可增加的降落 / 架次。

附表 3.8　桥位飞机运作时间建议标准　单位:min

<table>
<tr><th colspan="2">飞机类型</th><th>座位数 / 个</th><th>登机时间</th><th>下客时间</th><th>飞机服务</th><th>过站航班</th><th>中转航班</th></tr>
<tr><td colspan="2">B</td><td>40</td><td>10</td><td>5</td><td>10</td><td>—</td><td>25</td></tr>
<tr><td colspan="2">C</td><td>130</td><td>20</td><td>10</td><td>15</td><td>25</td><td>45</td></tr>
<tr><td colspan="2">D</td><td>250</td><td>30</td><td>15</td><td>30</td><td>45</td><td>75</td></tr>
<tr><td rowspan="2">E</td><td>一舱门</td><td rowspan="2">350</td><td>40</td><td>25</td><td>45</td><td>45</td><td>110</td></tr>
<tr><td>二舱门</td><td>25</td><td>15</td><td>45</td><td>45</td><td>85</td></tr>
<tr><td rowspan="3">F</td><td>一舱门</td><td rowspan="3">470</td><td>55</td><td>30</td><td>80</td><td>60</td><td>165</td></tr>
<tr><td>二舱门</td><td>30</td><td>20</td><td>80</td><td>60</td><td>130</td></tr>
<tr><td>三舱门</td><td colspan="5">大约可减少 10 ~ 15min,中转总时间为 115 min。</td></tr>
</table>

IATA 建议对于 F 类飞机,只要可能应尽量采用二舱门登机和下客。

参考文献

[1] 辞海编辑委员会. 辞海. 上海:上海辞书出版社,1999.

[2] ICAO. Airport planning manual Part 1,master planning. Montreal:ICAO, 1987.

[3] 倪桂明. 机场系统评价与计算机仿真分析研究[D]. 上海:同济大学,2000.

[4] 刘静莉. 民航旅客流程优化与仿真研究[D]. 南京:南京航空航天大学,2005.

[5] IATA . The Airport Development Reference Manual (ADRM). Montreal: IATA Publications, 2004.

[6] Yan Shangyao, Tang Chin-Hui, Chen Miawjane. A model and a solution algorithm for airport common use check-in counter assignments. Transportation Research Part A, 2004(38): 101 - 12.

[7] Hon Wai Chun. Scheduling as a Multi-dimensional Placement Problem. Engng Applic. Artif. Intell. , 1996, 9(3):261 - 273.

[8] Hon Wai Chun. Intelligent Resource Simulation for an Airport Check-In Counter Allocation System. IEEE Transactions on Systems, Man, and Cybernetics—Part C: Applications and Reviews, 1999, 29(3):325-335.

[9] Atef Ghobrial, Carlos F. Daganzo and Tarif Kazimi. Baggage Claim Area Congestion at Airports: An Empirical Model of Mechanized Claim Device Performance. Transportation Science, 1982, 16(2):246-260.

[10] ICAO. 国际标准和建议措施——机场国际民用航空公约附件十四. 北京: 中国民用航空总局机场司, 1999.

[11] ICAO. 地面活动引导管制系统手册. 北京: 中国民航总局航行司, 1986.

[12] Haghni A, Chen M C. Optimizinggate assignments at airport terminals. Transportation Research Part A, 1998, 32(A):437-454.

[13] Dorndorf U, Drexl A, et al. Flight gate scheduling: State-of-the-art and recent developments. Omega, 2007, 35(3):326-334.

[14] Babic O, Teodorovic D, Tosic V. Aircraft stand assignment to minimize walking. Journal of Transportation Engineering, 1984, 110(1):55-66.

[15] Mangoubi R, Mathaisel D. Optimizing gate assignments at airport terminals. Transportation Science, 1985, 19(2):173-188.

[16] Xu J, Bailey Y G. The airport gate assignment problem: mathematical model and a tabu search algorithm. Proceedings of the 34th Annual Hawaii International Conference on System Sciences, IEEE, 2001.

[17] Yan S, Chang C. A network model for gate assignment. Journal of Advanced Transportation, 1998, 32(2):176-189.

[18] 纽弗威尔, 欧都尼. 机场系统:规划、设计和管理. 高金华, 等, 译. 北京: 中国民航出版社, 2006.

[19] FAA. Techniques for detemining airport airside capacity and delay. Washington DC: Federal Aviation Adiminstration, 1976.

[20] Bulmstein A. The landing capacity of a runway. Operation research, 1959, 7(1):752-763.

[21] Harris R M. Models for runway capacity analysis. McLean, Virginia: Harris R M, 1972.

[22] Amodeo F A, Haines A L, Sinha A N. Concepts for estimating capacity of basic runway configurations. Virginia: The MITRE Corporation, 1977.

[23] Hockaday S L M, Kanafani A. Developments in airport capacity analysis. Transportation Research, 1974, 8(1):171-180.

[24] Swedish W. Upgraded FAA airfield capacity model. McLean V A: The MITRE Corporation, 1981.

[25] Stephen L, Hockaday M, Kanafani A K. Developments in airport capacity analysis Transportation Research, 1974, 8(3):171-180.

[26] Horonjeff R X, McKelvey F. Planning and design of airports. New York: McGraw-Hill Book

Company, 1983.

[27] Venkatakrishnan C S, Barnett A, Odoni A R. Landings at Logan airport: describing and increasing airport capacity. Transportation Science, 1993, 27(3):211-227.

[28] Gilbo E P. Airport capaticy: representation,estimation,optimization. IEEE Transactions on Control Systems Technology, 1993, 1(3):144-153.

[29] Gilbo E. Optimizing Airport Capacity Utilization in Air traffic Flow Management Subject to Constraints at Arrival and Departure Fixes. IEEE Transactions on Control Systems Technology, 1997, 5(5):490-503.

[30] Atkins S, Walton D. Prediction and control of departure runway balancingat Dallad Fort Worth Airport. Proceedings of the American Control Conference, Anchorage, 2002.

[31] Isaacson D R, Davis T J, Robinson J E. Knowlege-based runway assignment for arrival aircraft in the terminal area. AIAA Guidance, Navigation, and Control Conference, New Orleans, 1997.

[32] Bolender M A, Slater G L. Evaluation of scheduling methods for multiple runways. Cincinnati: NASA Ames Research Center,1996.

[33] Bäuerlea N, Engelhardt-Funkeb O, Kolonko M. On the waiting time of arriving aircrafts and thecapacity of airports with one or two runways European Journal of Operational Research, 2007, 177(2):1180-1196.

[34] Egilsson T. Effects of queuing congestion on runway capacity at airports, Master Degree. 2001.

[35] Kohler A. Potential airport capacity gains from the optimal asssignment of aircraft types to runways, Master Degree. 2004.

[36] Stamatopoulos M A, Sografos K G, Odoni A R. A decision support system for airport strategic planning. Transport Research Part C, 2004(12):91-117.

[37] Neufville R D, Odoni A R. Airport systems planning, designs, and management. New York: McGraw-Hill, 2002.

[38] FAA. Airfield and airspace capacity/delay analysis. Washington,D. C. :Office of Aviation Policy and Plans,1981.

[39] Odoni A R, Bowman J, Delahaye D, et al. Existing and required modeling capabilities for evaluating ATM systems and concepts. Cambridge, Massachusetts:International Center For Air Transportation,Massachusetts Institute of Technology,1997.

[40] 胡明华，刘松，苏兰根. 基于统计分析的单跑道容量估计模型研究. 数据采集与处理，2000，15(1):74-77.

[41] 彭莉娟，吴昆鸟，余静. 机场跑道最大容量评估模型的研究. 四川大学学报，2006，43(5):1018-1022.

[42] 王维，邓松武. 跑道快速出口优化模型及仿真分析. 中国民航学院学报，2006，24(4):27-31.

[43] 蒋兵，胡明华，等. 机场跑道容量评估模型和估计方法的进一步研究. 交通运输工程学报，2003，3(2):80-83.

[44] 余江，王大海，蒲云. 跑道容量的概率模型及容量曲线. 交通运输工程学报，2002，2(4):99-102.

[45] 余江，蒲云. 跑道着陆容量的数学模型及其分析. 西南交通大学学报，2004，39(1):42-26.

[46] 余世明. 国际货运代理理论与实务. 广州：暨南大学出版社，2006.

[47] 张炳达. 国际货运代理实务. 上海：立信会计出版社，2006.

[48] 杨占林. 国际货物运输操作规程. 2 版. 北京：中国对外经济贸易出版社，2002.

[49] 刘宝碇，赵瑞清，王刚. 不确定规划及应用[M]. 北京：清华大学出版社，2003.

[50] Janic M. Air transport system analysis and modelling. Amsterdam: Gordon and breach science publishers, 2000.

[51] Button K. Debunking some common myths about airport hubs. Journal of Air Transport Management, 2002, 8(3):177-188.

[52] Gang Y. Operations researchin the airline industry. Boston M A: Kluwer Academic Publishers, 1997.

[53] 于飞. 机场生产流程模拟研究[D]. 南京:南京航空航天大学,2007.

[54] 朱世群. 大型机场机位实时调配模型的研究[D]. 南京:南京航空航天大学,2007.

[55] 陈欣. 机场空侧容量评估与优化方法研究[D]. 南京:南京航空航天大学,2007.

[56] 桂云苗. 航空货运收益管理与流程优化问题研究[D]. 南京:南京航空航天大学,2007.

第4章　空中交通规划

4.1　引　言

4.1.1　空中交通管理概述

空中交通管理包括空中交通服务、空域管理和空中交通流量管理三个方面的内容，其目的是保证航空器在各个阶段的安全和有效运行。

空中交通服务是飞行情报服务、告警服务、空中交通管制服务（区域管制服务、进近管制服务或机场管制服务）等不同含义名词的通称。飞行情报服务的目的是，为安全和有效地飞行提供有用的建议和情报。告警服务的目的是，将航空器需要搜寻和救援的信息及时通知有关机构，并根据需要为这些机构提供必要的帮助。空中交通管制服务的主要目的是：防止航空器之间，以及航空器与活动区内的障碍物相撞，并保持空中交通的有序与加快交通流动。要达到这些目的，主要是通过保证在飞行器之间配备安全的间隔，以及尽可能地接近每个飞行的意向发放许可来实现。

空域管理和空中交通流量管理都是为了更好地完成空中交通管制服务而设立的。空域管理的目的是，在给定的空域结构内，根据各种不同类别用户的需要，采用动态的时间分配或空间分割的方法，使可用空域的利用最大化。空中交通流量管理的目的是，在流量的需求超过空中交通管制系统的可用容量时，保证空中交通最佳地通过这些区域。

为便于本章内容的学习，首先将几个关键术语解释如下：

（1）交叉点：是指两条（含）以上航迹相交的点。其中，航迹（Track）是指航空器的航径在地面上的投影，在任何一点的方向通常由北量起，以度数表示。

（2）转换点（Changeover point）：航行在以甚高频无线电全向信标台为基准划定的空中交通服务航路航段上的航空器，预期把主要导航基准从航空器后方设施转到航空器前方下一个设施的点。

（3）重要点：是指航路在地面的投影范围内地面上所具有的有特殊地貌或特点的标志点，方便对航空器的运行位置进行定位。

（4）定位点：航空器在航路上确定其位置坐标的点。在定位点，一般需要两个及以上的导航台联合测量来确定航空器的位置坐标。

（5）报告点：机组预测要转换管制区而向前方管制员报告的航路点。

（6）最低高度层：是指民用航空器飞行时最低可用的飞行高度层。在高原和山区，其高度层至少要高出在航空器预计位置半径 8 km 内的最高障碍物 600 m。在高原和山区以外的地区，其高度层至少高出在航空器预计位置半径 8 km 内的最高障碍物 300 m。

（7）巡航高度层（Cruising level）：飞行的大部分时间所保持的高度层。

4.1.2 空中交通规划

空中交通规划是关于空中交通管理的科学、合理计划。完备的空中交通规划可以更好地进行空中交通管制服务,实现空中交通管理的目的。

国际民航组织文件《空中交通服务计划手册 ICAO 9426－AN/924》系统地总结了国际上在空中交通服务计划方面的工作经验,在需要规划的因素、采用的方法、所需的设备,以及组织管理等方面进行了较为详细的阐述,本章对这部分内容不再赘述。

本章主要讨论空域规划和空中交通流量管理的优化问题。在空域管理中,为了使可用空域的利用最大化,科学的空域规划是必要的。其中扇区数量的确定和扇区范围的优化设计,可以在保证空中交通安全的前提下,减少管制单位对管制员队伍和设备的需求,提高管制资源的使用效率,提高空中交通系统的容量。有关空域规划的内容将在 4.2 节中介绍。

在空中交通流量管理中,为了最佳地使用空中交通系统的容量,也需要对航班时刻等时间资源的合理使用进行科学的规划。有关空中交通流量管理的优化问题将在 4.3 节中介绍。

4.2 空域规划

4.2.1 空域分类

一、空域分类的背景

国际民航组织为适应全球性的航空流量的增长,以及空域拥挤情形日益凸显的趋势,提出空域分类的建议。依据机场大小的不同、航空器拥挤情形、不同用途的高低高度层空域等地理环境影响因素;以及空中交通管制服务能力、无线电联络需求、航空器飞行速度限制、飞行员飞行能力等飞行器航空作业影响因素进行空域分类,以期提升空域使用效率。并且依据不同的地理因素、作业因素的考虑,设定不同天气标准,空中交通管制服务程度及间隔标准,进一步提升航空器在各类空域内飞行和穿越不同类空域时的安全。

ICAO 建议空域分类如下:

(1)管制空域,分成 A 类、B 类、C 类、D 类、E 类和 F 类等六类;

(2)非管制空域,分类为 G 类空域。

为提供更好的空中交通管制服务,并提升飞行安全,ICAO 建议世界各国依照 ICAO 标准进行空域分类,以期使空域的名称、定义、服务、限制、天气标准等有世界性的标准,从而为飞行员、管制员、航空公司以及民航主管机构提供可以遵循的一致标准。

ICAO 对每一类空域分别制订有下列建议标准:①飞行种类;②间隔服务;③服务种类;④目视天气

标准；⑤空速限制；⑥无线电通信需求；⑦空中交通管制许可。

二、美国空域分类

ICAO Annex 2 建议将美国境内的空域划分为 A,B,C,D,E,F,G 共七类，各国可参照并根据需要调整。例如，英国没有 C 级。

1993 年 FAA 将空域重新划分为 A,B,C,D,E,G 六类，没有 F 级。

管制空域是指根据空域分类标准，为 IFR(Instrument Flying Rule)飞行和 VFR(Visual Flying Rule)飞行提供空中交通管制服务的指定范围的空域。具体空域分类如图 4.1 所示。

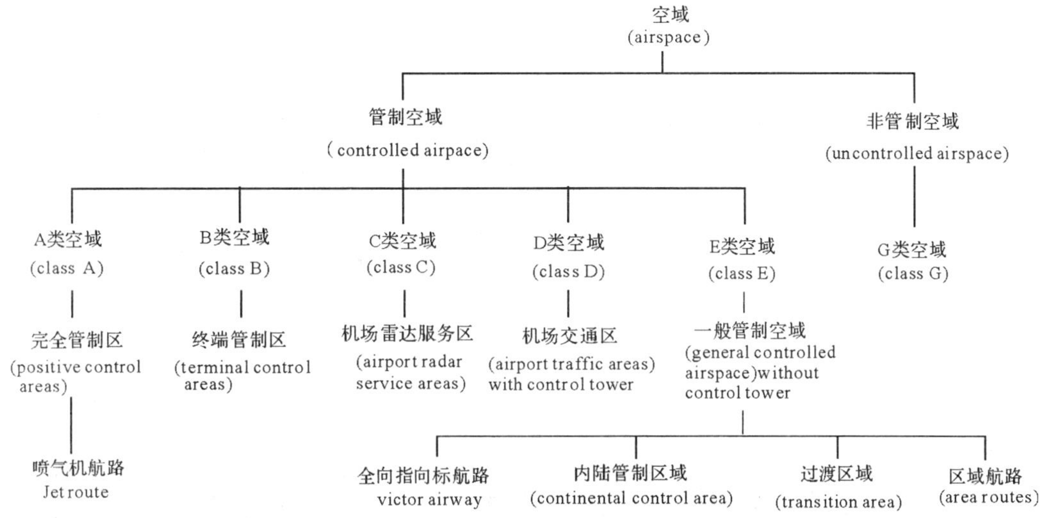

图 4.1　空域分类示意图

(1)美国管制空域包含了 A 类、B 类、C 类、D 类和 E 类空域，定义如下：

1)A 类空域：通常指从 18 000 ft(ft 为英尺，1 ft=0.304 8 m)MSL(Mean Sea Level)到高度层 FL600(包含)之间的空域。

2)B 类空域：通常指从地面到 10 000 ft MSL 的空域，这些空域中有美国最繁忙的机场。每个 B 类空域的配置都是单独设定的，包含地面和两个以上的高度层(一些 B 类空域很像倒置的蛋糕)。航空器一旦进入 B 类空域，这些空域都有指定的仪表程序。在空域内所有的飞行活动都需要 ATC 许可，同时接受间隔服务。VFR 飞行还得考虑云层高的条件。

3)C 类空域：通常指地面到 4 000 ft MSL 之间的空域，在该空域中包含了有塔台的机场，空域中提供雷达进近管制和 IFR 飞行管制。尽管每个 C 类空域的配置都是单独设定的，该空域通常包含有 5 n mile 半径的地表区域，以及在机场高度上空从 1 200～4 000 ft 之间 10 n mile 半径的延伸空间(是两个空间同轴圆柱体的叠加)。在进入空域之前和之后，都必须使用 ATC 设备提供的空中交通服务建立双向的无线电通讯。在空域中 VFR 航空器与 VFR 航空器之间需要提供间隔服务。

4)D 类空域：通常指从地表到 2 500 ft MSL 的空域，其中包含有塔台的机场。每个 D 类空域的配置都是单独设定的，当仪表程序发布时，该空域就须遵循这些程序。仪表进近程序的进场可能是D类或者E类空域。除非特别的许可，在进入空域之前和之后，都必须使用ATC设备提供的空中交通服务建立双向的无线电通信。没有间隔服务提供给VFR飞行。

5）E类空域：通常来说，如果空域不是A类空域、B类空域、C类空域或D类空域，并且该空域是控制空域，则该空域是E类空域。E类空域范围是从地表或者一个指定高度到邻近管制空域（除E类空域外其他空域）边界范围内的空域。在该类空域内也须遵循所有的仪表飞行程序。空域内是联邦飞行航路，开始于700或1 200 ft AGL（Above Ground Level），该高度通常用来过渡终端区或高度低于18 000ft MSL的国内外航路空域。除非指定一个较低高度，在美国E类空域一般开始于14500MSL，包括在美国48个连续州和阿拉斯加州的海岸线外12 n mile（n mile：海里，1 n mile＝1 852 m）范围内的水域上的空域，直到18 000 ft MSL（不包含）之间的空间，同时还包括FL600以上的空间。

具体空域分类示意图如图4.2所示。

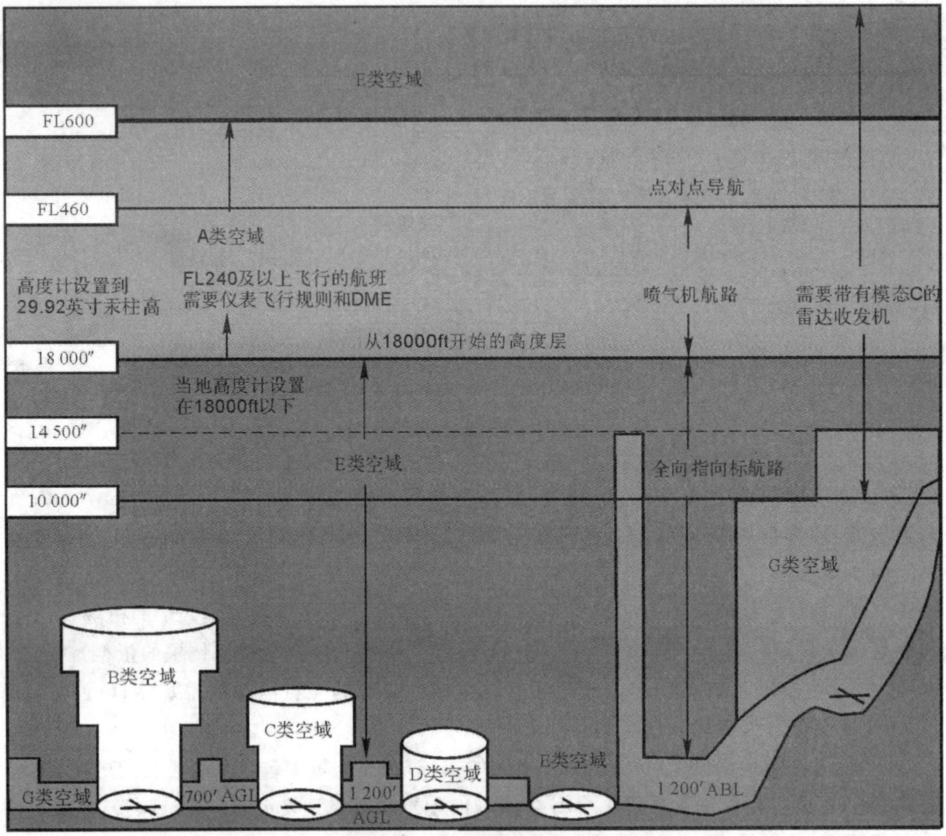

图4.2 空域分类直观图

（2）在管制空域内，所有的航空器运行受制于特定飞行员资格、运行规则和设备需求。对于在任何类型的管制空域中的IFR飞行，飞行员必须申请IFR飞行计划和收到恰当的ATC许可。对于B类空域、C类空域和D类空域中的每一类至少包含一个主要的机场，该机场周围的空域与之相对应。

三、我国空域的分类

目前我国空域分为飞行情报区、管制区、限制区、危险区、禁区、航路和航线。各类空域的划分，应当符合航路的结构、机场的布局、飞行活动的性质和提供空中交通管制的需要。

1. 飞行情报区

飞行情报区是指为提供飞行情报服务和告警服务而划定范围的空间。飞行情报区内的飞行情报工作由该区飞行情报部门承担或由指定的单位负责。

为了便于对在中国境内和经国际民航组织批准由我国管理的境外空域内飞行的航空器提供飞行情报服务，全国共划分沈阳、北京、上海、广州、昆明、武汉、兰州、乌鲁木齐、香港和台北10个飞行情报区。

为了及时有效地对在我国飞行情报区内遇险失事的航空器进行搜寻援救，在我国境内及其附近海域上空划设搜寻援救区。搜寻援救区的范围与飞行情报区相同。搜寻援救工作的组织与实施按照《中华人民共和国搜寻援救民用航空器规定》执行。

2. 管制空域

管制空域应当根据所划空域内的航路结构和通信、民航、气象、监视能力进行划分，以便对所划空域内的航空器飞行提供有效的空中交通管制服务。

管制空域分为A，B，C，D四类。A，B，C类空域的下限应当在所划空域内最低安全高度以上第一个高度层；D类空域的下限为地球表面。A，B，C，D类空域的上限，应当根据提供空中交通管制的情况确定，如果没有规定上限，则应当与巡航高度层上限一致。

A类空域为高空管制空域。在我国境内6.6 km（含）以上的空间，划分为若干个高空管制空域，在此空域内飞行的航空器必须按照仪表飞行规则飞行并接受空中交通管制服务。

B类空域为中低空管制空域。在我国境内6.6 km（不含）以下最低高度层以上的空间，划分为若干个中低空管制空域。在此空域内飞行的航空器，可以按照仪表飞行规则飞行。如果符合目视飞行规则的条件，经航空器驾驶员申请，并经中低空管制室批准，也可以按照目视飞行规则飞行，并接受空中交通管制服务。

C类空域为进近管制空域。通常是指在一个或几个机场附近的航路汇合处划设的便于进场和离场航空器飞行的管制空域。它是中低空管制空域与塔台管制空域之间的连接部分，其垂直范围通常在6 km以下（含6 km）最低高度层以上；水平范围通常为半径50 km或走廊进出口以内的除机场塔台管制范围以外的空间。在此空域内飞行的航空器，可以按照仪表飞行规则飞行，如果符合目视飞行规则的条件，经航空器驾驶员申请，并经进近管制室批准，也可以按照目视飞行规则飞行，并接受空中交通管制服务。

D类空域为塔台管制空域，通常包括起落航线、第一等待高度层（含）及其以下地球表面以上的空间和机场机动区。在此空域内运行的航空器，可以按照仪表飞行规则飞行。如果符合目视飞行规则条件，经航空器驾驶员申请，并经塔台管制员批准，也可以按照目视飞行规则飞行，并接受空中交通管制服务。

管制区应当按照规定划设，并应当按照规定报经有关部门批准。

3.危险区、限制区、禁区

危险区、限制区、禁区是指根据需要,经批准划设的空域。飞行中的航空器应当使用机载和地面导航设备,准确掌握航空器位置,防止航空器误入危险区、限制区、禁区。空中交通管制单位应当严密监视飞行中的航空器动态,发现航空器将误飞入危险区、限制区、禁区时,应当及时提醒航空器,必要时采取措施予以纠正。

空中交通管制单位应当掌握并适时向航空器发出下列内容的有关危险区、限制区或禁区的通告:

(1)空域的名称;

(2)空域的范围,包括垂直和水平范围;

(3)空域的活动时间;

(4)其他资料。

4.航路和航线

空中交通管制航路各段的中心线,从该航路上的一个导航设施或交叉点开始,至另一个导航设施或交叉点为止。各段中心线连接起来成为航路的中心线。空中交通管制航路的宽度,通常为航路中心线两侧各 10 km 的平行边界线以内的空域,根据导航性能的定位精度,可调整其宽度;在航路方向改变时,则包括航路段边界线延长至相交点所包围的空域。空中交通管制航路的高度下限为最低高度层,上限与巡航高度层上限一致。

空中交通管制航路,根据在该航路执行飞行任务的性质和条件,划分为国内航路和国际航路。

空中交通管制航路应当设置导航系统。为了帮助航路上的航空器保持在规定的航路范围内飞行,导航设备之间的距离应当符合有关技术规范。空中交通管制航路应当用代号予以识别。国际航路的识别代号应当与国际民航组织协调,防止重复使用。空中交通管制航路应当根据导航设备设置转换点,以帮助沿航路的航空器准确飞行。

空中交通管制航路应当设置重要点并用代号予以识别,以便掌握航空器在航路上运行的进度。根据航空器机载导航设备的能力、地面导航设备的有效范围以及空中交通管制情况,可以按规定在某些空域内建立区域导航航路。空中交通管制航线,划分为固定航线和临时航线。

我国已经向 ICAO 作出承诺,将根据 ICAO 建议的空域标准,重新制定我国空域分类标准。目前已经立项开展此项研究工作,新标准颁布以后,上述空域分类标准应当更新。

4.2.2 扇区数量的确定

空中交通管制的目的是保障航空器在空域中安全和高效地飞行。空中交通管制员对于空域的安全运转至关重要。保证管制员一直工作在其工作负荷极限以下,是保障飞行安全的一个重要条件,扇区数量是影响管制员工作负荷的很重要因素。

一、管制工作负荷的统计计算和扇区数确定

管制员工作负荷与扇区数量有着紧密的关系,为决定扇区数量,首先必须考虑管制工作负荷的计算方法。

在管制过程中，管制员发出每一条管制指令和接听飞行员的指令复述都需要耗费一定的时间。对于每一个管制员来说，个人的能力是有限的，工作负荷过重或不足，都不利于人的能力发挥。工作负荷不足是对资源的浪费；而工作负荷过重通常会让管制员顾此失彼，无法正确给出指令并严重危及空中交通安全。

英国运筹与分析理事会提出的用于扇区容量评估的 DORATASK(DORA 是 Directorate of Operatinal and Analysis 的缩写，即英国运筹与分析理事会，TASK 是 task，即任务的意思，由于 DORATASK 方法在空管领域已为人熟知，一般不注解。)方法认为，管制员的总工作负荷包括两大部分：一部分是在正常情况和有飞行冲突出现状态时“看得见”的、可以测量的管制工作时间，如发管制指令、听机长复诵、协调移交和填写进程单等所用的时间；另一部分是“看不见”的、不可以测量的管制工作时间，如观察空情、思考管制方案等所用的时间。下面借鉴 DORATASK 方法的思想，对管制员工作负荷给出具体量化方法。

首先统计“看得见的”工作负荷。通过统计雷达、语音记录仪记录的历史数据或对实际管制工作进行记时和统计，可以确定出相应通话种类的经验工作负荷指数的期望值(以时间长短衡量)。为此，对《中国民用航空无线电通话手册》中的常用管制用语进行分类，然后通过对航管站的进近管制、塔台管制和区域管制的管制活动进行统计，得到各管制指令的期望用时。如表 4.1 所示是部分常用无线电管制用语统计的结果。

表 4.1 部分常用管制用语的工作负荷统计表

管制类别	管制种类	管制用语	工作负荷/min
一般用语	高度指令	上升/下降	1.6
一般用语	移交改频	在(单位呼号)(频率)上等待	4.2
一般用语	气象情报	能见度(距离)	4.3
一般用语	位置报告	下一次在(重要点)报告	5.1
机场管制	目视识别	打开着陆灯	3.1
机场管制	目视识别	摆动机翼	2.8
机场管制	开车程序	同意开车	2.6
机场管制	推出程序	推出时间自己掌握	3.7
机场管制	着陆	可以着陆	2.4
进近管制	离场指令	起飞后，左转/右转，航向(三位数)	7.4
进近管制	进近指令	可以沿(航线代号)飞行	5.2
区域管制	管制许可	ATC 许可(航空器呼号)	6.5
区域管制	高度保持	保持(高度)直到飞越(重要点)	7.2
区域管制	巡航高度规定	飞越(某点)高度(高度)/以下/以上	7.9
区域管制	间隔指令	在(某时)飞越(某点)	7.1

考虑“看不见的”工作负荷通常是伴随“看得见的”工作负荷出现的，一个扇区管制员的总工作负荷应

该是在所有“看得见的”工作负荷的基础上再乘以一个伴随系数。受管制员的经验、受教育程度、训练情况和身体状况等因素影响，不同管制员的伴随系数是不同的。该系数需要对每个管制员进行综合分析后确定。

DORATASK 方法认为，实际扇区的工作负荷为管制员工作负荷的 80%。在确保扇区设计的负荷满足以上原则的基础上，扇区数可用下式计算

$$N_S = \left\lceil \frac{W_T}{S \times 80\%} \right\rceil$$

其中，W_T 为空域总工作负荷，用时间表示。S 为管制员在某一时间段的总工作负荷，也用时间表示。当 $\left(\frac{W_T}{S \times 80\%}\right)$ 计算结果不为整数时，对计算结果取其整数部分再加 1，得到最小扇区数 N_S；如果 $\left(\frac{W_T}{S \times 80\%}\right)$ 计算结果为整数，结果即为最小扇区数 N_S。

二、扇区数量的模糊确定方法

1. 模糊控制基础

扇区数量除了可用上一小节的管制工作量方法外，还可以用其他方法确定。考虑到“看不见的”工作负荷难以量化的实际困难，可以采用模糊控制理论来帮助确定扇区数量。本小节介绍应用模糊控制理论确定扇区数量的方法，为此，首先简单总结一下模糊控制理论，然后提出普通空域扇区数量的确定方法。这种方法具有一般性，适用于不同类型的空域，还可以根据特定空域的交通流历史数据和专家经验来推测未来的扇区数量。

实际管制工作中的扇区数量与交通计划及管制工作紧密相连。然而确定扇区数量的输入数据经常不精确或不确定，在一些情形下是决策者主观估计的结果。另外，所考虑的系统经常是很复杂的，以致不可能判断出其中所有联系，因此不可能得到一个关于真实系统的精确模型，很难用传统的数学方法来解决。

空中交通系统之中包含了显性知识和隐性知识，很难精确描述，其中，显性知识是指那种能用清晰的语言表达出来的知识，而隐性知识是指那种专家知道如何做，但无法用恰当语言表达出怎样去做的知识。为了正确描述空中交通管制系统，需要系统地描述这两种人类知识，并和其他信息(如数学模型和感观测量)一起嵌入到工程系统中。为了得到一个合理的且可跟踪的模型，需要使用模糊性概念。

对于显性知识，可以简单地让专家将该知识描述为模糊 IF-THEN 规则，从而将其嵌入模糊系统。对于隐性知识，可以让专家去阐述这种知识，然后把其作为一个黑箱，测量其输入-输出。也就是说，可以将该知识放到一个输入-输出数据对的集合中。从这个角度看，隐性知识可以转化为一个输入-输出数据对的集合。根据输入-输出数据对构造模糊系统的过程，也就是将隐性知识嵌入模糊系统的过程。

以模糊逻辑和模糊逻辑推理为基础建立模型，可以通过使用模糊控制规则，蕴涵输入-输出数据之间的内在联系，不需要确定出输入和输出数据之间的确切函数关系。这种建模特性对于扇区数量的确定十分有用。

2. 确定扇区数量方法

根据管制员的经验，对扇区数量影响最大的是飞越空域的航空器数量和起飞(爬升)或着陆(下降)

的航空器数量。

飞越航空器数量的增加引起以下数量的增加：

(1) 管制员之间协调次数以及管制单位间移交次数；

(2) 飞行员与管制员之间的语音通话数量；

(3) 潜在的飞行冲突的数量，管制员必须密切观察和判断，而且能够提前发现并采取措施解决潜在的飞行冲突。

这些数量的增加将直接带来管制员工作负荷的增加。而管制员的工作负荷是有一定极限的，所管辖的飞机数量要在其能力范围内。基于这个原因，可以采取措施来减少管制员的工作负荷，其中一个办法就是必要时开放新的扇区(或者说是开放更多的扇区)，增加管制员数量。

起飞及着陆航空器的数量增加同样带来管制员工作负荷增加，甚至由于航空器频繁改变飞行高度层，相对于雷达监视飞越航空器飞行(高度改变得少)，管制员采取的管制措施和策略更多，其工作负荷也更大。

在终端区，由于经过该空域的飞越航空器的数量很少，实际上对要确定的扇区数量起主导作用的是起飞及着陆航空器数量。

根据扇区数量确定的实际要求，使用模糊控制理论，给出确定扇区数量的具体方法。计算步骤如下：

步骤一　通过调查和考证，明确计算扇区数量所需要的输入变量和输出变量，选择该模糊系统的输入变量及输出变量的论域，根据理论推导或实际工作经验，确定隶属函数的形状。

从经验来看，输入变量包括每个 Δt 时段内空域飞越的航空器数量和或起飞(爬升)及着陆(下降)的航空器数量。对于具体的空域，输入变量可能只是其中之一。如果在空域内飞越航空器数量很少，起决定作用的是起飞着陆航空器数量，反之亦然。输出变量是所需划分的扇区数量。结合历史数据和专家经验，对输入变量和输出变量进行合理的模糊化处理，使得显性知识和隐性知识得到很好地综合利用。

输入输出变量的取值可以用输入-输出数据对$(x_{01}^p;y_0^p)$，$p=1,2,\cdots,N$(一维输入)或$(x_{01}^p,x_{02}^p;y_0^p)$，$p=1,2,\cdots,N$(二维输入)表示，$x_{0i}^p$是服务飞机数，$i=1$表示起降飞机，$i=2$表示飞越飞机，$y_0^p$是划分扇区数。$x_{0i}^p$和$y_0^p$都是模糊数，它们都用区间数表示：$x_{0i}^p\in U_i=[\alpha_1,\beta_1]\times\cdots\times[\alpha_{N_i},\beta_{N_i}]\subset R^{N_i}(i=1,2)$，$y_0^p\in V=[\alpha_y,\beta_y]\subset R$，并且在这些区间上定义了隶属度函数，用以表示概念(语言变量)的准确程度。这些输入-输出数据对是“飞越航空器数量-扇区数量”或“起飞及着陆航空器数量-扇区数量”或“飞越航空器数量和起飞及着陆航空器数量-扇区数量”这三者之一。

根据以上 N_i 对输入-输出数据，可以设计出确定扇区数量系统。其中变量论域上的模糊子集$\{[\alpha_1,\beta_1],\cdots,[\alpha_N,\beta_N]\}$需要经过大量数据处理试验和依据专家经验获得。在输入变量论域 U_i 上定义 N_i 个模糊子集 $A_i^j(j=1,2,\cdots,N_i)$(其中每个模糊子集对应着一个语言变量，一个语言变量的论域和定义在该论域上的隶属度函数)，且 $A_i^j(j=1,2,\cdots,N_i;i=1,2)$ 在$[\alpha_j,\beta_j]$上是完备模糊集，即对任意 $x_{0i}^p\in[\alpha_j,\beta_j]$，都存在 $A_i^j(j=1,2,\cdots,N_i;i=1,2)$ 使得 $\mu_{A_i^j}(x_{0i}^p)\neq 0$(即总有隶属度值不为零的模糊子集存在)。

下面来确定模糊子集的隶属度函数，隶属度函数曲线的形状应当合理，在选择模糊变量的各个模糊子集时，要让它们较好地覆盖整个论域。隶属函数的确定对整个方法的实现及其合理性起着相当关键的作用，应当将专家经验用数学公式表达，才能获得好的隶属度函数。

构造隶属函数可采用待定系数法，结合实际问题和专家经验，采用线性隶属函数就能够简单有效地描述所研究的问题。飞越(或起飞及着陆)航空器数量u对于各个模糊子集$A_i^j(j=1,2,\cdots,N_i;i=1,2)$的隶属函数为

$$\mu_{A_i^1}(u)=\begin{cases}1, & \text{当 } \alpha_1\leqslant u\leqslant\alpha_2\\ -\dfrac{1}{\beta_1-\alpha_2}(u-\alpha_2), & \text{当 } \alpha_2<u<\beta_1\\ 0, & \text{当 } u\geqslant\beta_1\end{cases}\tag{4.1}$$

$$\mu_{A_i^2}(u)=\begin{cases}0, & \text{当 } u\leqslant\alpha_2\\ \dfrac{1}{\beta_1-\alpha_2}(u-\alpha_2), & \text{当 } \alpha_2<u<\beta_1\\ 1, & \text{当 } \beta_1\leqslant u\leqslant\alpha_3\\ -\dfrac{1}{\beta_2-\alpha_3}(u-\alpha_3), & \text{当 } \alpha_3<u<\beta_2\\ 0, & \text{当 } u\geqslant\beta_2\end{cases}\tag{4.2}$$

……

$$\mu_{A_i^j}(u)=\begin{cases}0, & \text{当 } u\leqslant\alpha_j\\ \dfrac{1}{\beta_{j-1}-\alpha_j}(u-\alpha_i), & \text{当 } \alpha_j<u<\beta_{j-1}\\ 1, & \text{当 } \beta_{j-1}\leqslant u\leqslant\alpha_{j+1}\\ -\dfrac{1}{\beta_j-\alpha_{j+1}}u-\alpha_{j+1}, & \text{当 } \alpha_{j+1}<u<\beta_j\\ 0, & \text{当 } u\geqslant\beta_j\end{cases}\tag{4.3}$$

……

$$\mu_{A_i^{N_i}}(u)=\begin{cases}0, & \text{当 } u\leqslant\alpha_{N_i}\\ \dfrac{1}{\beta_{N_i-1}-\alpha_{N_i}}(u-\alpha_{N_i}), & \text{当 } \alpha_{N_i}<u<\beta_{N_i-1}\\ 1, & \text{当 } \beta_{N_i-1}\leqslant u\leqslant\beta_{N_i}\end{cases}\tag{4.4}$$

式中,$\alpha_1,\beta_1,\cdots,\alpha_{N_i},\beta_{N_i}$为待定系数,它们决定了语言变量的取值区间,需要对专家给出的语言规则进行数学处理获得。

步骤二　设计扇区数量的模糊控制规则。

结合大量历史数据和专业知识,进行分析和筛选,得到合理的模糊控制规则。确定扇区数量要满足完备性,使得控制规则能够与合理的历史数据相吻合。

由该系统的一个输入-输出数据对产生一条模糊规则。其中输入变量可以是一维的或者是二维的,下面仅以二维的(输入变量为飞越航空器数量和起飞及着陆航空器数量)为例,对于一维输入变量处理过程相似。

首先,根据每个输入-输出数据对$(x_{01}^p,x_{02}^p;y_0^p)$,确定$x_{0i}^p(i=1,2)$隶属于模糊子集$A_i^j(j=1,2,\cdots,N_i)$的隶属度值和$y_0^p$隶属于模糊子集$B^l(l=1,2,\cdots,N_y)$的隶属度值,即计$\mu_{A_i^j}(x_{0i}^p)(j=1,2\cdots,N_i,i=1,2)$和$\mu_{B^l}(y_0^p)(l=1,2,\cdots,N_y)$。

其次，对输入变量 x_{0i}^{p} 的每个取值，确定它的最大隶属度的模糊子集，即确定 A_i^{j*} 使得 $\mu_{A_i^{j*}}(x_{0i}^{p}) \geqslant \mu_{A_i^{j}}(x_{0i}^{p})$，$(j=1,2,\cdots,N_i)$。类似地确定 B^{l*} 使得 $\mu_{B^{l*}}(y_0^p) \geqslant \mu_{B^l}(y_0^p)$，$(l=1,2,\cdots,N_y)$。

最后，可以得到模糊 IF-THEN 规则：如果 x_{01}^{p} 为 A_1^{j*} 且 x_{02}^{p} 为 A_2^{j*}，则 y 为 B^{l*}。有时需要依赖专家的经验才能给出合适的模糊规则。

步骤三　给上述得到的每条规则赋予一个强度。

由于输入-输出数据对的数量通常都较大，且每对数据都会产生一条规则，所以很可能会出现有冲突的规则：规则的条件部分相同，而结论部分不同。为了解决这一冲突，可赋予上述得到的每条规则一个强度，从而使得一个冲突群中仅有一条规则具有最大强度。这样，不但冲突问题解决了，而且规则数量也大大减少了。

规则强度定义如下，假定规则是由输入-输出数据对$(x_{01}^{p},x_{02}^{p};y_0^p)$直接产生的，则其强度可以定义为

$$D(\text{规则}) = \mu_{A_1^{j*}}(x_{01}^{p})\mu_{A_2^{j*}}(x_{02}^{p})\mu_{B^{l*}}(y_0^p) \tag{4.5}$$

如果输入-输出数据对具有不同的可靠性且能用一个数字来评价它的话，则可以把这一信息也合并到规则强度中。具体来说，假定输入-输出对$(x_0^p;y_0^p)$的可靠度为 $\mu^p(\in[0,1])$，则由$(x_0^p;y_0^p)$产生的规则强度可定义为

$$D(\text{规则}) = \mu_{A_1^{j*}}(x_{01}^{p})\mu_{A_2^{j*}}(x_{02}^{p})\mu_{B^{l*}}(y_0^p)\mu^p \tag{4.6}$$

在实践中，如果输入-输出数据对的数量少的话，可以采用专家打分法评价可靠度 μ^p。如果不能评价输入-输出数据对之间的可靠度，则可以简单地令所有 $\mu^p=1$，此时式(4.6)就变成式(4.5)。这样可以获得比较合理的模糊控制的规则，这些规则包含了显性知识和隐性知识。

步骤四　利用控制规则模拟，进行结果比较，并对模型获得的结果进行改善处理。

利用设计的控制规则获得的结果与实际情况做比较，能够获得高度一致性的规则是好的模糊控制规则。

3. 扇区数的光滑处理

考虑到以下事实：开放和关闭扇区会持续一段特定时间，也即短时间内不会开放和关闭扇区。假如取定时段 Δt(例如，$\Delta t=30$ min)，将一天的管制时间划分成若干事端，各时段内需要开放的扇区数量变化如下：2,2,2,1,1,2,2,1,2，则在各时段应当保持开放两个扇区。这是由于开放或者关闭扇区带来管制员人员的变动，人员的频繁变动对飞行安全是不利的。我们应该对由模糊规则确定的扇区数量进行光滑处理。下面以简单算例来说明光滑处理过程。

取 $\Delta t=30$ min，对一天进行分析，得到光滑处理的输入数据$\{P_i\}$，$i=1,\cdots,48$，其中 P_i 是在步骤一、二中由模糊控制规则获得的各 Δt 时间段内开放的扇区数量。在所考虑的时段 i 内开放扇区的最终数量(P'_i)决定于它和它的前 1 个时段和后 3 个时段的扇区数量，即所考虑时段内的扇区数量 P_i、前一时段内扇区数量 P_{i-1} 和接下来的 3 个时段内的扇区数量$(P_{i+1},P_{i+2}P_{i+3})$。

数据集$\{P_i\}$的第 1 个元素和最后 3 个元素在算法上须专门设计。对于第 1 个元素 P_1，由于其前面没有时间段，只须考虑其后 3 个元素 P_2,P_3P_4)的值；对于最后 3 个元素 $P_i(i=46,47,48)$，由于其后的时间段不足 3 个，因此只考虑它前面 3 个元素值的影响，例如决定 P_{47} 的值时，需考虑(P_{44},P_{45},P_{46})的影响。

计算开放扇区的最终数量 P'_i，$i=2,\cdots,45$ 的算法如下：除了以下两种情况外，其他情况下，扇区的数量保持不变。

(1) 如果对所考虑的时间段 i，4 个元素 $P_j(j=i-1,i+1,\cdots,i+3)$ 满足 $P_i=P_j+1$，那么 $P'_i=P_i-1$；

(2) 如果对所考虑的时间段 i,4 个元素 $P_j(j=i-1,i+1,\cdots,i+3)$ 中至少有 3 个满足 $P_i \leqslant P_j-1$,那么 $P'_i=P_i+1$。

第 1 个元素 P_1 和最后 3 个元素 $P_i(i=45,47,48)$ 的处理原则与上述过程相似。

通过这些步骤可以在不同空域建立类似的确定扇区数量的模型,形成了一种较通用的,适应不同空域的模糊控制确定扇区数量的方法。

三、算例分析

按照上述的方法步骤,以某空域为例进行分析。

1. 确定输入输出变量并确定隶属函数曲线

扇区容量可以这样定义:在一个特定时段 Δt 内能够服务的航空器最大数量。由于扇区容量和管制员工作负荷是相联系的,管制员工作负荷的极限决定着一个扇区的容量。有关在某空域内飞越航空器数量(在该模型中没有必要使用)和起飞及着陆航空器数量的数据是从航班时刻表、动态记录历史数据和进程单综合分析后获得的。

本实例是某机场的终端区域,可以用一维模糊控制模型,在所考虑的时间段 Δt 内"起飞和着陆航空器总数量"作为输入变量,而输出变量是开放的扇区数量。在各时段 $\Delta t=30$ min 时间段内起飞及着陆航空器数量参照 2004 年夏秋季航班计划,并通过统计处理得到。

统计处理的结果表明,各时段(间隔 30 min)内模糊输入变量的值,即"起飞和着陆航空器数量"在 0 ~ 15 之间(即该变量的论域)。通过对有丰富经验的管制员的访问、分析可利用的数据和很多次试验,得出结论:输入模糊变量"起飞和着陆航空器数量"的语言值的模糊集为{非常少,少,中等,多,非常多}。采用简记形式:VS = 非常少,S = 少,M = 中等,N = 多,VN = 非常多。根据专家实际经验,并对专家的语言规则进行数学处理,式(4.1) ~ (4.4) 中有关待定系数的值如下

$$\alpha_1=0,\quad \beta_1=3.5;\quad \alpha_2=0,\quad \beta_2=5.5;\quad \alpha_3=3.5,\quad \beta_3=7.5;\quad \alpha_4=5.5$$

$$\beta_4=9.5;\quad \alpha_5=7.5,\quad \beta_5=15$$

这样获得的输入模糊变量的语言变量的隶属度曲线如图 4.3 所示。

输出模糊变量"扇区数量",定义成"1 个扇区"、"2 个扇区"和"3 个扇区"。根据实际经验可以简化输出变量的隶属度函数,如图 4.4 所示。

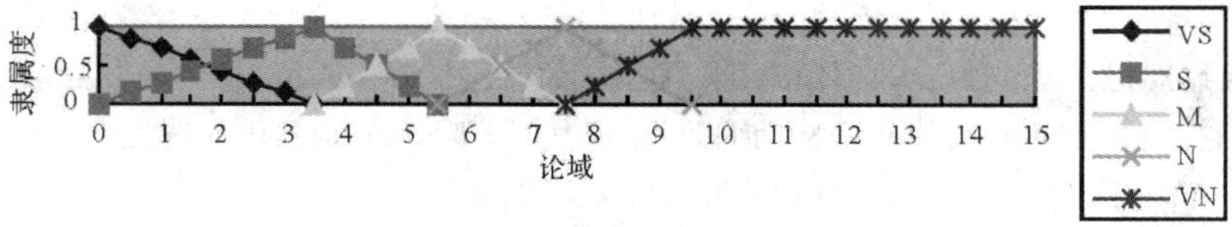

图 4.3 输入模糊变量的隶属度曲线

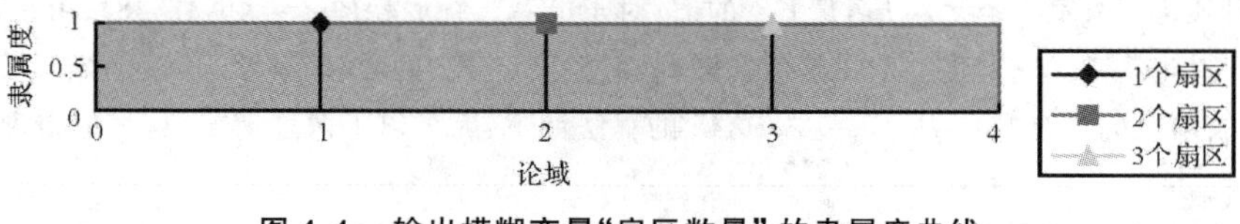

图 4.4 输出模糊变量"扇区数量"的隶属度曲线

2. 设计控制规则

基于所统计的每一对输入-输出数据，按照上述模糊控制方法中的步骤二产生合理的控制规则。对于用来产生规则的典型数据对，取可靠度 $\mu^p = 1$，对于有“错误”存在（或者和经验事实不符）的数据对，取可靠度 $\mu^p = 0.01$。

经过处理，给出模糊控制规则的语言描述（其中，输入模糊变量 e 代表“起飞和着陆数量”，输出模糊变量 u 代表“扇区数量”）：

IF　e = VS THEN　$u = 1$，　D(规则 1) = 1.0000

IF　e = S THEN　$u = 1$，　D(规则 2) = 0.5833

IF　e = M THEN　$u = 2$，　D(规则 3) = 0.5833

IF　e = N THEN　$u = 2$，　D(规则 4) = 0.3333

IF　e = VN THEN　$u = 2$，　D(规则 5) = 0.0022

还需要对产生的控制规则进行合理化处理：

(1) 如果用来产生规则的数据没有任何这样的输入-输出数据对。这些控制规则应以专业知识（或者内行经验）为基础来生成。

(2) 如果最初产生的控制规则中有规则强度 $\leqslant 0.01$，就表明这些规则是从“没有根据的”或“其中有不合理因素的”输入-输出数据对形成的。规则 5 的规则强度为 $0.002\,2 < 0.01$，表明只有 2 个扇区时管制员的工作量太大，因此应当开放新的扇区，即把规则 5 的结论部分“$u = 2$”改为“$u = 3$”。

经过处理可以获得合理的控制规则，这些控制规则能够很好地覆盖整个论域。

3. 结果验证和改善

根据已经定义的模糊控制规则，经过输入变量的传递，即可获得各时段的扇区数量。开放扇区数量列在了表 4.2 的第 4 列中，第 3 列中的数字是各时段内实际管制工作中开放的扇区数量。

表 4.2　2004 年 5 月 29 日，星期六的数据

时间段	起飞和着陆航空器数量	扇区数量(样本)	扇区数量(模型)	扇区数量光滑处理结果
00:00 ~ 07:30	0	1	1	1
07:30 ~ 08:00	0	1	1	1
08:00 ~ 08:30	4	1	1	1
08:30 ~ 09:00	4	1	1	2
09:00 ~ 09:30	10	2	3	3
09:30 ~ 10:00	5	2	2	2
10:00 ~ 10:30	6	2	2	2
10:30 ~ 11:00	5	2	2	2
11:00 ~ 11:30	6	2	2	2
11:30 ~ 12:00	5	2	2	2
12:00 ~ 12:30	4	2	1	1
12:30 ~ 13:00	3	2	1	1

续 表

时间段	起飞和着陆航空器数量	扇区数量(样本)	扇区数量(模型)	扇区数量光滑处理结果
13:00 ~ 13:30	4	2	1	2
13:30 ~ 14:00	5	2	2	2
14:00 ~ 14:30	7	2	2	2
14:30 ~ 15:00	6	2	2	2
15:00 ~ 15:30	6	2	2	2
15:30 ~ 16:00	4	2	1	2
16:00 ~ 16:30	4	2	1	2
16:30 ~ 17:00	6	2	2	2
17:00 ~ 17:30	6	2	2	2
17:30 ~ 18:00	5	2	2	2
18:00 ~ 18:30	8	2	2	2
18:30 ~ 19:00	4	2	1	1
19:00 ~ 19:30	2	1	1	1
19:30 ~ 20:00	3	1	1	1
20:00 ~ 20:30	3	1	1	1
20:30 ~ 21:00	4	1	1	1
21:00 ~ 21:30	4	1	1	1
21:30 ~ 22:00	3	1	1	1
22:00 ~ 22:30	2	1	1	1
22:30 ~ 23:00	3	1	1	1
23:00 ~ 23:30	0	1	1	1
23:30 ~ 24:00	3	1	1	1

注:在表 4.2 中,由于在 7:30 前没有起飞及着陆航空器,所以没有将 00:00 ~ 07:30 这段时间按照每 30 min 分成时段,但是在光滑处理的时候这段时间按 15 个时段计算。

在表 4.2 中,比较“扇区数量(模型)”列和“扇区数量(样本)”列,发现模型给出的结果具有 85.42% 的一致性。

接下来对“扇区数量(模型)”列,使用上述方法中的步骤三和四进行光滑处理,结果见表 4.2 中“扇区数量光滑处理结果”列,此时的一致性达到了 91.67%。只有 3 处不一致:

(1) 在 08:30 ~ 09:00 和 09:00 ~ 09:30 时段,采取了保守的做法;

(2) 对于 13:00 ~ 13:30 时段,实际工作中关闭扇区有延迟,可能有航班延误等原因;

(3) 在 15:30 ~ 16:00 和 16:00 ~ 16:30 时段,考虑短时间内的人员变动带来管制员排班等一系列问题,在实际安排中会保持较大数量的扇区同时开放。

基于所考虑的空域内给定的航路网络、计划(预测)的交通需求和历史统计数据,可以用上述模型来确定扇区数量,给出每天各个时间段内合理的扇区数量,就像“天气预报”一样,动态给出每日的扇区数量,其结果也可以给管制员数量的确定和安排提供必要的参考。

4.2.3　扇区结构优化设计

在扇区数量确定后,需要对空域进行扇区的划分。对扇区划分进行科学、合理的规划,需要考虑到扇区的管制工作负荷的均衡,否则会限制空域的整体容量、降低空域利用率。如何在划分扇区时进行综合优化,确保空域划分的科学、合理和有效,对于增加空域容量,保证空中交通的安全、高效,具有重要意义。

作为空域规划的一个重要问题,扇区结构的优化设计需要遵循国际民航组织的相关文件:Doc8168－OPS/611,Doc9426/AN924和国际民航公约附件11中空域规划设计相关内容。对于在固定航路、航线空域的扇区优化划分问题,可用导航台、航线交叉点和空域边界上的航路点为节点,使用Voronoi多边形将空域划分为有限单元。在Voronoi图的基础上,计算各有限单元的工作量,并在扇区划分的两个基本原则的约束下,应用模拟退火算法组合这些有限单元,获得优化的扇区边界线。

一、Voronoi多边形与Voronoi图

Voronoi图是把图论和几何求解综合起来的一种图案,在计算几何和CAD图形计算中具有重要作用。它是一种多边形,具有许多优良的图形特征。为优化扇区形状,将它应用到扇区的表示和动态划分中来。

Voronoi图存在一个互为对偶的几何结构,叫做Delaunay三角剖分。在如图4.5所示中,实线多边形是Voronoi图,虚线是它的Delaunay三角剖分。

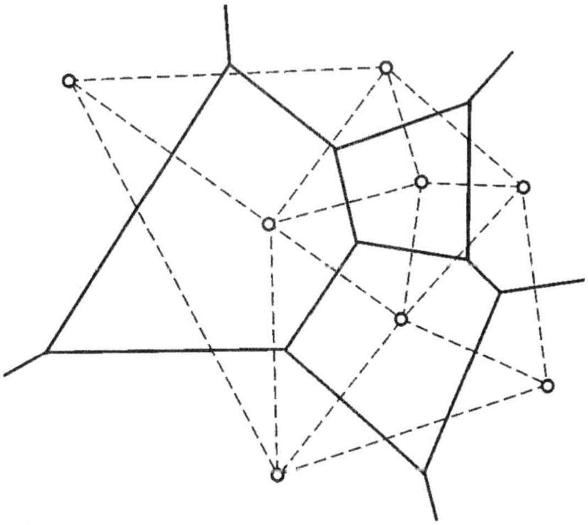

图4.5　点集S的Voronoi图(实线)及对偶的Delaunay三角剖分(虚线)

在空域，将空域各报告点、定位点、交叉点等自然航路点作为空间目标点(图 4.5 中的小圆点)，将它们临近的三个点两两连接构成 Delaunay 三角形(见图 4.5 中的虚线)。然后作各三角形三条边的垂直平分线，这些垂直平分线每三条相交于一点，将这些交点连接起来就得到了 Voronoi 多边形。这些多边形是凸的，它们或者它们的合并可以作为扇区，不过它们的合并产生的多边形不一定是凸的。

二、扇区结构优化的模型和算法

为了达到扇区优化的目的，需要对空域中用 Voronoi 划分的有限单元依据各单元内的管制工作负荷进行组合优化。

1. 扇区结构优化的数学模型

对于扇区结构优化问题，数学模型应当要求扇区之间的工作负荷尽可能均衡，因此，目标函数：

$$\min J = \sum_{i=1}^{n}\sum_{j=1}^{n} |Z_i - Z_j| \tag{4.7a}$$

式中，Z_i 表示第 i 个扇区的工作负荷，目标函数 J 要求各扇区的工作负荷之差的总和最小。

这个目标函数项数较多，也可以采用如下的目标函数

$$\min J = \sum_{i=1}^{n}(Z_i - \bar{Z})^2 \tag{4.7b}$$

式中，$\bar{Z} = \frac{\sum_{i=1}^{n} Z_i}{n}$ 是扇区工作负荷的平均值。

约束条件：

(1) 确保优化划分的扇区之间方便协调移交；

(2) 保证随机搜索得到的扇区具有连续性。

这两个约束条件难以用数学式子表达，下面对它们的意义作些解释，以便于设计算法。

2. 关于约束条件的解释

(1) 方便扇区协调移交约束。飞机从一个扇区飞向另一个扇区时，该扇区的管制员要将该飞机的管制指挥工作移交给下一个扇区的管制员，该过程称为管制移交或协调。通常为保证空中交通的安全，在飞行轨迹出现汇聚和飞行可能发生冲突的地方(如导航台、航路交叉点等)，不应作为管制移交点，应在飞行冲突解决后平稳地移交给下一个扇区。在空域边界上的航路点(导航台、报告点等) 上，要完成与其他空域的协调工作，一般也不作本空域扇区间的管制移交点。另外，由于在航路点上通常要进行飞机位置报告等管制通信，如果两个航路点之间的距离过小，其间也不能存在管制移交点。综上所述，对管制移交地点的选取一般要遵循如下原则：

1) 导航台、航路交叉点以及空域边界上的航路点不能作管制移交地点；

2) 如果两个航路点之间距离小于 8.5 km，则不能设管制移交点。

只要采用以空域航路点(导航台和空域边界上的报告点) 和航路交叉点为节点的 Voronoi 多边形划分空域，约束条件(1) 的约束限制自然满足。

对于约束条件(2) 的限制，意味着将距离过小的两个航路点分在两个扇区是不当的。边界与任意航路点之间距离大于 8.5 km 一半的扇区才是可行的，如此获得的扇区边界将满足方便管制移交约束。

(2) 扇区连续性约束。根据便于管制工作的扇区划分原则，同一扇区的管制工作处于相对集中的空间范围之内，更有利于管制工作的顺利进行，否则会由于管制空间跳跃、分散，导致管制员注意力分散。人们在专注于解决某一处出现的问题时，经常会忽视对其他地方出现的问题，即所谓“一心不能二用”。因此，扇区优化划分的结果必需使每个扇区都是连续的，也即对于同一个管制员来说，前后两次划分的扇区应当基本相同，只有局部不同。保持扇区的连续性是一项重要的优化准则。为了保持优化划分的连续性，产生各扇区的新解可以在各扇区原解的基础上从相邻扇区“夺取”或被相邻扇区“夺取”一个有限单元，并确认新解是否可行。只有每个扇区都是连续的、可行的，新解才被接受。

3. 模拟退火算法

模拟退火算法(Simulated Annealing) 将组合优化问题与统计力学中的热平衡问题相类比，通过模拟退火过程对优化问题进行求解。由于该算法具有良好的通用性，在理论上可以满足扇区优化问题的求解要求，并能够获得最优的空域划分方案。

数学模型由解的可行域和目标函数组成。解的可行域是指对所有可能解均为可行解的集合，目标函数用式(4.7) 表示。由于模拟退火算法最终解不依赖初始解的选取，但收敛速度受初始解影响，因此可任意选取一个合适的初始解(扇区划分的原解)。

在程序设计中，利用 Voronoi 划分和两个航路点之间距离不小于 8.5 km 的要求来保证满足扇区协调移交约束，新解的生成是在旧解的基础上，通过借助相邻单元序号集合增减单元的方法来实现，它保证了扇区优化的连续性约束。

三、算例及计算过程

例 4.1　应用本节介绍的扇区优化划分方法优化厦门管制空域的扇区。

解　为了重新对空域进行划分，以目前的管制空域结构为基础，拆除原始空域中扇区的边界线和该边界线上用于扇区移交的报告点，得到未划设扇区的原始空域结构，如图 4.6 中实线所示。

以原始空域图中的航路点和航路交叉点为节点，使用计算几何建立空域的 Voronoi 图，如图 4.6 中虚线所示。将图中的每一个 Voronoi 多边形包围的空间和半 Voronoi 多边形与空域边界包围的空间均作为一个有限单元。

通过对某日繁忙时段 10:00 ～ 11:00 之间工作负荷的统计得到，在这个 3 600 s 内空域的总管制工作负荷为 3 458 149 s。当空中交通流量翻一番使得管制工作负荷达到 6 916 198 s 时，计算每一个有限单元中要完成的管制工作负荷，同时将 Voronoi 多边形有限元的相邻关系一并列入表 4.3 中。

表 4.3　有限元负荷表

单元序号	负荷大小 /s	包含节点	相邻单元序号
0	251.66	IKATA	2,3
1	102.12	P93	2,15,16
2	421.50	J1(IKATA-PV 与 P93-ZPU 的交叉点)	0,1,3,4,15
3	486.34	ZPU	0,2,4
4	724.12	WF	2,3,5,15,17

续表

单元序号	负荷大小 /s	包含节点	相邻单元序号
5	546.1	FQG	4,6,17
6	307.88	LJG	5,7,17,18
7	90.12	RUPOX	6,8,18
8	88.76	P132	7,9,18
9	78.24	DAGMO	8,10,18
10	89.12	MAKIB	9,11,12,17,18
11	190.06	P249	10,12
12	517.72	WYS	11,13,17
13	200.38	P48	12,14,17
14	0.00	P47	13,15,17
15	749.92	PV	1,2,4,14,16,17
16	161.68	P163	1,15
17	1683.88	DO	4,5,6,10,12,13,14,15,18
18	227.38	J2(DAGMO-LJG 与 P132-DO 的交叉点)	6,7,8,9,10,17

若要将空域划分为 3 个管制扇区。首先取 IKATA,P249 航路点所在的有限元分别作为两个扇区的初始解,其余所有有限元作为第 3 个扇区的初始解,利用模拟退火算法在连续性约束下进行求解。如图 4.7 所示是最终的扇区优化结果图。

如图 4.7 所示中实线表示航路网,虚线表示管制区边界线,点划线表示划分的扇区边界,该方法将空域划分为 3 个部分。其中,北扇区工作负荷为 2 391 166 s,南扇区工作负荷为 237 316 s,东扇区工作负荷为 2 151 172 s,均小于总统计时间的 80%。划分的新扇区满足方便管制移交和扇区空域连续性的要求,扇区之间工作负荷的最大差为 239 194 s,约为每个扇区工作负荷的 11%,均衡度比较令人满意。

通过算例分析可以得到以下结论:

(1) 在空域中航路点自然分布的基础上,用 Voronoi 多边形划分的单元,有利于管制员工作负荷的统计,同时利用 Voronoi 多边形的部分边形成扇区的边界,能远离导航台和航路交叉点,有利于管制移交;

(2) 利用 Voronoi 多边形的邻近单元集合,作为可行解的相互“争夺”的有限单元,形成了新的连续扇区,有利于管制员对管制工作注意力分配,对于保证飞行安全有较明显的作用;

(3) 由于先对空域进行了有限元分析,因而单元数比实际航段数少了很多,此算法计算量比较小,优化速度比较快,同时,给出的扇区负荷比较平衡。

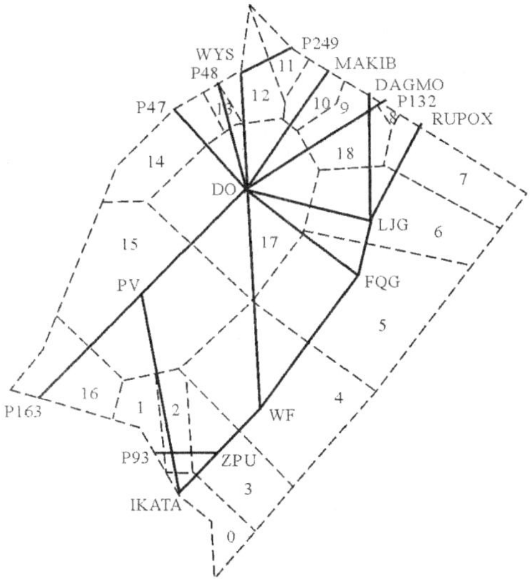

图 4.6　厦门管制区原始空域图

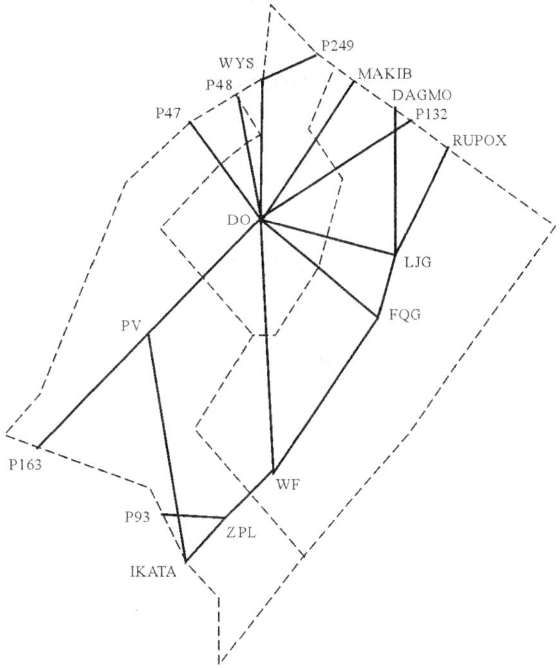

图 4.7　扇区优化结果图

4.2.4　空域灵活使用

一、背景

为了适应不断增长的航空运输和空中交通服务的需求，ECAC(欧洲民航会议)于1990年4月24日接受并颁布了航路(En-Route)战略。该战略最初目标为:1995—1998年间，欧洲逐步建立和谐的空中交通管制服务，21世纪初将各地区空中交通管制服务整合。

为了实现ECAC航路战略的目标，20世纪90年代初，EATCHIP(欧洲空中交通管制和谐与集成项目)正式启动，并在多个不同领域加以建设，其中空域管理(Air Space Management，ASM)是这项战略的关键因素之一。

EATCHIP中空域管理的一个主要目标是空域灵活使用(Flexible Use Airspace，FUA)概念的执行。FUA概念经由ECAC国家的军、民航以及航空公司代表共同协商、研发，于1996年3月正式颁布执行。

2000年1月，作为90年代提出的ECAC航路战略与机场战略的后继和整合，以及为空中交通服务2000＋战略提供方向引导的“登机门-登机门”(“gate-to-gate”)程序正式启动(“登机门-登机门”程序包含了对航空器各个飞行阶段的综合考虑和管理，包括飞行前计划和飞行后的活动)。

空中交通服务2000+战略中一个主要的目标在于优化空域容量，并且以“统一空域”为战略原则之一。

作为空中交通服务2000+战略的补充，2001年1月“为ECAC国家服务的EuroControl(欧控)空域战略”正式启动。

欧控空域战略主要包含空域管理和军/民合作的研发，目的是：在全欧洲推广FUA概念，并在可能的情况下，将FUA概念运用至低空空域和一些特殊的终端区，最终形成较灵活的空域管理方法。

二、空域灵活使用的概念

FUA的EuroControl概念可以从以下三方面进行描述：

(1) 空域不再是纯粹的军用空域或民用空域，而是根据使用者的需求统一考虑和分配；

(2) 在特定的时间段内根据实时使用情况可以将空域暂时作为军用(或民用)空域；

(3) 连续空域不再受到国界的约束。

三、空域灵活使用的发展

自从1996年FUA概念在ECAC的29个成员国正式执行以来，在各成员国内执行军/民航协作的观念已趋于一致，但是成员国之间的FUA概念应用还有很大差异，该差异导致成员国之间统一空中交通管理系统的接口难以实现。现在FUA概念的应用主要集中在释放非使用空域，但是由于基于条件航路(ConDitioned Routes,CDRs)的航路选择机制没有真正执行，所以FUA概念的应用对于目前空域容量的提升没有显著效果。另外，由于FUA预战术阶段带来的飞行经济效益较为明显，所以大多数成员国都将主要精力投入在ASM第一级即永久性航路结构的研究上，而不重视ASM第二和第三级空域管理。

在空域管理第一级和第二级中，一个重要的任务是利用FUA指数对FUA的应用效率进行持续的监视。

现阶段使用的FUA指数有FUA使用比率(Flexible Use Rate,FUR)指数和飞行经济指数(Flying Economic Index,FEI)。其中FUR指数提供FUA空域结构的有效比率和这些结构中的用户比率信息；FEI提供飞行距离、飞行时间、油耗方面可能节约的经济成本以及可能减少的废气排放指数信息。其他的FUA指数目前正处于研发状态。

1. 空域灵活使用所需的组织框架

第1级战略ASM由每个ECAC成员国“国家高层空域政策实体”建立的军民协作过程所组成。国家高层空域政策实体考虑国家和国际空域用户的需求，制定国家ASM政策并执行所需的战略计划工作。

第2级预战术ASM包括通过国家空域管理单元(Airspace Management Cell,AMC)或分区域AMC对空域的逐日管理和临时分配。国家建立和授权军民联合的AMC在每日基础上管理空域。

AMC应按照由国家高层空域政策实体建立的空域分配优先性、协商规则和协议工作。国家或分区域AMC作为ASM第2级国家和国际焦点，改进军民和国际协调，管理空域以保证其灵活使用。

AMC应以确定、及时和有效的方式进行预战术第2级空域分配和管理工作，解决冲突的空域申请和隶属第2级的问题。ECAC国家的AMC已对最低级别的权限进行了协调，允许它们执行有效的第2级ASM。然而，这样的协调并不阻止国家把更大的权限委托给它们的AMC，如果需要，允许它们执行附加的功能。事先计划好重大事件,诸如需要附加隔离空域的大规模军事演习将受到第1级的协调,这些活动将由AIS出版物通知。取决于国家的ASM组织,这种协调可发生于AMC或其他ASM组织中。

在AMC完成分配以后,可能需要修改空域分配,以便利用任何潜在因素优化空域使用,增加容量和降低延误。空域分配的改变应由AMC运行当天更新的空域使用计划(Airspace Use Plan,AUP)实施,还应包括前一天AUP中被分配空域的撤消。

因此AMC与国家高层空域政策实体的关系为AMC应按照由国家高层空域政策实体建立的空域分配优先性、协商规则和协议工作。国家高层空域政策实体应定期评审AMC空域分配的协商程序和优先规则,以提高空域使用的安全性和灵活性。

2.空域灵活使用的管理规则与程序

(1)ASM第1级。ASM第1级是战略性的空域管理,是在维护国家整体利益的前提下,考虑国内和国际用户对空域的需求,制定合理的国家空域管理政策,建立国家空域结构体系,对空域进行战略性管理,使军民对联合使用空域达成共识。

为了建立和保持灵活的空域结构体系,国家应迅速收集民用和军用航空的信息资料,以便在三级管理实行前充分了解其对各个部门的影响。国家应对空域和航路结构进行评估和审查,ASM第1级要为第2级和第3级建立有效的空域结构体系,并给予最低限度的授权,以便后者能灵活地开展工作。第1级还要为ASM第2级和第3级制定工作程序、优先权规则和空域分配的商议程序。

(2)ASM第2级。空域灵活使用策略一旦被采用,在第二阶段就应建立AMC来负责对空域进行逐日分配和临时隔离,对空域进行战术前管理。AMC将负责空域的临时分配和发布每天空域分配的公告,即通常所说的空域使用计划AUP。AMC要遵守由国内的民航和军航空域管理政策委员会制订的空域优先配给权,协商规则及议定书。国家空域政策确定AMC的自由决定程度和权限。AMC被赋予适当的权限,以便将需要较高当局来决定的情况减至最小。由两个或更多国家建立的分区域AMC有责任对国界两侧进行预战术空域管理。在我国,可以设想在建立空域灵活使用机制后,在二级管理阶段,由于AMC是建立在空管系统内的协调分配机构,它协调民航和军航的空域,分配空域,因此AMC应独立于民航和军航系统,在各地区空管局建立下属机构,它负责各地方的空域分配,并在地方空域分配产生冲突时,由总部协调地区空域。

在空域管理第一级国家空域结构体系、优先权规则和空域分配商议程序等国家空域管理政策的框架内,地区空域管理部门对空域的军用和民用需求进行协调,收集和分析所有的空域使用要求后,再决定每天的空域分配,并作为正式的空域使用计划下达到各有关单位。

(3)ASM第3级。ASM第3级是战术性的空域管理,包括实时使用空域、取消使用空域计划或对二级空域管理所分配的空域进行实时再分配,解决民用和军用空中交通服务部门或其所属的管制员之间发生的特殊空域问题或交通情况。

提高民用和军用空域使用要求的实时协调能力,有助于增强空域使用的灵活性。这个灵活性有赖于民用和军用空中交通联合使用空域所提供的潜力。为了达到实时协调,负责分离商业飞行与通用航空飞行的空管员应该获知他负责区域内交通情况的所有必要信息。以这种简单的形式,空管员可以进行直接的语言上的交流,实时获取所有必要的飞行数据,包括管制员的意图,将使空域达到最优利用和减少对空域隔离的需要。

为了不断提高空域使用效率，国家空域管理部门应对空域和航路结构定期进行审查，对ASM第1，2，3级制订的空域管理计划和使用情况进行详细分析。

4.3 空中交通流量管理

4.3.1 流量管理的定义

航空运输的蓬勃发展使飞行量急剧增加。在过去的10年中全球航班的数量增加了50%以上，而在我国的北京、上海和广州，几乎每五年就翻一番。于是经常出现这样的问题，在一年的某些时期内、在一个星期的某些时间内和在一天的某些小时内，某一空域、某一航线上的飞机过于集中和拥挤；与此同时气候等其他原因往往会造成机场服务能力下降或空中交通管制中心的管制能力下降，因而造成交通流量超过机场跑道系统容量或空管扇区容量，致使交通产生拥挤。交通拥挤与每天的流量高峰时段及每年的高峰期紧密相连，并同恶劣气象条件下机场或航路区域服务效率显著降低密切相关。这种问题一般通过流量控制的方式解决。

随着国内飞行量的增加，因流量控制造成的航班延误日益严重，流量管制原因和流量管理诱发的其他原因已成为航班延误的主要原因之一。同时，流量控制措施常常导致起飞前的飞行延迟、飞行中的等待、使用不经济的飞行高度层、改航、打乱班机时刻等，给航空器经营人带来了燃油损耗与经济损失，造成机场或候机楼的拥挤和旅客的不满意，更重要的是空中交通拥挤还严重影响了空中飞行的安全。因此，空中交通流量管理(ATFM)成为民航当前极为迫切的任务。

早在20世纪70年代，人们便开始关注由于多种因素而造成的某一空域中的空中交通服务能力无法满足空中交通流量需求的情形，在探讨解决办法的过程中提出了“流量控制”，进而发展出“空中交通流量管理”的概念。空中交通流量管理的英文名是Air Traffic Flow Management，简称ATFM。本质上ATFM的目的是为了安全而有效地使用现有的空域、空中交通管理(ATC)和机场的服务能力，并且提供飞机运作者及时、精确的信息，以规划和实施一种经济的空中运输，减少延误。

在没有可通过机场跑道扩建或空管设施更新获得容量长期改善的情况下，ATFM需要按一定的规则动态地将空中交通需求与机场和空域容量相配，因此产生两个核心问题：确定空域或机场的容量和建立流量管理计算模型或算法。

根据流量管理的目标，ICAO，FAA、欧洲航空安全组织(Eurocontrol)和我国提出的流量管理方法见表4.4。由表4.4可见虽然各国的流量管理方法基本相同，但是依据各自的实际情况，对空中交通流量管理工作阶段的划分各有不同。不过随着人们对流量管理工作认识的进一步深化，正逐步将流量管理工作统一划分为战术、预战术、战略三个阶段。

在战术阶段(航班运行过程中)，空管部门主要采取地面等待和空中改航等策略来调整起降时间，实现流量和容量的平衡。

在预战术阶段(通常在飞行前数小时至一周)，流量管理部门应根据次日的飞行计划和预测的运行环境(天气、军航活动情况、通信导航设备、机场的使用情况)，模拟和评估出次日可能出现的流量拥堵情况，提前向航空公司及有关部门发送流量管理信息，并协同相关部门重新调整飞行计划、改变起飞时间，以达到新的平衡。

在战略阶段(通常在飞行前一周以上)，流量管理部门、空管部门应该协同航空公司、机场当局，根据预测的交通状况和可用的空中交通系统容量制订合理的航班时刻表。

以下结合流量管理的三个阶段介绍常用的流量管理模型。

表 4.4　流量管理方法

<table>
<tr><th>管理方法</th><th>时间段</th><th>ICAO</th><th>FAA</th><th>Eurocontrol</th><th>我　国</th></tr>
<tr><td>扩大空域系统容量；调整空域、航线结构，扩建机场、跑道，采用大型机</td><td>提前 5 年</td><td rowspan="3">战略管理方法</td><td rowspan="2"></td><td></td><td rowspan="3">先期流量管理</td></tr>
<tr><td>预测空域流量和容量，优化航班时刻表</td><td>提前一年到半年</td><td>战略流量管理</td></tr>
<tr><td>预测空域流量和容量，优化航班时刻，调整非定期航班</td><td>提前 24 小时</td><td rowspan="2">战略流量管理(流量规划)</td><td>预战术流量管理</td></tr>
<tr><td>预测空域流量和容量，调整航空器起飞时间、飞行航线</td><td>起飞前</td><td rowspan="2">战术管理方法</td><td>战术流量管理</td><td>飞行前流量管理</td></tr>
<tr><td>调速，控制移交点时间，增开扇区，空中等待</td><td>飞行中</td><td>战术流量控制</td><td></td><td>实时流量管理</td></tr>
</table>

4.3.2　到达飞机优化排序

空中交通流量管理的战术阶段是指在航班运行过程中，实时发现交通量即将超出容量限制时，临时使用空中等待或地面等待的方法调整或削弱交通高峰。由于地面等待的安全性和成本要远低于空中等待，因此无论战术和预战术阶段都是优先选择地面等待手段来调整交通。但是战术阶段的最大特点是有的飞机已经飞在空中，因此在介绍流量管理战术阶段的算法时，将只涉及到达飞机的优化排序算法，至于地面等待算法将放到预战术阶段来介绍。

在航班运行过程中，如果管制员发现需要落地的飞机流量即将超过跑道容量或管制服务能力范围时，就要求飞机做某种形式的空中等待，包括调速、改航、等待，甚至返航或备降，这些空中等待都必然增加飞机运行的成本。实施战术流量管理的目的就是在保证安全运行、考虑公平原则的前提下尽量减少这个额外增加的成本，也就是要在确保安全前提下使到场飞机充分发挥各自的飞行性能，尽量减少飞机之间的相互影响和飞行延误，提高飞机的正点到达率。

现在处理战术流量管理的主要措施是对终端区内的飞机进行排序，这样可以高效地为到达的飞机合理安排着陆次序。此种排序类似于旅行商问题(Traveling Salesman Problem，TSP)，把须排序的飞机看做网络的顶点，某两架飞机分别是排序中的前后飞机时，用有向边连接，边上的权是这样排序的等待时间。飞机排序问题相当于要求找出通过所有顶点恰好一次且最终回到源点的最短路径。

一、先到先服务(FCFS)算法

这种算法是目前各个空管中心普遍采用的算法之一，特别适合于不是非常繁忙的机场。其算法主要根据飞机估计到达时间(Estimated Time of Arrival, ETA)的次序来决定飞机进近和着陆次序。当某飞机进入终端区的进入点时，系统根据它的性能数据、初始状态以及当时的气象动态数据计算出它的到达目标点的ETA，再根据该飞机的ETA和当前飞机队列的排序情况，给出它的安排到达时间(Scheduling Time of Arrival, STA)。如果这时飞机队列中的间隔不足以插入这架飞机，系统在保证飞机安全间隔标准的前提下，对这架飞机后面的飞机依次重新排序，相应进行延误处理。如果对后面的飞机不能进行重排和延误操作，则要对这架飞机实施等待策略，使其在某一固定的空域进行空中等待。

例 4.2 已知航班的估计到达时间如表4.5所示。现有MU5407返航备降，估计到达时间10:20。若机场跑道限制降落飞机的到达时间间隔为3 min。则调整后的航班估计到达时间如表4.6所示。

表 4.5 原航班估计到达时间

航班号	估计到达时间
SC981	10:15
CZ3422	10:18
* MU5407 *	10:20
MF8726	10:21
CA342	10:26

表 4.6 调整后的航班估计到达时间

航班号	估计到达时间	调整时间 /min
SC981	10:15	0
CZ3422	10:18	0
MU5407	10:21	+1
MF8726	10:24	+3
CA342	10:27	+1
增加成本	5 min	

二、改进的先到先服务(FCFS)算法

上述的FCFS算法，依靠飞机ETA的次序决定飞机的着陆次序，这样决定的次序一般不是最优的，有时甚至是不可行的。为解决此问题，需要改进FCFS算法。改进FCFS算法需用到调度界限的概念，所以下面首先给出它的定义。

定义 调度界限是管制员用于实施流量管制策略的区域。它是一个以机场塔台为中心的同心柱状空域，其内柱面叫做内调度界限，简称内限，外柱面是外调度界限，简称外限。

改进的FCFS算法采用内、外两个调度界限。飞机离塔台的距离远于外限时，由于受空中风等影响，ETA时间不能精确获得，因此对其实施管制调度没有实际意义，不做流控管理策略的计算。在飞机穿越起始调度界限(即外调度界限)时，带来一组新的数据，包括飞机穿越起始调度界限的时间、ETA、飞机的类型和飞机的标志等，然后由改进的算法计算出该飞机到达跑道的计划到达时间(STA)，因而决定飞机着陆次序。当飞机接近落地时，很难再做出空中改航或减速等延时性的机动，这样就存在一个管制调度的内限，飞机离塔台的距离在内限之内时，不实施流控管理。

在算法上，起始调度界限(外限)是一个空间界限，它是每架飞机进入管制区的位置，当飞机穿越它时，排序算法就接受它的一组参数，进行排序；终止调度界限(内限)是由特定的距离着陆时间来定义的，也可以叫做冻结界限，一旦一架飞机穿越了冻结界限，它到达机场跑道的计划到达时间就保持不变，直到

着陆。

例 4.3 对于例 4.2,设该机场的冻结界限为 6 min。若在 10:15 才得知航班 MU5407 出现特情,需要立刻返航落地,初步 ETA 时间 10:20。则由于 MF8726 航班已即将落地,处于冻结状况,则调整后的航班估计到达时间如表 4.7 所示。这个结果使总延误减少了 1min,并且将原来延误 MF8726 的不可行方案改成了延误 MU5407 的可行方案。

表 4.7 调整后的航班估计到达时间

航班号	估计到达时间	调整后到达时间	调整时间 /min
SC981	10:15	10:15	0
CZ3422	10:18	10:18	0
MF8726	10:21	10:21	0
MU5407	10:20	10:24	+4
CA342	10:26	10:27	+1
增加成本	5 min		

三、时间提前(Time-Advance,TA)算法

时间提前算法对飞机队列中的每一架飞机实施控制,而不改变这个飞机队列的原有顺序。通过使第一架飞机加速,使其先于正常的估计到达时间到达目标点。这样,队列中后面的所有飞机都可以减少相同的延误。这种方法同时也减少了不同飞机队列之间的间隔。一般情况下,所有飞机的最大时间提前量为 60 s。而在 CTAS 系统中,每个飞机队列的首架飞机的时间提前量是根据系统的计算结果而定。因为 TA 算法对于加速飞机是以提高飞机飞行成本为代价,所以只有当紧跟第一架飞机之后的飞机需要延误处理时,前者才进行加速从而使后者的延误减少。TA 算法对多数飞机来说可能减少延误,但由于第一架飞机加速而花费大量额外的燃油,且不是按飞机的最优续航和下降剖面飞行,所以 TA 对于加速飞机的航空公司不太公平。为体现公平性,应当让各航空公司的飞机轮流执行加速程序。另外,每次实施 TA 时,每架飞机的到达时间都要改变,这将增加地空通信量,这也增加了管制员和驾驶员的工作负担。因此采用 TA 算法时,要综合考虑多方面的因素。

例 4.4 对于例 4.2 采用 TA 算法后,航班计划到达时间修改为如表 4.8 所示,结果是加速了 2 min,延误了 2 min。

前述的三种算法,没有考虑机型大小的影响,优化目标是要求总延误时间最小。但不同机型的飞机单位时间延误成本不同,总延误时间最小并不意味着总延误成本最小。下面介绍的算法将优化总延误成本。

表 4.8 调整后的航班估计到达时间

航班号	估计到达时间	调整后到达时间	调整时间 /min
SC981	10:15	10:14	−1
CZ3422	10:18	10:17	−1
MU5407	10:20	10:20	0
MF8726	10:21	10:23	+2
CA342	10:26	10:26	0
增加成本	加速成本 2 min,延误 2 min		

四、带有约束的位置偏移算法

带有约束的位置偏移算法是建立在动态规划的基础上,并且只有在一组飞机的位置已全部给定的情况下,才能对它们进行彻底优化。它对所有可能的飞机排列树进行寻优,找到一条成本(主要指飞机队列中每两架飞机之间所需时间间隔的总和或每架飞机等待成本的总和)最小的路径,即得到该组飞机的最佳次序。但得到的最佳次序有可能会使原来的飞机队列改变较大,这不仅加重了管制员的工作负担,而且与先到先服务原则冲突较大,降低了不同航班飞机的公平性,从而增大了实现的难度。

在"带约束的位置偏移算法"中,所谓的"带约束"是指飞机排序的最终位置只能在一定时间范围内加以调节,所谓的"位置偏移"是指飞机排序的结果可使初始位置与最终位置不同(发生偏移)。该算法使用的"飞机排列树"是用来表示排序飞机各种排列的一种树。如图 4.8 所示是 4 架飞机的排列树,其中根节点表示排序的开始,从根节点到每一个叶节点的路径都代表一种可能的飞机排序。搜索该树的每一条路径,计算它的时间偏移,从中选择时间偏移(主要是延误)在限制范围内,并且延误时间最短的路径,即得到最优的飞机排序方案。这就是飞机排列树寻优的方法。

例 4.5 对于例 4.2,若位置约束设为 10 min,各机型的空中延误成本为 B747 = 3 200t,B767 = 1 600t,B737 = 800t,Y7 = 300t(单位:元,t 的单位为 min),见表 4.9,在不考虑时间提前时,调整后结果如表4.10 所示。

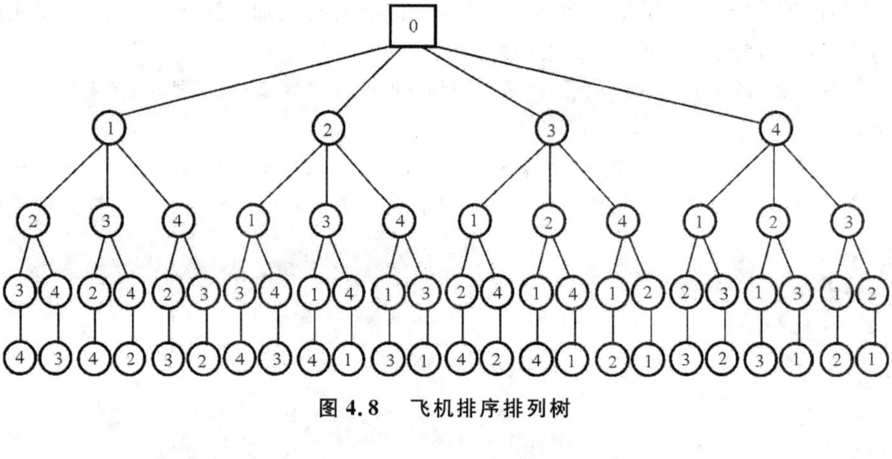

图 4.8 飞机排序排列树

表 4.9　原航班估计到达时间

航班号	机型	估计到达时间
SC981	B737	10:15
CZ3422	B737	10:18
* MU5407 *	Y7	10:20
MF8726	B767	10:21
CA342	B747	10:26

表 4.10　调整后的航班估计到达时间

航班号	估计到达时间	调整时间 /min
SC981	10:15	0
CZ3422	10:18	0
MF8726	10:21	0
CA342	10:26	0
MU5407	10:29	+9
增加成本	2 700 元	

五、飞机到达排序优化模型

假设在时间 T 内有 P 架飞机将要到达某机场，已知它们的成本最低的降落时间，按照此降落时间排序后，对飞机进行编号，序号分别为 $1,2,\cdots,P$，成本最低降落时间为 $T_1,T_2,\cdots,T_P$，各飞机的最迟降落时间为 $L_1,L_2,\cdots,L_P$，根据各飞机的重量类型，已知前后两飞机的最小安全时间间隔为 S_{ij}，飞机 i 偏离最佳降落时间的单位时间成本为 c_i，求满足时间间隔规则的成本最小的飞机降落顺序。

设 x_i 是第 i 架飞机的实际降落时间，则目标函数要求飞机空中等待总成本最小

$$\min z = \sum_{i=1}^{P} c_i(x_i - T_i) \quad 或 \quad \min z = \sum_{i=1}^{P} c_i x_i$$

现在来建立约束条件，首先各飞机降落时间应当限制在以下范围内

$$T_i \leqslant x_i \leqslant L_i$$

根据飞机降落时间区间的搭接程度，将飞机降落次序的集合分成三组：

(1) 前后两飞机降落时间区间分离，并且两区间的间隔不小于安全时间间隔

$$W = \{(i,j) \mid j > i, L_i + S_{ij} \leqslant T_j\}$$

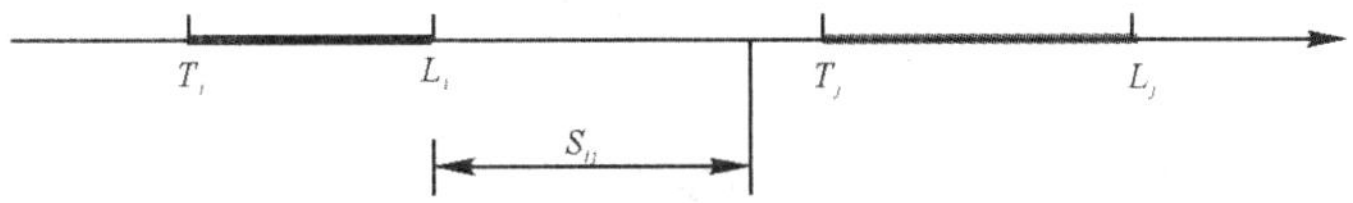

图 4.9　飞机次序子集 W

(2) 前后两飞机的时间区间分离，但间隔长度小于安全时间间隔

$$V = \{(i,j) \mid j > i, L_i < T_j \wedge L_i + S_{ij} > T_j\}$$

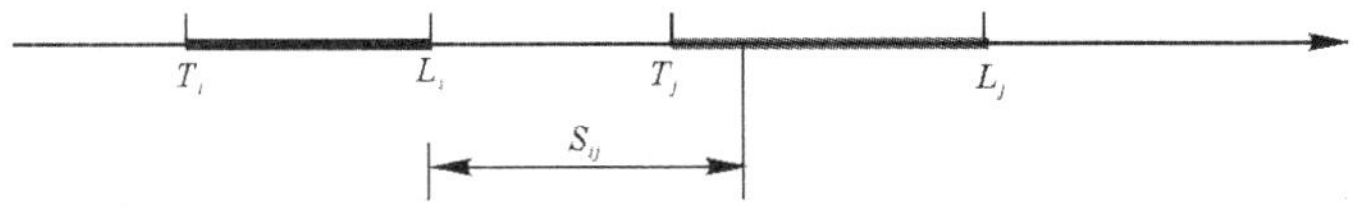

图 4.10　飞机次序子集 V

(3) 前后两飞机的时间区间搭接

$$U = \{(i,j) \mid j > i, L_i > T_j\}$$

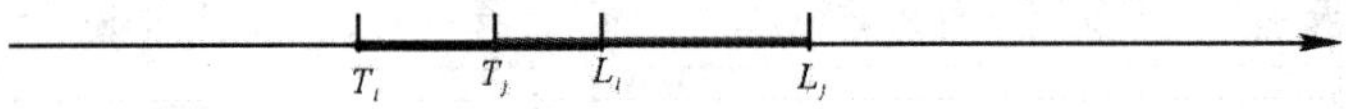

图 4.11　飞机次序子集 U

对于集合 W 和 V,规定飞机 i 在飞机 j 前降落,并且第一个集合自动满足了时间间隔规则,而第二个集合则须加上约束

$$x_j \geqslant x_i + S_{ij}\text{。}$$

对于集合 U,不能规定飞机 i 在飞机 j 前降落,因此时间间隔规则约束较复杂。需要借助于选择变量,令

$$\delta_{ij} = \begin{cases} 1, & \text{飞机 } i \text{ 在飞机 } j \text{ 前降落} \\ 0, & \text{飞机 } i \text{ 不在飞机 } j \text{ 前降落} \end{cases}$$

由于飞机总要降落,飞机 i 不是在飞机 j 前降落,就是在飞机 j 后降落,因此有

$$\delta_{ij} + \delta_{ji} = 1$$

由此对于集合 U,可以给出时间间隔规则约束

$$x_j \geqslant x_i + S_{ij}\delta_{ij} - (L_i - T_j)\delta_{ji}$$
$$x_i \geqslant x_j + S_{ji}\delta_{ji} - (L_j - T_i)\delta_{ij}$$

综合起来,飞机到达排序优化模型

$$\begin{aligned} \min z = & \sum_{i=1}^{P} c_i x_i \\ \text{s.t.}\quad & x_j \geqslant x_i + S_{ij},\quad (i,j) \in V,\quad j > i \\ & x_j \geqslant x_i + S_{ij}\delta_{ij} - (L_i - T_j)\delta_{ji},\quad (i,j) \in U \\ & \delta_{ij} + \delta_{ji} = 1,\quad (i,j) \in U \\ & T_i \leqslant x_i \leqslant L_i,\quad i = 1,2,\cdots,P \\ & \delta_{ij} = 0,1 \end{aligned} \tag{4.8a}$$

如果要求最后一架飞机尽可能早地降落,则数学模型为

$$\begin{aligned} & \min z_{\text{last}} \\ \text{s.t.}\quad & x_j \geqslant x_i + S_{ij},(i,j) \in V, j > i \\ & x_j \geqslant x_i + S_{ij}\delta_{ij} - (L_i - T_j)\delta_{ji},\quad (i,j) \in U \\ & \delta_{ij} + \delta_{ji} = 1,\quad (i,j) \in U \\ & T_i \leqslant x_i \leqslant L_i,\quad i = 1,2,\cdots,P \\ & z_{\text{last}} \geqslant x_i,\quad i = 1,2,\cdots,P \\ & \delta_{ij} = 0,1 \end{aligned} \tag{4.8b}$$

例 4.6　设某段时间内有 5 架飞机陆续到达某机场,即 $P = 5$,其他数据如表 4.11 所示。时间间隔规则(单位:min) 见表 4.12。

表 4.11　飞机到达有关数据

i	1	2	3	4	5
T_i/min	0	1	2.5	3	3.2
L_i/min	2	4	7	8	10
c_i/元	300	1 000	300	1 000	300
机　型	中	重	中	重	中

表 4.12　飞机之间间隔标准　min

i \ j	1	2	3	4	5
1	0	2	2	2	2
2	2.5	0	2.5	2	2.5
3	2	2	0	2	2
4	2.5	2.0	2.5	0	2.5

解　可以判断发现，该例第一类集合 W 是空集，第二类集合 $V=\{(1,3),(1,4),(1,5)\}$，其他为 U。因此该问题的优化模型为

$$\min z = 300(x_1+x_3+x_5)+1\,000(x_2+x_4)$$

$$\begin{aligned}
\text{s.t.}\quad & x_3 \geqslant x_1+2,\quad x_4 \geqslant x_1+2,\quad x_5 \geqslant x_1+2 \\
& x_2 \geqslant x_1 + 2\delta_{12} - \delta_{21} \\
& x_3 \geqslant x_2 + 2.5\delta_{23} - 1.5\delta_{32} \\
& x_4 \geqslant x_2 + 2\delta_{24} - \delta_{42} \\
& x_5 \geqslant x_2 + 2.5\delta_{25} - 0.8\delta_{52} \\
& x_4 \geqslant x_3 + 2\delta_{34} - 4\delta_{43} \\
& x_5 \geqslant x_3 + 2\delta_{35} - 3.8\delta_{53} \\
& x_5 \geqslant x_4 + 2.5\delta_{45} - 4.8\delta_{54} \\
& x_1 \geqslant x_2 + 2.5\delta_{21} - 4\delta_{12} \\
& x_2 \geqslant x_3 + 2\delta_{32} - 6\delta_{23} \\
& x_2 \geqslant x_4 + 2\delta_{42} - 7\delta_{24} \\
& x_2 \geqslant x_5 + 2\delta_{52} - 9\delta_{25} \\
& x_3 \geqslant x_4 + 2.5\delta_{43} - 5.5\delta_{34} \\
& x_3 \geqslant x_5 + 2\delta_{53} - 7.5\delta_{35} \\
& x_4 \geqslant x_5 + 2\delta_{54} - 7\delta_{45} \\
& \delta_{21} + \delta_{12} = 1, \cdots, \delta_{45} + \delta_{54} = 1 \\
& 0 \leqslant x_1 \leqslant 2, \cdots, 3.2 \leqslant x_5 \leqslant 10 \\
& \delta_{12}, \delta_{21} = 0,1; \cdots; \delta_{45}, \delta_{54} = 0,1
\end{aligned}$$

使用ILOG/CPLEX求解上述模型,得到最优解:$x_1=0, x_2=2, x_3=6.5, x_4=4, x_5=8.5, \delta_{12}=\delta_{23}=\delta_{24}=\delta_{25}=\delta_{43}=\delta_{45}=\delta_{35}=1$,其他的变量等于0,目标函数 $\min z=10\ 500$ 元。根据该解,飞机降落的顺序为1—2—4—3—5。如果按照先到先服务的规则,则解是 $x_1=0, x_2=2, x_3=4.5, x_4=6.5, x_5=9, \delta_{12}=\delta_{23}=\delta_{24}=\delta_{25}=\delta_{34}=\delta_{35}=\delta_{45}=1$,此时空中等待成本为12 550元,最优排序节省了2 050元,减少了16.3%。

4.3.3 地面等待策略

空中交通流量管理预战术阶段的最大特点是航班尚未起飞,但已知它们大约将会何时起飞何时落地,当发现在未来某个时段某机场需要落地的飞机流量超过了管制服务能力范围时,就需要实施流量管理。这时最佳的办法就是让飞机实施地面等待,改变它的落地时间,从而错开高峰。这是一种主动的流量管理方法,因为管制员通过其他途径(如通信、天气预报)得知,即将安排起飞的飞机将要"赶"上拥挤的区域,于是飞机在地面等待一段时间后起飞可以避开拥挤时段。

地面等待策略是解决短期空中交通拥挤的一类重要方法。它所依赖的前提假设是地面延误比空中延误费用低且安全。地面延误能够防止目的机场等待飞机过多而不可控制的状况发生。所以几乎所有地面等待问题的目标就是把空中等待转化为地面等待,除非是战术阶段才需要考虑空中等待问题。地面等待最基本的问题就是决定哪个航班应该延迟多长时间。它通过确定航班最优起飞时间,利用飞机的地面等待来调节空中交通网络的流量,并使交通流量与机场和空域的容量基本匹配,用安全经济的地面等待代替空中等待,从而减少经济损失,提高机场、空域的利用率和飞行安全。

作为ATFM的一部分,地面等待开始于20世纪70年代的欧洲,起初是一种用来应付日益严重的空中交通堵塞的应急措施。到20世纪八九十年代,应用逐渐增多。在美国,地面等待在20世纪80年代前很少被空管采用,除个别情况外,航班都被尽可能早地放行。如果遇到延误,飞机就在空中等待(如在目的地机场上空绕圈)。后来在美国空管员罢工期间,人们利用地面等待来限制特定时间内空中飞机数量,以减少空管员工作量。在认识到地面等待也是一种省油的办法后,就像欧洲那样,将其当作ATFM的一部分。

地面等待问题(Ground Hold Problem,GHP)是指在满足任意机场或航路空管流量约束的前提下,安排飞机延迟起飞,目标是使总的延误损失最小。GHP可细分为两个子问题,即单机场地面等待问题(Single Airport Ground Hold Problem,SAGHP)和多机场地面等待问题(Multi-Airport Ground Hold Problem,MAGHP)。在SAGHP问题中,地面等待时间分配给那些预定飞往某个特定机场Z的航班,Z机场的预定需求可能在一天的某个时间段超过可用容量;在MAGHP问题中,延误被认为分布在整个机场网络中,由于飞机执行连续航班,求解时必须考虑整个交通网络,其问题复杂性与求解算法的难度大大增加。

GHP可分为确定性和随机性两种类型。如果机场容量是确定的,则该问题为确定型地面等待策略问题;如果机场容量是随机的,则该问题为随机型地面等待策略问题。由于区域容量,特别是机场容量时常变化,有时因天气变化或其他突发情况,一天中的改变也很大,甚至一些能见度或云高的微小变化也会转变为机场容量的巨大改变。在这种情况下,地面等待必须在不确定的情况下做出,并要考虑保守策略或自由策略。前者有时会让飞机在地面等待过长时间，后者可能会导致较昂贵的空中等待。

上述模型又可分为动态和静态策略问题，静态策略问题指某一方案在执行过程中不再变更，而动态问题指在方案执行过程中因数据的变化(如机场容量改变) 不断地更新方案。优化模型包含一个目标函数和多个约束条件，约束条件包括：

(1) 容量约束条件，即在某一时段所关心的空域或机场的流量不得超过该区域的容量；

(2) 着陆约束条件，对任何到达目的机场的航班必须安排一个着陆时间；

(3) 连接约束条件，当一架飞机连续执行数个航班，则下一个航班的起飞时间大于等于其上个航班的着陆时间加上必需的转场时间；

(4) 整数约束条件，指一个航班只能安排在一个时段内降落。

一、单机场受限地面等待策略问题

如果在一个空中交通网络中仅有一个机场发生“拥挤”，而这个机场的容量事先可以估计出来，那么这样一个情况就可以简化为单机场受限地面等待策略问题(Ground Holding Strategy Problem，GHSP)，如图 4.12 所示。

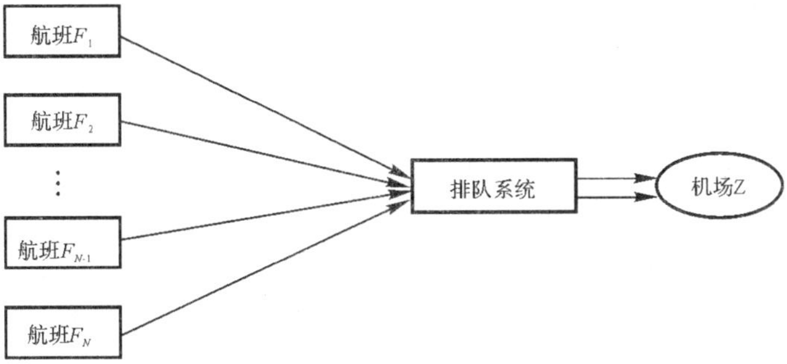

图 4.12　单机场受限地面等待策略问题模型

对单机场受限地面等待策略问题的基本假设如下：

(1) 已知有 N 架航班 $F_1,F_2,\cdots,F_N$，在$[0,T]$时间内从出发机场起飞，并将着陆于目的机场 Z，用 F 表示航班编号数组：$F=(1,2,\cdots,N)$。在时间间隔$[0,T]$内，假设目的机场 Z 由于飞机降落数与机场容量不匹配造成“拥挤”，机场 Z 是整个空中交通网络的唯一受限元；

(2) 将时间间隔$[0,T]$等分成 m 个时间片 $T_1,T_2,\cdots,T_m$，并记时间片序号集合为 $T=(1,2,\cdots,m)$；

(3) 已知每架飞机的离港时刻和轮挡时间，以及航班空中和地面延误的损失，即对于每架飞机，可估算出在空中延误 X 分钟和在地面延误 Y 分钟的所造成损失。X，Y 为非负值。

若 T_i 时的机场容量估计值为一确定值，则为确定型单机场受限地面等待策略问题；若 T_i 时的机场容量服从一概率分布，则是随机型单机场受限地面等待策略问题。其中机场容量定义为指定机场单位时间内最大着陆飞机数。

因此单机场受限地面等待策略问题是：对于指定目的机场，在满足目的机场容量限制的条件下，求出每个航班的最优地面等待时间，使得由此造成的地面等待总损失最小。

1.确定型模型

假定机场 Z 的容量是时间的确定性函数，且这个函数在整个相关的时间段之前就已知道。机场容量是有限的，设对应每一时间片的机场容量估计值分别为 $K_1, K_2, \cdots, K_m$，同时增加一个附加时段 T_{m+1}，在这一时段里机场容量非常大，所有的空中飞机都可以在 T_{m+1} 时段着陆。T_{m+1} 时段的这种假设在实际中是可行的，因为至多到深夜，机场总是有足够的容量容纳所有要着陆的飞机。确定型单机场受限地面等待策略的数学模型如下：

$$\min \sum_{i=1}^{N} \sum_{j=m_i}^{m+1} G_{ij} X_{ij} \tag{4.9a}$$

$$\text{s.t.} \quad \sum_{j=m_i}^{m+1} X_{ij} = 1, \quad \forall i \in F \tag{4.9b}$$

$$\sum_{i=1}^{N} X_{ij} \leqslant K_j, \quad \forall j \in T \tag{4.9c}$$

$$X_{ij} = \begin{cases} 1, & \text{第 } i \text{ 架飞机在时间片 } j \text{ 可以降落} \\ 0, & \text{其他} \end{cases} \tag{4.9d}$$

式中，m_i 表示第 i 架飞机着落时间片编号，G_{ij} 表示第 i 架飞机在 j 时段着陆的成本。目标函数式(4.9a)要求飞机地面等待总成本最小，约束条件式(4.9b)表示每个航班必须在第 $(m+1)$ 个时间片前降落，并且只能降落一次，约束条件式(4.9c)表示任意时间片 j 中降落的飞机架数不能超过机场容量 K_j。

例 4.7 现已知昆明机场次日某时段的航班计划如表 4.13，设对于连续落地的航班，在次日预报的气象条件下的预计容量为每 10 min 可以落地 2 架飞机。各机型的地面延误成本为 $B747 = 130t$，$B767 = 65t$，$B737 = 30t$，$Y7 = 12t$（单位：元，t 的单位为 min），求修改后的航班起飞时间表，使地面等待总成本最低。

表 4.13 航班计划

航班号	机型	起飞机场	起飞时刻	计划降落时刻
SC981	B737	南昌	08:00	10:15
CZ3422	B737	成都	08:55	10:16
MU5407	Y7	贵阳	09:20	10:17
MF8726	B767	长沙	08:30	10:17
CA342	B747	武汉	08:20	10:17

解 设航班 SC981，CZ3422，MU5407，MF8726，CA342 分别编号 1，2，3，4，5，它们计划降落时间分别为 t_i^{sa}，$i = 1,2,3,4,5$，即表 4.15 的第 5 列给出的时间。在地面等待每分钟的成本是 c_i，$i = 1,2,3,4,5$，也即 $c_1 = c_2 = 30$，$c_3 = 12$，$c_4 = 65$，$c_5 = 130$。以每 10 min 为一个时间段，即时间段 $j = 1$ 是 10:00 ～ 10:10，$j = 2$ 是 10:10 ～ 10:20……。如果实际降落时间为 T_j，$j = 1,2,\cdots,6$，那么航班 i 在时间片 T_j 降落的成本是

$$G_{ij} = c_i (T_j - t_i^{sa})$$

目标函数为 $\min \sum_{i=1}^{5} \sum_{j=1}^{6} G_{ij} X_{ij} = \min 30x_1 + 30x_2 + 12x_3 + 65x_4 + 130x_4$

$$\text{s.t.}\quad \sum_{i=1}^{5} X_{ij} \leqslant 2,\quad \forall j \in \{1,2,\cdots,6\}\ (\text{每个时间片的容量为 2 架})$$

$$\sum_{j=1}^{6} X_{ij} = 1,\quad \forall i \in \{1,2,\cdots,5\}\ (\text{保证每架飞机都只有一个落地时间})$$

$$X_{ij} = \begin{cases} 1, & \text{第 } i \text{ 飞机在时间片 } j \text{ 可以降落} \\ 0, & \text{其他} \end{cases}$$

$$x_i = \sum_{j=1}^{6} (T_j - t_i^{sa}) X_{ij},\quad i = 1,2,\cdots,5$$

调整后的航班时刻表如表 4.14 所示，总增加成本为 120 + 156 + 150 = 426 元。

表 4.14 调整后的航班时刻表

航班号	机　型	地面等待成本	原起飞时刻	增加地面等待时间	原预计降落时间	修改后预计降落时间
SC981	B737	$30t$	08:00	5	10:15	10:20
CZ3422	B737	$30t$	08:55	4	10:16	10:20
MU5407	Y7	$12t$	09:20	13	10:17	10:30
MF8726	B767	$65t$	08:30	0	10:17	10:17
CA342	B747	$130t$	08:20	0	10:17	10:17

注：由于在预战术阶段追求精确到分钟的航班落地时间没有实际意义，因此只需要在一定的时间片里的交通量满足容量限制即可。具体的落地时间间隔由流量管理的战术阶段来完成。

2. 静态随机模型

随机静态模型的主要特征是通过让一组飞机（即按成本等级，航班时刻）而非个别飞机做地面等待来简化控制机制的结构。该模型由实践经验总结得到，即任意一天中机场 Z 所能遇到的或预测将遇到的天气情形的数目是十分有限的。假设共有 Q 种对应于不同天气的机场容量值（Q 一般较小，例如等于 2 或 3），每个机场容量值有特定出现概率。例如，昆明机场次日预报有 30% 概率出现大雨导致跑道摩擦力降低，此时的容量为每 10 min 降落 2 架，若不下雨则容量为每 10 min 降落 4 架，这样明天昆明机场将有两种情形，容量为 12（架 /h）的概率是 30%，容量为 24（架 /h）的概率是 70%。

模型基本假设如下：

(1) 飞机可被分为不多的几类（典型情况为 4 类或 5 类），每类飞机有相同的地面等待成本，C_g^k 表示一架 k 类飞机在地面连续等待一个时间片的成本。

(2) 空中的飞机基本上按先来先服务 FCFS 的原则排序，无需严格区分空中飞机的类别；在合理的空中等待时间内（即不大于实际观察到的最大空中等待时间是 1 h），忽略诸如安全性等非线性因素，等待成本函数基本上是线性的。在此前提下飞机在空中等待一个时段的成本可看做是一个常数 C_a，与机型无关。C_a 可认为是总空中等待成本的平均值。

假设在上述情况下，每种容量方案都有实现的可能性。显然，目标函数必须经过所有可能容量方案的检验。而且，由于人们在 $t = 0$ 时就必须做出地面等待的决定，在知道机场哪个容量方案会实现前，对每种容量方案的不同等待策略都需考虑其他容量方案，因为任何容量方案都有可能实现。

随机静态模型的数学表达式为

$$\min z = \sum_{q=1}^{Q} \text{cost}(q)\Pr(q) \tag{4.10}$$

$$\text{cost}(q) = \sum_{k=1}^{K}\sum_{i=1}^{m}\sum_{j=i+1}^{m+1} C_g^k (j-i) X_{qj}^{ki} + C_a \sum_{i=1}^{m} W_{qi} \tag{4.11}$$

$$\text{s.t.} \begin{cases} \sum_{j=1}^{m+1} X_{qj}^{ki} = N_{ki}, \quad k = 1,2,\cdots,K, \quad i = 1,2,\cdots,m \\ W_{qi} \geqslant \sum_{k=1}^{K}\sum_{j=1}^{i} X_{qi}^{kj} + W_{qi-1} - M_{qi}, \quad i = 1,2,\cdots,m+1 \\ X_{qj}^{ki}, W_{qi} \geqslant 0 \text{ 且为整数}, \quad \forall q \in \{1,2,\cdots,Q\}, \quad i,j = 1,2,\cdots,m+1 \end{cases} \tag{4.12}$$

$$X_{1j}^{ki} = \cdots = X_{Qj}^{ki}; \quad i = 1,2,\cdots,m, \quad j = 1,2,\cdots,m+1 \tag{4.13}$$

式中，N_{ki} 表示预定在时间片 i 飞往目的机场的 k 类飞机数，M_{qi} 为在 i 时段 q 容量方案下机场容量，X_{qj}^{ki} 是变量，表示原定在时间片 i 后改为时间片 j 到达目的机场的 k 类飞机的数目，这些飞机在 q 容量方案下地面等待了 $(j-i)$ 个时间片。W_{qi} 是变量，表示无法在时间片 i 在目的机场着陆的飞机数，即第 i 时间片中在空中延误的飞机数。

该模型的目标函数式(4.10)要求飞机地面等待的期望成本最小，约束条件式(4.12)的第一式表示每个时间片中计划到达的所有飞机都必须在第 $m+1$ 个时间片前到达目的机场，第二式是目的机场的容量限制条件，即第 i 时间片在空中等待的飞机数减去第 $(i-1)$ 时间片在空中等待的飞机架数不少于第 i 时间片到达的各类飞机架数之和，减去第 i 时间片的机场容量。约束条件式(4.13)表示计划第 i 时间片到达但改在第 j 时间片到达目的机场的 k 类飞机数与容量方案无关。

上述模型定义的决策变量是集计变量。模型式(4.9)从单个航班的角度关心地面等待，而模型式(4.10)～式(4.13)的决策变量是原定 i 时间片到达但改为 j 时间片到达的航班数，不是单航班的决策变量。

如果某决策周期内某类飞机有 l 架，可将其中每架飞机看成一类，它们每一时间片的地面等待成本相同，令

$$y_{qi}^k = 0,1$$

k 类飞机在 i 时段中 q 容量方案下在空中等待时等于1，否则等于0。那么

$$W_{qi} = \sum_{k=1}^{K} y_{qi}^k \tag{4.14}$$

此时，如果令

$$x_k = \sum_{q=1}^{Q} \Pr(q) \sum_{i=1}^{m}\sum_{j=i+1}^{m+1} (j-i) X_{qj}^{ki} \tag{4.15}$$

$$z_{qk} = \sum_{i=1}^{m} y_{qi}^k \tag{4.16}$$

分别是 k 类飞机的期望地面等待时间片数和 k 类飞机在 q 容量方案下的空中等待时间(用时间片数表示)，再令 c_k 为 k 类飞机在地面等待一个时间片的成本，则目标函数式(4.10)可以写为

$$\min z = \sum_{k=1}^{K} c_k x_k + \sum_{q=1}^{Q} \Pr(q) C_a \sum_{k=1}^{K} z_{qk} \tag{4.17}$$

使用目标函数式(4.17)时,在约束条件中应加上式(4.14)～式(4.16)。

例 4.8　现已知昆明机场次日某时段的航班计划如表 4.15 所示。设对于连续落地的航班,次日预报有 30% 几率出现大雨导致跑道摩擦力降低,此时的容量为每 10 min 降落 2 架,若不下雨则容量为每 10 min 降落 4 架。各机型的地面延误成本为 $B747 = 130t$,$B767 = 65t$,$B737 = 30t$,$Y7 = 12t$,各机型的空中等待成本为 $1\ 000t$(单位:元,t 的单位为 min),求修改后的航班起飞时间表,使地面等待成本最低。

表 4.15　原计划起飞和降落时间

航班号	机　型	起飞机场	起飞时刻	预计降落时间
SC981	B737	南昌	08:00	10:15
CZ3422	B737	成都	08:55	10:16
MU5407	Y7	贵阳	09:20	10:17
MF8726	B767	长沙	08:30	10:17
CA342	B747	武汉	08:20	10:17

解　本题飞机可看做有 5 类:B737(CZ3422),B737(CA342),Y7(MU5407),B767(MF8726) 和 B747(CA342),即 $k = 1,2,3,4,5$。设它们的起飞地面等待时间为 x_k,$k = 1,2\cdots,5$,在机场容量为 10 min 2 架时的空中等待时间分别为 z_{1k},$k = 1,2,\cdots,5$,在机场容量为 10 min 4 架时的空中等待时间为 z_{2k},$k = 1,2,\cdots,5$。以每 10 min 为一个时间段,即时间段 $i = 1$ 是 10:00—10:10,时间片 $i = 2$ 是 10:10～10:20……。设实际流控时间为 1 h,则共有 6 个时间片,所有飞机必须在第 6 个时间片结束前全部降落。根据上面给出的数学模型,并使用目标函数式(4.17),得

$$\min 30x_1 + 30x_2 + 12x_3 + 65x_4 + 130x_5 + 300\sum_{k=1}^{5} z_{1k} + 700\sum_{k=1}^{5} z_{2k}$$

$$\text{s.t.}\quad \sum_{j=1}^{6} X_{qj}^{ki} = N_{ki},\quad k = 1,2,3,4,5;i = 1,2,\cdots,5,\quad q = 1,2$$

$$W_{qi} \geqslant \sum_{k=1}^{5}\sum_{j=1}^{i} X_{qi}^{kj} + W_{q,i-1} - M_{qi},i = 1,2,\cdots,6,q = 1,2$$

$$W_{qi} = \sum_{k=1}^{5} y_{qi}^{k}$$

$$x_k - \sum_{q=1}^{2}\Gamma_1(q)\sum_{i=1}^{5}\sum_{j=i+1}^{6}(j-i)X_{qj}^{ki}$$

$$z_{qk} = \sum_{i=1}^{5} y_{qi}^{k}$$

$$X_{qj}^{ki},W_{qi},x_k,z_{qk} \geqslant 0,\text{int};\quad y_{qi}^{k} = 0,1;\quad i,j = 1,2,\cdots,6;\quad k = 1,2,\cdots,5;\quad q = 1,2$$

上述目标函数是总延误成本(地面和空中)的最小值。第一个限制条件说明所有在时间片 i 预计着陆的航班必须在时间片 i 或以后时间片重新安排着陆。第二个限制条件表达了机场在每个时间片末尾的流量平衡关系,其他为各变量之间的关系。

调整后的航班时刻表如表 4.16 所示,总增加成本为 $120 + 156 + 150 + 0 + 0 = 426$ 元。

表 4.16　调整后的航班时刻表

航班号	机型	地面等待成本	空中等待成本	原起飞时刻	增加地面等待时间	原始ETA	容量为2架时的修改ETA	容量为2架时空中等待	容量为4架时的修改ETA	容量为4架时空中等待
SC981	B737	30t	1 000t	08:00	+5	10:15	10:20	0	10:20	0
CZ3422	B737	30t	1 000t	08:55	+4	10:16	10:20	0	10:20	0
MU5407	Y7	12t	1 000t	09:20	+13	10:17	10:30	0	10:30	0
MF8726	B767	65t	1 000t	08:30	0	10:17	10:17	0	10:17	0
CA342	B747	130t	1 000t	08:20	0	10:17	10:17	0	10:17	0

注：调整结果和使用确定型静态模型相同，可见由于空中等待相比地面等待的高成本，因此在静态模型中往往会承受更多的地面等待以试图避免空中等待。

3. 动态随机模型

静态模型强调在零时刻(每一天第一个时间片的起始时刻)开始按预定方案实行地面等待。而在动态模型中，随着容量预报的更新，地面控制策略也随之更改。策略更改要考虑空中交通管制系统的"当前状态"，也要考虑关于地面等待的任何早期决策。因此，在每一个时间周期的起始时刻，不论航班被允许起飞或仍滞留在地面，通过决策都会减少预计地面和空中延误费用。就建立模型而言，在实施动态策略时，除了考虑安排到达时间外，起飞时间也需要明确考虑。

容量预报的动态演变和相关概率的更新通过一棵概率树来模型化。以一个关于机场 Z 的包含 3 种容量方案的预报为例，应在时间段$[0,B]$内的3个时刻预报更新容量。这3个时刻用t_1，t_2和t_3表示，确定了 3 个预报阶段，包含了时间段$[t_1,t_2]$，$[t_2,t_3]$和$[t_3,B]$(一个包含Q种方案的容量预报至多包含Q个预报阶段)，在每一阶段中，未来时间机场的每种着陆容量方案的概率都不变。因此，地面等待问题的最优动态解就在每一阶段的初始时刻对地面等待进行了分配或修正。

地面等待问题的静态解中，时间段$[0,B]$只包括一个单独阶段，这导致了一个在t_1时间就安排地面等待解，在动态解中有多至Q个预报阶段，每个预报阶段有一个容量方案，每个阶段都要做出地面等待决策。以下约定：一个预报阶段与一种容量方案具有相同的含义。

动态随机模型：

$$\min z = \sum_{q=1}^{Q} \text{cost}(q)\Pr(q) \tag{4.18}$$

$$\text{cost}(q) = \sum_{K=1}^{K}\sum_{i=1}^{m}\sum_{j=i+1}^{m+1} C_g^k (j-i) X_{qj}^{Kiq} + C_a \sum_{i=1}^{m} W_{qi}$$

$$\text{s.t.}\begin{cases} X_{sj}^{kis} = X_{s+1j}^{kis} = \cdots = X_{Qj}^{kis} s = 1,2,\cdots,Q-1; \quad k=1,2,\cdots,K; \quad i=s+1,\cdots,m; \quad i \leqslant j \leqslant m+1 \\ \sum_{j=1}^{m+1} X_{qj}^{kis} = N_{ksi}, \quad k=1,2,\cdots,K; \quad i=1,2,\cdots,m; \quad s=1,2,\cdots,Q \\ W_{qi} \geqslant \sum_{k=1}^{K}\sum_{j=1}^{i} X_{qi}^{kiq} + W_{q,i-1} - M_{qi}, \quad i=1,2,\cdots,m+1; \quad q=1,2,\cdots,Q \\ X_{qj}^{kiq}, W_{qi} \geqslant 0, \text{且为整数}; \quad q=1,2,\cdots,Q; \quad i,j=1,2,\cdots,m+1 \end{cases}$$

式中，N_{ksi} 表示k类飞机中预计在第s预报阶段出发并在时间片i到达机场 Z 的飞机数；X_{qj}^{kis}是在容量方案q下，k类飞机中预计在s预报阶段出发，在时间片i中到达机场 Z，但因延误被安排在时间片j中到达机场

Z 的飞机数。

动态随机模型与静态随机模型完全类似。须注意每个预报阶段都有一组约束条件。这反映出一个事实：在每一个阶段的开始时，不知道哪一种概率容量预报会真正出现。当新的或已更新的信息变成有效时，与时刻 t_s 相对应的预报阶段最优化问题可以用多级随机规划来解决。

二、单机场多元受限流量管理模型 GTFMP

目前单机场多元受限流量管理模型 GTFMP 存在多种不同的模型和算法，包括著名的 CASA 算法，其中有些已经提出最优算法，还有一些只有近似最优算法，包括 CASA。这些模型的共同特点是将 ATM 基础设施（机场，终端区，导航定位点，航路扇区，航路）看做一个多起点 — 终点网络，在其中指定了交通流量。现有模型均是确定型的，交通流量随时间而改变，同时假定有效容量和航班需求预先知道。

1. 最优方案模型

该模型是一个有 6 组约束的 0—1 整型规划问题，目标是使地面（由于地面等待）和空中（由于空中等待）总延误成本最小化。该模型是至今最成功的计算方法之一。

其数学表达式如下：

$$\min \sum_{f\in F}\{(c_f^g - c_f^a)[\sum_{t\in T_f^k, k=P_f^1} t(w_{ft}^k - w_{ft-1}^k) - d_f] + c_f^a[\sum_{t\in T_f^k, k=P_f^{N_f}} t(w_{ft}^k - w_{ft-1}^k) - r_f]\} \tag{4.19}$$

$$\text{s.t.} \quad \sum_{f:P_f^1=k}(w_{ft}^k - w_{ft-1}^k) \leqslant D_k^t,\quad \forall k\in A,\quad t\in T$$

$$\sum_{f:P_f^{N_f}=k}(w_{ft}^k - w_{ft-1}^k) \leqslant A_k^t,\quad \forall k\in A,\quad t\in T$$

$$\sum_{f:P_f^i=j, P_f^{i+1}=j}(w_{ft}^j - w_{ft-1}^{j'}) \leqslant S_j^t,\quad j\in S,\quad \forall t\in T$$

$$w_{ft+l_{fj}}^{j'} - w_{ft}^j \leqslant 0, t\in T_f^j,\quad j=P_f^i;\quad j'=P_f^{i+1},\quad 1<i<N_f,\quad f\in F$$

$$w_{ft}^k - w_{ft-s_f}^k \geqslant 0,\quad t\in T_f^k,\quad k=P_f^1=P_{f'}^{N_{f'}},\quad f\in F$$

$$w_{ft}^j - w_{ft-1}^j \geqslant 0,\quad \forall t\in T_f^j,\quad j\in P_f,\quad f\in F$$

$$w_{ft}^j = \begin{cases} 1, & \text{如果航班 } f \text{ 时间片 } t \text{ 在扇区 } j \text{ 中} \\ 0, & \text{其他} \end{cases}$$

$$P_f^i = \begin{cases} \text{离开的机场号}, & i=1 \\ \text{航班 } f \text{ 途径的第 } i-1 \text{ 扇区号}, & 1<i<N_f \\ \text{到达的机场号}, & i=N_f \end{cases}$$

$$P_f = \{P_f^i \mid 1\leqslant i\leqslant N_f\}$$

式中，A 是机场的集合，T 是规划期内时间片的集合，F 是 T 内要处理的航班集合，S 是相关空域中扇区的集合，T_f^j 是航班 f 在扇区 j 中飞行的时间片序号的集合，c_f^g，c_f^a 代表航班 f 在地面或空中等待一个时间片的费用，N_f 指航班 f 经过的扇区数，D_k^t，A_k^t 分别表示机场 k 在时间片 t 时的到港与离港容量，r_f 航班 f 的计划到达时间片，d_f 是航班 f 的计划出发时刻，S_j^t 表示扇区 j 在时间片 t 时的容量，l_{fj} 表示航班 f 在扇区 j 中飞行的时间片数，s_f 是航班 f 在机场终端区飞行的时间片数。

约束条件保证模型提出的交通流量不会超出可用容量，并会满足一定的相互关系，前三组约束确保交通流量在任一时间片内，都不会超出网络中任何机场的起飞、到达容量和任何扇区的容量。另三组约束代表了问题中的三类连接:扇区间的连接、机场的连接、时间的连接。所有这些关系导致了一个相当复杂的最优模型。如前所述,该模型被认为是现存模型中性能最优越的。

2. 时间安排模型(TAM)

该模型也是一个0—1整型规划最优模型,包括一个目标函数和5组约束。目标函数是使航班延误的全部费用最小化。第一组约束说明不能超出容量,第二组约束为基本网络上从一个定位点到另一个定位点的飞行时间定义了一个下限,第三组约束说明每个航班只能通过一个特定定位点一次,第四组约束给出了航班可能起飞的最早时间段,最后一个约束说明航段间每架飞机在地面的最小复航准备时间。

3. 空中时间网络模型(STN)

该模型被系统地阐述为一个网络中的最小费用流问题。它处理总体流量,而不是单个航班,使总延误费用最小化,并包括起飞着陆扇区容量约束。虽然该模型的阐述直截了当易于理解,但其计算性能很差。

4. 多机场安排模型(MAS)

它是一个最优规则与启发式算法的结合物。该模型是结合FAA改进的交通管理系统发展而来的。因为有关内容发表甚少,关于它的信息非常有限。MAS的目标明显是满足一般容量限制(起飞,扇区,着陆)、航班连接限制和"公平合理"限制来使ATM网络中流量最大。可以用一个分解方案(模型最终被分解为一些单机场问题)来加快问题的求解过程。虽然模型运行很快,人们对其所产生方案的质量或实际计算性能了解很少。

5. CASA启发式方法模型

该模型在"先计划先服务"基础上给航班以优先权,这意味着起飞较早的航班最先考虑。因此CASA按顺序考虑起飞航班,并在需要的时候,根据航班从起点到终点可能遇到的容量约束,给每个航班安排地面等待延时。为公平起见,CASA要为短程航班和因故须在飞行前不久才制订飞行计划的航班保留一部分可用容量。其理由是:若不考虑这些情况,则所有可用时间都被那些较早制订飞行计划及起飞时间较早的远程航班占用了。CASA每隔几分钟就会自动更新其解,目的在于当条件改变时,其算法能发现更好的时间安排方法。其数学模型如下:

$$\min \sum_{f\in F} c_f^g g_f \tag{4.20}$$

$$\text{s.t.}\quad \sum_{i=0}^{L_s}\sum_{j=0}^{L_s-i}\sum_{k=0}^{G} p^k_{s,t-i-k,t+1+j-k} \leqslant S_{st} \quad (s,t)\in S\times T$$

$$\sum_{i=0}^{G} p^i_{stt'} = \Pi_{stt'} \quad (s,t)\in S\times T, t+1\leqslant t'\leqslant t+L_s$$

$$i\sum_{f\in F_i^s} p^i_{st_f t'_f} = \sum_{f\in F_i^s} g_f, \quad i\in\{0,1,\cdots,G\}, \quad s\in A$$

$$0\leqslant g_f\leqslant G, \quad f\in F$$

$$F_s = \{f \mid \text{从机场 } s \text{ 出发的航班}\}$$

$$F_i^s = \{f \mid g_f = i, f\in F_s\}, \quad i\in\{0,1,\cdots,G\}, \quad s\in A$$

式中,T是计划期内时间段的集合,S是计划期内空域中扇区的集合,F是计划期内航班的集合,G是地面等待总延误时间划分成的时间段数,A是机场的集合,也是机场终端区的集合,L_s表示飞越扇区s的最大时间长度(以时间片数计),$p^i_{stt'}$表示原计划在第t个时间段进入扇区s及在第t'个时间片离开扇区但

延误了 i 个时间片的航班数，$\Pi_{stt'}$ 表示计划在第 t 个时间片进入扇区 s 及在第 t' 个时间段离开扇区的航班数，S_{st} 表示扇区 s 在第 t 个时间片的容量，c_f^g 是航班 f 地面等待一个时间段的成本，g_f 是航班 f 地面等待的时间片数，t_f 是航班 f 的计划出发时间。上述模型中，机场和机场终端区使用同一个集合，其中任意元素既可以表示某机场，也可以表示该机场的终端区，这是很容易变别的，并不会引起混淆。

三、多机场地面等待问题(MAGHP)

如前所述，多机场地面等待的模型与单机场地面等待模型的区别，在于它们同时考虑许多个而不是单独一个机场。该问题的最优模型不是单机场地面等待模型 GHSP 的扩展或衍生，而是单机场多元受限流量管理模型 GTFMP 的直接扩展。这些模型的共同特点是，假定只在起降机场有容量约束，航路扇区没有容量约束。

多机场地面等待问题(MAGHP) 有多种基本模型，它们的基本原理相似，都力图使地面等待和空中延误的总费用最小化。为确保结果有意义，都服从于起降机场容量约束及连接约束。下面介绍的 Bertsimas 和 Stock(1994 年) 模型具有最佳的实际应用性能。

BS 模型为

$$\min \sum_{f\in F} c_f \left[\sum_{t\in T_f} t(X_{ft} - X_{f,t-1}) - r_f \right] \tag{4.21}$$

$$\text{s.t.} \quad \sum_{f\in F_t^s} (X_{ft} - X_{f,t-1}) \leqslant S_t^s, \quad s\in S, \quad t\in T$$

$$\begin{cases} X_{f,r_f-1} = 0 \\ X_{ft} - X_{f,t-1} \geqslant 0, \quad f\in F, \quad t\in T_f \\ X_{f,t+\Delta} = 1 \end{cases}$$

$$\begin{cases} X_{f_2t_2} - X_{f_1t_1} \leqslant 0 \\ t_2 - t_1 = (r_{f_2} - r_{f_1}) - S_{f_1f_2} \\ t_1 \in T_{f_1}, \quad t_2 \in T_{f_2}; \quad f_1, f_2 \in F(s), \quad s\in S \end{cases}$$

$$F_t^s = \{ f \mid f\in F(s), \quad t\in T_f, \quad s\in S \}$$

$$X_{ft} \in \{1,0\}, \quad f\in F, \quad t\in T_f$$

$$T_f = \{ r_f, \cdots, \min(T, r_f + \Delta) \}$$

式中，Δ 代表航班延误的最大时间片数，S 是机场的集合，T 是计划期内时间片的集合，F 是计划期内航班的集合，T_f 是航班 f 到达目的地机场的可能时间片的集合，$F(s)$ 是以 s 为目的地机场的航班集合，r_f 是航班 f 计划到达时间片，c_f 是航班 f 地面等待一个时间片的成本，S_t^s 是时间片 t 时机场 s 的容量，$S_{f_1f_2}$ 是保证航班 f_2 正常起飞时航班 f_1 可以在地面等待的最长时间，航班 f_1 和 f_2 是同一架飞机执行的前后两个航班。X_{ft} 是 0—1 变量，如果航班 f 在时间片 t 到达目的地机场，则 $X_{ft} = 1$，否则 $= 0$。

该模型的解给出了各航班到达目的地机场的时间片，然后根据各航班的飞行时间和滑行时间反推出发时间，从而给出各航班的地面等待时间。因此该模型认为航班地面等待时间等与该航班的到达延误时间，模型的目标函数是地面等待成本最小。约束条件有三组，第一组即第一个约束条件，是每个机场任意时间片的容量约束；第二组约束条件是关于航班到达时间的限制，即每个航班 f 都必须在 T_f 内到达目的地机场；第三组是前后两航班的到达时间之间关系的约束，要求航班 f_1 先于航班 f_2 到达，并且到达时间之差符合容量规定的时间间隔要求。

这些模型可用启发式算法求解，也可采用 ILOG/CPLEX 中的求解器求解，但当约束方程很多时，求解时间有可能很长，启发式算法的计算时间要短得多。从计算时间来看，启发式算法适用于动态问题，其他算法适用于静态问题，用于安排一天的航班计划。

4.3.4 航班时刻优化

流量管理的战略阶段一般是从飞行前一周到飞行前半年，主要的工作是对未来的定期航班计划实施管理。随着我国航空运输业的不断发展，空中交通流量的大幅度增加，并且在国家举办的大型国际活动期间，例如奥运会、世博会等，航班量更是会有爆发性增长。为此必须在考虑到未来一段时间空中交通实际需要的基础上，对各航空公司的航班时刻表进行优化，以错开空中交通高峰。

确定合适的航班时刻是实现空中交通流量管理的重要前提。基于流量的航班时刻优化不仅要考虑本场交通容量的限制，同时还要考虑多机场容量的耦合以及终端区、区域和航路交通容量的影响，甚至是各个航空公司之间的如何公平分摊延误的损失。如前所述机场地面等待（MAGHP）的模型也同时考虑多个机场，它力图使地面等待和空中延误的总费用最小化，并受起降机场容量约束及连续性约束。航班时刻优化模型的原理也是分析本区域内各个机场的容量限制，调整每个机场中航班的起飞时间，使得航班在按预计时间起飞、巡航、降落的过程中不会超过起飞机场、航路和降落机场的容量限制，目标函数要求调整时间最小。可见航班时刻优化模型与多机场地面等待模型有类似之处。

但是航班时刻优化模型和多机场地面等待策略模型也有着以下的重要差别：

(1) 在多机场地面等待问题中，航班的飞行时间不是固定的，即对部分航班执行延迟时，既可以实行地面等待，也可以实行空中等待；而在航班时刻优化问题中，只能使用地面等待的方法，不能使用空中等待，航班的起飞时刻确定后，降落时刻就是确定的，即航班的飞行时间是固定的。

(2) 多元受限地面等待问题是动态流量管理问题，考虑到旅客登机等实际情况，超过容量时航班只能延迟起飞，不能提前起飞。而航班时刻优化问题是静态流量管理问题，航班时刻是在航班执行以前制定的，因此可以对原来不合理的航班时刻做提前起飞的调整。

(3) 航班时刻优化还有时刻一致性问题，即如果某航班在一周内多天开设，应该每天的时刻都是相同的。

(4) 航班时刻优化只能以 5 min 为一个基本时间单位进行调整，而多元受限地面等待策略则没有这个限制，航班的地面等待时间可以是 1 min，2 min 等。

(5) 多机场地面等待问题由空管部门主导完成，而航班时刻优化主要考虑航空公司的利益，在没有合适的时刻时，航空公司可以取消该航班计划。并且要考虑各个航空公司之间公平分担调整航班计划带来的经济损失。

4.4 本章小结

本章讨论了空中交通规划和管理的有关问题，包括空域分类和划分、空域规划和流量管理。空域分类介绍了 ICAO、美国和我国的分类标准，并讨论了空域划分方法；空域规划针对管制员的工作负荷，讨论了扇区数量和结构规划，以保证管制员工作负荷合理和均衡，实现空中交通管制安全；流量管理部分讨论了战略、预战术和战术层次的流量管理问题，建立了各层次流量管理问题的数学模型，包括确定型的和随机性的，并分析了几个算例。

目前，我国流量管理还没有能用上决策支持系统，基本上依靠管制员的经验。但在实践中，地面等待的理念已经发挥了作用。我国目前空域航路网络规划问题和航班时刻优化问题的理论研究还很缺乏，这些问题的解决对于充分利用空域和有效提高空中交通的通行能力，都十分重要。

新一代航空运输系统的研制在我国刚刚开始，其中有大量的关键技术需要研究，本章的内容为进一步的研究打下了基础。

思考题

4-1　空域可分成哪两大类？请简述各分类的概念。

4-2　简述我国的管制空域分类，并列举各分类的主要特征。

4-3　通过对扇区的优化设计部分的学习，谈谈你对扇区数量确定和扇区优化设计的认识。

4-4　简述空域灵活使用的概念。

4-5　什么是空中交通流量管理，它一般分为哪几个阶段？

4-6　对终端区到达飞机的排序算法有哪些？

4-7　什么是地面等待问题(GHP)？

4-8　什么是单机场受限地面等待策略问题(GHSP)？

4-9　什么是单机场多元受限流量管理模型(GTFMP)？

4-10　航班时刻优化模型和多机场地面等待策略模型有何区别？

练习题

4-1　某空域根据固定时间间隔内的飞行数量来决定扇区的开放数量。该空域某天的飞越飞机数量和开放扇区数量对应表如表 4.17 所示。请参照 4.2.2 节的方法，利用模糊控制理论设计出合理的模糊控制规则。

4-2　如表 4.18 所示是某机场某时段的航班时刻表，对于飞机起降时隙的规定是，到达飞机的落地时间前 2 min 时跑道就必须清空，落地时间后需要 1min 时间才能脱离跑道；出发飞机起飞时间 1 min 后才可以飞离跑道。预计未来某时的航班起降时间延误成本如表 4.19 所示，要求重新分配航班起降时间使总成本最低。

表 4.17 飞越飞机数量与扇区数量

时间段	飞越飞机数量 / 架	扇区数量 / 个
T1	2	1
T2	5	1
T3	1	1
T4	4	1
T5	8	2
T6	7	2
T7	6	2
T8	7	2
T9	5	2
T10	3	1
T11	4	1

表 4.18 某机场某时段的航班时刻表

航班号	机型	任务	预计时间
CSZ3326	A320	落地	08:00
CES5407	A320	起飞	08:00
CCA981	A340	起飞	08:01
CSN3745	A320	起飞	08:05
CHH7628	A330	落地	08:05
CSH3635	A330	起飞	08:05
HDA827	A340	起飞	08:08
CDG6422	A320	落地	08:10
CSC4562	A320	落地	08:15
CXA8552	A320	落地	08:20

表 4.19 各机型地面和空中等待成本

机　型	地面延误成本	空中延误成本
A340	$160t$	$1\,000t$
A330	$80t$	$1\,000t$
A320	$40t$	$1\,000t$

4-3　现已知珠海机场次日某时段的航班计划如表 4.20 所示，设对于连续落地的航班，次日预报的气象条件下的预计容量为每 15min 可以落地 3 架飞机。各机型的地面延误成本为 A340 = 160t，A330 = 80t，A320 = 40t（单位：元，t 的单位为：min）。求修改后的航班起飞时间表，使地面等待成本最低。

表 4.20　珠海机场次日某时段的航班计划

航班号	机型	起飞机场	起飞时刻	预计降落时间
HU7222	A320	上海	08:00	10:25
FM365	A320	成都	08:55	10:26
MF8507	A320	昆明	09:20	10:28
CZ3426	A340	厦门	08:30	10:29
CA1581	A330	长沙	08:20	10:29

附录　ATS 空域分类 — 提供的服务和飞行需求

附表 4.1　ATS 空域分类 — 提供的服务和飞行需求

种类	飞行类型	提供的间隔	提供的服务	速度限制*	无线电通讯需求	服从 ATC 许可
A	仅 IFR	所有航空器	ATC 服务	没适用的	连续双向	是
B	IFR	所有航空器	ATC 服务	没适用的	连续双向	是
	VFR	所有航空器	ATC 服务	没适用的	连续双向	是
C	IFR	IFR 与 IFR IFR 与 VFR	ATC 服务	没适用的	连续双向	是
	VFR	VFR 与 IFR	(1) 给 IFR 间隔提供 ATC 服务 (2) VFR/VFR 交通信息（和要求的交通避让建议）	250 节 IAS 以下 3 050 m(10 000 int)AMSL	连续双向	是
D	IFR	IFR 与 IFR	ATC服务，有关 VFR 飞行的交通信息（和要求的交通避让建议）	250 节 IAS 以下 3 050 m(10 000 int)AMSL	连续双向	是
	VFR	Nil	IFR/VFR 和 VFR/VFR 交通信息（和要求的交通避让建议）	250 节 IAS 以下 3 050 m(10 000 int)AMSL	连续双向	是

续表

种类	飞行类型	提供的间隔	提供的服务	速度限制*	无线电通讯需求	服从 ATC 许可
E	IFR	IFR 与 IFR	ATC 服务和有关 VFR 飞行的交通信息	250 节 IAS 以下 3 050 m(10 000 int)AMSL	连续双向	是
	VFR	Nil	交通信息	250 节 IAS 以下 3 050 m(10 000 int)AMSL	无	否
F	IFR	IFR 与 IFR	空中交通咨询服务;飞行信息服务	250 节 IAS 以下 3 050 m(10 000 int)AMSL	连续双向	否
	VFR	Nil	飞行信息服务	250 节 IAS 以下 3 050 m(10 000 int)AMSL	无	否
G	IFR	Nil	飞行信息服务	250 节 IAS 以下 3 050 m(10 000 int)AMSL	连续双向	否
	VFR	Nil	飞行信息服务	250 节 IAS 以下 3 050 m(10 000 int)AMSL	无	否

注:* 当过渡高的高度低于 3 050 m(10 000 int)AMSL 时,FL100 应该代替 10 000 int。

参考文献

[1] 赵嶷飞.空中交通流量管理系统研究[D].北京航空航天大学,2003.

[2] 韩松臣,徐肖豪,贺利强.航班在机场终端区时延解析计算的新方法.航空学报,2000,21(6):528-531.

[3] 胡明华,李丹阳,韩松臣.被动空中交通流量管理中的动态排序方法.南京航空航天大学学报,2000,32(1):85-90.

[4] 黄圣国,肖靖,陆瑜,等.基于 Petri 网的空中交通管制辅助决策系统.南京航空航天大学学报,2000,32(2):206-221.

[5] 徐肖豪,黄宝军.终端区飞机排序的模糊综合评判方法研究.航空学报,2001,22(3):259-261.

[6] Odoni A. Issues in Air Traffic Flow Management, Advanced Technologies for Air Traffic Flow Management. Springer-Verlag,1994:43-63.

[7] 程朋,崔德光,吴澄.空中交通短期流量管理的动态网络流模型.清华大学学报:自然科学版,2000,40(11):114-118.

第 5 章　市场计划和机队规划

5.1　引　言

从本章开始讨论航空公司的规划问题，包括市场计划和机队规划、飞机维修和航材计划、航线规划、航班计划、机组排班、运行控制和收益管理，共分 7 章。其中机队规划、航线规划是战略层次的规划，维修计划、航班计划、机组排班是战术层次的规划，运行控制和收益管理则是操作层次的规划。这些规划内容由不同部门负责，但它们之间有着复杂的相互联系，如图 5.1 所示它们之间的关系。

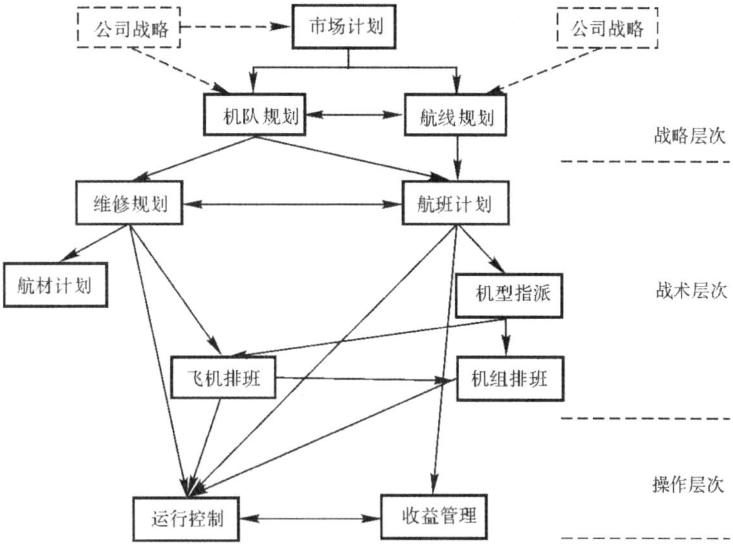

图 5.1　航空公司规划流程图

本章介绍市场计划和机队规划。机队是航空公司运输生产最重要的资源，机队管理是航空公司的一项重要管理职能，而机队规划是机队管理的关键内容。狭义的机队规划只包含机队规模和机队结构的规划，从广义上讲，可以将狭义的机队规划、机队置换计划、机队配置计划等都归纳为机队规划，本章的机队规划是广义的。

在我国，航空运输业正处在快速发展期，未来的几十年间我国机队规模将会迅速扩张，需要引进数量众多的飞机。对于航空公司，由于现代民用飞机价格昂贵，使用周期长，机队规模和结构是否合理将长期影响航空公司的运营成本，因此机队规划是航空公司的重要战略规划之一，是关系到航空公司兴衰存亡的大型投资行为。原菲律宾航空公司投入巨资建成了当时亚洲最年轻最现代化的机队，但由于机队规划的失策，终因资不抵债，1998 年在亚洲金融危机中黯然倒闭。

为降低运营成本，航空公司的机队规模应尽可能地与本公司的运力需求相一致，机队结构要逐步与航空市场结构和航线网络结构相适应。因此在进行机队规划之前，首先应做好市场计划。可以说，市场计划是机队规划的前提，但市场计划不是本书的主要内容，不打算详细介绍，为了使本章内容有一定的自包含性，将其放在本章的机队规划之前做一简单介绍，目的是让读者对市场计划的内容和做市场计划的方法有一个基本了解，为做好机队规划打下基础。

第 5.2 节将首先讨论市场计划问题，介绍市场计划的基本概念、基本内容和做市场计划的基本步骤和方法，并提供了市场计划书的参考格式。

第 5.3 节将详细讨论航空公司机队规划所涉及的有关问题，包括影响因素分析、飞机选型、宏观机队规划、微观机队规划；第 5.4 节将讨论机队置换问题和机队配置问题。在这两节中讨论了许多实例，帮助读者学会应用优化模型解决实际问题。最后第 5.5 节对全章内容进行小结。

5.2 市场计划

5.2.1 市场计划概述

一、基本概念

航空公司的市场计划可以定义为：根据本公司面临的市场环境及可取得的资源，为求得企业生存和长期稳定的发展，对企业的发展目标、市场占有目标以及占领市场的途径和手段等的总体谋划。做市场计划的目的是确定公司未来不同时期的市场发展，包括市场规模、市场份额和产品计划。它是战略层次的计划，是民航运输企业经营思想的重要体现，同时又是企业经营规划的基础，主要为航空公司的机队规划和航线规划提供依据。

航空公司的市场计划由市场部门牵头，通过对现有航线的经济性分析，掌握本公司现在的经营状况和竞争态势；再通过对航空运输市场的调查、分析，掌握旅客的偏好和需求，对市场进行细分，对未来空运需求做出预测；然后制定出适应市场需求变化和符合企业发展目标的市场营销战略，确定市场分担率，进而制订出公司的市场开发计划。

航空运输企业不但所处的客观环境在不断变化，而且市场竞争十分激烈，这种竞争不但来自地面运输，而且来自同业之间。市场计划应当充分反映企业的竞争战略，它是企业发展战略实施方案的重要组成部分。

二、市场计划的特征

航空公司市场计划的基本特征可以概括如下：

1. 全局性

航空公司市场计划的全局性有两层含义：首先，从企业内部来看，公司所制订的市场计划要服从企业发展战略，服务于企业经营活动的总体发展目标，如企业利润增长目标、企业市场发展方向、市场分担率发展目标等。其次，从公司外部来看，企业制订的市场占有目标，还必须与国家的经济、技术、社会发展规划相一致，与国家发展的总体目标相适应。否则，民航企业的市场计划就不会取得成功。对于民航运输企业，市场开发计划的制订，既要考虑国家对于交通运输的总体规划和综合交通网络的规划，还要考虑经济发展水平、人们的出行意愿和收入水平等影响人们出行需求的因素。只有这样，所制订的市场计划才是科学的、可行的，才能引导企业持续健康发展。

2. 远期性

从企业的发展角度来看，航空公司制订的市场计划不是为了今天的生存，而是为了明天的更好发展，企业营销战略的拟定要着眼于未来的市场，因此市场计划的作用是远期的。当然，未来的发展要以企业现状为出发点，对未来发展趋势和未来市场占有率的预测要以企业的过去和现在为依据，因此需要对现有航线做出分析，对企业经营现状做到心中有数。市场计划的制订既要立足现在，又要面向未来。

3. 系统性

市场计划工作不单纯是市场部门的事，与企业其他各部门都有密切的关系。首先市场计划的制订必须考虑企业的总体经营目标和经营方向。例如目标市场是以货运为主还是以客运为主，是以豪华高档运输为主，还是以经济实惠的中低档次运输为主，等等，这需要与战略发展部一起研究才能决定。经营方向确定之后，还要考虑运输工具的采购、飞行员、乘务人员、签派人员和机务人员的培训、地面服务的保障，等等，这些计划的制订必须与人力资源部门、飞行管理部门、客舱管理部门、运行控制中心、机务工程部门和地面服务部门进行充分协调。因此，市场计划具有系统性，要同企业的总体战略相配合，要充分调动企业人、财、物、信息、时间等一切资源优势，同时要综合运用计划、组织、领导、协调、控制和激励等各种管理功能，才能做好市场计划。

4. 竞争性

航空公司制订市场计划的目的是要在激烈的竞争中壮大自己的实力，使本企业的产品在竞争中占有相对优势。也可以说，航空公司的市场计划是针对来自环境及竞争对手等各方面的冲击、压力和威胁，迎接相应的挑战而制订的长期行动方案。因此，企业必须使自己的市场营销战略具有竞争性特征，使自己能够在竞争中处于主动地位，保证自己的生存和发展。

5. 相对稳定性

市场计划必须在一定时期内具有稳定性，这样才会对整个企业的发展具有指导意义。如果朝令夕改，就会使企业运作发生混乱，从而给企业带来损失。当然，由于外部环境是多变的，企业的运作是一个动态的过程，因此指导企业运作的市场计划也应该是动态的。为了适应外部环境的多变性，对市场计划进行局部的调整常常是必需的，但就整体而言，企业的市场计划应该具有相对稳定性。

5.2.2　市场计划的内容

制订市场计划的基本依据是需求预测和公司的发展战略，内容包括市场调查、需求分析、竞争分析和经济性分析，最后编制市场计划书，提交决策层审核和批准。

一、市场调查

市场调查是做好市场计划的基础。

市场调查是通过调查行为,了解和掌握旅客和其他航空运输服务对象(消费者)、公众等对航空运输的期望和需求,掌握他们的消费行为和特征,为制订市场计划提供依据。根据调查方式的不同,市场调查可以分为媒体和广告调查、运输产品调查、特殊社会群体调查、民意测验(如旅客满意度调查)和专家调查等;根据调查结果要求的不同,又可以分为定量调查和定性调查。

市场调查要有科学的方法、客观的态度和明确的目的,分析解决市场营销问题所需的信息和获得这些信息的方法和途径,然后制订调查大纲和调查方案。

调查大纲应包括调查目的、调查对象、调查周期、调查方式、调查任务的划分、调查责任人和调查经费预算等。

每项调查任务在实施前,先设计调查方案,内容包括调查组组成和调查任务、数据统计分析方法、调查方式方法、抽样方法设计和样本量确定、调查表设计、调查步骤和时间安排以及调查所需其他各项准备工作。

二、市场需求预测

根据用途的不同,航空公司市场需求预测有航线市场需求预测和航班需求预测两个层次。航线需求预测主要用于制订市场计划,可分为新航线开辟市场预测和已有航线运力分配市场预测,包括航线客运量(包括旅客溢出量预测)、总客运量、各航线客运量(或称O-D流预测)及旅客分类运量预测,航线货物、邮件、行李运量的预测,专业航空业务量的预测等。航班市场预测主要用于制订销售计划和收益管理,包括航班客运量、各等级舱位座位数及其分布、取消率、No-Show率、Go-Show率预测等,航班货物运量、各种货物分类运量预测等。本章所涉及的市场预测是指航线需求预测。

做好市场预测工作,首先必须分析空运需求的影响因素,寻找合适的预测方法(包括定性和定量方法)和数学模型,然后应用市场调查获得相关数据,同时还需收集来自其他方面如订座系统)的必要数据,建立预测模型。影响航空运输市场需求的主要外部因素有政府政策和管制因素、市场(包括竞争)因素、经济因素、国际环境(包括恐怖主义、疾病流行等)因素。内部因素则有产品(包括机型、时刻、频率、是否中转等)、价格、公司品牌和服务质量等。预测方法不是本书的内容,请参阅有关市场预测的书籍。

在分析需求时要注意,市场潜力不等于市场需求。市场需求指消费者在某一特定时期内,在一定的价格条件下,对某一商品具有购买力的需求,等于购买欲望加上购买能力。如果有购买愿望而无购买能力,就只是市场潜力,不能形成实际需求。因而不能一发现市场潜力的存在,就盲目地投入资源。

三、航线收益、成本分析

航线是航空公司进入的运输市场,它的经济效益好坏,揭示了航空公司经营该航线的质量。在做市场计划时,对航线要做好两种分析:首先,对现有航线进行收益、成本分析,决定哪些航线应当保留,哪些航线应当退出;哪些航线应当增加运力,哪些航线应当减少或不增运力。然后对拟进入的新航线进行收益和成本的预估,决定哪些航线应当进入,哪些航线应当放弃。进行航线收益和成本分析,应当计算每客公里(或吨公里)收益和成本,并以此为基准进行比较,才是科学的。请思考,为什么不采用航线收益和成本的绝对大小进行比较？

对现有航线的分析。如果根据市场销售数据和财务数据，计算出了每条航线的收益 R_j(元) 和运输量 O_j(客公里或吨公里，在美国使用收益客英里数 RPM)，那么该航线的客公里收益为

$$r_j = \frac{R_j}{O_j} \tag{5.1a}$$

这就是所谓的产出比率($Yield$)。但使用产出比率容易引起误导，因为高的产出比率并不意味着高效益，所以经常使用座公里收益来衡量航线的效益，即

$$r_j^s = \frac{R_j}{ASM_j} \tag{5.1b}$$

式中，ASM_j 是航线 j 的可用座公里数(Available Seat Kilometers/Miles)。

航线的成本可以分为 DOC(直接营运成本) 和(IOC)(间接营运成本)，DOC 一般包括：

(1) 飞行成本，包括燃油成本、起降费用、航路费用、保险费、机组人员工资和费用、客舱人员工资和费用。

(2) 维修费用，包括维修人员工资、航材消耗费用、维修工程管理费用。

(3) 拥有成本，包括飞机折旧费或租金、开发成本和机组人员培训费。

IOC 一般包括：

(1) 机场费用，包括地面服务费、地面设备和财产的折旧、机坪租用费、航站设施使用费。

(2) 旅客服务费，包括机上供应品费用、旅客保险。

(3) 营销费用，包括广告费、机票销售费用。

(4) 行政管理费。

(5) 其他营运费用。

DOC 一般直接与飞机(或航线) 相关，可以根据飞机尾号逐架飞机(或逐条航线) 进行计算；间接营运成本须按照一定的方法分摊到各架飞机(或各条航线) 上。各公司分摊方法可能不同，例如可以按运输量分摊。

航线 j 的营运成本

$$OC_j = DOC_j + IOC_j$$

因此每客公里(或吨公里) 的营运成本

$$OC_j = \frac{OC_j}{O_j} \tag{5.2a}$$

或采用可用座公里成本

$$OC_i^s = \frac{OC_j}{ASM_j} \tag{5.2b}$$

航线利润($profit$) = 航线收益 R_j − 航线运行成本 OC_j。

然后可以将 r_j 和 OC_j(或航线利润) 按照从大到小的顺序排序，分析各航线的经营效益，以决定取舍。当然航线的取舍还需要考虑社会责任以及公司战略等因素。

采用不同机型，航线的效益会不同，因此应当考虑不同机型的影响，尽量选择最适合的机型。

为计算航线各项成本，应当作影响因素分析，特别对营运效益差的航线，应当寻找造成成本增加的原因，然后提出改进措施。

对于拟进入的新航线，可以参照本航空公司已有的类似航线的收益和成本进行分析，或参照其他已在位航空公司的收益和成本进行分析（这种数据一般较难获得），然后决定取舍。

四、市场计划书

市场计划属于半结构的决策，主要依靠决策者的雄才大略，是决策者根据经验和判断以及公司的发展战略做出的。但必要的经济分析、市场调查和需求预测是必需的。这是有效贯彻决策者意图的基本保证，是将决策者意图细化和科学化的要求。市场计划应当以市场计划书的形式提交给决策层。

市场计划书的内容包括公司发展战略，公司市场现状分析；市场发展分析，包括国际、国内市场发展分析；各运输市场需求分析和预测；市场发展计划，可以是5年计划，也可以是更长远的计划，包括提高现有市场分担率计划、退出无前途市场计划、发展新市场的计划；市场发展的成本效益分析等。

5.2.3 市场计划书的编制方法

首先，企业应当明确制订市场计划的负责人，并赋予他在市场计划制订过程中的人事、财务、任务分配以及和有关部门协调的权力。计划负责人在接受任务后，应根据企业战略目标，确立市场计划的目标，进行任务分解和分配，制订进度表和经费预算，然后按照项目管理的方法，按照时间节点进行进度控制和督促检查，保证按时保质完成领导交待的任务。市场计划书编制流程如图5.2所示。

在编制市场计划书过程的每阶段，有关活动应当按照企业文档管理规范，做好记录，对市场计划书的每次修改都应当有版本管理。市场计划书的编写应当语言简洁明了，不使用含混不清的表述。市场计划书应当包括封面、基本信息表、目录和正文以及附录等，封面应当由密级、“市场计划书”字样、单位名称、版本号和制订日期等组成，基本信息表的参考格式如表5.1所示。

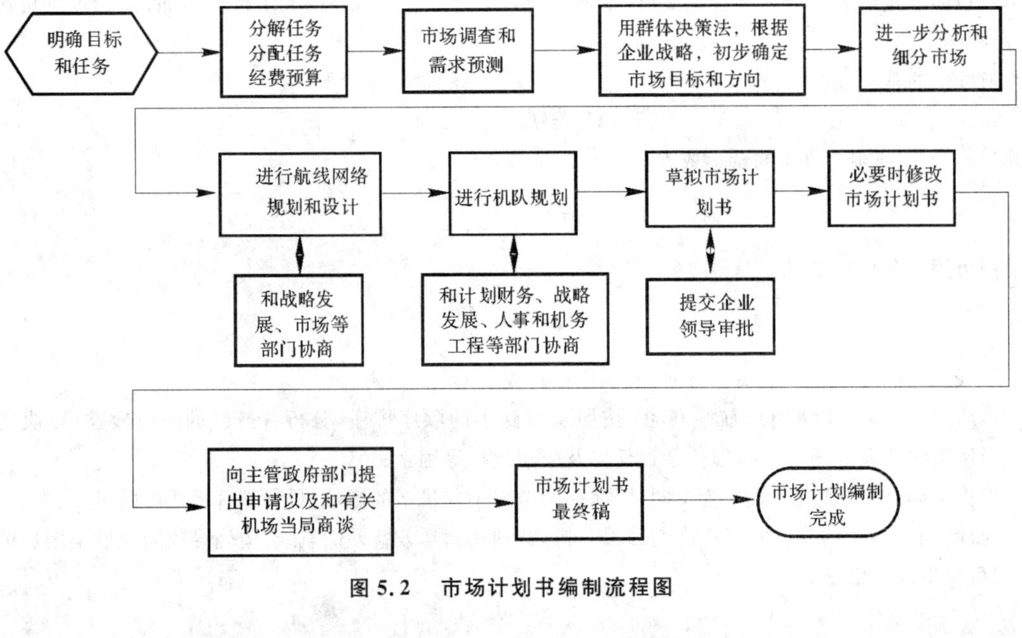

图5.2 市场计划书编制流程图

如表 5.2 所示给出了市场计划书正文的基本格式和内容，供读者参考使用。

表 5.1　市场计划书信息表

<table>
<tr><td>版本号</td><td colspan="2">XXXX－SCJH－1996－01－02</td><td>密　级</td><td colspan="2">机　密</td></tr>
<tr><td>起草人</td><td colspan="2">XXX</td><td>起草日期</td><td colspan="2">1996.01.16</td></tr>
<tr><td>修改人</td><td colspan="2">XXX</td><td>修改日期</td><td>1996.05.02</td><td>第 2 次修改</td></tr>
<tr><td colspan="6">项目参加人</td></tr>
<tr><td>姓　名</td><td colspan="3">负责项目</td><td colspan="2">起止日期</td></tr>
<tr><td>章 XX
汪 XX
…
戴 XX</td><td colspan="3">国内市场调查和需求预测
东亚地区市场调查和需求预测
……
航线网络规划</td><td colspan="2">1995.2.20－5.1
1995.2.15－4.10
…
1995.5.1－6.30</td></tr>
<tr><td>批准领导</td><td>副总裁：XXX</td><td colspan="2">批准日期</td><td colspan="2">1996.05.10</td></tr>
<tr><td colspan="6">备注：
本版本共印 X 本。</td></tr>
</table>

表 5.2　市场计划书正文的参考格式

<table>
<tr><td>一、主管领导的文件发布命令：
此文件为本公司十五期间的市场计划书，它具体反映了公司发展战略，提出了近五年的公司奋斗目标，本公司各部门都必须遵守本文件的规定，服从公司发展大局，努力工作，为实现本文件提出的奋斗目标多做贡献。
此件是公司机密级文件，不得外传。
主管领导签字盖章
1996 年 5 月 10 日</td></tr>
<tr><td>二、公司发展战略：</td></tr>
<tr><td>三、有关术语解释：</td></tr>
<tr><td>四、市场现状分析
国际市场分析
国内市场分析</td></tr>
</table>

续表

五、公司已有航线和运力分析 1.已有各航线完成运输量分析 2.已有各航线收益分析 3.已有各航线成本分析 4.运力总需求分析 5.运力投放分析 6.运力供需分析 7.效益低的航线改进措施 8.航线退出后的市场态势分析
六、市场调查与市场预测 1.欧美市场调查与需求预测 2.东亚市场调查与需求预测 3.国内市场调查与需求预测
七、市场目标计划 1.欧美市场目标与竞争分析 2.东南亚市场目标与竞争分析 3.国内市场目标与竞争分析 4.市场营销计划(包括广告形式、费用,营业部发展,网络销售,代理人发展等)
八、航线网络规划 1.国际航线网络规划 2.国内航线网络规划 3.基地机场规划 4.销售点规划 5.运力配置分析 6.运输成本分析
九、机队规划 1.总运力预测 2.飞机选型 3.机队规模规划 4.机队结构规划 5.机队替换计划 6.机队在基地机场的配置计划 7.融投资计划
十、收益分析
十一、投资风险分析和评估
十二、风险规避和防范计划

在市场计划中，除了市场调查和需求预测外，机队规划和航线规划是重要内容，将在下文讨论机队规划的方法和技术，在第 7 章讨论航线网络规划的方法和技术。

5.3　机队规划

5.3.1　机队规划概述

一、机队(Fleet)和机队规划(Fleet Planning)的基本概念

机队是指航空公司所拥有的飞机总称，包括飞机的数量和不同型号飞机构成比例关系，前者叫做机队规模，后者叫做机队结构。机队规模体现了航空公司的运输能力(简称运力)，也用总座位数(客运运力)和总吨位数(货运运力)表示，它应当能与公司承担的市场总需求匹配；机队结构则直接影响航空公司的成本，它与航线机构和 O－D 流需求等因素有关。

机队规划是航空公司战略层次的决策，它不仅影响或左右着其他的决策，而且涉及到航空公司数十亿甚至数百亿资产和收益的大问题，影响到航空公司今后相当长时间的生存和发展。机队规划一般划分为短期规划(1 ～ 2 年)、中期规划(3 ～ 5 年)和长期规划(5 ～ 15 年)，规划期不同，所能获得的信息量不同，信息的准确程度不同。规划期越长，信息越少，信息越不准确，规划的结果越粗糙。因此对于长期规划，一般采用宏观规划方法；对于短期规划，可采用微观规划方法，参阅 5.3.3 节。

机队规划是市场计划的重要内容之一，要求在满足客货运输需求的条件下能获得最佳经济效益。做机队规划时，应当结合航线网络和市场目标，依据有关原则和科学的方法，确定规划期内的机队规模和结构，并做出引进和退役飞机的年度安排，达到以最低的运营成本，实现市场目标的目的。

机队规模的大小直接影响航空公司的运行效益。机队规模过大，飞机载运率和利用率低，会造成航空公司运力浪费，而增加了运营成本；机队规模过小，运力无法实现航空公司的市场目标，意味着航空公司潜在收入的损失，将使航空公司在激烈的市场竞争中处于不利地位。

机队结构直接影响航空公司的运行成本，任何一种机型有其最经济的飞行剖面(飞机从起飞到降落全过程航迹的垂直投影面)，只有当飞机与其所运营的航线相匹配时，才能实现预期的成本和效益水平。如果机队结构与航线结构和市场需求不符，无法实现合理的载运率或客座率，将增加航空公司的运行成本。因此做机队规划首先应解决好飞机选型问题。

机队规划的实质在于：在规划期内，机队的规模和结构应能保证经营战略的实现，使运力和运量基本保持均衡，不因飞机的闲置而造成运力浪费，也不因运力紧张造成市场和收益的损失，减少航空公司的经营风险。

机队规划的内容包括飞机选型、机队规模发展计划、机队结构优化、机队更新替换计划、机队部署(在各基地)计划。

1. 飞机选型

航线规定了其自身的航程、航路空域环境、气象环境和机场终端区的地理环境，不同航线对飞机的技

术经济性能有不同的要求，因此有其最适合的机型。为航线选择最适合的机型的工作叫做飞机选型，它是机队规划的第一步工作。

2. 机队规模

航空公司的机队规模大小必须与市场目标相适应，可用三组指标来描述：一是反映航空运输市场规模大小的市场需求指标，由客运量、货邮运输量、航线距离和客流等要素构成；二是反映航空公司运力大小的运输能力指标，如飞机架数、机型系列和飞机的业载与平均座级；三是反映航空公司运营飞机绩效的"三率"指标，即平均日利用率、客座率和载运率。"三率"指标是反映运力供给与需求匹配的综合指标，当出现运力供不应求时，"三率"指标相对偏高，当运力供过于求时，"三率"指标走势偏低。

飞机日利用率还影响每小时飞机拥有成本，以B737飞机为例，在美国如果日利用率为5 h，平均每小时的租金成本是2 933美元，如果日利用率提高到7 h，则平均每小时的租金成本将降低为2 095美元。在飞机架数不变的情况下提高飞机日利用率可以完成更大的运输周转量；在满足同样运输需求的情况下，提高飞机日利用率可以减少飞机数量或改变机型，因而进一步降低运行成本。

机队规模基本决定了主要技术人员的规模，包括飞行员、乘务员、签派员和机务维修人员。例如，通常一架飞国际航线的飞机需要配备10～12名飞行员和25～30名客舱服务员，而国内航线一般配备6～8名飞行员和12～16名客舱服务员。

机队规模还决定了航空公司所能经营的航线数量和能运行的航班量，因而也就决定了能完成的最大运输量（运输周转量）以及市场销售和管理人员的数量。可见机队规模反映了航空公司的规模。2006年美国联合航空公司拥有飞机700多架，我国南方航空公司拥有259架飞机，最小的航空公司也许只拥有几架飞机。

3. 机队结构

机队结构即机队的机型构成，包括客货机比例、不同座级飞机的比例、不同航程飞机的比例等。机队规划应当谋求机队结构与航线结构相匹配。

机队一般是由多种机型飞机所组成，机队结构设计的关键是确定组成机队的机型和各种机型的配置比例。如表5.3所示给出了目前我国航空公司使用的主要飞机机型和它们的座级。

如果机队结构不够合理，机型种类繁多，将导致资金投入、航材储备、人员培训等方面的费用增加。机型种类的减少可以节省相应设施设备的投入，特别是航材的储备，因而可以节省成本。根据学习曲线，简单的机队结构也有利于机组和机务人员提高技术熟练程度，减少故障率及差错率，提高飞机的完好率和可用率，运行能力得到有效保障。所以低成本航空公司一般选择单一机型。但服务于多个目标市场的航空公司不可能选择一种机型去满足不同市场的需求，需要合理配置机队结构，才能既满足市场需求，又降低运行成本。

4. 飞机置换计划

飞机置换计划的质量对航空公司运行成本也有很大影响。目前，我国飞机及重要零部件主要靠进口，新飞机的价格不菲，1架空客320的价格在4 000万美元以上，一架宽体B777的价格约1.5亿美元，一架B747货机在1.6亿美元以上，因此尽量少进或晚进一架飞机就可以为公司节省巨额投资。我国民航的行业会计准则规定：飞机、发动机的折旧期限是10～15年，远低于国际通行会计准则的20～25年，由此，国内航空公司飞机拥有成本比较高。

退役一架旧飞机可以回收飞机残值，购买新飞机要花费巨资，何时购买飞机？购买什么飞机？购买多少飞机？何时退役旧飞机？退役什么飞机？这些问题的决策都直接关系到航空公司的营运成本。

表 5.3　我国现有飞机的机型和座级划分

50 座级	100 座级	150 座级	200 座级	250 座级	300 座级
DASH8	BA146－100	B737－700	B757－200	A300－600	B747－400
DO328	BA146－300	B737－800	B757－231	A310－200	B747－200
SAAB340		B737－300		B767－200	B747COMB
CRJ200		B737－400		B767－300	A340－300
ERJ145		B737－500			B777－200
ATR72		MD90			IL86
Y7		MD82			MD11
		A321			
		A320			
		A319			

5. 机队配置计划

如果航空公司有几个基地机场，则需要进一步根据各基地机场完成运输量的预测和各机型飞机在各基地机场的营运成本，决定在各基地机场应当投放何种机型，投放多少架飞机。

飞机选型、机队规模和结构规划等问题在本节讨论，机队置换计划和配置计划在下节讨论。

二、机队规划的影响因素分析

影响机队规划的因素是复杂的。机队的规模和结构必须和市场需求的规模和结构相适应，市场需求是影响机队规划最重要的因素，它不仅从总量上影响机队的规模，而且从市场需求的结构上影响各种机型的数量以及结构比例。除了市场因素外，影响航空运输飞机总量和结构的还有其他因素。

1. 航空运输行业内环境因素

行业内环境因素，是指在机队规模不变的情况下，影响“飞机日利用率”的行业内因素，这些因素包括人力资源的保障，特别是与飞行直接相关的空勤人员、机务维修人员、空管人员的技术水平和数量；以及相关的飞机维修能力、航材保障能力、机场服务能力、空中交通管制能力和行业内管理水平，等等。任何一个保障能力的不足，都会成为提高飞机日利用率的制约因素，从而影响机队的规模和结构。飞机的日利用率提高了，就能向社会、向市场提供更多的运力。

2. 飞机的技术经济因素

技术经济因素是指飞机本身的性能因素，包括飞机的航程适应性、机型的经济性、飞机的航速和最高业载等。这些因素对机队规划都有影响。例如，飞机航程适应性应当与航线特点相一致，与市场需求相匹配；飞机的航速和最高业载决定了一架飞机所能提供的最大运能，最终影响机队的规模；飞机的经济性影响着公司的运行成本，因而影响决策者的取舍，最终影响机队结构。

3. 管理因素

管理因素对于机队规划的影响体现在两个方面：

(1) 若管理水平较高，则可以降低管理成本，降低盈亏平衡载运率，使航空公司在比较低的载运率水平上也能够盈利。在制订机队规划的时候，可以引进较多的飞机，从而获得较多的优惠，而不至于因为运力过剩影响公司效益，为公司发展积蓄后劲。

(2) 若管理水平较高，还可以在载运率较高时，航空公司不仅自己盈利较好，也能为旅客货主提供更好的服务。总之，较高的管理水平，会使载运率的有效范围增加，从而为机队决策提供更多的灵活性。

三、机队规划基本方程

令　T_i 为第 i 类飞机的利用率；

v_i 为第 i 类飞机的平均航速；

C_i 为第 i 类飞机的小时成本；

z_i 为第 i 类飞机的最大业载；

ZYL_i 为第 i 类飞机的期望载运率；

l_i 为第 i 类飞机的低限载运率；

L_i 为第 i 类飞机的高限载运率；

D_i 为第 i 类飞机需满足的市场需求；

x_i 为第 i 类飞机的架数。

综合以上各种主要影响因素，可以得到机队规划应当满足的基本方程

$$v_i T_i z_i ZYL_i x_i = D_i \tag{5.3}$$

在基本方程的左边

$v_i T_i$ = 一架第 i 类飞机每天可以提供的运输距离(km)；

$v_i T_i z_i$ = 一架第 i 类飞机每天可以提供的最大载运量(t·km)；

$v_i T_i z_i ZYL_i x_i$ = 第 i 类飞机机队的每天期望载运量(t·km)。

因此基本方程表达的意思为

某类飞机机队的期望载运量 = 航空公司该类飞机的市场需求

要注意，在基本方程中，计算需求 D_i 的时间区间与 T_i 的时间区间必须相同，或同为一日，或同为一周，或同为一年。

在市场份额已经确定、飞机利用率可以估计、航速和最大业载已知的情况下，对某类飞机的机队规模的规划取决于期望载运率的高低。若期望载运率高，则机队的飞机数量少；反之，则机队的飞机数量多。而期望载运率的可能幅度则受到上述管理水平因素的制约。作为决策者，应该决定期望载运率的取值。它的取值应该满足以下两个条件：

(1) 期望载运率应该大于盈亏平衡载运率。只有如此，公司才能盈利，才能得到健康发展。满足这个条件可以有两种政策取向：第一种，要求每种座级的机队在平均水平上盈利；第二种，各种座级的机队在整体上达到盈亏平衡，而个别座级的机队可以亏损。

(2) 期望载运率应该小于载运率的高限。若超过这一高限，则市场需求得不到很好的满足，服务水

平下降，这将违背机队规划的基本原则。可以根据公司发展战略决定公司应当满足的市场需求，然后再根据市场需求决定这个高限载运率。

在考虑到以上因素或者条件后，机队的规模和结构还不是唯一的。也就是说，可以有多种机队组合来满足市场需求和期望载运率。因此，可以通过对各种机队组合的经济分析，寻找总运输成本最小的机队组合，即在最经济的水平上实现机队规划的目标，从而最终确定机队的规模和结构。

5.3.2　飞机选型的基本方法

一、飞机重量概念

飞机的重量是非常重要的技术概念，它包括飞机空重（空机重量）W_o、无燃油重量（又称飞机净重）W_j、着陆重量 W_l、最大起飞重量 W_t、机坪重量 W_r。它们的定义如下：

空机重量 W_o：飞机在不装油、不载货、不载客的情况下自身的重量（单位：t）。

无燃油重量 W_j：飞机在假设燃油已经耗尽的情况下的重量（单位：t），包括空机重量和客货重量。

着陆重量 W_l：飞机到达目的地机场在跑道入口着陆时的重量（单位：t），包括空机重量、客货重量和备用油重量。

起飞重量 W_t：飞机在起飞时的重量（单位：t）。机场适航规定了飞机的最大起飞重量（MTW），无论在什么情况下，飞机的起飞重量都不能超过该规定值，它是由安全因素决定的。

机坪重量 W_r：飞机在机坪上准备起飞前的重量（单位：t），机坪重量减去飞机滑行消耗的油重等于飞机的起飞重量，它不能大于最大起飞重量。

上述飞机重量之间存在如下关系：

$$\left.\begin{aligned} z &= W_j - W_o \\ W_s &= W_l - W_j \\ W_b &= W_t - W_l \\ W_{tx} &= W_r - W_t \\ W_{ol} &= W_r - W_j = W_s + W_b + W_{tx} \end{aligned}\right\} \tag{5.4}$$

式中，z，W_s，W_b，W_{tx}，W_{ol} 分别是飞机的业载（包括客货总重，这里略去了皮重）、备用油重量、飞行耗油重量、滑行耗油重量和装油总重量。

上述重量的大小也反映了飞机的经济性能。例如，最大业载反映了飞机的运能大小，飞行耗油量反映了运行成本的大小，耗油量越少，飞行的成本越小，等等。

二、业载航程曲线

受发动机性能和最大起飞重量的影响，飞机的业载和航程之间存在分段曲线（可用直线近似）关系，称为飞机业载航程特性，如图 5.3 所示。

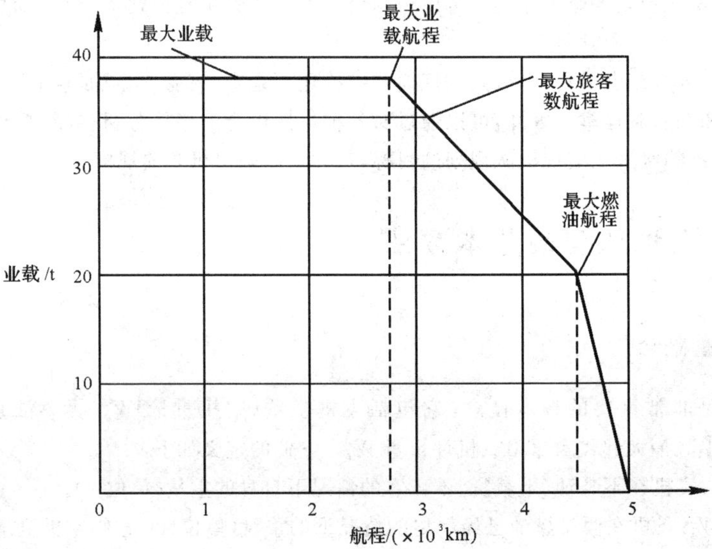

图 5.3　飞机业载-航程曲线

如果航线的长度在最大业载航程范围内，飞机可以按最大载运量运输，并且载运量基本不随航线长度的增加而减小；如果航线的长度超过最大业载航程，那么飞机需要装载更多的燃油去飞更长的距离，考虑到最大起飞重量的限制，飞机只能减载，导致有效载运量的减少，经济效益下降。最大燃油航程规定了飞机可以飞行的最长航线，受飞机油箱容积的限制，如果航程再增加，则可能由于备用油不足，飞机难以安全飞到备降机场，从而对飞行安全构成威胁。

不同的航线有不同的航路条件，包括航路风、机场温度、机场标高和跑道长度等都可能不同，这些航路条件对飞机业载航程特性有着明显的影响，因此同一架飞机飞在不同的航线，业载航程曲线可能不同。对特殊航线，应当专门绘制业载航程图。

三、飞机选型

飞机选型应当针对航线进行设计。对于给定航线，已知运输需求、航程、机场标高和环境以及航线气象条件等，然后根据技术要求、营运数据和经验，提出两三种较适合的备选机型，通过计算各型飞机的有关经济指标，从备选机型中选择一种机型。

飞机选型至少应遵循以下几条原则。

(1) 尽量采用公司现有机型，或备用航材与现有机型具有较大通用性的机型。因为在现有机型中增大机队需增加的航材和维修成本增加较少，如果采用新机型，成本将有较大增加。一般来说使用已有机型，在航材备件方面可以节省一半以上的投资。假设使用已有机型可以节省 55% 的航材投资，引进一架新机型飞机需要采购 1 500 万元的航材备件，那么，引进一架已有机型的飞机只需增加 675 万元的航材投资；如果引进的机型与已有机型有 70% 的通用性，则需增加航材投资 $675\times0.7+1\,500\times0.3=922.5$ 万元。

(2) 航班频率不能低于公司规定的最低频率。航班频率过低，旅客出行的计划延误大，将会失去旅客，在航线存在竞争的情况下，本公司的市场分担率将会降低，使公司处于竞争的不利地位。因此需求旺盛的航线可采用大机型，需求不旺的航线应采用小机型。

(3) 根据业载航程图，所选机型应具有较好的技术性能。应尽量选用最大业载航程大于航线长度的机型，以保证飞机具有足够的运能。

(4) 候选机型一般应基本满足上述三个原则，从候选机型中根据经济性指标选择最好机型。经济性指标可以用平均每座位飞机空重(客运)或每吨飞机空重(货运，用最大业载计算)、盈利能力和盈利潜力(可用平衡载运率表示)、燃油消耗特性(以每吨业载耗油量或每公里燃油量或每吨公里燃油量表示)等来评价。每座(每吨)空机重越小、盈利能力和盈利潜力越大(平衡载运率越小)、每座公里(每吨公里)耗油量越少，飞机的经济性越好。如果引进新飞机，还应该进行投资回报率评估，投资回报率越高，机型经济性越好。

例 5.1　新飞航空公司有三条航线 A，B，C，航线长度分别是 2 200 km，1 500 km 和 3 600 km，预期年客运需求分别有 73 000 人、146 000 人和 109 500 人，公司要求每天至少执行一个航班。该公司已有机型为 150 座级和 200 座级的飞机，最大业载分别为 15.2 t 和 23.5 t，最大业载航程分别为 2 000 km 和 3 100 km，最大燃油航程分别是 3 000 km 和 4 500 km。平均航速分别为 630 km/h 和 664 km/h，期望日利用率都是 7 h，期望载运率分别为 0.67 和 0.65，如果货运量为客运量的 20%，客运量以每客 0.075 t 计算，则这两种机型是否适合飞上述航线？

解　根据上述第 1 条原则，应当尽量采用已有的 150 座级和 200 座级的飞机。下面来看第 2 条原则，根据机队规划的基本方程式(5.3)，由于三条航线的预期运输量分别是 1 445.4(万 t・km)，1971(万 t・km) 和 3547.8(万 t・km)，采用 150 座级和 200 座级的飞机每年提供的运力分别是

$$15.2 \times 630 \times 7 \times 365 \times 0.67 = 1\ 639.3 \text{ (万 t・km)}$$

$$23.5 \times 664 \times 7 \times 365 \times 0.65 = 2\ 591.4 \text{ (万 t・km)}$$

采用这两种机型的飞机，飞 A，B，C 三条航线需要的飞机架数分别是(0.88，1.2，2.16) 架和(0.56，0.76，1.37) 架，因此每天可利用的时间分别是(0.88，1.2，2.16) × 7 = (6.16，8.4，15.12)h 和(0.56，0.76，1.37) × 7 = (3.5，5.32，9.59)h；150 座级飞机飞这三条航线的飞行时间平均为 2 200/630 = 3.5 h、1 500/630 = 2.4 h，6 300/630 = 5.7 h，200 座级飞机飞这三条航线的飞行时间平均为 2 200/664 = 3.3 h，1 500/664 = 2.26 h，3 600/664 = 5.42 h，考虑到轮挡小时(日利用率以轮挡小时计算) 大约是飞行时间的 1.2 倍，所以轮挡小时分别是(4.2，2.9，6.8)h 和(3.96，2.71，6.50)h。

如果采用 150 座级的飞机，航班频率分别是 6.16/4.2 = 1.47 > 1，8.4/2.9 = 2.9 > 1，15.12/6.8 = 2.24 > 1，都符合航班频率大于 1 的基本要求。考虑第 3 条原则，对照 150 座飞机的业载航程特性知，该机型不能飞航线 C，因为它的最大燃油航程是 3 000 km，小于航线 C 的长度 3 600 km。用 150 座级的飞机飞航线 A 也不够经济，因为它的最大业载航程为 2 000 km，小于航线 A 的长度 2 200 km，可能经常需要减载飞行。

如果采用 200 座级的飞机，航班频率分别是 3.5/3.96 = 0.88 < 1，5.32/2.71 = 1.96 > 1，9.59/6.5 = 1.48 > 1，可见采用 200 座级的飞机飞航线 A 时航班频率将小于规定的最小频率，因此不能采用，飞航线 C 每天约有 1.5 个航班符合最低频率要求。但根据第 3 条原则，因为它的最大业载航程为 3 100 km，小于航线 C 的长度 3 600 km，因此常常需要减载飞行，不够经济。

可见这两种机型最适合的航线都是航线 B,150 座级的飞机在允许减载飞行时可飞行航线 A,但由于业载航程特性的限制不能飞行航线 C;200 座级飞机在允许减载飞行时可飞行航线 C,但受最小航班频率限制不能飞航线 A。

从上述讨论的结论可看出,对于航线 B,150 座和 200 座级机型的飞机都满足前三个飞机选型的原则。如果 150 座级和 200 座级的飞机的空重分别是 52 t 和 84 t,则它们的每座空重分别是 52/150 = 0.347 t/座 和 84/200 = 0.42 t/座,这说明150座级的飞机每个座位承担的空机重量较小,因此150座级的飞机油耗特性可能好于 200 座级的。根据飞机选型的第 4 原则,航线 B 可以考虑选用 150 座级的飞机。

5.3.3 机队规划方法

现在讨论狭义的机队规划问题。

机队规划方法尽管有多种,就其本质而言可分为两类,即宏观机队规划和微观机队规划。宏观机队规划是从机队规模预测的角度进行分析研究,主要解决长期规划问题,它按“从上而下”(即从宏观到微观)的顺序进行分析预测。而微观机队规划是在航班、航线机型选择的基础上,按“从下到上”(即从局部到整体)的顺序进行分析,得出航空公司机队中短期规划结果。

一、宏观规划方法

机队规模分析是航空运输业和飞机制造商都十分关心的研究课题。例如,波音飞机集团在 1998 年的市场预测中,中国航空运输业在未来20年里将保持年均9.5%的增长率,居全球之冠,这一增长率几乎是全球年度增长率(4.9%)的两倍。此外还预测中国的航空公司在今后的20年内将新增1 800架喷气式飞机,全球的航空公司将增加 17 650 架喷气式飞机。而当时国际航空运输协会(IATA)则指出,受亚洲金融危机的影响,亚洲地区 40% 的航空公司将在今后 5 年减少 10% 的飞机订货。

面对各种分析预测的结果,航空公司必须作出自己的分析判断,利用客观的信息、科学的方法作出合理的决策。概括起来,影响航空公司机队规模分析决策的主要因素如下:

(1) 现有运输需求与运力;

(2) 预期的需求增长和市场份额的增长;

(3) 获得进入新航线的许可;

(4) 现有飞机更新;

(5) 提高运营效率和合理调配飞机的需要。

1. 应用基本方程的经验方法

机队规模决策的经验方法如下:

第一步,评价现有载运率。分析现有机队总运力和完成的总运输量,计算现有载运率

$$平均载运率 = 总运输量 / 总运力 \tag{5.5}$$

分析它是否合理,是否符合公司发展战略,进而对现有载运率进行必要的调整,确定机队规划的载运率。

第二步，评价现有飞机利用率。对公司运行现状进行经济分析，评估现有机队结构与现有航线结构是否匹配，分析评价现有飞机利用率是否合理。根据公司市场发展战略，包括航线调整和市场份额目标，对现有机队结构作必要的调整，确定机队规划中各机型的分担比例。根据公司发展战略对各机型的飞机利用率进行调整，确定规划期限内的各机型飞机利用率。

第三步，确定机队总运力。根据市场需求增长的预测，确定规划期限内运输总需求，然后根据运输总需求和第一步确定的载运率，应用式(5.5)确定机队总运力(机队规模发展目标)。

第四步，确定各型飞机架数。根据机队总运力和第二步确定的机型比例，计算各机型运力。然后根据各机型飞机的最大业载、利用率和航速，由机队规划基本方程式(5.3)计算各机型的飞机架数，即

$$\text{飞机架数} = \text{该类机型总运力} / (\text{该类飞机的航速} \times \text{最大业载} \times \text{利用率}) \tag{5.6}$$

例 5.2　新飞航空公司准备为下个五年计划做机队规划，该航空公司现有的飞机机型如表 5.4 所示。

表 5.4　新飞航空公司现有飞机的机型和座级划分

50 座级	100 座级	150 座级	200 座级	250 座级	300 座级
CRJ200		B737－700	B757－200	B767－300	MD11
		B737－800	B757－231		

根据该公司的发展战略，综合考虑航线的长度和市场需求状况，计划未来在规划期限内只采用 100 座级、150 座级和 200 座级的飞机。

由各型飞机的技术数据可以给出各座级飞机的平均航速、最大业载，用航空公司的财务数据计算出各座级飞机的小时成本和盈亏平衡载运率(可用它作为低限载运率)。根据上述第一步和第二步的要求，通过对现有市场和生产数据的分析，发现现有的各型飞机的日利用率、载运率都比较低，根据公司的发展战略及综合专家的意见，对飞机日利用率、高限载运率和各型飞机的分担率作必要的调整。再根据第三步的要求，通过市场调查和市场预测获得了5年后市场年运输量需求将达到3.45(亿 t·km)，并由各座级飞机的分担率得出各型飞机承担的市场需求。以上这些数据综合后列在表 5.5 中。

表 5.5　机队优化模型参数列表

参　数	100 座级	150 座级	200 座级
小时成本 C_i/(元 /h)	23 728	30 289	42 021
平均航速 v_i/(km/h)	566	633	664
最大业载 z_i/(t)	10.3	15.2	23.4
日利用率 T_i/(h)	7	7.5	7
低限载运率 l_i	0.51	0.5	0.52
高限载运率 L_i	0.74	0.7	0.65
市场需求 D_i/(亿 t·km)	0.169 6	1.301 82	1.979 04
已有飞机数量 N_i/ 架	0	5	5

第一步，应用式(5.6)按高限载运率计算可得各座级所需飞机架数如下：

100座级飞机架数 $= 0.169\,6 \times 10^8/(10.3 \times 566 \times 7 \times 0.74 \times 365) = 1.56$ 架

150座级飞机架数 $= 1.301\,82 \times 10^8/(15.2 \times 633 \times 7.5 \times 0.7 \times 365) = 7.06$ 架

200座级飞机架数 $= 1.979\,04 \times 10^8/(23.4 \times 664 \times 7 \times 0.65 \times 365) = 7.67$ 架

如果按照低限载运率来计算各座级的飞机架数，则

100座级飞机架数 $= 0.169\,6 \times 10^8/(10.3 \times 566 \times 7 \times 0.51 \times 365) = 2.26$ 架

150座级飞机架数 $= 1.301\,82 \times 10^8/(15.2 \times 633 \times 7.5 \times 0.5 \times 365) = 9.88$ 架

200座级飞机架数 $= 1.979\,04 \times 10^8/(23.4 \times 664 \times 7 \times 0.52 \times 365) = 9.59$ 架

实际各座级飞机架数可取以上两个结果的中间某数值，例如取100座级飞机2架，150座级和200座级飞机各9架，此时总成本为183 376.82万元。

2.最优化方法

上述简单计算的机队规划结果一般不能保证总成本最小。如果希望实现总成本最小的机队规划，可以通过建立数学模型，然后求解获得。式(5.7)～式(5.12)给出了一种简单的机队宏观规划数学模型：

$$\min C = 365\sum_{i=1}^{K} T_i C_i x_i \tag{5.7}$$

$$\text{s.t.} \quad 365 T_i z_i v_i l_i x_i \leqslant D_i, \quad i = 1,2,\cdots,K \tag{5.8}$$

$$365 T_i z_i v_i L_i x_i \geqslant D_i, \quad i = 1,2,\cdots,K \tag{5.9}$$

$$365 l \sum_{i=1}^{K} T_i v_i z_i x_i \leqslant \sum_{i=1}^{K} D_i \tag{5.10}$$

$$365 L \sum_{i=1}^{K} T_i v_i z_i x_i \geqslant \sum_{i=1}^{K} D_i \tag{5.11}$$

$$x_i \geqslant N_i, \quad i = 1,2,\cdots,K \tag{5.12}$$

其中，x_i 取正整数，是决策变量，表示第 i 类飞机的架数；N_i 是第 i 类飞机的现有架数；K 是机型总数；l 和 L 是平均低限载运率和平均高限载运率，可用下面的式(5.14)计算。

在上述数学模型中，“365”表示平均每架飞机一年工作365天。实际情况下，由于需要停场检修，飞机也许不能出满勤，做规划时应使用飞机平均出勤天数替换“365”。也可以将 $365T_i$ 用飞机年利用率替换。

目标函数式(5.7)表示优化的目标是总成本最小。各约束条件的意思是：式(5.8)表示第 i 类机队对应低限载运率的载运量应该不大于该类机型的市场需求；式(5.9)表示第 i 类机队对应高限载运率的载运量应该不小于该类机型的市场需求；式(5.10)表示对应平均低限载运率的总载运量应该不大于市场总需求；式(5.11)表示对应平均高限载运率的总载运量应该不小于市场总需求；式(5.12)表示规划的该类飞机的数量应该不小于该类飞机的现有数量。该约束条件不是所有情况下都需要，在不必要时可以删除。

例5.3 对例5.2的新飞航空公司，将表5.4中的数据代入规划模型式(5.7)～式(5.12)，然后标准化，再应用ILog/CPlex求解，可得到该航空公司机队规划的最优解。

最优解是 $x_1 = 2, x_2 = 8, x_3 = 8$，即100座级飞机架数2架，150座级飞机架数8架，200座级飞机架数8架，此时年运行成本 $\min C = 164\,348.8$ 万元。这个解的总成本比用基本方程算得的解减少了

19 028.0 万元，降低成本 10% 以上。

如表 5.4 所示的最后一行知该航空公司现有 150 座级和 200 座级的飞机各 5 架，没有 100 座级的飞机。所以未来五年该航空公司需新增 100 座级的飞机 2 架、150 座级的飞机 3 架、200 座级的飞机 3 架才能满足市场需求。并且应转卖掉 50 座级、250 座级和 300 座级的飞机。

3. 最优化模型的讨论

令 $a_i = 365T_iv_iz_i$，则约束条件式(5.8) 和式(5.9) 可写成 $a_il_ix_i \leqslant D_i$，$a_iL_ix_i \geqslant D_i$。因此有

$$\frac{D_i}{a_iL_i} \leqslant x_i \leqslant \frac{D_i}{a_il_i} \tag{5.13a}$$

如果 $D_i/a_iL_i \leqslant N_i$，则进一步有

$$N_i \leqslant x_i \leqslant D_i/a_il_i \tag{5.13b}$$

令 $D = \sum_{i=1}^{K} D_i$，则 $\eta_i = \frac{D_i}{D}$ 是第 i 类机型的市场需求分担率，则平均低限载运率 l 和平均高限载运率 L 可以用下式计算：

$$\begin{aligned} l &= \frac{D}{\sum_{i=1}^{K} \frac{D_i}{l_i}} = \frac{1}{\sum_{i=1}^{K} \frac{\eta_i}{l_i}} \\ L &= \frac{D}{\sum_{i=1}^{K} \frac{D_i}{L_i}} = \frac{1}{\sum_{i=1}^{K} \frac{\eta_i}{L_i}} \end{aligned} \tag{5.14}$$

即 l 和 L 分别是 l_i 和 L_i 以 η_i 为权的加权调和平均值。

考虑到目标函数与 x_i 成正比，x_i 在满足约束条件的情况下，应当尽可能地取小值。所以根据式(5.13)，如果取

$$x_i = \max\left\{N_i, \left[\frac{D_i}{a_iL_i}\right] + 1\right\} \tag{5.15}$$

则约束条件式(5.8)、式(5.9) 和式(5.10) 将得到满足。并且可以证明如果 l 和 L 用式(5.14) 计算，按照式(5.15) 计算的决策变量 x_i 也将满足约束条件式(5.10) 和式(5.11)。因此式(5.15) 给出了机队规划模型式(5.7) ～ 式(5.12) 的最优解，此时最小总运行成本为

$$\min C = 365\sum_{i=1}^{K} T_iC_i \max\left\{N_i, \left[\frac{D_i}{a_iL_i}\right] + 1\right\}$$

如果所有机型的现有飞机架数不足，则

$$\min C = \sum_{i=1}^{K} \frac{C_iD_i}{v_iz_iL_i} \tag{5.16}$$

根据上述讨论，如果 l 和 L 用式(5.14) 计算，则约束条件式(5.8) 和式(5.9) 满足时，式(5.10) 和式(5.11) 将自动满足，机队规划模型式(5.7) ～ 式(5.12) 可以简化为

$$\begin{aligned} \min z = 365\sum_{i=1}^{K} T_iC_ix_i \\ \text{s.t.}\quad & a_il_ix_i \leqslant D_i, \quad i = 1,2,\cdots,K \\ & a_iL_ix_i \geqslant D_i, \quad i = 1,2,\cdots,K \\ & x_i \geqslant N_i, \quad i = 1,2,\cdots,K \end{aligned} \tag{5.17}$$

宏观机队规划的优点是易于建立预估方案，缺点一是这种方法仅仅提供一个关于机队规划的粗略估计，可能过于简单化；二是数学模型式(5.7) ～ 式(5.12) 的目标函数只追求总成本最小，没有考虑收益。

二、微观规划方法

微观机队规划是从 O－D 流角度出发，对已经开航或拟开航的各航线逐条进行 O－D 流需求预测，再计算出每条航线各个座级飞机的数量(不一定是整数)。汇总各航线飞机数量，得到公司飞机总数。微观规划方法涉及的主要影响因素如下：

(1) 各航线客货流量、流向；

(2) 各航线不同机型的经济性；

(3) 飞机的使用及其调配方法；

(4) 航班时刻及飞行路线计划。

微观机队规划的结果应当给出：需购买和退役飞机的数量、机型的调整方案、运营成本和效益预测。

微观机队规划的优点是，可以直接给出机队的结构和在各航线上的分布，对航空公司的机型选择、航班计划的安排具有实际意义；缺点是，因为预测所需要的信息量大，预测结果的精度不易把握，模型比较复杂，因此适用于中短期规划。在实际运用中，常常把宏观、微观两种方法结合使用，以便获得更加可靠的机队规划结果。下面分单航线和航线网络两种情况分别进行微观机队规划。

1. 单航线飞机架数的计算

考虑第 k 年航线 j 的机队规划问题，设旅客需求量为 $P_{jk}(k=1,2,\cdots,n)$，第 k 年机型 i 的飞机日利用率为 T_{ik}，则一架机型 i 的飞机的年利用率为

$$\bar{T}_{ik} = 365T_{ik}$$

设航线 j 的里程为 d_j，机型 i 在航线 j 的轮挡速度为 v_{ij}(含地面滑行速度)，则机型 i 的飞机飞航线 j 的轮挡时间(从撤走飞机轮挡时开始，飞机经过滑行、起飞、飞行、下降、着陆、滑行，直到上轮挡为止的时间间隔) t_{ij} 为

$$t_{ij} = \frac{d_j}{v_{ij}}$$

假设航线 j 的旅客需求是双向对称的，则一架机型 i 的飞机飞航线 j 一年可承运的旅客人次为

$$Y_{ijk} = \frac{2\eta_{ij}s_i\bar{T}_{ik}}{2t_{ij}} = \frac{\eta_{ij}s_i\bar{T}_{ik}}{t_{ij}} \tag{5.18}$$

式中，η_{ij} 是机型 i 飞行航线 j 的客座率，s_i 是架机型 i 的飞机可提供座位数。

在式(5.18)中，$2\eta_{ij}s_i$ 表示一架机型 i 的飞机执行一个航班的来回程实际承运的旅客数，$\dfrac{\bar{T}_{ik}}{2t_{ij}}$ 表示一架机型 i 的飞机飞行航线 j 一年的飞行班次(来回程数)。

机型 i 第 k 年飞行航线 j 所需飞机架数为

$$x_{ijk} = \frac{P_{jk}}{Y_{ijk}} = \frac{P_{jk}t_{ij}}{\eta_{ij}s_i\bar{T}_{ik}} = \frac{P_{jk}d_j}{\eta_{ij}s_i\bar{T}_{ik}v_{ij}} \tag{5.19}$$

例 5.4 新飞航空公司要计算 1995 年(当时为 1994 年) 沈阳 — 上海航线(SHE－SHA) 需要的飞机

架数，现已知该航线是由新飞航空公司和东海航空公司经营的，航程为 1 364 km。预计 1995 年该航线旅客需求量为 185 358 人次，新飞航空公司的市场占有率为 0.82。采用 A300－600R 及 MD－82 飞该航线，A300－600R 飞机的日利用率为 7.6 h，轮挡速度是 727 km/h，飞该航线的客座率为 0.7，最大可用座位数是 274 个；MD－82 的日利用率是 7.2 h，轮挡速度是 664 km/h，飞该航线的客座率为 0.75，最大可用座位数是 155 个。如每种机型单独飞此航线，试测算该公司应各投入 A300－600R，MD－82 多少架才能满足旅客需求量？

解　已知 $k = 1995$ 年，$j =$ SHE－SHA，$d_j = 1\ 364$ km，新飞航空公司在 SHE－SHA 航线上旅客需求量 $P_{jk} = 185\ 358 \times 0.82 = 151\ 994$ 人次。

若 $i =$ A300－600R 单独飞此航线，则 $T_{ik} = 7.6$ h，$\bar{T}_{ik} = 7.6 \times 365 = 2\ 774$ h，$v_{ij} = 727$ km/h，$s_i = 274$，$\eta_{ij} = 0.7$，轮挡时间 $t_{ij} = \dfrac{d_j}{v_{ij}} = \dfrac{1\ 364}{727} = 1.875$ h，一架 A300－600R 飞机一年可承运的旅客数为

$$Y_{ijk} = \frac{\eta_{ij} s_i \bar{T}_{ik}}{t_{ij}} = \frac{0.7 \times 274 \times 2\ 774}{1.875} = 283\ 762 \text{ 人次}$$

因此若此航线只用 A300－600R 执飞，则 1995 年需要 A300－600R 飞机为

$$x_{ijk} = \frac{P_{jk}}{Y_{ijk}} = \frac{151\ 994}{283\ 762} = 0.54 \text{ 架}$$

如果采用机型 $i =$ MD－82 单独飞行该航线，则 $T_{ik} = 7.2$h，$\bar{T}_{ik} = 7.2 \times 365 = 2\ 628$ h，$v_{ij} = 664$ km/h，$s_i = 155$，$\eta_{ij} = 0.75$，轮挡时间为

$$t_{ij} = \frac{d_j}{v_{ij}} = \frac{1364}{664} = 2.05 \text{ h}$$

同理可算得需要 MD－82 飞机 $x_{ijk} = 1.02$ 架。

上述飞机需求量的测算，只考虑旅客的需求，还没有考虑货物需求。对于客运航班，货运只限于应用飞机腹舱（货舱），因此是次要性的，在飞机业载允许的情况下能装多少则装多少，因此服务于客运航班的机队规划问题可以不考虑货运的影响。若两者都需要考虑，一般用飞机生产率测算飞机架数。飞机生产率是指单位时间的运输周转量，单位是（万 t · km · h^{-1}）。

为计算飞机生产率，航线客货需求用运输总周转量表示，此时需将旅客数转化为吨位数。转化时，旅客采用标准体重（包括了行李重）进行折算。一架机型 i 的飞机在第 k 年飞第 j 条航线总周转量可以用式（5.20）表示为

$$E_{jk} = (\alpha P_{jk} + O_{jk}) d_j \tag{5.20}$$

式中，对亚洲旅客可取 $\alpha = 0.075$（t/客），对欧美旅客可取 $\alpha = 0.085$（t/客）；O_{jk} 是第 k 年航线 j 的货运需求（t）。一架机型 i 的飞机在第 k 年飞第 j 条航线的年生产量可以用式（5.21）给出：

$$W_{ijk} = 365 T_{ik} l_{ijk} z_i v_{ij} \tag{5.21}$$

式中，l_{ijk} 是机型 i 的飞机第 k 年飞航线 j 的期望载运率。第 k 年飞航线 j 需机型 i 的飞机架数是

$$x_{ijk} - \frac{E_{ik}}{W_{ijk}} - \frac{(\alpha P_{jk} + O_{jk}) t_{ij}}{365 T_{ik} l_{ijk} z_i} \tag{5.22}$$

例 5.5　对例 5.4，若 1995 年航线 SHE－SHA 的货物需求量为 3 000 t，机型 A300－600R（类型 $i = 1$）和 MD－82（类型 $i = 2$）的最大业载分别为 $z_1 = 28$ t 和 $z_2 = 15$ t，期望载运率分别是 $l_{1jk} = 0.71$ 和

$l_{2jk}=0.65$,其他数据和例 5.4 相同,并且旅客都来自国内。

解 根据式(5.20),取 $\alpha=0.075$,计算 1995 年新飞航空公司应完成 SHE－SHA 航线的运输总需求

$$E_{jk}=(0.075\times 151\ 994+3\ 000\times 0.82)\times 1\ 364=1\ 890.44\ 万\ \text{t}\cdot\text{km}$$

根据式(5.21) 算出 1995 年 A300－600R 和 MD－82 的年生产量分别为

$$W_{1jk}=365T_{1k}l_{1jk}z_1v_{1j}=365\times 7.6\times 0.65\times 28\times 727=3670.39\ (万\ \text{t}\cdot\text{km/a})$$

$$W_{2jk}=365T_{2k}l_{2jk}z_2v_{2j}=365\times 7.2\times 0.71\times 15\times 664=1858.42\ (万\ \text{t}\cdot\text{km/a})$$

所以,若 A300－600R 单独飞航线 SHE－SHA,所需飞机架数为

$$x_{1jk}=\frac{E_{jk}}{W_{1jk}}=\frac{1\ 890.44}{3\ 670.39}=0.52\ 架$$

若 MD－82 单独飞航线 SHE－SHA,所需架数为

$$x_{2jk}=\frac{E_{jk}}{W_{2jk}}=\frac{1\ 890.44}{1\ 858.42}=1.02\ 架$$

结果与例 5.4 的结果很相近。

2. 单航线飞机架数优化问题

上一节给出了某航线上确定机型所需飞机架数的直接计算方法,但没有给出飞机架数的优化方法。本小节进一步讨论单航线飞机架数优化建模的问题。

假设航空公司在一条航线上只投入有限种类的机型,除非临时调机,这符合多数航空公司的实际情况。

(1) 目标函数。为综合评价营运成本、油耗和机型相关因素,通过定义一个机型 i 在航线 j 上的综合评价指标来定义目标函数。综合评价指标的定义如下:

$$V(i,j)=\alpha C_{ij}+\beta Q_i+\gamma B_i \tag{5.23}$$

式中,C_{ij} 为机型 i 在航线 j 上的直接营运成本的功效系数;Q_i 为机型 i 平均每吨千米油耗的功效系数;B_i 为机型 i 的机型功效系数。功效系数反映各项指标对机型优化目标作出贡献的能力。$\alpha,\beta,\gamma\geqslant 0$ 为权重,$\alpha+\beta+\gamma=1$,α,β 和 γ 的大小给出了决策者对各项指标的权重。

机型 i 在航线 j 上的吨公里直接营运成本可表示为航程的函数为

$$c_{ij}=c_i+b_i/d_j \tag{5.24}$$

式中,c_i 为机型 i 与航程无关的吨公里成本(元/(t·km));b_i 为机型 i 与一次起降有关的成本(元/t);d_j 为航线 j 的轮挡距离(km)。机型 i 在航线 j 上的直接营运成本的功效系数可以表示为

$$C_{ij}=1-(c_{ij}-c_{j\min})/(c_{j\max}-c_{j\min}) \tag{5.25}$$

式中,$c_{j\min}=\min\limits_i\{c_{ij}\}$,$c_{j\max}=\max\limits_i\{c_{ij}\}$。容易看出,$c_{ij}$ 越小,则上式第二项 $(c_{ij}-c_{j\min})/(c_{j\max}-c_{j\min})$ 越小,因此 C_{ij} 越大。

和式(5.25) 类似,耗油量功效系数的计算公式如下:

$$Q_i=1-(q_i-q_{\min})/(q_{\max}-q_{\min}) \tag{5.26}$$

式中,Q_i 为机型 i 的燃油功效系数(无量纲);q_i 为机型 i 的平均吨公里耗油量(kg/(t·km)),$q_{\min}=\min\limits_i\{q_i\}$,$q_{\max}=\max\limits_i\{q_i\}$。与式(5.25) 相似,这里也有:$q_i$ 越小,则 Q_i 越大。

燃油消耗量不但关系公司的运行成本,也因为燃油供应不足是一个长期制约我国民航发展的因素,因此在式(5.23) 中引入机型的耗油量因素,以期寻找尽量节省燃油的机队规划方案。

机型 i 的机型功效系数可按下式计算

$$B_i = e_i / E \tag{5.27}$$

式中，e_i 为机型 i 的飞机一年完成的总周转量(t・km)；E 为本航空公司一年完成的总周转量(t・km)，因此 e_i 越大，B_i 越大。

因为机型越是通用，该机型的机队规模越大，所承担的运输量也越大，所以按式(5.27)计算的机型功效系数可以用来衡量机型通用性带来的效益。机型功效系数也可赋予其他非技术经济的含义，如航空公司的发展战略，国家政策导向，国际政治关系的影响等，此时的机型指数可通过定性分析(如专家打分法)直接确定，或结合式(5.27)的定量计算和专家打分等定性分析给出 B_i 的值。在式(5.23)中引进这一项，是将理性分析与定量模型相结合，以期更好地反映现实情况。

式(5.23)中 C_{ij}，Q_i，B_i 都不大于1，因此综合评价指标 $V(i,j)$ 也不大于1，并且根据它的意义，其值越大机型越优。因此有了它，可以构造如下航线机队规划目标函数

$$\max V(j) = \frac{\sum_{i=1}^{K} V(i,j) s_i x_{ij}}{\sum_{i=1}^{K} s_i x_{ij}}, \quad j = 1,2,\cdots,m \tag{5.28}$$

式中，s_i 是机型 i 的最大可用座位数，x_{ij} 是决策变量，表示机型 i 在航线 j 上的年航班量。该目标函数是决策变量的非线性函数，即意味着该机队规划模型是非线性的。

(2) 约束条件。为表示约束条件，再定义 0—1 变量

$$y_{ij} = \begin{cases} 0, & \text{机型 } i \text{ 不飞航线 } j \\ 1, & \text{机型 } i \text{ 飞航线 } j \end{cases} \tag{5.29}$$

相应的约束条件如下：

1) 机场等级限制

$$g_i y_{ij} \leqslant G_j \tag{5.30}$$

式中，g_i 是机型 i 的飞机等级，G_j 是航线 j 的两端机场中等级较低的机场跑道等级。

2) 航程约束

$$d_j y_{ij} \leqslant mL_{ij} \tag{5.31}$$

式中，d_j 是航线 j 的长度，mL_{ij} 是机型 i 飞航线 j 的最大航程。

3) 航线 j 上投入的机型不超过 k_j 种(由于地勤、调度等因素，机型过多的航班组合经济性不佳)

$$\sum_{i-1}^{K} y_{ij} \leqslant k_j \tag{5.32}$$

4) 所提供的总座位数应以期望客座率满足旅客需求

$$\sum_{i=1}^{K} s_i \eta_{ij} x_{ij} \geqslant D_j \tag{5.33}$$

式中，η_{ij}，D_j 分别是机型 i 飞航线 j 的期望客座率和航线 j 的年旅客需求。

5) 航班频率上限和下限的约束

$$\sum_{i=1}^{K} x_{ij} \leqslant P_j \tag{5.34}$$

$$x_{ij} \leqslant F_{ij} y_{ij} \tag{5.35}$$

式中，P_j，F_{ij} 分别是航线 j 允许的年最大航班频率和机型 i 飞航线 j 的年最大航班数。

6）同一条航线上所选机型的座级不能差别过大

$$\sum_{i=1}^{K}\left(S_i y_i - \frac{1}{K}\sum_{i=1}^{K} S_i y_{ij}\right)^2 \leqslant (K-1)\sigma_j^2,\quad j=1,2,\cdots,m$$

式中，σ_j^2 是航线 j 上允许的不同机型座位数的方差值。这个约束条件是非线性的，它的加入给求解增加了许多困难，可在指定航线 j 的候选机型集时考虑这一因素，也即假定优化模型中的 K 种机型已经满足了这个约束条件，这样可以在数学模型中删除这一约束条件。

（3）航线上飞机架数的确定。根据上述模型计算得到机型 i 在航线 j 上的年航班频率 x_{ij}，可以应用式(5.36)计算各机型在航线 j 上的飞机架数。

$$F_{ij} = 2x_{ij}d_j/(365v_iT_i),\quad i=1,2,\cdots,K,\quad j=1,2,\cdots,m \tag{5.36}$$

式中，F_{ij} 为机型 i 在航线 j 上的理论飞机架数，d_j 是航线 j 的轮挡距离，v_i，T_i 分别是机型 i 的轮挡速度和日利用率。

（4）各型飞机总架数的确定。应用上述航线机队规划模型计算出各航线各机型的飞机架数后，将每种机型对各航线求和，即得各种机型的飞机总架数为

$$F_i = \sum_{j=1}^{m} F_{ij} \tag{5.37}$$

但这样求得的飞机架数一般不是整数，需要经过调整才能获得整数的飞机架数。调整后还必须保证所有约束条件得到满足，并且各机型飞机年总利用率应当在式(5.38)规定的范围内。

$$T_i - \Delta \leqslant 2\sum_{j=1}^{m} x_{ij}d_j/(365v_iF'_i) \leqslant T_i + \Delta,\quad i=1,2,\cdots,K \tag{5.38}$$

式中，Δ 为飞机日利用率容差，F'_i 是已经调整为整数的机型 i 的飞机架数。

飞机架数调整后既不能违反约束条件，又要满足日利用率的限制条件，因此飞机架数调整不是一件轻而易举的事。下面设计一种启发式算法，可以同时求解航线机队规划模型和进行飞机架数的调整，使其满足式(5.38)。该启发式机队规划和飞机架数调整的算法可用如图 5.4 所示的流程图表示，其中几个要点解释如下：

1）圆整算法开始时，首先将机型按座位数从大到小排序，然后按机型从大到小的顺序逐个进行调整；

2）对某机型调整开始时，局部放宽航班频率约束式(5.34)和式(5.35)，但仍须满足机场等级等技术条件约束；

3）然后通过调整座级次之的机型的航班数，来满足约束条件式(5.33)和式(5.34)；

4）舍入／舍弃规则：飞机架数的尾数 $\leqslant 0.3$，舍弃；尾数 $\geqslant 0.7$，舍入；$0.7 >$ 尾数 > 0.3，分别计算舍入、舍弃时引起的航班数与综合评价指标值 $V(i,j)$ 的变化量，取变化小者；

5）舍弃飞机架数的尾数时，将该机型综合评价指标值 $V(i,j)$ 最小的若干条航线的航班改由座级次之的机型完成，使其实际日利用率最接近期望日利用率；

6）舍入飞机架数的尾数时，将座级次之机型的航班中对该机型综合评价指标值 $V(i,j)$ 最大的若干航班改由该机型完成，使其实际日利用率最接近期望利用率。

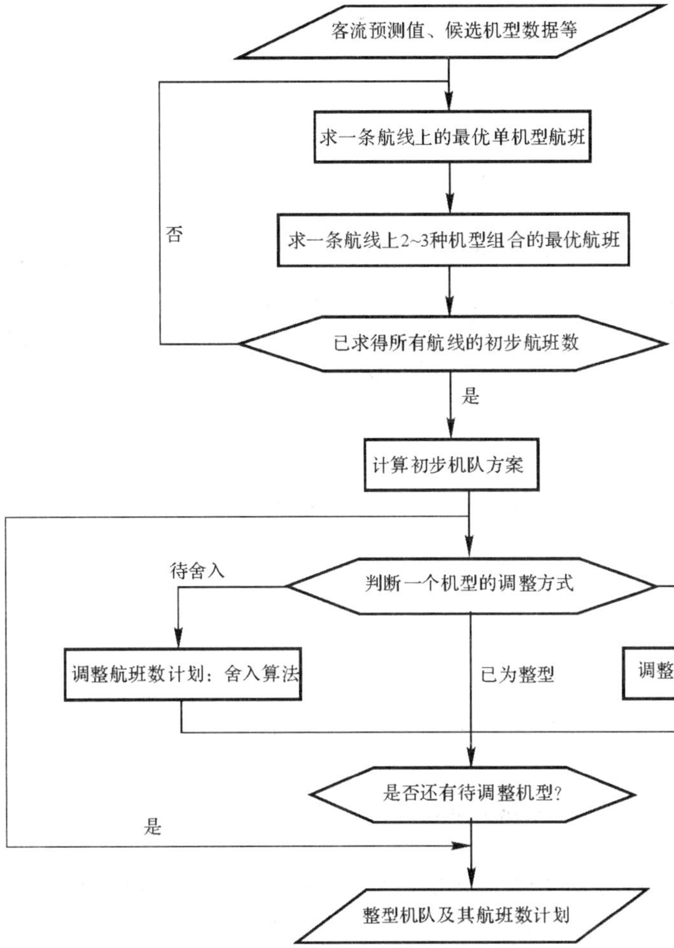

图 5.4　启发式算法流程

3.航线网络机队规划方法

上面给出的航线机队规划模型可以推广应用到航线网络的机队规划问题，其中目标函数要求整个航线网络机队规划的综合效益指标最大，约束条件与航线机队规划问题相同。假设有 m 条航线，则可以给出航线网络机队规划模型如下：

$$\max V = \sum_{j=1}^{m}\sum_{i=1}^{K} V(i,j) S_i x_{ij} \Big/ \sum_{j=1}^{m}\sum_{i=1}^{K} S_i x_{ij}$$

$$\text{s.t.}\quad g_i y_{ij} \leqslant G_j,\quad i = 1,2,\cdots,K;\quad j = 1,2,\cdots,m$$

$$d_i y_{ii} \leqslant mL_{ii},\quad i = 1,2,\cdots,K;\quad j = 1,2,\cdots,m$$

$$x_{ij} \leqslant F_{ij} y_{ij},\quad i = 1,2,\cdots,K;\quad j = 1,2,\cdots,m$$

$$\sum_{i=1}^{K}\left(S_i y_i - \frac{1}{K}\sum_{i=1}^{K} S_i y_{ij}\right)^2 \leqslant (K-1)\sigma_j^2,\quad j = 1,2,\cdots,m$$

$$\sum_{i=1}^{K} y_{ij} \leqslant k_j, \quad j = 1,2,\cdots,m$$

$$\sum_{i=1}^{K} S_i \eta_{ij} x_{ij} \geqslant D_j, \quad j = 1,2,\cdots,m$$

$$x_{ij} \geqslant 0; \quad y_{ij} = 0,1; \quad i = 1,2,\cdots,K; \quad j = 1,2,\cdots,m$$

该模型共有 $2Km$ 个变量，$(4m+3Km)$ 个约束条件，目标函数是非线性的，求解困难。下面给出航线网络机队规划问题的线性规划模型。

设某航空公司有 K 种机型，机型 i 的最大可用座位数是 s_i，最大年利用率是 T_i；该公司经营 m 条航线，已通过市场调查和市场预测，航线 j 的年客运需求是 D_j，允许的航班总量是 P_j；一架机型 i 的飞机在航线 j 上执行一个航班发生的成本是 c_{ij}，飞航线 j 的客座率是 η_{ij}，轮挡时间是 t_{ij}。令机型 i 飞行航线 j 的年班次是 x_{ij}，则简单线性规划模型由式(5.39) ~ 式(5.42) 表示。

$$\min C = \sum_{i=1}^{K} \sum_{j=1}^{m} c_{ij} x_{ij} \tag{5.39}$$

$$\text{s.t.} \quad \sum_{i=1}^{K} \eta_{ij} s_i x_{ij} \geqslant D_j, \quad j = 1,2,\cdots,m \tag{5.40}$$

$$\sum_{j=1}^{m} t_{ij} x_{ij} \leqslant T_i, \quad i = 1,2,\cdots,K \tag{5.41}$$

$$\sum_{i=1}^{K} x_{ij} \leqslant P_j, \quad j = 1,2,\cdots,m \tag{5.42}$$

$$x_{ij} \geqslant 0, \quad i = 1,2,\cdots,K; \quad j = 1,2,\cdots,m$$

该模型的目标函数式(5.39) 是要求航空公司的年运行总成本最小化。模型约束条件有三组：第一组，即式(5.40)，表示公司在航线 j 上提供的总运力应不小于该航线的年运输需求；第二组，即式(5.41)，表示每种机型的实际年利用率不大于公司规定的限定值；第三组，即式(5.42)，表示航线 j 安排的航班总数不得超过该航线允许的航班总量。

年利用率限制条件(5.41) 的右手项 T_i 很难给出，因为实践中可以给出各机型每架飞机的平均年利用率(= 平均日利用率 × 年服役天数)，而某机型的总年利用率 = 每架该机型飞机的平均年利用率 × 架数，但是飞机架数正是要求的变量，还无法事先知晓。因此 T_i 只能是粗估，或者干脆放弃机型年利用率约束条件式(5.41)。

该模型没有考虑机场和航线对机型的约束，也没有考虑航线最大机型数的限制。如果要引进这些约束，必须使用机型选择变量。令机型 i 执飞航线 j 时 $y_{ij} = 1$，否则 $y_{ij} = 0$，则同样可以将约束条件式(5.30) ~ 式(5.32) 引进上述模型中，同时将式(5.42) 用式(5.35) 代替，并且存在关系

$$\sum_{i=1}^{K} F_{ij} y_{ij} = P_j, \quad j = 1,2,\cdots,m$$

如果已知一架机型 i 飞机的年利用率 $\bar{T}_i$，并已求得了最优的 x_{ij}，则可以用下式计算机型 i 的最优架数(单向的)

$$F_i = \sum_{j=1}^{m} x_{ij} d_j \Big/ (v_i \bar{T}_i)$$

或

$$F_i = \sum_{j=1}^{m} t_{ij} x_{ij} \Big/ \bar{T}_i \tag{5.43}$$

请注意，并没有要求上述规划模型的最优解 x_{ij} 是整数，因为最终要求的是各机型飞机的架数，用式(5.43)计算得到的飞机架数一般是小数，因此没有必要要求 x_{ij} 为整数。

例 5.6　新飞航空公司的机队有三种机型，机型1座位数 $s_1 = 100$，机型2座位数 $s_2 = 150$，机型3座位数 $s_3 = 200$，各型飞机每架期望年利用率分别为 $\bar{T}_1 = 2\,560$ h，$\bar{T}_2 = 2\,750$ h，$\bar{T}_3 = 2\,560$ h。根据市场调查和公司销售历史数据的分析以及公司的发展战略，该公司决定3年内从目前的5条航线发展到15个O-D流市场，有关预测数据如表5.6和表5.7所示。试列出机队规划的数学模型，并求解该模型，给出决策建议。

假设每个O-D流市场的年流量双向对称(相等)，因此可以首先考虑单向流，然后将飞机架数乘以2即得最终的飞机架数。

解　首先来建立数学模型。目标函数需要知道一些成本参数，这些成本参数的计算方法如下

航线成本 = 直接成本 + 飞机成本 + 销售及销售管理成本

直接成本 = 座公里成本 × 轮挡距离 × 座位数

飞机成本 = (年折旧成本 + 年维修成本) × 轮挡时间 / 年利用率

销售成本 = 每张机票销售成本 × 客座率 × 座位数

销售管理成本 = 摊派给每张机票管理成本 × 客座率 × 座位数

根据上述计算公式，应用表5.6和5.7中的数据，可以计算出各种成本和航线成本参数 c_{ij} 如表5.8所示。将 c_{ij} 代入目标函数式(5.39)，同时将表5.6的参数代入约束条件式(5.40)和式(5.42)可得本例问题的数学模型。

表 5.6　O-D流市场的有关参数

航线号	O-D	年需求量/人	年频率限制/班	轮挡距离/km	销售管理费/(元/客)
1	NKG－PEK	500 000	3 800	1 100	28
2	NKG－CTU	160 000	1 200	1 700	58
3	NKG－CSX	140 000	1 200	900	24
4	NKG－CAN	450 000	3 200	1 600	32
5	NKG－DLC	200 000	1 800	1 100	32
6	NKG－TAO	120 000	1 200	600	16
7	NKG－XMN	120 000	960	1 150	35
8	NKG－SZX	320 000	2 400	1 700	32
9	NKG－HAK	240 000	2 160	2 200	45
10	NKG－KWL	180 000	1 800	1 900	38

续 表

航线号	O－D	年需求量／人	年频率限制／班	轮挡距离／*km*	销售管理费／(元／客)
11	NKG－HKG	240 000	1 800	1 750	58
12	NKG－KMG	160 000	1 440	2 500	60
13	NKG－SIA	140 000	1 200	1 300	32
14	NKG－SHE	98 000	960	1 400	36
15	NKG－URC	60 000	840	3 100	69

表 5.7 O－D 机型的有关参数

机型＼航线		1	2	3	4	5	6	7	8	9	10	11	12	13	14	15
客座率	1	0.9	0.8	0.8	0.75	0.85	0.95	0.85	0.8	0.95	0.75	0.9	0.7	0.95	0.95	0.85
	2	0.8	0.67	0.63	0.8	0.68	0.73	0.63	0.8	0.53	0.73	0.83	0.63	0.68	0.67	0.67
	3	0.7	0.7	0.7	0.7	0.7	0.75	0.65	0.7	0.6	0.65	0.7	0.7	0.75	0.6	0.55
轮挡时间 h	1	1.74	2.61	1.39	2.32	1.64	1.06	1.93	2.81	3.23	3.05	2.89	3.84	2.19	2.37	5.01
	2	1.37	2.30	1.16	2.05	1.47	0.94	1.65	2.32	3.16	2.54	2.40	3.79	1.89	2.05	4.43
	3	1.35	2.11	1.05	2.01	1.31	0.91	1.22	2.11	2.48	2.51	2.18	3.21	1.50	1.48	4.40

表 5.8 航线成本计算 单位：万元

机型＼航线		1	2	3	4	5	6	7	8	9	10	11	12	13	14	15
直接成本	1	2.992 8	4.579 1	2.853 6	3.888 9	3.369 8	1.403 6	3.725 0	4.094 8	5.256 2	4.351 4	4.126 7	5.547 7	3.429 2	3.484 3	8.673 9
	2	3.487 2	5.073 5	3.348 0	4.383 3	3.864 2	1.898 0	4.219 5	4.589 2	5.750 7	4.845 9	4.621 1	6.042 1	3.923 7	3.978 8	9.168 3
	3	4.357 2	5.943 5	4.218 0	5.253 3	4.734 2	2.768 0	5.089 5	5.459 2	6.620 7	5.715 9	5.491 1	6.912 1	4.793 7	4.848 8	10.038 3
飞机成本	1	0.825 1	1.602 3	0.727 9	1.213 7	0.970 1	0.485 8	1.068 7	1.235 4	1.455 8	1.408 0	1.241 2	1.974 9	0.925 1	1.260 1	2.112 7
	2	0.900 5	1.677 7	0.803 3	1.289 1	1.045 5	0.561 2	1.144 1	1.310 8	1.531 2	1.483 4	1.316 6	2.050 3	1.000 1	1.335 5	2.188 1
	3	1.770 5	2.547 7	1.673 3	2.159 1	1.915 5	1.431 2	2.014 1	2.180 8	2.401 2	2.353 4	2.186 8	2.920 3	1.870 5	2.205 5	3.058 1
销售成本	1	0.156 6	0.282 7	0.178 3	0.166 7	0.094 2	0.182 7	0.156 6	0.218 9	0.211 7	0.117 4	0.221 8	0.269 7	0.162 4	0.172 5	0.294 3
	2	0.207 3	0.333 5	0.229 1	0.217 5	0.145 0	0.233 4	0.207 3	0.269 7	0.262 4	0.168 2	0.272 6	0.320 4	0.213 1	0.223 3	0.345 1
	3	0.307 4	0.433 5	0.329 1	0.317 5	0.245 0	0.333 5	0.307 4	0.369 7	0.362 5	0.268 2	0.372 6	0.420 5	0.313 2	0.323 3	0.445 1
航线成本	1	3.974 5	6.464 1	3.759 8	5.269 3	4.434 1	2.072 0	4.950 3	5.549 1	6.923 7	5.876 8	5.589 7	7.792 3	4.516 7	4.916 9	11.080 9
	2	4.595 0	7.084 7	4.380 4	5.889 9	5.054 7	2.692 6	5.570 9	6.169 7	7.544 3	6.497 4	6.210 3	8.412 9	5.137 3	5.537 5	11.701 5
	3	6.435 1	8.924 7	6.220 5	7.729 9	6.894 7	4.532 7	7.410 9	8.009 8	9.384 4	8.337 5	8.050 4	10.252 9	6.977 4	7.377 6	13.541 5

目标函数

$$\min z = 3.9745x_{11} + 6.4641x_{12} + 3.7598x_{13} + 5.2693x_{14} + 4.4341x_{15} + 2.0720x_{16} + 4.9503x_{17} + 5.5491x_{18} + 6.9237x_{19} + 5.8768x_{110} + 5.5897x_{111} + 7.7923x_{112} + 4.5167x_{113} + 4.91691x_{114} + 11.0809x_{115} + 4.5950x_{21} + 7.0847x_{22} + 4.3804x_{23} + 5.8899x_{24} + 5.0547x_{25} + 2.6926x_{26} + 5.5709x_{27} + 6.1697x_{28} + 7.5443x_{29} + 6.4974x_{210} + 6.2103x_{211} + 8.4129x_{212} + 5.1373x_{213} + 5.5375x_{214} + 11.7015x_{215} + 6.4351x_{31} + 8.9247x_{32} + 6.2205x_{33} + 7.7299x_{34} + 6.8947x_{35} + 4.5327x_{36} + 7.4109x_{37} + 8.0098x_{38} + 9.3844x_{39} + 8.3375x_{310} + 8.0504x_{311} + 10.2529x_{312} + 6.9774x_{313} + 7.3776x_{314} + 13.5415x_{315}$$

需求限制条件

$$90x_{11} + 120x_{21}140x_{31} \geqslant 190\,000,\quad 80x_{12} + 100x_{22} + 140x_{32} \geqslant 80\,000$$
$$80x_{13} + 95x_{23} + 140x_{33} \geqslant 70\,000,\quad 75x_{14} + 120x_{24} + 140x_{34} \geqslant 190\,000$$
$$85x_{15} + 102.5x_{25} + 140x_{35} \geqslant 100\,000,\quad 95x_{16} + 110x_{26} + 150x_{36} \geqslant 60\,000$$
$$85x_{17} + 95x_{27} + 130x_{37} \geqslant 60\,000,\quad 80x_{18} + 120x_{28} + 140x_{38} \geqslant 160\,000$$
$$95x_{19} + 80x_{29} + 120x_{39} \geqslant 120\,000,\quad 75x_{110} + 110x_{210} + 130x_{310} \geqslant 90\,000$$
$$90x_{111} + 125x_{211} + 140x_{311} \geqslant 120\,000,\quad 70x_{112} + 95x_{212} + 140x_{312} \geqslant 80\,000$$
$$95x_{113} + 102.5x_{213} + 150x_{313} \geqslant 70\,000,\quad 95x_{114} + 100x_{214} + 120x_{314} \geqslant 49\,000$$
$$85x_{115} + 100x_{215} + 110x_{315} \geqslant 30\,000$$

频率限制条件

$$x_{11} + x_{21} + x_{31} \leqslant 1\,900,\quad x_{12} + x_{22} + x_{32} \leqslant 600,\quad x_{13} + x_{23} + x_{33} \leqslant 600$$
$$x_{14} + x_{24} + x_{34} \leqslant 1\,600,\quad x_{15} + x_{25} + x_{35} \leqslant 900,\quad x_{16} + x_{26} + x_{36} \leqslant 600$$
$$x_{17} + x_{27} + x_{37} \leqslant 480\quad x_{18} + x_{28} + x_{38} \leqslant 1\,200\quad x_{19} + x_{29} + x_{39} \leqslant 1\,080$$
$$x_{110} + x_{210} + x_{310} \leqslant 900,\quad x_{111} + x_{211} + x_{311} \leqslant 900,\quad x_{112} + x_{212} + x_{312} \leqslant 720$$
$$x_{113} + x_{213} + x_{313} \leqslant 600,\quad x_{114} + x_{214} + x_{314} \leqslant 480,\quad x_{115} + x_{215} + x_{315} \leqslant 420$$

非负条件为

$$x_{ij} \geqslant 0,\quad i = 1,2,3;\quad j = 1,2,\cdots,15$$

这里暂时放松了关于飞机年利用率的限制条件式(5.41)。

用 ILOG/CPLEX 求解,结果如表 5.9 所示。

结果分析:将每条航线需要飞机架数求和可得三种机型的飞机架数分别是 0.96,3.96 和 3.98 架,成本为 79 721 万元。考虑双向飞行,实际飞机总架数需要 1.90,7.92 和 7.96 架,求整后为 2 架、8 架和 8 架,成本为 160 000 多万元。

在例 5.6 的分析计算中,没有考虑飞机年利用率约束条件式(5.41)。如果须考虑该约束条件,可通过在模型中引入各机型的飞机架数整数变量 $y_i \geqslant 0, i = 1,2,\cdots,K$,则可将式(5.41) 改写为

$$\sum_{j=1}^{m} t_{ij}x_{ij} \leqslant \bar{T}_i y_i \tag{5.44}$$

设每架机型 i 的飞机在规划期内一年的停场费是 c_i，则在目标函数式(5.36) 中加入飞机停场费后应修改为

$$\min C = \sum_{i=1}^{K}\sum_{j=1}^{m} C_{ij}x_{ij} + \sum_{i=1}^{K} c_i y_i \tag{5.45}$$

在例 5.6 中，如果设 $c_1 = 10$(万元 / 年)，$c_2 = 30$(万元 / 年)，$c_3 = 45$(万元 / 年)，使用如表 5.7 中所示的轮挡时间，引入约束条件式(5.44)，加上约束条件式(5.40) 和式(5.42)，并采用目标函数式(5.45)，重新优化例 5.6 的机队规划问题可得

$$y_1 = 1, y_2 = 4, y_3 = 4。$$

因此建议机队规划的决策是：机型 1 飞机 2 架，机型 2 和机型 3 的飞机各 8 架。结果与前面取整后的结论相同。

表 5.9　例 5.6 的求解结果：最优年航班频率和飞机架数

机型＼航线		1	2	3	4	5	6	7	8	9	10	11	12	13	14	15
年航班频率	1	0	0	0	0	0	400	0	0	384	0	0	0	0	344	0
	2	1 583	0	0	1 583	0	200	0	400	0	818	400	0	0	0	300
	3	0	571	500	0	714	0	461	800	696	0	500	571	467	136	0
折合飞机架数 / 架	1	0	0	0	0	0	0.165 6	0	0	0.469 5	0	0	0	0	0.333 0	0
	2	0.788 6	0	0	1.180 0	0	0.068 3	0	0.337 4	0	0.755 5	0.349 0	0	0	0	0.483 2
	3	0	0.460 5	0.199 5	0	0.340 2	0	0.201 8	0.650 0	0.663 6	0	0.420 0	0.700 6	0.270 0	0.078 6	0

5.4　机队置换计划和配置计划问题

5.4.1　机队置换计划优化

机队置换是指航空公司处理旧飞机和购买或租赁新飞机的活动，机队置换计划是指航空公司根据机队规模和结构规划，制订的规划期内机队置换的计划，目标是满足机队规模和结构规划的要求，使总净收益最大或总营运成本最小。

可见机队置换含有两种活动：处理(转卖掉) 旧飞机和购进(租赁) 新飞机。购进的新飞机总架数应当包括总量增加的飞机和因老龄飞机退役而需要补充的飞机。

让老龄飞机退役有以下几方面的原因。

(1) 因为随着飞机的陈旧，油耗和维修成本逐年增加，同时，老客机对旅客的吸引力下降，影响旅客需求，这些将引起航线收益率的下降。为保持竞争地位，航空公司会将此类已经到达经济寿命的旧飞机转卖掉。

(2) 如果飞机已到技术寿命或受到意外损毁，不再符合持续适航的要求，就必须处理掉。

有些航空公司为保持对高端顾客的吸引力，采用机队快速更新策略，设置较短的折旧期，即使还未到技术寿命，折旧期一到就处理掉，此时飞机的出卖价格往往能够大于飞机残值。

首先根据机队规模和结构优化的结果，以及运输需求量的预测，计算出规划期内每年需要的各机型飞机架数，然后根据机队中各飞机的机龄及相应的维修费和折旧费，以及产生的预期收益，建立数学模型，使总营运成本最小或净收益最大。最后通过求解数学模型确定飞机置换计划。下面分单架飞机、单机型飞机和多机型混合机队飞机三种情况，分别讨论飞机置换计划问题。

一、单架飞机的更换计划

首先来考虑单架飞机的更新计划问题。一般来说，新飞机的年运输量较大，经济收入高，故障少，因而维修费用较低，燃油省，但新飞机的价格昂贵，而且新飞机的折旧费可能较高（这与各公司的折旧政策有关）。随着飞机使用年限的增加，年运输量将减少，因而收入减少；故障变多，因而维修费用较高。从经济意义上看，单架飞机应该使用多少年后更新才最合算，是需要认真对待和仔细分析的问题。

单架飞机更换是一个多阶段决策过程，本节采用动态规划方法进行建模和求解。

1. 有关参数的说明

设某型飞机的规划期为 n 年，t 为飞机使用的役龄（机龄），$r_k(t)$ 为役龄为 t 的飞机在规划期的第 k 年所获得的效益，$u_k(t)$ 为役龄为 t 的飞机在规划期的第 k 年的运行费用，$p_k(t)$ 为役龄为 t 的飞机在规划期的第 k 年的残值，p_0 为新飞机的购置费用，$c_k(t)$ 在规划期的第 k 年卖掉一架役龄为 t 的飞机，买进一架新飞机的更新净费用，它等于 $c_k(t) = p_0 - p_k(t)$。

2. 动态规划模型

通过运筹学的学习已经知道，应用动态规划方法解决决策问题时，首先应当正确地设置阶段、状态变量和决策变量，然后根据解法的顺序给出状态转移方程和指标函数，最后给出最优值函数的递推方程（称为基本方程）。

对于单架飞机更换问题，设规划期的第 k 年为阶段 k，即 $k = 1,2,\cdots,n$。

状态变量 S_k 为第 k 年初，飞机已使用过的年数，即役龄为 t。

决策变量 x_k 是第 k 年初飞机的更换决策，可以令 $x_k = \mathrm{R}$（或 0）表示更新（Replacement），或 $x_k = \mathrm{K}$（或 1）表示保留（Keep）。

将采用逆序求解方法。如果在第 k 年初飞机处于状态 $S_k = t$，则当采用决策 K 时，第 $k+1$ 年的状态为 $S_{k+1} = S_k + 1$，即现有飞机的役龄增加了一年；如果采用决策 R，则 $S_k = 0$，即新飞机的役龄为 0 年，而 $S_{k+1} = 1$。因此飞机置换问题的状态转移方程为

$$\begin{cases} S_{k+1} = S_k + 1, & x_k = \mathrm{K} \\ S_{k+1} = 1, & x_k = \mathrm{R} \end{cases} \tag{5.46}$$

现在求第 k 年的生产净效益。第 k 年的收入取决于该年初飞机的状态和采取的决策。第 k 年的净收益用 $v(S_k, x_k)$ 表示，当决策为保留旧飞机（K）时，阶段净收益 $v(S_k, x_k) = r_k(S_k) - u_k(S_k)$；当决策是更新飞机（$R$）时，$v(S_k, , x_k) = r_k(0) - u_k(0) - c_k(S_k)$，其中 $r_k(0)$，$u_k(0)$ 分别为役龄为 0 的飞机运行收益和运行成本。因此各阶段的净收益指标函数为

$$v(S_k, x_k) = \begin{cases} r_k(S_k) - u_k(S_k), & x_k = \mathrm{K} \\ r_k(0) - u_k(0) - c_k(S_k), & x_k = \mathrm{R} \end{cases}$$

设最优值函数 $f_k(t)$ 为第 k 阶段对役龄为 t 的飞机执行最优化策略时，从第 k 阶段到第 n 阶段的总净收益，则采用逆序求解法时，最优值函数的递推方程如下：

$$f_k(S_k)=\max\{v(S_k,x_k)+f_{k+1}(S_{k+1})\},\quad k=n,n-1,\cdots,1$$

$$f_{n+1}(S_{n+1})=0\quad(\text{边界条件})$$

根据状态转移方程式(5.46)，上述递推方程的第一式可写为

$$f_k(S_k)=\max\begin{cases}r_k(S_k)-u_k(S_k)+f_{k+1}(S_k+1), & x_k=\mathrm{K}\\ r_k(0)-u_k(0)-c_k(S_k)+f_{k+1}(1), & x_k=\mathrm{R}\end{cases}\tag{5.47}$$

下面通过实例分析来说明应用上述动态规划方法求解单架飞机更换问题的过程。

3. 实例分析

例 5.7 新飞航空公司 150 座级机型的一架飞机到 2006 年已使用了 8 年。根据预测，该飞机机龄从 8～12 年各年的使用情况如表 5.10 所示，试确定 2006—2010 年这 5 年的最佳更新策略，使总收益最大。在这 5 年中，不同役龄飞机的各项数据见表 5.11。

表 5.10 旧飞机规划期各年的年收入与费用

项 目 \ 年收入与费用 \ 机龄/年	8	9	10	11	12
期望收入/千万元	16	16	14	14	14
运营费用/千万元	10	10	11	11	11
更新费用/千万元	16	16	17	19	20

表 5.11 规划期内新购飞机不同役龄的年收入和费用

购机年/年	机 龄/年	收入/千万元	运营费用/千万元	更新费用/千万元
2006	0	20	8	1.5
	1	20	7.5	2.7
	2	19	8	4.0
	3	19	8.5	5.3
	4	18.5	9	6.6
2007	0	20	8.5	1.6
	1	20	9	2.5
	2	19	9	3.8
	3	19	9.5	5.0
2008	0	20.5	9.1	1.6
	1	21	9.5	2.7
	2	20	10	4.1
2009	0	21	9.5	1.8
	1	21	10	3.1
2010	0	21	9.5	2.0

如前所述，根据题给条件和数据建立动态规划模型。

将 2006—2010 年依次编号为 $k=1,2,3,4,5$，于是 $n=5$。不更换时，5 年中旧飞机的役龄是 $t=8,9,10,11,12$。

当 $k=5$ 时

$$f_5(S_5)=\max\begin{cases}r_5(S_5)-u_5(S_5)+f_6(S_6), & \text{当 } x_5=\mathrm{K}\\ r_5(0)-u_5(0)-c_5(S_5)+f_6(1), & \text{当 } x_5=\mathrm{R}\end{cases}$$

变量 S_5 可取值 $S_5=1,2,3,4,12$，因此

$$f_5(1)=\max\begin{cases}r_5(1)-r_5(1)+f_6(2), & \text{当 } x_5=\mathrm{K}\\ r_5(0)-r_5(0)-c_5(1)+f_6(1), & \text{当 } x_5=\mathrm{R}\end{cases}=$$

$$\max\begin{Bmatrix}21-10+0\\ 21-9.5-3.1+0\end{Bmatrix}=11,\quad x_5=\mathrm{K}$$

$$f_5(2)=\max\begin{Bmatrix}20-10+0\\ 21-9.5-4.1+0\end{Bmatrix}=10,\quad x_5=\mathrm{K}$$

$$f_5(3)=\max\begin{Bmatrix}19-9.5+0\\ 21-9.5-5.0+0\end{Bmatrix}=9.5,\quad x_5=\mathrm{K}$$

$$f_5(4)=\max\begin{Bmatrix}18.5-9+0\\ 21-9.5-6.6+0\end{Bmatrix}=9.5,\quad x_5=\mathrm{K}$$

$$f_5(12)=\max\begin{Bmatrix}14-11+0\\ 21-9.5-20+0\end{Bmatrix}=3,\quad x_5=\mathrm{K}$$

当 $k=4$ 时

$$f_4(S_4)=\max\begin{cases}r_4(S_4)-u_4(S_4)+f_5(S_5), & \text{当 } x_4=\mathrm{K}\\ r_4(0)-u_4(0)-c_4(S_4)+f_5(1), & \text{当 } x_4=\mathrm{R}\end{cases}$$

变量 $S_4=1,2,3,11$，所以

$$f_4(1)=\max\begin{Bmatrix}21-9.5+10\\ 21-9.5-2.7+11\end{Bmatrix}=21.5,\quad x_4=\mathrm{K}$$

$$f_4(2)=\max\begin{Bmatrix}19-9+9.5\\ 21-9.5-3.8+11\end{Bmatrix}=19.5,\quad x_4=\mathrm{K}$$

$$f_4(3)=\max\begin{Bmatrix}19-8.5+9.5\\ 21-9.5-5.3+11\end{Bmatrix}=20,\quad x_4=\mathrm{K}$$

$$f_4(11)=\max\begin{Bmatrix}14-11+3\\ 21-9.5-19+11\end{Bmatrix}=6,\quad x_4=\mathrm{K}$$

当 $k=3$ 时

$$f_3(S_3)=\max\begin{cases}r_3(S_3)-u_3(S_3)+f_4(S_4), & \text{当 } x_3=\mathrm{K}\\ r_3(0)-u_3(0)-c_3(S_3)+f_4(1), & \text{当 } x_3=\mathrm{R}\end{cases}$$

此时，S_3 可以取值 1,2,10，因此得

$$f_3(1)=\max\begin{Bmatrix}20-9+19.5\\ 20.5-9.1-2.5+21.5\end{Bmatrix}=30.5,\quad x_3=\mathrm{K}$$

$$f_3(2) = \max \begin{Bmatrix} 19 - 8 + 20 \\ 20 - 9.1 - 4.0 + 21.5 \end{Bmatrix} = 31, \quad x_3 = \mathrm{K}$$

$$f_3(10) = \max \begin{Bmatrix} 14 - 11 + 6 \\ 20 - 9.1 - 17 + 21.5 \end{Bmatrix} = 15.9, \quad x_3 = \mathrm{R}$$

当 $k = 2$ 时

$$f_2(S_2) = \max \begin{cases} r_2(S_2) - u_2(S_2) + f_3(S_3), & \text{当 } x_2 = \mathrm{K} \\ r_2(0) - u_2(0) - c_2(S_2) + f_3(1), & \text{当 } x_2 = \mathrm{R} \end{cases}$$

此时，S_2 可以取值 1，9，所以

$$f_2(1) = \max \begin{Bmatrix} 20 - 7.5 + 31 \\ 20 - 8.5 - 2.7 + 30.5 \end{Bmatrix} = 43.5, \quad x_2 = \mathrm{K}$$

$$f_2(9) = \max \begin{Bmatrix} 16 - 10 + 15.9 \\ 20 - 8.5 - 16 + 30.5 \end{Bmatrix} = 26, \quad x_2 = \mathrm{R}$$

当 $k = 1$ 时

$$f_1(S_1) = \max \begin{cases} r_1(S_1) - u_1(S_1) + f_2(S_2), & \text{当 } x_1 = \mathrm{K} \\ r_1(0) - u_1(0) - c_1(S_1) + f_2(1), & \text{当 } x_1 = \mathrm{R} \end{cases}$$

此时，$S_1 = 8$

$$f_1(8) = \max \begin{Bmatrix} 16 - 10 + 26 \\ 20 - 8 - 16 + 43.5 \end{Bmatrix} = 39.5, \quad x_1 = \mathrm{R}$$

求解结果分析：上述结果表明如果采用最优更换决策，5 年的净收益是 39.5 千万元。可以用与求解顺序相反的方向逐年推得 5 年中的更换策略：由 $f_1(8) = 39.5, x_1 = \mathrm{R}$ 知，第一年的最优决策是更换已有 8 年役龄的旧飞机，由此推至第二年时，机龄为 1，最优决策是 $f_2(1) = 43.5, x_2 = \mathrm{K}$，即第二年的决策应该是不更换飞机，再推至第三年时，机龄为 2，于是得 $f_3(2) = 31, x_3 = \mathrm{K}$，即第三年应该继续使用第一年引进的飞机，因此进入第四年时，飞机机龄为 3，于是得 $f_4(3) = 20, x_4 = \mathrm{K}$，即不更换飞机，这样进入第五年时，机龄为 4，于是有 $f_5(4) = 9.5, x_5 = \mathrm{K}$，即继续使用该架飞机。总结起来，在 2006—2010 年的规划期内的最佳更换策略如表 5.12 所示。

表 5.12　2006—2010 年期间飞机的最佳更换决策

规划年 / 年	机龄 / 年	最佳策略
2006	8 —> 0	R
2007	1	K
2008	2	K
2009	3	K
2010	4	K

二、单机型机队置换计划

上述单架飞机更换问题不能考虑机队的增长，即机队规模的动态变化问题。机队更换应该符合机队

规模决策的结果，满足动态增长的需要。为简单起见，首先考虑单机型机队置换问题。

某航空公司根据机队规模和结构的优化决策以及规划期中逐年运输需求量的预测结果，计算出规划期中各年需求的各机型飞机架数，然后对每一种机型，根据现有飞机的机龄及相应的营运成本、购买新飞机的引进费用以及产生的期望收益，用规划的方法确定飞机更换计划，目标是使总利润最大。

1. 有关参数的说明

设规划周期为 n 年。规划期中第 k 年初需要飞机架数为 $g_k(k=1,2,\cdots,n)$，由于公司的资金和市场的限制，第 k 年引进飞机不能超过 $b_k(k=1,2,\cdots,n)$ 架；第 k 年平均每架飞机的引进费用为 p_k，一架机龄为 t 的飞机的年营运成本是 h_{kt}，年期望收益为 r_{kt}，转卖回收额为 $c_{kt}(k=1,2,\cdots,n)$，以上这些参数一般为机龄的函数。这里所谓引进费用 p_k 不包括飞机售价，只包括在引进过程中花费的各种手续费、人工费、差旅费、培训费等费用，飞机的售价已通过折旧计入营运费中了。已知规划期初机队规模为 N_0 架，并且期初飞机机龄都相同，皆为 t_0。另外，还假设每年都在年初引进新飞机和出售旧飞机，并规定飞机的经济寿命为 m(机龄小于 m 的飞机不能转卖)，飞机的技术寿命为 M 年。

2. 动态规划模型

航空公司的目标是总利润最大，仍然采用动态规划方法解决这一问题。

设规划期的第 k 年为阶段 k，即 $k=(1,2,\cdots,n)$。

状态变量 S_k 为第 k 年初，公司拥有的飞机架数，S_{kt} 是第 k 年初机龄为 t 的飞机架数，可见有

$$S_k=\sum_{t=0}^{M}S_{kt}$$

这里 M 是最大的机龄(技术寿命)。

决策变量 x_k 为第 k 年初公司引进的飞机数，所以有 $S_{k0}=x_k$，u_k 为第 k 年初公司转卖的飞机总数，u_{kt} 是第 k 年初公司转卖机龄为 t 的飞机架数，由于机龄小于 m 的飞机不能转卖，因此有

$$u_k=\sum_{t=0}^{M}u_{kt}=\sum_{t=m}^{M}u_{kt}$$

如果采用逆序解法，状态转移方程为 $S_{k+1}=S_k-u_k$，$S_{k+1,t+1}=S_{kt}-u_{kt}$，$k=1,2,\cdots,n-1$。

由于目标是总的净收益最大，因此第 k 阶段指标函数为该阶段飞机营运的期望收益与转卖旧飞机的回收额之和，减去营运成本与新飞机引进费用之和，即

$$\begin{aligned}v_k(S_k,x_k,u_k)=&\sum_{t=0}^{M}(r_{kt}-h_{kt})(S_{kt}-u_{kt})+\sum_{t=0}^{M}c_{kt}u_{kt}-p_kx_k=\\&\sum_{t=1}^{M}(r_{kt}-h_{kt})S_{kt}+(r_{k0}-h_{k0}-p_k)x_k+\sum_{t=m}^{M}(c_{kt}+h_{kt}-r_{kt})u_{kt}\end{aligned}$$

各年飞机拥有数的可能状态为

$$S_k-u_k=g_k,\quad k=1,2,\cdots,n$$
$$S_0=S_{0t_0}=N_0$$

各年该类飞机的可转卖架数为 $0\leqslant u_{kt}\leqslant S_{kt}$。

公司每阶段引进的飞机架数应当满足：

$$x_k=\max\{0,g_k-\sum_{t=1}^{M}S_{kt}+\sum_{t=m}^{M}u_{kt}\}\leqslant b_k$$

这里 $k = 1,2,\cdots,n$。

最优值函数 $f_k(S_k)$ 为第 k 阶段公司拥有飞机数为 S_k 时，从第 k 阶段到最后阶段净收益之和的最大值，即

$$\begin{cases} f_k(S_k) = \max\limits_{\substack{x_k = \max\{0,\, g_k - \sum\limits_{i\geq 1}(S_{ki} - u_{ki})\} \leq b_k \\ 0 \leq u_{ki} \leq S_{ki}}} \{v_k(S_k, x_k, u_k) + f_{k+1}(S_{k+1})\}, \quad k = 1,2,\cdots,n \\ f_{n+1}(S_{n+1}) = 0 \end{cases} \tag{5.48}$$

3. 实例分析

例 5.8 新飞航空公司的 150 座级机型现有飞机 5 架，机龄都是 8 年，规划期是 2006—2010 年，共 5 年。根据公司的机队规模规划和运输需求量的预测，未来 5 年的规划期中每年需求的飞机架数如表 5.13 所示，规划期结束时，该机型应达到 8 架飞机。公司要求飞机的机龄至少 8 年才能转卖，飞机技术寿命 20 年。由于公司的资金和市场的限制，每年引进的新飞机不能超过 $b = 3$ 架，每架现有飞机在规划期各年的预期收入和费用如表 5.14 所示，规划期内各年新购飞机的收入和费用如表 5.15 所示。问 5 年中每年公司应如何制定该机型飞机的置换计划，才能在满足需求的情况下使总净收益最大？

表 5.13　未来 5 年，公司每年需求的飞机架数

年份 / 年	2005 年末	2006	2007	2008	2009	2010
机队规模(g_k) / 架	5	5	6	6	7	8

表 5.14　旧飞机规划期各年的期望年收入与营运费用

项目 \ 年收入与费用 \ 机龄 / 年	8	9	10	11	12
期望收入 / 千万元	16	16	14	14	14
运营费用 / 千万元	10	10	11	11	11
回收残值 / 千万元	6	5.5	5	4	3.5

表 5.15　规划期内新购飞机不同役龄的期望年收入和费用

购机年 / 年	机　龄 / 年	收入 / 千万元	运营费用 / 千万元	引进费用 / 千万元
2006	0	20	8	1.5
	1	20	7.5	
	2	19	8	
	3	19	8.5	
	4	18.5	9	
2007	0	20	8.5	1.6
	1	20	9	
	2	19	9	
	3	19	9.5	

续 表

购机年 / 年	机　龄 / 年	收入 / 千万元	运营费用 / 千万元	引进费用 / 千万元
2008	0	20.5	9.1	1.6
	1	21	9.5	
	2	20	10	
2009	0	21	9.5	1.8
	1	21	10	
2010	0	21	9.5	2.0

解　根据题给条件和数据，动态规划模型建立如下

按规划期年份划分为 5 个阶段，$k = 1,2,,\cdots,5;n = 5$。

状态变量 S_k 是第 k 年初公司拥有的机队规模，决策变量 x_k 是第 k 阶段公司引进的飞机数；u_k 是第 k 阶段公司转卖的飞机数。

状态转移方程

$$S_{k+1} = S_k - u_k,\quad S_{k+1,t+1} = S_{kt} - u_{kt},\quad k = 1,2,\cdots,5$$

根据机队规模和结构的规划，该机型的机队规模呈增长趋势，状态变量满足

$$\begin{cases} S_k - u_k = g_k, & k = 1,2,\cdots,5 \\ S_0 = 5, & S_6 = 8 \end{cases}$$

第 k 阶段的指标函数为

$$v_k(S_k,x_k,u_k) = \sum_{t=1}^{12}(r_{kt} - h_{kt})S_{kt} + (r_{k0} - h_{k0} - p_k)x_k + \sum_{t=8}^{12}(c_{kt} + h_{kt} - r_{kt})u_{kt}$$

$$x_k = g_k + \sum_{t=1}^{M}u_{kt} - \sum_{t=1}^{M}S_{kt} \leqslant b$$

最优值函数方程

$$\begin{cases} f_k(S_k) = \max\limits_{\substack{x_k = \max\{0,g_k - \sum_{t\geqslant 1}(S_{kt}-u_{kt})\}\leqslant 3 \\ 0\leqslant u_{kt}\leqslant S_{kt}}} \{v_k(S_k,x_k,u_k) + f_{k+1}(S_{k+1})\}, \quad k = 1,2,\cdots,5 \\ f_6(S_6) = 0 \end{cases}$$

在第 5 阶段时，$k = 5$，有

$$f_5(S_5) = \max\{3S_{5,12} + 9.5S_{54}, 9.5S_{53} + 10S_{52} \mid 11.5S_{51} + 9.5x_5 + 0.5u_{5,12} + 0\}$$

$$x_5 = 8 - (S_{51} + S_{52} + S_{53} + S_{54} + S_{5,12}) + u_{5,12} \leqslant 3$$

因此

$$f_5(S_5) = \max\{-6.5S_{5,12} + 0.5S_{52} + 2S_{51} + 10u_{5,12} + 76\},\quad 0 \leqslant u_{5,12} \leqslant S_{5,12}$$

本阶段的最优解为

$$\left.\begin{aligned} u_{5,12} = S_{5,12}, x_5 = 8 - S_{51} - S_{52} - S_{53} - S_{54} \\ f_5(S_5) = 3.5S_{5,12} + 0.5S_{52} + 2S_{51} + 76 \end{aligned}\right\} \tag{5.49}$$

当 $k = 4$ 时，有

$$f_4(S_4) = \max\{3S_{4,11} + 10.5S_{43} + 10S_{42} + 11.5S_{41} + 9.7x_4 + u_{4,11} + f_5(S_5)\}$$

将状态转移方程 $S_{5,12} = S_{4,11} - u_{4,11}$, $S_{54} = S_{43}$, $S_{53} = S_{42}$, $S_{52} = S_{41}$, $S_{51} = S_{40} = x_4$ 代入式(5.49)的 $f_5(S_5)$ 中，再代入上式得

$$\begin{cases} f_4(S_4) = \max\{6.5S_{4,11} + 10.5S_{43} + 10S_{42} + 12S_{41} + 11.7x_4 - 2.5u_{4,11} + 76\} \\ x_4 = 7 - (S_{41} + S_{42} + S_{43} + S_{4,11}) + u_{4,11} \leqslant 3 \end{cases}$$

因此

$$f_4(S_4) = \max\{-5.2S_{4,11} - 1.2S_{43} - 1.7S_{42} + 0.3S_{41} + 9.2u_{4,11} + 157.9\}, \quad 0 \leqslant u_{4,11} \leqslant S_{4,11}$$

第 4 阶段的最优解为

$$\begin{aligned} u_{4,11} = S_{4,11}, \quad x_4 = 7 - S_{41} - S_{42} - S_{43} \\ f_4(S_4) = 4S_{4,11} - 1.2S_{43} - 1.7S_{42} + 0.3S_{41} + 157.9 \end{aligned} \tag{5.50}$$

同理，当 $k = 3$ 时，有

$$f_3(S_3) = \max\{7S_{3,10} + 9.8S_{32} + 9.3S_{31} + 10.1x_3 - 2u_{3,10} + 157.9\}$$
$$x_3 = 6 - (S_{31} + S_{32} + S_{3,10}) + u_{3,10}$$

因此

$$f_3(S_3) = \max\{-3.1S_{3,10} - 0.3S_{32} - 0.8S_{31} + 8.1u_{3,10} + 218.5\}, \quad 0 \leqslant u_{3,10} \leqslant S_{3,10}$$

第 3 阶段的最优解为

$$\begin{aligned} u_{3,10} = S_{3,10}, \quad x_3 = 6 - S_{31} - S_{32} \\ f_3(S_3) = 5S_{3,10} - 0.3S_{32} - 0.8S_{31} + 218.5 \end{aligned} \tag{5.51}$$

当 $k = 2$ 时，有

$$f_2(S_2) = \max\{11S_{29} + 12.2S_{21} + 9.1x_2 - 5.5u_{29}\}$$
$$x_2 = 6 - (S_{21} + S_{29}) + u_{29} \leqslant 3$$

因此

$$f_2(S_2) = \max\{1.9S_{29} + 3.1S_{21} + 3.6u_{29} + 273.1\}, \quad 0 \leqslant u_{2,9} \leqslant S_{2,9}$$

第 2 阶段的最优解为

$$\begin{aligned} u_{2,9} = S_{29}, x_2 = 6 - S_{21} \\ f_2(S_2) = 5.5S_{29} + 3.1S_{21} + 273.1 \end{aligned} \tag{5.52}$$

当 $k = 1$ 时，有

$$f_1(S_1) = \max\{6S_{18} + 10.5x_1 + 5.5(S_{18} - u_{18}) + 3.1x_1 + 273.1\} =$$
$$\max\{11.5S_{18} + 13.6x_1 - 5.5u_{18} + 273.1\}$$
$$x_1 = 5 - S_{18} + u_{18} \leqslant 3$$

因此

$$f_1(S_1) = \max\{-2.1S_{18} + 8.1u_{18} + 341.1\}, \quad 0 \leqslant u_{18} \leqslant S_{18} - 2$$

如果购新机数量不受限制，则第 1 阶段的最优解为

$$\left.\begin{aligned} u_{18} = S_{18} = 5, x_1 = 5 \\ f_1(S_1) = 6S_{18} + 341.1 = 6 \times 5 + 341.1 = 371.1 \end{aligned}\right\} \tag{5.53}$$

如果购新机限制为 3 架，则

$$\begin{cases} u_{18} = S_{18} - 2 = 3, x_1 = 3 \\ f_1(S_1) = 6S_{18} + 324.9 = 354.9 \end{cases}$$

即规划期内最大总净收益是 354.9 千万元。

飞机最优更换计划可以根据状态转移方程，按照顺序方向推算出来如下：

第 1 年：$u_{18} = S_{18} - 2 = 3$，　$x_1 = 3$

第 2 年：$S_{29} = S_{18} - u_{18} = 2$，　$u_{29} = S_{29} = 2$，　$S_{21} = x_1 = 3$，　$x_2 = 6 - S_{21} = 6 - 3 = 3$

第 3 年：$S_{3,10} = S_{29} - u_{29} = 0$，　$u_{3,10} = S_{3,10} = 0$，　$x_3 = 6 - S_{32} - S_{31} = 6 - 3 - 3 = 0$

第 4 年：$S_{4,11} = S_{3,10} - u_{3,10} = 0$，　$u_{4,11} = S_{4,11} = 0$，　$x_4 = 7 - S_{43} - S_{42} - S_{41} = 7 - 3 - 3 - 0 = 1$

第 5 年：$S_{5,12} = S_{4,11} - u_{4,11} = 0, u_{5,12} = S_{5,12} = 0, x_5 = 8 - S_{54} - S_{53} - S_{52} - S_{51} = 8 - 3 - 3 - 0 - 1 = 1$

该机型飞机最优置换决策可总结成表 5.16 的结果。

表 5.16　例 5.8 的飞机置换最优决策

最优决策	2006 年	2007 年	2008 年	2009 年	2010 年
转卖飞机架数 u_{kt}/架	3	2	0	0	0
引进飞机架数 x_k/架	3	3	0	1	1
拥有飞机架数 S_k/架	5	6	6	7	8

对于上述机队置换计划问题，如果目标是让营运总成本最小，应该怎样建模呢？此时决策变量、状态变量以及状态转移方程和以上模型一样，所不同的是阶段指标函数和最优值函数应该用营运成本。对于第 k 阶段，指标函数为

$$v_k(S_k, x_k, u_k) = \sum_{t=1}^{M} h_{kt} S_{kt} + (h_{k0} + p_k) x_k - \sum_{t=m}^{M} c_{kt} u_{kt}$$

$$\begin{cases} f_k(S_k) = \min\limits_{\substack{0 \leqslant u_{kt} \leqslant S_{kt} \\ x_k \in D_x}} \{ v_k(S_k, x_k, u_k) + f_{k+1}(S_{k+1}) \}, \quad k = 1,2,\cdots,n \\ f_{n+1}(S_{n+1}) = 0 \end{cases}$$

$$D_x = \{ x_k \mid \max\{0, g_k - \sum_{t \geqslant 1} (S_{kt} - u_{kt})\} \leqslant x_k \leqslant \min\{b_k, g_k - \sum_{1 \leqslant t \leqslant k-1} S_{kt}\}$$

上式中，D_x 是 x_k 的定义域，此时 x_k 可以在 D_x 给定的范围内取值。同学们试用此式给出的最优值函数的递推公式，重新求解例 5.8，看看是否可得到与表 5.16 同样的解，然后自己解释其原因。

对于单机型飞机更换计划问题，除了可以用上述的动态规划方法求解外，还可以建立线性规划数学模型。

如果目标是营运总成本最小，则线性规划数学模型可以表示为

$$\min z = \sum_{k=1}^{n} \sum_{t=1}^{M} h_{kt} S_{kt} + \sum_{k=1}^{n} (h_{k0} + p_k) x_k - \sum_{k=1}^{n} \sum_{t=m}^{M} c_{kt} u_{kt}$$

$$\text{s.t.} \begin{cases} S_{k,0} = x_k, \quad k = 1,2,\cdots,n; \quad S_{1t_0} = N_0 \\ S_{k+1,t+1} = S_{kt} - u_{kt}, \quad k = 1,2,\cdots,n-1; \quad t = 0,1,\cdots,M \\ \sum_{t=0}^{M} S_{kt} - \sum_{t=m}^{M} u_{kt} \geqslant g_k, \quad k = 1,2,\cdots,n \\ S_{kt}, x_k, u_{kt} \geqslant 0, \quad k = 1,2,\cdots,n; \quad t = 0,1,\cdots,M \end{cases} \tag{5.54}$$

其中变量 x_k, u_{kt}, S_{kt} 的定义与上述动态规划的变量相同，参数 n, m, M，以及 h_{kt}, c_{kt}, p_k 的含义也和上述动态规划的对应参数相同。S_{1t_0}, N_0 分别是规划期初机龄为 t_0 的飞机架数和该机型飞机的实有架数。如果规划期初该机型的机龄都是 t_0，则 $S_{it_0} = N_0$。

模型式(5.54)的目标函数是营运总成本，最后一项是转卖飞机的回收款项，这一项应当从营运总成本中减掉。

约束条件共有三组。这三组约束条件中，前两组是变量之间的关系约束，也称为连续性条件，第一组表示第 k 年初机龄为0的飞机架数应当等于当年刚买的飞机架数，第二组表示第 $k+1$ 年的机龄为 $t+1$ 的飞机应当是第 k 年机龄为 t 的飞机，而且第 $k+1$ 年初的飞机架数等于第 k 年初的架数减去转卖掉的架数；第三组则是"供""求"关系约束，表示规划期第 k 年拥有的飞机架数不能小于机队规划决策规定的架数；还有一个初始条件，即 $S_{1t_0} = N_0$，给出了规划期初该机型拥有的机龄为 t_0 的飞机架数。

为了说明线性规划模型式(5.54)的具体应用，可参阅例5.8。将表5.13，5.14和5.15的数据代入数学模型(5.54)，可以得到下面线性规划模型的具体形式。其中由于要求飞机的机龄必须大于等于8才能转卖，因此对任意第 k 年都有 $u_{kt} = 0, t < 8$，只有5个 u 变量 $u_{18}, u_{29}, u_{3,10}, u_{4,11}, u_{5,12}$ 可能不等于零。

$$
\begin{aligned}
\min z = {} & 10S_{18} + 7.5S_{21} + 10S_{29} + 9S_{31} + 8S_{32} + 11S_{3,10} + 9.5S_{41} + 9S_{42} + 8.5S_{43} + 11S_{4,11} + \\
& 10S_{51} + 10S_{52} + 9.5S_{53} + 9S_{54} + 11S_{5,12} ++ 9.5x_1 + 10.1x_2 + 10.7x_3 + \\
& 11.3x_4 + 11.5x_5 - 6u_{18} - 5.5u_{29} - 5u_{3,10} - 4u_{4,11} - 3.5u_{5,12}
\end{aligned}
$$

$$
\text{s.t.}\begin{cases} S_{10} = x_1 \\ S_{20} = x_2 \\ S_{30} = x_3 \\ S_{40} = x_4 \\ S_{50} = x_5 \end{cases}
\begin{cases} S_{10} + S_{18} - u_{18} \geqslant 5; S_{18} = 5 \\ S_{20} + S_{21} + S_{29} - u_{29} \geqslant 6 \\ S_{30} + S_{31} + S_{32} + S_{3,10} - u_{3,10} \geqslant 6 \\ S_{40} + S_{41} + S_{42} + S_{43} + S_{4,11} - u_{4,11} \geqslant 7 \\ S_{50} + S_{51} + S_{52} + S_{53} + S_{54} + S_{5,12} - u_{5,12} \geqslant 8 \end{cases}
$$

$$
\begin{cases} S_{21} = S_{10} \\ S_{29} = S_{18} - u_{18} \\ S_{31} = S_{20} \\ S_{32} = S_{31} \\ S_{3,10} = S_{29} - u_{29} \\ S_{41} = S_{30} \\ S_{42} = S_{31} \end{cases}
\begin{cases} S_{43} = S_{32} \\ S_{4,11} = S_{3,10} - u_{3,10} \\ S_{51} = S_{40} \\ S_{52} = S_{41} \\ S_{53} = S_{42} \\ S_{54} = S_{43} \\ S_{5,12} = S_{4,11} - u_{4,11} \end{cases}
$$

$$
S_{kt}, u_{kt}, x_k \geqslant 0, \quad k = 1,2,\cdots,5; \quad t = 0,1,\cdots,12
$$

应用ILOG/CPLEX求解上述数学模型，可得

$$
u_{18} = 3,\ u_{29} = 2,\ u_{3,10} = u_{4,11} = u_{5,12} = 0; \quad x_1 = 3,\ x_2 = 3,\ x_3 = 0,\ x_4 = 1,\ x_5 = 1
$$

因此规划期内各年拥有飞机架数 $S_2 = 5, S_3 = 6, S_4 = 6, S_5 = 7, S_6 = 8$，符合需求，最小的总成本为 $\min z = 314.1$ 千万元。根据最小成本给出的上述决策计算该决策下机队运行总收益，则得到总收益为619.0千万元，因此总利润 $= 619.0 - 314.1 = 304.9 <$ 最大总利润354.9千万元。

可见由该模型得到的最优决策与动态规划的结果不同。这说明，不同的目标，将导致不同的最优方案。简单分析会发现，在总净收益最大与总营运成本最小这两个不同的目标下，只有当规划期内总收益

与决策无关时才能得到相同的最优解。

三、混合机型的机队置换计划模型

在前面的讨论中,所建立的数学模型是针对单架飞机和单机型的,对于单机型机队置换问题,假设了期初所有飞机具有相同的机龄。这是非常简化了的情况。实际情况可能是,拥有多个机型,各机型在规划期初拥有不同机龄的飞机,不同机龄的飞机架数可能不同,因此比上面讨论的情况要复杂得多。在这一节中将讨论更为一般的情况下机队置换问题的建模。

1. 问题的描述

某航空公司的机队现有 K 种机型,将机型按 $l=1,2,\cdots,K$ 进行编号,机型 l 机龄为 t 的飞机现有 g_t^l 架,该公司已经为今后 n 年做了机队规模和结构的规划,即已知规划期内第 k 年机型 l 应拥有的飞机架数 g_k^l,现需要为今后 n 年的机队做置换计划。

根据公司的经营财务数据,已经计算出规划期内第 k 年一架机型 l 机龄为 t 的飞机的营运成本为 h_{kt}^l。经预测得到,第 k 年初购买一架机型 l 的飞机的引进费用为 p_k^l,第 k 年初转卖一架机型 l 机龄为 t 的飞机回收额为 c_{kt}^l。这里引进费用 p_k^l 的定义与上一小节相同,它不包括飞机售价,只包括在引进过程中花费的各种手续费、人工费、差旅费、培训费等费用,飞机的售价已经通过折旧计入营运费中。

根据上述已知参数和上小节类似的约束条件,可以建立总成本最小的机队置换计划问题的数学模型。

2. 模型的建立

首先设置决策变量如下:

x_k^l:规划期的第 k 年初购买机型 l 的飞机的架数;

u_{kt}^l:规划期的第 k 年初转卖机型 l 机龄为 t 的飞机架数。

其他变量:

S_{kt}^l:规划期的第 k 年初公司拥有的机型 l 机龄为 t 的飞机的架数。

利用上面已经定义的参数和这里定义的变量,可以得到如下的数学模型

$$\min z=\sum_{l=1}^{K}\sum_{k=1}^{n}\sum_{t=1}^{M}h_{kt}^l S_{kt}^l+\sum_{l=1}^{K}\sum_{k=1}^{n}(h_{k0}^l+p_k^l)x_k^l-\sum_{l=1}^{K}\sum_{k=1}^{n}\sum_{t=m}^{M}c_{kt}^l u_{kt}^l$$

$$\text{s.t.}\quad\begin{cases}S_{k,0}^l=x_k^l,\quad k=1,2,\cdots,n;\quad S_{1t}^l=g_t^l;\quad l=1,2,\cdots,K\\ S_{k+1,t+1}^l=S_{kt}^l-u_{kt}^l,\quad k=1,2,\cdots,n-1;\quad t=0,1,\cdots,M;\quad l=1,2,\cdots,K\\ \sum_{t=0}^{M}S_{kt}^l-\sum_{t=m}^{M}u_{kt}^l\geqslant g_k^l,\quad k=1,2,\cdots,n;\quad l=1,2,\cdots,K\\ S_{kt}^l,x_k^l,u_{kt}^l\geqslant 0,\quad k=1,2,\cdots,n;\quad t=0,1,\cdots,M;\quad l=1,2,\cdots,K\end{cases}\tag{5.55}$$

上述模型的目标函数要求营运总成本最小,最后一项是转卖飞机的回收款项,这一项应当从总成本中减掉。和式(5.54)相似,该模型也有三组约束条件,这三组约束条件中前两组是变量之间的关系约束,即变量连续性条件,第三组则是"供""求"关系约束;而 $S_{1t}^l=g_t^l$ 则给出了规划的初始条件,即给出了期初各机型拥有的机龄为 t 的飞机架数。

从式(5.55)可以看出,该数学模型是关于机型解偶的,即同一个约束条件中不含有多个机型变量,因此可以逐个机型来求解模型式(5.55),使问题得以简化。

如果规划期有融资限制，假如第 k 年机型 l 的飞机价格是 c_k^l 元，公司在规划期内最多只能融资 b 元，则须在模型式(5.55)中增加如下的约束条件

$$\sum_{l=1}^{K}\sum_{k=1}^{n}c_k^l x_k^l \leqslant b \tag{5.56}$$

这是一个捆绑约束。由于它的存在，机型变量耦合了，因此不能逐个机型地求解规划模型，问题变得复杂起来。

如果融资限制是针对机型给定的，也即将总投资按机型分配额度，则约束条件式(5.56)可修改为

$$\sum_{k=1}^{n}c_k^l x_k^l \leqslant b^l,\quad l=1,2,\cdots,K \tag{5.57}$$

式中，b^l 是可用于购买机型 l 新飞机的最大融资额度，满足

$$\sum_{l=1}^{K}b^l = b$$

此时，约束条件是关于机型变量解偶的，可以逐个机型地求解上述规划模型。

如果融资限制是按年给定的，则约束条件式(5.56)可修改为

$$\sum_{l=1}^{K}c_k^l x_k^l \leqslant b_k,\quad k=1,2,\cdots,n \tag{5.58}$$

式中，b_k 是第 k 年可以用于购买新飞机的最大融资额度。从算法的角度来考虑，式(5.58)一点也不比式(5.56)简单，它仍然是关于机型变量耦合的。

3.实例分析

例 5.9 新飞航空公司已经对100座级、150座级和200座级的飞机做了从2006—2010年的发展规划，并且对每种机型做了投资的分配，其中150座级的飞机现有飞机5架，5年后发展到8架，总投资额度是125千万元。规划期初的5架飞机的机龄分别是4年的2架，6年的2架，8年的1架。这三种机龄的飞机中，机龄为8年的飞机在规划期内成本等数据如表5.14所示，新飞机的成本数据见表5.15，其他数据见表5.17～表5.19。试为150座级的飞机制订5年更换计划，使总营运成本最小。

表 5.17 每架机龄为 4 年的飞机各年的营运费用和回收残值

费用和回收残值项目 \ 机龄/年	4	5	6	7	8
运营费用/千万元	8	8	8.5	9	10
回收残值/千万元	12	11	9	7	5.5

表 5.18 每架机龄为 6 年的飞机各年的营运费用和回收残值

费用和回收残值项目 \ 机龄/年	6	7	8	9	10
运营费用/千万元	8.5	9.2	10	10.6	11
回收残值/千万元	9.2	7.5	6	5	4

表 5.19　规划期内 150 座级飞机的价格

年份 / 年	2006	2007	2008	2009	2010
飞机的价格 / 千万元	20	20.5	20.8	21	21

解　由于资金是按机型分配额度的，因此可以按机型建立数学模型，并进行求解。根据题目已给数据，可以得到 150 座级飞机置换计划的数学模型如下：

$$\begin{aligned}\min z = {} & 8S_{14} + 8.5S_{16} + 10S_{18} + 7.5S_{21} + 8S_{25} + 9.2S_{27} + 10S_{29} + 9S_{31} + 8S_{32} + 8.5S_{36} + \\ & 10S_{38} + 11S_{3,10} + 9.5S_{41} + 9S_{42} + 8.5S_{43} + 9S_{47} + 10.6S_{49} + 11S_{4,11} + 10S_{51} + \\ & 10S_{52} + 9.5S_{53} + 9S_{54} + 10S_{58} + 11S_{5,10} + 11S_{5,12} + 9.5x_1 + 10.1x_2 + 10.7x_3 + \\ & 11.3x_4 + 11.5x_5 - 6u_{18} - 5.5u_{29} - 6u_{38} - 5u_{3,10} - 5u_{49} - 4u_{4,11} - 5.5u_{58} - \\ & 4u_{5,10} - 3.5u_{5,12}\end{aligned}$$

$$\text{s. t.}\begin{cases}S_{10} = x_1\\ S_{20} = x_2\\ S_{30} = x_3\\ S_{40} = x_4\\ S_{50} = x_5\end{cases}\begin{cases}S_{10} + S_{14} + S_{16} + S_{18} - u_{18} \geqslant 5\\ S_{20} + S_{21} + S_{25} + S_{27} + S_{29} - u_{29} \geqslant 6\\ S_{30} + S_{31} + S_{32} + S_{36} + S_{38} + S_{3,10} - u_{38} - u_{3,10} \geqslant 6\\ S_{40} + S_{41} + S_{42} + S_{43} + S_{47} + S_{49} + S_{4,11} - u_{49} - u_{4,11} \geqslant 7\\ S_{50} + S_{51} + S_{52} + S_{53} + S_{54} + S_{58} + S_{5,10} + S_{5,12} - u_{58} - u_{5,10} - u_{5,12} \geqslant 8\end{cases}$$

$$\begin{cases}S_{21} = S_{10}\\ S_{29} = S_{18} - u_{18}\\ S_{31} = S_{20}\\ S_{32} = S_{31}\\ S_{3,10} = S_{29} - u_{29}\\ S_{41} = S_{30}\\ S_{42} = S_{31}\end{cases}\begin{cases}S_{43} = S_{32}\\ S_{4,11} = S_{3,10} - u_{3,10}\\ S_{51} = S_{40}\\ S_{52} = S_{41}\\ S_{53} = S_{42}\\ S_{54} = S_{43}\\ S_{5,12} = S_{4,11} - u_{4,11}\end{cases}\begin{cases}S_{25} = S_{14}\\ S_{27} = S_{16}\\ S_{36} = S_{25}\\ S_{38} = S_{27}\\ S_{49} = S_{38} - u_{38}\\ S_{47} = S_{36}\\ S_{58} = S_{47}\end{cases}\{S_{5,10} = S_{49} - u_{49}$$

$$20x_1 + 20.5x_2 + 20.8x_3 + 21x_4 + 21x_5 \leqslant 125$$

$$S_{14} = 2,\quad S_{16} = 2,\quad S_{18} = 1$$

$$S_{kt}, u_{kt}, x_k \geqslant 0,\quad k = 1,2,\cdots,5;\quad t = 0,1,\cdots,12$$

其他两种机型的飞机更新计划模型可以类似地写出，这里略去了。应用优化软件 ILOG/CPLEX 解上述模型可得

$$x_1 = 0,\ x_2 = 2,\ x_3 = 0,\ x_4 = 1,\ x_5 = 1;\quad u_{18} = 0,\ u_{29} = 1,\ u_{38} = u_{49} = u_{3,10} = u_{4,11} = 0$$
$$u_{58} = u_{5,10} = u_{5,12} = 0$$

因此可推算出其他变量

$$S_{10} = 0, S_{14} = 2, S_{16} = 2, S_{18} = 1; S_{20} = 2, S_{21} = 0, S_{25} = 2, S_{27} = 2, S_{29} = 1;$$
$$S_{30} = 0, S_{31} = 2, S_{32} = 0, S_{36} = 2, S_{38} = 2, S_{3,10} = 0; S_{40} = 1, S_{41} = 0, S_{42} = 2,$$
$$S_{43} = 0, S_{47} = 2, S_{49} = 2, S_{4,11} = 0; S_{50} = 1, S_{51} = 1, S_{52} = 0, S_{53} = 2, S_{54} = 0,$$
$$S_{58} = 2, S_{5,10} = 2, S_{5,12} = 0$$

此时规划期内各年的飞机拥有量分别是5,6,6,7,8,等于各年的需求架数,符合要求,总营运成本为286.1千万元,购飞机使用总经费83千万元。

5.4.2 机队配置计划优化

一、问题的描述

如果航空公司有 K 种不同的机型和 J 个基地机场,各种机型的飞机总架数已经确定,这时就需要决定在各基地机场投放的飞机类型和数量。这个问题是本小节需要解决的问题,也即机队配置问题。

首先要注意到,一般地,在不同的基地机场,由于航空公司服务市场的特点(如航线的长短、需求的大小和旅客类型等)不同、公司维修能力以及航材备件等方面的限制,航空公司在不同的基地机场对投放的机型有限制。在数学模型中将采用示性算子或设置特别的成本来解决机型限制问题。另外,如果某机型在一个基地机场投放的飞机过少,该机型的飞机将不能集中投放,造成维修和地面服务成本增加,飞机备件存放和管理困难,因此对同一机型可指定一个最少投放数。

根据航空公司市场计划,已知各基地机场的机队承担的总运输量、各基地机场对机型的限制、不同机型的飞机架数以及不同机型飞机在不同基地机场的营运成本,可以确定一个使营运总成本最小的机队配置计划。

二、数学模型的建立

将 K 种不同的机型编号为 $i=1,2,\cdots,K$;J 个基地机场编号为 $j=1,2,\cdots,J$。机型 i 拥有飞机 N_i;一架机型 i 的飞机投放在基地机场 j 的年营运费用是 c_{ij},最大业载是 z_{ij} 吨,平均飞行速度为 v_{ij},日利用率为 T_{ij},公司年总运输量为 D,基地机场 j 的运输量分担比例是 η_j,取示性算子 $\delta_{ij}=0,1$,其中等于1表示机型 i 可以投放基地机场 j,等于0表示不可以投放。设决策变量为 x_{ij} 表示机型 i 在基地机场 j 的投放架数,机型 i 在任一个基地机场的投放架数不得少于 n_i。

根据以上设定的变量和参数,可以给出机队配置问题的数学模型如下

$$
\begin{aligned}
\min z = & \sum_{i=1}^{K}\sum_{j=1}^{J}\delta_{ij}c_{ij}x_{ij} \\
\text{s.t.}\quad & 365\sum_{i=1}^{K}\delta_{ij}l_{ij}z_{ij}v_{ij}T_{ij}x_{ij} \geqslant \eta_j D, \quad j=1,2,\cdots,J \\
& \sum_{j=1}^{J}\delta_{ij}x_{ij} \leqslant N_i, \quad i=1,2,\cdots,K \\
& \delta_{ij}(n_i - x_{ij}) \leqslant (1-y_{ij})M \\
& \delta_{ij}x_{ij} \leqslant y_{ij}M \\
& x_{ij} \geqslant 0,\text{整数}; \quad y_{ij}=0,1; \quad i=1,2,\cdots,K; \quad j=1,2,\cdots,J
\end{aligned}
\tag{5.59}
$$

在模型式(5.59)中,第一组约束条件表示对于每一个基地机场,公司投放的运力必须不小于预期的

运输需求;第二组约束条件表示对于每一种机型,投放到各基地机场的飞机架数之和不大于该机型的飞机总架数;第三和第四个是一组约束条件,其中 M 是正的无穷大数,这组约束条件表示任一种机型投放到任意基地机场的架数要么等于零,要么不少于规定的 n_i。关于这组约束条件的意义可以这样来理解:由于 y_{ij} 是0—1型变量,当 $y_{ij}=0$ 时,约束条件

$$\delta_{ij}(n_i - x_{ij}) \leqslant (1-y_{ij})M, \quad \delta_{ij}x_{ij} \leqslant y_{ij}M \tag{5.60}$$

成为

$$\delta_{ij}(n_i - x_{ij}) \leqslant M, \quad \delta_{ij}x_{ij} \leqslant 0$$

其中,第二式和非负条件一起保证此时 $x_{ij}=0$,而第一式则总是成立的;当 $y_{ij}=1$ 时,约束条件式(5.60)成为

$$\delta_{ij}(n_i - x_{ij}) \leqslant 0, \quad \delta_{ij}x_{ij} \leqslant M$$

其中,第一式在 $\delta_{ij}=1$ 时即有 $x_{ij} \geqslant n_i$,在 $\delta_{ij}=0$ 时恒成立,第二式则恒满足。可见式(5.60)保证了机型 i 投放到基地机场 j 的架数要么等于零,要么不少于规定的 n_i。

对于机型限制问题,除采用示性算子外,还可以通过设置特殊"成本"来解决。假如机型 i 不允许投放在基地机场 j,可取 c_{ij} 为一个足够大(如比最大成本还要大几个数量级)的惩罚数,则由于目标函数要求最小,必然强迫相应的 $x_{ij}=0$。这种方法比示性算子具有更大的适应性。例如,机型 i 并不是完全不能投放在基地机场 j,只是运行的效益较差,或受其他因素影响不是很合适,此时可以给 c_{ij} 设置一个相对较大的数,模型的最优解只会在不得已时才会让 $x_{ij} \neq 0$。这样处理后机队配置规划模型成为

$$\begin{aligned}
&\min z = \sum_{i=1}^{K}\sum_{j=1}^{J} c_{ij}x_{ij} \\
&\text{s.t.}\quad 365\sum_{i=1}^{K} l_{ij}z_{ij}v_{ij}T_{ij}x_{ij} \geqslant \eta_j D, \quad j=1,2,\cdots,J \\
&\qquad \sum_{j=1}^{J} x_{ij} \leqslant N_i, \quad i=1,2,\cdots,K \\
&\qquad x_{ij} \geqslant n_i y_{ij}, \quad i=1,2,\cdots,K;\quad j=1,2,\cdots,J \\
&\qquad y_{ij}=0,1;\quad x_{ij}\geqslant 0, \text{整数};\quad i=1,2,\cdots,K;\quad j=1,2,\cdots,J
\end{aligned} \tag{5.61}$$

三、实例分析

例 5.10　新飞航空公司计划到2010年将拥有100座级的飞机2架、150座级的飞机8架和200座级的飞机8架,公司需要将这些飞机配置到三个基地机场。预计到2010年,该公司的年运输总量将达到3.45亿t·km,已知三个机场的运输量分担比例分别是 $\eta_1=0.24$,$\eta_2=0.31$,$\eta_3=0.45$,三种机型在三个基地机场的最大业载、平均航速、期望载运率和平均日利用率如表5.20所示,营运成本参数如表5.21所示。公司规定100座级的飞机不在第3基地机场投放,200座级的飞机不在第1基地机场投放,各机型如果在某机场投放则至少投放2架飞机。

表 5.20　各种机型的有关参数

参数指标	机型 \ 机场	1	2	3
最大业载 /t	1	10.5	10.5	9.5
	2	15.5	15.2	15.5
	3	22.0	23.0	24.0
平均航速 /(km/h)	1	570	566	500
	2	637	633	635
	3	665	664	670
期望载运率	1	0.65	0.63	0.55
	2	0.62	0.60	0.60
	3	0.50	0.59	0.61
平均日利用率 /h	1	7.4	7.0	5.0
	2	7.1	7.3	7.2
	3	5.0	7.0	7.3

表 5.21　飞机投放在不同机场的年营运成本　　单位:千万元

机型 \ 机场	1	2	3
1	6.06	6.10	1000
2	8.29	8.31	8.25
3	1000	10.74	11.50

解　根据题意有 $\delta_{13}=\delta_{31}=0$,其他示性算子都等于1,将表5.20和表5.21的数据以及题目中给定的参数代入数学模型式(5.60)可得

$$\min z=6.06x_{11}+6.10x_{12}+8.29x_{21}+8.31x_{22}+8.25x_{23}+10.74x_{32}+11.5x_{33}$$

$$\text{s.t.}\quad 1\,050.75x_{11}+1\,586.4x_{21} \geqslant 8\,280$$

$$956.61x_{12}+1\,538.2x_{22}+2\,302.18x_{32}\geqslant 10\,695$$

$$+1\,551.96x_{23}+2\,613.55x_{33}\geqslant 15\,525$$

$$x_{11}+x_{12}\leqslant 2$$

$$x_{21}+x_{22}+x_{23}\leqslant 8$$

$$x_{32}+x_{33}\leqslant 8$$

$$x_{11}\leqslant y_{11}M, 2-x_{11}\leqslant(1-y_{11})M$$

$$x_{12}\leqslant y_{12}M, 2-x_{12}\leqslant(1-y_{12})M$$

$$x_{21} \leqslant y_{21}M, 2 - x_{21} \leqslant (1 - y_{21})M$$
$$x_{22} \leqslant y_{22}M, 2 - x_{22} \leqslant (1 - y_{22})M$$
$$x_{23} \leqslant y_{23}M, 2 - x_{23} \leqslant (1 - y_{23})M$$
$$x_{32} \leqslant y_{32}M, 2 - x_{32} \leqslant (1 - y_{32})M$$
$$x_{33} \leqslant y_{33}M, 2 - x_{33} \leqslant (1 - y_{33})M$$
$$x_{ij} \geqslant 0, \text{整数}, y_{ij} = 0,1; \quad i = 1,2,3; \quad j = 1,2,3$$

应用优化软件ILOG/CPLEX求解上述数学模型，求得最优解如下

$$x_{11} = 2,\ x_{12} = 0,\ x_{13} = 0;\ x_{21} = 4,\ x_{22} = 4,\ x_{23} = 0;\ x_{31} = 0;\ x_{32} = 2, x_{33} = 6$$

最小总营运费用为169千万元。该解表明在基地机场1投放100座级的飞机2架和150座级的飞机4架，在基地机场2投放150座级的飞机4架和200座级的飞机2架，在基地机场3投放200座级的飞机6架。

5.5　本章小结

市场计划和机队规划作为航空运输规划中战略层次的规划，对于航空公司的中长期发展起着至关重要的作用。市场计划是一切规划的基础，机队规划是在市场计划的基础上做出的有关机队发展和部署的更加详细的计划。

飞机选型、机队规划、机队更新计划以及机队配置计划广义上都可以看成机队规划，都是机队管理的重要内容。

机队规划和航线规划有着密切的关系，有时很难分清谁该在前，谁该在后，它们常常需要不断反馈修正才能最后完成。第7章将介绍航线规划的有关方法和技术。

思考题

5-1　为什么要做机队规划？机队规划包括哪些内容？影响机队规划的因素有哪些？

5-2　为什么要做市场计划？市场计划受哪些因素影响？市场计划书包括哪些内容？

5-3　宏观机队规划需要哪些参数？这些参数如何计算？

5-4　微观机队规划需要哪些参数？这些参数如何计算？

5-5　机队置换计划是在什么前提条件下做出的？它解决什么问题？

5-6　机队配置计划需要已知哪些参数？是在什么条件做出的？它解决什么问题？

5-7　飞机业载航程图在飞机选型时起什么作用？

5-8　飞机选型应考虑哪些因素？遵守哪些原则？

练习题

5-1　例5.1中，如果150座级和200座级的机型换了发动机，最大业载航程分别增加到2 500 km和3 800 km，最大燃油航程分别为3 700 km和5 000 km；在A，B，C三条航线上，150座级的飞机的平均航速

增加到 680 km/h，630 km/h 和 720 km/h，平均日利用率分别为 7.2 h，6.8 h 和 7.5 h，载运率分别为 0.63，0.70 和 0.6；200座级的飞机的平均航速增加到 700 km/h，670 km/h 和 750 km/h，平均日利用率分别为 7.1 h，6.5 h 和 7.3 h，载运率分别为 0.60，0.68 和 0.58，其他条件和例 5.1 相同，试分析这 3 条航线最适合的机型。

5-2　新飞航空公司根据公司发展战略和市场计划的预期，5 年后运输量将达到 4.825 亿 t·km，该公司现有120座的飞机2架、180座的飞机4架和250座的飞机2架，市场分担率分别是0.33，0.45和0.22，平均航速分别为 620 km/h，650 km/h 和 740 km/h，平均日利用率分别是 7.5 h，7.1 h 和 6.9 h，最大业载分别是 10 t，17 t 和 27 t，期望最小、最大载运率分别是(0.65，0.74)，(0.60，0.68)，(0.57，0.66)，如果该公司决定 5 年期间再购买 120 座级的飞机 3 架、180 座级的飞机 5 架和 250 座级的飞机 4 架，这样的购买计划是否合适？

5-3　新飞航空公司要计算第二年(2005年)某航线需要的飞机架数，该航线航程为 1 564 km。预计 2005 年该航线旅客需求量为58万人次，新飞航空公司的市场占有率0.80。采用150座级和200座级的飞机飞该航线，150 座级的飞机的平均日利用率为 7.6 h，航速是 675 km/h，飞该航线的平均客座率预期为 0.7；200 座级的飞机的平均日利用率是 7.2 h，航速是 724 km/h，飞该航线的平均客座率预期为0.67。如果 150 座级和 200 座级的飞机单独飞该航线，该公司需分别投入多少架飞机才能满足旅客出行的需求？

5-4　新飞航空公司的机队有三种机型，机型 1 座位数 $s_1 = 120$，机型 2 座位数 $s_2 = 180$，机型 3 座位数 $s_3 = 250$，各型飞机每架期望年利用率分别为 $\bar{T}_1 = 2\,750$ h，$\bar{T}_2 = 3\,115$ h，$\bar{T}_3 = 2\,560$ h。根据市场调查和公司销售历史数据的分析以及公司的发展战略，该公司决定五年内从目前的 5 条航线发展到服务于 10 个 O-D 流市场，有关预测数据如表 5.22 和表 5.23 所示。试列出机队规划的数学模型，然后求解，并给出今后五年机队规划的决策建议。

表 5.22　O-D 流市场的有关参数

航线号	O-D	年需求量 / 人次	年频率限制 / 班次	轮挡距离 /km
1	NKG－PEK	650 000	4 500	1 100
2	NKG－CTU	260 000	2 000	1 700
3	NKG－CSX	180 000	1 500	900
4	NKG－CAN	550 000	4 000	1 600
5	NKG－DLC	280 000	2 500	1 100
6	NKG－TAO	300 000	2 500	600
7	NKG－XMN	220 000	1 500	1 150
8	NKG－SZX	420 000	3 400	1 700
9	NKG－HAK	300 000	2 400	2 200
10	NKG－KWL	200 000	1 800	1 900

表 5.23　各机型在各航线的有关参数

机型 \ 航线		1	2	3	4	5	6	7	8	9	10
客座率	1	0.82	0.79	0.81	0.76	0.83	0.86	0.77	0.75	0.87	0.74
	2	0.76	0.65	0.64	0.75	0.66	0.71	0.60	0.73	0.58	0.68
	3	0.68	0.62	0.63	0.71	0.68	0.70	0.62	0.66	0.60	0.64
轮挡时间/h	1	2.03	3.13	1.66	2.96	2.03	1.11	2.12	3.14	4.06	3.51
	2	1.88	2.90	1.53	2.73	1.88	1.02	1.96	2.90	3.76	3.24
	3	1.74	2.69	1.42	2.53	1.73	0.95	1.82	2.70	3.49	3.01
航线成本/千万元	1	3.575	6.163	3.160	4.951	4.034	1.656	4.550	5.049	6.224	5.388
	2	4.296	6.885	4.151	5.367	4.855	2.362	5.261	5.870	7.244	6.300
	3	6.125	8.347	5.925	7.230	6.367	4.217	7.111	7.598	8.844	8.075

5-5　试为例 5.9 中 200 座级飞机制定从 2006—2010 年的 5 年置换计划，使总营运成本最小。该座级的飞机现有飞机 5 架，5 年后发展到 8 架，总投资额度是 145 千万元。规划期初的 5 架飞机的机龄分别是 5 年的 2 架，7 年的 2 架，9 年的 1 架。这 3 种机龄的飞机在规划期内成本等数据如表 5.24～表 5.26 所示，新飞机的成本数据如表 5.27 所示，规划期内各年新飞机的价格如表 5.28 所示。

表 5.24　每架机龄为 5 年的飞机各年的营运费用和回收残值

项目 \ 费用和回收残值 \ 机龄/年	5	6	7	8	9
运营费用/千万元	7.9	8.1	8.5	9	10
回收残值/千万元	11.5	10.3	9	7.5	5.9

表 5.25　每架机龄为 7 年的飞机各年的营运费用和回收残值

项目 \ 费用和回收残值 \ 机龄/年	7	8	9	10	11
运营费用/千万元	8.6	9.3	10.1	10.7	11.1
回收残值/千万元	9.2	8.0	6.8	5.5	4.2

表 5.26　每架机龄为 9 年的飞机各年的期望年营运费用与回收残值

项目 \ 费用和回收残值 \ 机龄/年	9	10	11	12	13
运营费用/千万元	9.9	10.3	10.8	11.2	11.5
回收残值/千万元	7.0	5.9	4.7	3.6	2.5

表 5.27 规划期内新购飞机不同役龄的期望年收入和费用

购机/年	机龄/年	收入/千万元	运营费用/千万元	引进费用/千万元
2006	0	21	7.5	1.8
	1	21	7.2	
	2	20	7.8	
	3	20	8.0	
	4	19	8.2	
2007	0	21	7.5	1.85
	1	21.5	8.0	
	2	20.5	8.4	
	3	20	8.8	
2008	0	21.5	7.6	1.95
	1	21	8.3	
	2	20.5	8.6	
2009	0	21.5	8.0	2.11
	1	21	8.5	
2010	0	22.0	8.4	2.35

表 5.28 规划期内 200 座级飞机的价格

年份/年	2006	2007	2008	2009	2010
飞机的价格/千万元	25	25.5	25.7	26.1	26.6

5-6 新飞航空公司计划到 2010 年将拥有 120 座级的飞机 2 架、180 座级的飞机 9 架和 250 座级的飞机 8 架，公司需要将这些飞机配置到 3 个基地机场。预计到 2010 年，该公司的年运输总量将达到 4.22(亿 t·km)，已知 3 个机场的运输量分担比例分别是 $\eta_1 = 0.20$，$\eta_2 = 0.31$，$\eta_3 = 0.49$，3 种机型在 3 个基地机场的最大业载、平均飞行速度(航速)、期望载运率和平均日利用率如表 5.29 所示，营运成本参数如表 5.30 所示。公司规定 120 座级的飞机不在第 3 基地机场投放，250 座级的飞机不在第 1 基地机场投放。如果某机型在某机场投放，则至少投放 2 架飞机。请为该公司制定机队配置计划。

表 5.29 各种机型的有关参数

参数指标	机型 \ 机场	1	2	3
最大业载/t	1	12.5	12.5	9.5
	2	18.5	18.2	18.0
	3	26.0	26.5	28.0
平均航速/(km/h)	1	560	565	500
	2	650	640	635
	3	660	670	690

续表

参数指标	机场 机型	1	2	3
期望载运率	1	0.65	0.63	0.55
	2	0.62	0.60	0.60
	3	0.50	0.59	0.61
平均日利用率 /h	1	7.1	7.0	5.0
	2	7.0	7.2	6.8
	3	5.0	6.8	7.4

表 5.30　飞机投放在不同机场的年营运成本　单位：千万元

机场 机型	1	2	3
1	6.56	6.61	10
2	8.49	8.52	9.25
3	20	12.54	12.10

参考文献

[1] 彭语冰，张永莉，张晓全. 机队规划模型的建立及其应用. 系统工程理论与实践，2001(6)：100－103.

[2] 都业富. 机队规划的优化. 系统工程理论与实践，1997(7)：136－138.

[3] 段晓江，冯允成. 启发式民用飞机机队规划. 北京航空航天大学学报，1997(8)：504－508.

[4] 邓举功. 航空公司机队规划数学模型建立和分析. 民航经济与技术，2000(7)：51－53.

[5] 李永奇. 民航体改后政府加强飞机引进宏观调控之研究[D]. 南京：南京航空航天大学，2002.

[6] 蓝伯雄，程佳惠，陈秉正. 动态规划，管理数学(下)—运筹学. 北京：清华大学出版社，1995.

[7] Paul Clark. Buying the Big Jet—Fleet planning for airlines. Surrey: Ashgate Publishing Ltd, 2004.

[8] 乔治. 拉德若蒂. 航空运输盈利策略. 何真，等译。北京：中国民航出版社，2004.

[9] 常士基. 现代民用航空维修工程管理. 太原：山西科学技术出版社，2002.

第6章 维修和航材规划

6.1 引 言

6.1.1 机务维修规范的有关问题

航空公司的目标是追求利益最大化，但作为一种交通方式，航空运输又带有公共产品的性质，因此安全是航空公司必须关注的大事，不但备受瞩目，也与航空公司的利益息息相关。因为一次航空事故给航空公司带来的损失是灾难性的，不但会造成巨大的额外成本，而且会失去信誉。

航空安全的影响因素很多，有飞行的、气象的、机务维修的、地面设备的甚至飞鸟撞击的。其中机务维修带来的安全隐患和事故占了30%多，因此是十分重要的因素。机务维修部门是航空公司最重要的保障部门，是航空公司最大的部门之一。由于飞机、航材和维修都是昂贵的，机务维修也是航空公司成本最大的部门之一。机务维修承担着航空公司安全和成本两大责任，是极其重要的工作。

本章的目的是介绍机务维修计划和与此密切相关的航材采购计划与供应商选择等问题，不讨论维修技术和工程问题。但为了理解机务维修计划的有关问题，本章将简单介绍维修规范和航材管理方面的必要知识。对于维修技术和维修工程方面的知识，读者可以从诸如“飞机维修工程”“飞机维修管理”等课程中学到。

人类在飞行的初始阶段，飞机不是很复杂的机器，对机务维修工作不是很受重视，对飞机故障和机务维修的规律不清楚。直到有了真正意义上的现代化飞机，并在其投入商业营运之后，人们才认识到机务维修对航空安全的重要性，开始探索飞机故障的规律。美国联合航空公司对飞机使用寿命期内的故障模式作了系统的研究，总结出了六种基本类型(见表6.1)。根据故障模式，人们发现只有约11%的零部件有确定的寿命限制，可以做出维修或更换计划安排，其余89%的零部件则不得不使用到故障出现时，才进行维修或更换，因此人们设计了三种维修模式：定时维修(Hard Time，HT)、视维修(On Condition，OC)和状态监控(Condition Monitoring，CM)。

在三种维修模式中，定时维修是指在规定的时间更换或维修部件的方式，适用于如表6.1中所示的故障率模式A，B和C。视情维修要求对相应部件进行定期检查和测试，以确定是否能够继续使用。能继续使用的，至少可用至下一个检查周期；不能继续使用的应当更换。更换下来的零件有的可以修复，有的则只能报废，这种方式适用于表6.1中的D，E和F故障率模式。然而对于某些具有D，E，F模式的部件，不能确定应当多长周期检查一次，只能一直使用到故障发生时再更换，这类部件使用状态监控方式进行维修。

归类为状态监控的部件必须符合以下三个条件：

(1)发生故障时不会有安全威胁；

(2)如果可能有安全威胁，则其隐患应能被机组觉察到，或能被定期的操作试验或其他非测量试验发现；

(3)应当包含在状态监控大纲或可靠性大纲中，必须持续进行数据采集和分析，以便更好地理解这些部件或系统的故障性质。

表 6.1　美联航发现的故障率模式

故障率模式	说　明
A. 	早期故障率，后不变或略有上升，最后加速损耗。有确定的损耗周期。占 4%
B. 	非早期故障率，故障率略有上升，最后加速损耗。有确定的损耗周期。占 2%
C. 	非早期故障率，略有上升，无确定的损耗周期。占 5%
D. 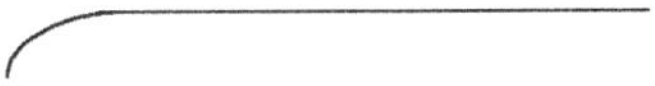	早期故障率增加，之后不变或略有上升，无确定损耗周期。占 7%。
E.	非早期故障率，在整个寿命周期内保持不变，无确定损耗周期。占 14%
F. 	早期故障率，在整个寿命周期内保持不变，无确定损耗周期。占 68%

在大纲中确定的定时维修部件的更换周期也可能不准确，例如发动机被更换下来送修后可能发现一切都很正常，不需要修理。因此，定时维修的项目也需要进行数据收集和分析，以便定时更准确。

1968 年，波音公司为了对 B747 采用现代化的方法制订维修大纲，组织了飞机制造商(波音公司自己)的代表、飞机用户(航空公司)的代表和联邦航空局的代表共同组成了工作组，研究系统和重大维修部件的故障状态、故障后果和故障原因，提出了逻辑树分析方法，确定各部件应当采用上述三种维修模式中何种模式制订维修计划。这一方法命名为 MSG－2 程序，用 MSG－2 制订的维修大纲叫做程序主导型维修大纲。

后来美国航空运输协会开发了决断逻辑程序，并为航空公司维修大纲制订了所谓任务主导型的设计程序，命名为 MSG－3。该程序以 MSG－2 为基础，但采用自上而下的分析方法，并由此开发出三种类型的维修任务：系统维修任务、结构维修任务和区域维修任务，主要用来确定计划维修任务。

6.1.2　机务维修组织机构

为保证飞机维修工作顺利进行，必须建立有效的组织保障体系。航空公司通常设有一位主管机务维修工作的副总裁，下辖两个机构：机务工程部和维修基地（见图 6.1）。机务工程部通常又分为计划科、质量保证科、培训中心、技术科等。它的主要职责如下：

（1）制订和管理公司年度维修计划（计划科）；

（2）质量保证和质量控制（质量保证科）；

（3）维修职工培训（培训中心）；

（4）维修运行手册、维修大纲等技术文件的制定、技术档案管理和维修技术支持（技术科）。

维修基地通常分成航线维修部（有的叫维修控制中心 MCC；也有的把 MCC 放在机务工程部，但其职责有差别）、机库、维修车间、计划和调度科和航材管理部，主要职能如下：

（1）飞机维修计划制订和维修活动调度（计划和调度科）；

（2）航线维修和周期不长于 A 检的其他维修任务、可靠性管理（航线维修部）；

（3）字母检（或叫做定检）（机库维修）；

（4）部件和系统的修理（维修车间）；

（5）航材采购、接受、存储、供应、发运等（航材管理部）。

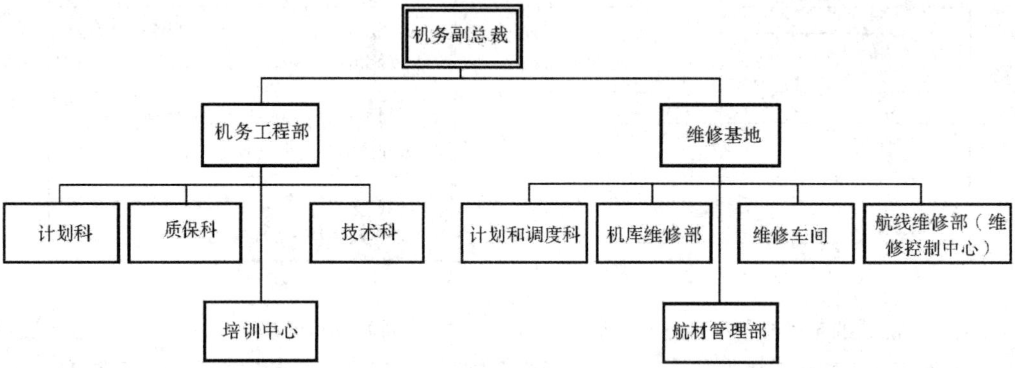

图 6.1 机务维修组织机构

以上所述机务维修组织机构的设置只是一种可能的情况，并不是所有的航空公司都这样设置。例如，有些规模不太大的航空公司可能机务工程部和维修基地合在一起，维修基地成为机务工程部的下属单位；有的航空公司的职工培训由公司的培训中心统一承担；有的航空公司的航材管理部是独立的部门，不属于维修基地。这里不需要将这些情况都区分清楚，只要能清楚表明航空公司中与机务维修相关的职能就足够了。

上述这些职能是这样运作的（见图 6.2）：机务工程部的技术科制订维修大纲，计划科依据维修大纲和每架飞机的运行数据和故障数据，制订年度维修计划，交与维修基地执行；质保科制订质保标准，保证维修大纲的完整贯彻，同时进行质量监督和检查，了解质量隐患，并提出纠正措施；技术科进行技术档案管理并对维修工作提供技术支持。维修基地接到年度维修计划后，基地的计划和调度科做好每架飞机的详细维修计划，航材管理部门做好航材保障计划并做好采购和供应，由机库执行。维修过程更换的零部件交给航材管理部门，航材管理部门将可修理的零部件送到维修车间进行修理（还在保修期内的故障航材，应包装好后发送到保修点修理)，不能修理的则报废，修理好的零部件由修理车间再交给航材管理部门保管。航线维修部门则做好可靠性维修大纲和航线维修计划，提出航线维修的航材需求计划，交由航材管理部门执行。职工培训中心则根据维修规范的变化和维修技术的更新，为机务维修相关部门做好职工培训计划，并组织培训。

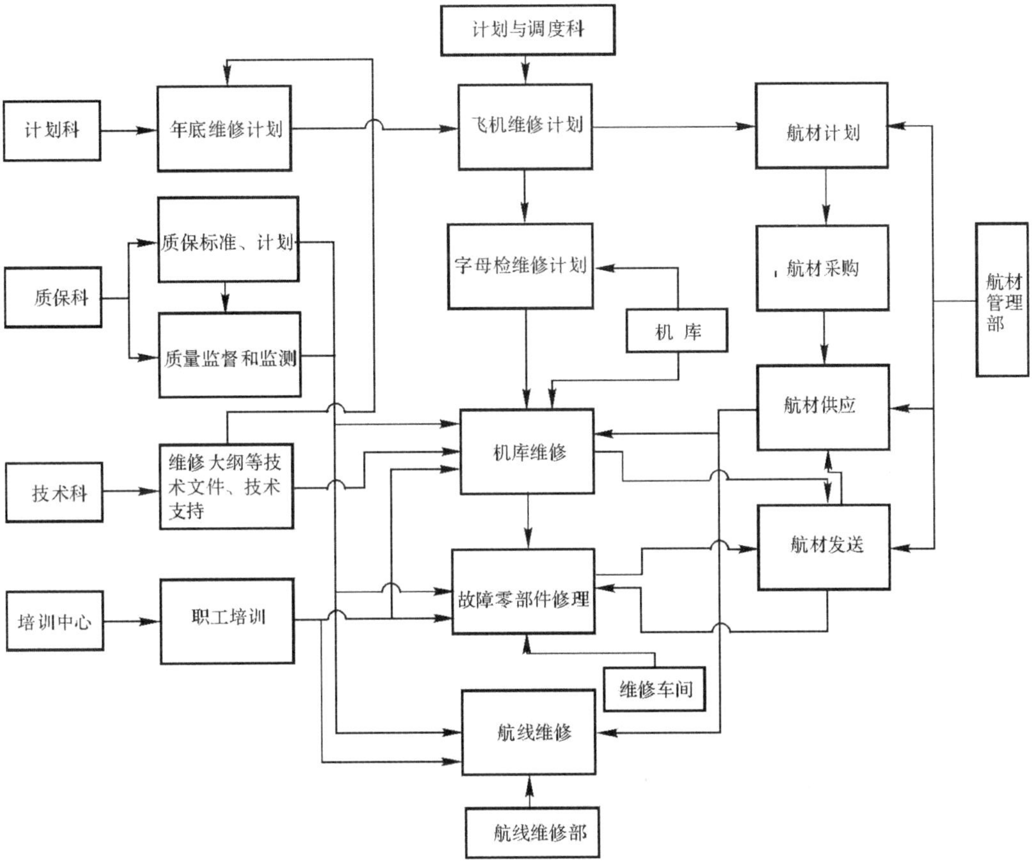

图 6.2　机务维修组织流程图(阴影框是组织机构，透明框为作业)

6.1.3　机务维修计划问题

机务维修计划是一切维修活动的开始，没有维修计划，维修活动就没有头绪，就无法启动。因此维修计划是保证飞机正常维修的准绳，也是贯彻维修大纲的重要保证。维修大纲则是制订维修计划的依据。

根据维修任务的不同，机务维修计划有以下几种：

(1)公司年度维修计划(必须做好公司一年的维修计划，保障航班计划的执行和维修大纲的贯彻)；

(2)飞机维修计划(每架计划维修的飞机都需要做,必须与公司年度维修计划一致,贯彻维修大纲);

(3)飞机定检计划(操作层次的生产计划,每次检修都需要做);

(4)航线维修计划(包括航材供应、人员安排与排班);

(5)改装计划(为贯彻管理当局的适航指令和制造商的服务通告而进行的飞机改装,也应制订计划)。

计划在执行过程中,会遇到各种各样的不测事件,导致维修活动偏离计划。例如,机务人员忽然生病请假、某种航材缺货、检查发现了非计划故障等。此时为保证维修活动按计划进行,航班计划不受影响,及时调度是非常必要的。

6.1.4 航材及航材保障的有关问题

什么是航材？航材与维修什么关系？航材是航空公司各机型飞机零部件、系统和其他维修材料的总称,包括从发动机、轮胎、电子电器系统、仪器仪表、座椅到螺母螺钉、油漆、油脂、气瓶、电瓶和充气滑梯等。离开了航材,维修工作就不能正常进行,所以航材是维修的保障工作之一。

飞机系统是当今世界上最为复杂的机器,因此航材种类繁多,而且价格昂贵,对它进行有效管理相当重要。为做好航材管理,需要对航材进行科学分类。可以从多种角度给航材分类:

根据是否可修复分为:

(1)不可修复件(损坏或失效后不可修复):①易耗件;②时寿件(部分时控件,即使放在仓库中不用,到寿就失效,不可翻修)。

(2)可修复件:①周转件(一些零部件放置不会失效,磨损后可以修复);②部分时控件(这些时控件放置也会失效,但可翻修)。

根据是否为标准件分为:

(1)标准件(垫片垫圈、螺母螺钉、轴承等)。

(2)专用件。

根据功能分为:

(1)结构件(各种承载的金属件、非金属件);

(2)非结构件(各种不承载的金属件、非金属件);

(3)动力单元(发动机、辅助发动机、发电机、电动机等);

(4)控制件(电子系统(部件));

(5)显示件(仪器仪表,液晶显示器);

(6)还有气瓶、电瓶、充气滑梯和其他危险品等特殊航材。

另外,还可根据体积大小分为大件和小件。

不同类型航材的采购、接受、验收、入库、发放等环节的管理活动可能会不一样。但管理的目的都一样,就是要为各类维修活动正常进行提供航材保障,保证维修时能及时获得航材(不需要到处找),同时又不积压航材,努力为公司节约成本。

航材管理要特别关注航材串用问题。航材串用是指因某种航材缺货而导致的借用。这种现象在飞机维修活动中时有发生，Kinnison称这种现象是“必要的陋习”。它造成了零件的传递式挪用，使后续维修任务延期完成越发严重，所以是不可为之的行为。但为了保障航班不延误，临时借用其他飞机的零部件似乎又是不可避免和可以理解的。问题的关键是在借用的同时，是否及时通知航材部门尽快采购？如能及时采购到货，航材串用行为不会造成严重的后果。

6.2　维修大纲及有关问题

6.2.1　初始维修大纲

初始维修大纲由飞机制造商的维修大纲工作组制订。对于新型号的飞机，他们应用MSG－3程序分析选定各项维修任务，构成初始维修大纲，报联邦航空局的维修审查委员会审批后，以报告形式发表，供营运人使用。

波音公司的初始维修大纲规定了各项检修内容及其维修间隔，包括：

(1)过站检查。该项检查要求维修人员和飞行机组共同完成，主要完成状态监控的零部件检查。注意两点：①非计划性维修项目的发现，可能延误航班，如果项目在最低设备清单中，可延缓维修至适当时机。②发动机上检查油面应当在停车后5～30 min进行，不可拖延时间太长，以获取准确数据。

(2)48 h检查。拟用48 h检查代替日检(航后检查)，主要执行视情维修项目，检查机轮和刹车装置、以及某些油液面。

(3)按飞行小时限制的检查。按照部件或系统可以工作到的小时数来规定检查周期，例如100 h，200 h，500 h等。主要任务是执行定时维修和视情维修项目，更换到寿命的零部件。

(4)按起降架次限制的检查。起落架系统及其各零部件的故障状态只与起降架次有关，因此它们的检修周期用起降架次规定，例如，300个起降架次、1 000个起降架次等。

(5)字母检。以英文的前4个字母表示的飞机定时检修，包括A，B，C和D检。B777和新机型已采用了MSG－3程序的第二次修正版，取消了字母检，除过站检查外，其他项目全用小时限制或起降架次限制规定检查周期(即(3)，(4)两种)。

上述第(3)，(4)两种方式的检修间隔叫做P检，这样产生的维修大纲是最佳的，营运人可以更加灵活地安排项目检修，但老机型的飞机仍采用字母检。

6.2.2　航空公司维修大纲

航空公司购买飞机时从制造商那里获得了包括初始维修大纲、维修手册在内的各种技术文件。依据这些文件，航空公司需要根据自己的营运规范，制订本航空公司的维修大纲，包括计划和非计划维修大纲、发动机及其设备维修大纲、可靠性维修大纲等。

对于航空公司维修大纲，Kinnison总结了两个目标和五个目的。两个目标是：

(1)按时交付满足适航性要求的飞行器，满足正常执行航班计划的要求；

(2)交付的飞行器已经完成了所有必要的维修作业，只有在 MEL 清单中的某些零部件可以适当推迟维修作业。

五个目的是：

(1)保证实现设备的固有安全性和可靠性水平；

(2)当性能发生衰退时，将安全性和可靠性恢复到固有水平；

(3)当固有水平不能达到时，收集有关信息，为调整和优化维修大纲提供依据；

(4)对固有可靠性水平不足的零部件，收集相关数据资料，以便向制造商提出改进设计的建议；

(5)以最低的维修费用(包括残余故障费用)达到上述四个目的。

维修大纲围绕实现上述目标、达到上述目的而制订，应当包括如下内容：

(1)适航责任的承诺；

(2)适用的维修手册规定；

(3)符合适航条例 121 部要求的维修单位的规定；

(4)维修计划制订规范；

(5)维修记录保持系统的要求；

(6)维修与改装的完成和批准规定；

(7)外委维修的规定；

(8)持续分析与监督规范；

(9)人员培训的规定；

(10)有害材料和危险物品的管理和使用规定。

其中航空公司维修手册是至关重要的技术文件，它是在制造商提供的维修手册的基础上，结合本公司实际情况的一种扩充，它应表明要维修的设备及其具体情况，给出维修程序、维修经营和管理的方法、维修工作的检查、监督和分析程序。

航空公司维修大纲的制订主要依据如下文件：

制造商提供的，通常是：①初始维修大纲；②飞机维修手册；③部件维修手册；④故障隔离手册、故障报告手册；⑤结构修理手册；⑥维修计划数据文件；⑦存储和恢复文件；⑧各种原理图手册、图示零件目录；⑨主最低设备清单、签派偏差指南、构型偏差清单；⑩服务通告、服务信函、维修建议。

管理当局提供的，包括：①适航条例；②咨询通报；③适航指令。

承运人自己的，一般有：①运营规范有关文件；②技术政策与程序手册。

另外还有美国航空运输协会的文件标准，该标准规定了飞机各部件和系统的章节编号标准，零件的编号标准(主题)及其检修内容编号标准(页段)，现在制造商基本按照该标准编制维修文件。

6.2.3 我国航空公司维修大纲规定的维修类型

在我国航空公司的维修计划中，将维修类型分为航前/过站、航后以及各种级别字母检查。现分别简介如下。

一、航线维护

航线维护包括航前/过站检查、航后检查，它们的任务分别如下：

1. 航前/过站检查

在每日的第一个航班飞行前和所有航班过站时应当执行航前/过站检查，基本工作是所谓的“绕行飞机一周”的检查，又叫“走马观花”检查。目视检查飞机内外是否有明显的损伤、渗漏、缺件，各种设备是否工作正常。按照实际需要做例行的勤务工作，例如加润滑油、机内清洁工作、排故等，这些工作都是在停机坪上完成的，然后飞机放行。

2. 航后检查

对运营中的飞机，每 24 h 之内必须执行一次航后检查，或称过夜检查(Layover)。航后检查包括所有航前/过站项目和其他航后项目，并按照要求进行机内外清洁，排除空、地勤人员反映的故障以及保留故障。这些故障在指定的航站完成。

二、定检或字母检

定检即定时检修，又称字母检。在我国目前实行的定时检查包括 A 检、C 检、D 检等，它们的有关规定和维修任务分别如下：

1. A 检

A 检的检查间隔时间，与机型有关，例如，B737 为 200 h，B747 为 450 h，B767 为 380 h。除完成航后检查工作，增加了工作的深度和范围。A 检一般分为 1A，2A，4A 和 8A，每高一级的检查包括比它低一级的工作内容，并增加了额外的工作项目。A 检基本上都在航后检查时执行。

2. C 检

各种机型 C 检的间隔时间可以用飞行小时规定，也可以用日历时限规定，先到为准。所谓日历时限是指使用月或日作为时间单位来规定检修的时间间隔。所谓“先到为准”是指，对于某架飞机来说，不管规定的飞行小时数还是日历时限，谁先到，以谁为标准。一般地，如果飞机日利用率高，则飞行小时限制先到；否则日历时限先到。

不同机型 C 检的时间间隔也各不相同，例如，B737 为 3 200 h，B747 为 5 000 h，B767 为 3 000 h。如果还规定日历时间时应同时标注，例如 B747 为 18 个月。

C 检除完成 A 检的所有检修项目外，还需要彻底地对飞机外部、内部、驾驶舱和发动机作目视检查，并打开检查口盖进行检查，对有关部件进行彻底清洗、润滑和防腐处理，以及完成对系统的油液勤务和应急系统的测试，对影响飞行安全的主要电子和机械系统进行检查等。C 检一般分为 1C，2C，4C 和 8C。

3. D 检

D 检工作的间隔时间根据飞行小时或日历时限，先到为准。不同机型的 D 检周期也是不同的，例如，B737 为 22 400 飞行小时，B747 为 25 000 飞行小时。

对民用航空器来说，D 检是最高级别的检修。D 检项目包括：结构检查、腐蚀预防和控制、机身及系统扩大范围的检查和测试、客舱更新、改装、外部喷漆、所有 A 和 C 检项目、按照需要翻修起落架等。现在很多的航空器在 D 检中都同时对系统进行改装，这是最高级别的检修，停场时间也最长。

A检和C检为低级检查，D检为高级检查，又称为结构翻修。A检在指定的航站完成，C检和D检在指定的维修基地完成。

需要说明的是：①一些新机型已经实施P检，不使用上述的字母检；②有些机型已经不再使用D检，而用8C或12C检代替。

三、车间修理

车间修理是指，将从航空器上拆换下来的机件送到维修车间进行修理或翻修。

6.2.4 维修计划制订规范

维修计划制订规范是维修大纲中的核心部分（见6.2.2节中维修大纲内容的第4项），又叫维修方案。它对飞机预防性维修工作来说具有指导性作用，它既包含了维修技术的规定，又包含了维修管理的规定。维修方案是否科学，不但关系到飞机的安全与适航，而且直接影响到飞机维修的成本。航空公司只有根据自身的实际情况，通过可靠性数据采集分析和工程评估，科学动态地优化维修方案，才能真正实现以最低的维修成本保证飞机的持续适航。

维修方案包括：

第一章　前言

第二章　检查间隔

第三章　维修大纲通用规则

第四章　系统和动力装置维修大纲

第五章　结构检查大纲

第六章　区域检查大纲

第七章　闪电/高强度辐射场防护系统检查大纲以及附录部分

其中，第一章前言应当描述维修计划的目标，包括对适航的承诺，给出制订维修计划的依据。还应当指定维修计划的制订部门、制订者和批准领导。一般还应给出当前规范的版本号。

第二章检查间隔的一个简例如表6.2所示。

表6.2　某型飞机的维修间隔目标值

维修等级	维修间隔	维修停场时间	维修场地	设备要求	维修人数/人
A检	500FH	不停	机库/停机坪	少量特殊设备	4
多重A检	N×500FH	6～8 h	机库/停机坪	少量特殊设备	6
C检	4000FH或者 4000FC 或者18个月	3～4 d	机库/停机坪	较多特殊设备	10

续 表

维修等级		维修间隔	维修停场时间	维修场地	设备要求	维修人数/人
结构疲劳（初始值）	门槛值	30000FC	15 d	机库/大修厂	较多特殊设备	15，结合 C 检
	重复检查间隔	15000FC	15 d	机库/大修厂	较多特殊设备	15，结合 C 检
结构腐蚀	门槛值	10 a	15d	机库/大修厂	较多特殊设备	15，结合 C 检
	重复检查间隔	5 a	15 d	机库/大修厂	较多特殊设备	15，结合 C 检

第三章维修大纲的通用规则应当包括各型飞机的维修指标目标值（如表 6.3 所示给出了一些典型值）和各级维修的基本准则（一种简化情况如表 6.4 所示）。

表 6.3　某型飞机（标准型）的维修指标目标值

指标参数		数　值	备　注
经济寿命		80 000 飞行小时 60 000 次起降 30 日历年	经济寿命一般作为飞机折旧的依据是客户评定飞机可维修性的重要指标
过站停留时间（短停）		30 min	在此期间，飞机进行过站维护，还包括各种勤务、上下客、货等多项工作
维修成本		338USD/FH	本指标根据我国 2003 年的经济水平计算得出
飞机利用率	飞行小时/起落	1.3 h	飞机的利用率是编制维修计划的主要依据，也是设计部门要综合考虑的问题。如可维修性最低门槛值的确定；检查重复周期的确定；维修方法的确定；环境要求的确定；基本工作量的确定等每一项都与前述总维修要求的目标内容相关
	飞行小时/年	2 720 h	
	飞行起落/年	2091 起降	
	飞行小时/天	8 h	
	飞行起落/天	6.15 起降	
	APU 时间/起落	1 h	
派遣可靠度		99.5%	本指标可以反映飞机固有可靠性和维修水平（管理、技能、资源）
发动机更换时间		4～5 h	发动机管路、附件等已在发动机本体上安装
APU 更换时间		1 h	
重要航线更换件的更换时间	空调组件	3 h	
	1 小时部件	60 min	发动机附件/发电机/液压活门等更换
	半小时部件	30 min	电动泵/厕所设备/客舱设备等更换
	20 min 内部件	20 min 以内	

表 6.4 各级维修的基本规范

A检 多重A检	定　义	间隔为500FH或者N×500FH的定期维护
	性　质	航线维修/小修
	维修地点	A检:停机坪　　多重A检:机库
	维修通道	A检:打开货舱门　多重A检:打开发动机整流罩
	工作台	可移动式工作平台
	计划维修内容	机舱和发动机的一般目视检查;易接近区域的润滑;少量的使用检查;机内测试设备的检查;液压系统压力指示和堵塞指示检查等内容
	非计划维修内容	对遗留故障或者新发现故障的排除
C检	定　义	间隔时间为4 000FH的定期维护
	性　质	C检:定期维修/小修
	维修地点	机库
	维修通道	襟翼放下;口盖和一些门打开;发动机整流罩打开
	工作台	可移动式工作平台
	计划维修内容	飞机外部的一般目视检查;其他有快速口盖区域的GVI;润滑和液压油的补充;发动机燃油和滑油过滤器的清洗更换;功能检查;少量系统安装情况的详细检查
	非计划维修内容	排除故障或者缺陷
结构检查 多重C检	定　义	飞机结构疲劳和腐蚀检查
	性　质	大修
	维修地点	机库
	维修通道	打开所有口盖,拆除绝热层、厨房、厕所
	工作台	全机固定工作台或者可移动式工作平台
	计划维修内容	内部结构和系统安装的GVI检查;结构详细检查;防腐检查和处理;部分系统安装的详细检查;使用检查;功能检查;分解部件的车间检查和报废换新
	非计划维修内容	外部打磨或者喷漆;结构修理;客舱整新
注:高级别的检查包括低级别的所有相关维修工作		

规范第四章到第六章是维修方案的主要内容,如表6.5所示,包括主要部件的维修大纲。其中第6项是系统和动力装置的维修大纲,它的基本格式可如表6.6所示,第7项和第8项是结构和区域的检查大纲的基本格式可分别如表6.7和表6.8所示。

表 6.5 典型维修方案的主要内容

序 号	名 称
0	修改说明和有效页清单
1	概述
2	飞机尺寸
3	飞机区域划分图解
4	接近口盖和各种门(飞机内外)
5	润滑勤务要求(含过滤器清洗更换要求)
6	系统维修大纲和动力装置维修大纲
7	结构检查大纲(含图解清册)
8	区域检查大纲
9	适航性限制和审定维修项目要求
10	腐蚀预防和控制大纲
附 录	以间隔时间分类的维修任务项目 地面设备和工具 维修工时分析和任务组合 可覆盖系统/动力装置检查项目的区域检查项目

表 6.6 系统和动力装置维修大纲的格式参考

任务号	任务描述	任务类型	功能影响级别	间 隔	适用性
27—13—00—01—01	详细检查副翼配平机械通道	DET	6	4000FH	ARJ21—700
27—31—00—01—01	安全活门功能性检查	FNC	9	1000FH	ARJ21—700
30—11—00—02—01	通过操作检查机翼防冰单侧供气功能是否正常	FNC	9	1500FH	ARJ21—700

表 6.7 结构检查大纲的格式参考

任务号	接 近	区 域	任务说明	抽样检查门槛值	抽样检查间 隔	检查门槛值	重复检查间隔	区域参考号	有效性
	外部接近	430				4000FC	3000FC	是	ARJ21—700
	内部接近	320				8000FC	8000FC	是	ARJ21—700

表 6.8 区域检查大纲的格式参考

任务号	口盖/面板	区域号	任务描述	间 隔	参考号
ZL141—01—01	前货舱门, 前货舱后端板, 地板	141	内部—中部设备舱	8000FH	MSI NO SSI NO HIS 342100

注:表 6.6 中,DET 表示详细检查(Detection),FNC 表示功能性检查(Functional Check)。表 6.6～表 6.8 中,FH 表示飞行小时(Flight Hours),FC 表示起降架次(Flight Circle)。

6.3 机务维修计划

6.3.1 航线维修计划

航线维修包括过站(短停)维修、航前航后维修以及可能的周期不长于A检的临时检修任务。本节主要讨论过站维修(检查)、航前航后检查的计划制订问题。

航线维修计划包括维修需求预测、工时计算、人力安排和排班、航材需求、经费预算、未预测事件的处理办法等。

一、预测

预测是对未来维修需求进行事先的计算,以便对人力、航材、设备设施和经费等做出安排,保证维修活动的正常进行。对于过站检查、航前航后检查(日检)而言,作预测的主要依据是航班计划,可以按照夏秋季、冬春季航班时刻表进行每年两次预测,再根据加班情况补充短期预测。

由于我国的航班计划以一周为周期,所以预测应给出一周中每天各机型执行航班的架次以及它们的分布。预测的方法如下:

(1)列出一周中每天在基地机场的过夜航班量。

(2)统计一周中每天在各基地机场进出港的航班数和机型,并将航班按机型分开,以此确定持有各机型执照的机务人员数;对于非基地机场,依据进出港航班数和机型,确定代理单位,签署过站维修代理协议。

(3)对于基地机场,将一天时间按值班制度划分成若干区段,给出各时间段中进出港的所有航班和相应的机型。

(4)画出各区段每种机型进出港航班的甘特图,在甘特图上,以矩形条给出每种机型在港时间区间,在矩形条中给出飞机尾号和航班号。

(5)统计各时间段中,同时需要检查的各种机型最大在场飞机数,再根据每航班过站检查需要的人数(例如,B737,757,A320系列飞机过站检查可能需要2人,B747,A340系列飞机过站检查可能需要3人)和各种机型过站检查所需时间(根据检修活动的记录数据分析,一般检查时间是20～40 min),确定各时间段需要的最大机务人员数。

通过以上分析,最终给出一周中每天各种机型进出港航班数的分布和需要机务人员数的分布图。

二、过站/航前检查任务的安排

航前检查与过站检查的内容和要求非常接近,可以将过站检查和航前检查看作同一种检修任务来安排。

根据适航规定,机务人员必须持证上岗,每个人只能执行他自己维修执照规定的机型的维修任务。因此应该根据航班的机型安排持有该机型执照(分电子和机械电气两种)的机务人员执行维修任务。如果某机务人员持有某机型电子和机械两种执照,那么过站检查可以只安排他一人执行,但现在这样的机务人员非常少，所以一般至少安排 1 名机械、1 名电子执照的机务人员进行过站检查。

前面已经通过预测计算出每天各时段的人力需求，同时也掌握了航线维修部持有各种机型(电子的和机械的)维修执照的机务人员数，将这两者进行指派，即完成了人员排班计划。这两者必须平衡，或"供"稍大于"需"。

三、航后检查任务的安排

航后检查是指每晚飞机执行最后一个航班进港后进行的日检，该项检查内容较多，有时甚至须对某些飞机进行 A 检，一般需要较长时间，例如 1.5 ～6 h。最后一个航班进港时间可能在午夜 12:00 之后，第二天第一个航班出港在早晨 7:00 之后，这段时间有 6～7 h，所以每检修组一个轮班可安排 3～4 架飞机的航后检修任务。根据上述分析可以给出航后检查需要的机务人员数的计算公式。

设有 K 种机型，机型 k 共有 n_k 架过夜飞机，每架飞机的航后检查组需要 p_k 人，每组人员一个轮班执行 m_k 架飞机的检修任务，那么机型 k 的航后检查需要人员数为

$$P_k = \frac{n_k p_k}{m_k} \tag{6.1}$$

共需机务人员为

$$P = \sum_{k \in K} P_k = \sum_{k \in K} \frac{n_k p_k}{m_k}$$

四、人员排班

通过上述预测，已经得到一周中每天各种机型进出港航班在各时段的分布。设共有 K 种机型，持有机型 k 维修执照的机务人员共有 O_k 人，每 4 h 一个轮班，一天共 6 个班次，每人需连值两个班次，共 8 h。由于过站检查一般需要 30 min，可将第 i 班次的 4 h 以 0.5 h 为一个间隔，等分成 8 个区间，计算各时段中机型 k 同时过站航班数，则其中最大航班数用于计算本班次所需人数。这样得到一周中第 d 天的第 i 个班次需要机型 k 的维修人员为 p_{id}^k 名。值班制度规定，若某人从第 d 天开始值班，则连续值班 5 天，休息 2 天，构成一个值班周期。设第 d 天的第 i 班次有 x_{id}^k 人开始上班，那么对于机型 k，航线维修人员的排班可用如下模型表达

$$\min z^k = \sum_{i=1}^{6} \sum_{d=1}^{7} x_{id}^k \tag{6.2a}$$

$$\text{s.t.} \quad \sum_{g=d-4}^{d} \sum_{j=i-1}^{i} x_{jg}^k \geqslant p_{id}^k, \quad i = 1,2,\cdots,6; \quad d = 1,2,\cdots 7 \tag{6.2b}$$

$$x_{id}^k \geqslant 0, i = 1,2,\cdots,6; \quad d = 1,2,\cdots 7 \tag{6.2c}$$

其中，式(6.2a) 表示本规划要求总人数最少，因为在保证检修任务顺利完成的同时，安排人数越少，成本越低。式(6.2b) 表示每天的每个时段的值班人数不得少于所需人数，由于一天中每人必须值两个班次，因此同时值班的人数是上一班和本班开始值班的人数之和；又由于一周中每人值班需连值 5 d，因此每天某班次开始值班人数等于之前 5 d(包括当天) 本班次开始值班人数之和。

表示班次的下标 i 是以 6 为周期的循环数，$i = 0$ 或 7 分别表示前一天的末班和第二天的头班，因此有

$$x_{0d}^k = x_{6(d-1)}^k, \quad x_{7d}^k = x_{1(d+1)}^k$$

表示星期几的下标 d 在 $1\sim7$ 中取值，分别表示周一到周日，如果 $d\leqslant0$，则表示上周对应的日子。例如 $d=0$ 表示上周日，$d=-1$ 表示上周六等，根据排班的规则，最小的 $d=-3$，即上周四。因为周四之前开始值班的职工可在本周完成一个值班周期，周四开始值班的则到下周一才值完一个周期。所以有

$$x_{i(-3)}^{k}=x_{i4}^{k},\quad x_{i(-2)}^{k}=x_{i5}^{k},\quad x_{i(-1)}^{k}=x_{i6}^{k},\quad x_{i0}^{k}=x_{i7}^{k}$$

下面举例来说明上述模型的应用。

例 6.1　某航空公司有一个基地机场，两种机型的飞机共 10 架，其中 B737 7 架，B767 3 架；B737 和 B767 的过站检查分别需要 2 人和 3 人，航后检查分别需要 3 人和 4 人。一周共执行 300 个航班，航班计划表明 22:00 以后进港的飞机不再出港，根据对航班计划的分析和计算，已经得到如表 6.9 和表 6.10 所示的航班进出港分布表。表中给出的数字是该时间段中某半小时需同时检查的飞机数，不是该时间段需检查的飞机总数。过夜飞机的航后检查一般需要 1.5～2.0 h，表中第 2 列和最后一列给出的是同时接受检修的飞机数。试给出所需人数最少的排班计划。如果航线维修共有持有这两种机型执照的技术人员分别为 30 和 25 人，请问人力是否够用。

表 6.9　B737 航班进出港分布表

时间段	24:00～6:00	6:00～8:00	8:00～10:00	10:00～12:00	12:00～14:00	14:00～16:00	16:00～18:00	18:00～20:00	20:00～22:00	22:00～24:00
星期一	2	2	4	3	3	3	4	4	2	2
星期二	2	1	4	3	2	3	2	2	2	2
星期三	2	1	3	3	2	2	3	2	1	2
星期四	2	1	4	3	2	2	3	2	1	2
星期五	2	2	3	2	3	3	4	3	2	2
星期六	2	3	3	3	2	2	3	2	2	2
星期日	2	1	3	2	3	3	4	4	3	2
备　注	过夜	出港	出港	进出港	进出港	进出港	进出港	进出港	进出港	进港
班　次	1	2	3		4		5		6	

表 6.10　B767 航班进出港分布表

时间段	24:00～6:00	6:00～8:00	8:00～10:00	10:00～12:00	12:00～14:00	14:00～16:00	16:00～18:00	18:00～20:00	20:00～22:00	22:00～24:00
星期一	1	1	2	1	2	1	2	2	1	1
星期二	1	1	2	2	2	1	1	2	1	1
星期三	1	1	2	1	1	1	2	1	2	1
星期四	1	1	2	1	1	2	2	1	1	1
星期五	1	1	2	2	1	1	2	1	1	1
星期六	1	1	2	1	1	1	1	2	1	1
星期日	1	0	2	0	1	1	2	1	1	1
备　注	过夜	出港	出港	进出港	进出港	进出港	进出港	进出港	进出港	进港
班　次	1	2	3		4		5		6	

解　根据题意，只要将表 6.9 和表 6.10 中最后一列和第 2 列的数字分别乘以 3 和 4 即可得航后检查

班次需要的人数，第 3 ～ 9 列分别乘以 2 和 3 可得各时间段所需机务人员数，取各班次中各时间段所需人数最大值可得各班次所需机务人员数。由于 22:00 后进场的飞机不再出港，可以开始进行航后检查，因此第 6 班次所需人数由航后检查所需人数决定。由此给出的所需机务人员数如表 6.11 和表 6.12 所示。

表 6.11　B737 飞机航线维修所需人员表

时间段	24:00 ～ 4:00	4:00 ～ 8:00	8:00 ～ 12:00	12:00 ～ 16:00	16:00 ～ 20:00	20:00 ～ 24:00
星期一	6	4	8	6	8	6
星期二	6	2	8	6	6	6
星期三	6	2	6	4	6	6
星期四	6	2	8	4	6	6
星期五	6	4	6	6	8	6
星期六	6	6	6	4	6	6
星期日	6	2	6	6	8	6
班　次	1	2	3	4	5	6

表 6.12　B767 飞机航线维修所需人员表

时间段	24:00 ～ 4:00	4:00 ～ 8:00	8:00 ～ 12:00	12:00 ～ 16:00	16:00 ～ 20:00	20:00 ～ 24:00
星期一	4	3	6	6	6	4
星期二	4	3	6	6	6	4
星期三	4	3	6	3	6	4
星期四	4	3	6	6	6	4
星期五	4	3	6	3	6	4
星期六	4	3	6	3	6	4
星期日	4	0	6	3	6	4
班　次	1	2	3	4	5	6

将 B737 和 B767 分别编号为 1 与 2，根据表 6.11 和表 6.12 给出的数据，可以给出两种机型航线维修人员排班的数学模型，其中机型 1 的数学模型如下：

$$\min z^1 = x_{11}^1 + x_{12}^1 + x_{13}^1 + x_{14}^1 + x_{15}^1 + x_{16}^1 + x_{17}^1 + \cdots + x_{61}^1 + x_{62}^1 + x_{63}^1 + x_{64}^1 + x_{65}^1 + x_{66}^1 + x_{67}^1$$

$$\begin{aligned} \text{s.t.}\quad & x_{63}^1 + x_{14}^1 + x_{64}^1 + x_{15}^1 + x_{65}^1 + x_{16}^1 + x_{66}^1 + x_{17}^1 + x_{67}^1 + x_{11}^1 \geqslant 6,(i=1,d=1) \\ & x_{14}^1 + x_{24}^1 + x_{15}^1 + x_{25}^1 + x_{16}^1 + x_{26}^1 + x_{17}^1 + x_{27}^1 + x_{11}^1 + x_{21}^1 \geqslant 4,(i=2,d=1) \\ & x_{54}^1 + x_{64}^1 + x_{55}^1 + x_{65}^1 + x_{56}^1 + x_{66}^1 + x_{57}^1 + x_{67}^1 + x_{51}^1 + x_{61}^1 \geqslant 6,(i=6,d=1) \\ & x_{64}^1 + x_{15}^1 + x_{65}^1 + x_{16}^1 + x_{66}^1 + x_{17}^1 + x_{67}^1 + x_{11}^1 + x_{61}^1 + x_{12}^1 \geqslant 6,(i=1,d=2) \\ & x_{53}^1 + x_{63}^1 + x_{54}^1 + x_{64}^1 + x_{55}^1 + x_{65}^1 + x_{56}^1 + x_{66}^1 + x_{57}^1 + x_{67}^1 \geqslant 6,(i=6,d=7) \\ & x_{id}^k \geqslant 0,\quad i=1,2,\cdots,6;\quad d=1,2,\cdots 7 \end{aligned}$$

机型 2 的人员排班数学模型与上式相似，这里不再给出(读者可自己试着给出)。

应用 ILOG/CPLEX 求解上述数学模型得到最优解如表 6.13 和表 6.14 所示。

表 6.13　B737 飞机航线维修人员排班表

时间段	24:00 ～ 4:00	4:00 ～ 8:00	8:00 ～ 12:00	12:00 ～ 16:00	16:00 ～ 20:00	20:00 ～ 24:00
星期一	0	0	2	1	1	1
星期二	2	2	0	0	0	0
星期三	0	0	0	0	2	0
星期四	1	0	2	0	2	0
星期五	2	1	0	1	1	1
星期六	0	1	0	1	0	2
星期日	0	1	1	1	0	0

表 6.14　B767 飞机航线维修人员排班表

时间段	24:00 ～ 4:00	4:00 ～ 8:00	8:00 ～ 12:00	12:00 ～ 16:00	16:00 ～ 20:00	20:00 ～ 24:00
星期一	1	0	1	1	0	1
星期二	0	0	1	1	1	0
星期三	1	0	1	0	1	0
星期四	1	1	1	0	1	1
星期五	0	0	1	0	1	0
星期六	1	1	1	0	1	0
星期日	0	0	1	1	1	0

可见 B737 需要 29 人，B767 需要 24 人。由于持有 B737 和 B767 执照的机务人员现分别有 30 人和 25 人。不出意外，机务人员应该是够用的。

可以用简单的近似计算方法获得共需人数：如果每周共有 N 个班次，平均每班次需要 p 人，每人每天应值 m 个班次，每周执勤 k d，则每人每周值 km 个班次，供需人数为

$$P = pN/km$$

例如对上例的 B737，每周共有 $N = 42$ 个班次，平均每班次需要 $p = 5.7$ 人，每人每天值 $m = 2$ 个班，每周执勤 $k = 5\text{d}$，因此供需人数 $P = 42 \times 5.7/(2 \times 5) = 23.94 = 24$ 人，比上述结果少 5 人。这主要是因为值班规则规定一次值班总是连续值两个班次，这使得某些班次的值班人员数超过必须的人数。因此可以用 $24/29 = 0.83$ 表示排班的效率。

各航空公司机务人员排班模式并不相同，以上方法只是介绍了解决人员排班问题的基本思路，这种思路也可用于地面服务人员等的排班。

五、航材需求预测

在航线维修部，通常需要的航材主要有轮胎、标准件、润滑油、油脂等，大多是一些耗材，可以分别做出需求计划。

轮胎根据起降架次来衡量寿命，如果有关于轮胎破损和起降架次关系的历史数据，就可以通过统计处理得到每种机型前、后起落架轮胎寿命的起降架次，一般为200～250个起落架次。根据航班计划，又可以统计出每架飞机从上次更换轮胎到目前为止已经历了多少个起降架次，以及还能再飞多少个起降架次，因此可以预测各种轮胎的需求。轮胎需求可以用每月只数表示，例如10只/月。然后将需求提交给航材管理部门，航材管理部门根据需求进行采购。

航线维修部需要的其他航材不属于重要航材，可以根据经验或历史数据统计处理的结果预测需求。

6.3.2 定检维修计划

一、定检维修计划的制订

定检维修计划的主要作用如下：

(1) 保证飞机维修活动有序进行；

(2) 按规定的时间、数量以及计划的维修成本向运控部门提供安全可靠的飞机，并保证维修生产的连续性和均匀性；

(3) 遵守维修大纲，保持公司机队每架飞机的持续适航，确保各项适航指令的及时完成；

(4) 保障航空公司机队的运力，科学合理地安排飞机的梯次使用，满足运输高峰期和淡季的季节变化对机队运力的要求。

飞机定检维修计划的制订需要考虑航空公司各方面的资源，其中航线航班是核心。围绕这一核心，需要考虑航班计划的转换、航站管理、机务人员管理、年度大修计划的规定和飞机管理等。一般地，要求在航班的高峰季节尽量少安排或不安排停场检修(如C检及以上等级的字母检)，在航班闲季则可以多安排一些停场检修，以提高飞机的年利用率，降低飞机拥有成本。另外，要考虑梯次使用飞机，也即在安排飞机定检周期时，将飞机的停场定检的时间拉开，不集中在某段时间进行，以保证提供足够的运力。为此，在维修大纲中确定检修周期时应考虑这一因素。在制订维修计划时，也可作适当调整。注意检修项目的安排只能适当提前，不能延后。

飞机维修计划的制订流程可以参考图6.3。

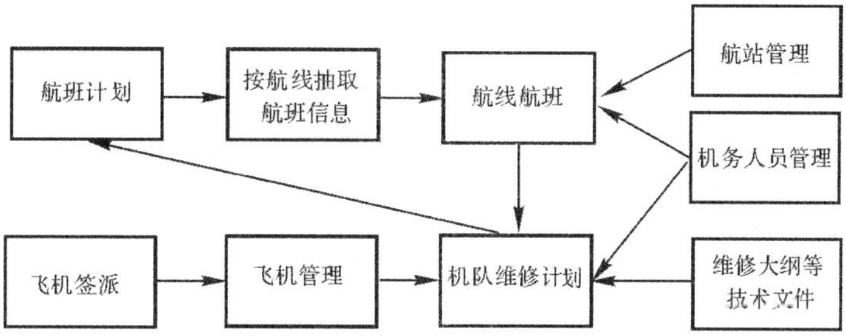

图6.3 维修计划制订流程图

航空公司制订维修计划，是航空器持续适航的基本要求，是航空器安全运行的基本要求，所以维修计划应当确定每架飞机在计划期内需进行的检修等级和次数，基本确定每次检修的时间，给出每次检修的技术方案，并做出所需工时、材料和经费的预算。机务维修计划应当包括如下基本内容：

1. 飞机排班计划

飞机排班计划是把承运人机队的每架飞机分配给特定的航班，以完成计划的运输任务。飞机排班计划应包括飞机维修的停场时间，在保证足够的停场时间进行必要维修的前提下，尽可能增加飞机的利用率，以努力提高飞机和相关资源的有效利用。飞机排班计划问题将在第 8 章中讨论，本章不再讨论。

2. 生产预测和计划

维修生产计划以维修生产预测为基础。维修生产预测是在已知机队的规模和配置、航线结构、计划的飞行小时的条件下，根据经验和历史数据，预测每个维修部门的工作负荷。

在做生产预测时，应具体列出计划期内每架飞机及其主要部件需进行计划维修的次数和种类。做较长周期的计划时，预测可粗些，例如按年度预测 C 检的次数。作短期计划时，预测要足够精细，例如对某次定检维修，要列出所有检修作业、各检修作业之间的前后关系，再预估各种检修作业工时，通过网络计划分析方法，计算各项作业的开始和结束时间。有的航空公司采用作业流程分析方法解决。

例 6.2 表 6.15 给出了某飞机某 A 检的作业工时和顺序，试用网络分析法计算该次定检的工期（完成维修任务所需时间）和各项作业的开始和结束时间。

表 6.15 A 检的作业顺序表

作业编号	作业内容	紧前作业	作业时间 /min	需要人数 / 人
A	清洁机库		25	4
B	准备工具、设备		30	2
C	飞机入库	A,B	30	5
D	打开机舱	C	15	2
E	货舱门	C	20	4
F	打开发动机整流罩	C	24	2
G	机舱一般目视检查(GVI)	D,E	90	3
H	发动机 GVI	F	60	2
I	易接近区域的润滑	G,H	50	5
J	使用检查	I	40	6
K	机内测试设备的检查	J	45	4
L	液压系统压力指示检查	K	55	2
M	堵塞指示检查检查	K	40	3

解 根据表 6.15 给出的维修作业顺序关系，使用试凑法或网络图自动绘图工具，得到该次 A 检的网络图如图 6.4 所示。图中每条作业箭线的上侧给出了作业编号（与表 6.15 中的第一列相同），下侧给出了该作业所需工时。通过计算事项节点的最早时间和最迟时间（图 6.4 的三角形中给出了最早时间，方框

中给出了最迟时间)，进一步得到该 A 检的关键路线(图 6.4 中用粗实线表示)，由此得到工期是 360 min，也就是 6 h，符合一般 A 检的要求。

由图 6.4 可知，为了不影响工期，关键路线上各作业必须保证按其箭尾事项的最早开始时间开始工作，箭头事项的最早时间结束工作；非关键路线上的作业可以在其箭尾事项的最早时间与最迟时间之间开始，但不得迟于最迟时间开始。(请读者自行列出每项作业的开始和结束时间。)

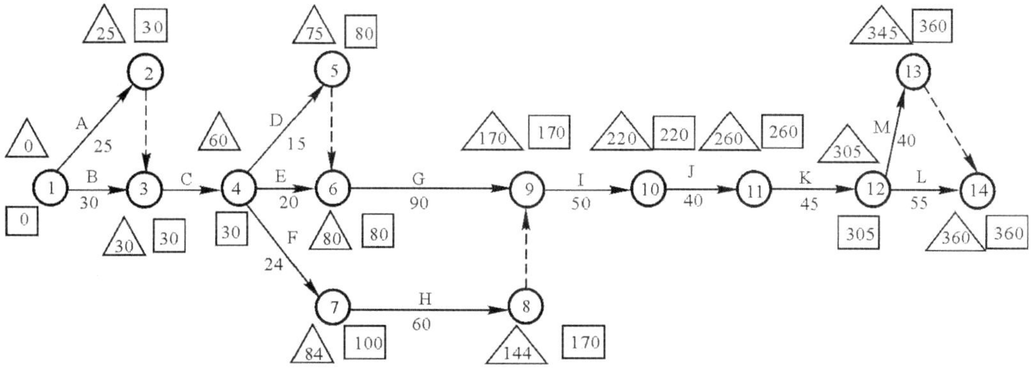

图 6.4　例题 6.2 的网络图

作上述分析之后便可以基本给出各项作业的开始时间和结束时间，但还需要核实人力资源和其他有限资源是否够用，通过优化资源配置后才能做出最后的安排。另外上述分析已经给出了维修工期，如果工期不能满足运输生产计划的要求，则需要采用赶工措施来满足需求。赶工问题将在 6.3.3 小节分析。

制订维修计划时要注意，通常 C 检及以上的飞机检查，除了规范规定的日常检查项目以外，还因为以下原因而增加可变日常检查项目：

(1) 航线或其他检查项目保留的维修；

(2) 贯彻服务通告、服务信函和适航指令；

(3) 贯彻航空公司自己的改装任务；

(4) 飞机清洗和喷漆要求。

另外还会有日常检查而产生的维修任务，叫做非日常的维修任务。在制订维修计划时，应当预测上述这些非常规的维修任务，并作出人力、设备工具、航材等资源的安排。

3. 人力计划

人力计划的目的是使生产计划与企业的人员配置水平之间达到平衡。应根据维修生产预测的工作量确定各计划维修活动所需要的人工工时和人工数。

为节省人力或解决人力不够问题时，可以采用网络计划分析技术进行人力优化配置。

例 6.3　在例 6.2 中，已经给出了每项作业所需人数(见表 6.15 的最后一列)，现已知能提供的人员总数为 6 人，请优化配置维修人力资源。

解　首先让各项维修作业以最早时间开始，进行人力资源的配置，画出人力资源配置图如图 6.5 所示。可见事项节点 4 之后有一段时间(15 min) 需要 8 人，发现人力不够。此时可以调整非关键路线上的作业 F 和 H，因为从图 6.4 可以看出，它们的开始时间有 16 min 的机动余地。

将作业 F 和 H 向后推迟 15 min，到作业 D 完成后才开始(执行作业 D 的机务人员，在完成作业 D 后，才开始作业 F 和 H)，这样人员的安排就比较平衡了，最大人力需求为 6 人。因此机务人员总数有 6 人就可以完成该次 A 检的维修任务。结果如图 6.6 所示。

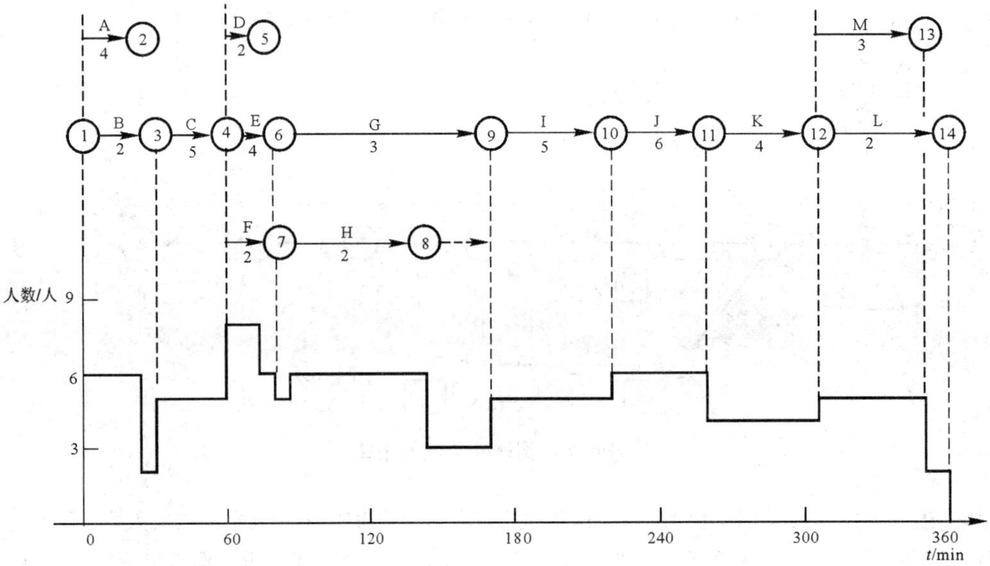

图 6.5　例 6.3 的初始人力布置图

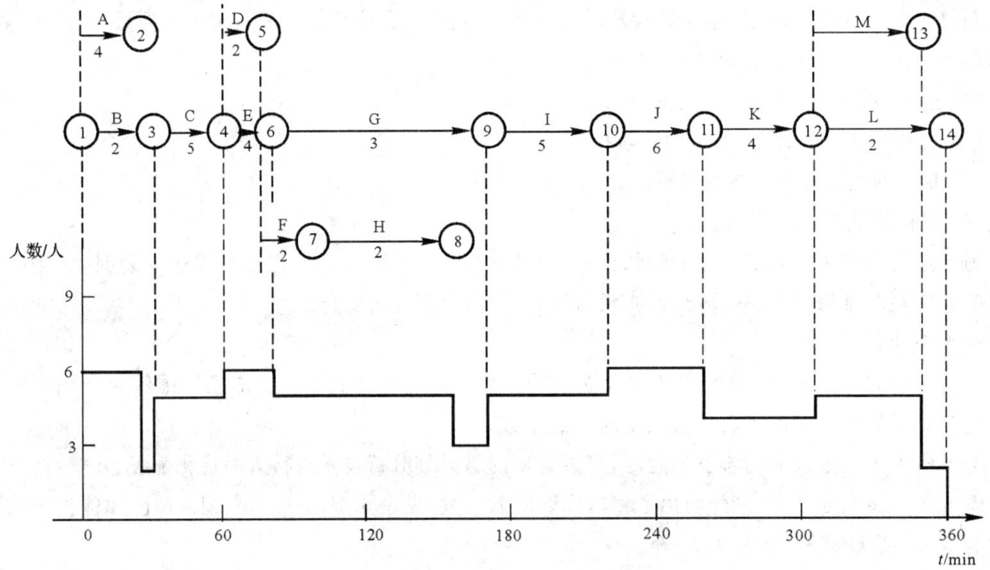

图 6.6　例 6.3 的人力重新布置图

如果一切能按计划进行的话，通过上述分析，已经能对各项作业的开始和结束时间做出安排，并且做出人力计划了。

4. 航材需求计划

根据定检类型和维修使用航材的历史数据，可以预测航材的需求，包括支持维修所需的周转部件及其他可修复件和耗材。这些航材需求计划需提交给航材管理部门，由航材管理部门统一制订采购计划，保障供应。

5. 设备 / 设施计划

设备 / 设施计划是预测维修生产所需的工具、机库和车间设备等。长期的设施计划可能包括购置新设备和扩建新设施。短期计划则是为机库机位和设备、停机坪设备、工具、车间测试设备等的使用做出安排。

二、定检维修计划书

上述分析的结果，应当用书面形式规定下来，这就形成了飞机定检维修计划书（有的航空公司直接形成维修工作包，交给机库执行）。计划书对上述各种维修活动都做出必要的规定，对上述各类常规检查做出有关人力、航材、设施以及时间的计划，同时应预测临时出现的维修任务，并做出安排。临时出现的维修任务是指不在常规检查范围内的故障维修内容（一般属于状态监控类零部件出现的故障）与贯彻服务通告、服务信函和适航指令而安排的维修任务。

飞机定检维修计划书应当包括如下内容：

第一章　前言

第二章　维修任务的分解和工作量预测

第三章　临时维修任务的预测

第四章　人员安排和排班

第五章　航材需求

第六章　设备设施需求

第七章　工程指令和工卡

第八章　未预测事件的处置规定

在计划书第一章中，应当根据维修大纲的要求规定本次维修的任务、维修时间和责任人。还应当给出计划书的制订者、修改者和批准者，以及最新版本号。每次修改都应当更改版本号，各版本计划书都应当作为技术资料保存，以便于分析和改进维修计划。

计划书第二章首先将维修作业进行分解，基本单元是工卡规定的任务，然后根据预测给出作业工时和先后顺序。

计划书第三章对可能出现的临时维修任务进行必要的预测，包括内容、技术、人员、工具、航材等。

计划书第四章根据网络分析的结果做出人力资源的安排，并进行排班。

计划书第五章根据维修内容做出航材需求预测，并提供给航材部门做好航材准备。

计划书第六章做出维修所需工具、设备、设施需求预测，并进行安排。

计划书第七章发出该项维修任务的工程指令，并制订和发布所有工卡。

计划书第八章对可能发生的未测事件的处置办法做出规定。

定检维修计划书应提交主管领导批准后执行。

三、飞机定检计划的优化

1.项目组合优化

只要维修大纲得到充分实施，在制订维修计划时，可以在一定范围内灵活安排飞机定检维修的周期，以便将不同定检内容合并执行，目的是减少飞机停场次数和某些项目的重复检修，降低维修成本，方法是项目的组合优化。

有两种形式的项目组合优化：一种是不同字母检之间的组合优化；另一种是不同项目之间的组合优化，下面分别进行讨论。

各种定检维修项目多数是用时限来规定它们的周期，通常不同字母检的初始周期不一定成整数倍，例如某型飞机的A检周期为500 h，C检的周期是3 600 h，那么执行了7次A检后，飞机飞行了3 500 h，结果刚做完A检后飞行了100 h就必须执行C检了。而C检还重复了A检的多数检修内容，这显然浪费了第7次A检的成果，还增加飞机停场次数。

那么能否取消第7次A检，而直接到飞行了3 600 h后执行C检呢？答案是不行的，因为那样违反了适航规定，违反了维修大纲。各类定检的实际周期不得长于维修大纲规定的周期，但可以短于它们。因此可以将这次C检的周期减缩为3 500 h，这样可以在飞行了3 500 h后将A检和C检合并执行，相当于节省了一次A检。

因此应将各类字母检的周期设置成倍数关系，这样就可以减少一些较低等级的字母检，优化的结果可以用甘特图表示。例如对某飞机，初始维修大纲规定该机型每飞行120 h做一次1A检，每飞行240 h做一次2A检，每飞行480 h做一次4A检，每5 000 h或18个月作一次C检，根据航班计划，该飞机的期望日利用率为12 h，到当年年底，该飞机刚完成最后一次1A检，最后一次2A和4A检后已飞行120 h，最后一次C检后已飞行3 600 h。在为该飞机制订明年的定检计划时，既要遵守飞机维修大纲，又要让定检间隔时间成整数倍，那么C检的维修周期应定为每飞行4 920 h（根据飞机日利用率知飞行4 920 h比18个月先到）一次。根据飞机的预期日利用率和各定检周期可知，该飞机应该每隔10 d做一次1A检，20 d做一次2A检，每隔40 d做一次4A检，每隔490 d做一次C检。年初刚做完一次1A检，因此第一个10 d后应做2A检，第一个20 d后做1A，第一个月底做4A检，等等；由于到今年底，飞机距离上一次C检已飞行了3 600 h，因此第一个110 d后应该执行C检，如此等等。这样4月19日执行的是1A，2A，4A和C检的合并检修任务，这将大大减少停场时间和维修成本。根据上述分析，可以用如表6.16所示的下一年定检执行计划（已假设C检需要2～3 d时间）。

表6.16 某飞机年维修计划

日期	1—10	1—20	1—30	2—9	2—19	2—29	3—10	3—20	3—30	4—9	4—19	4—30	5—10	5—20	5—30	6—9	6—19
1A	√	√	√	√	√	√	√	√	√	√	√	√	√	√	√	√	√
2A	√		√		√		√		√		√		√		√		√
4A			√				√				√				√		
C											√						

如果到今年底，最后一次 C 检后只飞行了 3 450 h，那么到 4 月 19 日飞行时间是 4 770 h，还不到 4 920 h，此时应将计划改为 4 月 29 日执行 C 检。但到 4 月 29 日上次 C 检后该飞机飞行了 4 890 h，还不到4 920 h，可以不安排 C 检。若还不安排 C 检，到 5 月 9 日时，飞行时间将达到 5 010 h，超过维修大纲规定的5 000 h，这是不允许的。若安排在 5 月 8 日安排 C 检，那么飞行小时是 4 998 h，不违反维修大纲，但增加了飞机停场次数，增加了公司的维修成本。

根据 MSG—3 第二版制订的维修大纲，取消了 C 检等需停场时间较长的检修方式，将大修内容进行了拆分再组合，使每次检修内容减少，因而每次检修飞机的停场时间都比较短，提高了飞机的利用率。这本质上也是维修计划的优化。

第二种项目组合优化的做法是，在制订维修方案时，根据持续适航的要求和维修手册的有关规定，将计划期内需要完成的维修项目按照多种方式进行组合，形成不同的任务包(每个任务包都必须满足适航性要求，以及时间和技术上的可行性)。同一个维修任务，在不同的任务包中，维修成本(包括飞机停场成本)将不相同。飞机维修计划的优化是从众多任务包中寻找可以完成所有维修任务又使维修总成本最小的任务包。

设 C_{ij} 表示计划期内的第 i 个维修任务在第 j 个维修方案中执行的维修成本，则

$$C_{ij} = C_{ij}^{r} + C_{ij}^{m} + C_{ij}^{g} \tag{6.3}$$

式中，C_{ij}^{r}，C_{ij}^{m}，C_{ij}^{g} 分别表示维修的人工成本、材料成本和由于飞机停场导致的机会损失。

影响计划期中维修人工成本和材料成本的主要因素是维修的频次、每次维修的工时和小时人工成本以及需要的材料、备件的数量和价格；影响停场损失的主要因素是维修停场时间和单位时间的机会损失。各次维修任务的人工成本可通过任务的优化指派和提高劳动效率来优化，材料成本可通过优化选材和尽可能减少零部件的更换来达到优化的目的。一般来说材料成本与任务组合无关，那么优化飞机维修计划的基本策略就是在保障安全的前提下，设法缩短维修停场的时间、减少维修停场的频次，以实现维修总成本最小化。

设计划期内有 n 个维修任务，可以组合成 m 种任务包供选择，$C_j = \sum_i C_{ij}$ 是第 j 个任务包的成本，x_j 是决策变量，表示第 j 个维修任务包是否被选中，如果被选中，则取 1，否则为 0。$a_{ij} = 0,1$，是示性算子，当第 j 个任务包包含第 i 个维修任务时等于1，否则等于0。现要从 m 个任务包中选择若干个来执行，在保证完成维修任务的同时，使维修总成本最小。该维修计划的优化问题可以用数学模型式(6.4) 表示

$$\begin{aligned} \min z &= \sum_{j=1}^{m} C_j x_j \\ \text{s.t.} \quad & \sum_{j=1}^{m} a_{ij} x_j = 1, \quad i = 1,2,\cdots,n \\ & x_j = 0,1; \quad j = 1,2,\cdots,m \end{aligned} \tag{6.4}$$

这是一个集合分割问题，其中约束条件表示每个维修任务必须且只能被执行一次。

例 6.4　B757—200 的维修审查委员会 MRB 定义“系统检查”的 C 检间隔为 6000FH 或者 18 个月，先到为准；而“结构检查”的C检间隔为 3000CYC或者 18 个月，先到为准。某公司的航线结构多为国内短航线，B757—200 在 18 个月中大约飞 4200FH/3100CYC。因此，3000CYC 最先达到，其次是 18 个月，最后才是 6000FH。因此按照维修大纲的要求，该飞机飞行 3000CYC(大约 4065FH) 要求做结构C检，飞行18

个月(大约 4200FH) 要做系统 C 检。系统 C 检和结构 C 检间隔大致只有 135 h。

在满足维修大纲要求的前提下,以 4000FH 作为系统 C 检和结构 C 检的共同基准,可以将系统检查和结构检查组合。对于以飞行小时以及起降架次为检查间隔的项目,通过分析,一部分进行附件监控,一部分经过相应的折算,归并到周期性的定检中是可行的,并符合持续适航要求。

通过计算已知这次系统 C 检的维修费用是 48 000 元,结构 C 检的维修费用是 37 000 元,将两者组合成一个任务包的维修费用 78 000 元,请为该飞机的两次 C 检制订成本最小的维修计划。

解:该例有两个维修任务:系统 C 检和结构 C 检。可以设计三种任务包,第一种只包含系统 C 检,第二种只包含结构 C 检,第三种包含两个维修任务。因此有

$$C_1 = 48\ 000,\quad C_2 = 37\ 000,\quad C_3 = 78\ 000$$

$$a_{11} = 1,\quad a_{12} = 0,\quad a_{13} = 1;\quad a_{21} = 0,\quad a_{22} = 1,\quad a_{23} = 1$$

可得维修计划的优化模型是

$$\begin{aligned} \min z &= 48\ 000x_1 + 37\ 000x_2 + 78\ 000x_3 \\ \text{s.t.}\quad & x_1 + x_3 = 1 \\ & x_2 + x_3 = 1 \\ & x_1, x_2, x_3 = 0, 1 \end{aligned}$$

解得 $x_1 = x_2 = 0, x_3 = 1$,也即应选择第三个任务包执行,此时总费用为 78 000 元。

尽管例 6.4 是一个很简单的问题,但它可以清楚地表达维修计划优化的基本思想和优化建模的基本方法。由该例可以看出通过组合维修任务可以为航空公司节省维修成本。实际上系统 C 检和结构 C 检的间隔大致相同,合并没有因系统 C 检间隔的缩短造成太多浪费,且可以带来以下好处

(1) 只须以飞行小时对定检进行控制,简化了生产计划的调配;

(2) 合并后飞机的 C 检停场次数减少了一半,显著降低了人工成本;

(3) 在人员充足,维修工作不冲突的情况下,通过求解最短路问题,可以对飞机实行多路并行维修,实现最短的停场时间,完成既定维修任务,降低人工成本。

(4) 系统 C 检和结构 C 检有着诸多相同的接近区域,组合可以大大减少工时,从而可以提高工作效率,减小了飞机停场损失。

通过合理的组合,人工成本和飞机停场损失同时下降,而材料成本则大致相同,维修总成本大大减小,降低了飞机维护成本。

6.3.3 维修调度问题

根据维修计划,已经做好了本次定检前的各种准备,包括人员安排、设备和工具的落实以及航材的准备,即将开始本次检修工程了。

工程开始后,人们都希望一切按计划进行,按时、按质、按量完成所有检修任务。但由于工作量(特别是非日常维修任务)很难预测得准确,往往不能事事如愿,可能出现一些意料之外的问题。例如某项任务是“检查液压线路是否漏油”,如果检查的结果不漏油,则检查任务在规定的时间内完成;如果发现漏油,那么计划员在做计划时难以预测漏油的程度,因此也就很难预测该项油路泄露的修理时间,可能偏离

计划进度。在拆卸和安装某部件时可能拧断一个螺栓，这是意想不到的。更糟糕的是，由于没有预备取出断螺栓的工具，而且没有现成的该种螺栓，需要临时车出一个螺栓。另外还要进行一定的检查，查找出拧断螺栓的原因，以免留下安全隐患。所有这些大大增加了维修时间。

由于各项检修工作之间存在相互影响，例如空间的限制使得某项非正常修理工作增加了对空间的需求，导致另外一项工作无法正常进行，也因此进一步影响了检修工程的进度。

另外，不同的人做同一个检修工作，工时不同，有的长，有的短。即使同一个人干同一件检修工作，工时也可能不一样，因此要准确预测工时是很困难的。因此准确执行计划进度也是很困难的。

这些情况表明，有了计划并不等于一切都会按计划进行。计划只能保证工程的正常开始，维修工程要按计划进行，必须有适当的调度措施。调度工作的目的就是保障维修按计划进行，调度工作必须围绕维修计划的正常进行而开展。

有时可能因为航班不正常影响到维修计划的正常执行，如果不进行适当的调度，飞机将不能按时交付使用，导致它的下一个航班不能按计划正常执行。此时应当增加资源，缩短维修工期。这种维修调度叫做赶工问题。

例 6.5　对于例 6.2 的问题，如果机务维修部门得到运行控制中心的报告，要做 A 检的飞机航班误点了 2 h，要到次日凌晨 2:30 才能到达基地机场，要求次日 7:30 的航班不能延误。如果按照正常维修计划安排，做该次 A 检需要 6h，则 7:30 的航班不能正点起飞。机务维修部门可以通过增加维修人员和有关检测工具，来缩短有关作业时间。问题是应将人力等资源增加到哪些作业上才能缩短工期呢？

根据历史数据的统计分析，给出了如表 6.17 所示的结果，其中第 4 列是可能的最短作业时间。各作业在可缩短的时间内，增加人数和缩短时间成正比，表 6.17 的第 6 列给出了各项作业每增一人可缩短的作业时间，例如对于作业 A，每增加一人，作业时间可缩短 5 min。已知每增加一个人，每小时公司将增加成本 300 元。请分析是否可以将 A 检时间缩短到 4 h 之内？这样的赶工从经济上看是否合算？

解　首先计算出每增加一人可缩短的时间，如表 6.17 所示的最后一列所示。

表 6.17　例 6.5 的作业可缩短时间和增加的费用

作业编号	作业内容	正常作业时间 /min	最多可缩短到 /min	需增加人数 / 人	可缩短时间 /min
A	清洁机库	25	15	2	5
B	准备工具、设备	30	15	2	7.5
C	飞机入库	30	25	2	2.5
D	打开机舱	15	10	1	5
E	货舱门	20	10	1	10
F	打开发动机整流罩	24	15	2	4
G	机舱一般目视检查(GVI)	90	50	4	10
H	发动机 GVI	60	40	2	10
I	易接近区域的润滑	50	20	5	6
J	使用检查	40	30	2	5
K	机内测试设备的检查	45	35	2	5
L	液压系统压力指示检查	55	30	2	12.5
M	堵塞指示检查	40	25	3	5

要缩短工期，只能缩短关键路线上的作业时间。由图 6.4 可知，关键路线上有作业 B,C,E,G,I,J,K 和 L，其中作业 B 只能缩短 5 min，作业 E 和 G 共只能缩短 16 min(而且缩短了 16 min 后，将可能导致所需人数进一步增加)，作业 L 可缩短 15 min，等等。

首先选择关键路线各作业中每增加一人可缩短时间最多的作业，保证最小成本下最大限度地缩短时间。例如给作业 L 和 M 各增加 2 人，由此缩短 25 min。然后给 E 和 D 各增加 1 人，G 增加 3 人，H 增加 2 人，由此使工期缩短 40 min。再给 B 和 A 各增加 2 人，可以缩短工期 15 min。给作业 I,J 和 K 各增加 5 人，2 人，2 人，可以缩短工期 50 min，工期共缩短 130 min，如图 6.7 所示。这样工期缩短为 230 min。该飞机可于次日早晨 6:20 检修完毕，保证 7:30 航班的正常起飞。

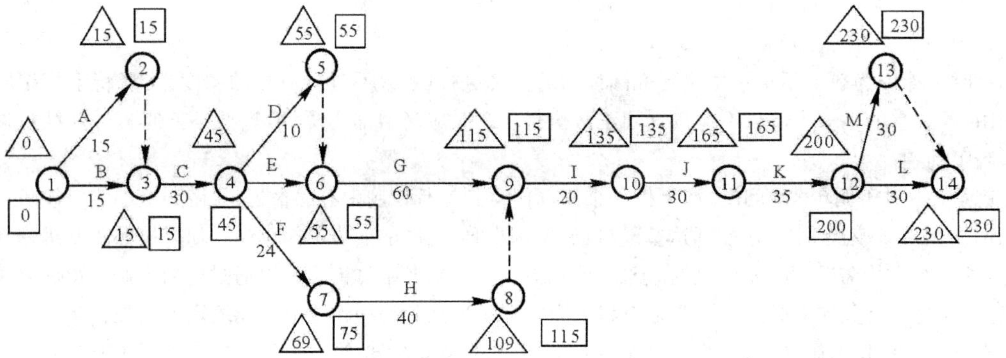

图 6.7 例 6.4 增加人力以后可以缩短工期的网络图

进一步考察按照这样的计划执行该 A 检，共需要多少人。通过在网络图上分析人力的分布，可以得到如图6.8所示的人力资源分布图，可以发现共需要10个机务人员。现在只有作业F和H的开始时间有 6 min 的机动，因此通过调整非关键路线上的作业开始时间已不可能减少机务人员，可见 10 名机务人员是必须的。用增加4个机务人员换来了130 min的工期，让第二天的第一个航班可以正常起飞，原计划执行该 A 检使用了 36 个人时，现在使用不到 40 个人时，多用了不到 4 人时，成本增加了 1 200 元，赢得了两个多小时的飞机利用率，假设每小时的停场成本为 2 万元，那么节约了成本 4 万元，从经济上看是完全合算的。

要做好调度工作，首要任务是做好数据收集工作。应当设置专门岗位，做好每一次检修过程的数据收集、处理和存储工作，这些数据包括某项检查可能会发生的事故或检查出的故障、处理这些故障可能妨碍的其他检修工作、处理这些故障需要花费多少时间，等等，这样就能积累经验，丰富知识，不断掌握定检工程执行过程非日常维修任务的特点和规律，以便为不断做好计划预测工作提供科学指导，为做好调度工作提出有效措施。其次是做好控制工作，例如在进度缓慢时，应及时增加资源，加快维修进度；如果出现非日常维修项目，而且所需航材缺货，那么应当根据掌握的航材信息，迅速协调解决航材问题。

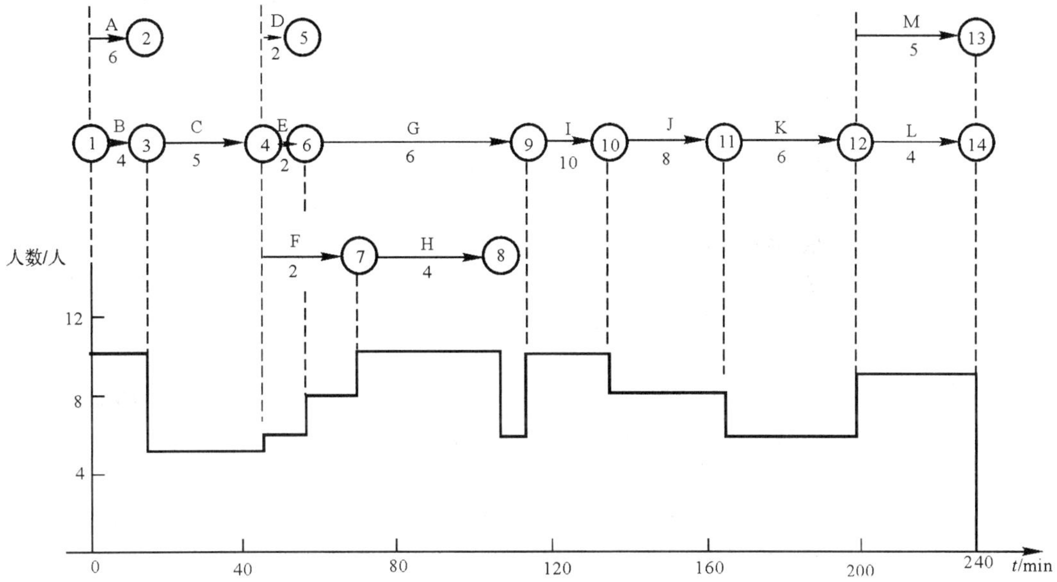

图 6.8　图 6.7 所示的时间计划对应的人力分布

6.4　航材需求和采购计划

6.4.1　航材需求计划

由前面的讨论已经知道，航材有多种分类方法。为了制订计划，可根据航材的使用特性将航材分类成：周转件（故障后可以修复的）、消耗件（损坏后只能报废的）和时寿件（性能随时间退化，寿命取决于生产日期）。

典型的周转件是发动机，典型的消耗件是轮胎（虽然轮胎也可翻修），典型的时寿件有各种橡胶和塑料件、油脂等。所谓航材需求计划是把航线维修部、计划和调度科、维修车间等维修单位根据维修计划提出的各种航材需求进行整合后制订的航材使用计划。

航线维修部、计划和调度科、维修车间在制订维修计划时，预测了各种航材的需求量，然后向航材管理部门提交了本部门的航材需求计划。航材管理部门收集各部门的需求计划后，对各种航材的需求进行汇总，并根据航材的分类，制订出各种航材的需求计划来，假设这种需求计划给出了单位时间内的需求量（即需求速度）。

6.4.2　航材采购计划

航材采购计划就是为落实需求计划而制订的关于航材购买时间和购买批量的计划，由航材管理部门的采购部做出。本节分可缺货件(某些时控件、消耗件)、不可缺货件(部分时控件和消耗件)和周转件三种类型航材分别讨论制订采购计划的方法。

一、可缺货件的采购计划

某些在最低设备清单里的时控件和消耗件,它们的失效一般不会马上危及安全,缺货造成的损失不大,同时时寿件的性能随时间而衰退,放在仓库里也会失效,因此不宜储存太多。根据这一特点,航材部门应当记录这些时寿件的购进时间(或生产日期)或有效期,发放时应注明剩余寿命。

在最低设备清单(MEL)中的维修项目一般分为A,B,C,D四类。A类项目对安全存在一定的隐患,必须在24 h内修复;B类项目应在3 d内修复,该类项目可以在申请并获得管理当局同意的情况下,再延长3 d解决;C类项目须在7 d内修复,D类项目对安全不构成威胁,但也必须在120 d内解决。

以上这些维修项目所需航材的订货也有4种类型的订货提前期,分别叫做AOG,Critical,Work Stop,Routing模式。AOG订购模式能在24 h内到货,但订购成本很高,适用于MEL清单中A类和B类(不申请延长的)项目航材的订购;Critical订购模式是一周内到货,Work Stop模式是10 d内到货,因此这两种模式差别不大,生产实际中Work Stop模式使用较少,它们可适用于MEL清单中B类(申请延长的)和C类项目航材的订购,Routing模式可在30 d内到货,适用于D类项目的维修需要和计划航材的订购。

只要能在规定的期限内到货,就可以在规定的期限内修复。

制订可缺货件采购计划时,假设:

(1) 允许缺货,单件单位时间的缺货损失是C_2(应包括因加急采购增加的价格和订购费用);

(2) 已知需求速度为R;

(3) 批量采购陆续到货,到货速度是$P>R$;

(4) 每次采购的订购费用为C_3(包括订购所需人工和办理订购手续所需费用以及航材运输费用);

(5) 每件航材单位时间的存储成本为C_1。

那么根据存储论(宁宣熙,2007年)的经济批量公式,得到每次的经济采购批量为

$$Q=\sqrt{\frac{2RC_3}{C_1}\frac{P}{P-R}\frac{C_1+C_2}{C_2}} \tag{6.5}$$

采购周期是

$$T=\sqrt{\frac{2C_3}{RC_1}\frac{P}{P-R}\frac{C_1+C_2}{C_2}} \tag{6.6}$$

此时的最大存储量为

$$S=\sqrt{\frac{2RC_3}{C_1}\frac{P-R}{P}\frac{C_2}{C_1+C_2}} \tag{6.7}$$

保障供应期等于

$$t=\sqrt{\frac{2C_3}{RC_1}\frac{P}{P-R}\frac{C_2}{C_1+C_2}} \tag{6.8}$$

缺货期是

$$\Delta T=T-t=\frac{C_1}{C_2}\sqrt{\frac{2C_3}{C_1R}\frac{P}{P-R}\frac{C_2}{C_1+C_2}} \tag{6.9}$$

缺货量

$$\Delta Q = R\Delta T = \frac{C_1}{C_2}\sqrt{\frac{2C_3R}{C_1}\frac{P}{P-R}\frac{C_2}{C_1+C_2}} \tag{6.10}$$

由于实际工作中，实际需求是随机的，需求会偏离计划，预测也不可能十分准确，所以以上公式计算的结果用于操作时，还需要进行调节。调节的办法是采用定期采购策略，也即设定 T 为库存检查和采购周期，每隔时间 T 检查一次库存，清点剩余库存量 ΔS，如果航材订购后需要延迟 T_1（叫做订购提前期）才能陆续到货，则按下列公式计算本次订购量，补充库存量到 S。

$$Q' = Q + RT_1 - \Delta S \tag{6.11}$$

这样库存水平的变化如图 6.9 所示，每次的采购周期固定，采购批量则不相同，缺货水平也不一定等于式(6.10) 给出的理论值。例如图 6.9 中的第二个采购周期，由于需求速度增大，到采购点时，已经缺货 ΔS，由式(6.11) 确定的采购量必然增大，其中 R 应采用新的需求速度，而 Q 则采用上一个周期的需求总量。

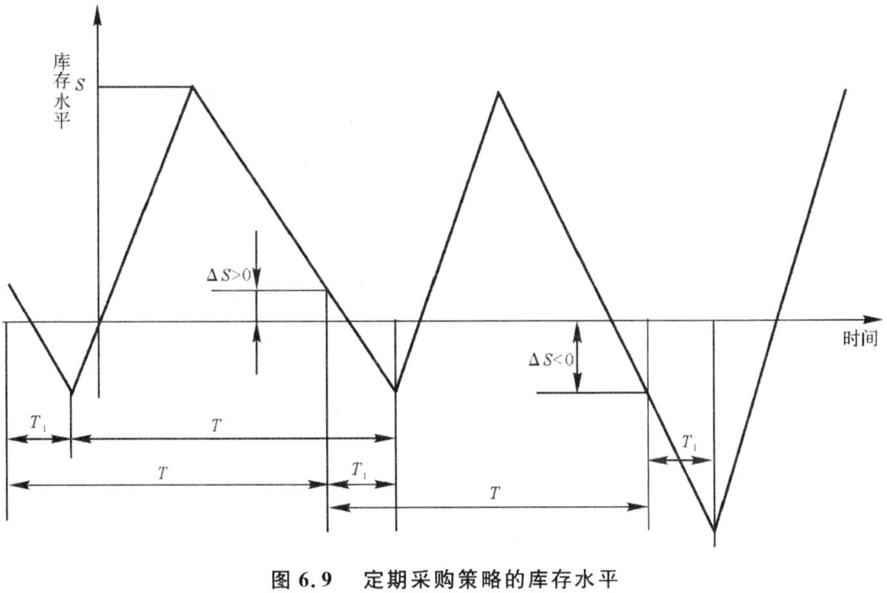

图 6.9　定期采购策略的库存水平

由于航材订购的运输费用由航空公司承担，除非急件，一般航空公司都希望批量到达。如果某航材订购后批量到达，只需在式(6.5) ~ 式(6.10) 中令 $P \to \infty$ 即可，此时式(6.5) ~ 式(6.10) 中的因子 $P/(P-R) = 1$。

例 6.6　某公司航材计划部门通过各维修部门报来的航材需求计划，已知 MEL 清单中的某时控件在下一个维修周期的需求速度 $R = 20$ 件 / 月，订购费 $C_3 = 2\,000$ 元 / 次，每件存储成本 $C_1 = 10$ 元 / 月，缺货成本 $C_2 = 90$ 元 / 月，批量到货，试为该时控件制定采购计划。如果采用定期采购策略，则应当多长时间检查一次库存量？若某次检查时还有 3 件库存，采购提前期为 30d，则这次订购量应为多少？

解　根据式(6.5) ~ 式(6.10)，计算每次经济订购批量、订购周期、缺货期、缺货量以及最大存储量

如下

$$Q=\sqrt{\frac{2RC_3}{C_1}\frac{P}{P-R}\frac{C_1+C_2}{C_2}}=\sqrt{\frac{2\times20\times2\ 000}{10}\frac{100}{90}}=94\text{ 件}$$

$$T=\sqrt{\frac{2C_3}{RC_1}\frac{C_1+C_2}{C_2}}=\frac{Q}{R}=4.7\text{ 个月}$$

$$\Delta T=T-t=\frac{C_1}{C_2}\sqrt{\frac{2C_3}{C_1R}\frac{C_2}{C_1+C_2}}=\frac{10}{90}\sqrt{\frac{2\times2\ 000}{10\times20}\frac{90}{100}}=\frac{\sqrt{18}}{9}=\sqrt{2}/3=0.47\text{ 个月}$$

$$\Delta Q=R\Delta T=9.4\approx9\text{ 件}$$

$$S=\sqrt{\frac{2RC_3}{C_1}\frac{P-R}{P}\frac{C_2}{C_1+C_2}}=\sqrt{\frac{2\times20\times2\ 000}{10}\frac{90}{100}}=60\sqrt{2}\approx84\text{ 件}$$

如果采用定期采购策略，则检查库存的周期是 $T=4.7$(个月)(约合 140 d)。如果订购提前期为 30 d，检查时库存水平为 3 件，则这次的采购量应当是

$$Q'=Q+RT_1-\Delta S=94+20-3=111\text{ 件}$$

到货时可能已缺货 17 件。

如果在下次检查时已缺货 2 件，也就是在一个订购周期(4.7 个月)中用掉了 116 件(包括缺货 2 件)，这个周期的需求速度是 $116/4.7\approx25$ 件，因此这次的采购量应当为

$$Q'=116+25+2=143\text{ 件}$$

二、不可缺货件的采购计划

轮胎是典型的消耗件，不能缺货。尽管轮胎失效后可以翻修，但翻修成本较高(翻修成本大约是新轮胎的 40%)，可翻修次数少，因此将它作为典型的不可缺货的消耗件看待，介绍不可缺货件采购计划的制订方法。另外，轮胎的损坏会给安全带来直接的威胁，为保证不缺货，对库存要求有一定的安全裕量。

关于不可缺货航材的采购模型，可以在可缺货件批量模型的基础上令缺货损失费 C_2 等于无穷大获得，由此得到的经济批量和采购周期如下：

$$Q=\sqrt{\frac{2RC_3}{C_1}\frac{P}{P-R}}\tag{6.12}$$

采购周期是

$$T=\sqrt{\frac{2C_3}{RC_1}\frac{P}{P-R}}\tag{6.13}$$

此时的最大存储量为

$$S=\sqrt{\frac{2RC_3}{C_1}\frac{P-R}{P}}\tag{6.14}$$

其中各参数的意义和可缺货件的采购模型相同。如果订购后，轮胎可批量到货，则可令 $P=\infty$，也即令式(6.12) ~ 式(6.14) 中因子 $(P-R)/P=1$ 即可，此时 $S=Q$。

$$Q=\sqrt{\frac{2RC_3}{C_1}}\tag{6.15}$$

$$T=\sqrt{\frac{2C_3}{RC_1}} \tag{6.16}$$

一般来说，轮胎的使用寿命是随机变量，但上述各公式都是确定性的，因此上述公式计算的经济批量，不能保证不缺货。为考虑需求速度 R 的不确定对供应产生的影响，必须考虑一定的安全库存水平。如果上述公式中的 R 是需求速度的期望值，并设 σ 是需求速度的标准差，则安全库存水平 s 可用下式计算

$$s=z_0\sigma T \tag{6.17a}$$

式中，z_0 叫做安全系数，由所谓的安全水平决定。安全水平是指不缺货的概率，设 x 是实际需求速度，并令

$$z=\frac{x-R}{\sigma}$$

那么根据安全水平 p_0，安全系数 z_0 可用式(6.18)计算

$$P(z\leqslant z_0)=\Phi(z_0)=p_0 \tag{6.18}$$

或查正态分布表获得，如表 6.18 所示给出了几个常用值。

表 6.18　常用安全系数

安全水平	0.998 6	0.994	0.977	0.95	0.90
安全系数	3	2.5	2	1.65	1.29

式(6.17a)的意思是说，要达到安全水平 p_0，实际需求速度超出平均速度 R 最多 $z_0\sigma$，如果库存已用完，可以使用安全库存，那么能保证以安全水平正常供应到下一个采购周期到货。

如果不知道需求速度的标准差，则可以根据经验设置安全期，如安全期为 L，则安全库存水平可以简单地用下式计算

$$s=RL \tag{6.17b}$$

例 6.7　某航空公司有 50 架 B737 飞机，主起落架使用四只轮胎。平均每架飞机每日执行 4 个航班，即有 4 个起降架次。数据统计结果表明，轮胎使用寿命在 160 ~ 280 个起降架次之间，平均使用寿命为 220 个起降架次，标准差为 20 个起降架次。如果每次订购轮胎的成本为 1 000 元(不包括轮胎的价值)，订购后能批量到货，每只轮胎每年的存储成本是 500 元。试确定轮胎的经济批量和采购周期。如果要求安全水平达到 99%，求安全库存水平。

解　每架飞机一年将有 $4\times365=1\ 460$ 个起降架次，因此平均每年更换轮胎 $1\ 460/220=6.64$ 次。50 架飞机的主起落架安装了 200 只轮胎，因此平均每年需更换主起落架轮胎 $R=200\times6.64=1\ 327$ 只。根据题目给出的数据已知订购成本 $C_3=1\ 000$ 元 / 次，每只轮胎存储成本 $C_1=500$ 元 / 年，因此根据式(6.15)和式(6.16)可得轮胎的经济批量和采购周期如下：

$$Q=\sqrt{\frac{2RC_3}{C_1}}=\sqrt{\frac{2\times1\ 327\times1\ 000}{500}}=73\text{ 只}$$

$$T=\sqrt{\frac{2C_3}{RC_1}}=\sqrt{\frac{2\times1\ 000}{500\times1327}}=0.055\text{ 年}=20\text{ d}$$

也就是最经济的采购策略是，每隔 20 d 采购一次，每次采购 73 只。

由于轮胎的实际使用寿命是随机变量，所以轮胎的需求也是随机变量。根据题意，可以计算出实际需求的标准差来。使用寿命的标准差是 20 个起降架次，因此可以计算出需求的标准差是 $\sigma = (1\,460/160 - 6.64) \times 200/3 = 152$ 只，如果安全水平为 0.99，则查得安全系数 $z_0 = 2.5$，因此安全库存水平应设为

$$s = z_0 \sigma T = 2.5 \times 152 \times 0.055 = 21 \text{ 只}$$

本题的存储策略是，每隔 20 d 订购一次，如果在这期间库存轮胎已用完，则使用安全库存，订购量为经济批量加上安全库存的补充。例如若某次订购时，发现已使用安全库存的轮胎 7 只，则本次应订购80只，到货后，首先将其中的 7 只补充安全库存，其他的 73 只作为正常库存使用。

如果不知需求标准差，要求安全期为 7 d，则安全库存水平为

$$s = RL = 1327/365 \times 7 = 25 \text{ 只}$$

三、周转件的采购计划

发动机是典型的高价周转件。由于价格高，又不能缺货，所以需存储必要数量的备件，但不宜太多，否则积压资金太多。那么备件多少为好呢？下面将发动机的使用-维修系统模拟成 $M/M/1/m/m$ 的排队系统，采用排队论方法[1] 来解决这个问题。

假设发动机修理后能恢复固有性能，每台前后两次故障间隔时间服从负指数分布，平均故障率为 λ，只有一套修理设备，每次故障的修复时间也服从负指数分布，平均修理时间 MTTR 为 $1/\mu$，共需 m 台用于生产营运。现在需要确定购买多少台发动机，才能保证正常生产的概率不小于 p_0。设应该购买的台数为 $Q > m$ 台，那么库存为 $K = Q - m$ 台。当发动机发生故障后，就使用库存的发动机；当在修理车间等待修理和接受修理的发动机超过 K 台时，将有飞机停场。可见如果修理车间的发动机台数为 n，当 $n > K$ 时运输生产将受影响。保证航班计划正常执行的概率为 $P\{n \leqslant K\}$，我们要求 $P\{n \leqslant K\} \geqslant p_0$。下面应用排队论推导 K 的计算公式。

将发动机看做是排队系统的“顾客”，发生故障后到达维修车间（排队系统）接受修理（服务），由于发动机台数是有限的，该维修车间属于单服务台有限顾客源排队系统 $M/M/1/m/m$。为分析该系统，首先给出系统状态图如图 6.10 所示。

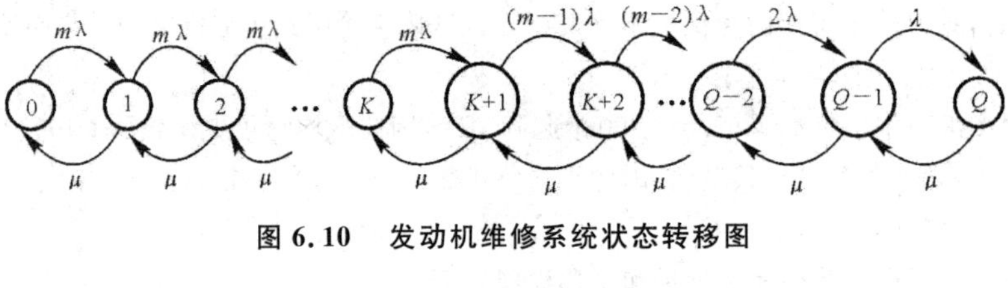

图 6.10 发动机维修系统状态转移图

维修系统的状态是指系统中等待和接受维修的发动机台数，设为 n，由状态转移图可以得到如下的到达率和维修率

$$\lambda_n = \begin{cases} m\lambda, & n \leqslant K \\ (Q-n)\lambda, & Q > n > K \\ 0, & n \geqslant Q \end{cases}$$

$$\mu_n = \mu, \quad Q \geqslant n \geqslant 1$$

因此根据排队论[1] 的有关公式可得系统状态为 n 的概率

$$P_n = C_n P_0 \tag{6.19}$$

$$C_n = \frac{\prod_{i=0}^{n-1} \lambda_i}{\prod_{i=1}^{n} \mu_i} = \begin{cases} m^n \rho^n, & 0 \leqslant n \leqslant k \\ \dfrac{m^K m!}{(Q-n)!} \rho^n, & Q \geqslant n > K \\ 0, & n > Q \end{cases} \tag{6.20}$$

式中,$\rho = \lambda/\mu$。由于

$$\sum_{n=0}^{Q} P_n = 1$$

将式(6.19) 代入上式得

$$P_0 = \frac{1}{\sum_{n=0}^{Q} C_n} \tag{6.21}$$

又由于

$$P\{n \leqslant K\} = P_0 + P_1 + \cdots + P_K = P_0 \sum_{n=0}^{K} C_n$$

发动机库存量 K 应该满足以下条件

$$P_0 \sum_{n=0}^{K} C_n \geqslant p_0$$

或者

$$\sum_{n=0}^{K} C_n \geqslant \frac{p_0}{1-p_0} \sum_{n=K+1}^{Q} C_n$$

也就是

$$\sum_{n=0}^{K} (m\rho)^n \geqslant \frac{p_0}{1-p_0} m^K m! \sum_{n=K+1}^{Q} \frac{\rho^n}{(Q-n)!}$$

而

$$m^K \sum_{n=K+1}^{Q} \frac{\rho^n}{(Q-n)!} = (m\rho)^K \sum_{n=1}^{m} \frac{\rho^n}{(m-n)!}$$

所以有

$$\sum_{n=0}^{K} (m\rho)^n \geqslant \frac{p_0}{1-p_0} (m\rho)^K m! \sum_{n=1}^{m} \frac{\rho^n}{(m-n)!}$$

$$(m\rho)^{-(K+1)} \geqslant \frac{p_0((m\rho)^{-1}-1)}{1-p_0} m! \sum_{n=1}^{m} \frac{\rho^n}{(m-n)!} + 1 \tag{6.22}$$

这就是所要求的发动机备件计算公式,该式右边的各参数已知,而且很容易构成递推计算格式,即使对于较大的 m,计算也不费时。然后两边取对数即可求得满足式(6.22) 的最小 K 值。

例 6.8　某航空公司有 10 架 B737 飞机,每架飞机使用某型发动机两台,每台发动机平均故障周期为 7 300 飞行小时,飞机平均日利用率为 10 h,故障后修复平均需要 15 d。如果要求保证航班计划正常执行的概率达到 0.99,则至少应该存储多少台发动机?

解 由题意知共需要 $m=20$ 台发动机，故障率为 0.5 次 / 年，修复速度为 2 台 / 月，也即 24 台 / 年，因此 $\rho=1/48$，$m\rho=20/48=5/12$，$(m\rho)^{-1}=2.4$。又 $p_0=0.99$，所以 $1-p_0=0.01$，这样 $p_0/(1-p_0)=99$。取式(6.22)为等式，将上述结果代入式(6.22)得(注意右边形成的递推计算格式)：

$$2.4^{K+1}=1.4\sum_{n=1}^{20}\frac{99\times 20!}{48^n(20-n)!}+1=$$

$$57.75\times\left(1+\frac{19}{48}\left(1+\frac{18}{48}\left(1+\cdots+\frac{3}{48}\left(1+\frac{2}{48}\left(1+\frac{1}{48}\right)\right)\cdots\right)\right)\right)+1=94.67$$

解得

$$K=\frac{\lg 94.67}{\lg 2.4}-1=4.19\approx 4\text{ 台}$$

可见该发动机的库存量(备份)应当不少于 4 台，此时正常生产的概率能达到 99%，同时也不会积压太多的资金。此时的库存管理是，当有发动机发生故障时，用库存发动机换装，同时将故障发动机送到维修车间修理，修复后送到仓库保管。这样周而复始地运作，可保障运输生产正常运行。

在机队较大的情况下，使用的发动机较多，如果只用一套发动机维修设备，则由于受修复速率的限制，需要备份的发动机就会增加很快，这不符合公司节约成本的原则。应该增加发动机维修设备的台套数，这种情况下分析该问题应当使用 $M/M/c/m/m$ 排队系统，分析的思路与上述讨论相同，但不能简单地使用 c 个 $M/M/1/m/m$ 系统进行分析，否则结果将相差较大。如果是外包修理，也可以根据承包单位的维修能力仿照上述方法进行分析。

6.5 航材保障规划

6.5.1 航材供应商的选择

首先来看看航材供应链的结构，它由航材制造商、供应中心、航空公司航材仓库等环节组成，可简单表达如下：

航材制造商 — 航材供应站(航材保障中心，中航材公司)— 航空公司航材库 — 各维修单位航材供应点 — 维修项目

其中前两级属于外部供应链，后两级是内部供应链。外部供应链处在供应链的上游，其功能是及时供应航材、保障维修任务不因缺货而停工待料，并使成本尽量小。所有这些都取决于供应商的供应能力、反应速度和物流系统的运作效率等。内部供应链处在供应链的下游，目的是保证维修人员在需要时，航材就在手边，不需要到处寻找，尽量不发生串用。这些取决于航空公司内部航材的管理体制和配置制度，下一小节将讨论这个问题。

航材供应链结构不复杂，环节不多，影响外部供应链效率的主要问题是供应商选择，本节专门讨论供应商的选择问题和选择决策方法。但供应商的选择与航材的采购模式有关，首先讨论几种采购模式。

1. 定点采购模式

这是一种传统采购模式，本章已经讨论过这种采购模式下的航材采购计划问题。它本质上是面向库

存的采购模式，它要求航材需求比较稳定，可以做出足够精确的航材需求预测。

它还要求与供应商建立稳固的供应关系，并用供应合同的形式把它固定下来。要做好供应过程的各种记录，分析供应商的供应质量、供应速度、供应可靠性和航材价格，给出实事求是的科学的评价，保证供应商选择的质量。

这种采购方式也要求航空公司具有符合规范要求的航材库和航材管理与供应系统。

2. MRP 采购模式

MRP(Material Requirement Planning，物料需求计划）采购，是以需求分析为依据，以满足库存为目的，也是面向库存的采购模式，这一点与定点采购模式类似。所不同的是MRP有一套从维修任务着手进行需求预测的系统方法和制订需求计划的计算机软件系统。

MRP 采购模式适用于需求波动较大的航材采购。如果不同的维修项目需求相差较大，出现非日常维修项目的概率不清，难以预料，那么较长期的需求计划很难提得准确，此时可采用 MRP 采购模式。它根据维修项目的要求，应用MRP系统实时提出航材需求，进行及时订购。这种模式可用于时控件和某些消耗件航材的采购，不适合于高价周转件的采购。

3. JIT 采购模式

JIT(Just in Time) 采购，是一种需求驱动的采购方法，不是面向库存的采购模式。其目标是在有需求时保证及时供应，使库存量达到最小，理想情况是零库存。要求供应商在接到订货指令后在指定的时间，将指定的品种，按指定的数量将航材送到指定的地点。

为做到灵敏地响应需求，JIT 模式要求供应商建立起高效敏捷的供应链系统。在我国，目前具有敏捷供应链系统的供应商已经开始服务于航空公司。

由于航材供应市场竞争激烈，有些供应商利用这种模式获取竞争优势，在提供即时服务的同时，价格并没有提高。JIT 模式目前多数应用于消耗件和时控件的采购，特别是 Critical 采购。

4. VMI 采购模式

VMI(Vendor Managed Inventory) 模式是一种崭新的供应模式，在这种模式下，航材库由供应商进行管理。一家供应商可以同时服务于多家航空公司，服务效率高，仓储成本低，供应商收集航空公司的维修信息和航材需求信息，进行航材需求预测，制订供应计划，灵活响应航空公司维修活动对航材的需求。

这种模式目前在我国已有应用，其主要客户是新成立的民营航空公司和中小型的航空公司，它最适合于发动机和一些高价周转件的采购。

5. AOG 采购模式

对于一些航材紧缺件，要求 24 h 内到货，可采用 AOG(Aircraft On Ground) 模式。这种模式可保证 24 h 到货，适用于 MEL 清单中 A 类项目的采购，采购价格比较高。

总的来说，外部供应链的环节越少，供应链越短，效率将越高。JIT 和 VMI 模式的供应链之所以具有高效率，一个重要原因就是它们是最短的，直接将供应商和航空公司的航材管理部门联系在一起。

为缩短供应链，对于前两种面向库存的采购模式，也应尽量采用直接向航材制造商采购的方式。直接采购的供应链环节少，时间短，手续简便；信息可直接表达，反馈快，易于供需双方交流和合作。

了解了有关采购模式，可以首先选择合适的采购模式，然后选择最有利的供应商。航材供应商选择的决策方法是多属性决策问题，可按照以下步骤进行：

(1) 分析可用的采购模式,将航材按照适用的采购模式进行分类;

(2) 对每种可用的采购模式,确认可选择的供应商的集合;

(3) 确定每种采购模式主要影响因素(属性),用收集的供应商数据计算每个供应商的各属性值,得到属性矩阵;

(4) 对决策属性设定里克特量表,通过专家打分法获得两两属性之间的相对重要度因子矩阵,然后利用特征向量法等方法计算属性的权重(该步骤可事先完成);

(5) 利用权重,计算各供应商的综合评价指标;

(6) 根据综合评价指标给供应商排序,以此确定优劣,选择供应商。

假设已经为某类航材确定了采购模式,并决定从供应商集合 $S=\{1,2,\cdots,m\}$ 中选择 $k(k<m)$ 个。应用群体决策的方法确定:反应速度、供应能力、航材质量、航材价格、售后服务等因素作为评价供应商优劣的属性。反应速度用从订购到到货的时间长短来衡量,供应能力用单位时间能提供航材的数量来表示,航材质量用使用寿命 MTBUR(Mean Time Between Unscheduled Remove) 来表示,售后服务用满意度指数表示。其中航材使用寿命可以用区间数表示,满意度指数可用及时回应和服务的次数占求助总次数的比表示。将这几种属性按照反应速度、供应能力、航材价格、航材质量、售后服务的顺序分别编号为 1,2,3,4,5,设 A_{ij} 为第 $i\in S$ 个供应商第 j 个属性 a_j 的值,那么可以用如表 6.19 所示的形式来表示该属性矩阵。

表 6.19 供应商选择属性矩阵

属性 / 供应商	反应速度 a_1 / d	供应能力 a_2 / 件/d	航材价格 a_3 / 元	航材质量 a_4 / d	售后服务 a_5 / %
1	A_{11}	A_{12}	A_{13}	A_{14}	A_{15}
2	A_{21}	A_{22}	A_{23}	A_{24}	A_{25}
⋮	⋮	⋮	⋮	⋮	⋮
m	A_{m1}	A_{m2}	A_{m3}	A_{m4}	A_{m5}

将表 6.19 的属性值矩阵各列作归一化处理。有多种方式用于这种处理,下面给出了常用的几种。对于正向属性(即越大越好),可取

$$a_{ij}=\frac{A_{ij}}{\sum_{k=1}^{m}A_{kj}} \tag{6.23}$$

$$a_{ij}=\frac{A_{ij}-\min_k(A_{kj})}{\max_k(A_{kj})-\min_k(A_{kj})} \tag{6.24}$$

$$a_{ij}=\frac{A_{ij}}{\max_k(A_{kj})} \tag{6.25}$$

对于逆向属性(即越小越好),可取

$$a_{ij}=\frac{1/A_{ij}}{\sum_{k=1}^{m}1/A_{kj}} \tag{6.26}$$

接下来将这些属性两两相比，请专家打分，给出用于评判供应商优劣的相对重要性。这种重要性的度量一般使用里克特量表，它的语义说明可以如表 6.20 所示。

表 6.20 九级里克特量表语义说明

等　级	语义说明	等　级	语义说明
1	前者相对后者同等重要	7	前者相对后者非常重要
3	前者相对后者稍重要	9	前者相对后者极端重要
5	前者相对后者明显重要		

专家打分的结果可以构成相对重要度因子矩阵 b_{ij}，如表 6.21 所示。这些重要度因子将用于计算各属性的权重，它们满足如下的关系

$$b_{ij} = 1/b_{ji}, \quad b_{ij} = b_{ik}/b_{jk} \tag{6.27}$$

表 6.21 属性相对重要度因子矩阵

前属性 / 后属性	a_1	a_2	a_3	a_4	a_5
a_1	b_{11}	b_{12}	b_{13}	b_{14}	b_{15}
a_2	b_{21}	b_{22}	b_{23}	b_{24}	b_{25}
a_3	b_{31}	b_{32}	b_{33}	b_{34}	b_{35}
a_4	b_{41}	b_{42}	b_{43}	b_{44}	b_{45}
a_5	b_{51}	b_{52}	b_{53}	b_{54}	b_{55}

根据重要度因子矩阵计算各属性权重的方法有多种[7]，下文介绍其中一种，即 Saaty 在提出层次分析法时使用的方法，叫做特征向量法。

该法首先构造如下的特征值问题

$$\begin{bmatrix} b_{11} & b_{12} & b_{13} & b_{14} & b_{15} \\ b_{21} & b_{22} & b_{23} & b_{24} & b_{25} \\ b_{31} & b_{32} & b_{33} & b_{34} & b_{35} \\ b_{41} & b_{42} & b_{43} & b_{44} & b_{45} \\ b_{51} & b_{52} & b_{53} & b_{54} & b_{55} \end{bmatrix} \begin{bmatrix} w_1 \\ w_2 \\ w_3 \\ w_4 \\ w_5 \end{bmatrix} = \lambda \begin{bmatrix} w_1 \\ w_2 \\ w_3 \\ w_4 \\ w_5 \end{bmatrix} \tag{6.28}$$

求解该特征值问题，得到特征向量 $(w_1, w_2, w_3, w_4, w_5)^{\mathrm{T}}$，它的各分量给出了各属性的权重。但直接求解该特征值问题比较困难，可以根据相对重要度因子的特性获得简化计算方法。

相对重要度因子矩阵各元素的性质式(6.27) 表明，从理论上讲，该矩阵的每一列作归一化处理后应该相等，并且等于特征向量。但实际上，专家打分的结果不一定完全满足上述性质，这种不满足的程度叫做不一致性。如果基本满足，那么归一化后，即使各列向量不完全相等，也能近似相等。这实际上告诉我们，可以用下式来近似求解式(6.28) 的特征向量

$$w_i = \frac{1}{m}\sum_{j}\frac{b_{ij}}{\sum\limits_{k=1}^{m} b_{kj}} \tag{6.29}$$

式(6.29)是将相对重要度因子矩阵的各列归一化后再求各行平均值的结果。因为不能保证归一化后各列相同,因此可以用它们的平均值来给出特征向量(即各属性的权重)。然后用下式计算特征值

$$\lambda = \sum_{i=1}^{m}\frac{(Bw)_i}{mw_i} \tag{6.30}$$

上述计算的结果是否符合一致性要求,需要进行一致性检验[7]。方法是首先计算一致性指数 $C.I.$

$$C.I. = (\lambda - m)/(m-1) \tag{6.31}$$

再计算它与随机一致性指数 $R.I.$ 的比值,叫做一致性比例

$$C.R. = C.I./R.I. \tag{6.32}$$

其中,$R.I.$ 已经计算出来,它是相对重要度因子矩阵的阶的函数,可以查阅表 6.22。如果 $C.R. < 0.1$,则认为满足一致性要求,计算的权重矢量 w 有效。

表 6.22　随机一致性指数

阶数 m	3	4	5	6	7	8	9	10	11	12
$R.I.$	0.52	0.89	1.12	1.26	1.36	1.41	1.46	1.49	1.52	1.54

最后计算各供应商属性值的加权平均值,得综合评判指数

$$A_i = \sum_{j=1}^{m} a_{ij} w_j \tag{6.33}$$

例 6.9　某航空公司航材采购部门为一类航材确定了 5 个候选供应商,根据采购的历史数据和最近的询价,他们给出了这 5 家供应商的属性值,如表 6.23 所示。另外,通过专家打分法得到了如表 6.24 所示的相对重要度因子矩阵,试帮助他们从 5 家供应商中挑选两家作为供货合作伙伴。

表 6.23　航材供应商的属性值矩阵

属性 / 供应商	反应速度 a_1 d	供应能力 a_2 (件/d)	航材价格 a_3 元	航材质量 a_4 a	售后服务 a_5 %
1	20	15	230	[0.5,1.5]	90
2	22	17	225	[0.7,1.7]	89
3	18	18	245	[1,1.5]	94
4	25	24	215	[1,2]	85
5	15	19	250	[0.6,1.2]	96

表 6.24　相对重要度因子矩阵

后属性 / 前属性	a_1	a_2	a_3	a_4	a_5
a_1	1	5	5	3	9
a_2	1/5	1	1	1/3	3
a_3	1/5	1	1	1/3	3
a_4	1/3	3	3	1	5
a_5	1/9	1/3	1/3	1/5	1

解 第一步 将属性矩阵归一化。首先处理航材质量一栏。先对下界归一化，再对上界归一化，得到{[0.132,0.190],[0.184,0.215],[0.263,0.190],[0.263,0.253],[0.158,0.152]}，然后使用上下界的平均值作为该供应商的质量属性值，因此分别是(0.161,0.200,0.227,0.258,0.155)。另外，属性 a_1 和 a_3 是逆向的，因此使用式(6.26)来进行归一化计算，即

$$a_{ij} = \frac{1/A_{ij}}{\sum_{l=1}^{5} 1/A_{lj}}, j = 1,3$$

其他各列的归一化处理用式(6.23)计算，得到如表 6.25 所示的结果。

表 6.25 航材供应商的属性值矩阵

供应商 \ 属性	反应速度 a_1 d	供应能力 a_2 (件/d)	航材价格 a_3 元	航材质量 a_4 a	售后服务 a_5 %
1	0.194	0.161	0.202	0.161	0.198
2	0.177	0.183	0.206	0.200	0.196
3	0.216	0.193	0.190	0.227	0.207
4	0.155	0.258	0.216	0.258	0.187
5	0.259	0.204	0.186	0.155	0.211

第二步 将相对重要度因子矩阵作归一化计算，然后计算各属性的权重，结果如表 6.26 所示，最后一列给出了各属性的权重。

表 6.26 属性权重的计算

属性 \ 属性	a_1	a_2	a_3	a_4	a_5	权重(均值)
a_1	0.542	0.484	0.484	0.616	0.429	0.511
a_2	0.108	0.096 8	0.096 8	0.068 5	0.143	0.103
a_3	0.108	0.096 8	0.096 8	0.068 5	0.143	0.103
a_4	0.181	0.290	0.290	0.205	0.238	0.241
a_5	0.060 2	0.032	0.032	0.041 1	0.047 6	0.043

第三步 检验上述结果的一致性。首先特征值等于

$$\lambda = \sum_{i=1}^{m} \frac{(Aw)_i}{mw_i} = \frac{2.651}{2.555} + \frac{0.518}{0.515} + \frac{0.518}{0.515} + \frac{1.244}{1.205} + \frac{0.217}{0.215} = 5.091$$

由于

$$C.I. = (\lambda - m)/(m - 1) = (5.091 - 5)/(5 - 1) = 0.027\,5$$

查表 6.22 得，当 $m = 5$ 时，$R.I. = 1.12$，因此一致性比例

$$C.R. = C.I./R.I. = 0.027\,5/1.12 = 0.020\,3 < 0.1$$

因此符合一致性要求，上述权重有效。

第四步　计算综合评价指数，即计算各供应商的属性加权平均值，结果如下

$$(0.182, 0.187, 0.213, 0.198, 0.218)$$

第五步　确定供应商，将上述综合评价指数按照从大到小的顺序排列各供应商，得

$$(5, 3, 4, 2, 1)$$

可见该航空公司应该选择第五个和第三个供应商来提供这类航材，尽管他们的价格是最贵的。这主要是因为该航空公司更看重反应速度，这两个供应商的反应速度是最快的。

6.5.2　内部航材配置

航空公司航材一般进行集中采购，即航空公司所有航材都由航材管理部门(或专门的航材采购部门)集中采购，统一管理企业所需航材的采购、进货和发送等业务。

集中采购的意义在于：

(1) 有利于获得采购规模效益，降低航材进货成本和物流成本，争取经营主动权；

(2) 有利于发挥专业部门业务职能特长，提高采购工作效率和采购主动权；

(3) 有利于稳定航空公司与供应商之间的关系，得到供应商在技术、付款及售后服务等方面的支持与合作；

(4) 有利于采取公开招标、集体决策的方式，可以获取更宽松的支付条件和更多的价格优惠；

(5) 有利于对航材信息进行集中管理，准确把握航材需求信息，正确制订航材采购计划。

内部供应链的结构如图 6.11 所示。航材到货后，航材管理部门根据方便使用和安全管理的原则，可以对航材进行合理配置。

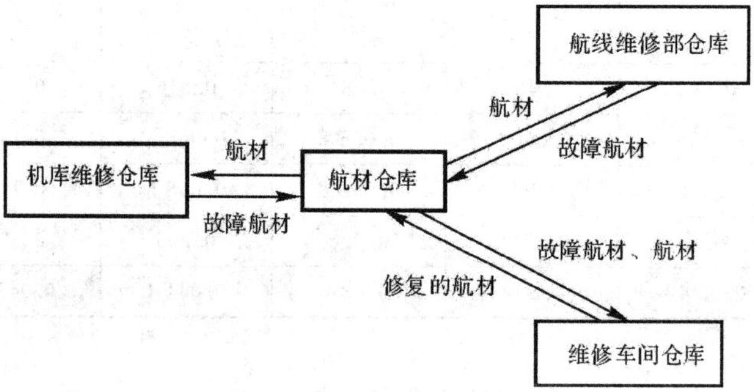

图 6.11　航材内部供应链结构

一、航线维修的航材配置

航线维修部应该在机坪附近建设常用航材存储间，航材管理部门应该将航线维修经常需要的航材存储在该航材间中，可以由航线维修部保管，也可以由航材管理部门代管。这些航材包括轮胎、刹车片、油

脂等，按照航线维修计划进行配置，并在航材管理部门的仓库配有安全库存水平的航材。

二、机库维修的航材配置

机库维修通常承担停场定检维修任务，所需航材种类较多，量也较大，因此为防止出现机务人员到处找航材的现象，机库应该设置航材存储间。至于存储什么航材，存储多少航材，应当由维修计划确定。

机库配置的航材是动态变化的，根据不同检修任务，领取不同的航材。在一项定检项目开始前，做好航材的准备工作，将检修所需航材按照规定的手续领取来后暂存在航材存储间，以便维修时使用。一次维修任务结束后，剩余航材一般交还给航材仓库保管。

三、维修车间的航材配置

维修车间使用的航材是为维修部件和系统所需要的零件，维修车间应当拥有一个航材存储间，将维修部件和系统所需要的航材存储在这里，需要用时随时领取。至于存储哪些航材，存储多少航材，应当由维修车间根据维修计划提出需求计划，由航材管理部门根据需求配置。

需要说明的是，由于管理当局对重要航材规定了一定的存储条件，一般航线维修部的航材存储间不具备这些基本条件，因此不能存储这些航材，只能在需要时由航材仓库的管理人员运送，一般需要半小时才能运到。有时同时几处都需要运送航材，仓库的运送车不够使用，那么必须等运送车回到仓库后再运送一次，这种情况下一般需要 1 个多小时航材才能到达，可能导致航班延误。

6.6　航材仓库布局设计

6.6.1　航材的布局设计原则

为便于管理和快速查找航材，航材存储应当遵照以下原则进行布局设计。

(1) 按机型存储，不同机型的航材应存储在不同的仓库中，但不同机型之间通用的航材可以统一存储。

(2) 按航材的化学和物理特性对存储环境的不同要求分开存储。例如为了保持某些航材的化学和物理特性，对仓库的温度、湿度有特殊要求的航材应当单独存放。这些航材的存储成本高，不宜设置过高的仓储水平，因此可专设较小的特殊环境空间，其他的航材则另外存储，以降低存储费用。

(3) 按航材的体积和重量不同分开存储。大型航材和很重的航材不能上架存放，而且从库中取出需要特殊的设备，因此需要专门为它们设计库房，存放在专设的库房中。较轻和较小的航材可以存放在货架上，以减少空间的占用，提高空间利用率。

(4) 按航材价值不同分别存储。昂贵的航材占用公司大量资金，一不能大量存储，二不能发生损坏，在存储期间必须十分严格地执行存储规范和要求。一些普通标准件、易耗件，一般没有严格的管理规范，因此应当分开存储。

(5) 对于时控件，应当按照进库先后次序分开存放，以便于掌控它们的生存寿命，同时也为防止发出错误寿命的航材。

(6) 各类航材必须按类编号，编号应按一定的规范，应能表示航材的类别和空间的位置。对于时控件，还应该含有进库时间的信息。

(7) 需要维修的故障零部件必须与正常零部件分开存放，并做好标记。

6.6.2 航材仓库的布局设计

航材进库应当按照设计的布局方案存放。那么如何进行航材仓库的布局设计呢？应当在遵守上述原则的前提下，按照科学规划方法进行布局设计。分大(重)件仓库、特殊航材和高价件仓库、时控件仓库和小件仓库等几类分别介绍它们的布局设计方法。

1. 大件的布局设计

大件仓库应当根据大件航材存储量和每件航材的体积计算所需空间，将空间进行合理的划分，在划分的区域位置上标注存放航材的名称和型号等信息，空间位置和航材之间应当一一对应，空间位置不得乱占。

仓库设计时应当考虑公司的发展战略，预测长期需求，空间位置应当留有余地。大件仓库还应当配有航材起重和搬运设备。

2. 特殊航材的存储规定

气瓶、电瓶、充气滑梯以及其他危险品，按照适航规定必须有独立的仓库分开存储，并使用防爆灯具，具有防火设施。

电子设备通常比较昂贵，仓库不仅要看空调、能除湿，还必须防静电，因此必须建设专门仓库进行存储。

3. 时控件的布局设计

时控件的仓库布局设计应能解决以下三个问题：

(1) 如何进行时间(寿命)控制？

(2) 如何分类存储？

(3) 如何对时控件定位，以便查找？

也就是要能做到正确跟踪每件航材的寿命(甚至用到飞机上的也要跟踪)和正确快速查找。为此，时控件的仓储区应当规划成若干区域，并按航材种类用英文字母对这些区域编号，将不同种类的时控件分开。

在同一种时控件区域，再划分成若干子区域，根据进库时间进行编序，用于存储不同时间进库的时控件。这样时控件可以根据二维坐标进行定位。首先根据种类编号确定区域，再根据进库时间编号确定子区域，可以方便地找到航材。例如某时控件12－34－67－B是第3类时控件(在C区)，2006年5月入库，则可用12－34－67－B－C－06.05表示。

有些较小的时控件也可以像下节小件的布局设计一样，设计货架存放。

4. 小件的布局设计

为节省仓库空间，小件航材应上架存储。首先设计长度、宽度、高度和层高合适的货架，通常货架的立柱上设计有许多用于安装架子的孔，因此每层的高度可以根据航材的大小调节。然后将仓库空间规划成若干宽度合适的纵横通道，通道之间的横向间隔正好是货架宽度（包括过道）的整数倍，纵向间隔正好是货架长度的整数倍，然后将通道之间的区域按照货架的长度和宽度进行划分，每块区域一只货架。货架在仓库中按照纵向和横向两个方向排列，用英文字母给货架所在排编号（纵向），在同一排内，再用阿拉伯数字给货架编号（横向）。

应当根据航材的类型将货架分配给它们，进一步地再将货架分割成与航材尺寸一致的格子，叫做“货柜”，对于同一只货架用阿拉伯数字从下到上给货柜编号。

这样的编号方式就像三维坐标一样，叫做“排-架-柜”定位坐标。航材在仓库中根据“排-架-柜”三维坐标定位，便于查找。然后将航材的编号与它们的位置坐标联系起来，规则可以是：航材编号 — 定位坐标。例如某零件编号是 1122 — 3344 — D，放在第 F 排第 3 只货架的第 14 个货柜，可用 1122 — 3344 — D — F — 3 — 14 表示。

这样规划航材仓库和编制航材的存储位置，非常便于查找和维护，同时也适合于计算机管理。

6.6.3　航材的计算机管理系统

目前我国航空公司信息化程度不断提高，各航材库大都实现了计算机管理，对航材的需求、采购、验收、进库、提取、发送等各项管理工作实现了计算机化。

航材管理系统一般有三个主要模块：仓库模块、设备和采购模块及其他功能模块（见表 6.27）。仓库模块有仓库控制、备件组件结构、资产目录设置、发放和转移等四个应用。仓库控制可以建立库存卡片，跟踪库存物品、供应商、仓库位置和仓库事务记录，并产生采购申请追加库存；“发放和转移”可根据工作指令、设备信息、仓库中的存储位置或航材分类编号等信息完成日常发料和仓库间的航材转移等管理工作。

表 6.27　航材管理系统功能模块描述

模　块	应　用	描　述
预防性维护	预防性维护	建立生成预防性工作指令的模板
仓　库	仓库控制	管理库存件号的详细数据，包括库存数量及重订货信息
	备件组件结构	管理设备组件结构模板
	资产目录设置	管理资产目录的技术规格模板
	发放和转移	管理材料发放和库存转移，跟踪库存业务历史
设　备	设备	管理设备详细数据信息
	操作位置	管理设备操作位置及这些位置所属的系统的数据
	故障代码	管理故障代码的结构
	条件监测	管理特定设备仪表范围的数据
	路线	管理路线详细信息，如设备、位置

续表

模　　块	应　　用	描　　述
采　　购	货币管理	管理货币汇率数据
	采购申请	管理已申请件号信息
	采购合同	采购合同创建及到货的验收
	发票	用于比较采购费用及供应商提供发票费用
计　　划	作业步骤	管理针对某项工作所需要的作业步骤、人员、材料、工具等
	安全计划	管理安全计划、危险物资、注意事项、停机／隔离
员　　工	员工	管理每个员工工种和技术资质等的信息
	工种	管理工种模板，包括每小时工资及加班费用增加比例
	员工报告	管理雇员工时及完成特定工作的信息
日　　历	日历	管理计划的设备运行时间、轮班及假期信息
资　　源	公司	管理相关公司的数据，包括货币、税码、运输及支付条款
	工具	管理需支出费用(使用时)的工具数据
	服务合同	管理设备服务合同的数据
工作指令	工作指令跟踪	管理所有与工作指令相关的数据并提供跟踪该指令从等待到关闭状态的方法
	工作请求	给非维护人员提供申请维护工作的方法
	快速报告	提供一个快捷方式以创建与记录工作指令的进程及实际材料消耗。该应用主要用于已执行中的工作指令
	工作管理员	用于为现在或不远的将来的工作指令分配员工

设备(通常是发动机)的有关信息在设备模块中有详细的记录。该模块用来记录设备的设备号、设备移动履历、设备位置、供应商、设备采购信息等，采购信息包括出厂日期、安装日期、过期日和采购价格等与设备相关的详细内容。

设备模块分为设备、操作位置、故障代码、条件监测、路线、周转件退料六个应用，从设备进入航材管理系统开始，便对设备进行跟踪，监控设备在每一个位置的状态，并记录和处理设备的仓库信息、设备的拆换情况、设备时控量的监控及处理、设备的送修、改装和设备的报废等事件，为设备的正常维护提供强有力的信息保障。

设备应用还用于管理故障设备从安装位置拆下到维修车间的送修信息。发生故障的设备应当从飞机上拆下后送维修车间，在设备应用程序中将故障设备信息输入系统，维修车间即可查询有关故障信息。

采购模块包括货币管理、采购申请、采购合同等8个应用。其中采购申请应用程序可由用户输入采购请求和采购设备的具体内容，包括件号、主用机型、数量、计量单位、参考单价等。采购合同用于生成和管理采购合同。

限于篇幅，这里不能描述每一个模块，读者可以在需要时结合具体的系统进一步学习。尽管航材管理系统在不断更新，但其基本功能是相似的。

6.7　本章小结

本章讨论了航空公司机务维修计划、航材采购计划和航材供应商选择等问题，为了让不了解机务维修基本知识的读者也能够理解有关内容，对与维修计划相关的维修大纲、维修组织、维修模式的问题也作了相应介绍，但维修技术、维修工程和维修管理的其他问题不属于本书内容范围，因此未作介绍。

关于维修计划部分，主要讨论了制订航线维修和定检维修计划的方法和技术，重点讨论了应用线性规划方法解决航线维修的人员排班问题，应用网络计划分析方法为定检维修工程制订进度计划、资源优化配置和赶工优化，还讨论了各种定检维修的组合优化问题。

对于航材采购计划，主要介绍了将存储论和排队论理论用于制订航材采购计划的方法，给出了耗材和时控件的经济批量、安全水平和周转件备件水平的计算公式。最后讨论了航材供应商选择的决策方法和仓库布局规划的方法，并介绍了航材管理信息系统的基本功能。

思考题

6-1　什么是维修大纲？什么是初始维修大纲？初始维修大纲是怎么制订的？它是谁批准和发布的？

6-2　航空公司制订维修大纲的目标和目的是什么？它的依据是什么？它包含哪些内容？

6-3　什么是维修计划？如何制订维修计划？它是由谁制订的？

6-4　航空公司有几种维修计划？各有什么作用？都有什么内容？

6-5　如何制订机务维修人员排班计划？做排班需要知道哪些参数？如何获得这些参数？

6-6　维修计划的优化有何意义？其基本原理是什么？

6-7　什么是航材需求计划？由谁提出航材需求计划？

6-8　制订航材采购计划的依据是什么？什么是经济批量？什么是订购点？

6-9　航材供应链的结构如何？影响供应链结构的因素有哪些？有哪几种外部供应链模式？

6-10　航材存储规划的基本原则是什么？如何做好航材存储规划？

6-11　航材有几种内部供应方式？各适用于哪些维修部门？

6-12　什么是航材串用？如何从航材采购计划着手解决航材串用问题？

6-13　航材管理信息系统有哪些模块？各模块有哪些应用？它们能完成哪些管理作业？

练习题

6-1　给某飞机做 C 检，每天工作 18 h，每 3 h 一班，分成 6 班，每人从某轮班开始时上班，连续工作两个轮班后休息，第 5 班开始上班的人员值第 5、第 6 两班，最后一个班不安排新上班人员。已知每班需要人员数如表 6.28 所示。试以总人员最少为目标建立排班数学模型，并求解。

表 6.28 练习题 6－1 的人员需求表

时间段	7:00 ～ 10:00	10:00 ～ 13:00	13:00 ～ 16:00	16:00 ～ 19:00	19:00 ～ 22:00	22:00 ～ 1:00
需要人数 / 人	4	6	5	7	6	3
班　次	1	2	3	4	5	6

6－2　如表 6.29 所示给出了 B757 飞机某 A 检的作业工时和顺序，试用网络分析法分析该次定检的工期（完成维修任务所需时间）和各作业的开始和结束时间。如果参加该项 A 检的只有 6 个机务人员，人力是否足够？

表 6.29　4A 检的作业顺序表

作业编号	作业内容	紧前作业	作业时间 / min	需要人数 / 人
A	准备工具、设备		30	2
B	飞机入库		30	4
C	打开机舱	A,B	15	2
D	货舱门	A,B	20	2
E	打开发动机整流罩	A,B	24	2
F	机舱一般目视检查(GVI)	C,D	90	3
G	发动机 GVI	E	40	4
H	易接近区域的润滑	F,G	50	5
I	使用检查	H	40	6
J	机内测试设备的检查	I	45	4
K	液压系统压力指示检查	I	55	2
L	堵塞指示检查检查	K	40	3
M	飞机推出并进机坪	L	20	5

6－3　某航空公司航材计划部门制定某种消耗材的采购计划，已知该消耗材在下一个维修周期的需求速度 $R = 20$ 件 / 月，订购费 $C_3 = 2\,000$ 元 / 次，每件存储成本 $C_1 = 10$ 元 / 月，不能缺货，到货速度为 $P = 50$ 件 / 月，试为该消耗材制订采购计划。如果采购提前期是 1 个月，需求速度的标准差是 4 件 / 月，要求保证正常供应的概率不小于 95%，则安全库存水平应为多少？

6－4　某航空公司有 6 架 B757 飞机，每架飞机使用某型发动机 2 台，每台发动机平均故障周期为 8 030 飞行小时，飞机平均日利用率为 12 h，故障后修复平均需要 20 d。如果要求保证航班计划正常执行的概率达到 0.98，则应该存储多少台发动机？

6－5　飞机维修计划。某航空公司有三种机型共 10 架飞机：机型 1 飞机 4 架，每 50 个飞行小时进行一次 A 检，每 300 飞行小时进行一次多重 A 检，每 3 600 飞行小时进行一次 4C 检，平均日利用率 10 h，年初刚做 A 检，多重 A 检后已飞行 200 小时，上次 4C 检后该机型的 4 架飞机已分别飞行了 120 h，250 h，610 h 和 1 325 h；机型 2 飞机 3 架，每 55 个飞行小时进行一次 A 检，每 350 飞行小时进行一次多重 A 检，每 4 000 飞行小时进行一次 4C 检，平均日利用率是 11 h，年初做完 A 检和多重 A 检后已分别飞行了 44 h 和 264 h。上次 4C 检后该机型的 3 架飞机已分别飞行了 1 238 h，584 h 和 2 610 h；机型 3 飞机 3 架，每 50 个飞行小时进行一次 A 检，每 280 飞行小时进行一次多重 A 检，每 3 500 飞行小时进行一次 4C 检，平均日利用率为 10 h，年初做完 A 检和多重 A 检后已分别飞行了 30 h 和 180 h，上次 4C 检后该机型的 3 架飞机已分别飞行了 28 h，1 560 h 和 615 h。这三种机型在下个计划年度将分别飞行 3 250 h，3 300h 和 2 980 h，请给该公司制订机队维修计划（只做时间安排计划）。

6-6 某公司计划在上半年完成 4 项维修任务，这 4 项任务可以组合成 6 个任务包，它们与维修任务的包含关系如表 6.30 所示，维修成本如表 6.31 所示。试求维修总成本最小的维修计划。

表 6.30 任务包和维修任务的包含关系(a_{ij})

任务包 / 维修任务	任务包 1	任务包 2	任务包 3	任务包 4	任务包 5	任务包 6
维修任务 1	1	1				1
维修任务 2			1	1	1	
维修任务 3	1		1		1	1
维修任务 4		1		1	1	1

表 6.31 维修成本(C_{ij})

任务包 / 维修任务	任务包 1	任务包 2	任务包 3	任务包 4	任务包 5	任务包 6
维修任务 1	24 000	26 000				25 600
维修任务 2			31 000	29 300	24 000	
维修任务 3	46 500		42 800		45 300	41 300
维修任务 4		35 200		38 400	33 100	35 100

参考文献

[1] 宁宣熙. 运筹学实用教程. 2 版. 北京：科学出版社，2007.

[2] Harry A. Kinnison. 航空维修管理. 北京：航空工业出版社，2007.

[3] 常士基. 现代民用航空维修工程管理. 太原：山西科学技术出版社，2002.

[4] 陈学楚. 维修基础理论. 北京：科学出版社，1998.

[5] 章文晋，孙福臣. 航空公司机务维修计划管理系统开发. 航空维修与工程，2003(6).

[6] 许燕菲. 飞机维修方案的优化技术. 航空维修与工程，2004(5).

[7] 徐玖平，吴巍. 多属性决策的理论与方法. 北京：清华大学出版社，2006.

第 7 章　航线网络规划

由于竞争激烈，航空公司需要精心设计自己的产品。机队、航班时刻、航班频率、地面服务、空中服务、奖励制度、品牌、安全记录等，都是非常重要的产品属性。如果将这些要素比喻为航空运输产品的血肉的话，那么航空公司的航线结构就是骨架。鉴于航线以及航线网络对于航空公司的重要性，本章探讨航空公司航线网络规划问题。本章的内容安排如下：7.1 节引言，重点介绍有关航线及航线网络的基本概念、航线网络结构重要性及相关因素；7.2 节介绍航线网络结构的发展过程及现状，探讨航线网络结构的分析方法；7.3 节对航线网络的经济性进行分析；7.4 节建立了航线网络优化设计的模型，包括确定型模型和鲁棒优化模型；7.5 节介绍了枢纽航线网络的优化设计模型的算法，分析了有关算例。

7.1　引　言

7.1.1　航线网络规划问题

对于航空运输生产，在航线网络上存在三种流：客货流、飞机流、机组流，航线网络规划要解决旅客或货物流的路线优化问题，飞机流和机组流问题在航班计划的机队指派完成后，分别由飞机路线问题和机组排班问题解决。机队指派问题和机组排班问题将分别在第 8 章和第 9 章中讨论，本章讨论旅客和货物流路线规划 —— 航线网络规划问题。

航线规划问题优化配置以下资源，并使运输总成本最小：

(1) 航线容量(包括机场容量和航路容量)；

(2) 市场需求(O－D 流)；

(3) 预算(市场开发预算)。

和飞机路线问题与机组排班问题不同，航线规划问题不涉及时间因素，解决以下问题的规划：

(1) 航线网络的构型(O－D 流路线的选择，包括经停航线的选择)

(2) 枢纽(基地) 机场的定位。

其中最重要的是航线网络构型的选择。

进行航线网络规划需要已知如下数据：

(1)O－D 流需求。

(2) 航线运行成本：

1) 飞机固定成本(小时成本)；

2) 飞机运行成本(座公里成本)；

3) 旅客时间成本(计划延误、随机延误、途中时间)。

(3) 航线、基地机场建立成本，有时存在总投资限制。

(4) 航线容量。

航线网络规划在以上数据的基础上，建立数学模型，寻求合适有效的算法进行求解，给出航线网络的最优方案。

计划延误是指旅客想要的出行时刻与航班计划时刻之差。它与航班频率有关，航班频率越大，计划延误时间越短。如果旅客需求在时间上均匀分布，则旅客平均计划延误时间等于前后两航班之间的时间间隔(用航班之间间隔的中点计算)的 1/4。随机延误是指旅客由于所期望的航班座位已售完，不得不乘坐下一个航班而引起的时间延误。它等于航班满座的概率乘以航班之间的时间间隔，航班满座的概率与航班期望客座率有关，期望客座率越高，航班满座的概率越大。

7.1.2　航线网络的重要性

航线是航空公司的客货运输市场，是航空公司赖以生存的必要条件。航线网络的布局是航班计划的前提，航班计划等生产计划只能针对现有的航线网络来安排布置。如果航线网络布局不合理，不管怎样安排航班计划，航空公司都难以产生最佳效益。所以，航线网络布局是否合理在航空公司运营中起着重要的作用，科学合理地、实事求是地设计航线网络，对于有效地组织生产，充分地发挥民航运输企业潜力，提高生产效率和生产质量，具有极其重要的意义。

具体说来，航空公司航线结构决策的重要性主要体现在如下几个方面：

1. 航线结构决策影响航空公司生存和发展

航空公司的战略规划部门在对外部环境、内部环境作了缜密的分析之后，应慎重地对本公司未来的航线结构做出决策。因为航线结构决策要明确本公司的市场定位、目标顾客、产品组合和联盟策略，所以它对公司的生存和发展有着重要的战略意义。只有在航线结构明确的基础上，航空公司才能进一步制订机队、市场营销、人力资源、财务管理等方面的战略规划。因此可以看到，航空公司航线结构决策的重大失误，对航空公司来说可能是致命的，即使是小范围的、短时期的航线结构决策失误，也会令航空公司蒙受重大的经济损失。

2. 航线结构决策影响航空公司的经营目标(或宗旨)的实现

一般来说，航空公司在成立之初或某个战略转折关头，都要向社会宣布其宗旨或经营目标。能不能实现其宗旨或经营目标，在很大程度上取决于航空公司的航线结构决策及其实施。

3. 航线结构决策影响航空公司、航空公司联盟的综合竞争力

航空公司之间的竞争归根到底是综合实力的较量，而航线网络的质量是航空公司综合实力的主要指标之一。航空公司联盟之间的竞争更加充分地说明了这一点。

4. 航线网络结构将长期影响营运成本

因为航线网络规定了运输路线，对于不同的航线网络结构，O－D 流的路线将不相同，因此运输成本将不相同。科学设计的航线网络结构，将具有最小的运输成本，劣质的航线网络意味着较高的运输成本。由于航线网络规划是战略层次的规划，其结构是相对稳定的，而且改变的成本很高，因此航线网络将长期影响航空公司的营运成本。

7.1.3 影响航线决策的主要因素

一、影响航线决策的外部因素

在航空公司进行战略筹划时,已经考虑了若干重要的外部因素,笼统地讲,就是公司所处的政治、经济、文化三大社会系统的发展趋势所能带来的机遇和威胁。就航空公司的航线结构决策而言,更要重点分析以下外部环境因素。

1. 全球性、地区性国际贸易、国际金融的走向

航空运输市场受国际经济、国际金融和国际贸易的影响很大,国际航线应根据国际形势的发展及时调整。1998 年亚洲诸国都未走出亚洲金融危机的阴影,日本、俄罗斯的金融危机更是给欧亚经济增长带来很大的负面影响。相比之下,拉美地区经济发展较快,成为 1998 年度全世界空运增长最快的地区。欧美一些大型航空公司于 1998 年末和 1999 年初将一部分运力投放拉美市场,开辟拉美航线。

2. 社会对空运服务的需求变化

现在我国不少中小城市希望通过支线机场与大都市相连,发展当地的经济和文化。比如贵州的兴义、铜仁、荔波的旅游和矿产资源有极高的开发价值,但长期以来由于交通闭塞,“养在深闺人未识”。为改变这种状况,贵州省政府除了想方设法大力发展铁路、公路运输外,正在筹措资金,还准备在几个重要的城市兴建支线机场,发展贵州的支线航空运输。航空公司应该关注这些情况的发展,抓住机遇,适时进行航线决策。

3. 政府对空运业管制的程度

在世界上大多数国家和地区,航线的开辟都受到政府部门不同程度的管制。至于国际航线,基本上仍受到双边及多边政府协议的约束。现在只有在美国国内市场、欧盟内部市场两大市场上,航空公司开辟航线有较充分的自由度。尽管已有 30 多个国家与美国签订了“开放天空”协议,但美国的国内市场并未对协约国充分开放。

4. 航空公司联盟对加入联盟的具体要求

早期的航空公司联盟的主要形式是航线运营的协作。无论是地区性联盟,还是全球性联盟,都讲究联盟成员的航线互补功能。荷兰皇家航空公司和美国西北航空公司的联盟成功的重要原因是它们的航线网络在美国国内市场、欧洲市场、欧美市场、亚太市场、欧亚市场的高度互补性。国内新星联盟不成功的原因之一是它们的航线虽然很少重叠,但互补性不强。对需求量大的市场来说,航线重叠其实并无大碍,联盟成员之间可以通过代码共享进行分工协作,增加航班频率,提高联盟的市场份额。

5. 空域资源的可利用状况

空域资源是一种稀缺资源,人类一直在努力挖掘它的潜力。例如跨太平洋航线飞行高度层垂直间隔将要求缩短到 1 000 ft,这将增加航路容量。再如北极航线,一旦开通,对中美、中加航线的重新布局将产生很大影响。航路空域的容量如果不足,将直接影响开通航线的申请是否能获得批准。

6. 机场等地面保障单位的条件

由于机场条件的限制,有些航线的开辟比较困难。比如原海口机场附近一度有超高建筑,以致空管

部门不得不取消夜航。另一个不容忽视的因素是环保,例如欧美等发达国家对飞机的噪声危害的限制越来越严。在构建航线网络时应当重视这些因素的影响。

7.空运业竞争的程度

当前国内干线的运力过剩,在现有价格体制不变的情况下,供大于求的局面还要持续一段时间,竞争很激烈。国际航线也一样,需要避免内部竞争,在国际航线上加强合作,共同参与国际竞争。所以是否进入或退出一条航线,应该认真分析后再做决策。

8.替代品的挑战

高速公路的开通、铁路的提速和高铁的建设,对民航提出了挑战。迎接这些挑战,并非只有退出有关航线市场。由于地理条件、经济文化发展水平的差异,只要科学分析、缜密组织,"编织"高效的航线网络,航空运输在中国大有市场前途。

二、影响航线决策的内部因素

1.航空公司的战略目标

每个航空公司都有特定的战略目标,战略目标明确了航空公司的市场定位和顾客群体。比如众所周知的美国西南航空公司将自己定位于低成本运营的地区航空公司,其航线结构基本以城市对为主,并逐步发展成蛛网式网络,不搞枢纽辐射系统。

2.航空公司现有航线网络

国内现有航线基本上是城市对的,对于客流量大的航线,采用城市对航线,可以减少旅客的旅行时间,降低航空公司的运输组织难度。但对于运输需求少的航线,则由于航班频率太低,给旅客出行带来不便,同时航空公司也因为成本太高而无法盈利。通过改造航线网络结构可以改变这种状况。

3.航空公司机队结构

机队的经济性能、技术性能也是航空公司航线选择的重要因素。现在世界上只有少数几种机型可以飞行长距离航程和高原机场。

4.航空公司市场开发能力

市场开发能力取决于航空公司高层领导的重视程度、市场主管部门的开发能力以及公司内部各部门的协同水平。从航空公司发展的历史来看,一支素质高、战斗力强的市场开发队伍对航空公司的竞争力有举足轻重的影响。这样的队伍一旦决定开辟一条新航线或撤出一条老航线,获益的把握较大。

5.信息技术(IT)在航空公司内部应用的情况

航空公司的竞争不尽限于传统的机队竞争、价格竞争,也是信息技术的竞争。航线管理水平的提高最终依赖于信息技术在航空公司、空管、机场等民航部门生产、指挥中的应用水平,航空公司可以与其他单位协调,共同提高信息技术的应用水平。

7.1.4　几个概念

为了便于陈述以及对有关内容的理解,下面给出几个与航线以及航线网络密切相关的概念。

(1) 航线(Airline)。航线由飞行的起点、经停点、终点、航路等要素组成。航线是航空运输承运人授权经营航空运输业务的地理范围，是航空公司的客货运输市场，是航空公司赖以生存的必要条件。航线规定了起讫与经停地点，按起讫地点的归属不同分为国内航线、地区航线和国际航线。国内航线又可分为干线航线（干线）和支线航线（支线）。

(2) 干线(Trunk Route)。干线泛指大城市之间的航线。对枢纽航线网络而言，枢纽之间的航线称为干线。某枢纽航线网络中所有的干线组合在一起构成干线网络。

(3) 支线(Regional Route)。关于支线的定义尚未统一，目前有以下几种：

1) 根据执行航线飞行的飞机机型定义。我国民航总局将 70 座以下涡桨飞机和 50 座以下涡扇飞机执行的航线界定为支线。

2) 根据航线距离定义。1997 年美国《航空运输商务》认为 800 km 以内的航线为支线；我国认为省内及邻省城市间航距 500 km（部分学者认为是 600 km）以内的航线为支线。

本书将淡化支线的确切定义，将支线理解为大城市与小城市之间的航线。在枢纽航线网络中，支线指枢纽城市与辐射城市之间的航线。某枢纽航线网络中的所有支线组合成支线网络。

(4) 航段(Segment)和航节(Leg)。一条航线经过的城市至少有两个，即始发城市和终点城市。在始发城市和终点城市间可以有一个或多个经停城市。在某条航线上能够构成旅客行程的航段称为旅客航段，通常简称航段。在某条航线上航班飞机实际飞经的航段称为飞行航段，简称航节。例如北京 — 上海 — 广州航线，航段有 3 种可能：北京 — 上海、上海 — 广州、北京 — 广州。航节有两个：北京 — 上海和上海 — 广州。

(5) 航线网络(Airline Network/Route Network)。航线网络是指某一地域内的航线按一定方式连接而成的构造系统，由机场和航线等要素构成了航空运输的空间分布。航线网络是航空公司航班计划和机组安排等生产运行计划的先决条件，对航空公司的运行效率和客户的服务质量有着重要的影响作用，是航空公司生存和发展的基础。

(6) 城市对航线网络(City-to-City Network/Point-to-Point Network)。它又被称为点对点式航线网络。这种航线网络中的航线是指从各个城市自身的需求出发，建立的城市与城市间的直飞航线，旅客不需要经过第三个机场（或城市）进行中转，且航线间安排航班时也无须考虑衔接问题。

(7) 枢纽航线网络(Hub-and-Spoke Network)。又可称为中枢辐射式航线网络或枢纽辐射式航线网络或轮辐式航线网络，是指含有枢纽机场（或城市）和非枢纽机场（或城市）的航线网络模式，航线的安排以枢纽城市为中心，以干线形式满足枢纽城市间旅客与货物运输的需要，同时以支线形式由枢纽城市辐射至附近各中小城市，以汇集和疏散旅客与货物，干支线间有严密的航班时刻衔接计划。

(8)O - D 流(Origin-Destination Flow)。在一定时期内计算的由某起始城市到目的地城市之间的客 / 货 流量，一般地，该流量具有方向性。例如上海-北京与北京-上海是两个不同的 O - D 流。

7.2 航线网络结构模式及其比较

7.2.1 航线网络结构的演化及现状

在航空运输早期，受航空产业政策以及航空公司运营规模等多种因素的影响，航空运输企业普遍采用城市对航线结构。20 世纪后期，随着美国开始实行航空运输自由化政策，出现了枢纽航线网络。伴随着枢纽航线网络的出现，关于城市对航线结构和枢纽航线网络优劣的探讨便成为民航界和学术界的热点问题，两种航线网络之间的竞争也成了关注的焦点。

1978 年美国放松航空管制法的颁布实施以及 20 世纪 80 年代欧洲采取的放松航空管制政策，促进了世界民航运输业的极大发展。尤其是枢纽航线网络的出现，不但促进了民航运输的快速增长，而且成为航空公司的竞争利器，世界排名前 20 位的航空公司均建立起了自己的枢纽航线网络系统。枢纽航线网络的逐步发展和完善，也促进了枢纽机场的发展。据统计，目前世界上旅客吞吐量排名前 20 位的机场无一例外都是枢纽机场。

旧中国航空运输虽然起步并不算晚，但由于经济贫困落后，饱受战乱的影响，发展缓慢，航线与航空基地的布局难以稳定、变动频繁。新中国的成立，为民用航空事业的发展创造了良好的社会基础和稳定的环境。1950 年 8 月首辟天津 — 武汉 — 广州，天津 — 武汉 — 重庆两条航线，在中国民航事业的发展史上揭开了新的一页。改革开放以来，中国民航保持两位数平均增长率，新的航线不断开辟。截止 2006 年底，我国定期航班的航线达到 1 336 条，其中国内航线(包括香港、澳门航线)1 068 条，国际航线 268 条，境内民航定期航班通航机场 142 个(不含香港、澳门)，形成了以北京、上海、广州机场为国家枢纽，联结国内 140 个城市，联结 42 个国家 91 个城市的航空运输网络。

虽然目前我国已经跨入了民航大国的行列，但我国还不算世界民航强国。其中一个重要原因是我国的航线网络布局不尽合理，主要体现为航线网络仍停留在城市对层面上，重干线轻支线，重布线轻织网，有网络无枢纽，航线与机场、机型不匹配，资源配置不合理等。鉴于当前民航实际和枢纽航线网络的重要性，我国在民用航空运输机场 2020 年布局和“十一五”建设规划研究报告中提出了实施“强化枢纽机场建设”的指导思想，也即把构建枢纽航线网络系统纳入了战略规划之中。

7.2.2　城市对航线和枢纽航线网络的比较分析

根据航线结构形式的不同，航线网络可分为两种：城市对航线和枢纽航线网络。城市对航线可以发展出线形航线。所谓线形航线(又被称为城市串式航线或甩辫子航线)是指飞机从始发地至目的地的途中，经一次或多次停留，在中途机场补充旅客，以弥补起止机场间的客源不足。线形航线网络结构一般适用于较小的市场规模，特别是支线市场。线形航线结构成功的典型是美国西南航空公司。专家们总结它的特点包括：低成本、低票价、短航程、高密度市场、线形航线网络结构、简单的机舱内服务、机型单一、座舱级别单一、不预先分配座位、搞笑表演、独特的企业文化等。但最近美西南声称它的航线网络已从线形航线网络发展成蛛网式网络。

可以认为城市对航线和枢纽航线网络是两种极端的航线网络，而线形航线和蛛网式网络则是介于这两者之间的中间型网络。下面仅对典型的城市对航线和枢纽航线网络的优缺点进行分析。

一、城市对航线的优缺点

城市对航线是指各组成航线都是从各城市自身的需求出发、建立的城市与城市之间的直达航线。城市对航线是在起讫点城市之间空运市场需求的客观基础上自然形成的，即有需求就开通的航线。虽然城市对航线也在空间上互相衔接形成网络结构，但城市对航线并没有对网络内航线资源进行系统的有机整合，没有形成网络效应。

城市对航线的主要优点是，当不计成本时，是旅客出行最理想的方式。直达航线实行点点直运，最能体现航空运输快捷的持点，最大限度地节约旅客的在途时间。

城市对航线结构由若干独立的直达航线组成，并不是严格意义上的网络，它的缺陷也很明显。

首先，城市对航线主要是根据两地需求或政治因素开辟航线，只是简单的运送系统，而不具有吸引、开发需求的功能，由于两城市市场需求有限，从根本上限制了航班的频率、客座率或载运率，造成航线资源的浪费。

其次，多数城市对航线的客流量小、航班密度低，旅客的计划延误时间长，对于出行时间紧迫的旅客，这种航线的航班不能发挥快速的特点，对旅客的吸引力降低，迫使旅客转向其他交通方式。航空公司又由于客流量少、飞机客座率低，不能获得应有的效益，因而不得不进一步降低航班密度，从而形成一种恶性循环。

最后，城市对航线一方面造成航空公司间的恶性竞争，另一方面造成运力的严重浪费。

综上所述，城市对航线的点对点运输方式受到旅客的欢迎，但由于价格高、飞行频率低和供应减少，增加了旅客的计划延误和随机延误成本，难以满足旅客出行的即时性要求，因而降低了这种航线结构对旅客的吸引力。

二、枢纽航线网络的优缺点

枢纽航线网络是当今世界大型航空公司的主要竞争武器，它开始于 1978 年"放松管制"后的美国。早先的目的是建立枢纽来提高产品的定期性品质(包括正点、好的时刻、航班频率和机型四个方面)。20 世纪 80 年代以来，枢纽航线网络有一个逐渐完善和发展的过程。在这个过程中，大型航空公司是主角，小型航空公司是配角，双方形成了一种分工协作关系。小型航空公司往往是支线航空公司，机型较小，航程较短，致力于大机场与小机场之间的市场开发；大型航空公司则集中资源运营国内干线、地区航线和国际航线。如此一来便出现了一家或几家大型航空公司和多家小型航空公司围绕着某个大型枢纽航空港运营的局面。

1. 枢纽航线网络的优势

(1) 枢纽航线网络的规模经济性和范围经济性。航空运输业经历了规模经济(Economics of Scale)、范围经济(Economics of Scope)和网络经济(Economics of Network)三个阶段。以世界上大型航空公司为例，它们在20世纪80年代初致力于扩大机队规模，兼并或控股竞争对手，追求运力意义上规模经济；在80年代中期和90年代，则热衷于建立或强化枢纽航线网络，将地区市场、国内市场、国际市场和全球市场有机地连成一体，统一于自己的麾下。具体来说，有以下五个方面。

第一，开发和运营由多个转机组合构成的枢纽航线网络，将大幅度提高 O-D 流的服务数量，以获取范围经济性。

第二，在枢纽机场，航空公司可以提供高密度的离港航班服务，使许多小 O-D 流也通过枢纽实现了较高频连接。

通过把许多 O-D 流聚合为一体，使某些航段的高频率服务成为可能。从 O-D 流的思路来看，大量的、分散的、比较"薄"的O-D流通过支线飞机流向枢纽，再中转流向更远的城市，使得某些辐条上的客流变得很“厚”,航空公司可以提供较高频率的航班服务。换言之,通过转机得到的额外客流,允许航空公司运营大量航班。当这种情况发生在许多辐条(支线)上时,两个原本直飞客流量甚微的航站之间的中转航班的频率也就增加了。航空公司不仅凭借枢纽航线网络刺激了客流,还依靠航班频率和起飞时刻的优势,给潜在的竞争对手在这样的两个航站之间开通直达航班设置了障碍。另外,拥有枢纽航线网络的航空公司还可以通过降低中转航班票价的做法,使竞争者在价格上也不具有优势。

第三,枢纽航线网络可以让航空公司在枢纽机场使用大载量的飞机运营某些航段,因而降低航空公司的座公里成本。

第四,枢纽航线网络提供较高的航班频率与较低的票价政策相结合,可以刺激更多的客流流向拥有枢纽航线网络的航空公司,使之拥有更高的市场份额。

第五,在计算机订座系统(CRS)和常旅客计划(FFP)与枢纽航线网络的协同作用下,航空公司能够使顾客越来越忠诚于本公司的服务网络,越来越多地享受本公司的系统内中转服务。

在捕捉顾客需求方面,枢纽航线网络在 CRS 和 FFP 的协同作用下,可以变成自给自足的体系,能吸引旅客更多地在系统内中转,减少他们在多家航空公司航班之间中转的机会。以美国为例,放松管制之初的五六年时间是美国大型航空公司发展枢纽航线网络的第一阶段。从 1978—1984 年,中转旅客的比例由占全部旅客的 48% 上升到 53%。虽然这个升幅有限,但全部旅客中享用系统内中转服务的旅客比例由 1978 年的 25% 上升到 1984 年的 45%;与此同时,全部旅客中享受不同公司联运中转的旅客的比例则由 23% 下降到了 8%。可以看出,旅客对公司的忠诚度在不断提高。

(2) 枢纽航线网络可以给航空公司运营管理带来以下三点便利:

第一,将机组调配、机务维修等运营管理项目集中在枢纽机场,可以降低运营成本。

第二,有利于飞机、机组计划外的交换,充分发挥运力等资源的作用。

第三,更容易证明开辟新航线的意义。因为枢纽的作用,使得原来的一些客源不足的航线变得有经营价值;航空公司可以根据一条新航线的运输量调节机型、座位数和逐步提高航班频率,新航线的客流量就会逐渐增加。这样培养新航线的把握性比城市对模式大得多,困难也小得多。

(3) 适应网络经济的发展。从新世纪发展的趋势看,枢纽航线网络为航空公司适应新的网络经济特征和航空公司全球联盟大趋势打下了良好的基础。

知识经济和信息技术的发展给全球联盟的网络经济带来了技术层面的可能性。拥有 1 000 多架飞机的全球联盟如果没有强大的运营管理系统的支持,其无缝隙服务的承诺将无法兑现。对航空公司来说,网络经济包含对两个方面的整合:一是将航空公司各自的运营系统内部网络连成一体;二是充分利用以因特网为主的外部网络。值得我国航空公司注意的是,全球航空公司联盟的主力成员都有发达的枢纽航线网络,我们如果不加紧开发自己的枢纽航线网络,被联盟接受的可能性就降低;即使被接受,对联盟的贡献和自己得到的实惠也有限。

(4) 枢纽航线网络使枢纽机场受益。在实施枢纽航线网络的环境下,能不能成为枢纽机场已经成为一个影响中大型机场生存和发展的大问题。很多国家已经意识到枢纽对机场本身、对本国民航业和国民经济发展的推动作用,不惜巨资,建设和发展枢纽机场。按 1998 年客运量统计排名,美国的 13 个枢纽机场都进入了世界前 20 名。在欧洲,伦敦希斯罗、法兰克福美因兹、巴黎戴高乐、阿姆斯特丹史基浦机场是欧洲的国际枢纽,它们已基本垄断了大西洋的跨洋飞行。在东亚地区,日本东京的成田机场和韩国仁川机场已建设成为国际枢纽机场,基本垄断了越太平洋空运市场。在东南亚,我国香港和泰国曼谷、新加坡樟宜三大枢纽机场在亚太地区的垄断地位也很显著。

2. 枢纽航线网络的劣势

由上述分析可以看出，枢纽航线网络给大型航空公司带来了竞争优势，但也存在一些弊端。

(1) 对乘客而言，虽然在选择班期的自由度、系统内中转、票价等方面有不少实惠，但他们得接受更长的旅行时间，因为航空公司给他们提供的直达航班变少了。

(2) 从航空公司运营管理的角度来说，堵塞和航班延误现象日趋严重。这是因为航班波运作导致机场生产资源的高度集中使用和航班协调难度加大，恶劣天气造成机场容量减小时情形更为严重。

(3) 使航空公司航班时刻的安排、运力的调配和人力的安排变得非常复杂，需要复杂的计算机系统进行处理。

(4) 由于航班波运作的需要，在枢纽机场要加大人力和设备的投入，要赔付较高的行李损失费用(行李差错率较高)，要向机场支付较高的各种服务费用(比如起降费)，因此航空公司枢纽运营的直接成本相对较高。

3. 枢纽航线网络的相关影响因素

在设计枢纽航线网络时，航空公司特别要注意以下 7 个因素。

(1) 枢纽机场的地理位置。一般来说，沿海机场和地处内陆中心的机场是枢纽航空港的有力竞选者，比如我国的北京、上海和广州。幅员辽阔的大国(如美国、加拿大、俄罗斯、巴西、中国等) 的内陆中心机场可能发展为国内枢纽，我国的武汉、西安、成都等城市都有这种优势。

(2) 当地的经济文化。当地的经济文化越发达，旅客需求就越多，地方政府支持就越有力，枢纽建设就越可行。拉斯维加斯能成为一个航空枢纽，就是因为它特有的旅游经济文化。北京、上海和广州在中国诸城市中也具有这方面的比较优势。

(3) 市场需求。市场需求小的机场，只能作为支线机场考虑，需求大到一定程度时，才可以作为枢纽航空港来设计。

(4) 机场条件。航空公司要重点考察机场的跑道容量、登机口的分配、空域结构和时隙的分配等因素。

(5) 航空公司实力。航空公司的实力包括有形部分和无形部分。无形部分主要是公司的服务水平、安全记录、联盟伙伴形象、自身的信誉度等，有形部分包括公司的机队、登机口、时段、员工等。航空公司的实力由可用资源体现，具有足够资源的航空公司才有可能建设枢纽航线网络。

(6) 政府管制状况。航线网络的构建受政府管制影响甚大，没有航空自由化，航线市场的进入需要政府的批准，构建枢纽航线网络困难重重，甚至不可能。国际枢纽的建设需要海关、边防等的通力合作和利用第六航权，才能免去中转旅客的过境手续，吸引更多的旅客到本枢纽来转机。

(7) 客货运输流向。O－D 流的流向决定了枢纽机场的定位，位于大流量 O－D 对之间的中心机场可能成为枢纽机场。上海位于南北向的中部和东部边界上，所以它作为国内枢纽只能是南北向的，作为国际枢纽是有潜力的。

7.2.3　航线网络结构定量分析

一、航线网络结构分类

(1) 城市对航线，如图 7.1 所示，它实际不具有网络效应。

(2) 直线航线网络，具有小部分网络效应。

(3) 枢纽航线网络，如图 7.2 所示，具有网络效应。

(4) 蛛网式航线网络，如图 7.3 和 7.4 所示，具有部分网络效应。

(5) 环形网络，具有较差的网络效应。

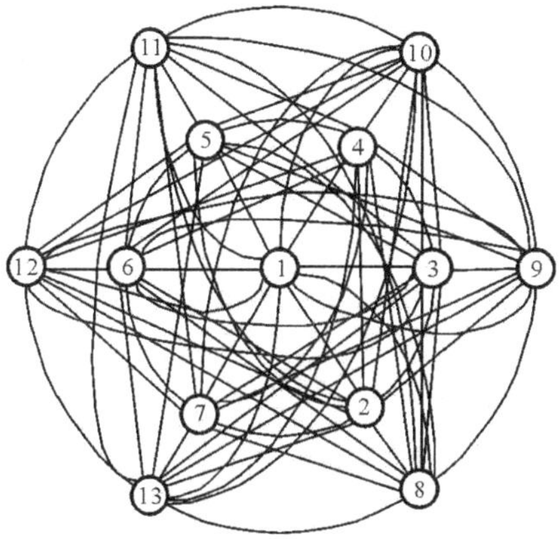

图 7.1　城市对航线结构

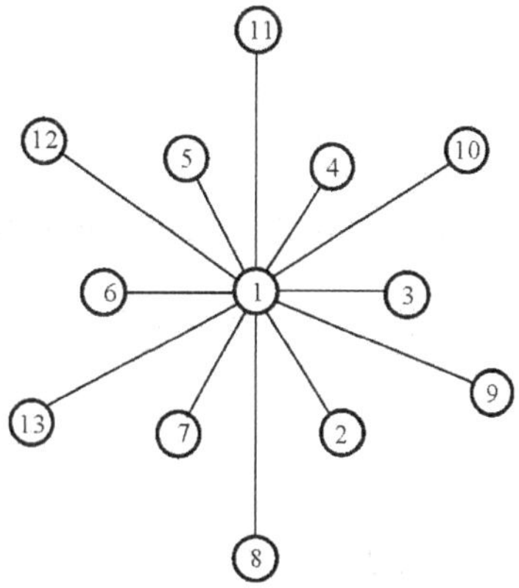

图 7.2　枢纽航线网络

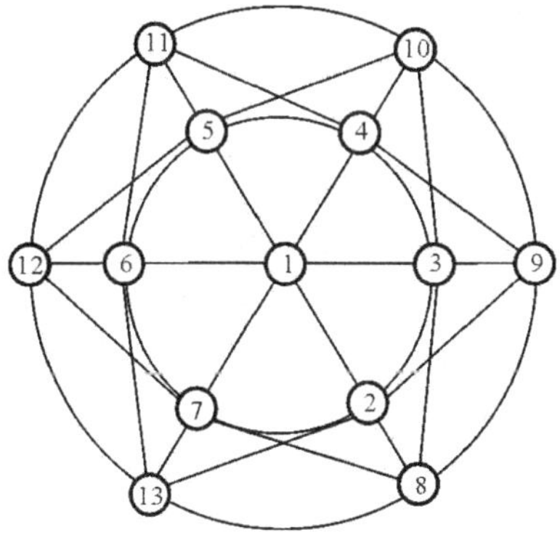

图 7.3　简单蛛网式网络

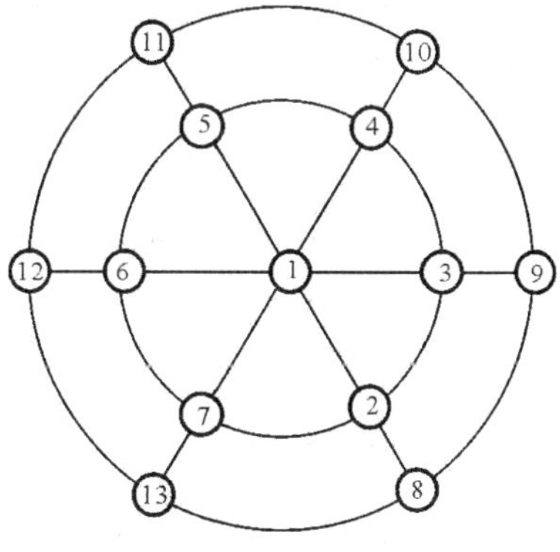

图 7.4　符合蛛网式网络

二、航线网络集中度

定义　航线网络集中度 C = 网络 O－D 对数 / 网络的边数。

根据这一定义，可以给出各航线网络的集中度计算公式如下：

(1) 城市对：$C = 1$。

(2) 单枢纽航线网络：$C = n/2$。例如 $n = 20$，则 $C = 10$。

(3) 对于 p 个枢纽，枢纽全联通、支线单分配时，网络的边数 $= n - p + p(p-1)/2 = n + p(p-3)/2$，则 $C = n(n-1)/[2n + p(p-1)]$。如果 $p = 3, n = 20$，则有 190 个 O-D 对，20 条边，因此集中度是 $190/20 = 9.5$。

(4) 蛛网式网络须具体分析，具有 l 层，每层有 k 个焦点城市的简单网络 $C = n/8[1-1/(2l)]$；复合网络 $C = n/4$。

根据统计分析的结果，2007 年我国 146 个机场组成的 1 028 条航线中有 509 条(占近 50%)，只承担了总运输量的 5%，平均每天航班频率只有 0.5 个，平均单程需求 19 人，这样的航线，采用直飞模式，集中度 =1，无论怎样降低成本都要亏本。但是，如果采用三枢纽航线网络，则集中度 = 72.5，可服务超过 10 000 个 O-D 对，规模扩大 9 倍，同时每条航线的运输量将扩大 72 倍，平均每条航线需求将达到 1 377 人，用 A320 可飞 13 个航班，枢纽之间的运输量更大。

三、航线网络的节点联通度和网络联通率

定义 节点的联通度是与该节点相关联的边的条数，也即机场的联通度等于与其通航的航线条数。

$$T = \text{节点相关联的边数}$$

最大的节点联通度叫做最大联通度，节点平均联通度叫做网络联通率。连通度和连通率的大小反映了 O-D 流的可直达程度。

根据上述定义，可以得到各种类网络的联通度和联通率如下：

(1) 城市对航线，各节点连通度 $T = n - 1$，网络连通率 $= n - 1$。

(2) 枢纽网络的最大连通度 $T = n - 1$，单枢纽的连通率 $= 2(n-1)/n < 2$。

(3) 层数 $= l$，每层节点数 $= k$ 的蛛网式：对于简单蛛网式，最大连通度 $= k$，网络连通率 $= 8(n-1)[1-1/(2l)]/n$；对于复合蛛网式，最大连通度 $= k$，网络连通率 $= 4(n-1)/n < 4$。

对于一个有 13 个城市的网络，城市对航线的连通度 = 连通率 = 12，枢纽航线网络的最大连通度 = 12，连通率 = 24/13 = 1.85，简单蛛网式的最大连通度 = 6，连通率 = 5.54，复合蛛网式的最大连通度 = 6，连通率 = 3.69。网络的联通率越大，则直通率越高，集中度越小。

四、航线网络的节点互通率

定义 节点互通率 = 出发旅客中的中转旅客数 / 出发旅客总数。

根据上述定义，可以给出各种类型航线网络的节点互通率如下：

(1) 城市对航线各节点的互通率 = 0。

(2) 对于枢纽航线网络，如果各 O-D 流相同，则枢纽机场的互通率 $= (n-2)/(n-1)$；如果各 O-D 流不同，则

$$枢纽机场的互通率 = \frac{\sum_{i \neq hub} OD_i}{\sum_i OD_i}$$

(3) 蛛网式网络各焦点城市的互通率 =(出发旅客 - 始发旅客)/ 出发旅客。

节点互通率越高,在此中转的旅客比例越大。如表 7.1 所示是美西南(SWA) 和美洲航(AA)、德尔塔航(DL) 以及美联航(UA) 航线网络各主要机场的互通率,可以看出美西南各机场的互通率较小,其他三个航空公司的枢纽机场的互通率都比较大。

表 7.1　美国几个重要机场的互通率

SWA 互通率				AA 互通率	
机　场	互通率	机　场	互通率	机　场	互通率
ABQ	9.80%	LAX	0.00%	DFW	67.80%
AMA	2.00%	PHX	27.30%	ORD	58.90%
AUS	2.50%	LIT	0.40%	MIA	78.00%
BHM	1.60%	MAF	3.30%	BHM	
BNA	12.20%	MCI	0.90%	ATL	70.30%
BUR	0.30%	MDW	6.50%	CVG	71.90%
CRP	0.10%	MSY	0.70%	SLC	63.70%
DAL	19.60%	OAK	0.50%	DAL	
DET	0.20%	OKC	1.20%	IAD	56.00%
DTW	0.20%	ONT	0.40%	ORD	59.40%

五、航线网络的节点重要度

定义　航线网络节点重要度表示该节点删除后最大连通度的变化度量,等于该节点删除前后网络服务 O-D 对数的变化率。

根据上述定义,可得各种航线网络的节点重要度的计算公式如下:

(1) 城市对航线结构中每个节点删除引起服务 O-D 对减少($n-1$),因此重要度都等于 $2/n$。

(2) 对于枢纽航线网络,如果是单枢纽,则枢纽机场删除后所有的 O-D 流都将中断(单枢纽情况),因此枢纽机场的重要度 = 1,支线机场重要度 = $2/n$。

(3) 蛛网式网络的各节点重要度都等于 $2/n$。

如果定义航线网络的可靠性为各 O-D 流正常运输的概率,则各节点的重要度越小,对网络正常运行的影响越小,网络可靠性越大。可见,网络节点重要度反映了网络的可靠性,城市对航线和蛛网式网络各节点的重要度较小,而且比较均衡,因此它们的可靠性比枢纽网络高。

7.3 航线网络经济性分析

7.3.1 航线网络的网络经济效应

上节已经提到，航空运输具有规模经济性和范围经济性，现在给出航空运输业规模经济和范围经济的定义。

规模经济(Economy of Scale)：航空公司产量增长之后，它的单位产品的生产成本可以降低，从而获得业务增长带来的经济效益，把这种由于生产规模的扩大而实现的经济效益称为航空运输业的规模经济。

范围经济(Economy of Range)：网络航空公司在现有枢纽航线网络上增加一条新航线比新的航空公司开辟同样的航线服务更多的O－D流，不同的O－D流是不同的运输产品，因此网络航空公司开发单位产品成本比新航空公司低。这种随着网络规模的增大，开发生产单位产品的成本随之下降的现象就是航空公司的范围经济。

航空运输的产品和服务是通过航线网络系统来提供的，网络中航线的相互连接和合作生产了多样化的产品，对于这个特殊的多产品行业，规模经济与范围经济很难分开，它们共同作用，构成了航空运输业的网络经济。

1997年，欧姆(Oum. T. H.)等人对美国航空运输业进行了实证研究，得出结论：飞机平均载重与完成的运输量、网络规模大小与平均运距有明显相关性，规模经济系数为1.154。鲍依尔(Boyer)在其1997年出版的《运输经济学原理》一书中通过模拟运算指出，航空公司可通过提高设备利用率(如提高航班客座率)获得规模经济，在一个运输网络中，当运输量成倍增加时，飞机或固定设备并不需要按同样比例增加。据鲍依尔(1997年)测算，客座率每提高1%，单位成本可降低2.64%。

研究还表明，通常企业市场份额与其盈利能力存在正相关关系，航班频率增加到某个阈值后，可以更快增加市场分额。这就是泰加(Taneja)1968年提出的航班频率和市场占有率之间的S曲线关系(参阅第8章航班计划)，如图7.5所示。航空公司要占有一定的市场份额，必须保证一定的航班频率。

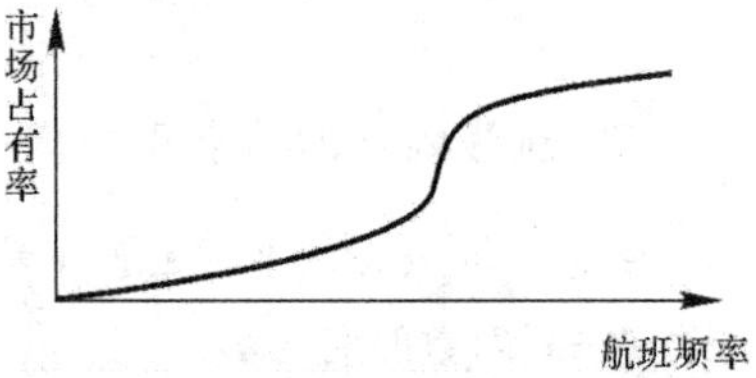

图7.5 航班频率的S曲线

那么枢纽航线网络是如何获得网络经济的呢？首先，枢纽航线网络具有市场开发和市场扩张功能，使得航空公司的航班频率和客座率得到提高。枢纽航线网络将周边客源稀少的小城市客源集中到中心城市再衔接至各地，不仅增加干线航班的客座率和载运率，而且有效地避免了开辟新城市对航线的较长时间培育和成熟过程。虽然中转增加了旅客在途时间，但高频率、高密度的航班衔接减少了旅客的计划延误，为旅客提供更多的航班时刻选择余地。

其次，枢纽航线网络有利于开发利用各种机型的技术经济性能，有利于航空公司优化机队配置，使干支线飞机始终保持合理比例，推动航空公司形成合理的市场分工。枢纽航线网络由于通过干支线的分工协作,使中小城市客源汇聚于枢纽中心,为航空公司充分利用运力,发挥规模运输成为可能。

最后,枢纽航线网络结构使航空公司的机组调配、机务维修等管理集中在枢纽机场,不仅能增强调配能力,大大减少备份资源,而且能降低管理成本,创造效益。

7.3.2　不同结构航线网络的成本分析

本小节设计一个简单的例子,分析航线网络结构对运营成本的影响。设有一个小航空公司,服务于 4 个城市 A,B,C 和 O,其中 A,B,C 在等边三角形的三个顶点上,O 在该三角形的中心上,其中 OA = OB = OC = 1 000 km,所以 AB = BC = CA = 1 732 km。这 4 个城市构成 6 个城市对,每个城市对的客运需求是 200 人 / 天,该公司打算采用 120 座的飞机或 240 座的飞机,轮挡速度都是 600 km/h。可采用的航线网络结构有两种:城市对和枢纽结构,如图 7.6 和 7.7 所示,图中各边上的权表示该航节的运输需求(旅客人数)。假设 120 座飞机购买价 1.5 亿元,240 座的大飞机,每架售价为 2.5 亿元,折旧期都是 15 年。120 座飞机的座公里成本为 0.15 元 / 座公里,240 座飞机的座公里成本为 0.10 元 / 座公里。试比较两种航线网络的成本。

请自行计算这两种航线网络的集中度、联通率,以及各节点的联通度、互通率和重要度,然后定量比较这两种网络的结构特性。

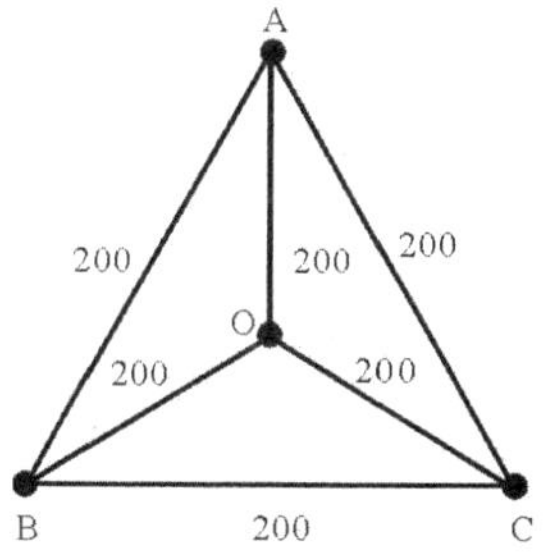

图 7.6　城市对航线网络

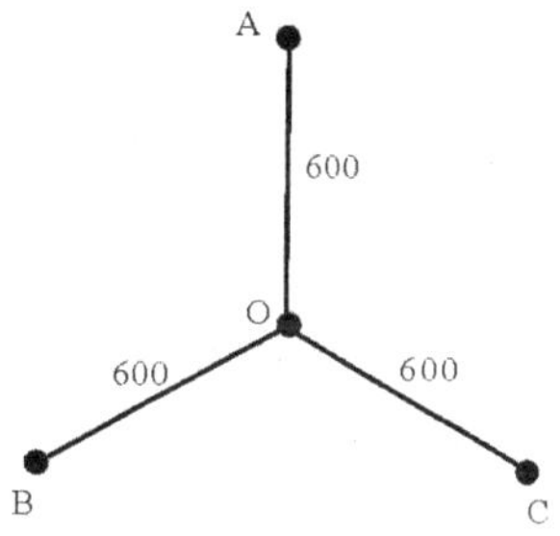

图 7.7　枢纽航线网络

一、城市对结构营运成本分析

1. 航空公司成本

对丁城市对航线,应当采用 120 座的较小飞机,每大每城市对飞两个航班。由于飞机购买价为 1.5 亿元,折旧期为 15 年,因此按照线性折旧法计算每天的折旧成本是

$$1.5 \times 10^8/(15 \times 365) \approx 3 \text{ 万元}$$

每年维修成本假设为 365 万元,因此每天 1 万元。每天航班数为 12 班(双向),假设每架飞机每天可飞行 3 个往返,则公司需要 4 架飞机,每天固定成本为

$$(3+1) \times 4 = 16 \text{ 万元}$$

公司每天飞行总座公里数为

$$240 \times (1\,000 + 1\,732) \times 3 \times 2 = 3.93 \times 10^6 \text{座公里}$$

由于该飞机的座公里成本为 0.15 元 / 座公里，因此公司运行成本为

$$3.93 \times 10^6 \times 0.15 = 59 \text{ 万元}$$

采用城市对航线网络，航空公司每天的营运成本为 16 + 59 = 75 万元。

2. 旅客成本

首先来计算旅客旅途时间成本。飞机轮挡速度为 600 km/h，航线 AO，BO，CO 的轮挡时间等于 1 000/600 ＝1.7 h，加上值机、安检、登机等辅助时间(不应包括候机时间) 旅客旅行时间为 2 h；航线 AB，BC，CA 的轮挡时间等于 1 732/600 = 2.9 h，旅客旅行时间为 3.2 h。假设旅客小时成本为 30 元，则旅客时间成本等于

$$200 \times (2 + 3.2) \times 3 \times 2 \times 30 = 18.7 \text{ 万元}$$

再来计算旅客计划延误成本。假设一架飞机每天营运时间为 12 h，每城市对 6 h 一个航班。考虑到尽可能赢得旅客，航班时刻定在中间时点，如图 7.8 所示。同时假设每班 100 位旅客的理想出行时间在 6 h 间均匀分布，则每小时有旅客 100/6 = 50/3 位，将每小时各旅客的理想出行时间定在每小时的中间点，例如第一个小时出行的旅客的理想时间离航班时刻的计划延误为 2.5 h。这样计算出平均每旅客的计划延误时间等于 6/4 = 1.5 h。

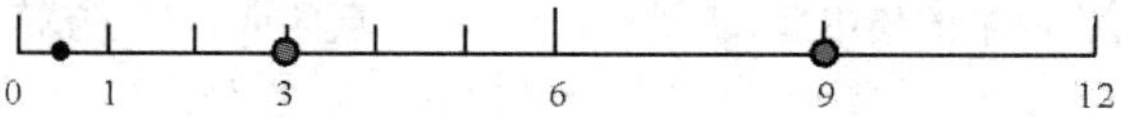

图 7.8 计划延误时间计算

通常旅客计划延误时间成本比旅行时间成本高，因此设计划延误成本为 50 元 /h，则旅客计划延误总成本为

$$200 \times 6 \times 2 \times 1.5 \times 50 = 2\,400 \times 1.5 \times 50 = 18 \text{ 万元}$$

因此旅客总成本为 18.7 + 18 = 36.7 万元。

3. 城市对航线网络每天营运总成本为

$$75 + 36.7 = 111.7 \text{ 万元}$$

二、枢纽航线网络营运成本

1. 航空公司的成本

枢纽结构中只有 3 条航节，此时每航节汇集了 3 个 O－D 对的旅客流，每航节每天客运量为 600 人，应考虑利用规模经济，采用 240 座的大飞机，每班 200 人，每天 3 班，每天共需飞 9 个往返，轮挡速度与 120 座的飞机相同，因此每架飞机每天飞 3 个往返，则需要 3 架飞机。已知该型飞机每架售价为 2.5 亿元，可算得每架飞机每天的折旧费为

$$250\,000\,000/(15 \times 365) \approx 5 \text{ 万元}$$

假设维修费 = 1.7 万元 / 架天。因此每天的固定成本为(5 + 1.7) × 3 = 20.1 万元。

3 架 240 座的飞机一天的运输量为

$$240 \times 1000 \times 3 \times 2 \times 3 = 4.32 \times 10^6 \text{座公里}$$

由于每座公里成本为 0.1 元，因此运行成本等于 43.2 万元。航空公司运营成本为 20.1 + 43.2 = 63.3

万元。

2. 旅客旅行成本

同样对于 240 座的飞机，可计算每航节旅客旅行时间为 2 h，设中转时间为 1 h，得到旅客旅途时间成本（包括中转时间成本）等于

$$200 \times [2 + (2 + 2 + 1)] \times 3 \times 2 \times 30 = 25.2 \text{ 万元}$$

由于一天 3 个航班，两航班之间的时间间隔为 4 h，因此每旅客计划延误时间为 1 h，旅客计划延误时间成本为

$$200 \times 6 \times 2 \times 1.0 \times 50 = 2\,400 \times 1.0 \times 50 = 12 \text{ 万元}$$

旅客运行总成本为 $25.2 + 12 = 37.2$ 万元。

3. 枢纽航线网络每天营运总成本

枢纽航线网络每天营运总成本等于 $63.3 + 37.2 = 100.5$ 万元。与城市对结构相比，枢纽结构下航空公司利用规模经济效应，成本节省 $75 - 63.3 = 11.7$ 万元。旅客成本则稍有增加 $37.2 - 36.7 = 0.5$ 万元，这主要是因为频率提高后，减少了旅客计划延误时间成本 6 万元，中转使旅客旅途时间成本增加了 6.5 万元，两项相抵的结果增加了 0.5 万元。

如果枢纽航线网络下，不利用规模经济效应，还是采用 120 座的小飞机，则航空公司的营运成本将增加，而旅客的旅行成本将减少。此时每天需要飞行 18 个往返，因此需要 6 架 120 座的飞机。公司的飞机固定成本 $= (3 + 1) \times 6 = 24$ 万元，运行成本 $= 72 \times 0.15 \times 6 = 64.8$ 万元，公司营运总成本 $= 88.8$ 万元，比城市对结构的成本多 $88.8 - 75 = 13.8$ 万元。旅客旅途时间成本与使用 240 座的大飞机的相同，也是 25.2 万元，计划延误时间是 6 万元（因为此时每旅客计划延误时间为 0.5 h），因此旅客旅行总成本为 31.2 万元，比城市对结构减少了 5.5 万元。

可见对于枢纽航线网络，如果采用大飞机，则航空公司运行成本可减少。如果不利用规模经济效应，即使用小飞机的情况下，与城市对航线相比，则航空公司的运行成本增加，但旅客旅行成本由于计划延误成本的进一步减少而减少。

7.4　航线网络优化模型

航空公司是典型的高收益、高成本和低利润的企业。在适者生存的竞争环境中，只有降低运行成本，航空公司才能立于不败之地，而建设行之有效的航线网络正是节约成本的一种重要手段，也是航空公司制订航班计划的前提。不论航空公司选择何种网络构形作为本公司的航线网络，当航空公司服务的范围较大的时候，靠手工计算都无法确定最优的航线网络结构，需要靠建立数学模型和计算机求解程序来辅助做出决策。即使是对于不太复杂的问题，人力也只能给出可行解，难以给出最优解。为此，本节将讨论航线网络的优化设计模型和算法。

7.4.1　一般航线网络的优化模型

对于一般的城市对航线结构，如果不考虑开辟航线的成本，则任意一对 O-D 流一定按运输成本最小

的路径运输。设运输成本与距离成正比，任一对O-D流将按最短路进行运输。我们知道，两点之间直线最短，因此任一对O-D流必然选择直达航线运输。但是实际上，航线的开辟不可能没有成本，并且航空运输成本和距离成正比的假设也可能不成立。当考虑航线的开辟成本，并以网络的总成本（包括航线开辟成本和旅客运输成本）最小为目标优化航线网络结构时，问题将变得复杂得多。当航空运输成本和距离不成正比时，可能会衍生出一些其他形式的航线网络，例如实际中经常用到的甩辫子航线等。下面首先对没有枢纽要求的一般航线网络进行建模。

模型的参数和变量介绍如下：

某航空公司运营n个城市之间的客流，其全体记为集合N，$\|N\| = n$，对n个城市进行编号：1，2，…，n。该航空公司准备在这n个城市的基础上构建自己的航线网络。n个城市两两相连构成完全图$G = (N,A)$，$\{i,j\}$表示无向边的同时也表示城市对i,j；(i,j)和(j,i)为相应的有向边，同时也分别表示由i到j和由j到i的O-D流，A既表示网络G无向边的全体也表示有向边的全体。C_{ij}表示经过边(i,j)运送一个单位航空客流的成本，可以有$C_{ij} = C_{ji}$，也可能$C_{ij} \neq C_{ji}$。W_{ij}表示城市i到城市j之间的客流量即O-D流需求，一般地有$W_{ij} \neq W_{ji}$，但在网络优化时为便于计算往往假设$W_{ij} = W_{ji}$。

令$x_{km}^{(ij)}$表示O-D流(i,j)流经边(k,m)的流量占O-D流(i,j)总量的比例。$y_{km} = \begin{cases}1, \text{开通航线}\{k,m\} \\ 0, \text{不开通航线}\{k,m\}\end{cases}$，$y_{km} = y_{mk}$，叫做边选择变量，又叫做固定成本变量。$F_{kl}$是开辟（选择）航线$\{k,l\}$的成本，此外对于航空运输有$C_{ii}W_{ii} = 0$，因此对于$(i,j)$，假设$i \neq j$。设集合$X = \{x_{km}^{(i,j)} \mid \forall (i,j),\{k,m\} \in A\}$，$Y = \{y_{km} \mid \forall \{k,m\} \in A\}$，则用$Z(X,Y)$表示网络的总成本，航线网络的优化设计可用Magnanti通用模型表示如下：

$$\min Z(X,Y) = \sum_{(i,j)\in A} \sum_{\{k,m\}\in A} W_{ij}(C_{km}x_{km}^{(i,j)} + C_{mk}x_{mk}^{(i,j)}) + \sum_{\{k,m\}\in A} F_{km}y_{km} \tag{7.1}$$

$$\text{s.t.} \quad \sum_{k\in N} x_{km}^{(i,j)} - \sum_{t\in N} x_{mt}^{(i,j)} = \begin{cases}-1, & m = i \\ 1, & m = j \quad \forall (i,j) \in A, k \in N \\ 0, & \text{其他}\end{cases} \tag{7.2}$$

$$\sum_{(i,j)\in A} W_{i,j}x_{km}^{(i,j)} \leqslant D_{km}y_{km}, \quad \forall (k,m) \in A \tag{7.3}$$

$$\sum_{\{k,m\}\in A} F_{km}y_{km} \leqslant B \tag{7.4}$$

$$x_{km}^{(i,j)}, x_{mk}^{(i,j)} \geqslant 0, y_{km} \in \{0,1\}, (i,j) \in A, \quad \{k,m\} \in A$$

式(7.1)以网络的运输总成本和开辟航线的成本之和最小为目标函数；约束条件式(7.2)是流量守恒方程，保证所有的O-D流都由起点运到终点；式(7.3)是容量约束条件，它保证只有航线(k,m)开通时才能有流量通过，并且所有O-D流经过边(k,m)的流量之和不超过该边的容量D_{km}；约束条件式(7.4)是投资总额限制，即开辟各条航线投资总和不超过限额B；另外$x_{km}^{(i,j)}$是非负变量，y_{km}是0—1变量。

约束条件式(7.3)的左手是对各O-D对求和的，是关于O-D对耦合的，所以是捆绑式约束(Bundle Constraint)。如果没有容量限制，则该式可表达为

$$x_{km}^{(i,j)} \leqslant y_{km}, \quad x_{mk}^{(i,j)} \leqslant y_{km} \tag{7.3'}$$

如果对航线的开辟没有投入限制，则可删除约束条件式(7.4)，由此构成的问题叫做固定负荷设计问题(Fixed Charge Design Problem)，即

$$\min Z=\sum_{(i,j)\in A}\sum_{(k,m)\in A}c_{km}^{(i,j)}x_{km}^{(i,j)}+\sum_{(k,m)\in A}F_{km}y_{km}$$

$$\text{s.t.}\begin{cases}\sum_{k\in N}x_{km}^{(i,j)}-\sum_{l\in N}x_{ml}^{(i,j)}=\begin{cases}-1,m=i\\0,m\neq i,j\ ,\quad\forall(i,j)\in A\\1,m=j\end{cases}\\x_{mk}^{(i,j)}\leqslant y_{km},\quad x_{mk}^{(i,j)}\leqslant y_{km},\quad(i,j)\in A,\quad(k,m)\in A\\x_{km}^{(i,j)}\geqslant 0,\quad(i,j)\in A;\quad y_{km}=0,1;\quad(k,m)\in A\end{cases}$$

其中，$c_{km}^{(i,j)}=C_{km}W_{ij}$。上述模型是解偶的，即上述模型可分解成各 O－D 流的相关模型，分别求解。

如果有投资总额限制，但没有边容量限制，则网络优化模型简化为预算设计问题（Budget Design Problem），即

$$\min Z=\sum_{(i,j)\in A}\sum_{(k,m)\in A}c_{km}^{(i,j)}x_{km}^{(i,j)}+\sum_{(k,m)\in A}F_{km}y_{km}$$

$$\text{s.t.}\begin{cases}\sum_{k\in N}x_{km}^{(i,j)}-\sum_{l\in N}x_{ml}^{(i,j)}=\begin{cases}-1,m=i\\0,m\neq i,j\ ,\quad\forall(i,j)\in A\\1,m=j\end{cases}\\x_{km}^{(i,j)}\leqslant y_{km},x_{mk}^{(i,j)}\leqslant y_{km},\quad(i,j)\in A,\quad(k,m)\in A\\\sum_{(k,m)\in A}F_{km}y_{km}\leqslant B\\x_{km}^{(i,j)}\geqslant 0,\quad(i,j)\in A;\quad y_{km}=0,1,\quad(k,m)\in A\end{cases}$$

有些预算设计问题在目标函数中可能没有包含第二项，即边选择成本。此时只限制边选择成本的总额不超过 B，并不把它放入目标函数中。

例 7.1　选择沈阳、北京、青岛、郑州、广州、武汉等 6 个城市，在这 6 个城市的基础上构建航线网络，6 个城市之间需求和运输成本（用距离表示）查附录表 7.5 和表 7.6。模型考虑了开辟航线的成本，为简化模型求解的需要，开辟航线的成本认为是相同的，都取为 100 万元。

解　给 6 个城市进行编号 1— 沈阳；2— 北京；3— 青岛；4— 郑州；5— 广州；6— 武汉，从表 7.5 和7.6 得到成本和需求矩阵分别为

$$C=\begin{pmatrix}0&730&821&1339&2672&1859\\730&0&646&690&1967&1133\\821&646&0&741&1867&1117\\1339&690&741&0&1389&530\\2672&1967&1867&1389&0&873\\1859&1133&1117&530&873&0\end{pmatrix},\quad W=\begin{pmatrix}0&71&13&10&8&4\\71&0&58&29&152&44\\13&58&0&3&12&11\\10&29&3&0&22&4\\8&152&12&22&0&37\\4&44&11&4&37&0\end{pmatrix}$$

对模型式（7.1）～式（7.4），应用ILOG/CPLEX求解得到的结果为：最优总成本为 6 332 570 元，运输总成本为 1 332 570 元。由于需求和成本具有对称性，因此只列出 (i,j)，$i<j$ 的结果。

$$x_{12}^{(1,2)}=x_{12}^{(1,3)}=x_{23}^{(1,3)}=x_{12}^{(1,4)}=x_{24}^{(1,4)}=x_{12}^{(1,5)}=x_{24}^{(1,5)}=x_{46}^{(1,5)}=x_{65}^{(1,5)}=x_{12}^{(1,6)}=x_{24}^{(1,6)}=x_{46}^{(1,6)}=1$$

$$x_{23}^{(2,3)}=x_{24}^{(2,4)}=x_{24}^{(2,5)}=x_{46}^{(2,5)}=x_{65}^{(2,5)}=x_{24}^{(2,6)}=x_{46}^{(2,6)}=1$$

$$x_{24}^{(3,4)}=x_{32}^{(3,4)}=x_{24}^{(3,5)}=x_{32}^{(3,5)}=x_{46}^{(3,5)}=x_{65}^{(3,5)}=x_{24}^{(3,6)}=x_{32}^{(3,6)}=x_{46}^{(3,6)}=1$$

$$x_{46}^{(4,5)}=x_{65}^{(4,5)}=x_{46}^{(4,6)}=1;x_{56}^{(5,6)}=1$$

$y_{12} = y_{23} = y_{24} = y_{46} = y_{56} = 1$

关于解的说明：以 $x_{46}^{(4,5)} = x_{65}^{(4,5)} = 1$ 为例，说明郑州到广州的客流是经过武汉中转运输才完成的，由于采用的是一般网络模型，经过武汉进行中转可以降低网络的总运输成本，但并不代表武汉是枢纽城市。

由于网络优化的一般模型是混合整数规划问题，也即模型中存在两种变量，一种是属于实数集的连续变量，一种是属于0—1型变量。问题的规模增大时，若采用ILOG/CPLEX进行求解，计算时间将迅速增长。此时可以采用Benders分解算法进行求解，Benders分解算法的详细讨论参见第2.5.4节。

此外，上述模型如果不考虑开辟航线的成本，优化设计的结果是所有的O-D流都会按照最短路直接由起点运到终点，此时最优的运输总成本为1 225 824元，比上述最优解的运输总成本少了10万多元，这是假设运输成本满足三角不等式的直接结果。如果运输成本不满足三角不等式，应当另作讨论。

7.4.2 枢纽航线网络的优化模型

前面已指出，航线网络优化设计是指在航空运输涉及的城市与城市之间的连线所构成的网络上，以运输总成本最小为目标，对所有的O-D流安排具体的运输路径。不同的O-D流运输方式，将形成不同的航线网络结构。枢纽航线网络是通过枢纽机场汇集客流然后再分运而形成的一种网络结构。枢纽航线网络的优化设计问题又称为枢纽选址问题（Hub Location Problem），广泛应用于邮政网络、电讯网络以及航空公司航线网络的构建中。枢纽航线网络的优化设计主要包括以下4个步骤：① 确定枢纽机场的个数；② 确定枢纽机场的具体位置；③ 确定非枢纽机场和枢纽机场具体的连接方式；④ 所有O-D流的具体路径安排。

一、根据优化设计的步骤进行分类

(1) 按照优化设计之前是否已确定枢纽的个数，可以分为枢纽个数已知的枢纽航线网络设计问题和枢纽个数未知的枢纽航线网络设计问题。特别地，确定枢纽个数的设计问题又称为 p 枢纽选址问题（p-Hub Location Problem）。

(2) 按照枢纽位置的选择范围不同，可以分为离散型枢纽选址问题（Discrete Hub Location Problem）和连续型枢纽选址问题（Continuous Hub Location Problem）。离散型枢纽选址问题是指枢纽选择的范围限定在网络中的顶点处，而连续型枢纽选址问题的枢纽可以是网络中的任意点。由于枢纽城市位于网络的顶点，因此枢纽航线网络优化设计问题属于离散型枢纽选址问题。

(3) 按照非枢纽城市和枢纽城市连接方式的不同，可以分为单分配枢纽航线网络优化设计问题和多分配枢纽航线网络优化设计问题。所谓单分配是指一个非枢纽城市只能和唯一的一个枢纽城市相连接，流进、流出该非枢纽城市的客/货流都必须经过与其连接的唯一的枢纽城市进行中转运输；所谓多分配是一个非枢纽城市可以和多个枢纽城市相连接，流进、流出该非枢纽城市的客/货流可以经过不同的枢纽城市进行中转运输。在航空运输的实际应用中多分配的设计方法更贴近于航空客流运输的实际情况，因此航空客流运输的枢纽航线网络优化设计多集中于多分配研究。

由于单分配增加了航线连接的限制条件，使得单分配网络设计的求解比多分配更困难，设计效果则不如多分配。如图 7.9 所示分别给出了单分配和多分配枢纽航线网络的示意图。图中的 A,B,C 表示枢纽机场,1,2 以及其他未标注的点表示非枢纽机场,实线表示干线,虚线表示支线。

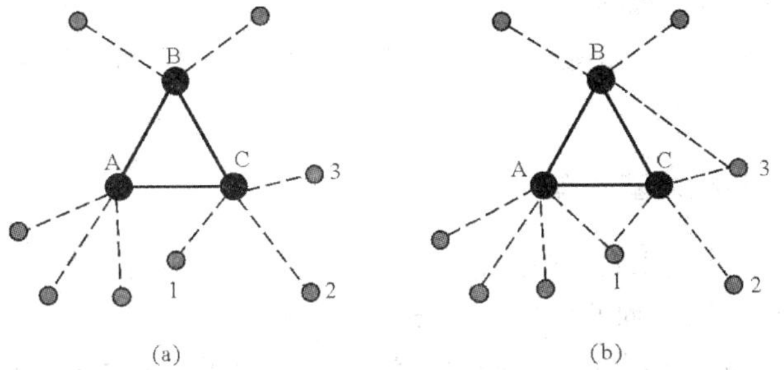

图 7.9　单分配示意图与多分配示意图

(4) 按照航线或者枢纽机场是否有航线容量的限制,可以分为有容量限制和无容量限制的枢纽航线网络优化设计问题。所谓有容量限制,即在某一个时间段内通过某条航线或某个枢纽机场的客/货流有数量上的限制。最大流量限制是由于航线或机场本身容量的约束导致的在某一时间段内通过某一条航线或某一个机场的流量不能超过一定的临界值,一旦超出就会发生拥堵。为保证一定的客座率,航空公司还可能对航线流量提出最小流量的限制,如果某航线连最小流量都不能保证,那么该航线的经济性是非常差的,应该从航线网络中删除。对于无容量限制的枢纽航线网络优化设计问题,在枢纽机场和航线选定后,O-D 流可以按照最短路(成本最小路线)进行运输,具体的运输路径可以由最短路算法直接求得。当航线或者枢纽机场有最大客流量限制时,枢纽航线网络优化设计问题是多商品网络流问题,O-D 流运输路径的安排要复杂些,不再简单地按照最短路进行运输。

二、其他分类方法

(1) 按照非枢纽机场之间是否允许直接连接,可以分为严格的枢纽航线网络设计问题和非严格的枢纽航线网络设计问题。严格的枢纽航线网络设计要求非枢纽机场之间不直接连接,非枢纽机场之间的航空客流需要经过枢纽机场进行中转运输。非严格的枢纽航线网络设计问题允许非枢纽机场之间进行直接连接。如图 7.10 所示分别给出了严格的和非严格的枢纽航线网络示意图,图中的标识意义与图 7.9 相同。对于非严格的枢纽航线网络,非枢纽机场直接连接的航线发展到一定的程度,将演变成蛛网式航线网络。

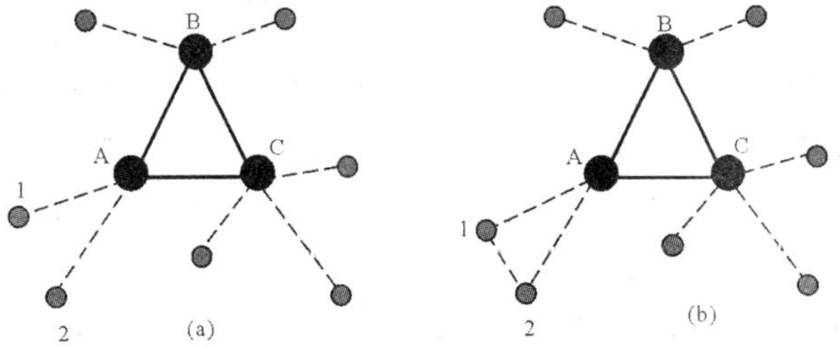

图 7.10　严格的与非严格的单分配航线网络示意图

（2）按照是否将开辟航线的成本考虑在内，可以分为考虑开辟航线成本的枢纽航线网络设计问题和不考虑开辟航线成本的枢纽航线网络设计问题。考虑开辟航线成本的枢纽航线网络设计问题也可以称为选择航线的枢纽航线网络设计问题。

此外，还可以按照中转的次数、运输成本与客流量是否相对独立等对枢纽航线网络规划问题进行更细致的划分。

三、枢纽航线网络建模的基本假设

（1）枢纽之间由干线完全连接，由于枢纽机场通过汇集客流体现出的规模经济，因此在干线上运输成本往往引入折扣因子 α，枢纽之间的运输称为转运（Transfer）。

（2）非枢纽之间不直接连接，非枢纽之间的客流经过枢纽进行中转运输，并且非枢纽和枢纽之间采用多分配连接的方式。在非枢纽和枢纽之间的航线上，由于也起到了一定的汇集客流的作用，因此运输成本引入折扣因子 χ，非枢纽至枢纽的运输称为汇运(Collection)；同样地，枢纽至非枢纽的航线上引入折扣因子 δ，枢纽至非枢纽的运输称为分运(Distrib ution)。一般地有 $0 \leqslant \alpha < \chi, \delta \leqslant 1$。

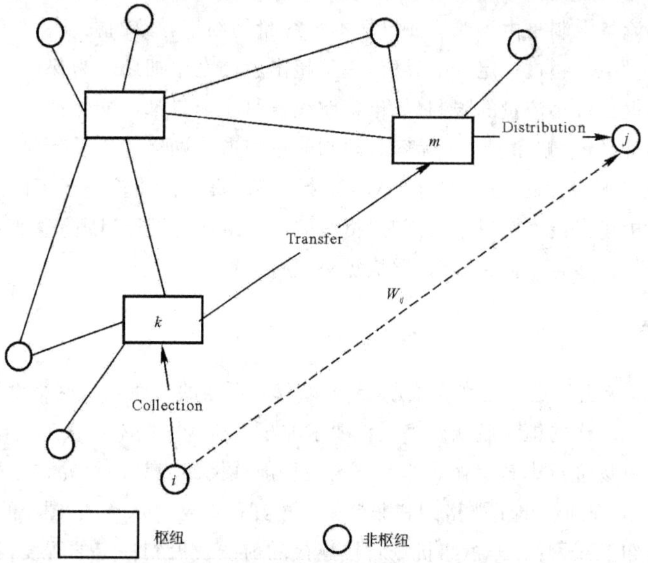

图 7.11　中转运输的示意图

（3）任一 O－D 流运输的路径至多包含三条边，也即最多经过两个枢纽进行中转运输。例如图 7.11 中的 O－D 流 (i,j) 经过路径 $i \to k \to m \to j$ 运输，其中 k,m 是枢纽。一般地 O－D 流也可以只经过一个枢纽进行中转，此时 k 与 m 重合，或者 O－D 流的起始城市或目的地城市本身就是枢纽城市，此时 i 和 k 或者 m 和 j 重合。

（4）所有的 O－D 流必须全部由起始城市运到目的地城市，并且 O－D 流进行中转的城市一定是枢纽城市。

四、Magnanti 模型的直接扩展

如果不考虑航线容量限制，没有枢纽机场数限制，不考虑规模经济效应，引进枢纽机场的选择变量 z_k，并在目标函数中包含枢纽机场的构建成本，则 Magnanti 的普通模型可以直接扩展为枢纽航线网络优化模型

$$\min Z = \sum_{k\in N} g_k z_k + \sum_{(i,j)\in A}\sum_{(k,m)\in A} c_{km}^{(i,j)} x_{km}^{(i,j)} + \sum_{(k,m)\in A} F_{km} y_{km}$$

$$\text{s.t.}\begin{cases} \sum_{k\in N} x_{km}^{(i,j)} - \sum_{l\in N} x_{ml}^{(i,j)} = \begin{cases} -1, & m=i \\ 0, & m\neq i,j \\ 1, & m=j \end{cases}, \quad \forall (i,j)\in A \\ x_{km}^{(i,j)} \leqslant y_{km}, \quad (i,j)\in A, \quad (k,m)\in A \\ x_{mk}^{(i,j)} \leqslant y_{km}, \quad (i,j)\in A, \quad (k,m)\in A \\ \sum_{(k,m)\in A} x_{km}^{(i,j)} \leqslant z_k, \quad \forall (i,j)\in A, \quad k\in N \\ x_{km}^{(i,j)} \geqslant 0, (i,j)\in A; \quad y_{km}=0,1; \quad (k,m)\in A; \quad z_k=0,1; \quad k\in n \end{cases}$$

其中，z_k 是枢纽机场选择变量，机场 k 被选为枢纽机场时它等于1，否则等于0。目标函数第一项是枢纽机场构建(选择) 成本，其他两项的意义与式(7.1) 相同。第 4 个约束条件表示只有当机场 k 被选为枢纽机场时，O－D 流才能从机场 k 转运。

第 2 和第 3 个约束条件的含义同前，但一般情况下，同一个 O-D 流不能允许在两城市间来回转运，也即如果 $x_{km}^{(i,j)}=1$，则必须有 $x_{mk}^{(i,j)}=0$，因此可以将第 2 和第 3 个约束条件合并为一个

$$x_{km}^{(i,j)} + x_{mk}^{(i,j)} \leqslant y_{km}$$

如果对枢纽机场数有限制，例如限制为 p 个，则只需在上述模型中增加如下约束条件

$$\sum_{k\in N} z_k = p$$

如果要求枢纽机场数不超过 p 个，则可将上述约束条件的等号改为小于等于号即可：

$$\sum_{k\in N} z_k \leqslant p$$

如果如果枢纽机场有容量约束，并假设机场 k 的容量为 Γ_k，则增加的容量约束为

$$\sum_{(k,m)\in A}\sum_{(i,j)\in A} (x_{km}^{(i,j)} + x_{mk}^{(i,j)}) \leqslant \Gamma_k z_k, \quad \forall k\in N$$

五、枢纽航线网络四下标模型

O'Kell(1987 年) 首次建立了枢纽航线网络的整数规划模型，但是其建立的模型是二次的，并且主要针对单分配问题，因此并不适合于航空枢纽运输网络的构建。Skorin-Kapov 和 O'Kelly 以及 Campbell 等人降低了模型的次数，构建了四下标的无容量限制的多分配 p－枢纽中位问题(简记为 UMpHMP) 优化模型。所谓 UMpHMP 是指事先确定枢纽的个数是 p，在机场和航线上没有容量的限制并且满足上述的 4 个假设要求。

下面给出构建四下标模型需要的一些符号。与上述一般网络模型类似，某航空公司要在 n 个城市的

基础上构建枢纽航线网络，其中枢纽的个数事先确定为 $p(p<n)$。

$$Y=\{y_k \mid k\in N\},\quad y_k=\begin{cases}1, & k\text{ 是枢纽}\\ 0, & k\text{ 不是枢纽}\end{cases}$$

H 是枢纽的集合，$\|H\|=p$，即 $k\in H$，则 $y_k=1$。$X=\{x_{ijkm}\mid \forall i,j,k,m\in N\}$，$x_{ijkm}$ 表示 O-D 流 (i,j) 经过枢纽 k,m 中转的流量占 (i,j) 总流量的比例，也即 O-D 流 (i,j) 经路径 $i\to k\to m\to j$（其中 k,m 均为枢纽）运输的旅客量占 O-D 对 (i,j) 旅客总量的比例。

令 $C_{ijkm}(s)=\chi C_{ik}(s)+\alpha C_{km}(s)+\delta C_{mj}(s)$，其中 $\chi C_{ik}(s)$ 是某种情景 s 的单位流汇运成本，$\alpha C_{km}(s)$ 是单位流转运成本，$\delta C_{mj}(s)$ 是单位流分运成本。$Z(Y,X)$ 表示总成本函数，$X^*(Y)$ 为 Y 确定时流变量的最优解，也即所有 O-D 流最优的路径安排，$(Y^*,X^*(Y^*))$ 为最优解，最优目标函数值 $Z(Y^*,X^*(Y^*))$ 简记为 Z^*。

Campbell 等建立的四下标模型是在航空运输成本与距离成正比的假设下构建的，结果如下：

$$Z^*=\min Z(y,X,s)=\min\sum_{i=1}^{n}\sum_{j=1}^{n}\sum_{k=1}^{n}\sum_{m=1}^{n}W_{ij}C_{ijkm}x_{ijkm} \tag{7.5}$$

$$\text{s.t.}\quad \sum_{k=1}^{n}y_k=p \tag{7.6}$$

$$\sum_{k=1}^{n}\sum_{m=1}^{n}x_{ijkm}=1;\quad i,j=1,\cdots,n \tag{7.7}$$

$$\sum_{m=1}^{n}x_{ijkm}\leqslant y_k;\quad i,j,k=1,\cdots,n \tag{7.8}$$

$$\sum_{k=1}^{n}x_{ijkm}\leqslant y_m;\quad i,j,m=1,\cdots,n \tag{7.9}$$

$$y_k\in\{0,1\};\quad k=1,\cdots,n;\quad x_{ijkm}\geqslant 0;\quad i,j,k,m=1,\cdots,n \tag{7.10}$$

式(7.5)是目标函数，要求航空客流的运输总成本最小，式(7.6)限定了枢纽机场的个数为 p，式(7.7)保证所有O-D流的运量都必须全部由起始城市运到目的地城市；式(7.8)和式(7.9)保证了所有的O-D流只能通过枢纽城市进行中转运输；式(7.10)要求枢纽机场选择变量是0—1变量，其他变量是非负变量。x_{ijkm} 限制了每对 O-D 流流经的路径至多包含三条边。

例 7.2 以上述模型为基础进行枢纽航线网络的构建。仍然选择沈阳、北京、青岛、郑州、广州、武汉等 6 个城市，从中选择两个城市作为枢纽城市，也即 $p=2$，6 个城市之间的运输需求和运输成本与例 7.1 相同，折扣因子为 $\alpha=0.5$，其他折扣因子 $=1$。

解 按照枢纽航线网络的设计步骤知，首先确定了枢纽的个数为 2，其次需要确定枢纽的具体位置。因此我们给 6 个城市进行编号 1— 沈阳；2— 北京；3— 青岛；4— 郑州；5— 广州；6— 武汉，其相应的运输需求和成本矩阵见例 7.1。建立模型如下：

$$Z^*=\min Z(y,X,s)=\min\sum_{i=1}^{6}\sum_{j=1}^{6}\sum_{k=1}^{6}\sum_{m=1}^{6}W_{ij}C_{ijkm}x_{ijkm}$$

$$\text{s.t.}\quad \sum_{k=1}^{6}y_k=2$$

$$\sum_{k=1}^{6}\sum_{m=1}^{6}x_{ijkm}=1;\quad i,j=1,\cdots,6$$

$$\sum_{m=1}^{6} x_{ijkm} \leqslant y_k; \quad i,j,k=1,\cdots,6$$

$$\sum_{k=1}^{6} x_{ijkm} \leqslant y_m; \quad i,j,m=1,\cdots,6$$

$$y_k \in \{0,1\}; \quad k=1,\cdots,6; \quad x_{ijkm} \geqslant 0; \quad i,j,k,m=1,\cdots,6$$

应用ILOG软件求解上述模型,模型中一共有469个约束条件,1 303个变量,在PIV6,512M,PC机上运算时间是 0.05 s。得到的结果为:$y_2 = y_5 = 1$,也即以北京和广州作为枢纽,最优的总成本是 950 364(元),$x_{1222} = x_{1322} = x_{1422} = x_{1525} = x_{1622} = x_{2322} = x_{2422} = x_{2525} = x_{2622} = x_{3422} = x_{3525} = x_{3622} = x_{4555} = x_{4622} = x_{5655} = 1$;同时也说明非枢纽沈阳、青岛和枢纽北京连接;非枢纽郑州、武汉和枢纽广州连接,以 $x_{3622} = 1$ 为例,非枢纽青岛和武汉之间的客流经过枢纽北京进行中转运输。

此外还得到如 $x_{1125} = 1$,这是因为 $W_{ii} = 0$ 和要求所有的 O-D 流必须经过中转运输导致的,但对最优目标函数值没有影响。

若运输成本不满足三角形边长不等式,求解上述模型时将导致下述结果的出现:对于 O-D 流(i,j),如果 i,j 都是枢纽,有枢纽 k,m 使得

$$\alpha C_{ik}(s) + \alpha C_{kj}(s) \leqslant \alpha C_{ij}(s)$$

或者

$$\alpha C_{ik}(s) + \alpha C_{km}(s) + \alpha C_{mj}(s) \leqslant \alpha C_{ij}(s)$$

成立,从而按照最短路运输的原则,在约束式(7.6) ~ 式(7.10) 下可能出现枢纽机场之间的旅客也采用中转运输。

若网络设计时不但要求O-D流至多中转两次,而且要求枢纽之间的客流直达运输,则需要在约束条件式(7.6) ~ (7.10) 的基础上再增加下述约束

$$\sum_{m=1}^{n} \sum_{k=1,k\neq i}^{n} x_{ijkm} + y_i \leqslant 1; \quad \forall i,j=1,\cdots,n \tag{7.11}$$

$$\sum_{k=1}^{n} \sum_{m=1,m\neq j}^{n} x_{ijkm} + y_j \leqslant 1; \quad \forall i,j=1,\cdots,n \tag{7.12}$$

式(7.11) 和(7.12) 表示当O-D流(i,j)的起点和终点有且只有一个为枢纽时,如果需要中转至多只能中转一次,当起点和终点都为枢纽时则只能采用直达运输。

六、枢纽航线网络三下标模型

前面讨论的UMpHMP是NP-hard问题,求解是非常困难的。Ernst和Krishnamoorthy(1998年)建立了三下标的数学模型,大大减少了变量和约束的个数,提高了求解的效率。如果航空运输成本与距离成正比,则网络优化模型如下

$$\min \sum_{i\in N}\left[\sum_{k\in N}\chi C_{ik} Z_{ik} + \sum_{k\in N}\sum_{l\in N}\alpha C_{kl} Y_{kl}^{i} + \sum_{l\in N}\sum_{j\in N}\delta C_{lj} X_{lj}^{i}\right]$$

$$\text{s.t.} \quad \sum_{k\in N} y_k = p \tag{7.13}$$

$$\sum_{k\in N} Z_{ik} = O_i; \quad \forall i \in N \tag{7.14}$$

$$\sum_{l\in N} X_{lj}^{i} = W_{ij}; \quad \forall i,j \in N \tag{7.15}$$

$$\sum_{l\in N} Y_{kl}^{i} + \sum_{j\in N} X_{kj}^{i} - \sum_{l\in N} Y_{lk}^{i} - Z_{ik} = 0;\quad \forall i,k \in N \tag{7.16}$$

$$Z_{ik} \leqslant O_i y_k;\quad \forall i,k \in N \tag{7.17}$$

$$X_{lj}^{i} \leqslant W_{ij} y_l;\quad \forall i,j,l \in N \tag{7.18}$$

$$X_{lj}^{i}, Y_{kl}^{i}, Z_{ik} \geqslant 0;\quad \forall i,j,k,l \in N \tag{7.19}$$

$$y_k \in \{0,1\},\quad \forall k \in N \tag{7.20}$$

式中，O_i 表示起始于城市 i 的客流量，即 $\sum_{j\in N} W_{ij} = O_i$；$Z_{ik}$ 表示起始于城市 i 经航线 $i \to k$ 汇运的客流量，X_{lj}^{i} 表示起始于城市 i，以城市 j 为目的地，经航线 $l \to j$ 分运的客流量；Y_{kl}^{i} 表示起始于城市 i，经枢纽之间航线 $k \to l$ 转运的客流量。式(7.13)表示共有 p 个枢纽，式(7.14)、式(7.15)、式(7.16)是客流量守衡方程，保证所有的 O-D 流全部由起始城市运到目的城市，式(7.17)表示对于起始于城市 i 的客流，经航线 $i \to k$ 汇运时，k 一定是枢纽城市，式(7.18)表示对于起始于城市 i 并以城市 j 为目的地的客流，经航线 $l \to j$ 分运时，l 一定是枢纽城市，式(7.19)、式(7.20)要求 y_k 是 0—1 变量，其他变量是非负变量。

由航空运输成本与距离成正比的假设以及式(7.17)和式(7.18)可以保证任意一对 O-D 流经过的中转城市一定是枢纽城市，并且至多经过一条干线进行运输，也即任一对 O-D 流流经的路径最多包含三条边。

例 7.3 在例 7.2 同样的条件下，采用三下标模型进行枢纽航线网络优化设计。构建三下标模型如下：

$$\min \sum_{i=1}^{6}\left[\sum_{k=1}^{6} \chi C_{ik} Z_{ik} + \sum_{k=1}^{6}\sum_{l=1}^{6} \alpha C_{kl} Y_{kl}^{i} + \sum_{l=1}^{6}\sum_{j=1}^{6} \delta C_{lj} X_{lj}^{i}\right]$$

$$\text{s.t.}\quad \sum_{k=1}^{6} y_k = 2$$

$$\sum_{k=1}^{6} Z_{ik} = O_i;\quad i = 1,\cdots,6$$

$$\sum_{l=1}^{6} X_{lj}^{i} = W_{ij};\quad i,j = 1,\cdots,6$$

$$\sum_{l=1}^{6} Y_{kl}^{i} + \sum_{j=1}^{6} X_{kj}^{i} - \sum_{l=1}^{6} Y_{lk}^{i} - Z_{ik} = 0;\quad i,k = 1,\cdots,6$$

$$Z_{ik} \leqslant O_i y_k;\quad i,k = 1,\cdots,6$$

$$X_{lj}^{i} \leqslant W_{ij} y_l;\quad i,j,l = 1,\cdots,6$$

$$X_{lj}^{i}, Y_{kl}^{i}, Z_{ik} \geqslant 0;\quad i,j,k,l = 1,\cdots,6$$

$$y_k \in \{0,1\};\quad k = 1,\cdots,6$$

同样应用 ILOG/CPLEX 求解上述模型，得到的结果为 $y_2 = y_5 = 1$，也即以北京和广州作为枢纽；最优的总成本是 950 364 元，这与四下标模型得到的结果是相同的；其他变量的解如下：

$Z_{12} = 106, Z_{22} = 354, Z_{32} = 97, Z_{42} = 46, Z_{45} = 22, Z_{55} = 231, Z_{62} = 63, Z_{65} = 37; Y_{25}^{1} = 8, Y_{25}^{2} = 152, Y_{25}^{3} = 12, Y_{52}^{5} = 172; X_{22}^{1} = 71, X_{23}^{1} = 13, X_{24}^{1} = 10, X_{26}^{1} = 4, X_{55}^{1} = 8, X_{21}^{2} = 71, X_{23}^{2} = 58, X_{24}^{2} = 29, X_{26}^{2} = 44, X_{55}^{2} = 152, X_{21}^{3} = 13, X_{22}^{3} = 58, X_{24}^{3} = 3, X_{26}^{3} = 11, X_{55}^{3} = 12, X_{21}^{4} = 10, X_{22}^{4} = 29, X_{23}^{4} = 3, X_{26}^{4} = 4, X_{55}^{4} = 22, X_{21}^{5} = 8, X_{22}^{5} = 152, X_{23}^{5} = 12, X_{54}^{5} = 22, X_{56}^{5} = 37, X_{21}^{6} = 4, X_{22}^{6} = 44, X_{23}^{6} = 11, X_{24}^{6} = 4, X_{55}^{6} = 37$。

模型中一共有 331 个约束条件，474 个变量，运算时间是 0.02 s。与四下标模型比较可以发现，无论是约束条件、变量还是运算时间，三下标模型都要优于四下标模型，这一点当问题的规模进一步扩大后，将会更加明显。

当运输成本不满足三角形边长不等式时，上述模型计算的结果不能保证任意一对 O－D 流流经的路径至多包含三条边，也即 O－D 流路径上可能经过了多条干线进行运输。为保证中转城市一定是枢纽城市及任意一对 O－D 流至多经过三条航线进行中转运输以及枢纽之间的客流采用直达运输的方式，需要加入下述约束：

$$\sum_{l=1}^{n} Y_{kl}^{i} \leqslant O_i y_k, \quad \forall i,k \in \{1,\cdots,n\} \tag{7.21}$$

$$\sum_{k=1}^{n} Y_{kl}^{i} \leqslant O_i y_l, \quad \forall i,l \in \{1,\cdots,n\} \tag{7.22}$$

$$\sum_{l=1}^{n} Y_{kl}^{i} \leqslant Z_{ik}, \quad \forall i,k \in \{1,\cdots,n\} \tag{7.23}$$

$$Z_{ii} \geqslant O_i y_i, \quad \forall i \in \{1,\cdots,n\} \tag{7.24}$$

$$X_{jj}^{i} \geqslant W_{ij} y_j, \quad \forall i,j \in \{1,\cdots,n\} \tag{7.25}$$

式(7.21)和式(7.22)保证中转的城市一定是枢纽城市；式(7.23)保证所有 O－D 流流经的路径至多包含三条边；式(7.24)和式(7.25)要求当 O－D 流的起点或终点是枢纽时，客流运输路径中必须包括由自身运到自身的部分。

七、枢纽航线网络三下标模型的改进

由三下标模型可知，当枢纽选定后，UMpHMP 便转化为求所有起讫城市对间的最短路问题，而所有 O－D 对之间的最短路问题可以通过特定的 Floyd-Warshall 算法得到有效求解。于是解决 UMpHMP 的关键在于枢纽的确定，首先利用枚举法从 n 个城市中任意选择 p 个做枢纽，再利用最短路算法求解。这是一个组合优化问题，对于大型问题，求解时间呈阶乘级增加，不能在合理的时间内得到有效解。假若能够利用较有效方法把枢纽的选取限定在较小的范围内，则问题计算量将减小，再利用枚举法可保证问题在合理的时间内得到优化解。

由于多属性决策方法可解决多属性指标的有限决策方案排序问题，并且在处理多因素多目标决策问题时比较有效，因此可以利用多属性决策方法对所有城市进行排序，把不具备竞争力的城市排除在外，这样枢纽城市的选取范围便由城市集 N 缩小到它的一个子集 M，又因为 p 一般较小，这样便可以通过对 M 的控制，利用枚举法对问题求解，从而设计出优化的航线网络。如此改进后的 UMpHMP 模型可表示如下

$$\min \sum_{i\in N}\left[\sum_{k\in M}\chi C_{ik} Z_{ik} + \sum_{k\in M}\sum_{l\in M}\alpha C_{kl} Y_{kl}^{i} + \sum_{l\in M}\sum_{j\in N}\delta C_{lj} X_{lj}^{i}\right]$$

$$\text{s.t.} \quad \sum_{k\in M} y_k = p \tag{7.26}$$

$$\sum_{k\in M} Z_{ik} = O_i, \quad \forall i \in N \tag{7.27}$$

$$\sum_{l\in M} X_{lj}^{i} = W_{ij}, \quad \forall i,j \in N \tag{7.28}$$

$$\sum_{l\in M}Y_{kl}^{i}+\sum_{j\in N}X_{kj}^{i}-\sum_{l\in M}Y_{lk}^{i}-Z_{ik}=0,\quad \forall i\in N,\quad k\in M \tag{7.29}$$

$$Z_{ik}\leqslant O_{i}y_{k},\quad \forall i\in N,\quad k\in M \tag{7.30}$$

$$X_{lj}^{i}\leqslant W_{ij}y_{l},\quad \forall i,j\in N,\quad l\in M \tag{7.31}$$

$$X_{lj}^{i},Y_{kl}^{i},Z_{ik}\geqslant 0,\quad \forall i,j\in N,\quad k,l\in M \tag{7.32}$$

$$X_{lj}^{i}=0,\quad Y_{kl}^{i}=0,\quad Z_{ik}=0,\quad \forall i,j\in N,\quad k,l\in N\backslash M \tag{7.33}$$

$$y_{k}=\{0,1\},\quad k\in M \tag{7.34}$$

$$y_{k}=0,\quad k\in N\backslash M \tag{7.35}$$

其中,枢纽城市候选集 $M(M\subset N)$ 是利用多属性决策方法选出的,选取时根据城市最后的得分值灵活处理,一般说来,城市得分值高的可考虑作为候选枢纽,而得分偏低的可不予考虑。改进模型中各变量和约束条件的含义和原模型相同,只是在改进后的模型中,很多变量取值直接为零,从而运算量大大减少,使得枚举法可在合理的时间内得到优化解。

城市集由 N 缩小到一个子集 M 的处理方法将在 7.5.1 小节中详细介绍,算例也在该节一并介绍。

八、有容量限制的模型

有容量限制的多分配枢纽选址问题——Capacitated Multiple Allocation Hub Location Problem,简记为 CMAHLP。所谓有容量限制,即在某一个时间段内通过某条航线或某个枢纽机场的客/物流有数量上的限制。对于无容量限制的枢纽航线网络优化设计问题,在枢纽机场和航线选定后,O-D 流可以按照最短路进行运输,具体的运输路径可以由最短路算法直接求得。当航线或者枢纽机场有容量限制时,O-D 流运输路径的安排将变得非常复杂,不再是简单地按照最短路进行运输。

在航空运输成本与距离成正比时构建有容量限制的枢纽航线网络模型如下:

$$\min \sum_{i=1}^{n}\sum_{j=1}^{n}\sum_{k=1}^{n}\sum_{m=1}^{n}W_{ij}C_{ijkm}x_{ijkm}+\sum_{k=1}^{n}F_{k}y_{k}$$

$$\text{s.t.}\quad \sum_{k=1}^{n}\sum_{m=1}^{n}x_{ijkm}=1,\quad i,j=1,\cdots,n \tag{7.36}$$

$$\sum_{m=1}^{n}x_{ijkm}\leqslant y_{k},\quad i,j,k=1,\cdots,n \tag{7.37}$$

$$\sum_{k=1}^{n}x_{ijkm}\leqslant y_{m},\quad i,j,m=1,\cdots,n \tag{7.38}$$

$$\sum_{i=1}^{n}\sum_{j=1}^{n}W_{ij}\Big[\sum_{m=1}^{n}(x_{ijkm}+x_{ijmk})-x_{ijkk}\Big]\leqslant \Gamma_{k}y_{k} \tag{7.39}$$

$$y_{k}\in\{0,1\},\quad k=1,\cdots,n,\quad x_{ijkm}\geqslant 0,\quad i,j,k,m=1,\cdots,n \tag{7.40}$$

式中,F_k 是在城市 k 建设枢纽机场的固定成本,Γ_k 是枢纽机场 k 的容量限制,经过枢纽机场的客流包括两部分:由非枢纽机场直接运到枢纽机场 k 的客流以及由其他枢纽机场运到枢纽机场 k 的客流。该模型事先不确定枢纽机场的个数,因此与四下标模型相比减少了约束条件式(7.6),在需要时可以加上这个约束条件,其他的约束类似。对于有容量限制的优化模型,鉴于其求解的复杂性,目前尚未设计出好的算法,本书不介绍其算法。

九、鲁棒优化模型

上述模型都是在需求和成本确定的情形下建立的。由于环境的不确定性,导致需求和成本具有不确定性,并且无法获得需求和成本各种可能取值发生的概率分布,因此在需求和成本确定情形下构建的航线网络,当需求和成本发生变化后,可能不再是最优的网络设计,甚至与最优的网络设计有较大的偏差。为减少运行成本就必须对构建的枢纽航线网络进行调整,从而减少造成不必要的损失,但这又会增加网络调整成本。鲁棒优化方法是解决上述问题的有效方法。

下面介绍几个与鲁棒优化有关的定义。

(1) 情景(Scenario):未来可能发生的一种自然状态。一种情景即为模型参数的一种可能的取值组合。

(2) 绝对鲁棒优化(Absolute Robust Optimization):求得的鲁棒解具有最好的最坏目标值。解的最坏目标值是指该解在所有可能发生情景下的目标值中最差的那一个,取得该最坏目标值的情景为此解的最坏情景。

(3) 偏差鲁棒优化(Robust Deviation Optimization):求得的鲁棒解满足在所有可能发生的情景下目标值与最优目标值的差的最大值最小。

(4) 相对鲁棒优化(Relative Robust Optimization):求得的鲁棒解满足在所有可能发生的情景下目标值与最优目标值的差占最优目标值比例的最大值最小。

情景集 S, $||S||=t$, t 为常数。S 中每一个元素 s 称为一种可能发生的情景,也即运输需求和流成本的一种可能的取值组合。

令 $W_{ij}(s)$ 和 $C_{ij}(s)$ 分别表示在情景 s 下 O-D 流 (i,j) 的客流量和边 (i,j) 运输一个单位流量的成本,一般地有 $C_{ij}(s)=C_{ji}(s)$, $W_{ij}(s)\neq W_{ji}(s)$, $C_{ii}(s)=0$, $W_{ii}(s)=0$。

枢纽航线网络四下标的绝对鲁棒优化模型如下

$$\min T$$

$$\text{s.t.}\quad \sum_{i=1}^{n}\sum_{j=1}^{n}\sum_{k=1}^{n}\sum_{m=1}^{n} W_{ij}(s)C_{ijkm}(s)x_{ijkm}\leqslant T,\quad \forall s\in S \tag{7.41}$$

$$\sum_{k=1}^{n} y_k = p \tag{7.42}$$

$$\sum_{k=1}^{n}\sum_{m=1}^{n} x_{ijkm} = 1,\quad i,j=1,\cdots,n \tag{7.43}$$

$$\sum_{m=1}^{n} x_{ijkm}\leqslant y_k,\quad i,j,k=1,\cdots,n \tag{7.44}$$

$$\sum_{k=1}^{n} x_{ijkm}\leqslant y_m,\quad i,j,m=1,\cdots,n \tag{7.45}$$

$$y_k\in\{0,1\},\quad k=1,\cdots,n,\quad x_{ijkm}\geqslant 0,\quad i,j,k,m=1,\cdots,n,\quad T\geqslant 0 \tag{7.46}$$

其中,式(7.41)是绝对鲁棒优化的要求,即所有可能情景下最大的运输总成本最小。其他约束的意义与式(7.6)～式(7.10)相同。

枢纽航线网络四下标的偏差鲁棒优化模型如下

$$\min T$$

$$\text{s.t.}\quad \sum_{i=1}^{n}\sum_{j=1}^{n}\sum_{k=1}^{n}\sum_{m=1}^{n} W_{ij}(s)C_{ijkm}(s)x_{ijkm} \leqslant T + Z^{*}(s),\quad \forall s \in S \tag{7.47}$$

$$\sum_{k=1}^{n} y_k = p \tag{7.48}$$

$$\sum_{k=1}^{n}\sum_{m=1}^{n} x_{ijkm} = 1,\quad i,j = 1,\cdots,n \tag{7.49}$$

$$\sum_{m=1}^{n} x_{ijkm} \leqslant y_k,\quad i,j,k = 1,\cdots,n \tag{7.50}$$

$$\sum_{k=1}^{n} x_{ijkm} \leqslant y_m,\quad i,j,m = 1,\cdots,n \tag{7.51}$$

$$y_k \in \{0,1\},\quad k = 1,\cdots,n,\quad x_{ijkm} \geqslant 0,\quad i,j,k,m = 1,\cdots,n \tag{7.52}$$

式中，$Z^{*}(s)$ 是情景 s 下的最优目标函数值，式(7.47)是偏差鲁棒优化的要求，即对于枢纽航线网络的每一种设计，在所有可能发生的情景下，分别计算运输总成本与该情景下最优运输总成本的偏差，并要求偏差的最大值最小。其他约束的意义与式(7.6)～式(7.10)相同。

枢纽航线网络四下标的相对鲁棒优化模型如下

$$\min T$$

$$\text{s.t.}\quad \sum_{i=1}^{n}\sum_{j=1}^{n}\sum_{k=1}^{n}\sum_{m=1}^{n} W_{ij}(s)C_{ijkm}(s)x_{ijkm} \leqslant (T+1)Z^{*}(s),\quad \forall s \in S \tag{7.53}$$

$$\sum_{k=1}^{n} y_k = p \tag{7.54}$$

$$\sum_{k=1}^{n}\sum_{m=1}^{n} x_{ijkm} = 1,\quad i,j = 1,\cdots,n \tag{7.55}$$

$$\sum_{m=1}^{n} x_{ijkm} \leqslant y_k,\quad i,j,k = 1,\cdots,n \tag{7.56}$$

$$\sum_{k=1}^{n} x_{ijkm} \leqslant y_m,\quad i,j,m = 1,\cdots,n \tag{7.57}$$

$$y_k \in \{0,1\},\quad k = 1,\cdots,n,\quad x_{ijkm} \geqslant 0,\quad i,j,k,m = 1,\cdots,n \tag{7.58}$$

其中，式(7.53)是相对鲁棒优化的要求，即对于枢纽航线网络的每一种设计，在所有可能发生的情景下，分别计算它的运输总成本与该情景下最优运输总成本的相对偏差，并要求相对偏差的最大值最小。其他约束的意义与式(7.6)～式(7.10)相同。鲁棒优化模型的算例将在7.5.3节中详细介绍。

7.5 枢纽航线网络优化设计

7.5.1 枢纽航线网络三下标模型及其精确算法

下文主要针对上述几个有代表性的模型，给出求解算法并进行实例分析。

一、改进后的枢纽航线网络三下标模型的求解算法

步骤1　选取合适的城市属性指标体系和指标权重，通过多属性决策方法对各城市进行排序。

步骤 2　根据对各城市的排序结果，选出候选枢纽城市集 M。

步骤 3　从城市集 M 中任选 p 个作为枢纽，利用特殊的 Floyd-Warshall 算法求解相应的最短路问题，如此反复计算，则共得到 $C^{p}_{|M|}$ 个解，其中目标函数值最小的解即为所求（当 $|M|$ 很小时，也可借助于优化软件直接求解）。

步骤 4　利用得到的最优解，在分析评估后，给出枢纽航线网络的设计方案。

特殊的 Floyd-Warshall 算法是在图 G' 上求解所有 O－D 流间的最短路算法，图 G' 按下述方式构造：

G' 分四层，对于 $i \in N$，在第一层用 i 表示，在第二层对应相同的点用 i' 表示，在第三层对应相同的点用 i'' 表示，在第四层对应相同的点用 i''' 表示。第一、四层包含了网络 $G=(N,A)$ 所有的 n 个城市，第二、三层仅包含所有的侯选枢纽城市。第一、四层同层内的点不连接，只有相邻两层之间的点才连接。具体的连接方式为层与层之间对应相同的城市直接连接，边长（航线运输成本）为 0；第一层的非枢纽城市和第二层的所有枢纽城市都连接，边长为 χC_{ij}；第一层的枢纽城市只与第二层相同的枢纽城市连接，边长为 0 外；第二层的枢纽城市和第三层的枢纽城市分别连接，边长为 αC_{ij}；第三层与第四层的连接方式与第一层与第二层的连接方式类似，只是边长变为 δC_{ij}。图 7.12 给出了 G' 当 $\| N \| = 7$ 时的示意图，其中城市 2，6，7 是侯选枢纽，并给出了以城市 1 为起始城市的连接方式，其他城市的连接情况类似。$C^{*}_{ij'''}$ 表示 $i \to j'''$ 的最短路，则 $C^{*}_{ii'''}$ 可能不为 0，也即 $i \to i'''$ 的旅客通过了最近的枢纽进行了中转，由航空旅客运输的特点 $W_{ii'''}=0$，因此对结果没有影响。

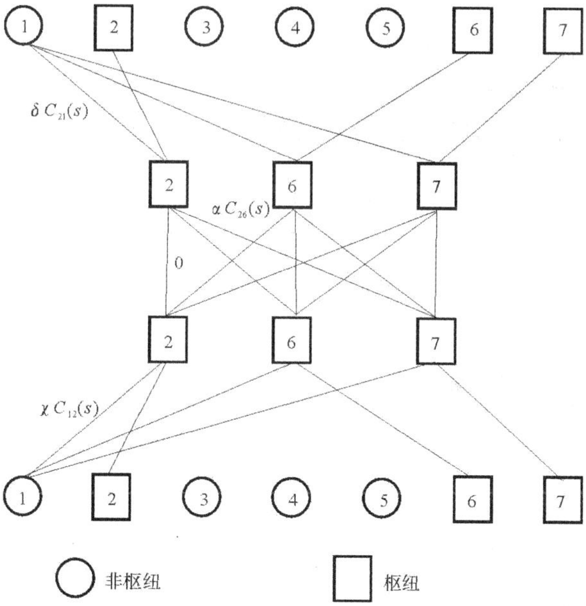

图 7.12　G' 在 $||N||=7$ 时的连接示意图

当图 G' 中 p 个枢纽选定时，用 Floyd-Warshall 最短路算法求解 O－D 流间的最短路，具体步骤如下。

步骤 1　计算 $C^{*}_{k'j''}=\min\limits_{l\in H}\{\alpha C_{kl}+\delta C_{lj}\}$，$\forall k\in H, j\in N, C_{k'k''}=0, \forall k\in H$，式中只包含 Distribution，没有 Collection 的路径。

步骤 2　计算 $C^*_{ij'''}=\min\limits_{k\in H}\{\chi C_{ik}+C^*_{k'j''}\}$，$\forall i,j\in N$，其中 j'''，j''，j' 均对应 N 中的 j。在图 G 中求 i 到 j 的最短路即为在图 G' 中求的 $C^*_{ij'''}$。

二、实例分析

例 7.4　某航空公司准备在15个城市的基础上构建枢纽航线网络，并计划从中选取3个城市作为枢纽，这15个城市及编号见表7.2。以下乌鲁木齐简称为乌市。三种情形下各城市间旅客运输量的数据，如本章附录中附表7.1、表7.2、表7.3所示，15个城市间的距离数据如附表7.4所示。

表 7.2　十五城市及其编号

编　号	城　市	编　号	城　市	编　号	城　市
1	北　京	6	杭　州	11	武　汉
2	长　沙	7	昆　明	12	乌　市
3	成　都	8	南　京	13	厦　门
4	广　州	9	上　海	14	西　安
5	海　口	10	沈　阳	15	郑　州

1.基于多属性决策的候选枢纽选取

利用多属性决策方法甄选枢纽城市的关键是构建指标体系和确定指标权重。根据对国内航空公司和机场的相关调研，结合相关文献设计出包括4个方面、9个指标的枢纽评价体系，再通过专家打分法确定相关权重，如表7.3所示。

表 7.3　我国枢纽城市评价指标体系及权重

<table>
<tr><th>一级指标</th><th>权　重</th><th>二级指标</th><th>权　重</th><th>一级指标</th><th>权　重</th><th>二级指标</th><th>权　重</th></tr>
<tr><td rowspan="3">机场生产指标</td><td rowspan="3">0.42</td><td>旅客吞吐量</td><td>0.45</td><td rowspan="3">城市区位指标</td><td rowspan="3">0.23</td><td>国内区位</td><td>0.75</td></tr>
<tr><td>货邮吞吐量</td><td>0.30</td><td rowspan="2">国际区位</td><td rowspan="2">0.25</td></tr>
<tr><td>起降架次</td><td>0.25</td></tr>
<tr><td rowspan="2">城市支撑指标</td><td rowspan="2">0.23</td><td>城市 GDP</td><td>0.75</td><td rowspan="2">机场航运设施指标</td><td rowspan="2">0.12</td><td>航站楼面积、跑道等硬件设施</td><td>0.65</td></tr>
<tr><td>旅游资源</td><td>0.25</td><td>管理水平</td><td>0.35</td></tr>
</table>

其中机场生产指标是指该机场的国内外旅客吞吐量、货邮吞吐量和飞机起降架次等，它反映机场生产能力；城市支撑指标包括城市GDP和旅游资源指标，城市GDP反映当地经济发展水平，旅游资源包括国内外旅游收入，反映对内和对外的旅游吸引力；国内区位用各城市到其余城市的距离之和来评价，而国际区位用国际航班的通航国家、通航城市和每周航班数来评价，城市区位可以反映城市地理位置的重要性；机场航运设施指标包括机场跑道、飞行区等级、航站楼面积、管理水平等，它反映该机场的承载力。城市的分值最终用线性加权和法计算，分值较高的可被考虑选作枢纽，分值较低的在选枢纽时不予考虑。根据

表 7.3 的指标及其权重和民航运输的有关数据，利用多属性决策方法得到 15 个城市的分值如表 7.4 所示。从表 7.4 可以看出，郑州、长沙、沈阳、海口、乌市的分值明显偏低，在选枢纽时可不予考虑，于是在进行枢纽选取时只需考虑前 10 个城市即可，即 $||M||=10$。

表 7.4　利用多属性决策方法得到的各城市的分值

城　市	分　值	城　市	分　值	城　市	分　值
上　海	0.915 11	南　京	0.318 01	郑　州	0.277 25
北　京	0.791 56	昆　明	0.300 95	长　沙	0.270 02
广　州	0.540 60	武　汉	0.295 67	沈　阳	0.260 55
成　都	0.351 25	西　安	0.295 65	海　口	0.244 31
杭　州	0.332 82	厦　门	0.292 98	乌　市	0.179 15

2. 基于优化结果设计出枢纽航线网络

采用 2003 年 15 个城市间的客流量作为需求数据，采用 15 个城市间的距离作为成本数据，对枢纽航线网络进行优化设计。因为问题规模很小，未改进的三下标模型以及改进后的三下标模型计算量都不大，利用 ILOG 优化软件分别对两个模型编程求解，当 $p=3,4,5,\alpha=0.6,0.8$ 时，求得结果如表 7.5 所示。经过分析可知，对于本问题利用两种模型得到的结果相同，但改进模型在计算时间、迭代次数等方面都明显优于原模型。另外，通过对成本折扣 α 做灵敏度分析知，支线的数目和 α 关系密切，其中 α 越小，支线数目越少；α 越大，支线数越多。这也说明了当干线运输费用较低时，旅客会经过更多枢纽中转旅行。

最后根据求解结果可设计出枢纽航线网络。如图 7.13 所示即为用优化结果设计出的15个城市枢纽航线网络(其中 $p=4,\alpha=0.8$)。从图 7.13 可知，枢纽城市上海、北京、广州和西安相互直接相连，构成干线网络，非枢纽城市南京、昆明、郑州、长沙和 4 个枢纽都直接相连，杭州、武汉、厦门只与其中某三个枢纽直接连接，成都、沈阳、乌市只与其中某两个枢纽直接连接，而海口只与广州一个枢纽直接连接，这些航线构成了支线网络，干线网络和支线网络构成了如图 7.10 所示的枢纽航线网络。从计算结果中可分析得出任一城市对之间的旅客流动路线，例如，从海口到沈阳的旅客经过的航线是海口 — 广州 — 北京 — 沈阳，旅客从厦门到沈阳经过厦门 — 北京 — 沈阳航线，旅客从昆明到长沙经过昆明 — 广州 — 长沙航线，等等。

表 7.5　两个模型的计算结果比较

枢纽数目	成本折扣	模　型	枢　纽	计算时间 /s	迭代次数	约束个数	变量个数
$p=3$	$\alpha=0.6$	原模型	穗、蓉、杭	2.66	2 213	4 067	6 990
		改进模型	穗、蓉、杭	0.86	1 571	2 791	3 910
	$\alpha=0.8$	原模型	京、沪、穗	3.81	3 016	4 067	6 990
		改进模型	京、沪、穗	1.17	1 817	2 791	3 910

续 表

枢纽数目	成本折扣	模 型	枢 纽	计算时间 /s	迭代次数	约束个数	变量个数
$p=4$	$\alpha=0.6$	原模型	京、沪、穗、西安	1.22	1 367	4 067	6 990
	$\alpha=0.8$	改进模型	京、沪、穗、西安	0.69	984	2 791	3 910
		原模型	京、沪、穗、西安	0.81	1 281	4 067	6 990
		改进模型	京、沪、穗、西安	0.39	892	2 791	3 910
$p=5$	$\alpha=0.6$	原模型	沪、穗、蓉、杭、昆明	2.78	1 853	4 067	6 990
		改进模型	沪、穗、蓉、杭、昆明	0.97	1 175	2 791	3 910
	$\alpha=0.8$	原模型	京、沪、穗、昆明、西安	2.41	1 864	4 067	6 990
		改进模型	京、沪、穗、昆明、西安	1.23	1 223	2 791	3 910

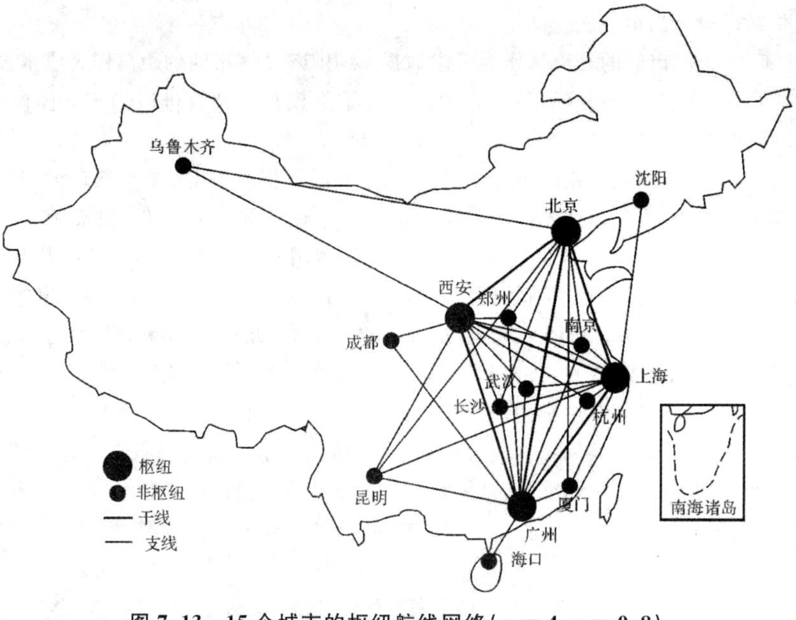

图 7.13 15 个城市的枢纽航线网络($p=4,\alpha=0.8$)

7.5.2 枢纽航线网络优化设计的启发式算法

一、枢纽航线网络四下标模型的求解算法

禁忌搜索算法是 Glover 于 1986 年提出的一种现代启发式算法，它是对局部邻域搜索的一种扩展，是一种全局逐步寻优算法。禁忌搜索算法通过引入一个灵活的存储结构和相应的禁忌准则来避免迂回搜

索，通过特赦准则来赦免一些被禁忌的优良状态，且当前解还可以通过一定方式接受劣解，从而保证多样化的有效探索，以求最终实现全局优化。关于禁忌搜索算法的详细论述可参阅相关的文献，这里结合网络优化中的最短路算法，利用禁忌搜索算法的优良特性，设计一种解决 UMApHMP 的启发式方法 TSSPA。

由于对无容量限制的航线网络进行设计时，任一 O-D 流的旅客只能沿着一条运费最少的航线出行，因此 UMpHMP 最优解中决策变量 x_{ijkm} 的值只能取 0 或 1。并且当枢纽选定后，各城市间的连接方式可以通过求所有城市对间的特定 Floyd 最短路问题解决。基于 UMpHMP 的这些特点，将利用禁忌搜索方法来选取枢纽，利用特定 Floyd 最短路算法决定各城市间的连接方式，反复迭代，以得到问题最优解或较优解。

1. 初始解的构造

TSSPA 对初始解具有依赖性，好的初始解可使算法在解空间中高效地搜索到最优解，而较差的初始解则会降低算法的收敛速度。本书借助 UMpHMP 的信息来构造初始解。由于枢纽的选取与流量和成本都有关系，因此在选取初始解的枢纽时用指标

$$\eta_i = \frac{\sum_{j\in N} W_{ij}}{\sum_{i\in N}\sum_{j\in N} W_{ij}} - \frac{\sum_{j\in N} C_{ij}}{\sum_{i\in N}\sum_{j\in N} C_{ij}} \tag{7.59}$$

对各侯选枢纽城市排序，选择 η_i 值最大的 p 个城市作为枢纽，然后根据选定的 p 个枢纽，利用最短路算法求出各城市对间的最短航线作为初始解。

由于只在 p 个枢纽城市进行转运操作，当航空运输成本与距离成正比时，可以利用特殊的 Floyd 最短路算法进行求解，只需迭代 p 次即可。算法步骤如下

假定枢纽集为 $H=\{h_1,h_2,\cdots,h_p\}$，构造图 $G'=(N',A')$。G' 中每条边的长度 $l_{ij}(s)$ 定义为：当 $i,j\notin H$ 时，$l_{ij}(s)=+\infty$；当 $i,j\in H$ 时，$l_{ij}(s)=\alpha C_{ij}(s)$；当 $i\in H,j\notin H$ 时，$l_{ij}(s)=\delta C_{ij}(s)$；当 $i\notin H,j\in H$ 时，$l_{ij}(s)=\chi C_{ij}(s)$。令 $d_{ij}^k(s)$ 表示只有前 $k\leqslant p$ 个枢纽作为中转点时从点 i 到点 j 的最短路长度，令 $r_{ij}^k(s)$ 表示只有前 $k\leqslant p$ 个枢纽作为中转点时从点 i 到点 j 最短路径上的第一个不同于起点 i 的点。

步骤 1　令 $d_{ij}^0(s)=l_{ij}(s)$，$d_{ii}^0(s)=0$，$r_{ij}^0(s)=j$，　$i,j=1,\cdots,n$，$k=1$。

步骤 2　对一切 $1\leqslant i\leqslant n$，$1\leqslant j\leqslant n$，令

$$d_{ij}^k(s)=\min\{d_{ij}^{k-1}(s),d_{ik}^{k-1}(s)+d_{kj}^{k-1}(s)\}$$

$$r_{ij}^k(s)=\begin{cases} r_{ij}^{k-1}(s), & \text{若 } d_{ij}^{k-1}(s)\leqslant d_{ik}^{k-1}(s)+d_{kj}^{k-1}(s) \\ r_{ik}^{k-1}(s), & \text{若 } d_{ij}^{k-1}(s)> d_{ik}^{k-1}(s)+d_{kj}^{k-1}(s) \end{cases}$$

步骤 3　如果 $k=p$，结束；否则，置 $k=k+1$，转步骤 2。

经过 p 次迭代后，可得所有城市对间的最短航线距离矩阵 $\boldsymbol{D}^p(s)=(d_{ij}^p(s))_{n\times n}$ 以及可用来求最短航线路径的矩阵 $\boldsymbol{R}^p(s)=(r_{ij}^p(s))_{n\times n}$，则给定枢纽下的最小运输费用可由 $\sum_{i\in N}\sum_{j\in N}W_{ij}(s)d_{ij}^p(s)$ 计算得到，各城市对间的最短路径可通过正向追踪法由矩阵 $\boldsymbol{R}^p(s)$ 获得。

2. 适配值函数

TSSPA 的适配值函数用于对搜索状态的评价，结合禁忌准则和特赦准则来选取新的当前解。在

TSSPA 中,直接把目标函数作为适配值函数。显然适配值函数的取值越小,则对应的解越好。

3. 邻域结构及其候选解

假定 x 为 UMpHMP 的一个可行解,在此定义 x 的邻域为只有一个枢纽与 x 中的枢纽不同且各城市之间的航线连接由最短路算法计算得到的最优解,也即某解的一个邻域解可通过一个非枢纽和一个枢纽进行单一交换后,再利用最短路算法求得,显然某可行解的邻域中共有 $p(n-p)$ 个可行解。如此得到的 $p(n-p)$ 个邻域解作为产生下一步解的候选解,选择最好的候选解为下一步的当前解。

4. 禁忌对象和禁忌长度

当一个非枢纽城市 s 和枢纽城市 h 进行单一交换后,把城市 h 作为禁忌对象放在禁忌名单中,在任期内禁止城市 h 再被交换回去(除非满足特赦准则),以尽量避免迂回搜索。本文的禁忌名单遵循先进先出(FIFO) 原则。禁忌长度的选取可有多种方法,如固定设置法、静态设置法、动态设置法等。

5. 特赦准则

采取的特赦准则主要如下:

(1) 若某个禁忌候选解优于当前最好解,则解禁此候选解并且把它作为当前解和当前最好解。

(2) 若禁忌候选解和非禁忌候选解均不优于当前最好解,则选择最好的非禁忌解作为当前解,以便在进一步搜索时实现局部突跳,从而逃逸局部极小。

(3) 若候选解均被禁忌,且不存在优于当前最好解的候选解,则对最好的候选解进行解禁作为当前解,以便继续搜索。

6. 停止准则

禁忌搜索算法常用的停止准则如下:

(1) 运算达到预先设定的最大迭代次数。

(2) 目标函数值持续未改善次数。

(3) 运算达到预先设定的最长 CPU 运行时间。

(4) 目标函数值达到预先设定值等。

TSSPA 通过设定目标函数值持续未改善次数或运算达到预先设定的最大迭代次数来中止运算。

综上所述,求解 UMpHMP 的启发式算法 TSSPA 的具体计算步骤如下:

步骤 1　应用上述初始解的构造方法产生初始解,并设为当前解和当前最优解。

步骤 2　依次将 $n-p$ 个非枢纽与枢纽集合中的 p 个枢纽作单一交换,产生候选解集。

步骤 3　从中选择最好的候选解,此解若优于当前最好解,转步骤 6,否则执行步骤 4。

步骤 4　此解是否为禁忌,若是则转步骤 5,否则转步骤 7。

步骤 5　若所有候选解都禁忌,将最好候选解作为当前解,转步骤 8,否则把非禁忌的最好候选解作为当前解,转步骤 8。

步骤 6　更新当前最好解。

步骤 7　更新当前解。

步骤 8　更新禁忌名单。

步骤 9　是否达到停止条件,若是则输出结果,计算结束;否则转步骤 2。

二、实例分析

例 7.5　在 7.5.1 节的例 7.4 中再增加 5 个城市，在 20 个城市的基础上构建枢纽航线网络。城市编号如表 7.6 所示。在本例中同样把距离直接作为成本来看待。城市间距离数据和航空运输流量数据可参阅附表 7.5 和附表 7.6。折扣系数 α 分别取 0.4，0.6，0.8，枢纽数目 p 分别取 2，3，4。利用 TSSPA 求解时，基于 Matlab 7.1 编程实现，且各参数取值如下：禁忌长度 $TL=7$，连续 5 次得到相同解或最大迭代次数达到 30 次即终止运算。具体运算结果如表 7.7 所示。

表 7.6　20 个城市的编号及名称

编　号	城市名	编　号	城市名	编　号	城市名	编　号	城市名	编　号	城市名
1	北　京	5	大　连	9	昆　明	13	深　圳	17	乌　市
2	长　沙	6	广　州	10	南　京	14	沈　阳	18	厦　门
3	成　都	7	海　口	11	青　岛	15	天　津	19	西　安
4	重　庆	8	杭　州	12	上　海	16	武　汉	20	郑　州

表 7.7　TSSPA 和 ILOG 优化 UMpHMP 的结果

$n-p-\alpha$	ILOG 优化结果			TSSPA 计算结果		
	最优值 / 万人公里	CPU/s	枢　纽	最优值 / 万人公里	CPU/s	枢　纽
15－2－0.4	10 788 584.8	6.47	1,2	10 788 584.8	0.03	1,2
15－2－0.6	11 236 016.0	3.44	1,2	11 236 016.0	0.03	1,2
15－2－0.8	11 534 208.0	3.13	1,2	11 534 208.0	0.03	1,2
15－3－0.4	8 986 980.0	3.86	1,2,12	8 986 980.0	0.03	1,2,12
15－3－0.6	9 887 486.4	7.45	1,2,12	9 887 486.4	0.04	1,2,12
15－3－0.8	10 284 405.2	3.61	1,2,13	10 284 405.2	0.04	1,2,13
15－4－0.4	7 408 434.0	5.31	1,2,12,13	7 408 434.0	0.04	1,2,12,13
15－4－0.6	8 539 610.4	3.99	1,6,12,13	8 539 610.4	0.04	1,6,12,13
15－4－0.8	9 432 219.6	3.38	1,6,12,13	9 432 219.6	0.05	1,6,12,13
20－2－0.4	15 756 328.0	21.33	1,2	15 756 328.0	0.04	1,2
20－2－0.6	16 276 074.8	18.31	1,2	16 276 074.8	0.04	1,2
20－2－0.8	16 609 508.4	16.77	1,2	16 609 508.4	0.04	1,2
20－3－0.4	13 430 486.0	24.61	1,4,8	13 430 486.0	0.06	1,2,12
20－3－0.6	14 322 502.0	37.61	1,4,8	14 322 502.0	0.09	1,4,8
20－3－0.8	15 020 764.0	32.97	1,4,8	15 020 764.0	0.09	1,4,8
20－4－0.4	11 298 251.2	15.08	1,4,6,8	11 298 251.2	0.09	1,4,6,8
20－4－0.6	12 563 637.6	15.42	1,4,6,8	12 563 637.6	0.09	1,4,6,8
20－4－0.8	13 620 932.4	25.52	1,4,6,8	13 620 932.4	0.09	1,4,6,8

从表 7.7 的计算结果可以看出：

(1) 利用启发式算法 TSSPA 均可在 0.09 s 内求得所有问题的最好解，而利用 ILOG 优化软件则计算时间较长；

(2) 利用 ILOG 优化软件的求解时间随着问题规模的变大而快速增长，而利用 TSSPA 的求解时间随着问题规模的变大增长较慢，因此 TSSPA 可用来解决大型问题；

(3) TSSPA 算法给出了与 ILOG 同样的最优解(除个别枢纽城市外)。

7.5.3 枢纽航线网络的鲁棒优化设计

对于建立的三种鲁棒优化模型进行研究发现，绝对鲁棒优化由于不用考虑每种情景下的最优解，因此相对容易求解。偏差鲁棒优化与相对鲁棒优化都考虑了每种情景下的最优解，但是鲁棒解不一定是某个情景下的最优解，从而增加了求解的难度。虽然偏差鲁棒优化模型与相对鲁棒优化模型的求解方法不同，但两者在多数情况下得到的解是相同的，并且通过对相对鲁棒问题的技术处理之后，所求得的相对鲁棒解中包含偏差鲁棒解的可能性会进一步增大。因此主要对相对鲁棒优化模型进行研究。更详细的说明可以参考本章列出的参考文献。

对相对鲁棒优化问题的技术处理如下。

式(7.53)中的 T 是变量，优化的结果是寻找满足约束条件的最小的 T，以及 T 达到最小时的网络设计方案 —— 枢纽、航线的选择以及 O－D 流路径的安排，这样得到的网络设计方案可以最大限度地规避风险。但直接求解最小的 T 很困难，可以采用迭代逼近的方法求解。首先给定相对较小的常数 λ，用常数 λ 代替变量 T，网络设计的结果只要满足式(7.60)就认为是满意的。

$$\sum_{i=1}^{n}\sum_{j=1}^{n}\sum_{k=1}^{n}\sum_{m=1}^{n}W_{ij}(s)C_{ijkm}(s)x_{ijkm} \leqslant (\lambda+1)Z^{*}(s), \quad \forall s \in S \tag{7.60}$$

进一步，通过不断缩小 λ 的取值，不断地逼近 T 的最小值，从而可以逐步改进网络设计。

通过上述处理之后，对于给定的 λ，满足式(7.54)～式(7.58)、式(7.60)的网络设计方案是容易得到的，将在后面详细介绍。

式(7.60)可以改写成 $Z(Y,X^{*}(Y,s),s)-Z^{*}(s)\leqslant \lambda Z^{*}(s)$，对任意 $s\in S$ 均成立，也即鲁棒解是在所有情景下，目标函数值与最优目标函数值的相对偏差都不超过 λ 的解。

下面假设航空运输成本与距离成正比，讨论航线网络鲁棒优化的求解问题，其他情况可以类似讨论。

一、鲁棒优化问题的精确算法

步骤 1　赋初值 $Z^{*}(s)=+\infty, s=1,\cdots,t, Y^{*}=\Phi$，其中 Y^{*} 表示鲁棒解的集合。

步骤 2　对枢纽机场的一种取值 Y(共 C_n^p 或 C_m^p 种)分别在情景 $s=1,\cdots,t$ 下利用 Floyd 最短路算法求解 $X^{*}(Y,s)$，得到 $Z(Y,X^{*}(Y,s),s)$ 简记为 $Z(Y,s)$。

步骤 3　对 $s=1,\cdots,t$，若 $Z(Y,s)\geqslant Z^{*}(s)$，则转入步骤 4；否则 $Z(Y,s)<Z^{*}(s)$，更新 $Z^{*}(s)=Z(Y,s)$，转入步骤 4。

步骤 4　若 $\dfrac{Z(Y,s)-Z^{*}(s)}{Z^{*}(s)}\leqslant\lambda$，对 $s=1,\cdots,t$ 都成立，令 $Y^{*}=Y^{*}+Y$，否则转入步骤 5。

步骤 5　对所有 $Y \in Y^*$ 一一验证，若 $\frac{Z(Y,s)-Z^*(s)}{Z^*(s)} > \lambda$ 对某个情景 $s \in S$ 成立，令 $Y^* = Y^* - Y$，转入步骤 2；

步骤 6　若 Y 的所有可能取值都已检验，此时 $Z^*(s)$ 对应的 Y 即为 $Y^*(s)$（情景 s 下的最优解），同时集合 Y^* 包含全部的鲁棒解；否则取 Y 的下一个可能取值，转入步骤 2。

如果航空运输成本与距离成正比，在给定情景 s 下最优解的求解方法如下。

由于无容量限制，在情景 s 下，当 Y 确定时，最优解 $X^*(Y,s)$ 中的流量决策变量 x_{ijkm} 成为 0—1 变量，并且 $X^*(Y,s)$ 可以应用特殊的 Floyd 最短路算法求解所有城市对间的最短路问题得到。情景 s 下的最优枢纽选择 $Y^*(s)$ 可以通过将 Floyd 最短路算法反复应用于 p 个枢纽机场的所有可能组合 C_n^p 得到。情景 s 下，当 Y 确定时 Floyd 最短路算法的具体步骤参见 7.5.2 节。

二、精确算法的实例分析

例 7.6　基本数据与 7.5.1 节的例 7.4 相同。附表 7.1，7.2 和 7.3 给出了需求参数可能发生的 3 种情景，分别编号为 $s=1,2,3$；运输成本是确定的，见附表 7.4，单位是元，并且有 $C_{ij}(s)=C_{ji}(s)$，$W_{ij}(s)=W_{ji}(s)$，$s=1,2,3$。由于航空运输成本满足三角不等式，因此采用 Floyd 最短路算法计算 $X^*(Y,s)$。本算例没有考虑成本不确定情形，但这里所用的方法同样适用于成本和需求同时不确定的情形。

最终的设计结果是综合考虑需求和成本的各种情景下网络设计的方案。首先选定航线网络的 3 个枢纽机场，在枢纽确定之后，给定的情景 s 下的 O－D 流路径的选择，由最短路算法求得。

通过 Matlab 7.1 编程求解，计算得到的结果见表 7.8(最优目标值的单位是亿元)。其中设折扣因子 $\chi=\delta=1$，α 则取(0.1，0.2，…，1.0)中的不同值进行求解，以便于了解 α 对网络设计的影响。通过计算实验发现 λ 取值为 0.01 时效果最好，能够最大限度地规避风险，同时能够得到满足条件的鲁棒解。

对于结果的说明：如表 7.8 所示中情形 1、情形 2 和情形 3 的最优解表示采用确定性的方法，分别仅以情形 1、情形 2 和情形 3 的需求和成本数据进行航线网络优化设计的结果。其中给出的最优目标函数值(亿元)保留一位小数。如图 7.14 所示给出了按照情形 3 的需求和成本数据在 $\alpha=0.6$ 时构造的总成本最小的枢纽航线网络。图 7.14 是以北京，长沙，杭州作为枢纽机场时的一种枢纽航线网络的设计，枢纽城市北京、杭州和长沙相互完全连接，构成干线网络，非枢纽城市上海、乌鲁木齐、成都、西安、海口、广州、厦门、郑州、南京和三个枢纽都直接相连，沈阳、昆明、武汉只与其中某两个枢纽直接连接，这些航线构成了支线网络，干线网络和支线网络构成了如图 7.14 所示的枢纽航线网络。从实例的计算结果中可分析得出任一对O－D流之间的旅客流动路线，任一对 O－D流至多包含三个部分，例如，海口至沈阳包括海口至枢纽长沙，枢纽长沙至枢纽北京，枢纽北京至沈阳。

结果分析：确定性的方法是针对需求和成本某一种可能发生的情景进行求解，鲁棒优化方法是综合考虑需求和成本多种可能发生的情景进行求解。计算结果表明，采用不同的需求和成本数据，最优解有较大偏差。以 $\alpha=0.8$ 为例，不同情景下得到的最优解差别较大，情形 1 的最优枢纽是(1，4，15)；情形 2 的最优枢纽是(1，2，6)，情景 3 的最优枢纽为(1，2，9)。当情景 2 发生时，对于所有的 O－D 流以 1，2，6 为枢纽按照 Floyd 最短路算法得到的路径进行运输，最终的目标函数值(总成本)是最优的。但是当情景 3 发生时，还以1,2,6为枢纽，O-D流按Floyd最短路算法求得的路径运输得到的目标函数值与情景3下的最优目标函数值的相对偏差将超过1%，由于目标函数值的数量级是亿元，1%的偏差也是不能接受的。然而我们采用鲁棒优化算法得到的鲁棒解，在任一情景下与该情形下最优解的相对偏差都不会超过1%。例如鲁棒解(1,4,9)在情景2下，虽然不是最优解，但与最优解(1,2,6)的目标函数值的相对偏差不超过1%，同时与情景3的最优解(1,2,9)的目标函数值的相对偏差也不超过1%。因此，鲁棒解具有规避风险的作用。此外，每一确定情景下的最优解以及适合于所有情景的鲁棒解虽然依赖于α的取值，但从本实例分析可以发现，当α变化的幅度较小时，在给定情景下的最优解可以保持不变，并且可以得到相同的鲁棒解，例如情景1下，α取值为0.1,0.2和0.3时得到相同的最优解(1,4,9)，当α取值0.4时最优解才发生变化，α取值从0.4变化到0.7时都能得到相同的三个鲁棒解。因此在航线网络设计时必须综合考虑各种因素，合理地确定α的取值。

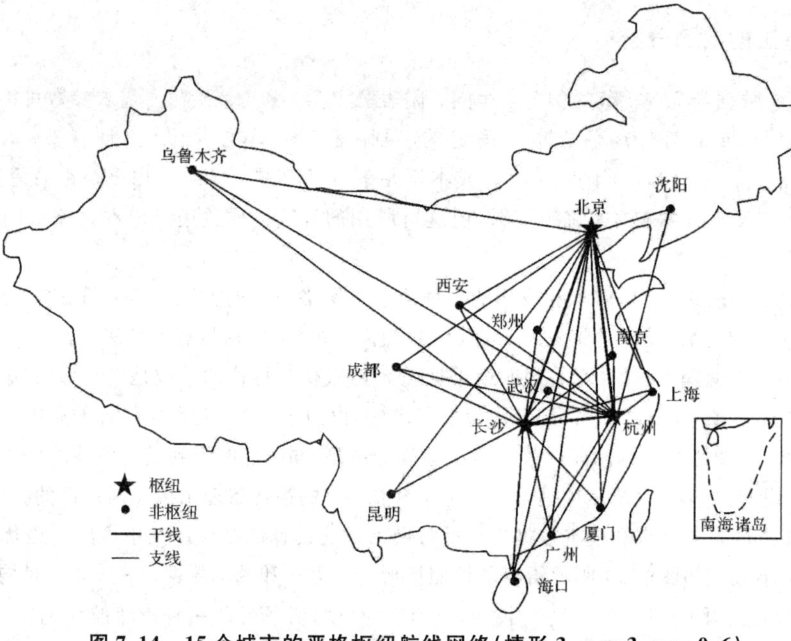

图7.14　15个城市的严格枢纽航线网络(情形3，$p=3,\alpha=0.6$)

表7.8　$p=3,\lambda=0.01$时的求解结果

折扣因子α	0.1	0.2	0.3	0.4	0.5	0.6	0.7	0.8	0.9	1
情形1最优解	1,4,9	1,4,9	1,4,9	1,4,6	1,4,6	1,4,6	1,4,6	1,4,15	1,4,15	1,4,15
情形1最优目标值	632.9	689.6	734.3	769.8	804.5	837.9	868.8	896.2	909.5	922.4
情形2最优解	1,2,9	1,2,9	1,2,9	1,2,9	1,2,6	1,4,6	1,2,6	1,2,6	1,2,6	1,2,6
情形2最优目标值	678.1	722.7	767.0	809.6	850.5	883.6	912.0	934.9	952.6	961.7
情形3最优解	1,2,9	1,2,9	1,2,9	1,2,9	1,2,6	1,2,6	1,2,6	1,2,9	1,2,6	1,2,6

续表

折扣因子 α	0.1	0.2	0.3	0.4	0.5	0.6	0.7	0.8	0.9	1
情形 3 最优目标值	904.2	965.3	1 025.9	1 084.4	1 140.8	1 189.9	1 224.8	1 255.4	1 280.0	1 292.1
鲁棒解个数	1	1	1	1	3	3	3	5	3	4
具体的鲁棒解	1,4,9	1,2,9	1,2,9	1,4,6	1,4,6	1,4,6	1,4,6	1,2,4	1,2,4	1,2,4
					1,4,8	1,4,8	1,4,8	1,4,6	1,4,14	1,4,15
					1,4,9	1,4,9	1,4,9	1,4,8	1,4,15	4,8,14
								1,4,9		4,9,14
								1,4,15		

三、采用启发式算法求解鲁棒解

步骤 1　赋初值 $Z^*(s)=+\infty, s=1,\cdots,t, Y^*=\Phi$，其中 Y^* 表示鲁棒解的集合，令 $s=1$。

步骤 2　在情景 s 下，根据式(7.59)表达的指标 $\eta_i(s)$ 确定初始可行解 Y，对 Y 在所有可能情景γ下分别利用 Floyd 算法求得 $X^*(Y,\gamma)$，并得到 Y 的目标函数值（也是禁忌搜索的适配值）$Z(Y,X^*(Y,\gamma),\gamma)$，简记为 $Z(Y,\gamma)$，$\gamma=1,\cdots,t$。

步骤 3　对 $\gamma=1,\cdots,t$，若 $Z(Y,\gamma)\geqslant Z^*(\gamma)$，则转入步骤 4；否则 $Z(Y,\gamma)<Z^*(\gamma)$，则更新 $Z^*(\gamma)=Z(Y,\gamma)$，转入步骤 4。

步骤 4　若$\dfrac{Z(Y,\gamma)-Z^*(\gamma)}{Z^*(\gamma)}\leqslant\lambda$，对 $\gamma=1,\cdots,t$ 都成立，令 Y^*-Y^*+Y。

步骤 5　对所有 $Y\in Y^*$ 一一验证，若$\dfrac{Z(Y,\gamma)Z^*(\gamma)}{Z^*(\gamma)}>\lambda$ 对某个情景 $\gamma\in S$ 成立，令 $Y^*=Y^*-Y$。

步骤 6　在情景 s 下，检验禁忌算法的停止准则是否成立，若成立且有 $s=t$ 转入步骤 7，其他 $s=s+1$ 转入步骤 2；若不成立，那么在情景 s 下，由禁忌算法搜索得到下一个可行解 Y，对 Y 在所有可能情景下分别利用 Floyd 算法求得 $X^*(Y,\gamma)$，并得到 $Z(Y,\gamma)$，$\gamma=1,\cdots,t$，转入步骤 3。

步骤 7　对所有情景按照禁忌算法都已搜索完毕，此时 $Z^*(s)$ 对应的 Y 即为情景 s 下的按照禁忌算法搜索到的最优解，同时集合 Y^* 包含最终求得的所有鲁棒解。

禁忌算法以及 Floyd 最短路算法详细的求解过程参见 7.5.2 节。

四、启发式算法的实例分析

例 7.7　对例 7.6，某航空公司计划分别从 15 个城市中选取 3 个或 4 个城市作为枢纽。15 个城市的编号，见表 7.2，航空运输需求数据和成本见附表 7.1，7.2，7.3 和 7.4。禁忌算法求解时各参数取值如下：禁忌长度为 7，连续 3 次得到相同解或最大迭代次数超过 30 次即终止运算。

分别在 $p=3,\lambda=0.01$ 和 $p=4,\lambda=0.01$ 的情况下，通过 Matlab 7.1 编程求解，计算结果如表7.9 和表 7.10 所示，运算过程中折扣因子 $\chi=\delta=1$，α 尝试取不同的值对结果进行比较。

表 7.9 $p=3,\lambda=0.01$ 时的计算结果

折扣因子 α	0.1	0.2	0.3	0.4	0.5	0.6	0.7	0.8	0.9	1
鲁棒解数量	0	1	1	0	1	3	3	1	2	2
具体的鲁棒解	无	1,2,9	1,2,9	无	1,4,6	1,4,6 1,4,8 1,4,9	1,4,6 1,4,8 1,4,9	1,4,15	1,2,4 1,4,15	1,2,4 1,4,15
情形 1 最优解	1,4,9	1,4,9	1,4,11	1,4,6	1,4,6	1,4,6	1,4,6	1,4,15	1,4,15	1,4,15
情形 2 最优解	1,2,9	1,2,9	1,2,9	1,2,9	1,2,6	1,4,6	1,2,6	1,2,6	1,2,6	1,2,6
情形 3 最优解	1,2,9	1,2,9	1,2,9	1,2,9	1,2,6	1,2,6	1,2,6	1,2,9	1,2,6	1,2,6

对于结果的说明：表 7.9 中“无”表示没有得到符合要求的鲁棒解，这是由于 λ 的取值较小或启发式算法搜索不完全造成的，只要将 λ 的取值放大到 0.02 或者进一步放松禁忌算法停止的条件就可以得到符合要求的鲁棒解。

表 7.9 和表 7.8 有许多相同之处，因为求解的是完全相同的问题，只是采用了不同的算法而已。但表 7.9 和表 7.8 中的结果又不完全相同，采用精确算法获得了更多的鲁棒解。采用启发式算法得到的鲁棒解全部包括在精确算法得到的鲁棒解内。我们发现采用启发式算法在某些情景下不一定能得到最优解，例如在表 7.8 中情景 1($\alpha=0.3$ 时)，采用精确算法得到了最优解，而表 7.9 中，采用启发式算法得到的只是次优解，此时鲁棒解和该情景下的次优解的目标函数相对偏差不超过 λ，不能保证和该情景下最优解的目标函数相对偏差不超过 λ。关于启发式算法和精确算法求解结果的详细比较将在本节第五部分讨论。

表 7.10 $p=4,\lambda=0.01$ 时的计算结果

折扣因子 α	0.1	0.2	0.3	0.4	0.5	0.6	0.7	0.8	0.9	1
鲁棒解数量	1	1	2	2	2	2	3	2	2	3
具体的鲁棒解	1,4,9,14	1,4,9,14	1,4,6,14 1,4,9,14	1,4,6,14 1,4,9,14	1,4,6,14 1,4,9,14	1,4,6,14 1,4,9,14	1,4,6,14 1,4,8,14 1,4,9,14	1,4,6,14 1,4,9,14	1,4,6,14 1,4,9,14	1,4,6,14 1,4,8,14 1,4,9,14
情形 1 最优解	1,4,9,14	1,4,9,14	1,4,9,14	1,4,9,14	1,4,9,14	1,4,6,14	1,4,9,14	1,4,9,14	1,4,9,14	1,4,9,14
情形 2 最优解	1,3,4,9	1,4,9,14	1,4,9,14	1,4,9,14	1,4,6,14	1,4,6,14	1,4,6,14	1,4,9,14	1,4,9,14	1,4,9,14
情形 3 最优解	1,4,9,14	1,4,9,14	1,4,9,14	1,4,9,14	1,4,6,14	1,4,6,14	1,4,6,14	1,4,9,14	1,4,9,14	1,4,9,14

如表 7.10 所示是关于 $p=4,\lambda=0.01$ 的求解结果，它表明不同情景下的最优解也有差别，以 $\alpha=0.5$ 为例，若仅以情形 1 的需求和成本数据进行优化，得到的最优解为(1,4,9,14)，如果航空公司就以 1,4,9,14 作为枢纽构建航线网络，若实际发生的情景是情景 2 或 3，经计算此时的最优解是(1,4,6,14)，与所建设的枢纽有一个不同。同时发现，城市 1,4,9,14 也是鲁棒解，在情景 3 下，虽然它不是最优解，但可以保证与最

优解(1,4,6,14) 的目标函数值的偏差不超过 1%。也能发现,北京、上海、广州和西安是大多数情景下的最优解,也是每一种 α 取值的鲁棒解。比较表 7.9 与表 7.10,它们分别是选择 3 个和 4 个枢纽城市的设计结果,但是发现选择 4 个枢纽城市并不是简单地在 3 个枢纽城市的基础上增加一个城市来构成。例如对于情景 2,$\alpha = 0.5$,$p = 3$ 时的最优解是(1,2,6),$p = 4$ 时的最优解是(1,4,6,14),它们有两个城市不相同。

表 7.11　城市在最优解及鲁棒解中出现的次数统计

城市序号		1	2	3	4	5	6	7	8	9	10	11	12	13	14	15
$p = 3$	情景 1 最优解中出现次数	10	0	0	10	0	4	0	0	3	0	0	0	0	0	3
	情景 2 最优解中出现次数	10	9	0	1	0	6	0	0	4	0	0	0	0	0	0
	情景 3 最优解中出现次数	10	10	0	0	0	5	0	0	5	0	0	0	0	0	0
	所有情景最优解中出现次数	30	19	0	11	0	15	0	0	12	0	0	0	0	0	3
	出现在鲁棒解中的次数(共获得 25 个鲁棒解)	23	5	0	23	0	5	0	5	8	0	0	0	0	3	3
$p = 4$	情景 1 最优解中出现次数	10	0	0	10	0	1	0	0	9	0	0	0	0	10	0
	情景 2 最优解中出现次数	10	0	1	10	0	3	0	0	7	0	0	0	0	9	0
	情景 3 最优解中出现次数	10	0	0	10	0	3	0	0	7	0	0	0	0	10	0
	所有情景最优解中出现次数	30	0	1	30	0	7	0	0	23	0	0	0	0	29	0
	出现在鲁棒解中的次数(共获得 20 个鲁棒解)	20	0	0	20	0	8	0	2	10	0	0	0	0	20	0

由于采用启发式算法求得 $p = 3$ 时的结果和采用精确算法得到的结果大致相同,因此这里不再讨论。下面对最优解和鲁棒解中各城市出现的次数进行统计,对次数分布进行分析。统计每一个备选城市在 3 种情景下最优解中出现的次数,以及在鲁棒解中出现的次数,详细的统计结果如表 7.11 所示。表 7.11 中 $p = 3$ 时是按照表 7.8 进行统计的,$p = 4$ 时是按照表 7.10 进行统计的。统计数字是按照 α 的不同取值进行累加的。以 $p = 3$ 时情景 1 最优解中城市 1(北京)为例,表中的"出现次数"是 α 的取值在 0.1 ～ 1.0 间变化时北京出现在情景 1 最优解中的次数之和。

从表 7.11 中可以发现,在本实例中对于 $p = 3$ 和 $p = 4$,城市 1—北京都几乎出现在了所有情景下的最优解以及全部鲁棒解中,只在 $p = 3$,$\alpha = 1$ 时得到的两个鲁棒解中没有包含北京,但北京仍然包含在了 $p = 3$,$\alpha = 1$ 时得到的其他鲁棒解中,因此综合考虑作出枢纽的选择,无论何种情况都会选择北京作为枢纽。对于城市 4— 广州，当 $p=3$ 时，是否包含在最优解中与情景密切相关，当情景 1 发生时，无论 α 取值多少，广州都是枢纽，当情景 2 和 3 发生时，广州作枢纽的情况急剧减少，但是也发现广州几乎出现在了所有的鲁棒解中；当 $p=4$ 时，广州一定是枢纽。城市 6— 杭州和城市 9— 上海的情况比较接近，两者都相对较多的出现在了鲁棒解和各种情景下的最优解中，这也符合两个城市地理位置接近的情况。对于城市 2— 长沙和城市 14— 西安是否是枢纽城市受 p 取值的影响明显，当 $p=3$ 时长沙较多地成为枢纽，但 $p=4$ 时却一次也没有成为枢纽；对于西安恰好相反，$p=3$ 只是出现在了 3 个鲁棒解中，但是 $p=4$ 时几乎在所有情况下都被选做枢纽。对于余下的城市要么偶尔出现在鲁棒解和各种情景下的最优解中，要么一次也没有出现。通过上述分析在对枢纽机场进行选择时也可以综合考虑鲁棒解以及每种情景下的最优解，从而做出更加合理的决策。

五、精确算法与启发式算法求解结果的比较

精确算法和启发式算法采用的算例都是严格的枢纽航线网络鲁棒优化问题。由于算例的规模相对较小，因此精确算法 —— 枚举法与启发式算法 —— 禁忌搜索法在运算时间上相差不大。在所采用的算例中，禁忌算法对于枢纽航线网络鲁棒优化模型的求解并没有完全体现出其优势。

对比表 7.8 和表 7.9 的有关结果发现，对于各种情景下的最优解，相关的结果在大多数情况下完全相同。同时我们也发现在情景 1 发生时，当 α 取 0.3 时，采用精确算法得到的结果是 1,4,9，即选择北京、广州、上海作为枢纽城市，而采用启发式算法得到的结果是 1,4,11，即选择北京、广州、武汉作为枢纽城市。这种情况的产生是由于在满足禁忌算法的停止条件时，还没有求得最优解，因此(1,4,11) 并不是最优解。

在算例分析中，同时对 $p=4,\lambda=0.01$ 的情况进行了求解，可选解个数由 C_{15}^{3} 增加到了 C_{15}^{4}，候选解的个数成倍增加。当城市的个数增多时，精确算法将变得不可行。采用启发式算法在 $p=4,\lambda=0.01$ 时得到的结果要好于 $p=3,\lambda=0.01$ 时的情况，获得了相对较多的鲁棒解，因此采用禁忌算法对于求解枢纽机场较多的枢纽航线网络鲁棒优化模型，具有一定的优势。

7.6 本章小结

本章首先对航线网络的结构和经济性进行了分析，主要讨论了城市对航线结构和枢纽航线网络的有关问题；其次，介绍了一般航线网络的优化模型、枢纽航线网络的四下标、三下标无容量限制、有容量限制设计模型，还特别介绍了枢纽航线网络的鲁棒优化模型；再次，针对无容量限制的枢纽航线网络的确定性和鲁棒优化模型，介绍了求解方法，包括精确算法和禁忌搜索算法；最后，进行了实例分析，选择国内部分主要城市，优化设计了枢纽航线网络。

通过本章的学习，读者应能掌握航线和航线网络的分析方法、航线网络的优化设计方法，并能对设计结果做出合乎实际的评价。

思考题

7-1　所谓非严格的枢纽航线网络是指在枢纽航线网络设计时允许非枢纽城市之间采用直航的运输方式，从而非枢纽城市之间的客流可以选择中转运输或者直达运输，请问如何构建这类非严格的枢纽航线网络优化模型？

7-2　在设计枢纽航线网络时，对于枢纽之间的旅客运输成本引入折扣因子 α，以体现规模经济效应。规模经济与航线上客流量的大小是密切相关的，不同枢纽之间航线上的客流量是不相同的，但是却引入相同的折扣因子。一般地，折扣因子是客流量的函数更符合实际，那么当折扣因子是客流量的函数时如何构建枢纽航线网络优化模型？由于折扣因子由常数变成了变量，导致构建的模型更加复杂，针对这样的模型又如何进行求解？

7-3　本章讨论了启发式算法——禁忌算法求解枢纽航线网络优化模型，对于其他的启发式算法如模拟退火算法、遗传算法、蚁群算法等，如何改进才可用于求解枢纽航线网络优化模型？讨论不同的启发式算法在求解枢纽航线网络优化模型方面的优势？

7-4　本文构建了有容量限制的枢纽航线网络优化模型，但是没有对其进行相应的求解，主要是因为有容量限制的网络优化模型的求解是非常困难的，造成困难的本质原因是什么？如何给出求解最短路的有效算法？

7-5　本文建立的枢纽航线网络鲁棒优化模型涉及的参数不确定性属于离散型的，那么对于区间型的参数不确定性问题，如何构建枢纽航线网络鲁棒优化模型？求解的难点是什么？所谓区间型是指决策者对于成本和需求数据未来可能的取值只能给出一个区间范围的估计，并且成本和需求数据在区间内取值的概率未知。所谓离散型是指决策者掌握相对于区间型问题更多的信息，能够预测并列举出成本和需求数据未来可能取值的若干种自然状态，但是每一种自然状态的发生的概率未知。

7-6　严格的枢纽航线网络的主要设计步骤有哪些？

7-7　什么是航线网络的节点联通度和联通率？什么是航线网络的集中度？它们分别反映了航线网络的什么结构特征？

7-8　什么是航线网络的节点的互通率和重要度？它们与航线网络的可靠性有何关系？

7-9　什么是旅客的计划延误时间？如果旅客需求均匀分布，则旅客计划延误时间与前后两航班之间的时间间隔有何关系？

7-10　什么叫做航线网络的鲁棒性？航线网络的鲁棒设计的目的是什么？如何提高航线网络的鲁棒性？

7-11　说说禁忌算法的思路和步骤。

练习题

7-1　在城市北京、长沙、成都、沈阳、重庆的基础上构建枢纽航线网络，枢纽的个数设为1，由于枢纽的个数为1，因此可以不涉及枢纽之间的折扣因子。进行建模求解时可以选择不同的求解算法进行求解，并比较最终的求解结果。城市间的需求和成本数据查阅本章的附表。

7-2　在城市北京、长沙、成都、沈阳、南京、厦门、广州、乌鲁木齐、天津的基础上，取枢纽个数＝3，构建枢纽航线网络，枢纽间的折扣因子尝试取不同的值进行比较，要求建立四下标模型并采用精确算法进行求解。城市间的需求和成本数据查阅本章的附表。

7-3　在城市北京、长沙、成都、沈阳、南京、厦门、广州、乌鲁木齐、天津的基础上，取枢纽个数＝3，构建枢纽航线网络，枢纽间的折扣因子尝试取不同的值进行比较，要求建立三下标模型并采用启发式算法进行求解。城市间的需求和成本数据查阅本章的附表。

7-4　比较第7-2题和第7-3题得到的设计结果，有何异同?

7-5　在城市北京、上海、广州、沈阳、南京、郑州、昆明、青岛、长沙、深圳、大连的基础上构建枢纽航线网络，枢纽的个数取为3，折扣因子$\alpha=0.5$。任意选择模型和求解算法进行求解。根据经验，可以事先预测北京、上海、广州是最终的三个枢纽机场，最终的优化设计结果是否证实这一结论?

7-6　在城市北京、上海、广州、沈阳、南京、郑州、昆明、青岛、长沙、深圳、大连的基础上构建枢纽航线网络，要求建立两个情景的情景集，采用鲁棒优化算法求解。可以任意选择附录附表7.1,7.2,7.3的数据建立情景集，枢纽选3个，折扣因子$\alpha=0.5$。此时最终的优化设计结果还是北京、上海、广州三座城市吗?

7-7　比较第7-5题与第7-6题得到的优化设计结果。

7-8　计算图7.14中15个城市的联通度、重要度，给出最大联通度，哪个机场具有最大联通度?计算该网络的联通率和集中度。

7-9　根据附表7.1给出的O-D流量，计算图7.14中每个节点的互通率。并计算每个节点的重要度，评价该网络的可靠性和经济性。

7-10　计算图7.13航线网络的各结构参数，并与图7.14的互通率和重要度比较，比较它们结构的优缺点。

附录　实例的数据表

附表7.1　15城市间的客流量:情形1　单位:万人

	北京	长沙	成都	广州	海口	杭州	昆明	南京	上海	沈阳	武汉	乌市	厦门	西安	郑州
北京	0	42.7	113.6	162.8	58.6	76.7	69.8	67.3	301.8	74.4	42.5	36.3	41.9	90.3	27.6
长沙	42.7	0	26.8	22.3	20.5	11.5	22.3	16	20.2	4.2	0	5.9	9.6	6.4	4
成都	113.6	26.8	0	78.5	17.9	10.9	57.2	13.9	57.7	12	26.1	16.9	4	35.2	13.4
广州	162.8	22.3	78.5	0	123.1	78.5	51.9	51.1	156.8	13.3	38.5	13.1	41.7	30.3	26
海口	58.6	20.5	17.9	123.1	0	10.8	16.1	12	46.4	3	5.6	2	13.4	10.9	15
杭州	76.7	11.5	10.9	78.5	10.8	0	5.4	2	0	5.2	16	2	26.8	12.1	10.3
昆明	69.8	22.3	57.2	51.9	16.1	5.4	0	5	38.6	4	10.3	3	8	20.9	11.4
南京	67.3	16	13.9	51.1	12	2	5	0	0	4.2	12	3	13.9	9.4	12

续表

	北京	长沙	成都	广州	海口	杭州	昆明	南京	上海	沈阳	武汉	乌市	厦门	西安	郑州
上海	301.8	20.2	57.7	156.8	46.4	0	38.6	0	0	35.2	55.8	12.7	60.4	51.5	20.5
沈阳	74.4	4.2	12	13.3	3	5.2	4	4.2	35.2	0	5	3.2	7	9.2	5.2
武汉	42.5	0	26.1	38.5	5.6	16	10.3	12	55.8	5	0	3	10.4	16	6
乌市	36.3	5.9	16.9	13.1	2	2	3	3	12.7	3.2	3	0	1	23.7	6.3
厦门	41.9	9.6	4	41.7	13.4	26.8	8	13.9	60.4	7	10.4	1	0	4	5.9
西安	90.3	6.4	35.2	30.3	10.9	12.1	20.9	9.4	51.5	9.2	16	23.7	4	0	5
郑州	27.6	4	13.4	26	15	10.3	11.4	12	20.5	5.2	6	6.3	5.9	5	0

附表 7.2　15 城市间的客流量:情形 2　　单位:万人

	北京	长沙	成都	广州	海口	杭州	昆明	南京	上海	沈阳	武汉	乌市	厦门	西安	郑州
北京	0	47.5	111.2	151.5	60.6	74.5	78.7	68.9	284.5	71.5	44.4	46.1	43.8	68.7	28.8
长沙	47.5	0	34.2	20.9	25.8	14.8	34.7	19.9	27.1	4	0	7.7	11.3	7	3.5
成都	111.2	34.2	0	72.2	17.4	16.5	65.3	18	64.5	15	22.3	22.6	6	31.6	13.5
广州	151.5	20.9	72.2	0	100.5	78.2	51.8	45.1	128.2	7.6	37.3	13.2	35.4	35.6	21.8
海口	60.6	25.8	17.4	100.5	0	15.8	19.3	13.4	56.9	4.2	17.2	3.2	15.5	16.4	12
杭州	74.5	14.8	16.5	78.2	15.8	0	5	3	0	10.8	15	3	34.7	12.7	12.2
昆明	78.7	34.7	65.3	51.8	19.3	5	0	5.2	42.6	5	8.4	4	10.2	21.8	19.5
南京	68.9	19.9	18	45.1	13.4	3	5.2	0	0	4	8	4	17.6	9	10
上海	284.5	27.1	64.5	128.2	56.9	0	42.6	0	0	39.5	53	20.5	61.7	43.2	26.2
沈阳	71.5	4	15	7.6	4.2	10.8	5	4	39.5	0	4	3	8.2	5	9.6
武汉	44.4	0	22.3	37.3	17.2	15	8.4	8	53	4	0	4	10.2	11.8	4
乌市	46.1	7.7	22.6	13.2	3.2	3	4	4	20.5	3	4	0	2	22.7	9.2
厦门	43.8	11.3	6	35.4	15.5	34.7	10.2	17.6	61.7	8.2	10.2	2	0	4	7
西安	68.7	7	31.6	35.6	16.4	12.7	21.8	9	43.2	5	11.8	22.7	4	0	2
郑州	28.8	3.5	13.5	21.8	12	12.2	19.5	10	26.2	9.6	4	9.2	7	2	0

附表 7.3 15 城市间的客流量:情形 3 单位:万人

	北京	长沙	成都	广州	海口	杭州	昆明	南京	上海	沈阳	武汉	乌市	厦门	西安	郑州
北京	0	58.6	160.8	213.2	73	108	110.8	91.6	386.9	96.4	56.1	71.2	60.8	104.8	41.2
长沙	58.6	0	44.5	27.7	30	18.7	47.2	30.5	40.2	5	0	9.9	13.2	8.9	4.8
成都	160.8	44.5	0	94.2	12.2	26.4	82	26.1	88.3	22.8	26.2	26.4	7.1	38.6	18
广州	213.2	27.7	94.2	0	119.5	106.9	68.5	51	170.6	9.3	46.6	18.3	41.1	49.1	27.3
海口	73	30	12.2	119.5	0	21.8	26.9	23.6	71.5	5.5	22.6	4.3	18	21	21.7
杭州	108	18.7	26.4	106.9	21.8	0	11.1	3.4	0	12.2	18.2	4.2	38.8	18.5	15.7
昆明	110.8	47.2	82	68.5	26.9	11.1	0	9.7	53.2	7.5	9.8	5.1	13.4	30	27.3
南京	91.6	30.5	26.1	51	23.6	3.4	9.7	0	0	5.2	8.9	5.6	19.7	11.8	18.1
上海	386.9	40.2	88.3	170.6	71.5	0	53.2	0	0	57.3	66.9	30.2	90.8	62.8	36.4
沈阳	96.4	5	22.8	9.3	5.5	12.2	7.5	5.2	57.3	0	7.4	4	12.6	7	11.3
武汉	56.1	0	26.2	46.6	22.6	18.2	9.8	8.9	66.9	7.4	0	5.3	11.7	12.4	9.2
乌市	71.2	9.9	26.4	18.3	4.3	4.2	5.1	5.6	30.2	4	5.3	0	3.2	31.7	11.7
厦门	60.8	13.2	7.1	41.1	18	38.8	13.4	19.7	90.8	12.6	11.7	3.2	0	6.1	8.6
西安	104.8	8.9	38.6	49.1	21	18.5	30	11.8	62.8	7	12.4	31.7	6.1	0	6.2
郑州	41.2	4.8	18	27.3	21.7	15.7	27.3	18.1	36.4	11.3	9.2	11.7	8.6	6.2	0

附表 7.4 15 城市间的航段距离 单位:km

	北京	长沙	成都	广州	海口	杭州	昆明	南京	上海	沈阳	武汉	乌市	厦门	西安	郑州
北京	0	1446	1697	1967	2493	1200	2266	981	1178	730	1133	2842	1774	1034	690
长沙	1446	0	940	620	1100	805	1116	799	964	2191	658	3261	873	955	828
成都	1697	940	0	1390	1757	1699	711	1618	1782	2346	1047	2258	1911	647	1039
广州	1967	620	1390	0	548	1099	1357	1255	1308	2672	873	3836	567	1528	1389
海口	2493	1100	1757	548	0	1606	1046	1990	1762	3142	1379	4400	1100	1860	1873
杭州	1200	805	1699	1099	1606	0	2089	240	176	1849	656	3653	717	1215	841
昆明	2266	1116	711	1357	1046	2089	0	1870	2042	2935	1364	2920	1680	1228	1570
南京	981	799	1618	1255	1990	240	1870	0	273	1630	503	3412	929	1104	630
上海	1178	964	1782	1308	1762	176	2042	273	0	1364	761	3649	878	1351	887
沈阳	730	2191	2346	2672	3142	1849	2935	1630	1364	0	1859	3230	2242	1683	1339
武汉	1133	658	1047	873	1379	656	1364	503	761	1859	0	3061	910	735	530

续 表

	北京	长沙	成都	广州	海口	杭州	昆明	南京	上海	沈阳	武汉	乌市	厦门	西安	郑州
乌市	2842	3261	2258	3836	4400	3653	2920	3412	3649	3230	3061	0	4238	2306	2747
厦门	1774	873	1911	567	1100	717	1680	929	878	2242	910	4238	0	1932	1312
西安	1034	955	647	1528	1860	1215	1228	1104	1351	1683	735	2306	1932	0	474
郑州	690	828	1039	1389	1873	841	1570	630	887	1339	530	2747	1312	474	0

附表 7.5　20 城市间的航段距离　　单位:km

	北京	长沙	成都	重庆	大连	广州	海口	杭州	昆明	南京	青岛	上海	深圳	沈阳	天津	武汉	乌市	厦门	西安	郑州
北京	0	1 446	1 697	1 640	579	1 967	2 493	1 200	2 266	981	646	1 178	2 266	730	180	1 133	2 842	1 774	1 034	690
长沙	1 446	0	940	695	1 819	620	1 100	805	1 116	799	1 437	964	658	2 191	1 353	658	3 261	873	955	828
成都	1 697	940	0	313	1 989	1 390	1 757	1 699	711	1 618	1 705	1782	1 446	2 346	1 640	1 047	2 258	1 911	647	1 039
重庆	1 640	695	313	0	2 008	1 188	1 253	1 500	649	1 305	1 577	1 537	1 290	2 129	1 530	801	2 560	1 516	603	980
大连	579	1 819	1 989	2 008	0	2 285	2 920	1 171	1 929	910	358	1 051	2 597	363	759	2 368	3 694	1 929	1 385	1 460
广州	1 967	620	1 390	1 188	2 285	0	548	1 099	1 357	1 255	1 867	1 308	1 357	2 672	1 910	873	3 836	567	1 528	1 389
海口	2 493	1 100	1 757	1 253	2 920	548	0	1 606	1 046	1 990	2 435	1 762	603	3 142	2 370	1 379	4 400	1 100	1 860	1 873
杭州	1 200	805	1 699	1 500	1 171	1 099	1 606	0	2 089	240	792	176	1 179	1 849	1 133	656	3 653	717	1 215	841
昆明	2 266	1 116	711	649	1 929	1 357	1 046	2 089	0	1 870	2 373	2 042	1 245	2 935	2 210	1 364	2 920	1 680	1 228	1 570
南京	981	799	1 618	1 305	910	1 255	1 990	240	1 870	0	552	273	1 526	1 630	907	503	3 412	929	1 104	630
青岛	646	1 437	1 705	1 577	358	1 867	2 435	792	2 373	552	0	693	2 049	821	477	1 117	3 420	1 571	1 215	741
上海	1 178	964	1 782	1 537	1 051	1 308	1 762	176	2 042	273	693	0	1 343	1 364	1 133	761	3 649	878	1 351	887
深圳	2 266	658	1 446	1 290	2 597	1 357	603	1 179	1 245	1 526	2 049	1 343	0	2 671	2 021	938	3 900	549	1 635	1 465
沈阳	730	2 191	2 346	2 129	363	2 672	3 142	1 849	2 935	1 630	821	1 364	2 671	0	829	1 859	3 230	2 242	1 683	1 339
天津	180	1 353	1 640	1 530	759	1 910	2 370	1 133	2 210	907	477	1 133	2 021	829	0	1 082	3 022	1 729	445	629
武汉	1 133	658	1 047	801	2 368	873	1 379	656	1 364	503	1 117	761	938	1 859	1 082	0	3 061	910	735	530
乌市	2 842	3 261	2 258	2 560	3 694	3 836	4 400	3 653	2 920	3 412	3 420	3 649	3 900	3 230	3 022	3 061	0	4 238	2 306	2 747
厦门	1 774	873	1 911	1 516	1 929	567	1 100	717	1 680	929	1 571	878	549	2 242	1 729	910	4 238	0	1 932	1 312
西安	1 034	955	647	603	1 385	1 528	1 860	1 215	1 228	1 104	1 215	1 351	1 635	1 683	445	735	2 306	1 932	0	474
郑州	690	828	1 039	980	1 460	1 389	1 873	841	1 570	630	741	887	1 465	1 339	629	530	2 747	1 312	474	0

附表 7.6　2003 年 20 城市间的客流量　　单位:万人

	北京	长春	成都	重庆	大连	广州	海口	杭州	昆明	南京	青岛	上海	深圳	沈阳	天津	武汉	乌市	厦门	西安	郑州
北京	0	48	111	45	74	152	61	75	79	69	58	284	127	71	0	44	46	44	69	29
长春	48	0	34	18	4	21	26	15	35	20	15	27	34	5	5	6	8	11	7	4
成都	111	34	0	18	5	72	17	16	65	18	7	65	63	5	4	22	23	5	32	13

续表

	北京	长春	成都	重庆	大连	广州	海口	杭州	昆明	南京	青岛	上海	深圳	沈阳	天津	武汉	乌市	厦门	西安	郑州
重庆	45	18	18	0	4	49	21	3	53	14	3	37	51	5	4	9	2	4	20	9
大连	74	4	5	4	0	22	5	17	5	10	22	50	7	9	5	4	3	5	4	3
广州	152	21	72	49	22	0	101	78	52	45	12	128	0	8	13	37	13	35	36	22
海口	61	26	17	21	5	101	0	16	19	13	4	57	118	4	3	17	2	16	16	12
杭州	75	15	16	3	17	78	16	0	5	3	19	0	50	11	4	15	3	35	13	12
昆明	79	35	65	53	5	52	19	5	0	5	4	43	33	5	5	8	4	10	22	20
南京	69	20	18	14	10	45	13	3	5	0	9	0	32	4	4	8	4	18	9	4
青岛	58	15	7	3	22	12	4	19	4	9	0	67	26	13	4	11	2	4	7	3
上海	284	27	65	37	50	128	57	0	43	0	67	0	178	39	33	53	21	62	43	26
深圳	127	34	63	51	7	0	118	50	33	32	26	178	0	16	13	47	5	32	31	23
沈阳	71	5	5	5	9	8	4	11	5	4	13	39	16	0	3	4	3	8	5	10
天津	0	5	4	4	5	13	3	4	5	4	4	33	13	3	0	2	3	3	6	2
武汉	44	6	22	9	4	37	17	15	8	8	11	53	47	4	2	0	4	10	12	4
乌市	46	8	23	2	3	13	2	3	4	4	2	21	5	3	3	4	0	2	23	9
厦门	44	11	5	4	5	35	16	35	10	18	4	62	32	8	3	10	2	0	4	7
西安	69	7	32	20	4	36	16	13	22	9	7	43	31	5	6	12	23	4	0	2
郑州	29	4	13	9	3	22	12	12	20	4	3	26	23	10	2	4	9	7	2	0

参考文献

[1] 柏明国.航空公司航线网络优化设计问题研究[D].南京:南京航空航天大学,2006.

[2] 夏洪山.现代航空运输管理.北京:人民交通出版社,2000.

[3] 耿淑香.航空公司运营管理方略.北京:中国民航出版社,2000.

[4] 黎群.论航空公司的战略联盟.北京:经济科学出版社,2003.

[5] 金凤君,王成金.轴-辐侍服理念下的中国航空网络模式构筑.地理研究,2005(24):774-784.

[6] 赵民合.全国民用航空运输机场2020年布局和"十一五"建设规划研究报告(简要本).中国民用航空总局航空安全技术中心,2005.

[7] 柏明国,朱金福,姚韵.关于我国枢纽航线网络构建方法研究.工业技术经济,2006(6):103-105.

[8] 陈蔚蔚.航线网络经济性分析及其应用研究[D].南京:南京航空航天大学,2006.

[9] 姜涛,朱金福.航空公司航线网络构形的效益分析研究.工业技术经济,2006(25):105-107.

[10] 柏明国,朱金福.全联通航线网络和枢纽航线网络的比较研究.系统工程理论与实践,2006(26):

113 - 117.

[11] Campbell J F. Integer programming formulations of discrete hub location problems. European Journal of Operational Research, 1994(72):387 - 405.

[12] Ernst A T, Krishnamoorthy M. Exact and heuristic algorithms for the uncapacitated multiple allocation p-hub median problem. European Journal of Operational Research, 1998(104):100 - 112.

[13] Kapov D S, Kapov J S, O'Kelly M E. Tight linear programming relaxations of uncapacitated p-hub median problems. European Journal of Operational Research, 1996(94):582 - 593.

[14] Ernst A Y, Krishnamoorthy M. An exact solution approach based on shortest—paths for p-hub median problems. INPORMS Journal on Computing, 1998(10):149 - 161.

[15] Ernst A T, Krishnamoorthy M. Efficient algorithms for the uncapacitated single allocation p-hub median problem. Location Science, 1996(4):139 - 154.

[16] Sohn J, Park S. Efficient solution procedure and reduced size formulations for p—hub location problems. European Journal of Operational Research, 1998(108):118 - 126.

[17] Jaillet P, Song G, Yu G. Airline network design and hub location problems. Location Science, 1996(4):195 - 212.

[18] Marin A, Canovas L, Landete M. New formulations for the uncapacitated multiple allocation hub location problem. European Journal of Operational Research, 2006(172):274 - 292.

[19] 柏明国,朱金福,姚韵.枢纽航线网络的构建方法及应用.系统工程,2006(24):29 - 34.

[20] Jamie Ebeery, Moban Krishnamoorthy, Andreas Ernst, et al. The capacitated multiple allocation hub location problem: Formulations and algorithms. European Journal of Operational Research, 2000(120):614 - 631.

[21] Alfredo Marin. Formulating and solving splittable capacitated multiple allocation hub location problems. Computers & Operations Research, 2005(32):3093 - 3109.

[22] Kouvelis P, Yu G. Robust Discrete Optimization and Its Applications. Kluwer Academic Publishers, Boston, 1997.

[23] 姜涛,朱金福.航空公司选择枢纽机场的鲁棒优化方法.系统工程,2006(24):13 - 17.

[24] Gutierrez G J, Kouvelis P, Kurawarwala A A. A robustness approach to uncapacitated network design problems. European Journal of Operational Research, 1996(94):362 - 376.

[25] 姜涛,朱金福,覃义.基于最短路的中枢辐射航线网络鲁棒优化方法.系统工程,2007(25):53 - 59.

[26] 中国民用航空总局规划科技司.从统计看民航.北京:中国民航出版社,2003.

[27] 中国民用航空总局规划科技司.从统计看民航.北京:中国民航出版社,2004.

[28] 中国民用航空总局规划科技司.从统计看民航.北京:中国民航出版社,2005.

[29] 邢文训,谢金星.现代优化计算方法.北京:清华大学出版社,2003.

[30] 王凌.智能优化算法及其应用.北京:清华大学出版社,2004.

第 8 章　航班计划

前面几章已经讨论了航空公司的战略规划问题，包括市场计划、机队规划和航线网络规划问题，这些规划为航空公司描绘了市场发展前景，规定了运输能力的增长目标和给定了航线网络的结构及其客货O－D流的路线。接下来，要讨论航空公司的战术规划问题，战术规划为优化生产资源配置和落实战略规划而制定。航班计划属于战术计划，本章将讨论它的基本概念、制订流程、优化方法和技术。

8.1 引　言

8.1.1 航班计划的定义

航班计划可以分为广义和狭义航班计划两种，狭义航班计划指定期航班的频率、班期、时刻以及机型指派等的决策问题，在我国这种计划的执行周期是半年；广义航班计划指和航空生产活动相关的一系列生产计划，包括狭义航班计划、飞机维修计划、飞机排班、机组排班等，它们之间的关系如图 8.1 所示。如果没有特别声明，本章所说的航班计划即指狭义航班计划。这些生产计划的制订过程实质上就是对各种生产要素的优化配置过程，因此生产计划的质量与效率不仅关系到运输生产能否顺利进行，而且还关系到运输生产的收益和成本，直接影响航空公司的市场竞争能力。企业的规模越大，航空运输业的市场化程度越高，生产计划工作的重要性就越突出。

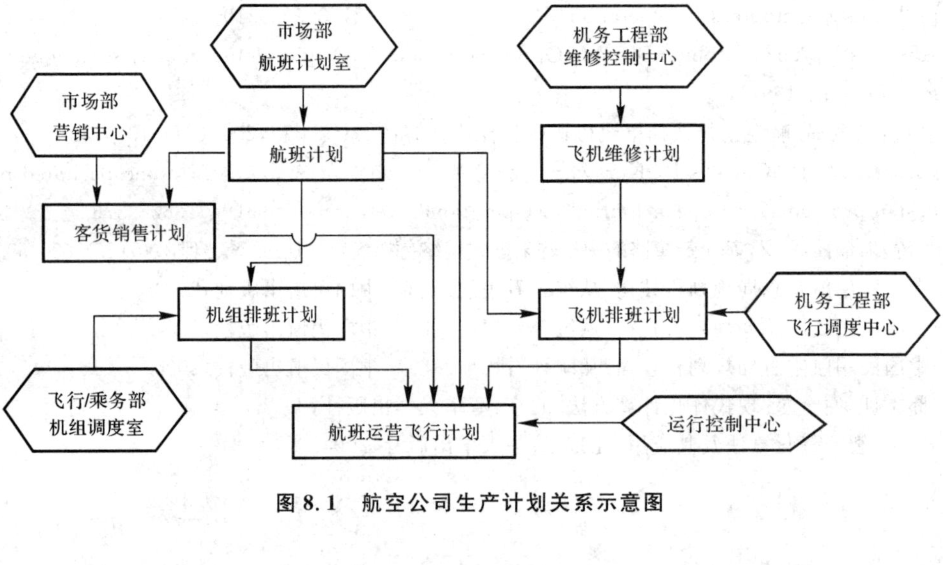

图 8.1　航空公司生产计划关系示意图

1. 航班计划

从如图 8.1 所示可以看出，航班计划是航空公司一切生产活动的基础和核心，客货销售计划和营运飞行计划等其他生产计划都是建立在航班计划的基础上，并为航班计划的顺利实施提供保障。完整的航班计划包括航线、航班、班次、班期、执行航班的机型等基本要素，最后以航班时刻表的形式公布。

航班计划的制定可以分为两个相对独立的过程，一个是航班频率和时刻优化，另一个是机型指派问题(Fleet Assignment Problem：FAP)。

航班频率和时刻优化是指在运输需求预测结果的基础上，根据航空公司各航线市场上需求在一个周期内的分布、机场时刻资源(Slot)以及机队资源，确定合理的航班频率(班次)、班期和时刻等，其目的是最大限度地扩大公司在航空运输市场中所占的份额，增加销售收入。

机型指派问题是指根据飞机舱位容量、运营成本、潜在收益及飞机可用性，将具有不同舱位容量的机型指派给各定期航班的问题。因为不同型号的飞机有不同的飞行性能(如航程、升限、最大起飞全重、爬升能力等)，因此对某一航线来说，并不是所有机型的飞机都适合执行该航线上的航班。此外，不同机型对应不同的座舱布局和容量，运营成本也有很大的差别，如 B737—300 型飞机的座位数一般为 144～148 座，直接运营成本为 3～5 万元/h，而 A340—200 型飞机的座位数达到 380 座，直接运营成本在 8 万元/h 左右。机型指派的目的是确定航班所使用的最佳机型，即为每一个定期航班指派一种且只有一种飞机机型(不具体指定某一架飞机)，从而使得收益最大或运营成本最小。

2. 飞机排班计划

飞机排班计划指在机型指派的基础上，确定每架飞机的飞行任务。飞机排班包括飞机路径问题(Aircraft Routing Problem)和飞机指派问题(Aircraft Assignment Problem)。飞机路径问题指根据航段时空衔接(满足最小过站时间要求等)、维修要求等约束生成航班串或航班环，一个航班串或航班环对应于一架飞机相应周期的飞行任务。例如，一天航班串(环)为一架飞机一天的飞行任务，三天航班串(环)为一架飞机三天的飞行任务；飞机指派问题，也叫机尾号指派问题(Tail Number Assignment Problem)，是为每一架飞机(用机尾号唯一标识)指定一个合适的航班串(环)，要求覆盖所有航段，使得维修机会最大或成本最小。科学的飞机排班不仅有助于航班的安全、正点运行，而且还能提高飞机利用率，便于运行调度和机务维修工作的组织实施，能有效地降低运营及维护成本。在我国，飞机排班工作由机务部负责。

3. 机组排班计划

机组排班计划指对航班计划，根据其机型属性，为每个航班指派相应的飞行人员(包括机长、副驾驶、领航员等)、乘务员和空中保安，以承担航班的飞行和机上作业。也即机组排班是在一定周期内(如一个星期或一个月)，为每个机组人员(包括飞行员和乘务人员)编排飞行值班计划。由于适航条例还规定了飞行人员的训练和休假，完整的机组排班包括飞行人员的训练、休假等地面活动的安排。

本章讨论前两个计划，也即航班计划(频率和时刻)和飞机排班问题，机组排班问题将在下一章中专门讨论。

8.1.2　航班计划相关概念

为了便于陈述，利于读者对航班计划讨论的理解，下面给出了几个和航班计划紧密相关的概念：

(1)航班(Flight)。航班指一架飞机在两个城市之间的一次单向飞行;航班包括航班号、航班的出发、经停和到达机场、出发时刻和到达时刻等要素,同航线一样,航班资源也是航空公司的宝贵资源。

(2)时隙(Slot)。有时也叫时槽,即指航班时刻。在国内通常是指起飞时刻,而在美国,时隙资源也称为着陆权。它是航空公司特有的资源(特有资源还包括航线经营权、机场设施使用权等)。

(3)航班号(Flight No.)。航班号是为了便于组织运输生产,按一定规律给每个航班编排的一个号码。

(4)航段(Flight Leg)。即上一章的飞行航段,也称为航节,指完成一次起降所执行的飞行任务,是航班的最小组成单位。国内主要是点到点航班,一个航班只包含一个航段,如北京—上海;也有一次经停航班,即一个航班包括两个航段,如深圳—南京—沈阳,即深圳至沈阳的航班,在南京经停。

在上一章,还定义了旅客航段,是指旅客的一次出行,例如深圳—南京—沈阳,包括两个航节,即深圳—南京和南京—沈阳;但是它包括三个航段,除深圳—南京和南京—沈阳外,还包括南京—沈阳航段。

(5)班次(Frequency)。即航班频率,指航空公司一天(或一个星期)在同一条航线市场上的航班量。

(6)班期(Shift)。指某一航班在一周中的哪几天执行。

(7)最小过站时间(Minimum Connection Time,MCT)。指从飞机进入机位到下次起飞的必要准备时间。它包括飞机过站检查、添加燃料、旅客下飞机、机舱的清洁整理及旅客登机等。不同的飞机、机场及航班性质(如国内、国际航班)等,最小过站时间有所不同。国内航班通常是30～50 min,国际航班一般不小于1 h。

(8)轮挡时间(Block Time)。从地面人员撤去轮挡,飞机准备运动开始计算,飞机运行至目的地机场,滑行进入停机位,再次放置轮挡的一段时间,称为一个航班的轮挡时间,包括飞机的滑行、爬升、飞行、进近、降落、着陆、滑行的整个过程。

(9)旅客行程(结构)(Itinerary)。同一个O-D流,可以有不同的行走路线和时刻,叫做行程结构。它反映了产品的不同质量,因此对应不同的需求。

8.1.3 航班计划的影响因素

航班计划的对外形式是航班时刻表,航班时刻表向旅客提供服务信息,也是航空公司销售竞争的手段。旅客根据航班时刻表提供的航班时刻、机型、行程结构和机上服务来选择要乘坐的航班,航空公司围绕着航班计划来调配运力、安排人员,进行协调和管理。它是航空运输企业整个生产活动的基础,是组织和安排日常生产活动的主要依据。科学地制订航班计划,对于合理地制订和完成整个航空运输生产计划和组织航空运输生产经营活动有着非常重要的意义。

下面从两个角度来分析航班计划的影响因素。

(1)外部因素。外部因素主要指市场需求、市场份额、旅客对航班票价、机上服务和航班出发时刻的选择行为,以及其他竞争航空公司在各航线市场上的运力投放等情况。这些因素都是动态变化的。

1)市场需求。包括有关空运市场的旅客、货物的流量和流向,本航空公司占有该市场的份额。

2)有关地区的政治、经济和文化活动。包括该地区的工农业生产,产、供、销关系的发展,重要的政治、经济、文化、体育活动等。

3)同业竞争和替代性竞争。其他航空公司的生产经营情况及策略等，其他运输方式技术和市场发展，如高速公路的规划与建设、火车的提速等。

4)机场的保障能力。如跑道等级、通信导航设施的先进程度、气象条件、旅客航站楼或货运仓库高峰小时生产保障能力等。

(2)内部因素。内部因素指航空公司内部对航班计划的影响因素。这些因素包括：

1)运力。取决于航空公司各机型可用飞机数量及其飞机利用率。航班计划需要飞机去执行，飞机是否够用，是否适用，将直接影响航班计划。

2)机场时隙(或时槽，Slot)等资源。指航空公司已经获得的时刻资源。航班计划要优化配置这些资源，降低运行成本，要保证航班计划的可操作性和经济有效性。

3)飞机维修计划。为保障飞行安全，航班计划必须保证飞机维修计划的执行。

4)航空公司现有人力、财力、物力。人力资源是航空公司的宝贵资源，特别是飞行员、乘务员等机组人员、签派员以及飞机维修人员等，航班计划将受到这些资源的限制。

5)航空公司战略目标。航班计划应贯彻落实公司的战略目标和规划，将它作为制订航班计划的基本要求。

8.1.4　航班时刻表的制定步骤

航空运输生产飞行包括正班飞行、加班飞行、专机飞行、包机飞行和其他飞行等五种类型的飞行，其中，正班飞行是一种最主要的运输飞行，它每年完成的任务量占全部运输飞行任务量的 90%以上。航班计划的制订包括确定正班飞行的航班时刻表和飞机路线，航班时刻表是核心内容，可按如下步骤制订。

1. 确定航线

确定航线一般从以下两方面来考虑：一是调整原有航线；二是开辟新航线，这些已经通过应用第 7 章的方法设计完成了，它确定了各 O－D 流的路线。

2. 确定机型

应用第 5 章的方法对机队的发展作出了规划，已经有了一个优化的机队。每个航班使用的机型将由 8.4 节介绍的机型指派方法确定。

3. 确定每周班次

即确定航班频率。每周班次的确定应根据运量、运力、机型和经济效益等因素来安排。运量大、运力充足时，应当增加航班密度；反之，则应适当减少航班密度。从旅客和货主的要求来看，航班密度越大越好，这样可以随时满足其需要，降低计划延误成本。但从民航企业的角度来看，航班密度过大，就会造成载运率下降，影响企业的经济效益。因此，应当在最大限度满足社会需要与尽可能提高企业经济效益之间寻找平衡点，使计划的每周班次保证载运率达到或超过平衡载运率。航班频率的优化方法将在 8.3 节讨论。

4. 确定航班号

国内航班号由航空公司二字英文代码加 4 位阿拉伯数字组成，航空公司代码由国家民航局规定公布;后面的4位数字表示航班的编号,前两位表示相关航空公司,后两位是航班序号。单数表示去程航班(由飞机基地出发的航班),双数则表示回程航班(即返回基地的航班)。例如,航班MU2835,MU为东方航空公司代码,2835为序号,单数表示去程航班。

国际航班号由航空公司二字英文代码加3位阿拉伯数字组成。第一位数字表示航空公司,后两位表示航班序号,单数为去程,双数为回程。例如,CA982,表示由中国国际航空公司承运的纽约—北京的回程航班。

因此,从相同起点站沿不同航线出发的航班的航班号不同,同一航线上两家航空公司将有不同的航班号,相同航线上同一航空公司不同航班的航班号亦不同。

5. 确定班期

确定班期即确定航班的飞行日期。如果航班当天往返,则在去程和回程栏填写同一日期;如果航班往返不能在同一天完成,则在去程和回程栏内填写始发日期和回程到达日期。班期的确定尽可能按均匀分布的原则来安排,这样既方便了旅客和货主,也便于民航企业自身的客货组织工作。

6. 确定航班时刻

确定航班时刻即确定航班的起飞时间。起飞时刻的确定应根据季节、气候、机场条件、机场的合理使用、与其他航班的衔接、航线流量和需求分布等因素来安排。将在8.5节介绍航班时刻优化的方法。

8.2 航班计划编制流程

编制航班计划是一项非常复杂且工作量庞大的工作,对于一家有50架飞机,日航班量近300个的航空公司,该项工作要花费3个航班计划员3个月的工作量。

8.2.1 航班计划编制步骤

在欧美等国家,航班计划编制过程通常分为两个相互关联的阶段。

1. 航班计划构建阶段

根据预计的市场总体旅客流量、市场份额以及机场时槽(Slot)等资源构建初始航班时刻表。

2. 航班计划评审阶段

根据运行可行性和经济有效性等指标来评审初始航班时刻表,可行性包括考虑机型是否合理、航班衔接、飞机维修路径等约束条件是否满足,经济性要求降低航空公司运营成本,尽可能增加收益,任何对初始航班时刻表的修正和改善必须反馈给第一阶段。

以上两阶段反复迭代,直到产生满意的航班时刻表。

在国内,航班计划的编制通常包括以下几个步骤:

(1)调查研究和预测,掌握影响航班计划编制的外部因素。它包括市场需求状况,有关地区的政治、经济、体育和文化活动,热点商务、旅游航线,以及竞争对手的市场动向等情况。对这些影响航班计划编制的外部因素,都要进行认真细致的调查、分析和预测,切实掌握它们的现状和发展变化趋势。

(2)明确航空公司自身条件。它包括航空公司自身的运营情况以及现有的人力、财力、物力等,提出未来一段时间内航空公司的目标任务和市场定位等。例如，准备开拓哪些市场(新开哪些航线，新开航线的班次如何)，调整哪些市场(哪些航线需要加、减班次，哪些航班时刻可以调整等)。

(3)草拟方案，比较选择。根据掌握的内、外条件和航空公司确定的目标，提出航班计划的初步方案，并对多种方案加以比较和选择。草拟航班计划方案时，对每条航线进行具体分析，提出对航线、机型、班次、班期、时刻的安排意见等。

(4)综合平衡，确定航班计划。航班计划初步方案确定以后，根据一系列平衡考虑，最终确定航班计划。考虑的平衡因素主要如下：

1)飞机使用均衡。它包括飞行小时，起落架次等的均衡。目前国内航空公司的飞机平均日利用率大约为 9～12 h。

2)航线班期频率平衡。它指每条航线的班期力求均匀，如某航线每周 7 班，则应尽可能每天安排一班，尽量避免某一天几班，另一天或几天没有航班。对于几家航空公司共同运营的航线，还需要在各航空公司之间做进一步的平衡。这种全民航范围内的平衡是在国家民航局主持下，每年两次的航班计划协调会上，各航空公司代表通过协商后最终确定。

3)航站工作量平衡。它指航站每天进出港飞机架次力求均衡，包括每周各天的均衡和每天时间先后的均衡两个方面，这样有利于充分利用机场设施(机坪、候机楼等)，有利于保持好的工作秩序，有利于提供安全舒适的服务。

8.2.2　航班计划编制流程

按时间维度来划分，航班计划可以划分为季度航班计划、月度航班计划以及即时航班计划。

一、季度航班计划编制流程

目前，在我国民航企业的实际运营中，为适应空运市场季节性变化，每年制订两次航季航班计划，即冬春季航班计划和夏秋季航班计划。季度航班计划的编制流程如图 8.2 所示。

1. 相关部门

航班计划部门负责季度航班计划的编制，整合各方资源、各相关部门的资料及意见、局方对航季的评审规则和相关政策、航季历史航班库的整理、上一个航季的市场销售数据和运营状况分析、公司运行手册、公司基地规划和航线网络规划，组织相关部门讨论，制订季度航班计划初稿，主管领导审批后报局方批准，最后公布实施。其他相关部门协助完成航班计划的编制工作。

涉及的相关部门包括：市场营销部/商务部、运行控制中心、飞行部、乘务部、机务部、计划财务部、公司管理办公室、货运公司等。

相关管制部门：国家民航局运输司、空管局、地区管理局运输处。通常还需要与有关机场当局协调机场资源的使用问题。

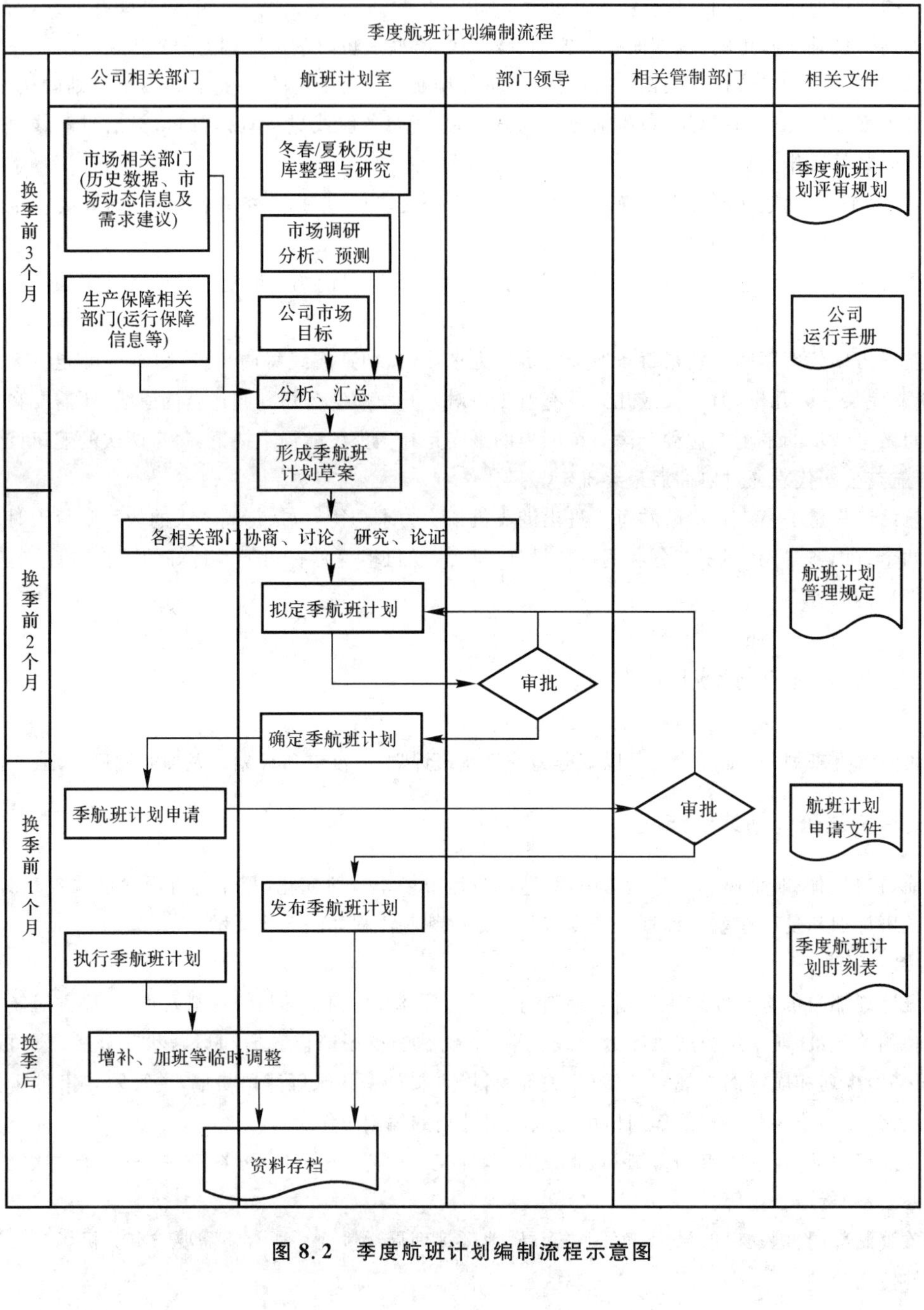

图 8.2　季度航班计划编制流程示意图

2. 时间范围

冬春季航班计划的执行时间是当年 10 月份的最后一个星期日至次年 3 月份最后一个星期六止；夏

秋季航班计划的执行时间是当年的 3 月份最后一个星期日至 10 月份的最后一个星期六止。具体日期根据日历确定。

3. 工作流程

前期准备阶段，工作包括：

(1)航班计划部门分别在每年 6 月初(冬春季航班计划)和 11 月初(夏秋季航班计划)向相关部门征求冬春和夏秋季航班安排意见。

(2)各相关部门在接到通知的 14 d 内，以书面形式向航班计划部门提出反馈意见。

(3)航班计划部门对反馈意见进行汇总、整理与分析。

季度航班计划草案制订阶段，工作包括：

(1)航班计划部门在现有航班的基础上，根据公司的战略目标、公司基地规划和航线网络规划、机队规划以及客、货运的市场需求情况，在航班换季前三个月完成航季航班计划草案(初稿)编制工作。即每年的 6～7 月(6 月底～7 月初)编制冬春季航班计划草案，每年的 11～12 月(11 月底～12 月初)编制下一年的夏秋季航班计划草案。

(2)在航班换季前两个月，航班计划部门将季航班计划(修改稿)报部门及公司主管领导批准，制订出航季航班计划表。即每年的 7～8 月确定冬春季航班计划，12 月～下一年 1 月确定下一年的夏秋季航班计划。

航班计划申报、协调阶段，主要工作：根据季航班计划表的内容，填写《新开航线计划表》、《新增航班计划表》、《新增使用空、海军机场计划表》并汇总，在航班换季前一个半月，由航班计划部门公共事务室(时刻协调部门)向民航总局、空管局、地区管理局等有关部门申报，并负责参加航季航班计划的汇总会、审定会、时刻协调会、时刻校对会和最终校对会等五个民航规定的系列会，完成季度航班计划的全部申请批复工作。此后，公共事务室应整理会议审批结果，形成书面报告，呈报航班计划部门，同时将航线经营权、航班量、时刻资源等情况通告各相关部门。

航季航班计划执行阶段，工作包括：

(1)航班计划部门根据获得批准的冬春/夏秋季航班计划、《新开辟的航线航班表》、《增加的航线航班表》、《新增使用空、海军机场计划表》，制定《冬春/夏秋季航班计划》。

(2)航班计划部门在航班换季前一个月将冬春季航班计划(9 月底)或夏秋季航班计划(2 月底)向公司相关部门公布，相关部门签收、执行并进入销售系统。

(3)航班计划部门将《冬春/夏秋季航班计划》等相关资料归档留存，一般存档期至少两年。

(4)航季航班计划在执行的过程中，各相关部门对航班运行状况和市场销售情况进行跟踪监控，根据需要做出临时调整。需要临时调整的航班，执行航班计划调整工作程序。

二、月度航班计划编制流程

月度航班计划是在销售部门的需求建议、月度市场分析、航班优化调整等综合研究的基础上，发挥“市场快速反应”机制，抓住一切可能的市场机会，以收益最大化为目标制订的。月度航班计划主要指春运、暑运加班航班计划的编制。编制流程如图 8.3 所示。

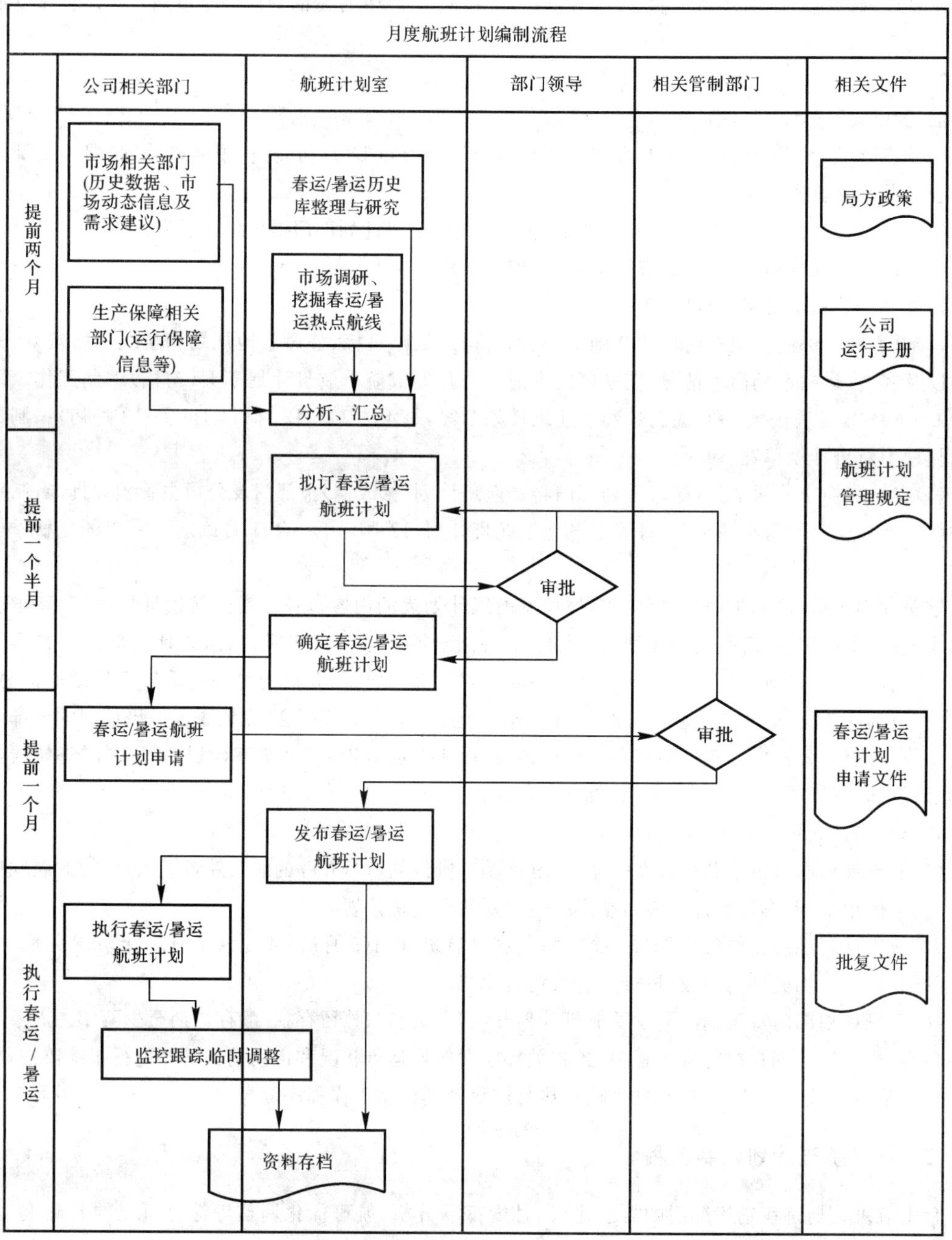

图 8.3 月度航班计划编制流程图

1. 相关部门

航班计划部门负责月度春运/暑运航班计划的编制，整合各方资源，组织相关部门讨论，制订春运/暑运航班计划初稿，主管领导审批后报局方批准，最后公布实施。

涉及的相关部门及相关管制部门与季度航班计划相同。

2. 时间范围

春运航班计划的执行日期大致为春节开始前 15 d 到元宵节后 5 d，根据市场情况变化有所不同(每年国家会发布具体春运时间)。

暑运航班计划的执行日期大约为每年 7,8 两个月，根据市场(地域)变化也会有所不同。

3. 工作流程

(1)前期准备工作。航班计划部门根据市场部等相关部门所提供的历年春运/暑运历史数据、当前市场信息以及春运/暑运计划的需求建议，结合本部门对市场的监控与分析结果，分析出春运/暑运热点航线，拟定加班重点。并汇总机务部等运行保障部门所提供的飞机停场检修计划和其他运行保障信息，给出公司运力安排计划，提前两个月拟定春运/暑运加班计划。在春运/暑运旺季 1 个半月前，召开各部门协调会，对计划作必要调整，然后递交部门主管领导审批，最终确认春运/暑运航班计划。

(2)申请批复。根据春运/暑运航班计划表的内容，在春运/暑运开始执行前一个月，由公共事务部门(时刻协调部门)向国家民航局、空管局、地区管理局的相关部门申报并获得批准。

(3)确定航班计划：

1)航班计划部门根据批复情况对航班计划进行必要调整，形成最终计划，并在执行日期前半个月向公司相关部门公布春运/暑运航班计划，相关部门签收、执行。

2)春运/暑运航班计划在执行的过程中，各相关部门对航班运行状况和市场销售情况进行跟踪监控，根据需要做出临时调整。对于需要临时调整的航班，执行航班计划调整程序。

三、包机航班计划编制流程

临时性包机是相对于定期航班而言的，是根据市场需求或顾客的申请，临时经营的航班，不包括定期执行的包机航班。提出包机申请的提前时间限制，各航空公司差别较大，但一般要求至少提前半个月提出包机申请。临时包机的工作流程如图 8.4 所示。

(1)市场销售部门接受包机申请。包机申请的内容包括包机所希望的航班时刻、包机的收入与成本计算、旅客数估算、对正常航班收入的可能影响，根据市场需求情况判断包机对正常航班影响程度，评估包机的利润，分析包机可行性，并提交相应的包机意向书和包机合同。经航班计划部门审核后，指派专人根据运力和运行保障情况，编制临时包机计划。由市场销售部门牵头组织召开各相关部门协调会，协商后的计划由航班计划部门报部门主管领导审批，确认包机航班计划。

(2)公共事务部门根据包机计划表内的包机计划、时刻等向民航局、空管局等相关管制部门起草传真电报，获得包机许可及包机时刻的批复。未得到批复的包机计划应反馈给航班计划室。

(3)航班管理室根据最终确定的包机计划，填写航班变更通知单，通知运行控制中心、货运中心，执行包机计划。

(4)事后由市场收益室对临时包机计划的实施效果进行追踪。

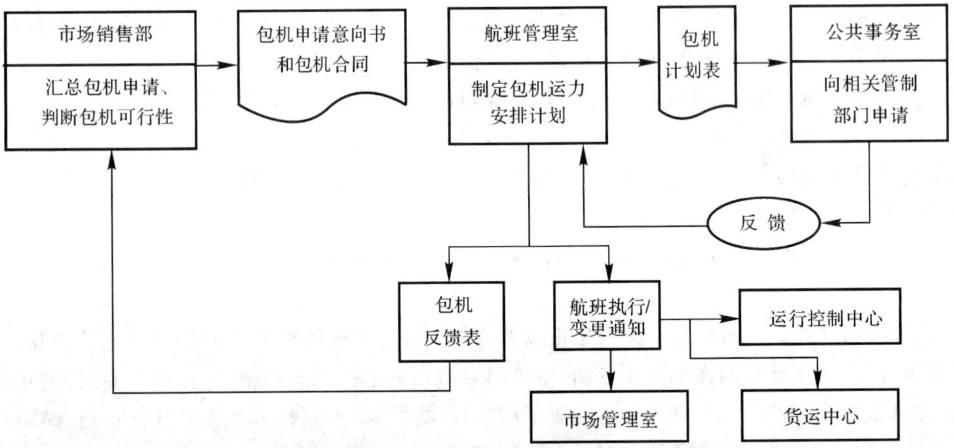

图 8.4 包机航班计划编制流程图

要注意：市场销售部、运力网络部、市场管理室、市场收益室等部门、科室的划分各航空公司有很大的差异，这里的划分只作参考，用于说明航班计划的编制过程。

8.3 航班计划的旅客需求特征

8.3.1 航空旅客行为的影响因素

前面已经指出，航班计划受旅客需求的约束，因此应当对旅客行为进行详细分析，以期更加准确地预测旅客需求。航空旅客的选择行为是旅客对航空产品和服务的消费及购买决策行为。旅客的选择行为、结构特征与航空产品特性及旅客特性紧密相连。从产品角度说，旅客的选择行为受航空产品的便捷性、同质性、不可储存、不可更换性等特性影响；从需求角度说，旅客的选择行为因旅客自身特性的不同而不同。下面分别分析这些特性，并讨论它们对旅客选择行为的影响。

一、航空运输产品特性的影响

1. 航空旅行的快速、舒适及其对旅客选择行为的影响

现代喷气式飞机巡航速度为每小时 800～900 km，比汽车快 5～10 倍，比轮船快 20～30 倍。速度快是民航运输的最大优点和特点，和地面运输相比，运输里程越长，就越能节约时间，所体现的价值越大，也越能体现它的优势。速度快可以减少长途旅行的疲劳，飞机平稳的飞行及优质的服务，可以给旅客带来舒适、愉快的感觉，现代民航客机的机舱宽敞、噪音小、且有视听等设备，提高了旅行质量。航空运输的这些特出优点对旅客，特别是对高端旅客有较强的吸引力。

但中转可能部分抵消掉航空旅行的快速和舒适优势，给旅客带来不便。因此在制订航班计划时，完成一个旅客 O－D 流运输任务所采用的中转次数应当控制在一定数量的范围内，例如不超过两次中转。

2. 航空旅行的同质性及其对旅客选择行为的影响

各航空公司提供的服务一般没有本质的差别，这就使得价格竞争成为航空公司竞争的重要手段。世界民航运输业的经验和国内航空公司发展的历史表明，价格战是新航空公司进入航空运输市场的金钥匙，同时也是老牌航空公司维持市场份额的法宝。

在产品同质性影响下，旅客选择航班除了票价因素外，另一个重要因素就是出发时刻。为获得更多的旅客，制订航班计划时，应尽量优化航班时刻。

3. 航空产品的不可存储性及其对旅客选择行为的影响

航空运输提供的不是有形物质产品，而是一种服务，这种服务和运输过程本身在时空上具有不可分割的特点，使这种以服务为载体的商品具有不可存储性和不可积累性，其生产过程和消费过程同时发生，同时终结。对于一个已经确定起飞时间的航班来说，即使旅客未坐满，也要按时起飞，不能将空座位存储到下一个航班再出售；未买出去的座位被称为“座位虚耗”。另一方面，如果旅客需求不能得到满足，就可能产生旅客流失，这叫做“旅客溢出”。

制订航班计划应当尽量减少座位虚耗，又要尽量减少旅客溢出，才能为航空公司争取最大收益。解决这个问题，应当选择最佳航班频率和最佳机型，因此需要进行航班频率优化和机型指派优化。

4. 航空旅行的不可更换性及其对旅客选择行为的影响

有形产品的消费者购买了不满意的产品，可以到购买商店更换新的满意产品，或获得维修等售后服务，可是航空运输产品受天气影响严重，以及意外的机械故障等原因，航班起飞时间无法保障，造成延误，或者其他服务质量不高，引起旅客不满，旅客却无法更换产品，也不可能接受售后服务，唯一可以做的仅仅是赔礼道歉或给予适当经济补偿。但旅客的不满可以扩散，直接影响航空公司的形象，以致影响到旅客的购买行为。

航空旅行的不可更换性要求航班计划具有较高的可靠性和较强的鲁棒性。可靠性是指航空公司内部运作系统保证航班计划正常运行的概率，鲁棒性是指航班计划抵抗外部干扰的能力。

二、航空旅客选择特性对航班计划的影响

航空旅客的选择特性表现为对航空运输产品属性的态度和偏好，航空运输产品属性可分为若干类型，例如飞机客舱布局相关类、航班计划相关类、票价相关类和服务相关类等。哪些旅客选择特性与航班计划相关呢？一是旅客对航线（例如是否中转、中转几次）的选择行为，在出行时间都可以满足的情况下，旅客选择中转次数少的航班；二是旅客对机型的选择行为，在其他条件相同的情况下，旅客倾向于选择大机型的航班；三是旅客出行时间的选择，这一特性具体反映在旅客需求分布曲线上。

如图 8.5 所示是一年中旅客需求的分布图，可以看出一年中 2 月、7～8 月、10 月是需求旺季，需要安排加班，12～1 月、3～4 月是需求淡季，可适当减少航班频率，安排飞机大修。如图 8.6 所示是一天中旅客需求的分布密度图，可以看出早晨 8:00～10:00 和下午 5:00～7:00 是需求高峰小时，在这期间应当安排较高频率。

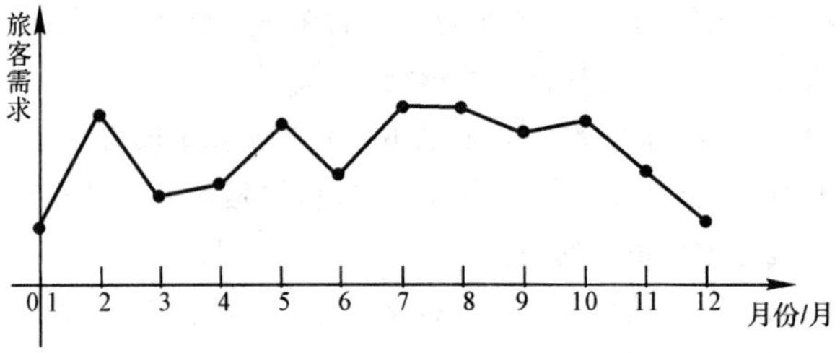

图 8.5　一年中旅客需求分布图

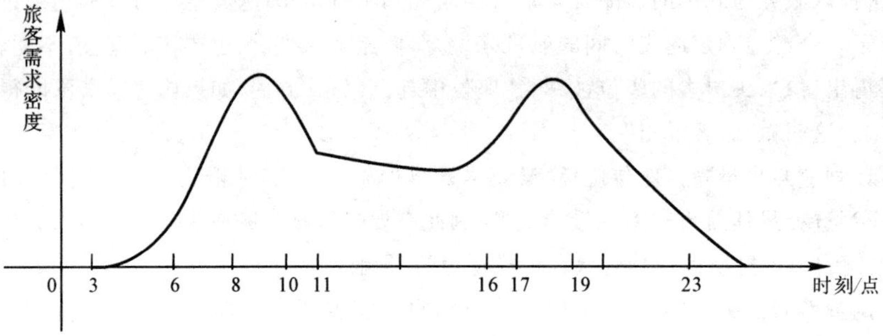

图 8.6　一天旅客需求密度图

8.3.2　航空旅客需求特征

航空旅客需求属于服务需求，具有派生性、广泛性、多样性和时空特定性等特征，把握这些特性，对提高航线旅客流量预测的准确性和保证航班计划的质量有十分重要的意义。

1. 派生性

航空运输需求属于派生需求，是实现其他最终消费需求的一个环节和过程，如旅行、探亲、商务和其他货运消费都会产生对航空运输的需求。

2. 多样性

由于旅客的旅行目的、收入水平、社会身份等方面的不同，对航空运输服务的质量需求也必然呈多样性。因此，航空旅客需求不仅仅是一个量的概念，它还有质的要求，满足旅客便捷、舒适和价格等的不同要求是其具体表现。

3. 空间不对称性

旅客运输需求是对位移的需求，这种位移带有方向性。也就是说，往返两地之间的旅客需求会有一定程度的不同，这叫做空间的不对称性。一般地，货运需求的方向性更为明显。

4. 时间不均衡性

旅客需求在时间上有波动性和周期性，分布不均衡。正如上文所述，旅客需求在一年里表现为非常明显的淡旺季，同时表现有周周期性和日周期性。因此，每月、每天、甚至一天中的各小时段的旅客需求都可能不一样。

总之，从长期来看，航空旅客需求不断增长，旅客结构比较稳定，旅客流向的规律性较强；短期来看，旅客结构和流量的波动性都较大。这就要求航班计划制订者正确把握旅客需求特征，认真分析和准确预测旅客需求，才能制订出符合市场需求的航班计划来。

8.3.3 航班计划的旅客需求预测

航线旅客需求预测是制订航班计划的先决条件和基础。制订航班计划前，必须调查研究、摸清情况和进行深入细致的分析，才能做出科学的预见和周密的计划，达到预期的成功。

航空公司运量预测内容广泛，包括运输总周转量预测、旅客运输量预测、货邮（包括货物、邮件、行李等）运输量预测。在制订航班计划时，主要预测航线旅客流量，即 O－D 流（Original－Destination Flow），它是指在一定时期内由某起始城市（Original）到目的地城市（Destination）的旅客量。

短期航班计划调整所依据的 O－D 流数据，可以通过订座系统和离港系统的原始订座记录（Passenger Name Record，PNR）获得（需要经过各种业务规则的处理过程，进一步挖掘和分析）。但是，国内多数航空公司没有自己的订座系统和离港系统，只能通过中国民航信息网络股份有限公司（通常简称为中航信）唯一提供。对于编制长期的航班计划，O－D 流的预测，既需要订座数据，也需要社会经济发展统计数据。有了数据，接下来是选择合适的预测模型和方法，但本章不涉及需求预测方法和技术问题，读者可以参阅有关市场预测的书籍。

8.4 运力分析

8.4.1 机型选择与航班频率的关系

运力资源是航空公司宝贵而有限的资源，做航班计划时，要将运力在航线网络中进行合理配置。由于每个航线市场都有其自身特点，对整个航线网络进行运力优化配置时，既要全盘考虑，也要具体分析。在航空公司实际操作中，通常用可供座/吨位数表示运力。

运力安排主要包括两方面的内容：一是确定各航线市场的机型，可能多种机型并存使用；二是确定各航线市场的班次，即航班频率。

（1）机型选择。在第 5 章中，已经详细讨论过机型选择问题。这里要注意的是，在选择机型时，不但要考虑航线旅客流量、航线距离、航线条件、机场条件及机型经济性等因素，还要考虑航班频率的影响。在旅客需求确定的情况下，航班频率越大，所选用的机型越小；反之，航班频率小了，所选用的机型就应大些。

(2)航班频率。指确定各航线市场一个星期/一天的航班频率。在确定航班频率时,主要考虑航线市场旅客流量、航空公司运力供给、机型属性和经济性等因素。

1)旅客流量。旅客流量增大,则应当增加航班频率。因为此时航班频率低了,将造成旅客溢出,这不仅增加了航空公司的机会成本,而且影响了航空公司市场形象;反之,则应适当减少航班频率。对于旅客而言,航班频率越大越好,这样可以降低旅客计划延误和随机延误成本;但从航空公司角度来看,当市场需求确定时,航班频率过大,就会造成客座率下降,增加运行成本,影响航空公司的经济效益。

2)运力供给。航空公司运力供给充足时,应增加航班频率;运力不足时应适当减少频率。飞机是一种非常昂贵的资源,航空公司一般不备份运力。

3)机型。在航线旅客需求确定的情况下,选择大机型,航班频率应小些;反之,选择小机型,则航班频率应大些。

从上面的分析可以看出,机型和航班频率是紧密相连的。在每周旅客流量一定的情况下,航空公司可以选择以下两种策略之一:

1)选择较大机型,减少航班频率;

2)增加航班频率,降低机型座级。

航空公司实际操作中,对每周旅客流量比较大的航线市场,往往倾向于选择第一种策略,因为这对降低航空公司运营成本(起降费、航站服务费、机组、维修成本等)、提高空域利用率、减轻机场拥挤状况等方面将起很好的作用;相反,在每周旅客流量比较小的航线市场,则倾向于选择第二种策略。

8.4.2 运力安排策略

各家航空公司都有相对稳定的市场,运力安排也相对稳定。另外,航空运输市场又是动态变化的,特别是上文讨论的季节性波动特征,每条航线市场有不同的季节指数。因此,要综合分析航空公司各航线的市场份额、市场潜力、供求状况、赢利能力等,再根据航空公司的战略目标和计划期内的运力增减情况,对航空公司运力安排进行调整。在实际操作中,运力安排通常应遵循下面几个基本策略:

(1)巩固策略:对经营状况良好,市场需求变化不大,市场份额相对稳定的航线市场,不宜多变,应采取巩固策略。这样,可以提高航空公司的知名度,培育旅客的忠诚度。航班(包括航班频率、机型及时刻)稳定不变,容易被公众熟悉。

(2)扩张策略:当计划期预计运力比较富余,或新增运力投入使用(新引进的飞机),在维持现有航线航班所需运力后,仍有富余运力,需要确定投放的方向。投向哪里要视航空公司的战略目标和市场经营状况而定。扩张策略通常又分两种:

1)扩张原有航线市场。对经营状况很好,市场需求增长较快,原有市场份额并不是很大的航线市场,可以增加航班频率,或投入更大的机型,从而吸引更多的旅客,获得更大的市场份额;

2)开辟新航线。根据公司市场发展战略,需要新开辟航线。对于这些将要开辟的航线,要进行充分的调查研究,切实摸清技术上和经济上的可行性,提出开辟新航线的可行性报告,报请主管部门审查批准后,方能列入航班计划,以免造成骑虎难下的被动局面。

以上两种扩张策略并不矛盾,可以同时采用。

(3)收缩策略。可以分为下面三种：

1)减少航班频率。对航班频率较高又需求不旺的航线，采取减少航班频率的策略。

2)更换机型。对航班频率不高，而旅客流量、市场份额又出现萎缩的航线，可以采取更换小机型，将原来的大机型投放到更有利的航线市场中去。

3)退出航线市场。对经营效益很差，而且无望扭转的航线市场，应考虑停飞，从航线市场中退出，从而集中更多的运力来巩固效益好的航线市场。由于航线资源是航空公司的一种重要资源，非不得已，一般不采用退出航线市场的策略。

同样，收缩策略也可以同时采取其中的一种或多种，这取决于航空公司对目前和将来市场情况的了解以及航空公司的战略目标等，可参阅第 5 章的有关内容。

(4)调整策略。当航空公司全部运力资源与整体航线网络的市场需求基本持平，而有些航线市场经营效益很好，有些航线市场经营较差时，适宜采取调整策略，即把经营效益较差的航线市场部分运力适当调整到经营效益很好的航线市场，使航空公司整体收益最大化。

(5)其他策略。对那些旅客流量和流向有较大变化的航线市场，则应当采用比较灵活的策略，如增减经停点，航线延伸或绕道等，以适应单向性、季节性等航线市场的变化情况。

总之，在适应市场需求的前提下，应充分利用航空公司运力资源，优化配置各航线市场的机型、航班频率等，使航空公司利润最大化。

8.4.3　手工编排航班存在的问题

目前，国内大多数航空公司采用上面所描述的运力安排策略，依靠人工编排航班。使用这种方法只能满足小规模航线和小规模运力之间的匹配需要。随着 2002 年三大航空集团公司的重组，尤其是近几年来，国内民用航空企业航线网络的发展以及运力的迅速扩张，继续沿用人工编排方法已经不能满足科学匹配航线和运力的需要了。这主要表现如下：

(1)决策的被动性和滞后性。手工编排航班是基于对航线市场需求、市场份额、市场潜力、供求状况以及经营效益的定性分析来决策的。这种方法的一个致命缺点就是滞后性，例如在发现某些航线市场效益很好之后，再增加运力时，有可能这些航线市场已不再是高收益的了。

(2)评价标准不一致。在运力实际分配中，航空公司只对单条航线的经济性进行分析，而没有考虑航线网络效应，或者没有一个统一的评判标准，对不同的航线市场采取不同的经济性评价指标。这样做不能从系统和全局的观点优化安排运力。

(3)决策的主观性。手工编排航班依赖于航班计划员、航空公司管理者的主观分析与判断，依靠他们个人的经验。这无法保证航线和运力之间配置的科学性，可能导致航班运营成本的升高和运力资源的浪费。

(4)控制的单向性。手工编排航班无法实现航空公司运力供给与航线市场需求的双向控制。航线的市场需求也受航空公司运力供给的影响，随着公司运力投入的增加，市场需求有增加趋势。手工编排航班的运力安排策略只能被动地用运力匹配航线市场需求，对于用运力供给来促进市场发展就显得力不从心，因此不能实现航空公司运力供给与航线市场需求的双向控制。

8.5 航班频率优化

8.5.1 单航线航班频率计算

对第 i 条航线或 O-D 流，如果是某航空公司的垄断航线，他们使用第 k 种机型，根据需求 D_i，可用下式计算航班频率

$$N_{ik} = \frac{D_i}{l_{ik} s_k} \tag{8.1}$$

式中，l_{ik} 是机型 k 执飞航线 i 的客座率，s_k 是机型 k 的提供座位数（飞机容量）。

如果第 i 条航线不是垄断航线，有两家航空公司竞争，本公司的市场分担率为 MS_{1i}，则

$$MS_{1i} = \frac{N_{1i} s_{1k}}{N_{1i} s_{1k} + N_{2i} s_{2k'}}, N_{1i} l_{1i} s_{1k} + N_{2i} l_{2i} s_{2k'} = D_i$$

式中，N_{1i}, s_{1k}, l_{1i} 和 N_{2i}, s_{2k}, l_{2i} 分别表示本公司和竞争对手公司的航班频率、机型座位数和航线客座率。解这两个方程，得

$$N_{1i} = \frac{D_i}{s_{1k}[l_{1i} + l_{2i}(1/MS_{1i} - 1)]} \tag{8.2}$$

和

$$N_{2i} = \frac{D_i}{s_{2k'}[l_{1i} MS_{1i}/(1 - MS_{1i}) + l_{2i}]} \tag{8.3}$$

它们都是本公司市场分担率的函数，给本公司市场分担率以不同的数值，计算出两家航空公司航班频率，可以绘出航班频率随本公司市场分担率的变化曲线，如图 8.7 所示。

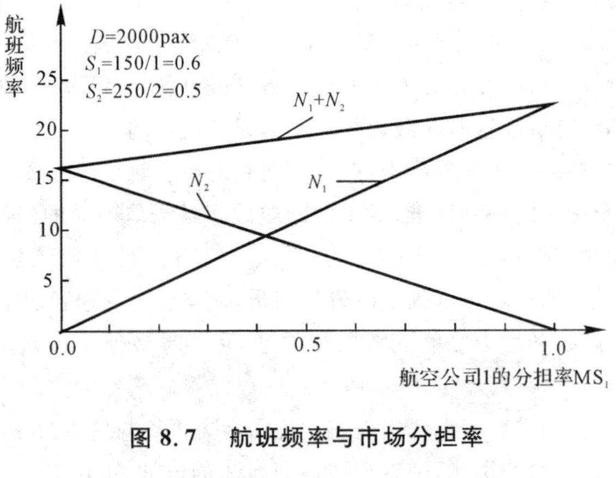

图 8.7 航班频率与市场分担率

可见本公司航班频率随市场分担率的增长几乎成直线增加，而竞争对手的航班频率则几乎线性减少，两家航空公司的航班频率之和不是常数，而是随着本公司市场分担率的增加而线性增加。这是由于

本公司的机型小于对手的机型所致。

根据上述结果可以计算航线的"市场客座率"

$$l_i = D_i/(N_{1i}s_{1k} + N_{2i}s_{2k'}) \tag{8.4}$$

如果本公司客座率 $l_{1i} > l_i$ 则公司的生产效率较高，在竞争中处于优势，否则处于劣势。

8.5.2　单航线航班频率优化

一、成本最小的航班频率

优化的目标函数是航线成本，它包括航班运行成本、旅客旅行时间成本

$$C = D\left[\frac{c_{sd}T}{4N} + c_{td}\left(\frac{L}{v} + t_d\right) + a_0\right] + c_f N \tag{8.5}$$

其中，$D\frac{c_{sd}T}{4N} + c_{td}\left(\frac{L}{v} + t_d\right) + a_0$ 项是旅客旅行时间成本，其中第 1 项是旅客计划延误成本，T 是计划周期，即在周期 T 内安排频率为 N 的航班；第二项是旅客在途时间，包括飞行时间和实际延误时间。$c_f N$ 是航班运行成本。关于计划延误问题，在第 7 章已经做过介绍，后面还会做些介绍。

将成本函数对航班频率求导，并令其等于零

$$\frac{\mathrm{d}C}{\mathrm{d}N} = -\frac{DTc_{sd}}{N^2} + c_f = 0$$

解得最优的航班频率

$$N^* = \frac{1}{2}\sqrt{\frac{DTc_{sd}}{c_f}} \tag{8.6}$$

最优的机型座位数

$$s^* = \frac{D}{l}\frac{1}{N^*} = \frac{2}{l}\sqrt{\frac{Dc_f}{Tc_{sd}}} \tag{8.7}$$

可见最优航班频率与旅客需求、计划周期和旅客单位时间计划延误成本的平方根成正比，与航班运行成本的平方根成反比。而最优机型座位数则与需求及航班运行成本的平方根成正比，与设计客座率、计划周期和旅客单位时间计划延误成本的平方根成反比。

二、利润最大的航班频率

航线利润等于航线收入减去运行成本，运行成本包括航路运行费、起降费和旅客成本。航线利润等于

$$R = (p - c_p)D - (c_r + c_l)N \tag{8.8}$$

式中，p 时平均票价，c_p 是每旅客成本，c_r 和 c_l 分别是航路运行费和起降费，旅客需求 D 是航班频率 N 的函数。

将利润函数对航班频率求导，并应用复合函数求导法则，然后令导数等于零，得

$$\frac{\mathrm{d}R}{\mathrm{d}N} = (p - c_p)\frac{\mathrm{d}D}{\mathrm{d}N} - (c_r + c_l) = 0$$

引进需求对航班频率的弹性概念

$$e=\frac{\mathrm{d}D/D}{\mathrm{d}N/N} \tag{8.9}$$

因此有

$$\mathrm{d}D/\mathrm{d}N=eD/N$$

代入上述导数表达式中,解出最优航班频率

$$N^{*}=\frac{(p-c_p)eD}{c_r+c_l} \tag{8.10}$$

式中,c_p 相比 p 较小,常可忽略不计。此时,最优航班频率与航线旅客需求和机票价格成正比,与航班成本成反比。可见利润最大和成本最小的最优频率有较大的不同。

8.5.3 多条航线航班频率优化

现在讨论多条航线、一种机型条件下,以旅客计划总延误时间最小为目标函数的航班频率优化问题。假设航空公司只有一种机型,座位数为 s,在计划周期 T 中可提供 S_p 个座位小时的生产能力,经营 m 条航线,第 i 条航线轮挡时间为 t_i 小时,需求为 D_i,因此旅客计划总延误最小的目标函数为

$$\min SD=\frac{T}{4}\sum_{i=1}^{m}\frac{D_i}{N_i} \tag{8.11}$$

同时受到总座位小时数的约束

$$\sum_{i=1}^{m}N_it_is=S_p \tag{8.12}$$

用 Lagrangian 乘子将上述约束条件并入目标函数式(8.11),得

$$\overline{SD}=\frac{T}{4}\sum_{i=1}^{m}\frac{D_i}{N_i}+\lambda\left(\sum_{i=1}^{m}N_it_is-S_p\right)$$

应用条件极值法则,得

$$\frac{\partial(\overline{SD})}{\partial N_i}=-\frac{T}{4}\frac{D_i}{N_i^2}+\lambda t_is=0$$

$$\frac{\partial(\overline{SD})}{\partial\lambda}=\sum_{i=1}^{m}N_it_is-S_p=0$$

由此解得

$$\lambda=\frac{T}{4s}\frac{D_1}{N_1^2t_1}=\frac{T}{4s}\frac{D_2}{N_2^2t_2}=\cdots=\frac{T}{4s}\frac{D_m}{N_m^2t_m}$$

因此

$$N_i=\sqrt{\frac{D_i/t_i}{D_1/t_1}}N_1 \tag{8.13}$$

代入约束条件式(8.12)得

$$\sum_{i=1}^{m}N_it_is=sN_1\frac{\sum_{i=1}^{m}\sqrt{D_it_i}}{\sqrt{D_1/t_1}}=S_p$$

解得

$$N_1^* = \frac{S_p \sqrt{D_1/t_1}}{s\sum_{i=1}^{m}\sqrt{D_i t_i}} = \frac{S_p \sqrt{D_1 t_1}}{st_1\sum_{i=1}^{m}\sqrt{D_i t_i}} = \frac{T_p \sqrt{D_1 t_1}}{t_1\sum_{i=1}^{m}\sqrt{D_i t_i}}$$

进一步可得到其他航线的最优航班频率，一般地有

$$N_l^* = \frac{S_p \sqrt{D_l t_l}}{st_l\sum_{i=1}^{m}\sqrt{D_i t_i}} = \frac{T_p \sqrt{D_l t_l}}{t_l\sum_{i=1}^{m}\sqrt{D_i t_i}}, \quad l = 1,2,\cdots,m \tag{8.14}$$

式中，$T_p = \frac{S_p}{s}$ 是机型的总利用率，因子 $n_p = \frac{T_p}{t_l}$ 是机型总利用率用于执行航线 l 的理论航班频率。如果将 $D_l t_l$ 看做是航线 l 的旅客运输量（单位是客时），那么

$$w_l = \frac{\sqrt{D_l t_l}}{\sum_{i=1}^{m}\sqrt{D_i t_i}}$$

是航线 l 旅客运输量的平方根比例，叫做旅客运输量权重。可见最优航班频率等于理论航班频率乘以旅客运输量权重。用服务质量（旅客计划延误时间）来规划航班频率时，各航线航班频率按照 $\sqrt{D_i t_i}$ 分配飞机总利用率。

假设其他航线需求不变，可以计算某航线航班频率随需求的变化。

例 8.1　某公司经营 10 条航线，各航线轮挡时间分别为 1.5，1.4，1.6，1.2，1.1，1.7，1.3，1.1，1.3，1.2 h，第 2 到第 10 条航线每天需求为 255，320，520，460，210，350，700，430，610 人，每天飞机总利用率为 200 h，求第 1 条航线航班频率随需求的变化。

解　将题给的各航线轮挡时间和第 2 条到第 10 条航线的需求代入最优频率计算式(8.14)，让第 1 条航线的需求从 250 ～ 700 逐步增加，计算出本航空公司的航班频率，可以给出航线 1 最优频率随需求变化的曲线，如图 8.8 所示。

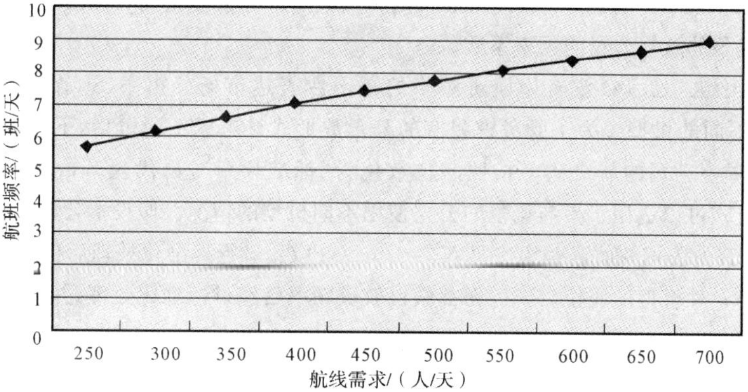

图 8.8　第 1 条航线航班频率随需求的变化曲线

可见航班频率随需求的增加而非线性增加，增速逐渐减小。

8.5.4 航线网络竞争环境下的频率优化

在航线网络中，即使每一条航线的航班频率最优，其总和不能保证整个网络的航班频率安排达到最优，可能是次优的，甚至是不合理的。应当建立航线网络频率优化模型，从全局上优化航空公司的航班频率。

对于航线网络航班频率优化问题，可能有多个航空公司参与竞争，因此首先讨论市场分担率、旅客随机延误时间和旅客溢出成本的计算等基本问题。

一、市场分担率的计算

首先讨论市场分担率与航班频率的关系，Simpson 分担率公式认为市场分担率是航班频率的幂函数表达的分式。

$$MS_{ip} = \frac{N_{ip}^{\beta}}{\sum_{j=1}^{o} N_{ij}^{\beta}} \tag{8.15}$$

式中，$j = 1, 2, \cdots, p, \cdots, o$，是参与同一市场竞争的航空公司，$p$ 是本航空公司，i 是航线序号，幂指数 β 一般在 $[1,2]$ 之间。该模型只考虑一种机型，为考虑多机型竞争，Mtschmaier 模型引进了多种机型的影响

$$MS_{ip} = \frac{\sum_{k=1}^{K} \alpha_{ik} N_{ikp}}{\sum_{k=1}^{K} \alpha_{ij} N_{ikp} + \sum_{j=1}^{o} \sum_{k=1}^{K_j} \beta_{ikj} f_{ikj}} \tag{8.16}$$

式中，p 是本航空公司，K 是本航空公司的机型种类，频率是 N_{ikp}，α_{ij} 是本航空公司的频率系数。$j \neq p$ 是参与竞争的航空公司，K_j 是航空公司 j 使用的机型种类数，f_{ikj} 是航空公司 j 在市场 i 使用第 k 种机型的频率，β_{ikj} 是参与竞争的航空公司的频率系数。

Mtschmaier 模型式(8.16)没有用航班频率的幂函数表达市场分担率，Simpson 分担率公式即式(8.15)没有考虑不同的机型。为了既考虑频率的幂函数形式又考虑不同机型，下面以本公司航班座位数为基准，将其他航空公司的航班频率按照座位数化为“标准频率”，再代入 Simpson 式(8.15)。这样 Simpson 分担率公式可以适用于参与竞争的公司使用不同机型的情况。假设本公司在第 i 个 O－D 流的航班座位数是 s_{ip}，其他公司的航班频率按照 $N_{ij} = (s_{ikj}/s_{ip}) f_{ikj}$ 进行标准化处理后代入式(8.15)，其中 s_{ikj} 是第 j 个公司的第 k 种机型的座位数。后面都假设航班频率已经过标准化处理，并使用式(8.15)。

二、旅客计划延误时间的计算

假设旅客需求在一段时间内均匀分布，则平均每旅客的计划延误等于航班间隔的 1/4，可用下式计算

$$sd_{ip} = HW/4 = T/(4N_{ip}) \tag{8.17}$$

设航线 i 的总需求为 D_i，本航空公司 p 的需求是

$$V_{ip}=D_iMS_{ip}=\frac{D_iN_{ip}^{\beta}}{\sum_{j=1}^{o}N_{ij}^{\beta}} \tag{8.18}$$

旅客总计划延误

$$Sd_p=\sum_{i=1}^{m}V_{ip}sd_{ip}=\frac{T}{4}\sum_{i=1}^{m}\frac{D_iN_{ip}^{\beta-1}}{\sum_{j=1}^{o}N_{ij}^{\beta}} \tag{8.19}$$

三、旅客溢出量的计算

设航线 i 的可用座位数是 s_i，该航班的实际需求 x 的分布为 $f(x)$，则旅客溢出数

$$SPILL_i=\int_{x\geqslant s_i}(x-s_i)f(x)\mathrm{d}x$$

航空公司的溢出总损失(p_i 是平均票价)

$$CSp=\sum_{i=1}^{m}p_iSPILL_i \tag{8.20}$$

如果旅客需求服从 $N(\mu_i,\sigma_i^2)$，则旅客溢出数可以表达成

$$SPILL_i=\frac{\sigma_i}{\sqrt{2\pi}}\mathrm{e}^{-\frac{(s_i-\mu_i)^2}{2\sigma_i^2}}+(\mu_i-s_i)\left[1-\Phi\left(\frac{s_i-\mu_i}{\sigma_i}\right)\right] \tag{8.21}$$

其中，由于航班可用座位数为 s，所以 $s_i=N_{ip}s$，需求均值则等于

$$\mu_i=V_{ip}=D_iN_{ip}^{\beta}/\sum_{j=1}^{n}N_{ij}^{\beta}$$

令 $b_i=\sum_{j\neq p}N_{ij}^{\beta}$，则

$$\frac{\mu_i}{s}=\frac{D_i}{s}\frac{N_{ip}^{\beta}}{N_{ip}^{\beta}+b_i} \tag{8.22}$$

再令

$$x_i=\frac{s_i-\mu_i}{\sigma_i}=\frac{s}{\sigma_i}\left(N_{ip}-\frac{D_i}{s}\frac{N_{ip}^{\beta}}{N_{ip}^{\beta}+b_i}\right)$$

则

$$SPILL_i=\frac{\sigma_i}{\sqrt{2\pi}}\mathrm{e}^{-x_i^2/2}-\sigma_ix_i[1-\Phi(x_i)] \tag{8.23}$$

例 8.2　某航空公司(取 $p=1$)飞 3 个 O-D 流市场($i=1,2,3$)，分别有 0,1,2 家其他航空公司与其竞争同一市场，航班设计周期为 $T=7$ 天(每天 16 h) = 112 h。该期间 3 个 O-D 流的需求分别是 2 050 人、3 650 人和 5 860 人，经数据拟合的 $\beta=1.13$，并已知 $N_{22}=10$，$N_{32}=8$，$N_{33}=12$，求该航空公司在 3 个 O-D 流市场的分担率和需求。

解　O-D 流 $i=1$ 是本公司的垄断市场，所以 $MS_{11}=1$；对于 O-D 流 $i=2$ 和 $i=3$，本公司的市场分担率分别是

$$MS_{21}=\frac{N_{21}^{1.13}}{N_{21}^{1.13}+13.389\ 6}$$

$$MS_{31} = \frac{N_{31}^{1.13}}{N_{31}^{1.13} + 27.0589}$$

它们和频率的关系曲线如图 8.9 所示，可见市场分担率随航班频率的增加呈非线性地缓慢增加。

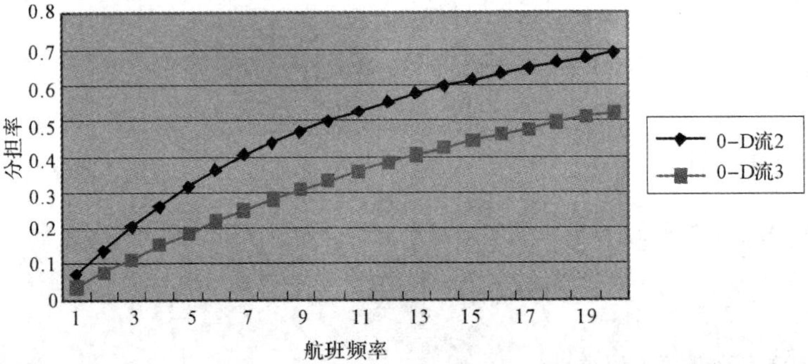

图 8.9　航线 2 和 3 的分担率与航班频率的关系

可以考察幂指数 β 对市场分担率的影响，例如对于航线 3，当幂指数不同时，计算市场分担率与航班频率的关系，我们获得了如图 8.10 所示的曲线。可以发现不管 β 取什么值，这组曲线有一个交点，在本例中大约在 $N_{31} = 10$，此时该公司的分担率大约是 1/3。当 $\beta < 1.5$，$N_{31} < 10$ 时，分担率随 N_{31} 增加较快，然后相对增加变慢；当 $\beta > 1.5$ 时分担率随 N_{31} 增加先较慢，后加快，曲线呈"S 型"，此时符合泰加(Taneja)1968 年提出的规律，参阅图 7.5。因此 β 反映了公司的竞争力，β 较大时，更大的航班频率更有利。

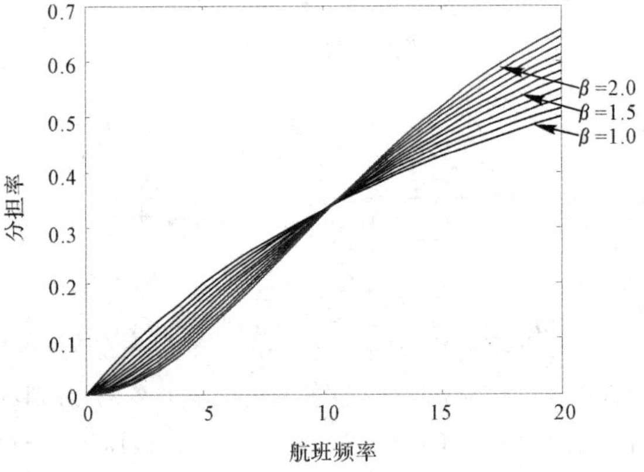

图 8.10　β 不同时，航线 3 的市场分担率与航班频率的关系

本例中本公司的旅客计划总延误

$$Sd_1 = 28 \times \left(\frac{2050}{N_{11}} + \frac{3650 N_{21}^{0.13}}{N_{21}^{1.13} + 13.4896} + \frac{5860 N_{31}^{0.13}}{N_{31}^{1.13} + 27.0589}\right)$$

对于航线 1，设飞机容量 $s = 150$，取客座率 $= 0.75$，则 $N_{11} = 2050/(150 \times 0.75) = 18$，因此

$$Sd_1 = 28 \times \left(113.9 + \frac{3\,650 N_{21}^{0.13}}{N_{21}^{1.13} + 13.489\,6} + \frac{5\,860 N_{31}^{0.13}}{N_{31}^{1.13} + 27.058\,9}\right)$$

通过计算可以给出不同航班频率时的旅客计划总延误时间(h)，如图 8.11 所示。

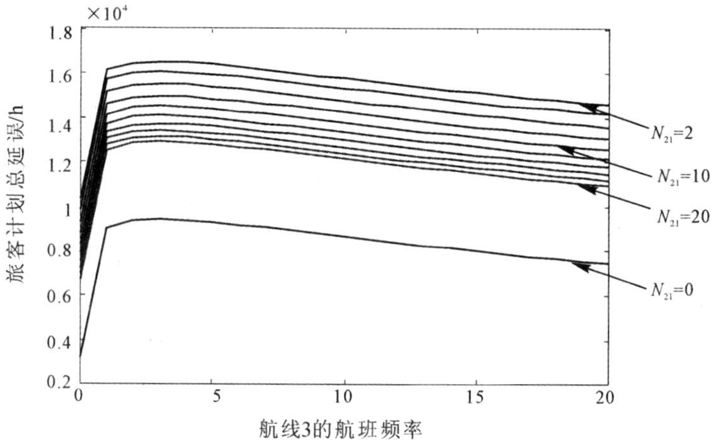

图 8.11　旅客计划总延误随航班频率的变化

可见当其他航线航班频率不变时，旅客计划总延误随某航线航班频率的变化存在一个最大值：$N_{i1}^{\beta} = (\beta - 1)\Sigma_{j\neq 1} N_{ij}^{\beta}$，$\beta = 1$ 时，$N_{i1}^{\beta} = 0$。它一般比较小，该例中 $N_{21} = 1.6 = 2$，$N_{31} = 3$。当航班频率超过该极值点后，旅客计划总延误随航班频率的增加而减少。

再计算该例的旅客溢出量。设需求标准差 $\sigma_i = 400, 350, 320$，飞机座位数为 150 个，计算出 3 个 O－D 流的旅客溢出数曲线如图 8.12 所示。从图 8.12 可看出：旅客溢出存在最大点。最大点的位置随其他公司航班频率的增大而右移。例如对于第 1,2 和 3 个 O－D 流，最大点分别在频率等于 0,6 和 10 处。

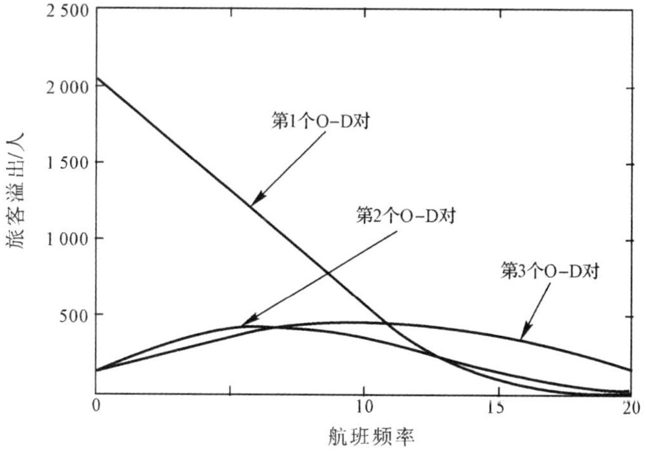

图 8.12　旅客溢出数与航班频率的关系

四、频率优化数学模型

首先讨论航班频率优化的目标函数。

1. 利润函数

$$P_p = \sum_{i=1}^{m}\left[p_i\left(\frac{D_i N_{ip}^{\beta}}{\sum_{j=1}^{o} N_{ij}^{\beta}} - SPILL_i\right) - c_i N_{ip}\right] =$$

$$\sum_{i=1}^{m}\left[p_i\left(\frac{D_i N_{ip}^{\beta}}{N_{ip}^{\beta} + b_i} - SPILL_i\right) - c_i N_{ip}\right] \tag{8.24}$$

利润函数应当存在一个最大值点,否则该目标函数可能失去意义。为弄清楚它的性质,我们来分析一个特例。假设例 8.2 中的 3 条航线的平均票价分别是 600 元,800 元,1 000 元;每航班成本 28 000 元,45 000 元,60 000 元。将这些参数代入利润函数即可计算各 O-D 流(航线)的利润。

各 O-D 流利润随航班频率变化的情况如图 8.13 所示,可以看出它们先增后减,存在一个最大值点。各 O-D 流的最大值点不相同,第 1 个 O-D 流的极值频率最小,大约是 15,第 3 个 O-D 流的极值频率最大,大约是 25。

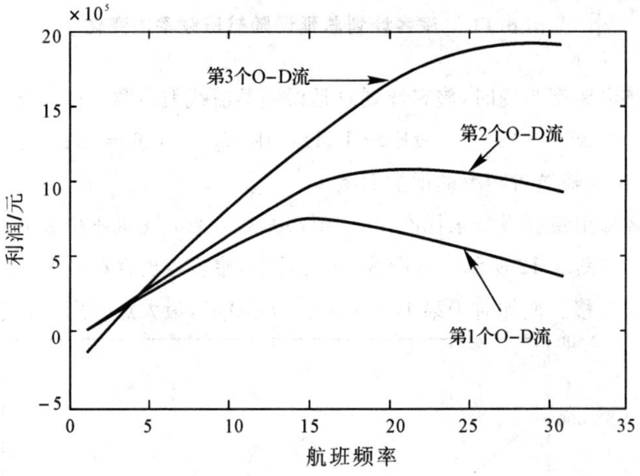

图 8.13 各 O-D 流的利润曲线

2. 旅客计划延误函数

$$Sd_p = \frac{T}{4}\sum_{i=1}^{m}\frac{D_i N_{ip}^{\beta-1}}{N_{ip}^{\beta} + b_i} \tag{8.25}$$

该函数存在最大值点:$N_{ip} = \sqrt[\beta]{(\beta-1)b_i}$,当 $\beta = 1$ 时,$N_{ip} = 0$。

3. 总成本

$$C_p = \sum_{i=1}^{m}\left[c_i N_{ip} + p_i SPILL_i + c_{ph} T\,\frac{D_i N_{ip}^{\beta-1}}{4\sum_{j=1}^{o} N_{ij}^{\beta}}\right] \tag{8.26}$$

该成本函数应当存在一个最小点，对于例 8.2，经过计算，可以给出如图 8.14 的成本曲线。

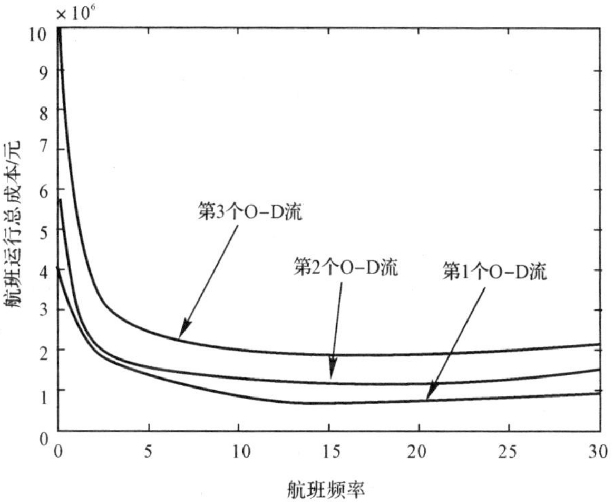

图 8.14　各 O－D 流的成本曲线

可见它们确实存在最小点，成本最小点频率与利润最大点频率相同。另外还可以看出，在极值点附近曲线比较平坦，因此利润和成本对优化的频率不敏感，反映出较好的鲁棒性。

4. 旅客总人数

$$N_p = \sum_{i=1}^{m} \frac{D_i N_{ip}^{\beta}}{\sum_{j=1}^{o} N_{ij}^{\beta}} = \sum_{i=1}^{m} \frac{D_i N_{ip}^{\beta}}{N_{ip}^{\beta} + b_i} \tag{8.27}$$

该函数没有极值点，但存在一个拐点

$$N_{ip} = \sqrt[\beta]{b_i \frac{\beta - 1}{\beta + 1}} \tag{8.28}$$

频率小于该拐点时，旅客人数随频率增加而增加较快，当频率大于该拐点频率时，旅客人数随频率增加而增加较慢，是“反 S 型”曲线，因此当频率大于拐点频率后再增加频率的获益将减少。

Teodorovic 选择的一组目标函数如下

$$\max P_p, \quad \max N_p, \quad \min Sd_p$$

但上述的分析已知旅客人数不存在最大值点，因此建议去掉该目标函数，改为如下的约束条件

$$N_p \geqslant N_p^* \tag{8.29}$$

即服务的旅客总人数 N_p 不小于期望的总人数 N_p^*。

接下来引进约束条件。Teodorovic 建议的约束条件如下。

1. 航线最大频率约束

$$N_{ip} \leqslant N_{ip}^*, \quad \forall i \in A \tag{8.30}$$

2. 盈利要求约束(收入不小于成本)

$$\frac{N_{ip}^{\beta-1}}{\sum_{j=1}^{o} N_{ij}^{\beta}} \geqslant \frac{c_i}{p_i D_i}, \quad \forall i \in B \subseteq A \tag{8.31}$$

由于有些航线是公益性的，即使亏本也要营运，对于这些航线不能强加上述约束，因此需要强加盈利约束的航线只是航线集合 A 的一个子集 B。

3. 运力保障约束

$$\sum_{i=1}^{m} N_{ip} s L_i \leqslant S_p \tag{8.32}$$

式中，L_i 是第 i 条航线的轮挡距离，S_p 是本航空公司能够提供的总运力，用座公里表示。设公司有某机型飞机 F 架，飞机座位容量为 s，巡航速度为 v，平均日利用率为 t，计划周期 T(以天为单位)内有 T_d 天，则公司可提供的总运力为

$$S_p = vtsFT_d$$

因此运力保障约束条件可以简化为

$$\sum_{i=1}^{m} L_i N_{ip} \leqslant vtFT_d \tag{8.33}$$

该模型的决策变量是本公司各航线上的航班频率 N_{ip}，同一市场上竞争的其他航空公司的航班频率假设已知。

综合上述讨论，给出 Teodorovic 的频率优化模型如下

$$\max P_p = \sum_{i=1}^{m} \left[p_i \left(\frac{D_i N_{ip}^{\beta}}{\sum_{j=1}^{m} N_{ij}^{\beta}} - SPILL_i \right) - c_i N_{ip} \right] = \sum_{i=1}^{m} \left[p_i \left(\frac{D_i N_{i1}^{\beta}}{N_{i1}^{\beta} + b_i} - SPILL_i \right) - c_i N_{i1} \right]$$

$$\begin{aligned} \min Sd_p &= \frac{T}{4} \sum_{i=1}^{m} \frac{D_i N_{ip}^{\beta-1}}{N_{ip}^{\beta} + b_i} \\ \text{s.t.} \quad & N_{ip} \leqslant N_{ip}^{*}, \quad \forall i \in A \\ & \frac{N_{ip}^{\beta-1}}{\sum_{j=1}^{o} N_{ij}^{\beta}} \geqslant \frac{c_i}{p_i D_i}, \quad \forall i \in B \subseteq A \\ & \sum_{i=1}^{m} L_i N_{ip} \leqslant vtFT_d \\ & N_{ip} \geqslant 0, \quad i \in A \end{aligned} \tag{8.34}$$

该模型共有 m 个决策变量。约束条件个数取决于 B 在 A 中航线数占多大比例，最多有 $2m+1$ 个。该模型中运力保障约束为航班频率优化问题的基本约束，频率优化问题一般还需要另一个基本约束，即需求约束

$$N_{ip} s l_i \geqslant \frac{D_i N_{ip}^{\beta}}{\sum_{j=1}^{o} N_{ij}^{\beta}}$$

其他两组可视为扩展约束，可根据实际需要采用或不采用。

将上述模型的第 2 个约束条件和需求约束条件可以组合成如下的条件

国内排班禁止红眼航班(红眼航班指飞机起飞时间或预计到达时间超过午夜 12:00 的航班),因此,设机场的开放时间为 6:00 ～ 24:00,每天 18 h,则 $\overline{T} = 18 \times 7 = 126$ h。

假设每旅客单位计划延误时间成本 $C_d = 60$ 元 /h,从航空公司实际调研得知,订票、餐饮、行李处理、促销及管理等成本约为航空公司总运行成本的 13%,由此反推导出每位旅客的单位处理成本 $C_h = 68$ 元 / 旅客;各航线客座率均取 $l_{ak} = 0.65$。

利用 ILOG 软件对所建的航班频率模型进行求解,结果如表 8.3 所示。

从表 8.3 可以看出,10 条航线市场各机型总的航班频率为 275 班,其中 B767—300 型飞机 1 架,执行 36 班,B737—800 型飞机 2 架,执行 81 班,平均每架飞机执行 40.5 班,B737—300 型飞机 4 架,执行 158 班,平均每架飞机执行 39.5 班。也可以看出各航线市场各机型的航班频率,如 PEK—SHA 航线市场:一周共 39 班,其中 B767—300 执行 10 班,B737—800 执行 1 班,B737—300 执行 28 班,10 条航线市场中,有 3 条航线市场只有一种机型执行,分别是 PEK—SZX,PEK—HRB,PEK—CTU 航线市场。

表 8.3　航线市场各机型航班频率

班次 / 航线	周航班频率			合计
	B767 − 300	B737 − 800	B737 − 300	
PEK—SHA	10	1	28	39
PEK—CAN	1	7	30	38
PEK—KMG	1	29	7	37
PEK—HAK	16	5	19	40
PEK—SZX	0	16	0	16
PEK—HGH	0	18	5	23
PEK—HRB	0	0	19	19
PEK—CTU	0	0	28	28
PEK—CSX	8	4	0	12
PEK—ZIY	0	1	22	23
合计	36	81	158	275

根据航线市场各机型航班频率及相应的轮挡时间,计算得出 B767—300,B737—800,B737—300 的平均日利用率分别为 11.20,11.98,10.68 h/d;B767—300,B737—800 平均日利用率都接近各自的最大飞机日利用率,这表明这样航班频率安排符合公司设计要求,飞机得到充分利用,具有较好的经济性能。

8.6 航班时刻优化

在航班频率确定以后，接着确定班期，即确定各航班在一周内的分布。方法是根据旅客需求在一周内的分布(可能是定性的或者是定量的)，将航班安排在需求较大的日子，以尽可能服务更多的旅客。班期确定后，再根据航班执行当天的需求分布确定航班时刻。

一个合理的航班时刻应满足大多数旅客的出行愿望，它在航空公司客运竞争中起到相当重要的作用。同等条件下，较好的时刻能够吸引更多的旅客。

8.6.1 航班时刻的影响因素

可以从内、外两个方面来分析航班时刻的影响因素。

一、外部因素

1. 机场容量限制

航班时刻是一种有限资源，根据国家民航局规定，每一个机场都有航班总量的限制，造成了对航班时刻的限制。近年来，国内航空运输市场保持了快速发展，北京、上海、广州等繁忙机场的起降架次屡创新高，非常有限的航班时刻资源与快速增长的市场需求之间的矛盾愈显突出。

2. 航空管制限制

航班时刻也是一种公共资源，各航空公司应该在“公平、公正、公开”的原则下，科学地分配航班时刻。

《民航航班时刻管理暂行办法》明确规定了“政府管理为主，多方参与”的航班时刻管理体制。即由国家民航局制定统一的时刻管理政策，负责全国民航时刻管理工作，由国家民航局空管局、地区管理局、各航空公司、机场多方参与协调，合理分配航班时刻资源。同时，该《暂行办法》也详细规定了航班时刻的申请、协调程序以及航班时刻的退出机制等。

3. 旅客出行需求

对于旅客，航班时刻恰当，就能减少计划延误，应当在遵守时刻管制的情况下，安排尽可能满足大多数旅客出行需求的时刻，更有利于提高竞争能力，扩大航空公司的市场份额。

二、内部因素

1. 航班结构调整

根据前面航空旅客的需求特征分析，可以知道航空旅客存在明显的时空特性，即航空旅客的流量、流向会随时间动态地变化，这意味着航空公司应根据市场的变化情况，调整航班结构，包括航班频率、时刻等的调整。

2. 航班衔接的影响

航班衔接指航段之间在时空关系上的连续性。例如，一架飞机执行上海至北京的航班，16:00 到达北京，经过必要的过站准备时间（不小于最小过站时间，例如 45 min），下一个从北京出发的航班的出发时间不能早于 16:45。

8.6.2　航班时刻优化

一、航班时刻的经验确定

航班时刻的优化安排可以根据对需求的定性认识（经验），也可以根据需求的定量分布来确定。根据对需求分布的定性认识，可以按照以下步骤安排航班时刻：

(1) 根据当天的航班数，均匀安排航班。

(2) 根据对需求分布的定性认识，将航班时刻尽量移到其附近的高峰点。

(3) 根据可能获得的时槽，调整航班时刻。

如果可以获得需求的定量分布，那么可以按照下述的方法进行优化。

二、航班时刻优化模型

为了建立航班频率与时刻优化模型，做出以下假设：

(1) 旅客选择航班时会选择离自己计划乘机时间最近的航班（时刻）。

(2) 已知在一个周期内相关航线的旅客平均累计需求分布。

(3) 同一条航线的每一位旅客的单位计划延误时间成本是相同的。

(4) 航线的航班时刻最优的目标函数是要求旅客计划延误的总成本以及开设航班成本之和成本最小。

根据假设(3) 和(4)，航班时刻的优化问题就转化为旅客计划延误成本的最小化问题。

首先讨论根据旅客需求分布曲线计算旅客计划延误时间的方法。设航线 l 上的旅客在一个周期（一天或一周）不同时刻的需求密度曲线为 $q(t)$，对 $q(t)$ 积分后得到累计需求曲线 $Q(t)$，如图 8.15 所示。在图 8.15 中 $t_j(j = 1,2\cdots)$ 是航线 l 的第 j 个航班时刻，由假设(1) 可知在时刻 $(t_{j-1}+t_j)/2$ 和 $(t_j+t_{j+1})/2$ 之间计划出行的旅客将会选择 t_j 时刻的航班。设计划周期开始时刻为 t_0，$Q(t)$ 则表示 t_0 到 t 时刻之间的旅客总需求。又设 $g(t_j) = t_j - t_{j-1}$ 为时刻 t_j 的航班（以下简称 t_j 航班）与 t_{j-1} 航班之间的时间间隔，那么根据旅客计划延误时间的定义，t_j 航班的旅客计划延误 d_j 表示为图 8.15 中曲边三角形 abe 和 bdc 的面积之和，即

$$d_j = \int_{\frac{t_{j-1}+t_j}{2}}^{t_j}\left[Q(t) - Q\left(\frac{t_{j-1}+t_j}{2}\right)\right]\mathrm{d}t + \int_{t_j}^{\frac{t_j+t_{j+1}}{2}}\left[Q\left(\frac{t_j+t_{j+1}}{2}\right) - Q(t)\right]\mathrm{d}t =$$

$$\left[\int_{\frac{t_{j-1}+t_j}{2}}^{t_j} Q(t)\,\mathrm{d}t \quad Q\left(\frac{t_{j-1}+t_i}{2}\right)\frac{g(t_j)}{2}\right] + \left[Q\left(\frac{t_j+t_{j+1}}{2}\right)\frac{g(t_{j+1})}{2} - \int_{t_j}^{\frac{t_j+t_{j+1}}{2}} Q(t)\,\mathrm{d}t\right] \tag{8.45}$$

通过航班频率优化设计，已知航线 l 一个周期内共有 f 个航班，它们的出发时刻分别为 $t_1,t_2,\cdots,t_f$，这是需要优化的航班时刻。为了计算方便，再设 $t_{f+1} = T$ 是计划周期的结束时刻，是给定的常数。

根据前面的讨论，知 $g(t_j) = t_j - t_{j-1}, > 0, j = 0,1,2\cdots,f$，那么航线 l 的旅客计划总延误时间为

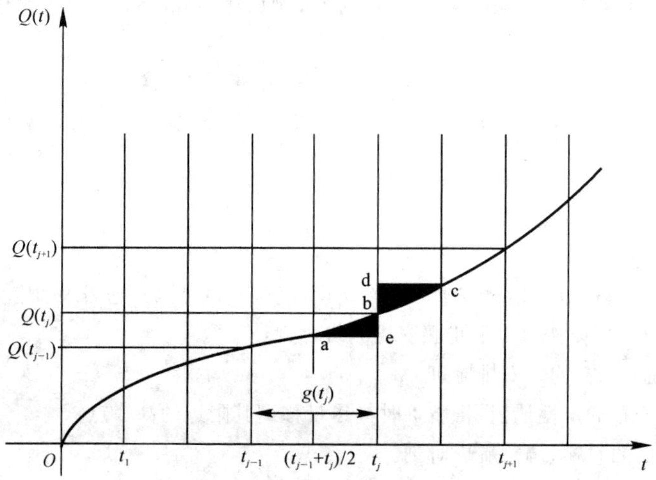

图 8.15 旅客累计需求曲线

$$D_l = d_1 + \sum_{j=2}^{f-1} d_j + d_f =$$
$$d_1 + \sum_{i=2}^{f-1}\left[\int_{\frac{t_{j-1}+t_j}{2}}^{t_j} Q(t)\mathrm{d}t - Q\left(\frac{t_{j-1}+t_j}{2}\right)\frac{g(t_j)}{2}\right] +$$
$$\left[Q\left(\frac{t_j+t_{j+1}}{2}\right)\frac{g(t_{j+1})}{2} - \int_{t_j}^{\frac{t_j+t_{j+1}}{2}} Q(t)\mathrm{d}t\right] + d_f \tag{8.46}$$

式中
$$d_1 = \int_{t_0}^{t_1} Q(t)\mathrm{d}t - Q(t_0)g(t_1) + Q(\frac{t_1+t_2}{2})\frac{g(t_2)}{2} - \int_{t_1}^{\frac{t_1+t_2}{2}} Q(t)\mathrm{d}t$$
$$d_f = \int_{\frac{t_{f-1}+t_f}{2}}^{t_f} Q(t)\mathrm{d}t - Q(\frac{t_{f-1}+t_f}{2})\frac{g(t_f)}{2} + Q(t_{f+1})g(t_{f+1}) - \int_{t_f}^{t_{f+1}} Q(t)\mathrm{d}t$$

上文讨论了旅客计划延误时间的计算方法，下面来建立航班频率与时刻最优化模型。先说明各符号的含义：

$\min s_l$：航空公司在航线 l 上每个航班允许的最小（预期）旅客数。若某个航班的预期旅客数小于 $\min s_l$，那么可以认为这个航班是非常不经济的，可以取消。$\min s_l$ 可以用低限客座率 l_c 确定 $\min s_l = sl_c$；

$\max s_l$：航空公司在航线 l 上每个航班允许的最大（预期）旅客数。若某个航班的预期旅客数大于 $\max s_l$，那么可以认为这个航班所承载的旅客数过多，旅客溢出严重，必须增开航班。在没有正确数据用于确定 $\max s_l$ 时，可以设 $\max s_l = sL_c$，即等于飞机座位数乘以高限客座率 L_c；

c_l：航线 l 上每位旅客的单位时间延误成本；

c_f：每航班运行成本；

$C1$：公司规定无最小机型盈亏平衡约束的航班序号集合，不在该集合中的航班才进行时刻优化；

$C2$：强制规定时刻的航班序号集合。

根据这些参数，得到航线 l 的航班频率与时刻最优化模型如下

$$\min z = c_l D_l + c_f f \tag{8.47}$$

$$\text{s.t.}\quad g(t_j) > 0,\quad \forall j \in \{1,2,\cdots,f+1\} \tag{8.48}$$

$$\begin{cases} Q\left(\dfrac{t_{j+1}+t_j}{2}\right) - Q\left(\dfrac{t_{j-1}+t_j}{2}\right) > \min s_l, & \forall j \in \{2,\cdots,f-1\}, j \notin C1 \\ Q\left(\dfrac{t_1+t_2}{2}\right) - Q(t_0) > \min s_l, & \text{如果}\quad 0 \notin C1 \\ Q(t_{f+1}) - Q\left(\dfrac{t_{f-1}+t_f}{2}\right) > \min s_l, & \text{如果}\quad f \notin C1 \end{cases} \tag{8.49}$$

$$\begin{cases} Q\left(\dfrac{t_{j+1}+t_j}{2}\right) - Q\left(\dfrac{t_{j-1}+t_j}{2}\right) < \max s_l, & \forall j \in \{2,\cdots,f-1\}, j \notin C1 \\ Q\left(\dfrac{t_1+t_2}{2}\right) - Q(t_0) < \max s_l, & \text{如果}\quad 0 \notin C1 \\ Q(t_{f+1}) - Q\left(\dfrac{t_{f-1}+t_f}{2}\right) < \max s_l, & \text{如果}\quad f \notin C1 \end{cases} \tag{8.50}$$

$$H(C2) = 0 \tag{8.51}$$

该模型逐条航线优化航班时刻，目标函数式(8.47)为总成本最小化，综合考虑了旅客计划延误成本和航班运行成本。如果航班频率已经确定，上述模型中的 f 是常数，$c_f f$ 应当删去。当 c_f 和 $\min s_l$ 不是很大时，此模型是偏向于旅客利益的。特别是当目标函数不考虑航班运行成本时(即 $c_f = 0$)，由于旅客计划延误时间随航班频率 f 增加而减小，将得到最优频率 $f^* = floor(Q/\min s_l)$，其中 $floor(x)$ 表示不超过 x 的最大整数。因为此模型会鼓励航空公司执行较高的航班频率，从而减少旅客计划延误成本，这样可能使航空公司尽量利用小机型飞机执飞。实际操作中，决策者可以将两个小机型航班合并成一个大机型航班。

约束条件式(8.48)既规定了后续航班的时刻必须晚于先前航班的时刻，又使得首航班和末航班的时刻不越界。式(8.49)为“每航班最小旅客数”约束，式(8.50)为“每航班最大旅客数”约束，注意到每个航班的期望旅客数是根据假设(1)计算的，另外首航班和末航班与中间时段航班的约束表达形式略有不同，这里 $f \geqslant 1$。式(8.51)为强制规定某些航班时刻的约束条件。

如果同时需要优化航班频率，则由于一条航线满足以上约束条件的可行航班频率不会很多，所以可以用穷举法求解，通过比较各目标函数值，选取最优解。

首先来确定航班频率的取值范围，设航线 l 的旅客总需求人数为 Q，那么 $Q = Q(T) - Q(t_0)$，则根据抽屉原理，需要列举的航班频率 f 必然满足 $\dfrac{Q}{\max s_l} \leqslant f \leqslant \dfrac{Q}{\min s_l}$，并且 f 为正整数，否则航线 l 中至少有一个航班不满足约束式(8.49)或式(8.50)。所以对任意航线 l，只要在 $\left[\dfrac{Q}{\max s_l}, \dfrac{Q}{\min s_l}\right]$ 范围内列举整数 f 即可获得所有可行航班频率。

由于制订航班时刻是一个复杂的决策过程，不能完全依赖于模型求解的结果。模型的求解结果只能供决策者参考，决策者应当凭借自身经验和对航空市场的认识对其进行修正。例如发现某时间段内时刻不够用时，则可以在该时间段内，将相邻的 2 个航班合并为 1 个航班，合并后的航班应尽可能不产生旅客溢出。

三、航班时刻优化算例分析

例 8.5 某航空公司已经确立了公司本季度的航线，现要优化航班时刻。计划周期为一天，不考虑红眼航班，即一天的时刻区间为[6:00,24:00]。为了计算方便，将实际时刻区间转化为实数区间[0,18]，即开始时刻 $t_0=0$ 代表 6:00，结束时刻 $T=18$ 代表 24:00。并且假设各种机型的轮挡速度相同。航线参数如表 8.4 所示，用五次或四次多项式拟合旅客需求累计曲线。

表 8.4 例 8.5 的航线参数表

航线编号	出发地	目的地	预计飞行时间 /h	旅客一天累计需求多项式函数 $Q_i(t)$ 的系数
1	1	4	2.5	−0.0021 0.097 −1.62 11.93 2.08 0
2	4	1	2.5	−0.0035 0.15 −2.22 13.36 2.51 0
3	2	4	1.5	−0.0032 0.15 −2.41 14.80 2.92 0
4	4	2	1.5	−0.0061 0.25 −3.37 16.94 3.14 0
5	3	4	1.0	−0.0016 0.072 −1.16 7.90 1.96 0
6	4	3	1.0	−0.0014 0.064 −1.12 8.48 3.78 0
7	1	2	3.0	0.014 −0.61 7.39 2.00 0
8	2	1	3.0	0.0054 −0.27 3.78 1.84 0

注：若多项式函数 $f(x)=a_nx^n+a_{n-1}x^{n-1}+\cdots+a_1x+a_0$，则多项式函数系数依次为 $a_n,a_{n-1},\cdots,a_1,a_0$，例如航线 8 的多项式函数系数{0.005 4，−0.27，3.78，1.84，0} 表示的多项函数为 $Q_8(t)=0.005\,4t^4-0.27t^3+3.78t^2+1.84t$。

选择航线 1 进行分析，航线 1 在一天内的旅客需求累计需求曲线如图 8.16 所示。

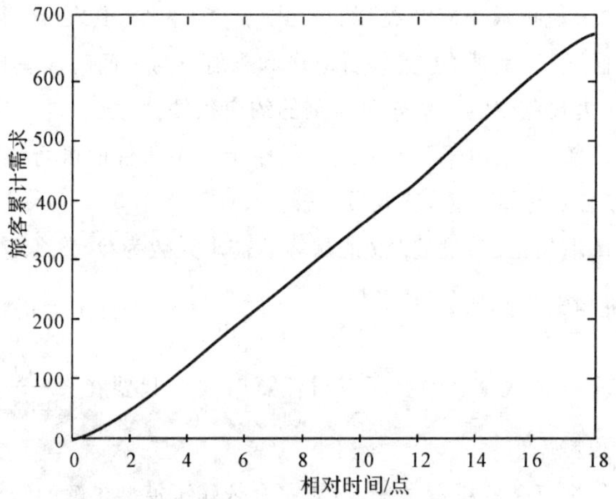

图 8.16 航线 1 的旅客累计需求函数

航线 1 的旅客总需求 $Q_1 = Q_1(T) - Q_1(t_0) \approx 670$。航空公司计划投入 B737—400 和 B757—200 两种机型，座位数 s_1, s_2 分别为 150 和 200。该航空公司最小机型的盈亏平衡载运率 $l_c = 0.7$，约束式(8.49)中的航班允许的最小期望旅客人数 $\min s_l = s_1 \times l_c = 105$ 人，航班允许的最大旅客人数 $\max s_l$ 适当放宽为 $s_2 \times L_c = 200$ 人。这样就可以得出航班频率的取值范围

$$f\min = ceil\left(\frac{Q_l}{\max\ s_l}\right) = ceil\left(\frac{670}{200}\right) = 4$$

$$f\max = floor\left(\frac{Q_l}{\min\ s_l}\right) = floor\left(\frac{670}{105}\right) = 6$$

其中 $ceil(x)$ 表示取不小于 x 的最小整数，$floor(x)$ 表示取不大于 x 的最大整数。所以对于航线 1 需要列举的航班频率 $f = \{4,5,6\}$。利用 *MATLAB* 软件中优化工具箱的“fmincon”函数(能够求解多变量有约束非线性函数的最小值的函数)，可以求得当 $f = 5$ 时，航线 1 的旅客计划总延误时间最少，为 572.76 h，优化求得的 5 个航班时刻依次为 2.71，5.94，9.37，12.73 和 15.85。

按照航线 1 计算方法，可以求得其他航线的最优航班频率和时刻，所有航线的求解结果如表 8.5 所示，其中 f^* 为最优航班频率。

将表 8.5 中的最优航班时刻加上 6 即得到实际航班时刻，从 8:21～9:00 有 5 个航班要出发，比较集中，其他时段航班密度不高。因此只要这段时间内，航班频率没有超过许可限制，优化得到的航班时刻即具有较好的可行性。

表 8.5　各航线的频率和时刻最优化结果

航线编号	$\min f$	$\max f$	f^*	旅客总延误 /h	最优时刻	运算时间 /s
1	4	6	5	572.77	2.71，5.94，9.37，12.73，15.86	15.5
2	3	5	5	458.35	2.36，5.36，9.49，12.90，15.40	5.0
3	3	4	4	512.88	2.61，6.16，12.19，15.88	3.0
4	3	5	5	522.57	2.94，10.10，12.66，14.10，15.75	4.8
5	2	3	3	496.11	3.53，8.72，14.16	1.7
6	2	3	2	569.55	4.13，10.47	1.8
7	2	3	3	355.13	2.98，6.25，9.97	1.4
8	2	2	2	453.29	4.70，10.66	0.6

8.7　机型指派问题

8.7.1　机型指派问题描述

通过前面航班频率和时刻优化，我们已经有了一个初步的航班时刻表，但这个航班时刻表中还没有为各航班指定机型。本节将讨论机型指派问题(Fleet Assignment Problem，FAP)，有时也称为机型分

配问题，即要解决这个问题。它根据不同机型具有不同的座位数、运行成本和潜在收益，指派不同的飞机类型给设计好的定期航班。飞机座位是航空公司的产品属性，如同其他产品一样，大量的存货能支持大规模销售的同时会导致浪费。而且航空公司的座位是“易腐的”，也就是说在航班离港前没有销售出去的座位就会虚耗掉。因此，理想的决策就是将“合适的座位数”以“合适的价格”提供给合适的旅客，这两者中，“合适的座位数”由机型指派确定，而“合适的价格”则由收益管理决定(见第11章)。

为建立机型指派模型，首先简单介绍机型指派问题的基本约束条件，包括一般约束条件和特殊约束条件。一般约束条件主要指航班覆盖约束、飞机流平衡约束、飞机数约束；特殊约束条件主要包括航线、机场约束，飞机利用率约束，经停、中转航班约束等。

(1) 航班覆盖约束。要求为每个航班指派一种且仅一种机型。但也有研究文献要求覆盖尽可能多的航班，使收益最大，没有被覆盖的航班意味着被取消，这在国内很少见。因为在计划阶段不会考虑取消航班，只有在天气、机械故障等不得已条件下，才考虑取消航班。

(2) 飞机流平衡约束。即在时空网络的每个机场结点，对于每一种机型，地面原有飞机数＋到达飞机数＝出发飞机数＋留下飞机数，在机型指派周期开始与结束时，各航站具有相同的机型飞机数分布。

(3) 飞机数约束。指各种机型使用的飞机架数不得超过可提供的飞机架数。

(4) 航线、机场约束。不同机型的飞机有不同的属性，如飞行高度、速度、最大航程等，不同的航线、机场对机型有一定的限制，例如远距离航线或国际航线，要求较大的机型，高原机场等气候条件复杂的机场对机型有特殊要求，等等。

(5) 飞机利用率约束。飞机是一种极其昂贵的资源，必须保证飞机具有较高的利用率，这也是降低航空公司运营成本、提高经济效益的有效措施之一。

(6) 经停、中转航班约束。在国内中转航班并不多，主要是一次经停航班，即一个航班由两个航段组成，例如广州—南京—北京，在南京经停，两个航段使用同一个航班号；经停约束就是指对一个航班号的两个航段指派同一种机型。

这些都是机型指派通常考虑的约束条件。另外，一些航线、机场对同一种机型中的不同飞机也有特殊要求，该约束在飞机排班时再考虑。

定期航班计划包括以一日为周期和以一个星期为周期两种。以一日为周期的航班计划中各航班每日重复(周末可能适当减少)，以一个星期为周期的航班计划是每隔一周航班重复执行。如果以一个星期为周期的航班计划中多数航班每天重复的话，那么也可以在以日为周期的航班机型指派结果的基础上，再进行例外处理。由于不同的航班周期，机型指派模型不同，本节将分别讨论这两种情况下的机型指派问题。

8.7.2 日航班机型指派模型

一、目标函数

在第2章中，已经介绍过航空运输规划常用的基本时空网络。因为时空网络方便在航段之间建立连接，而且航段数量远小于航段之间的可能连接，能大大减少决策变量数量，因此选择时空网络构建机型指派模型是合适的。

以日为周期的航班计划机型指派问题简称为日航班机型指派问题，一般可以设计两种目标函数：运行成本最小或使用飞机数最少。但也可以要求利润最大。

1. 运行成本目标函数

航班运行成本包括飞机飞行成本和旅客溢出成本。飞行成本以座公里成本计算，与机型和航线有关，设已知机型 j 的座公里成本 C_j，将它乘以航线 i 的长度 L_i 和机型座位数 s_j 即可得机型 j 执飞航线 i 的飞行成本 $c_{ij}^{opr} = L_i s_j C_j$。

机型 j 执飞航线 i 的旅客溢出成本等于航线平均票价 p_i 乘以旅客溢出量 $SPILL_{ij}$，也即 $c_{ij}^{spill} = p_i SPILL_j$，其中航线平均票价是已知的，旅客溢出量计算方法在 8.5.4 节中作了详细介绍，请参阅式(8.21)。

设决策变量

$$x_{i,j} = \begin{cases} 1, & \text{如果航班 } i \text{ 指派给机型 } j \\ 0, & \text{航班 } i \text{ 不指派给机型 } j \end{cases}$$

那么成本最小的目标函数可以表为

$$\min z = \sum_{i \in F} \sum_{j \in K} c_{ij} x_{ij}$$

式中，F 是航班集合，K 是机型集合，c_{ij} 是将机型 j 指派给航班 i 的运行成本

$$c_{ij} = c_{ij}^{opr} + c_{ij}^{spill}$$

2. 使用飞机数目标函数

机型指派问题还需要设另一组变量 $G_{(ak),j}$，表示在机场 a 的第 k 个时间节点处，地面停有机型 j 的飞机架数。它是非负整型变量，ak 表示机场 a 的第 k 个时空节点，如果规定各机场在午夜以后都不能有航班(所谓的红眼航班)，并设机场 a 每天最后一个节点为 $k(a)$，那么使用飞机总数最少的目标函数为

$$\min z = \sum_{a \in A} \sum_{j \in K} G_{(ak(a)),j}$$

式中，A 是机场集合。要注意，使用该目标函数时，可能加剧其后飞机路线问题的不可行性。

3. 运行利润目标函数

这里航班运行利润等于航班期望收益减去航班飞行成本 c_{ij}^{opr}，机型 j 的飞机执飞航班 i 的期望收益等于 $p_i(s_j - SPILL_{ij}) = p_i s_j - p_i SPILL_{ij} = p_i s_j - c_{ij}^{spill}$，因此目标函数是

$$\max z = \sum_{i \in F} \sum_{j \in K} (p_i s_j - c_{ij}^{spill}) x_{ij} - \sum_{i \in F} \sum_{j \in K} c_{ij}^{opr} x_{ij} = \sum_{i \in F} \sum_{j \in K} p_i s_j x_{ij} - \sum_{i \in F} \sum_{j \in K} (c_{ij}^{opr} + c_{ij}^{spill}) x_{ij}$$

可见要求运行利润最大将得到与运行成本最小相同的结果。

二、约束条件

日航班机型指派问题通常含有以下约束条件。

1. 航班覆盖约束

$$\sum_{j \in K} x_{ij} = 1, \quad i \in F$$

表示每一个航班都必须指派一种机型执飞。

2. 飞机流平衡约束

$$G_{(ak),j}+\sum_{i\in F}a_{i,(ak)}x_{ij}=G_{(ak^{+}),j},\quad (ak)\in M,\quad a\in A,\quad j\in K$$

式中,M 是时空节点集合,$a_{i,(ak)}\in\{0,-1,1\}$,当航班 i 在时间 k 到达机场 a 时(也即在航班时空网络中,航班弧 i 箭头指向节点 (ak) 时)等于1,在时间 k 从机场 a 出发时(也即航班弧 i 箭尾背离节点 (ak) 时)等于 -1,否则等于0,k^{+} 表示机场 a 的 k 节点的下一个节点。上述约束条件表示在同一个机场 a 的某节点 k,地面原有飞机数加上到达飞机数,减去出发飞机数,等于该机场下一个时间节点的地面飞机数。

3. 飞机数约束

$$\sum_{a\in A}G_{(ak(a)),j}\leqslant N_j,j\in K$$

式中,N_j 是航空公司拥有的机型 j 的飞机架数。该约束条件要求到午夜宵禁后,地面某机型飞机总数不能超过航空公司拥有的飞机数。

如果要考虑已经起飞,但还未来得及降落的飞机,则上述约束条件应当改为

$$\sum_{a\in A}G_{(ak(a)),j}+\sum_{i\in F(k)}x_{ij}\leqslant N_j,\quad j\in K$$

式中,$F(k)$ 表示在时间节点 $k(a)$ 时,还没有降落的航班集合。

4. 经停航班约束

如果要求某些航班是经停的(Through),应当加入如下约束

$$x_{ij}-x_{lj}=0,\quad (i,l)\in F^{t}$$

式中,F^{t} 表示经停航班集合,其中元素是一对航段 (i,l),并规定航段 l 是航段 i 的后续航段。上述约束条件表示对于同一个经停航班的前后两个航段,应当指派同一个机型的飞机。

三、机型指派优化模型

综合上述目标函数和约束条件,如果使用运行成本最小的目标函数,可以获得日航班机型指派问题的优化模型如下

$$\begin{aligned}
\min z=&\sum_{j\in K}\sum_{i\in F}c_{ij}x_{ij}\\
\text{s.t.}\quad &\sum_{j\in K}x_{ij}=1,\quad i\in F\\
&G_{(ak),j}+\sum_{i\in F}a_{i,(ak)}x_{ij}=G_{(ak^{+}),j},\quad (ak)\in M,\quad a\in A,\quad j\in K\\
&\sum_{a\in A}G_{k(a),j}+\sum_{i\in F(k)}x_{ij}\leqslant N_j,\quad j\in K\\
&x_{ij}-x_{lj}=0,\quad (i,l)\in F^{t}\\
&x_{ij}=0,1;\quad G_{(ak),j}\in z^{+},\quad i\in F,\quad j\in K,\quad (ak)\in M,\quad a\in A
\end{aligned}\tag{8.52}$$

这是日航班机型指派的基本模型,其中 z^{+} 表示非负整数集合。基本模型尽管考虑了旅客溢出的影响,但这种旅客溢出只考虑了单航段的情况,没有考虑旅客行程(Itinerary)之间的旅客溢出和转移影响。如果某对O-D流之间可以存在多个行程,对多航段的行程一般应考虑旅客溢出成本的网络效应。有关引入旅客行程之间的旅客转移和溢出影响的机型指派模型请参阅8.9.3小节。另外基本模型没有

考虑溢出旅客的再获取影响。

基本模型抓住了机型指派问题的核心，尽管形式简单，由于节点数众多，这是个大规模的整数规划模型，求解十分困难。有关它的求解算法，见参考文献[24]～[26]。

8.7.3　周航班机型指派问题

美国的航空公司大多建立日周期航班计划，因此上述日航班机型指派模型在美国的航空公司获得了较为广泛的应用。但我国目前的定期航班计划一般以一个星期为周期，我们必须针对我国航空公司的实际情况，研究建立周航班机型指派模型。

一、周航班时空网络与伪航班

基本时空网络适用于日航班机型指派问题建模，但不能直接应用于周航班机型指派问题建模。为建立周航班机型指派模型，必须对基本时空网络的时间轴进行拓展，建立周机型指派时空网络，如图 8.17 所示。在周机型指派时空网络中，时间轴被拓展到一周，并增加一个源节点（Source）和一个汇节点（Sink）。每周的开始，飞机从源节点出发，通过出发伪航班弧与各航站连接。每周末各航站又通过到达伪航班弧与汇节点连接，从而使一个周期内各机型飞机数在各航站保持守恒。实质上，源节点和汇节点可以看成是一个节点，因为这个周期的汇节点，就是下个周期的源节点。

为方便计算，时间轴的单位用绝对时间的分钟，绝对时间与星期几有关。因为一天有 $24 \times 60 = 1\ 440$ min，所以星期三下午 16:50 离港的航班，离港时刻为 $(3-1) \times 1\ 440 + 16 \times 60 + 50 = 3\ 890$ min；又如星期五上午 10:15 到港的航班，到港时刻为 $(5-1) \times 1\ 440 + 10 \times 60 + 15 = 6\ 375$ min。

在时空网络中，航班弧表示一个实际航段，伪航班弧代表伪航班。伪航班并非实际意义上的航班，但是为了与实际航班相对应，仍然设有航班号、出发机场、出发时刻、到达机场、到达时刻、平均票价以及预计的旅客量等参数，现介绍如下：

航班号：伪航班并不是实际意义上的航班段，因此所有伪航班可以设置一个相同的虚拟航班号。

出发机场：在周机型指派时空网络中，伪航班有两类，相应地出发机场也有两类：第一类是出发伪航班，出发机场为源节点，即 Source 节点；第二类是到达伪航班，出发机场为周期结束时航班应到达的基地机场。在如图 8.17 所示中，画出了两条出发伪航班弧和两条到达伪航班弧。

到达机场：与伪航班的出发机场相似，伪航班的到达机场也有两类：对于出发伪航班，到达机场为各航班出发的基地机场；对于到达伪航班，到达机场为汇节点，即 Sink 节点。

出发时刻：对于出发伪航班，其出发时刻为与之相连接机场的始发航班的出发时间减去必要过站准备时间；对于到达伪航班，因为不存在轮挡时间，因此，其出发时刻等于到达时刻。

到达时刻：对于到达伪航班，其到达时刻为周期末完成最后一个航班任务后的到达时刻；对于出发伪航班，其到达时刻与出发时刻相同。

如图 8.17 所示，假如出发伪航班是从 Source 节点到航站 A，在航站 A，某一始发航班的出发时刻为 8:00(480 min)，最小过站时间为 50 min，则该出发伪航班的出发时刻应为 430 min，到达时刻也为 430 min。在航站 B，周期末最后一个到达航班为星期天晚上 10:50(相应时间为 10 010 min)，由此得到一个从航站 B 到汇节点的到达伪航班,该到达伪航班的出发时刻、到达时刻都为 10 010 min。

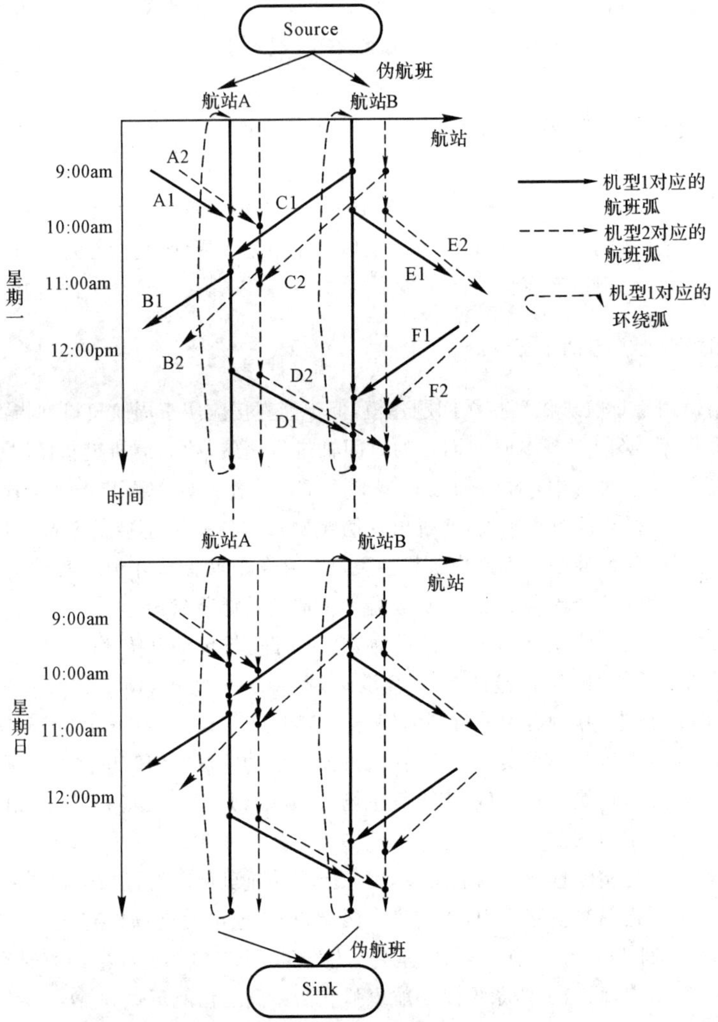

图 8.17　周机型指派问题时空网络图

平均票价及预计旅客量:不管是出发伪航班还是到达伪航班,不存在旅客运送,所以平均票价及预计旅客量都为 0。

从伪航班指派结果可以得出计划周期初始(结束)时刻各机型在各基地机场的具体分布情况。例如,某个出发伪航班从源节点到基地机场 A,指派机型 k1 给该伪航班,则表示从周期初始时刻开始,有一架 k1 型飞机在机场 A。通过对伪航班指派机型的统计,可以得到各机型在各航站的具体分布情况。

为更清楚说明伪航班,再看下面两个伪航班:

1：< Num：n0，depA：Source，depT：425，arrA：B，arrT：425，pax：0，price：0 >

2：< Num：n0，depA：A，depT：10 070，arrA：Sink，arrT：10 070，pax：0，price：0 >

伪航班 1 为出发伪航班，航班号(Num)：n0，出发机场(depA)：Source，出发时刻(depT) 和到达时刻(arrT)：425 min，到达机场(arrA)：B，预计旅客量(pax)：0，平均票价(price)：0；如果指派机型 k3 给该伪航班，则说明周期初机场 B 有一架 k3 型飞机。

伪航班 2 为到达伪航班，航班号(Num)：n0，出发机场(depA)：A，到达机场(arrA)：Sink，出发时刻(depT) 和到达时刻(arrT)：10 070 min，预计旅客量(pax)：0，平均票价(price)：0。如果指派机型 k2 给该伪航班，则说明周期末有一架 k2 型飞机停场在机场 A。

二、机型指派模型

下面针对国内航线网络及航班计划特点，建立以一个星期为周期的机型指派 0—1 整数规划模型。将时空网络扩展为周机型指派时空网络，如图 8.17 所示，设周机型指派时空网络为 $G(N^k,A^k)$，节点 N^k 表示机场与时间轴的二维时空点集合，弧 A^k 表示航段集合；模型符号和参数具体说明如下：

K：表示机型集合，$k \in K$。

n_k：表示机型 k 的飞机架次。

s_k：表示机型 k 的座位数。

t_k：表示机型 k 的最小过站时间。

U_k：表示机型 k 的最大日利用率。

S：表示航站集合，$s \in S$。

S^k：表示机型 k 能飞的航站集合，有 $S^k \subseteq S$。

F：表示实际航段集合，一个航班段($i \in F$) 包含的信息有出发时间($i.depT$) 和到达时间($i.arrT$)、出发航站($i.depA$) 和到达航站($i.arrA$)，预计旅客量($i.pax$) 和平均票价($i.price$) 等。

F^k：表示机型 k 能飞的航段集合，有 $F^k \subseteq F$。

K^i：表示能飞航段 $i(i \in F)$ 的机型集合，有 $K^i \subseteq K$。

O：表示经停航班集合，$O \subset F$。针对目前国内航班的实际情况，只考虑一次经停，用 o 表示一个经停航班，$o \in O$，它包含两个航段 $o_1 \in o, o_2 \in o$。

F^-：表示与源节点 Source 连接的伪出发航班集。

F^+：表示与汇节点 Sink 连接的伪到达航班集。

p_{ik}：表示机型 k 执行航节 i 的收益，它是航班 i 旅客量($i.pax$)、平均票价($i.price$) 以及机型 k 座位数(s_k) 的函数。当航班 i 的旅客量大于机型 k 的座位数时，表示有旅客溢出，则机型 k 执行航段 i 的收益为机型 k 座位数与航班段 i 平均票价的乘积，即 $p_{ik} = s_k \times i.price$；当航班 i 的旅客量小于等于机型 k 的座位数时，没有旅客溢出，则机型 k 执行航班 i 的收益为航班 i 旅客量与航班 i 平均票价的乘积，即 $p_{ik} = i.pax \times i.price$。

C_{ik}：表示机型 k 执行航班 i 的总成本：$C_{ik} = OC_{ik} + SC_{ik}$。

OC_{ik}：表示机型 k 执行航班 i 的运行成本，有 $OC_{ik} = a_k + b_k t_i s_k$，其中，$a_k$，$b_k$ 分别为机型 k 的固定成本和可变成本系数，t_i 为航节 i 的轮挡时间，即 $i.arrT - i.depT$。

SC_{ik}：表示机型 k 执行航班 i 的旅客溢出成本，它也是航班 i 旅客量（$i.pax$）、平均票价（$i.price$）以及机型 k 座位数（s_k）的函数。当航班段 i 的旅客量小于等于机型 k 的座位数时，没有旅客溢出，则机型 k 执行航班段 i 的旅客溢出成本为 0，即 $SC_{ik}=0$；当航班段 i 的旅客量大于机型 k 的座位数时，有旅客溢出，则机型 k 执行航班段 i 的旅客溢出成本为旅客溢出量与航班段 i 平均票价的乘积，即 $SC_{ik}=(i.pax-s_k)\times i.price$。

x_{ik}：表示决策变量，当指派机型 k 给航班段 i 时取值 1，否则为 0。

根据上述参数及变量描述，以利润最大化为目标函数建立周机型指派模型如下：

$$\max z=\sum_{i\in F^k}\sum_{k\in K}p_{ik}x_{ik}-\sum_{i\in F}\sum_{k\in K}c_{ik}x_{ik} \tag{8.53}$$

$$\text{s.t.}\quad \sum_{k\in K^i}x_{ik}=1,\quad \forall i\in F \tag{8.54}$$

$$\sum_{i\in F^-}x_{ik}-\sum_{i\in F^+}x_{ik}=0,\quad \forall k\in K \tag{8.55}$$

$$\sum_{i\in F^-}x_{ik}\leqslant n_k,\quad \sum_{i\in F^+}x_{ik}\leqslant n_k,\quad \forall k\in K \tag{8.56}$$

$$\sum_{i\in G}x_{ik}-\sum_{i\in H}x_{ik}\geqslant x_{jk},\quad \forall k\in K,\quad j\in F^k\cup F^+ \tag{8.57}$$

$$\sum_{i\in F^k}T_i x_{ik}\leqslant 7U_k n_k,\quad \forall k\in K \tag{8.58}$$

$$\sum_{k\in K^i}s_k x_{ik}\geqslant i.pax\times(1-i.spill),\quad \forall i\in F \tag{8.59}$$

$$\sum_{o_1\in o}x_{o_1,k}-\sum_{o_2\in o}x_{o_2,k}=0,\quad \forall k\in K,\quad o\in O \tag{8.60}$$

式中，集合 $G=\{i\mid i.arrA=j.depA\&i.arrT+t_k\leqslant j.depT,\forall i,j\in F^k,\forall k\in K\}$，对于将要从某机场出发的航班 j，它是在该机场航班 j 可以衔接的到达航班的集合；集合 $H=\{i\mid i.depA=j.depA\&i.depT\leqslant j.depT\&i\neq j,\forall i,j\in F^k,\forall k\in K\}$，它是在航班 j 前从该机场出发的航班的集合。它们都是使用同一种机型的航班。

式(8.53) 为利润最大化目标函数，即总收益减去总成本，式(8.54) 为航班覆盖约束，要求每个航段指派一种且仅一种机型，式(8.55) 为飞机守恒约束，要求周期结束时各机型在各机场飞机数分布与周期开始时一样，式(8.56) 为机队规模约束，即飞机架次限制，式(8.57) 表示飞机可用性约束，即如果 $x_{jk}=1$，则保证在航段 j 离港时至少有一架 k 机型飞机在机场待命，式(8.58) 为飞机利用率约束，式(8.59) 为飞机的座位数约束，即如果航班段 i 的旅客量 $i.pax=100$，最大旅客溢出率 $i.spill=0.1$，则要求指派给航班段 i 的机型座位数 $s_k\geqslant 90$，式(8.60) 表示经停航班约束，即要求一次经停航班的两个航段指派相同机型。

三、机型指派算例分析

例 8.6　国内某航空公司有 50 架干线飞机，其中有两架飞机规定只执行某两条航线。因此，本算例只考虑 48 架飞机，按飞机座位数多少分为 5 种机型，各机型属性如表 8.6 所示。为了满足机型与航班之间的匹配，要求分别对航段和机型进行分类。根据航线距离对航段进行分类：航线距离大于等于 2 000 km 的为长距离航段，小于等于 600 km 的为短距离航段，航线距离介于 600 ～ 2 000 km 之间的为中距离航段。根据飞机的最大航程对机型进行分类：最大航程超过 8 000 km 的为长距离机型，最大航程小于等于 3 500 km 的为短距离机型，最大航程介于 3 500 ～ 8 000 km 之间的为中距离机型。规定长距离的航段必须指派长距离的机型，中距离的航段可以指派长、中距离的机型，短距离的航段可以指派长、中、短距离的机型。由于这 48 架飞机均为干线飞机，因此，只有长距离和中距离的机型，没有短距离的机型。机型成本数据由各机型实际总运行成本估算得出。

表 8.6　各机型数据表

机型	架数/架	类型	座位数/座	过站时间/min	固定成本/元	可变成本系数	飞机最大日利用率 /min
M1	4	long	248	50	40 000	4	720
M2	6	long	184	40	32 500	3	720
M3	13	long	164	40	30 000	3	690
M4	24	long	148	40	22 500	2	690
M5	1	medium	121	40	20 000	2	690

该航空公司航班网络覆盖 54 个机场，一个星期有 1 786 个航班，其中包括 544 个一次经停航班。各航班出发时刻、到达时刻和出发机场、到达机场由该航空公司航班时刻表读取（见附表 1）。各航段最大旅客溢出量均取 $i.spill = 0.1$，航班旅客量由预估得出，平均票价由航线市场年总收入除以实际运输旅客量计算得到。

这是一个实际例子，为便于比较，首先计算本实例的航空公司手工机型指派方案获得的利润。根据机型成本数据及各航段轮挡时间、平均票价等信息，计算得到手工机型指派利润为 82 830 776 元。

编写 OPL（Optimization Programming Language）程序，用 ILOG/CPLEX 进行计算，运行结果如表 8.7、表 8.8、表 8.9 所示。

表 8.7　周机型指派运行结果

变量 / 个	约束 / 个	求解时间 /s	最优目标值 / 元	利润增加比例
17 990	15 094	154.59	84 422 052	1.92%

表 8.8　各机型指派航班段比较表

项目 \ 机型		M1	M2	M3	M4	M5	合计
手工指派方案	航段数 / 个	112	250	472	910	42	1 786
	飞机平均日利用率 /h	11.02	10.54	10.65	9.85	9.5	
优化指派结果	航段数 / 个	112	241	426	965	42	1 786
	飞机平均日利用率 /h	11.02	10.38	9.36	10.58	9.5	

表 8.9 各航站各机型飞机分布表

航站＼机型	M1	M2	M3	M4	M5	合计
A1	3	0	5	7	0	15
A2	1	4	3	6	1	15
A5	0	0	0	1	0	1
A6	0	0	0	1	0	1
A7	0	1	1	1	0	3
A9	0	0	1	0	0	1
A10	0	1	0	0	0	1
A11	0	0	2	0	0	2
A14	0	0	1	0	0	1
A19	0	0	0	1	0	1
A21	0	0	0	1	0	1
A25	0	0	0	1	0	1
A31	0	0	0	1	0	1
A34	0	0	0	1	0	1
A35	0	0	0	1	0	1
A39	0	0	0	2	0	2
合计	4	6	13	24	1	48

从表 8.7 可以看出，实例共包含 15 094 个约束，17 990 个变量，最优目标值 84 422 052 元，比航空公司实际机型指派的结果要多出 1 591 276 元，利润增加了 1.92%，依此推算，一年的利润增加量超过 8 000 万元。运行时间为 154.59 s(2×CPU:1.73G，内存 512M)。

从表 8.8 可以看出，与公司实际指派结果比较，机型 M1，M5 的航段数及飞机平均日利用率没变，这是因为机型 M1 座位数远大于其他机型，用其他机型代替，会造成旅客溢出严重；机型 M5 只有一架飞机，它是中距离机型，只能指派给中、短距离航段。这里给出的指派结果和手工指派方案比较，主要的不同在机型 M3，M4 的指派，因为这两种机型座位数相差不大，但经济性不同。机型 M3 比实际少执行了 46 个航班，飞机平均日利用率也由 10.65 h 下降到 9.36 h，而机型 M4 比实际多执行了 55 个航班，飞机平均日利用率也由 9.85 h 上升到 10.58 h；这说明机型 M4 具有更好的经济性。

表 8.9 列出了各机场各机型飞机的分布，机场 A1，A2 是该航空公司的两个主要基地，其中机场 A1 停放 3 架 M1，5 架 M3，7 架 M4 型飞机，共 15 架，机场 A2 也停放 15 架飞机，包括 1 架 M1，4 架 M2，3 架 M3，6 架 M4，1 架 M5 型飞机。这两个主要基地总共停放 30 架飞机，占飞机总数的 62.5%。

8.7.4 同质性周机型指派

同质性是指周机型指派中，同一航班号不同班期的航班是否指派相同的机型。如果同一航班号所有不同班期航班指派同一种机型，则称该航班号的航班具有同质性。否则，称该航班号的航班不具有同质性，是异质的。同质性是评价周机型指派质量的一个重要性指标，同质性越高，越有利于航空公司生产活动的组织安排，也有利于飞机指派、机组排班等问题的建模求解。

对于同一航班号的航班，定义一种主机型，例如航班 7 088 一周飞行七班，即每天一班，其中有 4 班由机型 A 执行，两班由机型 B 执行，一班由机型 C 执行，则我们定义机型 A 为航班 7 088 的主机型，机型 B、机型 C 为异质机型，具有异质机型的航班数为 3。为了描述整个航线网络航班的同质性，定义同质率、异质率的概念。同质率指具有相同机型的航班在整个网络航班中的比例，异质率则指不同机型的航班在整个网络航班中的比例，同质率 ＝ 1 － 异质率。

对每周定期航班进行机型指派时，只要求每个航段指派一种且只有一种机型，因此根据周机型指派的结果，相同航班号不同班期的航班可能指派不同的机型。例如，在例 8.6 中，航班号 7 305 每周有 7 个班次，班期为每天一班（每天早上 8:50 从 A1 出发，中午 12 点到达 A24），指派结果是该航班号的前两个班次（星期一、星期二）指派机型 M4、后五个班次（星期三至星期天）指派机型 M3，同一个航班号指派了不同的机型。根据前面主机型的概念，则该航班号的主机型为 M3，机型 M4 是该航班号的异质机型。在航空公司手工机型分配方案中，7 个班次都由机型 M3 执行，因此该手工机型分配方案的同质性要好于优化指派的结果。

一、同质性周机型指派模型

为建立同质性周机型指派模型，增加以下参数和变量，模型中的其他参数及变量与前述周机型指派模型相同。

L：表示航班号集合；

K^l：表示能执飞航班号 $l(l \in L)$ 的机型集合，有 $K^l \subseteq K$；

$l(i)$：表示航段 i 的航班号；

D_l^k：决策变量，表示航班号 l 主机型，当航班号 l 的主机型为 k 时取值 1，否则为 0；

H_i^k：决策变量，表示航段 i 指派的机型 k 与 $l(i)$ 的主机型是否同质，如果与 $l(i)$ 的主机型同质，则取值 0，否则为 1；

γ：表示同一航班号上异质机型的惩罚值，因为惩罚值 γ 不好界定，因此我们将对不同惩罚值 γ 进行计算比较。

以利润最大化为目标函数，建立基于同质性考虑的周机型指派模型如下：

$$\max z = \sum_{i \in F^A} \sum_{k \in K} (p_{ik} - c_{ik} - \gamma H_i^k) x_{ik} \tag{8.61}$$

$$\text{s.t.} \quad \sum_{k \in K^i} x_{ik} = 1, \quad \forall i \in F \tag{8.62}$$

$$\sum_{k \in K^l} D_l^k = 1, \quad \forall l \in L \tag{8.63}$$

$$x_{ik} - D_{l(i)}^k - H_i^k \leqslant 0, \quad \forall i \in F, \quad k \in K \tag{8.64}$$

$$\sum_{i \in F^-} x_{ik} - \sum_{i \in F^+} x_{ik} = 0, \quad \forall k \in K \tag{8.65}$$

$$\sum_{i \in F^-} x_{ik} \leqslant n_k, \quad \sum_{i \in F^+} x_{ik} \leqslant n_k, \quad \forall k \in K \tag{8.66}$$

$$\sum_{i\in G} x_{ik} - \sum_{i\in H} x_{ik} \geqslant x_{jk}, \quad \forall k \in K, \quad j \in F^k \cup F^+ \tag{8.67}$$

$$\sum_{i\in F^k} T_i x_{ik} \leqslant 7U_k n_k, \quad \forall k \in K \tag{8.68}$$

$$\sum_{k\in K^i} s_k x_{ik} \geqslant i.pax \times (1 - i.spill), \quad \forall i \in F \tag{8.69}$$

$$\sum_{o_1\in o} x_{o_1,k} - \sum_{o_2\in o} x_{o_2,k} = 0, \quad \forall k \in K, \quad o \in O \tag{8.70}$$

式(8.61)为利润最大化目标函数,利润等于总收益减去运行成本及惩罚成本;式(8.63)为机型同质性约束,要求每一个航班号定义一种且只有一种主机型,式(8.64)表示变量之间的逻辑关系,即当航班 i 指派的机型 k 不是该航班号 $l(i)$ 的主机型时,即说明该航班 i 的机型异质,即当变量 $x_{ik}=1$,而 $D_{l(i)}^k=0$,则一定有 $H_i^k=1$;式(8.62),式(8.65)～式(8.70)与周机型指派模型式(8.53)～式(8.60)的意义相同,在这不再赘述。

二、同质性周机型指派算例分析

例 8.7 数据与周机型指派相同,对不同的异质惩罚值 γ 进行测试计算。编写 OPL 程序,应用 ILOG/CPLEX 进行求解,计算结果见表 8.10。

表 8.10 同质性机型指派模型运行结果表

问题			约束/个	变量/个	最优目标值/元	最优误差/(%)	异质航段数	运行时间/s
周机型指派			15 094	17 990	84 422 052		497	154.59
基于同质性周机型指派	γ	0	41 069	37 235	84 422 052	0.00	497	155.73
		100			84 395 222	0.03	265	196.36
		500			84 291 522	0.15	255	215.55
		1 000			84 171 123	0.30	232	225.48
		2 000			83 963 600	0.54	182	259.52
		5 000			83 595 441	0.98	79	307.95
		10 000			83 280 739	1.35	53	350.34

注:最优误差指周机型指派与同质性周机型指派最优目标值相差的比例。

从表 8.10 可以看出,在考虑机型同质性情况下,尽管问题规模(约束、变量)明显增加,但是在惩罚值 γ 较小时,求解时间并未明显增加。当惩罚值 $\gamma=100$,机型异质航段数由 497 降为 265,机型同质性明显改善,目标函数值与不计同质性的最优目标函数值相对偏差为 0.03%,表明同质性要求带来的利润损失很少。结果还表明,如果设置很大的惩罚值,如 $\gamma=10\ 000$,优化目标函数值减少了一些,但比手工机型安排的利润值还超过了 449 963 元,相对提高了 0.54%,此时,异质航段数降到 53 个,即机型同质率达到 97.03%,接近航空公司手工机型指派的同质率。

如图 8.18 所示中也可以看出,当不考虑同质性,即取 $\gamma=0$ 时,机型同质率为 72.17%,从利润的角度看,为最优机型指派。机型同质性以利润损失为代价,同质性越高,利润损失越大。

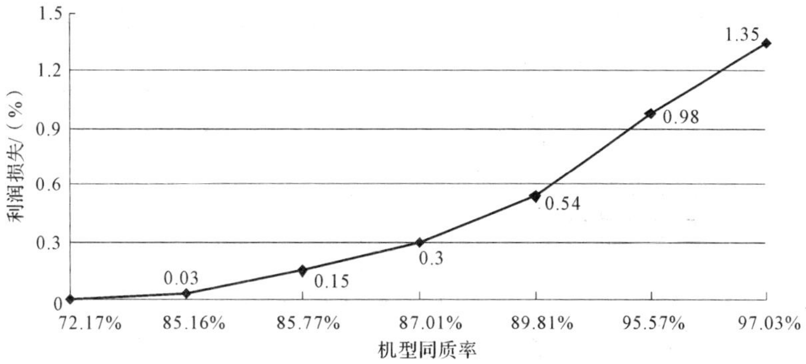

图 8.18　异质航段数与利润损失关系图

表 8.11 对不同情况下各机型执行的航段数及飞机平均日利用率进行了比较，从表 8.11 可以看出：当 $\gamma = 100$ 时，各机型所执行的航段数没有变，但是机型 M3，M4 的飞机平均日利用率略有变化；当 $\gamma = 10\,000$ 时，机型 M3 航段数增加、而机型 M4 航段数减少，相应地，飞机平均日利用率也发生变化，这是因为，随着机型异质惩罚值 γ 的增大，异质机型航段数减少，机型同质率提高，飞机平均日利用率趋于均衡。

表 8.11　不同情况下各机型航段数及飞机平均日利用率比较表

项目＼机型		*M*1	*M*2	*M*3	*M*4	*M*5	合计
周机型指派结果	航段数	112	241	426	965	42	1 786
	飞机平均日利用率 /h	11.02	10.38	9.36	10.58	9.5	
$\gamma = 100$ 时指派结果	航段数	112	241	426	965	42	1 786
	飞机平均日利用率 /h	11.02	10.38	9.39	10.56	9.5	
$\gamma = 10\,000$ 指派结果	航段数	112	241	444	947	42	1 786
	飞机平均日利用率 /h	11.02	10.14	9.77	10.42	9.5	

8.8　飞机排班优化

8.8.1　飞机排班问题

飞机排班是根据航班时刻表(包括航线、时刻、班次、班期、机型)、飞机维修计划以及每一架飞机的技术状况，为每一架飞机安排一连串需执行的航班，即飞机路线。由于每架飞机赋有唯一的机尾号，因此飞机排班有时候也称为机尾号指派(Tail Number Assignment，TNA)问题，如图8.19所示。

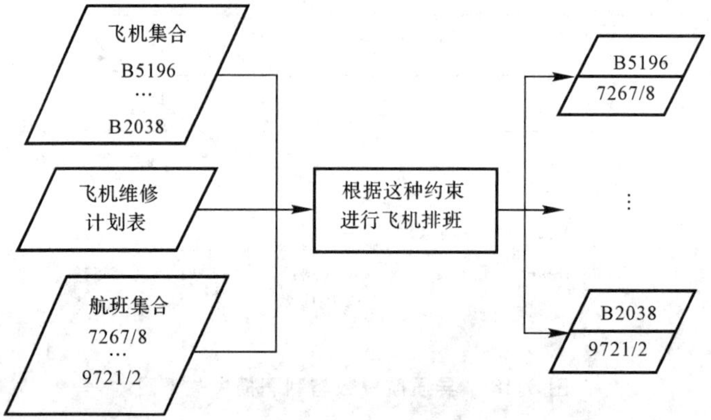

图8.19 飞机排班示意图

从图8.19中可以看出，飞机排班要求已知各机型的飞机集合、各机型执行的航班集合以及飞机维修计划。其中，航班和飞机是排班的主体，维修计划是排班的依据或者约束。

飞机排班是航空公司飞机管理工作中一个重要内容，合理的飞机排班不仅有利于航班的安全、正点运行，而且还能提高飞机的利用率，方便飞行运营和机务维修工作的组织实施，并能有效地降低运营及维护成本。在我国，各航空公司的飞机排班工作一般由机务工程部负责。

飞机排班通常分成两个子问题解决，即飞机路线问题和飞机指派问题。飞机路线问题在航空公司的实际操作中叫做航班联线，即将一个个航段连接成航班串(环)，联线工作由航班计划人员负责完成。飞机指派由机务工程部或运控中心完成，他们将某机尾号的飞机指派给航班联线。

从20世纪80年代开始，欧美的大型航空公司就开始采用飞机排班管理系统来完成飞机排班工作。在我国，从2001年开始，各大航空公司也开始引进飞机排班管理系统(如SABRE系统)，但是，要充分发挥该系统的作用，必须弄懂飞机排班的基本方法和技术。

飞机排班应遵循以下一些基本原则

1.与飞机维修计划相协调的原则

在第6章中，详细讨论了飞机维修计划问题，为保障安全运行，飞机排班应当严格遵守维修计划。

2.遵守航线运营限制的原则

不同航线对允许运营的机型，甚至具体的机载设备配置都有详尽的要求，这些要求分别写入了航空公司的运行规范和手册中，并得到管理当局的批准。因此，在进行飞机排班时，每一架飞机都必须满足执飞航线的运营限制，这是保障合法安全运营的需要。

3.符合航班计划的原则

航班计划确定了公司运行的航班时刻表，包括各航班的航班号、执行机型、班次、班期、起飞和到达时间、起飞和到达航站以及航班执行的时间段(例如从8月15日至10月15日)，如表8.12所示。这就要求分配给每个航班的飞机应与该航班的机型属性一致，且指派给同一架飞机的前后两个航班应符合过站衔接要求。

表 8.12　航班时刻表(简表)*

机型	航班号	班期							出发机场	出发时刻	到达时刻	到达机场	出发时刻	到达时刻	到达机场
		1	2	3	4	5	6	7							
B738	7267								A1	0830	1020	A3	1100	1200	A5
B738	7268								A5	1240	1350	A3	1430	1620	A1
A320	7323								A2	1700	1905	A4			
A320	7324								A4	1945	2210	A2			
…	…								…	…	…	…	…	…	…

* 出发时刻、到达时刻为四位数,其中前两位表示时钟(h),后两位表示分钟。

4. 唯一性原则

唯一性包括两层含义:每个航班必须且仅能安排一架飞机执行,每架飞机在同一时间最多只能执行一个航班任务。

5. 均衡使用原则

每架飞机每天的平均飞行时间和起落架次应尽可能均衡。

8.8.2　飞机路线问题

飞机路线问题非常复杂,困难主要在于:一是飞机路线应当严格遵守维修计划要求;二是由航班集生成的飞机路线(航班串)数量众多。因此飞机路线问题是超大规模问题,求解困难。

有时飞机路线问题还用来检查航班时刻表的协调性,如果在机型指派结果的基础上,飞机路线问题没有可行解,则原航班时刻表是不协调的,需要重新调整。

一、航班串选择模型

飞机线路问题要求生成飞机连续执行且始发机场和终止机场相同(基地)的航班串。航班串指由若干个相继航班组成的航班任务序列,也就是若干个满足时空衔接关系的航班组成的航班任务串。在空间上,后一个航班的出发机场与前一个航班的到达机场相同,在时间上,前后两个航班的衔接时间满足最小过站时间(飞机 MCT)要求,也即后一航班的出发时刻在前一航班的到达时刻之后,并且时间间隔大于最小过站时间。航班环是一种特殊的航班串,其起点机场和终点机场相同。

在构建航班串(环)时,可分为单维修基地航班串(环)和多维修基地航班串(环)。单维修基地航班串(环)是指航班串(环)从基地机场出发,最后回到该基地机场,即航班串(环)的始发机场和最后到达机场为同一基地机场;多维修基地航班串(环)仅要求航班串(环)从基地机场始发,最后回到任一基地机场,并不要求回到其始发基地机场。

飞机路线问题只考虑飞机的 A 检,根据飞机的日利用率将飞机 A 检的时间间隔折合成天数,例如某飞机每飞行 40 h 执行一次 A 检,日利用率是 12 h,则折合成每隔 3 天执行一次 A 检。这就要求该飞机每三天至少有一次到维修基地机场过夜，以便执行 A 检，把它叫做三天维修规则。

针对国内航空公司的航线网络和航班计划的特点，综合考虑航班衔接与飞机维修问题，下面以构建满足"三天维修规则"要求的单维修基地航班环(串)为例，说明飞机路线问题的建模方法。

现将飞机路线问题的优化模型的参数和变量说明如下：

K：表示机型集合，$k \in K$ 是任一机型；

L^k：机型 k 一周执行的从维修基地出发且满足"三天维修规则"的航班串集合，用 n 表示航班串总数；

F^k：机型 k 一周执行的航班集合，用 m 表示航班总数；

p_l^k：机型 k 一周中第 l 天可用的飞机数量；

c_j：航班串 j 的维修机会，即在基地机场过夜的次数；

b_{lj}：示性算子，当航班串 j 包含第 l 天时 $b_{lj} = 1$，否则 $= 0$；

a_{ij}：示性算子，当航班串 j 包含航班 i 时 $a_{ij} = 1$，否则 $= 0$；

x_j：0—1 型决策变量，航班串 j 被选中时 $= 1$，否则 $= 0$。

应用上述参数和变量，机型 k 的飞机路线优化模型如下：

$$\max z = \sum_{j \in L^k} c_j x_j \tag{8.71}$$

$$\text{s.t.} \quad \sum_{j \in L^k} a_{ij} x_j = 1, \quad i \in F^k \tag{8.72}$$

$$\sum_{j \in L^k} b_{lj} x_j \leqslant p_l^k, \quad l = 1,2,\cdots,7 \tag{8.73}$$

$$x_j = 0,1, \quad j \in L^k \tag{8.74}$$

上述模型中，式(8.71)是目标函数，要求飞机维修机会最大化。约束条件式(8.72)是航班覆盖约束，规定每个航班只能由一个航班环覆盖，共有 m 个约束条件；约束条件式(8.73)是飞机数量的约束，规定执行航班环每天所需飞机架数不得超过此机型当天可用的飞机数，共有 7 个约束条件。对于拥有多种机型的航空公司，可以运用模型式(8.71) ～ 式(8.74)分别优化各种机型的飞机路线。

上述飞机路线问题的数学模型的约束条件并不多，基本上等于航班数，但变量众多，是大规模的 0—1 型规划问题。

二、列生成算法

列生成算法用于求解大规模线性规划问题比较有效，特别适合于求解变量数目众多，约束条件不多的问题。在第 2 章中已经详细介绍了该算法，并给出了计算实例。下面讨论该算法在飞机路线问题中的应用。

1. 限制主问题模型

放松模型中的 0—1 型整数约束式(8.74)，得到的松弛线性规划问题(LP)，即列生成算法的主问题(MP)。选择可行航班串集合 L 的子集 L_p 构成航班串模型的限制主问题(RMP)：

$$\max z = \sum_{j \in L_p} c_j x_j \tag{8.75}$$

$$\text{s.t.} \quad \sum_{j \in L_p} a_{ij} x_j = 1, \quad i \in F \tag{8.76}$$

$$\sum_{j\in L_p} b_{lj}x_j \leqslant p_l,\quad l=1,2,\cdots,7 \tag{8.77}$$

$$x_j \geqslant 0,\quad j \in L_p \tag{8.78}$$

2. 子问题模型

在飞机路线问题中，限制主问题(RMP) 中的每一列对应一个航班串 j，它的减缩价格由下式计算

$$RPL_j = c_j - \sum_{i=1}^{m}\pi_i a_{ij} + \sum_{l=1}^{7}\tau_l b_{lj} \tag{8.79}$$

式中，π_i 表示 RMP 的第 i 个航班覆盖约束条件式(8.76) 对应的对偶变量值，τ_l 表示 RMP 的第 l 天的飞机数量约束条件式(8.77) 对应的对偶变量值。

由于 $c_j = \sum_{l=1}^{7} d_l b_{lj}$，$a_{ij} = \sum_{l=1}^{7}\delta_{il}b_{lj}$，式中 d_l 是某航班串在第 l 天的维修次数，等于 1 或 0；$\delta_{il}=0,1$，当第 l 天的航班串含有航班 i 时等于 1，否则等于 0，所以式(8.79) 可以表达成

$$RPL_j = \sum_{l=1}^{7} d_l b_{lj} - \sum_{i=1}^{m}\pi_i\sum_{l=1}^{7}\delta_{il}b_{lj} + \sum_{l=1}^{7}\tau_l b_{lj} = \sum_{l=1}^{7}\left(d_l + \tau_l - \sum_{i=1}^{m}\pi_i\delta_{il}\right)b_{lj} \tag{8.80}$$

由此，可以构造一个周航班时空网络，该网络的时间轴含有 7 d，网络的边表示一天的航班串，节点表示航班串的起始时间和机场，或终止时间和机场，边的权等于 $d_l+\tau_l-\sum_{i=1}^{m}\pi_i\delta_{il}$。这样，子问题的最优解是该网络的最长路线。

子问题(SP) 网络的一个实例如图 8.20 所示，该网络有 3 个机场 A，B 和 C，其中 A 是基地机场。

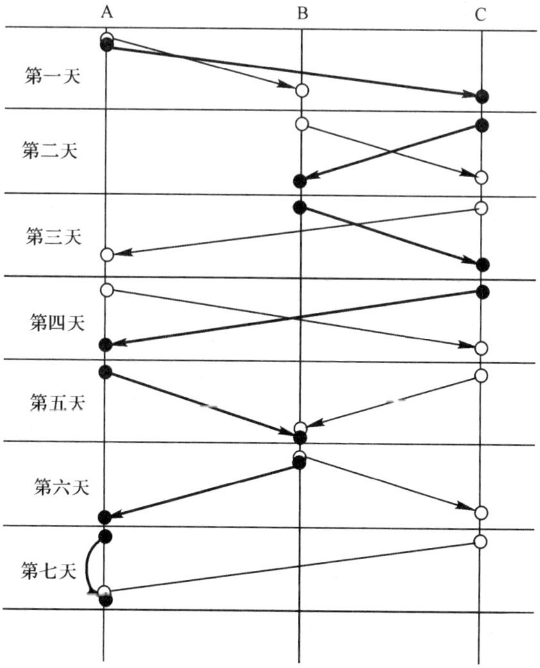

图 8.20　子问题网络

由于飞机路线限制主问题(RMP)目标函数要求最大,因此,如果子问题(SP)最优解的目标函数大于零,则最优航班环应加入到限制主问题中。如果子问题最优目标函数值不大于零,则已得原问题最优解。

8.8.3 飞机指派问题

飞机指派是指在生成航班串的基础上,指派具体的飞机(标识为飞机机尾号)给某航班串,因此飞机指派也叫机尾号指派。

飞机指派的主要约束可以分为两类:第一类是刚性约束;另一类为柔性约束。

刚性约束:即指飞机指派的一些特殊限制条件,某些航线对飞机、机组有特殊的要求。例如,要求完成了动力系统和氧气系统特殊改造的飞机才能执行高原航线(如拉萨航线);又如,有些航线禁止外籍飞行员执行航班。

柔性约束:指均衡性一类的约束。每架飞机一定周期(如天或周)内的平均飞行时间和起落架次应尽可能均衡。通常一架飞机每天的飞行时间大概在 8～12 h之间,起落架次在 4～6 次(一次起飞及一次降落记为一个起落架次),长距离的国际航线,由于一次飞行时间长,因此,一天的起落架次可能为 1～2 次。

8.8.4 飞机排班算例分析

例 8.8 国内某航空公司 B737 机型飞机一周需执行 100 个航班(16 个航班号),5 个机场之间的飞行任务,如表 8.13 所示:已知每个航班的起飞、到达机场,出发、到达时间。该机型飞机最小过站时间 $t_{\min}$ 设置为 40 min;该机型飞机的过夜机场有 A1,A2,A3,A4,其中 A1 是该公司该机型飞机的维修基地。

表 8.13 某航空公司 B737 机型一周航班计划

航班号	班期							出发机场	出发时间	到达时间	到达机场	机型
	1	2	3	4	5	6	7					
101								A1	0 725	1 255	A4	B737
102								A4	1 355	1 655	A5	B737
103								A2	0 810	1 040	A1	B737
104								A3	0 830	1 030	A2	B737
105								A5	1 800	2 100	A4	B737
106								A3	0 910	1 210	A1	B737
107								A2	1 130	1 330	A3	B737
108								A1	0 930	1 200	A2	B737
109								A4	0 950	1 520	A1	B737
110								A1	1 230	1 400	A5	B737

续 表

航班号	班期							出发机场	出发时间	到达时间	到达机场	机　型
	1	2	3	4	5	6	7					
111								A2	1 310	1 540	A1	B737
112								A3	1 430	1 730	A1	B737
113								A5	1 500	1 630	A1	B737
114								A1	1 510	1 810	A3	B737
115								A1	1 805	2 035	A2	B737
116								A1	1 810	2 110	A3	B737

应用列生成算法及MATLAB软件编写计算机程序进行求解。求得最优整数解中包含航班环14个，均为三天航班环，如表 8.14 所示，维修机会 14 个，整个求解过程运行时间为 87.26 s(CPU:P4，2.66，内存:256M)。连续三天的航班环可以横跨两周，例如航班环 11，12 横跨星期六、星期日、下个星期一；又如航班环 13，14，横跨星期日、下个星期一、星期二。

表 8.14　航班环生成结果

航班环	星期一	星期二	星期三	星期四	星期五	星期六	星期日
1	101－102－105	109－115	103－110－113				
2	108－111－116	106－114	104－107－112				
3		101	109－115	103－110－113			
4		108－111－116	106－114	112			
5			101－102－105	109－115	103－110－113		
6			108－111－116	106－114	104－107－112		
7				101	109－115	103－110－113	
8				108－111－116	106－114	112	
9					101－102－105	109－115	103－110－113
10					108－111－116	106－114	104－107－112
11	103－110－113					101	109－115
12	104－107－112					108－111－116	106－114
13	109－115	103－110－113					101－102－105
14	106－114	112					108－111－116

将航班环进行组合，并考虑飞机指派的约束条件，得到一周飞机路线，如表 8.15 所示。

表 8.15　飞机指派结果

飞机	星期一	星期二	星期三	星期四	星期五	星期六	星期日
B5 092	101－102－105	109－115	103－110－113	101	109－115	103－110－113	101－102－105
B5 093	108－111－116	106－114	104－107－112	108－111－116	106－114	112	108－111－116
B5 094	103－110－113	101	109－115	103－110－113	101－102－105	109－115	103－110－113
B5 095	104－107－112	108－111－116	106－114	112	108－111－116	106－114	104－107－112
B5 096	109－115	103－110－113	101－102－105	109－115	103－110－113	101	109－115
B5 097	106－114	112	108－111－116	106－114	104－107－112	108－111－116	106－114

这里生成的 14 个三天航班环包含了一周 100 个航班，需要 6 架飞机来执行。如果航空公司该型飞机不少于 6 架，则上述飞机排班任务已经完成。但有时问题没有那么简单，有可能由于航班衔接时间安排得过于紧凑，或航班计划不太合适，在飞机排班时才发现飞机不够用。此时必须重新调整航班时刻，然后再次进行飞机排班，直到飞机够用为止。

8.9　飞机排班一体化优化

8.9.1　飞机排班一体化设计问题描述

上一节介绍的飞机排班是在机型指派的基础上，对同一种机型的航班进行飞机排班，即先根据机型指派结果筛选出属于同一机型的航班，然后对指派给同一机型的航班构建航班环，再指派给具体的飞机。这种分步优化的方法可以简化问题，降低求解难度，但可能得不到全局最优解。本节将介绍飞机排班一体化优化问题，即同时对多种机型的航班构建航班环，并完成飞机指派工作，机型指派与飞机排班同时进行。这样的一体化优化，问题的规模大了，也更复杂了，给问题的求解带来了困难，但可以获得更大范围的最优解。

飞机排班一体化优化从以下两方面增加了问题的复杂性：首先，通常的机型指派没有考虑的一些飞机运行约束，如维修规则的约束，这里需要考虑了；其次，对多种机型同时排班，航班数量和飞机架次也大大增加了，因而大大增加了问题的规模。

飞机排班一体化优化可以改善分步优化的次优性，理由是：在分步优化时，飞机排班首先进行机型指派（即先把同一种机型执飞的航班分离出来），然后再进行飞机排班。由于机型指派没有考虑飞机的运行约束，因此将可能导致飞机排班问题不可行，此时必须对机型重新进行指派或调整航班时刻表。

8.9.2　飞机排班一体化优化模型

一、飞机排班一体化优化数学模型

首先,假定飞机排班的对象不仅仅是航班,而且包括飞机的维修和维护,把这些需要排班的对象统称为活动。

在 8.7 节和 8.8 节,分别介绍了机型指派和飞机排班的约束,下面再从飞机排班一体化优化的角度,介绍飞机排班的主要约束条件。

(1) 连接约束。它是指活动与活动之间相连接所满足的约束条件,这是飞机排班的最基本约束条件,例如航班衔接以及最小过站时间要求。

(2) 维修约束。在飞机排班时,维修约束通常只考虑过站检查及 A 检(细节见第 6 章介绍)。过站检查在过站时间内完成,A 检计划通常转换为 3 d(或 4 d) 维修规则,即飞机运行 3 d(或 4 d天) 时,必须在维修基地进行一个 A 检。

(3) 航班限制约束。它是指某些特殊航线上的航班必须由某类甚至某架飞机来执行,例如公司运行规范规定某条国际航线只能由 B767 机型来执行。也有些航线,如高原航线、跨海航线等,对飞机有特殊要求。

(4) 飞机数约束。即各种机型飞机架数的限制。

(5) 其他约束。包括飞机利用率和飞机的均衡使用约束。

以成本最小化为目标函数,建立飞机排班一体化优化数学模型,参数和变量解释如下:

K:表示飞机集合,包括各种机型的飞机,$k \in K$ 表示某机尾号的飞机;

F:表示活动集合,包括航班活动以及维修活动等,$i \in F$ 表示某项活动;

P_k:表示必须由飞机 k 执行的活动集合;

R_k:表示不能由飞机 k 执行的活动集合;

M:表示飞机运行消耗资源(如维修机会、飞行小时等) 种类的集合,$m \in M$ 表示某种被消耗的资源;

r_{im}:表示包含活动 i 的一个飞机路线,从开始至活动 i,第 m 类资源(指维修机会或飞行小时) 的消耗量;

l_m:表示第 m 类资源允许的最大消耗量;

x_{ijk}:为 0—1 型决策变量,如果活动 j 紧连着活动 i 且都由飞机 k 执行,则 $x_{ijk} = 1$,否则 $x_{ijk} = 0$;

c_{ijk}:表示活动 j 紧连着活动 i 且都由飞机 k 执行时的成本;非法连接由 $x_{ijk} = 0$ 表示,或者设置一个非常高的成本,即给 c_{ijk} 一个非常大的值。

飞机排班一体化设计的数学模型如下

$$\min z = \sum_{i \in F} \sum_{j \in F} \sum_{k \in K} c_{ijk} x_{ijk} \tag{8.81}$$

$$\text{s.t.} \quad \sum_{j \in F} x_{jik} - \sum_{j \in F} x_{ijk} = 0, \quad i \in F, \quad k \in K \tag{8.82}$$

$$\sum_{k \in K} \sum_{j \in F} x_{ijk} = 1, \quad i \in F \tag{8.83}$$

$$\sum_{j\in F} x_{ijk} = 1, \quad i \in P_k, \quad k \in K \tag{8.84}$$

$$\sum_{j\in F} x_{ijk} = 0, \quad i \in R_k, k \in K \tag{8.85}$$

$$r_{im} \leqslant l_m, \quad \forall i \in F, \quad m \in M \tag{8.86}$$

$$x_{ijk} = 0,1, \quad i,j \in F, \quad k \in K \tag{8.87}$$

上述模型中,式(8.81)为成本最小化目标函数,约束条件式(8.82)为同一架飞机两个相衔接活动之间的逻辑关系约束,约束条件式(8.83)确保每个活动被一架飞机执行一次且仅一次,约束条件式(8.84)与式(8.85)为航班限制约束,约束条件式(8.86)是一个非常复杂的约束条件,有时被称做资源约束,这里是指飞机维修约束,即是飞行小时或维修机会等资源的约束条件。

该模型可采用列生成算法求解,细节可以参阅2.5节和8.8节介绍的列生成算法或者参考文献[37]。

二、飞机排班一体化设计的约束编程模型

1.约束编程简介

约束编程(Constraint Programming,CP)是一种结合逻辑推理的通用搜索技术。根据Van Hentenryck定义,约束编程由两个部分组成:约束和编程。约束部分提供了整个约束系统的基本运行条件及推导约束系统的基本属性,如约束满意性,约束仅仅是一种知识的表达。编程部分通常以不确定的方式规定这些基本约束条件是怎样运行的,即以程序语言的方式规范约束的搜索过程。在组合优化中,搜索通常是最基本的求解技术。约束编程是在程序语言中嵌入约束条件,它由问题描述和程序构建两部分组成。问题描述即阐明一个问题而没有必要对它进行求解,程序构建即提出一种算法对问题进行求解。通过对两阶段综合,我们即能对问题的约束条件进行描述(声明),同时也能明确问题的求解过程。

约束编程是一种新的技术,它起源于约束满足问题(Constraint Satisfaction Problem,CSP),CSP是计算机科学和人工智能领域研究的核心问题之一。现实生活中的许多组合、调度优化问题都可以描述为约束满足问题。CSP问题通常由一个三元组(V,D,C)组成;V为变量集合,D为变量的域,即变量可能取值的集合,约束C描述了变量之间必须满足的关系。CSP的一个解是指为各变量在它的域内取到一个值使得所有的约束都成立。求解CSP通常的目的是找出问题的可行解而不是最优解。

约束编程是通过约束传播(Constraint Propagation)和域收缩(Domain Reduction)技术,循环分析变量、变量域以及约束,检测和删除不可能出现在最终解中的变量赋值,有效地剔除了不可行解空间,即从搜索空间中删除变量的不一致取值组合。所谓不一致是指变量的复合赋值(复合赋值是指多个变量同时赋值)不满足问题的约束条件。按照每次考虑变量个数多少来划分,有节点一致、弧一致、路径一致以及更一般的k— 一致约束传播算法,此外还有全局约束传播算法。其中最著名的是Alldifferent约束,用来保证该约束中所有变量取值互不相同。

CP求解器系统主要有CHIP,Prolog,ECLiPSe,ILOG Solver等,这里简单介绍ILOG Solver。

在第2章中介绍了ILOG优化软件系统,已知Solver是ILOG的一个CP模块,采用C++语言实现。在ILOG Solver中,一切与问题求解有关的因素都被看做对象,如变量、约束、搜索算法等。ILOG Solver也预先定义了许多常见的约束及相应的约束传播算法,如一致性约束传播算法和常见的全局约束传播算

法。在求解问题时，用户可以采用ILOG Solver系统提供的约束语言来描述问题的变量以及约束条件。与一般数学规划模型及软件系统只能描述线性或非线性约束不同，ILOG Solver提供了非常自由的约束描述方式，如线性约束、集合约束、逻辑蕴涵关系以及调度资源约束，等等，如果预定义的约束不能满足实际需要，用户可以根据情况，定义自己的约束描述方式及相应的约束传播算法。除了预定义约束及约束传播算法外，ILOG Solver系统还提供了默认的搜索算法及搜索策略(深度优先、广度优先，等等)，在此基础上，用户还可以根据自己的需要定义自己的搜索策略和搜索算法。

2. 约束编程的要素

(1) 变量与变量域。在约束编程中，变量表示一个被解问题的实体。问题不同，实体也不同。例如飞机排班中实体为飞机，在图着色问题中，实体通常为颜色。定义了一个变量，应相应产生变量域。例如在飞机排班中，设x_i为活动i(定期航班或维修活动)指派的飞机，则变量x_i的实体为飞机，用$D(x_i)$表示变量x_i的域，则$D(x_i)$即为活动i所有可用飞机的集合。在未加任何约束限制时，变量x_i的初始域$D(x_i)$是整个机队飞机的集合。假设为m架飞机排班，每架飞机赋给一个编号，例如用自然数$\{1,2,\cdots,m\}$表示，则变量x_i的初始域$D(x_i)=\{1,2,\cdots,m\}$。

(2) 约束。很明显，约束在约束编程中起重要的作用，它是构建模型的基础，也是约束传播的依据。在数学规划模型中，约束条件只有等式或不等式，而约束编程有非常广泛的约束表达式，如逻辑域也是表达式。

约束传播是以自然的方式反映当前决策结果，这种能力常被称为信息传播。传播是对决策立刻反应的重要形式，在交互式工具中约束传播扮演着重要的角色。电子表格中的计算模式是约束传播的典型应用，首先，它们只能沿着固定的方向计算，例如只能通过给定的输入和公式来计算结果，而不能由结果给出输入；其次，精确的输入才能给出精确的结果，反过来精确的结果不能由粗糙的输入得到。约束编程最成功的应用是图形接口，在一个复杂的图形系统中，每个图形对象之间都有着相互的关系，比如，在一个房间设计工具中，用户可能把一张椅子拖到另一个房间中，系统应保证该椅子不占用别的图形对象已经占用的空间，位置更新发生后，通过检测系统的所有约束是否仍然满足，即可知道系统内各对象间的关系是否正确。在飞机排班中，如果某个活动已经指派了一架飞机，则不可以再指派另一架飞机给它。

3. 飞机排班一体化优化的约束编程模型

模型输入：① 实体，即飞机集合，包括各架飞机的飞机性能；② 活动，即定期航班(航班时刻表)+维修活动。

约束规则：① 覆盖约束，即每个定期航班及维修活动都必须安排合适的飞机执行该活动；② 连接约束，即指各活动之间满足时空关系的连接；③ 维修规则，即各维修活动满足飞机维修计划；④ 其他约束，例如某航线只能有某些机型、甚至某几架飞机执行；⑤ 目标约束，即优化目标，通常为成本最小化。

模型输出：飞机任务串，即每架飞机指派最合适的一系列活动。

约束编程模型的符号及参数介绍如下：

K：表示飞机集合，$k\in K$是 架具有唯一机尾号的飞机，包括各种机型的飞机；

F：表示活动集合，$f\in F$，包括航班活动以及维修活动等；

$next_f$：变量，表示活动f的紧后活动；其域$D(next_f)$为活动f的所有可能接续活动，通常为F的子集；

pre_f:变量,表示活动 f 的紧前活动;其域 $D(pre_f)$ 为活动 f 的所有可能紧前活动,通常为 F 的子集;

$tail_f$:变量,表示活动 f 指派的飞机;其域 $D(tail_f)$ 为活动 f 的所有可能飞机(用机尾号表示)。

飞机排班一体化优化的约束编程模型如下:

飞机排班约束编程模型:

$$\forall f \in F: D(next_f) = \bigcup_{f' \in F} (f' \text{ 为 } f \text{ 的后续活动}) \tag{8.88}$$

$$\forall f \in F: D(pre_f) = \bigcup_{f' \in F} (f \text{ 为 } f' \text{ 的后续活动}) \tag{8.89}$$

$$\forall f \in F: D(tail_f) = \bigcup_{k \in K} (\text{将飞机 } k \text{ 指派给活动 } f) \tag{8.90}$$

$$inverse(next, pre) \tag{8.91}$$

$$all\_different(next_1, \cdots, next_{|F|}) \tag{8.92}$$

$$all\_different(tail_{G(f)}), \forall f \text{ s.t. } |K_f| \neq |K| \tag{8.93}$$

$$tunnelling(next, pre, tail) \tag{8.94}$$

$$reachability(next, pre, tail) \tag{8.95}$$

$$pricing(next, pre, tail) \tag{8.96}$$

其中,式(8.88) ~ 式(8.90) 定义变量及变量域;式(8.91) 为活动先后关系的逻辑约束,即如果 f 是 f' 的紧前活动,则 f' 是 f 的紧后活动,反之亦然;式(8.92) 规定了任何一个活动只能有一个紧后活动,与式(8.91) 相结合,该约束也表达了任何一个活动只能有一个紧前活动,即 $all\_different(pre_1, \cdots, pre_{|F|})$;式(8.93) 规定了在时间上重叠的活动,不可以指派给同一架飞机,$G(f)$ 表示与活动 f 存在时间上重叠的活动集合;式(8.94) 为三个变量之间的逻辑关系约束,即当三个变量中,如果有某个变量赋值,根据约束传播,则其他两个变量也会采取相应的行动(如赋值或域减少),细节见下面的 tunnelling 传播。

在 tunnelling 传播中,式(8.97) 表示如果指派飞机 k 给活动 f,则活动 f 的紧前、紧后活动指派的飞机必须为 k。式(8.98) 与(8.99) 表示紧前活动、紧后活动指派同一架飞机。式(8.100) 表示如果指派飞机 k 给活动 f 且活动 f' 与活动 f 在时间上存在重叠,则不能将飞机 k 指派给活动 f'。

Tunneling 传播:

$$D(tail_f) = \{k\} \Rightarrow \begin{cases} element(next_f, tail, k) \\ element(pre_f, tail, k) \end{cases} \tag{8.97}$$

$$D(next_f) = \{f'\} \Rightarrow tail_f = tail_{f'} \tag{8.98}$$

$$D(pre_f) = \{f'\} \Rightarrow tail_f = tail_{f'} \tag{8.99}$$

$$D(tail_f) = \{k\} \wedge overlap\_time(f', f) \Rightarrow tail_f \neq tail_{f'} \tag{8.100}$$

注:element 与 all_different 一样,是 ILOG SOLVER 内置函数。

式(8.95) 和式(8.96) 为资源约束(如维修约束),它也定义了 $next, pre, tail$ 三个变量之间的逻辑关系以及变量之间的可行性检测,具体传播过程可以参阅参考文献[31]。

8.9.3 其他一体化优化模型

为便于研究参考,现将已经提出的与飞机排班一体化优化相关的模型作简单介绍。这里共介绍六个模型,它们逐个深入,综合程度越来越高,最后一个是最完善也是最复杂的模型。

一、PMM(Pax Mix Model) 模型

这是一个旅客行程优化模型,在假设航班计划已经制订,机型指派已经完成的情况下,解决将旅客需求在不同行程之间进行优化配置的问题。设 x_p^r 是从旅客行程(itinerary)p 转移到行程 r 上的旅客数,是决策变量,b_p^r 是行程 r 从行程 p 的获取率,是常数。

$$
\begin{aligned}
\max z &= \sum_{p\in P}\sum_{r\in P} fare_r x_p^r \\
\text{s. t.} \quad & \sum_{p\in P}\sum_{r\in P}\delta_i^r x_p^r \leqslant s_i, \quad i \in F \\
& \sum_{r\in P}\frac{1}{b_p^r}x_p^r \leqslant D_p, \quad p \in P \\
& x_p^r \geqslant 0, \quad \text{integer}, \quad r,p \in P
\end{aligned}
\tag{8.101}
$$

式中,s_i 是航班 i 的座位数,D_p 是行程 p 的非限制需求。如果行程 r 含有航班 i,则 $\delta_i^r = 1$,否则等于零。$fare_r$ 是行程 r 的平均票价,F,P 分别是航班的集合和行程的集合。各行程的路线已有航线网络规划确定,时刻已由航班计划确定,因此各行程是已知的。飞机机型由 s_i 规定。

二、Key - Path PMM 模型

该模型解决与 PMM 相同的问题,但考虑了获取率的影响,引进了旅客流失变量 t_p^r,用以取代旅客转移变量 x_p^r,它们之间有关系 $x_p^p = D_p - \sum_{r\neq p} t_p^r$,$x_p^r = b_p^r t_p^r$,并有 $b_p^p = 1$,其中 b_p^r 是行程 r 从行程 p 的旅客获取率。t_p^r 是行程 p 流失到 r 的旅客数,乘以 b_p^r 后等于航程 r 从 p 获得的旅客数。此时的旅客行程优化模型如下

$$
\begin{aligned}
\min z &= \sum_{p\in P}\sum_{r\in P}(fare_p - b_p^r fare_r)t_p^r \\
\text{s. t.} \quad & \sum_{p\in P}\sum_{r\in P}\delta_i^p t_p^r - \sum_{p\in P}\sum_{r\in P}\delta_i^r b_p^r t_p^r \geqslant Q_i - s_i, \quad i \in F \\
& \sum_{r\in P} t_p^r \leqslant D_p, \quad p \in P; \quad Q_i = \sum_{p\in P}\delta_i^p D_p \\
& t_p^r \geqslant 0, \quad \text{integer}, \quad r,p \in P
\end{aligned}
\tag{8.102}
$$

其中行程 p 旅客总溢出数 $SPILL_p = \sum_{r:r\neq p} t_p^r$。而 $Q_i = \sum_{p\in P}\delta_i^p D_p$ 是所有含有航班 i 的行程的旅客非限制需求之和,因此是航班 i 的非限制总需求。模型的第 1 个约束条件是关于航班 i 旅客溢出的约束,第二个约束是关于行程 p 旅客转移量的约束。

三、ODFAM 综合模型

Kniker(1998 年)将机型指派模型与上述旅客行程优化模型进行综合,得到了考虑旅客 O-D 流分配的机型指派模型 ODFAM。

$$
\min z = \sum_{j\in K}\sum_{i\in F} c_{i,j}x_{i,j} + \sum_{p\in P}\sum_{r\in P}(fare_p - b_p^r fare_r)t_p^r
$$

$$
\begin{aligned}
\text{s.t.}\quad & \sum_{j\in K} x_{i,j} = 1,\quad i\in F \\
& G_{k^-,j} + \sum_{i\in F} a_{i,k} x_{i,j} = G_{k^+,j},\quad k\in M,\quad j\in K \\
& \sum_{k\in C} G_{k,j} + \sum_{i\in F(k)} x_{i,j} \leqslant N_j,\quad j\in K \\
& \sum_{j\in K} s_j x_{i,j} + \sum_{r\in P}\sum_{p\in P} \delta_i^p t_p^r - \sum_{r\in P}\sum_{p\in P} \delta_i^p b_r^p t_r^p \geqslant Q_i,\quad i\in F \\
& \sum_{r\in P} t_p^r \leqslant D_p,\quad p\in P,\quad t_p^r \geqslant 0,\quad \text{integer},\quad r,p\in P \\
& x_{i,j} = 0,1,\quad G_{k,j}\in z^+,\quad i\in F,\quad j\in K,\quad k\in M
\end{aligned} \tag{8.103}
$$

该综合模型又叫做 Itinerary - Based FAM(IFAM) 模型，前 3 个约束条件是 FAM 的，后两个是 Key -Path PMM 的，第 4 个条件是将 Key - Path PMM 的第一个约束条件中 CAP_i 改写成

$$\sum_{j\in K} s_j x_{i,j}$$

后得到的。这个改动将两个模型的变量联系了起来，因而实现了模型的综合。

四、FAMTW 模型

Rexing(2000 年) 引进了前后两衔接航班之间时间间隔的变化，构建了带有时间窗的机型指派模型 FAMTW。他认为每航班的出发时刻可以在 10 ～ 30 min 的范围(叫做时间窗) 内变化，然后把时间窗分割为 n 等份，每个等份点是一种可能的出发时刻方案，航班出发时刻的最优方案是从 n 种方案中优选一种，同时完成机型指派，使运行成本最小。这样可以给航班计划一定的柔性，使机型指派更有效，其后的飞机路线问题的可行性得到了加强。这种模型可以认为是机型指派和航班时刻的综合优化模型。

$$
\begin{aligned}
\min z = & \sum_{j\in K}\sum_{i\in F}\sum_{n\in N_{ij}} c_{n,i,j} x_{n,i,j} \\
\text{s.t.}\quad & \sum_{j\in K}\sum_{n\in N_{ij}} x_{n,i,j} = 1,\quad i\in F \\
& G_{k^-,j} + \sum_{i\in F}\sum_{n\in N_{ij}} a_{i,k} x_{n,i,j} = G_{k^+,j},\quad k\in M,\quad j\in K \\
& \sum_{k\in C} G_{k,j} + \sum_{i\in F(k)}\sum_{n\in N_{ij}} x_{n,i,j} \leqslant N_j,\quad j\in K \\
& x_{n,i,j} = 0,1;\quad G_{k,j}\in z^+,\quad i\in F,\quad j\in K,\quad k\in M,\quad n\in N_{ij}
\end{aligned} \tag{8.104}
$$

式中，F,M,K 分别是航班集合、时空节点集合和机型集合，N_{ij} 是第 j 种机型飞航班 i 时，航班 i 的出发时间窗中出发时刻的集合。也就是出发时刻在 N_{ij} 中选择一个。如果第 j 种机型在时刻 n 执飞航班 i，则 $x_{n,i,j} = 1$，否则 $= 0$。

五、ISD - A/D 模型

在前述的 IFAM 的基础上，进一步考虑某航班取消后转移到有关航班的旅客需求，则可构建航班可选择的机型指派模型 ISD - A/D。

$$
\begin{aligned}
\min z = & \sum_{j\in K}\sum_{i\in F} c_{i,j}x_{i,j} + \sum_{p\in P}\sum_{r\in P}(f_p - b_p^r f_r)t_p^r \\
\text{s. t.}\quad & \sum_{j\in K} x_{i,j} = 1, \quad i \in F \\
& \sum_{j\in K} x_{i,j} \leqslant 1, \quad i \in F^{\text{opt}} \\
& G_{k^-,j} + \sum_{i\in F} a_{i,k}x_{i,j} = G_{k^+,j}, \quad k \in M, \quad j \in K \\
& \sum_{k\in C} G_{k,j} + \sum_{i\in F(k)} x_{i,j} \leqslant N_j, \quad j \in K \\
& \sum_{p\in P}\sum_{q\in P^{\text{opt}}} \delta_i^p \Delta D_q^p (1 - z_q) + \sum_{j\in K} s_j x_{i,j} + \sum_{r\in P}\sum_{p\in P} \delta_i^p t_p^r - \sum_{r\in P}\sum_{p\in P} \delta_i^p b_r^p t_r^p \geqslant Q_i, \quad i \in F \\
& \sum_{q\in P^{\text{opt}}} \Delta D_q^p (1 - z_q) + \sum_{r\in P} t_p^r \leqslant D_p, \quad p \in P \\
& z_q - \sum_{j\in K} x_{i,j} = 0, \quad i \in F(q) \\
& z_q - \sum_{i\in F(q)}\sum_{j\in K} x_{i,j} \geqslant 1 - N_q, \quad q \in P^{\text{opt}} \\
& x_{i,j} = 0,1; \quad z_q = 0,1; \quad G_{k,i}, t_p^r \geqslant 0, \quad \text{integer} \\
& i \in F, \quad j \in K; \quad k \in M, r, p \in P; \quad q \in P^{\text{opt}}
\end{aligned} \tag{8.105}
$$

该模型把航班划分为必须执行的和可选择的航班，对可选择的航班，如果取消，则该航班的需求将失去一部分，同时也会有一部分转移到其他航班上。用决策变量 ΔD_q^p 表示如果不选择行程 q，从行程 q 转移到行程 p 上的需求。F^{opt} 表示可选择的航班集合，P^{opt} 表示可选择的旅客行程集合，它的每个行程由可选择航班构成。F,P 为必须执行的航班和旅客行程的集合，$F(q)$ 是行程 q 中航班的集合，$N(q)$ 等于 $F(q)$ 中的航班数。如果行程 q 被选择执行，则 $z_q = 1$，否则 $z_q = 0$。

在我国航空公司实践中，尽管每年有两季定期航班计划，但航班计划仍具有一定的稳定性。即每年某季航班计划是在上年同季航班计划的基础上修订而成。这种修订策略包括保留大部分航班，去掉一些经营不好的航班，增加一些预期较好的航班。因此制订航班计划时，可将保留航班看做是必须执行的航班，将拟去掉的航班和拟增加的航班构成可选择的航班集，应用本模型进行优化求解，确定出最优的航班计划。

这个模型是在 IFAM 的基础上，增加了第 7 和第 8 两个约束条件构建而成。其中第 7 组约束表示如果行程 q 被选择了，则其中每个航班都必须被选择，否则其中的每个航班都不能被选择。第 8 组约束是关于被选择行程中航班数的约束。另外该模型还针对可选择的航班集合增加了一个指派约束，即第 2 个约束条件，该约束表示可选择的航班可以不执行。

可以看出，与前面几个模型相比，该模型综合程度更高了，而且与航空公司实践更为接近，但也更复杂了，求解的难度更大，因此需要寻找更有效的解法。

六、ESD - FAM 模型

Barnhart 等(2002 年)进一步发展了上述综合模型,把目标函数中有关需求损失分成了必选航班和可选航班两部分进行考虑。下面的模型中,目标函数的第二项是必选航班的需求损失部分,第三项是可选航班的损失部分。如果行程 q 被选择了,则没有这项损失;如果没有被选择,则该行程的需求不会全部损失掉,转移到本公司其他行程的需求被挽回了。

$$\min z = \sum_{j\in K}\sum_{i\in F}c_{i,j}x_{i,j} + \sum_{p\in P}\sum_{r\in P}(f_p - b_p^r f_r)t_p^r + \sum_{q\in P^{opt}}(\tilde{f}_q D_q - \sum_{p\in P,p\neq q}\tilde{f}_p \Delta D_q^p)(1-z_q)$$

$$\begin{aligned}
\text{s.t.}\quad & \sum_{j\in K}x_{i,j} = 1,\quad i\in F \\
& \sum_{j\in K}x_{i,j}1,\quad i\in F^{opt} \\
& G_{k^-,j} + \sum_{i\in F}a_{i,k}x_{i,j} = G_{k^+,j},\quad k\in M,\quad j\in K \\
& \sum_{k\in C}G_{k,j} + \sum_{i\in F(k)}x_{i,j} \leqslant N_j,\quad j\in K \\
& \sum_{p\in P}\sum_{q\in P^o}\delta_i^p \Delta D_q^p(1-z_q) + \sum_{j\in K}s_j x_{i,j} + \sum_{r\in P}\sum_{p\in P}\delta_i^p t_p^r - \sum_{r\in P}\sum_{p\in P}\delta_i^p b_r^p t_r^p \geqslant Q_i,\quad i\in F \\
& \sum_{q\in P^{opt}}\Delta D_q^p(1-z_q) + \sum_{r\in P}t_p^r \leqslant D_p,\quad p\in P \\
& z_q - \sum_{j\in K}x_{i,j} = 0,\quad i\in F(q) \\
& z_q - \sum_{i\in F(q)}\sum_{j\in K}x_{i,j} \geqslant 1 - N_q,\quad q\in P^{opt} \\
& x_{i,j} = 0,1;\quad z_q = 0,1;\quad G_{k,i},\quad t_p^r \geqslant 0,\quad \text{integer};\quad i\in F,\quad j\in K \\
& r,p\in P;\quad q\in P^{opt}
\end{aligned} \tag{8.106}$$

如果在该模型的目标函数中令 $z_q = 1$,则简化为模型 ISD - A/D 的目标函数。该模型的约束条件和 ISD - A/D 相同。

8.10 航班计划的鲁棒设计

8.10.1 航班计划的鲁棒性

一、航班计划鲁棒性问题的提出和鲁棒性定义

前面几节介绍的航班计划优化技术都以生产资源利用率和效益最大或运行成本最小为目标,并且期望生产能按照航班计划执行。如果生产能完全按照航班计划执行,在需求预测比较准确的情况下,一般

来说可以取得比较好的效果。但问题是在执行航班计划的过程中，总会受到各种各样的干扰因素的影响，使生产偏离航班计划。

当发生不正常航班时，航空公司通过调度来恢复航班计划的运行。航班调度将增加航班运行成本，调度的目标既要尽快恢复计划运行，又要尽可能降低调度成本。有关不正常航班恢复问题，将在本书的第 11 章中详细讨论。

当大面积恶劣天气发生时，有可能发生大面积的航班延误。如果采用枢纽航线网络或者中转或过站航班较多，那么，哪怕是一个航班发生了延误，也可能引发较大规模的航班延误。此种情况下，即使采取了科学的调度方案，也会给航空公司带来巨大的损失。在美国，每年航班延误造成的经济损失达百亿美元。

航空公司为了降低成本，提高飞机的利用率，制订航班计划时，要求前后航班之间的过站时间尽量紧凑，可能造成时间间隔裕度不足。因此当某航班发生延误时，容易波及其后的航班。从这个意义上说，航班计划优化尽管提高了资源利用率，降低了“计划成本”，但增加了运行成本。不正常航班发生时，人们力图采用航班恢复优化技术来降低运行成本。这种“事后管理”的方法能解决部分问题，但还是显得被动，而且只能起到非常有限的作用。因此人们自然想到能否采取“事前预防”的方法，即在航班计划的制订阶段，就考虑航班延误的影响，使航班计划具有某种程度的抗干扰能力。这样做可能增加了计划成本，但可以有效降低不正常航班引起的运行成本，使总的成本最小。

在第 7 章中介绍了航线网络鲁棒性概念，并介绍了航线网络鲁棒优化模型和求解方法。上面提到的航班计划的抗干扰能力是航班计划的鲁棒性，鲁棒航班计划具有以下几个方面的特点：

(1) 出现不正常航班时比较容易恢复；

(2) 减少航班延误发生的机会，提高正常航班衔接的概率；

(3) 有效抑制航班延误的扩散和蔓延；

(4) 降低航空公司的运行成本。

如果航班计划具有上述几点特性，就说它具有好的鲁棒性(Robustness)。

二、提高航班计划鲁棒性的技术措施

1. 增加航班过站时间裕度

什么叫过站时间裕度？为说明此概念，首先介绍几个相关概念。

计划过站时间(Scheduled Connection Time)：根据航班计划，在一架飞机执行的一个航班串中，某机场后一个航班 j 的计划出发时间 T_{dj} 与前一个航班 i 的计划到达时间 T_{ai} 之差叫做计划过站时间，即

$$T_{scij} = T_{dj} - T_{ai} \tag{8.107}$$

这里所说的计划出发时间是指飞机计划推出机位的时间，计划到达时间是指飞机计划推入机位的时间。

前后两个相互衔接的航班之间的计划过站时间不能短于最小过站时间 MCT，这是因为如果计划过站时间短于 MCT，飞机的过站地面操作项目可能来不及完成，因而引起下一个航班延误。MCT 通常与机型及航班类型有关，机型越大，MCT 越长；国际航班比国内航班的 MCT 长，第 11 章中给出了常见机型的 MCT 标准。

过站时间裕度：计划过站时间与 MCT 的差即是过站时间裕度。例如，一个航班串中到达航班

$XX5346$ 的计划到达时间是 10:05，与其衔接的出发航班 $XX5\ 345$ 的计划出发时间是 11:10，那么该飞机的计划过站时间

$$T_{scij} = T_{dj} - T_{ai} = 11{:}10 - 10{:}05 = 65\ \text{min}$$

该机型飞机的最小过站时间 $MCT = 45$ min，因此过站时间裕度 $T_{sij} = T_{scij} - MCT = 65 - 45 = 20$ min。

上述这种时间关系可以用时空网络图清楚表达。在如图 8.21 所示中，有 5 个机场 A，B，C，D，E，4 个航班构成两个航班串 f_1—f_3 和 f_2—f_4，虚曲线边表示航班之间的衔接，粗的实箭头表示计划航班边，虚箭头表示实际航班边。在机场 C，航班串 f_1—f_3 的过站裕度比较小，当 f_1 延误至 T_{oa1} 到达时，由于剩余过站时间 $= T_{d3} - T_{oa1} < MCT$，因此引起航班 f_3 的延误。而且通常 f_3 的出发延误时间 $T_{dd3} = T_{od3} - T_{d3} > T_{oa1} - T_{a1}$，这是因为，飞机流控可能要求延误航班把时隙让给正常航班，重新申请的出发时间将进一步延误。

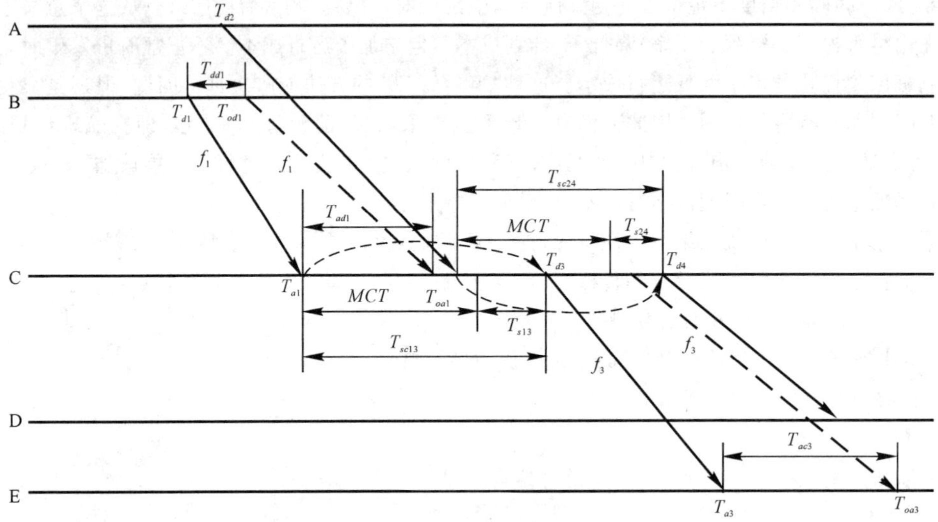

图 8.21　航班衔接时间分析

上述情况表明，如果通过对历史数据的分析，f_1 延误的概率较大，延误时间不超过 T_{e1}，则可安排航班 f_3 的出发时间在 MCT 的基础上再延长 T_{e1}，也就是设计成 $T_{d3} > T_{a1} + T_{e1} + MCT$。

这是要求飞机的过站时间裕度不短于 T_{e1}，以期望减少航班 f_3 的延误，提高航班计划的鲁棒性。

但能否彻底解决 f_3 的延误问题呢？一般不能。原因有二：① 航班的延误有两种类型，一种叫做独立延误(或直接延误)，另一种叫做波及延误(间接延误)。独立延误是某航班受天气、流控、机务故障等原因直接导致的延误，与其他航班行程无关；波及延误是指受航班串中前面航班延误的波及而产生的延误。上述增加过站时间裕度的方法不能解决航班 f_3 的独立延误。② 即使是波及延误也不能彻底消除，因为一些试验研究表明，由于计划过站时间的放宽，会造成机组从心理到行动上对 f_1 延误警惕性的放松，因而增加 f_1 延误的概率，进一步波及 f_3。

为便于后面的应用，现将几个时间关系给出如下：

$$
\begin{aligned}
T_{sij} &= T_{scij} - MCT \\
T_{pdij} &= \max\{T_{adi} - MCT, 0\} \\
T_{adi} &= T_{oai} - T_{ai} \\
T_{ddi} &= T_{odi} - T_{di} \\
T_{updij} &= T_{ddi} - T_{pdij} \\
T_{upaij} &= T_{adi} - T_{pdij}
\end{aligned}
\tag{8.108}
$$

式中，T_{sij} 是飞机过站时间裕度，T_{scij} 是计划过站时间(参见式(8.107))，T_{pdij} 是航班 i 对航班 j 的波及延误时间，T_{adi} 是航班 i 的到达延误时间，T_{oai} 和 T_{ai} 分别是航班 i 的实际到达时间和计划到达时间，T_{ddi} 是航班 i 的出发延误时间，T_{odi} 和 T_{di} 分别是航班 i 的实际出发时间和计划出发时间，T_{updij} 和 T_{upaij} 分别是独立出发延误时间和独立到达延误时间。一些变量的意义如图 8.21 所示。

为了计算上述时间参数，航空公司可以建立航线运行品质数据库，记录下各航线(航班串)上航班的计划出发和到达时间、实际出发和到达时间和延误造成的成本等。由该数据库可以计算各航线上航班延误时间和概率，以及每分钟延误成本，用于评价各航线的运行品质和便于航班的鲁棒设计。

要注意的是，通过增加航班之间的过站时间裕度，尽管可以提高航班计划的鲁棒性，但必然降低飞机的日利用率(飞机停场时间更长了)，提高运行成本。所以好的航班计划，应当在航班计划的鲁棒性和飞机日利用率之间取得平衡。

2. 改变航班串组成

在图 8.21 中，如果通过航线运行品质数据库分析发现，航班 f_1 以较高概率延误，而航班 f_2 基本不延误，并且 $T_{sc23} = T_{d3} - T_{a2} > MCT$，则可以将原来的航班连线 f_1—f_3 和 f_2—f_4 改为 f_1—f_4 和 f_2—f_3，如图 8.22 所示。这样的航班串与原来的航班串相比，鲁棒性提高了。这是因为 f_2 基本不延误，所以即使 f_2—f_3 的过站时间裕度不大，仍不会造成 f_3 的波及延误；对于 f_1—f_4，则由于过站时间裕度增大，即使 f_1 有了延误，波及 f_4 的概率也降低了。

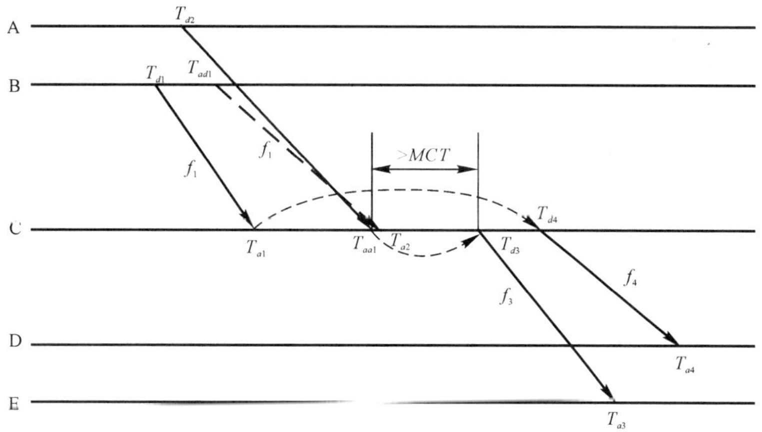

图 8.22　改变图 8.21 的航班串

3.考虑更多的飞机交换机会

在处理不正常航班时，签派员经常采用交换飞机的策略。如果航班计划能提供更多的飞机交换机会，就可以在发生不正常航班时，给签派员提供交换飞机的方便，同时减少交换飞机的成本。

那么具备什么样的条件，两航班的飞机可以交换呢？如果两航班串在同一机场有交叉，并且执行两航班串的飞机同机型，停场时间有重叠，则这两架飞机就有交换的机会。例如图 8.21 所示的两个航班串 f_1—f_3 和 f_2—f_4，如果执行 f_1—f_3 的飞机到达机场C后发生机务故障，但预计可在 f_4 出发时刻 T_{d4} 前修复，此时可将执行这两个航班串的飞机交换，调第二个航班串的飞机执行 f_3，第一架飞机在修复后执行 f_4，这样调度的结果，消除了航班延误。

这个思路提醒在制订飞机路线时，可以给每条可行的航班串定义一个参数，用以表达该航班串与其他航班串的有效交叉点(机型相同或近似、相逢在同一机场）数，在优化建模时，选择的航班串满足飞机路线问题的约束条件，目标函数要求航班串的有效交叉点总数最多。由此优化的航班计划将增加鲁棒性。

4.采用小循环的航班环

前面已经讨论过，如果航班串的最后一个航班回到了该航班串的始发机场，则该航班串叫做航班环。航班环中的航班数叫做它的长度，长度短的航班环是小循环的，否则是大循环的。可以设想，在一个大循环的航班环中，某航班，特别是前面的航班发生延误，受其波及的后续航班较多，将造成较大的调度难度。相反，小循环的航班环在发生延误时，调度要比大循环航班环容易得多，如果航班延误，受其波及的航班数也较少。因此小循环的航班环具有更高的鲁棒性，在构建飞机路线时，尽量选择短的航班环。

8.10.2 机型指派的鲁棒优化

在机型指派时，为提高航班计划鲁棒性，可以要求在重要繁忙机场起降的飞机机型种类数尽可能少，对于枢纽航线网络，就是要求在枢纽机场起降的机型数最少。这是因为，在繁忙机场最容易引起延误，在美国大多数延误都发生在枢纽机场。根据上文的讨论知道，如果因为机务等原因引起个别航班延误时，交换飞机是最常用的调整策略，而交换飞机一般在使用同机型的航班之间进行，因此在繁忙机场或枢纽机场，机型种类越少，同型飞机数越多，交换飞机的机会就越多。

根据上述讨论，给出机型指派鲁棒优化模型如下：

$$\min z = \sum_{j \in K} \sum_{i \in F} c_{ij} x_{ij} \tag{8.109}$$

$$\min w = \sum_{a \in H} m_a \tag{8.110}$$

$$\text{s.t.} \quad \sum_{j \in K} x_{ij} = 1, i \in F \tag{8.111}$$

$$G_{(ak),j} + \sum_{i \in F} a_{i,(ak)} x_{ij} = G_{(ak^+),j}, \quad (ak) \in M, \quad a \in A, \quad j \in K \tag{8.112}$$

$$\sum_{a \in A} G_{k(a),j} + \sum_{i \in F(k)} x_{ij} \leqslant N_j, \quad j \in K \tag{8.113}$$

$$b_{i,a} x_{ij} \leqslant z_{aj}, \quad i \in F, \quad a \in H \subset A, \quad j \in K \tag{8.114}$$

$$\sum_{j \in K} z_{aj} \leqslant m_a, \quad a \in H \subset A \tag{8.115}$$

$$x_{ij} - x_{lj} = 0,\quad (i,l) \in F^t \tag{8.116}$$

$$x_{ij} = 0,1,\quad G_{(ak),j} \in z^+,\quad i \in F,\quad j \in K,\quad (ak) \in M,\quad a \in A \tag{8.117}$$

这是在日航班机型指派模型式(8.52)的基础上发展而来的一个双目标规划模型，其中，引进了变量 m_a 和 z_{aj}，m_a 表示在机场 a 起降的飞机机型种类数，z_{aj} 是 0-1 型变量，当机场 a 有机型 j 的飞机起降时等于 1，否则等于零，$b_{i,a}$ 是 0-1 型示性算子，当航班 i 在机场 a 起降时，等于 1，否则等于 0。H 是繁忙(枢纽)机场的集合，它是机场集合 A 的子集。其他变量和参数的意义同模型式(8.52)。

与模型式(8.52)相比较，上述模型增加了一个目标函数式(8.110)，要求在所有繁忙(枢纽)机场起降的飞机机型种类数最少。上述模型还增加了约束条件式(8.114)和(8.115)，式(8.114)表示只有当机型 j 的飞机在机场 a 起降时，使用机场 a 的航班 i 才能指派给机型 j；式(8.115)表示在机场 a 起降的飞机的机型之和不超过 m_a。这两个约束条件同时也将变量 x_{ij}，z_{aj} 和 m_a 之间建立了联系。

求解上述模型困难很大，可以将其化为单目标规划问题后再求解。首先求解问题式(8.52)，得到的最小目标函数值为 $C_{\min}$，要求考虑增加鲁棒性后总成本增加的相对比例不超过 r，那么可以将目标函数式(8.109)化为约束条件，由此得到的单目标规划模型如式(8.118)。

$$\begin{aligned}
&\min w = \sum_{a\in H} m_a \\
&\text{s.t.}\quad \sum_{j\in K} x_{ij} = 1,\quad i \in F \\
&\qquad G_{(ak),j} + \sum_{i\in F} a_{i,(ak)} x_{ij} = G_{(ak^+),j},\quad (ak) \in M,\quad a \in A,\quad j \in K \\
&\qquad \sum_{a\in A} G_{k(a),j} + \sum_{i\in F(k)} x_{ij} \leqslant N_j,\quad j \in K \\
&\qquad b_{i,a} x_{ij} z_{aj},\quad i \in F,\quad a \in H \subset A,\quad j \in K \\
&\qquad \sum_{j\in K} z_{aj} m_a,\quad a \in H \subset A \\
&\qquad x_{ij} - x_{lj} = 0,\quad (i,l) \in F^t \\
&\qquad \sum_{j\in K}\sum_{i\in F} c_{ij} x_{ij} \leqslant (1+r) C_{\min} \\
&\qquad x_{ij} = 0,1;\quad G_{(ak),j} \in z^+,\quad i \in F,\quad j \in K,\quad (ak) \in M,\quad a \in A
\end{aligned} \tag{8.118}$$

对于周航班机型指派问题，同样的处理可以获得鲁棒优化模型如式(8.119)。该模型所用变量和参数的意义参见周航班机型指派式(8.53)～式(8.60)以及模型式(8.118)。其中 $P_{\max}$ 表示应用周航班机型指派模型式(8.53)～式(8.60)求得的最大利润值(最优目标函数值)，由于考虑鲁棒性以后，增加了约束条件，其最优利润函数值不会大于 $P_{\max}$，设可以减少的相对比例为 r，则航班计划设计者不希望总利润小于 $(1-r)P_{\max}$。

$$\begin{aligned}
&\min w = \sum_{a\in H} m_a \\
&\text{s.t.}\quad \sum_{k\in K'} x_{ik} = 1, \forall i \in F \\
&\qquad \sum_{i\in F} x_{ik} - \sum_{i\in F^+} x_{ik} = 0,\quad \forall k \in K \\
&\qquad \sum_{i\in F} x_{ik} \leqslant n_k, \sum_{i\in F'} x_{ik} \leqslant n_k,\quad \forall k \in K
\end{aligned}$$

$$
\begin{aligned}
&\sum_{i\in G} x_{ik} - \sum_{i\in H} x_{ik} \geqslant x_{jk}, \quad \forall k \in K, \quad j \in F^k \cup F^+ \\
&\sum_{i\in F^k} T_i x_{ik} \leqslant 7u_k n_k, \quad \forall k \in K \\
&\sum_{k\in K^i} s_k x_{ik} \geqslant i.pax \times (1 - i.spill), \quad \forall i \in F \\
&\sum_{o_1\in o} x_{o_1,k} - \sum_{o_2\in o} x_{o_2,k} = 0, \quad \forall k \in K, \quad o \in O \\
&b_{i,a} x_{ik} \leqslant z_{ak}, \quad \forall i \in F, \quad k \in K, \quad a \in H \subset A \\
&\sum_{k\in K} z_{ak} \leqslant m_a, \quad \forall a \in H \subset A \\
&\sum_{i\in F^i}\sum_{k\in K} p_{ik} x_{ik} - \sum_{i\in F}\sum_{j\in K} c_{ik} x_{ik} \geqslant (1-r) P_{\max}
\end{aligned}
\tag{8.119}
$$

8.10.3 飞机路线的鲁棒优化

飞机路线问题是航班计划提高鲁棒性的更为关键的阶段。设通过航线运行品质数据库的分析，已经获得各航班串中任意前后两航班对(i,j)之间的波及延误T_{pdij}，飞机路线问题的鲁棒优化的目标函数是要求航班计划的总波及延误最小。因此在飞机路线问题模型式(8.71)～式(8.74)基础上，运用与上述机型指派问题鲁棒优化相同的思路，可得飞机路线问题鲁棒优化的模型如式(8.120)～式(8.124)。

对某一机型k执行的航班子集F_k，有

$$
\begin{aligned}
\min z = &\sum_{s\in L^k} ET_{ds} x_s \\
\text{s.t.} \quad &\sum_{s\in L^k} a_{is} x_s = 1, \quad \forall i \in F^k \\
&\sum_{s\in L^k} b_{ls} x_s = p_l^k, \quad l = 1,2,\cdots,7 \\
&\sum_{s\in L^k} c_s x_x \geqslant (1-r) M_{\max} \\
&x_s = 0,1; \quad \forall s \in L^k
\end{aligned}
$$

式中，$M_{\max}$是飞机路线问题式(8.71)～(8.74)的最优目标函数值，即最大维修机会数，r是引进鲁棒性后允许维修机会数减少的最大相对比例，ET_{ds}是航班串s中各衔接航班对(i,j)之间的波及延误之和的期望值。

目标函数式(8.120)要求各优选航班串的期望波及延误之和最小。由于总的期望波及延误可以表达成

$$E\Big(\sum_{s\in L^k}\sum_{(i,j)\in s} T_{pdij} x_s\Big) = \sum_{s\in L^k} x_s E\Big(\sum_{(i,j)\in s} T_{pdij}\Big) = \sum_{s\in L^k} ET_{ds} x_s$$

同一个航班串中，各航班之间的波及延误相互影响，所以一般来说

$$ET_{ds} = E\Big(\sum_{(i,j)\in s} T_{pdij}\Big) \neq \sum_{(i,j)\in s} E(T_{pdij})$$

不能首先计算航班串s中各衔接航班对波及延误期望值，然后再求和来计算ET_{ds}，而是要统计整条航班

串各衔接航班对的波及延误之和，然后再计算它们的平均值。

模型式(8.120) ~ 式(8.124) 是要求从所有的可行航班串中选择这样一些航班串，这些航班串覆盖了所有航班，每天执行的航班串数等于机型可使用的飞机架数，总维修机会数不小于给定期望值，并且总波及延误期望值最小。

8.11　本章小结

本章阐述了航空公司航班计划相关概念，航班计划的编制流程及航班计划的优化。首先介绍了广义航班计划和狭义航班计划的概念，影响航班计划编制的因素以及航班计划的内容，分析了航空旅客的需求特征，详细阐述了航空公司季度航班计划、月度航班计划、包机航班计划的编制流程。在此基础上，本章建立了航班频率优化模型，并用实例进行了分析。然后讨论了影响航班时刻的因素并建立航班时刻优化模型，进行了算例分析。

机型指派是航班计划的重要内容，本章介绍了日航班机型指派模型，建立了周机型指派问题时空网络和周机型指派模型，并用实例进行了分析计算；进一步引进了机型同质性的概念，建立了基于同质性考虑的周机型指派模型，并用实例与周机型指派结果进行了比较研究。介绍了飞机排班问题以及飞机路线的生成方法，讨论了飞机排班的列生成算法。从数学模型和约束编程两个角度介绍了飞机排班一体化优化问题。本章最后介绍了航班计划鲁棒性的概念，并讨论了航班计划鲁棒优化模型。

航班频率优化问题只涉及运输的空间规划，没有考虑时间维度。航班时刻优化开始考虑运输在时间维上的分布。机型指派和飞机路线问题则是运输在时、空两个维度上的规划问题。本章介绍的综合优化模型都是机型指派与飞机路线问题的综合，因为它们都是在时-空维上的优化问题，综合起来比较方便。尽管本章介绍的航班时刻优化模型可以同时优化航班频率，但实际上只用于航班时刻优化，因为它只能逐条航线进行优化，不能从网络的角度进行航班频率和时刻的优化。一般来说在相同空间中进行模型综合困难较小，如本章介绍的那样，根据这一点将航线网络规划与航班频率优化问题综合起来是可能的，但将航班频率优化与机型指派问题综合起来，需要从空间维跨到时-空维，困难较大。如果能综合，意义是很大的，因为这两者都涉及到机型分配的问题，分开来优化，机型分配的结果不一定一致，不能实现全局最优，这是值得努力的方向。

思考题

8 - 1　简单叙述航班计划的定义以及航班计划编制的内容，分析影响航班计划编制的因素。

8 - 2　简单论述航班计划编制的重要性、复杂性及在航空公司运营中的地位。

8 - 3　简述季度航班计划、月度航班计划、包机航班计划编制流程。

8 - 4　航班计划的分步优化方法存在什么问题？请分析机型指派的结果能保证飞机路线问题的可行性吗？

8 - 5　什么是旅客溢出？制订航班计划时为什么要考虑旅客溢出？

8 - 6　什么是旅客计划延误？旅客计划延误对旅客选择航班的行为有何影响？在制订航班计划时

如何引进旅客计划延误？

8-7 影响航班时刻的主要因素有哪些？如何建立时刻优化模型？

8-8 国内航线网络和航班计划有哪些特点，如何针对国内航线网络和航班计划特点建立机型指派模型？机型指派模型包括哪些约束？

8-9 周机型指派中的同质性要求有什么意义？如何建立同质性周机型指派模型？

8-10 什么是飞机路线问题？飞机路线问题一般使用什么目标函数？为什么？

8-11 什么叫做航班计划的鲁棒性？怎样提高航班计划的鲁棒性？

8-12 机型指派问题通过设置什么目标函数来提高航班计划鲁棒性？请分析其机理。

8-13 飞机路线问题通过设置什么目标函数来提高航班计划鲁棒性？请分析其机理。

8-14 航线规划是否可与航班频率优化集成？如何集成？

8-15 本章介绍的综合模型都是在有了航班时刻表的基础上，将机型指派问题和飞机路线问题集成，能否将航班频率优化与机型指派问题集成？

8-16 多机型航班频率优化已经优化选择了机型，为什么还要机型指派呢？这两步选择的机型会相同吗？

8-17 航班频率优化能否与时刻优化集成？Rexing的时间窗机型指派建模思路可否用于航班频率和时刻优化的集成？

练习题

8-1 以如表8.16所示的航线数据确定各航线航班频率。已知机型是B737—300，飞机架次为2架，机型数据见8.5节的表8.2。

8-2 根据附表8.1中的航班计划表和以下机型的飞机：机型M1：4架（编号1，2，3，4），机型M2：5架（编号6，7，8，9，10），机型M3：6架（编号16，17，18，21，22，23），机型M4：9架（编号29，33，34，39，40，41，42，43，44）；机型M5：1架（编号48），机型其他数据见8.7节的表8.6，建立周机型指派模型以及同质性机型指派模型，用ILOG进行求解，分析比较求解结果。

表8.16 PEK至各地航线数据表

航线 / 维度	SHA	CAN	KMG	HAK	SZX	HGH	HAR	CTU	CSX	XIY
航线长度 /m	1 180	1 925	2 191	2 485	2 020	1 199	1 141	1 625	1 373	997
旅客流量 / 人	3 108	2 591	2 868	3 628	1 041	1 595	999	1 798	1 125	1 499
平均票价 / 元	872	1 280	1 398	1 505	1 343	987	960	1 247	1 274	918

8-3 对于练习8-2已经求得的机型M4指派的航班，进一步根据飞机编号（机尾号），优化求解M4的飞机指派问题。

附录　机型指派数据表

附表 8.1　机型指派数据表

飞机	机型	航班号	班期							航站	出发	到达	航站	出发	到达	航站
			1	2	3	4	5	6	7							
1	M1	7382								A1	0820	1150	A2			
	M1	7281								A2	1240	1610	A1			
	M1	7135								A1	1710	1910	A3			
	M1	7136								A3	2005	2200	A1			
2	M1	7165								A1	0855	1200	A4			
	M1	7166								A4	1300	1550	A1			
	M1	7111								A1	1650	2000	A4			
	M1	7112								A4	2050	2340	A1			
3	M1	7181								A2	0800	1130	A1			
	M1	7182								A1	1230	1550	A2			
	M1	7319								A2	1650	1920	A5			
	M1	7320								A5	2010	2250	A2			
4	M1	7605								A1	0855	1045	A6			
	M1	7606								A6	1200	1350	A1			
	M1	7801								A1	1450	1745	A7			
	M1	7802								A7	1835	2115	A1			
5	M2	7047								A2	0805	0940	A13	1020	1320	A12
	M2	7048								A12	1400	1710	A13	1750	1925	A2
	M2	7091								A2	2005	2105	A7			
	M2	7006								A7	2145	2245	A2			
6	M2	7267								A2	0830	1020	A30	1100	1200	A9
	M2	7268								A9	1240	1350	A30	1430	1620	A2
	M2	7323								A2	1700	1905	A33			
	M2	7324								A33	1945	2210	A2			
	M2	7027								A2	1700	1850	A3			
	M2	7028								A3	1930	2120	A2			
7	M2	7170								A10	0810	1010	A7			
	M2	7008								A7	1100	1200	A2			
	M2	7007								A2	1240	1340	A7			
	M2	7169								A7	1430	1610	A10			
	M2	7197								A10	1650	1900	A1			
	M2	7198								A1	1950	2150	A10			

续　表

飞机	机型	航班号	班期							航站	出发	到达	航站	出发	到达	航站
			1	2	3	4	5	6	7							
8	M2	7269	■	■	■	■	■	■	■	A7	0840	1020	A10			
	M2	7097	■	■	■	■	■	■	■	A10	1100	1310	A1			
	M2	7098	■	■	■	■	■	■	■	A1	1400	1600	A10			
	M2	7270	■	■	■	■	■	■	■	A10	1640	1840	A7			
	M2	7022	■	■	■	■	■	■	■	A7	1930	2040	A14			
	M2	7021	■	■	■	■	■	■	■	A14	2120	2230	A7			
9	M2	7121	■	■	■	■	■	■	■	A2	0835	1105	A15	1145	1315	A1
	M2	7122	■	■	■	■	■	■	■	A1	1405	1540	A15	1620	1905	A2
	M2	7171	■	■	■	■	■	■	■	A2	1945	2125	A16			
	M2	7172	■	■	■	■	■	■	■	A16	2205	2345	A2			
10	M2	7067	■	■	■	■	■	■	■	A2	0915	1020	A8	1110	1320	A20
	M2	7068	■	■	■	■	■	■	■	A20	1400	1605	A8	1655	1755	A2
	M2	7061	■	■	■	■	■	■	■	A2	1835	2055	A17			
	M2	7062	■	■	■	■	■	■	■	A17	2135	2355	A2			
11	M3	7023	■				■			A14	0810	0920	A7			
	M3	7001	■	■	■	■	■	■	■	A2	0825	0920	A7			
	M3	7002	■	■	■	■	■	■	■	A7	1000	1100	A2			
	M3	7011	■	■	■	■	■	■	■	A2	1140	1240	A7			
	M3	7012	■	■	■	■	■	■	■	A7	1330	1430	A2			
	M3	7027	■		■		■			A2	1510	1700	A3			
	M3	7028	■		■	■	■			A3	1740	1930	A2			
	M3	7065		■				■		A2	1510	1640	A44	1720	1900	A17
	M3	7066		■				■		A17	1940	2120	A44	2200	2330	A2
	M3	7024				■			■	A7	1330	1440	A14			
	M3	497				■			■	A14	1540	1935	A45			
	M3	498				■			■	A45	2035	0050	A14			
12	M3	7080	■	■	■	■	■	■	■	A7	0825	0925	A2			
	M3	7139	■	■	■	■	■	■	■	A2	1010	1110	A8	1200	1345	A10
	M3	7140	■	■	■	■	■	■	■	A10	1425	1625	A8	1715	1815	A2
	M3	7381	■	■	■	■	■	■	■	A2	1900	2220	A1			

续　表

飞机	机型	航班号	班期							航站	出发	到达	航站	出发	到达	航站
			1	2	3	4	5	6	7							
13	M3	7217								A2	0850	0950	A8	1040	1300	A46
	M3	7218								A46	1340	1610	A8	1700	1800	A2
	M3	7227								A2	0850	1040	A3	1120	1300	A46
	M3	7228								A46	1340	1530	A3	1610	1800	A2
	M3	7045								A2	1840	2000	A38			
	M3	7046								A38	2040	2200	A2			
	M3	7079								A2	2240	2340	A7			
14	M3	7119								A2	0745	1015	A5			
	M3	7120								A5	1105	1350	A2			
	M3	7317								A2	1430	1530	A8	1620	1845	A37
	M3	7318								A37	1940	2130	A8	2220	2320	A2
	M3	485								A2	1000	1400	A47			
	M3	486								A47	1500	1940	A2			
	M3	7079								A2	2040	2140	A7			
15	M3	7821								A9	0930	1055	A15			
	M3	7822								A15	1135	1330	A9			
	M3	7861								A9	0900	1040	A17			
	M3	7862								A17	1120	1330	A9			
	M3	7855								A9	1410	1520	A37			
	M3	7856								A37	1610	1715	A9			
	M3	7881								A9	1755	1925	A1			
	M3	7282								A1	2015	2350	A2			
16	M3	7838								A7	0830	1100	A9			
	M3	7897								A9	1200	1520	A11			
	M3	7898								A11	1600	1900	A9			
16	M3	7837								A9	1940	2200	A7			
17	M3	7828								A11	0945	1245	A9			
	M3	7845								A9	1335	1525	A6			
	M3	7846								A6	1615	1835	A9			
	M3	7827								A9	1925	2245	A11			

续　表

飞机	机型	航班号	班期							航站	出发	到达	航站	出发	到达	航站
			1	2	3	4	5	6	7							
18	M3	7245								A1	0800	1200	A11			
	M3	7246								A11	1250	1610	A1			
	M3	7603								A1	1700	1900	A6			
	M3	7604								A6	1950	2200	A1			
19	M3	7803								A1	0900	1220	A7			
	M3	7804								A7	1310	1600	A1			
	M3	7882								A1	1650	1830	A9			
	M3	7849								A9	1910	2110	A4			
	M3	7850								A4	2200	2340	A9			
20	M3	7376								A6	0850	1050	A25			
	M3	7321								A25	1130	1230	A1			
	M3	7322								A1	1310	1410	A25			
	M3	7375								A25	1450	1630	A6			
	M3	7208								A6	1710	1850	A39			
	M3	7207								A39	1930	2120	A6			
21	M3	7346								A11	0940	1230	A1			
	M3	7129								A1	1405	1545	A18			
	M3	7130								A18	1625	1805	A1			
	M3	7177								A1	1850	2035	A17			
	M3	7178								A17	2115	2305	A1			
22	M3	7137								A1	0815	0955	A9			
	M3	7138								A9	1035	1215	A1			
	M3	7193								A1	1350	1600	A16			
	M3	7194								A16	1640	1840	A1			
	M3	7345								A1	1940	2340	A11			
23	M3	7305								A1	0850	1200	A24			
	M3	7306								A24	1240	1550	A1			
	M3	7109								A1	1800	2000	A29			
	M3	7110								A29	2040	2230	A1			

续　表

飞机	机型	航班号	班期							航站	出发	到达	航站	出发	到达	航站
			1	2	3	4	5	6	7							
24	M4	7055								A2	0825	0925	A8	1015	1315	A48
	M4	7056								A48	1400	1720	A8	1810	1910	A2
	M4	7043								A2	0910	1010	A8	1100	1355	A34
	M4	7044								A34	1435	1730	A8	1820	1920	A2
	M4	7083								A2	2000	2100	A7			
	M4	7084								A7	2140	2240	A2			
25	M4	7031								A2	0845	1000	A36	1040	1300	A49
	M4	7032								A49	1340	1600	A36	1640	1740	A2
	M4	7155								A2	1820	2040	A37			
	M4	7156								A37	2120	2355	A2			
	M4	7119								A2	0745	1015	A5			
25	M4	7120								A5	1105	1350	A2			
	M4	7317								A2	1430	1530	A8	1620	1845	A37
	M4	7318								A37	1940	2130	A8	2220	2320	A2
26	M4	7241								A2	0810	0915	A8	1005	1130	A40
	M4	7242								A40	1210	1340	A8	1430	1530	A2
	M4	7035								A2	1610	1710	A8	1750	1940	A41
	M4	7036								A41	2020	2220	A8	2300	2355	A2
	M4	7323								A2	1700	1905	A33			
	M4	7324								A33	1945	2210	A2			
	M4	7005								A2	1610	1710	A7			
	M4	7072								A7	1800	1930	A29			
	M4	7071								A29	2010	2140	A7			
	M4	7092								A7	2220	2320	A2			
27	M4	7085								A2	1500	1630	A44	1710	1855	A33
	M4	7086								A33	1935	2120	A44	2200	2330	A2
	M4	7093								A2	0810	0910	A7			
	M4	7069								A7	1000	1250	A54			
	M4	7070								A54	1330	1620	A7			
	M4	7094								A7	1710	1810	A2			
	M4	7323								A2	1850	2055	A33			
	M4	7324								A33	2135	2345	A2			

续　表

飞机	机型	航班号	班期							航站	出发	到达	航站	出发	到达	航站
			1	2	3	4	5	6	7							
28	M4	7867								A2	0815	1105	A9			
	M4	7885								A9	1200	1300	A25	1340	1540	A18
	M4	7886								A18	1620	1840	A25	1920	2025	A9
	M4	7868								A9	2105	2350	A2			
29	M4	7871								A21	0800	0905	A9	0945	1210	A8
	M4	7872								A8	1300	1535	A9	1615	1720	A21
	M4	7240								A21	1800	2000	A1			
	M4	7239								A1	2100	2300	A21			
30	M4	7337								A25	0800	0950	A30	1030	1220	A2
	M4	7338								A2	1300	1450	A30	1530	1720	A25
	M4	7333								A25	0820	1000	A3	1040	1230	A2
	M4	7334								A2	1310	1500	A3	1540	1720	A25
	M4	7335								A25	0820	1040	A36	1120	1230	A2
	M4	7336								A2	1310	1420	A36	1500	1720	A25
	M4	7371								A25	1800	1900	A1			
	M4	7372								A1	1950	2050	A25			
31	M4	7003								A2	0900	1000	A7			
	M4	7378								A7	1050	1330	A25			
	M4	7377								A25	1410	1650	A7			
	M4	7004								A7	1740	1840	A2			
	M4	7219								A2	1920	2150	A5			
32	M4	7220								A5	0805	1055	A2			
	M4	7057								A2	1135	1235	A8	1325	1515	A30
	M4	7058								A30	1555	1730	A8	1820	1920	A2
32	M4	7017								A2	1135	1235	A8			
	M4	7204								A8	1325	1610	A39			
	M4	7265								A39	1650	1950	A4			
	M4	7266								A4	2030	2330	A39			
33	M4	7847								A19	0800	0850	A9	0950	1210	A7
	M4	7848								A7	1300	1530	A9	1610	1705	A19
	M4	7234								A19	1745	1915	A1			
	M4	7233								A1	2005	2150	A19			

续　表

飞机	机型	航班号	班期							航站	出发	到达	航站	出发	到达	航站
			1	2	3	4	5	6	7							
34	M4	7087								A2	0830	1010	A4			
	M4	7385								A4	1100	1150	A26			
	M4	7386								A26	1230	1310	A4			
	M4	7387								A4	1400	1440	A27	1520	1610	A28
	M4	7388								A28	1650	1740	A27	1820	1900	A4
	M4	7088								A4	1950	2120	A2			
35	M4	7298								A1	0900	1100	A10			
	M4	7297								A10	1920	2120	A1			
	M4	7357								A10	1140	1305	A3	1345	1455	A30
	M4	7358								A30	1535	1635	A3	1715	1835	A10
	M4	7298								A1	0900	1100	A10			
	M4	7297								A10	2030	2230	A1			
	M4	7355								A10	1140	1300	A3	1340	1545	A37
	M4	7356								A37	1625	1755	A3	1835	1950	A10
36	M4	7147								A1	0805	1035	A37			
	M4	7148								A37	1125	1330	A1			
	M4	7701								A1	1415	1710	A8			
	M4	7702								A8	1800	2040	A1			
	M4	7101								A1	0835	1020	A51			
	M4	7102								A51	1100	1255	A1			
	M4	7105								A1	1350	1520	A52			
	M4	7106								A52	1600	1800	A1			
	M4	7611								A1	1955	2055	A53			
	M4	7612								A53	2135	2240	A1			
37	M4	7631								A1	0720	0835	A41			
	M4	7632								A41	0915	1035	A1			
	M4	7157								A1	1305	1620	A42			
	M4	7158								A42	1700	2000	A1			
	M4	7503								A1	2100	2225	A50			

续　表

飞机	机型	航班号	班期							航站	出发	到达	航站	出发	到达	航站
			1	2	3	4	5	6	7							
38	M4	7504								A50	0750	0940	A1			
	M4	7277								A1	1040	1240	A17			
	M4	7278								A17	1320	1520	A1			
	M4	7179								A1	1610	1950	A14			
	M4	7180								A14	2030	2350	A1			
39	M4	7311								A1	0730	0830	A25			
	M4	7325								A25	0930	1215	A8	1305	1415	A14
39	M4	7326								A14	1455	1610	A8	1700	1940	A25
	M4	7312								A25	2030	2130	A1			
40	M4	7151								A1	0835	1105	A30			
	M4	7152								A30	1150	1410	A1			
	M4	7601								A1	1500	1700	A6			
	M4	7602								A6	1745	1935	A1			
	M4	7501								A1	2050	2240	A31			
41	M4	7502								A31	0800	0950	A1			
	M4	7191								A1	1030	1315	A13			
	M4	7192								A13	1400	1640	A1			
	M4	7103								A1	1820	2020	A32			
	M4	7104								A32	2100	2300	A1			
42	M4	7307								A1	0835	1010	A33			
	M4	7308								A33	1055	1230	A1			
	M4	7161								A1	1340	1610	A30			
	M4	7162								A30	1650	1910	A1			
	M4	7175								A1	2100	2200	A34			
43	M4	7126								A35	0730	0820	A1			
	M4	7215								A1	0950	1300	A36			
	M4	7216								A36	1340	1610	A1			
	M4	7141								A1	1700	1940	A37			
	M4	7142								A37	2020	2250	A1			

续　表

飞机	机型	航班号	班期							航站	出发	到达	航站	出发	到达	航站
			1	2	3	4	5	6	7							
44	M4	7176								A34	0730	0830	A1			
	M4	7127								A1	0930	1110	A18			
	M4	7128								A18	1200	1340	A1			
	M4	7189								A1	1500	1740	A38			
	M4	7190								A38	1820	2100	A1			
	M4	7125								A1	2140	2230	A35			
45	M4	7147								A1	0805	1035	A37			
	M4	7148								A37	1125	1330	A1			
	M4	7195								A1	1800	2030	A43			
	M4	7196								A43	2110	2350	A1			
46	M4	7205								A39	0845	1015	A6			
	M4	7206								A6	1105	1255	A39			
	M4	7201								A39	1335	1620	A7			
	M4	7025								A7	1710	1820	A14			
	M4	7026								A14	1900	2010	A7			
	M4	7202								A7	2050	2335	A39			
47	M4	7203								A39	0800	1045	A8			
	M4	7018								A8	1135	1235	A2			
	M4	7005								A2	1315	1415	A7			
	M4	7092								A7	1505	1605	A2			
	M4	7017								A2	1645	1745	A8			
	M4	7204								A8	1835	2120	A39			
	M4	7057								A2	1315	1415	A8	1505	1655	A30
47	M4	7058								A30	1735	1910	A8	2000	2100	A2
48	M5	7123								A2	0755	0955	A22	1035	1220	A23
	M5	7124								A23	1300	1445	A22	1525	1745	A2
	M5	7761								A2	1825	1915	A24			
	M5	7762								A24	1955	2045	A2			

注：出发、到达分别表示出发时间和到达时间，前两位为时钟，后两位为分钟，例如 1445 表示 14:45。

参考文献

[1] 耿淑香.航空公司运营管理方略.北京:中国民航出版社,2000.
[2] 夏洪山.现代航空运输管理.北京:人民交通出版社,2000.
[3] 宁宣熙,刘思峰.管理预测与决策方法.北京:科学出版社,2003.
[4] 刘得一.民航概论.修订版.北京:中国民航出版社,2006.
[5] Bruce L B,Richard T O.预测与时间系列.北京:机械工业出版社,2003.
[6] 宁宣熙.运筹学实用教程.2版.北京:科学出版社,2007.
[7] 邢文训,谢金星.现代优化计算方法.北京:清华大学出版社,2003.
[8] 柏明国.航空公司航线网络设计问题研究[D].南京:南京航空航天大学,2006.
[9] 孙宏.航空公司飞机排班问题——模型和算法研究[D].西南交通大学,2003.
[10] 徐进.航空公司航班计划的优化方法研究[D].南京:南京航空航空大学,2006.
[11] 柏明国,朱金福.全联通航线网络和枢纽航线网络的比较研究.系统工程理论与实践,2006(26):113-117.
[12] Hanif D S,Ebru K B,Xiaomei Zhu. Airline fleet assignment concepts,models,and algorithms. European Journal of Operational Research,2006,172(1):1-30.
[13] Simpson R W. A market share model for US domestic airline competitive markets. Memorandum M 70-5,Flight Transportation Lab,MIT,1970.
[14] Franqois J C,Peter P B,Robert W S. Competitive fare effects in airport modeling and frequency market share. Journal of Air Transport Management,1995,25(1):33-45.
[15] Suzuki Y,Tyworth J E. A theoretical framework for modeling sales-service relationships in the transportation industry. Transportation Research Part E,1998,34(2):87-100.
[16] Suzuki Y,Tyworth J E,Novack R A. Airline market share and customer service quality:a reference-dependent model. Transportation Research Part A,2001,35(6):773-788.
[17] Adler N. Competition in a deregulated air transportation market. European Journal of Operational Research,2001,129(2):337-345.
[18] Abara J. Applying integer linear programming to the fleet assignment problem. INTERFACES,1989,19(4):20-28.
[19] Rushmeier R A,Kontogiorgis S A. Advances in the Optimization of Airline Fleet Assignment. Transportation Science,1997,31(2):159-169.
[20] Hane C A,Barnhart C,Johnson E L,et al. The fleet assignment problems:Solving a large-scale integer program. Mathematical Programming,1995,70(2):211-232.
[21] Desaulniers G,Desrosiers J,Dumas Y,et al. Daily aircraft routing and scheduling. Management Science,1997,43(6):841-855.
[22] Rexing B,Barnhart C,Kniker T S,et al. Airline fleet assignment with time windows. Transporta-

tion Science,2000,34(1):1－20.

[23] Yan S,Tseng C H. A passenger demand model for airline flight scheduling and fleet routing. Computers and Operations Research,2002(29):1 559－1 581.

[24] Lohatepanont M,Barnhart C. Airline Schedule Planning:Integrated Models and Algorithms for Schedule Design and Fleet Assignment. Transportation Science,2004,38(1):19－32.

[25] Barnhart C,Cohn A. Airline Schedule Planning:Accomplishments and Opportunities. Manufacturing & Service Operations Management,2004,6(1):3－22.

[26] Lohatepanont M,Barnhart C. Airline Schedule Planning:Integrated Models and Algorithms for Schedule Design and Fleet Assignment. Transportation Science,2004,38(1):19－32.

[27] Barnhart C,Kniker T S,Lohatepanont M. Itinerary－based airline fleet assignment. Transportation Science,2002,36(2):199－217.

[28] Bèlanger N,Desaulniers G,Soumis F,et al. Periodic Airline Fleet Assignment with Time Windows,Spacing Constraints,and Time Dependent Revenues. European Journal of Operational Research,2006,175(3):1 754－1 766.

[29] Bèlanger N,Desaulniers G,Soumis F,et al. Weekly airline fleet assignment with homogeneity. Transportation Research Part B,2006(40):306－318.

[30] Gronkvist M. The Tail Assignment Problem. PhD Dissertation,Chalmers University of Technology,Gothenburg,Sweden,2005

[31] Gronkvist M. Tail Assignment—A Combined Column Generation and Constraint Programming Approach. PhD Dissertation,Chalmers University of Technology,Gothenburg,Sweden,2003.

[32] Kilborn E. Aircraft Scheduling and Operation—a Constraint Programming Approach. PhD Dissertation,Chalmers University of Technology,Gothenburg,Sweden,2000.

[33] 中国民用航空总局规划科技司.从统计看民航.北京:中国民航出版社,2004.

[34] 孙宏,文军.航空公司生产组织与计划.成都:西南交通大学出版社,2008.

第9章　机组排班问题

9.1　引　言

9.1.1　机组排班的基本概念

在航空公司生产计划的制定流程中，机组排班是在机型指派之后，与飞机排班问题同时解决的。如图9.1所示。

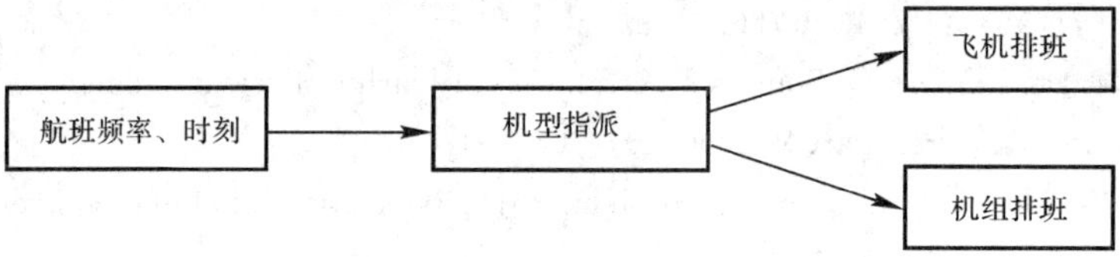

图9.1　机组排班问题所处环节

那么什么是机组排班问题呢？机组排班是一种特殊的人员排班，Lau关于人员排班问题是这样定义的：人力排班(Manpower scheduling)是在满足管理者、劳动方、政府等各单位的目标与政策下将人力资源适当地安排于所需的工作项目中。人员排班问题中有很多要素需要考虑，除了各项劳动法规外，每个人的能力、喜好及满意程度等因素均影响排班工作的质量。所以排班的决策人员在制订排班计划时必须在遵守各项劳动法规的前提下，充分考虑排班的合理性、公平性和效率。

在第6章中，已经对机务维修人员的排班问题进行了优化建模和实例分析，本章将讨论的机组排班是为航空公司的空勤人员排班。根据不同情况，机组排班问题有不同的分类。

(1) 根据航线的不同可以分为：

1) 国内航线和国际航线的机组排班问题；

2) 枢纽航线和点对点航线的机组排班问题。

(2) 根据航班周期的不同可以分为：

1) 每天的(Daily)的机组排班问题；

2) 每周的(Weekly)航班的机组排班问题。

(3) 根据空勤工种的不同可以分为：

1) 乘务员(Cabin Crew)排班；

2) 飞行员(Cockpit Crew)排班。

(4) 根据基地的多少可以分为：

1) 单基地机组排班问题；

2) 多基地机组排班问题。

因为飞行员排班比空乘人员排班更重要、限制更多、更复杂，飞行员排班问题解决了，空乘人员的排班问题也可按本章提供的方法解决，不存在困难。所以本章以下只考虑飞行员排班问题。

多数航空公司的国内航班机组和国际航班机组一般分开排班，而且国内航班占多数，只有少量国际航班，因此国际航班的机组排班问题矛盾并不突出。国内航班的机组排班方法可以用于国际航班的机组排班问题，不同的只是国际航班路线和执行时间更长，应当采用不同适航规定而已。如果是飞东亚和东南亚航线的机组，只要具有执飞国际航线的资质，则因为航程不长，可视为“国内航班”，与国内航线机组一同排班即可。因此本章只限于讨论国内航空公司国内航线机组的排班问题。

枢纽航线网络与点对点航线网络相比，对机组排班的影响主要表现为前者的每个航班的后续航班很多，因此航班的连接机会增多，可行的机组任务数要多得多，但解决问题的思路是相同的。目前我国以点对点航线为主，因此本章主要针对点对点航线结构(可包含线形航线) 讨论机组排班问题。

通过上一章的讨论已经知道，我国许多航空公司是多基地的，航班计划分冬春季和夏秋季两季有所不同，基本以一个星期为周期。因此本章将讨论多基地的周航班机组排班问题。

9.1.2　机组排班的目的和意义

机组排班的目的是，遵守管理当局的机组适航条例和考虑机组的意愿，通过科学合理地排班，保证航班计划飞行任务的正常完成，并要求尽可能降低机组人力资源成本。完成航班飞行任务是排班的基本要求，降低成本是航空公司营运追求的目标，遵守适航规定是安全飞行的需要，考虑机组意愿是提高机组满意度、实行人性化管理的基本要素。这些因素都是机组排班时必须认真考虑的。

机组是航空公司人力资源的核心，其人力成本占了航空公司人力成本的很大比例，是航空公司仅次于燃油的第二大运行成本。表 9.1 是美国主要航空公司飞行员成本，可以看出每年人均成本少则 20 万美元，多则近 400 万美元。我国航空公司的机组成本比美国的要低得多，但在航空公司的运行成本中也占有相当大的比重。

表 9.1　美国几个主要航空公司的飞行员成本

承运人	飞行员数 / 人	年人均工资 / $	年人均花费 / $	“4”/“3”
Alaska	1 329	259 953	103 736	39.91%
America West	1 675	215 470	48 722	22.61%
ATA	783	130 209	51 223	39.34%
American	12 297	2 458 453	1 484 596	60.39%
Continental	4 209	866 526	493 458	56.95%
Delta	8 074	2 084 427	1 039 582	49.87%
Southwest	3 966	664 415	320 153	48.19%
United	7 992	2 300 091	1 423 988	61.91%

注：数据来自 M. Bazargan[1]，2004。

科学合理地进行机组排班可以优化配置机组资源，降低航空公司的机组成本，在某些情况下，既可以保证航班飞行的正常执行，又可以减少人力使用，这对于航空公司来说非常重要。研究学习机组排班的方法和技术，对于实现计算机辅助排班，降低航空公司成本，提高机组管理信息化水平，具有十分重要的意义。

9.1.3 机组排班优化方法简述

民航总局制订的各项法规对飞行员飞行小时、机组搭配有着严格的限制，加上机组休假、体检、培训等方面的强制性限制，机组排班问题变得非常复杂。目前我国多数航空公司的机组排班主要通过手工完成，手工排班虽然比较简单，但可能浪费机组资源，效率低下，不能适应大型航空公司的机组排班的需要。因此迫切需要建立高效的、快速反应的排班方法、技术和工具。

一般把机组排班问题(Crew scheduling problem)分为两个子问题：机组任务配对问题(Crew pairing problem)和机组人员指派问题(Crew assignment or crew rostering problem)。第一个子问题主要是构造任务配对，要求将航班分割成若干子集，每个航班子集应能前后衔接成一个符合适航规定和最小机组衔接时间规定的航班环(称为机组任务配对)，并能覆盖所有的航班，使运营成本最低。第二个子问题是任务配对的分配，即将已选择好的航班环指派给各组机组人员执行。

在计算机排班系统中，为实现机组人员成本的最小化，应当使用优化方法和技术。为此必须首先建立数学规划模型，然后设计有效算法才能解决问题。所谓有效算法应当满足两个条件：① 能求得最优解或近似最优解；② 求解时间较短，可实现实时排班。通过近20年的研究，人们已经提出了多种优化模型和求解算法，在本章中将介绍比较常用的优化模型，并适当讨论有关算法。

9.1.4 机组排班的影响因素

影响机组排班的主要因素如下：

(1) 机队结构。由第5章已知，机队结构是指不同机型的飞机在机队中所占的比例。因为飞行员只能驾驶执照规定的机型，如果某机型的飞行员不够，即使其他机型的飞行员有剩余，也不能执行该机型的航班。因此飞行员机型结构应当与飞机机型结构保持一致。

(2) 机组资源结构。机组资源结构包括各机型飞行员的比例、机长与副驾驶的比例和机组人员在各基地的配置比例等。机组资源结构应当与机队结构匹配，机长与副驾驶的比例应当符合适航要求、公司规定和发展需要，机组人员在各基地机场的配置影响机组调度的效率。

(3) 航线结构。航线结构决定了航班飞行的小时数，影响航班之间的机组可衔接性。

(4) 航班计划。航班计划包括航班频率、航班时刻和机型指派，这些都对构建航班环(机组任务配对)有直接的影响。

(5) 适航规定。关于机组的适航条例对机组的飞行时间、休息时间、机组搭配、培训内容、体检和休假都有明确的规定，不得违反。

(6) 公司的有关规定。航空公司关于加机组、机组过夜津贴和交通住宿标准的规定，关于机长排班的资历优先权的规定，关于双机长飞行的规定，都将影响机组排班的成本，并影响机组排班的结果。

(7) 航班延误或航班计划调整。当航班计划不能正常执行时，机组排班也会受到干扰，需要做必要的调整来恢复排班计划。

上述的第(5) 和第(6) 两大影响因素的具体规定，将在 9.2 节做较为详细的介绍。

9.1.5　本章相关专业术语

为了便于本章的讨论，现将有关专业术语定义如下。

(1) 机组衔接时间。机组执行前后两个航班之间的必要准备时间(Sit Connection)，不能短于机组 MCT。

(2) 机组飞行时间(Flight Time，FT)。航段飞行时间指机组人员从航班出发前上飞机到航班到达后下飞机的时间。机组任务飞行时间是指执行一个机组任务，各航段飞行时间之和。

(3) 机组执勤时间(Elapse Time，ET)。它包括执行飞行任务前的准备时间(Brief)、航段间衔接时间、飞行时间和飞行任务结束后的汇报总结时间(Debrief)。

(4) 机组航班串。由一个机组执行的多个在空间和时间上衔接的按顺序组合在一起的一组航班。在空间上衔接是指后一个航班的出发机场与前一个航班的到达机场相同，在时间上衔接是指前后两航班的转接时间满足机组最短衔接时间限制，也即后一航班的出发时刻在前一航班的到达时刻之后，并且时间差不短于最短机组衔接时间(机组 MCT，例如为 40 min)。在下文中，航班串特指在一天中完成的航班序列。

(5) 机组航班环。由一个机组完成的若干天内满足机组排班有关法规的航班组合成的航班串，该航班串的起点和终点是同一城市(一般指基地)。如果航班环的执行周期是 2 天或 3 天，则下文的航班环将特指由 1 ～ 3 个航班串构成的航班环。

(6) 机组任务(执勤，Duty)。机组人员一天中执行的航班串飞行任务。下文将不区分机组任务和机组航班串。

(7) 机组任务配对(Pairing)。机组人员执行一个航班环所要依次执行的机组任务，可以包括若干天的机组任务。在本章中，将不再区分机组任务配对与机组航班环。

(8) 周活动串。在一周内，由几个航班环和其他活动组成的活动序列。它可继续用于构造月活动串。这里的其他活动指时间不超过一周的航班环之间的休息、短期培训、休检等。

(9) 月活动串。在一个月内(4 个或 5 个星期) 由几个周活动串和其他活动构成的活动序列，它用于指派给机组执行。这里的其他活动是指适航规定必须完成的活动，例如模拟机训练、休假等。

(10) 加机组。机组人员为了到另一个机场去执行飞行任务而加入其他航班机组的任务安排。加机组不执行航班飞行任务，但会增加航空公司成本，如座位成本和机组人员执勤成本。

(11) 过夜。机组人员执行飞行任务，在非基地机场(称为外场) 过夜(Rest Connection)。

(12) 跟班学员。刚从大学毕业并获得驾驶执照的飞行员，必须在老教员指导下首先跟班学习飞行，称为跟班学员。满足一定飞行小时后，经检查合格后可升为二类副驾驶。

(13) 二类副驾驶。飞行资质高于跟班学员，必须由老资格的教员带飞，不能独立飞行。通过检查合格后可以升为一类副驾驶。

(14) 一类副驾驶。飞行资质高于二类副驾驶,需要教员带飞,不能独立飞行。通过检查合格后可升为建立左座经历飞行人员。

(15) 建立左座经历飞行人员。简称左座人员,飞行资质高于一类副驾驶,有教员搭配,可在左座操纵飞机,通过检查合格后可升为机长。

(16) 机长。具有独立放飞资质的飞行员,并负责飞机飞行过程的安全。

(17) 新放机长。独立飞行时间不到规定时限的机长。一般不能指导建立左座经历飞行员。

(18) 教员。具有指导培训新飞行员资质的机长。

(19) 检查员。具有指导培训飞行员,并能考核飞行员和判定是否可晋级的机长。

(20) 两人制机组。机组成员的最低搭配是机长与一类副驾驶。如果有三名机组但第三名机组人员为第二副驾驶,则也属于两人制机组。

(21) 双机长机组。国际航线的航班飞行时间较长,一般安排两位机长轮流值班,称为双机长。如果有一位新放机长飞行不满规定时限,也实行双机长飞行。

(22) 三人制机组。安排双机长的航班,还配有右座副驾驶,称为三人制机组。

9.2 机组适航规定和机组排班管理

9.2.1 CCAR61 部和 121 部的有关规定

民航总局的适航条例 CCAR61 部和 121 部对机组人员的执勤和排班作了严格的规定,这些规定在进行机组排班时都必须认真贯彻执行。为本章讨论方便起见,现将有关规定按照飞行时间、执勤期、机组成员搭配等三个方面分类介绍如下:

一、飞行时间限制

(1) 7 个连续日历日内飞行时间不能超过 35 h。

(2) 任一日历月内飞行时间不能超过 100 h,任何连续三个月不能超过 270 h。

(3) 任一日历年飞行时间不能超过 1 000 h。

(4) 在任何连续 7 个日历日内安排值勤的机组人员,必须至少连续休息 36 h。

(5) 两个航段之间的衔接时间必须大于最短衔接时间。

二、值勤期时间限制

1. 两人制机组

(1) 值勤期上限是 14 h,飞行时间上限是 8 h(若航段数上限是 2,飞行时间上限是 9 h),休息期下限是 10 h。这个休息期必须安排在该值勤期结束时刻与下一值勤期开始时刻之间,这就是所谓的 8 - in - 24 h

规则。

(2) 发生运行延误时，如驾驶员的实际值勤时间未超过 14 h 的限制，则该值勤期后的休息期可缩短到 9 h。

(3) 发生运行延误时，值勤期最多可延至 16 h，但该值勤期后 10 h 的休息期不能缩短。

2. 三名机组人员（双机长）

(1) 值勤期上限是 16 h，飞行时间上限是 10 h。但对于中间没有经停的飞行，飞行时间可延长至 12 h。值勤后，必须安排至少 14 h 的连续休息期。这个休息期必须安排在该值勤期结束时刻与下一值勤期开始时刻之间。

(2) 发生延误时，如驾驶员的实际值勤时间未超过 16 h 的限制，则该值勤期后的休息期可缩短到 12 h。

(3) 发生运行延误时，值勤期最多可延至 18 h，但该值勤期后 14 h 的休息期不能再缩短。

3. 三名机组人员（包含一名双机长，并为飞行机组提供了经局方批准的睡眠区时）

(1) 值勤期的上限是 18 h，飞行时间的上限是 14 h。但每个驾驶员在飞行过程中必须有机会在经局方批准的睡眠区得到休息。值勤期后，必须至少安排连续 18 h 的休息期。这个休息期必须安排在该值勤期结束时刻与下一值勤期开始时刻之间。

(2) 发生延误时，如驾驶员的实际值勤时间未超过 18 h 的限制，则该值勤期后的休息期可缩短到 16 h。

(3) 发生延误时，值勤期最多可延至 20 h，但该值勤期后的 18 h 休息期不得再缩短。

4. 四名机组人员

(1) 值勤期上限是 20 h，飞行时间上限是 17 h，但每个驾驶员在飞行中必须有机会在经局方批准的睡眠区得到休息。值勤期后，必须安排至少连续 22 h 休息期，这个休息期必须安排在该值勤期结束时刻与下一个值勤期开始时刻之间。

(2) 发生延误时，如驾驶员的实际值勤时间未超过 20 h 的限制，则该值勤期后的休息期可缩短到 20 h。

(3) 发生延误时，值勤期最多可延至 22 h，但该值勤期后的 22 h 休息期不得再缩短。

三、机组成员搭配飞行原则

1. 执勤机组搭配原则

(1) 具有飞行检查员或飞行教员资格的机长，可以同任何等级的飞行员搭配飞行。

(2) 建立左座经历的飞行人员只有和教员或检查员搭配飞行时，才能在左座操纵飞机起降；和机长搭配飞行时只能在右座行使副驾驶职能。

(3) 一类副驾驶与教员搭配飞行时，在教员的监控下可以全程操纵飞机起降、或在右座配合飞行。

(4) 正驾驶、建立左座经历的飞行人员、一类副驾驶与机长搭配飞行时，只能在右座配合飞行。

(5) 二类副驾驶只能与飞行教员搭配飞行，并限在右座配合。右座飞行时间达到规定时限以上并经检查合格后，可以在教员监控下操纵飞机起降。

(6) 专机、重要任务飞行、边缘气象条件下飞行，必须由机长操纵飞机起降。

(7) 某机型新放机长的飞行时间不满规定时限，必须双机长搭配飞行，并且两名机长必须同时在座。

(8) 某机型新放机长飞行时间已满规定时限，经检查合格后，可与具有建立左座经历以上资格的飞行员搭配飞行；该机型机长飞行时间满规定时限后可与一类副驾驶搭配飞行。

(9) 双机长飞行，只允许左座飞行员操纵飞机起降。

(10) 新教员。某机型教员飞行时间未满规定时限，与具有一类副驾驶以上资格飞行员搭配时，可实施教学飞行；与二类副驾驶搭配时，二类副驾驶只能配合飞行。该机型教员飞行时间满规定时限后，方可带飞二类副驾驶参与操纵。

2. 跟班飞行、检查飞行的规定

(1) 跟班飞行。飞机在巡航阶段，经教员或机长同意，跟班学员可上座进行无线电通话练习。

(2) 检查飞行。检查员为该航班责任机长时，必须上座进行飞行检查，当检查员不是该航班的责任机长时，可以在观察员位置上进行检查。

3. 两人机组要求

(1) 两人飞行机组的最低机组搭配为机长与一类副驾驶。

(2) 不能安排特殊机场飞行。

(3) 不能安排跨零点航班飞行。

上述前两组叫做水平规则，第三组叫做垂直规则。垂直规则“机组搭配飞行原则”用于机组人员搭配组成机组。在水平规则中，第二组“执勤期时间限制”用于构建航班环；第一组“飞行时间限制”规则用于构造周和月活动串。

9.2.2 机组排班实践简介

欧美国家的航空公司一般拥有计算机机组排班系统，机组一般每个月排班一次，通过以下步骤完成：

第一步　将每天的航班连接生成机组任务(Duty)，Duty是一天的航班串，不一定要求回到基地；

第二步　将若干个Duty再连接起来生成机组配对(Pairing)(一般2～3天左右)，即Pairing是Duty串，保证最后一个Duty能回到基地，优化选择机组配对；

第三步　将若干个Pairing与休息期、休假、体检、培训(训练)等活动连接起来，生成一个月的活动串(Rostering)；

第四步　选择最好的活动串，并且活动串数不大于可执勤的机组数；

第五步　根据适航关于飞行员搭配的规定、公司有关规定，考虑飞行员个人意愿，将飞行员进行组合搭配，产生机组集合，机组数不少于活动串数；

第六步　最后将每个月活动串指派给适合的机组。

在我国，目前多数航班是点对点的，除少数在外场过夜的飞机外，大多数飞机当天都回到基地机场过夜，多数机组人员也不在外地过夜，这和欧美国家的航空公司有很大的不同。但上述机组排班步骤对我国基本上是适用的，只是上述第一步生成的机组任务（航班串）多数两头都在基地机场，这样的航班串就是航班环，一个机组任务配对只含有一个机组任务。

另外，我国航空公司机组排班工作由机组管理室负责完成，多数还不具备机组排班系统，主要依靠手工方式。因此机组排班周期较短，通常是一周，难以做到一个月的排班。做法是，先根据每天航班计划，在满足民航法规的前提下，将一天中同一飞机执行的航班组成航班串（机组任务），再考虑培训、休假、备份等的安排，然后按照随机的方式指派给相应的机组人员。手工构建航班串都是依靠经验，成本难以考虑。排班人员一般根据以下原则进行机组排班：

(1) 基本原则。机组航班环的航班衔接时间、总飞行时间、总执勤时间和总航段数不能超过法规规定。航班环的起点城市一般都为基地城市，同一航班号的航段优先组合在一起，同一机尾号飞机执行的航班串优先考虑采用。

(2) 启发原则。由于每天航班数量大，可行的航班串数巨大，为了选择比较理想的航班串，遵循以下三点启发：首先是参考相关历史数据，因为每天的航班变化不大，因此可以期望航班串相对固定，也变化不大；其次，优先选择起点和终点城市都是基地的航班串，起点和终点城市相同更好，这样可直接产生航班环，减少外站过夜；最后，选择飞行时间相差不大的航班串。

(3) 外站过夜控制原则。当航班串的起点或者终点不是基地城市时，机组人员必须在外站交接任务，此时机组人员被安排在外站过夜，并于次日执行其他机组任务或加机组返回。这样会增加人员成本，因此在排班阶段应尽量减少外站过夜。

(4) 加机组控制原则。机组人员完成飞行任务回基地或者为了执行异地（一般都是非基地）的飞行任务，需要加机组。加机组会增加航空公司两个方面的成本：一是机组占座成本；二是机组执勤成本。因此要控制加机组的数量。

(5) 公平性原则。在机组排班中，公平性是机组排班人员相当注重的原则。由于飞行工作关系到飞行安全，必须保证每个飞行员都能得到足够的休息和拥有平和的心态，因此公平性显得十分重要。在周工作量、休假时间的安排、外站工作时间等方面应力求均衡。

(6) 适时调整原则。每逢重大节日，航空公司的航线航班将会增加，必须对已有的机组排班计划进行调整。除此以外，由于航班不正常、机组人员资质的变更、飞行员病假或临时执行公务，机组排班的计划也要相应做出调整。所以有了机组排班计划，还需要有调度，它的目的是适应上述情况的变化，通过调整机组排班保证航班计划的正常执行。

一些商业软件公司开发了机组排班系统，例如欧洲的 Carmen 系统。有些机组排班系统还与运行控制系统集成，例如美国的SABER公司开发了世界上最为复杂的航空公司运行控制系统，其中包含有机组排班模块，该模块使用了优化技术，购买时是可选择的。

我国也有个别从事航空公司管理信息系统开发的软件公司，他们开发的机组排班系统基本上是一种代替手工的计算机软件系统，没有优化功能，航班覆盖率比较低，因此难以推广。

9.2.3 生成航班串的基本方法

关于机组排班问题，重要的是生成符合适航要求的航班环。根据上文的讨论，一个航班串是若干个航班根据时间和空间的先后顺序连接而成。如果航班串的起点和终点都是基地，生成的航班串即为航班环。尽管这是一种特例，但在我国航空公司目前的实际情况下，多数机组任务就是机组任务配对，也即多数 Duty 就是 Pairing。

为生成航班串，可采用第 2 章介绍的时空网络或航班连接网络。如图 9.2 所示是某航班计划构成的时空网络，有 4 个城市(A,B,C,D) 和 15 个航班，城市 C 是基地机场。其中，f_1 表示在此时间段上最早的一个航班，从城市 C(基地) 出发，到达城市 A。f_8 的出发机场与 f_1 的到达机场相同，同时满足时间上衔接的要求，因此 f_1 与 f_8 可连接成一个可行的机组任务。另外，f_2，f_7，f_{13} 可连接成另一个可行机组任务，等等，以此方式将所有航班连接成若干个可行机组任务。航班串 S_1，S_2，S_3，S_4，S_5 涵盖所有 15 个航班，是一组可行的机组任务，可表示成如图 9.3 所示的形式，也可表示成如表 9.2 所示的形式，可见这些航班串就是航班环。航班串可简单地用城市简称表示，例如宁 — 深 — 琼 — 深 — 宁。

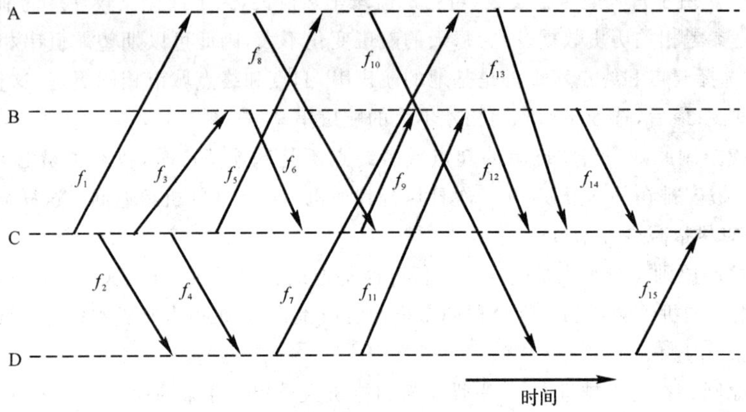

图 9.2 航班时空网络

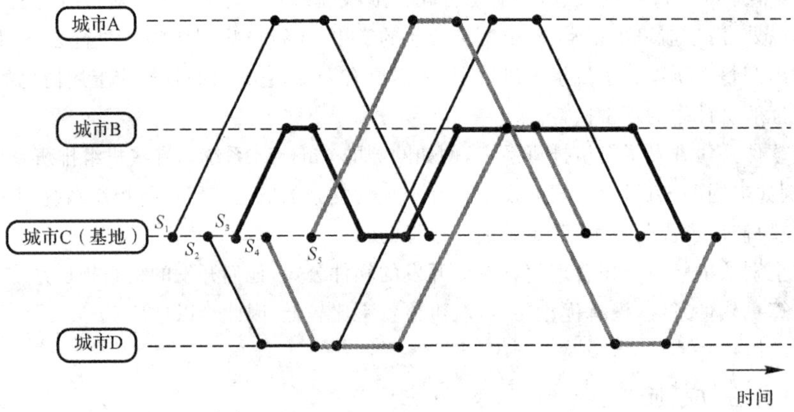

图 9.3 机组任务图

表 9.2　可行机组任务表示

机组任务	覆盖航班情况 A　B　C　D
S_1	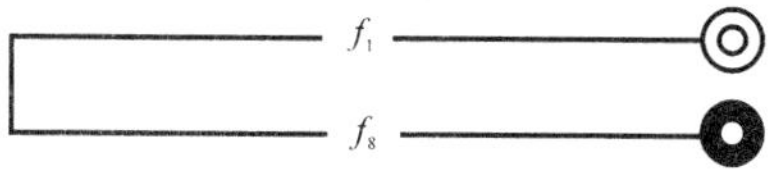
S_2	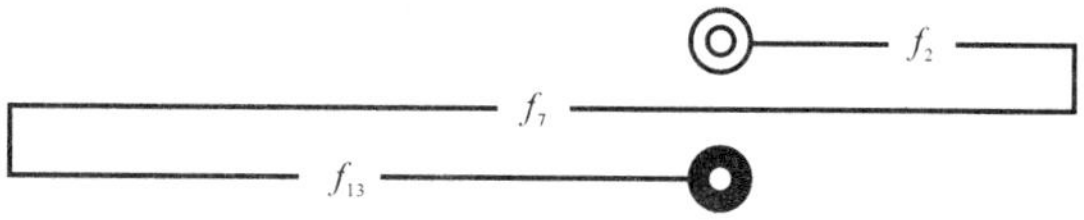
S_3	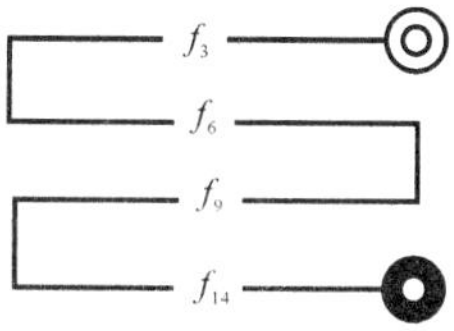
S_4	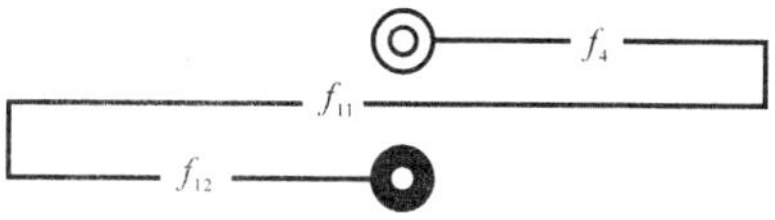
S_5	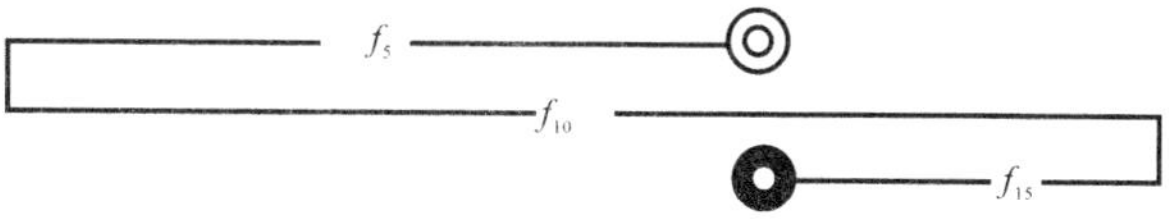

另外一种生成航班串的方法是采用航班连接网络。航班连接网络是一种有向图，在第 2 章中对它作过介绍，其中节点表示航班，有向边表示前后两个航段的衔接。如果两个航段满足以下条件：① 前一航段的到达城市是后一航段的出发城市；② 两个航段的衔接时间不短于最小衔接时间，那么该两航班节点用有向边连接，方向从前一个航班节点指向后一个航班节点。

航班连接网络以基地机场为发点和收点（或称源点和汇点），如果航空公司只有一个基地机场，它将是单发点单收点的网络图。对于多基地航空公司，它是一个多发点多收点的网络图。此时，可以将各基地机场分开，用它们的始发航班单独构造航班连接网络，构成多个单发节点单收节点网络图。找航班串（环）就是在航班连接网络中搜索从发点到收点的一条路径。这条路径总飞行时间不超过适航条例规定的一个值勤期中的飞行小时数，总花费时间不超过适航条例要求的一个执勤期的执勤小时数。

如表 9.3 所示是一种机型执行的支线航班计划，航班号用 0，1，2… 代替，共 9 个航班，服务 4 个城市 A，B，C，D，其中 A 是基地机场。机组最短衔接时间规定为 30 min，试用航班连接网络求出它的可行航班串（航班环）。

表 9.3　一个航班计划

航班号	出发城市	到达城市	出发时间	到达时间	飞行时间
0	A	B	08:00	09:00	1:00
1	A	D	09:30	10:10	0:40
2	D	B	10:45	11:45	1:00
3	B	C	09:30	10:20	0:50
4	C	B	11:20	12:15	0:55
5	B	A	12:20	13:25	1:05
6	A	B	14:05	15:05	1:00
7	B	A	15:45	16:50	1:05
8	B	A	15:55	17:00	1:05

首先根据表 9.3 的航班计划构造出航班连接网络图，如图 9.4 所示，然后寻找图中从发点 A 到收点 A 的路线，共有 14 条：

S_1：A—0—7—A

S_2：A—0—3—4—7—A

S_3：A—0—3—4—8—A

S_4：A—0—8—A

S_5：A—0—5—6—7—A

S_6：A—0—5—6—8—A

S_7：A—1—2—5—6—7—A

S_8：A—1—2—5—6—8—A

S_9：A—1—2—7—A

S_{10}：A—1—2—8—A

S_{11}：A—6—7—A

S_{12}：A—6—8—A

S_{13}：A—0—5—A

S_{14}：A—1—2—5—A

上述航班计划 9 个航班连接成了 14 个航班串（可以去掉两头的基地机场节点），通常可行的航班串数远远超过航班数，如果该网络中某些节点的“度”很大（例如，在枢纽机场连接的航班），那么这些航班可衔接的后继航班相当多，可生成的航班串将是海量的。

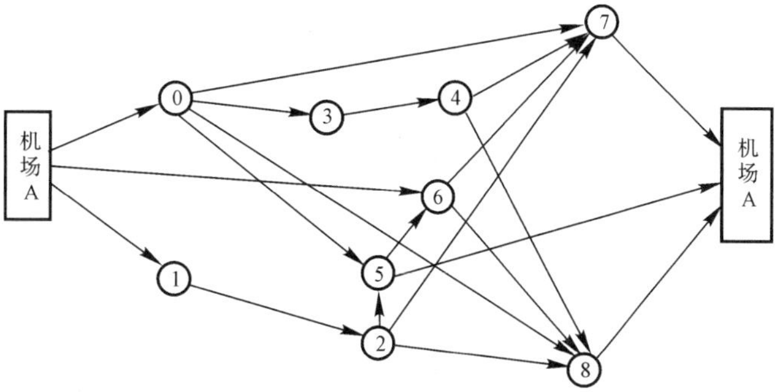

图 9.4　航班连接网络

对于一个机组航班串，除了执勤小时数和飞行小时数不能违规外，航班串的长度也有限制，例如不能超过 8 个航班，此时并不是所有的路径都是可行的航班环。假设航空公司限制一个机组一天最多执行 4 个航班，那么上述的航班串 S_7 和 S_8 就是不可行的。

9.3　机组航班环生成和优化

9.3.1　机组航班环的构造步骤

在 9.2.3 小节中已经介绍了生成航班环的基本方法，那里介绍的两种方法，即时空网络法和航班连接网络法对手工编制航班环都很有效，只要航班量不是太大，都可以获得必需的航班串。在手工编制时，一般并不找出所有可行的航班串，而是根据经验找到能覆盖所有航班的若干航班串即可以了。这样得到的航班串一般不能保证最优，如果想获得最优的航班串，应当给出所有可行的航班串，然后利用数学模型和算法，从中找出最优的一组航班环。

要获得所有的航班串，对于大量航班问题，必须采用计算机辅助生成系统。下文讨论计算机辅助生成航班串的方法。

计算机辅助生成航班串必须给定以下数据：

(1) 航班计划；

(2) 基地机场；

(3) 过夜机场和过夜航班。

在生成航班串的同时必须考虑如下限制条件：

(1) 适航规定：最小衔接时间、执勤小时和飞行小时限制；

(2) 公司规定：一个执勤期的最大、最小航班数等。

为便于计算机算法设计，采用航班连接网络，则航班环按以下步骤生成：

(1) 将航班计划按机型分割成若干子集(通过机型指派完成)。

(2) 对每种机型的航班计划，按航班出发机场，再分成出发航班子集。

(3) 构造各机场出发航班树，即以各出发机场为根节点，用衔接边连接从它出发的各航班节点，分裂各航班节点成出发和到达两个机场节点，之间用航班边连接，形成所谓航班节线。

(4) 从基地机场出发航班树开始，将各航班节线的到达机场节点与其出发航班树的根节点合并，删除衔接时间短于最小衔接时间的衔接边和航班节线。

(5) 重复上述步骤直到各航班节线无可衔接的航班为止，得到以各基地机场为根节点(网络的源或发点)的航班连接树，它的叶节点是基地机场或过夜机场。

(6) 在航班连接树中加上终止机场节点(基地机场，是网络的汇或收点)，用终止边将叶节点和所有到达机场是基地/过夜机场的航班节线连接到终止机场节点，然后在每条航班节线的航班边上标注飞行时间，在每条衔接边上标注衔接(过站)时间，这样就形成了航班连接网络。

(7) 从基地机场节点开始，采用宽度优先或深度优先搜索或混合搜索的方法，搜索航班连接网络的每一条路径，每条路径都是一个航班串(环)。在搜索过程中不断累加路径上的飞行时间和值勤时间(飞行时间再加上过站时间是值勤时间)，如果到某节点处，飞行时间或值勤时间已违反了适航规定，就放弃该路径。最后得到的是符合适航规定的可行航班串。

例 9.1　如表 9.3 所示给出的航班计划是一种机型的飞机执行的航班计划，试用上述步骤为该航班计划构造机组航班环(任务配对)。

第一步　该航班计划共有 9 个航班，服务 4 个城市 A,B,C,D，将 9 个航班按照这四个机场的出发航班分割如下：

A:{0,1,6}；　B:{3,5,7,8}；　C:{4}；　D:{2}

第二步　构造基地机场 A 的出发航班树如图 9.5 所示，构造其他机场的出发航班树如图 9.6 和 9.7 所示。

第三步　对于航班 0,1 和 6，分别连接机场 B,D,B 的出发航班，并判断出航班 3 和 5 不能衔接航班 6，删除这两个航班节线，然后再分裂相应的航班节点，结果如图 9.8 所示。

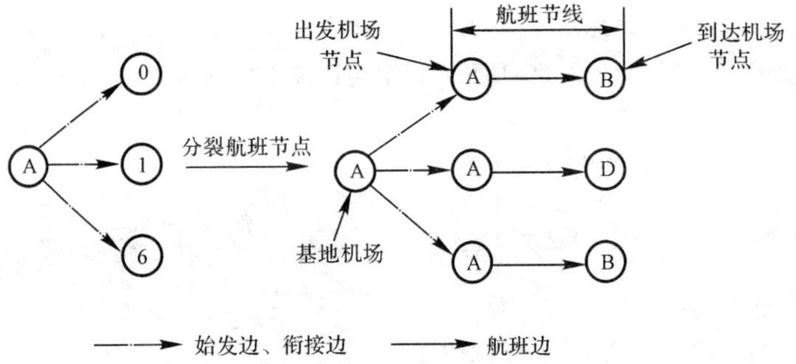

图 9.5　基地机场的出发航班树

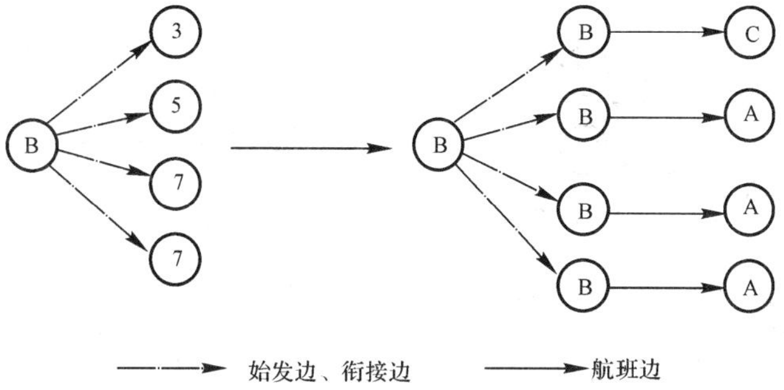

图 9.6　机场 B 的出发航班树

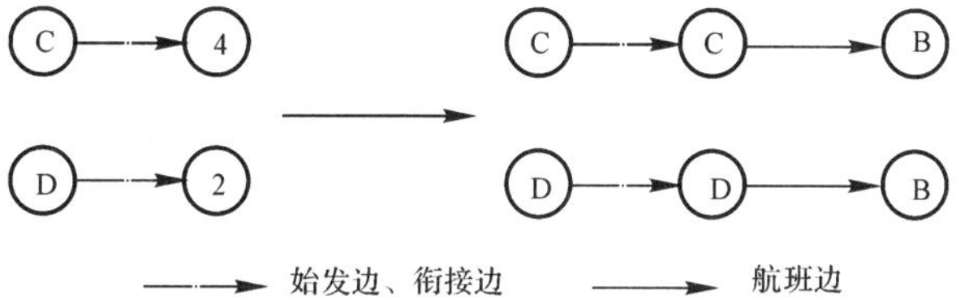

图 9.7　机场 C,D 的出发航班树

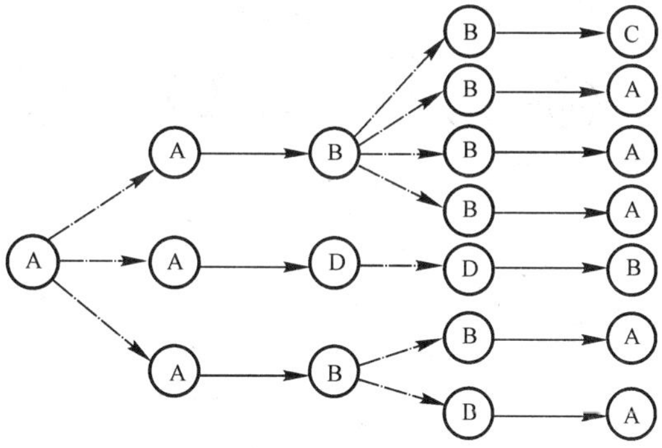

图 9.8　航班 0,1,6 分别衔接机场 B,D,B 的出发航班树

第四步　对图 9.8 中最后一排的到达机场重复第三步,发现航班 7 和 8 已没有可衔接的航班,最后得到如图 9.9 所示的结果。这就是如表 9.3 所示的航班计划的航班连接树,为方便辨认,图 9.9 中每条航班边上给出了航班号。

第五步　增加基地机场终止节点,连接生成航班连接网络,如图 9.10 所示。对航班连接网络的每条航班边给出飞行时间,每条衔接边给出过站时间。

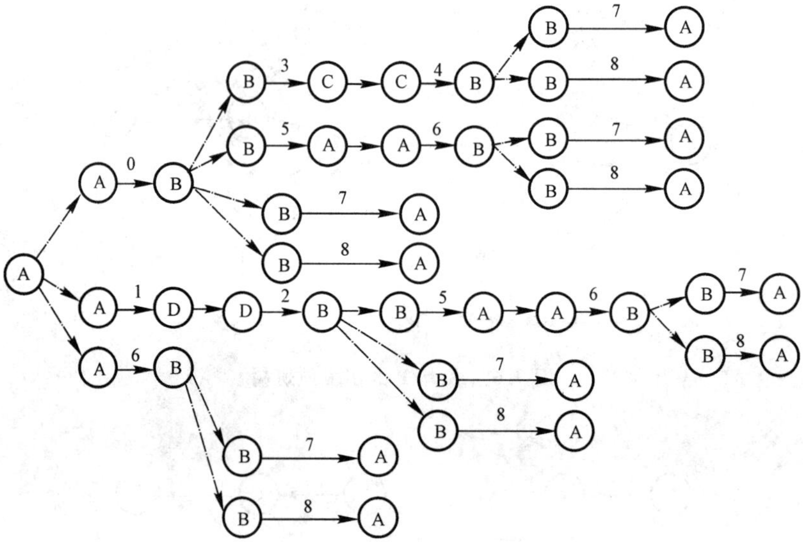

图 9.9　航班连接树

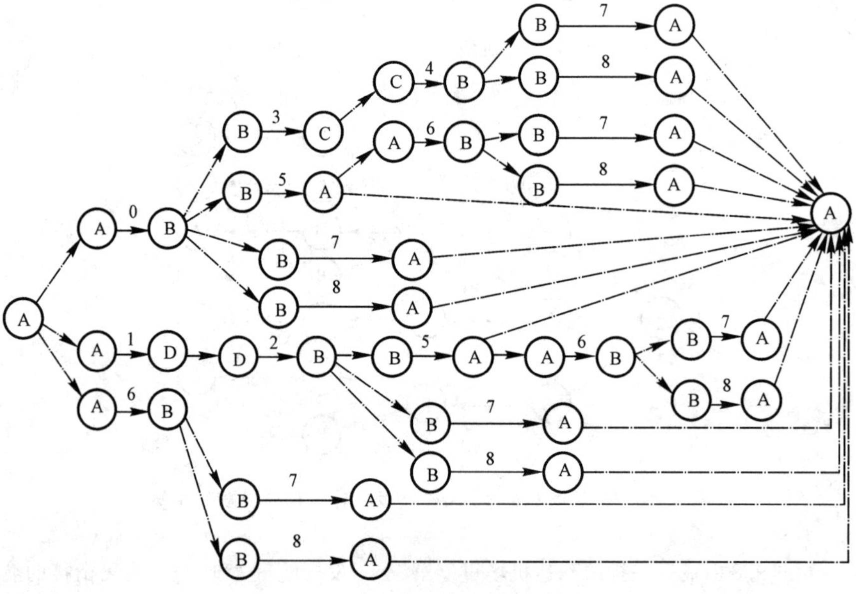

图 9.10　航班连接网络图

第六步　进行深度搜索或宽度搜索，得到该树的每一条路径，结果和 9.2.3 小节的相同，共 14 条，它们都是可能的航班串。由于该例中每个航班串的终止机场都是基地机场，所以它们又都是航班环。搜索过程计算累积飞行时间和过站时间，结果如表 9.4 所示。在该表中，FT 和 ET 分别是飞行时间和执勤时间，发现所有航班串(环)都符合关于值勤期时间的适航规定，如果公司对值勤期的航班数无规定，则 14 个航班环都是可行的。

表 9.4　航班环的时间参数和工作效率

航班环	S_1	S_2	S_3	S_4	S_5	S_6	S_7
	0—7	0—3—4—7	0—3—4—8	0—8	0—5—6—7	0—5—6—8	1—2—5—6—7
FT	2:05	3:50	3:50	2:05	4:10	4:10	4:50
ET	8:50	11:50	12:00	9:00	8:50	9:00	7:20
η	0.236	0.324	0.319	0.231	0.472	0.463	0.659
航班环	S_8	S_9	S_{10}	S_{11}	S_{12}	S_{13}	S_{14}
	1—2—5—6—8	1—2—7	1—2—8	6—7	6—8	0—5	1—2—5
FT	4:50	2:45	2:45	2:05	2:05	2:05	2:45
ET	7:30	7:20	7:30	2:45	2:55	5:25	3:55
η	0.644	0.375	0.367	0.758	0.714	0.385	0.702

可行的航班串不等于质量都相同。例如 S_2，S_3 与 S_7，S_8 相比，飞行时间短了，但执勤时间却更长了。因为飞行员的生产力体现在空中飞行，不是呆在地面等待，飞行时间短而执勤时间长就意味着航班串的质量低。可以用飞行时间 FT 与执勤时间 ET 的比 η 来表示航班串(环)的质量，叫做机组工作效率，比值 η 越大越好。本例的航班串质量已列在表 9.4 的最后一行。可以按照 η 从大到小给航班环排序，在 η 相同时，以飞行时间从大到小排序，那么排在前面的是质量高的航班环。

通过本例的讨论，我们已经看清楚了如何从航班计划构造航班环的思路，下文将介绍具体的算法。

9.3.2　机组航班环构造算法

在 9.3.1 小节描述了从航班计划构造航班串(环)的一般思路和步骤，如果需要开发航班串(环)的计算机辅助生成程序，还必须掌握相关算法。

一、航班计划的预处理

一般地，航班计划除含有如表 9.3 所示的信息外，还含有机型、航班号、机尾号等信息。由于航班计划存储在数据库中，首先可以通过查询字段“机型”将不同机型执行的航班计划分割开来(或直接由机型指派生成)，生成机型航班计划子集，然后通过查询字段“出发城市”将各机型航班子集进一步分割成出发机场航班子集。

二、构建出发城市航班树

以各出发城市(机场)为根节点，以它的出发航班为航班节线，用衔接边将它们与根节点连接起来，生成只有一层的航班树。为此，借用伪 C ++ 语言来构建机场节点类、航班节点 / 线类以及航班树类。

1. 机场节点类

```
class AP_Node{   // 机场节点类
private:
   String City_Name;   // 机场所在城市名称，可用简称或四字代码
   bool Is_AP_Base;   // 标识是否为基地机场，1 表示是，0 表示否
   int Children_Num;   // 给出该机场出发航班的个数
   Flight_Node * Children;   // 给出该机场出发航班节点对象
   ~ AP_Node( );   // 析构函数
public:
   AP_Node(String,bin,int,Flight_Node * );   // 机场节点的构造函数
}
```

2. 航班节点类

```
class Flight_Node{   // 航班节线类
private:
   int Flight_No;   // 给出航班号
   bool Is_Leaf;   // 指示是否为叶节点，1 表示是，0 表示否
   int Leg_Num;   // 给出该航班的航节数，如果等于 1，则是单航节航班，否则是多航节
   Leg * Leg_Node;   // 对于多航节航班，给出每个航节信息（对象指针）
   Flight_Node * Father;   // 给出航班树中该航班节点的父节点
   Flight_Node * Children;   // 给出航班树中该航班节点的所有子节点，通过执行
                    //AP_Flight_Tree 类的成员函数 Children_Connect( ) 得到。
   int Children_Num;   // 给出航班节点的子节点数
   int Current_Children_Num;   // 记录树搜索时没有被搜索的子节点数，初值 = 子节点数
   Flight_Node * Left_Flight_Node,Right_Flight_Node;   // 给出航班树中该航班所在层的左右
                                                        // 节点
   AP_Node * Dep_City,Arr_City;   // 该航班的始发机场和终止机场
   time * Dep_Time,Arr_Time;   // 该航班的始发时刻和终止时刻
   time Flight_Time,Turnover_Time;   // 给出该航班的飞行时间和转场(经停) 时间
   ~ Flight_Node( );   // 析构函数
public:
   Flight_Node(int,int,int){Current_Children_Num = Children_Num;};   // 构造函数
   void Cal_Flight_Time( );   // 计算航班的飞行总时间
   void Cal_Turnover_Time( );   // 计算航班的过站总时间
   Flight_Node *   Copy( );   // 拷贝本航班节点对象
}
```

航班节点类不但给出了本航班的基本信息，还包含了在航班树中的上下左右邻居节点，这些信息主要用于航班连接树的搜寻。父、子节点用于深度搜索，左、右节点用于宽度搜索。如果是根节点（基地机场）的出发航班，则设父节点的指针为 NULL，如果是叶节点，则设子节点的指针为 NULL。如果是某层的边界节点，则相应的左或右邻居节点指针为 NULL。如果航班是叶节点，则 Is_Leaf = 1，Children = NULL，Current_Children_Num = Children_Num = 0。

如果某航班由多个航节组成，则航班节线也由多个航节节线构成，是航节节线的宏节线。航班节线对象的飞行时间是该航班各航节飞行时间的总和，而航节的飞行时间 Leg -> Flight_Time = Leg -> Arr_Time - Leg -> Dep_Time。航班的过站时间等于该航班节线的出发机场与它的父节线的到达机场之间衔接时间加上该航班各航节的过站时间之和，航段 Leg 的过站时间 Turnover_Time = Father_Leg -> Arr_Time - Dep_Time。航班的第一个航节的父航节节点指针为 NULL。

3. 航节类

```
Class Leg{
Private:
  Int Flight_no;  // 该航节所在航班号
  time * Dep_Time,Arr_Time;  // 航节的出发时刻和到达时刻
  time * Flight_Time,Turnover_Time;  // 航节的飞行时间和过站时间
  AP_Node * Dep_City,Arr_City;  // 航节的出发机场节点和到达机场节点
  Leg * Father_Leg;  // 在航班中本航节的父航节（前一个航节）类的指针
  ~ Leg( );  // 析构函数
public:
  Leg(int,time,AP_Node * );  // 构造函数
  void Cal_Flight_Time( );  // 计算航节飞行时间
  void Cal_Turnover_Time( );  // 计算航节过站时间
}
```

4. 机场出发航班树类

```
class AP_Flight_Tree:AP_NODE{  // 机场出发航班树类，该树只有一层，它继承了机场节点类
private:
  ~ AP_Flight_Tree( );
public:
  AP_Flight_Tree( );  // 构造函数，调用成员函数 Children_Connect( ) 构造机场出发航班树
                      的对象
  void Children_Connect( );  // 由机场节点连接出发航班节点构成机场出发航班树
}
```

其中成员函数 Children_Connect( ) 用于构建机场节点的出发航班树，在该函数中，首先按照子航班节点的出发时间 Children -> Dep_Time 从小到大排序，在树中代表从左到右的顺序，编号分别为 1，2…，Children_Num。然后给每个子航班节点的 Father，Left_Flight_Node，Right_Light_Node 赋值。

生成机场出发航班树类的对象后，再将它们连接成航班连接树和航班连接网络。

三、航班连接网络的构造算法

以基地机场的航班树为基础，遍历该树的叶节点(即基地机场出发航班节线的到达机场)，再将各到达机场的出发航班树连接到该节点，将不满足最小衔接时间的分枝剪去，以此扩张基地机场的航班树。反复逐级进行这样的连接，直到没有满足最小衔接时间的后续航班为止，至此完成了航班连接树的构造。

上述构造航班连接树的算法由下列航班树类完成。

1. 航班树类

```
class Flight_Tree{   // 航班树类，连接各机场出发航班树对象，构造航班连接树
private:
  int AP_Num;  // 航班出发机场的总数
  int Flight_Node_Num;  // 航班节点总数
  int Level_Num;  // 航班树的层数
  int Leaf_Node_Num;  // 航班树的叶节点数
  AP_Node * Root_AP;  // 根节点(基地机场)
  Flight_Node * Current_Flight;  // 给出当前航班节点
  Flight_Node * Leaf_Flight_Node;  // 航班树的叶节点，一天最后的航班
  AP_Flight_Tree * AP_Flight_Tree_Node;  // 机场出发航班树的集合(对象指针)
  ~Flight_Tree( );  // 析构函数
public:
  Flight_Tree( );  // 缺省构造函数
  Flight_Tree(int,int,int,int,AP_Node…);  // 构造函数
  void Connect_AP_Tree( );  // 连接机场出发航班树
  void Cut_Branch( );  // 剪去不满足最小衔接时间的航班分枝
  void Construct_Tree( );  // 构造航班连接树
  void Show_Tree( );  // 显示航班连接树
  void Save_Tree( );  // 存储航班连接树
}
```

航班树类 Flight_Tree 的构造函数调用成员函数 Construct_Tree( ) 构造航班树的对象，成员函数 Construct_Tree( ) 以宽度方向从左到右，逐层对每个航班节线的到达机场节点循环调用成员函数 Construct_AP_Tree( ) 和 Cut_Branch( )，将机场出发航班树连接到航班连接树上。在 Cut_Branch( ) 中，将机场节点的子航班集 Child_Flight 中不符合最小衔接时间规定的航班删除，同时减小它的 Children_Num。如果 Current_Flight -> Arr_City 的分枝被 Cut_Branch( ) 全部剪掉，则 Current_Flight -> Arr_City -> Children_Num = 0，此时该分枝不再生长，并得到叶节点，令 Current_Flight -> Is_Leaf = 1。生成所有叶节点后完成航班连接树的构造。

接下来构造航班连接网络的对象，航班连接网络类如下。

2. 航班连接网络类

```
class Flight_Network:Flight_Tree{   // 航班连接网络类，继承了航班连接树类
private:
  Path * Flight_Path;   // 航班环对象指针
   ~ Flight_Network;   // 析构函数
public:
  Flight_Network( );   // 构造航班连接网络类，调用成员函数 Construct_Flight_Network
  void Construct_Flight_Network( );   // 构建航班连接网络
  void Save_Flight_Network( );   // 存储航班连接网络
  Path * Search_Path(int);   // 获取航班连接网络的路径
  void Save_Path( );   // 存储航班环 Flight_Path
}
```

在航班树的基础上，增加一个汇节点，然后用终止边将航班叶节线与汇节点连接起来，即可构造出航班连接网络。因此航班连接网络类 Flight_Network 继承了航班树类 Flight_Tree，成员函数 Construct_Flight_Network( )用于构建航班连接网络，算法如下：

第一步　搜索航班连接树，找出所有以基地（或过夜）机场为到达机场的中间航班节线，它们和叶节点一起统称为“基地机场航班节线”。

第二步　用基地机场节点对象产生一个终止机场节点对象，即汇节点。

第三步　用终止边连接“基地机场航班节线”和汇节点。

航班连接网络类的其他几个成员函数用于获取航班环、存储航班连接网络和航班环。

四、航班环搜索算法

有了航班连接网络，使用下面的航班环类 Path 来获取航班串。

航班环类（路径类）：

```
class Path{   // 航班环类，航班环是航班连接网络从源到汇的一条路径
private:
  int min_Flight_Num,max_Flight Num;   // 航班环的最小、最大航班数
  time max_Flight_Time,max_Elapse_Time;   // 航班环的最大飞行和执勤时间
  Flight_Network *   thisNetwork;   // 通过构造函数传进来的航班连接网络。需寻找它的路径
  Path * Flight_String;   // 存储航班环
  Stack * Current_Path;   // 用堆栈存放当前路径，宽度搜索可同时产生多条路径
  Flight_Node * Current_Flight;
  time * Flight_Time,Elapse_Time;   // 存储当前路径的飞行时间和执勤时间
   ~ Path( );   // 析构函数
public:
```

```
    Path( );  // 缺省构造函数
    Path(Flight_Network * );  // 构造函数
    void Deep_Search( );  // 执行深度搜索
    void Broad_Search( );  // 执行宽度搜索
    void Hybrid_Search( );  // 执行深度 — 宽度混合搜索
    bool Judge_Regulation( );  // 判断路径的飞行时间或执勤时间是否超过适航规定,判断航班
                               // 数是否超过公司规定的最大值,即判断路径是否可行,已不可行
                               // 的路径不再继续搜索
    void Cal_Flight_Time( );  // 计算路径的飞行时间
    void Cal_Elapse_Time( );  // 计算路径的执勤时间
    void Output_Path( );  // 输出已搜索到的可行路径(航班环)
    void Save_Path( );  // 存储已搜索到的可行路径
}
```

创建了堆栈类 Stack,用于存放当前已搜索到的路径,它除了有常用的 Push,Pop 两个操作外,还设计了 CopyIn,CopyOut 和 Clear 操作,前两者分别把路径类 Path 的一个对象拷贝进和拷贝出堆栈,Clear 则用于清空堆栈。路径类 Path 的成员函数 Deep_Search( ),Broad_Search( )和 Hybrid_Search( )是主要的成员函数,分别实施深度优先搜索、宽度优先搜索和深度-宽度混合搜索。下面给出深度搜索的算法,其他两种搜索算法可以仿此设计,这里不再详细给出。

```
void Deep_Search( ){
    Flight_String = new Path;  // 为航班环数组开辟空间,并获得首地址
    Current_Path = new Stack;  // 为当前路径开辟空间
    Current_Flight = new Flight_Node;  // 为当前航班节点对象开辟空间
    int i = 0;  // 临时整数
    for(k = 1;k = thisNetwork -> Root_AP -> Children_Num;k ++){  // 以基地机场的出发航
                                                                  // 班为循环变量
        Flight_Node *  First_Level_Flight = &thisNetwork -> Root_AP -> Children[k];
                                                  // 获得基地机场第 k 个出发航班节点
        Current_Path -> Clear( );  // 清空当前路径堆栈
        Current_Path -> Push(First_Level_Flight);  // 将第 k 个出发航班压入当前路径堆栈
        Current_Flight = First_Level_Flight -> Copy( );  // 将第 k 个出发航班拷贝给当前航班
        int Current_Flight_Num = 1;  // 设置当前路径中航班数为 1
        while(First_Level_Flight -> Current_Children_Num! = 0)do{
                                      // 本段程序搜索第 k 个出发航班以下的子树的所有路径
            i = Current_Flight -> Children_Num - Current_Flight -> Curren_Children_Num + 1;
                                                                  // 给出该搜索的子节点序号
            Current_Flight -> Current_Children_Num - -;  // 记录未搜索子节点数
```

```
Current_Flight = &Current_Flight -> Children[i];    // 访问第 i 个子节点,并令其为当前
                                                       节点
if(Curren_Flight -> Is_Leaf){   // 如果当前航班是叶节点,则
  if(Judge_Regulation( )&&Current_Flight_Num <= max_Flight_Num){
                                              // 判断当前路径是否满足规定条件,若满足则
  Current_Path -> Push(Current_Flight);   // 将当前航班压入路径堆栈
  Current_Flight_Num ++;   // 路径的航班数增 1
  Flight_String = &Current_Path -> CopyOut( );   // 将当前路径拷贝给航班环数组
  Flight_String ++;}   // 将航班环数组指针移动一个单位
  Current_Path -> Pop( );   // 往上回溯到航班连接树的上一层次
  Current_Flight_Num --;   // 将当前路径的航班数减 1
  Current_Flight = Current_Path -> Top;   // 把上一层次的航班节点赋给当前航班节点
  If(Current_Flight -> Father == NULL)   // 如果当前航班是基地机场出发航班,则
     {  First_Level_Flight -> Current_Children_Num --;}// 将其子节点数减 1
  if(Current_Flight ->   Current_Children_Num == 0){   // 如果当前航班的子节点全
                                                         访问过,则
    Current_Path -> Pop( );   // 此时再往上回溯到航班连接树的上一层次
    Current_Flight_Num --;   // 再将当前路径的航班数减 1
    Current_Flight = Current_Path -> Top;   // 把上一层次的航班节点赋给当前航班
                                               节点
    If(Current_Flight -> Father == NULL)   // 如果当前航班是基地机场出发航班,则
      {First_Level_Flight -> Current_Children_Num --;}// 将其子节点数减 1
  }
}
else if(Judge_Regulation( )&&Current_Flight_Num < max_Flight_Num){
                                    // 如果当前航班不是叶节点,当前路径满足规定条件,则
  Current_Path -> Push(Current_Flight);   // 把当前航班压入当前路径,继续搜索子节点
  Current_Flight_Num ++;   // 当前路径中航班数增 1
  if(Current_Flight -> Arr_City -> Is_AP_Base)
      // 判断当前航班的到达机场是否为基地机场,若是,则当前路径是一个可行的航班环
    {Flight_String = &Current_Path -> CopyOut;Flight_String ++;}
                // 将当前路径拷贝到航班环数组中,并将航班环数组的指针增加一个单位
  else   // 如果当前路径不满足规定条件,则不再搜索子节点,并且
    Current_Path -> Pop( );   // 往上回溯到航班连接树的上一层次
    Current_Flight_Num --;   // 将航班串的航班数减 1
    Current_Flight = Current_Path -> Top;   // 把上一层次的航班节点赋给当前航班
```

```
                                          // 节点
        If(Current_Flight -> Father == NULL)   // 如果当前航班是基地机场出发航
                                               // 班,则
          {First_Level_Flight -> Current_Children_Num --;}// 将其子节点数减 1
      }
    }
  }
}
```

从深度优先搜索的算法可知,它首先从树的根节点开始,从树的左侧一直搜索到叶节点,然后回溯到父节点,再向下搜索,如果父节点的所有子节点都已访问过,则再向上回溯到祖父节点,再向下搜索,如此这般直到访问过最后一个叶节点结束,其过程如图 9.11 所示,图中虚线箭头表示搜索的顺序。

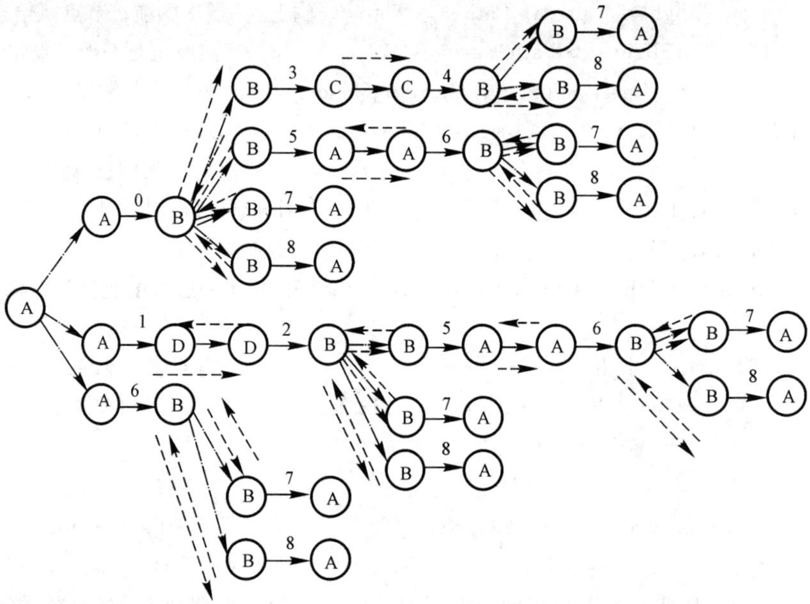

图 9.11 深度优先搜索顺序

宽度优先算法和深度优先算法不同。它的搜索首先从根节点开始,对树的每一层,从左到右遍访该层的所有节点,然后移向下一层,再从左到右搜索,访问每一个节点,直到最后一层。其过程如图 9.12 所示。

深度-宽度混合搜索是上述两种搜索顺序的混合形式,首先按照深度优先的顺序,从根节点开始搜索它的左边子节点,每访问一个航班节点后,首先访问遍它的子节点,然后再向下移到它的子节点,再访问遍该子节点的所有子节点,如此这般一直到访问完所有节点。它的搜索顺序如图 9.13 所示。

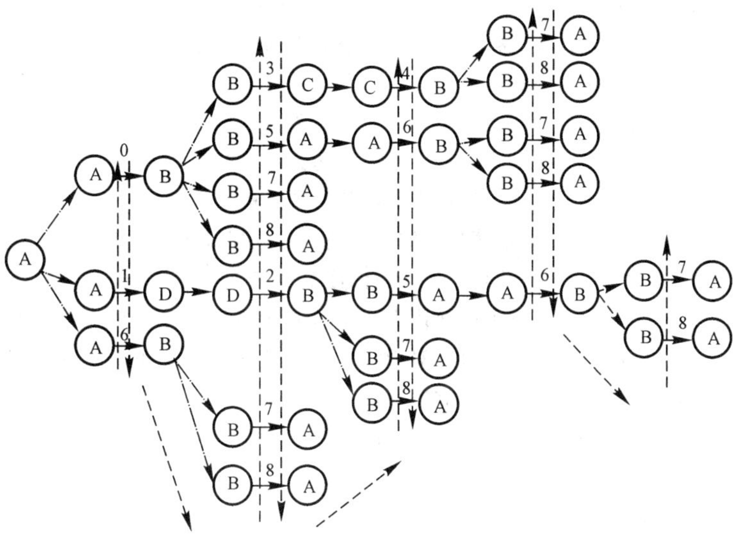

图 9.12　宽度优先搜索顺序

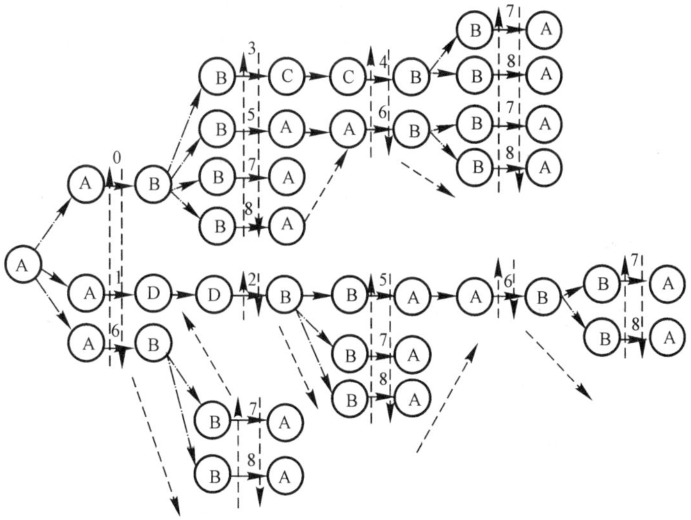

图 9.13　深度-宽度混合搜索顺序

五、过夜机场航班处理

如果有外场过夜航班存在，则含有外场过夜航班的航班串还不是航班环。此时需构造多个航班串的航班环，可分两种情况分别处理：① 每天都有航班在此机场过夜；② 从基地机场出发的航班，当天在外场过夜，第二天从过夜机场出发，再执行 1 ～ 2 个航班串后回基地机场。对于第一种情况，可以将过夜机场当做基地机场一样处理，用上述方法获得过夜机场为根节点的航班环。

对于第二种情况，上述方法得到的从基地机场出发的航班串以过夜机场为终止机场，应当把这部分航班串从航班环分离开来，构成航班串子集。将过夜机场当做基地机场看待，用上述方法构建第二天的以过夜机场为根节点的航班串，这些航班串将以基地机场为终止机场，或还以过夜机场为终止机场。若是以基地机场为终止机场，则将第一天的航班串子集与第二天从过夜机场出发的航班串子集连接起来形成两天的航班环(有两个航班串)。如果第二个航班串还以某过夜机场为终止机场，则第三天再从该过夜机场出发构造第三个的航班串。航班计划一般应当保证最多三个航班串即可构成航班环，因此第三个航班串应当以基地机场为终止机场，将三天的航班串连接起来，得到含有三个航班串的航班环。

如果加机组成本比外场过夜成本小的话，对于第二种情况，航空公司可能宁愿采用加机组的方法让机组当天返回基地，而不是构造多航班串的航班环。

因此不管哪种情况都可以采用本小节介绍的方法获得所有航班环。

9.3.3 机组航班环选择优化建模

用上文所述方法可以获得大量的航班环，航班环数可能是航班数的平方量阶，这就意味着即使只有 100 个航班的航班计划，也有上万个可行航班环。所有航班环开始和结束于同一个基地机场，并且满足值勤期适航规定，每个航班环即是一个可行的机组任务配对，且每个航班环可跨越 1 ～ 3 个日历日。在每个日历日内执行的航班串是一个机组任务，如果是单个日历日的机组任务配对，那么只含有一个机组任务。

这些航班环并不都需要执行，应当从这些航班环中选取尽可能好的少数航班环，它们覆盖各航班至少一次，并使机组总成本最小。这就要为选择航班环建立优化模型，在 2.2 节的例 2.1 中已经给出了一个简单的例子，本小节将详细讨论这个问题。

参数和变量的表示：

前文已经构造了所有满足适航规定和航空公司规定的航班环，所以在数学模型中，约束条件只要保证每个航班都能被覆盖即可。因此设置以下参数：

F：航班的集合，其中任一航班用 i 表示，$i \in F$；

W：航班环(机组任务配对)的集合，其中任一班环用 j 表示，$j \in W$；

a_{ij}：航班环 j 含有航班 i 时等于 1，否则等于 0，它给出了航班环–航班联系矩阵；

c_j：表示航班环 j 的机组成本；

t_j：表示航班环 j 的飞行时间(单位：h)；

e_j：表示航班环 j 的执勤时间(单位：h)；

d_j：表示航班环 j 的执勤日历日数。

并设决策变量为 x_j，它是 0—1 变量，如果选取航班环 j，则等于 1，否则等于 0。

2. 数学模型

从经营目的来看，可以提出若干种目标函数。第一种是最直接的，即要求机组总成本最小。

$$\min z = \sum_{j \in W} c_j x_j \tag{9.1}$$

在后面将专门讨论航班环的成本计算问题。其他的目标函数可设置如下：

值勤的机组数最少

$$\min z = \sum_{j \in W} d_j x_j \tag{9.2}$$

因为如果每个航班每天都执行的话(Daily 问题)，航班环 j 有 d_j 个日历日，必须有 d_j 个机组同时执行，所以上式给出了执勤机组总数。

总飞行时间最少

$$\min z = \sum_{j \in W} t_j x_j \tag{9.3}$$

总执勤时间最少

$$\min z = \sum_{j \in W} e_j x_j \tag{9.4}$$

工作效率最大

$$\max z = \frac{\sum_{j \in W} t_j x_j}{\sum_{j \in W} e_j x_j} \tag{9.5}$$

在 9.3.1 小节中，已经把工作效率定义为飞行时间与执勤时间之比。式(9.5)要求工作效率最大，它是非线性的，比较难处理。可以规定最小的工作效率为 η，要求

$$\frac{\sum_{j \in W} t_j x_j}{\sum_{j \in W} e_j x_j} \geqslant \eta \tag{9.6}$$

因此有

$$\sum_{j \in W} (t_j - \eta e_j) x_j \geqslant 0 \tag{9.7}$$

成为一个线性约束条件。

请思考，如果将工作效率目标函数写成

$$\max z = \sum_{j \in W} \frac{t_j x_j}{e_j x_j}$$

那么它的含义、处理和结果会有什么不同？

飞行时间均衡

$$\min z = \frac{\sum_{j \in W} \left(t_j x_j - \frac{\sum_{j \in W} t_j x_j}{\sum_{j \in W} x_j} \right)^2}{\sum_{j \in W} x_j} \tag{9.8}$$

它要求被选中的航班环的飞行时间的方差最小，这一要求是飞行员们的希望。因为飞行员的收入是基本工资加飞行津贴和加外站补贴构成，其中飞行津贴与飞行小时成正比，外站补贴是对在外站过夜的飞行员的伙食、交通、通信等费用的补贴。飞行员希望一样的出勤时间应有尽可能接近的飞行时间。但该目标函数是非线性的，对问题的解决带来很大困难。

机组任务配对问题可以有基本模型和扩展模型,基本模型是单目标规划,目标函数采用式(9.1)。由于航班环成本包括了飞行员的飞行津贴、外站补贴和加机组成本,其中飞行津贴是最主要的部分,所以机组成本最小一般意味着总飞行时间最少,式(9.3)得到满足。

扩展模型是多目标规划,可考虑再引进式(9.2),式(9.4)和式(9.5)。对于式(9.8),由于式(9.1),式(9.4)和式(9.5)的共同作用,飞行时间的方差即使不是最小,也不会太大。

接下来讨论约束条件。机组任务配对问题的基本约束条件是航班覆盖约束,即对每个航班 i 都有

$$\sum_{j\in W} a_{ij}x_j = 1 \tag{9.9}$$

该式的左边是含有航班 i 的航班环的总数,它的含义是,每个航班有且只有一个航班环执行,即要求每个航班必须且只能执行一次。

由式(9.1)和式(9.9)共同构成机组任务配对问题的基本模型

$$\begin{aligned} &\min z = \sum_{j\in W} c_j x_j \\ &\text{s.t.}\quad \sum_{j\in W} a_{ij}x_j = 1,\quad i\in F \\ &\qquad\ \ x_j = 0,1 \end{aligned} \tag{9.10}$$

这是一个集合分割问题,例 2.1 是这个模型的特例。

约束条件式(9.9)可能不可行,即式(9.10)也许没有可行解,此时应当允许加机组,约束条件式(9.9)改成不等式

$$\sum_{j\in W} a_{ij}x_j \geqslant 1 \tag{9.11}$$

此时允许两个航班环包含同一个航班,这就意味着由两个机组完成,其中一个为值勤机组,另一个为加机组。此时的规划模型变成

$$\begin{aligned} &\min z = \sum_{j\in W} c_j x_j \\ &\text{s.t.}\quad \sum_{j\in W} a_{ij}x_j \geqslant 1,\quad i\in F \\ &\qquad\ \ x_j = 0,1 \end{aligned} \tag{9.12}$$

这是一个集合覆盖问题,即允许划分的子集(航班环)的交集不空,但必须覆盖集合的所有元素(航班)。

如果引进目标函数式(9.2),式(9.4)和式(9.5),则根据以上讨论,可以给出机组任务配对问题的扩展模型(多目标规划)如下。

不允许加机组时

$$\min z = \sum_{j\in W} c_j x_j$$

$$\min z_0 = \sum_{j\in W} d_j x_j$$

$$\min z_1 = \sum_{j\in W} e_j x_j$$

$$
\begin{aligned}
& \max z_2 = \frac{\sum_{j \in W} t_j x_j}{\sum_{j \in W} e_j x_j} \\
& \text{s.t.} \quad \sum_{j \in W} a_{ij} x_j = 1, \quad i \in F \\
& \qquad x_j = 0,1
\end{aligned}
\tag{9.13}
$$

允许加机组时

$$
\begin{aligned}
& \min z = \sum_{j \in W} c_j x_j \\
& \min z_0 = \sum_{j \in W} d_j x_j \\
& \min z_1 = \sum_{j \in W} e_j x_j \\
& \max z_2 = \frac{\sum_{j \in W} t_j x_j}{\sum_{j \in W} e_j x_j} \\
& \text{s.t.} \quad \sum_{j \in W} a_{ij} x_j \geqslant 1, \quad i \in F \\
& \qquad x_j = 0,1
\end{aligned}
\tag{9.14}
$$

式(9.13)和式(9.14)的目标函数可在应用时根据需要选用其中一个或多个。

可以根据航空公司的实际要求，将式(9.13)和式(9.14)的某些目标函数转化为约束条件，从而化为单目标规划问题。机组数最小的目标函数可以根据公司该机型现有机组数 G，改为以下约束条件

$$
\sum_{j \in W} d_j x_j \leqslant G \tag{9.15}
$$

如果公司规定了每个机组平均每天的值勤时间不超过 E 小时，则可以有

$$
\sum_{j \in W} e_j x_j \leqslant GE \tag{9.16}
$$

关于机组工作效率目标，可以用式(9.7)表示。综合上述讨论的结果，模型式(9.13)和式(9.14)可以写成

$$
\begin{aligned}
& \min z = \sum_{j \in W} c_j x_j \\
& \text{s.t.} \quad \sum_{j \in W} a_{ij} x_j = (\geqslant) 1, \quad i \in F \\
& \qquad \sum_{j \in W} (t_j - \eta e_j) x_j \geqslant 0 \\
& \qquad \sum_{j \in W} e_j x_j \leqslant GE \\
& \qquad \sum_{j \in W} d_j x_j \leqslant G \\
& \qquad x_j = 0,1
\end{aligned}
\tag{9.17}
$$

这样就化成了一个单目标规划问题，还可以进一步将它化为目标规划问题。如果成本是第一目标，

根据对历史成本数据的统计分析，规定总成本不超过C，值勤机组总数是第二目标，机组工作效率是第三目标，值勤总时间为第四目标，则由式(9.17)可得以下机组任务配对问题的整数目标规划模型

$$\begin{aligned} \min z = &\ P_1 d_1^- + P_2 d_2^+ + P_3 d_3^- + P_4 d_4^+ \\ \text{s.t.}\quad & \sum_{j\in W} c_j x_j + d_1^- = C \\ & \sum_{j\in W} d_j x_j + d_2^- - d_2^+ = G \\ & \sum_{j\in W} (t_j - \gamma e_j) x_j + d_3^- - d_3^+ = 0 \\ & \sum_{j\in W} e_j x_j + d_4^- - d_4^+ = GE \\ & \sum_{j\in W} a_{ij} x_j = (\geqslant) 1, \quad i \in F \\ & x_j = 0,1; \quad d_i^-, d_i^+ \geqslant 0, \quad i = 1,2,3,4 \end{aligned} \tag{9.18}$$

前面已经获得机组任务配对问题的规划模型式(9.10)，式(9.12)，式(9.13)，式(9.14)，式(9.17)，式(9.18)等几种形式，这几种形式尽管都是线性的，但因为是大规模的整数规划问题(决策变量x_j是0—1型的)而变得难以求解。

9.3.4 算法分析和应用实例

机组航班环优化问题的解法通常有两大类：精确解法和启发式解法。精确解法一般采用分枝定界法，对于式(9.10)和式(9.12)，可以首先放松x_j取值0或1的限制，允许$0 \leqslant x_j \leqslant 1$，把问题松弛为线性规划问题。使用列生成法、单纯形法或内点法求解，得到最优解的目标函数值，将它定为本问题目标函数的下界$\bar{z}$，上界可取为$\bar{z} = \max \{c_j\} G$。取接近1的小数变量进行分枝，即令$x_j = 1$和$x_j = 0$分别作为约束条件代入模型式(9.10)，此时形成两个子问题节点。在第一个子问题中，凡是与x_j含有相同航班的变量都应等于零，再对其他变量求解这两子问题。当求得某分枝子问题的整数解时，若目标函数小于上界，则用它更新目标函数的上界，否则剪去该枝；如果某分枝子问题含有小数解，且目标函数大于下界，则用它更新下界，并继续用接近1的变量分枝，若目标函数大于上界，则剪去该枝。如此不断进行下去，直到不能再分枝，此时最好的整数解即为机组航班环的最优解；或者目标函数的上(下)界的误差小于给定的误差界，此时具有下(上)界目标函数值的整数解为最优解。

将分枝定界法与列生成法(参阅2.5.2小节)相结合求解整数规划是一种比较有效的算法，叫做分枝定价法(Branch - and - Price)。使用该解法时，首先用9.3.3小节的算法找出足够多的可行航班环(不需要全部求出，能含有所有航班即可)，形成限制主问题，应用单纯形法求解该限制主问题，得到它的最优解和对偶解。作为航班连接网络的边的长度，给航班连接网络的每条边标注机组成本与对偶变量值的差，再求解该网络的约束最短路径问题(叫做定价问题，Pricing)。如果约束最短路径的长度小于零，则生成该路径的"列"，加入到限制主问题中，再求解。如此迭代进行，直到约束最短路径长度不小于零，最后获得了松弛问题的最优解。这样的解法不需要一次性求出所有可行航班环，可大大减少计算量。

也可应用启发式算法求解机组任务配对问题。启发式算法的特点是速度快，效率高，但不能保证获

得全局最优解。常用的启发式算法是宏启发式类，例如 tabu 算法、遗传算法、蚁群算法等。对于机组排班问题，遗传算法比较适合。特别是多目标规划模型，可以将各目标函数综合起来作为适应度函数的一部分，再用惩罚算子将约束条件并入适应度函数。由于该问题的变量是 0—1 型的，因此编码非常方便，可采用0-1编码。首先随机抽取足够多的航班串，个体的长度等于选取的航班环数。选取的航班环数一般与航班数同一量界（稍大于航班数）即可，不需要太多。因为航班环数巨大，选取过多，使个体过长，不易表达，而且消耗存储空间太大。加之本问题是一个严重退化问题，存在大量等于零的基变量，个体长了也无益。这样，交叉相当于将两个基本解前后两部分对调，变异相当于换基操作。一般遗传算法可以获得较好的效果。

例 9.2　对如表 9.3 所示给的航班计划，假设机组成本与飞行时间成正比，可以直接用航班飞行时间代替，根据例 9.1 已获得的航班环，试从 14 个航班环中选择最优的航班环。

解　例 9.1 计算的结果如表 9.4 所示。根据表 9.3 的数据，可以给出航班环-航班联系矩阵和机组成本如表 9.5 所示。

表 9.5　航班环-航班联系矩阵

航班＼航班环	S_1	S_2	S_3	S_4	S_5	S_6	S_7	S_8	S_9	S_{10}	S_{11}	S_{12}	S_{13}	S_{14}
0	1	1	1	1	1	1	0	0	0	0	0	0	1	0
1	0	0	0	0	0	0	1	1	1	1	0	0	0	1
2	0	0	0	0	0	0	1	1	1	1	0	0	0	1
3	0	1	1	0	0	0	0	0	0	0	0	0	0	0
4	0	1	1	0	0	0	0	0	0	0	0	0	0	0
5	0	0	0	0	1	1	1	1	0	0	0	0	1	1
6	0	0	0	0	1	1	1	1	0	0	1	1	0	0
7	1	1	0	0	1	0	1	0	1	0	1	0	0	0
8	0	0	1	1	0	1	0	1	0	1	0	1	0	0
机组成本 /h	2.083	3.833	3.833	2.083	4.167	4.167	4.833	4.833	2.75	2.75	2.083	2.083	2.083	2.75

根据表 9.5 中的数据可以给出该问题的基本方程如下：

$$\min z = 2.083x_1 + 3.833x_2 + 3.833x_3 + 2.083x_4 + 4.167x_5 + 4.167x_6 + 4.833x_7 + 4.833x_8 + 2.75x_9 + 2.75x_{10} + 2.083x_{11} + 2.083x_{12} + 2.083x_{13} + 2.75x_{14}$$

$$\text{s.t.}\quad x_1 + x_2 + x_3 + x_4 + x_5 + x_6 + x_{13} = 1$$

$$x_7 + x_8 + x_9 + x_{10} + x_{14} = 1$$

$$x_2 + x_3 = 1$$

$$x_5 + x_6 + x_7 + x_8 + x_{13} + x_{14} = 1$$

$$x_5 + x_6 + x_7 + x_8 + x_{11} + x_{12} = 1$$

$$x_1 + x_2 + x_5 + x_7 + x_9 + x_{11} = 1$$

$$x_3 + x_4 + x_6 + x_8 + x_{10} + x_{12} = 1$$

$x_j = 0,1; \quad j = 1,2,\cdots,14$

其中,由于航班 1 与 2,3 与 4 的约束条件相同,因此共有 7 个约束条件。

这是一个小规模的问题,很容易求得它的最优解是 $x_3 = x_7 = 1$,其他变量等于 0;或者 $x_2 = x_8 = 1$,其他变量等于 0。此时最小成本 $\min z = 8.667$ h。现在用分枝定价法来求解它。

取前 8 个变量(航班环)构成限制主问题

$$\min z = 2.083x_1 + 3.833x_2 + 3.833x_3 + 2.083x_4 + 4.167x_5 + 4.167x_6 + 4.833x_7 + 4.833x_8$$

$$\begin{aligned}\text{s.t.}\quad & x_1 + x_2 + x_3 + x_4 + x_5 + x_6 = 1\\ & x_7 + x_8 = 1\\ & x_2 + x_3 = 1\\ & x_5 + x_6 + x_7 + x_8 = 1\\ & x_5 + x_6 + x_7 + x_8 = 1\\ & x_1 + x_2 + \quad x_5 + \quad + x_7 = 1\\ & x_3 + x_4 + \quad + x_6 \quad + x_8 = 1\\ & 0 \leqslant x_j \leqslant 1; \quad j = 1,2,\cdots,8\end{aligned}$$

该问题的最优解是 $x_3 = x_7 = 1$,其他变量等于零,相应的对偶变量分别是 $\pi_0 = 2.083, \pi_1, \pi_2 = 2.75/2, \pi_3, \pi_4 = 1.75/2, \pi_5, \pi_6 = 2.084/2, \pi_7 = \pi_8 = 0$,它们分别对应着航班 0,1,…,8;另一个最优解是 $x_2 = x_8 = 1$,其他变量等于 0,相应的对偶变量是 $\pi_0 = 0, \pi_1, \pi_2 = 0.666/2, \pi_3, \pi_4 = 1.75/2, \pi_5, \pi_6 = 2.084/2, \pi_7 = \pi_8 = 2.083$。这些解都是整数,而且知道它就是原问题的最优解。但它们是由限制主问题解出的,是不是原问题的最优解,还需要验证。这就要将原问题的每航班的飞行时间减去对应的对偶变量值,并以此为航班连接网络中各航班边的长度,衔接边的长度等于零,求航班连接网络的最短路,如果最短路的长度不小于零,则上述解确实就是原问题的最优解。现在以第一组解为例来说明。如表 9.6 所示给出了每个航班的飞行小时、对偶变量值和它们的差。

表 9.6　例 9.1 航班飞行时间及时间差

航　班	0	1	2	3	4	5	6	7	8
飞行时间 /h	1	0.667	1	0.833	0.917	1.083	1	1.083	1.083
对偶变量	2.083	1.375	1.375	0.875	0.875	1.042	1.042	0	0
差	−1.083	−0.708	−0.375	−0.042	0.042	0.042	−0.042	1.083	1.083

约束最短路问题(子问题)的网络如图 9.14 所示。

很容易求得约束最短路问题的解,除了 A—6—7—A 和 A—6—8—A 外(长度是 1.042 h),其他路径都是最短路,长度都为 0 h,而且这些最短路的值勤时间都满足有关规定,因此上述获得的解确实是最优解。可见例 9.1 的航班计划只需要两个机组即可完成,它们飞行的任务配对分别是:

S_3:0—3—4—8 或写成城市顺序形式:A—B—C—B—A;

S_7:1—2—5—6—7 或写成城市顺序形式:A—D—B—A—B—A。

另一个最优解是:

S_2:0—3—4—7 或写成城市顺序形式:A—B—C—B—A;

S_8：1—2—5—6—8 或写成城市顺序形式：A—D—B—A—B—A。

总飞行小时都是 8.67 h = 520 min。

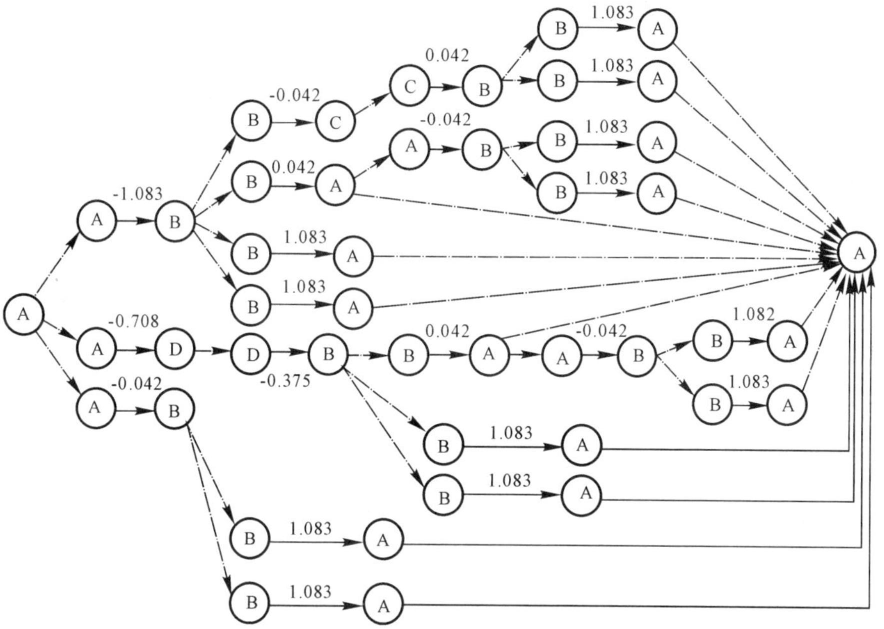

图 9.14　简约成本为长度的约束最短路问题

对于上述例子，进一步讨论以下问题：

(1) 如果采用集合覆盖模型，即允许加机组，结果将怎样？由于集合分割模型存在可行解，这说明航班计划可以很好地衔接，不需要加机组。此时如允许加机组，也因为要求总成本最小而不产生加机组，因此将产生相同的最优解。只有在航班衔接存在困难时，才不得不加机组。

(2) 本例采用了机组任务配对问题的基本模型，没有考虑其他目标。现在可以进一步考察这两解的其他目标特性。从表 9.3 可以获得这两个解的值勤时间和工作效率相同，分别是 19.333 h 和 0.448。尽管看上去工作效率不到 0.5，但对于本例的航班计划，都是短航程的支线航班，每个航班的飞行时间一般都不超过 1 h，而过站必须满足最小衔接时间限制，这个结果应该是不错的。机组工作效率低是支线航班的"通病"，除非简化支线航空的航班过站手续，并缩短机组最小衔接时间。此时可把航班计划安排得更加紧凑一些。

(3) 最优解的两航班串的目标特性有些不同，例如第一个最优解的航班环 S_3 和 S_7，分别含有 4 个和 5 个航班，飞行时间分别是 3.833 h 和 4.833 h，值勤时间分别是 11.833 h 和 7.5 h，工作效率分别是 0.324 和 0.644，航班数和飞行时间比较接近，但值勤时间有较大差距。对机组来说，他们更愿意飞 S_7。为公平起见，可以轮换航班环。

4) 第二个解和第一个解相比，飞行时间和航班数都相同。但 S_2 和 S_8 的值勤时间和工作效率分别是 12 h，0.319 和 7.333 h，0.659，差别比第一个解更大，因此从这个意义上说，第一个解更好。因此尽管两个最优解的成本都相同，从均衡和公平的角度来看，应当选中第1个解 S_3 和 S_7。

9.3.5 机组飞行成本计算

机组成本包括飞行员的基本工资、飞行小时津贴、外站过夜补贴和费用、加机组成本等与飞行相关的成本。基本工资与航班飞行无关，在优化航班环时可以不考虑。因此考虑后面三项成本就可以了。

各国、各公司关于飞行小时津贴的计算各不相同。欧洲各国基本不按飞行小时计发津贴，飞行员的工资基本是固定的。因此欧洲各国航班环优化的目标是飞行小时最大化或值勤飞行员数最少化，要尽量用足适航规定的飞行小时，少用飞行员，以此降低成本。美国则正好相反，飞行员没有基本工资，收入完全由飞行时间和值勤时间共同决定。

美国的机组成本 = Pay（机组执行任务的收入）+ Compensation（在外过夜食宿、交通补贴）+ Deadhead（加机组成本）

其中机组执行任务的收入（Pay）由执行任务时间（PAC，Pay－And－Credit）决定，PAC的主要决定因素是飞行时间，同时也参考机组任务的值勤时间。一个航班环的PAC由它的各航班串PAC决定，航班串（Duty）d 的 PAC 由下式决定

$$b_d = \max\{\text{Flying}, f_d.\text{Elapse}, \text{min\_Guar}\}$$

式中，Flying是飞行时间，Elapse是值勤时间，f_d 是折算系数，可取0.75，min_Guar是最小保护时间，由航空公司规定，它的目的是在某机组值勤时间太短时，由公司规定的 min_Guar 来保证基本收入。上式规定航班串的任务执行时间是“飞行时间”、“折合值勤时间” 和最小保护时间三者的最大值。

航班环（Pairing）p 的成本由下式决定

$$c_p = \max\{f_p.\text{TAFB}, \Sigma b_d, \text{ndp. min\_Guar}\} + \text{e}(d_i, d_j)$$

该式的第一部分是航班环的执行任务时间 PAC，它等于三种时间的最大值，其中第一项是航班环的折合值勤时间，TAFB（Time Away From Base）是机组离开基地执行航班环过程的总时间（执勤时间），第二项是航班环中各航班串的执行时间 PAC 之和，第三项是航班环的最小保护时间，等于该航班环的航班串数乘以航班串的最小保护时间。第二部分是在外场过夜的津贴和费用（Compensation），它是航班环中前后两个航班串的函数，一般和过夜的地点有关，航空公司的规定各不相同。

从上面的规定可以看出，在美国，航空公司机组任务配对优化问题实际是以提高航班环的工作效率为目的的。因为机组在值勤期内，只有飞行时间才给航空公司创造价值，但按照上面关于成本的规定，机组呆在地面也一样可取得收入。因此机组成本最小化的目标就意味着，在执勤时间一定的情况下，要减少机组在地面的时间，也就是要提高工作效率。

我国航空公司实行的是介于欧洲和美国之间的机组工资政策，机组工资一般有两部分构成，一部分是基本工资，另一部分是飞行时间津贴（包括外站补贴），第二部分取决于飞行时间，与转场时间（Sit Connection）无关。因此我国航空公司优化机组任务配对的目标除了成本外，还应考虑尽可能公平。

加机组的成本等于加机组人员的飞行时间津贴加上机组人员占据座位的机票成本。

9.4　机组活动串的生成和机组指派问题

在选择了最优的航班环后，机组排班还需要再分三个步骤完成：第一步根据飞行员适航的水平规则将航班环与训练、休假、体检等其他活动一起构成活动串，并保证每个航班环和每项活动都得到执行。第二步根据适航和公司的排班垂直规则，将各资质等级的飞行员进行合理的组合，形成值勤机组，要求活动串数不多于机组数。第三步将活动串指派给各机组。

9.4.1　机组活动串的生成

根据适航规定，飞行员在完成飞行任务的同时，必须安排必要的休假（疗养）、各科目的训练和培训、体检等活动。在机组排班时，将这些活动和航班环一起形成活动串。

为组成可行的活动串，对机组的上述各项活动，航空公司应当根据适航规定、航班计划和飞行员发展计划，做出年度计划，对各不同资质等级的飞行人员的各项活动的内容、时间和目标做出详细规定。表9.7给出了机组人员训练年度计划示例，表9.8给出了机长休假计划的一种可能形式。做年度计划时，起止日期应当包含整数个周（例如7 d或14 d），或不到一周（例如3 d或5 d），以便于活动串的灵活安排。

表9.7　机组人员训练计划

资　质	训练名称	培训内容	起止日期	时间/h	机型	参加人数	目　标
跟班学员	跟班飞行	右座实习	2007.3.1～5.31	300	B737	100	98人晋升
二类副驾	模拟训练	基本操作	2007.5.4～5.25	100	B737	95	合格率95%
⋮	⋮	⋮	⋮	⋮	⋮	⋮	⋮
左座人员	飞行训练	左座实习	2007.1.1～3.1	300	B767	120	110人晋升
机　长	模拟训练	风切变改出	2007.1.1～1.14	60	B737	6	全部合格

表9.8　机长休假计划表

批　号	休假地点	休假起止日期	机　型	人数/人
1	三亚	2006.1.1～1.14	B737	5
2	三亚	2006.1.15～1.28	B737	6
⋮	⋮	⋮	⋮	⋮

根据各项活动的安排，组成活动串，一般可分三个阶段进行：

(1) 用航班环和周内活动组成周活动串；

(2) 将周活动串组成月活动串；

(3) 将月活动串组成半年活动串(可选)。

分成三个阶段的做法有以下好处：

(1) 将大问题化成小问题，使问题易于解决；

(2) 使计划变得灵活，可以根据需要只做周计划或只做月计划；

(3) 可局部修改计划，调度容易实施。

上述三个阶段解决问题的思路是相同的。周活动串由航班串和计划的周内活动(时间不超过一周的)组成，月活动串由本月的各周活动串和年度计划中安排在本月的活动组成，半年活动串由各月活动串组成。其中周活动串是最基本的，一般规定连续执行 2～3 d的任务，应当休息 1～2 d，这就是说，如果是一天的航班环，则连续执行 2～3 个航班环休息 1～2 d，如果是 2～3 d 的航班环，执行完一个，休息 1～2 d；可设周内有 $m<7$ 种活动(一般是体检或短期培训)，编号为 $a_1, a_2, \cdots, a_m$，a_i 活动需 i 天，然后排出活动顺序的各种方案，叫做活动顺序模式。

例如对于例 9.2，规定执行 2～3 d任务后可休息 1～2 d，周内只有 3 d的活动 a_3，活动后可休息一天，要求每周飞行时间尽可能到达 20 h。为构造出该问题的周活动串，我们可以首先排出如表 9.9 所示的活动顺序各种方案。

表 9.9 周活动串顺序模式

周 一	周 二	周 三	周 四	周 五	周 六	周 日
√	√	√		√	√	
√	√		√	√	√	
	√	√	√		√	√
	√	√		√	√	√
√		√	√	√		√
√	√		√	√		
√	√			√	√	
	√	√		√	√	
	√	√			√	√
		√	√		√	√
√		√	√			√
√			√	√		√
√	√	√		×		
	√	√	√		×	
		√	√	√		×
×			√	√	√	
	×			√	√	√
√		×			√	√
√	√		×			√

表 9.9 中,"√"可以用 S_3 或 S_7 代替,"×"是本周的活动 a_3。不含有"×"的活动串有两种模式,一种是 2—3 模式,即一周执行一个 2 d 的和一个 3 d 的任务,其间只休息 1 d,第二种是 2—2 模式,一周执行 2 个 2 d 的任务,其间可休息 1 d 或 2 d。第一种模式共有 5 种不同顺序,由于"√"可以有两种不同的选择,因此每行表示 32 种不同的活动串,一共有 160 种活动串;2—2 模式共有 7 种顺序,每种有 16 种不同的航班串,共有 112 种不同的活动串。带有"×"的顺序叫做 2—× 模式,即执行二天的任务和一次活动 a_3,该模式有 7 种顺序,每种顺序有 4 种不同的活动串,共有 28 种不同的活动串,这样周活动串共有 300 种不同的方案。表 9.10 给出了几种活动串及它们的飞行时间。

设计了各种活动串后,应从中选择最好的活动串来制定排班计划,为此应当建立规划模型。一般要求活动串的飞行时间尽可能均衡,上例要求飞行时间尽可能接近 20 h,那么目标函数可采用:

$$\min z = \sum_{j=1}^{300} |t_j - 20| x_j$$

式中,t_j 是活动串 j 的飞行时间,见表 9.10 的最后一列。

表 9.10　几个活动串示例

活动串	周　一	周　二	周　三	周　四	周　五	周　六	周　日	飞行小时 /h
1	S_3	S_7	S_3		S_3	S_7		21.17
2	S_7	S_3	S_7		S_7	S_3		22.17
3	a_3				S_7	S_3		8.67
4		a_3				S_3	S_7	8.67
5	S_7		a_3				S_3	8.67
6	S_3	S_7		a_3				8.67
7		S_3	S_7		a_3			8.67
8			S_3	S_7		a_3		8.67
9				S_3	S_7		a_3	8.67

为建模的需要,对本周执行的航班环和活动进行统一编号。假设活动 a_3 在本周每天都必须安排,首先将两种航班环与一个活动 a_3 按照 S_3,S_7 或 a_3 的顺序排序,然后再按周一、周二等顺序排列,这样排序后将航班环和活动 a_3 统一叫做活动,共有 21 个活动,如表 9.11 所示。

表 9.11　航班环和活动编号

周　一			周　二			周　三			周　四			周　五			周　六			周　日		
S_3	S_7	a_3	S_3	S_7	a_3	S_3	S_7	a_3	S_3	S_7	a_3	S_3	S_7	a_3	S_3	S_7	a_3	S_3	S_7	a_3
1	2	3	4	5	6	7	8	9	10	11	12	13	14	15	16	17	18	19	20	21

根据上述讨论,可给出活动串优化模型如式(9.19)所示,其中约束条件表示:每一个活动只能包含在一个活动串中。b_{ij} 是活动串与"活动"的联系矩阵,当活动 i 在活动串 j 中时等于 1,否则等于 0,其值可以通过分析表 9.10 给出,例如 $b_{i1} = (1,0,0,0,1,0,1,0,0,0,0,0,1,0,0,0,1,0,0,0,0)^{\mathrm{T}}$。$x_j$ 是决策变量,当活动串 j 被选中时,它等于 1,否则等于 0。如果规定活动只在规定的日子安排,那么应将如表 9.11 所示某些活动去掉后再重新对"活动"编号。

$$\min z = \sum_{j=1}^{300} \mid t_j - 20 \mid x_j$$

$$\text{s.t.} \quad \sum_{j=1}^{300} b_{ij} x_j = 1, \quad i = 1,2,\cdots,21$$

$$x_j = 0,1; \tag{9.19}$$

这个问题的最优解表示在表 9.12 中，共 7 个周活动串。可以证明，如果每周要执行 m 项活动(包括航班环)，每天执行 k 项活动，那么将有 l 个最优周活动串

$$l = 7k/m$$

如果它不是整数，则 $l = \lfloor 7k/m \rfloor + 1$。本例中 $m = k = 3$，所以 $l = 7$。一般地如果计划周期中有 q 个单位时间，每单位时间执行 k 项活动，每活动串有 m 项活动，则该计划周期中共需执行的活动串数为

$$l = qk/m \quad \text{或} \quad \lfloor qk/m \rfloor + 1 \tag{9.20}$$

式(9.20) 虽然很简单，但能准确告诉了最优活动串数，对于设计式(9.19) 的启发式算法很有帮助。特别是，式(9.20) 可以提示是否需要用集合覆盖问题来建模，如果 qk/m 是整数，优化模型可采用集合分割问题；若是小数，则需采用集合覆盖模型，否则无可行解。

表 9.12　例 9.2 的最优周活动串

活动串	周　一	周　二	周　三	周　四	周　五	周　六	周　日	飞行小时 /h
$P1$	a_3				S_3	S_7		8.67
$P2$		a_3				S_3	S_7	8.67
$P3$	S_7		a_3				S_3	8.67
$P4$	S_3	S_7		a_3				8.67
$P5$		S_3	S_7		a_3			8.67
$P6$			S_3	S_7		a_3		8.67
$P7$				S_3	S_7		a_3	8.67

上述每个最优活动串的飞行小时只有 8.67 h，离 20 h 相距较远。这主要是因为必须安排 3 d 的活动 a_3 造成的。如果都是二人机组，这种情况下共需 14 位飞行员执行任务。如果没有这 3 d 的活动，则最优的活动串只有三条，如表 9.13 所示。此时在式(9.20) 中 $k = 2, m = 5, q = 7, l = \lfloor 14/5 \rfloor + 1 = 3$，由结果知应该采用集合覆盖模型，获得的第三个活动串在周二重复了航班环 S_3，可以看做是加机组，也可以不执行该航班环，否则无可行解。可以发现此时只需 6 位飞行员，而且飞行时间非常接近 20 h，目标函数值为 4.54 h。

表 9.13　无三天活动的最优活动串

活动串	周一	周二	周三	周四	周五	周六	周日	飞行小时 /h
$P1$	S_3	S_7	S_3		S_7	S_3		21.17
$P2$		S_3	S_7	S_3		S_7	S_3	21.17
$P3$	S_7	S_3		S_7	S_3		S_7	22.17

在周活动串的基础上构建月活动计划，方法与周活动串相似，只要将本月的周活动串与其他活动进行组合即可。为此，需将一个月分成整数个周，如果有一周横跨前后两个月，可规定该周算作下月，这样每个月有四周或五周。

假设某月有四周，每周都有 3 个活动串，它们分别是第一周 P_{11}，P_{12}，P_{13}，第二周：P_{21}，P_{22}，P_{23}，第三、第四周分别是 P_{31}，P_{32}，P_{33} 和 P_{41}，P_{42}，P_{43}，并且本月要安排一次一周的活动（可能是模拟机训练或休假）A_1。如同构造周活动串一样，首先设计如表 9.14 所示的月活动顺序模式。

表 9.14　月活动串顺序模式

第一周	第二周	第三周	第四周
×	√	√	√
√	×	√	√
√	√	×	√
√	√	√	×

式中，"√"表示周活动串，每周的"√"分别可以有三种选择，因此每行有 27 种月活动串，共有 108 种月活动串，如表 9.15 所示给出了全部月活动串。

表 9.15　月活动串示例

活动串	第一周	第二周	第三周	第四周	飞行小时
1	A_1	P_{21}	P_{31}	P_{41}	t_1
2	A_1	P_{21}	P_{31}	P_{42}	t_2
⋮	⋮	⋮	⋮	⋮	⋮
27	A_1	P_{23}	P_{33}	P_{43}	t_{27}
28	P_{11}	A_1	P_{31}	P_{41}	t_{28}
29	P_{11}	A_1	P_{31}	P_{42}	t_{29}
⋮	⋮	⋮	⋮	⋮	⋮
54	P_{13}	A_1	P_{33}	P_{43}	t_{54}
55	P_{11}	P_{21}	A_1	P_{41}	t_{55}
56	P_{11}	P_{21}	A_1	P_{42}	t_{56}
⋮	⋮	⋮	⋮	⋮	⋮
81	P_{13}	P_{23}	A_1	P_{43}	t_{81}
82	P_{11}	P_{21}	P_{31}	A_1	t_{82}
83	P_{11}	P_{21}	P_{31}	A_1	t_{83}
⋮	⋮	⋮	⋮	⋮	⋮
108	P_{13}	P_{23}	P_{33}	A_1	t_{108}

本月周活动串的编号如表 9.16 所示。

表 9.16 周活动串的编号

第一周				第二周				第三周				第四周			
P_{11}	P_{12}	P_{13}	A_1	P_{21}	P_{22}	P_{23}	A_1	P_{31}	P_{32}	P_{33}	A_1	P_{41}	P_{42}	P_{43}	A_1
1	2	3	4	5	6	7	8	9	10	11	12	13	14	15	16

采用与周活动串相同的建模方法，可获得月活动串的规划模型如下。

$$\min z = \sum_{j=1}^{108} |t_j - T| x_j$$
$$\text{s.t.} \quad \sum_{j=1}^{108} b_{ij} x_j = 1, \quad i = 1,2,\cdots 16$$
$$x_j = 0,1; \quad j = 1,2,\cdots,108 \tag{9.21}$$

式中，T 是机组的月期望飞行小时，可定为 90 h。这里的 b_{ij} 是月活动串与周活动串的联系矩阵，x_j 是月活动串的选择变量，当选择月活动串 j 时等于 1，否则等于 0。

根据式(9.20)，由于 $m=k=3$，$q=4$，能很快计算出 108 个月活动串中，最优的活动串只有 4 个。然后删除飞行小时超过适航规定标准(例如 90 h)的月活动串，再根据月活动串顺序模式和每个周活动串每周必须执行一次的约束，以及月飞行时间尽可能接近 T 的目标，应用启发式解法获得近似最优解。

求解模型式(9.21)可获得最优的月活动串(应是 4 个)后，可继续构造半年的活动串，构造方法与此相同，在此不再赘述。

关于活动串的构造与选择有几点结论总结如下：

(1) 几个阶段活动串的构造方法相似，基本优化模型形式相同。

(2) 可以在基本优化模型基础上添加其他约束，例如机组数约束。

(3) 周活动串、月活动串及半年活动串的形成也可以采用连接网络方法，此时每种活动(串)是节点，某活动与其前面的节点之间连接符合适航规定时，用边将它们连接起来。源和汇点是虚拟的节点，所有的活动都可以作为起始节点与源点连接，该网络图从源到汇的一条路径就是一个可能的活动串。这样构造的活动串和上述方法相同。

(4) 用本节所述的方法构造的活动串数目巨大，给求解带来了困难。例如一个有 100 架飞机的航空公司，每天将执行 100 个航班环，表 9.9 的周活动模式中每个"√"可以有 100 种不同的选择，将可给出数亿个周活动串，这是一个多么庞大的数字！实际排班时可以根据历史排班数据和总结出的排班规则，首先对活动串进行筛选，然后再构建规划模型。

(5) 以上各活动串的集合分割模型有可能不存在可行解，此时应将其改成集合覆盖模型，即将约束条件的等号改为大于等于号。

9.4.2 机组的组配

机组的组配是将各等级飞行员搭配成符合法规规定的执行航班任务的机组。这里法规的简要部分是本章 9.2.1 小节中列出的垂直规则，即第三条"机组成员搭配飞行原则"。

考虑到航班计划和飞行员队伍具有一定的连续性，上一个计划周期的机组可以作为本周期组配机组的基础，再根据航班计划的变动和机组队伍的变化，作适当的调整。具体的做法是，首先分析以下情况：

(1) 航班增加了多少，因而活动串增加了多少？

(2) 增加了多少双机长的航线航班？

(3) 机长增加了多少？是否足够？

(4) 上一个周期哪些机组因为副驾驶升级或配合不好等原因分解了，需要重新组配。

(5) 哪些机组可以保留？还需要重新组配多少机组？

这样把保留的机组人员与需要重新组配的飞行员分开来处理，只对需重新组配的飞行员进行组配。组配机组时，机长是机组的核心，应首先确定机长，然后将副驾驶与机长匹配。另外需首先考虑适航规定，然后尽量满足个人意愿。

有多少活动串，至少应有多少机长。也就是机长数应多于活动串数，这是因为还需要考虑到双机长和机长临时请假等情况，有些教员还需对副驾驶等进行模拟机训练。

也可以在活动串指派时，同时优化机组的组配。这个问题将在下面讨论。

9.4.3　机组活动串的指派模型

经过上述两步，已经获得了符合各项规定的活动串和机组，现在的任务是将这两者进行指派。假设有 n 个活动串和 n 个机组，并且已经征求了每个机组的意愿，了解了他们最希望执行的活动串和最不希望执行的活动串，并将其他的看做"无所谓"的活动串。

设对于最希望的活动串的指派满意度为 10，最不希望的活动串的满意度为 1，其他活动串的满意度为 6。再考虑资格因素，在满意度前乘以[1,2]之间的资格因子。对活动串和机组分别进行编号，分别用下标 $i=1,2,\cdots,n, j=1,2,\cdots,n$ 表示，以总体满意度最大为目标函数，建立活动串指派模型式为

$$
\begin{aligned}
\max z &= \sum_{j=1}^{n}\sum_{i=1}^{n} p_{ij}x_{ij} \\
\text{s.t.}\quad & \sum_{j=1}^{n} x_{ij} = 1, \quad i=1,2,\cdots,n \\
& \sum_{i=1}^{n} x_{ij} = 1, \quad j=1,2,\cdots,n \\
& x_{ij} = 0,1, \quad i,j=1,2,\cdots n
\end{aligned}
\tag{9.22}
$$

式中，p_{ij} 是将机组 i 指派到活动串 j 的满意度（已乘以资格因子），x_{ij} 是指派决策变量，把机组 i 指派给活动串 j 时等于 1，否则等于 0。

模型式(9.22)的求解并不困难，可以首先用 20 减去满意度矩阵 p_{ij} 的每一个元素得

$$p'_{ij} = 20 - p_{ij}$$

将式(9.22)转化为

$$\min z = \sum_{j=1}^{n}\sum_{i=1}^{n} p'_{ij}x_{ij}$$

$$\text{s.t.} \quad \sum_{j=1}^{n} x_{ij} = 1, \quad i = 1,2,\cdots,n$$

$$\sum_{i=1}^{n} x_{ij} = 1, \quad j = 1,2,\cdots,n \tag{9.23}$$

$$x_{ij} = 0,1, \quad i,j = 1,2,\cdots n$$

模型式(9.23)与式(9.22)同解，然后用匈牙利算法求解。但当n很大时，例如$n = 1\ 000$时，匈牙利解法仍然需要较长时间。可以首先根据上一周期的指派结果，对保留的机组，让它们仍执行原来的航线(航班环)，或首先满足一些老资格机长的愿望，然后对剩下来的部分建立模型，再采用匈牙利算法求解。

在欧洲，人们首先根据机组排班的水平规则构建活动串，进行优化选择。然后将机组的形成与活动串的指派同时进行。方法是将垂直规则表达成约束条件，附加到基本指派问题模型中。和上述基本指派问题建模方法一样，让活动串做指派矩阵的列，每位飞行员作指派矩阵的行(还没组配成机组)，垂直规则可按如下形式表达为附加约束条件。

(1) 飞行员对活动串执行意愿的约束。将活动串集合按照飞行员i的意愿划分成子集$R(i)$，如果各飞行员的意愿子集$R(i)$不交，则对每位飞行员有

$$\sum_{j\in R(i)} x_{ij} = 1, \quad i = 1,2,\cdots,n$$

(2) 如果子集$R(i)$存在交集，则对每条活动串，将可以执行它的飞行员划分成子集$C(j)$，对每条活动串有

$$\sum_{i\in C(j)} x_{ij} = 1, \quad j = 1,2,\cdots,n$$

(3) 对于多人机组，例如双机长和三人机组，可以增加如下约束条件

$$\sum_{i\in C(j)} x_{ij} = c, \quad j \in \text{RosterAdd}, \quad c \geqslant 2$$

式中，RosterAdd是需要多人机组执行的活动串子集，一般情况下$c = 3$。

(4) 对于资格型约束，例如机组中新手不能超过一人。设可以安排新手的活动串子集为NewR，则对跟班学员子集NewCrew，增加约束

$$\sum_{i\in \text{NewCrew}} x_{ij} \leqslant 1, \quad j \in \text{NewR}$$

(5) 两位飞行员必须一起值班，构成相容约束。设飞行员i和k必须一起值勤，令CrewComp是必须一起值勤的飞行员对的集合，将飞行员i执行的活动串集拷贝给他的同事k，增加约束

$$\sum_{j\in R(i)} (x_{ij} - x_{kj}) = 0, \quad i,k \in \text{CrewComp}$$

(6) 如果两位飞行员i,k不能一起值勤，则构成不相容约束。设不相容的飞行员对的集合是CrewIncomp，和上述相容约束正好相反，有

$$\sum_{j\in R(i)} (x_{ij} + x_{kj}) = 1, \quad i,k \in \text{CrewIncomp}$$

这样可构建成扩展的活动串指派问题的数学模型式为

$$
\begin{aligned}
\min z = & \sum_{j=1}^{n}\sum_{i=1}^{n} p'_{ij}x_{ij} \\
\text{s.t.}\quad & \sum_{j=R(i)}^{n} x_{ij} = 1,\quad i = 1,2,\cdots,n \\
& \sum_{i=C(j)}^{n} x_{ij} = 1,\quad j = 1,2,\cdots,n \\
& \sum_{i\in C(j)} x_{ij} = c,\quad j \in \text{RosterAdd},\quad c \geqslant 2 \\
& \sum_{j\in NewR(i)} x_{ij} \leqslant 1,\quad i \in \text{NewCrew} \\
& \sum_{j\in R(i)} (x_{ij} - x_{kj}) = 0,\quad i,k \in \text{CrewComp} \\
& \sum_{j\in R(i)} (x_{ij} + x_{kj}) = 1,\quad i,k \in \text{CrewIncomp} \\
& x_{ij} = 0,1,\quad i,j = 1,2,\cdots,n
\end{aligned}
\tag{9.24}
$$

求解式(9.24)后即可完成活动串指派和机组的组配。但这样的解决方法使问题更复杂了，求解难度更大。

美国在完成构建和优选活动串后，并不作指派，而是让飞行员们竞拍，叫做 Bidline。这种方法可能导致某些活动串无人愿意竞拍，这种情况下，公司将不得不增加这些活动串的优惠条件，吸引飞行员接受这些活动串。

9.4.4　实例分析

例 9.3　M. Bazargan 在参考文献[1]中构建了一个 B757 的航班计划，共 12 个航班，如表 9.17 所示(由于时区划分的问题，其中时间作了适当修改)。然后通过航班环优化获得了 4 个最优航班环，如表 9.18 所示，现在在此基础上进一步构建某月的活动串和进行机组指派。假设每周安排两个航班环，两航班环之间至少休息一天，不安排其他活动，每周活动串的飞行时间应尽可能等于 20 h。该月有 4 周，其中三周安排周活动串，一周安排其他活动，飞行时间尽可能接近 60 h。

表 9.17　B757 的航班计划

Flight No	Orign A/P	Dep. Time	Dest. A/P	Arr. Time	Fleet Type
125	J	7:25	S	12:55	B757—200
110	A	8:10	J	10:40	B757—200
113	M	9:10	J	12:10	B757—200
131	J	9:30	A	12:00	B757—200
105	S	9:50	J	15:20	B757—200
138	J	12:30	B	14:00	B757—200

续 表

Flight No	Orign A/P	Dep. Time	Dest. A/P	Arr. Time	Fleet Type
111	A	13:10	J	15:40	B757—200
114	M	14:30	J	17:30	B757—200
118	B	15:00	J	16:30	B757—200
135	J	15:10	M	18:10	B757—200
133	J	18:05	A	20:35	B757—200
136	J	18:10	M	21:10	B757—200

表 9.18 B757 的最优航班环

航班环	第一个航班串			第二个航班串		
S_1	125			125		
S_2	131	111	136	113	138	118
S_3	135			114		
S_4	133			110		

解 首先建立周活动串。根据题意，周活动串要求满足：

(1) 每执行完一个航班环休息 1 d 及以上；

(2) 每个周活动串执行两个航班环；

(3) 每周活动串的飞行时间尽量接近 20 h。

根据这三条规则，可以设计周活动串的顺序模式如表 9.19 所示。

表 9.19 周活动串顺序模式

周 一	周 二	周 三	周 四	周 五	周 六	周 日
√			√			
√				√		
√					√	
√						√
	√			√		
	√				√	
	√					√
		√			√	
		√				√
			√			√

由该表可见，共有 10 种顺序，由于每个"√"有 4 种选择，因此每种顺序共有 16 种活动串，一共有 160 种活动串可供选择。又由于每天要执行 4 条航班环，一周要执行 28 条航班环，将它们从周一到周日依次编号，建立优化选择模型式为

$$
\begin{aligned}
&\min z = \sum_{j=1}^{160} | t_j - 20 | x_j \\
&\text{s.t.} \quad \sum_{j=1}^{160} a_{ij} x_j = 1, \quad i = 1,2,\cdots,28 \\
&\qquad\quad x_j = 0,1, \quad j = 1,2,\cdots,160
\end{aligned}
\tag{9.25}
$$

式中，t_j 是航班环 j 的飞行时间。

求解得最优解如表 9.20 所示，共 14 条活动串。实际上，在式(9.20)中，$m = 2, k = 4$，所以 $l = 28/2 = 14$ 个，和优化的结果相同。

表 9.20 最优周活动串

活动串	周 一	周 二	周 三	周 四	周 五	周 六	周 日	飞行小时 /h
P_1	S_1			S_4				16
P_2		S_1			S_4			16
P_3			S_1			S_4		16
P_4				S_1			S_4	16
P_5	S_2						S_3	20
P_6		S_2			S_3			20
P_7			S_2			S_3		20
P_8		S_3			S_1			17
P_9			S_3			S_1		17
P_{10}				S_3			S_1	17
P_{11}	S_3						S_2	20
P_{12}	S_4			S_2				19
P_{13}		S_4			S_2			19
P_{14}			S_4			S_2		19

这些活动串的飞行时间最少的 16 h，最大的 20 h，相差不大。每天都是执行四个航班环，因此原则上有 14 个机组即可完成飞行任务。

下面来构造月活动串，构造月活动串的要求如下：

(1) 每个月活动串执行 3 个周活动串和一周的活动 A_1；

(2) 月活动串的飞行小时尽量接近 60 h。

首先构建的月活动串顺序模式类似于表 9.14，如表 9.21 所示。不同的是周活动串有 14 个，因此"√"有 14 种替换，共有 $14^3 \times 4 = 10\ 976$ 个不同的月活动串。14 个周活动串加上一个活动"×"(A_1)共 15 种活动，每月 4 周，应当有 60 个不同的周活动串，以周次为顺序给它们编号，第一周的活动编号为 1,2,…,15；第二周为 16,17,…,30；第三周为 31,32,…,45；第四周为 46,47,…,60。

表 9.21　月活动排列模式

第一周	第二周	第三周	第四周
×	√	√	√
√	×	√	√
√	√	×	√
√	√	√	×

根据题意和模型式(9.21)可以获得本月活动串优化模型式为

$$\min z = \sum_{j=1}^{10\,976} | t_j - 60 | x_j$$

$$\text{s.t.}\quad \sum_{j=1}^{10\,976} b_{ij} x_j = 1,\quad i = 1,2,\cdots 60$$

$$x_j = 0,1;\quad j = 1,2,\cdots,10\,976$$

用式(9.20)先计算一下共有多少个优化的月活动串。这里一个月活动串执行3个周活动串，共6个航班环，有14个不同的周活动串，共28个航班环。因此，在式(9.20)中，$m = 6, k = 28, q = 4$，月活动串数应当是

$$l = \lfloor 4 \times 28/6 \rfloor + 1 = 18 + 1 = 19$$

可见将需要执行19个月活动串，并且上面的优化模型应当改成集合覆盖模型。然后使用启发式算法求解该问题，得到该问题的近似最优解见表9.22。

表 9.22　月活动串的近似最优解

活动串号	第一周	第二周	第三周	第四周	飞行时间 /h
1	A_1	P_5	P_8	P_1	53
2	P_1	A_1	P_9	P_6	53
3	P_2	P_6	A_1	P_9	53
4	P_3	P_7	P_{10}	A_1	53
5	A_1	P_2	P_{12}	P_{14}	54
6	P_4	A_1	P_{11}	P_{12}	55
7	P_5	P_8	A_1	P_3	53
8	P_6	P_9	P_2	A_1	53
9	A_1	P_{10}	P_3	P_{11}	53
10	P_7	A_1	P_4	P_{10}	53
11	P_{11}	P_{12}	A_1	P_4	55
12	P_8	P_1	P_5	A_1	53
13	A_1	P_{14}	P_1	P_8	52
14	P_9	A_1	P_6	P_2	53
15	P_{10}	P_3	A_1	P_5	53
16	P_{12}	P_4	P_7	A_1	55
17	P_{14}	P_{13}	P_{13}	A_1	57
18	P_{13}	A_1	P_{14}	P_{13}	57
19	A_1	P_{11}	A_1	P_7	40

该解满足了所有要求，共 19 个月活动串，由于增加了一周的活动，所需要的机组数又增加了 5 个，达到了 19 个机组。该解表明，该月 19 个机组(38 名飞行员) 共执行 19 个月活动串，每个月活动串有 3 个周活动串，每个周活动串有 2 个(2 d) 航班环，因此共执行 114 个航班环，飞行 1 008 h，平均每机组飞行 53 h。这 19 个月活动串中，第 19 个活动串只执行了两个周活动串，飞行 40 h，是最少的一个，可指派给新机长。

如果该公司有 B757 机长 20 人，其中新机长 3 人，但有一人已飞行超过 300 h，教员 5 人，其他还有一类副驾驶 16 人，二类副驾驶 2 人，跟班学员 4 人。根据适航规定，跟班学员必须有教员当机长时，才能在右座实习，对于不满 300 h 的新机长必须实行双机长制，机长不能和二类副驾驶搭配。对这 42 名飞行员编号：五位教员分别编号为 1,2,3,4,5，12 名老机长编号为 6—17，三位新机长编号 18,19,20，一类副驾驶编号为 21—36，其他 2 名二类副驾驶编号为 37 和 38，四名跟班学员编号为 39,40,41,42。

征求飞行员意愿时规定：只征求机长的意愿；教员、老机长和新机长的活动串意愿可分别填 2,3,4 个，并且新机长不能填写最不希望的活动串；教员不能不愿意与跟班学员搭配。20 名飞行员的意愿如表 9.23 所示。表中未填写者为“无所谓”。

表 9.23　飞行员的意愿表

机长序号	最希望的活动串	最不希望的活动串	愿意搭配	不能搭配
1	16,17	19,13	39	
2	17,18	19	40,41	
3	6,11	19,13	42	
4	16,11	19	41,42	
5	6,17	19	37,39,40	
6	6,5,11	19		39,40,41,42
7	6,10,15	19	25	39,40,41,42
8	1,6,8	19		39,40,41,42
9	2,7,6	19		31,39,40,41,42
10	4,6,14	19		38,39,40,41,42
11	8,10,12		34	39,40,41,42
12	8,9,10	19		39,40,41,42
13	1,2,17	13		39,40,41,42
14	4,5,18	19		37,39,40,41,42
15	3,5,6	19	26	33,39,40,41,42
16	2,3,11	19	28	39,40,41,42
17	1,7,9	19		39,40,41,42
18	2,6,12,14		20	23,…,42
19	3,4,11,12		20	21,23,…,42
20	5,7,13,14		22	23,…,42

由表 9.23 和机组搭配规则，可组配机组如表 9.24 所示，结果二类副驾驶 30,31,33,38 未能得到组配。

表 9.24　机组组配结果

机组号	机组组配	机组号	机组组配	机组号	机组组配
1	(1,39)	8	(8,27)	15	(15,26)
2	(2,40)	9	(9,35)	16	(16,28)
3	(3,42)	10	(10,23)	17	(17,29)
4	(4,41)	11	(11,34)	18	(18,20)
5	(5,37)	12	(12,36)	19	(19,22)
6	(6,21)	13	(13,32)		
7	(7,25)	14	(14,24)		

接下来根据表 9.23 和前面关于满意度取值的规定，并取资格系数：教员 1.8，老机长 1.5，新机长 1，规定对最愿意的活动串，将满意度乘以资格系数，最不愿意的活动串除以资格系数，“无所谓”的活动串不乘以资格系数。结果见表 9.25。

表 9.25　机长满意度系数

	1	2	3	4	5	6	7	8	9	10	11	12	13	14	15	16	17	18	19
1	6	6	6	6	6	6	6	6	6	6	6	6	0	6	6	18	18	6	0
2	6	6	6	6	6	6	6	6	6	6	6	6	6	6	6	6	18	18	0
3	6	6	6	6	6	18	6	6	6	6	18	6	0	6	6	6	6	6	0
4	6	6	6	6	6	18	6	6	6	6	6	6	6	6	6	6	18	6	0
5	6	6	6	6	6	6	6	6	6	6	18	6	6	6	6	18	6	6	0
6	6	6	6	6	15	15	6	6	6	6	15	6	6	6	6	6	6	6	0
7	6	6	6	6	6	15	6	6	6	15	6	6	6	6	15	6	6	6	0
8	15	6	6	6	6	15	6	15	6	6	6	6	6	6	6	6	6	6	0
9	6	15	6	6	6	6	15	6	6	6	6	6	6	6	6	15	6	6	0
10	6	6	6	15	6	15	6	6	6	6	6	6	6	15	6	6	6	6	0
11	6	6	6	6	6	6	6	15	6	15	15	6	6	6	6	6	6	6	0
12	6	6	6	6	6	6	6	15	15	15	6	6	6	6	6	6	6	6	0
13	15	15	6	6	6	6	6	6	6	6	6	6	6	6	6	6	15	6	0
14	6	6	6	15	15	6	6	6	6	6	6	6	6	6	6	6	6	15	0
15	6	6	15	6	15	15	6	6	6	6	6	6	6	6	6	6	6	6	0
16	6	15	15	6	6	6	6	6	6	6	15	6	6	6	6	6	6	6	0
17	15	6	6	6	6	6	15	6	15	6	6	6	6	6	6	6	6	6	0
18	6	10	6	6	6	10	6	6	6	6	6	10	6	10	6	6	6	6	6
19	6	6	10	10	6	6	6	6	6	6	10	10	6	6	6	6	6	6	6

用20减去表9.25中各满意度值，得到“不满意”系数 p'_{ij}，求总的不满意系数最小，得到以下的活动串指派问题。

$$\min z = \sum_{j=1}^{19}\sum_{i=1}^{19} p'_{ij}x_{ij}$$

$$\text{s.t.}\quad \sum_{j=1}^{19} x_{ij} = 1, i = 1,2,\cdots,19$$

$$\sum_{i=1}^{19} x_{ij} = 1, j = 1,2,\cdots,19$$

$$x_{ij} = 0,1, i,j = 1,2,\cdots,19$$

解得

$x_{1,16} = 1$，　$x_{2,18} = 1$，　$x_{3,6} = 1$，　$x_{4,17} = 1$，　$x_{5,11} = 1$，　$x_{6,5} = 1$，　$x_{7,15} = 1$，

$x_{8,8} = 1$，　$x_{9,7} = 1$，　$x_{10,14} = 1$，　$x_{11,12} = 1$，　$x_{12,10} = 1$，　$x_{13,1} = 1$，　$x_{14,4} = 1$，

$x_{15,3} = 1$，　$x_{16,2} = 1$，　$x_{17,9} = 1$，　$x_{18,19} = 1$，　$x_{19,13} = 1$

其他决策变量等于0。该解表明机组1执行月活动串16，机组2执行月活动串18，机组3执行月活动串6，等等，机组19执行月活动串13。此结果总的满意度最大，除了机组18之外，所有机组都执行了他最希望的月活动串。

9.5　飞机路线和机组航班环一体化优化问题

9.5.1　飞机路线和机组航班环一体化优化的意义

所谓飞机路线和机组航班环一体化优化是指，考虑飞机路线问题和机组航班环问题的相互影响，建立两个问题的综合优化模型，同时进行优化，以期获得全局最优解。

构建飞机航班串(路线)时，要求前后两个航班之间的时间间隔不小于飞机最短衔接时间(飞机MCT)。构建机组航班环时，要求前后两个航班之间的时间间隔不小于机组最短衔接时间(机组MCT)。但同时规定，如果机组航班环中包含由同一架飞机执行的前后两个航班，则机组衔接时间可以缩短，叫做机组的短连接。这就意味着，如果在机组航班环中考虑短连接，可以提高机组利用率，降低机组成本。同时可以提高过站旅客的满意度，吸引更多的旅客，获得所谓的经停收益“through revenue”。

在航空公司的实践中，构建飞机路线和机组航班环不是并行进行的，而是先由市场部(商务部)构建好了飞机路线，然后交给飞行部。飞行部在飞机路线基础上作必要的调整，生成机组航班环。调整时，尽量利用飞机路线作为机组航班环，其目的是尽可能多地利用飞机路线提供的机组短连接来提高机组利用率和获得“through revenuc”。

在学术研究方面，这种做法叫做顺序研究，即首先构建和优化飞机路线，然后在飞机路线基础上构建和优化机组航班环。由于很难找到一条可以作为机组航班环的完整飞机路线，因此飞行路线只有部分子集中存在某些航班连接可以提供机组短连接，用于构建机组航班环。这是因为机组人员的飞行时间受到

适航规定的限制，例如一天不得超过 8 h，而飞机则应尽量提高日利用率，飞行可能超过 10 h。飞机路线必须保证晚上的 A 检得以正常实施，第二天必须继续飞行，不能停场休息，而飞行员连续执行 2 ～ 3 d 的飞行后必须休息一天。因此飞机路线不能直接拿来作为机组的航班环使用，但可以利用它来构成机组航班环中某些航段的短连接。

顺序研究的具体做法是：在机组航班连接网络的生成过程中，把某到达机场的航班树合并到航班连接树上后，首先查询各衔接航班是否包含在飞机路线中，然后决定是否进行航班分枝的修剪。如果包含在飞机路线中，则可缩短衔接时间，保留短连接；如果不是，则必须修剪掉那些不满足最短衔接时间的后续航班分枝。机组航班连接网络构成后，通过网络搜索获得机组航班环。在搜索网络时，应尽量保留含有短连接的路径。顺序研究可以如图 9.15 所示。

图 9.15 飞机路线 — 机组航班环顺序研究

顺序研究可利用飞机路线提供的短连接，达到两个目的：一是可以降低机组成本；二是可以减小机组航班环优化问题的规模。但不能保证全局最优，因为此时只能被动地利用飞机路线提供的短连接，不能主动地“创造”短连接。

9.5.2 飞机路线和机组航班环一体化优化建模

如果希望达到主动地“创造”短连接的效果，需要研究飞机路线和机组航班环问题的一体化优化方法，建立一体化规划模型。

在机型指派时，已经优化过飞机运行成本，因此在做飞机路线时，不再考虑飞机运行成本，将“保障飞机维修按适航规定正常进行”作为目标，该目标可以在生成飞机路线时得到满足。由于在机组航班环优化时要求机组成本最小，所以在建立飞机路线和机组航班环一体化优化模型时，只将机组成本最小化作为目标函数。

本小节以下的研究都假设已经进行过机型指派，综合优化模型适用于任一种机型的航班集，因此将忽略变量的机型下标。

一、以飞机路线为基础的研究(MRCP 模型)

所谓以飞机路线为基础的研究，是在飞机路线优化模型的基础上，引进飞机路线和机组航班环联系约束和机组航班环问题的航班覆盖约束，形成综合优化模型。

本模型需设置两组变量：

y_r：飞机路线问题的 0—1 型变量，当飞机路线 r 被选中时等于 1，否则等于 0；

x_p：机组航班环问题的 0—1 型变量，当航班环 p 被选中时等于 1，否则等于 0。

需要考虑的约束如下：

1. 飞机路线问题的约束

(1) 航班覆盖约束；

(2) 飞机总数约束；

(3) 维修平衡约束。

2. 机组航班环的航班覆盖约束

3. 飞机路线和机组航班环的联系约束

以最小化机组总成本为目标函数，并引入如下参数：

P：机组航班环集合；

S：飞机路线的集合；

F：航班的集合；

B：维修基地集合；

E：短连接边的集合；

N：飞机架数；

M：航空公司规定的最大短连接边数；

t：前后航班之间存在短连接的连接边；

c_p：机组航班环 p 的机组成本；

b_{ir}：飞机路线 r 含有航班 i 时等于 1，否则等于 0；

a_{ip}：机组航班环 p 含有航班 i 时等于 1，否则等于 0；

α_{tr}：飞机路线 r 含有短连接边 t 时等于 1，否则等于 0；

β_{tp}：机组航班环 p 含有短连接边 t 时等于 1，否则等于 0；

e_{sr}^{a}：如果飞机路线 r 的最后一个航班到达维修基地 s，则等于 1，否则等于 0；

e_{sr}^{d}：如果飞机路线 r 的第一个航班从维修基地 s 出发，则等于 1，否则等于 0。

我们可给出飞机路线和机组航班环的综合优化模型如式(9.26) ～ 式(9.33) 所示。

$$\min z = \sum_{p\in P} c_p x_p \tag{9.26}$$

$$\text{s.t.} \quad \sum_{r\in S} b_{ir} y_r = 1, \quad i \in F \tag{9.27}$$

$$\sum_{r\in S} e_{sr}^{a} y_r - \sum_{r\in S} e_{sr}^{d} y_r = 0, \quad s \in B \tag{9.28}$$

$$\sum_{r\in S} y_r = N \tag{9.29}$$

$$\sum_{r\in S} \alpha_{tr} y_r - \sum_{p\in P} \beta_{tp} x_p \geqslant 0, \quad t \in E \tag{9.30}$$

$$\sum_{t\in E} \sum_{r\in S} \alpha_{tr} y_r \leqslant M \tag{9.31}$$

$$\sum_{p\in P} a_{ip} x_p = 1, \quad i \in F \tag{9.32}$$

$$x_p = 0,1, \quad p \in P; \quad y_r = 0,1, \quad r \in S \tag{9.33}$$

其中，式(9.26) 是目标函数，要求机组总成本最小。式(9.27) 是飞机路线的航班覆盖约束，(9.28) 是飞机维修平衡约束，(9.29) 是飞机总数约束，式(9.30) 是飞机路线和机组航班环的联系约束，它要求只有被飞机路线选中的短连接边才可能包含在机组航班环中，式(9.31) 是对被选中的短连接边总数的限制。虽然短连接可以提高机组利用率和获得“through revenue”,但也会降低航班计划的鲁棒性,因此航空公司可以规定短连接的最大数目,求得两者之间的平衡。式(9.32)是机组航班环的航班覆盖约束,式(9.33)是决策变量的取值约束。

为保证飞机有足够的维修机会,要求只在那些汇节点是基地机场并且有足够的航后检查时间的飞机路线中选择,其他的飞机路线不考虑。另外,如果在构造飞机路线的航班连接网络时,已保证了所有飞机路线总是从维修基地机场出发,终止在维修基地,则维修平衡约束条件式(9.28)已经满足,可以去掉。

这个模型被 Barnhart 称为 MRCP 模型(Maintenance Routing & Crew Pairing),通过优化求解 MRCP 模型,可以同时获得飞机路线和机组航班环。但该模型变量很多,规模很大,求解困难。

二、扩展机组配对模型(ECP)

MRCP 模型是大规模的整数规划问题,求解比较困难。为能利用短连接,又不至于将问题过于复杂化,Barnhart 提出了扩展机组配对问题 ECP(Extended Crew Pairing)模型,如式(9.34)~式(9.38)所示。

$$\min z = \sum_{p\in P} c_p x_p \tag{9.34}$$

$$\text{s.t.} \quad \sum_{p\in P} a_{ip} x_p = 1, \quad i \in F \tag{9.35}$$

$$\sum_{r\in S} \alpha_{tr} y_r - \sum_{p\in P} \beta_{tp} x_p \geqslant 0, \quad t \in E \tag{9.36}$$

$$\sum_{r\in S} y_r = 1 \tag{9.37}$$

$$y_r, x_p \in \{0,1\}, \quad r \in S, \quad p \in P \tag{9.38}$$

其中各参数和变量意义与 MRCP 相同,每个约束条件的意义也很明确,这里不再介绍了。该模型在机组任务配对模型的基础上,增加了飞机路线和机组航班环之间的联系约束式(9.36),以及所谓的凸性约束式(9.37)。凸性约束实际上限制含有短连接的飞机路线只取一条。这样 ECP 与机组任务配对问题相比增加了变量数,但约束条件数增加得很少,因此求解的难度增加不大。

但这个模型不含有飞机路线问题的约束条件,因此只能获得机组航班环,不能同时获得飞机路线。求解这类问题时可以这样处理:

(1) 构造机组航班连接网络和飞机路线的航班连接网络,这两个网络中应含有相同的短连接边;

(2) 搜索这两个网络获得机组航班环集合 P、飞机路线集合 S 和短连接边集合 E(同时包含在 P 和 S 中);

(3) 求解 ECP,获得最优的机组航班环和一条含有短连接的飞机路线;

4) 固定该含有短连接边的飞机路线,求解飞机路线问题,获得满足维修要求和飞机数限制的飞机路线。

Barnhart 的 ECP 只能获得一条含有短连接的飞机路线,实际意义不大。建议将式(9.37)用式(9.31)代替,并修正为

$$
\begin{aligned}
\min z = & \sum_{p\in P} c_p x_p \\
\text{s.t.} \quad & \sum_{p\in P} a_{ip} x_p = 1, \quad i \in F \\
& \sum_{r\in S} \alpha_{tr} y_r - \sum_{p\in P} \beta_{tp} x_p \geqslant 0, \quad t \in E \\
& \sum_{t\in E} \sum_{r\in S} \alpha_{tr} y_r \leqslant M \\
& y_r, x_p \in \{0,1\}, \quad r \in S, p \in P
\end{aligned} \tag{9.39}
$$

应用该模型时，一般 M 不可取得太大，以防止计划失去鲁棒性和导致飞机路线问题不可行。

9.5.3 关于算法的讨论

不管是MRCP，还是ECP，求解都不是容易的事，建议采用分枝定价法(Branch-and-Price)，下面以模型 ECP 式(9.39) 为例讨论分枝定价法的基本步骤。

第一步　通过搜索飞机和机组两个航班连接网络，让其中尽量包含有短连接边，获得足够多数量的飞机路线和机组航班环子集，以保证式(9.39) 有可行解。

第二步　对于式(9.39)，放松变量 x_p 和 y_r 的取值约束，即取 $0 \leqslant x_p, y_r \leqslant 1, p \in P, r \in S$，应用第一步获得的飞机路线和机组航班环子集，构建式(9.39) 的限制主问题，它是线性规划问题。

第三步　求解限制主问题，获得它的最优解，同时获得它的对偶变量值。设航班的对偶变量是 $\pi_i, i \in F$，短连接边的对偶变量是 $\sigma_t, t \in E$，以及含短连接边的飞机路线选择数约束的对偶变量是 τ，可以推导得 x_p 的简约成本为

$$
\begin{aligned}
c'_p = & c_p - (\pi_1, \pi_2, \cdots, \pi_n, \sigma_1, \sigma_2, \cdots, \sigma_l, \tau)[a_{1p}, a_{2p}, \cdots, a_{np}, -\beta_{1p}, -\beta_{2p}, \cdots, -\beta_{lp}, 0]^{\mathrm{T}} = \\
& c_p - \sum_{i\in F} a_{ip}\pi_i - \sum_{t\in E} \beta_{tp}(-\sigma_t) = \sum_{i\in F}(c_i - \pi_i)a_{ip} - \sum_{t\in E}(c_t - \sigma_t)\beta_{tp}
\end{aligned} \tag{9.40}
$$

在式(9.40) 中，假设航班环机组成本是该航班环所含航班的机组成本之和，考虑到短连接一方面可以提高机组利用率，另一方面由于节省了旅客转机的成本，可以提高旅客满意率，增加旅客选择该航班的概率，因而短连接边的成本是因为选择短连接而增加的收益，设为 $-c_t$，所以有

$$
c_p = \sum_{i\in F} a_{ip} c_i + \sum_{t\in E} \beta_{tp}(-c_t)
$$

将它代入式(9.40) 的第二个等式便得到了它的第三个等式。

第四步　根据式(9.40) 构造子问题，在机组航班连接网络上，每航班边的机组成本减去对偶变量值 $\pi_i, i \in F$，每条短连接边的收益减去对偶变量值 $\sigma_t, t \in E$，然后求解该网络的约束最短路。该最短路是一条航班环，它的长度即为该航班环的简约成本，因此是主问题的最小简约成本。这一步叫做 Pricing 问题。如果这个最小简约成本小于零，那么将此机组航班环加入限制主问题，转第三步；如果最小简约成本不小于零，则已求得模型式(9.39) 松弛线性规划的最优解，计算结束。

如果获得的最优解是整数解，即获得了式(9.39) 的最优解；如果是小数，则应采用分枝定界法。分枝时，如果跟随某一航班 a 的各条航班环(称为 Follow-on) 的变量值是小数值，则将它们相加，以总和最大的 Follow-on 航班环集进行分枝，然后再返回第二步继续用列生成法求解限制主问题，直到求得整数

最优解为止。

上述算法又叫做 Branch - and - Bound - and - Price,请参阅 Barnhart([2],2001)。在应用该算法时,最大的困难是设计有效的分枝规则以及如何在获得限制主问题最优解的同时获得它的对偶变量值。可根据上述算法,在 OPL Studio 的环境下编写 OPL 程序,应用 ILog/Cplex 系统求解限制主问题。

9.6 本章小结

本章详细讨论了航空公司机组排班问题。首先讨论了机组排班的适航条例和航空公司排班规定等方面的限制,然后将机组排班问题分成三个子问题分别处理,即航班环构造问题、活动串构建问题以及活动串指派问题,努力降低问题解决的难度。

还对航班环生成的航班连接网络方法和活动串构建的顺序模式方法做了详细介绍,并用实例演示了构造的过程。

航班环和活动串优化选择的基本模型是集合分割问题或集合覆盖问题,是一类难解的问题,加之变量数巨大,困难就更大了。本章结合约束最短路问题讨论了这类问题的分枝定价解法。

本章向读者描绘了机组排班问题的全貌,最后还讨论了飞机和机组排班一体化优化的问题,展示了这方面的最新研究成果,指出了问题的困难所在。

思考题

9 - 1 机组排班解决什么问题?意义是什么?

9 - 2 机组排班受到哪几方面的规定约束?

9 - 3 机组排班为什么要考虑飞行员的个人意愿?

9 - 4 机组排班分哪几个步骤完成?各步骤的基本方法是什么?

9 - 5 应用航班连接网络构造航班串,分几步进行?每步的目的是什么?

9 - 6 航班环优化选择模型的基本形式是什么?可能有哪些附加约束条件?

9 - 7 应用什么方法构建周活动串和月活动串?怎样计算可能活动串总数?怎样计算必须(优化)的活动串数?怎样计算活动总数?

9 - 8 活动串优化选择模型的基本形式是什么?月活动串优化选择模型还可能考虑哪些附加约束条件?

9 - 9 月活动串指派问题的优化模型基本形式是什么?可以有哪些附加约束条件?

9 - 10 美国、欧洲和我国航空公司在解决机组排班问题的方法上有什么不同?各有什么优缺点?

9 - 11 为什么要考虑飞机和机组排班一体化优化问题?

9 - 12 研究飞机和机组排班一体化优化问题的基本思路是什么?

9 - 13 什么是 Branch - and - Price 算法?请叙述它的步骤。

练习题

9-1　表 9.26 是一个航班时刻表，其中 A，C，D 为基地机场，"周频"一栏给出了不开航班的日期，例如航班 1 的周频为"Not 6，7"，表示星期六和星期日没有航班 1。请为它构建航班串和航班环，航班环最多可有 3 个航班串，最小衔接时间为 50 min，最短过夜时间为 12 h。

表 9.26　习题 9.1 的航班时刻表

航班号	始发机场	到达机场	起飞时间	到达时间	周频
1	A	B	8:00	9:00	Not 6,7
2	B	C	10:00	11:10	
3	C	D	13:00	14:00	Not 7
4	C	A	14:30	16:00	
5	D	A	14:40	16:00	Not 6
6	A	B	17:00	18:20	
7	B	C	11:00	12:10	Not 6,7

9-2　对习题 9-1 已获得的航班环，假设 $f_d = f_p = 0.8$，试计算美国模式的机组成本，并以机组总成本最小为目标，求最优航班环。

9-3　对习题 9-2 已获得的最优航班环，构建周活动串，要求机组每执行 2 个机组任务(航班串)至少休息一天，给出周活动串的顺序模式，计算可能的周活动串总数，和每周飞行的航班串总数，并进一步计算必须的周活动串条数。如果每周飞行时间尽可能接近 18 h，试建立周活动串优化选择模型并求解。

9-4　根据习题 9-3 求得的最优周活动串，构建月活动串。设该月有 5 个星期，每机组执行 4 周活动串休假一周，试给出月活动串顺序模式，计算可能的月活动串总数、每月执行的周活动串总数，并进一步计算必须的月活动串条数。如果要求每月飞行时间尽可能接近 70 h，试建立月活动串优化选择模型并求解。

9-5　根据习题 9-4 计算的结果，该公司应有多少机长才能完成月活动串任务？如果该公司共有 9 位机长组成的机组，他们最愿意执行的是编号与自己的编号相差 1 的月活动串，最不愿意执行的是与自己编号的差大于 5 的月活动串。试为月活动串建立指派模型，并进行求解。

9-6　对习题 9-1 的航班计划，假设飞机服从三天维修规则，共有 3 架飞机。试研究它的飞机路线和机组航班环的一体化优化问题，并编写 OPL 程序，应用 ILog/Cplex 进行求解。

参考文献

[1]　M Bazargan. Airline operations and scheduling. Aldershot:Ashgate Publishing Limited,2004.

[2]　C Barnhart,et al. Airline Crew Scheduling. 2001.

[3] G Desaulniers, et al. Crew pairing at Air France. European Journal of Operational Research, 1997, 97:245-259.

[4] 蔡明汶,钟毓骥,张劭卿.应用遗传算法于国内航空公司之勤务组合产生问题.中国台湾:国立成功大学论文库,2002.

[5] Yan S, Tung T T, Tu Y P. Optimal construction of airline individual crew pairings. Computers & Operations Research, 2002, 29(3):341-363.

[6] Beasely J E, Cao B. Tree Search Algorithm for the Crew Scheduling Problem. European Journal of Operational Research, 1994, 94(3):517-526.

[7] Ozdemir H T, Mohan K M. Flight graph based genetic algorithm for crew scheduling in airline. Information Sciences. 2001, 133:165-173.

[8] Levine D. Application of a Hybrid Genetic Algorithm to Airline Crew Scheduling. Computer & Operations Research, 1996, 23(6):547-558.

[9] 杜宇平.空服员排班网络模式之研究[D].中国台湾:国立中央大学,2000.

[10] Kornilakis H, Stamatopoulos P. Crew Pairing Optimization with Genetic Algorithms. SETN[C], I. P. Vlahavas and C. D. spyropoulos eds, 2002, 109-120.

[11] Medard C P, Sawhney N. Airline crew scheduling from planning to operations. Carmen Systems, 2004.

[12] Schaefer A J. Airline crew scheduling under uncertainty. PhD Dissertation, Georgia Institute of Technology, 2000.

[13] Klabjan D, et al. Airline crew scheduling with regularity. Transportation Science, 2001, 35(4):359-374.

[14] Dawid H, Konig J, Strauss C. An enhanced rostering model for airline crews. Computers & Operations Research, 2001, 28(7):671-688.

[15] 邵俊.基于遗传算法的机组任务配对研究[D].南京:南京航空航天大学,2006.

第10章　运行控制问题及优化

10.1　运行控制基础

10.1.1　运行控制及其作用

什么是运行控制（Operation Control），运行控制是航空公司的生产指挥调度职能，由运行控制中心执行该项职能。生产调度的目的是保障飞机的安全运行和保证航班计划的正常执行。

一、保障飞行安全的基本工作

首先运行控制与安全息息相关。安全对一个航空公司来说，是至关重要的，空难事故的发生，不仅给国家和人民的生命财产带来损失，也会给航空公司带来致命的打击。毋庸质疑，安全要靠飞行人员的正确操纵驾驶、机务人员的维修保障。然而，仅靠这些是不够的，航行签派人员的资料准备、航行保障、签派放行、跟踪控制也是保障安全的要素。随着航空企业规模的不断扩大，机队和航班量的不断增加，运行控制中心必须负责飞行前的地面准备和协调、飞行中的监控、紧急情况下的快速反应，让飞行人员更加专心于飞行安全。

运行控制中心通过以下手段来保障安全。

1. 提供详细可靠的航行资料

航行资料是飞行所依赖的、必不可少的工具资料。航行资料的准确性直接关系到飞行的安全。运行控制中心建立了详细、完备的导航数据库和航行通告数据库，由情报员负责管理和维护。他们经过筛选，为机组提供简洁、完整和准确的资料，对重要的通告还附有备注，以提醒机组注意。这样做可以免去机组阅读无关资料的时间。

2. 建立自己的气象系统，随时掌握天气状况

运行控制中心建有自己的气象系统，有专门的气象席位和气象人员，负责气象数据的维护、对机组的气象讲解以及对其他席位的气象支持。气象系统的建设，有力地保障了飞行的安全，缩短了不正常情况的处置时间。

3. 制作详细、及时、准确的飞行计划

使用先进的计算机飞行计划系统，可以依据实时的气象资料和载量制作详细和及时的飞行计划，保证了燃油量的准确性，不仅更有效地保障了安全，也节约了燃油成本。

4. 严密的跟踪监控

随着飞行跟踪系统的建成，实时的飞行跟踪监控成为可能。飞行跟踪系统利用 ACARS 系统与飞机

进行数据交换，为航行中的机组提供必要的技术支持。同时，还可以利用地空数据链和卫星电话设备进行语音联系。在不远的将来，二次雷达数据将联网并对航空公司开放，那时，我们将得到更加详细和及时的信息用于飞行跟踪，这将大大提高安全管理水平，降低运行成本。

二、严格控制运行成本的有效措施

航空公司的运行成本是指航班在运行期间所要支付的飞机租赁(折旧)、燃油消耗、旅客餐食、起降、航路等费用。其中仅燃油消耗一项，就占了航空公司总成本的15%左右。因此，有效控制和降低运行成本，已成为公司赢利的重要手段。

在20世纪90年代，国外各主要航空公司早已陆续建立了各自的运行控制中心，拥有先进的计算机系统。国内各公司由于规模小，设备落后等原因，在运行方面，还一直是以手工操作为主，实行粗放式管理。这种管理模式，往往导致成本居高不下，甚至造成人为失误。建立一个有效的运行体制，将从以下几方面对成本进行有效的控制。

1. 节约燃油成本

这部分成本的控制主要通过按实时飞行计划加油和利用地区燃油差价来完成。

(1) 按实时计划加油。在运行控制中心建立之前，由于缺乏必要的技术手段，油量的计算是通过使用最大业载、平均高空风速、选取最远备降场来完成的。这样，航班常常加油过多，造成燃油的不必要浪费。

目前的运行控制中心，拥有先进的飞行计划和载重平衡系统，可以获得实时的客、货数据和有效的气象、航行通告资料。因此，油量的计算更加科学、更加准确，既保证了安全，也有效地节约了成本。

(2) 利用燃油差价带油。各国、各地区的燃油价格往往是不同的，飞机在这些地区之间飞行的时候，可以利用其燃油差价，从价格低的地区多加油，在高价格的地区少加油，到达节约成本的目的。运行控制中心可以计算飞机的最佳加油量(加油过多，会影响到下一个航班的业载)，最大限度地携带可供下一个航班使用的油量。

2. 根据市场情况适时调整运力

已经知道，航空公司的航班计划(一年两季的计划)是由市场部门制订的。他们根据销售历史数据和预测决定不同季节在不同航线航班数量的增减，以及投入的座位数的多少。在运行控制部门接管航班计划的时候，已经确定了航班的时刻和机型。在国外，航空公司运控中心拥有先进的计算机管理信息系统，他们要做的是根据航班运行情况对短期的运力进行调整以及对不正常航班进行监控和处理。在国内，由于国内旅客中，商务旅客所占的比例较大，他们出行的随意性大，计划性差，这就导致出行当天买票的旅客比例较大，并被认为“无规律性，不易掌握”(实际有规律可循)，这就要求国内航空公司运行控制部门能根据市场的短时变化，对航班进行调整，以控制成本，节支增效。常用的调整策略有：改机型、并班和补班，本书将在10.4.2中介绍航班计划调整流程。

(1) 根据市场情况，对短期计划进行调整。根据市场情况，可能临时加班或取消航班，有时可能有包机或专机航班。运行控制中心必须根据这些非计划安排对次日(或三日内)的运力进行估算，如果无法满足所有的航班需要，则必须调整航班计划，以免造成被动，加大运行成本。

(2) 对不正常情况的快速和正确处理。航空公司的运行环境一般不稳定。受天气和机械故障等因素的影响而造成的航班延误和取消，将造成额外的运行成本。这种成本，大约占公司总成本的2%～3%甚至更多。一个不正常情况可能发生在任何时候，甚至航班被中断并飞往备降机场，严重时将造成大量航班延误或取消。研究表明，对不正常情况处理的好坏，可使此项成本在20%～30%的范围内变化。运行控制中心有了计算机决策支持系统，摆脱了手工操作和仅凭经验决策的方式，可以及时获得有效的数据和信息支持，快速准确地做出决策，使不正常原因造成的额外成本尽可能减小。

三、集中统一控制，合理利用资源

航线、飞机和机组是航空公司的三大资源。从20世纪八九十年代开始，各航空公司不断扩张，相继成立不少具有法人资格的分公司，同时也将飞机和机组进行了相应分配。这种做法在初期确实起到了抢占市场的作用，然而弊端也逐渐暴露出来。

首先，飞机的固定执管，使得运力无法灵活调整。由于各公司财务独立核算，各自都有每年的营业考核指标，而航班的结算又与飞机相关，若某航班是由某架飞机执行的，则该航班的收入归该飞机的执管公司所有，所发生的成本费用也由该公司承担。这样，每个公司为了完成各自的生产任务，都希望执行客座率高的航线。在公司遇到不正常等情况时，利益驱使各分公司不愿从公司全局出发，去执行“亏损”的航班任务，造成公司运行上的困难，甚至导致不好的影响。

其次，机组的固定归属，也使机组资源不能有效使用。由于航空公司培养一名空勤人员（尤其是飞行员）所花费的费用很高，因此，能否很好利用现有的机组资源，是企业节约成本的一个重要方面。某些分公司的航班任务因为机组缺乏而不能执行，其他的分公司却可能因为市场的原因使得机组任务不饱和。不同分公司之间的机组互相借用在目前受到很多条件的限制（例如工资结算和分公司之间是否需要费用补偿等），操作起来非常困难。

航线的重复设置是另外一个弊端。对于一条客座率高的航线，各分公司之间互不相让，重复设置航班，使得本来效益很好的航线变得亏损，甚至在旅客较少的情况下，也不愿意将航班取消。在某些机场还可以看到一些怪现象，同一家航空公司的不同分公司在相邻的位置设置属于自己的售票窗口，互相竞争客源，甚至不惜降低票价。这些，都造成了公司内部的无为竞争，在旅客总体数量不变的情况下，增加了运行成本。

国外的各主要航空公司在20世纪六七十年代也经历了类似的过程。目前，几乎都已将分公司改成了运行基地，机组由公司统一排班，飞机也由公司统一调度。这样做的好处是显而易见的。运行控制中心的建立使集中统一控制在技术上成为了可能。新的运行体制必将推动航空公司改革经营模式，逐渐走上集中统一控制之路。

四、航班的日常运行控制

航班的日常运行控制的主要职责是负责航班计划的执行。执行计划包括三个主要活动：① 执行原计划；② 针对微小的变动对计划进行更新，③ 针对不正常情况调整计划（Rerouting）。运行控制中心（Flight\Airline Operations Control Centre，FOCC\AOCC）是航空公司对航班运行进行日常组织和指挥的核心部门，同时也是应急救援指挥中心的常设机构。为完成运行控制的职责，运行控制中心应根据中国民航总局CCAR-121FS规章和航空公司自身《运行手册》的有关规定，制定航班运行计划，对公司航班进行签派放行和运行控制。

在FOCC\AOCC的日常运作中，还应对机坪现场进行管理，并为飞行提供航行情报保障服务。同时需要与航空电台(Aeronautical Radio)和SITA网络连接，收发电报信息。在做航班计划调整时，需要利用由电报、传真、电话、租用线路和民航高速数据网组合起来的信息收集和交流媒介与维修工程人员、旅客服务人员和机场服务人员等通信，在某些情况下，运控中心还需要连接VHF和HF以及卫星通信线路，与机长、空中交通管制中心或其他相关部门联系，以便及时地收集和传送数据。

10.1.2 航班运行管理体制的演变

一、改革前的民航飞行管理

国家民用航空局成立于1949年11月2日，根据当时民航飞行任务少和实行计划经济的制度，民用航空实行政企合一的管理体制。建立了中国民用航空局，民航地区管理局。民航省、市、自治区管理局和航空站等四级民用航空管理机构，在四级民用航空管理机构内，相应地设立四级指挥调度室，即国家民用航空局指挥调度室，民航地区管理局指挥调度室，民航省、市、自治区管理局指挥调度室和航空站指挥调度室。各级指挥调度室都有相应的指挥调度职责。

(1) 国家民用航空局指挥调度室(简称总调)，负责审核民航国内干线、国际航线和地区管理局之间的飞行计划，监督和检查各级指挥调度室的飞行组织和指挥工作；掌握国际飞行、专机飞行、跨地区管理局的飞行和特殊的飞行。

(2) 地区管理局指挥调度室(简称管调)，负责审核所属各省、市、自治区的飞行计划；监督和检查所属指挥调度室的飞行组织和指挥工作；掌握本地区范围内的飞行情况；直接组织和指挥本区域内的飞行。

(3) 省、市、自治区管理局指挥调度室(简称省、市、区调)，负责审核所属航空站的飞行计划；监督和检查所属指挥调度室的飞行组织和指挥工作，直接组织和指挥本区域范围内的地方航线和通用航空飞行，以及指定区域内的国内干线和国际航线的飞行。

(4) 航空站指挥调度室(简称站调)，负责计划、组织和指挥航空站区域内的飞行。

民航的飞行保障部门有航空气象、航行情报、通信导航、装载服务、工程机务、场务、油料、卫生等部门。各飞行保障部门在指挥调度室的统一指挥下，按照各自的职责进行飞行保障工作。

二、改革后的民航航行业务管理

1987年和2002年，我国民航先后进行了两次重大的管理体制改革。随着民用航空管理新体制的建立，组织和实施民用航空飞行的各级指挥调度室的机构和职责亦随之改变。飞行的管制工作由各级民航空管局、管制中心和机场的航务管理机构负责，飞行的组织工作由航空公司的飞行签派机构负责。

1. 航务管理机构

在各级民航管理局和机场管理当局内成立航务管理机构(航务管理中心、航务管理站)。航务管理机构由航行调度、航行管制、航行情报、气象、通信导航等部门组成，负责受理安排申请的飞行计划，提供空中交通管制、航空通信、航空导航、航空气象、航行情报、告警和搜寻援救服务。

空中交通管制工作由空管局负责，分别由空中交通服务报告室、塔台空中交通管制室、进近空中交通管制室和区域空中交通管制室负责实施。国家民航局和地区管理局的调度室，分别监督、检查、协调全国和本地区管理局内的飞行组织与实施工作。各级空中交通管制室、调度室的职责包括：

(1) 空中交通服务报告室(简称报告室)，负责审理进、离本机场航空器的飞行预报和接受飞行计划申报；办理航空器离场手续；向有关管制室和单位通报飞行预报和动态；掌握和通报本机场的开放与关闭情况。

(2) 塔台空中交通管制室(简称塔台管制室)，负责塔台管制区内航空器的开车、起飞、着陆和与其有关的机动飞行的管制工作。

(3) 进近空中交通管制室(简称进近管制室)，负责一个或几个机场航空器进、离场的管制工作。

(4) 区域空中交通管制室(简称区域管制室)，负责本管制区内航空器飞行的管制工作。中低空区域管制室还受理本管制区内通用航空的飞行申请，并负责管制工作。受理本管制区内在非民用机场起飞、着陆，而航线由民用航空部门保障的飞行申请，负责管制工作和向有关管制室通报飞行预报和动态。

(5) 民航地区空管局调度室(简称管调)，负责监督、检查本管内的飞行，协调本管内管制室之间以及管制室与航空公司运控中心之间的飞行工作的组织与实施，控制本管内的飞行流量，处理特殊情况下的飞行，承办专机飞行，掌握重要客人、边境地区、科学实验和特殊任务的飞行。

(6) 国家民航局总调度室(简称总调)，负责监督、检查全国的国际飞行、外国民用航空器的飞行和跨地区管理局的高空干线飞行，协调地区管理局之间和管制与航空公司航务部门之间的组织与实施飞行工作；控制全国的飞行流量，组织、承办和掌握专机飞行，处理特殊情况下的飞行，承办国内非固定干线上的不定期飞行和外国民用航空器非正常航班的飞行申请。

2. 飞行签派机构

在航空公司内设立飞行签派机构，负责放行航空器并实施运行管理，其职责是：

(1) 布置飞行任务，组织飞行的各项保障工作；

(2) 拟定航空公司航空器的飞行计划，向空中交通管制部门提交飞行申请；

(3) 督促检查并帮助机长做好飞行前准备，签发放行航空器的文件；

(4) 及时与空中交通管制、通信、气象、航行、情报、机场等单位联系，取得飞行和保障飞行方面的情报；

(5) 向机长提供安全飞行所必需的航行情报资料；

(6) 掌握本公司航空器的飞行动态，采取一切措施保证飞行正常和安全；

(7) 航空器遇到特殊情况时，协助机长正确处置；

(8) 航空器不能按照原定计划飞行时，及时通知有关部门，妥善安排旅客和机组。

飞行的组织与实施是航空公司飞行签派机构和空中交通服务报告室的主要工作之一。航空公司的飞行计划是航空公司为完成生产任务而安排的一系列飞行任务。为完成飞行计划，航空公司必须有步骤地组织与实施飞行的全过程，这个过程就是运行控制与管理。运行控制是指使用飞行动态控制系统和程序对某次飞行的起始、持续和终止行使控制权的过程，这个过程需要明确完成工作的程序和严格分工职责;运行管理是对整个飞行活动及其相关活动的检查、调整、通报和调配。

进入 21 世纪以后,各航空公司在飞行签派室的基础上,扩展功能,组建运行控制中心,全面负责本公司的航空运输生产运行管理和协调工作。

三、运行控制中心体系结构及其职能

以下介绍运行控制中心的典型组织体系和相关职能,各航空公司的结构体系可能会有些不同,但执行的功能大体相同。

(1) 公司值班经理,是公司授权的当日航班运行的最高执行领导,监督指挥体系的运行,负责对不正常运行情况的决策,并对重大、紧急情况的处理有先期处置权,对当日运行情况进行讲评。

(2) 签派值班主任,在运行管理上向值班经理负责,组织当日的飞行签派工作;对不正常运行情况进行协调,并向公司值班经理提交航班调整预案,在批准后负责组织实施;与空管部门进行协调。

(3) 飞行签派员,按当日航班计划或经批准的调整计划,综合航路、气象、机场、飞机和机组状态及装载情况等信息,完成对各航班评估放行和航班在执行过程中的动态监控。

(4) 现场调度员,负责基地出港航班和过站航班的机坪秩序管理和作业考核。

(5) 飞机维护检修的指挥控制中心(Maintenance Control Center,MCC),负责为计划航班安排飞机;提供最新机队状态信息,监控、调度航线维修(包括外站维修),对空中故障飞机提供技术信息支援;为航班调整预案提供飞机使用的建议。

(6) 商务调度,即商务部(市场部)、货运部派出的生产运行值日机构,负责向运行指挥体系决策提供本场和各地营业部有关旅客、货物的信息;监控当日客运、货运系统的运行;为航班调整预案提供有利于旅客、货物运送及有利于公司效益的调整建议。

(7) 飞行 / 乘务调度,即飞行部、客舱服务部的生产运行值日机构,负责向运行指挥体系提供值勤机组、乘务组的信息;负责机组、乘务组排班的临时调整。

(8) 基地调度,即基地保障部的生产运行值日机构,负责向运行指挥体系提供地面服务保障方面的信息;监控地面保障系统的运行,并在航班计划调整时对地面保障进行调度、协调和落实。运行控制体系如图 10.1 所示。

当出现飞机故障、航班延误等不正常情况时,签派值班主任(计划协调人员) 是航空公司运作控制活动的核心,他们是 AOCC 中被授权和负责正常航班的执行和解决不正常航班有关问题的人员。签派值班主任利用各种信息渠道获得决策数据,通过分析这些信息,修改航空公司系统资源计划,包括航班延误、飞机和机组的计划调整(Irregular Routings) 和增加航班等,然后将修改过的计划发送到相关部门和工作岗位。这些称为即时操作计划(Current Operational Schedules,COS)。由于 AOCC 主要关注航班和计划管理,计划协调人员需要跟各种关键的人员和部门保持联系。航班计划调整信息流如图 10.2 所示,计划调整流程参阅 10.4.2 小节。

不正常情况下的旅客服务管理也是实时决策问题,涉及到旅客冲突防范、服务资源调度、服务流程优化、服务环境监控、服务评价等一系列问题。这些问题的解决将有助于航空公司提高服务竞争力,维护正常的航班运行秩序和航空公司声誉,以及在某种程度上减少航班延误补偿的经济损失。

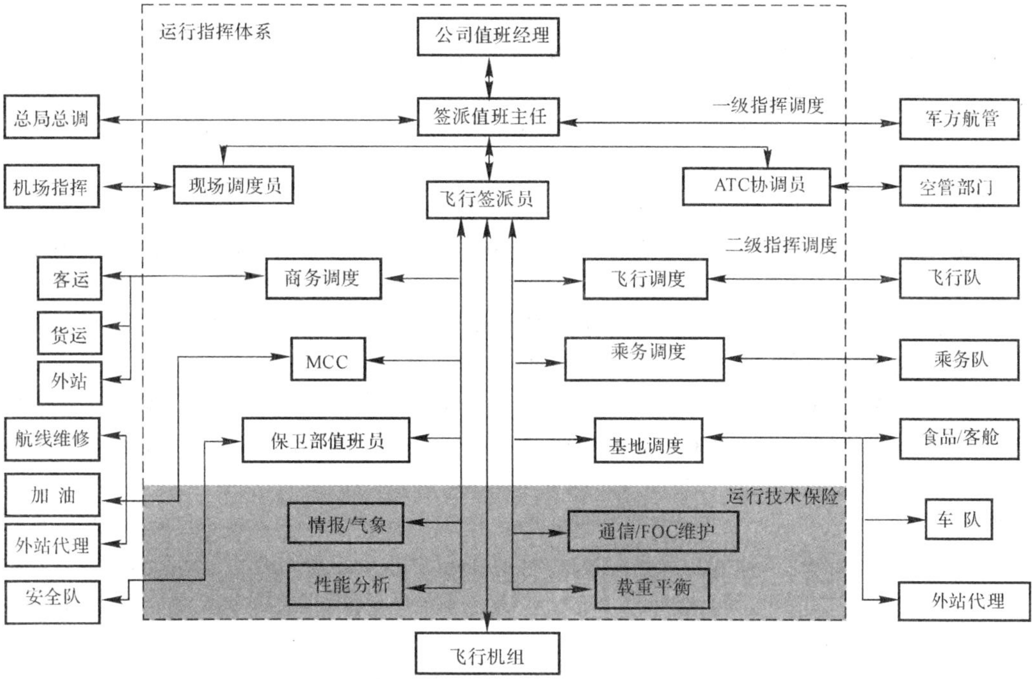

图 10.1　运行控制中心组织、指挥结构图

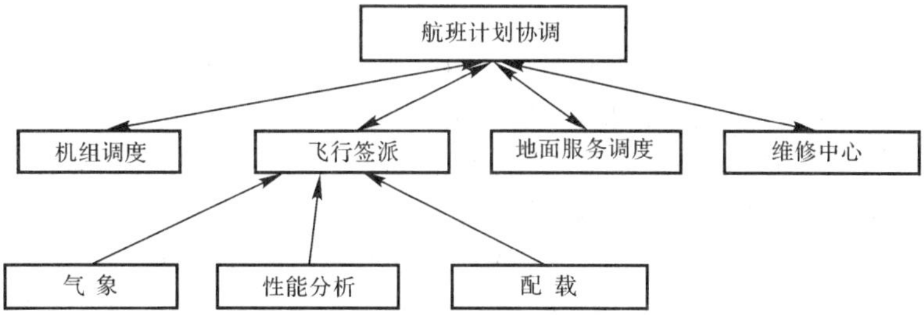

图 10.2　航班计划调整的信息流

航班延误责任的归属涉及到多方利益，也是航空公司与旅客关于延误纠纷的核心问题。目前由于缺乏科学合理的延误责任鉴定方法，也没有建立起相关的监控体系和信息系统，导致了国内出现了航班延误后旅客“不闹不赔，小闹小赔，大闹大赔”的恶性循环，对构建和谐的客户关系造成了不良影响。这是一个需要认真解决的问题。

在不正常航班计划恢复技术方面，国内中小航空公司目前仍采用手工调整计划的方式，大型航空公司虽引进了国外的专业管理系统，由于内部管理体制和观念不同，信息系统的优势没有充分发挥出来，引进的系统几乎成了手工操作替代品的尴尬局面。

10.1.3 美国的航空公司运行控制介绍

他山之玉，可以攻石。理解和消化国外的研究成果将有助于开发符合我国实情的信息系统和优化调度技术。下文将简单介绍目前美国几个主要航空公司运行控制的先进做法。

在美国，航空公司依靠大量的决策支持工具来做决策，在不正常情况发生后首先考虑尽快恢复航班计划，然后才考虑如何减少潜在的收益损失。在实际的调度中，计划控制人员通常考虑的是某个给定航班上已订座旅客数，而不是该航班的实际价值，必要时会根据情况将旅客流等因素一并考虑，如旅客航班衔接性(Connectivity)、旅客好感(Goodwill)、旅客流量等。在进行计划调整时，以任务匹配为出发点，需要考虑航班出发时刻、机组调度、旅客流分配和每日计划循环的平衡等多方面的因素。

美利坚航空公司(American Airlines) 将任务匹配(Mission Compatibility) 描述为做这样的决策：调整应使后继影响尽可能小，即后继的航班运行计划变动最小，而且能在短时间内生成可行的方案。因此，美利坚航空公司通常优先考虑航班延误，其次才是考虑取消的必要性。

美联航(United Airlines) 使用一种实时决策支持系统(System Operations Advisor,SOA)，包含三个模块：状态监视(Status Monitor)，延误和替换建议模块(Delay and Swap Advisor,DSA)，延误和取消建议模块(Delay and Cancellation Advisor,DCA)，但是该系统做延误和取消的决定是分别进行的。现在已对该系统作了进一步的改进和集成。

Delta Airlines 在 Atlanta 的运控中心负责监控日常运作中出现的天气状况、航班计划、飞机维修计划等问题，提前调整飞机的运行计划，使其更好地避开恶劣的天气条件。公司开发了旅客重订(Rebook)系统，可以及时地向旅客通报取消和延误信息。航班计划调整后，机组的排班更新通过机组排班系统生成。

最近几年，许多美国的航空公司开始采用“抢先决策”(Preemptive Decision Making) 来生成航班取消计划，在一个机场或地区受到实际的恶劣天气影响前实施。大陆航空公司(Continental Airlines) 研究了一个关于应对恶劣天气工作流程计划，旨在最小化预计受影响地区飞机和机组的数量。控制人员相信这些措施是有利于提高公司运行效率，因为这使得计划更容易恢复和极大地加快正常运作的重新实施。然而，实际上有可能收益并不会遭受到不正常情况的影响，他们的计划运行收益可能要打折扣。

西北航空公司(Northwest Airlines) 研发了一个叫做“thinning of flights” 的程序，综合考虑了操作和经济方面的因素。由于受天气影响会导致机场容量减小，该程序针对减小了的机场容量作调整，使得运作计划与减小的容量相适应，同时保证收益最大化和最小化对旅客、机组和维修计划的扰动。该程序的指导原则是安全地、尽可能快且高效地恢复到正常运作。

从以上的介绍可以看出，运行控制中心是航空公司运输生产指挥的心脏，职能重要而且职责繁多。从优化决策的角度来看，有以下几方面：① 飞行计划的优化；② 地面设备的调度；③ 地服人员的排班优化；④ 不正常航班的恢复优化。

其中地服人员排班优化方法与航线维修人员排班优化方法相同，因此这里不再介绍，需要时请参考本书第 6 章。本章以下分三节分别介绍飞行计划的优化问题、地面设备的调度和不正常航班的恢复优化问题。

10.2　飞行计划及其优化

10.2.1　飞行计划基础

飞行计划是针对具体航班而言的。在航班起飞前，根据具体的气象资料、航行情报、飞机性能、空中领航和航行规则，确定该航班的业载以及完成本次航班飞行所需的飞行时间和燃油量。这项工作就是制作航班飞行计划，其目的是为了保证飞行的安全和降低航班运行的成本。

从上述关于飞行计划的定义可以看出，制订飞行计划的输入因素很多，包括从气象资料到航行规则诸方面的数据，需要对各个环节因素进行仔细和透彻的分析，输出本次航班的业载、飞行时间和燃油油量，作为签派放行的依据之一，做出是否放行的决策。

制作航班飞行计划是一项非常专业性的工作，涉及到许多专业知识和专门技术，这些已经超过本书的范围，在此不作介绍，有兴趣的读者可以参考专门著作和教科书，如本章参考文献[1,2]等。本节主要讨论飞行计划优化的问题。

飞行计划的优化是要在保证安全的提前下，尽量提高航班运行的经济效益，也就是让成本最小化。燃油消耗是最主要的飞行成本，制订飞行计划时，需通过减少燃油消耗来实现降低成本的目的。因此首先应了解飞机的燃油特性，它取决于飞机性能。

一、飞机性能

(1) 涡喷发动机的可用推力特性。净推力是发动机在飞行中实际推动飞机前进的动力，也称发动机的可用推力。发动机的可用推力与气压高度、环境温度和从发动机引气的情况(用于空调、防冰等)有关。如果航班在夏季的高原机场运行，则必须监控机场的场压、温度，气温过高和气压过低将使飞机发动机推力不足而无法满足夏季高原机场运行条件，需要减少飞机的业载。而且由于空气中氧气不足，燃油不能得到充分燃烧，增加了燃油的消耗。

(2) 耗油特性。表征燃油消耗特性的主要参数有燃油流量(1b/(台・h))和燃油里程或比航程(n mile/lb)。燃油流量表示每台发动机单位时间消耗的燃油量，燃油量一定时，可以用来确定飞机的续航时间。燃油里程表示消耗单位燃油量所能飞行的距离，燃油量一定时，可以用来确定飞机的航程。另外还有燃油消耗率(1b/(kN・h))，表示单位时间产生 1 kN 推力所消耗的燃油量。这些燃油特性的数据在飞机性能手册中通常用曲线图给出，每个飞行高度有一张曲线图，全发工作和一发不工作状态分别有不同的曲线。燃油特性是计算油量的依据，也是航班运行节油的出发点。

(3) 高度特性。飞行高度指飞行中的飞机到某一基准面的铅垂距离，简称高度，通常以英尺或米为单位。飞机处于巡航状态时的飞行高度叫做巡航高度，不同类型飞机的经济巡航高度不一样，如 MD82 的巡航高度为 11 300 m，B757 的巡航高度为 12 700 m，B747 的巡航高度为 13 700 m。在空中交通管制允许的情况下，选择合适的巡航高度可以减少燃油消耗，提高经济效益。对于较长航线，可以采用阶梯巡航来充分发挥飞机的性能。在同一航线上，不同的机型有不同的性能，也将产生不同的运行成本。为追求成本最小化，在航班临时调换机型的决策中，分析这些成本差异将有助于获得最优调整方案。

(4) 起飞性能。民用飞机起飞性能对飞行安全和经济性具有较大影响。起飞过程受诸如跑道长度、爬升梯度、越障、轮胎速度、刹车能量、起飞速度、结构强度、气象条件等因素影响，这些因素都有可能限制飞机的最大起飞重量，从而影响飞机的业载和经济性。飞机制造商在机型介绍资料和飞行手册中给出了有关起飞性能的曲线，考虑了起飞重量、襟翼位置、从发动机引气用于防冰和空调情况、防磁系统工作状态、机场温度、风速、风向、气压高度、跑道坡度、净空道和安全道的有无和长度等因素，这些因素必须满足起飞速度规定的有关要求。

(5) 爬升和下降性能。爬升是指从飞机起飞飞行航迹结束点到规定的巡航高度和速度为止的爬升过程，下降则从巡航段终点下降到初始进近点。研究爬升和下降性能在制订飞行计划时具有实际的意义，如采用时间最短爬升、航段燃油最省爬升、总成本最低的爬升、减推力爬升、最省燃油下降、最小总成本下降等。了解爬升和下降性能对制订有效的节油飞行计划具有重要意义。

(6) 飞机的续航性能。飞机的续航性能可以用航程和续航时间两个指标来衡量。在实际飞行中，这两个指标受温度和风的影响而发生变化。航程指飞机在平静大气中沿给定方向耗尽燃油所飞过的水平距离，以海里或公里来计算，由起飞、爬升、巡航、下降和着陆几个阶段构成。续航时间指飞机耗尽可用燃油所能持续飞行的时间，是上述五阶段时间之和。飞机的续航能力直接影响其航线运行的能力和经济性，例如B747、B767和B777都适合长航线飞行，而对于洲际飞行，B747的燃油消耗经济性要比B767和B777好。同样，利用B747飞国内航线的燃油消耗经济性就不如B767和B777。在飞机的续航性能中，主要考虑巡航性能。制订飞行计划时，使用最低成本巡航高度和巡航速度将有助于提高运营的经济性。

(7) 着陆性能。着陆性能的影响因素有温度、跑道坡度、进场速度、跑道污染情况、风向风速、最大着陆重量等。例如，温度高时由于飞机的表速要小于真空速，着陆速度会增大，着陆距离也会相应增加。如果是在雨雪天气，跑道受到污染，摩擦系数降低，着陆距离也会增加，此时需要检查跑道长度是否符合降落的标准。不符合时可能会采用减载措施，这将影响飞机运行的经济性。

二、飞行情报

航行情报是制定飞行计划另一方面的重要依据，根据国际民航组织(International Civil Aviation Organization)的规定，任何类型的民用航空器运行前，必须准备涉及所运行机场设施、航路、航图、导航设施和气象等情报资料。例如，航空器运营人必须了解进入和跨越他国领空的规定以及所遵循的操作，必须了解哪些机场是可用的，哪些导航设施、气象设施、通信设施、交通服务设施是可用的，使用上述设施的程序和规定等等。这些信息在使用中变化很少，具有相对稳定性，通常以手册的形式给出，包括AIP(Aeronautical Information Publication)，Jeppesen手册、机场使用细则、航线手册、高(中、低)空航线图、通信导航分本、国际国内航路航线规定(一号规定)、空中走廊规定(三号规定)、地名部门代码本、各种比例尺地形图等资料。

制定飞行计划时，必须及时了解一些临时或短期内有可能影响飞行的设施变动信息，如航路导航设施、通信设施、通信频率、交通管制设施的变化，临时进离场程序的建立和废除，临时危险区域位置、生效和取消时间，等等。这些信息通常以航行通告的形式发布，影响期一般不超过3个月，内容可能包括机场的开放、关闭，航路的建立、撤销或改变，飞行情报区、管制区、管制地带、禁区、危险区、限制区、空中走廊的规定和程序的建立或改变、航路、机场的导航设施和低空通信设备的建立、中断或恢复，频率、呼号、位置的改变，机场区域内有碍飞行的障碍物的设置或者拆除，施放气球、炮射、人工降雨、滑翔飞行、跳伞，火箭发射、航空演习以及有碍飞行的其他情况等。

飞行情报虽说主要是为了飞行安全，对制订经济有效的飞行计划也十分重要，它对于选择航路和备降机场，以及计算飞行时间都十分重要。同时也影响到燃油消耗，例如风向能造成油耗的变化，以上海—乌鲁木齐为例，大的逆风和小的逆风情况下全程飞行时间相差 1 个多小时，耗油差异达到 2 吨多。

三、飞行计划有关油量的术语

有关飞机重量的定义可以参阅本书第 5.5.3 节中的介绍，这里再介绍飞行计划中关于燃油消耗的几个基本概念。

(1) 航程油量(Trip Fuel) 和航程时间(Trip Time) = 从松刹车加速起飞、爬升、巡航、下降、进近直到在目标机场上着陆所用的油量和时间。

(2) 轮挡油量(Block Fuel) 和轮挡时间(Block Time) = 航程油量(时间) + 开车滑出油量(时间) + 滑入油量(时间)。

(3) 改航油量(Diversion Fuel) 和改航时间(Diversion Time) = 从目标机场复飞、爬升、巡航、下降、进近直到备降场着陆(不含等待) 所用油量及时间。

(4) 航线应急油 = 航程时间的巡航油量 × 10%。

(5) 公司备份油 = 完成上述飞行剖面后还剩的保底油量，由各公司自行规定。

(6) 备份油量 = 改航油量 + 等待油量 + 公司备份油(对国际航线还应加上航线应急油)。

(7) 起飞总油量 = 轮挡油量 + 备份油量。

进近时间(油量) 和离场时间(油量) 即入航时间(油量) 都算在航程时间(油量) 中。飞行计划应算出到达各航路点的时间，所消耗的油量、在各航路点的速度、航向等。

四、定期航班飞行计划的主要内容

航班飞行计划的主要内容根据 FAR 的有关规定和各航空公司自己的燃油政策确定，包括如下内容：

(1) 确定最大起飞重量和最大着陆重量。最大起飞重量是业载限制的依据之一，业载则是进行飞行时间和燃油消耗量计算的必要原始数据。计算中还要考虑在目的地机场和备降机场着陆重量的限制，所以，最大着陆重量也是必要的原始数据。

(2) 根据需要选定飞行剖面中各段的飞行参数，如速度和高度等。各型飞机的使用手册中对爬升、巡航、下降等飞行段都分别提供了几种不同的速度供选择。爬升中有低速爬升和高速爬升，巡航有远程巡航、固定 M 数巡航，下降有最省燃油下降，快速下降等。飞行剖面各段飞行参数是飞行计划计算的依据。

(3) 燃油计划计算。按照选定的飞行剖面中各段的飞行参数，计算各组成段(起飞、爬升、巡航、下降、着陆、飞向备降场等) 需要的油量和时间，并由此得到飞行该航班所需的总油量和总飞行时间，这是飞行计划的主要内容。

(4) 给出有关航路资料。为了方便机组使用，航空公司的飞行计划表中还给出了有关的航路资料，如航路点的位置、经纬度、导航点电台频率、各航路代号、航向、距离等。

(5) 其他有关数据。有的航线还要给出如返航点、等时点。对利用二次放行法作远程飞行的航班，还要提供二次放行机场的有关数据。

五、飞行剖面

飞行剖面是飞行计划计算的依据和基础，分为国际航线和国内航线两类飞行剖面。

1. 国际航线的飞行剖面

用于国际航线的飞行剖面由两部分组成：一部分为飞行任务部分，另一部分是储备部分。前者用于计算飞行时间和轮挡燃油，后者则用于计算储备油部分，如图 10.3 所示。

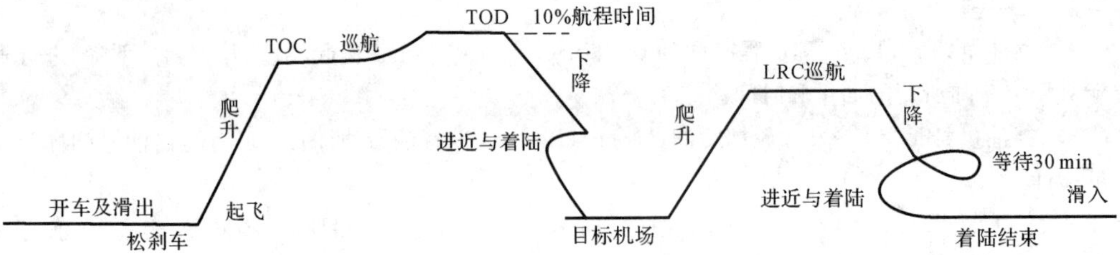

图 10.3 国际航线飞行剖面

飞行任务部分包括：

(1) 滑出阶段。按选定的滑行时间计算滑行的耗油量。滑行时间长短按机场的进出交通量来确定，小机场滑进、滑出时间较短，大机场则较长。

(2) 起飞阶段。指从起飞滑跑到离地 35 ft 并达到速度 V_2 为止的阶段。

(3) 加速到爬升段。从完成起飞到距离地面 1 500 ft 高度，飞机由起飞构形转变为爬升构形。通常起飞阶段和加速到爬升段的飞行时间和燃油消耗量同时给出，并列入手册的爬升性能表中。由于这两段飞过的水平距离与整个航程相比很短，故在计算中忽略不计。

(4) 航路爬升。低速爬升和高速爬升相比需要较少的燃油和较长的飞行时间。通常建议使用燃油消耗较小的低速爬升。爬升阶段要考虑风的影响。考虑到从机场气压高度到巡航高度之间风速的变化规律，通常取爬升顶点处风速的 70% 作为爬升段的平均风速。

(5) 巡航段。总的来说，喷气客机的巡航高度越高，燃油消耗量越少。飞行计划应按航班的实际巡航高度进行计算，不同飞行重量有不同的最佳飞行高度(见 10.2.3 节)。同时还要确定巡航的速度，以确定飞行时间和耗油量。巡航速度计算应按实际风速、风向计算风的影响。

(6) 下降段。与爬升段相同，要确定下降的速度和 M 数，通常建议使用最小燃油消耗下降速度。风的影响和爬升一样，取巡航终点处风速的 70% 作为下降段的平均风速。

(7) 进近着陆。进近着陆消耗的燃油量通常由手册给出。

(8) 滑入段。与滑出相似。

储备部分包括：

(1) 由目的地机场飞到备降机场。这一部分由复飞、爬升、巡航、下降和进近着陆几段组成，具体航程则由目的地机场到备降机场的距离确定，计算方法与飞行任务相似。

(2) 等待燃油。指在备降场上空 1 500 ft 或实际指定等待高度等待 30 min 需要的燃油量。

(3) 应急燃油。这一部分是机上所带的额外燃油，主要考虑在执行飞行任务时可能出现飞行计划改变，或风的条件与预报有较大差别时应急之用。关于应急油的计算有两种规则，一种是由飞行时间因子计算应急油，这种应急油是巡航终点的飞行重量在巡航高度以远程巡航速度继续飞行一段时间的燃油消耗量，规定这段时间为飞行时间的 10%。由于这是按 FAR 规则确定的应急油，这种飞行剖面又称为 FAR 国际航线规则。另一种规则按燃油因子计算应急油，规定应急油量为飞行任务中燃油量的 5%。

2. 国内航线的飞行剖面

与国际航线剖面相似，也由飞行任务与储备两部分组成，如图 10.4 所示。其中，飞行任务部分与国际航线的飞行任务部分相同。储备油由以下三部分组成：

(1) 由目的地机场飞到备降机场需用的燃油，与国际航线飞行剖面对应部分的规定和计算相同。

(2) 等待油量。我国规定为在备降机场上空 1 500 ft 等待 45 min。但国际航空运输协会(IATA) 的规则中没有等待油量的要求。

(3) 应急燃油。我国没有应急油规定要求，但 IATA 规则要求计算应急燃油，它是按飞行任务部分巡航终点的飞机重量和巡航高度，以远程巡航速度继续飞行 1 小时所需的燃油量来计算的。

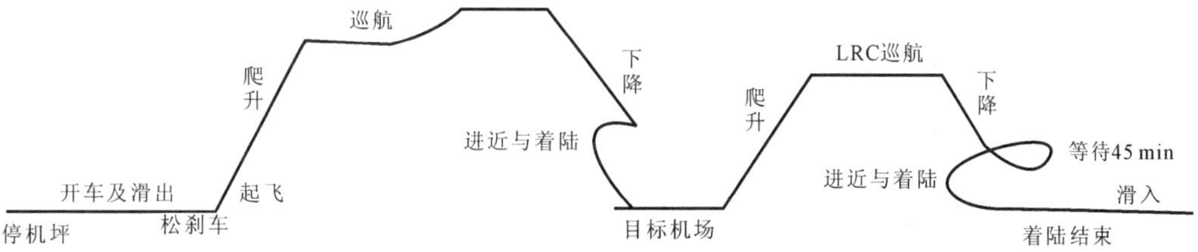

图 10.4　国内航线飞行剖面

由于各航空公司的燃油政策不同，储备油的计算方法也不同。储备油包括三部分，即法定储备油、公司储备油和任意的额外燃油。上述飞行剖面规定的储备油属于法定储备油，所有航空公司都必须遵守。公司储备油是根据公司的规定计算的燃油量，如增加滑行、机动飞行及等待时间，额外的进近失误 / 复飞、较高的应急油量要求等，这部分因航空公司的不同而不同。任意的额外燃油是按机长的要求增加的油量，根据它们过去的经验，对某些航线飞行要求额外的燃油，或对某些认为耗油较多的飞机要求额外的燃油。此外，还可能由于目的地不能加油或由于燃油差价要求增加的回程油等。

10.2.2　制订飞行计划的限制和规定

制订飞行计划应满足下述限制和要求：

一、飞机重量的限制

(1) 起飞重量 ≤ 起飞机场的最大允许起飞重量。

(2) 在目的地机场及备降机场时的着陆重量 ≤ 目的地机场及备降机场允许的最大着陆重量。

(3) 无燃油重量 ≤ 最大无燃油重量。

(4) 起飞总油量 ≤ 油箱最大油量。

在上述要求中的任何一项不能满足时，则应减少业载，直到满足上述限制要求为止。

二、关于油量的规定

1. 国内航线

(1) 必须对每一个目标机场至少指定一个备降场。当目标机场和备降场的天气条件处于标准边缘时，必须至少补充一个备降场。对于有备降场的情况，所加的油量应保证：

1) 飞到预定的目标机场。

2) 之后，飞到并着陆在目标机场的最远备降场上。

3) 之后，以正常巡航燃油消耗飞行 45 min。

(2) 如果在预计到达目的地机场的前后至少 1 h 时间内气象报告或预告表明：① 云层至少高于机场标高 2 000 ft；② 能见度大于 3 mi(mi 为英里，1 mi = 1.609 km)。则不需要对目标机场指定备降场，此时的起飞油量应保证：

1) 飞到预定的目标机场。

2) 以正常的巡航燃油消耗再飞行 45 min。

2. 国际航线

(1) 除下面情况(2) 和(3) 外，对每一个目标机场至少指定一个备降场。

对于有备降场的情况和涡轮动力装置的飞机，要考虑预报的风和其他气象条件来计算油量，所加的油量应保证：

1) 飞到并着陆在预定的目标机场。

2) 之后，继续飞行从起飞到着陆在目的地机场这段时间的 10%。

3) 之后，飞到并着陆在最远备降场。

4) 之后，在备降场上空 1 500 ft 以等待速度在标准大气条件下飞行 30 min。

(2) 如果航班不超过 6 h，且在预计到达目的地机场的前后至少 1 h 内，天气报告或预报表明：① 云底至少高于最低盘旋的最低下降高度 1 500 ft 以上(如果机场要求做盘旋进近的话) 或至少高于公布的仪表进近最低高度 1 500 ft 以上，或高于机场标高 2 000 ft 以上(这两个高度取最高的一个)，并且 ② 机场能见度大于 3 mi 或对于该机场使用的仪表进近程序的最低能见度标准高出 2 mi(以能见度最大的为准)。

则不需要备降场，飞机所加油量在预报的风和其他气象条件下应保证：

1) 飞到并着陆在预定的目标机场。

2) 之后，继续飞行从起飞到着陆在目标机场这段时间的 10%。

3) 之后，在目标机场上空 1 500 ft 以等待速度在标准大气条件下飞行 30 min。

(3) 如果某一特定目的地机场没有可用备降场，在经批准的航路上飞行，则飞机必须携带足够的燃油，所加的油量应在预报风和其他气象条件下，保证能飞到预定的目的地机场并能以正常消耗再飞行 2 h。

当起飞机场的天气实况低于该机场的最低着陆标准，但不低于起飞标准时，必须为起飞机场指定一个备降场，否则不能放行。该备降场的条件是：

1) 天气稳定可靠。

2) 高于机长天气最低标准。

3) 距起飞机场的距离为(按静止大气计算)：① 双发飞机不超过 1 h 航程(按一发失效、正常巡航速度计算)；② 三发及三发以上的飞机不超过 2 h 航程(按一发失效、正常巡航速度计算)。

10.2.3 飞行计划的优化

油价上涨致使各航空公司的燃油成本到达了直接营运成本的 30% 以上，减少燃油消耗成为降低营运成本的重要一环。对于燃油消耗可控影响因素有飞行高度、备降场的选择、起飞总油重。下面从这几个方面讨论优化飞行计划、减少燃油消耗的策略。

一、飞行高度的优化

在空中交通管制允许的情况下，做飞行计划时可以选择合适的巡航高度，对较长的航线还可以采用阶梯巡航来充分发挥飞机的性能，减少燃油消耗。这是因为随着高度的上升，发动机进气温度和压力不断降低，涡轮喷气发动机的耗油率减少，同时由于空气密度的降低，减小了飞行阻力，耗油率也会减少。因此一般情况下，装备涡轮喷气发动机的现代民用飞机在高空飞行有较好的燃油特性，选择高的飞行高度有利于降低燃油消耗。

但同时，当飞行超过一定高度后，飞行员容易疲劳，并对飞行员的身体有一定的损害，所以飞行高度又必须控制在一定的范围内。

例如某航班有三种飞行高度供选择，经过查阅气象资料和飞机性能资料，通过计算获得不同高度层飞行的燃油消耗量，如表 10.1 所示。

表 10.1 不同飞行高度的飞机耗油量

飞行高度层	FL180	FL300	FL340
平均高空风 /kt	22.2	58.5	61.0
飞机真空速 /kt	380	390	415
航路耗油量 /lb	11 900	10 250	9 550
起飞油重 /lb	20 450	19 690	19 490

从表 10.1 可看出，从 FL180 升高到 FL300，航路耗油量减少了 1 650LB，再从 FL300 上升到 FL340，航路耗油量进一步减少了 750LB，从尽量减少燃油消耗来看，应当选择飞行高度层 FL340。但一般在 FL300 以上的高度对飞行员的伤害程度需要引起注意了，因此该航班应选择 FL300。

二、备降场的优化选择

备降场的选择直接影响备降油量的大小，在航路条件相同的情况下，燃油消耗量随飞机总重的减少而减少，因此根据尽量减少燃油消耗这个原则，有两种优化途径可供选择：

(1) 在目的地机场气象资料满足 CCAR121 中关于不选择目的地备降场的条件(见 10.2.2 节)，尽量不选择备降场，这样可以不携带备降油量，减少起飞总重量，进而减少燃油消耗。

(2) 在气象和航行保障条件均符合要求的条件下，应优先选择距离目的地机场最近的备降机场，这样可以减少飞机携带的备降油量，进而减少燃油消耗。

目前多数航空公司的运行手册一般为各目的地机场选择好了固定的备降机场，即使在气象条件允许的条件下，也一定要选目的地备降机场，甚至不改到更近的备降机场。这样的做法明显增加了燃油消耗，是可以优化改进的。

三、二次放行技术的应用

制作优化的飞行计划对于载重大、航程远、耗油量大的喷气式飞机是非常重要的。首先，飞机的飞行重量变化大，小时耗油量随飞机重量的改变而变化。例如 B747SP 从旧金山飞上海，飞行时间 13 h，耗油约 130 t，以 315 t 起飞重量计算，飞行中重量变化达 41%。其次，在相同的飞行条件下，不同业载耗油量不同，对于长距离飞行，不同业载的油耗可以相差几吨。根据这一特点，通过优化飞行计划，可以有效减少长航程飞行的燃油消耗。

在 10.2.1 节“飞行剖面”中，我们介绍了应急燃油的概念及其计算方法，FAR 规定应急燃油等于按照 10% 飞行时间续飞所需要的燃油量。实际飞行中使用这种应急燃油的概率很低，能否利用应急燃油来减少飞机携带燃油的总重量呢？如果能，就可以明显减少燃油消耗，降低飞行成本。这种技术就是所谓的二次放行，它应用应急燃油作为从二次放行点到目的地机场所需的燃油。

如图 10.5 所示，设起飞机场为 A，目的地机场为 B，目的地备降机场为 E，在目的地机场 B 之前选择一个符合着落条件的机场 C 为二次放行机场，并为它选择一个备降机场 D。在起飞机场 A，按照目的地为 C 备降 D 来计算飞机携带油量，包括 A 到 C 的航线应急燃油。如果在 C 之前的下降点 R 检查油量，如果应急燃油没有消耗，而且所剩燃油量足够保证从 R 飞到 B，并能继续飞行从 R 到 B 这段时间的 10%，以及到 B 的备降场 E，在 E 上空 1 500 ft 高度等待 30 min，那么可以不在 C 着落，在 R 采用二次放行，继续飞行到 B。如果在 R 点所剩油量不足，则在机场 C 着落加油，然后再飞向目的地机场 B。

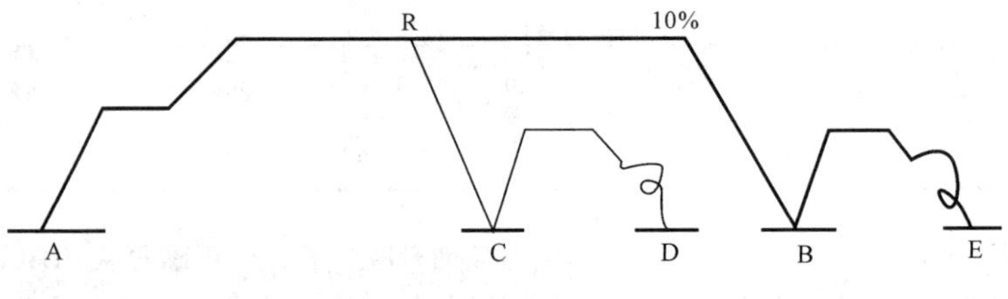

图 10.5 二次放行飞行剖面示意图

例 10.1 B747 执行一国际航班，设起飞重量为 760 000 lb，下降点 R 到初始目的地机场 C(二次放行机场) 的距离 100 n mile，C 和 B 到它们的备降场的距离相同，有关计算结果如表 10.2 所示。

表 10.2　使用和不使用二次放行的油量比较

各项油量 /lb	不使用二次放行：A → B 备降 E	使用二次放行	
		A → C 备降 D	二次放行点 R → B 备降 E
二次放行点总重			509 000
航程油量	274 000	254 900	23 000
备降燃油	24 900	25 500	25 500
应急燃油	23 700	21 800	2 700
无油重量	437 400	457 800	457 800
使用空机重	356 000	356 000	356 000
业载	81 400	101 800	101 800
起飞油重	322 600	302 200	

在从 A 到 C 的飞行中，如航线应急燃油未被消耗，则在 R 处飞机所剩燃油中包含有该航线应急燃油 21 800 lb，从 R 到 C 的燃油为 3 900 lb，从 C 到 D 的燃油为 15 300 lb，在 D 等待 30 min 的燃油为 10 200 lb，因此应有燃油为 51 200 lb。从 R 到 B 耗油为 23 000 lb，从 C 到 D 耗油为 15 300 lb，在 E 等待 30 min 的油量为 10 200 lb，以及从 R 到 B 的应急燃油为 2 700 lb，共需耗油为 51 200 lb，等于在 R 处的应有燃油量，因此选择机场 C 为二次放行机场是合适的。飞机在 R 处检查燃油量，如果剩油量超过 51 200 lb，则在 R 点二次放行，如果不足 51 200 lb，则降落机场 C 加油。

二次放行获得了两个方面的利益：首先使用二次放行，使航线起飞燃油重量减少 322 600 − 302 200 = 20 400 lb，因而减少了燃油消耗；其次由于航程燃油的减少，增加了业载 101 800 − 81 400 = 20 400 lb，因此增加了航班收益。

但是如果在二次放行点油量不足，不能二次放行，必须降落机场 C 备降 E，那么将增加起降油耗和机场使用费。到底是否应该使用二次放行技术，要看二次放行获得的收益与不能二次放行带来的成本风险，在这两者之间取得平衡。设对某航线的航班，根据历史数据统计，发现能二次放行的概率为 p，需在初始目的地机场 C 降落的概率为 $(1-p)$，二次放行的成本为 C_{21}，获益为 R，不能二次放行，在 C 降落的成本是 C_{22}，不采用二次放行的飞行成本是 C_1，那么在满足以下条件时应采用二次放行，否则不采用二次放行

$$(C_{21}-R)p+C_{22}(1-p)\leqslant C_1$$

也即

$$p\geqslant\frac{C_{22}-C_1}{C_{22}+R-C_{21}} \tag{10.1}$$

并且要求　$C_{22}\geqslant C_1\geqslant C_{21}-R$

这组条件一般情况下总是成立的。根据有关飞行数据计算出 C_1,C_{21},C_{22},R 以及 p，代入不等式 (10.1)，如果实际运行中二次放行的概率 p 足够大，使不等式(10.1) 成立，就可以采用二次放行技术。

如果在例 10.1 中，以加油量表示成本，则 $C_1=322\,600$，$C_{21}=302\,200$，$R=20\,400$，$C_{22}=302\,200+51\,200+\Delta=353\,400+\Delta$，这里 Δ 是在二次放行机场 C 的起降费和停机费，假设等于从 C 到 B 的加油费的 10%，即 5 120，则代入(10.1) 得

$$p \geqslant \frac{353\ 400 + 5\ 120 - 322\ 600}{353\ 400 + 5\ 120 + 20\ 400 - 302\ 200} = 0.48$$

也就是说，只要二次放行的概率不小于48%，即可采用二次放行技术。

10.3 地面服务设备调度

10.3.1 地面服务及其分工

根据统计，保障服务引起的延误占大型枢纽机场所有延误的15.45%，机场保障服务的延误是造成航班延误的原因之一。改进航班过站地面保障服务的工作调度，使保障服务的控制更具效率，成为航班生产作业管理研究中的重要课题。在枢纽机场，航班的起落具有短时高密度的特点，即来自（飞往）不同方向的航班集中在一个较短的时间段到达（离开）机场，形成到达波（Wave or Bank of Arrivals）和离港波（Wave or Bank of Departures）。航班延误具有网络传播效应，容易导致航空公司的航线网络中更多的航班延误。因此，航班过站地面服务调度的目标，是尽量避免因服务造成航班延误和合理分配服务设备，减少延误的时间损失。

航班过站地面保障工作流程如下：

航班过站时间指的是从航空器进入机位上好轮挡到撤除轮挡准备推出机位之间的时间。航班过站地面保障服务指的是在过站时间内为执行下一航班任务而必须为飞机提供的服务工作。有关工作流程可参阅第3章的图3.30所示。

航班过站地面保障服务的流程基本上是围绕飞机展开的，飞机进入停机位，上挡后，各种服务部门同时进行保障工作，使用的主要车辆包括：客梯车、廊桥、摆渡车、食品车、货邮行运输车、传送带车、加油车、污水车以及气源车、电源车、空调车、拖车等特种车辆。飞机航前航后需要机务人员进行航线检查，若机场的机务人员无某种机型的维修执照，则航班任务必须安排具有相应资质的机务人员跟机。当飞机推出停机位执行下一航班任务时，需要使用拖把与拖车相接，不同的机型会使用不同的拖把，如果机场没有某种型号飞机的拖把，则不能将该型号飞机安排在廊桥位置。

为了保障飞行安全以及有充足的时间进行刹车热量释放、维修检查和保障服务，每种机型的飞机通常会规定一个最短过站时间。出于提高安全裕度的考虑，国家民航局在相关文件中对航班计划中机型的最少过站时间作了限定，如表3.11所示。

在实际的航班运行中，某些航班航程较短、货邮量和人数都较少，通常会在局方规定的最少过站时间内完成所有保障任务，只要条件允许，是可以提前关舱门起飞的。一些航空公司为减少过站保障时间，会根据机型性能及安全的限制，制定"快速过站程序"来缩短保障服务时间，"快速过站"完成的时间决定于关键路线的工作，可以应用网络分析和评估技术，计算飞机过站服务的关键路线和总时间。通过优化服务流程，缩短过站时间的有关分析方法参阅第3章。

随着航空公司航班量的增大，在安全允许的范围内缩短航班过站时间已成为提高飞机利用率和减少延误时间损失的一种有效手段。例如，美国西南航空公司B737机型的平均过站时间在30 min左右。

10.3.2　地面服务设备作业

根据上述航班地面服务作业分析已知，航班过站将使用以下设备进行地面作业：

(1) 加油车给飞机加油；

(2) 食品车给航班加航空食品和饮料；

(3) 清洁车给飞机厕所进行污水处理和清洁厕所；

(4) 加水车给飞机加清洁水；

(5) 升降装卸车给航班装卸行李、货邮；

(6) 行李车给航班运送行李；

(7) 货运车运送货邮；

(8) 摆渡车运送远机位航班的旅客；

(9) 空调设备给飞机提供空调服务。

在飞机进入停机位上挡后，这些设备都应当及时到位并提供服务。如果某个设备不能及时到位，就可能影响航班的正常起飞，造成延误。当设备资源紧缺或航班繁忙时，设备的科学调度非常重要。它可以高效率地使用设备，在繁忙时间减少航班延误，提高航空公司运行水平。

上述设备并不都是航空公司的，例如加油车、地面空调设备一般不是航空公司的，航空公司运行控制中心不能调度它们。其他设备是航空公司所有，由运行控制中心调度。

不管是航空公司的设备，还是机场或中航油的设备，它们的有效调度对于保障繁忙机场航班正常运行，减少航班延误都十分重要。通常航班地服设备的调度采用先到先服务和设备最小负荷优先原则，简记为 FCFS&MRWL。也即对已准备好的设备，首先按照航班的到达并进入机位时间的先后顺序进行指派，如果有多架飞机同时进入机位，则首先指派给预计服务时间最短的飞机。

10.3.3　航班过站服务设备调度优化

一、正常航班过站地面服务调度问题的模型和算法

从单个航班的服务流程分析，过站地面服务属于定位型流程(Fixed Site)，即被加工物件固定不动，不同的加工设备在该物件上进行加工操作。对于此类问题的优化，一般采用项目管理中的关键路线方法或项目计划评估技术。对于某一特定的过站保障项目 j，其作业调度问题是带时间窗并且有作业调整时间的 $n\times m$ 并行加工设备的作业排序问题，就整个到达波内的过站服务而言，调度的优化问题是定位型和 Job Shop 混合流程的作业优化问题。因此，过站地面服务调度的优化是一个混合多目标优化的问题，既要平衡设备工作能力，也要使保障服务不及时导致的航班延误损失最小。众所周知，并行多机调度问题是 NP - Hard 问题，没有多项式算法。

在航班过站地面服务的研究方面，国内外的研究成果多集中于仿真分析和流程改进。可以利用网络分析技术 PERT 对单个航班过站作业进行了优化，通过缩短关键工作路线达到了缩短单航班过站时间的

目的。

由于民航运输的特殊性，制造业生产作业排序及 VRP(Vehicle Routing Problem) 问题中已有的研究成果不能在航班过站地面服务中直接使用。其原因有：航班波内服务需求到来和离去时间相对集中；服务流程中部分服务项目需要遵守一定安全操作规范，有相对固定的操作次序和服务资质限制，不能随意调换设备或服务队列的作业次序；更为主要的是，实际运作中随机性和突发性的影响因素较多，航班落地时间常常与计划时间偏离，使航班的服务时间窗随之发生变化。遗传算法、禁忌搜索等算法对于约束条件变动不多的调度问题优化求解效果较好，但对于实时动态调度，环境变化较快，这些算法无法迅速在迭代的过程中将环境变化的影响考虑进去，从而也就无法有效地对特别情况和意外情况进行灵活的人工干预。

一般情况下，进行航班地面的保障设备和服务组(队)之间是存在工作能力差异的，如不同类型的加油车输油速度是不同的，不同的装卸班组在单位时间内装卸能力是存在差异的，服务人数配置的不同也会产生明显的服务能力差异。本节将首先对航班过站地面服务调度问题建立数学模型，为了使模型更符合实际的使用，考虑了设备、服务组(队)的服务能力差异。根据 PERT 技术中相关概念将作业调度问题分解成四个子问题，以求通过对其中一个基础子问题的求解实现对其他子问题的求解。针对航班保障服务作业的特点，将会在下面给出“设备能力差”的概念，并提供一个基于设备能力差进行分配的启发式算法，然后通过一个算例与目前实际中使用的算法 FCFS&MRWL 进行比较。

1. 相关假设

一个航班过站地面服务作业的主要工作有近 30 项，大致分为五类并行的服务：客舱服务、货舱服务、机务服务、油料服务和航食服务，每类服务中有各自的串行子服务程序。将服务人员(组)、服务设备统称为“设备”进行工作任务分配。

由于各种因素的影响，航班的停机位指派方案有可能会发生改变，但无论怎么变，只要飞机落地，都会有唯一指定的停机位，即在航班到达次序 $I=\{i \mid i=1,2,\cdots,N\}$ 与机场停机位编号 $R=\{r \mid r=1,\cdots,R_P\}$ 之间存在一个多对一的映射 $\varphi: I \rightarrow R$。之所以是多对一的映射，是由于在时间允许的前提下，同一航班波内两架飞机可以使用同一停机位。

为描述调度问题的数学模型，现将用到的参数和变量定义如下：

$\operatorname{sign}(x)$：符号函数；

j：服务项目的编号，$j \in \{1,2,\cdots,J\}$；

k：服务设备的编号，对于服务项目 j，$k \in \{1,2,\cdots,U_j\}$；

M_{jk}：服务项目 j 中的第 k 台设备；

x_{ijk}：当第 i 个到达航班第 j 项服务使用设备 M_{jk} 执行时值为 1，否则为 0；

h：机型代码，$h \in \{1,2,\cdots,H\}$；

l：设备 M_{jk} 服务序列中的服务需求序号，$l \in \{1,2,\cdots,L_{jk}\}$，$L_{jk}$ 是最后一个服务需求的序号，$L_{jk}<N$，$\sum_k L_{jk}=N$；

p_{ijk}^k：第 i 个到达且机型为 h 的航班中第 j 项服务在 M_{jk} 上接受服务的时间；

t_{ijk}^l：第 i 个到达航班的第 j 项服务在 M_{jk} 上开工的时间，航班 i 的第 j 项服务是 M_{jk} 的第 l 项服务；

T^h：局方规定的 h 机型的航班最小过站服务时间；

TA_i：第 i 个到达航班进入停机位的时刻；

$tr_j(s,s')$：第 j 项服务的设备从停机位 s 到 s' 的转换时间；

y_{uv}：若服务项目 v 在服务项目 u 完成后进行，其值为 1，否则为 0；

$P_{j\max}$，P_{jk}：服务项目 j 总的设备最大工作时间、设备 M_{jk} 的总工作时间；

d_i：第 i 个到达航班因服务而延误的时间；

$\bar{d}$：航班波内航班因服务而延误的平均时间；

Q_{jk}：设备 M_{jk} 的服务序列；

LST_j，EFT_j：服务 j 的最迟开工时间、最早完工时间；

j^-，j^+：服务项目 j 的紧前、紧后服务项目；

JL_{jk}：第 i 个到达航班对项目 j 的完工限制时间，由关键路线法计算得到，或由项目服务时间标准给出；

$f_{jk,l}$：设备 M_{jk} 服务序列中第 l 个服务需求所对应的航班。

目标函数可以选取旅客总延误时间最小、航班延误总成本最小或航班延误总时间最少。但在延误不可避免的情况下，这些目标函数容易使客货量较小的航班被分配过长的延误时间，根据延误的网络效应，这可能导致更严重的延误。从减小延误网络效应的角度考虑，在选取目标函数时，建议把减少延误的航班数量作为首选目标，其次是设备间工作能力的平衡和避免出现少数航班被分配过长的延误时间，三个目标函数见式(10.2) ～ 式(10.4)。假设航班波内没有重要航班需要优先保障，则航班过站地面服务调度问题 FTGSSP(Flight Turnaround Ground Service Scheduling Problem) 的模型为

$$\min \sum_{i=1}^{N} \operatorname{sign}(d_i) \tag{10.2}$$

$$\min \sqrt{\sum_{k=1}^{U_j} (P_{j\max} - P_{jk})^2}, \quad \forall j \tag{10.3}$$

$$\min \sqrt{\sum_{i=1}^{N} \operatorname{sign}(d_i)(d_i - \bar{d})^2} \tag{10.4}$$

$$\text{s.t.} \quad \sum_{k=1}^{U_j} x_{ijk} = 1, \quad \forall i \in I, \quad j \in J \tag{10.5}$$

$$t_{ijk}^{l} + p_{ijk}^{h} - TA_i \leqslant T^h, \quad \forall i \in I, j, k, h \tag{10.6}$$

$$t_{f_{jk,l+1},jk}^{l+1} = \max\{TA_{f_{jk,l+1}}, t_{f_{jk,l},jk}^{l} + x_{f_{jk,l},jk} p_{f_{jk,l},jk}^{h} + tr_j(\varphi(f_{jk,l}), \varphi(f_{jk,l+1}))\}, \quad \forall j, k \tag{10.7}$$

$$y_{j,j^+}(t_{i,j,k_1}^{l_1} + x_{i,j,k_1} p_{i,j,k_1}^{h}) \leqslant t_{i,j^+,k_2}^{l_2}, \quad \forall l_1 \in Q_{j,k_1}, \quad l_2 \in Q_{j,k_2}, \quad \forall i \in I \tag{10.8}$$

$$d_i = \max\{t_{ijk}^{l} + p_{ijk}^{h} - TA_i - T^h, 0\}, \quad \forall i \in I, j, k, h \tag{10.9}$$

$$P_{jk} = t_{f_{jk,L_{jk}},jk}^{L_{jk}} + p_{f_{jk,L_{jk}},jk}^{h} - t_{f_{jk,l}}^{l}, \quad \forall j, k, h \tag{10.10}$$

$$x_{ijk} = 0,1; \quad y_{uv} = 0,1; \quad t_{ijk}^{l} > 0; \quad p_{ijk}^{h} > 0; \quad d_i \geqslant 0; \quad P_{jk} > 0; \quad \forall u, v, j, k, h; \quad \forall i \in I \tag{10.11}$$

目标函数的意义不难理解，例如式(10.2) 中，由于 $d_i \geqslant 0$，所以

$$\operatorname{sign}(d_i) = \begin{cases} 1, & d_i > 0\text{，航班延误} \\ 0, & d_i = 0\text{，航班不延误} \end{cases}$$

因此，$\sum_{i=1}^{N} \operatorname{sign}(d_i)$ 是延误的航班总数，目标函数式(10.2) 是要求延误航班最少。

约束条件式(10.5)保证同一个服务需求不会同时分配给两个设备,式(10.6)表示航班任一服务项目的完工时间不得超过局方规定的标准航班过站服务时间,式(10.7)表示设备 M_{jk} 为第 i 个到达航班服务的最早时间是航班到达停机位的时间。当服务项目间必须以串行关系作业时,式(10.8)表示航班服务项目中的紧后服务项目开工时间不得早于紧前服务结束时间。式(10.9)是第 i 个到达航班的服务延误计算公式。式(10.10)是设备 M_{jk} 的总服务时间计算公式。

2. 基于设备能力差的启发式算法

由于航班过站保障服务流程是 Fixed Site 和 Job Shop 的混合流程,因此避免因服务原因导致航班产生延误的关键在于:首先应用 PERT 技术优化各航班停机坪作业(定位型流程)的总作业时间(工期),然后在各航班的工期内分配合适的服务设备给合适的航班。经过分析发现,在时间约束式(10.6) ~ 式(10.8)中,只有式(10.8)是服务项目间的时间约束,因此可以通过对服务项目进行分类的方式来减少约束。利用PERT技术中的相关概念,将FTGSSP问题分解成对四种类型服务设备的作业排序问题。四类服务作业分别是:① 无紧前工序且无紧后工序的服务作业 S_1;② 无紧前工序但是有紧后工序的服务作业 S_2;③ 有紧前工序而无紧后工序的服务作业 S_3;④ 有紧前工序且有紧后工序的服务作业 S_4。

对于 S_1 类的服务作业,可以在模型 FTGSSP 中去掉约束式(10.8);而对于 S_2 类的服务作业,在满足 S_1 类服务约束的前提下,为了提高算法的搜索效率,可将式(10.6)约束加强为

$$t_{ijk}^{l} + p_{ijk}^{h} \leqslant LST_{j+}, \quad \forall i,j,k \tag{10.12}$$

其中,LST_{j^+} 是服务项目 j 的紧后作业的最迟开始时间。对于 S_3 类的作业,在满足 S_1 约束前提下,将式(10.7)的约束改为

$$t_{f_{jk,l+1},jk}^{l+1} = \max\{EFT_{j^-}, t_{f_{jk,l+1},jk}^{l} + x_{f_{jk,l+1},jk} p_{f_{jk,l+1},jk}^{h} + tr_j(\varphi(f_{jk,l}), \varphi(f_{jk,l+1}))\}, \quad \forall j,k \tag{10.13}$$

式中,$tr_j(\varphi(f_{jk,l}), \varphi(f_{jk,l+1}))$ 表示进行第 j 项作业的设备 M_{jk} 从它的第 l 个作业航班的停机位 $\varphi(f_{jk,l})$ 转到下一个作业航班的停机位 $\varphi(f_{jk,l+1})$ 的时间,EFT_{j^-} 是 j 项作业的紧前作业的最早完工时间.

对于 S_4 类的作业,在满足 S_1 约束前提下,将式(10.6)和式(10.7)分别改为式(10.12)和式(10.13)。通过上述分解,模型 FTGSSP 可以分解为 4 个子问题,每个子问题都减少了约束(10.8)。其中,S_1 类作业排序问题的算法是解决其他子问题的基础,因为只需要在 S_1 的模型中对时间约束的数值进行修改,即可利用相同的方法对其他子问题求解。

为描述基于设备能力差的启发式算法,先给出相关概念的定义如下:

定义 10.1 设备能力差:设 x 为服务 j 的设备序列中服务能力最低的设备,y 为能力最高的设备,$T_i(x)$,$T_i(y)$ 分别为 x,y 服务航班 i 的时间,则 j 项服务的设备关于第 i 个到达航班的设备能力差(Machine Capability Difference,MCD)定义为

$$MCD_{ji} = T_i(x) - T_i(y) \tag{10.14}$$

设备能力差的意义在于:设备关于某个航班的设备能力差越大,则对这个航班分配不同设备进行服务的完工时间相差也就越大。

定义 10.2 设备 M_{jk} 关于第 i 个到达航班的等待时间矩阵 $\boldsymbol{WT} = (wt_{jk,i})_{U_j \times I}$:如果对航班 i 的服务 j 是该设备的第一项服务,则

$$wt_{jk,i} = \text{设备 } M_{jk} \text{ 就绪的时间} - \text{第 } i \text{ 个航班到达时间}$$

否则

$$wt_{jk,i} = \text{设备 } M_{jk} \text{ 就绪的时间} - \text{第 } i \text{ 个到达航班中服务 } j^{-} \text{ 的完工时间} \tag{10.15}$$

设备的就绪时间为设备转移到第 i 个到达航班停机位开始服务的时间。若 $wt_{jk,i} > 0$，称之为设备正等待时间，表示设备实际开工时间与最早可以开工时间的差值；若 $wt_{jk,i} < 0$，称之为设备负等待时间，表示设备为等待开工而耗掉的空闲时间。若设备被分配负等待时间，则其开工时间为航班到达停机位的时间。等待矩阵的定义使得设备的开工时间满足约束式(10.12)。

定义 10.3　设备 M_{jk} 关于第 i 个到达航班的服务延误时间矩阵 $\boldsymbol{DT} = (dt_{jk,i})_{U_j \times |I|}$ 定义为

$$dt_{jk,i} = t_{ijk}^{l} + p_{ijk}^{h} - JL_{ij} \tag{10.16}$$

若 $dt_{jk,i} > 0$，表示实际的服务延误时间；反之，负延误时间表示完成服务的时间富余，类似制造业作业排序中的作业松弛时间。

定义 10.4　服务项目 j 的设备工作时间矩阵 $\boldsymbol{MWT} = (mwt_{jk,i})_{U_j \times U_j}$ 定义为

$$mwt_{jk,f_{jk,l+1}} = |wt_{jk,f_{jk,l+1}}| + tr_j(\varphi(f_{jk,l}),\varphi(f_{jk,l+1})) + p_{f_{jk,l+1},jk}^{h},\ t_{f_{jk,l+1},jk}^{l+1} = TA_{f_{jk,l+1}} \tag{10.17}$$

$$mwt_{jk,f_{jk,l+1}} = tr_j(\varphi(f_{jk,l}),\varphi(f_{jk,l+1})) + p_{f_{jk,l+1},jk}^{h},\ t_{f_{jk,l+1},jk}^{l+1} > TA_{f_{jk,l+1}} \tag{10.18}$$

为了在合适的时间给航班的服务项目分配合适的服务设备，基于设备能力差的算法需要根据能力差对服务设备和航班服务项目进行分类，并建立嵌套关系(见下面的 Rule5)。在有多种分配选择的情况下，满足嵌套规则的设备和航班服务项目优先进行分配。假设把 M_{jk} 分成 G 个等级，等级低表示服务能力低。相应地把航班波内所有航班的第 j 项服务按照能力差的递增顺序划分为 G 个等级，若某航班服务项目 j 属于第 g 等级，则优先分配第 g 等级的服务设备给该航班。也就是把服务能力低的设备尽量指派给服务能力差小的航班。下面以第 j 项服务的设备指派为例，给出设备能力差分配算法(Machine Capability Difference Algorithm，MCDA)的调度规则。

规则 1：等待矩阵中 $\boldsymbol{WT}$ 中最负元素的行所对应的设备优先指派。出现有多个这样的设备时，如果这些设备的指派造成了其他设备产生负等待时间，则优先给能力高的设备指派；否则可以在这些设备中任选一个指派。

规则 2：延误矩阵 $\boldsymbol{DT}$ 中负元素绝对值最小的列所对应的航班优先进行分配。

规则 3：j 服务项目等级与设备等级相同的航班优先进行分配。

规则 4：对于某设备，若有多个航班具有同等的分配优先权，将该设备服务这些航班的设备工作时间 $mwt_{jk,i}$ 加到延误矩阵中该设备所在行的对应元素上，在该行中最负元素的列对应的航班优先分配。

规则 5：当一个航班的某项服务有多个设备选择时，在规则 3，4 满足的前提下，正等待时间最短的设备优先指派；在规则 3 不满足的前提下，等级高的设备可以为项目等级低的航班服务，若有多个航班符合分配条件，则分配设备能力差最大的航班；等级低的设备若无同等级的和次等级的航班分配，则分配高等级航班中设备能力差最小的航班。

规则 6：具有同等分配优先权的前提下，先到先服务。

假设航班波内有 N 个作业等待服务，具体的算法步骤如下：

(1) 对第 j 项服务，从航班到达序列中取最先到达的 U_j 个航班构成航班集合 F_j，应用式(10.15)～式(10.18)计算 $\boldsymbol{WT}$，$\boldsymbol{DT}$，$\boldsymbol{MWT}$。若航班数量小于 U_j 时，按实际数量计算上述三个矩阵。

(2) 航班服务需求分配。若 WT 中存在负值，则

1) 将 $\boldsymbol{WT}$ 中负值绝对值最大的行所对应的设备集合列出，记为

$$\boldsymbol{WM} = \{wm_1, \cdots, wm_{k0}\} \tag{10.19}$$

记依据规则 1 选出待指派设备为 $wm*$。

2) 在 **WT** 中将负值绝对值最大的行中正元素所对应的航班列出，并按规则 2 选出一个等待分配服务设备的航班集合，记为

$$\boldsymbol{WF} = \{wf_1, \cdots, wf_{i0}\} \tag{10.20}$$

如果 **WT** 无负元素，则由所有 U_j 个航班构成 **WF**。

3) 在满足 $\boldsymbol{DT}_{wm^*, WF} \leqslant 0$ 的航班集合中，依据规则 3～6 进行分配。按照此分配规则，可以保证分配的方案满足约束式(10.13)。

4) 若 **WF** 元素在 **DT** 中对应的列全为正，则约束式(10.12)不满足，表示此次调度不是 FTGSSP 的可行解。此时，允许调度人员使用选择偏好组合，以寻求满意解。

偏好 1：以产生最少的服务延误为原则。对 **DT** 中全列为正的航班，按延误时间的递增次序进行试探指派，直至找到一个合适的指派，使得执行该指派后，**DT** 中所有不含负值列的总数不超过未执行该指派前的不含负值列的总数。

偏好 2：以每个航班的服务延误时间尽可能小为原则。对 **DT** 中全列非负的航班都按最小服务延误对应的设备进行分配。

偏好 3：对于 $|\boldsymbol{WF}| \geqslant 2$ 的情况，按总延误时间最小分配。

偏好 4：对于 $|\boldsymbol{WF}| \geqslant 2$ 的情况，以式(10.4)为目标进行设备指派。

偏好 5：给定一个阈值 DL，使尽可能多的航班服务延误时间小于该阈值。

若 WT 中无负值，只需在上述步骤中删除 1)，并将 2) 改为：

2)′ 在 **DT** 中按规则 2 选出待分配航班集合 $\boldsymbol{WF} = \{wf_1, \cdots, wf_{i0}\}$。

3)′ 在满足 $\boldsymbol{DT}_{jk,i} \leqslant 0$ 的设备集合 $\boldsymbol{WM} = \{wm_1, \cdots, wm_{k0}\}$ 中依据规则 3～6 分配。

(3) 在 **WT**，**DT** 和 **MWT** 中划去已分配设备的列，从 F_j 中删除已分配设备的航班，加入下一个航班，更新已分配设备的位置和可用时间，在 **WT** 和 **DT** 中对已指派的设备所对应的行进行更新。

(4) 判断已分配服务设备的航班作业总数是否等于 N，若否，返回(1)；否则算法结束。

基于设备能力差的分配算法优点在于：当一个航班服务的时间窗发生变化时，只需要在设备等待矩阵和延误矩阵中修改一列数据。当一个服务设备的服务时间发生变化时，同样也只需要修改两个判断矩阵中设备所对应的一行数据。数据的修改对算法的效率没有影响，算法的稳定性好、实时性强，能较好地适应实际的操作环境变化。

3. 算例分析

以某国际机场航班货邮装卸服务为例介绍算法的应用。算例中的货邮航班重量数据可根据机型用业载减去随机生成旅客重量而得，由于 MCDA 方法中参数的变化对算法步骤和效率没有影响，装卸能力以平均装卸速度来表征。

通常情况下，当日的装卸计划会在前一天做出来，但是航班运行的延误经常导致无法按原计划进行任务指派，需要根据实际的航班预达时刻进行任务更改和调度。尤其在特殊气象条件下本场有许多非计划服务的航班备降时，对现场调度的能力更是一种考验。

例 10.2 假设当前某机场装卸公司有 6 个值班服务组，某日上午 10:00 开始的一个时段内有连续 30

个航班到达，以(航班到达次序，到达时间，货邮量，机型，分配的停机位)表示一个服务需求，如表 10.5 所示，相关的局方航班标准服务时间如表 10.3 所示，服务设备的相关参数如表 10.4 所示。试优化调度方案，尽量减少总延误时间。

表 10.3　局方规定的航班机型标准服务时间

机型 1	机型 2	机型 3	机型 4	机型 5
≤35 min	≤45 min	≤55 min	≤65 min	≤75 min

表 10.4　设备服务参数表

设　备	平均服务能力 /t · min^{-1}	初始位置	最早可提供服务时间
1	0.5	11	10:05
2	0.55	29	10:00
3	0.6	5	10:12
4	0.65	26	10:06
5	0.7	9	10:03
6	0.8	30	10:08

表 10.5　货邮服务需求表

序　号	到达时间	货邮量 /t	机　型	停机位	序　号	到达时间	货邮量 /t	机　型	停机位
1	10:00	10.384	3	6	16	10:44	14.477	3	22
2	10:02	17.09	3	19	17	10:48	25.974	5	7
3	10:04	11.47	3	28	18	10:51	12.439	3	23
4	10:08	14.425	3	1	19	10:53	27.331	5	20
5	10:12	8.1619	2	18	20	10:55	15.368	4	2
6	10:15	21.973	5	15	21	10:59	16.109	5	12
7	10:19	11.898	2	3	22	11:02	3.4525	1	14
8	10:22	18.143	4	25	23	11:05	2.5578	1	8
9	10:25	12.405	3	13	24	11:08	23.03	5	27
10	10:27	13.372	4	16	25	11:12	20.48	4	11
11	10:30	24.78	5	17	26	11:15	5.6625	2	29
12	10:33	18.572	4	21	27	11:17	24.027	4	5
13	10:35	27.058	5	4	28	11:20	10.834	2	26
14	10:38	22.646	4	10	29	11:23	11.771	4	9
15	10:42	14.831	4	24	30	11:26	5.991	2	30

设备的作业转移时间函数为(单位:min)

$$tr_j(x,y)=\begin{cases}0.3(|8-x|+|8-y|), & x\leqslant 15\&y\leqslant 15\\ 0.3(|23-x|+|23-y|)+1, & x>15\&y>15\\ 0.3(|23-x|+|8-y|)+0.5, & x>15\&y\leqslant 15\\ 0.3(|8-x|+|23-y|)+0.5, & x\leqslant 15\&y>15\end{cases} \tag{10.21}$$

在进行 MCDA 算法前需要对设备和作业进行分级。将服务设备按能力的递增次序编号,分为三类:Ⅰ = {(1,2)},Ⅱ = {(3,4)},Ⅲ = {(5,6)}。相应地航班服务按能力差分为三类:Ⅰ = {2.5578 ~ 10.7248},Ⅱ = {10.7248 ~ 18.8918},Ⅲ = {18.8918 ~ 27.058}。

(1) 计算设备等待矩阵和延误矩阵,设备能力差 = [7.788,12.817,8.6024,10.819,6.1214,16.48]。

$$\boldsymbol{WT}=\begin{bmatrix}6.5 & 5.6 & 3.9 & 0 & -4.1 & -7\\ 2.9 & 2 & 0.3 & -3.6 & -7.7 & -10.6\\ 13.5 & 12.6 & 10.9 & 7 & 2.9 & 0\\ 8 & 7.1 & 5.4 & 1.5 & -2.6 & -5.5\\ 3.9 & 3 & 1.3 & -2.6 & -6.7 & -9.6\\ 11.2 & 10.3 & 8.6 & 4.7 & 0.6 & -2.3\end{bmatrix} \tag{10.22}$$

$$\boldsymbol{DT}=\begin{bmatrix}-27.7 & -15.2 & -28.2 & -26.2 & -28.7 & -31.1\\ -33.2 & -22.0 & -33.8 & -28.8 & -30.2 & -35.0\\ -24.2 & -13.9 & -25.0 & -24.0 & -28.5 & -38.4\\ -31.0 & -21.6 & -32.0 & -31.3 & -32.4 & -41.2\\ -36.3 & -27.6 & -37.3 & -34.4 & -33.3 & -43.6\\ -30.8 & -23.3 & -32.1 & -32.3 & -34.2 & -47.5\end{bmatrix} \tag{10.23}$$

$$\boldsymbol{MWT}=\begin{bmatrix}22.3 & 36.8 & 25.8 & 31.9 & 23.3 & 53.9\\ 21.8 & 35.1 & 25.2 & 34.2 & 26.8 & 55.0\\ 18.8 & 31.1 & 22.0 & 27.0 & 16.5 & 39.6\\ 18.0 & 29.4 & 21.0 & 25.7 & 18.6 & 42.8\\ 15.7 & 26.4 & 18.7 & 25.6 & 20.7 & 43.4\\ 16.2 & 25.7 & 18.9 & 22.7 & 14.8 & 34.5\end{bmatrix} \tag{10.24}$$

(2) 由式(10.22)可以看出,$\boldsymbol{WM}=\{2,5\}$,从设备能力差看出,航班 1,3 的作业等级与设备 2 的等级相同,则根据规则 4 将设备 2 服务作业 1,3 的时间加上最小作业转移时间与延误矩阵中设备 2 所在行的对应元素相加,得出的新设备延误行中负延误的个数一样。此时根据规则 6,应将作业 1 分配给设备 2。

(3) 更新 **WT** 矩阵和 **DT** 矩阵:

$$WT=\begin{bmatrix}5.6 & 3.9 & 0 & -4.1 & -7 & -11.6\\ 22.1 & 20.4 & 16.5 & 12.4 & 9.5 & 4.9\\ 12.6 & 10.9 & 7 & 2.9 & 0 & -4.6\\ 7.1 & 5.4 & 1.5 & -2.6 & -5.5 & -10.1\\ 3 & 1.3 & -2.6 & -6.7 & -9.6 & -14.2\\ 10.3 & 8.6 & 4.7 & 0.6 & -2.3 & -6.9\end{bmatrix} \tag{10.25}$$

$$DT=\begin{bmatrix}-15.2 & -28.2 & -26.2 & -28.7 & -31.1 & -21.2\\ -1.8 & -13.8 & -12.3 & -17.8 & -25.6 & -18.5\\ -13.9 & -25.0 & -24.0 & -28.5 & -38.4 & -25.2\\ -21.6 & -32.0 & -31.3 & -32.4 & -41.2 & -26.7\\ -27.6 & -37.3 & -34.4 & -33.3 & -43.6 & -28.0\\ -23.3 & -32.1 & -32.3 & -34.2 & -47.5 & -30.1\end{bmatrix} \tag{10.26}$$

依照上述步骤，循环 N 次直至作业被全部指定服务设备。需要说明的是：在 4) 中选取不同的偏好组合会产生不同的结果，采用偏好 2 可能会使航班延误数量增多，而采用偏好 1 会使少数航班的延误时间偏大，这需要调度人员根据现场情况和将要到来的航班设备能力差的数值分布来决定。

为评价算法的优劣，对上述算例，表 10.6 同时给出了 MCDA 的计算结果和按 FCFS&MRWL 规则指派的结果。在表 10.6 的 MCDA 栏中，“$x-y$”表示算法在第 y 次循环给航班作业 x 分配了服务设备。由于 FCFS&MRWL 算法循环的序号和航班序号是相同的，即第 i 次循环给航班作业 i 分配了设备，故将循环序号省略。两种算法的延误结果如表 10.7 所示，设备总服务时间如表 10.8 所示。

表 10.6　MCDA 和 FCFS&MRWL 设备排序结果

设　备	FCFS&MRWL	MCDA
machine_1	3,10,16,22,24	3－3,10－11,18－18,27－23
machine_2	1,7,12,19,30	1－1,7－7,12－12,22－20,23－22,28－24,29－30
machine_3	6,15,18,23,25	6－6,16－15,15－17,26－25,21－26
machine_4	4,11,17,28,	4－4,9－10,14－14,20－21,30－29
machine_5	2,9,14,21,27	2－2,11－9,19－19,25－28
machine_6	5,8,13,20,26,29	5－5,8－8,13－13,17－16,24－27

表 10.7　MCDA 和 FCFS&MRWL 的航班延误结果

FCFS&MRWL	19	22	23	24	25	27	28	30
	6.1	7.0	6.0	0.6	4.1	4.0	10.1	18.0
MCDA	21	24	25					
	13.9	6.5	6.1					

表 10.8 MCDA 和 FCFS&MRWL 的设备总服务时间

	machine_1	machine_2	machine_3	machine_4	machine_5	machine_6
FCFS&MRWL	148.6	149.0	129.1	129.1	143.0	127.4
MCDA	134.6	141.7	135.9	125	140.1	141.5

根据式(10.3)计算两种算法的设备平衡指数，FCFS&MRWL 的是 36.0，MCDA 的是 19.1。根据式(10.4)计算航班延误时间的波动指标，FCFS&MRWL 的是 12.3，MCDA 的是 6.2。由此可见，MCDA 算法优于 FCFS&MRWL 算法。通过随机大量算例(100 多个算例)运算表明，若在 MCDA 算法中采用偏好 1 和偏好 4 的组合，服务需求排序的结果均能优于 FCFS&MRWL 算法的结果。

二、不正常航班过站服务调度问题的模型和算法

本节在上节的基础上考虑在调度作业排序中减少不正常航班损失的可能性。由于航班延误在不正常航班中占比例较大，本节的模型将主要考虑减少航班延误的损失。根据上节的结论，四类服务作业的调度可以统一成一个调度模型来求解，因此本节以过站服务中的货邮装卸调度为研究对象建模。

从实际应用上看，不正常航班过站货邮服务的调度问题(Irregular Flight Turnaround Cargo & Parcel Service Scheduling Problem，IFTCPSSP)与车辆路径问题(Vehicle Routing Problem，VRP)中带软、硬混合时间窗的装载与卸载问题(Pickup and Delivery Problem with Time Window，PDPTW)类似，一个车辆路径相当于服务调度中一个服务设备的作业序列。解这类问题的精确算法有动态规划法、Benders 分解算法、列生成法、Lagrangian 分解算法以及最小 K-树法等。启发式算法在计算机技术支持下也得到广泛应用，包括遗传算法、禁忌搜索算法(Tabu Search，TS)和模拟退火算法等。

由于航班过站服务的特殊性，IFTCPSSP 与 PDPTW 存在一定的差别，主要有：PDPTW 问题中作业转移时间较长，是路径选择的一个考虑因素，而 IFTCPSSP 问题的作业转移时间较短，对作业指派次序影响不大；IFTCPSSP 问题服务需求到来和离去时间相对较短，而且集中，不能随意调换作业次序；PDPTW 问题调度目标是车辆数量最少和成本最小，在 IFTCPSSP 问题中调度目标是最小化不正常航班的延误损失和平衡使用设备。此外，IFTCPSSP 在实际的运作中受天气、交通管制等因素影响较大，航班落地时间容易发生变化，因而航班服务的时间窗也相应变化。对于相同重量的货邮，由于服务人员存在能力的差异，不同的服务组完成作业的时间长度可能不同；由于人的生产率不是恒定的，同一服务组在一天不同时段的完成时间也可能不同。对于同重量但不同类型的货邮，同一服务组的完成时间有可能不同。针对上述不正常航班过站货邮服务作业的特点，在设计调度算法时应兼顾实时性和可控性。

1. 相关假设和模型

本节使用与上节相同的假设，在不影响实际应用的前提下，不考虑过站作业流程中货邮服务的紧后流程，则过站服务结束的时间取决于货邮服务和与之并行执行非货邮服务项目的结束时间。现将与模型有关的符号列出如下，部分与上节重复的符号不再列出。

AF：准点的航班到达序号集合；

DF：延误的航班到达序号集合；

M_k：第 k 台设备，$k \in \{1,2,\cdots,K\}$；

x_{ik}：当第 i 个到达的航班由设备 M_k 执行时值为 1，否则为 0；

p_{ik}^h：第 i 个到达且机型为 h 的航班接受 M_k 服务的时间；

t_{ik}^l：M_k 为第 i 个到达航班服务的开工时间，该航班在设备服务序列中为第 l 个；

$OPFT_i$：第 i 个到达航班非货邮服务结束时间；

P_k：设备 M_k 的总工作时间；

$P_{\max}$：服务设备的最大总工作时间；

C：每商务旅客的平均单位延误时间成本，非商务旅客的单位时间成本的折算系数为 a；

B_i，NB_i：第 i 个到达航班上商务旅客数量、非商务旅客数量；

CAF^h，CDF^h：准点航班、延误航班服务单位延误时间的惩罚成本，是一个与机型有关的常数，且有 $CAF^h > CDF^h$；

$f_{k,l}$：设备 k 服务序列中第 l 个服务需求对应的航班。

定义 10.5　设备 M_k 关于第 i 个到达航班的服务延误时间矩阵 $\boldsymbol{DT}' = (dt'_{k,i})_{K\times K}$：

$$dt'_{k,i} = t_{ik}^l + p_{ik}^h - TA_i - T^h \tag{10.27}$$

该式与式(10.16)相似。当 $dt'_{k,i} \geqslant 0$ 时，记为 $DT_{k,i}^+$；反之记为 $DT_{k,i}^-$。

定义 10.6　服务补救系数(Service Remediation Quotiety，SQR)，若 $i \in DF$，记到达时已存在的延误为 DFT_i，令 ST_{ik} 表示服务结束时间相对于规定结束时间的提前量为

$$ST_{ik} = \max\{(OPFT_i - TA_i - T^h)^-, DT_{k,i}^-\} \tag{10.28}$$

当 $OPFT_i - TA_i - T^h \geqslant 0$ 或者 $DT_{k,i}^-$ 不存在时，ST_{ik} 取值为 0。则设备 M_k 关于第 i 个到达航班的服务补救系数 SRQ_{ik} 为

$$SRQ_{ik} = |ST_{ik}| / DFT_i \tag{10.29}$$

服务补救系数是衡量减少延误时间给旅客带来的心理影响系数，值越大表示减少延误给旅客带来的满意度越高。

利用上述定义，本节对 IFTCPSSP 问题建立的 3 层多目标调度模型(Lexico - Graphically Stratified Multi - object Scheduling Model) 描述如下：

$$\begin{aligned} L - \min\{W_1: [&\textstyle\sum_{i\in AF}\sum_k (C \cdot B_i + aC \cdot NB_i + CAF^h) x_{ik} DT_{k,i}^+ + \\ &\textstyle\sum_{i\in DF}\sum_k (C \cdot B_i + aC \cdot NB_i + CDF^h) x_{ik} DT_{k,i}^+ \\ &\textstyle\sum_{i\in DF}\sum_k (1 + SRQ_k)(C \cdot B_i + aC \cdot NB_i) x_{ik} ST_{k,i}^+] \end{aligned} \tag{10.30}$$

$$W_2: \sum_{i\in AF\cup DF}\sum_k \operatorname{sign}(DT_{k,i}^+ x_{ik}) \tag{10.31}$$

$$W_3: \sqrt{\sum_k (P_{\max} - P_k)^2}\} \tag{10.32}$$

$$\text{s.t.}\quad \sum_{k=1}^K x_{ik} = 1,\quad \forall i \in I \tag{10.33}$$

$$t_{ih}^l + x_{ik} p_{ik}^h - TA_i \leqslant T^h \tag{10.34}$$

$$dt'_{k,i} = t_{ik}^l + p_{ik}^h - TA_i - T^h$$

$$ST_{ik} = \max\{(OPFT_i - TA_i - T^h)^-, DT_{k,i}^-\}$$

$$t_{f_{k,l+1},k}^{l+1} \geqslant \max\{TA_{f_{k,l+1}}, t_{f_{k,l},k}^l + x_{f_{k,l},k} p_{f_{k,l},k}^h tr(\varphi(f_{k,l}), \varphi(f_{k,l+1}))\},\quad \forall k \tag{10.35}$$

$$P_k = t^{L_k}_{f_{k,L_k},k} + x_{f_{k,L_k},k} \cdot p^h_{f_{k,L_k},k} - t^1_{f_{k,1},k} \tag{10.36}$$

$$x_{ik} = 0,1;\quad t^l_{ik} > 0;\quad p^h_{ik} > 0;\quad \forall i \in I \tag{10.37}$$

式(10.30)中包含两个优化目标，一个为最小化因服务延误导致的损失，另一个为最大化不正常航班服务补救的价值，包括节省的时间价值和旅客满意度价值，其中满意度价值通过服务补救系数折算为货币价值。因为 $ST_{ik} < 0$，最大化不正常航班的服务补救价值可转化为最小化问题。式(10.31)表示最小化因服务导致航班延误的数量。式(10.32)是服务设备的工作时间平衡目标函数。式(10.33)保证同一个服务需求不会同时分配给两个设备。式(10.34)表示航班服务完工时间不得超过局方规定的标准航班过站服务时间。式(10.35)表示设备 M_k 对第 i 个到达航班进行服务的最早时间是航班到达停机位的时间。式(10.36)是设备 M_k 的总工作时间计算公式。第一优先层中有两个优化目标，分别记为 W_{11}，W_{12}，为便于评价结果优劣，以线性加权的办法对两个目标值求第一优先层的目标值，由于 W_{11} 较为重要，本节取其权系数为0.7，则 W_{12} 权系数为0.3。因此

$$W_1 = 0.7W_{11} + 0.3W_{12} \tag{10.38}$$

下面讨论针对不正常航班地面服务设备调度问题的改进设备能力差算法。

定义 10.7 设备 M_k 关于第 i 个到达航班的等待时间矩阵 $\boldsymbol{WT}' = (wt'_{k,i})_{K\times K}$：

$$wt'_{k,i} = M_k\text{ 服务第 }i\text{ 个到达航班的就绪时间} - TA_i \tag{10.39}$$

该定义与式(10.15)类似。

定义 10.8 设备 M_k 的工作时间矩阵 $\boldsymbol{MWT}' = (mwt'_{k,i})_{K\times K}$：

$$mwt'_{k,i} = \begin{cases} |wt_{k,f_{k,l+1}}| + tr(\varphi(f_{k,l}),\varphi(f_{k,l+1})) + p^h_{f_{k,l+1},k}, & t^h_{f_{k,l+1},k} = TA_{f_{k,l+1}} \\ tr(\varphi(f_{k,l}),\varphi(f_{k,l+1})) + p^h_{f_{k,l+1},k}, & t^h_{f_{k,l+1},k} > TA_{f_{k,l+1}} \end{cases} \tag{10.40}$$

该定义与式(10.17)，式(10.18)类似。

利用上述定义，本节给出一个改进的设备能力差算法(Advanced MCDA，AMCDA)。AMCDA中的设备能力差定义仍然采用式(10.14)，分配规则与上小节中给出的6条分配规则相同。

假设航班波内有 N 个作业等待服务，AMCDA具体的算法步骤如下：

(1) 从到达航班序列中取最先到达的 K 个构成等待分配航班集合 F_j，计算 $\boldsymbol{WT}'$ 和 $\boldsymbol{DT}'$。当航班数量不足 K 个时，按实际的数量计算这两个矩阵。

(2) 航班服务需求分配。若 $\boldsymbol{WT}'$ 中存在负值，则进行1)：

1) 将 $\boldsymbol{WT}'$ 中负值最多的行所对应的设备集合列出，记为 $\boldsymbol{WM} = \{WM_i \mid i \leqslant K-1\}$，按规则1选出待指派的设备记为 WM^*。

2) 将 WM^* 行中正值所对应的航班列出，并按规则2选出一个等待分配服务设备的航班集合，记为 $\boldsymbol{WF} = \{WF_i \mid i \leqslant K-1\}$。

3) 在满足 $DT_{WM^*,WF} \leqslant 0$ 的航班集合中，依据规则3,4进行分配。若规则3不满足，则在 $\boldsymbol{WM}^*$ 行中寻找与 $\boldsymbol{WF}$ 集合相邻，且设备负等待时间小于最大设备转移时间的航班分配。若满足规则3，则给 $\boldsymbol{WM}^*$ 分配有设备负等待时间的航班，否则按规则5,6分配。

4) 若 $\boldsymbol{WT}'$ 中存在只有一个负延误的列或者全为正延误的列，记为 $\boldsymbol{PF} = \{PF_i \mid i \leqslant K\}$，并记符合分配规则的航班为 PF^*。

① 在 $\boldsymbol{WT}'$ 中选择 PF^* 列中最小值所对应的设备，计算给该设备分配任务后的 $\boldsymbol{DT}'$，若 $\boldsymbol{DT}'$ 中无新的

全为正值的列产生，则可将任务进行分配，否则进入 ②。

② 记新产生的全为正值的列为 $\boldsymbol{DPF}=\{DPF_i \mid i\leqslant K-1\}$，记到达航班序列中剩余的航班数为 $\boldsymbol{RF}$。

a) 若 $|\boldsymbol{DPF}|<\min(k-1,\boldsymbol{RF})$，将 PF^* 与 $\boldsymbol{DPF}$ 所对应的延误损失列出为 $K\times(|\boldsymbol{DPF}|+1)$ 维的延误损失矩阵 $[lost_{ij}]$，并将矩阵中的 0 元素替换为无穷大 ∞。若 PF^* 和 $\boldsymbol{DPF}$ 中的元素包含有 $\boldsymbol{DF}$ 的元素，则同时计算 $K\times|(PF^*\cup\boldsymbol{DPF})\cap\boldsymbol{DF}|$ 维的服务补救价值矩阵 $[save_{ij}]$。对延误损失矩阵解指派问题，记指派方案为 $\boldsymbol{AP}$，并计算式(10.37) 的函数值。计算按方案 $\boldsymbol{AP}$ 分配后的延误矩阵，若无新的全为正值的列产生，则按到达时间先后给航班分配服务设备。否则，将新增加的全为正值的列扩充集合到 $\boldsymbol{DPF}$，重新进行指派。这里的延误损失矩阵和补救价值矩阵根据调度模型的目标函数式(10.30) 计算

$$[lost_{ij}]=\begin{cases}(C\cdot B_i+aC\cdot NB_i+CAF^h)DF^+_{j,i}, & i\in AF\\ (C\cdot B_i+aC\cdot NB_i+CDF^h)DF^+_{j,i}, & i\in DF\end{cases}$$

$$[save_{ij}]=(1+SRQ_{ij})(C\cdot B_i+aC\cdot NB_i)ST_{ij},\quad i\in DF$$

b) 若 $|\boldsymbol{DPF}|<\min\{K-1,\boldsymbol{RF}\}$，计算 $K\times\min\{K-1,\boldsymbol{RF}\}$ 维的延误损失矩阵 $[lost_{ij}]$，以最小化延误损失进行指派，记指派方案为 $AP1$，方案对应的延误损失为 $LOST\_AP1$。

记 $\boldsymbol{DT}'$ 中列内负值最多的航班集合为 $\boldsymbol{MNF}=\{MNF_i \mid i<\min(K-1,RF)\}$，记 $\boldsymbol{MNF}$ 元素的延误列中负值所对应的设备集合为 $\boldsymbol{MNM}=\{MNM_i \mid i<K-1\}$，在延误损失矩阵 $[lost_{ij}]$ 中计算 $\boldsymbol{MNM}$ 所对应行的平均延误损失，记最大平均延误损失行对应的设备为 MNM^*，将 MNM^* 分配给在延误矩阵中满足 $DT_{MNM^*,j}<0(j\in MNF)$ 的航班。如果满足条件的航班有多个，则根据规则 1 ~ 规则 6 分配规则进行分配。重复进行上述分配，直至 $\boldsymbol{MNM}$ 的元素都分配了服务设备。对余下的航班根据 $\min(K-1,RF)-|MNF|$ 维的延误损失矩阵 $[lost_{ij}]$ 和服务补救价值矩阵 $[save_{ij}]$ 解指派问题，记指派方案为 $AP2$，方案对应的延误损失为 $LOST\_AP2$。

对比 $LOST\_AP1$ 和 $LOST\_AP2$，若 $LOST\_AP1<LOST\_AP2$，则采用 $AP1$，否则采用 $AP2$，并依据到达时间先后依次对航班分配设备(此时方案 $AP1$ 和方案 $AP2$ 中的设备和航班是 1-1 对应的)。分配的过程中，在不占用为后继航班提供服务的设备的前提下，若对设备 M_k 进行一对多的指派可减小延误损失，则更改 M_k 的任务指派，后继航班的指派方案不变。

若 $\boldsymbol{WT}'$ 全为正值，只需在上述步骤中删除 1)，并将 2) 改为：

2)′ 在 $\boldsymbol{DT}'$ 中按规则 2 选出待分配航班集合 $\boldsymbol{WF}=\{WF_i \mid i\leqslant K\}$。

3)′ 在满足 $DT_{ik}\leqslant 0$ 的设备集合 $\boldsymbol{WM}=\{WM_i \mid i<K-1\}$ 中依据规则 3 ~ 6 进行分配。

(3) 在 $\boldsymbol{WT}'$，$\boldsymbol{DT}'$ 和 $\boldsymbol{MWT}'$ 中划去已分配设备的航班列，从 F_j 中删除已分配设备的航班，按照到达时间顺序加入相同数量的后续航班，构成新的 F_j，在 $\boldsymbol{WT}'$ 和 $\boldsymbol{DT}'$ 中对已指派设备对应行的数据进行更新。

(4) 判断已指派设备的航班总数是否等于 N，若是，计算结束；否则，返回(1)。

MCDA 和 AMCDA 都是基于规则调度的方法，其中规则 1 和规则 3 用于优化设备平衡，规则 2 和规则 4 用于延误损失和延误航班数量目标函数的优化，规则 5 是嵌套规则，在保证减少延误损失的前提下实现设备平衡的优化。AMCDA 的优化机制可以解释如下：在不造成新的航班延误情况下，AMCDA 首先在 3) 中利用规则 4 和 5 对第一层目标进行优化指派，然后按规则 3 对设备平衡优化。为避免新延误航班的产生，① 通过试探指派的方式给出第二层目标值较优的有效解。若任何指派都无法避免新延误航班的产生，则 ② 首先单独对第一层目标采用指派算法生成一个最优的设备分配方案。同时，考察后继作业的

预计延误信息，在对后继任务进行第二层目标优化之后求第一层目标的最优解，最后对比这两种方案，择优实施。算法在对第一二层目标进行优化的过程中，通过规则 3 和 5 对第三层目标优化指派。在实际的调度中，环境变化较快，AMCDA 通过对不同调度规则的选择和组合实现对不同层次目标的优化，能很好地满足动态实时调度的要求。

3. 算例分析

例 10.3 假设某日上午 10:00 开始的一个时段内有连续 30 架航班到达，机场货邮服务有 6 个服务组，以（航班到达次序，TA_i，货邮量 cq_i，h，分配的停机位，B_i，NB_i，DFT_i，$OPFT_i$）表示一个服务需求，所有数据均为随机生成（见表 10.9）。$C = 60$ 元 /(h · 人)，$a = 0.3$。本节算例中的 T_k、设备的作业转换时间函数 $tr(x, y)$、设备初始位置和设备最早可提供服务时间与上小节中算例提供的参数相同。为简化运算，假设每个服务设备都能正常按服务能力对航班进行服务。其余的参数为

$$p_{ik} = \begin{cases} 5 + cq_i/0.5, & k = 1 \\ cq_i/0.55, & k = 2 \\ cq_i/0.6, & k = 3 \\ cq_i/0.65, & k = 4 \\ cq_i/0.7, & k = 5 \\ cq_i/0.8, & k = 6 \end{cases} \tag{10.41}$$

$$CAF^h = \begin{cases} 11\ 400 \text{ 元 /h}, & h = 5 \\ 10\ 200 \text{ 元 /h}, & h = 4 \\ 9\ 000 \text{ 元 /h}, & h = 3 \\ 7\ 800 \text{ 元 /h}, & h = 2 \\ 6\ 600 \text{ 元 /h}, & h = 1 \end{cases} \tag{10.42}$$

$$CDF^h = \begin{cases} 8\ 400 \text{ 元 /h}, & h = 5 \\ 7\ 200 \text{ 元 /h}, & h = 4 \\ 6\ 000 \text{ 元 /h}, & h = 3 \\ 4\ 800 \text{ 元 /h}, & h = 2 \\ 3\ 600 \text{ 元 /h}, & h = 1 \end{cases} \tag{10.43}$$

表 10.9 含延误航班的货邮服务需求表

序　号	TA_i	货邮量 /t	h	机　位	B_i	NB_i	DFT_i	$OPFT_i$
1	10:00	2.97	1	6	14	30	25	10:27
2	10:02	20.88	4	19	38	150	0	11:00
3	10:04	29.10	5	28	54	198	0	11:02
4	10:07	22.75	4	1	20	170	50	11:10
5	10:11	16.91	4	18	34	98	0	11:00

续　表

序　号	TA_i	货邮量/t	h	机　位	B_i	NB_i	DFT_i	$OPFT_i$
6	10:13	29.35	5	15	40	225	75	11:20
7	10:16	12.06	2	3	17	109	0	11:03
8	10:20	13.91	3	25	16	121	48	11:15
9	10:22	23.46	5	13	51	212	36	11:24
10	10:24	8.278	2	16	23	64	0	11:07
11	10:27	9.28	2	17	15	92	0	11:11
12	10:31	24.93	4	21	37	160	18	11:30
13	10:33	4.85	2	4	30	68	0	11:18
14	10:37	28.57	5	10	47	189	27	11:42
15	10:41	12.95	3	24	36	141	0	11:26
16	10:44	3.58	1	22	7	43	0	11:10
17	10:48	11.12	3	7	29	98	22	11:30
18	10:50	22.68	5	23	43	142	33	11:55
19	10:53	26.96	5	20	40	176	0	12:00
20	10:57	20.47	4	2	23	90	0	11:55
21	11:01	4.39	1	12	5	32	0	11:31
22	11:05	10.64	2	14	18	77	95	11:40
23	11:07	3.29	1	8	10	28	0	11:38
24	11:10	21.15	4	27	33	140	40	12:03
25	11:14	17.95	4	11	48	153	0	12:10
26	11:16	12.19	2	29	21	99	32	11:51
27	11:20	12.21	2	5	12	89	0	12:50
28	11:24	3.50	1	26	16	30	0	12:01
29	11:28	12.05	3	9	23	145	30	12:13
30	11:31	22.55	4	30	40	201	23	12:27

本算例采用MATLAB 6.5编程，在Pentium 4，2.66 GHz，512M计算机上运行通过。AMCDA算法

划分等级的步骤与 MCDA 相同。依据式(10.14)计算可得航班作业差能力在区间[2.2306, 22.0155]内,假设等级 G 取值为 3,则将服务设备按能力的递增次序编号,可分为三类:Ⅰ ={(1,2)},Ⅱ ={(3,4)},Ⅲ ={(5,6)}。相应地航班作业按能力差分为三类:Ⅰ ={2.2306 − 8.8256},Ⅱ ={8.8256 − 15.4205},Ⅲ ={15.4205 − 22.0155}。

为评价算法的优劣,本节算例的输出数据仍然与 FCFS&MRWL 算法的输出数据进行比较。表 10.10 是两种算法设备作业排序对比表;表 10.11 是两种算法产生的航班服务延误时间和相应损失;表 10.12 是服务补救价值比较;表 10.13 是设备总服务时间比较;表 10.14 是对各类不同延误情况的仿真数据比较。

表 10.10 AMCDA 与 FCFS&MRWL 设备排序结果

FCFS&MRWL	AMCDA
machine_1 = 3,16,19	2 − 4;13 − 12;16 − 15;17 − 19;25 − 25;
machine_2 = 1,7,10,13,17,22,26	1 − 1;10 − 7;11 − 13;21 − 17;23 − 20;26 − 26;29 − 29;
machine_3 = 6,15,21,23,27,30	7 − 6;5 − 8;15 − 16;24 − 24;28 − 28;
machine_4 = 4,11,14,25	4 − 3;8 − 9;14 − 14;22 − 23;27 − 27;
machine_5 = 2,9,18,24	3 − 2;9 − 10;18 − 21;30 − 30;
machine_6 = 5,8,12,20,28,29	6 − 5;12 − 11;19 − 18;20 − 22;

表 10.11 AMCDA 与 FCFS&MRWL 的航班延误结果

FCFS&MRWL	16	19	21	22	23	24
延误时间 / min	2.1	9.2	6.7	2.9	12.4	3.4
延误损失 / 元	38.6	2 368.8	1 796.7	1 302.7	401.7	4 567.6
FCFS&MRWL	25	26	27	28	29	30
延误时间 / min	0.15	18.1	10.7	9.7	2.4	20.7
延误损失元	267.6	2 596.1	836.9	346.4	1 592.2	654.6
AMCDA	14	20	22	27	28	
延误时间 / min	2.8	27	23.5	30	24.9	
延误损失元	808.8	4 596.4	4 024.8	3 561.9	2 112.3	

表 10.12 AMCDA 与 FCFS&MRWL 的服务补救价值对比

FCFS&MRWL	1	4	6	9	12	14	17	18			
补救价值 / 元	242.9	147.7	951.7	2 027.8	680	219.1	1 032.9	1 115.4			
AMCDA	1	4	6	9	12	17	18	24	26	29	30
补救价值 / 元	242.9	147.7	951.7	2 027.8	680	240	691.7	429.7	163.3	29.7	265.8

表 10.13　AMCDA 与 FCFS&MRWL 的设备总服务时间

	M_1	M_2	M_3	M_4	M_5	M_6
FCFS&MRWL	132.2	139.1	164.7	133.2	135.4	137.4
AMCDA	131.6	142.6	131.9	149	150.6	141

表 10.14　AMCDA 与 FCFS&MRWL 情景仿真比较

延误率	变动率	算例数	问题规模	W_1	W_2	W_3
10%	10%	20	6×30	57%～82%	0～66%	44%～83%
20%	10%	30	8×40	61%～87%	35%～78%	47%～85%
40%	20%	30	6×40	72%～91%	46%～81%	47%～82%
60%	25%	30	8×50	73%～90%	42%～78%	48%～82%
80%	25%	30	8×30	71%～91%	48%～83%	46%～87%
100%	20%	20	6×30	73%～92%	48%～81%	48%～83%

由表 10.13、表 10.14 计算得知，对应于各权重系数的目标函数值如下：FCFS&MRWL 的 $W_{11}=16\ 769.8$，$W_{12}=6\ 417.5$，$W_1=9\ 813.6$，$W_2=12$；*AMCDA* 的 $W_{11}=15\ 104.2$，$W_{12}=5\ 870.3$，$W_1=8\ 811.9$，$W_2=5$。由表 10.13 的数据，用式(10.32)计算可得 FCFS&MRWL 的 $W_3=65.74$，AMCDA 的 $W_3=29.49$。表 10.14 第 1 列是所有航班作业内含有已延误航班的百分比。第 2 列是服务期内作业时间变动的比率，作业时间变动包括服务时间窗改变和服务作业时间长度变动。第 5 列至第 7 列的数值为两种算法关于各层目标函数值的比值，以 AMCDA/FCFS&MRWL 形式给出。例如第 1 行第 5 列的数值表示在 20 个算例中，采用 AMCDA 得出的 W_1 项的目标值除以采用 FCFS&MRWL 方法得到的 W_1 项的目标值，最好的情况是 57%，最差的情况是 82%。由于目标函数求最小化，因此可知在该类情况下，AMCDA 在第一层目标上优于 FCFS&MRWL。从表 10.14 中各层目标值的比较结果可看出，AMCDA 提供的解在各优化目标上均优于 FCFS&MRWL。尤其在减少新产生延误数量和机器设备平衡上优势更为明显。对表 10.11 进一步分析发现，尽管 AMCDA 算法对减少延误航班数量上效果明显，但是每个延误航班的延误时间都较大，而 FCFS&MRWL 算法的延误时间则相对较短，即在资源有限的情况下，航班延误数量的减少必然使少数航班延误时间增大。然而，与遗传算法等其他启发式算法不同的是，在调度的过程中，只需要对算法程序稍作改进，AMCDA 允许调度员根据实际情况决定是优先控制延误数量还是延误时间，数据修改方便，直观性、可控性强，具有较高的实际运用价值。由于过站服务中的其他服务项目与货邮服务具有相似的特点，因此，AMCDA 算法可推广运用到过站服务的加油、客舱清洁、航食供应、摆渡车辆等服务项目的调度。

10.4 不正常航班及其调度

10.4.1 不正常航班问题

随着国民经济的高速发展和航空运输市场需求量的不断增长，国内各家航空公司相应加大了运力的投入。据美国波音公司预计，到2020年我国民航对各种类型客机的需求将达到3 000架左右。运力的增长使航班量迅速增加，根据测算，“十五”期间，民航飞行班次年均增长13.5%，到2020年年均增长8.7%。目前，我国空中交通流量分布不均衡，起降架次排名前十位机场的总起降次数占到全国总起降次数的一半以上，京、沪、穗机场到达终端区和华东部分区域空中交通容量已基本处于饱和状态，致使航班延误不断增加，给航空运输企业和旅客带来了不小的直接和间接经济损失。

严格地说，按照航班计划执行的航班才能叫做正常航班，否则叫做不正常航班。由于航空运输生产的种种不定因素容易造成航班计划的偏离，完全的正点难以实现，而且一定范围内的延误给旅客和航空公司造成的损失是可接受的，一般规定在一定范围内延误的航班都认为是正常的，例如以超过航班计划离港或者进港时刻15 min的航班定义为不正常航班。根据该定义进行统计，我国大陆1992年的不正常航班为22 499班次，2002年增加到了214 284班次，十年间年均增长25.28%，远高于航班量的增长速度。若以旅客服务成本、飞机空中/地面等待成本和机场服务成本等计算延误成本，2002年国内航班延误总成本已达21亿元，预计到2020年将超过76亿元。

面对国内日益突出的不正常航班问题，社会各方面呼吁政府尽快采取有效解决措施。为进一步加强行业管理，维护旅客权益，2004年6月26日，当时的中国民航总局向各航空公司下发了《中国民用航空总局对国内航空公司因自身原因造成航班延误给予旅客经济补偿指导意见》(以下简称《指导意见》)。在这之前，为规范航班正常统计标准，提高航班正常性统计的准确性和科学性，2004年1月1日已经开始执行《民航航班正常统计办法》(民航空发(03)96号)，先后出台了《民航总局关于加强航班正常工作的通知》(2004年3月29日民航运发(04)50号文)、《关于明确航班正常统计工作有关问题的通知》(6月28日民航机号1 597号)、《关于航线航班管理与航空安全、航班正常、服务质量挂钩实施办法的通知》(2004年7月16日民航机号1 827号)和《关于进一步加强航班正常工作的通知》(民航运发[05]30号文)等一系列重要文件，实施航班不正常报告制度，规定航班正常性与航线经营权挂钩，加强航班运行时刻管理，充分发挥舆论监督和社会监督的作用;加强旅客投诉的受理和处理工作等等。在2007年8月，民航总局为了从总量上控制航班量的增长，提高航班运行的正常率，对首都机场始发的航班采用挂牌警告的措施，对于航班正常率排名末位的航班给予黄牌警告，连续两次评比获得黄牌的航班将被取消航班时刻，国航和东航曾各有一个航班因此被取消时刻。

航空运输是一个十分复杂的系统，导致航班运行出现不正常的原因很多，既有可以控制的人为因素，也有不可预测和控制的非人为因素。仅中国民用航空总局发布的《民航航班正常统计办法》中所列航班延误原因就多达五大类29种：① 天气原因，如大雾、雷雨、风暴、跑道积雪、结冰、低云、低能见度等危及飞行安全的恶劣天气使机场所在地区的天气达不到起降标准，航行途中绕过恶劣气象区域等；② 空中交通原因，如空中流量控制、重要飞行、科学实验、上级发出的禁航令、为特殊航班让道等；③ 机场保障原因，如机场安检、联检原因、机场关闭、地面通信导航、加油、意外安全事故等；④ 旅客自身原因，如旅客办完乘机手续后到附近购物、用餐、打电话，没有听到登机广播通知，或旅客违反规定携带超大行李上机等；⑤ 航空公司原因，如运力调配不正确、飞机故障和机务维护、航班计划局部不可行或与其他生产计划不协调、机组临时缺乏等。在所有导致航班运行不正常的原因中，属于航空公司的原因占据相当大的一部分。以 2004 年为例，各航空公司国际（地区）和国内计划航班共 1 186 419 班，其中正常航班 948 012 班，不正常航班 238 407 班，航班正常率为 79.9%。不正常航班中，航空公司计划原因延误 93 760 班，占不正常航班总数的 39.3%；天气原因 38 996 班，占 16.4%；需要说明原因的 38 502 班，占 16.1%；流量控制原因29 738 班，占 12.5%；工程机务原因 12 997 班，占 5.5%；旅客原因 9 499 班，占 4.0%。以上 6 种原因为影响航班正常率的主要因素，占不正常航班总数的 93.8%。其中公司计划和工程机务为航空公司内部原因，两项原因占不正常航班总数的 44.8%。

航空公司为提高市场竞争力和最大化利用飞机资源，航班计划基本上没有为应对各种意外的变化留下松弛时间(Slack Time)。因为飞机资源的备份成本极高，也没有一家航空公司愿意专门为应付航班变化而让一架飞机空闲待命。这也是造成不正常情况下运力调配困难的主要原因之一。另外，航班计划的运作环境是不确定的，除了考虑飞机可用性、机组可行性和维修计划约束之外，机场跑道条件、是否属于高原地区、是否需要机务跟机、航线限制等因素都会增加计划调整的复杂性。

自《指导意见》实施以来，在民航消费投诉案例中，航班延误引起的投诉与纠纷成为目前民航运输中最突出的问题。因航班延误引起的旅客与航空公司工作人员发生冲突，旅客毁坏机场设施，围攻工作人员，不肯登机或霸机等事件时有发生，有些甚至严重影响了航空公司后继航班的正常运行，扰乱机场正常的服务秩序。基于国内的现状，加强航班运行控制和旅客服务管理已成为航空公司不正常航班管理工作的两个重要内容。

对于一个航空公司来说，不正常航班相关运行成本可能花费每年收人的 3%，因此节省的潜能和空间是明显的。美国作为世界民航发达国家，较早开始注重对航班正常工作的数据统计和研究。通过研究航班正常历史统计数据，可以发现航空公司航班正常率的高低与公司盈利水平存在一定联系。2000 年欧洲效益较好的 10 家航空公司，国内航班正常率平均为 74.5%，每提高一个百分点的航班正常率可以提高利润 400～1 600 万元。从统计数据来看，航班正常性保持较好的航空公司盈利水平也较强。提高一个百分点的航班正常率就可以节约 1 300 万元，相当于增加利润 1 300 万元。美国西南航空公司的航班正常率一直保持在美国航空运输统计的前五名之内，正常率在 80% 以上，同时它的盈利能力也在 18% 以上。例如，1992 年 Delta Airlines 报道的约 95 000 起不正常航班，影响到 850 万名旅客，损失了近 5 亿美元(不包括旅客满意度的损失)。据估计，一个好的航班恢复处理过程，可以减少至少 20% 的成本损失。随着民航总局对不正常航班管理的加强，提高不正常航班的运行控制现代化管理水平也越来越被国内航空公司所重视，优化控制、算法设计、管理创新将成为国内航空公司不正常航班管理的热点问题。

10.4.2 不正常航班的处置

一、不正常航班的处置

从根本上讲，不正常航班问题是世界各航空公司都普遍面临的难题，要根除航班不正常是几乎不可能的事情。当不正常情况出现时，运行调度人员根据航班的计划时间、飞机的航线、飞机的维护和保养计划，以及机组的编排计划等一系列信息，考虑飞机资源的重新分配，提出飞机指派的调整方案，尽量使航空公司的航班在较短时间内恢复正常。调度人员在人工决策时，一般的指导原则是：采用最直接简单的调整方案，使得受影响的航班最少。他们通常考虑的是尽量少取消航班，这是因为取消航班对旅客造成的影响最大，给航空公司造成的经济损失也比较严重。在航空业发达的美国，航空公司飞机拥有量大，航班密度高，运输市场竞争激烈，对不正常情况的调整通常会限定恢复期，要求在飞行日的某一时刻开始，所有的航班都能按航班时刻表执行。我国航空公司机队规模小，飞机资源缺乏，在不正常航班的恢复调整中一般都采取能延误则延误，迫不得已再取消的策略，而且通常不会对计划的恢复设时间限制，只要求调整方案保证在飞行日结束恢复原计划的机队配置，尽可能不影响次日计划的执行。

从解决不正常航班问题的过程来看，由于飞机的维修保养大部分是在飞行日所有航班任务结束后进行，计划的调整主要是进行飞机和机组调配。飞机的调配是为了重新部署飞机的资源，使得在未来的某一时刻，各架飞机能够在所要求的时间处于正确的机场位置，满足更改后航班执行的需要。同样，要根据改变了的机型、航班时刻来调配机组，使得机组的重新部署和飞机的调配方案协调一致。这两个问题是密切联系的，是整个航班调整计划的相对独立，又相互依赖的两个方面。一般认为，在整个不正常航班情况下，关于飞机调配的决策对航空公司的收益影响最大，因此这一步也是最重要的。但往往机组调配在整个不正常航班恢复过程中是个瓶颈问题，这是因为机组指派可行性要求严格而复杂，给问题的解决带来了困难。

二、即时航班计划的制定流程

即时航班计划一般指 3 d 之内的计划，它由运行控制中心负责制定和执行。即时航班计划的制定是由于不正常航班的发生，或市场发生了未预见到的变化，需要对航班计划进行及时调整，保证收益的最大化或成本最小化。这项工作主要涉及航班机型调整和航班取消等工作。

1. 机型调整

不同的机型有不同的座舱结构，机型调整的意义在于安排更合理的机型以满足市场需求。机型调整的流程如图 10.6 所示。

(1) 市场管理室通过订座系统了解实际订票情况，根据市场需求预测确定 3～5 d后需临时调整机型的航班(包括需要改变机型的航班和可能、可以用来对换机型的航班)，并将机型调整建议以书面形式反馈给航班管理室。

(2) 航班管理室根据航班时刻表和各航线销售预测及可变成本数据，确定经济效益上有调换意义的航班，制定航班变更通知单，通知运行控制中心、货运中心，并反馈给市场管理室。

（3）事后由市场收益室对机型调整及所涉及航班的调整实施效果进行追踪。

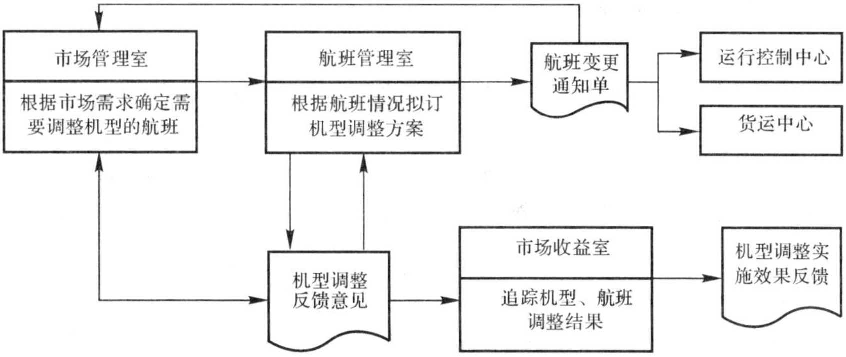

图 10.6　机型调整流程图

2. 临时取消航班

临时取消航班分市场原因和机务原因。市场原因是指预计市场需求不足，建议取消；机务原因是指飞机临时故障不能执行计划的航班任务，不得不取消。临时取消航班的工作流程如图 10.7 所示。

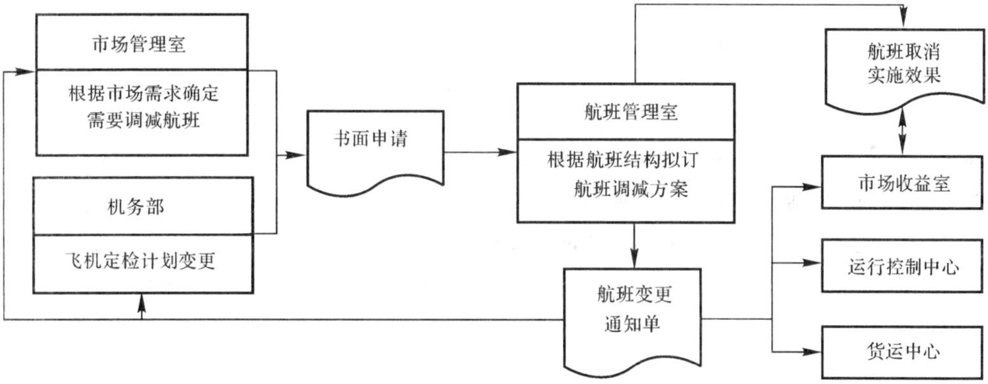

图 10.7　临时取消航班流程图

（1）市场管理室通过订座系统了解实际订票情况，根据市场需求预测确定 3～5 d后需临时取消的航班，并将取消航班建议以书面形式反馈给航班管理室。或者，机务部根据飞机检修计划变更（如突发原因要求飞机进行维修检查，使运力减少），以运力减少通知单的形式通知航班管理室。

（2）航班管理室根据航班时刻表，从航班衔接和运力安排的角度，确定航班能否取消和如何调整，制定航班调减计划，并制作航班变更通知单，通知运行控制中心、货运中心及反馈给市场管理室或机务部。

（3）事后由市场收益室对取消航班的实施效果进行追踪。

上述工作流程中，市场管理室、航班管理室、收益管理室和机务部等可以是市场部、机务部等部门派驻运控中心的代表席位，所以上述工作流程协调非常方便。

10.4.3 不正常航班恢复问题研究成果概述

当航空公司的航班计划由于天气、旅客、管制、保障及航空公司自身原因而无法按原计划执行时，称为航班计划发生扰动(Perturbation)或干扰(Disruption)。为恢复正常运作，航空公司需要对航班串/飞机路径(Aircraft Routing)、机组排班(Crew Scheduling)、维修计划(Maintenance Scheduling)、旅客中转衔接(Passenger Recovery)及地面保障资源等进行调整，这些统称为航空公司不正常运行控制问题(Airline Irregular Operations Control Problem)。

航空公司从计划扰动中恢复通常分阶段进行：首先是飞机计划恢复(Aircraft Schedule Recovery, ASR)，主要通过延误、取消、合并航班以及换机(Aircraft Substitution)和调机(Ferrying)等策略来修改各个机号的后继航段(Flight Leg)；第二阶段是机组恢复(Crew Recovery)，通过重排机组计划和使用备份机组使后继航段飞行任务的执行满足民航管理局的安全规章；第三阶段是旅客中转衔接。采用这种恢复次序的主要原因是飞机是稀缺的资源，而机组相对容易获得，可以通过使用后备机组和加机组的方式(Deadhead)重新安排机组。

一、单机型计划恢复

1. 最小化旅客损失及取消航班数量

关于航空公司航班计划恢复的论述可追溯到20世纪60年代。Jedlinsky在1967年提出了一个最小费用流模型来处理受干扰航班计划的恢复问题。1971年，Levin提出一个具有离散起飞时间变量的整数规划模型。直至20世纪90年代中期，研究主要集中于单机型、小规模延误的恢复问题。

Teodorovic第一次提出了以最小化旅客总延误为目标函数的模型，在受到干扰的航线网络上进行航班任务的最优调整。该文把这个问题描述成网络流问题，节点代表航班，弧代表航班之间的衔接，弧的长度表示重新安排航班出发时间而造成的时间损失，通过在航线网络中解TSP问题来获得模型的解。之后，Teodorovic(1988年)总结了几个关于机队扰动问题(Fleet Perturbation)的可能的决策策略，这些策略包括：

(1) 取消一定数量的计划航班，使得余下的航班不产生延误；

(2) 引入一个或多个预备的飞机执行任务；

(3) 取消一定量的计划航班，并且余下的航班部分延误；

(4) 设计新的航班执行计划，使得没有航班被取消但有部分航班延误。

Gershkoff于1987年使用连续最短路方法(Successive Shortest Path Method, SSPM)求解一个时空网络来处理航班计划的摄动问题，只考虑航班取消策略来解决飞机的短缺问题，即取消某些航班，保留重要的航班，以维持航班计划的资源平衡。但是他的研究没有考虑采用航班延误和使用空闲飞机等策略。

Jarrah(1993年)考虑了一个暂时短缺飞机的实时扰动问题，并允许调机(Ferrying)的使用。文章分别对延误和取消策略建立了最小费用网络流模型，考虑的因素包括：航班取消/延误的成本、旅客转移到其他航空公司的航班给本公司造成的收益损失、后继航班串不连续的成本、旅客不满意的成本。但是，Jarrah 提供的两个模型只能分别使用，而且使用时存在较大困难。

Cao and Kanafani(1995 年) 改进了 Jarrah(1993 年) 的模型，并整合了两个模型，使得可以同时解决取消和延误，并且考虑使用调机策略。整合后的调度模型是一个 0—1 二次规划，具有更好的适应性。

Teodorovic and Stojkovic(1995 年) 尝试将机组、飞机和维修计划综合考虑，建模采用字典序优化技术 / 分层优化技术(Lexicographic Optimization Technique)，不使用调机策略。求解时，该模型首先优化第一级目标函数 —— 最大化飞行航班的总数即最小化取消航班的数量，然后优化第二级目标函数 —— 最小化旅客延误。与其他相关文章中的方法不同，该文首先重新生成新的机组排班(Crew Rotations)，然后才是飞机排班(Aircraft Rotations)。文中解释说，这种改变可以大大减小求解计算的 CPU 时间。然而，由于飞机排班的解来自机组排班的解，极大限制了飞机的指派，从而很可能导致不可行。

Argüello(1997 年) 等研究了由于故障产生飞机临时短缺等情况下的航空公司航班计划恢复问题，目标函数是航班收益损失和旅客延误损失最小。Argüello 针对飞机路径的重构问题提出了一种贪婪随机自适应搜索算法 (Greedy Randomized Adaptive Search Procedure，GRASP)。

周志忠(2000 年) 提出了一个运行控制实时优化的整体框架，包括飞机资源、机组人员资源和可用的座位资源，同时还包括航班计划恢复优化模型、飞机恢复优化模型、机组人员恢复优化模型以及旅客流恢复优化模型等四种优化模型。文中基于伪并行的改进遗传算法，提出了一种快速组合优化的启发式算法。但是文章只分析了算法的性质，并未提供任何具体算例的分析，因此无法知道该算法是否具有应用价值。

2. 维修约束的处理

不正常航班恢复问题只需考虑 A 检以下的简单检修任务，这些维修工作都是在完成飞行任务后在基地机场过夜时进行，因此研究一日内的计划恢复问题时一般可不考虑维修的约束。必要时，可以给需要进行夜间维修的飞机作好标记，所有有标记的飞机必须在有维修能力的航站结束飞行任务。

3. 最小化不正常时段

Yan and Yang(1996 年) 以台湾中华航空公司为研究对象，提出了在一个飞机发生临时故障条件下，尽快结束不正常运行时间的策略模型。文章采用时空网络(Time－Space Network) 建模，对需要延误的航班，采用为航班弧添加平行弧的集合的方式来表示(Parallel Set of Sliding Arcs)，集合中只有一条弧允许使用，每个弧都被赋予成本，则模型的求解转化为在网络中为每一架飞机寻找一条总费用最小的航班执行路线。

二、多机型计划恢复问题

从 20 世纪 90 年代中后期至今，多机型、多经停、大规模延误的情况逐渐成为研究的重点。随着商业优化软件的发展，在这一时期内，时空网络和多商品网络流 (Multi－Commodity Network Flow) 模型成为 ASR 问题建模的主流方法。Yan and Young 利用时空网络技术对多机队、多经停的航班计划恢复问题建立模型。然而，Yan and Young 的模型不能实现不同机型间的替换。Yan and Tu 对同样的问题使用多商品网络流建模，并允许大型飞机置换小型飞机的航班任务。模型求解采用拉格朗日松弛启发式算法和次梯度优化算法，在有助于恢复计划的前提下，模型允许多经停的航班取消其中一个或全部的经停点，但这样做使得网络变得更加复杂，大大降低了求解的效率。

Yan and Lin 首先研究了在机场临时关闭条件下的计划恢复问题，在此基础上，Thengvall，Bard and Yu 对多机队、枢纽航站发生长时间关闭的问题进行了研究，利用时空网络建模，将延误、取消和调机策略集中到一个模型中，并通过修改模型成本参数来获得不同的方案。在最近发表的文章中，他们设计了一个交叉取消启发式算法(Cross－Cancellation Heuristic)，通过选择取消不同的航班来产生多个次优的(Near－Optimal Solution) 调度方案。

三、机场容量不足引起的不正常航班复问题

导致机场容量减少的最常见原因是恶劣天气，在极端情况下，如暴风雪天气，机场甚至被关闭数小时。大多数情况下，恶劣天气都能被预测，但很难预知具体影响时间和结束时间，因此考虑机场容量的恢复模型可分为静态模型和动态模型。通常假设有数个离散的容量集合，每种容量具有一定的发生概率，集合个数一般不多，通常为 4 个。

Terrab and Paulose 考虑了到达机场有不良天气预告的航班运行决定策略，到达容量约束是这个模型的基本约束。模型是动态的，假设某个时间机场的容量是已知的，把在此以前的时间称为阶段 1，以后的时间称为阶段 2。原计划在阶段 1 内出发航班可能经历地面等待，在阶段 2 内出发的航班可能经历空中等待(Airborne Hold)。如果有更确切的信息支持，在阶段 2 内出发的航班将只需要经历地面等待。由于地面等待的成本较小，则预计的总延误成本将减少。在此种情况下，航空公司一般只能被动地接受空管的安排，航空公司能做的是安排好后续航班，使其尽快恢复到正常航班计划上来。

Vasquez 和 Luo 对存在地面延误情况下的航班恢复问题进行了研究。Luo and Yu 考虑了同样的问题，但是使用了不同的目标函数。假如没有足够的松弛时间来吸收延误，则延误到达序列也将与从该机场出发的延误序列相同，出发的延误不会多于到达延误，因此可以从最初到达的序列中最小化最大的延误 (minimization of maximum delay among all flights)。

四、不正常航班的一体化恢复问题

Lettovsky 对航空公司综合计划恢复模型(Airline Integrated Recovery，AIR) 进行了研究，该模型综合了机组指派、飞机路径和旅客流恢复问题，构建了一个混合整数线性规划问题，然后将它分解为三个子问题进行迭代求解。其中飞机路径恢复问题和机组恢复问题分别针对每个机型求解，在得出一个可操作的计划之后才考虑旅客流恢复问题，为受影响的旅客重新规划路线。

刘德刚在其博士论文中提出了飞机调配问题的路径列生成算法，并且给出了与机组调配问题统一考虑的迭代式方法。文章算例采用的是美国大陆航空公司的数据，16 架飞机执行 42 个航班，计算结果显示在得到飞机和机组调配解的可行性方面优于随机搜索方法。但算例问题规模较小，无法知道该算法是否适合国内的航线网络结构，也不知道该算法是否适合于求解大规模机队和在不同机型间进行置换的恢复问题。

10.4.4　不正常航班恢复问题的总结

根据上一小节的介绍，我们将不正常航班恢复问题的有关问题总结如下：

一、不正常航班恢复问题定义

给定航班计划和原飞机连线、恢复期起始点和终止点、恢复期初各可用飞机的位置(机场)和可用最早时间、恢复期终止点各机场应当停放的飞机数、可调用飞机集和可能调机计划、各航班旅客数、航班取消和延误成本、航班飞机交换成本、调机成本以及飞机维修、机场使用等方面的约束，需要寻找新的飞机连线方案，以最小的恢复成本或最少的取消航班或最少旅客总延误为代价，在恢复期终止点恢复到正常的航班计划。

二、不正常航班原因的归纳

如 10.4.1 节所述，引起航班不正常的原因很多，但总结起来主要是三种运输生产的资源不足引起的：飞机、机组、机场及空域容量。飞机不足由机务故障或其他意外事故造成某飞机临时丧失适航性，不能执行原计划飞行任务造成的，这种情况叫做飞机停场(Grounding)；机组不足由机组临时生病或出现其他临时性差错造成的，此时一般应尽快调备班机组执行航班任务；机场及空域容量不足主要由恶劣天气或空域军事活动造成的，严重时可造成机场关闭或某区域的禁航，表现为时隙资源不足。航空公司关注的是飞机短缺和容量(时隙)不足造成的不正常班恢复问题，这两种情形有许多不同点：一是飞机短缺受影响面比较小，机场容量(时隙)不足往往影响大面积的航班；二是飞机短缺一般可以预测恢复期，恶劣天气造成的容量不足往往不能准确预测恢复期。

飞机临时短缺的航班恢复问题只需考虑一个阶段 — 恢复期的问题，要求在恢复期结束时恢复到正常航班计划。容量不足造成航班恢复问题需要考虑两个阶段的问题：流量控制期和航班恢复期。流量控制期指根据机场容量限制确定的飞机流量受管制员控制的时段，该时段越长，给航班恢复造成的难度越大。流量控制期结束时，积压的航班数及积压航班的延误时间长短是航班不正常严重程度的主要度量因素。积压航班越多、各积压航班延误时间越长，航班不正常越是严重。最为困难的是，航空公司运控中心一般无法准确预测流量控制期的结束点，这种不确定性给航班调度带来了极大困难。航班恢复期是指机场容量已经恢复到正常值后消减流量控制期积压的航班队列的时段，在该阶段，应该优化航班的出发顺序，尽量缩短恢复期的长度。

如果航空公司受恶劣天气影响的航班量很少，并且正好是飞机到达后巧遇恶劣天气，飞机出不来，则这种情况非常类似于飞机故障导致的短缺。

三、不正常航班调度策略归纳

不正常航班的调度策略可以归纳如下：① 延误(Delay)；② 取消(Cancellation)；③ 飞机交换(Aircraft Swap)；④ 机型替换(Type Substitution)；⑤ 摆渡飞机(Ferrying)；⑥ 备降。

四、不正常航班恢复问题的分类

根据建模工具的不同，不正常航班恢复问题可以分成以下分类：

(1) 资源指派模型(路径变量模型)。

(2) 多商品网络流模型。

(3) 时间离散近似模型。

根据涉及到机型的多少，不正常航班恢复问题可以分为：

(1) 单机型恢复问题(只存在同机型之间的飞机交换)。

(2) 多机型恢复问题(允许不同机型飞机之间的交换)。

根据起因航班数的多少，不正常航班恢复问题可以分为：

(1) 单航班恢复问题。

(2) 多航班恢复问题。

根据实行流控的机场数，可将流控引起的航班恢复问题分为：

(1) 单机场恢复问题。

(2) 多机场恢复问题。

根据实行流控机场是否为基地机场，可将流控引起的航班恢复问题分为：

(1) 基地机场恢复问题。

(2) 非基地机场恢复问题。

从数学建模角度看，上述分类的前两种方法是最基本的。后面的三种分类只影响到资源在空间的初始分布。

五、不正常航班恢复问题数学建模的困难

不正常航班恢复问题数学建模的最大困难有两个方面：

(1) 时间是连续的，延误时间是未知的。假设采用航班延误策略，延误时间是不能预先确定的。如果将延误时间也作为决策变量进行优化建模，那么模型将是非线性的。怎么办呢？一种解决办法是将时间离散化，把每个离散点看做一个可能的延误方案，或从中明确几种选择方案，从而将时间变量优化问题转化为从有限个方案中选择一个最优方案的问题。这样处理，损失了精度，但降低了难度。

(2) 延误成本不能预先准确计算。由于延误成本取决于选择的航班延误方案和航班串的组成，不能在求出最优解之前准确计算，只能粗略估计，如果以延误成本为目标函数，目标函数最优值也是不准确的，因此相应的数学模型是近似的。

10.5 不正常航班恢复问题建模

由于航空业的特点和竞争的需要，航空公司的航班运行控制对运筹学的许多分支理论和方法，特别是最优化技术有着非常迫切的需求。航空公司运行控制部门利用各种现代优化技术建立符合实际问题

的调度模型，采用更加有效的算法，开发计算机软件来实现调度方案的快速生成。航空公司之间的竞争日益剧烈，如何在不正常情况下实时地对航班进行调度，对飞机、机组人员进行重新优化指派，对旅客行程进行优化安排，对增加航空公司利润和提高竞争力显得尤为关键。

我国的三大航空公司先后从美国萨伯公司(SABRE) 引进了运行控制系统，旨在提高公司对航班运行监控和管理的信息化水平。其他的中小型公司则仍是靠手工进行调整，当飞机和航班数目较大时，手工处理过程显得相当复杂，航班运行控制人员依据经验进行判断无法通盘考虑所有的情况，显然已无法提供实时运行控制调度的优化方案。从国外购买运行控制信息系统非常昂贵，中小型企业难以承担，而且国外的运控系统并不完全适用于我国航空运输系统的特点，我们应该开发自己的不正常航班恢复系统，提高我国航空公司运行控制的信息化水平和管理智能化水平。可见研究学习不正常航班恢复问题的建模方法很有必要。

10.5.1　单机型不正常航班恢复问题的建模

一、资源指派模型

首先构造恢复期的时空网络，该时空网络包括所有机场和恢复期内的所有航班，共有两类节点，一类叫做机场时刻节点，表示航班的出发和到达；一类叫作机场过夜节点，表示机场的宵禁时段，同时表示恢复期的终止。该网络有两类边：一类是航班边，表示原计划航班，从出发机场时刻节点指向到达机场；一类是航班复制边，每一个航班可以设置若干复制边，每个复制边都引发相应的延误成本。如果某航班被取消，则所有它的复制边也都一齐取消。对每个机场，在恢复期内第一个飞机可获得时点设置机场时刻节点，然后按照航班时刻表，在航班的出发和到达时刻设置机场时刻节点，一直到机场的最后一个航班到达，在此时刻设置机场过夜节点。

资源指派模型是路径流公式，即决策变量决定将资源指派给适当的路径(飞机路线，或叫航班串)，在时空网络中这些路径开始于飞机可获得的机场和时刻，一直到某机场的过夜节点，其间任意前后两航班都满足衔接条件。

设在恢复期内涉及的航班数为 n，机场数为 m，可利用的飞机数为 k，并引进以下记号：

(1) 集合：

F：航班集合；K：可利用飞机的集合；A：机场的集合；P：可行路径的集合。

(2) 指标记号：

i：航班下标，$i \in F$；j：航班路径下标，$j \in P$；k：飞机上标，$k \in K$；a：机场下标，$a \in A$。

(3) 参数：

a_{ij}：当航班 i 包含在路径 j 中时等于 1，否则等于 0；

b_{ja}：当路径 j 在机场 a 终止时等于 1，否则等于 0；

c_i：取消航班 i 的成本；

h_a：恢复期结束时，为执行正常航班计划机场 a 需要的飞机架数；

d_j^k：将飞机 k 指派给路径 j 的成本，包括航班延误成本和飞机交换成本，存在调机航班时，应当包括调机成本。

(4) 决策变量：

x_j^k:将飞机 k 指派给路径 j 时等于1,否则等于0;

y_i:航班 i 取消时等于1,否则等于0。

应用上述记号,可以给出资源指派模型如下：

$$\min z=\sum_{k\in K}\sum_{j\in P}d_j^k x_j^k+\sum_{i\in F}c_i y_i \tag{10.44}$$

$$\text{s.t.}\quad \sum_{k\in K}\sum_{j\in P}a_{ij}x_j^k+y_i=1,\quad i\in F \tag{10.45}$$

$$\sum_{k\in K}\sum_{j\in P}b_{ja}x_j^k=h_a,\quad a\in A \tag{10.46}$$

$$\sum_{j\in P}x_j^k=1,\quad k\in K \tag{10.47}$$

$$x_j^k=0,1;\quad j\in P,k\in K;\quad y_i=0,1,\quad i\in F \tag{10.48}$$

如果已经获得了所有可行的路径,该模型以紧凑的形式很好地描述了航班恢复问题。目标函数求航班延误成本、取消成本、换机成本之和最小,如果允许调机,还可以不加修改地包括调机成本。这里没有明确指明机型要求,实际上本模型可以包括多种机型,因此允许不同机型之间的交换。

约束条件式(10.45)是航班覆盖约束,表示对某个航班 i,如果被取消了,则不能包含在任何被执行的路径中;如果不被取消,则必须且只能包含在一条被执行的可行路线中。约束条件式(10.46)是资源平衡约束,表示当天到达各过夜机场的飞机必须等于需要架数,保证第二天有足够的飞机执行正常航班。约束条件式(10.47)飞机使用约束,表示每架可利用飞机都必须指派给一条路径,不过可以包括空路径,即不包含任何航班的路径。

由于在该模型中,可以包含调机航班,只要在路径成本中包括调机成本即可,因此可考虑调机策略。又由于飞机路线重新生成,并重新进行飞机指派,因此其中允许飞机交换,甚至允许不同机型之间的交换。可见该模型考虑了航班延误、航班取消、调机、飞机交换等调度策略。

如果在航班集合 F 中包含了补班计划,该模型还可以包括补班策略,因此该模型几乎考虑了所有可能的航班调度策略。不足的是该模型的求解十分困难,到目前为止还没有找到有效的算法。

二、多商品流模型

为构建不正常航班恢复问题的多商品流模型,首先构造用于该模型的多商品流网络。该网络含有两种商品:一种是飞机,一种是"取消",并且由若干子偶图网络组合而成。每个机场构造一个子偶图网络,其中左边的节点有:飞机源节点、一个取消源节点和到达节点。一架飞机有一个源节点,一个到达航班对应一个到达节点。右边有两类节点:一类是航班节点,表示航班的出发,一个出发航班一个航班节点;另一类是聚汇节点,表示过夜航班的集聚,从时间上看,它可以表示从恢复期终止点(或宵禁点)到第二天的第一个航班出发这段时间。这个偶图中,左边的每个节点连接到右边的所有的节点,每条边都附有对应的成本。因此对机场 i,如果在恢复期初有飞机 r_i 架,在恢复期内有 a_i 个到达航班、n_i 个出发航班,那么该偶图含有 $(r_i+a_i+n_i+2)$ 个节点和 $(r_i+a_i+1)(n_i+1)$ 条边。每个机场再根据航班时刻表将其偶图的各到达节点和各航班节点与其他机场的相关节点相连。

如图 10.8 所示是一个机场的子偶图网络，它在恢复期初有一架可使用的飞机，在恢复期有两个航班到达，三个航班出发，节点 g_1 是取消源节点，t_1 是聚汇节点。

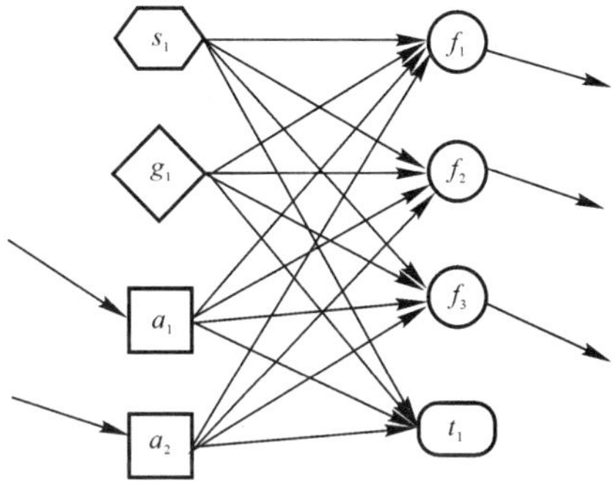

图 10.8　多商品流网络的一个典型机场子偶图

在子偶图中将飞机源节点与航班节点连接起来的边表示用该飞机执行该航班，将到达节点与航班节点连接起来的边表示这两个前后航班进行衔接，将飞机源节点和到达节点与聚汇节点连接的边表示相关飞机不再执行任务，在此机场过夜准备第二天的航班飞行，将取消源节点与航班节点连接的边表示取消相关航班，将取消源节点与聚汇节点相连的边表示本机场不取消任何航班。在这些边上可以赋以相应的成本，包括航班取消成本、延误成本和飞机交换成本。

下面首先定义有关符号的意义：

(1) 集合：

A：到达节点的集合；$A(i)$：与节点 i 相连的先前到达节点的集合；

F：航班节点集合；$F(i)$：与节点 i 相连的后继航班节点的集合；

G：取消源节点的集合；

S：可利用飞机源节点的集合；$S(i)$：与节点 i 相连的飞机源节点的集合；

T：机场聚汇节点的集合。

(2) 指标定义：

i,j：表示节点的下标；

$g(i)$：含有节点 i 的机场的取消源节点下标；

$p(i)$：与到达节点 i 相连的前一个机场的航班节点下标；

$q(i)$：与航班节点 i 相连的下一个机场的到达节点下标；

$t(i)$：含有节点 i 的机场的汇聚节点下标。

(3) 参数：

c_i：取消航班 i 的成本；

d_{ij}：从到达节点 / 飞机源节点 i 到航班节点 j 的估计成本，即执行航班 j 的延误 / 交换成本；

h_i：必须在机场汇聚节点 i 停场过夜的飞机数。

(4) 变量：

x_{ij}:从节点 i 到节点 j 的飞机流变量,0—1 型变量;

y_{ij}:从节点 i 到节点 j 的航班取消流变量,0—1 型变量。

应用上述符号定义,和多商品流问题的基本模型,我们可以给出不正常航班多商品流模型如下:

$$\min z = \sum_{i \in A \cup S} \sum_{j \in F(i)} d_{ij} x_{ij} + \sum_{i \in} c_i y_{iq(i)} \tag{10.49}$$

$$\text{s.t.} \quad x_{iq(i)} + y_{iq(i)} = 1, \quad i \in F \tag{10.50}$$

$$\sum_{j \in F(i)} x_{ij} + x_{it(i)} = 1, \quad i \in S \tag{10.51}$$

$$\sum_{j \in F(i)} x_{ij} + x_{it(i)} - x_{p(i)i} = 0, \quad i \in A \tag{10.52}$$

$$\sum_{j \in F(i)} y_{ij} + y_{it(i)} - y_{p(i)i} = 0, \quad i \in A \tag{10.53}$$

$$\sum_{j \in A(i) \cup S(i)} x_{ji} - x_{iq(i)} = 0, \quad i \in F \tag{10.54}$$

$$\sum_{j \in A(i) \cup g(i)} y_{ji} - y_{iq(i)} = 0, \quad i \in F \tag{10.55}$$

$$\sum_{j \in A(i) \cup S(i)} x_{ji} \geqslant h_i, \quad i \in T \tag{10.56}$$

$$x_{ij} = 0,1; \quad i,j \in \{i \in A \cup S, j \in F(i) \cup \{t(i)\}\} \cup \{i \in F, j = q(i)\} \tag{10.57}$$

$$y_{ij} = 0,1; \quad i,j \in \{i \in A \cup G, j \in F(i) \cup \{t(i)\}\} \cup \{i \in F, j = q(i)\} \tag{10.58}$$

上述模型中,目标函数式(10.49)要求总的恢复成本最小,包括航班延误成本、取消成本和飞机交换成本。但是由于在建立模型和求得最优解前,要执行的航班串还没有形成,因此我们还无法知道各航班的延误成本,因此只能是粗略估计。

约束条件式(10.50)是航班覆盖约束,表示对每一个航班,要么执行,要么取消。约束条件式(10.51)是飞机利用约束,要求每一架可利用飞机,要么执行一个航班,要么停场等待到恢复期结束后使用。约束条件式(10.52)和(10.53)是到达节点流平衡条件,要求对任意一个到达节点,到达的飞机要么执行一个后续航班,要么停场等待到恢复期结束后使用;或者对于取消流,一个取消航班的到达节点,要么继续取消下一个后续航班,要么停止取消(取消流进入机场聚汇节点)。约束条件式(10.54)和(10.55)是航班节点流平衡条件,表示任意航班如果被执行,要么由在该机场可获得的飞机来执行,要么由到达飞机来执行,否则该航班不能被执行;或者某航班要被取消的话,要么它的前一个航班已被取消,要么本航班是被取消的航班串的第一个航班。约束条件式(10.56)是资源平衡条件,要求进入每个机场聚汇节点的飞机数不少于恢复期后执行航班计划所需要的飞机。

这个模型具有很好的网络模型结构,只要将捆绑约束式(10.50)用 Lagrangian 乘子加入目标函数中,就可以将飞机流和取消流问题分开,分别求解,然后使用次梯度法更新 Lagrangian 乘子,逐步迭代求优。但该模型由于存在以下问题而没有获得实际应用:① 延误成本不能准确计算;② 未考虑调机策略;③ 没有考虑机场宵禁约束;④ 没有考虑不同机型之间的飞机交换策略。

三、时间离散近似模型

上述两种模型是航班恢复问题网络模型的不同表述形式,资源指派模型是路径流变量模型,它的每条路径已经满足了衔接条件和机场使用条件,航班覆盖、飞机平衡和飞机利用条件由模型约束条件控制,这种模型的优势是几乎可以考虑各种航班调度策略，满足各种约束条件，但没有找到有效的解法；多商品流模型是边流变量模型，除了航班覆盖、飞机平衡和飞机利用约束条件外，该模型需要显式表示路径的航班衔接条件（流守恒条件保证），这种模型的优势是可以有效表述航班恢复问题，但不能准确地计算航班延误成本。

为了能够解决航班恢复在建模和解法上的困难，建立一种离散的时空网络，然后建立近似优化模型，叫做时间离散近似模型（Time Band Approximation Model）。使用该模型解决航班恢复问题有三个步骤：① 时间离散，构建离散时空网络；② 建立模型，并求解；③ 进行后处理，给出每架飞机的路线。

1. 时间离散，构建离散时空网络

离散时间要做两件事：第一件是确定恢复期内时间区间的长度，将各机场的时间线按照时间区间的长度进行离散；第二件是将原航班时刻表根据时间区间进行近似处理。

表 10.15 给出了一个简单的航班计划，有三架飞机执行 12 个航班，通航 4 个机场。用时空网络表示各飞机的路线如图 10.9 所示。

表 10.15　一个简单的航班计划

飞机尾号	航班号	出发机场	到达机场	出发时刻	到达时刻	取消成本 / 元
飞机 1 号	11	AAA	BBB	14:10	15:20	7 350
	12	BBB	CCC	16:05	17:00	10 231
	13	CCC	BBB	17:40	18:40	7 434
	14	BBB	AAA	19:20	20:35	14 191
飞机 2 号	21	BBB	AAA	15:45	17:00	11 189
	22	AAA	BBB	17:40	18:50	12 985
	23	BBB	CCC	19:30	20:30	11 491
	24	CCC	BBB	21:15	22:15	9 581
飞机 3 号	31	CCC	DDD	15:15	16:20	9 996
	32	DDD	CCC	17:30	18:30	15 180
	33	CCC	DDD	19:10	20:20	17 375
	34	DDD	CCC	21:00	22:05	15 624

设离散时间区间长度为 30 min，前后两航班的最短连接时间 MCT = 40 min，由于第一个航班的出发时刻是 14:10，除去最短 40 min 的准备时间，因此第一架飞机最迟 13:30 在机场 AAA 可获得，最后一个航班是 22:15 到达机场 BBB，可以认为恢复期是从 13:30 到 23:00，因此可将这四个机场的时间线从 13:30 到 23:00 每隔 30 min 设一个时间节点，最后一个时间节点在 23:00（表示 ≥ 23:00）是汇聚节点。

然后将每个航班的出发时刻和到达时刻进行近似处理。对于出发时刻，首先将它减去 40 min，然后将这个差归并到它最靠近的前一个时间节点。例如，航班 31，出发时刻是 15:15，减去 40 min 后等于

14:35，最靠近的前一个离散时间节点是机场CCC的时间节点14:30，因此将航班31的出发时刻近似处理为14:30，这也是该航班的飞机必须已经在机场CCC的最迟时刻。对于到达时刻，只需将它归并到离它最近的前一个机场－时间节点即可。例如航班33到达机场DDD的时刻为20:20，最靠近的前一个节点是时间节点20:00，因此将航班33的到达时刻近似为20:00。经这样近似处理后，表10.15的航班出发、到达时刻如表10.16所示。

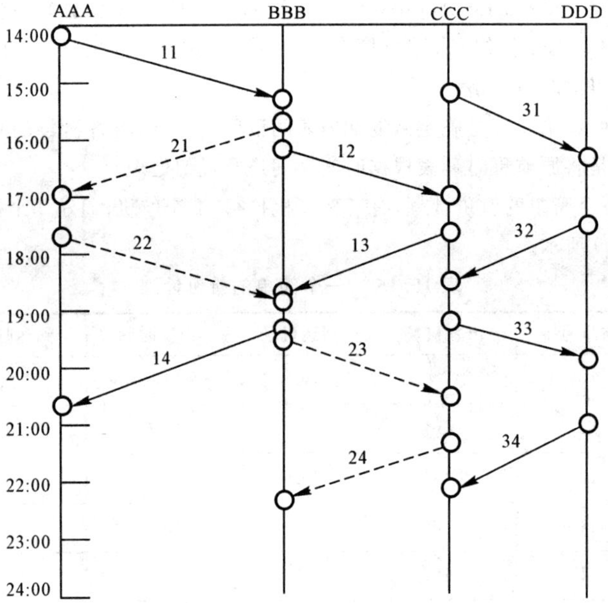

图10.9　表10.15的网络图

表10.16　表10.15的航班时刻近似处理的结果

飞机尾号	航班号	出发机场	到达机场	出发时刻	到达时刻
飞机1号	11	AAA	BBB	13:30	15:00
	12	BBB	CCC	15:00	17:00
	13	CCC	BBB	17:00	18:30
	14	BBB	AAA	18:30	20:30
飞机2号	21	BBB	AAA	15:00	17:00
	22	AAA	BBB	17:00	18:30
	23	BBB	CCC	18:30	20:30
	24	CCC	BBB	20:30	22:00

续表

飞机尾号	航班号	出发机场	到达机场	出发时刻	到达时刻
飞机 3 号	31	CCC	DDD	14:30	16:00
	32	DDD	CCC	16:30	18:30
	33	CCC	DDD	18:30	20:00
	34	DDD	CCC	20:00	22:00

构建离散时空网络的算法有三个步骤：

第一步　建立初始可利用飞机列表 L；

第二步　对每一架可利用的飞机，产生航班边，包括复制的航班边（表示延误方案），并计算延误成本；然后产生汇聚边，即从各机场-时间节点连接到本机场的汇聚节点；

第三步　删除孤立节点。

具体的算法如下：

(1) 建立初始可利用飞机列表 L：

```
Begin
    for(每一架初始可利用的飞机)do
       begin
          产生一个机场-时间节点 l,并给它标记飞机可获得时间；
          if l ∈ L,then 给它标记飞机最早可获得时间；
          else L = L ∪ {l}；
    end for
     按照飞机可获得时间的升序给集合 L 的元素排序；
end
```

(2) 生成航班边和汇聚边：

```
while(L 不空) do
     从 L 中移出第一个节点 l；
    let t 是节点 l 的飞机可获得时间；
    let s 是节点 l 的机场；
    for(从机场 s 出发的每个航班) do // 从航班时刻表查询
    let f 是该航班的航班号；
    let s' 是航班 f 的到达机场；
    let f 的出发时间 tf = max{计划出发时刻,t + MCT}；
        if(tf < s 的宵禁时间或恢复期的结束时间) then
          let f 的到达时间 tfa = tf + f 的轮挡时间；
```

```
        if(tfa < s' 的宵禁时间或恢复期的结束时间) then
            let m 是航班 f 在 s' 的到达节点；
            在节点 l 与 m 之间放一条边(l,m)；
            (l,m) 的延误成本 C(f,l,m) = h(max(0,tfa - 计划到达时间))；
/ * h 是延误成本函数，一般与延误时间成正比；计划到达时间是近似计划到达时间，如表 10.16 所示 * /
            用 tfa 给节点 m 标记飞机可获得时间；
            if(tfa + MCT < s' 的宵禁时间或恢复期的结束时间) then
              if m ∈ L，给它标记最早可获得时间；
              else L ∈ L ∪ {m}；
              end if
            按照飞机可获得时间的升序给集合 L 的元素重排序；
            end if
        end if
      end if
    end for
  end while
  for(每个机场) do
    if(存在多于一个没有出发航班的节点) then
      将它们合并成一个节点；
      将它标记成机场-汇聚节点；
    end if
  end for
  for(每一个非孤立时间节点) do
     在该时间节点与同一机场的汇聚节点之间加入一条汇聚边；
  end for
  (3) 删除孤立节点：
  for(每一个机场-时间节点) do
    if(它没有关联边) 删除该节点；
  end for
```

从上述算法可以看出，离散的时空网络有两类节点：机场-时间节点和机场-汇聚节点。每个机场-时间节点用航班边连接到其他机场的节点，也用汇聚边连接到该机场的汇聚节点，表示航班到达后不再执行其他航班，停在该机场过夜。如果某机场-时间节点没有指向它的到达航班边，则它表示该机场可利用飞机的开始时间。可见该网络有两种边：一种是航班边(出发或到达)，一种是汇聚边。航班边连接两个不同机场的时间节点，汇聚边连接同一机场的时间节点和汇聚节点。

对于表 10.16 的航班计划，应用上述算法，可以构建它的离散时空网络如图 10.10 所示。假定每个航班每延误 1 min 的损失是 20 个单位，即航班延误函数 $h(t) = 20t$，计算各航班的延误成本，如表 10.17 所示，未列在表中的航班延误损失是零。要注意从上述算法的延误时间计算约定可以看出，这样计算的延误成本低估了实际延误成本。

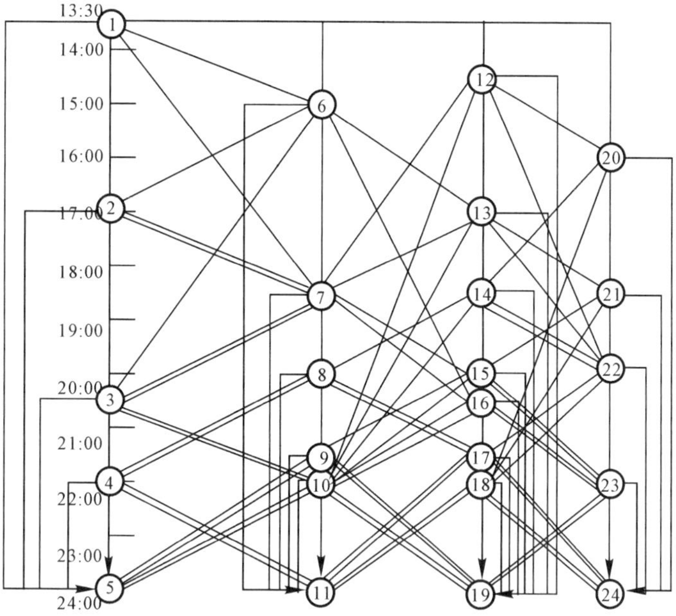

图 10.10　表 10.15 的航班计划对应的时间离散近似网络图

表 10.17　各航班延误成本(未列出的延误成本为 0)

航班号	出发节点	到达节点	延误成本／元	航班号	出发节点	到达节点	延误成本／元
11	2	7	4 200	23	8	17	1 600
11	3	10	8 500	23	9	19	3 700
11	4	11	10 300	23	10	19	4 000
12	7	15	3 900	24	17	11	1 400
12	8	17	5 700	24	18	11	1 800
12	9	19	7 800	31	13	21	2 900
12	10	19	8 100	31	14	22	4 700
13	14	8	1 800	31	15	23	6 800
13	15	9	3 900	31	16	23	7 100
13	16	10	4 200	31	17	24	8 600
13	17	11	5 700	31	18	24	9 000
13	18	11	6 100	32	21	15	2 300

续　表

航班号	出发节点	到达节点	延误成本 / 元	航班号	出发节点	到达节点	延误成本 / 元
14	8	4	1 800	32	22	17	4 100
14	9	5	3 900	32	23	19	6 200
14	10	5	4 200	33	15	23	2 100
21	7	3	4 300	33	16	23	2 400
21	8	4	6 100	33	17	24	3 900
21	9	5	8 200	33	18	24	4 300
21	10	5	8 500	34	23	19	2 000
22	3	10	4 300				
22	4	11	6 100				

在图 10.10 中，各机场的汇聚节点的时间实际是 23:00，因此出发时刻达到和超过 23:00 的航班就不再执行。

2. 构建模型，并求解

根据上述的时间离散技术，并引用如下符号：

(1) 集合：

F：航班集合；

$G(i)$：从机场-时间节点 i 出发的航班的集合；

$H(k,i)$：航班号 k 从机场-时间节点 i 出发的航班的到达机场的时间节点集合；

I：机场-时间节点的集合；

J：机场-汇聚节点的集合；

$L(i)$：在节点 i 到达的航班的集合；

$M(k,i)$：航班号 k 在节点 i 到达的航班的出发机场-时间节点的集合；

$P(k)$：航班号 k 的航班的出发机场-时间节点的集合；

$Q(i)$：含有机场-汇聚节点 i 的机场的时间节点的集合。

(2) 指标符号：

i,j：表示节点的下标；

k：表示航班号的上标。

(3) 参数：

a_i：在机场-时间节点 i 可利用的飞机架数；

c_k：取消航班号为 k 的航班的成本；

d_{ij}^k：航班号 k 从机场-时间节点 i 到节点 j 的航班的延误成本；

h_i：在机场-汇聚节点 i 需要的飞机架数。

(4) 变量：

x_{ij}^k：0—1 型变量，当航班号 k 执行航班(i,j)时等于 1，否则等于 0；

y_k：0—1 型变量，当航班号 k 的航班取消时等于 1，否则等于 0；

z_i：从机场-时间节点 i 到同一机场的汇聚节点的飞机流量。

根据上述定义的参数和变量，我们可以建立航班恢复的时间离散近似模型如下

$$\min z = \sum_{k\in F}\sum_{i\in P(k)}\sum_{j\in H(k,i)} d_{ij}^k x_{ij}^k + \sum_{k\in F} c_k y_k \tag{10.59}$$

$$\text{s.t.}\quad \sum_{i\in P(k)}\sum_{j\in H(k,i)} x_{ij}^k + y_k = 1,\quad k\in F \tag{10.60}$$

$$\sum_{k\in G(i)}\sum_{j\in H(k,i)} x_{ij}^k - \sum_{k\in L(i)}\sum_{j\in M(k,i)} x_{ji}^k + z_i = a_i,\quad i\in I \tag{10.61}$$

$$\sum_{k\in L(i)}\sum_{j\in M(k,i)} x_{ji}^k + \sum_{j\in Q(i)} z_j = h_i,\quad i\in J \tag{10.62}$$

$$x_{ij}^k = 0,1;\quad y_k = 0,1;\quad z_i \geqslant 0,\text{int};\quad k\in F, i\in I(k), j\in H(k,i) \tag{10.63}$$

上述模型中，目标函数式(10.59)要求航班延误成本、飞机交换成本、航班取消成本之和最小。式(10.60)是航班覆盖约束，即航班 k 要么取消，要么执行方案(i,j)。式(10.61)是飞机流平衡/飞机使用约束，如果机场-时间 i 是飞机可利用节点，则是飞机利用约束，a_i 为已有飞机架数；如果是其他时间节点，则是飞机流平衡约束，此时 $a_i = 0$。式(10.62)是飞机平衡约束，保证任意机场-汇聚节点都要有规定的飞机架数。

如果上述模型规模不大，可以采用 ILOG/CPLEX 直接求解；如果规模很大，则需设计启发式算法求解，例如 GRASP 算法，但启发式算法不能保证得到最优解。

3. 后处理，给出每架飞机的路线

利用上述模型求得最优解后，还需要通过后处理，才能得到飞机路线。以下是 Arguello 等给出的算法：

```
输入：A = {已由模型解出的最优执行航班边的集合}
      M = {可利用飞机的集合}
输出：R = {可利用飞机及其指派的航班串的集合}
 for(每一个 μ ∈ M)do
     产生一个元素 ρ；
     用飞机 μ 的尾号、可利用的时间、当前的机场标记 ρ；
     把 ρ 放入 R 中；
 end for
 按照飞机的可利用时间的升序给 R 排序；
 按照航班的标记出发时刻和计划出发时刻的升序给 A 排序；
 while(A 不空) do
    从 A 中删去第一个元素 α；
    从 R 搜寻在航班 α 出发机场的第  架可利用的飞机 ρ；
    将 ρ 指派给 α；
    更新飞机 ρ 的可利用时间和当时的机场；
    再次给 R 排序；
```

end while

时间离散近似模型可以考虑各种不同的航班调度策略，并可以用于解决不正常航班恢复的实际问题。它的主要缺陷是：不能准确计算航班延误成本，对原飞机路线改变较大。

如果能够根据经验和预测，给出各航班的几个可能延误时间，那么可以不按照上述等距离散的方案来构造近似时空网络，只需在各航班的可能出发时刻设置该航班边的拷贝，再根据最小过站时间 MCT，连接此后的各可能航班边，直到恢复期结束，即可构造对应的时空网络。

10.5.2　多机型不正常航班恢复问题的建模

对于多机型不正常航班的恢复问题，如果不允许不同机型之间的飞机交换，那么可以用 10.5.1 节的方法，对每种机型建立单机型不正常航班恢复模型，并进行求解即可。如果需要考虑不同机型之间的飞机交换，则可以在单机型模型的基础上进行扩展，建立起多机型模型。现在考虑如何在时间离散近似模型的基础上建立多机型航班恢复模型。

首先要注意到，不同机型之间交换存在一些限制，各航空公司考虑到服务质量和对旅客的影响，一般情况不允许用小飞机去换大飞机或用旧飞机去换新飞机。要注意这里的飞机交换的真正含义，飞机交换是指飞机不执行它原先指派的路线，而是去执行另一架飞机路线的剩余航班的调度策略。实际上这里所说的飞机交换是飞机替代(Substitution)，是用飞机 i 替代飞机 j 去执行 j 原先指派路线的部分航班，飞机 j 不一定去执行飞机 i 原指派路线的剩余航班，即不是相互交换。也就是说这里的飞机交换是单向的，把飞机 i 叫做交换飞机，飞机 j 叫做被交换飞机。

然后来构造多机型的时间离散时空网络，其步骤是：

第一步　根据 10.5.1 节的方法，构造各机型的离散时空网络。

第二步　对于可交换的两种机型的时空网络，将交换机型网络上各机场的时间节点加上"交换边"，连接到被交换机型网络的同一机场相同时间或较晚时间节点，提供飞机交换的可能性。

第三步　将各机型时空网络的各机场的同一机场-汇聚节点用沉没边(sink arc) 连接到该机场的沉没节点。每个机场一个沉没节点，表示该机场恢复期后各型飞机执行航班计划所需架数之外的多余数。

上述时空网络的节点可分为两类：中间节点和沉没节点，中间节点包括各机型的机场-时间节点和机场-汇聚节点，以及网络边有航班边(包括调机航班边，为便于表达，将航班边 (i,j) 用 s 表达)、交换边和沉没边。根据已经构造的时空网络，定义以下各符号：

(1) 集合：

D：各机场沉没节点的集合；K：机型的集合；F：航班边的集合；G：停场边的集合；R：调机边的集合；S：沉没边的集合；I：中间节点的集合；L：航班号的集合；$F(l)$：航班号为 l 的航班边的集合；$O(i,k)$：机型 k 从节点 i 出发的边的集合；$T(i,k)$：机型 k 到节点 i 终止的边的集合。

(2) 参数：

d_{sk}^{l}：机型 k 执行航班号为 l 的航班 s 的成本，包括延误成本、飞机交换成本等；

c_l：航班号 l 的航班取消成本；

c_r：调机航班 r 的成本；

c_{sk}：机型 k 在沉没边 s 上的飞机流不平衡成本，即多余飞机产生的成本；

B_{ik}：机型 k 在节点 i 的飞机流平衡量，在飞机源节点等于飞机可利用架数，在机场汇聚节点等于恢复期后执行航班计划必须的飞机架数的相反数，在其他机场-时间节点等于零；

B_d：在机场沉没节点 d，飞机的需求量，一般应该是零。

(3) 变量：

v_{sk}：机型 k 在沉没边上的飞机整数流(多余数)；

x_{sk}^l：0—1 型变量，机型 k 执行航班号为 l 的航班 s 时等于 1，否则等于 0；

y_l：0—1 型变量，取消航班号为 l 的航班时等于 1，否则等于 0；

z_{sk}：机型 k 在停场边 s 上的飞机整数流量；

w_r：0—1 变量，执行调机航班 r 时等于 1，否则等于 0。

多机型航班恢复问题的时间离散近似模型的约束条件有两大组：第一组是各机型在各节点的流平衡条件，第二组是关于每个航班和整个机队的约束条件(不是对应于一种机型的)，包括航班覆盖约束和恢复期结束时飞机需求约束。也就是说第一组对应于每一层机型时空网络，第二组对应于整个多机型时空网络。由此可以给出多机型航班恢复问题的时间离散近似模型如下：

$$\min z = \sum_{k\in K}\sum_{s\in F}\sum_{l\in L} d_{sk}^l x_{sk}^l + \sum_{l\in L} c_l y_l + \sum_{r\in R} c_r w_r + \sum_{k\in K}\sum_{s\in S} c_{sk} v_{sk} \tag{10.64}$$

s. t.
$$\sum_{s\in G\cap O(i,k)} z_{sk} - \sum_{s\in G\cap T(i,k)} z_{sk} + \sum_{r\in R\cap O(i,k)} w_r - \sum_{r\in R\cap T(i,k)} w_r +$$

$$\sum_{l\in L}\sum_{s\in F(l)\cap O(i,k)} x_{sk}^l - \sum_{l\in L}\sum_{s\in F(l)\cap O(i,k)} x_{sk}^l + \sum_{s\in S\cap O(i,k)} v_{sk} = B_{ik},\quad i\in I,k\in K \tag{10.65}$$

$$\sum_{k\in K}\sum_{s\in F(l)} x_{sk}^l + y_l = 1,\quad l\in L \tag{10.66}$$

$$\sum_{k\in K}\sum_{s\in S\cap T(d,k)} v_{sk} \leqslant B_d,\quad d\in D \tag{10.67}$$

$$x_{sk}^l = 0,1;\ y_l = 0,1;\ w_r = 0,1;\quad s\in F,k\in K,l\in L,r\in R \tag{10.68}$$

$$z_{sk} \geqslant 0,\text{int},s\in G; v_{sk}\geqslant 0,\text{int};\quad s\in S,k\in K \tag{10.69}$$

上述模型中，目标函数式(10.64)要求航班恢复的总成本最小，第一项包括航班延误成本和飞机交换成本，第二项是航班取消成本，第三项是调机成本，第四项是需求不平衡成本。约束条件(10.65)是各中间节点(不是沉没节点)的飞机流量平衡约束。对于机场-时间节点，该式左边最后一项由于不存在沉没边而等于零，其意义是要求在机场一时间节点飞机的流进量等于流出量；对于机场一汇聚节点，该式左边最后一项是该机场飞机多余架数，这些多余的飞机通过沉没边流向沉没节点。式(10.66)是航班覆盖约束，要求任意航班号为 l 的航班，要么取消，要么通过某条航班边执行。式(10.67)是飞机流不平衡约束，要求所有多余的飞机架数不超规定值，并通过加大目标函数中飞机流不平衡成本项尽量使其为零。

前面说过，时间离散近似模型的主要缺陷是对原有飞机路线的改动较大，也就是保留下来的原飞机路线较少，这给航班恢复增加了困难，同时也增加了航空公司的运行成本。为解决这个问题，B. G. Thengvall 提出了偏好模型(Preference Model)[7]。他将公司希望保留的原飞机路线称为保护路线(Protection Path)，并将经停航班也当做保护路线，给以一定的“红利”，对于拆散保护路线得到的航班边将给予一定的成本惩罚，目标函数要求利润最大。利润等于执行航班的总收益减去航班延误成本、航班取消成本、调机成本、飞机流不平衡成本，从而鼓励航班恢复计划尽可能保留原有飞机路线，其中红利越大、取消成本越小，保留的飞机路线越多，取消的航班越多。也就是保留飞机路线是以取消航班来换取的，在我国一般不采取这一策略，而是首先考虑延误，实在不得已才考虑取消。

Thengvall 的偏好模型如下：

$$\max z = \sum_{k\in K}\sum_{s\in F} c_{sk}x_{sk} + \sum_{p\in P} c_p y_p - \sum_{r\in R} c_r w_r - \sum_{k\in K}\sum_{s\in S} c_{sk} v_{sk} \tag{10.70}$$

$$\text{s.t.}\quad \sum_{s\in G\cap O(i,k)} z_{sk} - \sum_{s\in G\cap T(i,k)} z_{sk} + \sum_{r\in R\cap O(i,k)} w_r - \sum_{r\in R\cap T(i,k)} w_r + \sum_{p\in P\cap O(i,k)} y_p -$$

$$\sum_{p\in P\cap T(i,k)} y_p + \sum_{s\in F\cap O(i,k)} x_{sk} - \sum_{s\in F\cap O(i,k)} x_{sk} + \sum_{s\in S\cap O(i,k)} v_{sk} = B_{ik},\quad i\in I,\quad k\in K \tag{10.71}$$

$$\sum_{k\in K}\sum_{s\in F\cap F(l)} x_{sk} \leqslant 1,\quad l\in L \tag{10.72}$$

$$\sum_{k\in K}\sum_{s\in S\cap T(d,k)} v_{sk} \leqslant B_d,\quad d\in D \tag{10.73}$$

$$x_{sk} = 0,1,\quad s\in F, k\in K;\quad y_p = 0,1,\quad p\in P;\quad w_r = 0,1,\quad r\in R \tag{10.74}$$

$$z_{sk} \geqslant 0,\text{int},\quad s\in G;\quad v_{sk} \geqslant 0,\text{int},\quad s\in S;\quad k\in K \tag{10.75}$$

其中多数符号的意义同模型式(10.64)～(10.69)，不同的有：P 是飞机保护路线的集合(包括经停航班)，c_p 是保留飞机路线 p 的“红利”，y_p 是 0—1 型变量，保留飞机路线 p 时等于 1，否则等于 0，c_{sk} 等于机型 k 执行航班 s 的收益减去延误成本和换机成本后的利润，x_{sk} 是 0—1 型变量，用机型 k 执行航班 s 时等于 1，否则等于 0。该模型的约束条件的含义与式(10.65)～(10.69)相同。

10.5.3 实例分析

不管是单机型的航班恢复问题，还是多机型的航班恢复问题，都是 NP Hard 问题，还没有有效的求解算法，一般采用启发式算法。Arguello 设计了一种启发式算法 GRASP，首先，通过取消已经延误航班或已停场飞机的所有后继航班来生成一个初始执行解(Initial Incumbent Solution)，如果有 n 架飞机，那么初始执行解有 n 条航班串，取消的航班可以构成一条空串，空串也是一条可行的航班串。通过对初始执行解进行领域搜索，寻找符合航班连接规定的航班串，获得领域解(Neighbouring Solutions)。对每个领域解计算成本，将较优的解存储在一个限制选择列表(Restricted Candidate List，RCL)内。然后，新的执行解通过随机选取限制选择列表中的解得到，这个过程一直重复到列表内容为空或达到 CPU 运行时间限制。每次迭代从 RCL 中选取最好解，如果新最好解比当前最好解更优，则更新最优解并存储之。

领域解的构造方法是这样的，任意选择两个航班串，采用前缀、后缀、插入等方法把其中一条航班串的子航班环加入到另一条航班串中，这种策略叫做增广操作；也可采用交换策略，将其中一条航班串的子航班环与另一条航班串的子航班环进行交换，生成一对新的航班串，这叫做交换操作。所谓的子航班环是首尾机场相同的航班子串，这种子航班环取代另一个航班串中与其首尾机场相同的机场，即可插到另一个航班串中，并构成可行的航班串。交换操作是一种相互插入（增广）。实施所有可能的这种操作，可得到这对航班串的航班可以组成的所有航班串，从中选择最优的一对航班串存入限制选择列表中。如果取遍执行解（Incum bent Solution）中 n 条航班串的所有 2 条的组合，共有 $C_n^2 = n(n-1)/2$ 对不同的航班串，因此限制选择列表中有 $n(n-1)$ 条航班串，从中随机选择 n 条不相重叠的航班串（即没有相同航班的）构成新的执行解。并用所谓的贪婪评价函数来从限制选择列表中选择最好的解（n 条航班串），与现有最好解比较，如果比现有最好解更好，则用它更新现有最好解。

例 10.4　对于表 10.15 的航班计划，假设 1 号、2 号和 3 号飞机分别在机场 AAA，BBB 和 CCC 降落，13:30 时 1 号飞机发生了故障，需要停场修理 3 h，估计 17:00 可以投入使用，但恢复期一直持续到当天 23:00。按照航班计划第二天早晨要求在机场 AAA，BBB 和 CCC 分别有一架飞机准备就绪。

解　根据表 10.15 的航班计划，并规定时间离散的区间是 30 min，最小过站时间 MCT = 40 min，应用网络变换算法可以得到时间离散近似时空网络如图 10.10 所示，同时得到各航班的延误成本如表 10.17 所示。以总延误成本和取消成本之和最小为目标函数，可以给出该航班恢复问题的目标函数如下：

$$\min z = 4\,200x_{2,7}^{11} + 8\,500x_{3,10}^{11} + \cdots + 2\,000x_{23,19}^{34} + 7\,350y_{11} + 10\,231y_{12} + \cdots + 15\,624y_{34}$$

第一组约束条件是航班覆盖约束，一共有 12 个，其中航班 11 的覆盖约束条件如下：

$$x_{2,7}^{11} + x_{3,10}^{11} + x_{4,11}^{11} + y_{11} = 1$$

根据时空网络图 10.10，容易写出其他航班的覆盖约束条件。

第二组是 20 个机场-时间节点的飞机流平衡条件，其中在机场 AAA 的节点 2，BBB 的节点 6 和 CCC 的节点 12 的飞机流平衡条件的右手项等于 1，其他机场-时间节点处右手项等于 0，例如对于节点 1，由于 1 号飞机停场维修，有如下的飞机流平衡条件

$$x_{1,6}^{11} + x_{1,7}^{22} + z_1 = 0$$

而对于节点 2 则有

$$x_{2,7}^{11} + x_{2,7}^{22} + z_2 - x_{6,2}^{21} = 1$$

其他机场-时间节点的飞机流平衡条件都可用类似的方法根据图 10.10 给出。

第三组约束条件是机场-汇聚节点的飞机平衡条件，一共有 4 个机场，因此有 4 个这样的约束条件，其中对于机场 AAA，BBB 和 CCC，需要一架飞机，DDD 则不需要飞机，因此对于节点 5，有

$$x_{9,5}^{14} + x_{9,5}^{21} + x_{10,5}^{14} + x_{10,5}^{21} + z_1 + z_2 + z_3 + z_4 = 1$$

节点 11 和 19 的飞机平衡条件与此相似，节点 24 的飞机平衡条件是

$$x_{17,24}^{31} + x_{17,24}^{33} + x_{18,24}^{31} + x_{18,24}^{33} + z_{20} + z_{21} + z_{22} + z_{23} = 0$$

上述模型一共有 96 个变量，36 个约束条件。这是一个规模很小的问题，使用 ILOG/CPLEX 即可很快解出，结果如表 10.18 所示。

上述解给出的总延误成本 15 800 元，没有取消航班。如果按照一般做法取消掉航班 11 和 12 的话，航班延误成本等于零，但取消成本为 17 581 元，比上述最优解的成本高出 1 781 元，超过 10%。

不过上述的最优解给出的目标函数只是近似的，需要进行后处理，给出新的飞机路线和航班计划，才能给出准确的航班恢复成本。根据上 10.5.2 节给出的算法，可以获得本例的新的飞机路线和航班时刻如表 10.19 所示。

表 10.18 例 10.4 的解

飞机尾号	航班号	出发机场	到达机场	出发节点	到达节点	延误成本/元	取消成本
飞机 1 号	11	AAA	BBB	2	7	4 200	—
	12	BBB	CCC	7	15	3 900	
	33	CCC	DDD	15	23	2 100	
	34	DDD	CCC	23	19	2 000	
飞机 2 号	21	BBB	AAA	6	2		
	22	AAA	BBB	2	7		
	23	BBB	CCC	7	16		
	24	CCC	BBB	16	10		
飞机 3 号	31	CCC	DDD	12	20		
	32	DDD	CCC	20	14		
	13	CCC	BBB	14	8	1 800	
	14	BBB	AAA	8	4	1 800	

表 10.19 新的航班时刻表和实际成本

飞机尾号	航班号	出发机场	到达机场	出发时刻	到达时刻	延误成本/元	取消成本
飞机 1 号	11	AAA	BBB	17:00	18:10	3 400	
	12	BBB	CCC	18:50	19:55	3 300	
	33	CCC	DDD	20:35	21:45	1 700	
	34	DDD	CCC	22:25	23:30	1 700	
飞机 2 号	21	BBB	AAA	15:45	17:00		
	22	AAA	BBB	17:40	18:50		
	23	BBB	CCC	19:30	20:30		
	24	CCC	BBB	21:15	22:15		
飞机 3 号	31	CCC	DDD	15:15	16:20		
	32	DDD	CCC	1:730	8:30		
	13	CCC	BBB	19:10	20:10	1 800	
	14	BBB	AAA	20:50	22:05	1 600	

实际成本为 13 500 元，节省的成本实际将达到 4 081，减少了 23%，可见进行不正常航班恢复的优化决策有着巨大的经济效益。另外本问题的解保持了 2 号飞机的路线，1 号飞机和 3 号飞机进行了交换（相互替代），由于是相同的机型，替代没有产生额外成本。

10.6　本章小结

本章主要介绍了运行控制中的三个重要问题的优化方法，包括飞行计划的优化、地面设备调度的优化和不正常航班恢复优化。其中不正常航班的恢复优化是最具有价值的优化问题，这是因为随着航空公司机队规模的不断扩大，航班量的大幅增加，航班不正常成了影响服务质量的重要因素，并给航空公司造成了巨大的恢复成本。做好不正常航班的恢复工作，提高航班恢复的质量，对于提高旅客服务水平和降低航空公司的运行成本都具有重要的意义。但依靠手工操作很难完成这样的艰巨任务，使用计算机技术、信息技术和优化技术开发航班恢复决策支持系统是做好这项工作的重要途径，同时对于提高航空公司的竞争力也有重要意义。这方面的研究工作还很不成熟，需要更多的研究成果，并将成熟的研究成果应用到实际中去，才能转化为生产力。

需要指出的是，在现有的研究成果中，绝大多数文献研究航班恢复问题只限于一个航空公司的范围，考虑多个航空公司合作条件下的航班恢复问题的文献极少。开展航空联盟条件下的不正常航班恢复问题的研究非常必要。另外由于我国航空运输市场特点与美国有所不同，例如，没有采用枢纽运行模式，航班频率较低等，在处理不正常航班恢复问题时至少有以下几点不同：

(1) 尽量采用延误策略，迫不得已才考虑取消策略；

(2) 大范围长时间不正常航班发生后，例如机场关闭，可能采用补班策略；

(3) 很少采用备班飞机，经常采用飞机交换策略。

这些在开发我国的航班恢复系统时必须加以考虑。

思考题

10－1　航空公司运行控制的职责是什么？由什么部门执行运行控制的职能？

10－2　运行控制中心的组织机构是怎样的？他们的工作流程如何？

10－3　在航空公司的运行控制中心，哪些方面的工作需要与机场联系和协调？哪些需要与空管联系和协调？

10－4　什么叫做不正常航班？航空公司处置不正常航班通常有哪些策略？

10－5　不正常航班的起因有哪些？其中哪些是航空公司自身原因？

10－6　处理好不正常航班应当做好哪些方面的工作？应当怎样做好旅客的工作？

10－7　有哪些航班地面服务设备？它们各有什么作用？

10－8　在繁忙机场，如何做好地面设备的调度工作，保障航班的正常运行？

10－9　做好不正常航班恢复工作应考虑哪些因素？

10－10　建立不正常航班恢复模型的主要困难有哪两点？

10-11　本章学习了哪几种不正常航班恢复模型？它们各有什么优缺点？

10-12　单机型航班恢复问题与多机型航班恢复问题有哪些不同点？在建模方面，多机型问题考虑了什么特殊调度策略？反映在模型上有什么不同？

10-13　什么叫飞行计划？制定飞行计划要输入哪些数据？输出信息有哪些？

10-14　可以从哪些方面优化飞行计划？

练习题

10-1　有一国际长航线的航班，选择了合适的二次放行的初始目的地机场和备降场，经过一段时间的飞行，积累了一定的数据，经过统计计算得到了有关二次放行的成本等参数（见式(10.1)），它们的数值如下：$C_1 = 450\ 000$ 元，$C_{21} = 410\ 000$ 元，$C_{22} = 534\ 000$ 元，$R = 80\ 000$ 元，$p = 0.7$，问是否应该采用二次放行技术。

10-2　对于例 10.2，除了设备服务参数见表 10.20 外，其他有关数据与例 10.2 相同。请应用本章 10.3 节的 MCDA 算法，应用 Matlab 编程，通过计算给出优化设备调度方案，使延误尽可能减小。并思考，如果应用算法 FCFS&MRWL，应当如何分析求解？

表 10.20　设备服务参数表

设备	平均服务能力 /$t \cdot min^{-1}$	初始位置	最早可提供服务时间
1	0.45	11	10:05
2	0.50	29	10:00
3	0.6	5	10:15
4	0.65	26	10:10
5	0.75	9	10:03
6	0.85	30	10:08

10-3　在例 10.4 中，如果在 13:30 1 号飞机发生故障，需要停场维修 6 个小时，20:00 可以投入使用，其他条件与例 10.4 相同。请以恢复总成本最小为目标函数，为该航空公司计算最优恢复方案。

10-4　在例 10.4 中，如果 1 号飞机未发生故障，2 号和 3 号飞机在 14:00 同时发生故障，2 号飞机需要 3 h 维修，17:00 可以使用，3 号飞机需要停场维修 5 个小时，19:00 可以投入使用，其他条件与例 10.4 相同。请以恢复总成本最小为目标函数，为该航空公司计算最优恢复方案。

参考文献

[1]　傅职忠. 飞行计划与装载配平. 北京：中国三峡出版社. 2003.

[2]　孙宏，文军. 航空公司生产组织与计划. 中国民用航空飞行学院，2007.

[3] 戴维东.上海航空公司航班正常问题研究[D].南京:南京航空航天大学,2006.

[4] 姚韵.航空公司不正常航班管理和调度算法研究[D].南京:南京航空航天大学,2006.

[5] Arguello M F, Bard J F, Yu G Models and methods for managing airline irregular operations. Operations Research in the Airline Industry, Gang Yu Ed., 1-55, Kluwer Academic Publishers, 1997.

[6] Arguello M F. Framework for exact solutions and heuristics for approximate solutions to airlines' irregular operations control aircraft routing problem. PhD Dissertation, TheUniversity of Texas at Austin, 1997.

[7] Thengvall B. G. Models and Solution Techniques for the Aircraft Schedule Recovery Problem. PhD Dissertation, TheUniversity of Texas at Austin, 1999.

[8] Teodorovic D, Stojkovic G. Model for operational daily airline scheduling. Transportation Planning and Technology, 1990(14):273-285.

[9] Yan S, Yang D. Adecision support framework for handling schedule perturbations. Transportation Research, Part B: Methodology, 1996(30):405-419.

[10] Yan S, Young H. Adecision support framework for multi-fleet routing and multi-stop flight scheduling. Transportation Research, Part A: Policy and Planning, 1996(30):379-398.

[11] Yan S, Tu Y. Multifleet routing and multistop flight scheduling for schedule perturbation. European Journal of Operational Research, 1997(103):155-169.

[12] Yan S, Lin C. Airline scheduling for the temporary closure of airports. Transportation science, 1997(31):72-82.

[13] Thengvall B G, Bard J F, Yu G Balancing user preferences for aircraft schedule recovery during irregular operations. IIE Transaction on operations engineering, 2000, 32(3):181-193.

[14] Thengvall B G, Bard J F, Yu G Multiple fleet aircraft schedule recovery following hub closures. Transportation research Part A, 2001(35):289-308.

[15] Thengvall B G, Bard J F, Yu G A Bundle algorithm approach for the aircraft schedule recovery problem during hub closures. Transportation science, 2003, 37(4):392-407.

[16] Rosenberger J M. Topics in airline operations. PhD Dissertation, Industrial and systems engineering, Georgia Institute of Technology, 2001.

[17] Luo S, Yu G. On theairline schedule perturbation problem caused by the ground delay program. Transportation Science, 1997, 31(4):298-311.

[18] Lettovsky L. Airline operations recovery: An optimization approach. PhD Dissertation, Georgia Institute of Technology, 1997.

[19] 刘德刚.航空公司实时飞机和机组调配问题的研究[D].北京:中国科学院数学与系统科学研究所,2002.

[20] Frederrick A R, Preston W K A recent survey of production scheduling. IEEE Transaction on systems, man, and crybernetics, 1988, 18(6):841-851.

[21] Jain A S, Meeran S. Deterministic job shop scheduling: past, present, and future. European of journal of operational research, 1999, 11(3): 390－434.

[22] 王凌. 车间调度及其遗传算法. 北京:清华大学出版社, 2003.

[23] 陈荣秋. 生产计划与控制. 武汉:华中理工大学出版社, 1994.

[24] 陈良猷. 生产管理系统工程. 北京:北京航空航天大学出版社, 1989.

[25] Cheng S J, Cai X. On the complexity of completion time variance minimization problem. University of Western Australia, Nedland, 1990.

第11章　航空运输收益管理

11.1　引　言

11.1.1　市场自由化引起的价格竞争

20世纪70年代末，美国放松管制法的实施，翻开了空运史上的新篇章，堪称为航空运输业的一个重要转折点。管制时代的美国航空运输业，政府主管部门从航空公司的成立到航线的审批，从航班的安排到运价的制定，无不进行严格管制。放松管制法的实施，引入了自由竞争，改变了航空公司的经营管理行为。航空公司的数量急剧增加，各航空公司纷纷寻求扩张，航空公司之间的竞争变得异常激烈。经营者们尽管欢迎放松管制带来的市场“自由”，但也感受到了来自市场的巨大压力和威胁，这种压力导致了航班载运率下降，经济效益的滑坡。1992年美国发生了“票价大战”，美利坚航空公司（AA）凭借其雄厚的实力，首先挑起票价战，试图靠降低票价争取旅客。美西北等其他航空公司被迫纷纷参战，唯一未卷入这一“大战”的是大陆航空公司。“大战”结束时，它是唯一有票可卖的公司，因此获得了可观的利润。大陆航空公司之所以有如此超人的谋略，是靠了一年前安装的一套“客运收益优化系统”。

经过对那场票价大战的反思，美国民航界深深地感到收益管理的重要性，许多航空公司也都认识到不依靠收益管理系统就无法在竞争激烈的世界中生存。可以这样说，这场“血战”的结束同时也宣告了收益管理时代的开始。

收益管理是20世纪70年代末美国航空公司为了应对激烈的市场竞争而提出的（尽管学术界的研究还要更早），它是指运用信息系统和价格策略，在适当的时间以适当的价格，将适当的座位（产品）销售给适当的顾客，以实现固定运力和各细分市场需求之间的匹配，从而实现收益最大化。本章即围绕收益管理的各方面展开论述。

11.1.2　航空旅客市场细分和舱位等级

航空市场细分，就是根据消费者需求的不同特征，把航空运输市场划分为若干个有意义的顾客群的过程，形成整体市场中的若干个细分市场。不同细分市场之间需求差别比较明显，在每一个细分市场内部，需求的差别则较小，基本倾向一致。

把航空运输市场从一个单一的整体看成为多元异质的分割体，这更符合当前航空运输市场的特点，体现了市场竞争在产品差异化和服务多样化中的作用。由于有了细分市场的出现，就有了运用目标市场和目标营销策略组合的前提条件。

在传统航空旅客划分中，根据出行方式，把航空旅客分为两大群体——商务旅客和休闲旅客(包括旅游、探亲及其他类型旅客)，这两类旅客群体具有极端化的行为特征和选择偏好。商务旅客一般由单位支付机票费用，他们最为关心的是极大化自身的工作时间。休闲旅客行为特征表现为对价格比较敏感，而对航班时间安排和临时更改行程计划等方面的要求较少。

商务旅客和休闲旅客的划分是航空运输业的一种基本分类。但实践中并不是所有的商务旅客都不在意机票价格，也并非所有休闲旅客都不在意提前购票的限制条件。根据航空客运市场属于异质市场的现实，在对我国航空市场细分时，将商务旅客划分为紧急商务旅客和计划商务旅客，将休闲旅客划分为紧急休闲旅客和计划休闲旅客。紧急商务旅客行为特征表现为在意限制条件而不是价格；计划商务旅客行为特征表现为对限制条件和机票价格都比较敏感。紧急休闲旅客自己掏腰包出行，行为特征上在意价格也在意各种出行限制；计划休闲旅客自己掏腰包出行，行为特征上在意价格，但不在意各种出行限制。

根据旅客行为特征和选择偏好可以将我国航空旅客划分为以下几类，并概括其选择偏好如表 11.1 所示。

表 11.1　各类旅客行为特征和选择偏好

行为特征 / 选择偏好	紧急商务旅客	计划商务旅客	紧急休闲旅客	计划休闲旅客
出行目的	商务	商务	休闲	休闲
支付费用方式	公费	公费	自费	自费
价　格	很不在意	较在意	一般在意	很在意
提前购票限制	很在意	不太在意	较在意	不在意
航班时段	很在意	不太在意	较在意	不在意
退票更改航班等	很在意	不太在意	较在意	不在意
服　务	很在意	不太在意	不太在意	不太在意

旅客出行时总是力求在物质上或心理上得到最大满足，获得最大的购买行为效用。航空公司根据旅客这一特点，从旅客的出行目的、支付费用方式、时间价值等方面对旅客市场进行细分，在订座系统中设置若干等级不同的可调配的舱位，同时采用等级嵌套方法，使各等级舱位相互联系，避免出现高舱位关闭而低舱位开放的情况，努力使航班收益最大化。

11.1.3　收益管理的目的和意义

在激烈的航空运输市场竞争中，收益管理成了航空公司营运管理的重要组成部分，是航空公司增加收益提高竞争力的有效手段。据统计，1997 年世界收益排名前 20 位的航空公司，几乎都在使用客运收益管理系统，世界最大的 100 家航空公司当中，大约有 2/3 家使用收益管理系统。该系统主要是通过对以往的订座和票价数据进行统计分析和处理，预测未来的需求，优化票价和控制座位销售，使空位损失和旅客溢出最小化，防止机票滞销与收益流失。因此，收益管理系统使得航空公司在一个更理性的层次上竞争，让大家都受益。更为重要的是，收益管理系统的运用，不仅使航空公司收益获得较大增长，还必然对传统的营销与运营方式带来良性冲击，从而提高航空公司的经营管理水平。欧美航空运输业的发展实践证明，收益管理是一种行之有效的管理方法，各航空公司每年因此增加 2% ～ 8% 的收益，经营效率和竞争力均有大幅度提高。

由于中西方国情不同，我国引进收益管理系统较迟。在计划经济时期，我国航空公司处于卖方市场，民航业一直盈利。从 1997 年开始，航空市场悄然从卖方市场转向买方市场，为摆脱市场危机，民航总局赋予航空公司一定的定价权利，可是由于缺乏相应的市场规范机制，航空公司最终陷入无序竞争和价格大战中，导致1998年全行业首次亏损高达24.4亿元。2001年开始，我国一些骨干航空公司逐步借鉴欧美等发达国家航空客运机票定价的成功经验，即采取以收益管理思想为基础的定价策略，取得了一定业绩，但由于政府并没有真正放开市场，民航业总体仍亏损。2004 年，民航总局和发改委共同出台了《民航国内航空运输价格改革方案》，允许航空公司在更大幅度内自行制定具体种类、水平、适用条件的票价，市场更加开放，此时国内骨干航空公司开始使用收益管理系统，实施收益管理和科学定价，2004 年民航业盈利 86.9 亿元。这以后收益管理的理论和方法在我国民航越来越受到重视。

11.1.4　收益管理系统简介

航空公司收益管理系统(Revenue Management System，RMS) 是应用计算机技术和收益管理理论和方法开发的收益管理决策支持系统。使用收益管理系统，可以充分利用信息，优化资源配置，制订座位销售计划，进而提高收益水平。

历经 30 年的发展与完善，在美国，几乎各大航空公司都已建立了自己的收益管理系统，并在实践中获得成功应用；在我国，国际航空公司、南方航空公司、上海航空公司、东方航空公司、海南航空公司和深圳航空公司等相继引入了收益管理系统，并开始对实施收益管理进行探索。收益管理系统功能结构如图 11.1 所示。

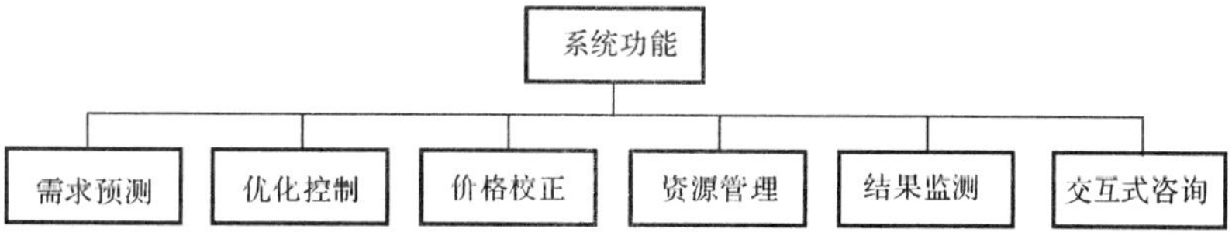

图 11.1　收益管理系统功能

1. 需求预测

准确而及时的需求预测是收益管理的基础。不但能够预测出一条航线上的总旅客人数，而且能够更精确地预测出不同目的旅客的需求量和他们订票的时机和对价格的敏感程度。收益管理的核心就是将座位在最佳的时刻以最好的价格出售给最合适的旅客。对各种不同需求的正确预测是做到这一切的先决条件。

2. 优化控制

收益管理系统中的优化问题就是根据预测的结果，采用运筹学方法，将各种因素综合起来，求出一个最佳座位分配方案。然后将这个方案转化成一组实际可操作的控制规则，再把这些规则反馈到预测系统，控制发售的时间和价格。由于不同的预测系统采用的控制方法不同，所以优化的方式、手段也不同。可将优化模型分为线性模式或非线性模式及随机模式或非随机模式。每一种方法都有其各自的优点和局限性。

3. 价格校正

价格校正是指收益管理系统根据预测和优化的结果，在已有的多折扣系统上对票价进一步微调，自动给出浮动价格。现有的多折扣系统上的价格控制大都建立在 EMSR 理论上。EMSR 方法是基于已有的价格系统，根据预测到的不同级别的需求量的平均值和标准差以及已有的订座数，来确定关闭或开放某一级别的舱位。

4. 座位管理

座位管理是收益管理优化的一部分。一个航班的座位数是一个确定值，可以在不同等级舱位之间进行优化分配，并且不同日期不同航线的座位也可以优化组合，将座位和需求以及航线成本和收益在航线网络中进行全局优化。这一问题与航空客货运输的 O－D 流控制有着一定的相似性，是收益管理研究的热点之一。

5. 结果监测

收益管理系统中的结果监测是一种鉴定自身工作状态，评价是否产生额外收益，产生多大收益的辅助子系统。为了判断收益管理系统的工作好坏，结果监测功能要能够反演和模拟不同控制策略下的收益情况。常见的性能监测子系统一般比照若干不同控制方式所得的结果来判断系统的工作状态。

6. 交互式咨询

一个好的收益管理系统应能对各种影响因子做出快速反应。例如一个分析人员对系统给出的控制策略不满意并决定放弃它，并把他认为正确的控制策略输入到收益管理系统，然后希望进行重新优化等。这时就要求收益优化系统能够根据这些控制修改预测，重新给出最佳分配。再如有时一个超大型未预测到的团体很早就要求订票，希望得到特殊折扣，此时要求收益系统在人-机交互输入一些信息后，能给出一个最低接受的价格。交互咨询系统应能将这些因素同时放入优化模式中一起考虑。

收益管理系统作为一种提高收益的工具，已在许多实际应用中被证明是有效的。但对一个具体公司而言，收益管理系统能发挥多大作用，还受到许多其他因素的影响。例如对一个只有少量等级且价格固定的航空公司，收益管理系统的功能就受到很大的限制。在中国，随着航空运输业管理逐步与国际惯例接轨，应用收益管理系统来加强航空运输生产和销售的定量管理是必然的趋势。在本章将详细介绍航班旅客选择行为、票价管理、舱位控制、超售管理和团队管理等收益管理的核心内容。

11.2 航班旅客选择和需求预测

旅客出行怎样选择航空公司、航班和舱位？他们在进行选择时有什么想法和需求？这些信息对航空公司了解市场、开拓市场、增加收益至关重要。需求预测在航空公司的战略规划和生产运营中具有十分重要的作用。预测是航空公司收益管理的决策基础，只有准确的预测，才能有效地进行收益管理。

11.2.1　旅客选择行为分析

一、旅客选择行为的理论基础

1. 消费者行为理论与旅客航空选择行为

在第 8 章中从航班计划的角度，讨论过旅客对航空公司、对航线的选择行为，这种选择行为影响了航空公司航线的需求，但还没有直接影响到旅客的购买行为。对于收益管理旅客需求的预测，需要直接关注旅客的购买选择行为。

旅客是航空客运的消费者，消费者是指处于需要、购买、使用三个过程中某一过程或全过程的人，即消费者是实际参与消费活动某一过程或全过程的人。消费者行为(Consumer Behavior)是指消费者受需求动机的影响而做出购买决定、修改购买方案、完成购买过程的行为。消费者行为是一个过程，不单单是一个消费者支付金钱或使用信用卡得到商品或服务时所发生的事情，而是包括在购买前、购买时和购买后影响消费者的所有问题，一般模式如图 11.2 所示。影响消费者行为的因素有社会的、历史的、经济的等多方面的复杂因素。消费者行为理论研究的是人们对产品、服务以及这些产品和服务进行的营销活动的反应。由于资源、人的生命及劳动是有限的，人们的欲望不可能得到无限的满足。消费者选择就是从一组可以被选择的品牌中选出一种产品的过程。旅客为了平衡出行需求和消费支出，在众多航空公司和航班及舱位等级中进行选择。

图 11.2　消费者购买行为一般模式

2. 效用理论与旅客航空选择行为

经济学把人们从商品或服务中得到的满足叫做效用(Utility)。在理解效用时要注意以下两个问题：第一，效用是一种主观感觉，完全取决于个人消费某种商品的心理满足程度。效用不包含任何伦理学含义，也没有客观标准。同一种商品在不同的时间与地点给不同人所带来的效用是不同的。第二，效用是一种心理感受，并假设是可以计量的，可用效用单位来表示效用的大小。这种衡量单位是任意选定的，只要有利于分析问题就可以。

效用值在客观上取决于商品的性能或服务水平，主观上取决于消费者对商品有用性或服务水平的评价。在微观经济学中通常假定：消费者在进行选择时总是追求效用最大化。

3. 消费者偏好与航空旅客选择行为

消费者偏好就是针对两个或两个以上对象进行比较，并做出评价和判断，表明消费者喜欢什么，不喜欢什么。它是消费者态度的倾向，在现实生活中，每个人的消费偏好可能大不一样，有些人依据态度做出偏好判断，有些人则根据产品特点做出偏好判断，无论偏好的依据是什么，它都直接影响消费者的购买行为。

二、影响旅客航空选择的因素分析

旅客对航空运输产品的选择行为，从根本上决定了航空产品。市场经济中旅客有条件选择他所偏好的航空公司、航班和舱位等级，为分析旅客选择行为，有必要探讨影响旅客选择行为的因素。可以根据影响因素相对于旅客的主客观性，将它们分为客观因素、主观因素和随机因素。

1.客观因素及其对旅客航空选择的影响

客观因素，主要指与旅客不直接相关、旅客无法决定的因素。它包括地区经济因素、政策因素、文化环境因素、航空公司、航班和舱位等级因素。

(1) 地区经济因素。地区经济与旅客航空选择之间有着密切的关系，地区经济发展水平不同，人们的生活水平也不同，其乘机出行时所考虑的因素也不同。地区经济结构不同，旅客出行的目的可能不同。

(2) 政策因素。不同航空公司对于旅客出行的政策和规定各不相同，会导致旅客对不同航空公司、航班和舱位等级的不同选择。

(3) 文化环境因素。它包括旅客所处的文化环境、参照群体对旅客的影响，主要的外在表现是旅客对航空出行的价值观，即对舒适性、便捷性、经济性等要素的重要性排序。

(4) 航空公司因素。航空公司品牌、常旅客计划、广告、基地位置等因素的不同会对旅客选择产生不同影响。

(5) 航班因素。航班的班期、时刻、空乘服务、客舱环境、飞行通报、餐饮、纪念品、报刊杂志和娱乐服务都会对旅客选择产生或大或小的影响。

(6) 舱位等级因素。航空公司对同一个物理舱位附加不同的价格和限制条件，形成不同的服务产品，以适应不同细分旅客的需求。限制条件有提前购票限制、机票改签限制等，这些也是旅客选择舱位等级时要考虑的重要因素。

2.主观因素及其对旅客航空选择的影响

主观因素是指与旅客本身直接相关的或是旅客可以决定的因素。它包括旅客的人口统计学数据、经济收入因素、出行目的、时间价值和心理因素等。

(1) 旅客人口统计学数据包括旅客的姓名、性别、年龄、学历、职业等，这些因素影响旅客对航空运输经济性、便利性和舒适性等特性重要程度的期望值，进而来影响旅客的选择行为。

(2) 旅客的经济收入因素。经济收入代表了个体的购买力，而购买容量和购买意愿在很大程度上决定于购买力。

(3) 旅客出行目的。人们出行有各种各样的目的，出行行为实际上只是为达到出行目的的一种从属行为，因此，不同的出行目的会产生不同的出行方式选择。

(4) 旅客时间价值。所谓时间价值是指由于时间的推移而产生效益增值量和由于时间的非生产性消耗造成的机会成本的货币表现。时间价值高的旅客，一般不愿意接受在目的地停留很长时间的限制；时间价值较低的旅客，则不会介意在目的地的停留时间限制，他们更关注机票的价格。

(5) 旅客心理因素。旅客的选择心理不同，选择结果也就不同，对于节俭型的旅客，他可能会选择价格低的航空公司、航班和舱位来满足自身的出行需求，而对于有炫耀心理的旅客，他有可能选择知名航空公司、大型飞机、头等舱或公务舱，以表明自己的身份和地位。

3. 随机因素及其对旅客航空选择的影响

随机因素是指除了主、客观因素之外，一些不确定的、甚至预测不到的因素。这些随机因素主要是由于旅客可能不完全了解所有航空选择因素或是没有掌握全部航空选择的某些属性所产生的，或是由于一些突发事件而引起的，随机因素对旅客的航空选择也有一定的影响。

假设理性消费者在不同的航空公司、航班和舱位等级之中进行选择时，喜欢以自己的偏好用经济的眼光衡量消费需求满足程度与消费支出是否成比例，争取既满足个人偏好，同时又使综合效用最大化。

11.2.2　旅客订座数据的采集和需求预测

一、旅客订座数据的采集

收益管理系统的良好运行需要准确的数据，不正确的数据被收益管理系统放大以后可能会造成更大的错误，因此数据的准确性是收益管理系统输出结果正确的保证。旅客订座数据的采集是获得准确数据的基础。

数据采集系统的硬件主要有数据服务器和浏览服务器，数据服务器负责存储订座、离港和结算数据，而浏览服务器则负责从数据服务器中采集数据并且提供数据浏览服务，如图 11.3 所示是数据采集系统的网络拓扑结构图。

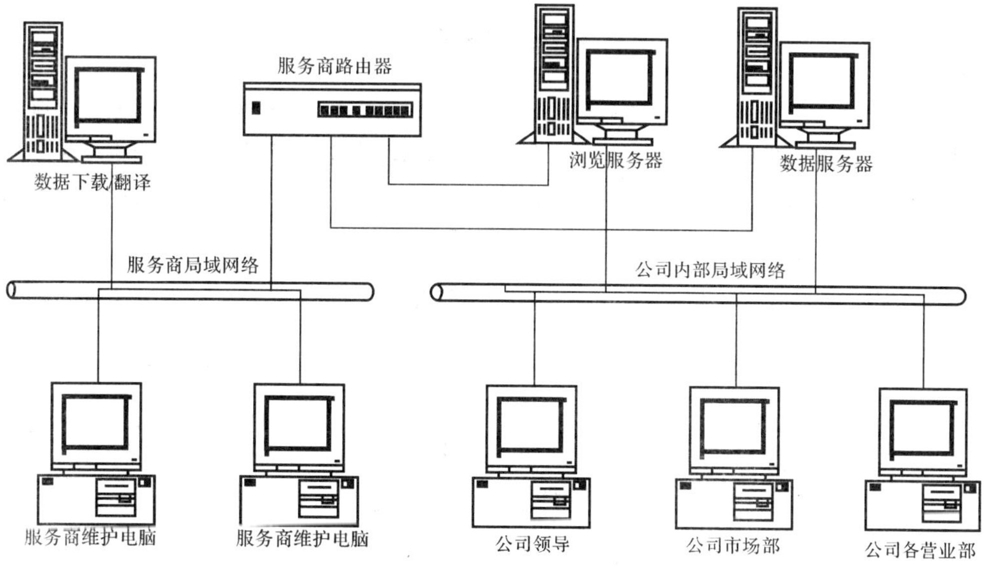

图 11.3　数据采集网络拓扑结构示意图

数据采集系统包括企业级数据库子系统(可能是数据仓库)、数据采集子系统,以及提供浏览服务的子系统。

1. 订座数据的采集和转换

收益管理需要的每个航班起飞前不同时间点的各种数据是根据需要从中航信的订座系统得到的,取得这些数据的技术方案有两种。

(1) 主机批量采集。主机批量采集是,中航信首先在订座系统中将订座数据处理成待传送的数据文件,然后在夜间以批处理方式传送。它的特点是在主机系统中抽取所需要的数据形成一个数据文件存放于主机系统中,然后在固定的时间以文件传送方式一次传送到收益管理系统中。这种方式传送效率高,采集的数据量大。

在传送过程中一般采用磁盘介质间接传送,或者采用主机 TCP/IP 等网络通信方式直接传送。主机批量采集流程如图 11.4 所示。

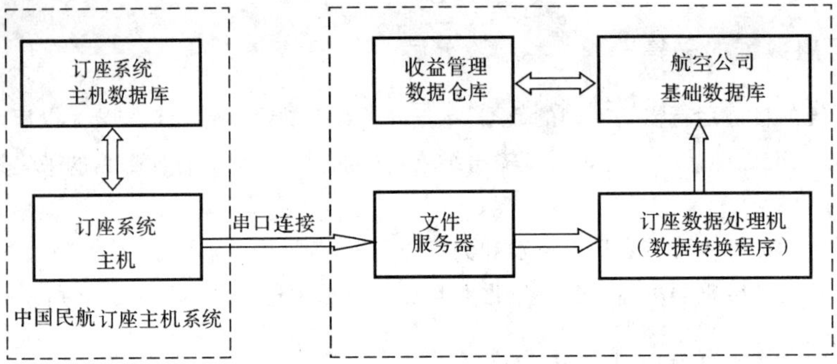

图 11.4 主机批量采集流程图

(2) 仿真终端实时采集。仿真终端采集方式可以适应收益管理实时处理的要求。收益管理需要实时更新某类订座数据时,可以采用这种方式发出特定的指令来获得数据,存放于本地仿真终端的缓冲区中,再将这些数据整理后,写到收益管理的数据库中。这种方式的缺点是传送效率低,采集的数据量少,优点是可以实时采集。仿真终端实时采集流程如图 11.5 所示。

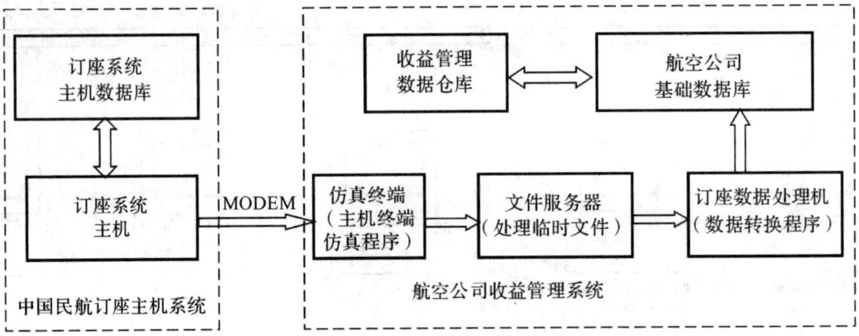

图 11.5 仿真终端实时采集流程图

2. 离港数据的采集和转换

收益管理系统需要每个航班起飞后的各种离港信息，和订座数据一样，离港数据可以采用批量和实时两种方式取得。因此在采集该数据时的各种条件和订座数据相似，不同的是数据源。

航班起飞后机场值机部门发送各种商务电报传达该航班的各种信息，其中旅客最终销售报(Passenger Final Sales Message，PFS)包含了收益管理所需的关于离港航班的各种类型的旅客数量信息，一般是由机场所使用的计算机离港系统按照标准格式(IATA 格式)自动发送，发送的地址主要有原订座系统和航班座位控制系统，其中订座系统根据报文修正该航班的订座信息。报文数据采集流程如图 11.6 所示。

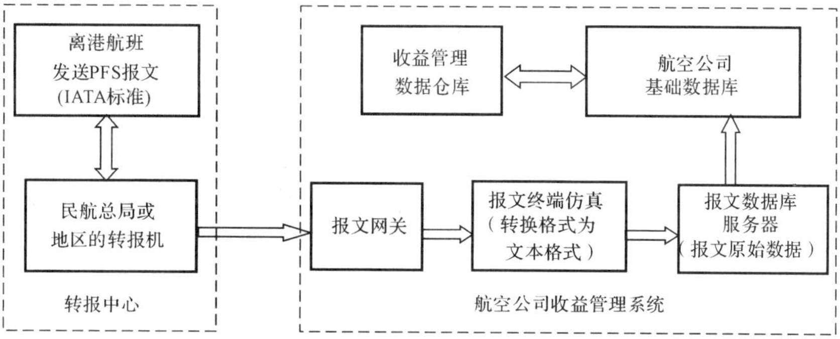

图 11.6　报文数据采集流程图

3. 结算数据及其他辅助数据的采集和转换

收益管理决策所需的有关价格和收入方面的数据来自于收入结算系统。目前，我国航空公司大多数使用的是中航信结算中心的计算机结算系统，而且各个航空公司的结算中心都有自己的前置处理机，收益管理从中获取收入数据。收入数据以文本文件或者可识别格式的数据文件，按照固定时间传送(即批处理方式)。一般是每月传送一次上个月的结算数据，同时以实时查询方式补充、修改和更新。

来源于航班计划以及其他系统的数据也基本上采用类似的方式采集所需数据。结算数据及其他辅助数据采集流程如图 11.7 所示。

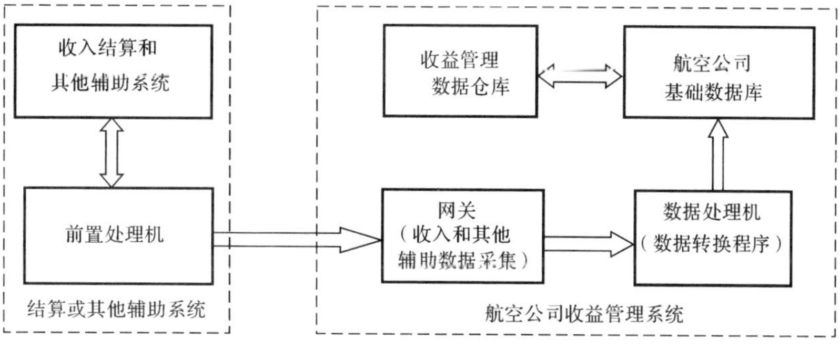

图 11.7　结算数据及其他辅助数据采集流程图

二、收益管理预测系统的工作流程

收益管理预测系统是建立在业务数据基础之上的，需要有来自于订座、离港、结算等系统的基础数据。这些数据经过分析和转换后导入到航空公司基础数据库中，在此基础上建立预测系统所需的收益管理数据仓库，使用预测系统中各种预测模型进行需求预测，预测结果输入后续子系统，如超售、座位优化等子系统，为优化决策提供依据。如图 11.8 所示是航空客运收益管理预测系统简化流程图。

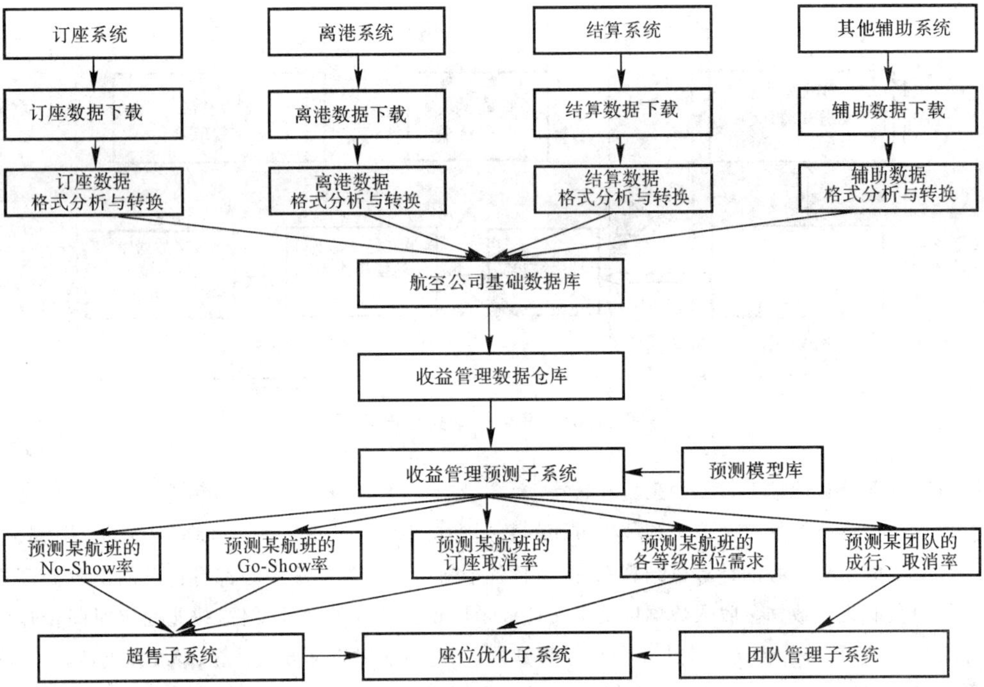

图 11.8　预测系统简化流程图

预测是收益管理系统的基础。如果对旅客需求的预测不准确，就不能对超售、舱位等进行合理的控制和调配，因此研究和开发适合中国国情和市场特点的收益管理预测系统，具有非常重要的实际意义。

11.2.3　旅客需求受限问题和非限制性需求的预测

一、非限制性需求估计的含义

在收益管理方法的指导下，座位的销售是根据需求预测进行舱位控制的过程。根据这种控制产生的实际销售数据，又成为以后预测的基础。这样所获得的数据并不能反映真实的需求状况，大于舱位限制的实际需求产生了截断(Truncation)。这种数据的缺损降低了需求期望值,长期以往航空公司便不能准确把握需求增长趋势,扩大航线的运力投放。另一方面,偏低的预测需求还不恰当地增加了低价票的分配数量。例如,设 P_Q,P_Y 分别为低舱位与高舱位的价格,Y 表示高价票的旅客数,M 是为高价票旅客保留的座位数,P_r 表示高价票旅客需求的概率分布,则有

$$P_Q = P_Y \times P_r\{Y > M\} \tag{11.1}$$

如果高舱位旅客需求服从正态分布,当高舱位旅客的需求期望值比实际值小时,则有

$$P_Q = P_Y \times P_r\{\frac{Y-u}{\sigma} > \frac{M-\mu}{\sigma}\} = P_Y \times \left[1-\Phi\left(\frac{M-\mu}{\sigma}\right)\right] \tag{11.2}$$

当 μ 值下降,σ 值保持不变时,根据式(11.2)计算出的 M 值就会减少,即保留给高舱位的座位数减少了。

把利用观察到的订座数据预测的旅客需求叫做限制性需求,它低估了实际需求。销售没有受到限制的需求叫做非限制性需求。从上述讨论可以看出,应该使用非限制性需求进行舱位控制,因此非限制性需求(Unconstraining)估计在收益管理中是非常重要的问题。

二、现有非限制性需求估计的主要方法

航空运输市场是一个对外部条件敏感的市场。经济环境、票价结构和促销方法等的轻微变化都会影响到需求的变化。通过计量经济学的方法,找出影响需求的因素,建立经济预测模型,确定各种价格下的实际需求是理想的方法,但是这种方法并不可行。一方面是因为影响航空运输市场需求的因素很多,难以确定哪种因素是关键因素。另一方面,这样的预测结果只是一个宏观的数据,对运力安排和舱位控制是没有意义的。

航空运输市场是一个周期性变化的市场。长周期反应为季节性变化,短周期有每周的,甚至一天中的各个班次都表现出强烈的周期性。因此基于时间序列需求预测也存在很大的困难。各种周期影响相互叠加,使得很难从时间上估计航班的需求量。

舱位控制要预测针对"特定时间的航班"的需求量。"特定时间的航班"是指某月中某周内某一天某时刻起飞的航班。时间序列方法只能用"特定时间的航班"的订座过程的历史数据进行预测,这样预测的结果是限制性需求。

也许有人认为,可以记录被拒绝的订票请求,统计这些数据就可获得非限需求量。但是我国机票销售方式决定了这种方法是不可行的。因为机票的绝大部分是通过众多代理人销售的,如果代理人不愿意记录未获得订座的人数,航空公司就无法获得拒绝订票请求的准确数据;如果航空公司强制要求代理人记录这样的数据,那么在没有任何报酬的情况下,也难以保证代理人会尽心尽力,同时,一位旅客可能到多个代理人处询问订票,这也会造成数据的失真。目前国外主要通过对特定航班的订座记录进行分析,确定非限制性需求,以下根据表 11.2 的数据,简单介绍几种国外常用的非限制性需求的估计方法。

方法 1:直觉估计法(Naive unconstraning)。特定时间的航班的订座数据包含有非限制的和限制的两种数据,一般较早售出的数据是非限制的,越往后数据受限越严重。直觉估计方法完全忽视受限的数据,只利用非受限的数据进行预测,即用非受限数据的平均值预测截断后的非受限需求。对表 11.2 的样本点 2,3,订座数据从 DCP10 之后就发生截断,因此利用样本点 1,4,5 估计 DCP10 ~ 12 的订座数据。

$$\mu = (26+21+14)/3 = 20.33$$

表 11.2 国外 4 种常用的非限制性需求的估计方法

样本点	DCP1 ~ 9	DCP10	DCP11	DCP12	DCP10 ~ 12			
					方法一	方法二	方法三	方法四
1	40	11	8	7	26	26	26	24.3
2	50	7	4/*C*	0/*C*		20.25	26	23.2
3	60	10	12	3/*C*		27	36.5	26
4	30	9	7	5	21	21	21	20.8
5	25	5	6	3	14	14	14	14.2
μ					20.33	21.65	24.7	21.7

注：表中 DCP(Data Collection Piont) 表示订票历史数据的采集点。一般来说由于航空公司的一个航班的订座时间通常在三个月以上，因此如果每天都进行数据的采集则成本较大，并且在较短时间内数据变化也很小。所以目前的收益管理系统都采用固定时刻进行样本的采集。通常划分成 24 个样本采集点，并且早期的样本采集点间的时间间距大于后期。DCP1 ~ 9 表示 1 ~ 9 所累积的订座数量，其后每点表示新增的订座数量。C 表示订票数量已经达到舱位控制的限制，例如表 11.2 中 DCP11 和 DCP12 采集点的 4/C,3/C,0/C 表示在舱位关闭前刚接受的订票数分别为 4,3 和 0。

方法 2：增量估计法(Pickup unconstraining)。这种方法对于受限制的样本点，在某一个 DCP 受限的数据用其余在这点未受限制的样本点的数据进行估计。根据表 11.2 中的数据，有

DCP11 未受限数据的均值为：

$$\mu_{11} = (8 + 12 + 7 + 6)/4 = 8.25$$

DCP12 未受限数据的均值为：

$$\mu_{12} = (7 + 5 + 3)/3 = 5$$

样本点 2 的限制数据值可用 μ_{11},μ_{12} 代替，同样对于样本点 3 也可按此法得到相应结果。利用全部样本点估计 DCP10 ~ 12 的订座数据，得

$$\mu = (26 + 20.25 + 27 + 21 + 14)/5 = 21.65$$

方法 3：百分比估计法(Percentile booking unconstraining)。这种方法是基于大量的历史数据的统计分析，如果在 DCP10 处，订座的累积数量达到总订座数的 75%，在 DCP11 处，订座的累积数量达到总订座数的 85%，则根据表 11.2 中的数据，样本点 2 在 DCP10 ~ 12 的订座总量是

$$d_2 = (50 + 7)/0.75 - 50 = 26$$

样本点 3 在 DCP10 ~ 12 的订座总量是

$$d_3 = (60 + 10 + 12)/0.85 - 60 = 36.5$$

利用全部样本点估计 DCP10 ~ 12 的订座数据，得

$$\mu = (26 + 26 + 36.5 + 21 + 14)/5 = 24.7$$

方法 4：EM 估计法(Expectation maximization unconstraining)。EM 估计法是针对缺损数据进行估计的常用方法。其基本方法是针对观测的样本数据将其定义为 X，而缺损的数据定义为 Y，则全部完整数据为 $Z = (X,Y)$。假定 Z 具有一定的分布，参数为 θ，对于正态分布 $\theta = (\mu,\sigma^2)$，根据概率论，有

$$P(Z \mid \theta) = P((X,Y) \mid \theta) = P(Y \mid (X,\theta))P(X \mid \theta) \tag{11.3}$$

在式(11.3)中,θ与Y都是未知的,其中θ是一个待估参数,Y是一个随机变量。要想得出θ与Y必须分成两步完成,第一步称之为M步,该步根据式(11.3)中的$P(X\mid\theta)$,用极大似然估计法得出参数θ。在估计θ时只利用未受限的数据。第二步称之为E步,在参数θ已知的情况下,根据式(11.3)中的$P(Y\mid(X,\theta))$,估计Y值。对于收益管理中的非限制性需求估计问题,都有$Y>S$,其中S为舱位的关闭前出现的订座数量(受限需求)。

在样本点 2 的 DCP11 处的限制数据Y应有

$$E(Y\mid Y>S)=\int_S^{+\infty}yf(y)\mathrm{d}y\Big/\int_S^{+\infty}f(y)\mathrm{d}y \tag{11.4}$$

得出$E(Y)$值后,用$E(Y)$值代替表中的S值。这样就得到了完整的数据集Z。以新的Z再进行M步,用极大似然法计算新的θ。如果定义初始的θ为θ^0,则新的θ为$\theta^i(i=1,2,3\cdots)$,重复E步,直到满足一定的精度条件,计算结束。对于正态分布,精度条件可以表示为

$$|\mu^{i+1}-\mu^i|<\alpha \tag{11.5}$$

式中,α为一个给定的很小正小数。

J. I. McGill(1995)首先利用 EM 方法估计了两个舱位的限制数据,John Salch(1997 年)也成功地使用了此方法。这种方法可以较精确地计算非限制性需求,但是应当指出,这种方法收敛速度较慢。

三、国内舱位控制的特点及对非限制性需求估计的影响

国内航空公司近几年才实施收益管理,非限制性需求估计的研究刚刚开始。通过对国内民航实施收益管理情况的了解,发现上节介绍的方法在国内难以使用。这主要源于国内外舱位控制方法的区别。

国外(主要是欧美国家)舱位控制的一个突出特点是,各个舱位之间存在明显的划分,划分的标准是购票限制条件,包括提前一定时间购票、目的地停留必要时间、来回程订票和不可退票改签等。由于这些限制迫使购票者根据自己的需求选择舱位产品,一般不会发生不顾限制条件去购买低价票的现象,各等级舱位之间具有良好的独立性,各等级舱位的需求在特定时期内较为稳定,一般服从正态分布。国内也将航班的座位划分成多个等级,但是这些等级之间没有明显的划分标准,乘客不是根据自己的需求选择相应舱位,而是由航空公司根据自己的判断将乘客划分到各个舱位中。

在国外,由于各个舱位需求之间相互独立,虽然舱位之间的票价不同,但乘客根据自己的需求特性购买机票,因此多等级票可以并行销售。这样形成的航班订座数据表现为:各等级舱位销售数据达到限制数量的时间是随机的,甚至在高等级舱位达到保护数量时,低等级舱位还未达到限制数量。在国内情况却与此不同,多等级票必须顺序销售,不能在同一时间同时出现两种票价,因为乘客总会选择购买低价票。这样销售记录显示一个特点:较低等级舱位的机票销售都会较早达到限制数量。

四、一种国内舱位控制的非限制性需求估计方法

由于上述国内外航空公司舱位控制的两个显著差异,国外的非限制性需求估计方法难以在国内直接运用。根据国内情况,提出了适应国内舱位控制的非限制性需求的估计方法,这种方法是从舱位升级前后的订座时间间隔和流量变化入手,估计非限制性需求。为此提出如下假设:

(1) 乘客购票价格高低严格按照时间顺序,即先到达的乘客属于购买低价票的需求。将乘客进行订

票的过程看做一个到达流。

(2) 各子舱的限制数量少于实际需求。

(3) 某一舱位关闭后，这个舱位的需求不会转为更高等级的需求。即受限的需求都选择放弃订票。

(4) 在舱位关闭前后的一段时间内订票的到达流属于同一泊松过程。从现实情况来看，对于某一等级舱位的销售过程，不一定自始至终都满足平稳独立增量的要求，但是在一段时间内可以近似看做泊松过程。

设某航班有两个相邻子舱 Q 和 Y，满足 $f_Q < f_Y$，定义舱位 Q 关闭的时刻为 0 时刻，这个时刻也是舱位 Y 开放的时刻。定义舱位 Y 销售出首张机票的时刻为 T。两个舱位在 $[0,T]$ 时间内的需求的到达率分别为 λ_Q 与 λ_Y，在 $(0,T)$ 内子舱 Q 出现的订票需求为 d_Q，子舱 Y 出现的订票需求为 $d_Y = 0$。

由于在时间段 $(0,T)$ 内，子舱 Y 的需求没有出现，而子舱 Q 的需求数量却是无法观测到的。设这期间有 i 个子舱 Q 的需求出现，且第 i 个需求出现的时刻为 $t_1(t_1 < T)$，则在 (t_1,T) 内 Y 子舱的需求没有出现的概率为

$$prob(t_1,i) = P_r\{d_Q(t_1) = i, d_Y(t_2) = 0\} = e^{-\lambda_Q t_1}\frac{(\lambda_Q t_1)^i}{i!}e^{-\lambda_Y(T-t_1)} \tag{11.6}$$

以要求 $prob(t_1,i)$ 最大为目标函数，i 为变量建立数学模型

$$\begin{aligned} &\max \quad prob(t_1,i) \\ &\text{s.t.} \quad 0 \leqslant t_1 \leqslant T, \quad i = 0,1,2\cdots \end{aligned} \tag{11.7}$$

则 i 的最优值即为非限制性需求。式(11.7) 是一个带有约束的非线性整数规划，它的求解比较困难。但是我们注意到，当 $\lambda_Q \leqslant \lambda_Y$ 时，式(11.6) 是 t_1 的单调增函数，因此 $prob(t_1,i)$ 在 T 处取得最大值，则式(11.7) 可以改写为

$$\begin{aligned} &\max \quad prob(T,i) \\ &\text{s.t.} \quad i = 0,1,2\cdots \end{aligned} \tag{11.8}$$

同时我们还注意到，当 t_1 确定时，$\frac{(\lambda_Q t_1)^i}{i!}$ 存在唯一的 i 使其最大。并且随着 t_1 的增大，最优的 i 值也随着增大。

命题 11.1 如果 $\lambda_Q > \lambda_Y$，则存在唯一的 (t_1^*, i^*) 使得 $prob(t_1,i)$ 最大。

证明 (反证法) 假设存在另一个 (t_1^S, j)，使得 $prob(t_1^S, j) = prob(t_1^*, i^*)$，$t_1^S \neq t_1$，则有

$$\frac{prob(t_1^*,i^*)}{prob(t_1^S,j)} = \frac{e^{-\lambda_Q t_1^*}\dfrac{(\lambda_Q t_1^*)^i}{i!}e^{-\lambda_Y(T-t_1^*)}}{e^{-\lambda_Q t_1^S}\dfrac{(\lambda_Q t_1^S)^i}{j!}e^{-\lambda_Y(T-t_1^S)}} = e^{-(\lambda_Q-\lambda_Y)(t_1^*-t_1^S)}\frac{(\lambda_Q t_1^*)^i j!}{(\lambda_Q t_1^S)^j i!} \tag{11.9}$$

因为式(11.9) 等号右边的两项分别为无理数与有理数，它们的乘积不可能是有理数，所以 $\frac{prob(t_1,i)}{prob(t_1^S,j)} \neq 1$。得证。

推论 11.1 当 $\lambda_Q \neq \lambda_Y$ 时，如果存在多个最优解，则必有 $\lambda_Q t_1^*$ 取整数(证明同命题 11.1)。

推论 11.2 当 $\lambda_Q \neq \lambda_Y$ 时，如果存在多个最优解，则最多只有两个。

证明 设 $prob(t_1^*, i^*) = prob(t_1^*, i^*+1)$，则可得

$$\lambda_Q t_1^* = i^* \tag{11.10}$$

$prob(t_1^*, i^*) = prob(t_1^*, i^* - 1)$，则可得

$$\lambda_Q t_1^* = i^* - 1 \tag{11.11}$$

上面两式矛盾，所以最多只能有两个最优解。

命题 11.2　如果 $\lambda_Q \leqslant \lambda_Y$，则 $prob(t_1, i)$ 在 T 处取得最大值。

证明　因为

$$\frac{\partial prob}{\partial t_1} = -(\lambda_Q - \lambda_Y)e^{-(\lambda_Q-\lambda_Y)t_1}\frac{(\lambda_Q t_1)^i}{i!} + \lambda_Q e^{-(\lambda_Q-\lambda_Y)t_1}\frac{(\lambda_Q t_1)^{i-1}}{(i-1)!}e^{-\lambda_Y T} \tag{11.12}$$

当 $\lambda_Q \leqslant \lambda_Y$ 时，则 $\frac{\partial prob}{\partial t_1} > 0$。当 $t_1 < t_1^S$ 时，则必有 $prob(t_1, i) < prob(t_1^S, i)$。所以在 $prob(t_1, i)$ 在 T 处取得最大值。得证。

命题 11.3　如果 $prob(t_1, i^*) \geqslant prob(t_1, i)(i^* \neq i)$，必然有 $i^* \leqslant \lambda_Q t_1^* < i^* + 1$。

证明　$$prob(t_1, i^*) \geqslant prob(t_1, i^* - 1) \Rightarrow \frac{(\lambda_Q t_1)^{i^*}}{i^*!} \geqslant \frac{(\lambda_Q t_1)^{i^*-1}}{(i^*-1)!}$$

则

$$\lambda_Q t_1^* \geqslant i^* \tag{11.13}$$

同理由 $prob(t_1, i^*) > prob(t_1, i^* + 1)$，可得 $\lambda_Q t_1^* < i^* + 1$。得证。

命题 11.4　当 $\lambda_Q > \lambda_Y$ 时，存在 i^* 使得 $prob(t_1, i^*) \geqslant prob(t_1, i)$ 成立，则

$$prob(t_1, i^*) \geqslant prob(t_1^S, i^*)$$

式中，$t_1 > t_1^S$。

证明　令 $t_1 = T, t_1^S = aT, a \in (0,1]$，则

$$\ln(f(a)) = \ln\left(\frac{prob(T, i^*)}{prob(t_1, i^*)}\right) = \ln\left(e^{-(\lambda_Q-\lambda_Y)(1-a)T}\left(\frac{1}{a}\right)^{i^*}\right) = -(\lambda_Q - \lambda_Y)(1-a)T - i^* \ln a \tag{11.14}$$

则

$$\ln(f(1)) = 0$$

令 $\frac{\partial \ln(f(a))}{\partial a} = (\lambda_Q - \lambda_Y)T - \frac{i^*}{a} < 0$，得

$$a < \frac{i^*}{(\lambda_Q - \lambda_Y)T} < \frac{\lambda_Q T}{(\lambda_Q - \lambda_Y)T} = \frac{\lambda_Q}{\lambda_Q - \lambda_Y} > 1 \tag{11.15}$$

因为 $a \in (0,1]$，所以 $\frac{\partial \ln(f(a))}{\partial a} < 0$ 恒成立，说明 $\ln(f(a))$ 单调递减。则 $prob(t_1, i^*)$ 单调递增并趋近于 $prob(T, i^*)$。得证。

由上述 4 个命题可以设计如下的算法步骤：

(1) 判断 λ_Q 与 λ_Y 的大小。

(2) 由 $i^* \leqslant \lambda_Q T < i^* + 1$，确定 (T, i^*)。

(3) 如果 $\lambda_Q \leqslant \lambda_Y$，$(T, i^*)$ 即为最优解；否则转下步。

(4) 令 $u = i^* - 1$，计算 $t_1 = u/\lambda_Q$。

(5) 如果 $prob(t_1, u) > prob(T, i^*)$，令 $T = t_1, i^* = u$，得最优解；否则令 $i^* = u$，返回步骤(4)。

下面通过一个例子来说明。

例 11.1　假设某一特定时期的航班，已经知道 Q，Y 两相邻子舱在舱位控制点附近的订票速度和时

间间隔[0,T],估计在此时间段内Q子舱可能受限制的需求。有关参数与估计结果如表11.3所示,其中λ_Q和λ_Y的单位是人/h,T的单位是小时。

表11.3 Q子舱可能受限制的需求

样本点	λ_Q/(人/h)	λ_Y(人/h)	T/h	被限的需求量/个
1	3.54	4.29	1.33	4
2	3.67	3.32	1.83	6
3	8.35	3.56	1.28	10
4	8.31	3.65	1.08	8
5	3.16	4.34	1.93	6

这种方法是依据相邻两个等级舱位销售转换出现的时间间隔,从而估计在此间隔内两等级中较低等级的受限需求量。所以这种方法适应于除最高等级之外的所有等级舱位的非限制性需求估计。对于最高等级舱位的非限制性需求,建议采用11.2.3节中介绍的增量估计法或EM法进行估计。本节介绍的方法形式简单,运行效率高。并且该方法所需要的参数在实际中易于获得,有实用价值。

11.3 机票定价策略

11.3.1 机票定价方法

航空运输产品价格水平直接决定航空公司的销售额和盈利水平。由于航空运输产品具有很大的同质性,航空公司之间的竞争首先表现为价格竞争。民航资源中国网于2005年5月19日至2005年6月19日所做的"您在自己购票乘机时注意选择航空公司吗?"的调查中,在487张投票中有48.78%的调查对象选择了"只要价格、时间合适,我不关心航空公司"。足见价格因素在旅客航空选择中的重要地位。因此价格策略和定价问题对航空公司实施收益管理具有重要意义。

价格制定既是一门科学,又是一门艺术。航空运输产品价格的制定,与其他行业相比,既有共性,又有自己鲜明的个性。建国以来,中国民航客运机票价格一直实行政府定价。1974年前实行统一票价;从1974年起,对境内、境外旅客乘坐国内航班实行两种票价;1984年9月起取消两种票价,实行公布票价,同时对中国公民给予折扣票价,境内、境外旅客实际仍是两种票价。从1997年7月起境内、境外旅客乘坐国内航班真正实行同价。之后,为增强航空与铁路、公路运输方式间的竞争能力,同时考虑国内旅客的承受能力,中国民航总局推出"一种票价,多种折扣"的票价体系,实际上赋予了航空公司根据市场情况决定销售价格的权利。但是,由于缺乏相应的市场规范机制,航空公司最终陷入无序竞争和价格大战中,加之亚洲金融危机的影响,导致1998年民航亏损高达24亿多元人民币。为此,民航总局、国家计委不得不进行干预,发布了《关于加强民航国内航线票价管理制止低价竞销行为的通知》,民航客票又重新回到统一票价的政策上来。从2004年4月1日开始,由国家发改委和民航总局联合下发的《民航国内航空运输价格改革方案》正式实施。该方案赋予了航空运输企业相当大的定价权，这就为民航企业根据行业特点，创造性地应用市场营销学的价格理论和策略，制定出对旅客有吸引力、对同行有竞争力的产品价格创造了前提条件。

定价方法概括起来有以下几种：

(1) 成本导向定价法。又叫成本加成法。成本导向定价法是以单位产品成本为基本依据，再加上预期利润来确定价格的定价方法。

(2) 需求价格弹性法。需求价格弹性指商品的需求对于价格变动的反应。如果价格发生变动，需求量几乎不动，则称这种商品需求无弹性；如果价格的变动引起需求量更大的变化，称为需求有弹性。根据需求价格弹性来确定定价，弹性小的甚至无弹性的细分市场，尽量提高价格；弹性较大的细分市场，通过降低价格，刺激需求增加。

(3) 竞争导向定价法。企业通过研究竞争对手的生产条件、服务状况、价格水平等因素，依据自身的竞争实力，参考成本和供求状况来确定商品价格的定价方法。

(4) 需求导向定价法。这是根据市场需求状况和消费者对产品的感觉差异来确定价格的方法，也叫市场导向定价法、顾客导向定价法。

(5) 渗透定价法。新航线刚开辟时，定以较低价格，以获得最高销售量和最大市场占有率为目标，称为渗透定价。

(6) 价格折扣和折让。为鼓励旅客在淡季购买机票，企业酌情调整其基本价格，这种价格调整称为价格折扣和价格折让。

(7) 认知价值定价法。这主要是依据旅客在观念上对该舱位产品所理解的价值来定价。例如网上销售时，可以每次投放一张机票，由旅客根据他的评估出价，如果有多位旅客同时出价，则将机票售给出价最高的旅客。

过去，由于长期以来中国政府对航空运输业始终采取较为严格的管制和保护措施，因此以往航空公司定价的自主权较小，难以根据市场需求进行定价，主要采用成本加成法定价，即航空客运服务产品的价格等于运输成本加上利润和税金等要素构成。这种定价方法的特点是：运价随着距离的远近而增减，只同航空公司的运营成本相关，没有考虑到市场的影响。

机票与其他任何一种商品一样，其价格应当随市场变动。市场瞬息万变，各航空公司在经营地域、实力规模、当地需求量、历史包袱各方面有很大区别，统一定价不符合市场规律，差异化竞争才能让个航空公司各显身手，各自寻找适合的发展方向。

11.3.2 机票价格弹性

价格作为机票的属性，其影响因素错综复杂，可以说机票价格永远充满变数。需求价格弹性是商品价格变动引起的需求变动率与自身价格的变动率之比，用来衡量需求量变动对商品自身价格变动的灵敏程度。在不同的价格需求弹性下，商品的收益将有所不同。但目前国内还没有关于航空需求价格弹性的定量研究成果，欧洲曾对此作过初步研究，现对价格需求弹性与收益的关系进行定性说明。

1. 在旺季，机票价格需求富有弹性

在旺季，飞机票的需求量会明显增加，机票价格的调整会引起需求量的较大波动。此时，价格需求富有弹性。但在旺季，由于需求旺盛，运力往往不足，因此不需要降价促销。

2. 在淡季时，机票价格需求缺乏弹性

在淡季时，对飞机票的需求量将大大减少，但对于一部分人来说，乘飞机旅行是他们的必须品，无论价格做何变化(一定承受范围内)，他们都会选择坐飞机，因此机票价格在此时的变动对需求量不会产生很大的影响。此时，价格需求缺乏弹性。不过，当机票价格降到一定程度，一些旅游者将会选择坐飞机，因此，淡季降价促销是航空公司常用的销售策略。

3. 高价舱价格弹性较小

高价舱旅客通常是商务旅客，他们乘飞机出行不是自费，他们不太关心票价，而是关心能否节省时间。因此高舱位需求缺乏价格弹性。商务旅客的价格弹性很小，一般低于－1，欧洲研究的结果表明在－0.12 ～－0.81 之间。这里价格弹性系数是负数，表示价格和需求的变化方向相反。因此对于商务旅客，机票价格降低 1%，需求只能上升 0.12% ～ 0.81%，对于商务旅客，不降价促销，否则总收益将减少。

4. 低价舱价格弹性较大

低价舱的旅客通常是休闲旅客或是需要自己掏腰包旅行的旅客，他们对旅行时间不敏感，但对票价比较敏感。如果票价降低到他们能够承受的程度，就会选择乘飞机旅行，因此低价舱旅客的价格弹性较大。欧洲研究的结果表明休闲旅客的价格弹性都高于－1，对这部分旅客降价促销是有效的方法。

11.3.3 舱位划分和机票定价策略

1. 舱位划分

航空公司票价一般分为头等舱、公务舱和经济舱三种等级。头等舱座椅及个人空间宽大可平放，有独立娱乐商务设施，有点餐服务和专门服务员服务，票价一般为经济舱的 2 ～ 3 倍；商务舱座椅及空间较宽敞，长航线可放平至 150°，有独立娱乐，有商务舱服务员服务，票价为经济舱票价的 1.5 ～ 2 倍；经济舱座位较多，餐食及舒适度一般，票价便宜。

每种等级又按照正常票价和多种不同特殊优惠票价划分为不同等级的舱位。头等舱可以分为 F 舱和 A 舱；公务舱可以分为 C 舱和 D 舱等；经济舱可以分为多达 20 多种等级的舱位，舱位代号没有统一规定，通常经济舱使用的舱位代号有 Y，M，Q，L，K，T 和 Z 等。不同等级的舱位票价不同，分配有不同的座位数量，可能采用不同的限制条件，但机上服务是完全相同的。

2. 机票定价策略

降价促销是最常用的竞争手段，也最容易实施，但对航空公司的收益影响最大。在市场营销活动中，航空公司为了实现自己的经营战略和目标，经常根据不同的产品、市场需求和竞争情况，采取各种灵活的定价策略。

但现行的民航票价体制存在一定问题，主要表现在：① 票价结构不合理，不能与运输产品结构相一致。② 航空公司削价竞销，恶性竞争。一些航空公司为争取有限的客源，竞相削价竞争，甚至不惜成本。③ 销售代理过多，销售行为不规范。航空销售市场代理人等环节多，代理人操纵市场，吃掉了票面价与实收价之间的差额，造成航空公司收入的减少。④ 法规、制度不健全。航空运输市场的发育尚不成熟，市场法规建设滞后。⑤ 政府管理职能、手段还不太适应市场经济发展的要求。

随着我国航空运输市场的进一步成熟，航空公司将建立起自己的票价管理体制和机制。目前已在收益管理中应用的定价策略概括起来有两类：第一类是在预先确定价格的基础上进行座位的存量分配，第二类是在预先分配座位的基础上确定价格。本章以下各节讨论的问题只采用第一类定价策略，并且只考虑经济舱的等级舱位控制问题。

11.4　客运收益管理的舱位控制与超售控制

航空公司在确立某航班各子舱的价格后，就需要设置各子舱的座位数，以满足各类旅客的需求，实现收益最大化，这叫做舱位控制问题。针对购了机票不来登机的旅客，航空公司实施超售策略，即销售机票数超过航班座位数，以减少座位虚耗带来的损失。舱位控制与超售控制都是针对航班座位的销售，试图以适合的价格销售给适合的乘客。

控制的策略可以分成静态控制与动态控制，客运收益管理中的舱位控制与超售控制广泛采用了静态控制与动态控制策略。从控制的输入条件来看，可以有确定性控制与随机性控制。在客运收益管理中，由于乘客的需求是随机的，因此收益管理中的舱位控制本质上是随机控制，但可以将随机控制转化为确定性控制，以降低模型的计算复杂度。

舱位控制与超售控制可以相结合，构成舱位与超售的一体化控制问题。本节首先介绍航班舱位的静态控制方法：EMSR 方法，它是舱位控制的经典方法。其他舱位控制方法是在 EMSR 方法基础上发展的。然后介绍舱位动态控制方法，接着讨论了团队管理问题，然后研究舱位和超售的一体化控制方法和网络舱位控制问题，最后讨论了不定期机票的控制方法。

11.4.1　舱位控制的数学规划方法

设一个航班被划分成 J 个等级舱位，每个等级舱位一种票价。对舱位等级按照它们的票价从高到低进行编号(实际操作以英文字母表示)，用 $f_i(i=1,2,\cdots,J)$ 表示舱位 i(或说 i 等级舱位) 的票价，并有 $f_1 > f_2 > \cdots > f_J$。航班舱位控制的目标是为每一个等级舱位分配合适的座位数以实现航班收益的最大化，可用下述规划模型表示

$$\max z = \mathrm{E}\left[\sum_{j=1}^{J} f_j \min(x_j, D_j)\right]$$

$$\text{s.t.}\quad \sum_{j=1}^{J} x_j \leqslant C$$

$$x_j \geqslant 0,\quad \text{int},\quad j=1,2,\cdots,J$$

式中，x_j 表示为 j 等级舱位分配的座位数；C 表示航班可用座位数；D_j 表示 j 等级舱位的需求量，它是随机变量；E 表示对随机变量求期望值。

因为需求 D_j 是一个随机变量，所以目标函数用期望收益表示，它的大小与各等级舱位的需求分布和分配座位数有关。约束条件表示各等级舱位分配的座位数之和不大于航班可用座位数。

这实际上是一个随机背包问题，决策变量是整数变量，求解比较困难。设法将它转化为确定性模型，一种可能的形式如下

$$\max z = \sum_{j=1}^{J} f_j x_j$$

$$\text{s.t.} \quad \sum_{j=1}^{J} x_j \leqslant C$$

$$x_j \leqslant \mathrm{E}(D_j), \quad j = 1,2,\cdots,J$$

$$x_j \geqslant 0, \mathrm{int}, \quad j = 1,2,\cdots,J$$

转化的方法是首先计算各等级舱位需求的期望值，其次要求各等级舱位分配的座位数不大于它的期望需求。确定性模型是一个线性规划问题，求解简单，但是，增加较多约束条件，并且丢掉了收益管理最本质的特点：在随机需求下的座位分配。为保留随机特性，可以给出随机规划模型的另一种变形，称为概率模型，即

$$\max z = \sum_{j=1}^{J} \sum_{i=1}^{C} f_j P_{\mathrm{r}}(D_j \geqslant i) x_{ij}$$

$$\text{s.t.} \quad \sum_{j=1}^{J} \sum_{i=1}^{C} x_{ij} \leqslant C$$

$$x_{ij} = 0,1; \quad i = 1,2,\cdots,C; \quad j = 1,2,\cdots,J$$

其中，当第 i 个座位分配给 j 等级舱位时，$x_{ij} = 1$，否则 $x_{ij} = 0$，因此每个舱位分配的座位数为 $x_j = \sum_{i=1}^{C} x_{ij}$。$P_{\mathrm{r}}(\cdot)$ 表示求概率的意思，可见目标函数保留了随机性质。令

$$EMSR_{ij} = f_j P_{\mathrm{r}}(D_j \geqslant i)$$

它是将第 i 个座位分配给 j 等级舱位的期望边际座位收益(Expected Marginal Seat Revenue)，那么上述概率模型可以写成

$$\max z = \sum_{j=1}^{J} \sum_{i=1}^{C} EMSR_{ij} x_{ij}$$

$$\text{s.t.} \quad \sum_{j=1}^{J} \sum_{i=1}^{C} x_{ij} \leqslant C$$

$$x_{ij} = 0,1; \quad i = 1,2,\cdots,C; \quad j = 1,2,\cdots,J$$

容易证明

$$\max \left\{ \sum_{j=1}^{J} \sum_{i=1}^{C} EMSR_{ij} x_{ij} \mid \sum_{j=1}^{J} \sum_{i=1}^{C} x_{ij} \leqslant C, x_{ij} = 0,1 \right\} = \sum_{i=1}^{C} \max_{j \in \{1,\cdots,J\}} \{EMSR_{ij}\}$$

令

$$EMSR_i = \max_{j \in \{1,\cdots,J\}} \{EMSR_{ij}\}$$

则 $EMSR_i$ 是第 i 个座位的最大期望边际收益，它表示第 i 个座位的最佳分配。因此，为求解上述概率模型，可以首先计算每个座位分配给各等级舱位的期望边际收益 $EMSR_{ij}$，取具有最大期望边际座位收益 $EMSR_i$ 的等级舱位分配该座位，即可获得上述概率模型的最优解。使用上述模型的最优解进行舱位控制的方法叫做隔离式方法(Partitioned Booking Limits)。

11.4.2　嵌套法座位分配

1. 嵌套法基本理论

上一节介绍了座位分配的隔离式方法，这种方法将总座位数按运价等级进行划分，按各等级舱位分配到的固定座位数进行销售。这种隔离式方法虽然容易运作，但由于将各等级旅客平等对待，无法优先保护高等级舱位旅客的订座需求，也就无法使航空公司收益最大化。为此，需要给舱位等级设置不同的优先级，为较高等级舱位保护适当座位数，以防止收益"稀释"。

假设某航班将经济舱座位划分为三个子舱等级，分别为 Y，M 与 Q 舱，它们的需求量分别为 d_Y，d_M，d_Q，票价分别为 f_Y，f_M，f_Q，且 $f_Y > f_M > f_Q$，航班可用座位数为 C。旅客订座时优先选择票价低的座位。在三个子舱的总需求大于航班可用座位数的情况下，即 $d_Y + d_M + d_Q > C$ 时，如果不对 Y 舱保护必要的座位数，很可能等到 Y 舱旅客订座时，座位已经全部被 M 与 Q 舱的旅客订完了，其中部分座位本来可以卖给高舱位旅客的，这导致了收益的"稀释"。因此为确保收益的最大化，航空公司必须事先根据各等级舱位旅客的需求，为价值高而订座晚的旅客预留座位，优先满足为航空公司带来更高收益的高等级舱位旅客的需求。舱位等级越高，其获得座位的优先权也越高。

由于 Y 舱价格最高，应具有最高的优先权。所以 Y 等级的可用座位数 BL_Y 等于航班可用座位数 C。

对于 M 舱，其运价低于 Y 舱，但高于其他等级舱位。在满足 Y 等级旅客的需求以后，就要优先保证 M 等级的旅客，所以 M 舱的可获得座位数 $BL_M = C - d_Y$。

满足了 Y 与 M 舱位的旅客需求后，剩余座位就是 Q 舱位的可获得座位数，即 $BL_Q = C - d_Y - d_M$。

这种分配方法的核心是低等级舱位的座位可为高等级舱位所使用，形成嵌套关系，所以称为嵌套法(Nested Booking Limits)。

2. 嵌套法使用实例

例 11.2　假设某航班 $C = 100$ 个，$d_Y = 30$ 个，$d_M = 50$ 个，$d_Q = 70$ 个，分离法和嵌套法得到的座位分别如表 11.4 所示。

表 11.4　分离法与嵌套法座位分配方法比较

子舱位需求 / 个	隔离法分配方案 / 个	嵌套法分配方案 / 个
$d_Y = 30$	30	100
$d_M = 50$	50	70
$d_Q = 20$	20	20

隔离法分配方案如表 11.4 的第二栏所示，按照市场需求量预测来进行座位分配。由于市场需求是变化的，如果航班 Y 舱位的需求大于 30 个，则将丧失部分高舱位的旅客，因而稀释了收益。

嵌套法分配方案如表 11.4 的第三栏所示，根据该分配方案，即使 Y 舱位的需求高于 30 个，也能得到满足。由于允许 Y 舱使用低舱位的座位，直至航班全部可用座位，所以可以最大限度地满足 Y 舱位的需求，不会因座位被低舱位旅客占据而丧失获得高收入的机会。

3. 嵌套的方式

上述的嵌套方式实际上是航空公司进行子舱嵌套的一种，航空公司在实际操作中有多种嵌套方法，但基本的原理都是相同的。常用的几种嵌套方式如图 11.9 所示。

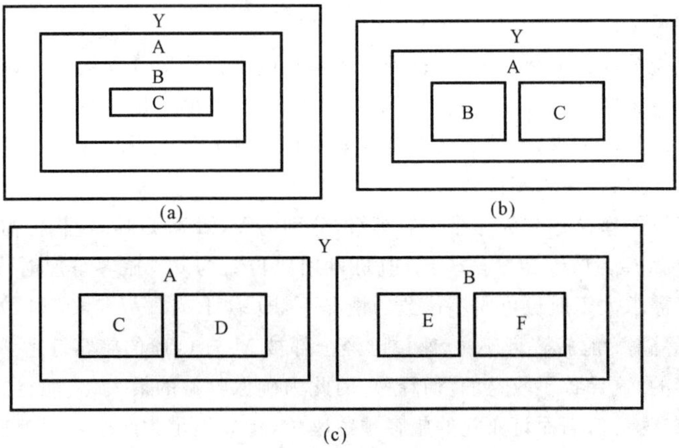

图 11.9　航班子舱的三种嵌套方式

(a) 是串行嵌套方式；(b) 中 B 和 C 舱采用了并行方式；(c) 是混合嵌套方式

11.4.3　航班静态舱位控制

航班静态控制方法最先被提出来，而且获得了成功的应用。这应该归功 Peter P. Belobaba 提出的基于边际座位期望收益的 EMSR 模型。

1. 静态舱位控制基本理论

假设某航班分为两个票价等级，高等级舱位 Y 的票价为 f_Y，低等级舱位 Q 的票价为 f_Q，且有 $f_Y > f_Q$。现有一位旅客要求以 f_Q 的票价订座，那么是把该座位出售给该旅客，还是拒绝该旅客订座，把座位留给一个未来可能出现的愿出 f_Y 的旅客呢？航空公司必须对此作出决策，其决策过程可用图 11.10 来表示。

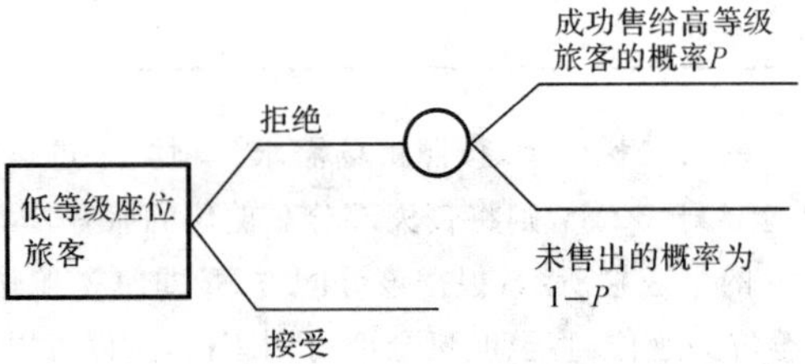

图 11.10　航空公司机票销售决策过程

图 11.10 中，P 是将座位成功售给高舱位旅客的概率，其期望收益为 $f_Y P$，高舱位旅客不出现而导致座位空闲的概率为 $1-P$。根据决策论知，当 $f_Y P \geqslant f_Q$ 时，拒绝该旅客的座位申请，否则就接受申请。

下面考虑多个子舱的情况。首先给出几个定义：

定义 1　嵌套式销售策略：在航班座位销售过程中，分配给某等级舱位的座位同时允许销售给所有高于该舱位的其他舱位；反之，则不允许。这样，对一个折扣等级舱位的订座限制定义了它的销售上界 BL（见定义 3），该等级及所有低于该等级的订座总数不能超过 BL，所有高于该等级舱位的座位销售总数最少为 $C-BL$，其中 C 为航班可用座位数。嵌套式销售策略的详细讨论参阅 4.4.2 小节。

定义 2　座位保护水平（Nested Protection Level）：针对某个或几个较高等级舱位，指定一定数量的可用座位数，这些座位不允许销售给较低等级舱位的旅客。在嵌套式销售策略中，某个等级舱位的座位保护水平只允许销售给该等级或者高于该等级舱位的旅客。

定义 3　座位限制水平（Book Limit）：对较低等级舱位，限制其最大可销售座位数，叫做座位限制水平，以保证足够多的座位留给较高等级舱位。

由于对旅客需求的预测不能完全准确，因此座位分配的策略只能基于概率假设。研究表明航空公司各等级舱位的需求变化随着每周工作日及每年的不同季节呈周期性变化，且任意特定时间的航班的各等级舱位需求服从正态分布。记 $p_i(r_i)$ 为舱位等级 i 的需求为 r_i 时的概率密度函数，s_i 为分配给 i 等级舱位的座位数，则需求不大于 s_i 的概率为

$$P_i(s_i) = P(r_i \leqslant s_i) = \int_0^{s_i} p_i(r_i)\mathrm{d}r_i \tag{11.16}$$

令 $\bar{P}_i(s_i)$ 为 i 等级舱位分配 s_i 个座位时，需求被拒绝接受的概率，它等于

$$\bar{P}_i(s_i) = P(r_i \geqslant s_i) = 1 - P_i(s_i) = 1 - \int_0^{s_i} p_i(r_i)\mathrm{d}r_i \tag{11.17}$$

它也是第 s_i 个座位可以被卖出的概率。和在 11.4.1 节的定义相同，根据式(11.17)，定义 i 等级舱位的第 s_i 个座位的期望边际座位收益 $EMSR_i$ 如下

$$EMSR_i(s_i) = f_i \bar{P}_i(s_i) \tag{11.18}$$

只存在两个等级舱位时，满足式(11.19) 的座位分配数是最优分配方案

$$EMSR_1(s_1) = f_2 \tag{11.19}$$

这是有名的 Littlewood 准则。当存在 m 个等级舱位时，且 $f_1 > f_2 > \cdots > f_m$，对于 $f_i > f_j$，为保证收益最大化，等级舱位 i 相对于 j 设置的座位保护水平 s_j^i 应当满足式(11.20)

$$\mathrm{EMSR}_i(s_j^i) = f_i \bar{P}_i(s_j^i) = f_j \tag{11.20}$$

记 BL_i 为 i 等级舱位的座位限制水平，NP_i 为 i 等级舱位的嵌套座位保护水平。按照式(11.20) 和嵌套式销售策略的要求，设航班可用座位数为 C，座位优化分配过程如下：

(1) 按照式(11.20) 计算各个 s_j^i；

(2) 计算各等级舱位的座位限制水平

$$BL_1 = C,\quad BL_j = \max\{0, C - \sum_{i<j} s_j^i\},\quad j > 1 \tag{11.21}$$

(3) 计算各等级舱位的嵌套座位保护水平

$$NP_j = BL_j - BL_{j+1} \tag{11.22}$$

多等级子舱的座位分配过程可以从图 11.11 更清楚地看出。

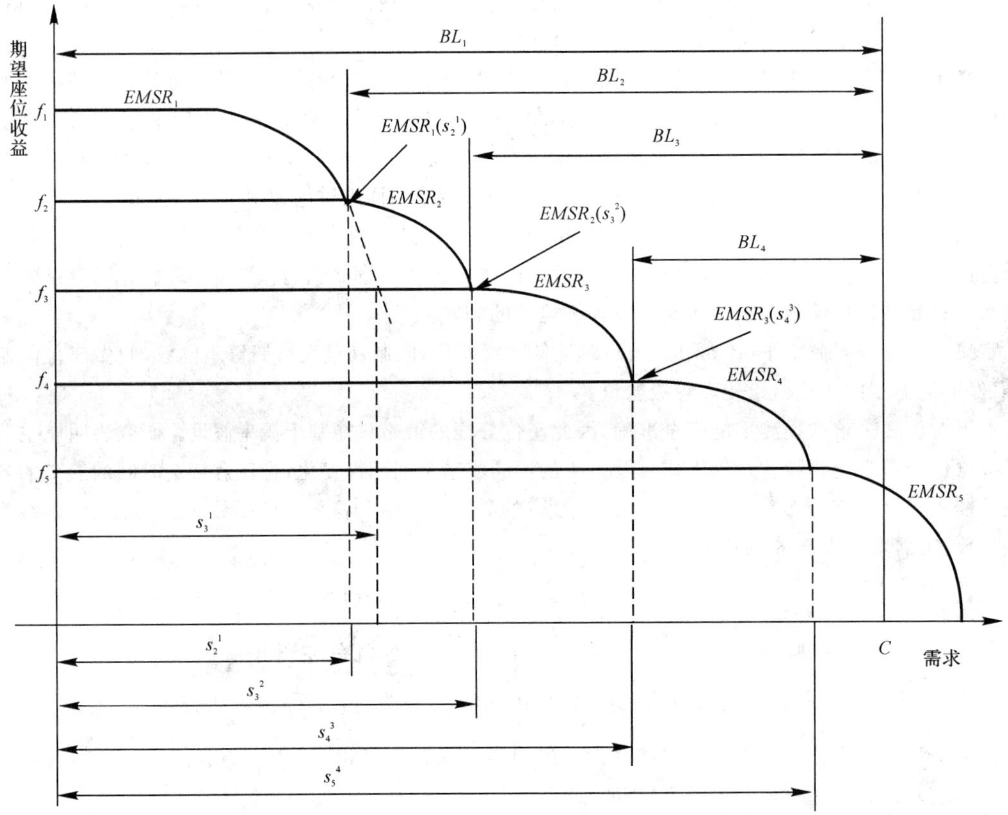

图 11.11 EMSR 方法的舱位控制图

2. 静态舱位控制方法实例

例 11.3 航空公司某一航班由 B737 飞机执行。该飞机的可用座位数为 107 个座位，该航班分为 4 个等级子舱。假设航班各等级子舱的订座需求满足正态分布 $N(\mu,\sigma^2)$。各子舱需求与价格情况如表 11.5 所示。

表 11.5 航班子舱需求与价格表

子舱代码	Y	M	B	Q
平均票价 f/ 元	105	83	57	39
需求均值 μ	20.3	33.4	19.3	29.7
需求均方差 σ	8.6	15.1	9.2	13.1

解 按式(11.20),(11.21),(11.22),利用表 11.5 中的数据进行计算,结果如下:

$$BL_Y = C = 107$$

$s_M^Y = 14$; $BL_M = C - s_M^Y = 93$

$s_B^Y = 20, s_B^M = 27$; $BL_B = C - s_B^M - s_B^Y = 60$

$s_Q^Y = 24, s_Q^M = 35, s_Q^B = 15$; $BL_Q = C - s_Q^B - s_Q^M - S_Q^Y = 33$

此航班按照 EMSR 方法进行舱位控制,使用嵌套式销售策略,获得的各子舱座位分配方案如表 11.6 所示。

表 11.6 EMSR 方法子舱座位分配表

舱位 / 分配方案	Y	M	B	Q
座位保护水平(NP)	14	33	27	
座位限制水平(BL)	107	93	60	33

11.4.4 航班动态舱位控制

EMSR 方法是一种静态的舱位控制方法,这种方法根据对订座需求的预测,确定每个子舱的座位数,只在对需求做出新的预测值时才更新分配方案。舱位的动态控制是对每一次订票请求,都需做出是否接受的决策。根据时间是离散还是连续变量,舱位动态控制又可分为离散的与连续的两种。离散动态控制可以利用动态规划方法进行求解,而连续动态控制涉及到更为高深的控制理论,如哈密尔顿-雅可比方程,已经超出了本课程学习适用对象的范围,故不作介绍。

与静态舱位控制的一个本质区别是,动态舱位控制不设置各子舱可销售座位数量,只对各子舱状态作出开放还是关闭的决策。开放就意味着接受该子舱的订座请求,关闭则拒绝订座请求。

1. 离散动态舱位控制的模型假设

(1) 航班设有 m 个等级的子舱,各子舱的价格为 $f_1 > f_2 > \cdots > f_m$,接受某一子舱的一个订座请求时即获得相应的收入,拒绝接受订座请求时即损失一个收入机会。

(2) 各子舱的订座需求相互独立到达。整个订座过程可以划分为 $n = 1, 2, \cdots, N$ 个订座决策期,在每个决策期最多只有一个订座请求出现。

(3) 在每个决策过程中,各子舱的订座需求出现的概率为 $p_i^n (i = 1, 2, \cdots, m; n = 1, 2, \cdots, N)$。

上述假设中规定,决策期越大,表示离航班起飞时刻越远,也即 $n = N$ 表示航班座位销售刚开放的时刻,$n = 1$ 表示航班起飞前的时刻,同时用 $n = 0$ 表示航班已经起飞。

2. 离散动态舱位控制的模型

设 f_s^n 是航班在第 n 个订座决策期开始时有 s 个可用座位的期望收益,如果在第 n 订座决策期有一个 i 子舱的订座请求,接受这个订座请求的收益为 $f_i + f_{s-1}^{n-1}$,拒绝这个订座请求时则收益为 f_s^{n-1}。显然,当式(11.23)成立时就应当接受订座请求,否则应当拒绝。

$$f_i + f_{s-1}^{n-1} \geqslant f_s^{n-1} \tag{11.23}$$

因此整个订座过程的动态规划递推方程可表示为

$$f_s^n=\begin{cases}p_0^n f_s^{n-1}+p_1^n(f_1+f_{s-1}^{n-1})+\sum_{i=2}^{m}p_i^n\max\,(f_i+f_{s-1}^{n-1},f_s^{n-1}), & s>0,n>0\\ 0, & \text{其他}\end{cases}\tag{11.24}$$

式中，$p_0^n=1-\sum_{i=1}^{m}p_i^n$ 表示第 n 决策期没有订座请求的概率。

由于

$$f_s^0=f_0^n=0,\quad s,n\geqslant 0$$

由式(11.24)可得

$$f_s^1=p_1^1 f_1+\sum_{i=2}^{m}p_i^1 f_i=\sum_{i=1}^{m}p_i^1 f_i,\quad s>0$$

$$f_1^n=p_0^n f_1^{n-1}+p_1^n f_1+\sum_{i=2}^{m}p_i^n\max\,(f_i,f_1^{n-1}),\quad n>0$$

只要计算出概率 $p_i^n,i>0,n>0$，即可利用上述公式递推出所有 f_s^n。

令 $n=1$，由式(11.23)与式(11.24)可得 $f_i+f_{s-1}^0\geqslant f_s^0(i=1,2,\cdots,m)$ 成立，说明在最后一个订座决策期，任何子舱的订座请求都应该接受。

3.离散动态舱位控制模型的性质

定义 $\delta(n,s)=f_s^n-f_{s-1}^n$ 为第 n 个订座决策期第 s 个可用座位的期望边际收益。由式(11.24)可得

$$f_s^n-f_s^{n-1}=p_1^n[f_1-\delta(n-1,s)]+\sum_{i=2}^{k}p_i^n\max\{f_i-\delta(n-1,s),0\},\quad s>0,n>0\tag{11.25}$$

式(11.25)可看做保留一个座位的期望边际成本。

定理 11.1 对于给定的订座决策期 n，$\delta(n,s)$ 是关于 s 的非增函数。

证明 用数学归纳法证明定理成立。由式(11.25)可得

$$\begin{aligned}\delta(n,s)=&\ \delta(n-1,s)+p_1^n[\delta(n-1,s-1)-\delta(n-1,s)]+\\&\sum_{i=2}^{k}p_i^n[\max\,\{f_i-\delta(n-1,s),0\}-\max\,\{f_i-\delta(n-1,s-1),0\}]\end{aligned}\tag{11.26}$$

$$\begin{aligned}\delta(n,s-1)=&\ \delta(n-1,s-1)+p_1^n[\delta(n-1,s-2)-\delta(n-1,s-1)]+\\&\sum_{i=2}^{k}p_i^n[\max\,\{f_i-\delta(n-1,s-1),0\}-\max\,\{f_i-\delta(n-1,s-2),0\}]\end{aligned}\tag{11.27}$$

由 $\delta(n,s)$ 的定义可知 $\delta(0,s)=0,\delta(n,0)=0$。

当 $n=1$ 时

$$\delta(1,s)=f_s^1-f_{s-1}^1=\begin{cases}\sum_{i=1}^{m}p_i^n f_i, & s=1\\ 0, & s>1\end{cases}$$

显然 $\delta(1,s)\leqslant\delta(1,s-1)$ 成立。

假设当 $k=n-1$ 定理仍然成立。

当 $k=n$ 时，对于 s 个可用座位，存在一个子舱等级 k_s，使得当 $i>k_s$ 时，$f_i-\delta(n-1,s)<0$，而 $i\leqslant k_s$ 时，$f_i-\delta(n-1,s)\geqslant 0$。$k_s$ 实质上是此时可以接受订座请求的最低子舱。由于 $\delta(n-1,s)$ 是关于 s 的

非增函数，因此 $k_s \geqslant k_{s-1} \geqslant k_{s-2}$。并且

$$\delta(n,s)=\delta(n-1,s)+\sum_{i=1}^{k_{s-2}} p_i^n[\delta(n-1,s-1)-\delta(n-1,s)]+$$
$$\sum_{i=k_{s-2}+1}^{k_{s-1}} p_i^n[\delta(n-1,s-1)-\delta(n-1,s)]+\sum_{i=k_{s-1}+1}^{k_s} p_i^n[f_i-\delta(n-1,s)]= \tag{11.28}$$
$$(1-\sum_{i=1}^{k_s} p_i^n)\delta(n-1,s)+\sum_{i=1}^{k_{s-2}} p_i^n\delta(n-1,s-1)+$$
$$\sum_{i=k_{s-2}+1}^{k_{s-1}} p_i^n\delta(n-1,s-1)+\sum_{i=k_{s-1}+1}^{k_s} p_i^n f_i \tag{11.29}$$

$$\delta(n,s-1)=\delta(n-1,s-1)+\sum_{i=1}^{k_{s-2}} p_i^n[\delta(n-1,s-2)-\delta(n-1,s-1)]+$$
$$\sum_{i=k_{s-2}}^{k_{s-1}} p_i^n[f_i-\delta(n-1,s-1)]= \tag{11.30}$$
$$(1-\sum_{i=1}^{k_s} p_i^n)\delta(n-1,s-1)+\sum_{i=1}^{k_{s-2}} p_i^n\delta(n-1,s-2)+$$
$$\sum_{i=k_{s-2}+1}^{k_{s-1}} p_i^n f_i+\sum_{i=k_{s-1}+1}^{k_s} p_i^n\delta(n-1,s-1) \tag{11.31}$$

比较式(11.29)与式(11.31)，根据 $\delta(n-1,s)$ 关于 s 的非增性与 k_s，k_{s-1} 及 k_{s-2} 的定义，可以清楚地看出，式(11.29)右侧的每一项都不大于式(11.31)右侧对应的每一项。因此 $\delta(n,s)$ 对于确定的 n 是关于 s 的非增函数。

定理 11.2　对于给定的可用座位数 s，$\delta(n,s)$ 是关于 n 的非减函数。

根据 k_s 与 k_{s-1} 的定义，重新安排式(11.28)，可得

$$\delta(n,s)-\delta(n-1,s)=\sum_{i=1}^{k_{s-1}} p_i^n[\delta(n-1,s-1)-\delta(n-1,s)]+\sum_{i=k_{s-1}+1}^{k_s} p_i^n[f_i-\delta(n-1,s)] \tag{11.32}$$

由定理 11.1 和 $\delta(n,s)$ 与 k_s 的定义知，式(11.32)右侧的 $\delta(n-1,s-1)-\delta(n-1,s)\geqslant 0$，$f_i-\delta(n-1,s)\geqslant 0(i\leqslant k_s)$，所以 $\delta(n,s)-\delta(n-1,s)\geqslant 0$。

4. 舱位离散动态控制模型性质的意义

(1) 对于任意订座决策期 n，子舱 i 存在一个最小可用座位数量 $\hat{s}_i(n)$，当 $s<\hat{s}_i(n)$ 时，i 子舱的订座请求将不能接受。

(2) 对于任意可用座位数量 s，子舱 i 存在一个最早接受订座决策期 $\hat{n}_i(s)$，当 $n>\hat{n}_i(s)$ 时，i 子舱的订座请求将不能接受。

(3) 对于任意订座决策期 n 和可用座位数量 s，存在一个最低可接受订座请求的子舱 $\hat{i}(n,s)$，当 $i>\hat{i}(n,s)$ 时，i 子舱的订座请求将不能接受。

(4) 对于子舱 i，如果航班最大可用座位数为 S，最大订座决策期为 N，则有

(a) $\hat{n}_i(S)\geqslant \hat{n}_i(S-1)\geqslant \cdots \geqslant \hat{n}_i(1)$

(b) $\hat{s}_i(N)\geqslant \hat{s}_i(N-1)\geqslant \cdots \geqslant \hat{s}_i(1)$

(c) $\hat{i}(1,s)\geqslant \hat{i}(2,s)\geqslant \cdots \geqslant \hat{i}(N,s)$

(d)$\hat{i}(n,S) \geqslant \hat{i}(n,S-1) \geqslant \cdots \geqslant \hat{i}(n,1)$

在决定是否接受与拒绝一个订座请求时，只需要知道$\{\hat{s}_i(1),\hat{s}_i(2),\cdots,\hat{s}_i(N)\}$或$\{\hat{n}_i(1),\hat{n}_i(2),\cdots,\hat{n}_i(S)\}$就足够了。因此可以通过动态规划求解的结果，再计算出kN个临界座位数或kS个临界决策阶段，用以控制座位的出售。

5.离散动态舱位控制模型订座决策期与订座概率的确定

对于式(11.24)，可以应用动态规划顺序解法从$n=0$逐阶段递推到$n=N$，即可给出最优订座策略。式(11.24)应用的困难在于：一是如何划分每一个订座决策期，二是如何确定各子舱订座概率。

首先确定订座决策期的数量。一般来说，各子舱的订座过程可以看做一个泊松分布。将整个订座过程划分为若干个阶段，每一阶段内各子舱的订座过程是服从不同参数的泊松分布。假设整个订座过程可以划分为J个阶段$j=1,2,\cdots,J$(例如1天为1个阶段)，其中在第j段内i子舱的订座需求平均值为μ_i^j，所有子舱的订座需求平均值为$\mu^j=\sum\limits_{i=1}^{m}\mu_i^j$。假设第$j$阶段划分成$\nu^j$个订座决策期，在每个订座决策期的订座请求都服从泊松分布，并且满足最多只有一个订票请求出现，即$P(x\geqslant 2)\leqslant\varepsilon$，$x$表示在订座决策期中出现的订座请求次数，$\varepsilon$表示任意小的一个正数。

由泊松分布可知

$$P(x)=\frac{(\mu^j/\nu^j)^x\exp(-\mu^j/\nu^j)}{x!},\quad x=0,1,2\cdots \tag{11.33}$$

通过给定一个ε，求满足式(11.34)成立的ν^j即为划分的订座决策期数量

$$1-P(0)-P(1)\leqslant\varepsilon \tag{11.34}$$

表11.7给出了一个计算的例子。

表11.7　一组μ^j在取不同ε水平下划分的订座决策期数量ν^j

ν^j/个 \ μ^j/个	$\varepsilon=0.1$	$\varepsilon=0.01$	$\varepsilon=0.001$
5	10	34	111
10	19	68	221
15	29	101	331
20	38	135	441

各阶段订座决策期数量 随着阶段需求均值的增加而增加，在表11.7的3种精度下，分别近似等于需求均值的2倍、7倍和22倍。在确定了各阶段订座决策期数量ν^j之后，订座决策期n等于当前阶段j前面各阶段订座决策期数之和再加上本阶段已过去的决策期数，子舱i在订座决策期n有一个订座请求的概率可按用式(11.35)计算

$$p_i^n=\mu_i^j/\nu^j\exp(-\mu_i^j/\nu^j) \tag{11.35}$$

6.实例分析

例11.4　设某航班共有10个座位，设置4种子舱，其价格分别为$f_1=200$，$f_2=150$，$f_3=120$，$f_4=80$，提前5 d开始销售机票，根据订座需求分布，计算出第1,2,3,4,5 d(航班起飞当天)分别划分5,7,7,7,

4 个决策期，共 30 个决策期。各订座决策期的需求概率如表 11.8 所示。

表 11.8　各订座决策期的各子舱的需求概率

订座决策期 / 概率	$n=1,\cdots,4$	$n=5,\cdots,11$	$n=12,\cdots,18$	$n=19,\cdots,25$	$n=26,\cdots,30$
p_1^n	0.15	0.14	0.10	0.06	0.08
p_2^n	0.15	0.14	0.10	0.06	0.08
p_3^n	0	0.16	0.10	0.14	0.14
p_4^n	0	0.16	0.10	0.14	0.14

解　利用表 11.8 给出的数据，由式(11.24)计算出 f_s^n，再根据 $\delta(n,s)$ 的定义可得 $\delta(n,s)$，结果分别用图 11.12 与图 11.13 表示。

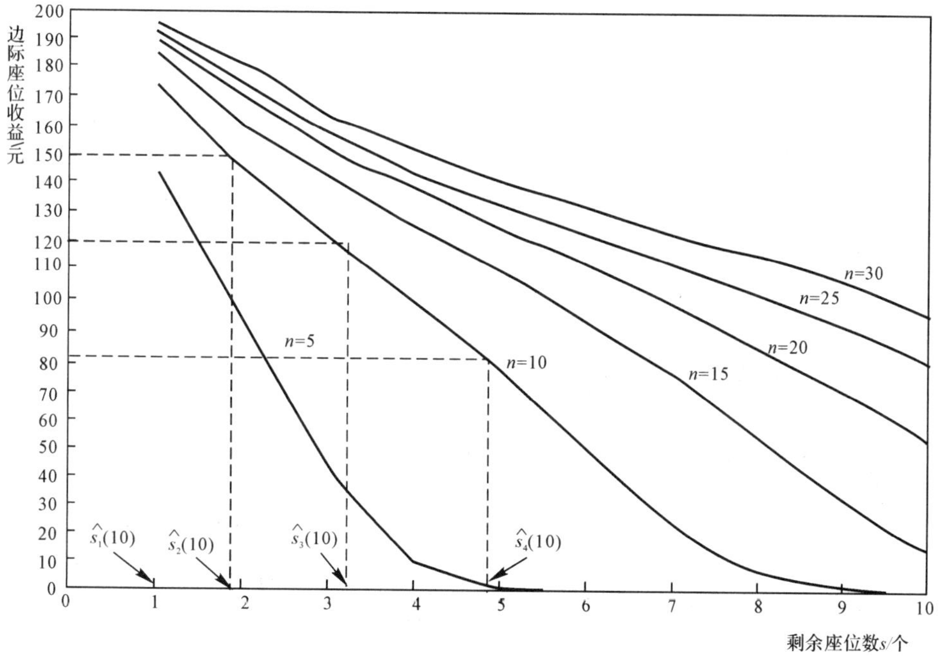

图 11.12　订座决策期确定时的 $\delta(n,s)$ 曲线

从图 11.12 可以看出，在第 10 个订座决策周期时，$\hat{s}_1(10)=1$，$\hat{s}_2(10)=2$，$\hat{s}_3(10)=3$，$\hat{s}_4(10)=5$，说明此时有超过 5 个可用座位时，才可接受 $f_4=80$ 子舱的订座请求，有超过 3 个座位时可接受 $f_3=120$ 子舱的订座请求，超过 2 个座位时可接受 $f_3=150$ 子舱的订座请求，当有 1 个座位时只可接受 $f_1=200$ 子舱的订座请求。

从图 11.13 可以看出，在可用座位数为 1 时，$\hat{n}_1(1)=30$，$\hat{n}_2(1)=6$，$\hat{n}_3(1)=3$，$\hat{n}_4(1)=2$，说明当只有 1 个座位时，任何时候都可接受 $f_1=200$ 子舱的订座请求，但只在订座决策期小于等于 6 时，才可以接受 $f_2=150$ 子舱的订座请求，小于等于 3 时，才可以接受 $f_3=120$ 子舱的订座请求，只在订座决策期 2 时，才可以接受 $f_4=80$ 子舱的订座请求。

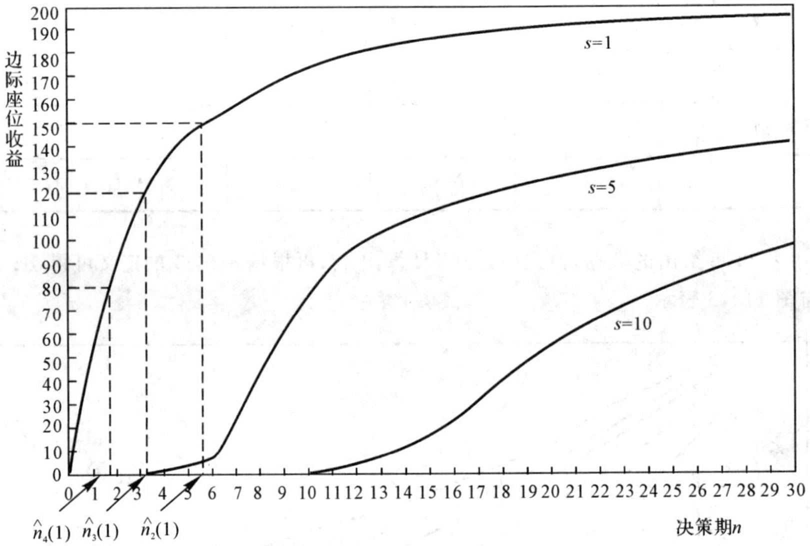

图 11.13　可用座位确定时的 $\delta(n,s)$ 曲线

11.4.5　团队舱位控制

团队旅客是收益管理的又一个重要对象。团队旅客不同于散客，他们通常在预订座位之后会取消部分或全部订座，有时还会在离航班起飞前取消订座，使航空公司蒙受经济损失。另外，航空公司接受团体订票之后，可能由于座位不足，需要重新安排部分已经订票的散客。由于这些原因，团队客不能像散客那样处理。有些航空公司，如德国汉莎航空公司，有专门的团队旅客管理部门，他们把团队细分为临时团、系列团、体育代表团、学生旅游团等来进行管理。从收益管理的角度看，在决定是否接受团队时，绝不能仅仅根据当时有无空位来决定，而应该先预测该团队的座位使用率、成行率，找出各条可供该团队旅行的路线（一般说来，团队对票价很在乎，但对路线和时间则不太在乎，除非是赶比赛的体育代表团），算出团队的票价（团队通常要求享受折扣），然后再作决定。团队票价应根据科学方法制定，它取决于该团队可能挤掉的散客票价，或称散客置换成本。如果有多条不同的航线可以送走团队，每条路线的最低可接受票价可能不同。航空公司应根据预测，尽量把团队旅客安排到航班起飞日最空的航班上，以降低移置散客成本。在接受了团队订票之后，还需要对订票团队进行监测和追踪，一旦出现人数变化，要实时重新调整相应航班。

1. 团队控制的散客置换价方法

航空公司在做团队控制时考虑到团队需求的不确定性，一般不对团队的需求设定座位数，只当出现团队订座请求时，根据散客的需求与价格，决定是否接受其订座请求。其操作过程如下：当航空公司在某一个航段上接收了一个 s 人的团队时，就潜在地取代了该航段上的 s 位散客。因为团队票价通常是打过折的，一般都低于同一等级的同期散客票价，所以是否接收该团队就直接取决于该航段上的散客未来需求预测。只要从接收团队获取的收益不小于这个团队将会取代的散客预期收益，该团队就应该被接收。为此需要计算团队的机会成本，即散客置换价。本小节仅考虑以航段为基础的散客置换价模型。

散客置换价模型以预期边际收益法为基础，期望边际收益考虑了需求的不确定性，同时又估计了被分派到某一特定舱位的下一个座位所能带来的期望收益。基于座位需求的正态分布特性，某等级舱位的需求分布概率密度函数为 $f_i(x)$，则定义

$$p_k^i = \int_k^{\infty} f_i(x)\mathrm{d}x \tag{11.36}$$

是卖出第 k 个座位的概率。它是一个关于 k 的递减函数。根据式(11.36)，第 i 个等级舱位的预期收益为

$$ESR_i = f_i \sum_{k=s_i+1}^{m_i+s_i} p_k^i \tag{11.37}$$

式中，f_i 为 i 等级舱位平均票价，s_i 为舱位 i 已订座数，m_i 为团队挤占的 i 等级座位数。

最低团队票价，即散客置换价 f_s 为

$$f_s = \frac{1}{s}\sum_i ESR_i \tag{11.38}$$

式中，$s = \sum_i m_i$ 为团队期望成行人数，等于团队预报人数乘以成行率，i 为团队挤占的舱位等级。

需要说明的一点是，团队一般从最低等级舱位开始向上挤占座位，只有当最低等级舱位的剩余座位数不能满足团队的需求时，才会去挤占上一等级的座位，以此类推。

例 11.5　对例 11.3 的航班，出现了一团队申请 40 个座位，已知团队成行率为 0.8，目前航班已经在 Y，M，B，Q 各子舱分别销售了 3，5，6，10 个座位，共销售了 24 个座位，这 4 个子舱的价格分别是 800 元，700 元，600 元和 400 元。团队挤占各子舱的散客座位数为：Q 舱 23 个座位，B 舱 9 个座位，它们的散客需求分别服从 $N(40,100)$ 和 $N(60,400)$ 的分布。试计算这个团队的散客置换价。

解　分别使用 EXCEL 的 = normdist(k,60,20,true) 和 = normdist(k,40,10,true) 计算舱位 Q 和 B 的订座概率，然后计算期望收益，分别是

$$ESR_Q = 400 \times \sum_{k=11}^{33} p_k^Q = 8\ 872.155 \text{ 元}$$

$$ESR_B = 600 \times \sum_{k=7}^{15} p_k^B = 4\ 488.877 \text{ 元}$$

$$f_s = \frac{1}{s}(\mathrm{ESR}_Q + \mathrm{ESR}_B) = \frac{1}{32} \times (8\ 872.155 + 4\ 488.877) = 417.5 \text{ 元}$$

如果将这 32 人的团队全部安排在 Q 舱，那么

$$ESR_Q = 400 \times \sum_{k=11}^{42} p_k^Q = 11\ 976.6 \text{ 元}$$

此时的团队置换价是

$$f_s = \frac{1}{s}ESR_Q = \frac{1}{32} \times 11\ 976.6 = 374.3\ 元$$

可见不同的舱位安排，团队的散客置换价不同，安排的舱位等级越低，置换价越小，越容易被团队接受，但对Q舱的影响较大。有了团队置换价，根据团队出价是否大于置换价即可决策是否接受该团队订票。

需要说明的是，上述方法虽然简单，但不一定是最优解，往往只是次优解，因为这种方法使用散客平均期望边际座位收益来计算团队置换价，偏向于保留更多的座位给散客，其中部分散客座位的期望边际收益已经远小于团队的出价了。

2.团队与散客的一体化舱位控制方法

散客置换价方法对于临时团队订票决策是简单有效的一种方法。但是对于某些航线，例如旅游航线，团队和每个团队的旅客数量都较多，团队旅客是市场的主体，这种方法就不适用了。在这种航线上，团队的订座与散客订座具有明显的时间上差别，并且大多团队订座时间集中在一段时间内。

由于任何时候团队的价格都低于散客销售价格，因此原则上总是优先考虑满足散客的需求。散客的需求是一个随机向量，在当前至航班舱位关闭的时段内都有分布。所以应确定一个合理的座位数量来满足散客需求，剩余的座位分配给团队。并且选择最好的团队接受订座，以实现收益最大。在确定保留给散客的座位时，要考虑到现有团队对航班的收益贡献，这将取决于申请团队的价格、数量与成行率。

式(11.39) ~ 式(11.41)给出了团队和散客舱位控制的一体化优化模型。

$$\max \sum_{i=1}^{n} x_i f_i s_i \eta_i + \sum_{i=1}^{c_1} EMSR_i \tag{11.39}$$

$$\text{s.t.}\ \hat{f}' \times prob\{y \geqslant c_1\} \leqslant \bar{f}_{团} \tag{11.40}$$

$$c_1 + c_2 \leqslant C \tag{11.41}$$

式中，$x_i = 0,1$，$x_i = 0$ 表示不接受 i 团队的请求，$x_i = 1$ 表示接受这个团队的请求，其他变量和参数的计算公式如下

$$\hat{f}' = \frac{\sum_{i=1}^{m} f'_i \mu_i}{\sum_{i=1}^{m} \mu_i} = \frac{\sum_{i=1}^{m} f'_i \mu_i}{\mu} \tag{11.42}$$

$$prob(y > c_1) = \int_{c_1}^{+\infty} \frac{1}{2\pi\sigma} e^{-\frac{(y-\mu)^2}{2\sigma^2}} dy \tag{11.43}$$

$$\bar{f}_{团} = \frac{\sum_{i=1}^{n} x_i f_i s_i \eta_i}{\sum_{i=1}^{n} x_i \eta_i s_i} = \frac{\sum_{i=1}^{n} x_i f_i s_i \eta_i}{c_2} \tag{11.44}$$

$$c_2 = \sum_{i=1}^{n} x_i s_i \eta_i \tag{11.45}$$

有关参数的意义说明如下：

C：航班可用座位数，c_1 是分配给散客的座位数，c_2 是分配给团队的座位数；

F'：航班散客各舱位座位价格的集合：$F' = (f'_1, f'_2, \cdots, f'_m)$，是 i 子舱散客票价；

F：团队申请的票价的集合：$F = (f_1, f_2, \cdots, f_n)$，$f_i$ 是第 i 个团队申请的票价；

S:申请团队人数的集合:$S=(s_1,s_2,\cdots,s_n)$,s_i 是第 i 个团队的人数;

η:团队成行率的集合:$\eta=(\eta_1,\eta_2,\cdots,\eta_n)$,$\eta_i$ 是团队 i 的成行率;

D:预测的航班散客需求的集合:$D=(d_1,d_2,\cdots,d_m)$,d_i 是 i 等级舱位的散客需求,服从独立正态分布 $d_i\sim N(\mu_i,\sigma_i)$,$\mu=\mu_1+\mu_2+\cdots+\mu_m$,$\sigma=\sqrt{\sigma_1^2+\sigma_2^2+\cdots+\sigma_m^2}$。

式(11.39)是目标函数,第一项是团队收益,第二项是散客收益,目标函数要实现总收益最大化。式(11.40)要求选择的团队的期望座位收益不低于将座位分配给散客带来的收益,式(11.41)表示团队与散客分配的座位数之和不超过航班可用座位数。

上述模型的求解比较困难,因为它是整数规划问题,而且约束条件式(11.40)是一个非线性的。传统的背包问题算法不完全适用。因为对于不同的团队组合,可获得的可用座位数是不同的,相当于背包的容量是一个变量。式(11.40)的右边是关于 f_i 与 $s_i\eta_i$ 的增函数,这说明团队规模相同时,申请价格较高的团队更能够满足条件式(11.40);团队申请价格水平相同时,规模较大的团队更能够满足条件式(11.40)。因此建立如下的分枝搜索算法:

在以下的算法步骤中,在算法流程的节点 K 时,$SETI(K)$ 是被选择团队的集合,$SETE(K)$ 是已舍弃团队的集合,$SETF(K)$ 是未定团队的集合。Z_0 是目标函数最优值,$B(K)$ 是节点 K 中已选择团队的总收益,$WL_k=C-\arg\min\limits_{c_1}\{\overline{f}'\times P_r(y\geqslant c_1)\leqslant\overline{f}_{SETI(K)}\}$ 是可接受团队人数的限制,$WL_{\max}=C-\arg\min\limits_{c_1}\{\overline{f}'\times P_r(y\geqslant c_1)\leqslant f_{\max}\}$ 是当前最大可接受团队人数,$WL_{\min}=C-\arg\min\limits_{c_1}\{\overline{f}'\times P_r(y\geqslant c_1)\leqslant f_{\min}\}$ 是当前最少可接受团队人数,其中 $f_{\max}$ 和 $f_{\min}$ 分别是最高和最低团队申请票价。并且定义:如果某节点不会被剪枝且还没有进行分枝,则称该节点为末端节点。

第 1 步　如果 $\min\limits_i\{s_i\eta_i\}>WL_{\max}$,则没有可行解存在,终止计算;否则转下一步。

第 2 步　如果 $\sum\limits_{i=1}^n s_i\eta_i\leqslant WL_{\min}$,则所有团队均可接受,计算终止;否则转下一步。

第 3 步　将团队按照其申请价格 f_i 降序排列,如果有几个团队申请价格相同,则按照 $s_i\eta_i$ 的降序排列,并转下一步。

第 4 步　令 $B(1)=10^{10}$,$SETI(1)=\Phi$,$SETE(1)=\Phi$,$SETF(1)=\{1,2,\cdots,n\}$,$K=1$,转下一步。

第 5 步　在末端节点集合中,令 K 表示 $B(K)$ 最大的节点,选择节点 K 进行分枝。如果 $SETF(K)=\Phi$(所有团队已被选择或已除去),则已获最优解,最大团队总收益的值等于 $Z_0=\sum\limits_{i\subset SETI(K)}f_is_i\eta_i$,计算结束;否则,转下一步。

第 6 步　对节点 K 根据申请价格进行分枝,令 $ISTAR$ 代表 $I\in SETF(K)$ 中申请价格最高的团队,则一个分枝包含团队 $ISTAR$,另一个分枝包含 $SETF(K)$ 中除去团队 $ISTAR$ 后剩余的团队。令后一分枝的编号 $K=K+1$,同时令 $COUNT=1$,$SETI(K)=SETI(K-1)$,$SETF(K)=SETF(K-1)-ISTAR$,$SETE(K)-SETE(K-1)\cup ISTAR$。转下　步。

第 7 步　计算 $B(K)$:设置临时集合 $SETI'(K)$,将 $SETI(K)$ 拷贝到 $SETI'(K)$ 中,如果 $SETF(K)\neq\Phi$,则按顺序(申请价格递减)尽可能多选择 $SETF(K)$ 中的团队,将其移至 $SETI'(K)$ 中,用 $SETI'(K)$ 的团队计算 WL_K,直到所有已选择各团队旅客数量接近 WL_K 为止,令 $B(K)$ 等于 $SETI'(K)$

中各团队的总收益。如果 $COUNT = 1$，转下一步，否则，转第 5 步。

第 8 步　考虑包含团队 $ISTAR$ 的节点。令 $K = K+1$，$SETI(K) = SETI(K-2) \cup ISTAR$，$SETE(K) = SETE(K-2)$，$SETF(K) = SETF(K-2) - ISTAR$，$COUNT = 0$，计算 WL_K，如果 $\sum_{i \in SETI(K)} s_i \eta_i \leqslant WL_K$，则转第 7 步；否则，令 $B(K) = 0$，转第 5 步。

在上述算法中，WL_K 具有 c_2 的意义，表示在尽量考虑了散客需求后，还能留给团队的可用座位数的期望值。在不断分枝过程中，$SETI(K)$ 中的团队逐渐增多，团队平均价逐步减小，因此给散客预留的座位数 c_1 逐步增加，团队可用座位数 WL_K 逐步减少。但分枝到一定层次后，WL_K 变化减缓，变化幅度一般在 2 ～ 5 个座位之间。

下面通过一个例子来说明。

例 11.6　某航空公司的某个航班目前散客销售价格是6折，预测未来散客的价格与需求量如表11.9所示。当前申请的团队的价格、数量、成团率如表11.10所示。当前航班剩余可用座位数 $C = 124$ 个。试决策该接受哪几个团队？

表 11.9　散客需求表

散客舱位等级	1	2	3	4	5
价格(折扣)	0.6	0.7	0.8	0.9	1.0
需求量期望值 / 人	12	14	14	10	6
需求量均方差 / 人	3	5	6	4	3

表 11.10　团队需求表

团队编号	团队价格(折扣)	团队规模 / 人	团队成团率
1	0.55	10	0.9
2	0.55	15	0.85
3	0.5	20	1.1
4	0.45	24	0.96
5	0.45	16	1.05
6	0.4	30	0.75
7	0.5	12	0.95
8	0.55	8	1.2
9	0.5	18	0.98
10	0.35	35	0.92

解　利用表 11.9 和表 11.10 给出的散客数据、团队数据和上面介绍的算法，对数学模型式(11.39)～式(11.41)进行求解，计算所得结果为：最优的团队接受策略为(1,2,8,3,9)，接受团队总人数 71，留给散客座位 52，空置座位 1 个，团队期望收益 37.06p，p 为全价票的价格。

如果表 11.10 中给出的团队的编号是团队发出请求的顺序，一般航空公司按照"先来先得"原则作为接受团队的策略，则接受的团队是(1,2,3,4)，期望收益为 33.33p，此时给散客留座位 52 个，团队座位 72 个，实际期望售出 67 个，空置座位 5 个，比上述方法的最优解减少收益近 4 个全价票。如果按照"价格优先，数量优先"的策略，则接受的团队是(5,2,8,1,3)，接受团队旅客 70 人，空置座位 2 个，期望收益为 35.8p，也比上述方法的最优解减少 1 个多全价票；或者接受团队(2,3,5,7,8)，此时接受团队旅客 73 人，给散客保留座位 51 个，空置座位数为 0，期望收益 36.55p。此时，尽管期望空座为 0，但仍比最优解减少 0.5p 的收益。

11.4.6　航班舱位和超售静态控制

所谓超售，是指接受的旅客订座数超过了飞机最大允许座位数。航空公司之所以采取超售的方式，是因为存在订了座却不来登机的旅客(No－Show)和取消订座的旅客(Cancellation)。据美利坚航空公司测算，如果没有超售，航班起飞时大约有 15% 的座位虚耗(Spoilage)。No－Show 旅客的存在不仅浪费了航空公司的生产资源，同时也使许多有急事要乘飞机的旅客不能成行，浪费了社会资源。

由于超售预测不可能完全准确，因此超售可能发生 DB(Denied Boarding)，即已购票并来乘机的旅客上不了飞机的问题。这常常引起旅客的不满甚至引起航空公司与旅客的冲突。超售在解决座位虚耗问题，提高航空公司收益的同时，还需要解决好 DB 问题，这其中有许多理论问题甚至是法律问题需要研究。因此超售是一把双刃剑，如何解决好座位虚耗和DB这一对矛盾，一直是航空公司和学术界十分关心的问题。国外从 20 世纪 60 年代就开始研究，至今仍热度不减。许多著名的经济学家如 Falkson，Bieman 与 Thomas，Nagarajan 及诺贝尔经济学奖获得者 Simon 都对此做出了贡献。

为超售建模是研究超售问题并寻找最优超售决策的主要手段，它根据航班历史上旅客No－Show率、订座取消率和拒绝登机的补偿成本，并考虑虚耗座位的成本，确定最适当的订座限额。超售建模有两种研究方法，即静态方法和动态方法。

所谓静态方法指超售决策与订座时间和订座数的变化无关的研究方法。Beckmann最早用γ分布对成行旅客数建立了静态超售模型，提出了一个近似最优的超售条件。Kosten 1960 年提出的模型与 Beckman 的相类似，需要估计超售成本、旅客需求和取消订座的概率分布。1961 年 Thompson 提出了订座取消概率不依赖于订座方式(是个人订座还是团队订座)，也不依赖于该订座的时间的假设，建立了"条件超售概率"的概念。同年，Karlin 证明了订票限制随着起飞时间的接近而不断下降。随后，他和 Iglehort 扩展该结果到订座取消概率分布取决于环境指数的情况，将订票过程构成一个马尔可夫链。Thompson 的研究成果引起了航空公司超售决策人员的广泛注意，例如英国欧洲航空公司的 Taylor、荷兰皇家航空公司的 Deetman、美利坚航空公司的 Rothstein 与 Stone 等，对他的研究成果作了进一步开发应用。1970 年代，西班牙航空公司的 Martinez 与 Sanchez，Littlewood 和 Elal 航空公司的 Shlifer 与 Vardi 等人，在 Taylor 研究成果的基础上利用一系列独立的静态最优化模型来解决动态决策问题。1980 年代有关静态超售模型的研究成果不多。到了1990年代，Bodily与Pfeifer建立的静态模型指出乘客取消订座的概率与订座发生的时间和飞机起飞前发生的不确定事件(如天气原因)有关。

在应用方面，美利坚航空公司1968年基于Beckmann的方法研制出第一套超售预测与优化系统，该系统应用了基于服务水平要求的约束条件来确定超售水平，保证服务水平不会过度降低。1976年，美利坚航空公司在该系统中考虑了超售决策的收入和成本，以最大化超售利润。1987年又对其超售模型进行了修改和完善。最近几年，SABRE的Ratliff、荷兰皇家航空公司的Westerhof、大陆航空公司的Botimer和Van Ryzin等对超售模型的应用进行了讨论。

尽管关于超售建模已有了许多研究成果，但集中在单一舱位等级超售问题的研究，对于既考虑多等级舱位控制，又考虑No-Show和DB补偿成本的超售建模，则由于研究的困难，成果不多。本节把旅客订座—取消订座(包括No-Show)过程看成一个排队系统，对单一舱位和多等级舱位控制问题分别建立了静态模型，该模型计算简单，操作方便，可用于实际订座决策。

1. 单一等级舱位的静态超售模型

把旅客的订座过程看做是一个排队模型。旅客到达发出订座请求，系统决定是否让旅客进入服务系统，旅客进入系统则队列长度增加。旅客取消订座看做是排队系统的服务过程，取消订座使队列长度减少。这样单一等级舱位订座过程可以模拟成M/M/1/∞/N排队系统，当一个旅客进入系统，系统得到票价收入，旅客离开系统(取消订座)，就产生退票款。超售成本是在服务系统中旅客数的函数，看做是系统成本。

本节建立的超售模型需要以下假设：

(1) 旅客的订座请求是独立发生的。

(2) 旅客在一些离散的时刻点一个一个地到达系统外部等待进入系统。假设旅客到达服从参数为λ的泊松分布。

(3) 系统对进入的旅客一个一个地进行服务(接受取消订座)，订座取消(包括No-Show)服从参数为μ的负指数分布。

本模型将使用以下参数：

C：飞机可提供座位数，即航班容量。

f：票价。本节假设票价是单一的。

L_q：排队长，是排队系统中旅客数(取消订座数已经除去)。

N：系统容量限制，即最大订座限制。

当发生DB时，航空公司付给x位DB乘客的赔偿是$F(x)$，则DB成本函数为

$$V=\begin{cases}0, & L_q\leqslant C\\ F(L_q-C), & L_q>C\end{cases}$$

假设取No-Show的乘客将获得全额票价退款，那么系统收益函数为

$$S=fL_q-F(L_q-C)$$

或写成

$$S=fC-[F(L_q-C)-f(L_q-C)] \tag{11.46}$$

因为航空公司支付给一个DB乘客的费用大于一张机票的价格，即$F(L_q-C)>f(L_q-C)$，显然式

(11.46) 在 $L_q = C$ 时取得最大值。

令 $\rho = \dfrac{\lambda}{\mu}$，则有

$$L_q = \frac{\rho}{1-\rho} - \frac{N\rho^{N+1}+\rho}{1-\rho^{N+1}} = C \tag{11.47}$$

由于实际情况下 $\lambda > \mu$，所以 $\rho^{N+1} \gg 1$，此时由式(11.47) 可以近似解得

$$N \approx C + \frac{\rho}{\rho - 1} \tag{11.48}$$

式(11.48) 十分简单地表达出了超售数与到达率-取消率之比(可称为取消强度) 的关系。由此式可见，在单一舱位情况下超售数量近似等于 $\dfrac{\rho}{\rho-1}$。当 ρ 值很大，即订座请求率远大于取消率时，超售数近似为 1；当 ρ 逐渐减小时，超售数随之增加，说明订座取消率(包括 No - Show 率) 越大，超售数越多。这符合航空公司的实际情况。

根据本模型计算出订座限制 N 后，订座控制策略是：当队长没有达到 N 时，就允许乘客订座；当队长已经达到限制 N 时，就拒绝订座请求。

2. 多等级舱位控制和超售综合静态模型

本节将讨论多等级舱位的控制问题。本节将 No - Show 看做是最后时刻的取消订座，将舱位的一个等级看做为一个阶段，根据动态规划方法建立多等级舱位嵌套控制和超售模型，目标是航空公司利润最大化。航空公司的订座控制决策是决定每个舱位何时开放和关闭，订座限制由优化结果确定。

为了建立多等级舱位控制模型，除了 11.4.6 小节中提出的 3 个假设外，再增加以下假设：

(1) 共有 J 个舱位，各等级舱位票价已事先确定；

(2) 按票价顺序从低到高订座：最先销售 J 舱位，其次销售 $(J-1)$ 舱位，等等；

(3) 需求独立：对每个舱位的需求是随机的，且彼此独立；

(4) 各舱位之间需求没有转移。

本节模型使用的变量包括：

N_j：j 舱位的订座限制，只有当 j 舱位已订座数小于订座限制时，才能接受订座请求，N_j 是 $J,\cdots,j+1$ 各舱位已订座位数的函数。

D_j：j 舱位的订座需求量，D_j 是非负的随机变量。

L_j：j 舱位已经接受的订座数。

f_j：j 舱位的票价。

f_j^p：j 舱位订了座的 No - Show 乘客获得机票退款时要扣除的罚金。

$S_j(L_j)$：起飞时，j 舱位登机的旅客数。它是 L_j 的随机函数。只有在起飞时才能观察到。

$F(x)$：航空公司为 x 个 DB 乘客支付的赔偿费。假设超售成本是线性增加的，即 $F(x) = Fx$。

由以上的假设得航班的总收益是

$$\begin{aligned} r(L_1,\cdots,L_J,S_1(L_1),\cdots,S_J(L_J)) = {} & f_1S_1(L_1) + f_1^p(L_1 - S_1(L_1)) + \cdots + \\ & f_JS_J(L_J) + f_J^p(L_J - S_J(L_J)) - F\,(S_1(L_1) + \cdots + S_J(L_J) - C)^+ \end{aligned} \tag{11.49}$$

令 $r_j = p_jf_j + (1-p_j)f_j^p$ 为 j 舱的等价票价，$H(L_1,\cdots,L_J) = \mathrm{E}(S_1(L_1)+\cdots+S_J(L_J)-C)^+$ 为期

望 DB 旅客数，则期望总收益为

$$R(L_1,\cdots,L_J) = r_1L_1 + \cdots + r_JL_J - FH(L_1,\cdots,L_J) \tag{11.50}$$

设 Π_j 是 j 舱订座策略 π 的集合，L_j^π 是在策略 π 下 j 舱的订座数，$R_j(L_{j+1},\cdots,L_J)$ 是阶段 j 最大期望总收益，有

$$R_j(L_{j+1},\cdots,L_J) = \max_{\pi\in\Pi_j} \mathrm{E}[R_{j-1}(L_j^\pi,L_{j+1},\cdots,L_J)],\quad j = 1,\cdots,J-1$$

$$R_0(L_1,\cdots,L_J) = R(L_1,\cdots,L_J) \tag{11.51}$$

因此 R_0 是可得到的最大总收益。

应用式(11.51)求解各等级舱位的订座限制策略计算量太大而不易实现，我们将建立计算方便的近似模型替代原模型。该替代模型可根据已出现的需求，决定 j 舱的订座控制策略。

令 $G_0(L_1,\cdots,L_J) = R(L_1,\cdots,L_J)$，由于 j 舱位的需求是随机变量，销售到 j 舱位时的期望总收益函数为

$$G_j(L_{j+1},\cdots,L_J) = \mathrm{E}\max_{L_j\leqslant D_j} G_{j-1}(L_j,L_{j+1},\cdots,L_J),\quad j = 1,2,\cdots,J-1 \tag{11.52}$$

是 $R_j(L_{j+1},\cdots,L_J)$ 的上限。

为了求解上述替代模型的最优订座策略，首先给出相应的引理和定理。

引理 11.1 如果 $H(L_1,\cdots,L_J)$ 是随 $(L_1,\cdots,L_J)$ 凸变化的，那么 $G_{j-1}(L_j,L_{j+1},\cdots,L_J)$，$j = 1,\cdots,J-1$ 是凹函数。

证明 用归纳法证明。当 $j = 1$ 时，由定义知 $G_0(L_1,\cdots,L_J) = R(L_1,\cdots,L_J) = r_1L_1 + \cdots + r_JL_J - FH(L_1,\cdots,L_J)$，对 $(L_1,\cdots,L_J)$ 是凹的。

设 $j = n$ 时，$G_n(L_{n+1},L_{n+2},\cdots,L_J)$ 是凹函数。则当 $j = n+1$ 时，对任意 $(L_{n+2},\cdots,L_J)$ 和 $(y_{n+2},\cdots,y_J)$ 及实际需求 D_{n+1}，L_{n+1} 和 y_{n+1} 分别是使得下列式子成立的 L 和 y 的取值

$$\max_{L\leqslant D_{n+1}} G_n(L,L_{n+2},\cdots,L_J)$$

$$\max_{y\leqslant D_{n+1}} G_n(y,y_{n+2},\cdots,y_J)$$

对任意的 $\rho\in[0,1]$，令 $z_j = \rho L_j + (1-\rho)y_j$，$j = 1,\cdots,J$，得到如下的关系

$$\begin{aligned}\max_{z\leqslant D_{n+1}} G_n(z,z_{n+2},\cdots,z_J) &\geqslant G_n(z_{n+1},z_{n+2},\cdots,z_J) \geqslant \\ &\rho G_n(L_{n+1},L_{n+2},\cdots,L_J) + (1-\rho)G_n(y_{n+1},y_{n+2},\cdots,y_J) = \\ &\rho\max_{L\leqslant D_{n+1}} G_n(L,L_{n+2},\cdots,L_J) + (1-\rho)\max_{y\leqslant D_{n+1}} G_n(y,y_{n+2},\cdots,y_J)\end{aligned} \tag{11.53}$$

最后的等式和第一个不等式是由定义得到的，第二个不等式是由于 G_n 是凹函数。对 D_{n+1} 求收益函数的期望值，得到

$$G_{n+1}(z_{n+2},\cdots,z_J) \geqslant \rho G_{n+1}(L_{n+2},\cdots,L_J) + (1-\rho)G_{n+1}(y_{n+2},\cdots,y_J)$$

所以 G_{n+1} 是凹的。证毕。

令 $L = L_1 + \cdots + L_J$ 是订座总数，假设登机旅客数 S 是 L 的函数，则 $S(L)$ 是随机增的。再设 $S_j(L_j)$ 的期望值与 L_j 成比例，即 $E(S_j(L_j)) = p_jL_j$，p_j 是 j 舱位乘客出现(Show Up)的概率。令 $p = (p_1L_1 + \cdots + p_JL_J)/L$ 是综合 Show Up 率，可得 $S(L)$ 的期望值 $\mathrm{E}S(L) = pL$，期望 DB 旅客数 $H(L_1,\cdots,L_J) = h(L) = \mathrm{E}[S(L)-C]^+$。

定理 11.1 $h(L)$ 是凸函数且可导，其导数为 $h'(L) = pP_r(S(L)\geqslant C)$。

证明　对于任意的 $\Delta L > 0$，有

$$\begin{aligned}&h(L+\Delta L)-h(L)=\\&\quad \mathrm{E}[(S(L+\Delta L)-C)^{+}-(S(L)-C)^{+}]=\\&\quad \mathrm{E}[(S(L+\Delta L)-C)^{+}-(S(L)-C)^{+}\ S(L)\geqslant C]P_{\mathrm{r}}(S(L)\geqslant C)+\\&\quad \mathrm{E}[(S(L+\Delta L)-C)^{+}-(S(L)-C)^{+}\ C-\Delta LS(L)<C]P_{\mathrm{r}}(C-\Delta LS(L)<C)=\\&\quad p\Delta LP_{\mathrm{r}}(S(L)\geqslant C)+o(\Delta L)\end{aligned}$$

所以 $h'(L)=pP_{\mathrm{r}}(S(L)\geqslant C)$。对任意两点 $L^{(1)}<L^{(2)}$，由于 $S(L)$ 随 L 递增，故而 $P_{\mathrm{r}}(S(L)\geqslant C)$ 也随着 L 的增加而增加。可以推得

$$h(L^{(2)})\geqslant h(L^{(1)})+h'(L^{(1)})^{T}(L^{(2)}-L^{(1)})$$

所以 $h(L)$ 是凸函数。证毕。

下面将证明当 $H(L_1,\cdots,L_J)=h(L)$ 时，可以得到订座限制 $N_j(L_{j+1},\cdots,L_J)$ 的简单表达式。由于 r_j 是对 j 递减的，最优策略将是嵌套控制策略，这一结果与不考虑 No-Show 的情况相似。令 s_j 代表从 j 到 J 舱的订座总数，在嵌套控制策略中，最优的 s_j 是 j 舱位的订票限制数 N_j，s_1 是所有舱位订座总数，s_1-s_j 是从 $j-1$ 到 1 舱位的受保护座位数。有如下定理：

定理 11.2　因为 $h(L)$ 是凸函数，所以

i) 订座限制策略是最优订座策略，由最优订座限制 $N_j(L_{j+1},\cdots,L_J)$ 决定的 j 舱订座策略使 $\max\limits_{L\geqslant 0}G_{j-1}(L,L_{j+1},\cdots,L_J)$ 成立，且存在 $s_1,s_2,\cdots,s_J$，使得 j 舱的最优订座策略是由 $N_j(L_{j+1},\cdots,L_J)=s_j$ 决定的。

ii) 如果 $r_1\geqslant r_2\geqslant\cdots\geqslant r_J$，那么最优订座策略就是嵌套舱位控制策略，即 $s_1\geqslant s_2\geqslant\cdots\geqslant s_J$。

证明　i) 由于 $G_0(L_1,L_2,\cdots,L_J)=R(L_1,L_2,\cdots,L_J)$ 对 $(L_1,\cdots,L_J)$ 是凹的，那么对舱位 1，订座限制是 $N_1(L_2,\cdots,L_J)$，存在 $L_1\geqslant 0$ 使 $\max\limits_{L_1\geqslant 0}G_0(L_1,L_2,\cdots,L_J)$ 成立。这是因为

$$\begin{aligned}G_0(L_1,L_2,\cdots,L_J)&=r_1L_1+r_2L_2+\cdots+r_JL_J-Fh(L_1+L_2+\cdots+L_J)=\\&\quad r_1(L_1+L_2+\cdots+L_J)-Fh(L_1+L_2+\cdots+L_J)+k=\\&\quad r_1L-Fh(L)+k\end{aligned}$$

式中，$k=(r_2-r_1)L_2+(r_3-r_1)L_3+\cdots+(r_J-r_1)L_J$ 是小于零的常数，它与 L_1 无关。令 s_1 是使得 $\max\limits_{L\geqslant 0}[r_1L-Fh(L)]$ 取得最大值的订座数 L。由于 $h(L)$ 是凸函数，所以 s_1 肯定存在。

因为舱位 1 是票价最高的，最优限制策略应当尽量满足舱位 1 的需求，可令 $N_1(L_2,\cdots,L_J)=s_1$，进而

$$\begin{aligned}G_1(L_2,\cdots,L_J)&=\mathrm{E}\max_{L_1\leqslant D_1}G_0(L_1,L_2,\cdots,L_J)=\\&\quad r_2L_2+\cdots+r_JL_J+\mathrm{E}\max_{L_1\leqslant D_1}(r_1L_1-Fh(L_1+L_2+\cdots+L_J))\end{aligned}$$

由于最后一部分只依赖于 $y=L_2+\cdots+L_J$，所以

$$G_1(L_2,\cdots,L_J)=r_2L_2+\cdots+r_JL_J+g_1(y)$$

式中，$g_1(y)=\mathrm{E}\max\limits_{L_1\leqslant D_1}[r_1L_1-Fh(L_1+y)]$。

因为已经证明 $G_1(\cdot)$ 是凹函数，所以 $g_1(y)$ 对 y 也是凹的，因此存在最优解 $s_2=y^*$。

设当任意 j 舱位时存在最优解 $s_j=y^*$，则对于 $(j+1)$ 舱位，有

$$G_j(L_{j+1},\cdots,L_J)=r_{j+1}L_{j+1}+\cdots+r_JL_J+g_j(L_{j+1}+\cdots+L_J)$$

式中，$g_j(y)=\mathrm{E}\max\limits_{L_j\leqslant D_{j1}}[r_jL_j+g_{j-1}(L_j+y)]$是凹函数，且$g_0(y)=-Fh(y)$也是凹函数，因此可推得存在$s_1,s_2,\cdots,s_J$，使得$j$舱的最优订座策略是由$N_j(L_{j+1},\cdots,L_J)=s_j$决定的。证毕。

ii) 由于s_1是使$\max\limits_{L\geqslant 0}[r_1L+g_0(L)]$成立的$L$值，且

$$g_1(y)=\mathrm{E}\max_{L_1\leqslant D_1}[r_1L_1+g_0(L_1+y)]=-r_1y+\mathrm{E}\max_{L_1\leqslant D_1}[r_1(L_1+y)+g_0(L_1+y)]$$

L_1非负，对于任意的$y\geqslant s_1$，$r_1y+g_0(y)$是单调减的，因此

$$\max_{L_1\leqslant D_1}[r_1(L_1+y)+g_0(L_1+y)]=r_1y+g_0(y)$$

进一步可得

$$r_2y+g_1(y)=(r_2-r_1)y+\mathrm{E}\max_{L_1 D_1}[r_1(L_1+y)+g_0(L_1+y)]=$$
$$(r_2-r_1)y+r_1y+g_0(y)$$

因为$r_1y+g_0(y)$随y的增加而减少，且$r_2-r_1\leqslant 0$，所以，对于$y\geqslant 0$，$r_2y+g_1(y)\leqslant r_1y+g_0(y)$且是递减的。因此，使得$r_2y+g_1(y)$取得最大值的$s_2$不能大于$s_1$。依此类推，得$s_1\geqslant s_2\geqslant\cdots\geqslant s_J$。证毕。

显然，航空公司采用超售策略时，s_1大于或等于C。由定理11.2的证明得s_1是使$\max\limits_{L\geqslant 0}[r_1L-Fh(L)]$成立的$L$值，则第一个订座条件是

$$r_1-Fh'(s_1)=r_1-FpP_{\mathrm{r}}(S(s_1)\geqslant C)=0 \tag{11.54}$$

应用定理11.1的结论可解得

$$P_{\mathrm{r}}(S(s_1)\geqslant C)=\frac{r_1}{pF} \tag{11.55}$$

如果$\dfrac{r_1}{pF}>1$，则取s_1使$P_{\mathrm{r}}(S(s_1)\geqslant C)=1$，这只有在Show Up率$p$较小(即No-Show较多)时才会发生。式(11.55)的订座限制与Bodily与Pfeifer(1992年)建立的单舱位超售模型的订座限制形式相似。由该式知最佳订座限制总数为s_1时发生DB的概率应当等于舱位1的等价票价与DB旅客成本和旅客订票后登机的概率之乘积的比值，而与舱位等级数J和较低等级舱位票价无关。旅客Show Up率越大、DB旅客成本越高，则要求发生旅客DB的概率越小，即要求订座总数s_1越少。

当s_1确定后，舱位2的订座目标函数是

$$G_1(L_2,L_3,\cdots,L_J)=\mathrm{E}\max_{L_1\leqslant D_1}(r_1L_1+\cdots+r_JL_J-Fh(L_1+\cdots+L_J))$$

令$y=L_2+\cdots+L_J$，s_2是y的最优值，$d_1(\cdot)$是D_1的概率密度函数，则舱位等级1的订座保护水平是s_1-y。对于任意的$y<s_1$，有

$$G_1(L_2,\cdots,L_J)=\max_y\int_0^{s_1-y}(r_1z+r_2y-Fh(z+y))d_1(z)\mathrm{d}z+$$
$$\int_0^{s_1-y}(r_1(s_1-y)+r_2y-Fh(s_1))d_1(z)\mathrm{d}z+k$$

式中，k是与y无关的量。

将上式对y求导并令其为零，应用定理11.1和式(11.55)的订座限制条件得s_2满足

$$r_2-r_1P_{\mathrm{r}}(D_1\geqslant s_1-s_2)=0 \tag{11.56}$$

解得

$$P_{\mathrm{r}}(D_1\geqslant s_1-s_2)=\frac{r_2}{r_1} \tag{11.57}$$

用相同的方法类推,可以得到各舱位订票最优限制策略的一般表达式

$$P_r(D_{j-1} \geqslant s_{j-1} - s_j) = \frac{r_j}{r_{j-1}}, \quad j = 2,3,\cdots,J \tag{11.58}$$

在式(11.58)中,若等价票价 r_j 直接取机票价 f_j,则式(11.58)简化为著名的嵌套 EMSR 控制策略。因此本文得到的结果是嵌套 EMSR 策略在考虑 No - Show 和 DB 成本情况下的推广。

将式(11.55)和式(11.58)合并到一起,得到考虑 No - Show 和 DB 成本的订座控制策略如下:

$$\begin{cases} P_r(S(s_1) \geqslant C) = \dfrac{r_1}{pF} \\ P_r(D_{j-1} \geqslant s_{j-1} - s_j) = \dfrac{r_j}{r_{j-1}}, \quad j = 2,3,\cdots,J \end{cases} \tag{11.59}$$

3. 多等级舱位控制和超售综合静态控制实例

例 11.7　某航空公司的南京到北京航班,飞机的载客容量为 148 个座位,分别有 4 个票价等级舱位 Y,M,Q,K,航空公司规定它们的退票手续费率分别是 0.05,0.1,0.15 和 0.25,由于 DB 旅客只发生在 K 舱,每个 DB 旅客的成本是 1.5 倍的 Y 舱票价;通过对历史数据的统计和计算,得出该航段旅客需求服从正态分布,期望值和标准差以及各个舱位的平均票价如表 11.11 所示。已购票旅客前来登机的概率为 $p = 0.95$,即 No - Show 率为 5%。

表 11.11　算例数据表

舱位等级	Y	M	Q	K
期望需求总量 / 人	20	35	25	45
标准差 / 人	7	12	10	15
平均票价 f_i/ 元	1 000	800	600	400
等价票价 r_i/ 元	952	764	574	385

该公司在该航班的超售率一般取 5% ~ 15%,根据对订座和离港数据的统计分析结果,给出不同超售数发生旅客 DB 的概率如表 11.12 所示。

表 11.12　订座数和发生 DB 的概率

总订座数 s_1/ 个	155	159	163	167	170
$P_r(S(s_1) > C)$	0.18	0.42	0.71	0.85	0.97

在式(11.55)中,右边 $r_1/pF = 952/1\,425 = 0.668$,从表 11.12 可知 $s_1 = 162$。进一步应用式(11.58)和表 11.11 所给数据,可得其他等级舱位订座限制 $s_i(i = 2,3,4)$ 和预留座位数,如表 11.13 所示。表 11.13 表明:K 舱不预留座位,最多销售 98 个座位,其他各等级舱位也都有订座限制,以保证较高等级舱位的预留座位数,防止收益稀释。只有 Y 舱,它的订座限制是本航班的最大允许订座数,以保证尽可能满足该舱位旅客的需求,并防止较多 DB 数出现,尽量减少 DB 的成本。

表 11.13 各等级舱位的最优嵌套控制策略

EMSR 模型的应用结果	Y	M	Q	K
预留座位 $s_i - s_{i+1}$/ 个	16	27	21	
订座限制 s_i/ 个	162	146	119	98

11.4.7 航班舱位和超售动态控制

在 11.4.6 小节中研究了航空客运舱位控制和超售的静态建模问题，但静态模型不能考虑舱位开放模式和开放时间长短的影响，不能根据实际已订座数动态确定当日最优订座限制数。解决这些问题需要采用动态控制方法。

超售建模问题的动态研究方法有离散时间和连续时间两种处理方式。1960 年，Kosten 提出了一个连续时间的随机模型，因求解困难没有得到实际应用。1968 年 Rothstein 提出了非齐次马尔可夫序贯决策过程，第一次用动态规划方法解决航空公司超售问题。Hersh 和 Landy 在 1978 年考虑超售和取消订座的概率，提出了一个动态超售模型。1980 年 Hersh 和 Brosh 把订座过程看做 M/M/1/C 排队系统。Oil 和 Alstrup 等人在 1986 年和 1989 年利用动态规划方法对两等级超售问题进行了研究。1992 年 Chatwin 建立了一个单一票价多阶段超售模型。1998 年 Chatwin 提出了连续时间的单一票价超售模型。1999 年 Subramanian 等人研究了一个包括订座取消和超售的多时段舱位控制模型，把问题简化为一个单一票价的超售问题，构造了一个离散时间的马尔科夫决策过程，用动态规划来研究结合超售的座位分配问题。最近，S. V. de Boer 假设旅客总是购买能接受的限制条件下的最低票价的座位，研究了单一航段航班和网络的动态舱位控制问题。

尽管在超售动态模型方面已有许多研究成果，但仍存在许多问题。例如，几乎还没有涉及到多等级舱位超售问题；或假设订座取消率与时间无关；或将舱位控制和超售控制分开考虑；或建立的模型过于复杂，计算量大，难以满足实时决策的要求；等等。本小节将首先建立单一舱位动态超售模型，并讨论应用动态规划求解该模型的迭代过程。然后推广应用到多等级舱位的动态控制问题。最后详细讨论几个算例，用以验证本文方法的正确性和有效性。

1. 单一舱位控制和超售综合动态模型

本节的假设条件包括：

(1) 旅客需求足够多。

(2) 旅客的订座请求是独立发生的，且服从参数为 λ 的负指数分布。

(3) 任意时刻订座需求是一个非负随机变量，并且不同时刻的需求相互独立。

(4) 已订机票不在当天取消，其他时间可以任意取消，并且每个取消请求相互独立，订座取消率(和 No - Show 率) 服从参数为 μ 的负指数分布，订座取消比率近似为 $\rho = \mu/\lambda$。

(5) No - Show 和取消订座获得的退款与距离起飞时间有关。

(6) 支付给 DB(拒载，Denied Boarding) 乘客的赔偿金额与其票价无关，这与航空公司的实际情况相符。

建立模型需要如下的基本参数：

C：航班座位容量，即飞机可提供最大座位数。

N：最大允许订座数，考虑到超售，可以有 $N \geqslant C$。

t：表示距离航班起飞的天数。航班的订座过程每天为一个阶段，按照起飞前的天数可划分成若干阶段 $t = 0,1,\cdots,T$，$t = 0$ 表示航班起飞当日，$t = 1$ 表示航班起飞前 1 d，以此类推，一般 T 的取值根据实际情况确定。

f：航空公司机票的票价。

n：航班在第 t 天开始时系统已有订座数。

$P_i(t)$：表示在第 t 天有 i 个订座的概率。设 λ_t 是第 t 天旅客的到达率，那么

$$P_i(t) = \frac{\lambda_t^i}{i!}e^{-\lambda_t} \tag{11.60}$$

$P_{j/n}(t)$：表示第 t 天已被乘客预订的 n 个座位中有 j 个被取消的概率，因此 $P_{j/n}(0)$ 是飞机起飞当天 n 个订座中有 j 个 No-Show 的概率，显然任意一天取消的机票数量 $j \in [0,n]$，我们对每个旅客取消订座不加限制，因此每个旅客取消订票的概率与何时订票无关，可设每个已订票旅客取消订票的概率相同，但可以是 t 的函数 $p(t)$。由于订了座的乘客只有两个选择，登机或取消订座（起飞当天为 No-Show），所以 $P_{j/n}(t)$ 服从二项式分布

$$P_{j/n}(t) = C_n^j p^j (1-p)^{n-j} \tag{11.61}$$

$x_n(t)$：决策变量。表示决策者在第 t 日已有 n 个座位被预订的情况下，决定当日的最优订座数，一系列的 $x_n(t)$ 组成决策者的超售策略 $X = \{x_n(t) \mid n = 1,2,\cdots;t = 0,1,\cdots,T\}$。

F：每一位 DB 乘客获得的赔偿。

$Y_{n,x}(t)$：第 t 日已有 n 个座位被预订的前提下，订座决策为 x 时所获得的期望收入。

根据假设 2 和假设 4，订座过程是一个马尔可夫生灭过程。每阶段的系统状态是到前一阶段最后为止（即本阶段初）的已订座位数。在阶段 t，对于给定的 i 和 j，状态 n 转移到下一个阶段 $t-1$ 的状态 $s = n-j+i$ 的转移概率与决策变量 $x_n(t)$ 有关。该转移概率表示为

$$P(n \to n-j+i) = \begin{cases} P_i(t)P_{j/n}(t), & i < x \\ [\sum_{i=x} P_i(t)]P_{j/n}(t), & i = x \\ 0, & i > x \end{cases} \tag{11.62}$$

从转移概率可以看出，这一马尔可夫过程是非齐次的。这一动态过程的阶段 $t \in \{0,1,2,\cdots,T\}$，状态变量 $n \in \{0,1,2,\cdots,N\}$，决策变量 $x_n(t) \in \{0,1,2,\cdots,N\}$。采用动态规划方法可以将舱位控制和超售决策这一多维问题变为多个一维问题来求解，因此简化了问题的求解。由于动态规划求解过程是递推过程，因此可以根据当前状态对超售问题进行实时决策。

在阶段 t，对于给定的 n，指标函数 $Y_{n,x}(t)$ 定义为单一舱位超售问题的期望收益函数，它的表达式为

$$Y_{n,x}(t) = \sum_{i=0}^{x-1} P_i(t) \sum_{j=0}^{n} Y_{n-j+i}(t-1)P_{j/n}(t) + \left[\sum_{i=x} P_i(t)\right] \sum_{j=0}^{n} Y_{n-j+x}(t-1)P_{j/n}(t), \quad t \geqslant 1 \tag{11.63}$$

由下式

$$Y_n(t)=\max_x\{Y_{n,x}(t)\} \tag{11.64}$$

确定出阶段 t 在已有订座 n 的情况下的最优决策 $x_n^*(t)$ 和最大期望收益。

式(11.63) 可以写成

$$Y_{n,x}(t)=\sum_{i=0}^{x-1}P_i(t)R_i(t)+(1-\sum_{i=0}^{x-1}P_i(t))R_x(t) \tag{11.65}$$

其中，当 $t=0$ 时，即起飞当天(离港阶段)，有

$$R_i(0)=\sum_{j=0}^{n}P_{j|n}(0)[(n+i-j)f-F(n+i-j-C)^+] \tag{11.66}$$

$(\cdots)^+$ 表示当括号中的值小于零时等于零。当 $t>0$ 时有

$$R_i(t)=\sum_{j=0}^{n}P_{j|n}(t)Y_{n+i-j}(t-1) \tag{11.67}$$

上述式(11.63) ～ 式(11.67) 构成了单一舱位订座控制的动态规划数学模型。本文采用顺序解法，当 $t=0$ 时，由式(11.66)，式(11.65) 和式(11.64) 确定出 $Y_n(0)$ 和 $x_n^*(0)$，在 $t>0$ 的各阶段一直到 T，由式(11.67)，式(11.65) 和式(11.64) 递推求出最优决策和最优期望收益函数 $x_n^*(t)$ 和 $Y_n(t)$，航班的最优期望收益是 $Y_0(T)$。

可见，由上述动态规划模型可以计算出起飞前任一天，在当前已销售出 n 张机票的情况下最优可接受的订票数量。上述计算比较简单，可将计算得到的决策规则存于舱位控制超售决策数据库中，以不同的状态 $n=0,1,2,\cdots,N$ 为字段，将计算得出的最优订座限制决策以每日一条记录的形式保留在此数据库中，方便销售人员根据当日的 n 查询对应的最佳 $x_n^*(t)$，从而做出舱位控制和超售决策。

2. 多等级舱位控制和超售综合动态模型

本节是将上一节建立的单一舱位订座动态控制模型推广到多等级舱位订座的动态控制问题。我国的航空运输市场的特点是：对低等级舱位的机票，除了退票和改签票方面的限制外，无法执行其他限制，因此即使是公务旅客，如果提前购票也将尽可能地购买低等级舱位的机票。根据这一特点，多等级舱位动态控制可以有两种方式：平行的和串行的。

所谓并行的动态控制是指，各等级舱位同时开放，每阶段根据本阶段初的各等级舱位的状态(已订座数) 确定当前阶段的订座限制。假设各等级舱位需求相互独立，不存在需求转移，则多等级舱位问题可看做多个单一舱位问题，此时根据各等级舱位的需求预测和每阶段各等级舱位的到达率、取消率的预测结果，将上节的单一舱位动态控制模型应用于每个等级舱位，即可求出各等级舱位订座控制的最优策略。具体做法是，若每个舱位的需求 D_j 满足 $\sum D_j=C$，则以各等级舱位的 D_j 为容量，用各等级舱位的 f_j，λ_j 和 p_j 为参数建立多个单一等级舱位订座动态控制模型，即可得到多等级舱位订座的并行动态控制策略。当 $\sum D_j>C$ 时，舱位控制人员可根据实际情况决定某些较低等级舱位的需求不被满足，以保证 $\sum D_j=C$ 成立。

所谓串行的舱位动态控制是指，首先开放最低等级的舱位，然后从低到高依次开放其他等级舱位。每次只开放一个等价舱位，开放一个较高等级舱位必须同时关闭较低等级舱位，即同时只有一个等级舱位开放。这种控制方式是国内航空公司舱位控制的主要方式，它不能直接应用上节的单一舱位动态控制模型，所以下面将详细研究串行舱位动态控制建模问题。

本节仍然沿用上节的变量和假设，同时假设预先确定了航班的舱位等级和各等级舱位的开放时间，这时航班票价是 t 的阶梯函数，如图 11.14 所示。已知在第 t 日开放的等级舱位的票价 f^t、退票款 g^t、到达率 λ_t 和订座取消率 p_t，则第 t 天有 i 个订座的概率仍用式(11.60) 表示，在状态 n 的条件下有 j 个取消订座的概率仍可用式(11.61) 表示。

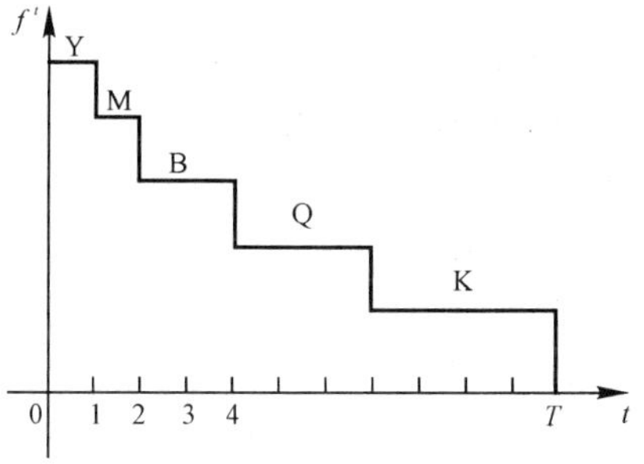

图 11.14　机票票价与时间 t 的关系示意图

采用动态规划的顺序递推法，阶段 t 的总收益为

$$Y_{n,i}(t) = if^t - jg^t + Y_{n+i-j}(t-1) \tag{11.68}$$

式中，$Y_{n+i-j}(t-1)$ 是阶段 $t-1$ 之后的最大期望收益。若第 t 天(阶段) 订座决策为 x，则阶段 t 的期望总收益为

$$Y_{n,x}(t) = \sum_{i=0}^{x-1} P_i(t) \sum_{j=0}^{n} P_{j|n}(t) Y_{n,i}(t) + \left[\sum_{i=x} P_i(t)\right] \sum_{j=1}^{n} P_{j|n}(t) Y_{n,x}(t) \tag{11.69}$$

满足

$$Y_n(t) = \max_x \{Y_{n,x}(t)\} \tag{11.70}$$

的 x 值是最优决策 $x_n^*(t)$。航班的最大期望总收益是 $Y_0(T)$。

式(11.69) 可以写成

$$Y_{n,x}(t) = \sum_{i=0}^{x-1} P_i(t) R_i(t) + \left[1 - \sum_{i=0}^{x-1} P_i(t)\right] R_x(t) \tag{11.71}$$

其中，当 $t = 0$ 时

$$R_i(0) = \sum_{j=0}^{n} P_{j|n}(0)\left[if^0 - jg^0 - F(n+i-j-C)^+\right] \tag{11.72}$$

当 $t > 0$ 时

$$R_i(t) = \sum_{j=0}^{n} P_{j|n}(t) Y_{n+i-j}(t-1) \tag{11.73}$$

式(11.70) ～ 式(11.73) 给出了多等级舱位串行动态控制的随机模型，应用动态规划顺序解法从 $t = 0$ 逐阶段递推到 $t = T$，即可给出最优订座策略。

在航班舱位未开放前，根据订座和离港数据预测到达率和取消率等参数，代入上述动态规划模型，计算出各等级舱位在开放期间各日的最优订座数。这种最优订座限制数是时间(t) 和当日前已订座数(n) 的函数，可将最优订座策略存储于舱位控制数据库中，在第 t 天舱位开放前根据当日开放舱位的等级和当日前已订座数查询该数据库得到$x_n^*(t)$，即可实现多等级舱位订座的最优动态控制。

根据式(11.72)，式(11.73)和式(11.71)，很容易证明，对于给定的t和n，$Y_{n,x}(t)$是关于x凹的，即随着x从0开始增加，$Y_{n,x}(t)$先单调增加，达到最大值之后单调减少。在设计计算程序时可根据这一特性减少计算量。

3. 多等级舱位控制和超售综合动态控制实例

例 11.8 情形描述：某航空公司南京 — 北京航线每天有5个航班，2004年1～5月的数据表明：其中航班××5821的平均客座率为84%，因此该航班可以采用超售策略，以提高航空公司收入。本节以航班××5821为例分别讨论单一舱位的订座控制策略、多等级舱位订座串行控制策略和并行控制策略。

首先讨论单一舱位订座的动态控制策略。

该航班平均票价$f = 750$元，平均DB成本$F = 1\ 300$元，航班容量$C = 148$座，舱位开放时间为起飞前10 d，即$T = 10$。根据航空公司的订座和离港数据，通过统计分析得到计算所需参数。采用两种不同的到达率分布，但总需求和订座取消率近似相等。应用本文建立的单一舱位动态控制模型进行求解，得到的结果如表11.14所示，其中"限制1"和"限制2"是分别对应于两种不同到达率的订座限制策略，"模拟到达"是根据Poisson分布进行仿真的请求订座数，"接受订座"是根据求解出的最优订座策略确定的，"实际订座"是根据"接受订座"和"取消订座"计算得到的累积订座数。"实际订座"的"期望收益"是实际总收益。从表11.14的结果可以看出：对于单一舱位问题，在总需求相同的情况下，到达率随时间的分布对最优控制策略几乎没有影响。

本次模拟订座的结果最后产生了一个DB，实际收益大于期望收益。大量计算实例分析表明：对于148座级的飞机，订座周期为10 d的订座决策问题，单一舱位控制模型在个人计算机PIV1.6G，256M内存上的计算时间在11.86～14.47 s之间。因此计算时间对于实时控制是可接受的。

表 11.14 单一舱位控制最优决策和模拟订座的结果

t/d	0	1	2	3	4	5	6	7	8	9	10	期望收益 / 元
限制 1/ 个	154	156	153	142	129	116	102	91	79	68	20	103 671
限制 2/ 个	154	156	153	142	129	116	102	91	79	70	19	103 671
模拟到达 / 个	7	13	19	20	18	21	19	17	9	6	16	
接受订座 / 个	4	13	19	20	18	21	19	17	9	6	16	
取消订座 / 个	−5	−3	−2	−1	0	0	0	0	0	0	0	
实际订座 / 个	149	150	140	123	105	88	67	48	31	22	16	110 450

下面讨论实例的多等级舱位订座串行动态控制问题。

情形描述：上述航班××5821，有四个等级舱位Y，M，Q，K，票价分别是$f^Y = 920$元，$f^M = 760$元，$f^Q = 570$元，$f^K = 460$元，DB成本为$F = 1\ 500$元，它们的开放顺序依次是K，Q，M和Y。假设退票费只与距离起飞的时间t有关。根据订座数据、离港数据和财务数据得到了有关到达率、取消率、退票费等参数。

对于多等级舱位的动态控制问题，我们有兴趣研究三个问题：① 各等级舱位的开放模式对控制决策的影响；② 订座取消率对控制决策的影响；③ 模拟串行订座过程，以便观察多等级舱位动态控制策略的效果。

首先研究第一个问题。为此，设计了 12 种舱位开放模式的方案，并采用表 11.15 所示的取消率分布。

表 11.15　研究第一个问题的订座取消率

t/d	0	1	2	3	4	5	6	7	8	9	10
P	0.035	0.02	0.02	0.015	0.015	0.015	0.01	0.01	0.01	0.01	0

计算结果表明：不同的舱位开放模式对期望收益有较大影响，一般来说某等级舱位的总到达数越大，开放时间应当越长，才能保证获得较大的期望总收益。

对于第二个问题：假设了 4 种大小不同的取消率分布。计算结果如表 11.16 所示，表 11.16 给出了 4 种取消率对应的每日订座最优控制数，最后一列是对应的最大期望总收益。结果表明订座取消率越高，订座控制数越大，但期望总收益越少。因此订座取消率对最优订座策略有较大影响。

表 11.16　订座取消率对多等级舱位订座控制策略的影响

t/d	0	1	2	3	4	5	6	7	8	9	10	期望收益 / 元
P_1	153	151	151	125	125	125	67	67	67	67	20	77 197
P_2	154	152	152	125	125	126	69	69	69	70	20	76 931
P_3	155	154	155	129	129	130	73	73	73	74	20	76 156
P_4	156	156	157	132	132	135	76	76	77	77	20	75 398
舱位	Y	M		Q			K					

对多等级舱位订座过程的一次实现进行仿真计算，结果如表 11.17 所示。

表 11.17　订座过程的仿真结果

t/d	0	1	2	3	4	5	6	7	8	9	10	期望收益 / 元
到达率	6	16	14	20	19	17	20	20	15	10	10	
订座控制 / 个	154	152	152	125	125	126	69	69	69	70	20	76 931
模拟到达 / 个	2	14	11	14	24	19	27	16	18	8	13	
接受订座 / 个	2	14	11	14	24	19	14	16	18	8	13	
取消订座 / 个	−3	−2	−1	−2	−1	−1	0	0	0	0	0	
实际订座 / 个	143	144	132	122	110	87	69	55	39	21	13	75 510
舱位	Y	M		Q			K					

从表 11.17 可以看出，飞机起飞时还有 5 个空座，而在开舱后第 5 天拒绝了 13 张 K 舱的订座请求。那么能否在第 5 天接受全部订座呢？不能！因为第 5 天多接受 13 个 K 舱的订座，将造成第 8 天少接受 10 个 Q 舱的订座，或第 10 天少接受 5 个 M 舱的订座和 3 个 DB，或起飞前的 8 个 DB，分别导致 500 元、3 100 元和 6 800 元的损失，因此按最优决策控制将有效减少收益损失。

最后讨论多等级舱位并行动态控制的实例。

各等级舱位的总到达数和票价与串行控制的相同，有关数据如表 11.18 所示。表 11.18 中数据保证了各舱位需求总和等于飞机容量 148 座，较高舱位有较高的订座取消率，订座总取消数与串行控制的 P_3 相似。

表 11.18 并行控制研究的有关参数表

舱位	Y	M	Q	K
需求预测 / 人	6	27	51	64
订座取消率	0.3	0.08	0.04	0.01
总到达数 / 人	6	30	56	74

用表 11.18 的数据进行舱位并行动态控制优化计算的结果如表 11.19 所示。从表 11.19 可看出以下几点：① 各舱位总控制数与串行控制数(见表 11.16) 比较接近；② 期望总收益比串行控制稍少，因为并行控制的退票费与票价相同；③ 较低舱位 K 和 Q 在起飞前 3 天应当关闭；④ 尽管 Y 舱在开舱后的第 1 ～ 8 d 的订座限制数为 0，但并不等于说不能将座位较早地卖给 Y 舱的旅客，而是表明 Y 舱的旅客不会过早地出现。若果然有 Y 舱旅客较早出现的话，当然应当毫不迟疑地卖给他，这会增加航空公司的实际收益。

将上述结果与本章第二节中的静态控制结果相比较发现，它们给出了大致相同的结果，但动态控制的结果更精确可靠，可操作性更强。

计算实践表明：对于本节实例规模的问题，采用串行动态控制模型，在个人计算机 PIV1.6G，256 M 内存上的计算时间在 15.63 ～ 19.11 s 之间。若采用并行控制算法，则由于每舱位的需求比飞机容量小，所以各舱位优化计算时间的总和只有 4.483 s。考察了优化 250 座级的飞机舱位控制策略问题，同样提前 10 d 开放舱位，采用串行控制模型，则计算时间是 58.95 s。可见各种控制模型和算法都满足航空公司实际操作的需要。

表 11.19 舱位并行控制优化结果表

t/d	0	1	2	3	4	5	6	7	8	9	10	期望收益
Y	9	7	6	0	0	0	0	0	0	0	0	3 934.5
M	29	30	30	29	27	25	23	22	20	0	0	18 009.7
Q	53	54	54	54	52	47	42	38	34	30	10	26 641.9
K	65	65	65	65	64	58	47	40	33	27	11	24 597.9
总限制数 / 个	156	156	155	148	143	130	112	100	87	57	21	73 184

11.4.8 网络收益舱位控制

在上述舱位控制中，都是针对于单航段航班的控制方法。在航空公司生产计划中存在大量的多航段航班。随着航空业务的发展，航空公司构建了复杂的航线网络结构，此时不能只从单个航班收益的角度考虑收益最大化问题,而需要从网络收益最大化来思考舱位控制问题。因此形成了网络舱位控制的方法。网络舱位控制的方法主要有三种,即数学规划方法、虚拟桶控制方法和影子价格方法。

已知道,在生产计划中,一个航段可以由多个航节构成,如图 11.15 所示是最简单的多航节航段情况。它有三个机场 A,B,C,两个航节 AB 与 BC,组成了三个航段 AB,BC 与 AC。其中航段 AC 包含航节 AB 与 BC 两个航节。

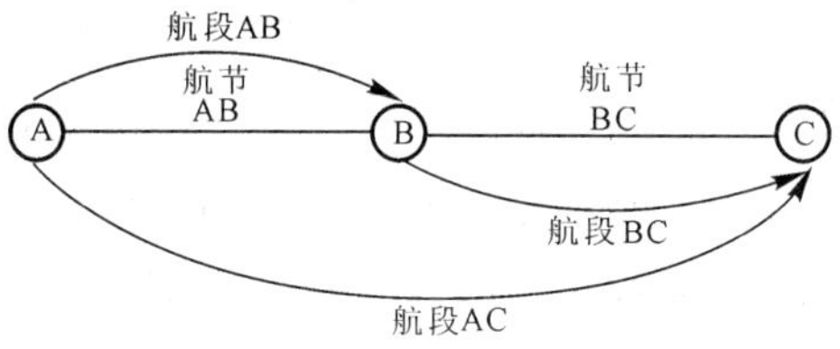

图 11.15　航节与航段图

本小节主要讨论这种多航节航段的舱位控制问题。

1. 网络舱位控制的数学规划方法

多航节航段的舱位控制问题可以描述如下:设一个网络中存在多个航段,每一个航段又存在多种票价,一个航段的一种票价构成一个 ODF(Origin Destination Fare),现在要为每一个 ODF 分配合适的座位数,目标是要实现网络总收益的最大化。与 11.4.1 节相似,该问题可用下述规划模型表示。

$$\max \mathrm{E}\left(\sum_{\mathrm{ODF}} f_{\mathrm{ODF}} \min\{x_{\mathrm{ODF}}, D_{\mathrm{ODF}}\}\right) \tag{11.74}$$

$$\text{s.t.}\quad \sum_{\mathrm{ODF}\in S_l} x_{\mathrm{ODF}} \leqslant C_l,\quad l \leqslant 1,2,\cdots,N$$

$$x_{\mathrm{ODF}} \geqslant 0,\quad \mathrm{int}$$

式中,x_{ODF} 表示为每一个 ODF 分配的座位数;l 表示航节;C_l 表示每个航节的可用座位数;S_l 表示使用航节 l 的所有 ODF 的集合;D_{ODF} 表示一个 ODF 的需求量;E 表示求随机变量的期望值。

式(11.74) 准确表达了网络收益最大化的舱位控制问题。因为需求是一个随机变量,所以目标函数是期望网络收益,每个 ODF 可以获得的收益取决于分配座位与需求的最小值,网络收益是所有 ODF 获得的收益之和。约束条件要求使用某航节的所有 ODF 分配的座位数之和不大于该航节的可用座位数。但是这个模型求解比较困难,它是一个随机规划模型。因此需要将这个模型转化为确定性模型,一种可能的形式如式(11.75) 所示。

$$\max \sum_{\mathrm{ODF}} f_{\mathrm{ODF}} x_{\mathrm{ODF}} \tag{11.75}$$

$$\text{s.t.}\quad \sum_{\mathrm{ODF}\in S_l} x_{\mathrm{ODF}} \leqslant C_l;\quad l \leqslant 1,2,\cdots,N$$

$$x_{\mathrm{ODF}} \leqslant \mathrm{E}D_{\mathrm{ODF}}$$

$$x_{\mathrm{ODF}} \geqslant 0,\mathrm{int},\mathrm{ODF} \in S_l;\quad l = 1,2,\cdots,N$$

式中,$\mathrm{E}D_{\mathrm{ODF}}$ 是 ODF 的期望需求。这里是首先计算 ODF 需求的期望值,然后增加一组约束条件,要求各 ODF 分配的座位数不大于它的期望需求。确定性模型是一个线性规划问题,求解简单,但是丢掉了收益管理最本质的特点:在随机需求下的座位分配。和 11.4.1 小节中单航段问题相似,可以给出式(11.74)

的另一种变形，称之为概率模型，如式(11.76) 所示。

$$\max \sum_{ODF} \sum_{i} f_{ODF} P(D_{ODF} \geqslant i) x_{ODF}(i) \tag{11.76}$$

$$\text{s.t.} \quad \sum_{ODF \in S_l} \sum_{i} x_{ODF}(i) \leqslant C_l; \quad l \leqslant 1,2,\cdots,N$$

$$x_{ODF}(i) = 0,1; \quad i = 1,2,\cdots,\max\{C_l \mid ODF \in S_l; \quad l = 1,\cdots,N\}$$

式中，$x_{ODF}(i) \in \{0,1\}$ 的含义是，如果第 i 个座位分配给 ODF，则 $x_{ODF}(i) = 1$；否则 $x_{ODF}(i) = 0$。每个 ODF 分配的座位数为 $x_{ODF} = \sum_{i=1}^{C_m} x_{ODF}(i)$，$i$ 的取值范围很大，等于从零到 ODF 所占最大可用座位数 C_m。模型的目标函数保留了随机性质并且与 EMSR 模型具有内在的一致性。

但式(11.76) 的变量较多，求解时间较长。下面给出了一种改进的概率模型。

$$\max \sum_{ODF} f_{ODF} x_{ODF} - \sum_{ODF} f_{ODF} \sum_{j=0}^{K_{ODF}} P(D_{ODF} \leqslant d_{ODF,j}) x_{ODF,j} \tag{11.77}$$

$$\text{s.t.} \quad \sum_{ODF \in S_l} \sum_{i} x_{ODF}(i) \leqslant C_l; \quad l \leqslant 1,2,\cdots,N$$

$$x_{ODF} = \sum_{j=0}^{K_{ODF}} x_{ODF,j}$$

$$x_{ODF,0} \leqslant d_{ODF,1}$$

$$x_{ODF,j} \leqslant d_{ODF,j+1} - d_{ODF,j}; \quad j = 1,2,\cdots,K_{ODF} - 1$$

$$x_{ODF,0} \geqslant 0; \quad j = 0,1,\cdots,K_{ODF}$$

从式(11.77) 可以看出，实际上它将 D_{ODF} 分割成 K_{ODF} 个部分，避免了在确定 x_{ODF} 时考虑 D_{ODF} 的每一个整数值。目标函数的第一部分是座位分配所能产生的最大收益，第二部分是如果需求没有达到分配的座位数而产生座位虚耗的收益损失。如果 D_{ODF} 分割至以每一个整数为一个间隔，则式(11.76) 与式(11.77) 就无区别了。式(11.77) 的好处在于它可以减少计算量，而且在实际舱位控制操作时简单易行。一般情况下，将 D_{ODF} 分成三种情形：低、中、高，那么很方便使用模拟的方法进行舱位控制。

2. 网络舱位控制的虚拟桶方法

从上面可以看出数学规划方法没有采用嵌套的座位分配方式，而是隔离法分配方式，这种分配方式不能保证最优。为了获得嵌套式舱位控制的优化效果，下面介绍一种虚拟桶方式。

虚拟桶控制方法是将一个航节上的一组 ODF 拆分成几个价格区间，叫做虚拟桶，然后分配给每个虚拟桶最优座位数。这里首先要解决的是，在每一个航节上应该有几个价格区间(虚拟桶)？解决这个问题的一种方法是根据航节上 ODF 的范围进行分割，保证在每个航节上虚拟桶数相同，而且不同航节的同一个虚拟桶包含的 ODF 数相同。其次是如何将一个 ODF 在航节上进行合理的分配？比如一个 O-D 对包含两个航节，那么 ODF 分配在每个航节上的"票价"应该是多少。一种方法是按照航节长度(航程) 的比例进行分配。最后，把一个 ODF 映射到每个航节的某个虚拟桶内。

在每个航节建立好虚拟桶之后，再用 EMSR 法在各航节上建立嵌套式的舱位分配。

例 11.9 某航空公司的一个子网络由两个航节构成，即北京 — 上海、上海 — 深圳，有三个 O-D 流(航段)，北京 — 上海、上海 — 深圳、北京 — 深圳。每个 O-D 上有 3 个 ODF(对应于 3 个子舱等级 Y，B，M)。需求与价格如表 11.20 所示。

表 11.20　网络 O－D 的需求与价格

	上海(B)		深圳(C)	
	价格／元	需求	价格／元	需求
北京(A)	750(Y)	(11,3)	1 750(Y)	(13,4)
	500(B)	(12,4)	1 060(B)	(14,4)
	200(M)	(25,5)	310(M)	(35,7)
上海(B)			800(Y)	(12,4)
			690(B)	(10,3)
			450(M)	(15,4)

注:需求数量(11,3)等含义是第一个数字表示需求的均值,第二个数字表示标准差。

根据各航节的长度,将各 ODF 在两个航节上进行分配,结果如表 11.21 所示。

表 11.21　两个航节上的 ODF 分配结果

北京—上海			上海—深圳		
子舱等级	需求	价格／元	子舱等级	需求	价格／元
Y_{PEK_SZX}	(13,4)	900	Y_{PEK_SZX}	(13,4)	850
Y_{PEK_SHA}	(11,3)	750	Y_{SHA_SZX}	(12,4)	800
B_{PEK_SZX}	(14,4)	620	B_{SHA_SZX}	(10,3)	690
B_{PEK_SHA}	(12,4)	500	M_{SHA_SZX}	(15,4)	450
M_{PEK_SHA}	(25,5)	200	B_{PEK_SZX}	(14,4)	440
M_{PEK_SZX}	(35,7)	180	M_{PEK_SZX}	(35,7)	130

假设在每个航节上设置 4 个虚拟桶,则每个桶包含的 ODF 与虚拟桶的需求及价格如表 11.22 所示。

表 11.22　两个航节上的虚拟桶

北京—上海				上海—深圳			
虚拟桶	子舱等级	需求	价格／元	虚拟桶	子舱等级	需求	价格／元
V_1	Y_{PEK_SZX} Y_{PEK_SHA}	(24,5)	831	V_1	Y_{PEK_SZX} Y_{SHA_SZX}	(25,5.7)	826
V_2	B_{PEK_SHA} B_{PEK_SZX}	(26,5.7)	565	V_2	B_{SHA_SZX} M_{SHA_SZX}	(25,5)	546
V_3	M_{PEK_SHA}	(25,5)	200	V_3	B_{PEK_SZX}	(14,4)	440
V_4	M_{PEK_SZX}	(35,7)	180	V_4	M_{PEK_SZX}	(35,7)	130

虚拟桶的价格由式(11.78)计算获得

$$NRV(V_j)=\frac{\sum_{\mathrm{ODF}\in V_j}[\mu_{\mathrm{ODF}}\times NRV(\mathrm{ODF})]}{\sum_{\mathrm{ODF}\in V_j}\mu_{\mathrm{ODF}}},\quad j\in\{1,2,3,4\} \tag{11.78}$$

虚拟桶的需求均值与标准差由式(11.79)计算获得

$$\mu_{V_j} = \sum_{\mathrm{ODF}\in V_j} \mu_{\mathrm{ODF}}$$

$$\sigma_{V_j} = \sqrt{\sum_{\mathrm{ODF}\in V_j} \sigma^2_{\mathrm{ODF}}},\quad j \in \{1,2,3,4\} \tag{11.79}$$

表 11.23　两航节虚拟桶嵌套舱位分配表

北京 — 上海			上海 — 深圳		
虚拟桶	子舱等级	$BL(V_j)$/ 个	虚拟桶	子舱等级	$BL(V_j)$/ 个
V_1	$\mathrm{Y_{PEK\_SZX}}\,\mathrm{Y_{PEK\_SHA}}$	97	V_1	$\mathrm{Y_{PEK\_SZX}}\,\mathrm{Y_{SHA\_SZX}}$	105
V_2	$\mathrm{B_{PEK\_SHA}}\,\mathrm{B_{PEK\_SZX}}$	70	V_2	$\mathrm{B_{SHA\_SZX}}\,\mathrm{M_{SHA\_SZX}}$	86
V_3	$\mathrm{M_{PEK\_SHA}}$	36	V_3	$\mathrm{B_{PEK\_SZX}}$	58
V_4	$\mathrm{M_{PEK\_SZX}}$	13	V_4	$\mathrm{M_{PEK\_SZX}}$	34

利用 EMSR 方法分配两个航节的座位数。假设北京 — 上海航节有 90 个座位，上海 — 北京航节有 105 个座位，则分配的结果如表 11.23 所示。

因为分配给多航节航段的座位数不能超过每个航节的可用座位数，即

$$BL(\mathrm{ODF}) = \min_{l\in S_{\mathrm{ODF}}}\{BL(V_j \mid \mathrm{ODF}\in V_j), C_l\} \tag{11.80}$$

所以，最后得到这个网络的舱位分配数量如表 11.24 所示。

表 11.24　网络的子舱控制策略　　(单位：个)

子舱	航段：北京 — 上海	航段：上海 — 深圳	航段：北京 — 深圳
Y	90	105	90
B	70	86	58
M	36	86	13

3. 网络舱位控制的影子价格方法

通过表 11.24 可以看出，各子舱横向看不存在嵌套关系，也就是说在不同航段间订座价格是无优先级的。这样就形成同一等级舱位的不同航段之间争抢座位的局面。而往往在实际的订座过程中，接受一个订座请求可能放弃另外一个或两个订座请求。例如接受一个北京 — 深圳的订座请求就可能放弃一个北京 — 上海与一个上海 — 深圳的订座请求。因此接受订座获得的收益存在机会成本。如果这个收益大于机会成本，接受订座就是优化的决策。从运筹学的角度来看，这符合影子价格的思想。通过计算影子价格为舱位控制提供了决策依据，只是这种控制方法与上述方法不同，它不存在座位分配数的概念，而只有接受或不接受某订座请求，或者说是开或关子舱的决策。

(1) 假设条件与符号说明：

1) 各个 ODF 的需求 d_{ODF} 相互独立，且服从正态分布，即 $d_{\mathrm{ODF}} \sim N(\mu_{\mathrm{ODF}}, \sigma_{\mathrm{ODF}})$；

2) 旅客订座不取消，也不考虑 No - Show；

3) 不考虑旅客需求转移；

4) 在同一个订座阶段，航节影子价格不变。

符号说明：P 表示航节数，$p(p \leqslant P)$ 表示航节编号；Q 表示旅客 ODF 数，$q(qQ)$ 表示 ODF 编号；$\boldsymbol{R} = (R_1, \cdots, R_Q)^{\mathrm{T}}$ 表示各个 ODF 的票价；$SP(p)$ 表示航节 p 的座位影子价格；$PF(q,p)$ 表示 q 在它所经过的某个航节 p 上按比例分摊的票价；$\boldsymbol{U}_q$ 表示 q 所经过的航节的集合；$\boldsymbol{Y}$ 是一个 Q 维向量，表示分配给 Q 个 ODF 的座位数；$\boldsymbol{ED}$ 是一个 Q 维向量，表示各 ODF 的期望需求；$\boldsymbol{n} = [n_1 \quad n_2 \quad \cdots \quad n_P]^T$ 表示 P 个航节上的飞机座位数；$\boldsymbol{A} = (a_{ij})_{P\times Q}$ 是各个 ODF -航节的联系矩阵，其中

$$a_{ij} = \begin{cases} 1, & \text{第 } j \text{ 个 ODF 经过第 } i \text{ 个航节} \\ 0, & \text{否则} \end{cases}$$

(2) 影子价格计算方法。可认为航节影子价格越大，它的一个座位对网络收益的贡献越大，因此可以将 ODF 按照影子价格在各航节上分配。影子价格 $SP(p)$ 可以通过求解线性规划模型(LP 模型) 的对偶模型(DLP 模型) 得到。线型规划模型分配座位给不同的 ODF，以达到收益的最大化，约束条件是各航节的运力约束和各 ODF 的需求约束。即

$$\mathrm{LP}(\boldsymbol{n},\boldsymbol{ED}) = \max \boldsymbol{R}^{\mathrm{T}}\boldsymbol{Y}$$

$$\begin{cases} \boldsymbol{AY} \leqslant \boldsymbol{n} \\ \boldsymbol{0} \leqslant \boldsymbol{Y} \leqslant \boldsymbol{ED} \end{cases} \tag{11.81}$$

模型(11.81) 的对偶模型(DLP 模型) 为

$$\mathrm{DLP}(\boldsymbol{n},\boldsymbol{ED}) = \min(\boldsymbol{Z}^{\mathrm{T}}\boldsymbol{n} + \boldsymbol{S}^{\mathrm{T}}(\boldsymbol{ED}))$$

$$\begin{cases} \boldsymbol{A}^{\mathrm{T}}\boldsymbol{Z} + \boldsymbol{S} \geqslant \boldsymbol{R} \\ \boldsymbol{Z},\boldsymbol{S} \geqslant \boldsymbol{0} \end{cases} \tag{11.82}$$

式(11.82) 的解 $\boldsymbol{Z} = (sp_1, \cdots, sp_P)^T$ 就是每个航节座位对应的影子价格，航节 p 座位的影子价格计算公式为

$$SP(p) = (\boldsymbol{Z})^{\mathrm{T}}\boldsymbol{e}_p \tag{11.83}$$

式中，$\boldsymbol{e}_p$ 是 P 维的单位向量，其中第 p 个元素等于 1。

然而，在用式(11.81) 求解影子价格的过程中，可能出现多个最优解的情况，即出现多个影子价格。由运筹学知识知，对偶问题出现多个解意味着原问题可能发生退化，并且这些解的凸组合也是式(11.81) 的最优解，此时一个 ODF(用 q 表示) 在它所经过的某个航节上按比例分摊的票价将无法唯一确定。下面将证明，影子价格可按式(11.84) 近似计算

$$SP(p) = \mathrm{LP}(\boldsymbol{n},\boldsymbol{ED}) - \mathrm{LP}(\boldsymbol{n} - \boldsymbol{e}_p,\boldsymbol{ED}) \tag{11.84}$$

性质 1　$\mathrm{LP}(\boldsymbol{n},\boldsymbol{ED}) - \mathrm{LP}(\boldsymbol{n} - \boldsymbol{e}_p,\boldsymbol{ED}) \geqslant (\boldsymbol{Z})^{\mathrm{T}}\boldsymbol{e}_p$。

证明　设 $(\boldsymbol{Z},\boldsymbol{S})$ 和 $(\boldsymbol{Z}_2,\boldsymbol{S}_2)$ 分别是对应于 $\mathrm{DLP}(\boldsymbol{n},\boldsymbol{ED})$ 和 $\mathrm{DLP}(\boldsymbol{n}-\boldsymbol{e}_p,\boldsymbol{ED})$ 的最优解，$\boldsymbol{Y}$ 和 $\boldsymbol{Y}_2$ 是对应的原问题的最优解，存在如下的几个关系：

$$\mathrm{LP}(\boldsymbol{n},\boldsymbol{ED}) = \boldsymbol{R}^{\mathrm{T}}\boldsymbol{Y} = (\boldsymbol{Z})^{\mathrm{T}}\boldsymbol{n} + (\boldsymbol{S})^{\mathrm{T}}\boldsymbol{ED}$$

$$\mathrm{LP}(\boldsymbol{n} - \boldsymbol{e}_p,\boldsymbol{ED}) = \boldsymbol{R}^{\mathrm{T}}\boldsymbol{Y}_2 = (\boldsymbol{Z}_2)^{\mathrm{T}}(\boldsymbol{n} - \boldsymbol{e}_p) + (\boldsymbol{S}_2)^{\mathrm{T}}\boldsymbol{ED}$$

$$(\boldsymbol{Z}_2)^{\mathrm{T}}(\boldsymbol{n} - \boldsymbol{e}_p) + (\boldsymbol{S}_2)^{\mathrm{T}}\boldsymbol{ED} \leqslant (\boldsymbol{Z})^{\mathrm{T}}(\boldsymbol{n} - \boldsymbol{e}_p) + (\boldsymbol{S})^{\mathrm{T}}\boldsymbol{ED}$$

$$(\boldsymbol{Z}_2)^{\mathrm{T}}\boldsymbol{n} + (\boldsymbol{S}_2)^{\mathrm{T}}\boldsymbol{ED} \geqslant (\boldsymbol{Z})^{\mathrm{T}}\boldsymbol{n} + (\boldsymbol{S})^{\mathrm{T}}\boldsymbol{ED}$$

因此，性质 1 的不等式左边

$$\begin{aligned}\mathrm{LP}(\boldsymbol{n},\boldsymbol{ED})-\mathrm{LP}(\boldsymbol{n}-\boldsymbol{e}_p,\boldsymbol{ED}) &= (\boldsymbol{Z})^{\mathrm{T}}\boldsymbol{n}+(\boldsymbol{S})^{\mathrm{T}}\boldsymbol{ED}-(\boldsymbol{Z}_2)^{\mathrm{T}}(\boldsymbol{n}-\boldsymbol{e}_p)-(\boldsymbol{S}_2 -)^{\mathrm{T}}\boldsymbol{ED}\geqslant\\ &(\boldsymbol{Z})^{\mathrm{T}}\boldsymbol{n}+(\boldsymbol{S})^{\mathrm{T}}\boldsymbol{ED}-(\boldsymbol{Z})^{\mathrm{T}}(\boldsymbol{n}-\boldsymbol{e}_p)-(\boldsymbol{S})^{\mathrm{T}}\boldsymbol{ED}=\\ &(\boldsymbol{Z})^{\mathrm{T}}\boldsymbol{e}_p=\text{右边}\end{aligned}$$

得证。

性质 2 $$(\boldsymbol{Z}_2)^{\mathrm{T}}\boldsymbol{e}_p\geqslant \mathrm{LP}(\boldsymbol{n},\boldsymbol{ED})-\mathrm{LP}(\boldsymbol{n}-\boldsymbol{e}_p,\boldsymbol{ED})$$

证明 $$\begin{aligned}\text{左边}(\boldsymbol{Z}_2)^{\mathrm{T}}\boldsymbol{e}_p &= (\boldsymbol{Z}_2)^{\mathrm{T}}(\boldsymbol{n})+(\boldsymbol{S}_2)^{\mathrm{T}}\boldsymbol{ED}-(\boldsymbol{Z}_2)^{\mathrm{T}}(\boldsymbol{n}-\boldsymbol{e}_p)-(\boldsymbol{S}_2)^{\mathrm{T}}\boldsymbol{ED}\geqslant\\ &(\boldsymbol{Z})^{\mathrm{T}}\boldsymbol{n}+(\boldsymbol{S})^{\mathrm{T}}\boldsymbol{ED}-(\boldsymbol{Z}_2)^{\mathrm{T}}(\boldsymbol{n}-\boldsymbol{e}_p)-(\boldsymbol{S}_2)^{\mathrm{T}}\boldsymbol{ED}=\\ &\mathrm{LP}(\boldsymbol{n},\boldsymbol{ED})-\mathrm{LP}(\boldsymbol{n}-\boldsymbol{e}_p,\boldsymbol{ED})=\text{右边}\end{aligned}$$

得证。

性质1和性质2表明，由式(11.84)计算的近似影子价格可以看做航节 p 在原有可用座位数和少一个座位的情况下的影子价格的中间值，具有较好的精度，同时又避免了多解产生的问题。

(3) 影子价格计算实例。

例 11.10 某航空公司的一个子网络由两个航节 A—B 与 B—C 构成，每个航节上的可用座位数为 100，每个 O－D 的需求与价格如表 11.25 所示。

表 11.25 O－D 的需求与价格

	B		C	
	价格／元	需求	价格／元	需求
A	500(Y)	(11,3)	1 000(Y)	(8,4)
	300(M)	(20,4)	625(M)	(25,4)
	150(Q)	(40,5)	250(Q)	(45,7)
B			600(Y)	(15,4)
			350(M)	(25,3)
			200(Q)	(45,7)

解 由表 11.25 可以建立如下的线性规划模型

$$\begin{aligned} Z = {} & 500\times Y_{AB}+300\times M_{AB}+150\times Q_{AB}+600\times Y_{BC}+350\times M_{BC}+\\ & 200\times Q_{BC}+1000\times Y_{AC}+625\times M_{AC}+250\times Q_{AC}\end{aligned}$$

$$Y_{AB}+M_{AB}+Q_{AB}+Y_{AC}+M_{AC}+Q_{AC}\leqslant 100$$

$$Y_{BC}+M_{BC}+Q_{BC}+Y_{AC}+M_{AC}+Q_{AC}\leqslant 100$$

$$Y_{AB}\leqslant 10,\quad M_{AB}\leqslant 20,\quad Q_{AB}\leqslant 40$$

$$Y_{BC}\leqslant 15,\quad M_{BC}\leqslant 25,\quad Q_{BC}\leqslant 45$$

$$Y_{AC}\leqslant 8,\quad M_{AC}\leqslant 25,\quad Q_{AC}\leqslant 45$$

解得 $SP(p_{AB},p_{BC})=(150,200)$，因此航段 AC 的最低票价应该是 $150+200=350$ 元。假如此时有一个 M_{AC} 订座请求，该舱的票价是 625 元 > 350 元，所以就应该接受此订座请求；若是有一个 Q_{AC} 订座请求（票价时 250 元）就拒绝；对于一个 M_{AB}（票价 300 元 > 150 元）或 Q_{BC}（票价 200 元）订座请求，都应该接受。

11.4.9　不定期票的优化舱位控制

1. 不定期票的概念

航空运输业的需求波动性很大，而航空公司的运输能力却是长期刚性的，这就使得供给与需求很难达到经典微观经济学所追求的均衡。传统的收益管理方法从差别定价的角度对子舱进行分割，满足各种旅客的需求，从一定程度上缓解了需求的波动。但随着市场竞争的加剧以及人们逐渐适应了收益管理的操作，传统收益管理方法的作用被弱化了。国内外航空公司相继推出了一些新型的收益管理手段(如可召回票，等待表，不定期机票)。海南航空公司推出的“旅行管家”，实际上是一种不定期客票，它有效地平衡了一条航线上不同航班间需求的不均衡，将时间不敏感的旅客从需求高峰期的航班转移到低需求航班上。“旅行管家”是海南航空公司在国内部分航线上为休闲旅客出行推出的超低价不定期机票。不定期机票是一种新型产品，乘客在购买时得到的是一张不确定航班日期的开放机票，具体航班是在购票后的规定期限内由航空公司安排的。通过提前购买超低价机票，乘客可用火车票的价格享受空中飞行的超值服务。深圳航空公司推出了“超值候补”和“自由三折行”两种优惠产品，也属此类。对于航空公司来说，提前销售这种超低折扣票，是吸引那些对机票价格高度敏感的乘客的一种有效途径。同时，通过灵活合理地安排不定期机票旅客的成行时间，航空公司可以有效调节不同航班的需求。正如 Gallego 和 Philips(2004 年) 指出的，销售不定期机票可以同时获得扩大需求和风险中和的双重效果。

不定期机票虽然已经在国内外航空公司获得应用，但相应的理论研究还比较少。Gallego 和 Philips 分析了两阶段两产品的不定期机票的实施问题，通过建模说明实施不定期机票可以有效增加航空公司收益。Gallego 等研究了不定期机票在网络收益管理中的应用，建立了一个基于消费者选择模式的线性规划模型，并用列生成算法求解。陈剑、肖勇波等研究了不定期机票在各航班上分配结束后，两个航班间的联合舱位控制问题。高强研究了不定期机票销售完成后，不定期机票在航线上不同航班间的分配，建立了无超售情况下不定期机票的静态分配模型。

以上研究都充分证明，销售不定期机票，可以吸引对机票价格高度敏感而对时间不敏感的旅客，增加航班收益。但销售过多的不定期机票，会抢占定期机票的座位，使航班上低收益旅客过多，航班总收益降低。因此，必须合理确定定期机票和不定期机票的数量，使得航班总收益最大。本小节将研究不定期机票的销售数量和在航班之间分配的决策问题。

2. 不定期机票销售数量优化控制数学模型

假设航空公司某一航线上有多个航班，各航班同时销售定期机票和不定期机票。定期机票按多等级销售体制划分为多个子舱，各子舱机票价格不同。同一航线上各航班设置的子舱相同，且相同子舱的定期机票的价格相同。一条航线的不定期机票只有一种价格。

假设所有航班无订座取消和 No - Show，因此不考虑超售。各子舱的需求相互独立，且服从正态分布。不考虑旅客的需求转移。

本小节的变量和参数说明如下：

n：航班的数量；

m：航班的子舱数；

C_i:航班 i 的可用座位数,$i=1,\cdots,n$;

d:不定期机票预测的需求;

b:航班可销售的不定期机票的数量;

f:不定期机票的价格;

d_i^j:航班 i 第 j 子舱定期机票预测的需求,$i=1,\cdots,n,j=1,\cdots,m$;

b_j^i:航班 i 第 j 子舱定期机票的分配座位数,$i=1,\cdots,n,j=1,\cdots,m$;

f_i^j:航班 i 第 j 子舱定期机票的价格,$i=1,\cdots,n,j=1,\cdots,m$;

B_i:航班 i 定期机票分配的座位数,$i=1,\cdots,n$;

B:所有航班定期机票分配的座位数;

T:所有航班分配的定期机票和不定期机票座位总数;

R:所有航班的总期望收益;

各航班定期机票分配的座位数:

$$B_i=\sum_{j=1}^{m}b_i^j \tag{11.85}$$

所有航班定期机票分配的座位数:

$$B=\sum_{i=1}^{n}B_i \tag{11.86}$$

所有航班分配的座位数:

$$T=B+b \tag{11.87}$$

所有航班的总期望收益:

$$R(b_1^1,b_1^2,\cdots,b_i^j,\cdots,b_n^m,b)=\mathrm{E}\{\sum_{i=1}^{n}\sum_{j=1}^{m}f_i^j\min(d_i^j,b_i^j)+f\min(d,b)\} \tag{11.88}$$

由此,可建立不定期机票销售数量的优化模型如下

$$\begin{gathered}R(b_1^1,b_1^2,\cdots,b_i^j,\cdots,b_n^m,b)=\max_{b_i^j,b}\mathrm{E}\{\sum_{i=1}^{n}\sum_{j=1}^{m}f_i^j\min(d_i^j,b_i^j)+f\min(d,b)\}\\ \text{s.t.}\quad 0\leqslant\sum_{j=1}^{m}b_i^j\leqslant C_i,\quad i=1,2,\cdots,n\\ \sum_{i=1}^{n}\sum_{j=1}^{m}b_i^j+b\leqslant\sum_{i=1}^{n}C_i\end{gathered} \tag{11.89}$$

式中,b_i^j,b 均为正整数。

航班 i 第 j 子舱的期望边际座位收益 $EMSR$ 为

$$EMSR_i^j(x)=\mathrm{E}\{f_i^j\min(d_i^j,x)-f_i^j\min(d_i^j,x-1)\}=f_i^jP_{\mathrm{r}}(d_i^j>x) \tag{11.90}$$

不定期机票的期望边际座位收益 $EMSR$ 为

$$EMSR_f(x)=\mathrm{E}\{f\min(d,x)-f\min(d,x-1)\}=fP_{\mathrm{r}}(d>x) \tag{11.91}$$

用 $EMSR(k,i)$ 表示第 i 个航班的第 k 个座位的期望边际座位收益,有如下命题。

命题 1
$$R(b_1^1,b_1^2,\cdots,b_i^j,\cdots,b_n^m,b)=\sum_{i=1}^{n}\sum_{k=1}^{C_i}EMSR(k,i) \tag{11.92}$$

式中,n 为航班的数量,C_i 为航班 i 的可用座位数,$i=1,\cdots,n$。

证明　设$(b_1^1, b_1^2, \cdots, b_i^j, \cdots, b_n^m, b)$是一个最优分配，则$\sum_{i=1}^{n}\sum_{j=1}^{m} b_i^j + b = \sum_{i=1}^{n} C_i$，且

$$R(b_1^1, b_1^2, \cdots, b_i^j, \cdots, b_n^m, b) = \mathrm{E}\{\sum_{i=1}^{n}\sum_{j=1}^{m} f_i^j \min(d_i^j, b_i^j) + f\min(d, b)\} =$$

$$\sum_{i=1}^{n}\sum_{j=1}^{m} f_i^j \mathrm{E}\min(d_i^j, b_i^j) + f\mathrm{E}\min(d, b)\} =$$

$$\sum_{i=1}^{n}\sum_{j=1}^{m} f_i^j \sum_{k=1}^{b_i^j} P_r(d_i^j > k) + f\sum_{k=1}^{b} P_r(d > k) =$$

$$\sum_{i=1}^{n}\sum_{j=1}^{m}\sum_{k=1}^{b_i^j} EMSR_i^j(k) + \sum_{k=1}^{b} EMSR_f(k)$$

下面需要证明$\sum_{i=1}^{n}\sum_{j=1}^{m}\sum_{k=1}^{b_i^j} EMSR_i^j(k) + \sum_{k=1}^{b} EMSR_f(k) = \sum_{i=1}^{n}\sum_{k=1}^{C_i} EMSR(k, i)$。这是显然的，因为该等式两边都是$n$个航班各座位的最优期望边际座位收益之和。

综上所述，命题成立。

命题 2　使所有航班总收益最优的航班i第j子舱的定期机票数b_i^j满足

$$x_i^j \leqslant b_i^j \leqslant C_i$$

式中，C_i为航班i的可用座位数；x_i^j是根据 EMSR 方法计算出的航班i第j子舱相对于下一等级子舱的座位保护水平。

证明　因为不考虑超售，所有航班最多可用座位数为C_i，航班各舱位分配座位数也不能超过C_i，所有$b_i^j \leqslant C_i$成立。

下面用反证法证明$x_i^j \leqslant b_i^{*j}$。因为b_i^{*j}是航班i第j子舱最优座位，x_i^j是航班i第j子舱相对于下一等级子舱的保护座位数，假设$b_i^{*j} < x_i^j$，所以满足$EMSR_i^j(x_i^j) \geqslant f_i^{j+1}$，其中$f_i^j$是航班$i$第$j$子舱的定期机票价格，并且$f_i^j > f_i^{j+1}$。$(b_1^{*1}, \cdots, b_i^{*j}+1, b_i^{*j+1}-1 \cdots, b_n^{*m_n}, b^*)$也是一组可行解，用$R(b_1^{*1}, \cdots, b_i^{*j}+1, b_i^{*j+1}-1, \cdots, b_n^{*m_n}, b^*)$表示对应的收益函数值，因为$b_i^{*j} < x_i^j$，且$b_i^{*j}$和$x_i^j$均为整数，则$b_i^{*j}+1 \leqslant x_i^j$。因为$b_i^{*j}+1 \leqslant x_i^j$且$EMSR_i^j(x_i^j) \geqslant f_i^{j+1}$，根据边际座位收益递减规律可得$EMSR_i^j(b_i^{*j}+1) \geqslant EMSR_i^j(x_i^j) \geqslant f_i^{j+1}$。又因为$EMSR_i^{j+1}(b_i^{*j+1}) \leqslant f_i^{j+1}$，所以$EMSR_i^j(b_i^{*j}+1) \geqslant EMSR_i^{j+1}(b_i^{*j+1})$。所以可得

$$R(b_1^{*1}, \cdots, b_i^{*j}+1, b_i^{*j+1}-1 \cdots, b_n^{*m_n}, b^*) =$$

$$\max R + EMSR_i^j(b_i^{*j}+1) - EMSR_i^{j+1}(b_i^{*j+1}) \geqslant \max R$$

这与假设矛盾。所以命题 2 成立。

3. 模型的算法

命题 2 给出了航班i第j子舱定期机票的最优分配座位数的上限和下限。基于命题 2，先求出b_i^j的下限。开始时不设置不定期机票，即b的下限为 0，不定期机票的数量不能超过所有航班的座位数，即b的上限为$\sum_{i=1}^{n} C_i$。从下限开始，根据命题 1，依次增加期望边际座位收益最大的b_i^j或b，直至总收益不再增加或达到上限。具体算法步骤如下：

1）根据 EMSR 方法计算出航班i第j子舱相对于下一等级子舱的保护座位数x_i^j，令$b_i^j = x_i^j$和$b = 0$。

2）计算航班i已分配座位数$B_i = \sum_{j=1}^{m} b_i^j$和所有航班已分配座位总数$T = \sum_{i=1}^{n} B_i + b$。

3) 如果 $T+1 \leqslant \sum_{i=1}^{n} C_i$，转 4)；否则终止计算，$b$ 为最优可销售的不定期机票的数量，b_i^j 为航班 i 第 j 子舱定期机票的最优分配座位数。

4) 如果 $B_i+1 \leqslant C_i (i=1,\cdots,n)$，计算 $EMSR_i^j(b_i^j+1)$ $(i=1,\cdots,n)$，否则令 $EMSR_i^j(b_i^j+1)=0$。选取最大的 $EMSR_i^j(b_i^j+1)$ 值，用 l 保存 i，h 保存 j，即 $l=i, h=j$，则 $EMSR_l^h(b_l^h+1)=\max\limits_{i,j} EMSR_i^j(b_i^j+1)$。

5) 计算不定期机票的 $EMSR_f(b+1)$。

6) 比较 $EMSR_l^h(b_l^h+1)$ 和 $EMSR_f(b+1)$。如果 $EMSR_l^h(b_l^h+1) \geqslant EMSR_f(b+1)$，则 $b_l^h=b_l^h+1$，$B_i=B_i+1, T=T+1$；否则，$b=b+1, T=T+1$。转 3)。

例 11.11 某航空公司在不定期机票出票一周内必须安排持有不定期机票的旅客成行。在某航线上一周内有四个航班，各航班的可用座位数如表 11.26 所示。航班各子舱的票价与航班各子舱的需求如表 11.27 所示。

表 11.26 各航班的可用座位数

航班	1	2	3	4
可用座位数	120	135	120	150

表 11.27 航班各子舱的票价子舱的需求

需求数量	子舱				
价格 / 元	2 000	1 800	1 600	1 400	1 200
航班	1	2	3	4	5
1	(5,3)	(8,4)	(10,6)	(12,7)	(15,6)
2	(14,3)	(16,5)	(22,5)	(27,7)	(33,8)
3	(8,4)	(11,5)	(13,4)	(14,5)	(18,6)
4	(8,3)	(15,4)	(18,6)	(25,7)	(22,6)

注：需求数量(5,3)等含义是第一个数字表示需求的均值，第二个数字表示标准差。

(1) 不定期机票销售数量对航班总收益的影响分析。不定期机票的票价和需求如表 11.28 所示。下面研究不定期客票销售数量对航班总收益的影响。

表 11.28 不定期机票的价格和需求

票价 / 元	需求
700	(35,9)

按照 11.4.8 小节中的算法，得出航班总收益与不定期机票数量的关系(见图 11.16)。由图 11.16 可知，不定期机票数存在一个航班总收益最优点，大于或小于该最优点时，航班总收益都下降。该点最优不定期机票数为 49，航班的总期望收益为 479 207.73 元，其中 49 张不定期机票的期望收益为 24 007.8 元。

不销售不定期机票时，根据 EMSR 方法求得的航班最优总期望收益为 456 188.85 元。销售 49 张不定期机票使总期望收益增加了 23 018.88 元，即在原有基础上增加 5.05% 收益。

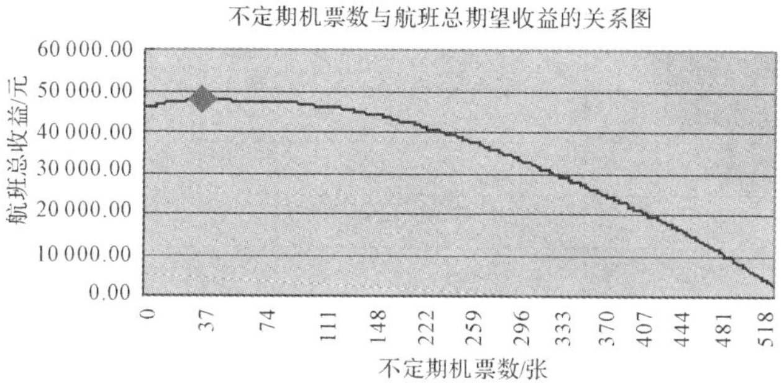

图 11.16　不定期机票数与航班总期望收益的关系图

(2) 不定期机票价格变动对不定期机票最优销售数量和航班总收益的影响分析。各航班的可用座位数、定期机票的价格及需求仍如表 11.26 和表 11.27 所示。表 11.29 中给出了不定期机票 10 种不同的价格及相应的需求，我们来研究不同不定期票价格对总期望收益的影响。根据 11.4.8 小节的模型和算法可以得出各种票价的不定期机票最优销售数量及航班总收益，如表 11.30 所示。航班总收益与不定期机票价格的关系如图 11.17 所示。

不同价格的不定期机票对航班总收益的影响程度不同。本实例中，销售各种价格的不定期机票的期望总收益都大于只销售定期机票时的期望收益。当不定期机票价格为 900 元时，航班期望总收益最优，为 480 259.01，比不销售不定期机票的总收益提高 5.28%，并且比前面讨论的价格为 700 元的最优收益增长 0.22%。由此可见，同时对不定期机票价格和销售数量进行优化控制产生的收益优于只控制数量的收益。

表 11.29　各种不定期机票的价格和需求

折扣	不定期机票票价 / 元	需求
0.55	1 100	(21,7)
0.50	1 000	(24,5)
0.45	900	(28,6)
0.40	800	(31,6)
0.35	700	(35,9)
0.30	600	(37,8)
0.25	500	(40,9)
0,20	400	(42,10)
0.15	300	(45,9)
0.10	200	(48,7)

注：折扣是指不定期机票价格相对于全价票 2 000 元的折扣。各种不定期机票只有价格和相应的需求不同，其他限制条件，如提前购买时间、安排成行时间等均相同。

表 11.30　不同价格不定期机票的最优销售数量和航班最优总收益

折扣	不定期机票票价 / 元	不定期机票最优销售数量 / 张	航班总收益 / 元	收益增长
0.55	1 100	35	478 172.87	4.82%
0.50	1 000	33	479 166.63	5.04%
0.45	900	39	480 259.01	5.28%
0.40	800	41	479 824.92	5.18%
0.35	700	49	479 207.73	5.05%
0.30	600	48	476 979.34	4.56%
0.25	500	52	474 654.98	4.05%
0.20	400	54	471 381.88	3.33%
0.15	300	54	468 132.08	2.62%
0.10	200	52	465 306.87	2.00%

注：收益增长是指，与不销售不定期机票时以 EMSR 为控制策略的航班总收益 456 188.85 元相比得出的收益增长。

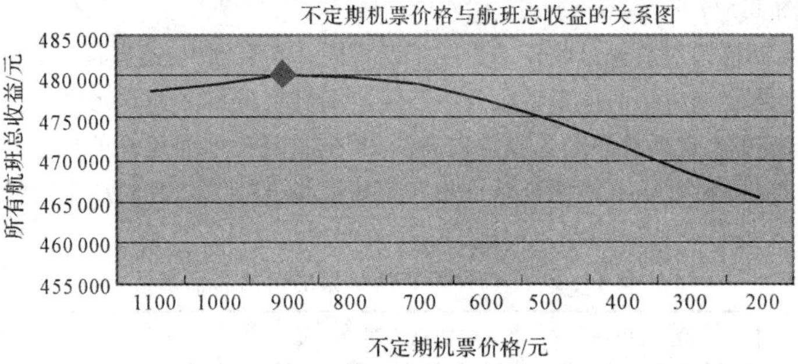

图 11.17　不定期机票价格与航班总收益关系图

4. 不定期机票座位指派模型

在前文中，已经在机票销售前对不定期机票销售数量进行了优化，给出了最优的不定期机票数量。本小节和下一小节将进一步讨论在不定期机票销售后，如何为持有不定期机票的旅客安排航班的问题。

假设一家航空公司在一条航线上有多个航班，各航班同时销售不定期机票与定期机票。定期机票按多等级销售体制划分为多个子舱，各子舱价格不同。所有航班销售过程划分为两个阶段：第一阶段，航空公司销售不定期机票与定期机票；第二阶段，航空公司只销售定期机票。在第一阶段结束时，航空公司根据已经销售出的不定期机票数量、各航班上已销售的定期机票数量以及各航班未来的需求预测，将不定期机票指派到各航班上，以便通知购买不定期机票的旅客准备乘机。同时，航空公司必须保证持有不定期机票的旅客在规定的期限内成行。

在第二阶段不销售不定期机票，首先是因为越靠近起飞时刻，购票旅客的时间敏感性越强，他们为了选择适合自己的航班，愿意支付较高的票价，因此第二阶段一般不销售不定期机票；其次，因为不定期机票在销售和指派之间存在时滞，第二阶段也不能销售不定期机票。

把第二阶段划分为 T 个时间段，时间段的集合为 $Tset = \{0,1,2,\cdots\cdots,T\}$，这里为与航班起飞的时间一致，已经将时间段的顺序倒置，其中第 1 个时间段对应于第二阶段的最后一个时间段，第 T 个时间段为第二阶段开始的第一个时间段。假设在每个时间段内最多只有一个订座请求到达，每个订座请求对应一个座位。我们假设所有航班设置的子舱相同。

模型中变量和参数的说明如下（前面已经定义过的符号不再说明）：

b：销售的不定期机票的总量；

b_i：不定期机票在航班 i 上分配的数量；

s_i：航班 i 在第一阶段销售的定期机票的数量；

$p_i^j(t)$：在第 t 个时间段内航班 i 第 j 子舱有一个旅客到达的概率，$i = 1,\cdots,n, j = 1,\cdots,m, t = 1,\cdots, T$；

f_i^j：航班 i 第 j 子舱定期机票的价格，$i = 1,\cdots,n, j = 1,\cdots,m$；

r_i：航班 i 剩余座位数；

c：所有航班剩余的可用座位总数；

R：所有航班第二阶段的总期望收益；

T：第二阶段划分的时间段数；

$A_i^j(t)$：0—1 变量，$A_i^j(t) = 1$ 表示第 t 个时间段内航班 i 第 j 子舱有 1 个旅客到达，$A_i^j(t) = 0$ 表示无旅客到达，$t \in Tset, i = 1,\cdots,n, j = 1,\cdots,m$；

经过第一阶段的销售，第二阶段各航班剩余可用座位数为

$$r_i = C_i - s_i \tag{11.93}$$

由于第一阶段已经销售了 b 张不定期客票，而且这些旅客必须在第二阶段的航班中安排出行，因此所有航班剩余的可用座位总数为

$$c = \sum_{i=1}^{n} r_i - b \tag{11.94}$$

用向量 $r = (r_1, r_2, \cdots, r_n, c)$ 表示剩余的座位数，$R(t,r)$ 表示在第 t 时间段内，可用座位数为 r 时，从第 t 时间段到销售结束时（即第 0 时间段）可获得的最优期望收益。$R(t,r)$ 可用下式计算

$$R(t,r) = R(t-1,r) + \sum_{i=1}^{n}\sum_{j=1}^{m} p_i^j(t)\max\{f_i^j - \Delta^i R(t-1,r), 0\} \tag{11.95}$$

因此，第二阶段所有航班的最优总期望收益是

$$R = R(T,r)$$

式(11.95)中

①$p_i^j(t) \geqslant 0$，且 $\sum_{i=1}^{n}\sum_{j=1}^{m} p_i^j(t) \leqslant 1$；

②$\Delta^i R(t,r) = R(t,r) - R(t, r - \mathrm{e}^i)$，其中 e^i 为 $1 \times (n+1)$ 的向量，第 i 个元素为 1，其他元素均为 0；

③ 当 $t = 0$ 时，$R(0,r) = 0$；

④ 当 $c = 0$ 时，$R(t,r) = 0$；

⑤ 当 $r_i < 0, i = 1,\cdots,n$ 时，$R(t,r) = -\infty$。

在第 t 时间段，根据 $f_i^j \geqslant \Delta^i R(t-1,r)$ 是否成立，判定是否接收旅客的定座需求。在此基础上，根据各航班定期机票的销售情况，将不定期机票指派到各航班上。

5. 不定期客票座位指派模型算法

(1) 时间段 T 和各时间段内旅客到达概率 $p_i^j(t)$ 的算法。在应用上述模型时，确定合理的时间段 T 和各时间段内旅客到达概率 $p_i^j(t)$ 非常重要。和 11.4.3 小节的方法类似，划分时间段 T 和确定旅客到达概率 $p_i^j(t)$ 可按下列方法进行。

1) 将第二阶段的销售时间划分为一系列时间段，在各时间段内，旅客的订座需求到达满足泊松分布。时间段越短，越容易满足泊松分布，但前期数据搜集工作量将增大，因此要在时间段长度和数据搜集工作量之间获得平衡点。

2) 用 $l(l=0,2,\cdots,h)$ 给各时间段编号，其中，"0" 对应于第二阶段销售结束时的时间段，"h" 对应于第二阶段销售开始时的时间段。

3) 将时间段划分为模型所需要的决策区间。用 $\mu_i^j(l)$ 表示时间段 l 内航班 i 舱位 j 的期望需求数，$\mu_i(l)$ 表示时间段 l 内航班 i 所有舱位的总期望需求数，则 $\mu_i(l)=\sum_{j=1}^{m}\mu_i^j(l)$。各时间段内航班 i 的订座请求的到达服从均值为 $\mu_i(l)$ 的泊松分布。

4) 将时间段 $l(l=1,2,\cdots,h)$，划分为 ν^l 个长度相等的决策区间。各决策区间内旅客需求的到达服从均值为 $\mu_i^j(l)/\nu^l$ 的泊松分布，且各决策区间内到达的旅客需求不多于 1 个。

5) 设 ε 为一个可忽略的极小概率值，因为各决策区间内旅客需求的到达服从均值为 $\mu_i^j(l)/\nu^l$ 的泊松分布，所以 ν^l 满足 $1-\exp\left(-\mu_i^j(l)/\nu^l\right)-\mu_i^j(l)/\nu^l\exp\left(-\mu_i^j(l)/\nu^l\right)\leqslant\varepsilon$。由此不等式求出 ν^l。

6) 计算各决策区间内的需求概率。该需求服从均值为 $\mu_i^j(l)/\nu^l$ 的泊松分布，则可得 $p_i^j(t(l))=(\mu_i^j(l)/\nu^l)\exp\left(-\mu_i^j(l)/\nu^l\right)$。

(2) 收益 R 和不定期机票座位指派算法。对于不定期机票座位的指派，因为必须保证持有不定期机票的旅客成行，因此先保留不定期机票所需座位，在剩余座位的基础上进行动态销售控制，实现第二阶段销售收益的最优化。根据最优化销售时各航班剩余的座位数对不定期机票进行指派。具体算法步骤如下：

1) 根据式(11.93) 计算出第二阶段各航班初始可用座位数 r_i；根据式(11.94) 计算出所有航班剩余的可用座位总数 c。

2) 如果 $c=0$，则 $R(T,r)=0$；如果 $r_i=0, i=1,\cdots,n$，则 $R(T,r)=-\infty$；否则

$$R(t,r)=R(t-1,r)+\sum_{i=1}^{n}\sum_{j=1}^{m}p_i^j(t)\max\left\{f_i^j-\Delta^i R(t-1,r),0\right\}$$

在递归过程中，当 $t=0$ 时，$R(0,r)=0$，所以 $R(T,r)$ 是最优总期望收益。

3) 如果 $c>0$，转 4)；否则转 9)。

4) 如果 $A_i^j(t)=1$，转 5)；否则转 7)。

5) 如果 $r_i>0$，转 6)；否则转 8)。

6) 如果 $f_i^j\geqslant\Delta_i^j R(t-1,r)$，则接收此时到达的航班 i 舱位 j 的旅客订座请求，$r_i=r_i-1, c=c-1, t=t-1$；否则拒绝该旅客请求，$t=t-1$。

7) 如果 $j<m, j=j+1$，转 3)；否则转 8)。

8）如果 $i < n, i = i + 1$，转 3）；否则转 9）。

9）计算各航班分配的不定期机票数。如果 $c = 0$，则 $b_i = r_i$；否则，b_i 满足下列关系：$b = \sum_{i=1}^{n} b_i, b_i \in \{0,1,\cdots,r_i\}$。

例 11.12　某航空公司在不定期机票出票一周内必须安排持有不定期机票的旅客成行。在某航线上一周内有 4 个航班，各航班的可用座位数及第一阶段销售的定期机票数、不定期机票数如表 11.31 所示。航班各子舱的票价如表 11.32 所示。不定期机票的价格为 700 元。

表 11.31　各航班的可用座位数及第一阶段销售的定期机票数、不定期机票数

航班	1	2	3	4
可用座位数 / 个	120	135	120	150
第一阶段销售的定期机票数量 / 张	64	78	86	90
第一阶段销售的不定期机票数量 / 张	36			

表 11.32　航班各子舱的票价

子　舱	1	2	3	4	5
票价 / 元	2 000	1 800	1 600	1 400	1 200

按照本小节中第 5 部份的方法，对销售数据进行分析后，将第二阶段的销售过程划分为 350 个决策时间段，各决策时间段内航班各子舱的订座请求到达概率如表 11.33 所示，各决策时间段内的旅客需求情况如表 11.34 所示。

表 11.33　各决策时间段内各航班各子舱的旅客需求到达概率

航　班	舱　位	决策时间段 t						
		1 ～ 50	51 ～ 100	101 ～ 150	151 ～ 200	201 ～ 250	251 ～ 300	301 ～ 350
1	1	0.03①	0.03	0.02	0.01	0.02	0.03	0.05
	2	0.03	0.03	0.02	0.01	0.02	0.03	0.05
	3	0.03	0.03	0.02	0.01	0.02	0.03	0.05
	4	0.03	0.03	0.02	0.01	0.02	0.03	0.05
	5	0.03	0.03	0.02	0.01	0.02	0.03	0.05
2	1	0.03	0.03	0.02	0.03	0.02	0.01	0.02
	2	0.03	0.03	0.02	0.03	0.02	0.01	0.02
	3	0.03	0.03	0.02	0.03	0.02	0.01	0.02
	4	0.03	0.03	0.02	0.03	0.02	0.01	0.02
	5	0.03	0.03	0.02	0.03	0.02	0.01	0.02

续 表

航班	舱位	决策时间段 t						
		1 ～ 50	51 ～ 100	101 ～ 150	151 ～ 200	201 ～ 250	251 ～ 300	301 ～ 350
3	1	0.03	0.02	0.02	0.03	0.02	0.03	0.02
	3	0.03	0.02	0.02	0.03	0.02	0.03	0.02
	3	0.03	0.02	0.02	0.03	0.02	0.03	0.02
	4	0.03	0.02	0.02	0.03	0.02	0.03	0.02
	5	0.03	0.02	0.02	0.03	0.02	0.03	0.02
4	1	0.02	0.03	0.03	0.03	0.05	0.06	0.02
	2	0.02	0.03	0.03	0.03	0.05	0.06	0.02
	3	0.02	0.03	0.03	0.03	0.05	0.06	0.02
	4	0.02	0.03	0.03	0.03	0.05	0.06	0.02
	5	0.02	0.03	0.03	0.03	0.05	0.06	0.02

注:表 5.3 中 ① 处的数据表示在时间段 1 ～ 50 内航班 1 舱位 1 旅客需求到达概率为 0.03。

表 11.34　各决策时间段内的旅客需求到达情况

航班	舱位	有旅客到达的决策时间段 t
1	1	1,25,40,91,126,230,259,280,301,312②
	2	20,29,47,62,109,245,271,292,331,349
	3	18,24,39,80,142,208,264,278,315,338
	4	10,19,41,85,134,211,252,284,309,341
	5	6,8,23,76,150,232,258,299,310,325
2	1	11,120,192,247,253,291,333,320
	2	46,149,155,214,268,281,304,318
	3	16,103,169,236,277,295,322,344
	4	26,146,174,219,282,286,306,343
	5	31,129,159,249,260,289,323,339
3	1	42,95,132,188,233,254,316,327
	2	5,65,140,182,238,262,347,350
	3	49,74,111,151,215,293,330,334
	4	33,89,135,163,229,274,303,314
	5	30,93,106,198,223,266,321,336
4	1	38,66,88,102,143,147,170,227,241,255,297,307
	2	13,52,70,119,138,148,181,203,218,251,261,342
	3	2,55,71,104,115,137,177,210,250,288,296,335
	4	35,61,99,117,131,145,161,206,225,267,275,302
	5	44,60,77,110,124,144,152,243,244,279,290,346

注:表 11.34 中 ② 处的数据表示在时间段 1,25,40,91,126,230,259,280,301,312 内有航班 1 舱位 1 的订座需求到达。

按照本小节的算法，利用 MATLAB 软件编写计算机计算程序，在 Intel 奔腾 IV 1.5 GHz，512 M 内存的计算机上运行 2.05 s 后，得出各航班分配的座位数及不定期机票在各航班的指派数如表 11.35 所示，航班最优总期望收益为 279 767.63 元。

表 11.35　各航班分配的座位数及不定期机票在各航班的指派数

航班	1	2	3	4
第二阶段分配的定期机票座位数 / 个	44	37	34	56
分配的不定期机票数量 / 张	12	20	0	4

按照静态控制方法对第二阶段的销售优化控制，航班的最优期望总收益为 252 072.91 元，动态控制使收益增长 10.99%。如果不销售不定期机票，按静态的 EMSR 方法销售，这 36 个座位能够产生的期望收益为 16 220.79 元，按动态控制方法销售，这些座位能够产生的期望收益是 24 065.05 元，而出售 36 张不定期机票获得收益 25 200 元。这 36 个座位的收益水平比原先分别提高了 55.36% 和 4.72%。对于旅客而言，这 36 个座位为旅客提供了 4 折的低价机票，满足了更多价格敏感旅客的需求。

要注意，在利用 MATLAB 软件编程实现时，如果使用递归算法直接计算 $R(T,r)$，则复杂度很高。可以采用空间换时间的方法，先求出在各种 t 和 r 的组合，即 $\{(t,r),t\in Tset,r\in\{(r_1,r_2,\cdots,r_n,c)\mid r_i\in(0,C_i)\}\}$ 下的航班期望收益并存储，在旅客到达时，调用已存储的收益值，计算 $\Delta^i R(t-1,r)$，判断是否接收订座需求，这样可以降低计算的复杂度，满足实时控制的要求。

11.5　航空货运收益管理

11.5.1　航空货运收益管理的定义

根据航空客运的特点，将航空货运收益管理定义为：在综合考虑销售时机和舱位存量的基础上，通过需求预测、动态定价和舱位控制策略，有效地解决由于货运舱位带来的价值易逝风险问题，给航空公司带来最大收益。其核心是在合适的时间将合适的货运产品（舱位）以合适的价格出售给合适的客户。在满足市场需求的同时，航空公司的资源（运力）达到充分利用，从而优化航空公司的收益。

11.5.2　航空货运收益管理的特点

与航空客运产品相似，航空货运产品具有以下特点：

(1) 产品的易逝性。一旦飞机起飞，若飞机上仍然存在未售出的舱位，则这些舱位创造的价值为零。货运舱位的易逝性要求航空公司必须在飞机起飞前尽可能多地卖出舱位，最大化挖掘舱位价值。

(2) 市场的可分性。客户的需求可清楚划分。根据不同的运输时限需求，航空公司推出不同时限的服务：快件服务、普通货物服务和待运货物服务。根据不同的运输路线需求，航空公司推出了直达航班服务和中转航班服务。而且客户愿意为不同的服务支付不同价格。航空公司针对不同的货运服务收取不同的价格,其中快件服务价格最高,待运货物服务的价格最低。

(3) 需求的波动性。航空货运产品需求有淡季、平季、旺季之分。其中淡季时段通常为3,4,5,6月等四个月,旺季时段为9,10,11,12,1,2月等6个月。

(4) 固定成本较高,边际成本较低。高额的飞机购置费用与较低的因运输量增加而增加的燃油费等运行成本,使得航空货运的固定成本相对边际成本较高。

(5) 不同的货运价格、货物密度对货运收益水平有比较大的影响。

综合航空货运的以上特性,航空公司通过货运收益管理方法的研究,将货运舱位保留给货运收益较高的货物,以此来优化货运收益水平。

尽管航空货运产品存在与航空客运产品相似的特性,但航空货运业存在自身的运作特点,使得收益管理在航空货运业的应用变得异常复杂。

1.供给能力不确定,且具有多维特征

航空公司比较多地使用客机的腹舱空间来运输货物,全货机的数量比较少。截至2006年3月底,国内所有航空公司仅有全货机33架。由于货物大部分由客机的腹舱空间来装载,使得货运总的供给能力受到多方面因素的影响,包括飞机的总载重、旅客数量、旅客行李重量等。飞机的总载重也受到飞机机型、天气、燃油等因素的影响。外界因素的不确定性以及旅客数量、行李重量的随机性使得货运供给能力波动性较大。航空货运的供给能力具有多维性,即体积、重量和形状等(客运能力是一维的,即座位数),也就是说,货运舱位的销售量不仅受到飞机的体积限制,而且还受飞机所能承受的重量的限制。对于大型货物,还会受到形状的限制,比如运输飞机发动机。航空货运供给能力的不确定性与多维性大大增加了收益管理基本原理在航空货运业中应用的难度。

2.航空货运的顾客数量较少,且具有较强的议价能力

由于货物种类繁多,顾客比较分散,航空公司通常很少直接接受规模比较小的货主的零星订舱,而是接受货运代理人或者大型贸易企业的团队订舱,因此航空公司货运部门直接面对的顾客数量相对有限。在国内航空货运业中,货运分销占到80%,国外航空货运业占到60%。货运代理人通常将市场上零散的货运需求进行集中,在与航空公司谈判时具有较强的议价能力。而在航空客运业,虽然也存在酒店、旅行社等协议客户,但散客通常占多数。且随着网络技术的发展、电子商务的普及和电子客票的应用,旅客可直接在航空公司网站订票,很大程度上削弱了旅行社等中间人的作用,因而航空公司在价格策略制定过程中通常处于主动地位。相比之下,由于顾客数量有限且议价能力较强,航空公司的货运价格策略较为刚性。

3.顾客集中在飞机起飞前的几天内预订舱位

航空客运业提前一个月甚至更长时间就开始预订座位,但航空货运客户一般仅提前7 d到10 d预订舱位。对于协议客户,航空公司一般要求客户只要提前48 h确定所需要的舱位数量即可。更多的货运客户在临近飞机起飞前才能确定需要的舱位数量。较弱的价格谈判能力与较短的预订周期使得航空客运中常用的动态定价方法(航空公司根据预订时间不同对不同预订实施不同价格)在航空货运收益管理中实施困难。

4. 需求波动性大，需求模式难以预测

航空货运产品需求除受季节因素影响以外，还受到很多外界不可控制因素的影响，如贸易政策、产品收成等，因而需求模式难以准确预测。此外，由于航空货运服务的直接对象是货物，货物种类繁多，且不同的货物表现出不同的需求价格弹性，使得航空货运的需求波动较大，从而大大增加了需求预测的难度，对收益管理的应用提出了挑战。

5. 运输路线可选性

由于航空货运业运输的直接对象是货物，通常情况下顾客只关心能否准时、无破损、无丢失地将货物送至指定地点，而不关心货物以什么样的运输路线送达。因此，航空公司有多条路线可供选择，可以使用点对点的直达，也可由多个航节共同完成(即中转)。通常情况下，中转的运输成本要高于直达，因为中转涉及到货物的多次装卸，且面临着货物装卸过程中的损坏风险，但中转可以充分发挥航空公司的航线网络规模与协同效应。由于不同运输路线涉及的运输成本不同，航空公司除了必须决定接受哪种类型的货物，接受多少货物，还需要决定以什么路线运输，这大大增加了收益管理在航空货运业中实施的复杂性。

11.5.3 航空货运收益管理逻辑模型

从收益管理的定义和目标可以看出，一个有效的收益管理系统应该完成以下职能：动态调整容量存量，对当前以及潜在客户进行分析和需求预测，制定最有效的价格策略和合理存量分配策略，为顾客提供正确的产品，创造更多的收入。

航空货运业自身的运作特点以及我国航空客运业的运作国情，决定了收益管理技术在我国航空货运业中的实施具有自身特色。从以下几个角度说明货运收益管理在我国航空货运业的应用逻辑模型。

1. 优化目标

由于固定成本相对于边际成本较高，传统的航空客运收益管理均以收入最大化为目标，不考虑成本的影响，认为通过收益管理增加的收入绝大部分转化为净利润。而在航空货运业，收益管理的优化必须考虑运输变动成本的影响，应综合考虑收益和成本，以净收益最大化为目标。原因有二：其一，不同类型货物，运输变动成本不同，如有些货物需要特殊的包装、储藏，因而运输成本较高，重货、体积大货物的装卸成本一般高于体积小的轻货等；其二，同一 O-D 对(起始点、目的点) 的货物，采用不同运输路线，其运输变动成本不一样，如需要多个航班、多个航段共同完成的货运的单位运输成本高于单航班、单航段完成的货物运输，因为前者涉及到货物在不同航班、航段之间的转移与装卸成本。

2. 优化层次

航空货运收益管理的实施可分三个层次进行：

(1) 基于航段。基于航段的航空货运收益管理以单航段净收益最大化为目标，认为航段与航段之间不发生交互作用，这与我国国内航空货运的实际情况相符。因为国内航空货运大部分是货随客走，而客运航班一般都是点对点的直达。

(2) 基于航线。这里航线是指由具有相同航班代码的多个航段组成的航线。基于航线的航空货运收益管理以航线净收益最大化为目标，考虑同一航线内航段与航段之间的相互影响，但不考虑与其他航线的航段之间的交互作用，因而仍属于局部优化。

(3) 基于航线网络。基于航线网络的航空货运收益管理是基于O-D间的需求可通过多条运输路径实现,可以使用点对点的直达航班,也可以是通过多个航线的转运航班。基于航线网络的航空货运收益管理考虑航线与航线、航段与航段之间的相互影响,以实现整个航线网络的净收益最大化。

3. 长期规划与短期规划相结合

在航空货运业,由于行业自身运作的复杂性,使得从长期规划开始,收益管理原则就须贯穿其中。从长期或者战略层面来说,应恰当制定与货运代理公司以及一些大型货主的协议价格并合理地分配协议舱位销售数量;从短期或者战术层面来说,应准确预测航班货运供给能力与市场需求,恰当制定零星舱位运输价格,有效分配航班运力,合理安排运输路径,以承运边际贡献较高的货物,降低运输成本,从而取得最大化货运净收益。

(1) 长期规划。长期规划包括两个方面,一方面是制定协议价格。航空公司直接面对的顾客数量有限。这些货主由于货物交易数量较大,因而通常要求价格折扣,且这些货主通常提前较长时间(一年或者半年)与航空公司签订价格协议。协议期间,货主以固定的价格从航空公司购买一定数量的舱位。而且协议客户在航空公司顾客总数中占大多数,因而航空公司必须对市场情况进行准确预测,制定合理的协议价格,以便在开发、保留客户的同时保证自身的收益。另一方面是分配协议舱位数量。协议客户在航空公司签订协议时,不仅要确定运输价格,还需要确定购买的舱位数量。协议期间,固定数量的舱位归协议客户所用。由于协议客户的价格较低,而零星客户价格较高,因此航空公司在保证资产利用率的同时(将尽可能多的舱位售给协议客户),也需预留一部分舱位,以较高的价格售给较晚订舱的较高价值客户(零星客户),从而保证航空公司的货运收益。

(2) 短期规划。短期规划的内容包括以下几个方面:① 供给能力预测。货运总供给能力 = 飞机业载 - 旅客总重量 - 旅客行李重量。航班旅客数据采集自航班客运订座系统,根据旅客数量航空公司可以预测旅客重量和行李重量。② 需求预测。需求预测是决策的基础。航空公司根据自身产品的特点以及外部市场的需求特征,可对市场进行细分。市场细分的标准有很多种,可以是产品类型,也可以是货主类型、货物种类、运输时间、货物价值、起始地、目的地等。通过对历史数据进行分析,航空公司可挖掘外部市场规律,然后利用时间序列预测、因果关系预测、神经网络等预测方法对特定航期、特定子市场的需求进行估计。③ 超售。根据需求预测结果以及历史取消预订、No-Show等数据,航空公司可计算出应超售的舱位数量,以减少可能的虚耗损失。随着订舱过程的进行,航空公司可根据订舱数量随时间的变化以及已经发生的取消订舱数据随时修改超售限额,尽量避免拒载情况的发生。④ 动态定价。动态定价主要是针对零星客户订舱,因为协议客户的价格在整个协议期内都是固定的。航空公司在需求预测的基础上,根据市场竞争态势、客户订舱时间以及航班上剩余舱位存量,可以对不同的产品制定不同的价格。⑤ 舱位控制。由于航班所能够装载的货物体积以及重量是一定的,因此航空公司在满足协议客户运输要求的同时,必须选择承载边际利润率高的零散货物,以提高航班货运能力的利用率。由于同一运输需求可通过多条运输路线实现,因而航空公司不仅要决定应接受的货物类型与数量,而且还需要决定运输路径,以发挥网络的规模与协同效应,同时降低运输成本。

航空货运收益管理的核心是货运优化技术,由货运优化模型和算法组成。航空货运收益管理系统的逻辑模型如图 11.18 所示。

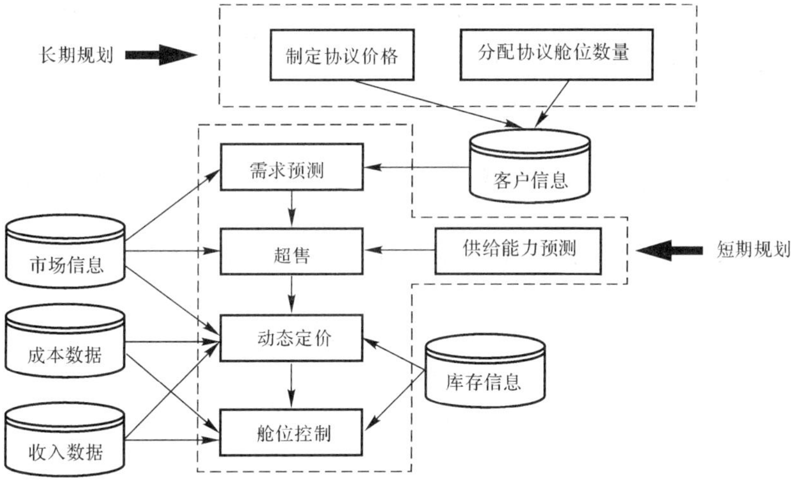

图 11.18　航空货运收益管理系统逻辑模型图

11.5.4　货运舱位控制

在长期规划中,由于各条航线的货运需求和各个季节的货运需求不同,为了保证总体盈利水平,航空公司通常会将多条航线的、一段时间内和一定比率的舱位与货运代理公司以签订长期销售合同的形式提前预售出去。在长期销售合同中,航空公司必须确定协议价格和协议的舱位量。同时要考虑预留一部分舱位,以较高的价格售给零星顾客。如何分配长期舱位销售量和零散舱位销售量在很大程度上影响着航空公司的货运收益。另外,在短期规划中,航空公司不仅要满足长期销售合同的协议舱位量,而且必须选择承载边际利润率高的零散货物。也就是说,当不同价格的货物运输请求到达时,应决定接受何种运价的货物,接受多少请求量,如何进行舱位分配,保证以合适的价格和合适的舱位量销售给合适的货主,实现净收益最大化。

1. 长期舱位控制模型参数说明和基本假设

航空公司的舱位分配过程可以分为两个阶段:第一个阶段航空公司根据货运代理公司或大型贸易团队等大客户的请求,以一定协议运价将大部分舱位提前售出,表现为一系列的销售合同;第二阶段航空公司根据需求的预测,给出公开报价,并接受各种货主的订舱。因而航空公司面临两类需求:一类是具有较强的议价能力的货运代理公司等大客户的长期舱位请求(暂称长期客户需求),另外一类是议价能力差的小货运代理公司等零散客户的舱位请求(暂称临时客户需求)。本节分别研究在签订和不签订销售合同情况下的长期和临时客户需求的舱位分配策略。

(1) 符号说明。k 为运输货物的种类,比如快件、鲜活货、普货等,$k=1,2,\cdots,n$。d_{ik}^{l} 表示长期客户对第 i 条航线的第 k 种货物的舱位需求量,$i=1,2,\cdots,m$。d_{ik}^{s} 表示临时客户对第 i 条航线的第 k 种货物的舱位需求量。$r \in (-1,1)$ 表示长期客户需求和临时客户需求的相关系数。q_{ik}^{l} 表示分配给长期客户的第 i 条航线第 k 种货物的舱位量(以重量为基准),q_{ik}^{s} 表示分配给临时客户的第 i 条航线第 k 种货物的舱位量。q_{ik}^{s} 表示长期客户的第 i 条航线第 k 种货物的单位运量净收益,p_{ik}^{l} 表示临时客户的第 i 条航线第 k 种货物的单位运量净收益。C_i 表示第 i 条航线可用的最大舱位量。

(1) 基本假设:

1) 长期客户需求量和临时客户需求量都遵循正态分布,d_{ik}^{l} 和 d_{ik}^{s} 的均值和标准差分别为 u_{ik}^{l},u_{ik}^{s} 和 σ_{ik}^{l},σ_{ik}^{s}。

2) 舱位量和需求量都以重量为单位,该假设与目前民航都以重量为计费单位相符。

3) 货运舱位不超售。

2. 不签订销售合同时的模型

航空公司在实际运作过程中,如果签订的销售合同是大宗的,那么客户具有较强的议价能力,这种情况可用类似于航空客运团队的方法处理。可构建以航空公司净收益最大化为目标的舱位分配模型如下:

$$\max \sum_{i=1}^{m} \sum_{k=1}^{n} (p_{ik}^{l} q_{ik}^{l} + p_{ik}^{s} q_{ik}^{s})$$

$$\text{s.t.} \begin{cases} \sum_{k=1}^{n} (q_{ik}^{l} + q_{ik}^{s}) \leqslant C_i \\ q_{ik}^{l} \leqslant d_{ik}^{l} \\ q_{ik}^{s} \leqslant d_{ik}^{s} \\ q_{ik}^{l}, q_{ik}^{s} \geqslant 0 \end{cases} \tag{11.96}$$

模型中第 1 个约束条件表示长期客户和临时客户的舱位分配总量不超过该航线的可用最大舱位量。第 2 和第 3 个约束条件表示舱位分配量不超过各自的需求量,需求量为随机变量。该模型共有 $m+4mn$ 个约束条件,有 $2mn$ 个变量。

3. 签订销售合同时的模型

若航空公司与长期客户签订舱位销售合同,那么航空公司可以通过长期客户的需求对临时客户需求的预测做出更新,使需求预测更为准确,从而分配更为合适的舱位量给这些客户。构建相应的数学模型如下:

$$\max \sum_{i=1}^{m} \sum_{k=1}^{n} (p_{ik}^{l} q_{ik}^{l} + p_{ik}^{s} q_{ik}^{s})$$

$$\text{s.t.} \begin{cases} \sum_{k=1}^{n} (q_{ik}^{l} + q_{ik}^{s}) \leqslant C_i \\ q_{ik}^{l} \leqslant \mathrm{E}(d_{ik}^{l}) \\ q_{ik}^{s} \leqslant d'_{ik} \\ q_{ik}^{l}, q_{ik}^{s} \geqslant 0 \end{cases} \tag{11.97}$$

式中,$\mathrm{E}(d_{ik}^{l})$ 表示长期客户需求的期望值,由于航空公司与长期客户签订合同后,长期客户的舱位需求量变化不大,所以该约束条件变为确定型,即 $q_{ik}^{l} \leqslant \mathrm{E}(d_{ik}^{l})$。用 d'_{ik} 表示根据长期客户的需求修正的临时客户需求,它的均值和标准差为 u'_{ik},σ'_{ik},它们可分别表示为 $u'_{ik}=u_{ik}^{s}$,$\sigma'_{ik}=\sigma_{ik}^{s}\sqrt{1-r^2}$。

4. 模型的求解

由于模型式(11.96) 和式(11.97) 的约束条件中都含有随机变量，不容易求解，通常采用 Monte - Carlo 仿真方法求解。也可将其转化成确定型规划问题，然后求解。假设模型式(11.96) 中第 2、第 3 个约束条件成立的概率不小于 α 和 β，又因为长期客户和临时客户的需求量都遵循正态分布，所以根据确定性等价类转化定理，模型式(11.96) 中约束条件可转化为 $q_{ik}^l \leqslant u_{ik}^l + \sigma_{ik}^l \phi^{-1}(1-\alpha)$ 和 $q_{ik}^s \leqslant u_{ik}^s + \sigma_{ik}^s \phi^{-1}(1-\beta)$。因此模型(11.96) 转化为

$$\max \sum_{i=1}^{m} \sum_{k=1}^{n} (p_{ik}^l q_{ik}^l + p_{ik}^s q_{ik}^s)$$

$$\text{s.t.} \begin{cases} \sum_{k=1}^{n} (q_{ik}^l + q_{ik}^s) \leqslant C_i \\ q_{ik}^l \leqslant u_{ik}^l + \sigma_{ik}^l \phi^{-1}(1-\alpha) \\ q_{ik}^s \leqslant u_{ik}^s + \sigma_{ik}^s \phi^{-1}(1-\beta) \\ q_{ik}^l, q_{ik}^s \geqslant 0 \end{cases} \tag{11.98}$$

按照同样的方法，模型式(11.97) 也可转化为

$$\max \sum_{i=1}^{m} \sum_{k=1}^{n} (p_{ik}^l q_{ik}^l + p_{ik}^s q_{ik}^s)$$

$$\text{s.t.} \begin{cases} \sum_{k=1}^{n} (q_{ik}^l + q_{ik}^s) \leqslant C_i \\ q_{ik}^l \leqslant u_{ik}^l \\ q_{ik}^s \leqslant u_{ik}^s + \sigma_{ik}^s \sqrt{1-r^2}\, \phi^{-1}(1-\beta) \\ q_{ik}^l, q_{ik}^s \geqslant 0 \end{cases} \tag{11.99}$$

模型式(11.98) 和式(11.99) 都已经是确定型的线性规划模型，比较容易求解了。

5. 实例分析

例 11.13　某航空公司在北京 — 洛杉矶、北京 — 戴高乐、北京 — 法兰克福、北京 — 慕尼黑 4 条航线运营货运，4 条航线半年内可用的最大舱位量都为 10 000 t。运输货物种类有快件($k=1$)、鲜活($k=2$)、普货($k=3$) 三种。根据公司的历史数据得出 3 种货物在 4 条航线的长期客户需求和临时客户需求的单位净收益如表 11.36 所示，且每条航线 3 种运输货物的长期客户需求量和临时客户需求量都分别服从 $d_{i1}^l \sim N(4000,200)$，$d_{i2}^l \sim N(2000,100)$，$d_{i3}^l \sim N(5000,150)$ 和 $d_{i1}^s \sim N(500,30)$，$d_{i2}^s \sim N(200,10)$，$d_{i3}^s \sim N(700,40)$ 分布。该公司的长期客户需求和临时客户需求的相关系数为 $r=0.6$。置信水平 α 和 β 都取 0.90。

根据模型式(11.98) 和模型式(11.99) 利用 ILog/Cplex 软件计算出不签订和签订销售合同时的长期客户和临时客户的舱位分配结果如表 11.37 和表 11.38 所示。

比较表 11.37 和表 11.38 可以看出，由于长期客户需求和临时客户需求具有正相关性，在航空公司与长期客户签订舱位销售合同后，掌握了更为准确的需求信息，从而分配给临时客户更为合适的舱位量，也取得了较大的净收益。在签订合同的情况下，航空公司获得总收益为 32 197 600 元，而不签订合同时总收益为 3 149 306 元，签订合同为航空公司增加了 2.2% 的净收益，这是合同产生的价值。

表 11.36 航空公司航线的单位净收益 单位:元 /kg

	北京 — 洛杉矶		北京 — 戴高乐		北京 — 法兰克福		北京 — 慕尼黑	
	长期	临时	长期	临时	长期	临时	长期	临时
快件	12	14	13	13	10	11	9	9
鲜活	7	8	7	5	6	6	5	6
普货	5	6	6	7	4	5	4	5

表 11.37 不签订销售合同时的舱位分配结果 单位:kg

	北京 — 洛杉矶		北京 — 戴高乐		北京 — 法兰克福		北京 — 慕尼黑	
	长期	临时	长期	临时	长期	临时	长期	临时
快件	3 744	461	3 744	461	3 744	461	3 744	461
鲜活	1 872	187	990	0	1 872	187	1 872	187
普货	3 086	648	4 804	0	3 086	648	3 086	648

表 11.38 签订销售合同后的舱位分配结果 单位:kg

	北京 — 洛杉矶		北京 — 戴高乐		北京 — 法兰克福		北京 — 慕尼黑	
	长期	临时	长期	临时	长期	临时	长期	临时
快件	4 000	469	4 000	469	4 000	469	4 000	469
鲜活	2 000	190	530	0	2 000	190	2 000	190
普货	2 682	659	5 000	0	2 682	659	2 682	659

11.5.5 航空货物运输路线选择

1. 货物运输路线选择原则

货运与客运有明显不同,货物运输服务更关注结果而非过程。即货运的重要目标是准确、及时和安全地将货物运达目的地,至于货物运输的中间环节,顾客关注程度较低,因而货物的运输路线选择有更大的操作柔性。航空公司为了充分利用运力,货物运输路线的选择一般遵守时间分割、地点分离和货物组拆的原则,从而提高每个航班的舱位利用率和货运收益。

时间分割原则是调整货物计划运送和到达时间,以适应货运舱位容量的限制。即在满足运输货物的时间窗口条件下,某些货物提前到达目的地,某些货物推迟到达,从而减少高峰期对舱位资源的竞争。时间分割控制原则的图形如图 11.19 所示,其中矩形框表示舱位容量限制。图 11.19(a) 表示在受到舱位容量限制条件下的货物装载量的变化图,图 11.19(b) 中斜线表示在需求高峰期时推迟或者提前运送货物的时间分割原则,以降低舱位容量最大需求,图 11.19(c) 表示在利用时间分割原则的条件下,货物装载量比较均匀分布,而且载运率比较高,能充分利用货运舱位。

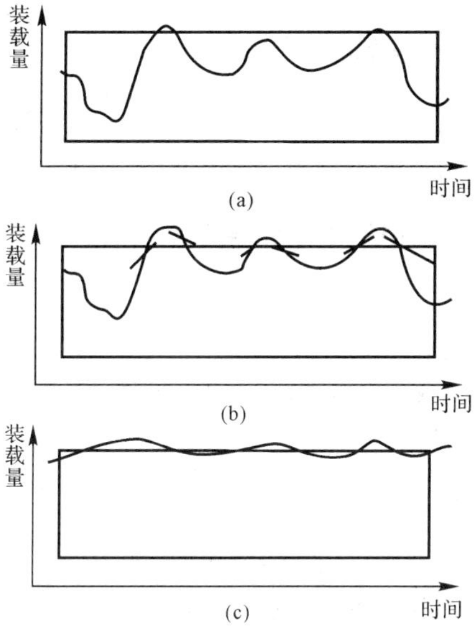

图 11.19　时间分割控制原理图

地点分离原则主要控制货物运输路线选择问题。在某一条航线舱位容量不足的情况下，货物运输可选择替代的航线，从而提高航线舱位的利用效率。其控制图形如图 11.20 所示，其中矩形框表示舱位容量限制，两组图表示不同航线上货物运输需求的波峰波谷可以互补，因此货物运输可在不同航线间选择。

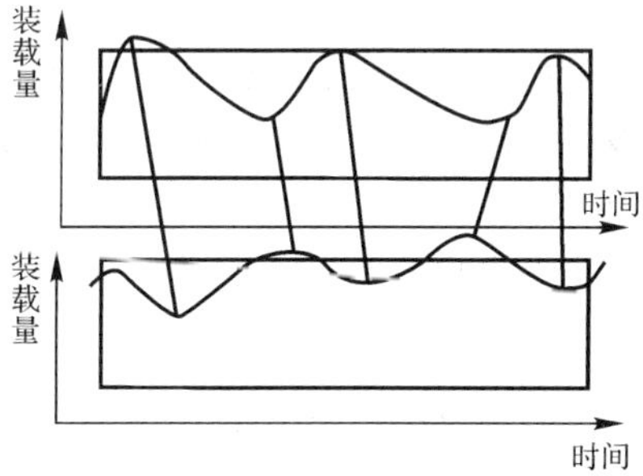

图 11.20　地点分离控制原理图

货物组拆原则主要包括货物组合和拆分两个方面，一方面接收货物后，多个货物组装成集运单元，从而容易控制和选择货物运输路线；另一方面当运载的货物包括多个单元，可将其拆分为多个运输单元，并对其分别处理(即是采用不同路线、到达时间运送货物)，只需保证在交货期前将货物送到目的地。其控制图形如图 11.21 所示。

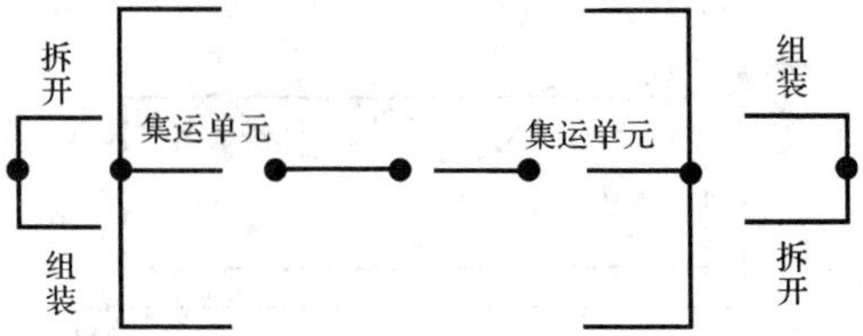

图 11.21 货物组拆控制原则图

2.航空货物运输路线选择模型

航空公司不仅要在顾客要求的时间窗口下将货物准确送达目的地，而且选择合适的路线使其利润最大化。将航空公司的航班时刻构建成时空网络 $G=(V,E)$，其中 V 表示机场的某一时刻节点，E 包括了航段弧和地面弧，航段弧具有到达和离开机场的时刻属性，地面弧表示在同一机场连接前后两航段的弧，有操作时间和成本属性。由于航空公司运送的货物种类较多，货物路线选择问题是多商品时空网络流模型。

符合说明：u_e 为航段 e 的重量限制，v_e 为航段 e 的体积限制，其中 $e\in E$；K 为运输货物的集合，$k\in K$ 为单个运输货物，c_e^k 为在航段 e 上运输货物 k 的成本，y_k 为运输货物 k 的收入；d^k 为每公斤货物 k 的体积；b^k 为货物 k 的运输总需求量；O_i 表示第 i 个航段或第 i 件货物的起点，D_i 表示第 i 个航段或第 i 件货物的终点，TD_i 表示第 i 个航段的出发时间，TA_i 表示第 i 个航段的到达时间，TB_i 表示第 i 件货物最早出发时间，$TH_{t(t+1)}$ 为第 t 个航段转运到第 $(t+1)$ 个航段的地面服务处理时间，$t=1,2,\cdots,q-1$；则将货物从 i 地运输到 j 地的条件如下

$$O_1=i$$
$$D_t=O_{t+1}$$
$$TA_t+TH_{t(t+1)}\leqslant TD_{t+1}$$
$$D_q=j$$

根据运输货物的时间要求特性，按照上述条件搜索航班时刻，满足货物 k 运输要求有 p 条路线，货物 K 的运输路线集合为 P^K。$f(p)$ 为定义在路线 p 上的运输量，具有重量单位，是本问题的决策变量，$\delta_e(p)=1$ 表示路线 p 包含航段 e，否则为 0。

根据以上定义的各参数和变量，可以建立以利润最大化为目标函数的货物运输路线问题多商品流模型如下：

$$\max\sum_{k\in K}\sum_{p\in P^k}(y_k-\sum_{e\in E}c_e^k\delta_e(p))f(p) \tag{11.100}$$

$$\text{s.t.}\quad \sum_{k\in K}\sum_{p\in P^k}\delta_e(p)f(p)\leqslant u_e,\quad \forall e\in E \tag{11.101}$$

$$\sum_{k\in K}\sum_{p\in P^k}\delta_e(p)d^kf(p)\leqslant v_e,\quad \forall e\in E \tag{11.102}$$

$$\sum_{p\in P^k}f(p)\leqslant b_k,\quad \forall k\in K \tag{11.103}$$

$$f(p)\geqslant 0,\quad \forall k\in K,\quad \forall p\in P^k \tag{11.104}$$

$$\delta_e(p)=\{0,1\} \tag{11.105}$$

其中约束条件(11.101)为各航段货物运输最大重量的限制,约束条件(11.102)为各航段最大运输体积的限制,约束条件(11.103)要求路线 p 的货运流量不超过需求量。

航空货物运输路线选择的多商品流模型比较复杂,不容易求解,通常采用列生成法、Bender 分解法以及遗传算法和蚁群等智能算法近似求解。因此,如何设计合适的航空货物运输路线选择模型和快速的求解方法需要进一步作出研究。

3. 实例分析

例 11.14　某小型货运航空公司在广州、上海、北京、仁川和曼谷等 5 个城市经营货物运输,该航空公司的航线网络如图 11.22 所示,其中广州为 A,上海为 B,北京为 C,仁川为 D,曼谷为 E。为了简化计算,假设航段之间转运的费用为 0。由航线网络图可看出该航空公司营运 6 个航段:广州 — 上海(A_1),广州 — 北京(A_2),上海 — 北京(A_3),上海 — 仁川(A_4),北京 — 仁川(A_5)和仁川 — 曼谷(A_6)。由航空公司的航班时刻和运力分配情况,可得出 6 个航段的相应属性如表 11.39 所示。该航空公司需运输 3 种货物,分别表示为 Q_1,Q_2,Q_3,每件货物的需求预测如表 11.40 的第 5 列所示,其他属性值也列在表 11.40 中。试为这 3 种货物选择运输路线。

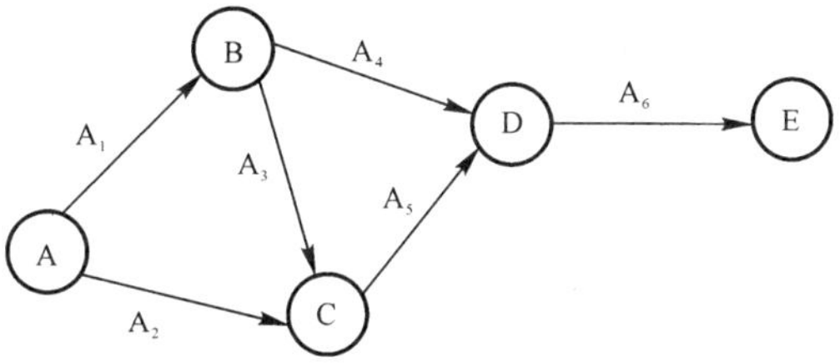

图 11.22　某航空公司的航线网络图

表 11.39　航段的属性值

航　段	出发时间	到达时间	重量限制 /t	体积限制 /m³	运输成本 /(千元 /t)
A_1	1:00	6:00	1.2	2 000	1.0
A_2	1:00	8:00	2	2 000	1.0
A_3	7:30	10:30	5	3 000	1.5
A_4	8:00	12:00	10	4 000	1.0
A_5	11:00	13:00	10	4 000	0.5
A_6	15:00	18:00	5	3 000	0.5

表 11.40　货物的属性值

货　物	始终点	最早到达时间	最迟出发时间	重量 /t	体积 /m³	运输收入 /(千元 /t)
Q_1	A—B	1:00	7:00	0.5	300	6
Q_2	A—D	1:00	14:00	1.5	500	18
Q_3	A—E	1:00	20:00	1	500	14

解 根据航空公司的航段和货物的地点和时间属性值，搜索出满足货物运输要求的航段。能够满足货物 Q_1 运输要求的路线为 A_1，叫做 S_1；满足货物 Q_2 运输要求的路线有 $A_1—A_4$，$A_1—A_3—A_5$，$A_2—A_5$，分别叫做 S_{21}，S_{22}，S_{23}；满足货物 Q_3 运输要求的路线有 $A_1—A_4—A_6$，$A_1—A_3—A_5—A_6$，$A_2—A_5—A_6$，分别叫做 S_{31}，S_{32}，S_{33}。

再根据航段和货物的重量、体积、收入和成本属性值，计算相关参数后代入式(11.100) ~ 式(11.105)，建立以航空公司利润最大化为目标函数的货物运输路线问题如下：

$$\max \quad 5.5f(S_1)+15.5f(S_{21})+13.5f(S_{22})+15.75f(S_{23})+11.5f(S_{31})+10.5f(S_{32})+12f(S_{33})$$

$$\begin{aligned}
\text{s.t.}\quad & f(S_1)+f(S_{21})+f(S_{22})+f(S_{31})+f(S_{32})\leqslant 1.2\\
& f(S_{23})+f(S_{33})\leqslant 2\\
& f(S_{22})+f(S_{32})\leqslant 5\\
& f(S_{21})+f(S_{31})\leqslant 10\\
& f(S_{21})+f(S_{23})\leqslant 10\\
& f(S_{31})+f(S_{32})+f(S_{33})\leqslant 10\\
& 600f(S_1)+750(f(S_{21})+f(S_{22}))+500(f(S_{31})+f(S_{32}))\leqslant 2\,000\\
& 750f(S_{23})+500f(S_{33})\leqslant 2\,000\\
& 750f(S_{22})+500f(S_{32})\leqslant 3\,000\\
& 750f(S_{21})+500f(S_{31})\leqslant 4\,000\\
& 750(f(S_{21})+f(S_{23}))\leqslant 4\,000\\
& 500(f(S_{31})+f(S_{32})+f(S_{33}))\leqslant 3\,000\\
& f(S_1)\leqslant 0.5,\quad f(S_{21})+f(S_{22})+f(S_{23})\leqslant 1.5,\quad f(S_{31})+f(S_{32})+f(S_{33})\leqslant 1.0\\
& f(S_1)\geqslant 0,\quad f(S_{ij})\geqslant 0;\quad i=2,3;\quad j=1,2,3
\end{aligned}$$

使用ILog/CPlex软件建模求解，得出 $f(S_1)=0.5$，$f(S_{21})=f(S_{22})=0$，$f(S_{23})=1.5$，$f(S_{31})=f(S_{33})=0.5$，$f(S_{32})=0$，即货物 Q_1 的运输任务由路线 A_1 完成，货物 Q_2 的运输任务由路线 $A_2—A_5$ 完成，0.5 t的货物 Q_3 运输任务由路线 $A_1—A_4—A_6$ 完成，0.5 t的 Q_3 由路线 $A_2—A_5—A_6$ 完成，总收益为38.125千元。

11.6 本章小结

收益管理本质上是为航班产品制定销售计划，它关系到航空公司的盈利能力和市场竞争力，是航空运输管理专业学生必须掌握的重要专业知识之一。本章详细讨论了航空运输收益管理的各种问题，包括需求预测、定价策略、舱位控制和超售，以及这个领域的研究前沿问题，包括：网络收益管理、需求的柔性管理、团队管理和航空货运收益管理等。通过本章的学习，学生应当能够掌握收益管理领域的全貌，包括基本概念、基本问题、基本理论和方法，应当会应用这些理论和方法去解决航空运输市场销售中的实际问题，为航空公司获得更大的收益，赢得更大市场份额。

同时通过本章的学习，学生还应当了解收益管理的前沿研究问题，并为进一步研究打下基础。

思考题

11-1　如何对一个航空运输市场的旅客进行细分？

11-2　旅客细分与子舱及子舱价格设置的关系是什么？

11-3　收益管理中的预测的流程、预测的内容与预测的目的是什么？

11-4　收益管理为什么要对订座数据进行非限制性需求处理？

11-5　嵌套式舱位控制方式的好处是什么？

11-6　为什么要研究网络收益管理的方法？在网络条件下，为什么单航段收益管理方法不适用？

11-7　什么叫超售？超售是否违反经济合同法？为什么还允许进行超售？怎样做好超售工作？

11-8　什么叫 DB？什么叫 No-Show？超售发生 DB 后应当如何处理？

11-9　什么叫舱位动态控制？为什么要进行舱位动态控制？

11-10　如何进行团队管理？

11-11　什么叫做不定期客票？为什么要销售不定期客票？不定期客票的目标市场是什么？

11-12　货运收益管理与客运收益管理的区别有哪些？

11-13　货运收益管理有哪些问题？如何解决？

练习题

11-1　某单航节航班共有可用座位 136 个，划分为 4 个子舱，各子舱需求服从正态分布，每个子舱的价格与需求如表 11.41 所示。利用 EMSR 方法给出各子舱的舱位优化控制策略。

表 11.41　各子舱需求与价格

子舱代码	价格 / 元	需求均值 / 个	需求标准差
Y	1 000	9	2
M	700	16	4
B	500	25	6
K	300	32	7

11-2　某单航节航班目前共有可用座位 40 个，共划分为 4 个子舱，每个子舱需求的到达分布为泊松分布，每个子舱的价格与需求如表 11.42 所示。利用离散动态舱位控制方法，给出航班已订座数分别为 40，30，20，10 时各子舱的控制策略，也即此时出现一个某子舱的订座请求，要决定是接受还是拒绝订座。

表 11.42　各子舱需求与价格

子舱代码	价格 / 元	起飞前 50 ～ 30 d 需求均值 / 个	起飞前 29 ～ 15 d 需求均值 / 个	起飞前 14 ～ 7 d 需求均值 / 个	起飞前 6 ～ 0 d 需求均值 / 个
1	1 000	3	6	10	22
2	700	5	6	14	16
3	500	9	12	15	7
4	300	18	22	6	0

11-3　在第 11-1 题的航班上，4 个子舱 Y，M，B，K 已分别销售了 0，1，10，20 个座位，这时有 1 个 30 人的团队提出订座申请，成团率 = 0.9，其订座平均价格是 240 元。是否应该接受该团队的订座申请？

11-4　在第 11-1 题的航班上，只有 B 舱和 K 舱分别销售了 8 和 12 个座位，这时有 4 个团队提出订座申请，其订座人均价格、人员数量与成团率如表 11.43 所示，试问应该接受哪些团队订座？

表 11.43　团队人均价格、人数数量与成行率

团队代码	人均价格 / 元	人员数量 / 人	成行率 /(%)
1	280	8	95
2	220	12	90
3	180	20	85
4	160	25	85

11-5　某航空公司的深圳到上海航班，飞机的载客容量为 120 个座位，分别有 4 个票价等级舱位 Y，M，Q，K，航空公司规定它们的退票手续费率分别是 0.05，0.1，0.15 和 0.25，由于 DB 旅客只发生在 K 舱，每个 DB 旅客的成本是 2 倍的 Y 舱票价；通过对历史数据的统计和计算，得出该航段旅客需求的期望值和标准差以及各个舱位的平均票价如表 11.44 所示。已购票旅客前来登机的概率为 $p = 0.92$，即 No-Show 率为 8%。根据以上条件对各子舱的舱位进行优化控制。

表 11.44　各子舱需求、价格与退票费率

舱位等级	Y	M	Q	K
期望需求	18	36	28	50
需求标准差	4	9	10	15
平均票价 / 元	1 000	800	600	400
退票手续费率	0.05	0.10	0.15	0.25

11-6　某航空公司拥有一个航线网络，如图 11.23 所示。在这个网络中有 3 个航班飞行。即 A—B，C—B，B-D，航班座位数分别为 120，150，140。有 5 个 O-D 流，A—B，C—B，B—D，A—D，C—D。每个 O-D 上有 3 个 ODF(对应于 3 个子舱等级 Y，B，M)。需求与价格如表 11.45 所示。试采用虚拟桶控制方法对航班进行舱位控制。

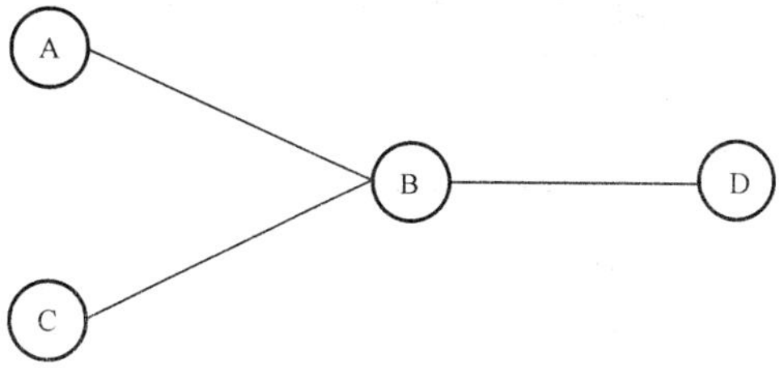

图 11.23　航空公司航线网络结构

表 11.45　各 O－D 的需求与价格

	OD_{AB}		OD_{CB}		OD_{BD}		OD_{AD}		OD_{CD}	
舱位代码	价格／元	需求	价格／元	需求	价格／元	需求	价格／元	需求	价格／元	需求
Y	2 840	(5,3)	2 840	(5,3)	740	(5,2)	1 820	(5,3)	1 720	(8,3)
B	2 556	(8,4)	2 556	(6,4)	666	(8,3)	1 470	(7,4)	1 370	(10,4)
M	2 272	(15,6)	2 272	(12,6)	592	(14,6)	1 172	(10,3)	1 072	(15,5)

注:需求数量(5,3)等含义:第一个数字表示需求的均值,第二个数字表示需求标准差。

11－7　某航空公司在不定期机票出票一周内必须安排持有不定期机票的旅客成行。在某航线上一周内有 4 个航班,各航班的可用座位数如表 11.46 所示,航班各子舱的票价与需求如表 11.47 所示,不定期机票的票价和需求如表 11.48 所示,试为该航线该周的 4 个航班确定不定期客票的销售数量,并将不定期客票在 4 个航班中分配。

表 11.46　各航班的可用座位数

航　班	1	2	3	4
可用座位数／个	130	120	150	140

表 11.47　航班各子舱的票价子舱的需求

需求数量	子　舱				
价格／元	2 000	1 500	1 000	800	600
航　班	1	2	3	4	5
1	(5,3)	(8,4)	(10,6)	(12,7)	(15,6)
2	(18,3)	(16,5)	(20,5)	(27,7)	(33,8)
3	(8,4)	(11,5)	(13,4)	(14,5)	(18,6)
4	(8,3)	(15,4)	(15,6)	(25,7)	(22,6)

注:需求数量(5,3)等含义是第一个数字表示需求的均值,第二个数字表示标准差。

[8] 李磊. 2004 年中国民航业获得挥发性高速增长. 中国民用航空,2005,23(1): 28 - 29.
[9] 梅虎,朱金福,汪侠. 基于博弈分析的航空收益管理定价研究. 预测,2006,25(6): 45 - 47.
[10] 梅虎. 航空旅客选择行为及其在收益管理中的应用研究[D]. 南京:南京航空航天大学,2007.
[11] 梅虎,朱金福,汪侠. 我国航空旅客航班舱位行为研究. 经济问题探索,2006(12): 89 - 93.
[12] 马翠华. 击中消费者:消费者心理及行为透视. 北京:中国纺织出版社,2002.
[13] 金宝辉. 交通出行行为分析[D]. 成都:西南交通大学,2004.
[14] Frank R Kardes. 消费者行为与管理决策. 北京:清华大学出版社, 2003.
[15] 潘蜂. 中国消费者行为模式与消费心理研究[D]. 武汉:武汉工业大学,1999.
[16] 周伟. 旅客时间价值. 交通运输工程学报,2003,3(3):110 - 116.
[17] 刘敬民. 中国民航业营销问题初探[D]. 长春:吉林大学,2004.
[18] 梅虎,朱金福,汪侠. 我国航空旅客选择行为结构特征及趋势分析. 商业时代(商业经济研究),2007,(13):95 - 97.
[19] 梅虎,朱金福. 我国航空旅客选择行为与机票价格产品策略. 价格月刊,2007,(1):21 - 22.
[20] 张贵芝. 我国民航运输价格监管研究[D]. 济南:山东大学,2005.
[21] 席卫东,等. 民航收益策略及其影响——兼论机票定价对民航业的影响. 价格理论与实践,2005,25(6): 30 - 31.
[22] 张建城. 收益管理预测系统的研究和开发[D]. 南京:南京航空航天大学,2005.
[23] 王春兰. 航空公司收益管理中旅客舱位选择行为研究[D]. 南京:南京航空航天大学, 2006.
[24] Anthony Owen Lee. Airline Reservations Forecasting: Probabilistic and Statistical Model of the Booking Process. PhD. Dissertation, Massachusetts Institute of Technology, 1990.
[25] Richard H Zeni. Improved Forecast Accuracy in Revenue Management by Unconstraining Demand Estimates from Censored Data. PhD. Dissertation, the State University of NewJercy, 2001.
[26] McGill J I, Van Ryzin G J. Revenue Management: Research Overiew and Prospects. Transportaion Science, 1999, 33(1):233 - 256.
[27] Belobaba PP. Airline Yield Management: An Overview of Seat Inventory Control. Transportation Sciencc, 1987, 21(2):63 - 73.
[28] Belobaba PP. Air Travel Demand and Airline Seat Inventory Management. PhD. Dissertation, Massachusetts Institute of Technology, 1987.
[29] Brumelle S L, McGill J I. Airline Seat Allocation with Multiple Nested Fare Classes. Operations Research, 1993, 41(1):127 - 137.
[30] Tak C Lee, Marvin Hersh. A Model for Dynamic Airline Seat Inventory Control with Multiple Seat Bookings. Transportation Science, 1993, 27(3): 252 - 265.
[31] Wen Zhao. Dynamic and Static Yield Management Models. PhD. Dissertation, University of Pennsylvania, 1999.
[32] Richard E Chatwin. Optimal Control of Continuous - time Terminal - value Birth - and - death

Processes and Airline Overbooking. Naval Research Logistics, 1996, 43(1): 159 - 168.

[33] Richard E Chatwin. Optimal Airline Overbooking. PhD. Dissertation, Stanford University, 1992.

[34] Shlifer R. Vardi Y. An airline Overbooking Policy. Transportation Science, 1975, 9(1): 101 - 114.

[35] Bodily S E, Pfeifer P E. Overbooking Decision. Rules Omega, 1992, 20(1): 129 - 133.

[36] Subramanian J, Lautenbacher C J, Stidham S J. Airline Yield Management with Overbooking Cancellations and No Shows. Transportation Science, 1999, 33(2):147 - 167.

[37] Sanne V deboer, Richad Freling, Nanda Piersma. Mathematical Programming for Network Revenue Management Revisited. European Journal of Operational Research, 2002, 137(1)72 - 92.

[38] Curry R. Optimal Seat Allocation with Fare Classes Nested by Origins and Destinations. Transportation Science, 1990, 24(3): 193 - 204.

[39] Kalyan Talluri, Garrett van Ryzin. An Analysis of Bid - price Controls for Network Revenue Management. Management science, 1998, 44(11):1577 - 1593.

[40] Williamsonl E L. Airline Network Seat Inventory Control - Methodologies and Revenue Impacts. PhD. Dissertation, Massachusetts Institute of Technology, 1992.

[41] Tan J C. Leg - Based Heuristic Methods for Airline Network Seat Inventory Control. PhD. Dissertation, Massachusetts Institute of Technology, 1994.

[42] Guillermo Gallego, Robert Phillips. Revenue Management of Flexible Products. Manufacturing & Service Operations Management, 2004, 6 (4): 321 - 337.

[43] 高强. 航空公司收益管理中舱位控制问题的研究[D]. 南京:南京航空航天大学,2006.